中国反电信网络诈骗犯罪刑事政策与法律法规适用指南

靳高风　秦　帅　张雍锭　主编

ZHONGGUO FANDIANXIN WANGLUO ZHAPIAN FANZUI
XINGSHI ZHENGCE YU FALÜ FAGUI
SHIYONG ZHINAN

法律出版社
LAW PRESS·CHINA
北京

图书在版编目（CIP）数据

中国反电信网络诈骗犯罪刑事政策与法律法规适用指南 / 靳高风，秦帅，张雍锭主编. -- 北京：法律出版社，2023

ISBN 978－7－5197－7458－5

Ⅰ. ①中… Ⅱ. ①靳… ②秦… ③张… Ⅲ. ①电信－诈骗－预防犯罪－法规－法律适用－中国②互联网络－诈骗－预防犯罪－法规－法律适用－中国 Ⅳ. ①D924.335

中国版本图书馆 CIP 数据核字（2022）第 251412 号

中国反电信网络诈骗犯罪刑事政策与法律法规适用指南
ZHONGGUO FANDIANXIN WANGLUO ZHAPIAN FANZUI XINGSHI ZHENGCE YU FALÜ FAGUI SHIYONG ZHINAN

靳高风
秦　帅 主编
张雍锭

策划编辑 许　睿
责任编辑 许　睿
装帧设计 汪奇峰

出版发行 法律出版社
编辑统筹 司法实务出版分社
责任校对 朱铁佳
责任印制 胡晓雅
经　　销 新华书店

开本 710 毫米×1000 毫米　1/16
印张 53.25　　**字数** 956 千
版本 2023 年 3 月第 1 版
印次 2023 年 3 月第 1 次印刷
印刷 保定市中画美凯印刷有限公司

地址：北京市丰台区莲花池西里 7 号（100073）
网址：www.lawpress.com.cn
投稿邮箱：info@lawpress.com.cn
举报盗版邮箱：jbwq@lawpress.com.cn

销售电话：010－83938349
客服电话：010－83938350
咨询电话：010－63939796

书号：ISBN 978－7－5197－7458－5　　**定价**：198.00 元

凡购买本社图书，如有印装错误，我社负责退换。电话：010－83938349

序

2022年9月2日，第十三届全国人大常委会第三十六次会议通过了《中华人民共和国反电信网络诈骗法》（以下简称《反电信网络诈骗法》）。同日，国家主席习近平签署第119号主席令予以公布，已于2022年12月1日正式实施。《反电信网络诈骗法》贯彻落实习近平总书记关于打击治理电信网络诈骗工作的重要指示批示精神和党中央决策部署，其立法过程坚持以人民为中心，统筹发展和安全，坚持精准防治和问题导向，强化系统观念、注重源头治理、综合治理，注重预防性法律制度建设，是专门为打击治理电信网络诈骗活动制定的"小切口"法律，为坚决打击遏制电信网络诈骗活动提供了坚实充分的法治保障。

《反电信网络诈骗法》规定了反电信网络诈骗工作的原则、电信治理、金融治理、互联网治理、行业综合治理、反诈技术措施、宣传教育防范工作等，完善了电话卡、物联网卡、金融账户、互联网账号有关基础管理制度，指明了涉诈相关非法服务、设备、产业的治理、处置措施和申诉救济渠道，对国际合作、保障措施及法律责任等作了全面的规定，促成了"全民反诈""全行业反诈"的良好法治氛围，学习、宣传、贯彻《反电信网络诈骗法》已成为各行业领域的一项重要普法活动。

法律的生命力在于实施。《反电信网络诈骗法》的实施需要相关配套制度和法律法规为支撑，为促进反电信网络诈骗法律规范的系统化和中国特色反电信网络诈骗法律体系的完善，推动与《反电信网络诈骗法》相关的宣传普及、学习培训、行业合规治理、刑事执法司法、涉诈行政处罚与刑事司法衔接等工作，特组织编写《中国反电信网络诈骗犯罪刑事政策与法律法规适用指南》，将相关刑事政策及法律法规予以归纳汇编，以回应《反电信网络诈骗法》适用和实施过程中可能面临的问题，为执法司法者、行业领域、平台企业准确贯彻实施反诈法提供参考。

为方便读者全面理解我国反电信网络诈骗法律体系和相关制度，本书共分为五个部分。

第一部分是反电信网络诈骗有关法律。该部分主要包括《反电信网络诈骗法》

和《刑法》《刑事诉讼法》《治安管理处罚法》《数据安全法》《个人信息保护法》《网络安全法》中关于反电信网络诈骗的内容。

第二部分是反电信网络诈骗刑事政策与法律法规。该部分主要汇编了2015年国务院打击治理电信网络新型违法犯罪工作部际联席会议第一次全体会议召开以来关于预防和惩治电信网络诈骗的有关刑事政策、法律法规和指导性文件，也涵盖了部际联席会议召开前的部分司法解释和政策性文件。

第三部分主要是行业领域电信网络诈骗违法犯罪预防和治理，同时包括国务院有关部门在反电信网络诈骗执法中采取的相关综合措施。该部分以《反电信网络诈骗法》规定的内容为基础，以《反电信网络诈骗法》第二章“电信治理”、第三章“金融治理”、第四章“互联网治理”和第五章“综合措施”规定的政府部门、行业领域预防和治理电信网络诈骗违法犯罪的职责范围为纲要，按照法条规定的顺序，分别对电信、金融、互联网、市场监管、教育行政、涉诈重点领域和有关平台企业等行业领域内有关反电信网络诈骗的法律法规进行整理汇编，为相关行业主体落实反诈法第六章规定的“法律责任”提供了直接依据。该部分内容方便各行业领域全面开展反电信网络诈骗工作，有助于在反电信网络诈骗犯罪中统筹发展与安全，建立健全反电信网络诈骗工作机制和安全治理体系。

第四部分的主要内容是电信网络诈骗治理国际合作。主要节录了有关跨境电信网络诈骗犯罪治理、跨国有组织犯罪治理、国际反洗钱治理、国际警务执法合作和司法协助等领域的法律法规，为打击跨境电信网络诈骗犯罪提供了简便、快捷的法律参考。

此外，在本书第五部分汇集了近年来有关机关发布的100余件涉诈典型案例，提供了以法理案、以案明法的实践样本集。

全书由靳高风、秦帅、张雍锭设计、汇编和统稿。参与编写人员还包括刘云霄、张有为、牛超群、诸葛福源、赵学进、吴国炀等。在编写过程中借鉴吸收了全国政法机关的典型案例和理论界、实务界的许多研究成果，在此一并表示感谢。当前，由于我国反电信网络诈骗法律体系尚未完善，反电信网络诈骗的各类规范制度亟待建立，对本适用指南和法律法规汇编的结构化与系统性提出挑战，加之编者能力水平有限，本指南汇编难免存在不足、瑕疵甚至不当之处，敬请全国专家学者及政法干警等实务部门批评指正。

靳高风

2023年2月22日

目 录

第一部分

中国反电信网络诈骗有关法律

中华人民共和国反电信网络诈骗法

（2022年9月2日　中华人民共和国主席令第119号）

目　录

第一章　总　　则

第一条　为了预防、遏制和惩治电信网络诈骗活动，加强反电信网络诈骗工作，保护公民和组织的合法权益，维护社会稳定和国家安全，根据宪法，制定本法。

第二条　本法所称电信网络诈骗，是指以非法占有为目的，利用电信网络技术手段，通过远程、非接触等方式，诈骗公私财物的行为。

第三条　打击治理在中华人民共和国境内实施的电信网络诈骗活动或者中华人民共和国公民在境外实施的电信网络诈骗活动，适用本法。

境外的组织、个人针对中华人民共和国境内实施电信网络诈骗活动的，或者为他人针对境内实施电信网络诈骗活动提供产品、服务等帮助的，依照本法有关规定处理和追究责任。

第四条 反电信网络诈骗工作坚持以人民为中心，统筹发展和安全；坚持系统观念、法治思维，注重源头治理、综合治理；坚持齐抓共管、群防群治，全面落实打防管控各项措施，加强社会宣传教育防范；坚持精准防治，保障正常生产经营活动和群众生活便利。

第五条 反电信网络诈骗工作应当依法进行，维护公民和组织的合法权益。

有关部门和单位、个人应当对在反电信网络诈骗工作过程中知悉的国家秘密、商业秘密和个人隐私、个人信息予以保密。

第六条 国务院建立反电信网络诈骗工作机制，统筹协调打击治理工作。

地方各级人民政府组织领导本行政区域内反电信网络诈骗工作，确定反电信网络诈骗目标任务和工作机制，开展综合治理。

公安机关牵头负责反电信网络诈骗工作，金融、电信、网信、市场监管等有关部门依照职责履行监管主体责任，负责本行业领域反电信网络诈骗工作。

人民法院、人民检察院发挥审判、检察职能作用，依法防范、惩治电信网络诈骗活动。

电信业务经营者、银行业金融机构、非银行支付机构、互联网服务提供者承担风险防控责任，建立反电信网络诈骗内部控制机制和安全责任制度，加强新业务涉诈风险安全评估。

第七条 有关部门、单位在反电信网络诈骗工作中应当密切协作，实现跨行业、跨地域协同配合、快速联动，加强专业队伍建设，有效打击治理电信网络诈骗活动。

第八条 各级人民政府和有关部门应当加强反电信网络诈骗宣传，普及相关法律和知识，提高公众对各类电信网络诈骗方式的防骗意识和识骗能力。

教育行政、市场监管、民政等有关部门和村民委员会、居民委员会，应当结合电信网络诈骗受害群体的分布等特征，加强对老年人、青少年等群体的宣传教育，增强反电信网络诈骗宣传教育的针对性、精准性，开展反电信网络诈骗宣传教育进学校、进企业、进社区、进农村、进家庭等活动。

各单位应当加强内部防范电信网络诈骗工作，对工作人员开展防范电信网络诈骗教育；个人应当加强电信网络诈骗防范意识。单位、个人应当协助、配合有关部门依照本法规定开展反电信网络诈骗工作。

第二章 电信治理

第九条 电信业务经营者应当依法全面落实电话用户真实身份信息登记

制度。

基础电信企业和移动通信转售企业应当承担对代理商落实电话用户实名制管理责任,在协议中明确代理商实名制登记的责任和有关违约处置措施。

第十条　办理电话卡不得超出国家有关规定限制的数量。

对经识别存在异常办卡情形的,电信业务经营者有权加强核查或者拒绝办卡。具体识别办法由国务院电信主管部门制定。

国务院电信主管部门组织建立电话用户开卡数量核验机制和风险信息共享机制,并为用户查询名下电话卡信息提供便捷渠道。

第十一条　电信业务经营者对监测识别的涉诈异常电话卡用户应当重新进行实名核验,根据风险等级采取有区别的、相应的核验措施。对未按规定核验或者核验未通过的,电信业务经营者可以限制、暂停有关电话卡功能。

第十二条　电信业务经营者建立物联网卡用户风险评估制度,评估未通过的,不得向其销售物联网卡;严格登记物联网卡用户身份信息;采取有效技术措施限定物联网卡开通功能、使用场景和适用设备。

单位用户从电信业务经营者购买物联网卡再将载有物联网卡的设备销售给其他用户的,应当核验和登记用户身份信息,并将销量、存量及用户实名信息传送给号码归属的电信业务经营者。

电信业务经营者对物联网卡的使用建立监测预警机制。对存在异常使用情形的,应当采取暂停服务、重新核验身份和使用场景或者其他合同约定的处置措施。

第十三条　电信业务经营者应当规范真实主叫号码传送和电信线路出租,对改号电话进行封堵拦截和溯源核查。

电信业务经营者应当严格规范国际通信业务出入口局主叫号码传送,真实、准确向用户提示来电号码所属国家或者地区,对网内和网间虚假主叫、不规范主叫进行识别、拦截。

第十四条　任何单位和个人不得非法制造、买卖、提供或者使用下列设备、软件:

(一)电话卡批量插入设备;

(二)具有改变主叫号码、虚拟拨号、互联网电话违规接入公用电信网络等功能的设备、软件;

(三)批量账号、网络地址自动切换系统,批量接收提供短信验证、语音验证的平台;

（四）其他用于实施电信网络诈骗等违法犯罪的设备、软件。

电信业务经营者、互联网服务提供者应当采取技术措施，及时识别、阻断前款规定的非法设备、软件接入网络，并向公安机关和相关行业主管部门报告。

第三章　金融治理

第十五条　银行业金融机构、非银行支付机构为客户开立银行账户、支付账户及提供支付结算服务，和与客户业务关系存续期间，应当建立客户尽职调查制度，依法识别受益所有人，采取相应风险管理措施，防范银行账户、支付账户等被用于电信网络诈骗活动。

第十六条　开立银行账户、支付账户不得超出国家有关规定限制的数量。

对经识别存在异常开户情形的，银行业金融机构、非银行支付机构有权加强核查或者拒绝开户。

中国人民银行、国务院银行业监督管理机构组织有关清算机构建立跨机构开户数量核验机制和风险信息共享机制，并为客户提供查询名下银行账户、支付账户的便捷渠道。银行业金融机构、非银行支付机构应当按照国家有关规定提供开户情况和有关风险信息。相关信息不得用于反电信网络诈骗以外的其他用途。

第十七条　银行业金融机构、非银行支付机构应当建立开立企业账户异常情形的风险防控机制。金融、电信、市场监管、税务等有关部门建立开立企业账户相关信息共享查询系统，提供联网核查服务。

市场主体登记机关应当依法对企业实名登记履行身份信息核验职责；依照规定对登记事项进行监督检查，对可能存在虚假登记、涉诈异常的企业重点监督检查，依法撤销登记的，依照前款的规定及时共享信息；为银行业金融机构、非银行支付机构进行客户尽职调查和依法识别受益所有人提供便利。

第十八条　银行业金融机构、非银行支付机构应当对银行账户、支付账户及支付结算服务加强监测，建立完善符合电信网络诈骗活动特征的异常账户和可疑交易监测机制。

中国人民银行统筹建立跨银行业金融机构、非银行支付机构的反洗钱统一监测系统，会同国务院公安部门完善与电信网络诈骗犯罪资金流转特点相适应的反洗钱可疑交易报告制度。

对监测识别的异常账户和可疑交易，银行业金融机构、非银行支付机构应当根据风险情况，采取核实交易情况、重新核验身份、延迟支付结算、限制或者中止有关业务等必要的防范措施。

银行业金融机构、非银行支付机构依照第一款规定开展异常账户和可疑交易监测时，可以收集异常客户互联网协议地址、网卡地址、支付受理终端信息等必要的交易信息、设备位置信息。上述信息未经客户授权，不得用于反电信网络诈骗以外的其他用途。

第十九条　银行业金融机构、非银行支付机构应当按照国家有关规定，完整、准确传输直接提供商品或者服务的商户名称、收付款客户名称及账号等交易信息，保证交易信息的真实、完整和支付全流程中的一致性。

第二十条　国务院公安部门会同有关部门建立完善电信网络诈骗涉案资金即时查询、紧急止付、快速冻结、及时解冻和资金返还制度，明确有关条件、程序和救济措施。

公安机关依法决定采取上述措施的，银行业金融机构、非银行支付机构应当予以配合。

第四章　互联网治理

第二十一条　电信业务经营者、互联网服务提供者为用户提供下列服务，在与用户签订协议或者确认提供服务时，应当依法要求用户提供真实身份信息，用户不提供真实身份信息的，不得提供服务：

（一）提供互联网接入服务；

（二）提供网络代理等网络地址转换服务；

（三）提供互联网域名注册、服务器托管、空间租用、云服务、内容分发服务；

（四）提供信息、软件发布服务，或者提供即时通讯、网络交易、网络游戏、网络直播发布、广告推广服务。

第二十二条　互联网服务提供者对监测识别的涉诈异常账号应当重新核验，根据国家有关规定采取限制功能、暂停服务等处置措施。

互联网服务提供者应当根据公安机关、电信主管部门要求，对涉案电话卡、涉诈异常电话卡所关联注册的有关互联网账号进行核验，根据风险情况，采取限期改正、限制功能、暂停使用、关闭账号、禁止重新注册等处置措施。

第二十三条　设立移动互联网应用程序应当按照国家有关规定向电信主管部门办理许可或者备案手续。

为应用程序提供封装、分发服务的，应当登记并核验应用程序开发运营者的真实身份信息，核验应用程序的功能、用途。

公安、电信、网信等部门和电信业务经营者、互联网服务提供者应当加强对分发平台以外途径下载传播的涉诈应用程序重点监测、及时处置。

第二十四条 提供域名解析、域名跳转、网址链接转换服务的，应当按照国家有关规定，核验域名注册、解析信息和互联网协议地址的真实性、准确性，规范域名跳转，记录并留存所提供相应服务的日志信息，支持实现对解析、跳转、转换记录的溯源。

第二十五条 任何单位和个人不得为他人实施电信网络诈骗活动提供下列支持或者帮助：

（一）出售、提供个人信息；

（二）帮助他人通过虚拟货币交易等方式洗钱；

（三）其他为电信网络诈骗活动提供支持或者帮助的行为。

电信业务经营者、互联网服务提供者应当依照国家有关规定，履行合理注意义务，对利用下列业务从事涉诈支持、帮助活动进行监测识别和处置：

（一）提供互联网接入、服务器托管、网络存储、通讯传输、线路出租、域名解析等网络资源服务；

（二）提供信息发布或者搜索、广告推广、引流推广等网络推广服务；

（三）提供应用程序、网站等网络技术、产品的制作、维护服务；

（四）提供支付结算服务。

第二十六条 公安机关办理电信网络诈骗案件依法调取证据的，互联网服务提供者应当及时提供技术支持和协助。

互联网服务提供者依照本法规定对有关涉诈信息、活动进行监测时，发现涉诈违法犯罪线索、风险信息的，应当依照国家有关规定，根据涉诈风险类型、程度情况移送公安、金融、电信、网信等部门。有关部门应当建立完善反馈机制，将相关情况及时告知移送单位。

第五章 综合措施

第二十七条 公安机关应当建立完善打击治理电信网络诈骗工作机制，加强专门队伍和专业技术建设，各警种、各地公安机关应当密切配合，依法有效惩处电信网络诈骗活动。

公安机关接到电信网络诈骗活动的报案或者发现电信网络诈骗活动，应当依照《中华人民共和国刑事诉讼法》的规定立案侦查。

第二十八条　金融、电信、网信部门依照职责对银行业金融机构、非银行支付机构、电信业务经营者、互联网服务提供者落实本法规定情况进行监督检查。有关监督检查活动应当依法规范开展。

第二十九条　个人信息处理者应当依照《中华人民共和国个人信息保护法》等法律规定，规范个人信息处理，加强个人信息保护，建立个人信息被用于电信网络诈骗的防范机制。

履行个人信息保护职责的部门、单位对可能被电信网络诈骗利用的物流信息、交易信息、贷款信息、医疗信息、婚介信息等实施重点保护。公安机关办理电信网络诈骗案件，应当同时查证犯罪所利用的个人信息来源，依法追究相关人员和单位责任。

第三十条　电信业务经营者、银行业金融机构、非银行支付机构、互联网服务提供者应当对从业人员和用户开展反电信网络诈骗宣传，在有关业务活动中对防范电信网络诈骗作出提示，对本领域新出现的电信网络诈骗手段及时向用户作出提醒，对非法买卖、出租、出借本人有关卡、账户、账号等被用于电信网络诈骗的法律责任作出警示。

新闻、广播、电视、文化、互联网信息服务等单位，应当面向社会有针对性地开展反电信网络诈骗宣传教育。

任何单位和个人有权举报电信网络诈骗活动，有关部门应当依法及时处理，对提供有效信息的举报人依照规定给予奖励和保护。

第三十一条　任何单位和个人不得非法买卖、出租、出借电话卡、物联网卡、电信线路、短信端口、银行账户、支付账户、互联网账号等，不得提供实名核验帮助；不得假冒他人身份或者虚构代理关系开立上述卡、账户、账号等。

对经设区的市级以上公安机关认定的实施前款行为的单位、个人和相关组织者，以及因从事电信网络诈骗活动或者关联犯罪受过刑事处罚的人员，可以按照国家有关规定记入信用记录，采取限制其有关卡、账户、账号等功能和停止非柜面业务、暂停新业务、限制入网等措施。对上述认定和措施有异议的，可以提出申诉，有关部门应当建立健全申诉渠道、信用修复和救济制度。具体办法由国务院公安部门会同有关主管部门规定。

第三十二条　国家支持电信业务经营者、银行业金融机构、非银行支付机构、互联网服务提供者研究开发有关电信网络诈骗反制技术，用于监测识别、动态封堵和处置涉诈异常信息、活动。

国务院公安部门、金融管理部门、电信主管部门和国家网信部门等应当统筹负责本行业领域反制技术措施建设,推进涉电信网络诈骗样本信息数据共享,加强涉诈用户信息交叉核验,建立有关涉诈异常信息、活动的监测识别、动态封堵和处置机制。

依据本法第十一条、第十二条、第十八条、第二十二条和前款规定,对涉诈异常情形采取限制、暂停服务等处置措施的,应当告知处置原因、救济渠道及需要提交的资料等事项,被处置对象可以向作出决定或者采取措施的部门、单位提出申诉。作出决定的部门、单位应当建立完善申诉渠道,及时受理申诉并核查,核查通过的,应当即时解除有关措施。

第三十三条 国家推进网络身份认证公共服务建设,支持个人、企业自愿使用,电信业务经营者、银行业金融机构、非银行支付机构、互联网服务提供者对存在涉诈异常的电话卡、银行账户、支付账户、互联网账号,可以通过国家网络身份认证公共服务对用户身份重新进行核验。

第三十四条 公安机关应当会同金融、电信、网信部门组织银行业金融机构、非银行支付机构、电信业务经营者、互联网服务提供者等建立预警劝阻系统,对预警发现的潜在被害人,根据情况及时采取相应劝阻措施。对电信网络诈骗案件应当加强追赃挽损,完善涉案资金处置制度,及时返还被害人的合法财产。对遭受重大生活困难的被害人,符合国家有关救助条件的,有关方面依照规定给予救助。

第三十五条 经国务院反电信网络诈骗工作机制决定或者批准,公安、金融、电信等部门对电信网络诈骗活动严重的特定地区,可以依照国家有关规定采取必要的临时风险防范措施。

第三十六条 对前往电信网络诈骗活动严重地区的人员,出境活动存在重大涉电信网络诈骗活动嫌疑的,移民管理机构可以决定不准其出境。

因从事电信网络诈骗活动受过刑事处罚的人员,设区的市级以上公安机关可以根据犯罪情况和预防再犯罪的需要,决定自处罚完毕之日起六个月至三年以内不准其出境,并通知移民管理机构执行。

第三十七条 国务院公安部门等会同外交部门加强国际执法司法合作,与有关国家、地区、国际组织建立有效合作机制,通过开展国际警务合作等方式,提升在信息交流、调查取证、侦查抓捕、追赃挽损等方面的合作水平,有效打击遏制跨境电信网络诈骗活动。

第六章　法 律 责 任

第三十八条　条组织、策划、实施、参与电信网络诈骗活动或者为电信网络诈骗活动提供帮助，构成犯罪的，依法追究刑事责任。

前款行为尚不构成犯罪的，由公安机关处十日以上十五日以下拘留；没收违法所得，处违法所得一倍以上十倍以下罚款，没有违法所得或者违法所得不足一万元的，处十万元以下罚款。

第三十九条　电信业务经营者违反本法规定，有下列情形之一的，由有关主管部门责令改正，情节较轻的，给予警告、通报批评，或者处五万元以上五十万元以下罚款；情节严重的，处五十万元以上五百万元以下罚款，并可以由有关主管部门责令暂停相关业务、停业整顿、吊销相关业务许可证或者吊销营业执照，对其直接负责的主管人员和其他直接责任人员，处一万元以上二十万元以下罚款：

（一）未落实国家有关规定确定的反电信网络诈骗内部控制机制的；

（二）未履行电话卡、物联网卡实名制登记职责的；

（三）未履行对电话卡、物联网卡的监测识别、监测预警和相关处置职责的；

（四）未对物联网卡用户进行风险评估，或者未限定物联网卡的开通功能、使用场景和适用设备的；

（五）未采取措施对改号电话、虚假主叫或者具有相应功能的非法设备进行监测处置的。

第四十条　银行业金融机构、非银行支付机构违反本法规定，有下列情形之一的，由有关主管部门责令改正，情节较轻的，给予警告、通报批评，或者处五万元以上五十万元以下罚款；情节严重的，处五十万元以上五百万元以下罚款，并可以由有关主管部门责令停止新增业务、缩减业务类型或者业务范围、暂停相关业务、停业整顿、吊销相关业务许可证或者吊销营业执照，对其直接负责的主管人员和其他直接责任人员，处一万元以上二十万元以下罚款：

（一）未落实国家有关规定确定的反电信网络诈骗内部控制机制的；

（二）未履行尽职调查义务和有关风险管理措施的；

（三）未履行对异常账户、可疑交易的风险监测和相关处置义务的；

（四）未按照规定完整、准确传输有关交易信息的。

第四十一条　电信业务经营者、互联网服务提供者违反本法规定，有下列情形之一的，由有关主管部门责令改正，情节较轻的，给予警告、通报批评，或者处五万元以上五十万元以下罚款;情节严重的,处五十万元以上五百万元以下罚款,并可以由有关主管部门责令暂停相关业务、停业整顿、关闭网站或者应用程序、吊销相关业务许可证或者吊销营业执照,对其直接负责的主管人员和其他直接责任人员,处一万元以上二十万元以下罚款:

(一)未落实国家有关规定确定的反电信网络诈骗内部控制机制的;

(二)未履行网络服务实名制职责,或者未对涉案、涉诈电话卡关联注册互联网账号进行核验的;

(三)未按照国家有关规定,核验域名注册、解析信息和互联网协议地址的真实性、准确性,规范域名跳转,或者记录并留存所提供相应服务的日志信息的;

(四)未登记核验移动互联网应用程序开发运营者的真实身份信息或者未核验应用程序的功能、用途,为其提供应用程序封装、分发服务的;

(五)未履行对涉诈互联网账号和应用程序,以及其他电信网络诈骗信息、活动的监测识别和处置义务的;

(六)拒不依法为查处电信网络诈骗犯罪提供技术支持和协助,或者未按规定移送有关违法犯罪线索、风险信息的。

第四十二条 违反本法第十四条、第二十五条第一款规定的,没收违法所得,由公安机关或者有关主管部门处违法所得一倍以上十倍以下罚款,没有违法所得或者违法所得不足五万元的,处五十万元以下罚款;情节严重的,由公安机关并处十五日以下拘留。

第四十三条 违反本法第二十五条第二款规定,由有关主管部门责令改正,情节较轻的,给予警告、通报批评,或者处五万元以上五十万元以下罚款;情节严重的,处五十万元以上五百万元以下罚款,并可以由有关主管部门责令暂停相关业务、停业整顿、关闭网站或者应用程序,对其直接负责的主管人员和其他直接责任人员,处一万元以上二十万元以下罚款。

第四十四条 违反本法第三十一条第一款规定的,没收违法所得,由公安机关处违法所得一倍以上十倍以下罚款,没有违法所得或者违法所得不足二万元的,处二十万元以下罚款;情节严重的,并处十五日以下拘留。

第四十五条 反电信网络诈骗工作有关部门、单位的工作人员滥用职权、玩忽职守、徇私舞弊,或者有其他违反本法规定行为,构成犯罪的,依法追究刑事责任。

第四十六条 组织、策划、实施、参与电信网络诈骗活动或者为电信网络诈骗活动提供相关帮助的违法犯罪人员,除依法承担刑事责任、行政责任以外,造成他人损害的，依照《中华人民共和国民法典》等法律的规定承担民事责任。

电信业务经营者、银行业金融机构、非银行支付机构、互联网服务提供者等违反本法规定，造成他人损害的，依照《中华人民共和国民法典》等法律的规定承担民事责任。

第四十七条　人民检察院在履行反电信网络诈骗职责中，对于侵害国家利益和社会公共利益的行为，可以依法向人民法院提起公益诉讼。

第四十八条　有关单位和个人对依照本法作出的行政处罚和行政强制措施决定不服的，可以依法申请行政复议或者提起行政诉讼。

第七章　附　　则

第四十九条　反电信网络诈骗工作涉及的有关管理和责任制度，本法没有规定的，适用《中华人民共和国网络安全法》、《中华人民共和国个人信息保护法》、《中华人民共和国反洗钱法》等相关法律规定。

第五十条　本法自2022年12月1日起施行。

中华人民共和国刑法（节录）

（2020年12月26日修正　中华人民共和国主席令第66号）

第六条　【属地管辖权】凡在中华人民共和国领域内犯罪的，除法律有特别规定的以外，都适用本法。

凡在中华人民共和国船舶或者航空器内犯罪的，也适用本法。

犯罪的行为或者结果有一项发生在中华人民共和国领域内的，就认为是在中华人民共和国领域内犯罪。

第七条　【属人管辖权】中华人民共和国公民在中华人民共和国领域外犯本法规定之罪的，适用本法，但是按本法规定的最高刑为三年以下有期徒刑的，可以不予追究。

中华人民共和国国家工作人员和军人在中华人民共和国领域外犯本法规定之罪的，适用本法。

第八条　【保护管辖权】外国人在中华人民共和国领域外对中华人民共和国国家或者公民犯罪，而按本法规定的最低刑为三年以上有期徒刑的，可以适用本法，但是按照犯罪地的法律不受处罚的除外。

第九条 【普遍管辖权】对于中华人民共和国缔结或者参加的国际条约所规定的罪行,中华人民共和国在所承担条约义务的范围内行使刑事管辖权的,适用本法。

第十条 【对外国刑事判决的消极承认】凡在中华人民共和国领域外犯罪,依照本法应当负刑事责任的,虽然经过外国审判,仍然可以依照本法追究,但是在外国已经受过刑罚处罚的,可以免除或者减轻处罚。

第十七条 【刑事责任年龄】已满十六周岁的人犯罪,应当负刑事责任。

已满十四周岁不满十六周岁的人,犯故意杀人、故意伤害致人重伤或者死亡、强奸、抢劫、贩卖毒品、放火、爆炸、投放危险物质罪的,应当负刑事责任。

已满十二周岁不满十四周岁的人,犯故意杀人、故意伤害罪,致人死亡或者以特别残忍手段致人重伤造成严重残疾,情节恶劣,经最高人民检察院核准追诉的,应当负刑事责任。

对依照前三款规定追究刑事责任的不满十八周岁的人,应当从轻或者减轻处罚。

因不满十六周岁不予刑事处罚的,责令其父母或者其他监护人加以管教;在必要的时候,依法进行专门矫治教育。

第二十二条 【犯罪预备】为了犯罪,准备工具、制造条件的,是犯罪预备。

对于预备犯,可以比照既遂犯从轻、减轻处罚或者免除处罚。

第二十三条 【犯罪未遂】已经着手实行犯罪,由于犯罪分子意志以外的原因而未得逞的,是犯罪未遂。

对于未遂犯,可以比照既遂犯从轻或者减轻处罚。

第二十四条 【犯罪中止】在犯罪过程中,自动放弃犯罪或者自动有效地防止犯罪结果发生的,是犯罪中止。

对于中止犯,没有造成损害的,应当免除处罚;造成损害的,应当减轻处罚。

第二十五条 【共同犯罪的概念】共同犯罪是指二人以上共同故意犯罪。

二人以上共同过失犯罪,不以共同犯罪论处;应当负刑事责任的,按照他们所犯的罪分别处罚。

第二十六条 【主犯】组织、领导犯罪集团进行犯罪活动的或者在共同犯罪中起主要作用的,是主犯。

三人以上为共同实施犯罪而组成的较为固定的犯罪组织,是犯罪集团。

对组织、领导犯罪集团的首要分子,按照集团所犯的全部罪行处罚。

对于第三款规定以外的主犯，应当按照其所参与的或者组织、指挥的全部犯罪处罚。

第二十七条　【从犯】在共同犯罪中起次要或者辅助作用的，是从犯。

对于从犯，应当从轻、减轻处罚或者免除处罚。

第二十八条　【胁从犯】对于被胁迫参加犯罪的，应当按照他的犯罪情节减轻处罚或者免除处罚。

第二十九条　【教唆犯】教唆他人犯罪的，应当按照他在共同犯罪中所起的作用处罚。教唆不满十八周岁的人犯罪的，应当从重处罚。

如果被教唆的人没有犯被教唆的罪，对于教唆犯，可以从轻或者减轻处罚。

第三十条　【单位负刑事责任的范围】公司、企业、事业单位、机关、团体实施的危害社会的行为，法律规定为单位犯罪的，应当负刑事责任。

第三十一条　【单位犯罪的处罚原则】单位犯罪的，对单位判处罚金，并对其直接负责的主管人员和其他直接责任人员判处刑罚。本法分则和其他法律另有规定的，依照规定。

第三十二条　【主刑和附加刑】刑罚分为主刑和附加刑。

第三十三条　【主刑种类】主刑的种类如下：

（一）管制；

（二）拘役；

（三）有期徒刑；

（四）无期徒刑；

（五）死刑。

第三十四条　【附加刑种类】附加刑的种类如下：

（一）罚金；

（二）剥夺政治权利；

（三）没收财产。

附加刑也可以独立适用。

第三十五条　【驱逐出境】对于犯罪的外国人，可以独立适用或者附加适用驱逐出境。

第三十六条　【赔偿经济损失与民事优先原则】由于犯罪行为而使被害人遭受经济损失的，对犯罪分子除依法给予刑事处罚外，并应根据情况判处赔偿经济损失。

承担民事赔偿责任的犯罪分子，同时被判处罚金，其财产不足以全部支付的，或者被判处没收财产的，应当先承担对被害人的民事赔偿责任。

第三十七条　【非刑罚性处置措施】对于犯罪情节轻微不需要判处刑罚的，可以免予刑事处罚，但是可以根据案件的不同情况，予以训诫或者责令具结悔过、赔礼道歉、赔偿损失，或者由主管部门予以行政处罚或者行政处分。

第三十七条之一　【禁业规定】因利用职业便利实施犯罪，或者实施违背职业要求的特定义务的犯罪被判处刑罚的，人民法院可以根据犯罪情况和预防再犯罪的需要，禁止其自刑罚执行完毕之日或者假释之日起从事相关职业，期限为三年至五年。

被禁止从事相关职业的人违反人民法院依照前款规定作出的决定的，由公安机关依法给予处罚；情节严重的，依照本法第三百一十三条的规定定罪处罚。

其他法律、行政法规对其从事相关职业另有禁止或者限制性规定的，从其规定。

第四十五条　【有期徒刑的期限】有期徒刑的期限，除本法第五十条、第六十九条规定外，为六个月以上十五年以下。

第四十六条　【有期徒刑与无期徒刑的执行】被判处有期徒刑、无期徒刑的犯罪分子，在监狱或者其他执行场所执行；凡有劳动能力的，都应当参加劳动，接受教育和改造。

第四十七条　【有期徒刑刑期的计算与折抵】有期徒刑的刑期，从判决执行之日起计算；判决执行以前先行羁押的，羁押一日折抵刑期一日。

第五十二条　【罚金数额的裁量】判处罚金，应当根据犯罪情节决定罚金数额。

第五十三条　【罚金的缴纳】罚金在判决指定的期限内一次或者分期缴纳。期满不缴纳的，强制缴纳。对于不能全部缴纳罚金的，人民法院在任何时候发现被执行人有可以执行的财产，应当随时追缴。

由于遭遇不能抗拒的灾祸等原因缴纳确实有困难的，经人民法院裁定，可以延期缴纳、酌情减少或者免除。

第五十九条　【没收财产的范围】没收财产是没收犯罪分子个人所有财产的一部或者全部。没收全部财产的，应当对犯罪分子个人及其扶养的家属保留必需的生活费用。

在判处没收财产的时候，不得没收属于犯罪分子家属所有或者应有的财产。

第六十条　【以没收的财产偿还债务】没收财产以前犯罪分子所负的正当债

务，需要以没收的财产偿还的，经债权人请求，应当偿还。

第六十四条　【犯罪物品的处理】犯罪分子违法所得的一切财物，应当予以追缴或者责令退赔；对被害人的合法财产，应当及时返还；违禁品和供犯罪所用的本人财物，应当予以没收。没收的财物和罚金，一律上缴国库，不得挪用和自行处理。

第六十五条　【一般累犯】被判处有期徒刑以上刑罚的犯罪分子，刑罚执行完毕或者赦免以后，在五年以内再犯应当判处有期徒刑以上刑罚之罪的，是累犯，应当从重处罚，但是过失犯罪和不满十八周岁的人犯罪的除外。

前款规定的期限，对于被假释的犯罪分子，从假释期满之日起计算。

第六十七条　【自首】犯罪以后自动投案，如实供述自己的罪行的，是自首。对于自首的犯罪分子，可以从轻或者减轻处罚。其中，犯罪较轻的，可以免除处罚。

被采取强制措施的犯罪嫌疑人、被告人和正在服刑的罪犯，如实供述司法机关还未掌握的本人其他罪行的，以自首论。

犯罪嫌疑人虽不具有前两款规定的自首情节，但是如实供述自己罪行的，可以从轻处罚；因其如实供述自己罪行，避免特别严重后果发生的，可以减轻处罚。

第六十八条　【立功】犯罪分子有揭发他人犯罪行为，查证属实的，或者提供重要线索，从而得以侦破其他案件等立功表现的，可以从轻或者减轻处罚；有重大立功表现的，可以减轻或者免除处罚。

第六十九条　【数罪并罚的一般原则】判决宣告以前一人犯数罪的，除判处死刑和无期徒刑的以外，应当在总和刑期以下、数刑中最高刑期以上，酌情决定执行的刑期，但是管制最高不能超过三年，拘役最高不能超过一年，有期徒刑总和刑期不满三十五年的，最高不能超过二十年，总和刑期在三十五年以上的，最高不能超过二十五年。

数罪中有判处有期徒刑和拘役的，执行有期徒刑。数罪中有判处有期徒刑和管制，或者拘役和管制的，有期徒刑、拘役执行完毕后，管制仍须执行。

数罪中有判处附加刑的，附加刑仍须执行，其中附加刑种类相同的，合并执行，种类不同的，分别执行。

第七十条　【判决宣告后发现漏罪的并罚】判决宣告以后，刑罚执行完毕以前，发现被判刑的犯罪分子在判决宣告以前还有其他罪没有判决的，应当对新发现的罪作出判决，把前后两个判决所判处的刑罚，依照本法第六十九条的规定，决定执行的刑罚。已经执行的刑期，应当计算在新判决决定的刑期以内。

第七十一条　【判决宣告后又犯新罪的并罚】判决宣告以后，刑罚执行完毕以前,被判刑的犯罪分子又犯罪的,应当对新犯的罪作出判决,把前罪没有执行的刑罚和后罪所判处的刑罚,依照本法第六十九条的规定,决定执行的刑罚。

第七十二条 【适用条件】对于被判处拘役、三年以下有期徒刑的犯罪分子,同时符合下列条件的,可以宣告缓刑,对其中不满十八周岁的人、怀孕的妇女和已满七十五周岁的人,应当宣告缓刑:

(一)犯罪情节较轻;

(二)有悔罪表现;

(三)没有再犯罪的危险;

(四)宣告缓刑对所居住社区没有重大不良影响。

宣告缓刑,可以根据犯罪情况,同时禁止犯罪分子在缓刑考验期限内从事特定活动,进入特定区域、场所,接触特定的人。

被宣告缓刑的犯罪分子,如果被判处附加刑,附加刑仍须执行。

第七十三条 【考验期限】拘役的缓刑考验期限为原判刑期以上一年以下,但是不能少于二个月。

有期徒刑的缓刑考验期限为原判刑期以上五年以下,但是不能少于一年。

缓刑考验期限,从判决确定之日起计算。

第七十四条 【累犯不适用缓刑】对于累犯和犯罪集团的首要分子,不适用缓刑。

第七十五条 【缓刑犯应遵守的规定】被宣告缓刑的犯罪分子,应当遵守下列规定:

(一)遵守法律、行政法规,服从监督;

(二)按照考察机关的规定报告自己的活动情况;

(三)遵守考察机关关于会客的规定;

(四)离开所居住的市、县或者迁居,应当报经考察机关批准。

第七十六条 【缓刑的考验及其积极后果】对宣告缓刑的犯罪分子,在缓刑考验期限内,依法实行社区矫正,如果没有本法第七十七条规定的情形,缓刑考验期满,原判的刑罚就不再执行,并公开予以宣告。

第七十七条 【缓刑的撤销及其处理】被宣告缓刑的犯罪分子,在缓刑考验期限内犯新罪或者发现判决宣告以前还有其他罪没有判决的,应当撤销缓刑,对新犯的罪或者新发现的罪作出判决,把前罪和后罪所判处的刑罚,依照本法第六十九条的规定,决定执行的刑罚。

被宣告缓刑的犯罪分子，在缓刑考验期限内，违反法律、行政法规或者国务院有关部门关于缓刑的监督管理规定，或者违反人民法院判决中的禁止令，情节严重的，应当撤销缓刑，执行原判刑罚。

第九十三条　【国家工作人员的范围】本法所称国家工作人员，是指国家机关中从事公务的人员。

国有公司、企业、事业单位、人民团体中从事公务的人员和国家机关、国有公司、企业、事业单位委派到非国有公司、企业、事业单位、社会团体从事公务的人员，以及其他依照法律从事公务的人员，以国家工作人员论。

第九十六条　【违反国家规定之含义】本法所称违反国家规定，是指违反全国人民代表大会及其常务委员会制定的法律和决定，国务院制定的行政法规、规定的行政措施、发布的决定和命令。

第九十七条　【首要分子的范围】本法所称首要分子，是指在犯罪集团或者聚众犯罪中起组织、策划、指挥作用的犯罪分子。

第九十九条　【以上、以下、以内之界定】本法所称以上、以下、以内，包括本数。

第一百条　【前科报告制度】依法受过刑事处罚的人，在入伍、就业的时候，应当如实向有关单位报告自己曾受过刑事处罚，不得隐瞒。

犯罪的时候不满十八周岁被判处五年有期徒刑以下刑罚的人，免除前款规定的报告义务。

第一百七十四条　【擅自设立金融机构罪】未经国家有关主管部门批准，擅自设立商业银行、证券交易所、期货交易所、证券公司、期货经纪公司、保险公司或者其他金融机构的，处三年以下有期徒刑或者拘役，并处或者单处二万元以上二十万元以下罚金；情节严重的，处三年以上十年以下有期徒刑，并处五万元以上五十万元以下罚金。

【伪造、变造、转让金融机构经营许可证、批准文件罪】伪造、变造、转让商业银行、证券交易所、期货交易所、证券公司、期货经纪公司、保险公司或者其他金融机构的经营许可证或者批准文件的，依照前款的规定处罚。

单位犯前两款罪的，对单位判处罚金，并对其直接负责的主管人员和其他直接责任人员，依照第一款的规定处罚。

第一百七十七条　【伪造、变造金融票证罪】有下列情形之一，伪造、变造金融票证的，处五年以下有期徒刑或者拘役，并处或者单处二万元以上二十万元以下罚金；情节严重的，处五年以上十年以下有期徒刑，并处五万元以上五十万元以下罚

金;情节特别严重的,处十年以上有期徒刑或者无期徒刑,并处五万元以上五十万元以下罚金或者没收财产:

(一)伪造、变造汇票、本票、支票的;

(二)伪造、变造委托收款凭证、汇款凭证、银行存单等其他银行结算凭证的;

(三)伪造、变造信用证或者附随的单据、文件的;

(四)伪造信用卡的。

单位犯前款罪的,对单位判处罚金,并对其直接负责的主管人员和其他直接责任人员,依照前款的规定处罚。

第一百七十七条之一 【妨害信用卡管理罪】有下列情形之一,妨害信用卡管理的,处三年以下有期徒刑或者拘役,并处或者单处一万元以上十万元以下罚金;数量巨大或者有其他严重情节的,处三年以上十年以下有期徒刑,并处二万元以上二十万元以下罚金:

(一)明知是伪造的信用卡而持有、运输的,或者明知是伪造的空白信用卡而持有、运输,数量较大的;

(二)非法持有他人信用卡,数量较大的;

(三)使用虚假的身份证明骗领信用卡的;

(四)出售、购买、为他人提供伪造的信用卡或者以虚假的身份证明骗领的信用卡的。

【窃取、收买、非法提供信用卡信息罪】窃取、收买或者非法提供他人信用卡信息资料的,依照前款规定处罚。

银行或者其他金融机构的工作人员利用职务上的便利,犯第二款罪的,从重处罚。

第一百九十一条 【洗钱罪】为掩饰、隐瞒毒品犯罪、黑社会性质的组织犯罪、恐怖活动犯罪、走私犯罪、贪污贿赂犯罪、破坏金融管理秩序犯罪、金融诈骗犯罪的所得及其产生的收益的来源和性质,有下列行为之一的,没收实施以上犯罪的所得及其产生的收益,处五年以下有期徒刑或者拘役,并处或者单处罚金;情节严重的,处五年以上十年以下有期徒刑,并处罚金:

(一)提供资金帐户的;

(二)将财产转换为现金、金融票据、有价证券的;

(三)通过转帐或者其他支付结算方式转移资金的;

(四)跨境转移资产的;

（五）以其他方法掩饰、隐瞒犯罪所得及其收益的来源和性质的。

单位犯前款罪的，对单位判处罚金，并对其直接负责的主管人员和其他直接责任人员，依照前款的规定处罚。

第一百九十二条　【集资诈骗罪】以非法占有为目的，使用诈骗方法非法集资，数额较大的，处三年以上七年以下有期徒刑，并处罚金；数额巨大或者有其他严重情节的，处七年以上有期徒刑或者无期徒刑，并处罚金或者没收财产。

单位犯前款罪的，对单位判处罚金，并对其直接负责的主管人员和其他直接责任人员，依照前款的规定处罚。

第一百九十三条　【贷款诈骗罪】有下列情形之一，以非法占有为目的，诈骗银行或者其他金融机构的贷款，数额较大的，处五年以下有期徒刑或者拘役，并处二万元以上二十万元以下罚金；数额巨大或者有其他严重情节的，处五年以上十年以下有期徒刑，并处五万元以上五十万元以下罚金；数额特别巨大或者有其他特别严重情节的，处十年以上有期徒刑或者无期徒刑，并处五万元以上五十万元以下罚金或者没收财产：

（一）编造引进资金、项目等虚假理由的；

（二）使用虚假的经济合同的；

（三）使用虚假的证明文件的；

（四）使用虚假的产权证明作担保或者超出抵押物价值重复担保的；

（五）以其他方法诈骗贷款的。

第一百九十四条　【票据诈骗罪】有下列情形之一，进行金融票据诈骗活动，数额较大的，处五年以下有期徒刑或者拘役，并处二万元以上二十万元以下罚金；数额巨大或者有其他严重情节的，处五年以上十年以下有期徒刑，并处五万元以上五十万元以下罚金；数额特别巨大或者有其他特别严重情节的，处十年以上有期徒刑或者无期徒刑，并处五万元以上五十万元以下罚金或者没收财产：

（一）明知是伪造、变造的汇票、本票、支票而使用的；

（二）明知是作废的汇票、本票、支票而使用的；

（三）冒用他人的汇票、本票、支票的；

（四）签发空头支票或者与其预留印鉴不符的支票，骗取财物的；

（五）汇票、本票的出票人签发无资金保证的汇票、本票或者在出票时作虚假记载，骗取财物的。

【金融凭证诈骗罪】使用伪造、变造的委托收款凭证、汇款凭证、银行存单等其他银行结算凭证的,依照前款的规定处罚。

第一百九十五条 **【信用证诈骗罪】**有下列情形之一,进行信用证诈骗活动的,处五年以下有期徒刑或者拘役,并处二万元以上二十万元以下罚金;数额巨大或者有其他严重情节的,处五年以上十年以下有期徒刑,并处五万元以上五十万元以下罚金;数额特别巨大或者有其他特别严重情节的,处十年以上有期徒刑或者无期徒刑,并处五万元以上五十万元以下罚金或者没收财产:

(一)使用伪造、变造的信用证或者附随的单据、文件的;

(二)使用作废的信用证的;

(三)骗取信用证的;

(四)以其他方法进行信用证诈骗活动的。

第一百九十六条 **【信用卡诈骗罪】**有下列情形之一,进行信用卡诈骗活动,数额较大的,处五年以下有期徒刑或者拘役,并处二万元以上二十万元以下罚金;数额巨大或者有其他严重情节的,处五年以上十年以下有期徒刑,并处五万元以上五十万元以下罚金;数额特别巨大或者有其他特别严重情节的,处十年以上有期徒刑或者无期徒刑,并处五万元以上五十万元以下罚金或者没收财产:

(一)使用伪造的信用卡,或者使用以虚假的身份证明骗领的信用卡的;

(二)使用作废的信用卡的;

(三)冒用他人信用卡的;

(四)恶意透支的。

前款所称恶意透支,是指持卡人以非法占有为目的,超过规定限额或者规定期限透支,并且经发卡银行催收后仍不归还的行为。

【盗窃罪】盗窃信用卡并使用的,依照本法第二百六十四条的规定定罪处罚。

第一百九十七条 **【有价证券诈骗罪】**使用伪造、变造的国库券或者国家发行的其他有价证券,进行诈骗活动,数额较大的,处五年以下有期徒刑或者拘役,并处二万元以上二十万元以下罚金;数额巨大或者有其他严重情节的,处五年以上十年以下有期徒刑,并处五万元以上五十万元以下罚金;数额特别巨大或者有其他特别严重情节的,处十年以上有期徒刑或者无期徒刑,并处五万元以上五十万元以下罚金或者没收财产。

第二百二十四条 **【合同诈骗罪】**有下列情形之一,以非法占有为目的,在签订、履行合同过程中,骗取对方当事人财物,数额较大的,处三年以下有期徒刑或者拘役,并处或者单处罚金;数额巨大或者有其他严重情节的,处三年以上十年以下有期徒刑，并处罚金；数额特别巨大或者有其他特别严重情节的，处十年以上有期徒刑或者无期徒刑，并处罚金或者没收财产：

（一）以虚构的单位或者冒用他人名义签订合同的；

（二）以伪造、变造、作废的票据或者其他虚假的产权证明作担保的；

（三）没有实际履行能力，以先履行小额合同或者部分履行合同的方法，诱骗对方当事人继续签订和履行合同的；

（四）收受对方当事人给付的货物、货款、预付款或者担保财产后逃匿的；

（五）以其他方法骗取对方当事人财物的。

第二百二十五条　【非法经营罪】违反国家规定，有下列非法经营行为之一，扰乱市场秩序，情节严重的，处五年以下有期徒刑或者拘役，并处或者单处违法所得一倍以上五倍以下罚金；情节特别严重的，处五年以上有期徒刑，并处违法所得一倍以上五倍以下罚金或者没收财产：

（一）未经许可经营法律、行政法规规定的专营、专卖物品或者其他限制买卖的物品的；

（二）买卖进出口许可证、进出口原产地证明以及其他法律、行政法规规定的经营许可证或者批准文件的；

（三）未经国家有关主管部门批准非法经营证券、期货、保险业务的，或者非法从事资金支付结算业务的；

（四）其他严重扰乱市场秩序的非法经营行为。

第二百五十三条之一　【侵犯公民个人信息罪】违反国家有关规定，向他人出售或者提供公民个人信息，情节严重的，处三年以下有期徒刑或者拘役，并处或者单处罚金；情节特别严重的，处三年以上七年以下有期徒刑，并处罚金。

违反国家有关规定，将在履行职责或者提供服务过程中获得的公民个人信息，出售或者提供给他人的，依照前款的规定从重处罚。

窃取或者以其他方法非法获取公民个人信息的，依照第一款的规定处罚。

单位犯前三款罪的，对单位判处罚金，并对其直接负责的主管人员和其他直接责任人员，依照各该款的规定处罚。

第二百六十四条　【盗窃罪】盗窃公私财物，数额较大的，或者多次盗窃、入户盗窃、携带凶器盗窃、扒窃的，处三年以下有期徒刑、拘役或者管制，并处或者单处罚金；数额巨大或者有其他严重情节的，处三年以上十年以下有期徒刑，并处罚金；数额特别巨大或者有其他特别严重情节的，处十年以上有期徒刑或者无期徒刑，并处罚金或者没收财产。

第二百六十五条 **【盗窃罪】**以牟利为目的,盗接他人通信线路、复制他人电信码号或者明知是盗接、复制的电信设备、设施而使用的,依照本法第二百六十四条的规定定罪处罚。

第二百六十六条 **【诈骗罪】**诈骗公私财物,数额较大的,处三年以下有期徒刑、拘役或者管制,并处或者单处罚金;数额巨大或者有其他严重情节的,处三年以上十年以下有期徒刑,并处罚金;数额特别巨大或者有其他特别严重情节的,处十年以上有期徒刑或者无期徒刑,并处罚金或者没收财产。本法另有规定的,依照规定。

第二百七十九条 **【招摇撞骗罪】**冒充国家机关工作人员招摇撞骗的,处三年以下有期徒刑、拘役、管制或者剥夺政治权利;情节严重的,处三年以上十年以下有期徒刑。

冒充人民警察招摇撞骗的,依照前款的规定从重处罚。

第二百八十条 **【伪造、变造、买卖国家机关公文、证件、印章罪】【盗窃、抢夺、毁灭国家机关公文、证件、印章罪】**伪造、变造、买卖或者盗窃、抢夺、毁灭国家机关的公文、证件、印章的,处三年以下有期徒刑、拘役、管制或者剥夺政治权利,并处罚金;情节严重的,处三年以上十年以下有期徒刑,并处罚金。

【伪造公司、企业、事业单位、人民团体印章罪】伪造公司、企业、事业单位、人民团体的印章的,处三年以下有期徒刑、拘役、管制或者剥夺政治权利,并处罚金。

【伪造、变造、买卖身份证件罪】伪造、变造、买卖居民身份证、护照、社会保障卡、驾驶证等依法可以用于证明身份的证件的,处三年以下有期徒刑、拘役、管制或者剥夺政治权利,并处罚金;情节严重的,处三年以上七年以下有期徒刑,并处罚金。

第二百八十条之一 **【使用虚假身份证件、盗用身份证件罪】**在依照国家规定应当提供身份证明的活动中,使用伪造、变造的或者盗用他人的居民身份证、护照、社会保障卡、驾驶证等依法可以用于证明身份的证件,情节严重的,处拘役或者管制,并处或者单处罚金。

有前款行为,同时构成其他犯罪的,依照处罚较重的规定定罪处罚。

第二百八十五条 **【非法侵入计算机信息系统罪】**违反国家规定,侵入国家事务、国防建设、尖端科学技术领域的计算机信息系统的,处三年以下有期徒刑或者拘役。

【非法获取计算机信息系统数据、非法控制计算机信息系统罪】违反国家规定,侵入前款规定以外的计算机信息系统或者采用其他技术手段，获取该计算机信息系统中存储、处理或者传输的数据，或者对该计算机信息系统实施非法控制，情节严重的，处三年以下有期徒刑或者拘役，并处或者单处罚金；情节特别严重的，处三年以上七年以下有期徒刑，并处罚金。

【提供侵入、非法控制计算机信息系统程序、工具罪】提供专门用于侵入、非法控制计算机信息系统的程序、工具，或者明知他人实施侵入、非法控制计算机信息系统的违法犯罪行为而为其提供程序、工具，情节严重的，依照前款的规定处罚。

单位犯前三款罪的，对单位判处罚金，并对其直接负责的主管人员和其他直接责任人员，依照各该款的规定处罚。

第二百八十六条　【破坏计算机信息系统罪】违反国家规定，对计算机信息系统功能进行删除、修改、增加、干扰，造成计算机信息系统不能正常运行，后果严重的，处五年以下有期徒刑或者拘役；后果特别严重的，处五年以上有期徒刑。

违反国家规定，对计算机信息系统中存储、处理或者传输的数据和应用程序进行删除、修改、增加的操作，后果严重的，依照前款的规定处罚。

故意制作、传播计算机病毒等破坏性程序，影响计算机系统正常运行，后果严重的，依照第一款的规定处罚。

单位犯前三款罪的，对单位判处罚金，并对其直接负责的主管人员和其他直接责任人员，依照第一款的规定处罚。

第二百八十六条之一　【拒不履行信息网络安全管理义务罪】网络服务提供者不履行法律、行政法规规定的信息网络安全管理义务，经监管部门责令采取改正措施而拒不改正，有下列情形之一的，处三年以下有期徒刑、拘役或者管制，并处或者单处罚金：

（一）致使违法信息大量传播的；

（二）致使用户信息泄露，造成严重后果的；

（三）致使刑事案件证据灭失，情节严重的；

（四）有其他严重情节的。

单位犯前款罪的，对单位判处罚金，并对其直接负责的主管人员和其他直接责任人员，依照前款的规定处罚。

有前两款行为，同时构成其他犯罪的，依照处罚较重的规定定罪处罚。

第二百八十七条　【利用计算机实施犯罪的提示性规定】利用计算机实施金融诈骗、盗窃、贪污、挪用公款、窃取国家秘密或者其他犯罪的，依照本法有关规定定罪处罚。

第二百八十七条之一 【非法利用信息网络罪】利用信息网络实施下列行为之一，情节严重的，处三年以下有期徒刑或者拘役，并处或者单处罚金：

（一）设立用于实施诈骗、传授犯罪方法、制作或者销售违禁物品、管制物品等违法犯罪活动的网站、通讯群组的；

（二）发布有关制作或者销售毒品、枪支、淫秽物品等违禁物品、管制物品或者其他违法犯罪信息的；

（三）为实施诈骗等违法犯罪活动发布信息的。

单位犯前款罪的，对单位判处罚金，并对其直接负责的主管人员和其他直接责任人员，依照第一款的规定处罚。

有前两款行为，同时构成其他犯罪的，依照处罚较重的规定定罪处罚。

第二百八十七条之二 【帮助信息网络犯罪活动罪】明知他人利用信息网络实施犯罪，为其犯罪提供互联网接入、服务器托管、网络存储、通讯传输等技术支持，或者提供广告推广、支付结算等帮助，情节严重的，处三年以下有期徒刑或者拘役，并处或者单处罚金。

单位犯前款罪的，对单位判处罚金，并对其直接负责的主管人员和其他直接责任人员，依照第一款的规定处罚。

有前两款行为，同时构成其他犯罪的，依照处罚较重的规定定罪处罚。

第二百八十八条 【扰乱无线电通讯管理秩序罪】违反国家规定，擅自设置、使用无线电台（站），或者擅自使用无线电频率，干扰无线电通讯秩序，情节严重的，处三年以下有期徒刑、拘役或者管制，并处或者单处罚金；情节特别严重的，处三年以上七年以下有期徒刑，并处罚金。

单位犯前款罪的，对单位判处罚金，并对其直接负责的主管人员和其他直接责任人员，依照前款的规定处罚。

第二百九十五条 【传授犯罪方法罪】传授犯罪方法的，处五年以下有期徒刑、拘役或者管制；情节严重的，处五年以上十年以下有期徒刑；情节特别严重的，处十年以上有期徒刑或者无期徒刑。

第三百零三条 【赌博罪】以营利为目的，聚众赌博或者以赌博为业的，处三年以下有期徒刑、拘役或者管制，并处罚金。

【开设赌场罪】开设赌场的，处五年以下有期徒刑、拘役或者管制，并处罚金；情节严重的，处五年以上十年以下有期徒刑，并处罚金。

【组织参与国(境)外赌博罪】组织中华人民共和国公民参与国(境)外赌博,数额巨大或者有其他严重情节的,依照前款的规定处罚。

第三百零五条　【伪证罪】在刑事诉讼中,证人、鉴定人、记录人、翻译人对与案件有重要关系的情节,故意作虚假证明、鉴定、记录、翻译,意图陷害他人或者隐匿罪证的,处三年以下有期徒刑或者拘役;情节严重的,处三年以上七年以下有期徒刑。

第三百一十条　【窝藏、包庇罪】明知是犯罪的人而为其提供隐藏处所、财物,帮助其逃匿或者作假证明包庇的,处三年以下有期徒刑、拘役或者管制;情节严重的,处三年以上十年以下有期徒刑。

犯前款罪,事前通谋的,以共同犯罪论处。

第三百一十二条　【掩饰、隐瞒犯罪所得、犯罪所得收益罪】明知是犯罪所得及其产生的收益而予以窝藏、转移、收购、代为销售或者以其他方法掩饰、隐瞒的,处三年以下有期徒刑、拘役或者管制,并处或者单处罚金;情节严重的,处三年以上七年以下有期徒刑,并处罚金。

单位犯前款罪的,对单位判处罚金,并对其直接负责的主管人员和其他直接责任人员,依照前款的规定处罚。

第三百一十八条　【组织他人偷越国(边)境罪】组织他人偷越国(边)境的,处二年以上七年以下有期徒刑,并处罚金;有下列情形之一的,处七年以上有期徒刑或者无期徒刑,并处罚金或者没收财产:

(一)组织他人偷越国(边)境集团的首要分子;

(二)多次组织他人偷越国(边)境或者组织他人偷越国(边)境人数众多的;

(三)造成被组织人重伤、死亡的;

(四)剥夺或者限制被组织人人身自由的;

(五)以暴力、威胁方法抗拒检查的;

(六)违法所得数额巨大的;

(七)有其他特别严重情节的。

犯前款罪,对被组织人有杀害、伤害、强奸、拐卖等犯罪行为,或者对检查人员有杀害、伤害等犯罪行为的,依照数罪并罚的规定处罚。

第三百一十九条　【骗取出境证件罪】以劳务输出、经贸往来或者其他名义,弄虚作假,骗取护照、签证等出境证件,为组织他人偷越国(边)境使用的,处三年以下有期徒刑,并处罚金;情节严重的,处三年以上十年以下有期徒刑,并处罚金。

单位犯前款罪的,对单位判处罚金,并对其直接负责的主管人员和其他直接责任人员,依照前款的规定处罚。

第三百二十条 【提供伪造、变造的出入境证件罪】【出售出入境证件罪】为他人提供伪造、变造的护照、签证等出入境证件,或者出售护照、签证等出入境证件的,处五年以下有期徒刑,并处罚金;情节严重的,处五年以上有期徒刑,并处罚金。

第三百二十一条 【运送他人偷越国(边)境罪】运送他人偷越国(边)境的,处五年以下有期徒刑、拘役或者管制,并处罚金;有下列情形之一的,处五年以上十年以下有期徒刑,并处罚金:

(一)多次实施运送行为或者运送人数众多的;

(二)所使用的船只、车辆等交通工具不具备必要的安全条件,足以造成严重后果的;

(三)违法所得数额巨大的;

(四)有其他特别严重情节的。

在运送他人偷越国(边)境中造成被运送人重伤、死亡,或者以暴力、威胁方法抗拒检查的,处七年以上有期徒刑,并处罚金。

犯前两款罪,对被运送人有杀害、伤害、强奸、拐卖等犯罪行为,或者对检查人员有杀害、伤害等犯罪行为的,依照数罪并罚的规定处罚。

第三百二十二条 【偷越国(边)境罪】违反国(边)境管理法规,偷越国(边)境,情节严重的,处一年以下有期徒刑、拘役或者管制,并处罚金;为参加恐怖活动组织、接受恐怖活动培训或者实施恐怖活动,偷越国(边)境的,处一年以上三年以下有期徒刑,并处罚金。

第三百七十二条 【冒充军人招摇撞骗罪】冒充军人招摇撞骗的,处三年以下有期徒刑、拘役、管制或者剥夺政治权利;情节严重的,处三年以上十年以下有期徒刑。

第三百七十五条 【伪造、变造、买卖武装部队公文、证件、印章罪】【盗窃、抢夺武装部队公文、证件、印章罪】伪造、变造、买卖或者盗窃、抢夺武装部队公文、证件、印章的,处三年以下有期徒刑、拘役、管制或者剥夺政治权利;情节严重的,处三年以上十年以下有期徒刑。

第三百九十七条 【滥用职权罪】【玩忽职守罪】国家机关工作人员滥用职权或者玩忽职守,致使公共财产、国家和人民利益遭受重大损失的,处三年以下有期徒刑或者拘役;情节特别严重的,处三年以上七年以下有期徒刑。本法另有规定的,依照规定。

国家机关工作人员徇私舞弊，犯前款罪的，处五年以下有期徒刑或者拘役；情节特别严重的，处五年以上十年以下有期徒刑。本法另有规定的，依照规定。

第四百一十五条　【办理偷越国（边）境人员出入境证件罪】【放行偷越国（边）境人员罪】负责办理护照、签证以及其他出入境证件的国家机关工作人员，对明知是企图偷越国（边）境的人员，予以办理出入境证件的，或者边防、海关等国家机关工作人员，对明知是偷越国（边）境的人员，予以放行的，处三年以下有期徒刑或者拘役；情节严重的，处三年以上七年以下有期徒刑。

第四百一十七条　【帮助犯罪分子逃避处罚罪】有查禁犯罪活动职责的国家机关工作人员，向犯罪分子通风报信、提供便利，帮助犯罪分子逃避处罚的，处三年以下有期徒刑或者拘役；情节严重的，处三年以上十年以下有期徒刑。

中华人民共和国刑事诉讼法（节录）

（2018年10月26日修正　中华人民共和国主席令第10号）

第二十条　基层人民法院管辖第一审普通刑事案件，但是依照本法由上级人民法院管辖的除外。

第二十一条　中级人民法院管辖下列第一审刑事案件：

（一）危害国家安全、恐怖活动案件；

（二）可能判处无期徒刑、死刑的案件。

第二十四条　上级人民法院在必要的时候，可以审判下级人民法院管辖的第一审刑事案件；下级人民法院认为案情重大、复杂需要由上级人民法院审判的第一审刑事案件，可以请求移送上一级人民法院审判。

第二十五条　刑事案件由犯罪地的人民法院管辖。如果由被告人居住地的人民法院审判更为适宜的，可以由被告人居住地的人民法院管辖。

第二十六条　几个同级人民法院都有权管辖的案件，由最初受理的人民法院审判。在必要的时候，可以移送主要犯罪地的人民法院审判。

第二十七条　上级人民法院可以指定下级人民法院审判管辖不明的案件，也可以指定下级人民法院将案件移送其他人民法院审判。

第五十条　可以用于证明案件事实的材料，都是证据。

证据包括：

（一）物证；

（二）书证；

（三）证人证言；

（四）被害人陈述；

（五）犯罪嫌疑人、被告人供述和辩解；

（六）鉴定意见；

（七）勘验、检查、辨认、侦查实验等笔录；

（八）视听资料、电子数据。

证据必须经过查证属实，才能作为定案的根据。

第五十一条 公诉案件中被告人有罪的举证责任由人民检察院承担，自诉案件中被告人有罪的举证责任由自诉人承担。

第五十二条 审判人员、检察人员、侦查人员必须依照法定程序，收集能够证实犯罪嫌疑人、被告人有罪或者无罪、犯罪情节轻重的各种证据。严禁刑讯逼供和以威胁、引诱、欺骗以及其他非法方法收集证据，不得强迫任何人证实自己有罪。必须保证一切与案件有关或者了解案情的公民，有客观地充分地提供证据的条件，除特殊情况外，可以吸收他们协助调查。

第五十三条 公安机关提请批准逮捕书、人民检察院起诉书、人民法院判决书，必须忠实于事实真象。故意隐瞒事实真象的，应当追究责任。

第五十四条 人民法院、人民检察院和公安机关有权向有关单位和个人收集、调取证据。有关单位和个人应当如实提供证据。

行政机关在行政执法和查办案件过程中收集的物证、书证、视听资料、电子数据等证据材料，在刑事诉讼中可以作为证据使用。

对涉及国家秘密、商业秘密、个人隐私的证据，应当保密。

凡是伪造证据、隐匿证据或者毁灭证据的，无论属于何方，必须受法律追究。

第五十五条 对一切案件的判处都要重证据，重调查研究，不轻信口供。只有被告人供述，没有其他证据的，不能认定被告人有罪和处以刑罚；没有被告人供述，证据确实、充分的，可以认定被告人有罪和处以刑罚。

证据确实、充分，应当符合以下条件：

（一）定罪量刑的事实都有证据证明；

（二）据以定案的证据均经法定程序查证属实；

（三）综合全案证据，对所认定事实已排除合理怀疑。

第五十六条 采用刑讯逼供等非法方法收集的犯罪嫌疑人、被告人供述和采用暴力、威胁等非法方法收集的证人证言、被害人陈述,应当予以排除。收集物证、书证不符合法定程序,可能严重影响司法公正的,应当予以补正或者作出合理解释;不能补正或者作出合理解释的,对该证据应当予以排除。

在侦查、审查起诉、审判时发现有应当排除的证据的,应当依法予以排除,不得作为起诉意见、起诉决定和判决的依据。

第五十七条　人民检察院接到报案、控告、举报或者发现侦查人员以非法方法收集证据的,应当进行调查核实。对于确有以非法方法收集证据情形的,应当提出纠正意见;构成犯罪的,依法追究刑事责任。

第五十八条　法庭审理过程中,审判人员认为可能存在本法第五十六条规定的以非法方法收集证据情形的,应当对证据收集的合法性进行法庭调查。

当事人及其辩护人、诉讼代理人有权申请人民法院对以非法方法收集的证据依法予以排除。申请排除以非法方法收集的证据的,应当提供相关线索或者材料。

第五十九条　在对证据收集的合法性进行法庭调查的过程中,人民检察院应当对证据收集的合法性加以证明。

现有证据材料不能证明证据收集的合法性的,人民检察院可以提请人民法院通知有关侦查人员或者其他人员出庭说明情况;人民法院可以通知有关侦查人员或者其他人员出庭说明情况。有关侦查人员或者其他人员也可以要求出庭说明情况。经人民法院通知,有关人员应当出庭。

第六十条　对于经过法庭审理,确认或者不能排除存在本法第五十六条规定的以非法方法收集证据情形的,对有关证据应当予以排除。

第六十六条　人民法院、人民检察院和公安机关根据案件情况,对犯罪嫌疑人、被告人可以拘传、取保候审或者监视居住。

第六十七条　人民法院、人民检察院和公安机关对有下列情形之一的犯罪嫌疑人、被告人,可以取保候审:

(一)可能判处管制、拘役或者独立适用附加刑的;

(二)可能判处有期徒刑以上刑罚,采取取保候审不致发生社会危险性的;

(三)患有严重疾病、生活不能自理,怀孕或者正在哺乳自己婴儿的妇女,采取取保候审不致发生社会危险性的;

(四)羁押期限届满,案件尚未办结,需要采取取保候审的。

取保候审由公安机关执行。

第六十八条　人民法院、人民检察院和公安机关决定对犯罪嫌疑人、被告人取保候审，应当责令犯罪嫌疑人、被告人提出保证人或者交纳保证金。

第六十九条 保证人必须符合下列条件：

（一）与本案无牵连；

（二）有能力履行保证义务；

（三）享有政治权利，人身自由未受到限制；

（四）有固定的住处和收入。

第七十条 保证人应当履行以下义务：

（一）监督被保证人遵守本法第七十一条的规定；

（二）发现被保证人可能发生或者已经发生违反本法第七十一条规定的行为的，应当及时向执行机关报告。

被保证人有违反本法第七十一条规定的行为，保证人未履行保证义务的，对保证人处以罚款，构成犯罪的，依法追究刑事责任。

第七十一条 被取保候审的犯罪嫌疑人、被告人应当遵守以下规定：

（一）未经执行机关批准不得离开所居住的市、县；

（二）住址、工作单位和联系方式发生变动的，在二十四小时以内向执行机关报告；

（三）在传讯的时候及时到案；

（四）不得以任何形式干扰证人作证；

（五）不得毁灭、伪造证据或者串供。

人民法院、人民检察院和公安机关可以根据案件情况，责令被取保候审的犯罪嫌疑人、被告人遵守以下一项或者多项规定：

（一）不得进入特定的场所；

（二）不得与特定的人员会见或者通信；

（三）不得从事特定的活动；

（四）将护照等出入境证件、驾驶证件交执行机关保存。

被取保候审的犯罪嫌疑人、被告人违反前两款规定，已交纳保证金的，没收部分或者全部保证金，并且区别情形，责令犯罪嫌疑人、被告人具结悔过，重新交纳保证金、提出保证人，或者监视居住、予以逮捕。

对违反取保候审规定，需要予以逮捕的，可以对犯罪嫌疑人、被告人先行拘留。

第七十二条 取保候审的决定机关应当综合考虑保证诉讼活动正常进行的需要，被取保候审人的社会危险性，案件的性质、情节，可能判处刑罚的轻重，被取保候审人的经济状况等情况，确定保证金的数额。

提供保证金的人应当将保证金存入执行机关指定银行的专门账户。

第七十三条　犯罪嫌疑人、被告人在取保候审期间未违反本法第七十一条规定的，取保候审结束的时候，凭解除取保候审的通知或者有关法律文书到银行领取退还的保证金。

第七十四条　人民法院、人民检察院和公安机关对符合逮捕条件，有下列情形之一的犯罪嫌疑人、被告人，可以监视居住：

（一）患有严重疾病、生活不能自理的；

（二）怀孕或者正在哺乳自己婴儿的妇女；

（三）系生活不能自理的人的唯一扶养人；

（四）因为案件的特殊情况或者办理案件的需要，采取监视居住措施更为适宜的；

（五）羁押期限届满，案件尚未办结，需要采取监视居住措施的。

对符合取保候审条件，但犯罪嫌疑人、被告人不能提出保证人，也不交纳保证金的，可以监视居住。

监视居住由公安机关执行。

第七十五条　监视居住应当在犯罪嫌疑人、被告人的住处执行；无固定住处的，可以在指定的居所执行。对于涉嫌危害国家安全犯罪、恐怖活动犯罪，在住处执行可能有碍侦查的，经上一级公安机关批准，也可以在指定的居所执行。但是，不得在羁押场所、专门的办案场所执行。

指定居所监视居住的，除无法通知的以外，应当在执行监视居住后二十四小时以内，通知被监视居住人的家属。

被监视居住的犯罪嫌疑人、被告人委托辩护人，适用本法第三十四条的规定。

人民检察院对指定居所监视居住的决定和执行是否合法实行监督。

第七十六条　指定居所监视居住的期限应当折抵刑期。被判处管制的，监视居住一日折抵刑期一日；被判处拘役、有期徒刑的，监视居住二日折抵刑期一日。

第七十七条　被监视居住的犯罪嫌疑人、被告人应当遵守以下规定：

（一）未经执行机关批准不得离开执行监视居住的处所；

（二）未经执行机关批准不得会见他人或者通信；

（三）在传讯的时候及时到案；

（四）不得以任何形式干扰证人作证；

（五）不得毁灭、伪造证据或者串供；

（六）将护照等出入境证件、身份证件、驾驶证件交执行机关保存。

被监视居住的犯罪嫌疑人、被告人违反前款规定，情节严重的，可以予以逮捕；需要予以逮捕的，可以对犯罪嫌疑人、被告人先行拘留。

第七十八条 执行机关对被监视居住的犯罪嫌疑人、被告人，可以采取电子监控、不定期检查等监视方法对其遵守监视居住规定的情况进行监督；在侦查期间，可以对被监视居住的犯罪嫌疑人的通信进行监控。

第七十九条 人民法院、人民检察院和公安机关对犯罪嫌疑人、被告人取保候审最长不得超过十二个月，监视居住最长不得超过六个月。

在取保候审、监视居住期间，不得中断对案件的侦查、起诉和审理。对于发现不应当追究刑事责任或者取保候审、监视居住期限届满的，应当及时解除取保候审、监视居住。解除取保候审、监视居住，应当及时通知被取保候审、监视居住人和有关单位。

第八十条 逮捕犯罪嫌疑人、被告人，必须经过人民检察院批准或者人民法院决定，由公安机关执行。

第八十一条 对有证据证明有犯罪事实，可能判处徒刑以上刑罚的犯罪嫌疑人、被告人，采取取保候审尚不足以防止发生下列社会危险性的，应当予以逮捕：

（一）可能实施新的犯罪的；

（二）有危害国家安全、公共安全或者社会秩序的现实危险的；

（三）可能毁灭、伪造证据，干扰证人作证或者串供的；

（四）可能对被害人、举报人、控告人实施打击报复的；

（五）企图自杀或者逃跑的。

批准或者决定逮捕，应当将犯罪嫌疑人、被告人涉嫌犯罪的性质、情节，认罪认罚等情况，作为是否可能发生社会危险性的考虑因素。

对有证据证明有犯罪事实，可能判处十年有期徒刑以上刑罚的，或者有证据证明有犯罪事实，可能判处徒刑以上刑罚，曾经故意犯罪或者身份不明的，应当予以逮捕。

被取保候审、监视居住的犯罪嫌疑人、被告人违反取保候审、监视居住规定，情节严重的，可以予以逮捕。

第八十二条 公安机关对于现行犯或者重大嫌疑分子，如果有下列情形之一的，可以先行拘留：

（一）正在预备犯罪、实行犯罪或者在犯罪后即时被发觉的；

（二）被害人或者在场亲眼看见的人指认他犯罪的；

（三）在身边或者住处发现有犯罪证据的；

（四）犯罪后企图自杀、逃跑或者在逃的；

（五）有毁灭、伪造证据或者串供可能的；

（六）不讲真实姓名、住址，身份不明的；

（七）有流窜作案、多次作案、结伙作案重大嫌疑的。

第八十三条　公安机关在异地执行拘留、逮捕的时候，应当通知被拘留、逮捕人所在地的公安机关，被拘留、逮捕人所在地的公安机关应当予以配合。

第八十四条　对于有下列情形的人，任何公民都可以立即扭送公安机关、人民检察院或者人民法院处理：

（一）正在实行犯罪或者在犯罪后即时被发觉的；

（二）通缉在案的；

（三）越狱逃跑的；

（四）正在被追捕的。

第八十五条　公安机关拘留人的时候，必须出示拘留证。

拘留后，应当立即将被拘留人送看守所羁押，至迟不得超过二十四小时。除无法通知或者涉嫌危害国家安全犯罪、恐怖活动犯罪通知可能有碍侦查的情形以外，应当在拘留后二十四小时以内，通知被拘留人的家属。有碍侦查的情形消失以后，应当立即通知被拘留人的家属。

第八十六条　公安机关对被拘留的人，应当在拘留后的二十四小时以内进行讯问。在发现不应当拘留的时候，必须立即释放，发给释放证明。

第八十七条　公安机关要求逮捕犯罪嫌疑人的时候，应当写出提请批准逮捕书，连同案卷材料、证据，一并移送同级人民检察院审查批准。必要的时候，人民检察院可以派人参加公安机关对于重大案件的讨论。

第八十八条　人民检察院审查批准逮捕，可以讯问犯罪嫌疑人；有下列情形之一的，应当讯问犯罪嫌疑人：

（一）对是否符合逮捕条件有疑问的；

（二）犯罪嫌疑人要求向检察人员当面陈述的；

（三）侦查活动可能有重大违法行为的。

人民检察院审查批准逮捕，可以询问证人等诉讼参与人，听取辩护律师的意见;辩护律师提出要求的,应当听取辩护律师的意见。

第八十九条 人民检察院审查批准逮捕犯罪嫌疑人由检察长决定。重大案件应当提交检察委员会讨论决定。

第九十条 人民检察院对于公安机关提请批准逮捕的案件进行审查后,应当根据情况分别作出批准逮捕或者不批准逮捕的决定。对于批准逮捕的决定,公安机关应当立即执行,并且将执行情况及时通知人民检察院。对于不批准逮捕的,人民检察院应当说明理由,需要补充侦查的,应当同时通知公安机关。

第九十一条 公安机关对被拘留的人,认为需要逮捕的,应当在拘留后的三日以内,提请人民检察院审查批准。在特殊情况下,提请审查批准的时间可以延长一日至四日。

对于流窜作案、多次作案、结伙作案的重大嫌疑分子,提请审查批准的时间可以延长至三十日。

人民检察院应当自接到公安机关提请批准逮捕书后的七日以内,作出批准逮捕或者不批准逮捕的决定。人民检察院不批准逮捕的,公安机关应当在接到通知后立即释放,并且将执行情况及时通知人民检察院。对于需要继续侦查,并且符合取保候审、监视居住条件的,依法取保候审或者监视居住。

第九十二条 公安机关对人民检察院不批准逮捕的决定,认为有错误的时候,可以要求复议,但是必须将被拘留的人立即释放。如果意见不被接受,可以向上一级人民检察院提请复核。上级人民检察院应当立即复核,作出是否变更的决定,通知下级人民检察院和公安机关执行。

第九十三条 公安机关逮捕人的时候,必须出示逮捕证。

逮捕后,应当立即将被逮捕人送看守所羁押。除无法通知的以外,应当在逮捕后二十四小时以内,通知被逮捕人的家属。

第九十四条 人民法院、人民检察院对于各自决定逮捕的人,公安机关对于经人民检察院批准逮捕的人,都必须在逮捕后的二十四小时以内进行讯问。在发现不应当逮捕的时候,必须立即释放,发给释放证明。

第九十五条 犯罪嫌疑人、被告人被逮捕后,人民检察院仍应当对羁押的必要性进行审查。对不需要继续羁押的,应当建议予以释放或者变更强制措施。有关机关应当在十日以内将处理情况通知人民检察院。

第九十六条 人民法院、人民检察院和公安机关如果发现对犯罪嫌疑人、被告人采取强制措施不当的,应当及时撤销或者变更。公安机关释放被逮捕的人或者变更逮捕措施的，应当通知原批准的人民检察院。

第九十七条　犯罪嫌疑人、被告人及其法定代理人、近亲属或者辩护人有权申请变更强制措施。人民法院、人民检察院和公安机关收到申请后，应当在三日以内作出决定；不同意变更强制措施的，应当告知申请人，并说明不同意的理由。

第九十八条　犯罪嫌疑人、被告人被羁押的案件，不能在本法规定的侦查羁押、审查起诉、一审、二审期限内办结的，对犯罪嫌疑人、被告人应当予以释放；需要继续查证、审理的，对犯罪嫌疑人、被告人可以取保候审或者监视居住。

第九十九条　人民法院、人民检察院或者公安机关对被采取强制措施法定期限届满的犯罪嫌疑人、被告人，应当予以释放、解除取保候审、监视居住或者依法变更强制措施。犯罪嫌疑人、被告人及其法定代理人、近亲属或者辩护人对于人民法院、人民检察院或者公安机关采取强制措施法定期限届满的，有权要求解除强制措施。

第一百条　人民检察院在审查批准逮捕工作中，如果发现公安机关的侦查活动有违法情况，应当通知公安机关予以纠正，公安机关应当将纠正情况通知人民检察院。

第一百零一条　被害人由于被告人的犯罪行为而遭受物质损失的，在刑事诉讼过程中，有权提起附带民事诉讼。被害人死亡或者丧失行为能力的，被害人的法定代理人、近亲属有权提起附带民事诉讼。

如果是国家财产、集体财产遭受损失的，人民检察院在提起公诉的时候，可以提起附带民事诉讼。

第一百零二条　人民法院在必要的时候，可以采取保全措施，查封、扣押或者冻结被告人的财产。附带民事诉讼原告人或者人民检察院可以申请人民法院采取保全措施。人民法院采取保全措施，适用民事诉讼法的有关规定。

第一百零三条　人民法院审理附带民事诉讼案件，可以进行调解，或者根据物质损失情况作出判决、裁定。

第一百零四条　附带民事诉讼应当同刑事案件一并审判，只有为了防止刑事案件审判的过分迟延，才可以在刑事案件审判后，由同一审判组织继续审理附带民事诉讼。

第一百零九条　公安机关或者人民检察院发现犯罪事实或者犯罪嫌疑人，应当按照管辖范围，立案侦查。

第一百一十二条　人民法院、人民检察院或者公安机关对于报案、控告、举报和自首的材料,应当按照管辖范围,迅速进行审查,认为有犯罪事实需要追究刑事责任的时候,应当立案;认为没有犯罪事实,或者犯罪事实显著轻微,不需要追究刑事责任的时候,不予立案,并且将不立案的原因通知控告人。控告人如果不服,可以申请复议。

第一百一十三条 人民检察院认为公安机关对应当立案侦查的案件而不立案侦查的,或者被害人认为公安机关对应当立案侦查的案件而不立案侦查,向人民检察院提出的,人民检察院应当要求公安机关说明不立案的理由。人民检察院认为公安机关不立案理由不能成立的,应当通知公安机关立案,公安机关接到通知后应当立案。

第一百一十八条 讯问犯罪嫌疑人必须由人民检察院或者公安机关的侦查人员负责进行。讯问的时候,侦查人员不得少于二人。

犯罪嫌疑人被送交看守所羁押以后,侦查人员对其进行讯问,应当在看守所内进行。

第一百一十九条 对不需要逮捕、拘留的犯罪嫌疑人,可以传唤到犯罪嫌疑人所在市、县内的指定地点或者到他的住处进行讯问,但是应当出示人民检察院或者公安机关的证明文件。对在现场发现的犯罪嫌疑人,经出示工作证件,可以口头传唤,但应当在讯问笔录中注明。

传唤、拘传持续的时间不得超过十二小时;案情特别重大、复杂,需要采取拘留、逮捕措施的,传唤、拘传持续的时间不得超过二十四小时。

不得以连续传唤、拘传的形式变相拘禁犯罪嫌疑人。传唤、拘传犯罪嫌疑人,应当保证犯罪嫌疑人的饮食和必要的休息时间。

第一百二十条 侦查人员在讯问犯罪嫌疑人的时候,应当首先讯问犯罪嫌疑人是否有犯罪行为,让他陈述有罪的情节或者无罪的辩解,然后向他提出问题。犯罪嫌疑人对侦查人员的提问,应当如实回答。但是对与本案无关的问题,有拒绝回答的权利。

侦查人员在讯问犯罪嫌疑人的时候,应当告知犯罪嫌疑人享有的诉讼权利,如实供述自己罪行可以从宽处理和认罪认罚的法律规定。

第一百二十一条 讯问聋、哑的犯罪嫌疑人,应当有通晓聋、哑手势的人参加,并且将这种情况记明笔录。

第一百二十二条 讯问笔录应当交犯罪嫌疑人核对,对于没有阅读能力的,应当向他宣读。如果记载有遗漏或者差错,犯罪嫌疑人可以提出补充或者改正。犯罪嫌疑人承认笔录没有错误后,应当签名或者盖章。侦查人员也应当在笔录上签名。犯罪嫌疑人请求自行书写供述的,应当准许。必要的时候,侦查人员也可以要犯罪嫌疑人亲笔书写供词。

第一百二十三条　侦查人员在讯问犯罪嫌疑人的时候,可以对讯问过程进行录音或者录像;对于可能判处无期徒刑、死刑的案件或者其他重大犯罪案件,应当对讯问过程进行录音或者录像。

录音或者录像应当全程进行,保持完整性。

第一百二十四条　侦查人员询问证人,可以在现场进行,也可以到证人所在单位、住处或者证人提出的地点进行,在必要的时候,可以通知证人到人民检察院或者公安机关提供证言。在现场询问证人,应当出示工作证件,到证人所在单位、住处或者证人提出的地点询问证人,应当出示人民检察院或者公安机关的证明文件。

询问证人应当个别进行。

第一百二十五条　询问证人,应当告知他应当如实地提供证据、证言和有意作伪证或者隐匿罪证要负的法律责任。

第一百二十六条　本法第一百二十二条的规定,也适用于询问证人。

第一百二十七条　询问被害人,适用本节各条规定。

第一百二十八条　侦查人员对于与犯罪有关的场所、物品、人身、尸体应当进行勘验或者检查。在必要的时候,可以指派或者聘请具有专门知识的人,在侦查人员的主持下进行勘验、检查。

第一百二十九条　任何单位和个人,都有义务保护犯罪现场,并且立即通知公安机关派员勘验。

第一百三十条　侦查人员执行勘验、检查,必须持有人民检察院或者公安机关的证明文件。

第一百三十二条　为了确定被害人、犯罪嫌疑人的某些特征、伤害情况或者生理状态,可以对人身进行检查,可以提取指纹信息,采集血液、尿液等生物样本。

犯罪嫌疑人如果拒绝检查,侦查人员认为必要的时候,可以强制检查。

检查妇女的身体,应当由女工作人员或者医师进行。

第一百三十三条　勘验、检查的情况应当写成笔录,由参加勘验、检查的人和见证人签名或者盖章。

第一百三十四条　人民检察院审查案件的时候,对公安机关的勘验、检查,认为需要复验、复查时,可以要求公安机关复验、复查,并且可以派检察人员参加。

第一百三十六条 为了收集犯罪证据、查获犯罪人,侦查人员可以对犯罪嫌疑人以及可能隐藏罪犯或者犯罪证据的人的身体、物品、住处和其他有关的地方进行搜查。

第一百三十七条 任何单位和个人,有义务按照人民检察院和公安机关的要求,交出可以证明犯罪嫌疑人有罪或者无罪的物证、书证、视听资料等证据。

第一百三十八条 进行搜查,必须向被搜查人出示搜查证。

在执行逮捕、拘留的时候,遇有紧急情况,不另用搜查证也可以进行搜查。

第一百三十九条 在搜查的时候,应当有被搜查人或者他的家属,邻居或者其他见证人在场。

搜查妇女的身体,应当由女工作人员进行。

第一百四十条 搜查的情况应当写成笔录,由侦查人员和被搜查人或者他的家属,邻居或者其他见证人签名或者盖章。如果被搜查人或者他的家属在逃或者拒绝签名、盖章,应当在笔录上注明。

第一百四十一条 在侦查活动中发现的可用以证明犯罪嫌疑人有罪或者无罪的各种财物、文件,应当查封、扣押;与案件无关的财物、文件,不得查封、扣押。

对查封、扣押的财物、文件,要妥善保管或者封存,不得使用、调换或者损毁。

第一百四十二条 对查封、扣押的财物、文件,应当会同在场见证人和被查封、扣押财物、文件持有人查点清楚,当场开列清单一式二份,由侦查人员、见证人和持有人签名或者盖章,一份交给持有人,另一份附卷备查。

第一百四十三条 侦查人员认为需要扣押犯罪嫌疑人的邮件、电报的时候,经公安机关或者人民检察院批准,即可通知邮电机关将有关的邮件、电报检交扣押。

不需要继续扣押的时候,应即通知邮电机关。

第一百四十四条 人民检察院、公安机关根据侦查犯罪的需要,可以依照规定查询、冻结犯罪嫌疑人的存款、汇款、债券、股票、基金份额等财产。有关单位和个人应当配合。

犯罪嫌疑人的存款、汇款、债券、股票、基金份额等财产已被冻结的,不得重复冻结。

第一百四十五条 对查封、扣押的财物、文件、邮件、电报或者冻结的存款、汇款、债券、股票、基金份额等财产,经查明确实与案件无关的,应当在三日以内解除查封、扣押、冻结,予以退还。

第一百四十六条 为了查明案情,需要解决案件中某些专门性问题的时候,应当指派、聘请有专门知识的人进行鉴定。

第一百四十七条　鉴定人进行鉴定后，应当写出鉴定意见，并且签名。

鉴定人故意作虚假鉴定的，应当承担法律责任。

第一百四十八条　侦查机关应当将用作证据的鉴定意见告知犯罪嫌疑人、被害人。如果犯罪嫌疑人、被害人提出申请，可以补充鉴定或者重新鉴定。

第一百五十条　公安机关在立案后，对于危害国家安全犯罪、恐怖活动犯罪、黑社会性质的组织犯罪、重大毒品犯罪或者其他严重危害社会的犯罪案件，根据侦查犯罪的需要，经过严格的批准手续，可以采取技术侦查措施。

人民检察院在立案后，对于利用职权实施的严重侵犯公民人身权利的重大犯罪案件，根据侦查犯罪的需要，经过严格的批准手续，可以采取技术侦查措施，按照规定交有关机关执行。

追捕被通缉或者批准、决定逮捕的在逃的犯罪嫌疑人、被告人，经过批准，可以采取追捕所必需的技术侦查措施。

第一百五十一条　批准决定应当根据侦查犯罪的需要，确定采取技术侦查措施的种类和适用对象。批准决定自签发之日起三个月以内有效。对于不需要继续采取技术侦查措施的，应当及时解除；对于复杂、疑难案件，期限届满仍有必要继续采取技术侦查措施的，经过批准，有效期可以延长，每次不得超过三个月。

第一百五十二条　采取技术侦查措施，必须严格按照批准的措施种类、适用对象和期限执行。

侦查人员对采取技术侦查措施过程中知悉的国家秘密、商业秘密和个人隐私，应当保密；对采取技术侦查措施获取的与案件无关的材料，必须及时销毁。

采取技术侦查措施获取的材料，只能用于对犯罪的侦查、起诉和审判，不得用于其他用途。

公安机关依法采取技术侦查措施，有关单位和个人应当配合，并对有关情况予以保密。

第一百五十三条　为了查明案情，在必要的时候，经公安机关负责人决定，可以由有关人员隐匿其身份实施侦查。但是，不得诱使他人犯罪，不得采用可能危害公共安全或者发生重大人身危险的方法。

对涉及给付毒品等违禁品或者财物的犯罪活动，公安机关根据侦查犯罪的需要，可以依照规定实施控制下交付。

第一百五十四条　依照本节规定采取侦查措施收集的材料在刑事诉讼中可以

作为证据使用。如果使用该证据可能危及有关人员的人身安全，或者可能产生其他严重后果的，应当采取不暴露有关人员身份、技术方法等保护措施，必要的时候，可以由审判人员在庭外对证据进行核实。

第一百五十五条 应当逮捕的犯罪嫌疑人如果在逃，公安机关可以发布通缉令，采取有效措施，追捕归案。

各级公安机关在自己管辖的地区以内，可以直接发布通缉令；超出自己管辖的地区，应当报请有权决定的上级机关发布。

第一百五十六条 对犯罪嫌疑人逮捕后的侦查羁押期限不得超过二个月。案情复杂、期限届满不能终结的案件，可以经上一级人民检察院批准延长一个月。

第一百五十七条 因为特殊原因，在较长时间内不宜交付审判的特别重大复杂的案件，由最高人民检察院报请全国人民代表大会常务委员会批准延期审理。

第一百五十八条 下列案件在本法第一百五十六条规定的期限届满不能侦查终结的，经省、自治区、直辖市人民检察院批准或者决定，可以延长二个月：

（一）交通十分不便的边远地区的重大复杂案件；

（二）重大的犯罪集团案件；

（三）流窜作案的重大复杂案件；

（四）犯罪涉及面广，取证困难的重大复杂案件。

第一百六十一条 在案件侦查终结前，辩护律师提出要求的，侦查机关应当听取辩护律师的意见，并记录在案。辩护律师提出书面意见的，应当附卷。

第一百六十二条 公安机关侦查终结的案件，应当做到犯罪事实清楚，证据确实、充分，并且写出起诉意见书，连同案卷材料、证据一并移送同级人民检察院审查决定；同时将案件移送情况告知犯罪嫌疑人及其辩护律师。

犯罪嫌疑人自愿认罪的，应当记录在案，随案移送，并在起诉意见书中写明有关情况。

第一百七十一条 人民检察院审查案件的时候，必须查明：

（一）犯罪事实、情节是否清楚，证据是否确实、充分，犯罪性质和罪名的认定是否正确；

（二）有无遗漏罪行和其他应当追究刑事责任的人；

（三）是否属于不应追究刑事责任的；

（四）有无附带民事诉讼；

（五）侦查活动是否合法。

第一百七十三条　人民检察院审查案件，应当讯问犯罪嫌疑人，听取辩护人或者值班律师、被害人及其诉讼代理人的意见，并记录在案。辩护人或者值班律师、被害人及其诉讼代理人提出书面意见的，应当附卷。

犯罪嫌疑人认罪认罚的，人民检察院应当告知其享有的诉讼权利和认罪认罚的法律规定，听取犯罪嫌疑人、辩护人或者值班律师、被害人及其诉讼代理人对下列事项的意见，并记录在案：

（一）涉嫌的犯罪事实、罪名及适用的法律规定；

（二）从轻、减轻或者免除处罚等从宽处罚的建议；

（三）认罪认罚后案件审理适用的程序；

（四）其他需要听取意见的事项。

人民检察院依照前两款规定听取值班律师意见的，应当提前为值班律师了解案件有关情况提供必要的便利。

第一百七十四条　犯罪嫌疑人自愿认罪，同意量刑建议和程序适用的，应当在辩护人或者值班律师在场的情况下签署认罪认罚具结书。

犯罪嫌疑人认罪认罚，有下列情形之一的，不需要签署认罪认罚具结书：

（一）犯罪嫌疑人是盲、聋、哑人，或者是尚未完全丧失辨认或者控制自己行为能力的精神病人的；

（二）未成年犯罪嫌疑人的法定代理人、辩护人对未成年人认罪认罚有异议的；

（三）其他不需要签署认罪认罚具结书的情形。

第一百七十七条　犯罪嫌疑人没有犯罪事实，或者有本法第十六条规定的情形之一的，人民检察院应当作出不起诉决定。

对于犯罪情节轻微，依照刑法规定不需要判处刑罚或者免除刑罚的，人民检察院可以作出不起诉决定。

人民检察院决定不起诉的案件，应当同时对侦查中查封、扣押、冻结的财物解除查封、扣押、冻结。对被不起诉人需要给予行政处罚、处分或者需要没收其违法所得的，人民检察院应当提出检察意见，移送有关主管机关处理。有关主管机关应当将处理结果及时通知人民检察院。

第一百七十八条　不起诉的决定，应当公开宣布，并且将不起诉决定书送达被不起诉人和他的所在单位。如果被不起诉人在押，应当立即释放。

第一百七十九条　对于公安机关移送起诉的案件，人民检察院决定不起诉的，应当将不起诉决定书送达公安机关。公安机关认为不起诉的决定有错误的时候，可以要求复议，如果意见不被接受，可以向上一级人民检察院提请复核。

第一百八十二条 犯罪嫌疑人自愿如实供述涉嫌犯罪的事实，有重大立功或者案件涉及国家重大利益的，经最高人民检察院核准，公安机关可以撤销案件，人民检察院可以作出不起诉决定，也可以对涉嫌数罪中的一项或者多项不起诉。

根据前款规定不起诉或者撤销案件的，人民检察院、公安机关应当及时对查封、扣押、冻结的财物及其孳息作出处理。

第二百七十七条 对犯罪的未成年人实行教育、感化、挽救的方针，坚持教育为主、惩罚为辅的原则。

人民法院、人民检察院和公安机关办理未成年人刑事案件，应当保障未成年人行使其诉讼权利，保障未成年人得到法律帮助，并由熟悉未成年人身心特点的审判人员、检察人员、侦查人员承办。

第二百七十八条 未成年犯罪嫌疑人、被告人没有委托辩护人的，人民法院、人民检察院、公安机关应当通知法律援助机构指派律师为其提供辩护。

第二百七十九条 公安机关、人民检察院、人民法院办理未成年人刑事案件，根据情况可以对未成年犯罪嫌疑人、被告人的成长经历、犯罪原因、监护教育等情况进行调查。

第二百八十条 对未成年犯罪嫌疑人、被告人应当严格限制适用逮捕措施。人民检察院审查批准逮捕和人民法院决定逮捕，应当讯问未成年犯罪嫌疑人、被告人，听取辩护律师的意见。

对被拘留、逮捕和执行刑罚的未成年人与成年人应当分别关押、分别管理、分别教育。

第二百八十一条 对于未成年人刑事案件，在讯问和审判的时候，应当通知未成年犯罪嫌疑人、被告人的法定代理人到场。无法通知、法定代理人不能到场或者法定代理人是共犯的，也可以通知未成年犯罪嫌疑人、被告人的其他成年亲属，所在学校、单位、居住地基层组织或者未成年人保护组织的代表到场，并将有关情况记录在案。到场的法定代理人可以代为行使未成年犯罪嫌疑人、被告人的诉讼权利。

到场的法定代理人或者其他人员认为办案人员在讯问、审判中侵犯未成年人合法权益的，可以提出意见。讯问笔录、法庭笔录应当交给到场的法定代理人或者其他人员阅读或者向他宣读。

讯问女性未成年犯罪嫌疑人，应当有女工作人员在场。

审判未成年人刑事案件，未成年被告人最后陈述后，其法定代理人可以进行补充陈述。

询问未成年被害人、证人，适用第一款、第二款、第三款的规定。

第二百八十二条　对于未成年人涉嫌刑法分则第四章、第五章、第六章规定的犯罪，可能判处一年有期徒刑以下刑罚，符合起诉条件，但有悔罪表现的，人民检察院可以作出附条件不起诉的决定。人民检察院在作出附条件不起诉的决定以前，应当听取公安机关、被害人的意见。

对附条件不起诉的决定，公安机关要求复议、提请复核或者被害人申诉的，适用本法第一百七十九条、第一百八十条的规定。

未成年犯罪嫌疑人及其法定代理人对人民检察院决定附条件不起诉有异议的，人民检察院应当作出起诉的决定。

第二百八十三条　在附条件不起诉的考验期内，由人民检察院对被附条件不起诉的未成年犯罪嫌疑人进行监督考察。未成年犯罪嫌疑人的监护人，应当对未成年犯罪嫌疑人加强管教，配合人民检察院做好监督考察工作。

附条件不起诉的考验期为六个月以上一年以下，从人民检察院作出附条件不起诉的决定之日起计算。

被附条件不起诉的未成年犯罪嫌疑人，应当遵守下列规定：

（一）遵守法律法规，服从监督；

（二）按照考察机关的规定报告自己的活动情况；

（三）离开所居住的市、县或者迁居，应当报经考察机关批准；

（四）按照考察机关的要求接受矫治和教育。

第二百八十四条　被附条件不起诉的未成年犯罪嫌疑人，在考验期内有下列情形之一的，人民检察院应当撤销附条件不起诉的决定，提起公诉：

（一）实施新的犯罪或者发现决定附条件不起诉以前还有其他犯罪需要追诉的；

（二）违反治安管理规定或者考察机关有关附条件不起诉的监督管理规定，情节严重的。

被附条件不起诉的未成年犯罪嫌疑人，在考验期内没有上述情形，考验期满的，人民检察院应当作出不起诉的决定。

第二百八十五条　审判的时候被告人不满十八周岁的案件，不公开审理。但是，经未成年被告人及其法定代理人同意，未成年被告人所在学校和未成年人保护组织可以派代表到场。

第二百八十六条 犯罪的时候不满十八周岁,被判处五年有期徒刑以下刑罚的,应当对相关犯罪记录予以封存。

犯罪记录被封存的,不得向任何单位和个人提供,但司法机关为办案需要或者有关单位根据国家规定进行查询的除外。依法进行查询的单位,应当对被封存的犯罪记录的情况予以保密。

第二百八十七条 办理未成年人刑事案件,除本章已有规定的以外,按照本法的其他规定进行。

第二百九十八条 对于贪污贿赂犯罪、恐怖活动犯罪等重大犯罪案件,犯罪嫌疑人、被告人逃匿,在通缉一年后不能到案,或者犯罪嫌疑人、被告人死亡,依照刑法规定应当追缴其违法所得及其他涉案财产的,人民检察院可以向人民法院提出没收违法所得的申请。

公安机关认为有前款规定情形的,应当写出没收违法所得意见书,移送人民检察院。

没收违法所得的申请应当提供与犯罪事实、违法所得相关的证据材料,并列明财产的种类、数量、所在地及查封、扣押、冻结的情况。

人民法院在必要的时候,可以查封、扣押、冻结申请没收的财产。

第二百九十九条 没收违法所得的申请,由犯罪地或者犯罪嫌疑人、被告人居住地的中级人民法院组成合议庭进行审理。

人民法院受理没收违法所得的申请后,应当发出公告。公告期间为六个月。犯罪嫌疑人、被告人的近亲属和其他利害关系人有权申请参加诉讼,也可以委托诉讼代理人参加诉讼。

人民法院在公告期满后对没收违法所得的申请进行审理。利害关系人参加诉讼的,人民法院应当开庭审理。

第三百条 人民法院经审理,对经查证属于违法所得及其他涉案财产,除依法返还被害人的以外,应当裁定予以没收;对不属于应当追缴的财产的,应当裁定驳回申请,解除查封、扣押、冻结措施。

对于人民法院依照前款规定作出的裁定,犯罪嫌疑人、被告人的近亲属和其他利害关系人或者人民检察院可以提出上诉、抗诉。

第三百零一条 在审理过程中,在逃的犯罪嫌疑人、被告人自动投案或者被抓获的,人民法院应当终止审理。

没收犯罪嫌疑人、被告人财产确有错误的,应当予以返还、赔偿。

中华人民共和国治安管理处罚法(节录)

(2012年10月26日修正 中华人民共和国主席令第67号)

第十条 治安管理处罚的种类分为:

(一)警告;

(二)罚款;

(三)行政拘留;

(四)吊销公安机关发放的许可证。

对违反治安管理的外国人,可以附加适用限期出境或者驱逐出境。

第十二条 已满十四周岁不满十八周岁的人违反治安管理的,从轻或者减轻处罚;不满十四周岁的人违反治安管理的,不予处罚,但是应当责令其监护人严加管教。

第十六条 有两种以上违反治安管理行为的,分别决定,合并执行。行政拘留处罚合并执行的,最长不超过二十日。

第十七条 共同违反治安管理的,根据违反治安管理行为人在违反治安管理行为中所起的作用,分别处罚。

教唆、胁迫、诱骗他人违反治安管理的,按照其教唆、胁迫、诱骗的行为处罚。

第十八条 单位违反治安管理的,对其直接负责的主管人员和其他直接责任人员依照本法的规定处罚。其他法律、行政法规对同一行为规定给予单位处罚的,依照其规定处罚。

第十九条 违反治安管理有下列情形之一的,减轻处罚或者不予处罚:

(一)情节特别轻微的;

(二)主动消除或者减轻违法后果,并取得被侵害人谅解的;

(三)出于他人胁迫或者诱骗的;

(四)主动投案,向公安机关如实陈述自己的违法行为的;

(五)有立功表现的。

第二十条 违反治安管理有下列情形之一的,从重处罚:

(一)有较严重后果的;

(二)教唆、胁迫、诱骗他人违反治安管理的;

(三)对报案人、控告人、举报人、证人打击报复的;

(四)六个月内曾受过治安管理处罚的。

第二十一条 违反治安管理行为人有下列情形之一,依照本法应当给予行政拘留处罚的,不执行行政拘留处罚:

(一)已满十四周岁不满十六周岁的;

(二)已满十六周岁不满十八周岁,初次违反治安管理的;

(三)七十周岁以上的;

(四)怀孕或者哺乳自己不满一周岁婴儿的。

第二十八条 违反国家规定,故意干扰无线电业务正常进行的,或者对正常运行的无线电台(站)产生有害干扰,经有关主管部门指出后,拒不采取有效措施消除的,处五日以上十日以下拘留;情节严重的,处十日以上十五日以下拘留。

第二十九条 有下列行为之一的,处五日以下拘留;情节较重的,处五日以上十日以下拘留:

(一)违反国家规定,侵入计算机信息系统,造成危害的;

(二)违反国家规定,对计算机信息系统功能进行删除、修改、增加、干扰,造成计算机信息系统不能正常运行的;

(三)违反国家规定,对计算机信息系统中存储、处理、传输的数据和应用程序进行删除、修改、增加的;

(四)故意制作、传播计算机病毒等破坏性程序,影响计算机信息系统正常运行的。

第四十条 有下列行为之一的,处十日以上十五日以下拘留,并处五百元以上一千元以下罚款;情节较轻的,处五日以上十日以下拘留,并处二百元以上五百元以下罚款:

(一)组织、胁迫、诱骗不满十六周岁的人或者残疾人进行恐怖、残忍表演的;

(二)以暴力、威胁或者其他手段强迫他人劳动的;

(三)非法限制他人人身自由、非法侵入他人住宅或者非法搜查他人身体的。

第四十九条 盗窃、诈骗、哄抢、抢夺、敲诈勒索或者故意损毁公私财物的,处五日以上十日以下拘留,可以并处五百元以下罚款;情节较重的,处十日以上十五日以下拘留,可以并处一千元以下罚款。

第五十一条 冒充国家机关工作人员或者以其他虚假身份招摇撞骗的,处五日以上十日以下拘留,可以并处五百元以下罚款;情节较轻的,处五日以下拘留或者五百元以下罚款。

冒充军警人员招摇撞骗的，从重处罚。

第五十二条　有下列行为之一的，处十日以上十五日以下拘留，可以并处一千元以下罚款；情节较轻的，处五日以上十日以下拘留，可以并处五百元以下罚款：

（一）伪造、变造或者买卖国家机关、人民团体、企业、事业单位或者其他组织的公文、证件、证明文件、印章的；

（二）买卖或者使用伪造、变造的国家机关、人民团体、企业、事业单位或者其他组织的公文、证件、证明文件的；

（三）伪造、变造、倒卖车票、船票、航空客票、文艺演出票、体育比赛入场券或者其他有价票证、凭证的；

（四）伪造、变造船舶户牌，买卖或者使用伪造、变造的船舶户牌，或者涂改船舶发动机号码的。

第五十四条　有下列行为之一的，处十日以上十五日以下拘留，并处五百元以上一千元以下罚款；情节较轻的，处五日以下拘留或者五百元以下罚款：

（一）违反国家规定，未经注册登记，以社会团体名义进行活动，被取缔后，仍进行活动的；

（二）被依法撤销登记的社会团体，仍以社会团体名义进行活动的；

（三）未经许可，擅自经营按照国家规定需要由公安机关许可的行业的。

有前款第三项行为的，予以取缔。

取得公安机关许可的经营者，违反国家有关管理规定，情节严重的，公安机关可以吊销许可证。

第五十六条　旅馆业的工作人员对住宿的旅客不按规定登记姓名、身份证件种类和号码的，或者明知住宿的旅客将危险物质带入旅馆，不予制止的，处二百元以上五百元以下罚款。

旅馆业的工作人员明知住宿的旅客是犯罪嫌疑人员或者被公安机关通缉的人员，不向公安机关报告的，处二百元以上五百元以下罚款；情节严重的，处五日以下拘留，可以并处五百元以下罚款。

第五十七条　房屋出租人将房屋出租给无身份证件的人居住的，或者不按规定登记承租人姓名、身份证件种类和号码的，处二百元以上五百元以下罚款。

房屋出租人明知承租人利用出租房屋进行犯罪活动，不向公安机关报告的，处二百元以上五百元以下罚款；情节严重的，处五日以下拘留，可以并处五百元以下罚款。

第五十九条 有下列行为之一的，处五百元以上一千元以下罚款；情节严重的，处五日以上十日以下拘留，并处五百元以上一千元以下罚款：

（一）典当业工作人员承接典当的物品，不查验有关证明、不履行登记手续，或者明知是违法犯罪嫌疑人、赃物，不向公安机关报告的；

（二）违反国家规定，收购铁路、油田、供电、电信、矿山、水利、测量和城市公用设施等废旧专用器材的；

（三）收购公安机关通报寻查的赃物或者有赃物嫌疑的物品的；

（四）收购国家禁止收购的其他物品的。

第六十条 有下列行为之一的，处五日以上十日以下拘留，并处二百元以上五百元以下罚款：

（一）隐藏、转移、变卖或者损毁行政执法机关依法扣押、查封、冻结的财物的；

（二）伪造、隐匿、毁灭证据或者提供虚假证言、谎报案情，影响行政执法机关依法办案的；

（三）明知是赃物而窝藏、转移或者代为销售的；

（四）被依法执行管制、剥夺政治权利或者在缓刑、暂予监外执行中的罪犯或者被依法采取刑事强制措施的人，有违反法律、行政法规或者国务院有关部门的监督管理规定的行为。

第六十一条 协助组织或者运送他人偷越国（边）境的，处十日以上十五日以下拘留，并处一千元以上五千元以下罚款。

第六十二条 为偷越国（边）境人员提供条件的，处五日以上十日以下拘留，并处五百元以上二千元以下罚款。

偷越国（边）境的，处五日以下拘留或者五百元以下罚款。

第七十条 以营利为目的，为赌博提供条件的，或者参与赌博赌资较大的，处五日以下拘留或者五百元以下罚款；情节严重的，处十日以上十五日以下拘留，并处五百元以上三千元以下罚款。

第八十二条 需要传唤违反治安管理行为人接受调查的，经公安机关办案部门负责人批准，使用传唤证传唤。对现场发现的违反治安管理行为人，人民警察经出示工作证件，可以口头传唤，但应当在询问笔录中注明。

公安机关应当将传唤的原因和依据告知被传唤人。对无正当理由不接受传唤或者逃避传唤的人，可以强制传唤。

第八十三条 对违反治安管理行为人，公安机关传唤后应当及时询问查证，询问查证的时间不得超过八小时；情况复杂，依照本法规定可能适用行政拘留处罚的，询问查证的时间不得超过二十四小时。

公安机关应当及时将传唤的原因和处所通知被传唤人家属。

第八十四条　询问笔录应当交被询问人核对；对没有阅读能力的，应当向其宣读。记载有遗漏或者差错的，被询问人可以提出补充或者更正。被询问人确认笔录无误后，应当签名或者盖章，询问的人民警察也应当在笔录上签名。

被询问人要求就被询问事项自行提供书面材料的，应当准许；必要时，人民警察也可以要求被询问人自行书写。

询问不满十六周岁的违反治安管理行为人，应当通知其父母或者其他监护人到场。

第八十五条　人民警察询问被侵害人或者其他证人，可以到其所在单位或者住处进行；必要时，也可以通知其到公安机关提供证言。

人民警察在公安机关以外询问被侵害人或者其他证人，应当出示工作证件。

询问被侵害人或者其他证人，同时适用本法第八十四条的规定。

第八十九条　公安机关办理治安案件，对与案件有关的需要作为证据的物品，可以扣押；对被侵害人或者善意第三人合法占有的财产，不得扣押，应当予以登记。对与案件无关的物品，不得扣押。

对扣押的物品，应当会同在场见证人和被扣押物品持有人查点清楚，当场开列清单一式二份，由调查人员、见证人和持有人签名或者盖章，一份交给持有人，另一份附卷备查。

对扣押的物品，应当妥善保管，不得挪作他用；对不宜长期保存的物品，按照有关规定处理。经查明与案件无关的，应当及时退还；经核实属于他人合法财产的，应当登记后立即退还；满六个月无人对该财产主张权利或者无法查清权利人的，应当公开拍卖或者按照国家有关规定处理，所得款项上缴国库。

第九十条　为了查明案情，需要解决案件中有争议的专门性问题的，应当指派或者聘请具有专门知识的人员进行鉴定；鉴定人鉴定后，应当写出鉴定意见，并且签名。

第九十八条　公安机关作出吊销许可证以及处二千元以上罚款的治安管理处罚决定前，应当告知违反治安管理行为人有权要求举行听证；违反治安管理行为人要求听证的，公安机关应当及时依法举行听证。

第一百零三条　对被决定给予行政拘留处罚的人，由作出决定的公安机关送达拘留所执行。

第一百零四条 受到罚款处罚的人应当自收到处罚决定书之日起十五日内，到指定的银行缴纳罚款。但是，有下列情形之一的，人民警察可以当场收缴罚款：

（一）被处五十元以下罚款，被处罚人对罚款无异议的；

（二）在边远、水上、交通不便地区，公安机关及其人民警察依照本法的规定作出罚款决定后，被处罚人向指定的银行缴纳罚款确有困难，经被处罚人提出的；

（三）被处罚人在当地没有固定住所，不当场收缴事后难以执行的。

中华人民共和国数据安全法

（2021年6月10日 中华人民共和国主席令第84号）

第一章 总 则

第一条 为了规范数据处理活动，保障数据安全，促进数据开发利用，保护个人、组织的合法权益，维护国家主权、安全和发展利益，制定本法。

第二条 在中华人民共和国境内开展数据处理活动及其安全监管，适用本法。

在中华人民共和国境外开展数据处理活动，损害中华人民共和国国家安全、公共利益或者公民、组织合法权益的，依法追究法律责任。

第三条 本法所称数据，是指任何以电子或者其他方式对信息的记录。

数据处理，包括数据的收集、存储、使用、加工、传输、提供、公开等。

数据安全，是指通过采取必要措施，确保数据处于有效保护和合法利用的状态，以及具备保障持续安全状态的能力。

第四条 维护数据安全，应当坚持总体国家安全观，建立健全数据安全治理体系，提高数据安全保障能力。

第五条 中央国家安全领导机构负责国家数据安全工作的决策和议事协调，研究制定、指导实施国家数据安全战略和有关重大方针政策，统筹协调国家数据安全的重大事项和重要工作，建立国家数据安全工作协调机制。

第六条 各地区、各部门对本地区、本部门工作中收集和产生的数据及数据安全负责。

工业、电信、交通、金融、自然资源、卫生健康、教育、科技等主管部门承担本行业、本领域数据安全监管职责。

公安机关、国家安全机关等依照本法和有关法律、行政法规的规定，在各自职责范围内承担数据安全监管职责。

国家网信部门依照本法和有关法律、行政法规的规定，负责统筹协调网络数据安全和相关监管工作。

第七条　国家保护个人、组织与数据有关的权益，鼓励数据依法合理有效利用，保障数据依法有序自由流动，促进以数据为关键要素的数字经济发展。

第八条　开展数据处理活动，应当遵守法律、法规，尊重社会公德和伦理，遵守商业道德和职业道德，诚实守信，履行数据安全保护义务，承担社会责任，不得危害国家安全、公共利益，不得损害个人、组织的合法权益。

第九条　国家支持开展数据安全知识宣传普及，提高全社会的数据安全保护意识和水平，推动有关部门、行业组织、科研机构、企业、个人等共同参与数据安全保护工作，形成全社会共同维护数据安全和促进发展的良好环境。

第十条　相关行业组织按照章程，依法制定数据安全行为规范和团体标准，加强行业自律，指导会员加强数据安全保护，提高数据安全保护水平，促进行业健康发展。

第十一条　国家积极开展数据安全治理、数据开发利用等领域的国际交流与合作，参与数据安全相关国际规则和标准的制定，促进数据跨境安全、自由流动。

第十二条　任何个人、组织都有权对违反本法规定的行为向有关主管部门投诉、举报。收到投诉、举报的部门应当及时依法处理。

有关主管部门应当对投诉、举报人的相关信息予以保密，保护投诉、举报人的合法权益。

第二章　数据安全与发展

第十三条　国家统筹发展和安全，坚持以数据开发利用和产业发展促进数据安全，以数据安全保障数据开发利用和产业发展。

第十四条　国家实施大数据战略，推进数据基础设施建设，鼓励和支持数据在各行业、各领域的创新应用。

省级以上人民政府应当将数字经济发展纳入本级国民经济和社会发展规划，并根据需要制定数字经济发展规划。

第十五条　国家支持开发利用数据提升公共服务的智能化水平。提供智能化公共服务，应当充分考虑老年人、残疾人的需求，避免对老年人、残疾人的日常生活造成障碍。

第十六条 国家支持数据开发利用和数据安全技术研究,鼓励数据开发利用和数据安全等领域的技术推广和商业创新,培育、发展数据开发利用和数据安全产品、产业体系。

第十七条 国家推进数据开发利用技术和数据安全标准体系建设。国务院标准化行政主管部门和国务院有关部门根据各自的职责,组织制定并适时修订有关数据开发利用技术、产品和数据安全相关标准。国家支持企业、社会团体和教育、科研机构等参与标准制定。

第十八条 国家促进数据安全检测评估、认证等服务的发展,支持数据安全检测评估、认证等专业机构依法开展服务活动。

国家支持有关部门、行业组织、企业、教育和科研机构、有关专业机构等在数据安全风险评估、防范、处置等方面开展协作。

第十九条 国家建立健全数据交易管理制度,规范数据交易行为,培育数据交易市场。

第二十条 国家支持教育、科研机构和企业等开展数据开发利用技术和数据安全相关教育和培训,采取多种方式培养数据开发利用技术和数据安全专业人才,促进人才交流。

第三章 数据安全制度

第二十一条 国家建立数据分类分级保护制度,根据数据在经济社会发展中的重要程度,以及一旦遭到篡改、破坏、泄露或者非法获取、非法利用,对国家安全、公共利益或者个人、组织合法权益造成的危害程度,对数据实行分类分级保护。国家数据安全工作协调机制统筹协调有关部门制定重要数据目录,加强对重要数据的保护。

关系国家安全、国民经济命脉、重要民生、重大公共利益等数据属于国家核心数据,实行更加严格的管理制度。

各地区、各部门应当按照数据分类分级保护制度,确定本地区、本部门以及相关行业、领域的重要数据具体目录,对列入目录的数据进行重点保护。

第二十二条 国家建立集中统一、高效权威的数据安全风险评估、报告、信息共享、监测预警机制。国家数据安全工作协调机制统筹协调有关部门加强数据安全风险信息的获取、分析、研判、预警工作。

第二十三条 国家建立数据安全应急处置机制。发生数据安全事件,有关主管部门应当依法启动应急预案，采取相应的应急处置措施，防止危害扩大，消除安全隐患，并及时向社会发布与公众有关的警示信息。

第二十四条　国家建立数据安全审查制度，对影响或者可能影响国家安全的数据处理活动进行国家安全审查。

依法作出的安全审查决定为最终决定。

第二十五条　国家对与维护国家安全和利益、履行国际义务相关的属于管制物项的数据依法实施出口管制。

第二十六条　任何国家或者地区在与数据和数据开发利用技术等有关的投资、贸易等方面对中华人民共和国采取歧视性的禁止、限制或者其他类似措施的，中华人民共和国可以根据实际情况对该国家或者地区对等采取措施。

第四章　数据安全保护义务

第二十七条　开展数据处理活动应当依照法律、法规的规定，建立健全全流程数据安全管理制度，组织开展数据安全教育培训，采取相应的技术措施和其他必要措施，保障数据安全。利用互联网等信息网络开展数据处理活动，应当在网络安全等级保护制度的基础上，履行上述数据安全保护义务。

重要数据的处理者应当明确数据安全负责人和管理机构，落实数据安全保护责任。

第二十八条　开展数据处理活动以及研究开发数据新技术，应当有利于促进经济社会发展，增进人民福祉，符合社会公德和伦理。

第二十九条　开展数据处理活动应当加强风险监测，发现数据安全缺陷、漏洞等风险时，应当立即采取补救措施；发生数据安全事件时，应当立即采取处置措施，按照规定及时告知用户并向有关主管部门报告。

第三十条　重要数据的处理者应当按照规定对其数据处理活动定期开展风险评估，并向有关主管部门报送风险评估报告。

风险评估报告应当包括处理的重要数据的种类、数量，开展数据处理活动的情况，面临的数据安全风险及其应对措施等。

第三十一条　关键信息基础设施的运营者在中华人民共和国境内运营中收集和产生的重要数据的出境安全管理，适用《中华人民共和国网络安全法》的规定；其他数据处理者在中华人民共和国境内运营中收集和产生的重要数据的出境安全管理办法，由国家网信部门会同国务院有关部门制定。

第三十二条 任何组织、个人收集数据，应当采取合法、正当的方式，不得窃取或者以其他非法方式获取数据。

法律、行政法规对收集、使用数据的目的、范围有规定的，应当在法律、行政法规规定的目的和范围内收集、使用数据。

第三十三条 从事数据交易中介服务的机构提供服务，应当要求数据提供方说明数据来源，审核交易双方的身份，并留存审核、交易记录。

第三十四条 法律、行政法规规定提供数据处理相关服务应当取得行政许可的，服务提供者应当依法取得许可。

第三十五条 公安机关、国家安全机关因依法维护国家安全或者侦查犯罪的需要调取数据，应当按照国家有关规定，经过严格的批准手续，依法进行，有关组织、个人应当予以配合。

第三十六条 中华人民共和国主管机关根据有关法律和中华人民共和国缔结或者参加的国际条约、协定，或者按照平等互惠原则，处理外国司法或者执法机构关于提供数据的请求。非经中华人民共和国主管机关批准，境内的组织、个人不得向外国司法或者执法机构提供存储于中华人民共和国境内的数据。

第五章 政务数据安全与开放

第三十七条 国家大力推进电子政务建设，提高政务数据的科学性、准确性、时效性，提升运用数据服务经济社会发展的能力。

第三十八条 国家机关为履行法定职责的需要收集、使用数据，应当在其履行法定职责的范围内依照法律、行政法规规定的条件和程序进行；对在履行职责中知悉的个人隐私、个人信息、商业秘密、保密商务信息等数据应当依法予以保密，不得泄露或者非法向他人提供。

第三十九条 国家机关应当依照法律、行政法规的规定，建立健全数据安全管理制度，落实数据安全保护责任，保障政务数据安全。

第四十条 国家机关委托他人建设、维护电子政务系统，存储、加工政务数据，应当经过严格的批准程序，并应当监督受托方履行相应的数据安全保护义务。受托方应当依照法律、法规的规定和合同约定履行数据安全保护义务，不得擅自留存、使用、泄露或者向他人提供政务数据。

第四十一条 国家机关应当遵循公正、公平、便民的原则，按照规定及时、准确地公开政务数据。依法不予公开的除外。

第四十二条　国家制定政务数据开放目录，构建统一规范、互联互通、安全可控的政务数据开放平台，推动政务数据开放利用。

第四十三条　法律、法规授权的具有管理公共事务职能的组织为履行法定职责开展数据处理活动，适用本章规定。

第六章　法律责任

第四十四条　有关主管部门在履行数据安全监管职责中，发现数据处理活动存在较大安全风险的，可以按照规定的权限和程序对有关组织、个人进行约谈，并要求有关组织、个人采取措施进行整改，消除隐患。

第四十五条　开展数据处理活动的组织、个人不履行本法第二十七条、第二十九条、第三十条规定的数据安全保护义务的，由有关主管部门责令改正，给予警告，可以并处五万元以上五十万元以下罚款，对直接负责的主管人员和其他直接责任人员可以处一万元以上十万元以下罚款；拒不改正或者造成大量数据泄露等严重后果的，处五十万元以上二百万元以下罚款，并可以责令暂停相关业务、停业整顿、吊销相关业务许可证或者吊销营业执照，对直接负责的主管人员和其他直接责任人员处五万元以上二十万元以下罚款。

违反国家核心数据管理制度，危害国家主权、安全和发展利益的，由有关主管部门处二百万元以上一千万元以下罚款，并根据情况责令暂停相关业务、停业整顿、吊销相关业务许可证或者吊销营业执照；构成犯罪的，依法追究刑事责任。

第四十六条　违反本法第三十一条规定，向境外提供重要数据的，由有关主管部门责令改正，给予警告，可以并处十万元以上一百万元以下罚款，对直接负责的主管人员和其他直接责任人员可以处一万元以上十万元以下罚款；情节严重的，处一百万元以上一千万元以下罚款，并可以责令暂停相关业务、停业整顿、吊销相关业务许可证或者吊销营业执照，对直接负责的主管人员和其他直接责任人员处十万元以上一百万元以下罚款。

第四十七条　从事数据交易中介服务的机构未履行本法第三十三条规定的义务的，由有关主管部门责令改正，没收违法所得，处违法所得一倍以上十倍以下罚款，没有违法所得或者违法所得不足十万元的，处十万元以上一百万元以下罚款，并可以责令暂停相关业务、停业整顿、吊销相关业务许可证或者吊销营业执照；对直接负责的主管人员和其他直接责任人员处一万元以上十万元以下罚款。

第四十八条　违反本法第三十五条规定，拒不配合数据调取的，由有关主管部门责令改正,给予警告,并处五万元以上五十万元以下罚款,对直接负责的主管人员和其他直接责任人员处一万元以上十万元以下罚款。

违反本法第三十六条规定,未经主管机关批准向外国司法或者执法机构提供数据的,由有关主管部门给予警告,可以并处十万元以上一百万元以下罚款,对直接负责的主管人员和其他直接责任人员可以处一万元以上十万元以下罚款;造成严重后果的,处一百万元以上五百万元以下罚款,并可以责令暂停相关业务、停业整顿、吊销相关业务许可证或者吊销营业执照,对直接负责的主管人员和其他直接责任人员处五万元以上五十万元以下罚款。

第四十九条 国家机关不履行本法规定的数据安全保护义务的,对直接负责的主管人员和其他直接责任人员依法给予处分。

第五十条 履行数据安全监管职责的国家工作人员玩忽职守、滥用职权、徇私舞弊的,依法给予处分。

第五十一条 窃取或者以其他非法方式获取数据,开展数据处理活动排除、限制竞争,或者损害个人、组织合法权益的,依照有关法律、行政法规的规定处罚。

第五十二条 违反本法规定,给他人造成损害的,依法承担民事责任。

违反本法规定,构成违反治安管理行为的,依法给予治安管理处罚;构成犯罪的,依法追究刑事责任。

第七章 附 则

第五十三条 开展涉及国家秘密的数据处理活动,适用《中华人民共和国保守国家秘密法》等法律、行政法规的规定。

在统计、档案工作中开展数据处理活动,开展涉及个人信息的数据处理活动,还应当遵守有关法律、行政法规的规定。

第五十四条 军事数据安全保护的办法,由中央军事委员会依据本法另行制定。

第五十五条 本法自2021年9月1日起施行。

中华人民共和国个人信息保护法

（2021年8月20日　中华人民共和国主席令第91号）

第一章　总　　则

第一条　为了保护个人信息权益，规范个人信息处理活动，促进个人信息合理利用，根据宪法，制定本法。

第二条　自然人的个人信息受法律保护，任何组织、个人不得侵害自然人的个人信息权益。

第三条　在中华人民共和国境内处理自然人个人信息的活动，适用本法。

在中华人民共和国境外处理中华人民共和国境内自然人个人信息的活动，有下列情形之一的，也适用本法：

（一）以向境内自然人提供产品或者服务为目的；

（二）分析、评估境内自然人的行为；

（三）法律、行政法规规定的其他情形。

第四条　个人信息是以电子或者其他方式记录的与已识别或者可识别的自然人有关的各种信息，不包括匿名化处理后的信息。

个人信息的处理包括个人信息的收集、存储、使用、加工、传输、提供、公开、删除等。

第五条　处理个人信息应当遵循合法、正当、必要和诚信原则，不得通过误导、欺诈、胁迫等方式处理个人信息。

第六条　处理个人信息应当具有明确、合理的目的，并应当与处理目的直接相关，采取对个人权益影响最小的方式。

收集个人信息，应当限于实现处理目的的最小范围，不得过度收集个人信息。

第七条　处理个人信息应当遵循公开、透明原则，公开个人信息处理规则，明示处理的目的、方式和范围。

第八条　处理个人信息应当保证个人信息的质量，避免因个人信息不准确、不完整对个人权益造成不利影响。

第九条　个人信息处理者应当对其个人信息处理活动负责，并采取必要措施保障所处理的个人信息的安全。

第十条　任何组织、个人不得非法收集、使用、加工、传输他人个人信息，不得非法买卖、提供或者公开他人个人信息;不得从事危害国家安全、公共利益的个人信息处理活动。

第十一条 国家建立健全个人信息保护制度,预防和惩治侵害个人信息权益的行为,加强个人信息保护宣传教育,推动形成政府、企业、相关社会组织、公众共同参与个人信息保护的良好环境。

第十二条 国家积极参与个人信息保护国际规则的制定,促进个人信息保护方面的国际交流与合作,推动与其他国家、地区、国际组织之间的个人信息保护规则、标准等互认。

第二章 个人信息处理规则

第一节 一般规定

第十三条 符合下列情形之一的,个人信息处理者方可处理个人信息:

(一)取得个人的同意;

(二)为订立、履行个人作为一方当事人的合同所必需,或者按照依法制定的劳动规章制度和依法签订的集体合同实施人力资源管理所必需;

(三)为履行法定职责或者法定义务所必需;

(四)为应对突发公共卫生事件,或者紧急情况下为保护自然人的生命健康和财产安全所必需;

(五)为公共利益实施新闻报道、舆论监督等行为,在合理的范围内处理个人信息;

(六)依照本法规定在合理的范围内处理个人自行公开或者其他已经合法公开的个人信息;

(七)法律、行政法规规定的其他情形。

依照本法其他有关规定,处理个人信息应当取得个人同意,但是有前款第二项至第七项规定情形的,不需取得个人同意。

第十四条 基于个人同意处理个人信息的,该同意应当由个人在充分知情的前提下自愿、明确作出。法律、行政法规规定处理个人信息应当取得个人单独同意或者书面同意的,从其规定。

个人信息的处理目的、处理方式和处理的个人信息种类发生变更的,应当重新取得个人同意。

第十五条 基于个人同意处理个人信息的,个人有权撤回其同意。个人信息处理者应当提供便捷的撤回同意的方式。

个人撤回同意,不影响撤回前基于个人同意已进行的个人信息处理活动的效力。

第十六条　个人信息处理者不得以个人不同意处理其个人信息或者撤回同意为由,拒绝提供产品或者服务;处理个人信息属于提供产品或者服务所必需的除外。

第十七条　个人信息处理者在处理个人信息前,应当以显著方式、清晰易懂的语言真实、准确、完整地向个人告知下列事项:

(一)个人信息处理者的名称或者姓名和联系方式;

(二)个人信息的处理目的、处理方式,处理的个人信息种类、保存期限;

(三)个人行使本法规定权利的方式和程序;

(四)法律、行政法规规定应当告知的其他事项。

前款规定事项发生变更的,应当将变更部分告知个人。

个人信息处理者通过制定个人信息处理规则的方式告知第一款规定事项的,处理规则应当公开,并且便于查阅和保存。

第十八条　个人信息处理者处理个人信息,有法律、行政法规规定应当保密或者不需要告知的情形的,可以不向个人告知前条第一款规定的事项。

紧急情况下为保护自然人的生命健康和财产安全无法及时向个人告知的,个人信息处理者应当在紧急情况消除后及时告知。

第十九条　除法律、行政法规另有规定外,个人信息的保存期限应当为实现处理目的所必要的最短时间。

第二十条　两个以上的个人信息处理者共同决定个人信息的处理目的和处理方式的,应当约定各自的权利和义务。但是,该约定不影响个人向其中任何一个个人信息处理者要求行使本法规定的权利。

个人信息处理者共同处理个人信息,侵害个人信息权益造成损害的,应当依法承担连带责任。

第二十一条　个人信息处理者委托处理个人信息的,应当与受托人约定委托处理的目的、期限、处理方式、个人信息的种类、保护措施以及双方的权利和义务等,并对受托人的个人信息处理活动进行监督。

受托人应当按照约定处理个人信息,不得超出约定的处理目的、处理方式等处理个人信息;委托合同不生效、无效、被撤销或者终止的,受托人应当将个人信息返还个人信息处理者或者予以删除，不得保留。

未经个人信息处理者同意，受托人不得转委托他人处理个人信息。

第二十二条 个人信息处理者因合并、分立、解散、被宣告破产等原因需要转移个人信息的，应当向个人告知接收方的名称或者姓名和联系方式。接收方应当继续履行个人信息处理者的义务。接收方变更原先的处理目的、处理方式的，应当依照本法规定重新取得个人同意。

第二十三条 个人信息处理者向其他个人信息处理者提供其处理的个人信息的，应当向个人告知接收方的名称或者姓名、联系方式、处理目的、处理方式和个人信息的种类，并取得个人的单独同意。接收方应当在上述处理目的、处理方式和个人信息的种类等范围内处理个人信息。接收方变更原先的处理目的、处理方式的，应当依照本法规定重新取得个人同意。

第二十四条 个人信息处理者利用个人信息进行自动化决策，应当保证决策的透明度和结果公平、公正，不得对个人在交易价格等交易条件上实行不合理的差别待遇。

通过自动化决策方式向个人进行信息推送、商业营销，应当同时提供不针对其个人特征的选项，或者向个人提供便捷的拒绝方式。

通过自动化决策方式作出对个人权益有重大影响的决定，个人有权要求个人信息处理者予以说明，并有权拒绝个人信息处理者仅通过自动化决策的方式作出决定。

第二十五条 个人信息处理者不得公开其处理的个人信息，取得个人单独同意的除外。

第二十六条 在公共场所安装图像采集、个人身份识别设备，应当为维护公共安全所必需，遵守国家有关规定，并设置显著的提示标识。所收集的个人图像、身份识别信息只能用于维护公共安全的目的，不得用于其他目的；取得个人单独同意的除外。

第二十七条 个人信息处理者可以在合理的范围内处理个人自行公开或者其他已经合法公开的个人信息；个人明确拒绝的除外。个人信息处理者处理已公开的个人信息，对个人权益有重大影响的，应当依照本法规定取得个人同意。

第二节 敏感个人信息的处理规则

第二十八条 敏感个人信息是一旦泄露或者非法使用，容易导致自然人的人格尊严受到侵害或者人身、财产安全受到危害的个人信息，包括生物识别、宗教信仰、特定身份、医疗健康、金融账户、行踪轨迹等信息，以及不满十四周岁未成年人的个人信息。

只有在具有特定的目的和充分的必要性，并采取严格保护措施的情形下，个人信息处理者方可处理敏感个人信息。

第二十九条　处理敏感个人信息应当取得个人的单独同意；法律、行政法规规定处理敏感个人信息应当取得书面同意的，从其规定。

第三十条　个人信息处理者处理敏感个人信息的，除本法第十七条第一款规定的事项外，还应当向个人告知处理敏感个人信息的必要性以及对个人权益的影响；依照本法规定可以不向个人告知的除外。

第三十一条　个人信息处理者处理不满十四周岁未成年人个人信息的，应当取得未成年人的父母或者其他监护人的同意。

个人信息处理者处理不满十四周岁未成年人个人信息的，应当制定专门的个人信息处理规则。

第三十二条　法律、行政法规对处理敏感个人信息规定应当取得相关行政许可或者作出其他限制的，从其规定。

第三节　国家机关处理个人信息的特别规定

第三十三条　国家机关处理个人信息的活动，适用本法；本节有特别规定的，适用本节规定。

第三十四条　国家机关为履行法定职责处理个人信息，应当依照法律、行政法规规定的权限、程序进行，不得超出履行法定职责所必需的范围和限度。

第三十五条　国家机关为履行法定职责处理个人信息，应当依照本法规定履行告知义务；有本法第十八条第一款规定的情形，或者告知将妨碍国家机关履行法定职责的除外。

第三十六条　国家机关处理的个人信息应当在中华人民共和国境内存储；确需向境外提供的，应当进行安全评估。安全评估可以要求有关部门提供支持与协助。

第三十七条　法律、法规授权的具有管理公共事务职能的组织为履行法定职责处理个人信息，适用本法关于国家机关处理个人信息的规定。

第三章　个人信息跨境提供的规则

第三十八条　个人信息处理者因业务等需要，确需向中华人民共和国境外提供个人信息的，应当具备下列条件之一：

（一）依照本法第四十条的规定通过国家网信部门组织的安全评估；

（二）按照国家网信部门的规定经专业机构进行个人信息保护认证；

（三）按照国家网信部门制定的标准合同与境外接收方订立合同，约定双方的权利和义务；

（四）法律、行政法规或者国家网信部门规定的其他条件。

中华人民共和国缔结或者参加的国际条约、协定对向中华人民共和国境外提供个人信息的条件等有规定的，可以按照其规定执行。

个人信息处理者应当采取必要措施，保障境外接收方处理个人信息的活动达到本法规定的个人信息保护标准。

第三十九条　个人信息处理者向中华人民共和国境外提供个人信息的，应当向个人告知境外接收方的名称或者姓名、联系方式、处理目的、处理方式、个人信息的种类以及个人向境外接收方行使本法规定权利的方式和程序等事项，并取得个人的单独同意。

第四十条　关键信息基础设施运营者和处理个人信息达到国家网信部门规定数量的个人信息处理者，应当将在中华人民共和国境内收集和产生的个人信息存储在境内。确需向境外提供的，应当通过国家网信部门组织的安全评估；法律、行政法规和国家网信部门规定可以不进行安全评估的，从其规定。

第四十一条　中华人民共和国主管机关根据有关法律和中华人民共和国缔结或者参加的国际条约、协定，或者按照平等互惠原则，处理外国司法或者执法机构关于提供存储于境内个人信息的请求。非经中华人民共和国主管机关批准，个人信息处理者不得向外国司法或者执法机构提供存储于中华人民共和国境内的个人信息。

第四十二条　境外的组织、个人从事侵害中华人民共和国公民的个人信息权益，或者危害中华人民共和国国家安全、公共利益的个人信息处理活动的，国家网信部门可以将其列入限制或者禁止个人信息提供清单，予以公告，并采取限制或者禁止向其提供个人信息等措施。

第四十三条　任何国家或者地区在个人信息保护方面对中华人民共和国采取

歧视性的禁止、限制或者其他类似措施的，中华人民共和国可以根据实际情况对该国家或者地区对等采取措施。

第四章 个人在个人信息处理活动中的权利

第四十四条 个人对其个人信息的处理享有知情权、决定权，有权限制或者拒绝他人对其个人信息进行处理；法律、行政法规另有规定的除外。

第四十五条 个人有权向个人信息处理者查阅、复制其个人信息；有本法第十八条第一款、第三十五条规定情形的除外。

个人请求查阅、复制其个人信息的，个人信息处理者应当及时提供。

个人请求将个人信息转移至其指定的个人信息处理者，符合国家网信部门规定条件的，个人信息处理者应当提供转移的途径。

第四十六条 个人发现其个人信息不准确或者不完整的，有权请求个人信息处理者更正、补充。

个人请求更正、补充其个人信息的，个人信息处理者应当对其个人信息予以核实，并及时更正、补充。

第四十七条 有下列情形之一的，个人信息处理者应当主动删除个人信息；个人信息处理者未删除的，个人有权请求删除：

（一）处理目的已实现、无法实现或者为实现处理目的不再必要；

（二）个人信息处理者停止提供产品或者服务，或者保存期限已届满；

（三）个人撤回同意；

（四）个人信息处理者违反法律、行政法规或者违反约定处理个人信息；

（五）法律、行政法规规定的其他情形。

法律、行政法规规定的保存期限未届满，或者删除个人信息从技术上难以实现的，个人信息处理者应当停止除存储和采取必要的安全保护措施之外的处理。

第四十八条 个人有权要求个人信息处理者对其个人信息处理规则进行解释说明。

第四十九条 自然人死亡的，其近亲属为了自身的合法、正当利益，可以对死者的相关个人信息行使本章规定的查阅、复制、更正、删除等权利；死者生前另有安排的除外。

第五十条 个人信息处理者应当建立便捷的个人行使权利的申请受理和处理机制。拒绝个人行使权利的请求的，应当说明理由。

个人信息处理者拒绝个人行使权利的请求的，个人可以依法向人民法院提起诉讼。

第五章　个人信息处理者的义务

第五十一条　个人信息处理者应当根据个人信息的处理目的、处理方式、个人信息的种类以及对个人权益的影响、可能存在的安全风险等，采取下列措施确保个人信息处理活动符合法律、行政法规的规定，并防止未经授权的访问以及个人信息泄露、篡改、丢失：

（一）制定内部管理制度和操作规程；

（二）对个人信息实行分类管理；

（三）采取相应的加密、去标识化等安全技术措施；

（四）合理确定个人信息处理的操作权限，并定期对从业人员进行安全教育和培训；

（五）制定并组织实施个人信息安全事件应急预案；

（六）法律、行政法规规定的其他措施。

第五十二条　处理个人信息达到国家网信部门规定数量的个人信息处理者应当指定个人信息保护负责人，负责对个人信息处理活动以及采取的保护措施等进行监督。

个人信息处理者应当公开个人信息保护负责人的联系方式，并将个人信息保护负责人的姓名、联系方式等报送履行个人信息保护职责的部门。

第五十三条　本法第三条第二款规定的中华人民共和国境外的个人信息处理者，应当在中华人民共和国境内设立专门机构或者指定代表，负责处理个人信息保护相关事务，并将有关机构的名称或者代表的姓名、联系方式等报送履行个人信息保护职责的部门。

第五十四条　个人信息处理者应当定期对其处理个人信息遵守法律、行政法规的情况进行合规审计。

第五十五条　有下列情形之一的，个人信息处理者应当事前进行个人信息保护影响评估，并对处理情况进行记录：

（一）处理敏感个人信息；

（二）利用个人信息进行自动化决策；

（三）委托处理个人信息、向其他个人信息处理者提供个人信息、公开个人信息；

（四）向境外提供个人信息；

（五）其他对个人权益有重大影响的个人信息处理活动。

第五十六条　个人信息保护影响评估应当包括下列内容：

（一）个人信息的处理目的、处理方式等是否合法、正当、必要；

（二）对个人权益的影响及安全风险；

（三）所采取的保护措施是否合法、有效并与风险程度相适应。

个人信息保护影响评估报告和处理情况记录应当至少保存三年。

第五十七条　发生或者可能发生个人信息泄露、篡改、丢失的，个人信息处理者应当立即采取补救措施，并通知履行个人信息保护职责的部门和个人。通知应当包括下列事项：

（一）发生或者可能发生个人信息泄露、篡改、丢失的信息种类、原因和可能造成的危害；

（二）个人信息处理者采取的补救措施和个人可以采取的减轻危害的措施；

（三）个人信息处理者的联系方式。

个人信息处理者采取措施能够有效避免信息泄露、篡改、丢失造成危害的，个人信息处理者可以不通知个人；履行个人信息保护职责的部门认为可能造成危害的，有权要求个人信息处理者通知个人。

第五十八条　提供重要互联网平台服务、用户数量巨大、业务类型复杂的个人信息处理者，应当履行下列义务：

（一）按照国家规定建立健全个人信息保护合规制度体系，成立主要由外部成员组成的独立机构对个人信息保护情况进行监督；

（二）遵循公开、公平、公正的原则，制定平台规则，明确平台内产品或者服务提供者处理个人信息的规范和保护个人信息的义务；

（三）对严重违反法律、行政法规处理个人信息的平台内的产品或者服务提供者，停止提供服务；

（四）定期发布个人信息保护社会责任报告，接受社会监督。

第五十九条　接受委托处理个人信息的受托人，应当依照本法和有关法律、行政法规的规定，采取必要措施保障所处理的个人信息的安全，并协助个人信息处理者履行本法规定的义务。

第六章 履行个人信息保护职责的部门

第六十条 国家网信部门负责统筹协调个人信息保护工作和相关监督管理工作。国务院有关部门依照本法和有关法律、行政法规的规定,在各自职责范围内负责个人信息保护和监督管理工作。

县级以上地方人民政府有关部门的个人信息保护和监督管理职责,按照国家有关规定确定。

前两款规定的部门统称为履行个人信息保护职责的部门。

第六十一条 履行个人信息保护职责的部门履行下列个人信息保护职责:

(一)开展个人信息保护宣传教育,指导、监督个人信息处理者开展个人信息保护工作;

(二)接受、处理与个人信息保护有关的投诉、举报;

(三)组织对应用程序等个人信息保护情况进行测评,并公布测评结果;

(四)调查、处理违法个人信息处理活动;

(五)法律、行政法规规定的其他职责。

第六十二条 国家网信部门统筹协调有关部门依据本法推进下列个人信息保护工作:

(一)制定个人信息保护具体规则、标准;

(二)针对小型个人信息处理者、处理敏感个人信息以及人脸识别、人工智能等新技术、新应用,制定专门的个人信息保护规则、标准;

(三)支持研究开发和推广应用安全、方便的电子身份认证技术,推进网络身份认证公共服务建设;

(四)推进个人信息保护社会化服务体系建设,支持有关机构开展个人信息保护评估、认证服务;

(五)完善个人信息保护投诉、举报工作机制。

第六十三条 履行个人信息保护职责的部门履行个人信息保护职责,可以采取下列措施:

(一)询问有关当事人,调查与个人信息处理活动有关的情况;

(二)查阅、复制当事人与个人信息处理活动有关的合同、记录、账簿以及其他有关资料;

(三)实施现场检查,对涉嫌违法的个人信息处理活动进行调查;

（四）检查与个人信息处理活动有关的设备、物品；对有证据证明是用于违法个人信息处理活动的设备、物品，向本部门主要负责人书面报告并经批准，可以查封或者扣押。

履行个人信息保护职责的部门依法履行职责，当事人应当予以协助、配合，不得拒绝、阻挠。

第六十四条　履行个人信息保护职责的部门在履行职责中，发现个人信息处理活动存在较大风险或者发生个人信息安全事件的，可以按照规定的权限和程序对该个人信息处理者的法定代表人或者主要负责人进行约谈，或者要求个人信息处理者委托专业机构对其个人信息处理活动进行合规审计。个人信息处理者应当按照要求采取措施，进行整改，消除隐患。

履行个人信息保护职责的部门在履行职责中，发现违法处理个人信息涉嫌犯罪的，应当及时移送公安机关依法处理。

第六十五条　任何组织、个人有权对违法个人信息处理活动向履行个人信息保护职责的部门进行投诉、举报。收到投诉、举报的部门应当依法及时处理，并将处理结果告知投诉、举报人。

履行个人信息保护职责的部门应当公布接受投诉、举报的联系方式。

第七章　法 律 责 任

第六十六条　违反本法规定处理个人信息，或者处理个人信息未履行本法规定的个人信息保护义务的，由履行个人信息保护职责的部门责令改正，给予警告，没收违法所得，对违法处理个人信息的应用程序，责令暂停或者终止提供服务；拒不改正的，并处一百万元以下罚款；对直接负责的主管人员和其他直接责任人员处一万元以上十万元以下罚款。

有前款规定的违法行为，情节严重的，由省级以上履行个人信息保护职责的部门责令改正，没收违法所得，并处五千万元以下或者上一年度营业额百分之五以下罚款，并可以责令暂停相关业务或者停业整顿、通报有关主管部门吊销相关业务许可或者吊销营业执照；对直接负责的主管人员和其他直接责任人员处十万元以上一百万元以下罚款，并可以决定禁止其在一定期限内担任相关企业的董事、监事、高级管理人员和个人信息保护负责人。

第六十七条　有本法规定的违法行为的，依照有关法律、行政法规的规定记入信用档案，并予以公示。

第六十八条 国家机关不履行本法规定的个人信息保护义务的，由其上级机关或者履行个人信息保护职责的部门责令改正；对直接负责的主管人员和其他直接责任人员依法给予处分。

履行个人信息保护职责的部门的工作人员玩忽职守、滥用职权、徇私舞弊，尚不构成犯罪的，依法给予处分。

第六十九条 处理个人信息侵害个人信息权益造成损害，个人信息处理者不能证明自己没有过错的，应当承担损害赔偿等侵权责任。

前款规定的损害赔偿责任按照个人因此受到的损失或者个人信息处理者因此获得的利益确定；个人因此受到的损失和个人信息处理者因此获得的利益难以确定的，根据实际情况确定赔偿数额。

第七十条 个人信息处理者违反本法规定处理个人信息，侵害众多个人的权益的，人民检察院、法律规定的消费者组织和由国家网信部门确定的组织可以依法向人民法院提起诉讼。

第七十一条 违反本法规定，构成违反治安管理行为的，依法给予治安管理处罚；构成犯罪的，依法追究刑事责任。

第八章 附 则

第七十二条 自然人因个人或者家庭事务处理个人信息的，不适用本法。

法律对各级人民政府及其有关部门组织实施的统计、档案管理活动中的个人信息处理有规定的，适用其规定。

第七十三条 本法下列用语的含义：

（一）个人信息处理者，是指在个人信息处理活动中自主决定处理目的、处理方式的组织、个人。

（二）自动化决策，是指通过计算机程序自动分析、评估个人的行为习惯、兴趣爱好或者经济、健康、信用状况等，并进行决策的活动。

（三）去标识化，是指个人信息经过处理，使其在不借助额外信息的情况下无法识别特定自然人的过程。

（四）匿名化，是指个人信息经过处理无法识别特定自然人且不能复原的过程。

第七十四条 本法自2021年11月1日起施行。

中华人民共和国网络安全法

（2016 年 11 月 7 日　中华人民共和国主席令第 53 号）

第一章　总　　则

第一条　为了保障网络安全，维护网络空间主权和国家安全、社会公共利益，保护公民、法人和其他组织的合法权益，促进经济社会信息化健康发展，制定本法。

第二条　在中华人民共和国境内建设、运营、维护和使用网络，以及网络安全的监督管理，适用本法。

第三条　国家坚持网络安全与信息化发展并重，遵循积极利用、科学发展、依法管理、确保安全的方针，推进网络基础设施建设和互联互通，鼓励网络技术创新和应用，支持培养网络安全人才，建立健全网络安全保障体系，提高网络安全保护能力。

第四条　国家制定并不断完善网络安全战略，明确保障网络安全的基本要求和主要目标，提出重点领域的网络安全政策、工作任务和措施。

第五条　国家采取措施，监测、防御、处置来源于中华人民共和国境内外的网络安全风险和威胁，保护关键信息基础设施免受攻击、侵入、干扰和破坏，依法惩治网络违法犯罪活动，维护网络空间安全和秩序。

第六条　国家倡导诚实守信、健康文明的网络行为，推动传播社会主义核心价值观，采取措施提高全社会的网络安全意识和水平，形成全社会共同参与促进网络安全的良好环境。

第七条　国家积极开展网络空间治理、网络技术研发和标准制定、打击网络违法犯罪等方面的国际交流与合作，推动构建和平、安全、开放、合作的网络空间，建立多边、民主、透明的网络治理体系。

第八条　国家网信部门负责统筹协调网络安全工作和相关监督管理工作。国务院电信主管部门、公安部门和其他有关机关依照本法和有关法律、行政法规的规定，在各自职责范围内负责网络安全保护和监督管理工作。

县级以上地方人民政府有关部门的网络安全保护和监督管理职责，按照国家有关规定确定。

第九条　网络运营者开展经营和服务活动，必须遵守法律、行政法规，尊重社会公德，遵守商业道德，诚实信用，履行网络安全保护义务，接受政府和社会的监督，承担社会责任。

第十条 建设、运营网络或者通过网络提供服务，应当依照法律、行政法规的规定和国家标准的强制性要求，采取技术措施和其他必要措施，保障网络安全、稳定运行，有效应对网络安全事件，防范网络违法犯罪活动，维护网络数据的完整性、保密性和可用性。

第十一条 网络相关行业组织按照章程，加强行业自律，制定网络安全行为规范，指导会员加强网络安全保护，提高网络安全保护水平，促进行业健康发展。

第十二条 国家保护公民、法人和其他组织依法使用网络的权利，促进网络接入普及，提升网络服务水平，为社会提供安全、便利的网络服务，保障网络信息依法有序自由流动。

任何个人和组织使用网络应当遵守宪法法律，遵守公共秩序，尊重社会公德，不得危害网络安全，不得利用网络从事危害国家安全、荣誉和利益，煽动颠覆国家政权、推翻社会主义制度，煽动分裂国家、破坏国家统一，宣扬恐怖主义、极端主义，宣扬民族仇恨、民族歧视，传播暴力、淫秽色情信息，编造、传播虚假信息扰乱经济秩序和社会秩序，以及侵害他人名誉、隐私、知识产权和其他合法权益等活动。

第十三条 国家支持研究开发有利于未成年人健康成长的网络产品和服务，依法惩治利用网络从事危害未成年人身心健康的活动，为未成年人提供安全、健康的网络环境。

第十四条 任何个人和组织有权对危害网络安全的行为向网信、电信、公安等部门举报。收到举报的部门应当及时依法作出处理；不属于本部门职责的，应当及时移送有权处理的部门。

有关部门应当对举报人的相关信息予以保密，保护举报人的合法权益。

第二章 网络安全支持与促进

第十五条 国家建立和完善网络安全标准体系。国务院标准化行政主管部门和国务院其他有关部门根据各自的职责，组织制定并适时修订有关网络安全管理以及网络产品、服务和运行安全的国家标准、行业标准。

国家支持企业、研究机构、高等学校、网络相关行业组织参与网络安全国家标准、行业标准的制定。

第十六条 国务院和省、自治区、直辖市人民政府应当统筹规划，加大投入，扶持重点网络安全技术产业和项目，支持网络安全技术的研究开发和应用，推广安全可信的网络产品和服务，保护网络技术知识产权，支持企业、研究机构和高等学校等参与国家网络安全技术创新项目。

第十七条　国家推进网络安全社会化服务体系建设，鼓励有关企业、机构开展网络安全认证、检测和风险评估等安全服务。

第十八条　国家鼓励开发网络数据安全保护和利用技术，促进公共数据资源开放，推动技术创新和经济社会发展。

国家支持创新网络安全管理方式，运用网络新技术，提升网络安全保护水平。

第十九条　各级人民政府及其有关部门应当组织开展经常性的网络安全宣传教育，并指导、督促有关单位做好网络安全宣传教育工作。

大众传播媒介应当有针对性地面向社会进行网络安全宣传教育。

第二十条　国家支持企业和高等学校、职业学校等教育培训机构开展网络安全相关教育与培训，采取多种方式培养网络安全人才，促进网络安全人才交流。

第三章　网络运行安全

第一节　一 般 规 定

第二十一条　国家实行网络安全等级保护制度。网络运营者应当按照网络安全等级保护制度的要求，履行下列安全保护义务，保障网络免受干扰、破坏或者未经授权的访问，防止网络数据泄露或者被窃取、篡改：

（一）制定内部安全管理制度和操作规程，确定网络安全负责人，落实网络安全保护责任；

（二）采取防范计算机病毒和网络攻击、网络侵入等危害网络安全行为的技术措施；

（三）采取监测、记录网络运行状态、网络安全事件的技术措施，并按照规定留存相关的网络日志不少于六个月；

（四）采取数据分类、重要数据备份和加密等措施；

（五）法律、行政法规规定的其他义务。

第二十二条　网络产品、服务应当符合相关国家标准的强制性要求。网络产品、服务的提供者不得设置恶意程序；发现其网络产品、服务存在安全缺陷、漏洞等风险时，应当立即采取补救措施，按照规定及时告知用户并向有关主管部门报告。

网络产品、服务的提供者应当为其产品、服务持续提供安全维护；在规定或者当事人约定的期限内，不得终止提供安全维护。

网络产品、服务具有收集用户信息功能的，其提供者应当向用户明示并取得同意；涉及用户个人信息的，还应当遵守本法和有关法律、行政法规关于个人信息保护的规定。

第二十三条 网络关键设备和网络安全专用产品应当按照相关国家标准的强制性要求，由具备资格的机构安全认证合格或者安全检测符合要求后，方可销售或者提供。国家网信部门会同国务院有关部门制定、公布网络关键设备和网络安全专用产品目录，并推动安全认证和安全检测结果互认，避免重复认证、检测。

第二十四条 网络运营者为用户办理网络接入、域名注册服务，办理固定电话、移动电话等入网手续，或者为用户提供信息发布、即时通讯等服务，在与用户签订协议或者确认提供服务时，应当要求用户提供真实身份信息。用户不提供真实身份信息的，网络运营者不得为其提供相关服务。

国家实施网络可信身份战略，支持研究开发安全、方便的电子身份认证技术，推动不同电子身份认证之间的互认。

第二十五条 网络运营者应当制定网络安全事件应急预案，及时处置系统漏洞、计算机病毒、网络攻击、网络侵入等安全风险；在发生危害网络安全的事件时，立即启动应急预案，采取相应的补救措施，并按照规定向有关主管部门报告。

第二十六条 开展网络安全认证、检测、风险评估等活动，向社会发布系统漏洞、计算机病毒、网络攻击、网络侵入等网络安全信息，应当遵守国家有关规定。

第二十七条 任何个人和组织不得从事非法侵入他人网络、干扰他人网络正常功能、窃取网络数据等危害网络安全的活动；不得提供专门用于从事侵入网络、干扰网络正常功能及防护措施、窃取网络数据等危害网络安全活动的程序、工具；明知他人从事危害网络安全的活动的，不得为其提供技术支持、广告推广、支付结算等帮助。

第二十八条 网络运营者应当为公安机关、国家安全机关依法维护国家安全和侦查犯罪的活动提供技术支持和协助。

第二十九条 国家支持网络运营者之间在网络安全信息收集、分析、通报和应急处置等方面进行合作，提高网络运营者的安全保障能力。

有关行业组织建立健全本行业的网络安全保护规范和协作机制，加强对网络安全风险的分析评估，定期向会员进行风险警示，支持、协助会员应对网络安全风险。

第三十条 网信部门和有关部门在履行网络安全保护职责中获取的信息，只能用于维护网络安全的需要，不得用于其他用途。

第二节　关键信息基础设施的运行安全

第三十一条　国家对公共通信和信息服务、能源、交通、水利、金融、公共服务、电子政务等重要行业和领域，以及其他一旦遭到破坏、丧失功能或者数据泄露，可能严重危害国家安全、国计民生、公共利益的关键信息基础设施，在网络安全等级保护制度的基础上，实行重点保护。关键信息基础设施的具体范围和安全保护办法由国务院制定。

国家鼓励关键信息基础设施以外的网络运营者自愿参与关键信息基础设施保护体系。

第三十二条　按照国务院规定的职责分工，负责关键信息基础设施安全保护工作的部门分别编制并组织实施本行业、本领域的关键信息基础设施安全规划，指导和监督关键信息基础设施运行安全保护工作。

第三十三条　建设关键信息基础设施应当确保其具有支持业务稳定、持续运行的性能，并保证安全技术措施同步规划、同步建设、同步使用。

第三十四条　除本法第二十一条的规定外，关键信息基础设施的运营者还应当履行下列安全保护义务：

（一）设置专门安全管理机构和安全管理负责人，并对该负责人和关键岗位的人员进行安全背景审查；

（二）定期对从业人员进行网络安全教育、技术培训和技能考核；

（三）对重要系统和数据库进行容灾备份；

（四）制定网络安全事件应急预案，并定期进行演练；

（五）法律、行政法规规定的其他义务。

第三十五条　关键信息基础设施的运营者采购网络产品和服务，可能影响国家安全的，应当通过国家网信部门会同国务院有关部门组织的国家安全审查。

第三十六条　关键信息基础设施的运营者采购网络产品和服务，应当按照规定与提供者签订安全保密协议，明确安全和保密义务与责任。

第三十七条　关键信息基础设施的运营者在中华人民共和国境内运营中收集和产生的个人信息和重要数据应当在境内存储。因业务需要，确需向境外提供的，应当按照国家网信部门会同国务院有关部门制定的办法进行安全评估；法律、行政法规另有规定的，依照其规定。

第三十八条 关键信息基础设施的运营者应当自行或者委托网络安全服务机构对其网络的安全性和可能存在的风险每年至少进行一次检测评估,并将检测评估情况和改进措施报送相关负责关键信息基础设施安全保护工作的部门。

第三十九条 国家网信部门应当统筹协调有关部门对关键信息基础设施的安全保护采取下列措施:

(一)对关键信息基础设施的安全风险进行抽查检测,提出改进措施,必要时可以委托网络安全服务机构对网络存在的安全风险进行检测评估;

(二)定期组织关键信息基础设施的运营者进行网络安全应急演练,提高应对网络安全事件的水平和协同配合能力;

(三)促进有关部门、关键信息基础设施的运营者以及有关研究机构、网络安全服务机构等之间的网络安全信息共享;

(四)对网络安全事件的应急处置与网络功能的恢复等,提供技术支持和协助。

第四章 网络信息安全

第四十条 网络运营者应当对其收集的用户信息严格保密,并建立健全用户信息保护制度。

第四十一条 网络运营者收集、使用个人信息,应当遵循合法、正当、必要的原则,公开收集、使用规则,明示收集、使用信息的目的、方式和范围,并经被收集者同意。

网络运营者不得收集与其提供的服务无关的个人信息,不得违反法律、行政法规的规定和双方的约定收集、使用个人信息,并应当依照法律、行政法规的规定和与用户的约定,处理其保存的个人信息。

第四十二条 网络运营者不得泄露、篡改、毁损其收集的个人信息;未经被收集者同意,不得向他人提供个人信息。但是,经过处理无法识别特定个人且不能复原的除外。

网络运营者应当采取技术措施和其他必要措施,确保其收集的个人信息安全,防止信息泄露、毁损、丢失。在发生或者可能发生个人信息泄露、毁损、丢失的情况时,应当立即采取补救措施,按照规定及时告知用户并向有关主管部门报告。

第四十三条 个人发现网络运营者违反法律、行政法规的规定或者双方的约定收集、使用其个人信息的,有权要求网络运营者删除其个人信息;发现网络运营者收集、存储的其个人信息有错误的,有权要求网络运营者予以更正。网络运营者应当采取措施予以删除或者更正。

第四十四条　任何个人和组织不得窃取或者以其他非法方式获取个人信息，不得非法出售或者非法向他人提供个人信息。

第四十五条　依法负有网络安全监督管理职责的部门及其工作人员，必须对在履行职责中知悉的个人信息、隐私和商业秘密严格保密，不得泄露、出售或者非法向他人提供。

第四十六条　任何个人和组织应当对其使用网络的行为负责，不得设立用于实施诈骗，传授犯罪方法，制作或者销售违禁物品、管制物品等违法犯罪活动的网站、通讯群组，不得利用网络发布涉及实施诈骗，制作或者销售违禁物品、管制物品以及其他违法犯罪活动的信息。

第四十七条　网络运营者应当加强对其用户发布的信息的管理，发现法律、行政法规禁止发布或者传输的信息的，应当立即停止传输该信息，采取消除等处置措施，防止信息扩散，保存有关记录，并向有关主管部门报告。

第四十八条　任何个人和组织发送的电子信息、提供的应用软件，不得设置恶意程序，不得含有法律、行政法规禁止发布或者传输的信息。

电子信息发送服务提供者和应用软件下载服务提供者，应当履行安全管理义务，知道其用户有前款规定行为的，应当停止提供服务，采取消除等处置措施，保存有关记录，并向有关主管部门报告。

第四十九条　网络运营者应当建立网络信息安全投诉、举报制度，公布投诉、举报方式等信息，及时受理并处理有关网络信息安全的投诉和举报。

网络运营者对网信部门和有关部门依法实施的监督检查，应当予以配合。

第五十条　国家网信部门和有关部门依法履行网络信息安全监督管理职责，发现法律、行政法规禁止发布或者传输的信息的，应当要求网络运营者停止传输，采取消除等处置措施，保存有关记录；对来源于中华人民共和国境外的上述信息，应当通知有关机构采取技术措施和其他必要措施阻断传播。

第五章　监测预警与应急处置

第五十一条　国家建立网络安全监测预警和信息通报制度。国家网信部门应当统筹协调有关部门加强网络安全信息收集、分析和通报工作，按照规定统一发布网络安全监测预警信息。

第五十二条　负责关键信息基础设施安全保护工作的部门，应当建立健全本行业、本领域的网络安全监测预警和信息通报制度，并按照规定报送网络安全监测预警信息。

第五十三条 国家网信部门协调有关部门建立健全网络安全风险评估和应急工作机制，制定网络安全事件应急预案，并定期组织演练。

负责关键信息基础设施安全保护工作的部门应当制定本行业、本领域的网络安全事件应急预案，并定期组织演练。

网络安全事件应急预案应当按照事件发生后的危害程度、影响范围等因素对网络安全事件进行分级，并规定相应的应急处置措施。

第五十四条 网络安全事件发生的风险增大时，省级以上人民政府有关部门应当按照规定的权限和程序，并根据网络安全风险的特点和可能造成的危害，采取下列措施：

（一）要求有关部门、机构和人员及时收集、报告有关信息，加强对网络安全风险的监测；

（二）组织有关部门、机构和专业人员，对网络安全风险信息进行分析评估，预测事件发生的可能性、影响范围和危害程度；

（三）向社会发布网络安全风险预警，发布避免、减轻危害的措施。

第五十五条 发生网络安全事件，应当立即启动网络安全事件应急预案，对网络安全事件进行调查和评估，要求网络运营者采取技术措施和其他必要措施，消除安全隐患，防止危害扩大，并及时向社会发布与公众有关的警示信息。

第五十六条 省级以上人民政府有关部门在履行网络安全监督管理职责中，发现网络存在较大安全风险或者发生安全事件的，可以按照规定的权限和程序对该网络的运营者的法定代表人或者主要负责人进行约谈。网络运营者应当按照要求采取措施，进行整改，消除隐患。

第五十七条 因网络安全事件，发生突发事件或者生产安全事故的，应当依照《中华人民共和国突发事件应对法》、《中华人民共和国安全生产法》等有关法律、行政法规的规定处置。

第五十八条 因维护国家安全和社会公共秩序，处置重大突发社会安全事件的需要，经国务院决定或者批准，可以在特定区域对网络通信采取限制等临时措施。

第六章 法律责任

第五十九条 网络运营者不履行本法第二十一条、第二十五条规定的网络安全保护义务的，由有关主管部门责令改正，给予警告；拒不改正或者导致危害网络安全等后果的，处一万元以上十万元以下罚款，对直接负责的主管人员处五千元以上五万元以下罚款。

关键信息基础设施的运营者不履行本法第三十三条、第三十四条、第三十六条、第三十八条规定的网络安全保护义务的，由有关主管部门责令改正，给予警告；拒不改正或者导致危害网络安全等后果的，处十万元以上一百万元以下罚款，对直接负责的主管人员处一万元以上十万元以下罚款。

第六十条　违反本法第二十二条第一款、第二款和第四十八条第一款规定，有下列行为之一的，由有关主管部门责令改正，给予警告；拒不改正或者导致危害网络安全等后果的，处五万元以上五十万元以下罚款，对直接负责的主管人员处一万元以上十万元以下罚款：

（一）设置恶意程序的；

（二）对其产品、服务存在的安全缺陷、漏洞等风险未立即采取补救措施，或者未按照规定及时告知用户并向有关主管部门报告的；

（三）擅自终止为其产品、服务提供安全维护的。

第六十一条　网络运营者违反本法第二十四条第一款规定，未要求用户提供真实身份信息，或者对不提供真实身份信息的用户提供相关服务的，由有关主管部门责令改正；拒不改正或者情节严重的，处五万元以上五十万元以下罚款，并可以由有关主管部门责令暂停相关业务、停业整顿、关闭网站、吊销相关业务许可证或者吊销营业执照，对直接负责的主管人员和其他直接责任人员处一万元以上十万元以下罚款。

第六十二条　违反本法第二十六条规定，开展网络安全认证、检测、风险评估等活动，或者向社会发布系统漏洞、计算机病毒、网络攻击、网络侵入等网络安全信息的，由有关主管部门责令改正，给予警告；拒不改正或者情节严重的，处一万元以上十万元以下罚款，并可以由有关主管部门责令暂停相关业务、停业整顿、关闭网站、吊销相关业务许可证或者吊销营业执照，对直接负责的主管人员和其他直接责任人员处五千元以上五万元以下罚款。

第六十三条　违反本法第二十七条规定，从事危害网络安全的活动，或者提供专门用于从事危害网络安全活动的程序、工具，或者为他人从事危害网络安全的活动提供技术支持、广告推广、支付结算等帮助，尚不构成犯罪的，由公安机关没收违法所得，处五日以下拘留，可以并处五万元以上五十万元以下罚款；情节较重的，处五日以上十五日以下拘留,可以并处十万元以上一百万元以下罚款。

单位有前款行为的,由公安机关没收违法所得,处十万元以上一百万元以下罚款,并对直接负责的主管人员和其他直接责任人员依照前款规定处罚。

违反本法第二十七条规定,受到治安管理处罚的人员,五年内不得从事网络安全管理和网络运营关键岗位的工作;受到刑事处罚的人员,终身不得从事网络安全管理和网络运营关键岗位的工作。

第六十四条 网络运营者、网络产品或者服务的提供者违反本法第二十二条第三款、第四十一条至第四十三条规定,侵害个人信息依法得到保护的权利的,由有关主管部门责令改正,可以根据情节单处或者并处警告、没收违法所得、处违法所得一倍以上十倍以下罚款,没有违法所得的,处一百万元以下罚款,对直接负责的主管人员和其他直接责任人员处一万元以上十万元以下罚款;情节严重的,并可以责令暂停相关业务、停业整顿、关闭网站、吊销相关业务许可证或者吊销营业执照。

违反本法第四十四条规定,窃取或者以其他非法方式获取、非法出售或者非法向他人提供个人信息,尚不构成犯罪的,由公安机关没收违法所得,并处违法所得一倍以上十倍以下罚款,没有违法所得的,处一百万元以下罚款。

第六十五条 关键信息基础设施的运营者违反本法第三十五条规定,使用未经安全审查或者安全审查未通过的网络产品或者服务的,由有关主管部门责令停止使用,处采购金额一倍以上十倍以下罚款;对直接负责的主管人员和其他直接责任人员处一万元以上十万元以下罚款。

第六十六条 关键信息基础设施的运营者违反本法第三十七条规定,在境外存储网络数据,或者向境外提供网络数据的,由有关主管部门责令改正,给予警告,没收违法所得,处五万元以上五十万元以下罚款,并可以责令暂停相关业务、停业整顿、关闭网站、吊销相关业务许可证或者吊销营业执照;对直接负责的主管人员和其他直接责任人员处一万元以上十万元以下罚款。

第六十七条 违反本法第四十六条规定,设立用于实施违法犯罪活动的网站、通讯群组,或者利用网络发布涉及实施违法犯罪活动的信息,尚不构成犯罪的,由公安机关处五日以下拘留,可以并处一万元以上十万元以下罚款;情节较重的,处五日以上十五日以下拘留,可以并处五万元以上五十万元以下罚款。关闭用于实施违法犯罪活动的网站、通讯群组。

单位有前款行为的,由公安机关处十万元以上五十万元以下罚款,并对直接负责的主管人员和其他直接责任人员依照前款规定处罚。

第六十八条　网络运营者违反本法第四十七条规定，对法律、行政法规禁止发布或者传输的信息未停止传输、采取消除等处置措施、保存有关记录的，由有关主管部门责令改正，给予警告，没收违法所得；拒不改正或者情节严重的，处十万元以上五十万元以下罚款，并可以责令暂停相关业务、停业整顿、关闭网站、吊销相关业务许可证或者吊销营业执照，对直接负责的主管人员和其他直接责任人员处一万元以上十万元以下罚款。

电子信息发送服务提供者、应用软件下载服务提供者，不履行本法第四十八条第二款规定的安全管理义务的，依照前款规定处罚。

第六十九条　网络运营者违反本法规定，有下列行为之一的，由有关主管部门责令改正；拒不改正或者情节严重的，处五万元以上五十万元以下罚款，对直接负责的主管人员和其他直接责任人员，处一万元以上十万元以下罚款：

（一）不按照有关部门的要求对法律、行政法规禁止发布或者传输的信息，采取停止传输、消除等处置措施的；

（二）拒绝、阻碍有关部门依法实施的监督检查的；

（三）拒不向公安机关、国家安全机关提供技术支持和协助的。

第七十条　发布或者传输本法第十二条第二款和其他法律、行政法规禁止发布或者传输的信息的，依照有关法律、行政法规的规定处罚。

第七十一条　有本法规定的违法行为的，依照有关法律、行政法规的规定记入信用档案，并予以公示。

第七十二条　国家机关政务网络的运营者不履行本法规定的网络安全保护义务的，由其上级机关或者有关机关责令改正；对直接负责的主管人员和其他直接责任人员依法给予处分。

第七十三条　网信部门和有关部门违反本法第三十条规定，将在履行网络安全保护职责中获取的信息用于其他用途的，对直接负责的主管人员和其他直接责任人员依法给予处分。

网信部门和有关部门的工作人员玩忽职守、滥用职权、徇私舞弊，尚不构成犯罪的，依法给予处分。

第七十四条　违反本法规定，给他人造成损害的，依法承担民事责任。

违反本法规定，构成违反治安管理行为的，依法给予治安管理处罚；构成犯罪的，依法追究刑事责任。

第七十五条 境外的机构、组织、个人从事攻击、侵入、干扰、破坏等危害中华人民共和国的关键信息基础设施的活动,造成严重后果的,依法追究法律责任;国务院公安部门和有关部门并可以决定对该机构、组织、个人采取冻结财产或者其他必要的制裁措施。

第七章 附 则

第七十六条 本法下列用语的含义:

(一)网络,是指由计算机或者其他信息终端及相关设备组成的按照一定的规则和程序对信息进行收集、存储、传输、交换、处理的系统。

(二)网络安全,是指通过采取必要措施,防范对网络的攻击、侵入、干扰、破坏和非法使用以及意外事故,使网络处于稳定可靠运行的状态,以及保障网络数据的完整性、保密性、可用性的能力。

(三)网络运营者,是指网络的所有者、管理者和网络服务提供者。

(四)网络数据,是指通过网络收集、存储、传输、处理和产生的各种电子数据。

(五)个人信息,是指以电子或者其他方式记录的能够单独或者与其他信息结合识别自然人个人身份的各种信息,包括但不限于自然人的姓名、出生日期、身份证件号码、个人生物识别信息、住址、电话号码等。

第七十七条 存储、处理涉及国家秘密信息的网络的运行安全保护,除应当遵守本法外,还应当遵守保密法律、行政法规的规定。

第七十八条 军事网络的安全保护,由中央军事委员会另行规定。

第七十九条 本法自2017年6月1日起施行。

中华人民共和国国际刑事司法协助法

(2018年10月26日 中华人民共和国主席令第13号)

第一章 总 则

第一条 为了保障国际刑事司法协助的正常进行,加强刑事司法领域的国际合作,有效惩治犯罪,保护个人和组织的合法权益,维护国家利益和社会秩序,制定本法。

第二条 本法所称国际刑事司法协助,是指中华人民共和国和外国在刑事案件调查、侦查、起诉、审判和执行等活动中相互提供协助,包括送达文书,调查取证,安排证人作证或者协助调查，查封、扣押、冻结涉案财物，没收、返还违法所得及其他涉案财物，移管被判刑人以及其他协助。

第三条　中华人民共和国和外国之间开展刑事司法协助，依照本法进行。

执行外国提出的刑事司法协助请求，适用本法、刑事诉讼法及其他相关法律的规定。

对于请求书的签署机关、请求书及所附材料的语言文字、有关办理期限和具体程序等事项，在不违反中华人民共和国法律的基本原则的情况下，可以按照刑事司法协助条约规定或者双方协商办理。

第四条　中华人民共和国和外国按照平等互惠原则开展国际刑事司法协助。

国际刑事司法协助不得损害中华人民共和国的主权、安全和社会公共利益，不得违反中华人民共和国法律的基本原则。

非经中华人民共和国主管机关同意，外国机构、组织和个人不得在中华人民共和国境内进行本法规定的刑事诉讼活动，中华人民共和国境内的机构、组织和个人不得向外国提供证据材料和本法规定的协助。

第五条　中华人民共和国和外国之间开展刑事司法协助，通过对外联系机关联系。

中华人民共和国司法部等对外联系机关负责提出、接收和转递刑事司法协助请求，处理其他与国际刑事司法协助相关的事务。

中华人民共和国和外国之间没有刑事司法协助条约的，通过外交途径联系。

第六条　国家监察委员会、最高人民法院、最高人民检察院、公安部、国家安全部等部门是开展国际刑事司法协助的主管机关，按照职责分工，审核向外国提出的刑事司法协助请求，审查处理对外联系机关转递的外国提出的刑事司法协助请求，承担其他与国际刑事司法协助相关的工作。在移管被判刑人案件中，司法部按照职责分工，承担相应的主管机关职责。

办理刑事司法协助相关案件的机关是国际刑事司法协助的办案机关，负责向所属主管机关提交需要向外国提出的刑事司法协助请求、执行所属主管机关交办的外国提出的刑事司法协助请求。

第七条　国家保障开展国际刑事司法协助所需经费。

第八条　中华人民共和国和外国相互执行刑事司法协助请求产生的费用，有条约规定的，按照条约承担；没有条约或者条约没有规定的，按照平等互惠原则通过协商解决。

第二章　刑事司法协助请求的提出、接收和处理

第一节　向外国请求刑事司法协助

第九条　办案机关需要向外国请求刑事司法协助的，应当制作刑事司法协助请求书并附相关材料，经所属主管机关审核同意后，由对外联系机关及时向外国提出请求。

第十条　向外国的刑事司法协助请求书，应当依照刑事司法协助条约的规定提出；没有条约或者条约没有规定的，可以参照本法第十三条的规定提出；被请求国有特殊要求的，在不违反中华人民共和国法律的基本原则的情况下，可以按照被请求国的特殊要求提出。

请求书及所附材料应当以中文制作，并附有被请求国官方文字的译文。

第十一条　被请求国就执行刑事司法协助请求提出附加条件，不损害中华人民共和国的主权、安全和社会公共利益的，可以由外交部作出承诺。被请求国明确表示对外联系机关作出的承诺充分有效的，也可以由对外联系机关作出承诺。对于限制追诉的承诺，由最高人民检察院决定；对于量刑的承诺，由最高人民法院决定。

在对涉案人员追究刑事责任时，有关机关应当受所作出的承诺的约束。

第十二条　对外联系机关收到外国的有关通知或者执行结果后，应当及时转交或者转告有关主管机关。

外国就其提供刑事司法协助的案件要求通报诉讼结果的，对外联系机关转交有关主管机关办理。

第二节　向中华人民共和国请求刑事司法协助

第十三条　外国向中华人民共和国提出刑事司法协助请求的，应当依照刑事司法协助条约的规定提出请求书。没有条约或者条约没有规定的，应当在请求书中载明下列事项并附相关材料：

（一）请求机关的名称；

（二）案件性质、涉案人员基本信息及犯罪事实；

（三）本案适用的法律规定；

（四）请求的事项和目的；

（五）请求的事项与案件之间的关联性；

（六）希望请求得以执行的期限；

（七）其他必要的信息或者附加的要求。

在没有刑事司法协助条约的情况下，请求国应当作出互惠的承诺。

请求书及所附材料应当附有中文译文。

第十四条　外国向中华人民共和国提出的刑事司法协助请求，有下列情形之一的，可以拒绝提供协助：

（一）根据中华人民共和国法律，请求针对的行为不构成犯罪；

（二）在收到请求时，在中华人民共和国境内对于请求针对的犯罪正在进行调查、侦查、起诉、审判，已经作出生效判决，终止刑事诉讼程序，或者犯罪已过追诉时效期限；

（三）请求针对的犯罪属于政治犯罪；

（四）请求针对的犯罪纯属军事犯罪；

（五）请求的目的是基于种族、民族、宗教、国籍、性别、政治见解或者身份等方面的原因而进行调查、侦查、起诉、审判、执行刑罚，或者当事人可能由于上述原因受到不公正待遇；

（六）请求的事项与请求协助的案件之间缺乏实质性联系；

（七）其他可以拒绝的情形。

第十五条　对外联系机关收到外国提出的刑事司法协助请求，应当对请求书及所附材料进行审查。对于请求书形式和内容符合要求的，应当按照职责分工，将请求书及所附材料转交有关主管机关处理；对于请求书形式和内容不符合要求的，可以要求请求国补充材料或者重新提出请求。

对于刑事司法协助请求明显损害中华人民共和国的主权、安全和社会公共利益的，对外联系机关可以直接拒绝协助。

第十六条　主管机关收到对外联系机关转交的刑事司法协助请求书及所附材料后，应当进行审查，并分别作出以下处理：

（一）根据本法和刑事司法协助条约的规定认为可以协助执行的，作出决定并安排有关办案机关执行；

（二）根据本法第四条、第十四条或者刑事司法协助条约的规定，认为应当全部或者部分拒绝协助的，将请求书及所附材料退回对外联系机关并说明理由；

（三）对执行请求有保密要求或者有其他附加条件的，通过对外联系机关向外国提出，在外国接受条件并且作出书面保证后，决定附条件执行；

（四）需要补充材料的，书面通知对外联系机关要求请求国在合理期限内提供。

执行请求可能妨碍中华人民共和国有关机关正在进行的调查、侦查、起诉、审判或者执行的，主管机关可以决定推迟协助，并将推迟协助的决定和理由书面通知对外联系机关。

外国对执行其请求有保密要求或者特殊程序要求的，在不违反中华人民共和国法律的基本原则的情况下，主管机关可以按照其要求安排执行。

第十七条 办案机关收到主管机关交办的外国刑事司法协助请求后，应当依法执行，并将执行结果或者妨碍执行的情形及时报告主管机关。

办案机关在执行请求过程中，应当维护当事人和其他相关人员的合法权益，保护个人信息。

第十八条 外国请求将通过刑事司法协助取得的证据材料用于请求针对的案件以外的其他目的的，对外联系机关应当转交主管机关，由主管机关作出是否同意的决定。

第十九条 对外联系机关收到主管机关的有关通知或者执行结果后，应当及时转交或者转告请求国。

对于中华人民共和国提供刑事司法协助的案件，主管机关可以通过对外联系机关要求外国通报诉讼结果。

外国通报诉讼结果的，对外联系机关收到相关材料后，应当及时转交或者转告主管机关，涉及对中华人民共和国公民提起刑事诉讼的，还应当通知外交部。

第三章 送达文书

第一节 向外国请求送达文书

第二十条 办案机关需要外国协助送达传票、通知书、起诉书、判决书和其他司法文书的，应当制作刑事司法协助请求书并附相关材料，经所属主管机关审核同意后，由对外联系机关及时向外国提出请求。

第二十一条 向外国请求送达文书的，请求书应当载明受送达人的姓名或者名称、送达的地址以及需要告知受送达人的相关权利和义务。

第二节 向中华人民共和国请求送达文书

第二十二条 外国可以请求中华人民共和国协助送达传票、通知书、起诉书、判决书和其他司法文书。中华人民共和国协助送达司法文书，不代表对外国司法文书法律效力的承认。

请求协助送达出庭传票的,应当按照有关条约规定的期限提出。没有条约或者条约没有规定的,应当至迟在开庭前三个月提出。

对于要求中华人民共和国公民接受讯问或者作为被告人出庭的传票,中华人民共和国不负有协助送达的义务。

第二十三条　外国向中华人民共和国请求送达文书的,请求书应当载明受送达人的姓名或者名称、送达的地址以及需要告知受送达人的相关权利和义务。

第二十四条　负责执行协助送达文书的人民法院或者其他办案机关,应当及时将执行结果通过所属主管机关告知对外联系机关,由对外联系机关告知请求国。除无法送达的情形外,应当附有受送达人签收的送达回执或者其他证明文件。

第四章　调 查 取 证

第一节　向外国请求调查取证

第二十五条　办案机关需要外国就下列事项协助调查取证的,应当制作刑事司法协助请求书并附相关材料,经所属主管机关审核同意后,由对外联系机关及时向外国提出请求:

(一)查找、辨认有关人员;

(二)查询、核实涉案财物、金融账户信息;

(三)获取并提供有关人员的证言或者陈述;

(四)获取并提供有关文件、记录、电子数据和物品;

(五)获取并提供鉴定意见;

(六)勘验或者检查场所、物品、人身、尸体;

(七)搜查人身、物品、住所和其他有关场所;

(八)其他事项。

请求外国协助调查取证时,办案机关可以同时请求在执行请求时派员到场。

第二十六条　向外国请求调查取证的,请求书及所附材料应当根据需要载明下列事项:

(一)被调查人的姓名、性别、住址、身份信息、联系方式和有助于确认被调查人的其他资料;

(二)需要向被调查人提问的问题;

(三)需要查找、辨认人员的姓名、性别、住址、身份信息、联系方式、外表和行为特征以及有助于查找、辨认的其他资料；

（四）需要查询、核实的涉案财物的权属、地点、特性、外形和数量等具体信息，需要查询、核实的金融账户相关信息；

（五）需要获取的有关文件、记录、电子数据和物品的持有人、地点、特性、外形和数量等具体信息；

（六）需要鉴定的对象的具体信息；

（七）需要勘验或者检查的场所、物品等的具体信息；

（八）需要搜查的对象的具体信息；

（九）有助于执行请求的其他材料。

第二十七条 被请求国要求归还其提供的证据材料或者物品的，办案机关应当尽快通过对外联系机关归还。

第二节 向中华人民共和国请求调查取证

第二十八条 外国可以请求中华人民共和国就本法第二十五条第一款规定的事项协助调查取证。

外国向中华人民共和国请求调查取证的，请求书及所附材料应当根据需要载明本法第二十六条规定的事项。

第二十九条 外国向中华人民共和国请求调查取证时，可以同时请求在执行请求时派员到场。经同意到场的人员应当遵守中华人民共和国法律，服从主管机关和办案机关的安排。

第三十条 办案机关要求请求国保证归还其提供的证据材料或者物品，请求国作出保证的，可以提供。

第五章 安排证人作证或者协助调查

第一节 向外国请求安排证人作证或者协助调查

第三十一条 办案机关需要外国协助安排证人、鉴定人来中华人民共和国作证或者通过视频、音频作证，或者协助调查的，应当制作刑事司法协助请求书并附相关材料，经所属主管机关审核同意后，由对外联系机关及时向外国提出请求。

第三十二条 向外国请求安排证人、鉴定人作证或者协助调查的，请求书及所附材料应当根据需要载明下列事项：

（一）证人、鉴定人的姓名、性别、住址、身份信息、联系方式和有助于确认证人、鉴定人的其他资料；

（二）作证或者协助调查的目的、必要性、时间和地点等；

（三）证人、鉴定人的权利和义务；

（四）对证人、鉴定人的保护措施；

（五）对证人、鉴定人的补助；

（六）有助于执行请求的其他材料。

第三十三条　来中华人民共和国作证或者协助调查的证人、鉴定人在离境前，其入境前实施的犯罪不受追诉；除因入境后实施违法犯罪而被采取强制措施的以外，其人身自由不受限制。

证人、鉴定人在条约规定的期限内或者被通知无需继续停留后十五日内没有离境的，前款规定不再适用，但是由于不可抗力或者其他特殊原因未能离境的除外。

第三十四条　对来中华人民共和国作证或者协助调查的证人、鉴定人，办案机关应当依法给予补助。

第三十五条　来中华人民共和国作证或者协助调查的人员系在押人员的，由对外联系机关会同主管机关与被请求国就移交在押人员的相关事项事先达成协议。

主管机关和办案机关应当遵守协议内容，依法对被移交的人员予以羁押，并在作证或者协助调查结束后及时将其送回被请求国。

第二节　向中华人民共和国请求安排证人作证或者协助调查

第三十六条　外国可以请求中华人民共和国协助安排证人、鉴定人赴外国作证或者通过视频、音频作证，或者协助调查。

外国向中华人民共和国请求安排证人、鉴定人作证或者协助调查的，请求书及所附材料应当根据需要载明本法第三十二条规定的事项。

请求国应当就本法第三十三条第一款规定的内容作出书面保证。

第三十七条　证人、鉴定人书面同意作证或者协助调查的，办案机关应当及时将证人、鉴定人的意愿、要求和条件通过所属主管机关通知对外联系机关，由对外联系机关通知请求国。

安排证人、鉴定人通过视频、音频作证的，主管机关或者办案机关应当派员到场，发现有损害中华人民共和国的主权、安全和社会公共利益以及违反中华人民共和国法律的基本原则的情形的,应当及时制止。

第三十八条 外国请求移交在押人员出国作证或者协助调查,并保证在作证或者协助调查结束后及时将在押人员送回的,对外联系机关应当征求主管机关和在押人员的意见。主管机关和在押人员均同意出国作证或者协助调查的,由对外联系机关会同主管机关与请求国就移交在押人员的相关事项事先达成协议。

在押人员在外国被羁押的期限,应当折抵其在中华人民共和国被判处的刑期。

第六章 查封、扣押、冻结涉案财物

第一节 向外国请求查封、扣押、冻结涉案财物

第三十九条 办案机关需要外国协助查封、扣押、冻结涉案财物的,应当制作刑事司法协助请求书并附相关材料,经所属主管机关审核同意后,由对外联系机关及时向外国提出请求。

外国对于协助执行中华人民共和国查封、扣押、冻结涉案财物的请求有特殊要求的,在不违反中华人民共和国法律的基本原则的情况下,可以同意。需要由司法机关作出决定的,由人民法院作出。

第四十条 向外国请求查封、扣押、冻结涉案财物的,请求书及所附材料应当根据需要载明下列事项:

(一)需要查封、扣押、冻结的涉案财物的权属证明、名称、特性、外形和数量等;

(二)需要查封、扣押、冻结的涉案财物的地点。资金或者其他金融资产存放在金融机构中的,应当载明金融机构的名称、地址和账户信息;

(三)相关法律文书的副本;

(四)有关查封、扣押、冻结以及利害关系人权利保障的法律规定;

(五)有助于执行请求的其他材料。

第四十一条 外国确定的查封、扣押、冻结的期限届满,办案机关需要外国继续查封、扣押、冻结相关涉案财物的,应当再次向外国提出请求。

办案机关决定解除查封、扣押、冻结的,应当及时通知被请求国。

第二节 向中华人民共和国请求查封、扣押、冻结涉案财物

第四十二条 外国可以请求中华人民共和国协助查封、扣押、冻结在中华人民共和国境内的涉案财物。

外国向中华人民共和国请求查封、扣押、冻结涉案财物的,请求书及所附材料

应当根据需要载明本法第四十条规定的事项。

第四十三条　主管机关经审查认为符合下列条件的,可以同意查封、扣押、冻结涉案财物,并安排有关办案机关执行:

(一)查封、扣押、冻结符合中华人民共和国法律规定的条件;

(二)查封、扣押、冻结涉案财物与请求国正在进行的刑事案件的调查、侦查、起诉和审判活动相关;

(三)涉案财物可以被查封、扣押、冻结;

(四)执行请求不影响利害关系人的合法权益;

(五)执行请求不影响中华人民共和国有关机关正在进行的调查、侦查、起诉、审判和执行活动。

办案机关应当及时通过主管机关通知对外联系机关,由对外联系机关将查封、扣押、冻结的结果告知请求国。必要时,办案机关可以对被查封、扣押、冻结的涉案财物依法采取措施进行处理。

第四十四条　查封、扣押、冻结的期限届满,外国需要继续查封、扣押、冻结相关涉案财物的,应当再次向对外联系机关提出请求。

外国决定解除查封、扣押、冻结的,对外联系机关应当通过主管机关通知办案机关及时解除。

第四十五条　利害关系人对查封、扣押、冻结有异议,办案机关经审查认为查封、扣押、冻结不符合本法第四十三条第一款规定的条件的,应当报请主管机关决定解除查封、扣押、冻结并通知对外联系机关,由对外联系机关告知请求国;对案件处理提出异议的,办案机关可以通过所属主管机关转送对外联系机关,由对外联系机关向请求国提出。

第四十六条　由于请求国的原因导致查封、扣押、冻结不当,对利害关系人的合法权益造成损害的,办案机关可以通过对外联系机关要求请求国承担赔偿责任。

第七章　没收、返还违法所得及其他涉案财物

第一节　向外国请求没收、返还违法所得及其他涉案财物

第四十七条　办案机关需要外国协助没收违法所得及其他涉案财物的,应当制作刑事司法协助请求书并附相关材料,经所属主管机关审核同意后,由对外联系机关及时向外国提出请求。

请求外国将违法所得及其他涉案财物返还中华人民共和国或者返还被害人

的,可以在向外国提出没收请求时一并提出,也可以单独提出。

外国对于返还被查封、扣押、冻结的违法所得及其他涉案财物有特殊要求的,在不违反中华人民共和国法律的基本原则的情况下,可以同意。需要由司法机关作出决定的,由人民法院作出决定。

第四十八条 向外国请求没收、返还违法所得及其他涉案财物的,请求书及所附材料应当根据需要载明下列事项:

(一)需要没收、返还的违法所得及其他涉案财物的名称、特性、外形和数量等;

(二)需要没收、返还的违法所得及其他涉案财物的地点。资金或者其他金融资产存放在金融机构中的,应当载明金融机构的名称、地址和账户信息;

(三)没收、返还的理由和相关权属证明;

(四)相关法律文书的副本;

(五)有关没收、返还以及利害关系人权利保障的法律规定;

(六)有助于执行请求的其他材料。

第四十九条 外国协助没收、返还违法所得及其他涉案财物的,由对外联系机关会同主管机关就有关财物的移交问题与外国进行协商。

对于请求外国协助没收、返还违法所得及其他涉案财物,外国提出分享请求的,分享的数额或者比例,由对外联系机关会同主管机关与外国协商确定。

第二节 向中华人民共和国请求没收、返还违法所得及其他涉案财物

第五十条 外国可以请求中华人民共和国协助没收、返还违法所得及其他涉案财物。

外国向中华人民共和国请求协助没收、返还违法所得及其他涉案财物的,请求书及所附材料应当根据需要载明本法第四十八条规定的事项。

第五十一条 主管机关经审查认为符合下列条件的,可以同意协助没收违法所得及其他涉案财物,并安排有关办案机关执行:

(一)没收违法所得及其他涉案财物符合中华人民共和国法律规定的条件;

(二)外国充分保障了利害关系人的相关权利;

(三)在中华人民共和国有可供执行的财物;

(四)请求书及所附材料详细描述了请求针对的财物的权属、名称、特性、外形

和数量等信息；

（五）没收在请求国不能执行或者不能完全执行；

（六）主管机关认为应当满足的其他条件。

第五十二条 外国请求协助没收违法所得及其他涉案财物，有下列情形之一的，可以拒绝提供协助，并说明理由：

（一）中华人民共和国或者第三国司法机关已经对请求针对的财物作出生效裁判，并且已经执行完毕或者正在执行；

（二）请求针对的财物不存在，已经毁损、灭失、变卖或者已经转移导致无法执行，但请求没收变卖物或者转移后的财物的除外；

（三）请求针对的人员在中华人民共和国境内有尚未清偿的债务或者尚未了结的诉讼；

（四）其他可以拒绝的情形。

第五十三条 外国请求返还违法所得及其他涉案财物，能够提供确实、充分的证据证明，主管机关经审查认为符合中华人民共和国法律规定的条件的，可以同意并安排有关办案机关执行。返还前，办案机关可以扣除执行请求产生的合理费用。

第五十四条 对于外国请求协助没收、返还违法所得及其他涉案财物的，可以由对外联系机关会同主管机关提出分享的请求。分享的数额或者比例，由对外联系机关会同主管机关与外国协商确定。

第八章 移管被判刑人

第一节 向外国移管被判刑人

第五十五条 外国可以向中华人民共和国请求移管外国籍被判刑人，中华人民共和国可以向外国请求移管外国籍被判刑人。

第五十六条 向外国移管被判刑人应当符合下列条件：

（一）被判刑人是该国国民；

（二）对被判刑人判处刑罚所针对的行为根据该国法律也构成犯罪；

（三）对被判刑人判处刑罚的判决已经发生法律效力；

（四）被判刑人书面同意移管，或者因被判刑人年龄、身体、精神等状况确有必要，经其代理人书面同意移管；

（五）中华人民共和国和该国均同意移管。

有下列情形之一的,可以拒绝移管:

(一)被判刑人被判处死刑缓期执行或者无期徒刑,但请求移管时已经减为有期徒刑的除外;

(二)在请求移管时,被判刑人剩余刑期不足一年;

(三)被判刑人在中华人民共和国境内存在尚未了结的诉讼;

(四)其他不宜移管的情形。

第五十七条 请求向外国移管被判刑人的,请求书及所附材料应当根据需要载明下列事项:

(一)请求机关的名称;

(二)被请求移管的被判刑人的姓名、性别、国籍、身份信息和其他资料;

(三)被判刑人的服刑场所;

(四)请求移管的依据和理由;

(五)被判刑人或者其代理人同意移管的书面声明;

(六)其他事项。

第五十八条 主管机关应当对被判刑人的移管意愿进行核实。外国请求派员对被判刑人的移管意愿进行核实的,主管机关可以作出安排。

第五十九条 外国向中华人民共和国提出移管被判刑人的请求的,或者主管机关认为需要向外国提出移管被判刑人的请求的,主管机关应当会同相关主管部门,作出是否同意外国请求或者向外国提出请求的决定。作出同意外国移管请求的决定后,对外联系机关应当书面通知请求国和被判刑人。

第六十条 移管被判刑人由主管机关指定刑罚执行机关执行。移交被判刑人的时间、地点、方式等执行事项,由主管机关与外国协商确定。

第六十一条 被判刑人移管后对原生效判决提出申诉的,应当向中华人民共和国有管辖权的人民法院提出。

人民法院变更或者撤销原生效判决的,应当及时通知外国。

第二节 向中华人民共和国移管被判刑人

第六十二条 中华人民共和国可以向外国请求移管中国籍被判刑人,外国可以请求中华人民共和国移管中国籍被判刑人。移管的具体条件和办理程序,参照本章第一节的有关规定执行。

第六十三条 被判刑人移管回国后,由主管机关指定刑罚执行机关先行关押。

第六十四条　人民检察院应当制作刑罚转换申请书并附相关材料，提请刑罚执行机关所在地的中级人民法院作出刑罚转换裁定。

人民法院应当依据外国法院判决认定的事实，根据刑法规定，作出刑罚转换裁定。对于外国法院判处的刑罚性质和期限符合中华人民共和国法律规定的，按照其判处的刑罚和期限予以转换；对于外国法院判处的刑罚性质和期限不符合中华人民共和国法律规定的，按照下列原则确定刑种、刑期：

（一）转换后的刑罚应当尽可能与外国法院判处的刑罚相一致；

（二）转换后的刑罚在性质上或者刑期上不得重于外国法院判处的刑罚，也不得超过中华人民共和国刑法对同类犯罪所规定的最高刑期；

（三）不得将剥夺自由的刑罚转换为财产刑；

（四）转换后的刑罚不受中华人民共和国刑法对同类犯罪所规定的最低刑期的约束。

被判刑人回国服刑前被羁押的，羁押一日折抵转换后的刑期一日。

人民法院作出的刑罚转换裁定，是终审裁定。

第六十五条　刑罚执行机关根据刑罚转换裁定将移管回国的被判刑人收监执行刑罚。刑罚执行以及减刑、假释、暂予监外执行等，依照中华人民共和国法律办理。

第六十六条　被判刑人移管回国后对外国法院判决的申诉，应当向外国有管辖权的法院提出。

第九章　附　则

第六十七条　中华人民共和国与有关国际组织开展刑事司法协助，参照本法规定。

第六十八条　向中华人民共和国提出的刑事司法协助请求或者应中华人民共和国请求提供的文件和证据材料，按照条约的规定办理公证和认证事宜。没有条约或者条约没有规定的，按照互惠原则办理。

第六十九条　本法所称刑事司法协助条约，是指中华人民共和国与外国缔结或者共同参加的刑事司法协助条约、移管被判刑人条约或者载有刑事司法协助、移管被判刑人条款的其他条约。

第七十条　本法自公布之日起施行。

中华人民共和国引渡法

(2000 年 12 月 28 日　中华人民共和国主席令第 42 号)

第一章　总　　则

第一条　为了保障引渡的正常进行,加强惩罚犯罪方面的国际合作,保护个人和组织的合法权益,维护国家利益和社会秩序,制定本法。

第二条　中华人民共和国和外国之间的引渡,依照本法进行。

第三条　中华人民共和国和外国在平等互惠的基础上进行引渡合作。

引渡合作,不得损害中华人民共和国的主权、安全和社会公共利益。

第四条　中华人民共和国和外国之间的引渡,通过外交途径联系。中华人民共和国外交部为指定的进行引渡的联系机关。

引渡条约对联系机关有特别规定的,依照条约规定。

第五条　办理引渡案件,可以根据情况,对被请求引渡人采取引渡拘留、引渡逮捕或者引渡监视居住的强制措施。

第六条　本法下列用语的含义是:

(一)"被请求引渡人"是指请求国向被请求国请求准予引渡的人;

(二)"被引渡人"是指从被请求国引渡到请求国的人;

(三)"引渡条约"是指中华人民共和国与外国缔结或者共同参加的引渡条约或者载有引渡条款的其他条约。

第二章　向中华人民共和国请求引渡

第一节　引渡的条件

第七条　外国向中华人民共和国提出的引渡请求必须同时符合下列条件,才能准予引渡:

(一)引渡请求所指的行为,依照中华人民共和国法律和请求国法律均构成犯罪;

(二)为了提起刑事诉讼而请求引渡的,根据中华人民共和国法律和请求国法律,对于引渡请求所指的犯罪均可判处一年以上有期徒刑或者其他更重的刑罚;为了执行刑罚而请求引渡的,在提出引渡请求时,被请求引渡人尚未服完的刑期至少为六个月。

对于引渡请求中符合前款第一项规定的多种犯罪，只要其中有一种犯罪符合前款第二项的规定，就可以对上述各种犯罪准予引渡。

第八条　外国向中华人民共和国提出的引渡请求，有下列情形之一的，应当拒绝引渡：

（一）根据中华人民共和国法律，被请求引渡人具有中华人民共和国国籍的；

（二）在收到引渡请求时，中华人民共和国的司法机关对于引渡请求所指的犯罪已经作出生效判决，或者已经终止刑事诉讼程序的；

（三）因政治犯罪而请求引渡的，或者中华人民共和国已经给予被请求引渡人受庇护权利的；

（四）被请求引渡人可能因其种族、宗教、国籍、性别、政治见解或者身份等方面的原因而被提起刑事诉讼或者执行刑罚，或者被请求引渡人在司法程序中可能由于上述原因受到不公正待遇的；

（五）根据中华人民共和国或者请求国法律，引渡请求所指的犯罪纯属军事犯罪的；

（六）根据中华人民共和国或者请求国法律，在收到引渡请求时，由于犯罪已过追诉时效期限或者被请求引渡人已被赦免等原因，不应当追究被请求引渡人的刑事责任的；

（七）被请求引渡人在请求国曾经遭受或者可能遭受酷刑或者其他残忍、不人道或者有辱人格的待遇或者处罚的；

（八）请求国根据缺席判决提出引渡请求的。但请求国承诺在引渡后对被请求引渡人给予在其出庭的情况下进行重新审判机会的除外。

第九条　外国向中华人民共和国提出的引渡请求，有下列情形之一的，可以拒绝引渡：

（一）中华人民共和国对于引渡请求所指的犯罪具有刑事管辖权，并且对被请求引渡人正在进行刑事诉讼或者准备提起刑事诉讼的；

（二）由于被请求引渡人的年龄、健康等原因，根据人道主义原则不宜引渡的。

第二节　引渡请求的提出

第十条　请求国的引渡请求应当向中华人民共和国外交部提出。

第十一条　请求国请求引渡应当出具请求书，请求书应当载明：

(一)请求机关的名称;

(二)被请求引渡人的姓名、性别、年龄、国籍、身份证件的种类及号码、职业、外表特征、住所地和居住地以及其他有助于辨别其身份和查找该人的情况;

(三)犯罪事实,包括犯罪的时间、地点、行为、结果等;

(四)对犯罪的定罪量刑以及追诉时效方面的法律规定。

第十二条 请求国请求引渡,应当在出具请求书的同时,提供以下材料:

(一)为了提起刑事诉讼而请求引渡的,应当附有逮捕证或者其他具有同等效力的文件的副本;为了执行刑罚而请求引渡的,应当附有发生法律效力的判决书或者裁定书的副本,对于已经执行部分刑罚的,还应当附有已经执行刑期的证明;

(二)必要的犯罪证据或者证据材料。

请求国掌握被请求引渡人照片、指纹以及其他可供确认被请求引渡人的材料的,应当提供。

第十三条 请求国根据本节提交的引渡请求书或者其他有关文件,应当由请求国的主管机关正式签署或者盖章,并应当附有中文译本或者经中华人民共和国外交部同意使用的其他文字的译本。

第十四条 请求国请求引渡,应当作出如下保证:

(一)请求国不对被引渡人在引渡前实施的其他未准予引渡的犯罪追究刑事责任,也不将该人再引渡给第三国。但经中华人民共和国同意,或者被引渡人在其引渡罪行诉讼终结、服刑期满或者提前释放之日起三十日内没有离开请求国,或者离开后又自愿返回的除外;

(二)请求国提出请求后撤销、放弃引渡请求,或者提出引渡请求错误的,由请求国承担因请求引渡对被请求引渡人造成损害的责任。

第十五条 在没有引渡条约的情况下,请求国应当作出互惠的承诺。

第三节 对引渡请求的审查

第十六条 外交部收到请求国提出的引渡请求后,应当对引渡请求书及其所附文件、材料是否符合本法第二章第二节和引渡条约的规定进行审查。

最高人民法院指定的高级人民法院对请求国提出的引渡请求是否符合本法和引渡条约关于引渡条件等规定进行审查并作出裁定。最高人民法院对高级人民法院作出的裁定进行复核。

第十七条 对于两个以上国家就同一行为或者不同行为请求引渡同一人的,

应当综合考虑中华人民共和国收到引渡请求的先后、中华人民共和国与请求国是否存在引渡条约关系等因素,确定接受引渡请求的优先顺序。

第十八条　外交部对请求国提出的引渡请求进行审查,认为不符合本法第二章第二节和引渡条约的规定的,可以要求请求国在三十日内提供补充材料。经请求国请求,上述期限可以延长十五日。

请求国未在上述期限内提供补充材料的,外交部应当终止该引渡案件。请求国可以对同一犯罪再次提出引渡该人的请求。

第十九条　外交部对请求国提出的引渡请求进行审查,认为符合本法第二章第二节和引渡条约的规定的,应当将引渡请求书及其所附文件和材料转交最高人民法院、最高人民检察院。

第二十条　外国提出正式引渡请求前被请求引渡人已经被引渡拘留的,最高人民法院接到引渡请求书及其所附文件和材料后,应当将引渡请求书及其所附文件和材料及时转交有关高级人民法院进行审查。

外国提出正式引渡请求前被请求引渡人未被引渡拘留的,最高人民法院接到引渡请求书及其所附文件和材料后,通知公安部查找被请求引渡人。公安机关查找到被请求引渡人后,应当根据情况对被请求引渡人予以引渡拘留或者引渡监视居住,由公安部通知最高人民法院。最高人民法院接到公安部的通知后,应当及时将引渡请求书及其所附文件和材料转交有关高级人民法院进行审查。

公安机关经查找后,确认被请求引渡人不在中华人民共和国境内或者查找不到被请求引渡人的,公安部应当及时通知最高人民法院。最高人民法院接到公安部的通知后,应当及时将查找情况通知外交部,由外交部通知请求国。

第二十一条　最高人民检察院经审查,认为对引渡请求所指的犯罪或者被请求引渡人的其他犯罪,应当由我国司法机关追诉,但尚未提起刑事诉讼的,应当自收到引渡请求书及其所附文件和材料之日起一个月内,将准备提起刑事诉讼的意见分别告知最高人民法院和外交部。

第二十二条　高级人民法院根据本法和引渡条约关于引渡条件等有关规定,对请求国的引渡请求进行审查,由审判员三人组成合议庭进行。

第二十三条　高级人民法院审查引渡案件,应当听取被请求引渡人的陈述及其委托的中国律师的意见。高级人民法院应当在收到最高人民法院转来的引渡请求书之日起十日内将引渡请求书副本发送被请求引渡人。被请求引渡人应当在收到之日起三十日内提出意见。

第二十四条 高级人民法院经审查后,应当分别作出以下裁定:

(一)认为请求国的引渡请求符合本法和引渡条约规定的,应当作出符合引渡条件的裁定。如果被请求引渡人具有本法第四十二条规定的暂缓引渡情形的,裁定中应当予以说明;

(二)认为请求国的引渡请求不符合本法和引渡条约规定的,应当作出不引渡的裁定。

根据请求国的请求,在不影响中华人民共和国领域内正在进行的其他诉讼,不侵害中华人民共和国领域内任何第三人的合法权益的情况下,可以在作出符合引渡条件的裁定的同时,作出移交与案件有关财物的裁定。

第二十五条 高级人民法院作出符合引渡条件或者不引渡的裁定后,应当向被请求引渡人宣读,并在作出裁定之日起七日内将裁定书连同有关材料报请最高人民法院复核。

被请求引渡人对高级人民法院作出符合引渡条件的裁定不服的,被请求引渡人及其委托的中国律师可以在人民法院向被请求引渡人宣读裁定之日起十日内,向最高人民法院提出意见。

第二十六条 最高人民法院复核高级人民法院的裁定,应当根据下列情形分别处理:

(一)认为高级人民法院作出的裁定符合本法和引渡条约规定的,应当对高级人民法院的裁定予以核准;

(二)认为高级人民法院作出的裁定不符合本法和引渡条约规定的,可以裁定撤销,发回原审人民法院重新审查,也可以直接作出变更的裁定。

第二十七条 人民法院在审查过程中,在必要时,可以通过外交部要求请求国在三十日内提供补充材料。

第二十八条 最高人民法院作出核准或者变更的裁定后,应当在作出裁定之日起七日内将裁定书送交外交部,并同时送达被请求引渡人。

最高人民法院核准或者作出不引渡裁定的,应当立即通知公安机关解除对被请求引渡人采取的强制措施。

第二十九条 外交部接到最高人民法院不引渡的裁定后,应当及时通知请求国。

外交部接到最高人民法院符合引渡条件的裁定后,应当报送国务院决定是否引渡。

国务院决定不引渡的,外交部应当及时通知请求国。人民法院应当立即通知公安机关解除对被请求引渡人采取的强制措施。

第四节　为引渡而采取的强制措施

第三十条　对于外国正式提出引渡请求前,因紧急情况申请对将被请求引渡的人采取羁押措施的,公安机关可以根据外国的申请采取引渡拘留措施。

前款所指的申请应当通过外交途径或者向公安部书面提出,并应当载明:

(一)本法第十一条、第十四条规定的内容;

(二)已经具有本法第十二条第一项所指材料的说明;

(三)即将正式提出引渡请求的说明。

对于通过外交途径提出申请的,外交部应当及时将该申请转送公安部。对于向公安部提出申请的,公安部应当将申请的有关情况通知外交部。

第三十一条　公安机关根据本法第三十条的规定对被请求人采取引渡拘留措施,对于向公安部提出申请的,公安部应当将执行情况及时通知对方,对于通过外交途径提出申请的,公安部将执行情况通知外交部,外交部应当及时通知请求国。通过上述途径通知时,对于被请求人已被引渡拘留的,应当同时告知提出正式引渡请求的期限。

公安机关采取引渡拘留措施后三十日内外交部没有收到外国正式引渡请求的,应当撤销引渡拘留,经该外国请求,上述期限可以延长十五日。

对根据本条第二款撤销引渡拘留的,请求国可以在事后对同一犯罪正式提出引渡该人的请求。

第三十二条　高级人民法院收到引渡请求书及其所附文件和材料后,对于不采取引渡逮捕措施可能影响引渡正常进行的,应当及时作出引渡逮捕的决定。对被请求引渡人不采取引渡逮捕措施的,应当及时作出引渡监视居住的决定。

第三十三条　引渡拘留、引渡逮捕、引渡监视居住由公安机关执行。

第三十四条　采取引渡强制措施的机关应当在采取引渡强制措施后二十四小时内对被采取引渡强制措施的人进行讯问。

被采取引渡强制措施的人自被采取引渡强制措施之日起,可以聘请中国律师为其提供法律帮助。公安机关在执行引渡强制措施时,应当告知被采取引渡强制措施的人享有上述权利。

第三十五条　对于应当引渡逮捕的被请求引渡人,如果患有严重疾病,或者是正在怀孕、哺乳自己婴儿的妇女，可以采取引渡监视居住措施。

第三十六条 国务院作出准予引渡决定后，应当及时通知最高人民法院。如果被请求引渡人尚未被引渡逮捕的，人民法院应当立即决定引渡逮捕。

第三十七条 外国撤销、放弃引渡请求的，应当立即解除对被请求引渡人采取的引渡强制措施。

第五节 引渡的执行

第三十八条 引渡由公安机关执行。对于国务院决定准予引渡的，外交部应当及时通知公安部，并通知请求国与公安部约定移交被请求引渡人的时间、地点、方式以及执行引渡有关的其他事宜。

第三十九条 对于根据本法第三十八条的规定执行引渡的，公安机关应当根据人民法院的裁定，向请求国移交与案件有关的财物。

因被请求引渡人死亡、逃脱或者其他原因而无法执行引渡时，也可以向请求国移交上述财物。

第四十条 请求国自约定的移交之日起十五日内不接收被请求引渡人的，应当视为自动放弃引渡请求。公安机关应当立即释放被请求引渡人，外交部可以不再受理该国对同一犯罪再次提出的引渡该人的请求。

请求国在上述期限内因无法控制的原因不能接收被请求引渡人的，可以申请延长期限，但最长不得超过三十日，也可以根据本法第三十八条的规定重新约定移交事宜。

第四十一条 被引渡人在请求国的刑事诉讼终结或者服刑完毕之前逃回中华人民共和国的，可以根据请求国再次提出的相同的引渡请求准予重新引渡，无需请求国提交本章第二节规定的文件和材料。

第六节 暂缓引渡和临时引渡

第四十二条 国务院决定准予引渡时，对于中华人民共和国司法机关正在对被请求引渡人由于其他犯罪进行刑事诉讼或者执行刑罚的，可以同时决定暂缓引渡。

第四十三条 如果暂缓引渡可能给请求国的刑事诉讼造成严重障碍，在不妨碍中华人民共和国领域内正在进行的刑事诉讼，并且请求国保证在完成有关诉讼程序后立即无条件送回被请求引渡人的情况下，可以根据请求国的请求，临时引渡该人。

临时引渡的决定，由国务院征得最高人民法院或者最高人民检察院的同意后作出。

第七节　引渡的过境

第四十四条　外国之间进行引渡需要经过中华人民共和国领域的，应当按照本法第四条和本章第二节的有关规定提出过境请求。

过境采用航空运输并且在中华人民共和国领域内没有着陆计划的，不适用前款规定；但发生计划外着陆的，应当依照前款规定提出过境请求。

第四十五条　对于外国提出的过境请求，由外交部根据本法的有关规定进行审查，作出准予过境或者拒绝过境的决定。

准予过境或者拒绝过境的决定应当由外交部通过与收到请求相同的途径通知请求国。

外交部作出准予过境的决定后，应当将该决定及时通知公安部。过境的时间、地点和方式等事宜由公安部决定。

第四十六条　引渡的过境由过境地的公安机关监督或者协助执行。

公安机关可以根据过境请求国的请求，提供临时羁押场所。

第三章　向外国请求引渡

第四十七条　请求外国准予引渡或者引渡过境的，应当由负责办理有关案件的省、自治区或者直辖市的审判、检察、公安、国家安全或者监狱管理机关分别向最高人民法院、最高人民检察院、公安部、国家安全部、司法部提出意见书，并附有关文件和材料及其经证明无误的译文。最高人民法院、最高人民检察院、公安部、国家安全部、司法部分别会同外交部审核同意后，通过外交部向外国提出请求。

第四十八条　在紧急情况下，可以在向外国正式提出引渡请求前，通过外交途径或者被请求国同意的其他途径，请求外国对有关人员先行采取强制措施。

第四十九条　引渡、引渡过境或者采取强制措施的请求所需的文书、文件和材料，应当依照引渡条约的规定提出；没有引渡条约或者引渡条约没有规定的，可以参照本法第二章第二节、第四节和第七节的规定提出；被请求国有特殊要求的，在不违反中华人民共和国法律的基本原则的情况下，可以按照被请求国的特殊要求提出。

第五十条 被请求国就准予引渡附加条件的，对于不损害中华人民共和国主权、国家利益、公共利益的，可以由外交部代表中华人民共和国政府向被请求国作出承诺。对于限制追诉的承诺，由最高人民检察院决定；对于量刑的承诺，由最高人民法院决定。

在对被引渡人追究刑事责任时，司法机关应当受所作出的承诺的约束。

第五十一条 公安机关负责接收外国准予引渡的人以及与案件有关的财物。

对于其他部门提出引渡请求的，公安机关在接收被引渡人以及与案件有关的财物后，应当及时转交提出引渡请求的部门；也可以会同有关部门共同接收被引渡人以及与案件有关的财物。

第四章 附 则

第五十二条 根据本法规定是否引渡由国务院决定的，国务院在必要时，得授权国务院有关部门决定。

第五十三条 请求国提出请求后撤销、放弃引渡请求，或者提出引渡请求错误，给被请求引渡人造成损害，被请求引渡人提出赔偿的，应当向请求国提出。

第五十四条 办理引渡案件产生的费用，依照请求国和被请求国共同参加、签订的引渡条约或者协议办理。

第五十五条 本法自公布之日起施行。

中华人民共和国反洗钱法

（2006 年 10 月 31 日 中华人民共和国主席令第 56 号）

第一章 总 则

第一条 为了预防洗钱活动，维护金融秩序，遏制洗钱犯罪及相关犯罪，制定本法。

第二条 本法所称反洗钱，是指为了预防通过各种方式掩饰、隐瞒毒品犯罪、黑社会性质的组织犯罪、恐怖活动犯罪、走私犯罪、贪污贿赂犯罪、破坏金融管理秩序犯罪、金融诈骗犯罪等犯罪所得及其收益的来源和性质的洗钱活动，依照本法规定采取相关措施的行为。

第三条 在中华人民共和国境内设立的金融机构和按照规定应当履行反洗钱义务的特定非金融机构，应当依法采取预防、监控措施，建立健全客户身份识别制度、客户身份资料和交易记录保存制度、大额交易和可疑交易报告制度，履行反洗钱义务。

第四条　国务院反洗钱行政主管部门负责全国的反洗钱监督管理工作。国务院有关部门、机构在各自的职责范围内履行反洗钱监督管理职责。

国务院反洗钱行政主管部门、国务院有关部门、机构和司法机关在反洗钱工作中应当相互配合。

第五条　对依法履行反洗钱职责或者义务获得的客户身份资料和交易信息，应当予以保密；非依法律规定，不得向任何单位和个人提供。

反洗钱行政主管部门和其他依法负有反洗钱监督管理职责的部门、机构履行反洗钱职责获得的客户身份资料和交易信息，只能用于反洗钱行政调查。

司法机关依照本法获得的客户身份资料和交易信息，只能用于反洗钱刑事诉讼。

第六条　履行反洗钱义务的机构及其工作人员依法提交大额交易和可疑交易报告，受法律保护。

第七条　任何单位和个人发现洗钱活动，有权向反洗钱行政主管部门或者公安机关举报。接受举报的机关应当对举报人和举报内容保密。

第二章　反洗钱监督管理

第八条　国务院反洗钱行政主管部门组织、协调全国的反洗钱工作，负责反洗钱的资金监测，制定或者会同国务院有关金融监督管理机构制定金融机构反洗钱规章，监督、检查金融机构履行反洗钱义务的情况，在职责范围内调查可疑交易活动，履行法律和国务院规定的有关反洗钱的其他职责。

国务院反洗钱行政主管部门的派出机构在国务院反洗钱行政主管部门的授权范围内，对金融机构履行反洗钱义务的情况进行监督、检查。

第九条　国务院有关金融监督管理机构参与制定所监督管理的金融机构反洗钱规章，对所监督管理的金融机构提出按照规定建立健全反洗钱内部控制制度的要求，履行法律和国务院规定的有关反洗钱的其他职责。

第十条　国务院反洗钱行政主管部门设立反洗钱信息中心，负责大额交易和可疑交易报告的接收、分析，并按照规定向国务院反洗钱行政主管部门报告分析结果，履行国务院反洗钱行政主管部门规定的其他职责。

第十一条　国务院反洗钱行政主管部门为履行反洗钱资金监测职责，可以从国务院有关部门、机构获取所必需的信息，国务院有关部门、机构应当提供。

国务院反洗钱行政主管部门应当向国务院有关部门、机构定期通报反洗钱工作情况。

第十二条 海关发现个人出入境携带的现金、无记名有价证券超过规定金额的，应当及时向反洗钱行政主管部门通报。

前款应当通报的金额标准由国务院反洗钱行政主管部门会同海关总署规定。

第十三条 反洗钱行政主管部门和其他依法负有反洗钱监督管理职责的部门、机构发现涉嫌洗钱犯罪的交易活动，应当及时向侦查机关报告。

第十四条 国务院有关金融监督管理机构审批新设金融机构或者金融机构增设分支机构时，应当审查新机构反洗钱内部控制制度的方案；对于不符合本法规定的设立申请，不予批准。

第三章 金融机构反洗钱义务

第十五条 金融机构应当依照本法规定建立健全反洗钱内部控制制度，金融机构的负责人应当对反洗钱内部控制制度的有效实施负责。

金融机构应当设立反洗钱专门机构或者指定内设机构负责反洗钱工作。

第十六条 金融机构应当按照规定建立客户身份识别制度。

金融机构在与客户建立业务关系或者为客户提供规定金额以上的现金汇款、现钞兑换、票据兑付等一次性金融服务时，应当要求客户出示真实有效的身份证件或者其他身份证明文件，进行核对并登记。

客户由他人代理办理业务的，金融机构应当同时对代理人和被代理人的身份证件或者其他身份证明文件进行核对并登记。

与客户建立人身保险、信托等业务关系，合同的受益人不是客户本人的，金融机构还应当对受益人的身份证件或者其他身份证明文件进行核对并登记。

金融机构不得为身份不明的客户提供服务或者与其进行交易，不得为客户开立匿名账户或者假名账户。

金融机构对先前获得的客户身份资料的真实性、有效性或者完整性有疑问的，应当重新识别客户身份。

任何单位和个人在与金融机构建立业务关系或者要求金融机构为其提供一次性金融服务时，都应当提供真实有效的身份证件或者其他身份证明文件。

第十七条 金融机构通过第三方识别客户身份的，应当确保第三方已经采取符合本法要求的客户身份识别措施；第三方未采取符合本法要求的客户身份识别措施的，由该金融机构承担未履行客户身份识别义务的责任。

第十八条　金融机构进行客户身份识别，认为必要时，可以向公安、工商行政管理等部门核实客户的有关身份信息。

第十九条　金融机构应当按照规定建立客户身份资料和交易记录保存制度。

在业务关系存续期间，客户身份资料发生变更的，应当及时更新客户身份资料。

客户身份资料在业务关系结束后、客户交易信息在交易结束后，应当至少保存五年。

金融机构破产和解散时，应当将客户身份资料和客户交易信息移交国务院有关部门指定的机构。

第二十条　金融机构应当按照规定执行大额交易和可疑交易报告制度。

金融机构办理的单笔交易或者在规定期限内的累计交易超过规定金额或者发现可疑交易的，应当及时向反洗钱信息中心报告。

第二十一条　金融机构建立客户身份识别制度、客户身份资料和交易记录保存制度的具体办法，由国务院反洗钱行政主管部门会同国务院有关金融监督管理机构制定。金融机构大额交易和可疑交易报告的具体办法，由国务院反洗钱行政主管部门制定。

第二十二条　金融机构应当按照反洗钱预防、监控制度的要求，开展反洗钱培训和宣传工作。

第四章　反洗钱调查

第二十三条　国务院反洗钱行政主管部门或者其省一级派出机构发现可疑交易活动，需要调查核实的，可以向金融机构进行调查，金融机构应当予以配合，如实提供有关文件和资料。

调查可疑交易活动时，调查人员不得少于二人，并出示合法证件和国务院反洗钱行政主管部门或者其省一级派出机构出具的调查通知书。调查人员少于二人或者未出示合法证件和调查通知书的，金融机构有权拒绝调查。

第二十四条　调查可疑交易活动，可以询问金融机构有关人员，要求其说明情况。

询问应当制作询问笔录。询问笔录应当交被询问人核对。记载有遗漏或者差错的,被询问人可以要求补充或者更正。被询问人确认笔录无误后,应当签名或者盖章;调查人员也应当在笔录上签名。

第二十五条 调查中需要进一步核查的,经国务院反洗钱行政主管部门或者其省一级派出机构的负责人批准,可以查阅、复制被调查对象的账户信息、交易记录和其他有关资料;对可能被转移、隐藏、篡改或者毁损的文件、资料,可以予以封存。

调查人员封存文件、资料,应当会同在场的金融机构工作人员查点清楚,当场开列清单一式二份,由调查人员和在场的金融机构工作人员签名或者盖章,一份交金融机构,一份附卷备查。

第二十六条 经调查仍不能排除洗钱嫌疑的,应当立即向有管辖权的侦查机关报案。客户要求将调查所涉及的账户资金转往境外的,经国务院反洗钱行政主管部门负责人批准,可以采取临时冻结措施。

侦查机关接到报案后,对已依照前款规定临时冻结的资金,应当及时决定是否继续冻结。侦查机关认为需要继续冻结的,依照刑事诉讼法的规定采取冻结措施;认为不需要继续冻结的,应当立即通知国务院反洗钱行政主管部门,国务院反洗钱行政主管部门应当立即通知金融机构解除冻结。

临时冻结不得超过四十八小时。金融机构在按照国务院反洗钱行政主管部门的要求采取临时冻结措施后四十八小时内,未接到侦查机关继续冻结通知的,应当立即解除冻结。

第五章 反洗钱国际合作

第二十七条 中华人民共和国根据缔结或者参加的国际条约,或者按照平等互惠原则,开展反洗钱国际合作。

第二十八条 国务院反洗钱行政主管部门根据国务院授权,代表中国政府与外国政府和有关国际组织开展反洗钱合作,依法与境外反洗钱机构交换与反洗钱有关的信息和资料。

第二十九条 涉及追究洗钱犯罪的司法协助,由司法机关依照有关法律的规定办理。

第六章 法律责任

第三十条 反洗钱行政主管部门和其他依法负有反洗钱监督管理职责的部

门、机构从事反洗钱工作的人员有下列行为之一的，依法给予行政处分：

（一）违反规定进行检查、调查或者采取临时冻结措施的；

（二）泄露因反洗钱知悉的国家秘密、商业秘密或者个人隐私的；

（三）违反规定对有关机构和人员实施行政处罚的；

（四）其他不依法履行职责的行为。

第三十一条　金融机构有下列行为之一的，由国务院反洗钱行政主管部门或者其授权的设区的市一级以上派出机构责令限期改正；情节严重的，建议有关金融监督管理机构依法责令金融机构对直接负责的董事、高级管理人员和其他直接责任人员给予纪律处分：

（一）未按照规定建立反洗钱内部控制制度的；

（二）未按照规定设立反洗钱专门机构或者指定内设机构负责反洗钱工作的；

（三）未按照规定对职工进行反洗钱培训的。

第三十二条　金融机构有下列行为之一的，由国务院反洗钱行政主管部门或者其授权的设区的市一级以上派出机构责令限期改正；情节严重的，处二十万元以上五十万元以下罚款，并对直接负责的董事、高级管理人员和其他直接责任人员，处一万元以上五万元以下罚款：

（一）未按照规定履行客户身份识别义务的；

（二）未按照规定保存客户身份资料和交易记录的；

（三）未按照规定报送大额交易报告或者可疑交易报告的；

（四）与身份不明的客户进行交易或者为客户开立匿名账户、假名账户的；

（五）违反保密规定，泄露有关信息的；

（六）拒绝、阻碍反洗钱检查、调查的；

（七）拒绝提供调查材料或者故意提供虚假材料的。

金融机构有前款行为，致使洗钱后果发生的，处五十万元以上五百万元以下罚款，并对直接负责的董事、高级管理人员和其他直接责任人员处五万元以上五十万元以下罚款；情节特别严重的，反洗钱行政主管部门可以建议有关金融监督管理机构责令停业整顿或者吊销其经营许可证。

对有前两款规定情形的金融机构直接负责的董事、高级管理人员和其他直接责任人员，反洗钱行政主管部门可以建议有关金融监督管理机构依法责令金融机构给予纪律处分，或者建议依法取消其任职资格、禁止其从事有关金融行业工作。

第三十三条　违反本法规定，构成犯罪的，依法追究刑事责任。

第七章　附　　则

第三十四条　本法所称金融机构，是指依法设立的从事金融业务的政策性银行、商业银行、信用合作社、邮政储汇机构、信托投资公司、证券公司、期货经纪公司、保险公司以及国务院反洗钱行政主管部门确定并公布的从事金融业务的其他机构。

第三十五条　应当履行反洗钱义务的特定非金融机构的范围、其履行反洗钱义务和对其监督管理的具体办法，由国务院反洗钱行政主管部门会同国务院有关部门制定。

第三十六条　对涉嫌恐怖活动资金的监控适用本法；其他法律另有规定的，适用其规定。

第三十七条　本法自2007年1月1日起施行。

第二部分

中国反电信网络诈骗刑事政策与法律法规

中共中央办公厅、国务院办公厅《关于加强打击治理电信网络诈骗违法犯罪工作的意见》解读

（2022 年 4 月 18 日）

近日，中共中央办公厅、国务院办公厅印发了《关于加强打击治理电信网络诈骗违法犯罪工作的意见》（以下简称《意见》），对加强打击治理电信网络诈骗违法犯罪工作作出安排部署。

《意见》强调，要坚持以习近平新时代中国特色社会主义思想为指导，深入贯彻党的十九大和十九届历次全会精神，坚持以人民为中心，统筹发展和安全，强化系统观念、法治思维，坚持严厉打击、依法办案，实现法律效果与社会效果有机统一，坚持打防结合、防范为先，强化预警劝阻，加强宣传教育，坚持科技支撑、强化反制，运用科技信息化手段提升技术反制能力，坚持源头治理、综合治理，加强行业监管，强化属地管控，坚持广泛动员、群防群治，发动群众力量，汇聚群众智慧，坚决遏制电信网络诈骗违法犯罪多发高发态势，提升社会治理水平，使人民获得感、幸福感、安全感更加充实、更有保障、更可持续，为建设更高水平的平安中国、法治中国作出贡献。

《意见》要求，要依法严厉打击电信网络诈骗违法犯罪。坚持依法从严惩处，形成打击合力，提升打击效能；坚持全链条纵深打击，依法打击电信网络诈骗以及上下游关联违法犯罪；健全涉诈资金查处机制，最大限度追赃挽损；进一步强化法律支撑，为实现全链条打击、一体化治理提供法治保障；加强国际执法司法合作，积极推动涉诈在逃人员通缉、引渡、遣返工作。

《意见》要求，要构建严密防范体系。强化技术反制，建立对涉诈网站、APP 及

诈骗电话、诈骗短消息处置机制；强化预警劝阻，不断提升预警信息监测发现能力，及时发现潜在受害群众，采取劝阻措施；强化宣传教育，建立全方位、广覆盖的反诈宣传教育体系，开展防范电信网络诈骗违法犯罪知识进社区、进农村、进家庭、进学校、进企业活动，形成全社会反诈的浓厚氛围。

《意见》要求，要加强行业监管源头治理。建立健全行业安全评估和准入制度；加强金融行业监管，及时发现、管控新型洗钱通道；加强电信行业监管，严格落实电话用户实名制；加强互联网行业监管；完善责任追究制度，建立健全行业主管部门、企业、用户三级责任制；建立健全信用惩戒制度，将电信网络诈骗及关联违法犯罪人员纳入严重失信主体名单。《意见》还要求，要强化属地管控综合治理，加强犯罪源头地综合整治。

《意见》强调，各级党委和政府要加强对打击治理电信网络诈骗违法犯罪工作的组织领导，统筹力量资源，建立职责清晰、协同联动、衔接紧密、运转高效的打击治理体系。金融、电信、互联网等行业主管部门要全面落实行业监管主体责任，各地要强化落实属地责任，全面提升打击治理电信网络诈骗违法犯罪的能力水平

中共中央办公厅、国务院办公厅关于加强社会治安防控体系建设的意见（节录）

（2015 年 4 月 13 日　中办发〔2015〕69 号）

（四）加强重点行业治安防控网建设。切实加强旅馆业、旧货业、公章刻制业、机动车改装业、废品收购业、娱乐服务业等重点行业的治安管理工作，落实法人责任，推动实名制登记，推进治安管理信息系统建设。加强邮件、快件寄递和物流运输安全管理工作，完善禁寄物品名录，建立健全安全管理制度，有效预防利用寄递、物流渠道实施违法犯罪。

（七）加强信息网络防控网建设。建设法律规范、行政监管、行业自律、技术保障、公众监督、社会教育相结合的信息网络管理体系。加强网络安全保护，落实相关主体的法律责任。落实手机和网络用户实名制。健全信息安全等级保护制度，加强公民个人信息安全保护。深入开展专项整治行动，坚决整治利用互联网和手机媒体传播暴力色情等违法信息及低俗信息。

（八）加强信息资源互通共享和深度应用。按照科技引领、信息支撑的思路，加快构建纵向贯通、横向集成、共享共用、安全可靠的平安建设信息化综合平台。在确

保信息安全、保护公民合法权益前提下，提高系统互联、信息互通和资源共享程度。强化信息资源深度整合应用，充分运用现代信息技术，增强主动预防和打击犯罪的能力。将社会治安防控信息化纳入智慧城市建设总体规划，充分运用新一代互联网、物联网、大数据、云计算和智能传感、遥感、卫星定位、地理信息系统等技术，创新社会治安防控手段，提升公共安全管理数字化、网络化、智能化水平，打造一批有机融合的示范工程。建立健全相关的信息安全保障体系，实现对基础设施、信息和应用等资源的立体化、自动化安全监测，对终端用户和应用系统的全方位、智能化安全防护。

（十一）健全实战指挥机制。公安机关要按照人员权威、信息权威、职责权威的要求，加强实战型指挥中心建设，集110接处警、社会治安突发事件应急指挥处置、紧急警务活动统筹协调等功能于一体，及时有效地调整用警方向和强度。推行扁平化勤务指挥模式，减少指挥层级，畅通指挥关系，紧急状态下实行“点对点”指挥，确保就近调度、快速反应、及时妥善处置。

（十二）健全部门联动机制。建立完善社会治安形势分析研判联席会议制度、社会治安重点地区排查整治工作协调会议和月报制度等，进一步整合各部门资源力量，强化工作联动，增强打击违法犯罪、加强社会治安防控工作合力。对群众反映强烈的黑拐枪、黄赌毒以及电信诈骗、非法获取公民个人信息、非法传销、非法集资、危害食品药品安全、环境污染、涉邪教活动等突出治安问题，要加强部门执法合作，开展专项打击整治，形成整体合力。对打防管控工作中发现的薄弱环节和突出问题，政法综治机构要牵头组织、督促有关部门及时整改，堵塞防范漏洞。针对可能发生的突发案（事）件，制定完善应急预案和行动方案，明确各有关部门、单位的职责任务和措施要求，定期开展应急处突实战演练，确保一旦发生社会治安突发案（事）件能够快速有效处置。创新报警服务运行模式，提高紧急警情快速处置能力，提高非紧急求助社会联动服务效率。

（十三）健全区域协作机制。按照常态、共享、联动、共赢原则，积极搭建治安防控跨区域协作平台，共同应对跨区域治安突出问题，在预警预防、维稳处突、矛盾化解、打击犯罪等方面互援互助、协调联动，以区域平安保全国平安。总结推广区域警务协作机制建设经验，推动建立多地区多部门共同参与的治安防控区域协作机制，增强防控整体实效运用法治思维和法治方式推进社会治安防控体系建设。

（十四）运用法律手段解决突出问题。充分发挥法治的引导、规范、保障、惩戒作用，做到依法化解社会矛盾、依法预防打击犯罪、依法规范社会秩序、依法维护社会稳定。紧紧围绕加强社会治安防控体系建设的总体需要,推动相关法律法规的立、改、废、释和相关政策的制定完善工作。各地要以重大问题为导向,针对社会治安治理领域的重点难点问题,适时出台相关地方性法规、地方政府规章,促进从法治层面予以解决。完善维护公民、法人等合法权益的途径,从源头上预防侵权案件发生。坚持依法行政,加强食品药品、安全生产、环境保护、文化市场和网络安全等重点领域基层执法,强化行政执法与刑事司法的衔接,着力解决好人民群众反映强烈的突出问题。深化司法体制改革,加快建设公正高效权威的社会主义司法制度,提高办案质量。贯彻宽严相济刑事政策,在依法严厉打击极少数严重刑事犯罪分子的同时,最大限度地减少社会对抗,努力化消极因素为积极因素。加强和改进法治宣传教育工作,着力增强法治宣传教育的针对性和实效性,推动全社会树立法治意识,增强全民法治观念,促进全民尊法、守法,引导干部群众把法律作为指导和规范自身行为的基本准则,在全社会形成办事依法、遇事找法、解决问题用法、化解矛盾靠法的良好法治环境。

(十五)加强基础性制度建设。建立以公民身份号码为唯一代码、统一共享的国家人口基础信息库,建立健全相关方面的实名登记制度。建立公民统一社会信用代码制度、法人和其他组织统一社会信用代码制度,加强社会信用管理,促进信息共享,强化对守信者的鼓励和对失信者的惩戒,探索建立公民所有信息的一卡通制度。落实重大决策社会稳定风险评估制度,切实做到应评尽评,着力完善决策前风险评估、实施中风险管控和实施后效果评价、反馈纠偏、决策过错责任追究等操作性程序规范。

(十九)充分发挥政法各机关和其他各有关部门的职能作用。进一步明确各有关部门在社会治安防控体系建设中的职责任务,做到各负其责、各司其职,通力协作、齐抓共管,增强整体合力。各级政法机关要发挥好主力军作用。公安机关要充分发挥骨干作用,根据社会治安防控体系建设需要调整工作重点、警力部署、警务保障和勤务制度,改进工作方法,投入更多人力和精力加强基层治安基础工作,及时掌握影响社会治安的情况,依法查处危害社会治安行为。法院、检察院要结合批捕、起诉和审判工作,善于发现社会治安防控体系建设中的漏洞,及时提出司法建议和检察建议,督促有关单位健全规章制度,完善工作机制。司法行政机关要加强监狱和强制隔离戒毒场所的管理工作,做好社区矫正、刑满释放人员安置帮教、人民调解、法治宣传、法律服务、法律援助等工作。其他各有关部门要按照“谁主管谁负责”的原则,结合自身职能,主动承担好预防违法犯罪、维护社会治安的责任,认真抓好本部门、本系统参与社会治安防控体系建设的任务，与部门工作同规划、同部署、同检查、同落实。

（二十）充分发挥社会协同作用。坚持党委和政府领导下的多方参与、共同治理，发挥市场、社会等多方主体在社会治安防控体系建设中的协同协作、互动互补、相辅相成作用。大力支持工会、共青团、妇联等人民团体和群众组织参与社会治安防控体系建设，积极为他们发挥作用创造有利环境和条件。要加大对行业协会商会类、科技类、公益慈善类、城乡社区服务类社会组织的培育扶持力度，将适合由社会组织承担的矛盾纠纷调解、特殊人群服务管理、预防青少年违法犯罪等社会治安防控体系建设任务纳入政府购买服务目录，通过竞争性选择等方式，交给相关社会组织承担，发挥好他们在社会治安防控体系建设中的重要作用。规范警务辅助人员管理，明确其聘用条件和程序、职责任务、保障待遇等，发挥好协助维护社会治安的作用。规范发展保安服务市场，积极引导保安行业参与社会治安防控工作。加强城乡基层群众自治组织建设，搭建群众参加社会治安防控体系建设的新平台，通过各种方式就社会治安防控体系建设问题进行广泛协商，广纳群言，增进共识。充分发挥行业协会商会自管自律作用，引导企业在经营活动中履行治安防控责任。转变职能、创新机制，采取政府搭台、市场运作、社会参与等方式，积极提供公益岗位，鼓励发展责任保险以及治安保险、社区综合保险等新兴业务，支持保险机构运用股权投资、战略合作等方式参与保安服务产业链整合，激发社会各方面力量参与社会治安防控体系建设的积极性、主动性、创造性。

（二十一）积极扩大公众参与。坚持人民主体地位，进一步拓宽群众参与社会治安防控的渠道，依法保障人民群众的知情权、参与权、建议权、监督权。继承和发扬专群结合的优良传统，充分发挥共产党员、共青团员模范带头作用，发挥民兵预备役人员等的重要作用，发展壮大平安志愿者、社区工作者、群防群治队伍等专业化、职业化、社会化力量，积极探索新形势下群防群治工作新机制、新模式，力争到2020年社区志愿者注册人数占居民人口的比例大幅增加。落实举报奖励制度，对于提供重大线索、帮助破获重大案件或者有效制止违法犯罪活动、协助抓获犯罪分子的，给予重奖。完善见义勇为人员认定机制、补偿救济机制，加强见义勇为人员权益保障工作，扩大见义勇为基金规模，加大对见义勇为人员的表彰力度，按照有关规定严格落实抚恤待遇。充分发挥传统媒体与新媒体的作用，采取群众喜闻乐见的宣传教育方式，提高群众安全防范意识，组织动员群众关心、支持和参与社会治安防控体系建设，努力提升新媒体时代社会沟通能力。

打击治理电信网络新型违法犯罪专项行动工作方案

（2015 年 11 月 4 日　公刑〔2015〕3410 号）

为严厉打击电信网络新型违法犯罪，有效遏制此类违法犯罪活动的发展蔓延势头，国务院打击治理电信网络新型违法犯罪工作部际联席会议第一次会议决定，从 2015 年 11 月 1 日至 2016 年 4 月 30 日，在全国范围内开展打击治理电信网络新型违法犯罪专项行动。

一、任务目标

认真学习习近平总书记、李克强总理和孟建柱等中央领导同志指示精神，深入贯彻落实联席会议第一次会议部署，坚持“标本兼治、综合治理、齐抓共管、落实责任”工作方针，以打开路，重拳出击，重典治乱，打防并举，集中侦破一大批案件，抓获一大批违法犯罪嫌疑人，打掉一大批违法犯罪团伙，铲除一大批违法犯罪窝点，整治一批重点地区。要通过专项行动，实现抓获违法犯罪嫌疑人数量明显上升、破案数明显上升、发案数明显下降、人民群众财产损失明显下降的“两升两降”目标，有效遏制当前电信网络新型违法犯罪发展蔓延势头，切实维护人民群众切身利益。

二、打击治理重点

（一）重点打击处理以下违法犯罪人员：

1. 河北省丰宁县冒充黑社会电话诈编、福建省龙岩市新罗区网络购物诈骗、江西省余干县重金求子诈骗、湖南省双峰县 PS 图片敲诈、广东省茂名市电白区假冒熟人和领导电话诈骗、广西自治区宾阳县假冒 QQ 好友诈骗、海南省儋州市机票改签电话诈骗等境内地域性职业诈骗犯罪群体；

2. 台湾籍诈骗人员；

3. 境内外诈骗窝点的组织者；

4. 发送诈骗信息、拨打诈骗电话的人员；

5. 为诈骗团伙转取款的人员；

6. 为诈骗团伙招募员工的人员；

7. 开发、制作、发布恶意手机木马程序、网络投资虚假交易软件的人员；

8. 为诈骗团伙提供网络改号平台的人员；

9. 非法获取、出售和提供公民个人信息的人员；

10. 非法生产、销售和使用“伪基站”、窃听窃照专用器材无线屏蔽器、“黑广播”

等器材的人员；

11. 非法买卖银行卡的人员；

12. 其他进行电信网络诈骗的人员。

（二）重点规范治理以下违规行为：

1. 违规出租电信线路的；

2. 违规批量办理、非实名办理电话卡、上网卡的；

3. 违规批量办理、非实名办理银行卡的；

4. 违规办理、使用"一号通"、"400"、"商务总机"等通讯业务的；

5. 使用非实名电话卡（包括移动通信转售业务）、上网卡（包括移动通信转售业务）、宽带线路的；

6. 使用非实名银行卡，以及人卡分离、境外使用的；

7. 其他违规行为。

三、工作措施

（一）铲除境内地域性诈骗犯罪源头。联席会议办公室要组织河北省丰宁县、福建省龙岩市新罗区、江西省余干县、湖南省双峰县、广东省茂名市电白区、广西自治区宾阳县、海南省儋州市等地，开展打击地域性诈骗犯罪群体"拔钉子"行动。上述地方党委、政府要加强领导，组织联合工作组进驻重点乡村，深入开展摸排、清理、教育、帮扶等工作，彻底铲除犯罪源头。当地公安机关要立足本地，主动作为，广辟各类违法犯罪线索，集中经营，集中打击。各地公安机关要按照对应侦办工作机制和诈骗案件取证指引的要求，全力予以配合。工业和信息化部及中国电信、中国联通、中国移动，要对广西宾阳有线宽带虚假登记以及"黑卡"泛滥问题、广东电白诈骗团伙持有外地手机漫游本地作案问题、海南儋州诈骗团伙使用的400捆绑电话溯源问题，组织开展专项整治，对非实名登记、登记地与使用地不一致的手机、线路一律予以关停。

（二）捣毁境外电信诈骗犯罪窝点。各地公安机关要梳理、汇总本地电信诈骗犯罪线索，及时上报公安部。公安部要组织涉案地公安机关赴境外开展打击，铲除一批境外犯罪窝点，抓捕一批犯罪嫌疑人，形成境内外联合严打的高压态势。要联合国际刑警组织开展"2015打击电信网络诈骗犯罪曙光行动"，通过国际刑警渠道督促各涉案国开展落地侦查、集中抓捕、移交犯罪嫌疑人和证据等工作。外交部、海关总署、质检总局、民航局要对赴境外开展执法合作、押解犯罪嫌疑人回国等工作提供支持。

（三）切断电信网络新型违法犯罪产业链。各地在案件侦办过程中，要对上下游犯罪追根溯源，全链条侦查经营，彻底打击。对于提供电话线路落地、服务器租赁的非法线路商，要逐层追查到底，直至电信、联通、移动等基础运营商；对于提供银行卡服务的团伙，要顺线查清收集身份证、组织人员办理、邮寄、贩卖等每一个环节；对于提供手机恶意程序、木马病毒，公民个人信息，“伪基站”、窃听窃照专用器材、无线屏蔽器、“黑广播”等设备的团伙，要彻底查清非法编写、生产、销售和使用的各个环节。公安部要组织对电信网络新型违法犯罪产业链开展严厉打击，注意发现违规违法问题，对于涉嫌违法犯罪的，发现一个坚决查处一个，绝不姑息迁就、降格处理，坚决打深、打透、打彻底。工业和信息化部、人民银行、工商总局、银监会等行业主管部门要予以积极配合。

（四）打掉转取款犯罪窝点。各地要认真查清每一起案件的涉案资金流向，将所有涉案银行账号及时录入“电信诈骗犯罪案件侦查破案协作平台”或“地域性犯罪群体对应侦查平台”。对前期掌握的30余万涉案银行账号和新发现的涉案银行账号，公安机关应依法要求商业银行一律予以冻结，终止其境内外的汇、转、取款业务，并纳入银行系统的黑名单。各地工作中发现的涉及台湾的网银转账IP地址、ATM机取款信息，要及时上报公安部。公安部要组织专门力量开展研判串并，联手台湾警方开展执法合作，铲除一批长期盘踞两岸的转账、取款犯罪窝点。

（五）强化打击处理。高法院、高检院、公安部要指导各地用足用好法律法规，对同类案件的同一行为统一认定，确保打击质量和效果。高法院、高检院、公安部、工业和信息化部、人民银行、银监会等部门，要根据各自职责，抓紧研究解决新型违法犯罪及非法产业链的定性、管辖、定罪标准，银行、电信企业等在电信诈骗过程中有无过错、责任，以及冻结的电信诈骗赃款不能及时返还受害人等问题。对向诈骗团伙提供银行卡、电话线路落地、服务器、交易软件、手机恶意程序、公民个人信息、“伪基站”的，要按照共同犯罪论处；对不具备经营资质从事生产经营，情节严重、构成犯罪的，要按非法经营罪论处；对情节恶劣但尚不构成违法犯罪的，由工业和信息化部、人民银行、工商总局、银监会等行业主管部门予以行政处罚、并列入黑名单，经处罚教育仍不悔改的，终身禁入该经营行业。

（六）集中治理电信、银行领域的突出问题。工业和信息化部要指导督促各电信企业严格落实各项文件规定，规范国际主叫号码传送，切断境外网络改号电话通过国际端口局进入国内的通道，提高对网络改号电话的发现、核实、检测和拦截能力。中国电信、中国联通、中国移动要集中清理整治违规出租电信线路、非法设置

VOIP 经营平台、制作传播改号软件等违法违规经营行为，进一步加强“一号通”、“400”、“商务总机”等重点电信业务市场的规范管理，对于违规使用的电话号码、电信线路等一律关停，对有关人员依法依规处理。深入推进整治“黑卡”专项行动，加强电话卡、上网卡实名登记和联网核查工作，加强对社会营销渠道的管理，规范网络销售电话卡业务，杜绝记名不实名的情况发生。对在 2013 年 9 月 1 日之前已入网使用通信服务，但未实名登记的用户要采取各种有效措施，切实抓好实名补登工作。人民银行、银监会要指导督促各商业银行严格落实银行账户实名制，整顿代办银行卡、乱开卡、批量开卡等问题，建立涉案银行卡黑名单制度和涉案账户电子化查询平台，严格执行银联卡境外取款限制的规定，切断赃款流出境外的通道。督促包括第三方支付企业在内的非银行支付机构严格按照规定，在开户、POS 机申领的各个环节进行实名登记，配合公安机关快速查询资金流向及各类电子交易数据。对于非实名登记银行账户、第三方支付账户、人卡分离境外使用的账户，一律予以封停。

四、工作要求

（一）切实加强领导。专项行动在联席会议领导下，由公安部牵头，各成员单位共同参与。专项行动成立领导小组，公安部副部长李伟任组长，其他联席会议成员任副组长。领导小组办公室设在公安部，公安部刑侦局局长杨东任专项办主任，其他联席会议成员单位联络员为副主任，并确定一名干部为专项办成员，负责沟通联络和日常事务。中央宣传部、中央网信办、工业和信息化部、人民银行、银监会、中国电信、中国联通、中国移动等单位要选派专人到专项办集中办公。各地也要成立专项行动领导小组和办公室。各地专项办组成情况、联系方式和工作方案于 11 月 10 日前上报部专项办。

（二）强化合成作战。各成员单位要落实主体责任，密切协作配合，确保形成打击治理合力。要切实加强警银、警企合作，公安机关发现的涉案银行信息、涉案电话信息要及时通报，本级银行、电信部门要快速查询交易信息，快速就地信令倒查，协助落地查找犯罪窝点。要积极探索建立省级、省会市的警银、警企合作打击平台，公安机关负责查办案件，银行负责堵截赃款，电信企业负责切断诈骗电话。要树立全国一盘棋思想，密切配合、通力合作，无缝对接，确保形成打击合力。

（三）广泛开展宣传。中央宣传部、中央网信办、新闻出版广电总局要制定专项行动新闻报道方案，组织新闻媒体大力宣传党和政府打击治理的决心和专项行动的措施成效，推动宣传防范工作进社区、进单位、进学校、进家庭。财政部、工商总局要指导各地财政、工商部门对各企事业单位的法定代表人、财务人员等重点人群有针对性的开展防范宣传，及时通报新型诈骗犯罪警情，防止大额电信诈骗案件的发生。各地各部门要采取随警作战、跟踪报道、集中报道等方式，大张旗鼓地开展宣传，要注意收集典型案例以及集中开展治理行动的视频资料，及时上报专项办，专项办适时组织深度宣传报道。

（四）强化督导考核。专项办适时派出督导组对工作进展情况进行检查督导，并派工作组赴广西、广东和海南等地驻点督战。各地、各部门要制定本地、本部门的考核方案，有效发挥考核的指挥棒作用，有力促进各项打击治理工作。公安机关主要考核各地抓获犯罪嫌疑人和破获案件情况。

防范治理电信网络新型违法犯罪工作机制

（2016 年 3 月 30 日　公刑〔2016〕987 号）

为充分发挥国务院打击治理电信网络新型违法犯罪工作部际联席会议（以下简称联席会议）各成员单位职能优势和技术优势，共同防范治理电信网络新型违法犯罪，特制定防范治理电信网络新型违法犯罪工作机制，实行 13 个防范治理电信诈骗犯罪工作制度，以形成责任明确、快速响应、密切配合、齐抓共管的工作格局，切实减少电信诈骗犯罪案件的发生。

1. 打击治理“伪基站”违法犯罪工作制度（工信部牵头，公安部、中央网信办、工商总局、高法院、高检院配合）。工信部指导各地无线电管理机构进一步提升对“伪基站”的监测定位、逼近查找等技术支撑能力，负责及时发现“伪基站”违法犯罪活动，加强对“伪基站”设备技术参数的检测工作；三家基础电信企业要将掌握的相关证据及时通报公安机关；公安机关负责“伪基站”案件的侦查打击，捣毁窝点、查缴设备、抓获犯罪嫌疑人、依法移送起诉；工商部门积极配合相关部门，加强电子产品市场的监督检查，并对非法销售“伪基站”设备的行为，以及为非法销售“伪基站”设备提供广告设计、制作、代理、发布的行为予以依法查处，涉及犯罪的及时移送公安机关；高法院、高检院负责指导各级法院、检察院依法办理生产、销售、利用“伪基站”实施犯罪的案件，研究法律适用规定、意见；网信办负责督促各互联网网站及时发现、监测涉及“伪基站”的广告信息，及时清理处置。（2016 年 5 月 1 日前完成）

2. 打击治理“黑广播”违法犯罪工作制度（联席办牵头，工信部、公安部、中央网信办、工商总局、质检总局、新闻出版广电总局、民航局、高法院、高检院配合）。无线电管理、民航、新闻出版广电等部门负责发现、监测、定位“黑广播”，并及时通报公安机关；公安机关负责“黑广播”案件的侦查打击，及时捣毁窝点、查缴设备、抓获犯罪嫌疑人，依法移送起诉；工商部门积极配合对电子产品市场的监督检查，并根据相关部门提供的情况，对“黑广播”的生产、销售者依照行政法规进行查处；质检总局负责对未取得生产许可证的非法生产企业进行查处；高法院、高检院负责指导各级法院、检察院依法办理生产、销售、利用“黑广播”实施犯罪的案件，研究法律适用的规定、意见；中央网信办负责督促各互联网网站及时发现、监测涉及“黑广播”的广告信息，及时清理处置。(2016 年 5 月 1 日前完成)

3. 电信诈骗犯罪“灰产”及时通报、联合打击制度(联席办牵头，各成员单位配合)。各成员单位要利用部门和行业优势，主动发现为电信诈骗犯罪团伙提供服务的非法电信业务经营者、木马病毒制作者、非法买卖公民个人信息、非法开办和贩卖银行卡、改号电话软件开发商、非法交易软件开发商等各种“灰产”线索，涉及违法违规的，由行业主管部门依法严肃处理；涉及犯罪的，及时通报公安机关依法打击。(2016 年 5 月 1 日前完成)

4. 电信诈骗涉案账户紧急止付制度(人民银行牵头，联席办配合)。人民银行要督促各银行业金融机构和非银行支付机构，尽快与“电信诈骗交易风险事件管理平台”对接；公安部要尽快完成“电信诈骗案件侦办平台”与“电信诈骗交易风险事件管理平台”对接工作，实现涉案银行账户的紧急止付等功能。建立电信诈骗涉案银行账户“黑名单”制度，在各银行业金融机构和非银行支付机构中实现共享。(2016 年 6 月 1 日前完成)

5. 第三方支付账户管理制度(人民银行牵头，公安部、高法院、高检院配合)。研究解决第三方支付账户溯源难、查询难、冻结难、追赃难的问题，明确对第三方支付账户进行查冻控涉及的法律问题，尽快制定实行“第三方支付账户查控冻工作机制”。(2016 年 6 月 1 日前完成)

6. 资金流快速查询反馈制度(银监会牵头，公安部配合)。各地公安机关通过“资金流信息查控平台”将电信网络新型违法犯罪涉及的资金流信息、查询取证工作要求以及相关法律手续，通过专线通报各银行总部。各银行总部通过本行业信息系统就地开展工作，原则上应当 5 日内办结并专线反馈公安机关。(2016 年 6 月 1 日前完成)

7. 信息流快速查询反馈制度(工信部和中国电信、中国联通、中国移动牵头，公安部配合)。公安机关要将电信网络新型违法犯罪涉及的信息流查询取证工作要求和法律手续,及时通报当地电信管理部门和三家基础电信运营企业。电信管理部门和三家基础电信企业应依法依规积极配合开展工作,并及时反馈。(2016年5月1日前完成)

8. 资金流过错责任追究制度(银监会牵头,人民银行、公安部、工商总局、高法院、高检院配合)。公安机关要及时向人民银行、银监会通报涉及银行部门的违法违规情况;人民银行、银监会要加强行业监管,要求银行和非银行支付机构等严格遵守相关法律法规,严格落实银行账号、支付账户、特约商户实名制管理;工商总局要尽快解决深圳等地网上虚假注册公司的问题。对新推出的金融业务,要保证快速准确溯源。因使用非实名银行账号、支付账户、特约商户给人民群众造成损失,相关企业或人员存在明显过错,并造成严重后果的,将依法依规追究其民事、行政或刑事责任。(2016年8月1日前完成)

9. 信息流过错责任追究制度(工信部和中国电信、中国联通、中国移动牵头,公安部、高法院、高检院配合)。公安机关要及时向电信管理部门通报涉及基础电信企业的违法违规情况;工信部要加强行业监管,督促三大运营商、虚拟运营商严格遵守电信行业各项文件规定,坚决落实手机、宽带、"一号通"、"400"、"商务总机"等实名制。对新推出的电信业务,要保证快速准确溯源。因使用非实名手机、宽带、"一号通"、"400"、"商务总机"等给人民群众造成损失,相关企业或人员存在明显过错,并造成严重后果的,将依法依规追究其民事、行政或刑事责任。(2016年8月1日前完成)

10. 网络改号诈骗电话拦截阻断制度(工信部和中国电信、中国移动、中国联通牵头,公安部配合)。公安部要及时将改号电话新变化通报工信部;工信部和三家基础电信企业要根据号码新变化不断改进拦截策略,并向用户免费提供涉嫌电信诈骗来电号码提醒服务。因网络改号电话给人民群众造成损失,并造成严重后果的,将依法依规追究相关企业和人员的民事、行政或刑事责任。(2016年8月1日前完成)

11. 诈骗电话快速通报关停制度(工信部和中国电信、中国移动、中国联通牵头,公安部配合)。公安部负责梳理涉案手机、"一号通"、"400"、"商务总机"等诈骗电话,汇总后及时通报工信部,由工信部通报三大运营商对涉案号码进行关停,并对该机主名下其他同期注册激活的电话号码进行拓展查询和关停。(2016年5月1日前完成)

12. 防范治理电信诈骗犯罪定期通报制度(联席办牵头,各成员单位配合)。联席办要及时向各成员单位通报案件信息,定期向中央领导同志专报,定期下发通报。对推动工作有力,成效明显的予以表彰奖励;对工作迟缓、力度不大,成效不明显的,予以通报批评;对因发现、防范、治理不力造成严重后果的,要追究相关人员责任。同时,联席办将组织央视等新闻媒体,对长期得不到有效解决的行业漏洞和问题进行集中曝光。(2016 年 5 月 1 日前完成)

13. 防范宣传制度(中宣部、中央网信办牵头,公安部、工信部及中国电信、中国移动、中国联通配合)。中宣部、中央网信办要组织各主流媒体、各大网站与联席办建立直连通道,确保重大案事件宣传取得实效,彰显党和政府坚决打击违法犯罪、维护群众权益的决心。中宣部、中央网信办要部署各主流媒体、各大网站设置打击治理防范电信诈骗专栏,每天播放或刊登打击治理防范电信诈骗犯罪消息;工信部要督促三家基础电信企业每天向用户发送防骗提醒短信息;联席办要组织各地对企事业单位财务人员等重点人群,开展专题防范宣传工作,确保防范意识和防范措施入脑入心,最大限度地预防和减少电信诈骗案件的发生。(2016 年 5 月 1 日前完成)

最高人民法院、最高人民检察院、公安部关于办理电信网络诈骗等刑事案件适用法律若干问题的意见

(2016 年 12 月 19 日　法发〔2016〕32 号)

为依法惩治电信网络诈骗等犯罪活动,保护公民、法人和其他组织的合法权益,维护社会秩序,根据《中华人民共和国刑法》《中华人民共和国刑事诉讼法》等法律和有关司法解释的规定,结合工作实际,制定本意见。

一、总体要求

近年来,利用通讯工具、互联网等技术手段实施的电信网络诈骗犯罪活动持续高发,侵犯公民个人信息,扰乱无线电通讯管理秩序,掩饰、隐瞒犯罪所得、犯罪所得收益等上下游关联犯罪不断蔓延。此类犯罪严重侵害人民群众财产安全和其他合法权益,严重干扰电信网络秩序,严重破坏社会诚信,严重影响人民群众安全感和社会和谐稳定,社会危害性大,人民群众反映强烈。

人民法院、人民检察院、公安机关要针对电信网络诈骗等犯罪的特点,坚持全链条全方位打击,坚持依法从严从快惩处,坚持最大力度最大限度追赃挽损,进一步健全工作机制,加强协作配合,坚决有效遏制电信网络诈骗等犯罪活动,努力实

现法律效果和社会效果的高度统一。

二、依法严惩电信网络诈骗犯罪

（一）根据《最高人民法院、最高人民检察院关于办理诈骗刑事案件具体应用法律若干问题的解释》第一条的规定，利用电信网络技术手段实施诈骗，诈骗公私财物价值三千元以上、三万元以上、五十万元以上的，应当分别认定为刑法第二百六十六条规定的“数额较大”“数额巨大”“数额特别巨大”。

二年内多次实施电信网络诈骗未经处理，诈骗数额累计计算构成犯罪的，应当依法定罪处罚。

（二）实施电信网络诈骗犯罪，达到相应数额标准，具有下列情形之一的，酌情从重处罚：

1. 造成被害人或其近亲属自杀、死亡或者精神失常等严重后果的；

2. 冒充司法机关等国家机关工作人员实施诈骗的；

3. 组织、指挥电信网络诈骗犯罪团伙的；

4. 在境外实施电信网络诈骗的；

5. 曾因电信网络诈骗犯罪受过刑事处罚或者二年内曾因电信网络诈骗受过行政处罚的；

6. 诈骗残疾人、老年人、未成年人、在校学生、丧失劳动能力人的财物，或者诈骗重病患者及其亲属财物的；

7. 诈骗救灾、抢险、防汛、优抚、扶贫、移民、救济、医疗等款物的；

8. 以赈灾、募捐等社会公益、慈善名义实施诈骗的；

9. 利用电话追呼系统等技术手段严重干扰公安机关等部门工作的；

10. 利用“钓鱼网站”链接、“木马”程序链接、网络渗透等隐蔽技术手段实施诈骗的。

（三）实施电信网络诈骗犯罪，诈骗数额接近“数额巨大”“数额特别巨大”的标准，具有前述第（二）条规定的情形之一的，应当分别认定为刑法第二百六十六条规定的“其他严重情节”“其他特别严重情节”。

上述规定的“接近”，一般应掌握在相应数额标准的百分之八十以上。

（四）实施电信网络诈骗犯罪，犯罪嫌疑人、被告人实际骗得财物的，以诈骗罪（既遂）定罪处罚。诈骗数额难以查证，但具有下列情形之一的，应当认定为刑法第二百六十六条规定的“其他严重情节”，以诈骗罪（未遂）定罪处罚：

1. 发送诈骗信息五千条以上的，或者拨打诈骗电话五百人次以上的；

2. 在互联网上发布诈骗信息,页面浏览量累计五千次以上的。

具有上述情形,数量达到相应标准十倍以上的,应当认定为刑法第二百六十六条规定的"其他特别严重情节",以诈骗罪(未遂)定罪处罚。

上述"拨打诈骗电话",包括拨出诈骗电话和接听被害人回拨电话。反复拨打、接听同一电话号码,以及反复向同一被害人发送诈骗信息的,拨打、接听电话次数、发送信息条数累计计算。

因犯罪嫌疑人、被告人故意隐匿、毁灭证据等原因,致拨打电话次数、发送信息条数的证据难以收集的,可以根据经查证属实的日拨打人次数、日发送信息条数,结合犯罪嫌疑人、被告人实施犯罪的时间、犯罪嫌疑人、被告人的供述等相关证据,综合予以认定。

(五)电信网络诈骗既有既遂,又有未遂,分别达到不同量刑幅度的,依照处罚较重的规定处罚;达到同一量刑幅度的,以诈骗罪既遂处罚。

(六)对实施电信网络诈骗犯罪的被告人裁量刑罚,在确定量刑起点、基准刑时,一般应就高选择。确定宣告刑时,应当综合全案事实情节,准确把握从重、从轻量刑情节的调节幅度,保证罪责刑相适应。

(七)对实施电信网络诈骗犯罪的被告人,应当严格控制适用缓刑的范围,严格掌握适用缓刑的条件。

(八)对实施电信网络诈骗犯罪的被告人,应当更加注重依法适用财产刑,加大经济上的惩罚力度,最大限度剥夺被告人再犯的能力。

三、全面惩处关联犯罪

(一)在实施电信网络诈骗活动中,非法使用"伪基站""黑广播",干扰无线电通讯秩序,符合刑法第二百八十八条规定的,以扰乱无线电通讯管理秩序罪追究刑事责任。同时构成诈骗罪的,依照处罚较重的规定定罪处罚。

(二)违反国家有关规定,向他人出售或者提供公民个人信息,窃取或者以其他方法非法获取公民个人信息,符合刑法第二百五十三条之一规定的,以侵犯公民个人信息罪追究刑事责任。

使用非法获取的公民个人信息,实施电信网络诈骗犯罪行为,构成数罪的,应当依法予以并罚。

(三)冒充国家机关工作人员实施电信网络诈骗犯罪,同时构成诈骗罪和招摇撞骗罪的,依照处罚较重的规定定罪处罚。

(四)非法持有他人信用卡,没有证据证明从事电信网络诈骗犯罪活动,符合刑法第一百七十七条之一第一款第(二)项规定的,以妨害信用卡管理罪追究刑事责任。

(五)明知是电信网络诈骗犯罪所得及其产生的收益,以下列方式之一予以转账、套现、取现的,依照刑法第三百一十二条第一款的规定,以掩饰、隐瞒犯罪所得、犯罪所得收益罪追究刑事责任。但有证据证明确实不知道的除外:

1. 通过使用销售点终端机具(POS 机)刷卡套现等非法途径,协助转换或者转移财物的;

2. 帮助他人将巨额现金散存于多个银行账户,或在不同银行账户之间频繁划转的;

3. 多次使用或者使用多个非本人身份证明开设的信用卡、资金支付结算账户或者多次采用遮蔽摄像头、伪装等异常手段,帮助他人转账、套现、取现的;

4. 为他人提供非本人身份证明开设的信用卡、资金支付结算账户后,又帮助他人转账、套现、取现的;

5. 以明显异于市场的价格,通过手机充值、交易游戏点卡等方式套现的。

实施上述行为,事前通谋的,以共同犯罪论处。

实施上述行为,电信网络诈骗犯罪嫌疑人尚未到案或案件尚未依法裁判,但现有证据足以证明该犯罪行为确实存在的,不影响掩饰、隐瞒犯罪所得、犯罪所得收益罪的认定。

实施上述行为,同时构成其他犯罪的,依照处罚较重的规定定罪处罚。法律和司法解释另有规定的除外。

(六)网络服务提供者不履行法律、行政法规规定的信息网络安全管理义务,经监管部门责令采取改正措施而拒不改正,致使诈骗信息大量传播,或者用户信息泄露造成严重后果的,依照刑法第二百八十六条之一的规定,以拒不履行信息网络安全管理义务罪追究刑事责任。同时构成诈骗罪的,依照处罚较重的规定定罪处罚。

(七)实施刑法第二百八十七条之一、第二百八十七条之二规定之行为,构成非法利用信息网络罪、帮助信息网络犯罪活动罪,同时构成诈骗罪的,依照处罚较重的规定定罪处罚。

(八)金融机构、网络服务提供者、电信业务经营者等在经营活动中,违反国家有关规定,被电信网络诈骗犯罪分子利用,使他人遭受财产损失的,依法承担相应责任。构成犯罪的,依法追究刑事责任。

四、准确认定共同犯罪与主观故意

(一)三人以上为实施电信网络诈骗犯罪而组成的较为固定的犯罪组织,应依法认定为诈骗犯罪集团。对组织、领导犯罪集团的首要分子,按照集团所犯的全部罪行处罚。对犯罪集团中组织、指挥、策划者和骨干分子依法从严惩处。

对犯罪集团中起次要、辅助作用的从犯,特别是在规定期限内投案自首、积极协助抓获主犯、积极协助追赃的,依法从轻或减轻处罚。

对犯罪集团首要分子以外的主犯,应当按照其所参与的或者组织、指挥的全部犯罪处罚。全部犯罪包括能够查明具体诈骗数额的事实和能够查明发送诈骗信息条数、拨打诈骗电话人次数、诈骗信息网页浏览次数的事实。

(二)多人共同实施电信网络诈骗,犯罪嫌疑人、被告人应对其参与期间该诈骗团伙实施的全部诈骗行为承担责任。在其所参与的犯罪环节中起主要作用的,可以认定为主犯;起次要作用的,可以认定为从犯。

上述规定的"参与期间",从犯罪嫌疑人、被告人着手实施诈骗行为开始起算。

(三)明知他人实施电信网络诈骗犯罪,具有下列情形之一的,以共同犯罪论处,但法律和司法解释另有规定的除外:

1. 提供信用卡、资金支付结算账户、手机卡、通讯工具的;

2. 非法获取、出售、提供公民个人信息的;

3. 制作、销售、提供"木马"程序和"钓鱼软件"等恶意程序的;

4. 提供"伪基站"设备或相关服务的;

5. 提供互联网接入、服务器托管、网络存储、通讯传输等技术支持,或者提供支付结算等帮助的;

6. 在提供改号软件、通话线路等技术服务时,发现主叫号码被修改为国内党政机关、司法机关、公共服务部门号码,或者境外用户改为境内号码,仍提供服务的;

7. 提供资金、场所、交通、生活保障等帮助的;

8. 帮助转移诈骗犯罪所得及其产生的收益,套现、取现的。

上述规定的"明知他人实施电信网络诈骗犯罪",应当结合被告人的认知能力,既往经历,行为次数和手段,与他人关系,获利情况,是否曾因电信网络诈骗受过处罚,是否故意规避调查等主客观因素进行综合分析认定。

(四)负责招募他人实施电信网络诈骗犯罪活动,或者制作、提供诈骗方案、术语清单、语音包、信息等的,以诈骗共同犯罪论处。

(五)部分犯罪嫌疑人在逃,但不影响对已到案共同犯罪嫌疑人、被告人的犯罪事实认定的,可以依法先行追究已到案共同犯罪嫌疑人、被告人的刑事责任。

五、依法确定案件管辖

（一）电信网络诈骗犯罪案件一般由犯罪地公安机关立案侦查，如果由犯罪嫌疑人居住地公安机关立案侦查更为适宜的，可以由犯罪嫌疑人居住地公安机关立案侦查。犯罪地包括犯罪行为发生地和犯罪结果发生地。

"犯罪行为发生地"包括用于电信网络诈骗犯罪的网站服务器所在地，网站建立者、管理者所在地，被侵害的计算机信息系统或其管理者所在地，犯罪嫌疑人、被害人使用的计算机信息系统所在地，诈骗电话、短信息、电子邮件等的拨打地、发送地、到达地、接受地，以及诈骗行为持续发生的实施地、预备地、开始地、途经地、结束地。

"犯罪结果发生地"包括被害人被骗时所在地，以及诈骗所得财物的实际取得地、藏匿地、转移地、使用地、销售地等。

（二）电信网络诈骗最初发现地公安机关侦办的案件，诈骗数额当时未达到"数额较大"标准，但后续累计达到"数额较大"标准，可由最初发现地公安机关立案侦查。

（三）具有下列情形之一的，有关公安机关可以在其职责范围内并案侦查：

1. 一人犯数罪的；

2. 共同犯罪的；

3. 共同犯罪的犯罪嫌疑人还实施其他犯罪的；

4. 多个犯罪嫌疑人实施的犯罪存在直接关联，并案处理有利于查明案件事实的。

（四）对因网络交易、技术支持、资金支付结算等关系形成多层级链条、跨区域的电信网络诈骗等犯罪案件，可由共同上级公安机关按照有利于查清犯罪事实、有利于诉讼的原则，指定有关公安机关立案侦查。

（五）多个公安机关都有权立案侦查的电信网络诈骗等犯罪案件，由最初受理的公安机关或者主要犯罪地公安机关立案侦查。有争议的，按照有利于查清犯罪事实、有利于诉讼的原则，协商解决。经协商无法达成一致的，由共同上级公安机关指定有关公安机关立案侦查。

（六）在境外实施的电信网络诈骗等犯罪案件，可由公安部按照有利于查清犯罪事实、有利于诉讼的原则，指定有关公安机关立案侦查。

（七）公安机关立案、并案侦查，或因有争议，由共同上级公安机关指定立案侦查的案件，需要提请批准逮捕、移送审查起诉、提起公诉的，由该公安机关所在地的人民检察院、人民法院受理。

对重大疑难复杂案件和境外案件，公安机关应在指定立案侦查前，向同级人民检察院、人民法院通报。

（八）已确定管辖的电信诈骗共同犯罪案件，在逃的犯罪嫌疑人归案后，一般由原管辖的公安机关、人民检察院、人民法院管辖。

六、证据的收集和审查判断

（一）办理电信网络诈骗案件，确因被害人人数众多等客观条件的限制，无法逐一收集被害人陈述的，可以结合已收集的被害人陈述，以及经查证属实的银行账户交易记录、第三方支付结算账户交易记录、通话记录、电子数据等证据，综合认定被害人人数及诈骗资金数额等犯罪事实。

（二）公安机关采取技术侦查措施收集的案件证明材料，作为证据使用的，应当随案移送批准采取技术侦查措施的法律文书和所收集的证据材料，并对其来源等作出书面说明。

（三）依照国际条约、刑事司法协助、互助协议或平等互助原则，请求证据材料所在地司法机关收集，或通过国际警务合作机制、国际刑警组织启动合作取证程序收集的境外证据材料，经查证属实，可以作为定案的依据。公安机关应对其来源、提取人、提取时间或者提供人、提供时间以及保管移交的过程等作出说明。

对其他来自境外的证据材料，应当对其来源、提供人、提供时间以及提取人、提取时间进行审查。能够证明案件事实且符合刑事诉讼法规定的，可以作为证据使用。

七、涉案财物的处理

（一）公安机关侦办电信网络诈骗案件，应当随案移送涉案赃款赃物，并附清单。人民检察院提起公诉时，应一并移交受理案件的人民法院，同时就涉案赃款赃物的处理提出意见。

（二）涉案银行账户或者涉案第三方支付账户内的款项，对权属明确的被害人的合法财产，应当及时返还。确因客观原因无法查实全部被害人，但有证据证明该账户系用于电信网络诈骗犯罪，且被告人无法说明款项合法来源的，根据刑法第六十四条的规定，应认定为违法所得，予以追缴。

（三）被告人已将诈骗财物用于清偿债务或者转让给他人，具有下列情形之一的，应当依法追缴：

1. 对方明知是诈骗财物而收取的；

2. 对方无偿取得诈骗财物的；

3. 对方以明显低于市场的价格取得诈骗财物的；

4. 对方取得诈骗财物系源于非法债务或者违法犯罪活动的。

他人善意取得诈骗财物的，不予追缴。

最高人民法院、最高人民检察院、公安部关于办理电信网络诈骗等刑事案件适用法律若干问题的意见（二）

（2021 年 6 月 17 日　法发〔2021〕22 号）

为进一步依法严厉惩治电信网络诈骗犯罪，对其上下游关联犯罪实行全链条、全方位打击，根据《中华人民共和国刑法》《中华人民共和国刑事诉讼法》等法律和有关司法解释的规定，针对司法实践中出现的新的突出问题，结合工作实际，制定本意见。

一、电信网络诈骗犯罪地，除《最高人民法院、最高人民检察院、公安部关于办理电信网络诈骗等刑事案件适用法律若干问题的意见》规定的犯罪行为发生地和结果发生地外，还包括：

（一）用于犯罪活动的手机卡、流量卡、物联网卡的开立地、销售地、转移地、藏匿地；

（二）用于犯罪活动的信用卡的开立地、销售地、转移地、藏匿地、使用地以及资金交易对手资金交付和汇出地；

（三）用于犯罪活动的银行账户、非银行支付账户的开立地、销售地、使用地以及资金交易对手资金交付和汇出地；

（四）用于犯罪活动的即时通讯信息、广告推广信息的发送地、接受地、到达地；

（五）用于犯罪活动的“猫池”（Modem Pool）、GOIP 设备、多卡宝等硬件设备的销售地、入网地、藏匿地；

（六）用于犯罪活动的互联网账号的销售地、登录地。

二、为电信网络诈骗犯罪提供作案工具、技术支持等帮助以及掩饰、隐瞒犯罪所得及其产生的收益，由此形成多层级犯罪链条的，或者利用同一网站、通讯群组、资金账户、作案窝点实施电信网络诈骗犯罪的，应当认定为多个犯罪嫌疑人、被告人实施的犯罪存在关联，人民法院、人民检察院、公安机关可以在其职责范围内并案处理。

三、有证据证实行为人参加境外诈骗犯罪集团或犯罪团伙，在境外针对境内居民实施电信网络诈骗犯罪行为，诈骗数额难以查证，但一年内出境赴境外诈骗犯罪窝点累计时间30日以上或多次出境赴境外诈骗犯罪窝点的，应当认定为刑法第二百六十六条规定的“其他严重情节”，以诈骗罪依法追究刑事责任。有证据证明其出境从事正当活动的除外。

四、无正当理由持有他人的单位结算卡的，属于刑法第一百七十七条之一第一款第(二)项规定的“非法持有他人信用卡”。

五、非法获取、出售、提供具有信息发布、即时通讯、支付结算等功能的互联网账号密码、个人生物识别信息，符合刑法第二百五十三条之一规定的，以侵犯公民个人信息罪追究刑事责任。

对批量前述互联网账号密码、个人生物识别信息的条数，根据查获的数量直接认定，但有证据证明信息不真实或者重复的除外。

六、在网上注册办理手机卡、信用卡、银行账户、非银行支付账户时，为通过网上认证，使用他人身份证件信息并替换他人身份证件相片，属于伪造身份证件行为，符合刑法第二百八十条第三款规定的，以伪造身份证件罪追究刑事责任。

使用伪造、变造的身份证件或者盗用他人身份证件办理手机卡、信用卡、银行账户、非银行支付账户，符合刑法第二百八十条之一第一款规定的，以使用虚假身份证件、盗用身份证件罪追究刑事责任。

实施上述两款行为，同时构成其他犯罪的，依照处罚较重的规定定罪处罚。法律和司法解释另有规定的除外。

七、为他人利用信息网络实施犯罪而实施下列行为，可以认定为刑法第二百八十七条之二规定的“帮助”行为：

(一)收购、出售、出租信用卡、银行账户、非银行支付账户、具有支付结算功能的互联网账号密码、网络支付接口、网上银行数字证书的；

(二)收购、出售、出租他人手机卡、流量卡、物联网卡的。

八、认定刑法第二百八十七条之二规定的行为人明知他人利用信息网络实施犯罪，应当根据行为人收购、出售、出租前述第七条规定的信用卡、银行账户、非银行支付账户、具有支付结算功能的互联网账号密码、网络支付接口、网上银行数字证书，或者他人手机卡、流量卡、物联网卡等的次数、张数、个数，并结合行为人的认知能力、既往经历、交易对象、与实施信息网络犯罪的行为人的关系、提供技术支持或者帮助的时间和方式、获利情况以及行为人的供述等主客观因素，予以综合认定。

收购、出售、出租单位银行结算账户、非银行支付机构单位支付账户,或者电信、银行、网络支付等行业从业人员利用履行职责或提供服务便利,非法开办并出售、出租他人手机卡、信用卡、银行账户、非银行支付账户等的,可以认定为《最高人民法院、最高人民检察院关于办理非法利用信息网络、帮助信息网络犯罪活动等刑事案件适用法律若干问题的解释》第十一条第(七)项规定的“其他足以认定行为人明知的情形”。但有相反证据的除外。

九、明知他人利用信息网络实施犯罪,为其犯罪提供下列帮助之一的,可以认定为《最高人民法院、最高人民检察院关于办理非法利用信息网络、帮助信息网络犯罪活动等刑事案件适用法律若干问题的解释》第十二条第一款第(七)项规定的“其他情节严重的情形”:

(一)收购、出售、出租信用卡、银行账户、非银行支付账户、具有支付结算功能的互联网账号密码、网络支付接口、网上银行数字证书 5 张(个)以上的;

(二)收购、出售、出租他人手机卡、流量卡、物联网卡 20 张以上的。

十、电商平台预付卡、虚拟货币、手机充值卡、游戏点卡、游戏装备等经销商,在公安机关调查案件过程中,被明确告知其交易对象涉嫌电信网络诈骗犯罪,仍与其继续交易,符合刑法第二百八十七条之二规定的,以帮助信息网络犯罪活动罪追究刑事责任。同时构成其他犯罪的,依照处罚较重的规定定罪处罚。

十一、明知是电信网络诈骗犯罪所得及其产生的收益,以下列方式之一予以转账、套现、取现,符合刑法第三百一十二条第一款规定的,以掩饰、隐瞒犯罪所得、犯罪所得收益罪追究刑事责任。但有证据证明确实不知道的除外。

(一)多次使用或者使用多个非本人身份证明开设的收款码、网络支付接口等,帮助他人转账、套现、取现的;

(二)以明显异于市场的价格,通过电商平台预付卡、虚拟货币、手机充值卡、游戏点卡、游戏装备等转换财物、套现的;

(三)协助转换或者转移财物,收取明显高于市场的“手续费”的。

实施上述行为,事前通谋的,以共同犯罪论处;同时构成其他犯罪的,依照处罚较重的规定定罪处罚。法律和司法解释另有规定的除外。

十二、为他人实施电信网络诈骗犯罪提供技术支持、广告推广、支付结算等帮助,或者窝藏、转移、收购、代为销售及以其他方法掩饰、隐瞒电信网络诈骗犯罪所得及其产生的收益,诈骗犯罪行为可以确认,但实施诈骗的行为人尚未到案,可以依法先行追究已到案的上述犯罪嫌疑人、被告人的刑事责任。

十三、办案地公安机关可以通过公安机关信息化系统调取异地公安机关依法制作、收集的刑事案件受案登记表、立案决定书、被害人陈述等证据材料。调取时不得少于两名侦查人员，并应记载调取的时间、使用的信息化系统名称等相关信息，调取人签名并加盖办案地公安机关印章。经审核证明真实的，可以作为证据使用。

十四、通过国(区)际警务合作收集或者境外警方移交的境外证据材料，确因客观条件限制，境外警方未提供相关证据的发现、收集、保管、移交情况等材料的，公安机关应当对上述证据材料的来源、移交过程以及种类、数量、特征等作出书面说明，由两名以上侦查人员签名并加盖公安机关印章。经审核能够证明案件事实的，可以作为证据使用。

十五、对境外司法机关抓获并羁押的电信网络诈骗犯罪嫌疑人，在境内接受审判的，境外的羁押期限可以折抵刑期。

十六、办理电信网络诈骗犯罪案件，应当充分贯彻宽严相济刑事政策。在侦查、审查起诉、审判过程中，应当全面收集证据、准确甄别犯罪嫌疑人、被告人在共同犯罪中的层级地位及作用大小，结合其认罪态度和悔罪表现，区别对待，宽严并用，科学量刑，确保罚当其罪。

对于电信网络诈骗犯罪集团、犯罪团伙的组织者、策划者、指挥者和骨干分子，以及利用未成年人、在校学生、老年人、残疾人实施电信网络诈骗的，依法从严惩处。

对于电信网络诈骗犯罪集团、犯罪团伙中的从犯，特别是其中参与时间相对较短、诈骗数额相对较低或者从事辅助性工作并领取少量报酬，以及初犯、偶犯、未成年人、在校学生等，应当综合考虑其在共同犯罪中的地位作用、社会危害程度、主观恶性、人身危险性、认罪悔罪表现等情节，可以依法从轻、减轻处罚。犯罪情节轻微的，可以依法不起诉或者免予刑事处罚；情节显著轻微危害不大的，不以犯罪论处。

十七、查扣的涉案账户内资金，应当优先返还被害人，如不足以全额返还的，应当按照比例返还。

最高人民法院、最高人民检察院、公安部关于办理信息网络犯罪案件适用刑事诉讼程序若干问题的意见

(2022年8月26日　法发〔2022〕23号)

为依法惩治信息网络犯罪活动，根据《中华人民共和国刑法》《中华人民共和国刑事诉讼法》以及有关法律、司法解释的规定，结合侦查、起诉、审判实践，现就办理

此类案件适用刑事诉讼程序问题提出以下意见。

一、关于信息网络犯罪案件的范围

1. 本意见所称信息网络犯罪案件包括：

(1)危害计算机信息系统安全犯罪案件；

(2)拒不履行信息网络安全管理义务、非法利用信息网络、帮助信息网络犯罪活动的犯罪案件；

(3)主要行为通过信息网络实施的诈骗、赌博、侵犯公民个人信息等其他犯罪案件。

二、关于信息网络犯罪案件的管辖

2. 信息网络犯罪案件由犯罪地公安机关立案侦查。必要时，可以由犯罪嫌疑人居住地公安机关立案侦查。

信息网络犯罪案件的犯罪地包括用于实施犯罪行为的网络服务使用的服务器所在地，网络服务提供者所在地，被侵害的信息网络系统及其管理者所在地，犯罪过程中犯罪嫌疑人、被害人或者其他涉案人员使用的信息网络系统所在地，被害人被侵害时所在地以及被害人财产遭受损失地等。

涉及多个环节的信息网络犯罪案件，犯罪嫌疑人为信息网络犯罪提供帮助的，其犯罪地、居住地或者被帮助对象的犯罪地公安机关可以立案侦查。

3. 有多个犯罪地的信息网络犯罪案件，由最初受理的公安机关或者主要犯罪地公安机关立案侦查。有争议的，按照有利于查清犯罪事实、有利于诉讼的原则，协商解决；经协商无法达成一致的，由共同上级公安机关指定有关公安机关立案侦查。需要提请批准逮捕、移送审查起诉、提起公诉的，由立案侦查的公安机关所在地的人民检察院、人民法院受理。

4. 具有下列情形之一的，公安机关、人民检察院、人民法院可以在其职责范围内并案处理：

(1)一人犯数罪的；

(2)共同犯罪的；

(3)共同犯罪的犯罪嫌疑人、被告人还实施其他犯罪的；

(4)多个犯罪嫌疑人、被告人实施的犯罪行为存在关联，并案处理有利于查明全部案件事实的。

对为信息网络犯罪提供程序开发、互联网接入、服务器托管、网络存储、通讯传输等技术支持，或者广告推广、支付结算等帮助，涉嫌犯罪的，可以依照第一款的规定并案侦查。

有关公安机关依照前两款规定并案侦查的案件，需要提请批准逮捕、移送审查起诉、提起公诉的，由该公安机关所在地的人民检察院、人民法院受理。

5. 并案侦查的共同犯罪或者关联犯罪案件，犯罪嫌疑人人数众多、案情复杂的，公安机关可以分案移送审查起诉。分案移送审查起诉的，应当对并案侦查的依据、分案移送审查起诉的理由作出说明。

对于前款规定的案件，人民检察院可以分案提起公诉，人民法院可以分案审理。

分案处理应当以有利于保障诉讼质量和效率为前提，并不得影响当事人质证权等诉讼权利的行使。

6. 依照前条规定分案处理，公安机关、人民检察院、人民法院在分案前有管辖权的，分案后对相关案件的管辖权不受影响。根据具体情况，分案处理的相关案件可以由不同审级的人民法院分别审理。

7. 对于共同犯罪或者已并案侦查的关联犯罪案件，部分犯罪嫌疑人未到案，但不影响对已到案共同犯罪或者关联犯罪的犯罪嫌疑人、被告人的犯罪事实认定的，可以先行追究已到案犯罪嫌疑人、被告人的刑事责任。之前未到案的犯罪嫌疑人、被告人归案后，可以由原办案机关所在地公安机关、人民检察院、人民法院管辖其所涉及的案件。

8. 对于具有特殊情况，跨省（自治区、直辖市）指定异地公安机关侦查更有利于查清犯罪事实、保证案件公正处理的重大信息网络犯罪案件，以及在境外实施的信息网络犯罪案件，公安部可以商最高人民检察院和最高人民法院指定侦查管辖。

9. 人民检察院对于审查起诉的案件，按照刑事诉讼法的管辖规定，认为应当由上级人民检察院或者同级其他人民检察院起诉的，应当将案件移送有管辖权的人民检察院，并通知移送起诉的公安机关。人民检察院认为需要依照刑事诉讼法的规定指定审判管辖的，应当协商同级人民法院办理指定管辖有关事宜。

10. 犯罪嫌疑人被多个公安机关立案侦查的，有关公安机关一般应当协商并案处理，并依法移送案件。协商不成的，可以报请共同上级公安机关指定管辖。

人民检察院对于审查起诉的案件，发现犯罪嫌疑人还有犯罪被异地公安机关立案侦查的，应当通知移送审查起诉的公安机关。

人民法院对于提起公诉的案件，发现被告人还有其他犯罪被审查起诉、立案侦查的，可以协商人民检察院、公安机关并案处理，但可能造成审判过分迟延的除外。

决定对有关犯罪并案处理,符合《中华人民共和国刑事诉讼法》第二百零四条规定的,人民检察院可以建议人民法院延期审理。

三、关于信息网络犯罪案件的调查核实

11. 公安机关对接受的案件或者发现的犯罪线索,在审查中发现案件事实或者线索不明,需要经过调查才能够确认是否达到刑事立案标准的,经公安机关办案部门负责人批准,可以进行调查核实;经过调查核实达到刑事立案标准的,应当及时立案。

12. 调查核实过程中,可以采取询问、查询、勘验、检查、鉴定、调取证据材料等不限制被调查对象人身、财产权利的措施,不得对被调查对象采取强制措施,不得查封、扣押、冻结被调查对象的财产,不得采取技术侦查措施。

13. 公安机关在调查核实过程中依法收集的电子数据等材料,可以根据有关规定作为证据使用。

调查核实过程中收集的材料作为证据使用的,应当随案移送,并附批准调查核实的相关材料。

调查核实过程中收集的证据材料经查证属实,且收集程序符合有关要求的,可以作为定案依据。

四、关于信息网络犯罪案件的取证

14. 公安机关向网络服务提供者调取电子数据的,应当制作调取证据通知书,注明需要调取的电子数据的相关信息。调取证据通知书及相关法律文书可以采用数据电文形式。跨地域调取电子数据的,可以通过公安机关信息化系统传输相关数据电文。

网络服务提供者向公安机关提供电子数据的,可以采用数据电文形式。采用数据电文形式提供电子数据的,应当保证电子数据的完整性,并制作电子证明文件,载明调证法律文书编号、单位电子公章、完整性校验值等保护电子数据完整性方法的说明等信息。

数据电文形式的法律文书和电子证明文件,应当使用电子签名、数字水印等方式保证完整性。

15. 询(讯)问异地证人、被害人以及与案件有关联的犯罪嫌疑人的,可以由办案地公安机关通过远程网络视频等方式进行并制作笔录。

远程询(讯)问的,应当由协作地公安机关事先核实被询(讯)问人的身份。办案地公安机关应当将询(讯)问笔录传输至协作地公安机关。询(讯)问笔录经被询

(讯)问人确认并逐页签名、捺指印后,由协作地公安机关协作人员签名或者盖章,并将原件提供给办案地公安机关。询(讯)问人员收到笔录后,应当在首页右上方写明"于某年某月某日收到",并签名或者盖章。

远程询(讯)问的,应当对询(讯)问过程同步录音录像,并随案移送。

异地证人、被害人以及与案件有关联的犯罪嫌疑人亲笔书写证词、供词的,参照执行本条第二款规定。

16. 人民检察院依法自行侦查、补充侦查,或者人民法院调查核实相关证据的,适用本意见第 14 条、第 15 条的有关规定。

17. 对于依照本意见第 14 条的规定调取的电子数据,人民检察院、人民法院可以通过核验电子签名、数字水印、电子数据完整性校验值及调证法律文书编号是否与证明文件相一致等方式,对电子数据进行审查判断。

对调取的电子数据有疑问的,由公安机关、提供电子数据的网络服务提供者作出说明,或者由原调取机关补充收集相关证据。

五、关于信息网络犯罪案件的其他问题

18. 采取技术侦查措施收集的材料作为证据使用的,应当随案移送,并附采取技术侦查措施的法律文书、证据材料清单和有关说明材料。

移送采取技术侦查措施收集的视听资料、电子数据的,应当由两名以上侦查人员制作复制件,并附制作说明,写明原始证据材料、原始存储介质的存放地点等信息,由制作人签名,并加盖单位印章。

19. 采取技术侦查措施收集的证据材料,应当经过当庭出示、辨认、质证等法庭调查程序查证。

当庭调查技术侦查证据材料可能危及有关人员的人身安全,或者可能产生其他严重后果的,法庭应当采取不暴露有关人员身份和技术侦查措施使用的技术设备、技术方法等保护措施。必要时,审判人员可以在庭外对证据进行核实。

20. 办理信息网络犯罪案件,对于数量特别众多且具有同类性质、特征或者功能的物证、书证、证人证言、被害人陈述、视听资料、电子数据等证据材料,确因客观条件限制无法逐一收集的,应当按照一定比例或者数量选取证据,并对选取情况作出说明和论证。

人民检察院、人民法院应当重点审查取证方法、过程是否科学。经审查认为取证不科学的,应当由原取证机关作出补充说明或者重新取证。

人民检察院、人民法院应当结合其他证据材料,以及犯罪嫌疑人、被告人及其辩护人所提辩解、辩护意见,审查认定取得的证据。经审查,对相关事实不能排除合理怀疑的,应当作出有利于犯罪嫌疑人、被告人的认定。

21.对于涉案人数特别众多的信息网络犯罪案件,确因客观条件限制无法收集证据逐一证明、逐人核实涉案账户的资金来源,但根据银行账户、非银行支付账户等交易记录和其他证据材料,足以认定有关账户主要用于接收、流转涉案资金的,可以按照该账户接收的资金数额认定犯罪数额,但犯罪嫌疑人、被告人能够作出合理说明的除外。案外人提出异议的,应当依法审查。

22.办理信息网络犯罪案件,应当依法及时查封、扣押、冻结涉案财物,督促涉案人员退赃退赔,及时追赃挽损。

公安机关应当全面收集证明涉案财物性质、权属情况、依法应予追缴、没收或者责令退赔的证据材料,在移送审查起诉时随案移送并作出说明。其中,涉案财物需要返还被害人的,应当尽可能查明被害人损失情况。人民检察院应当对涉案财物的证据材料进行审查,在提起公诉时提出处理意见。人民法院应当依法作出判决,对涉案财物作出处理。

对应当返还被害人的合法财产,权属明确的,应当依法及时返还;权属不明的,应当在人民法院判决、裁定生效后,按比例返还被害人,但已获退赔的部分应予扣除。

23.本意见自2022年9月1日起施行。《最高人民法院、最高人民检察院、公安部关于办理网络犯罪案件适用刑事诉讼程序若干问题的意见》(公通字〔2014〕10号)同时废止。

最高人民法院、最高人民检察院、公安部、工业和信息化部、中国人民银行、中国银行业监督管理委员会关于防范和打击电信网络诈骗犯罪的通告

(2016年9月23日)

电信网络诈骗犯罪是严重影响人民群众合法权益、破坏社会和谐稳定的社会公害,必须坚决依法严惩。为切实保障广大人民群众合法权益,维护社会和谐稳定,根据《中华人民共和国刑法》《中华人民共和国刑事诉讼法》《全国人民代表大会常务委员会关于加强网络信息保护的决定》等有关规定,现就防范和打击电信网络诈骗犯罪相关事项通告如下:

一、凡是实施电信网络诈骗犯罪的人员，必须立即停止一切违法犯罪活动。自本通告发布之日起至2016年10月31日，主动投案、如实供述自己罪行的，依法从轻或者减轻处罚，在此规定期限内拒不投案自首的，将依法从严惩处。

二、公安机关要主动出击，将电信网络诈骗案件依法立为刑事案件，集中侦破一批案件、打掉一批犯罪团伙、整治一批重点地区，坚决拔掉一批地域性职业电信网络诈骗犯罪“钉子”。对电信网络诈骗案件，公安机关、人民检察院、人民法院要依法快侦、快捕、快诉、快审、快判，坚决遏制电信网络诈骗犯罪发展蔓延势头。

三、电信企业（含移动转售企业，下同）要严格落实电话用户真实身份信息登记制度，确保到2016年10月底前全部电话实名率达到96%，年底前达到100%。未实名登记的单位和个人，应按要求对所持有的电话进行实名登记，在规定时间内未完成真实身份信息登记的，一律予以停机。电信企业在为新入网用户办理真实身份信息登记手续时，要通过采取二代身份证识别设备、联网核验等措施验证用户身份信息，并现场拍摄和留存用户照片。

四、电信企业立即开展一证多卡用户的清理，对同一用户在同一家基础电信企业或同一移动转售企业办理有效使用的电话卡达到5张的，该企业不得为其开办新的电话卡。电信企业和互联网企业要采取措施阻断改号软件网上发布、搜索、传播、销售渠道，严禁违法网络改号电话的运行、经营。电信企业要严格规范国际通信业务出入口局主叫号码传送，全面实施语音专线规范清理和主叫鉴权，加大网内和网间虚假主叫发现与拦截力度，立即清理规范一号通、商务总机、400等电话业务，对违规经营的网络电话业务一律依法予以取缔，对违规经营的各级代理商责令限期整改，逾期不改的一律由相关部门吊销执照，并严肃追究民事、行政责任。移动转售企业要依法开展业务，对整治不力、屡次违规的移动转售企业，将依法坚决查处，直至取消相应资质。

五、各商业银行要抓紧完成借记卡存量清理工作，严格落实“同一客户在同一商业银行开立借记卡原则上不得超过4张”等规定。任何单位和个人不得出租、出借、出售银行账户（卡）和支付账户，构成犯罪的依法追究刑事责任。自2016年12月1日起，同一个人在同一家银行业金融机构只能开立一个Ⅰ类银行账户，在同一家非银行支付机构只能开立一个Ⅲ类支付账户。自2017年起，银行业金融机构和非银行支付机构对经设区市级及以上公安机关认定的出租、出借、出售、购买银行账户（卡）或支付账户的单位和个人及相关组织者，假冒他人身份或虚构代理关系开立银行账户（卡）或支付账户的单位和个人，5年内停止其银行账户（卡）非柜面业务、支付账户所有业务，3 年内不得为其新开立账户。对经设区市级及以上公安机关认定为被不法分子用于电信网络诈骗作案的涉案账户，将对涉案账户开户人名下其他银行账户暂停非柜面业务，支付账户暂停全部业务。自 2016 年 12 月 1 日起，个人通过银行自助柜员机向非同名账户转账的，资金 24 小时后到账。

六、严禁任何单位和个人非法获取、非法出售、非法向他人提供公民个人信息。对泄露、买卖个人信息的违法犯罪行为，坚决依法打击。对互联网上发布的贩卖信息、软件、木马病毒等要及时监控、封堵、删除，对相关网站和网络账号要依法关停，构成犯罪的依法追究刑事责任。

七、电信企业、银行、支付机构和银联，要切实履行主体责任，对责任落实不到位导致被不法分子用于实施电信网络诈骗犯罪的，要依法追究责任。各级行业主管部门要落实监管责任，对监管不到位的，要严肃问责。对因重视不够，防范、打击、整治措施不落实，导致电信网络诈骗犯罪问题严重的地区、部门、国有电信企业、银行和支付机构，坚决依法实行社会治安综合治理"一票否决"，并追究相关责任人的责任。

八、各地各部门要加大宣传力度，广泛开展宣传报道，形成强大舆论声势。要运用多种媒体渠道，及时向公众发布电信网络犯罪预警提示，普及法律知识，提高公众对各类电信网络诈骗的鉴别能力和安全防范意识。

九、欢迎广大人民群众积极举报相关违法犯罪线索，对在捣毁特大犯罪窝点、打掉特大犯罪团伙中发挥重要作用的，予以重奖，并依法保护举报人的个人信息及安全。

本通告自发布之日起施行。

最高人民法院、最高人民检察院关于办理非法利用信息网络、帮助信息网络犯罪活动等刑事案件适用法律若干问题的解释

（2019 年 10 月 21 日　法释〔2019〕15 号）

为依法惩治拒不履行信息网络安全管理义务、非法利用信息网络、帮助信息网络犯罪活动等犯罪，维护正常网络秩序，根据《中华人民共和国刑法》《中华人民共和国刑事诉讼法》的规定，现就办理此类刑事案件适用法律的若干问题解释如下：

第一条　提供下列服务的单位和个人，应当认定为刑法第二百八十六条之一第一款规定的"网络服务提供者"：

（一）网络接入、域名注册解析等信息网络接入、计算、存储、传输服务；

（二）信息发布、搜索引擎、即时通讯、网络支付、网络预约、网络购物、网络游戏、网络直播、网站建设、安全防护、广告推广、应用商店等信息网络应用服务；

（三）利用信息网络提供的电子政务、通信、能源、交通、水利、金融、教育、医疗等公共服务。

第二条　刑法第二百八十六条之一第一款规定的“监管部门责令采取改正措施”，是指网信、电信、公安等依照法律、行政法规的规定承担信息网络安全监管职责的部门，以责令整改通知书或者其他文书形式，责令网络服务提供者采取改正措施。

认定“经监管部门责令采取改正措施而拒不改正”，应当综合考虑监管部门责令改正是否具有法律、行政法规依据，改正措施及期限要求是否明确、合理，网络服务提供者是否具有按照要求采取改正措施的能力等因素进行判断。

第三条　拒不履行信息网络安全管理义务，具有下列情形之一的，应当认定为刑法第二百八十六条之一第一款第一项规定的“致使违法信息大量传播”：

（一）致使传播违法视频文件二百个以上的；

（二）致使传播违法视频文件以外的其他违法信息二千个以上的；

（三）致使传播违法信息，数量虽未达到第一项、第二项规定标准，但是按相应比例折算合计达到有关数量标准的；

（四）致使向二千个以上用户账号传播违法信息的；

（五）致使利用群组成员账号数累计三千以上的通讯群组或者关注人员账号数累计三万以上的社交网络传播违法信息的；

（六）致使违法信息实际被点击数达到五万以上的；

（七）其他致使违法信息大量传播的情形。

第四条　拒不履行信息网络安全管理义务，致使用户信息泄露，具有下列情形之一的，应当认定为刑法第二百八十六条之一第一款第二项规定的“造成严重后果”：

（一）致使泄露行踪轨迹信息、通信内容、征信信息、财产信息五百条以上的；

（二）致使泄露住宿信息、通信记录、健康生理信息、交易信息等其他可能影响人身、财产安全的用户信息五千条以上的；

（三）致使泄露第一项、第二项规定以外的用户信息五万条以上的；

（四）数量虽未达到第一项至第三项规定标准，但是按相应比例折算合计达到有关数量标准的；

（五）造成他人死亡、重伤、精神失常或者被绑架等严重后果的；

（六）造成重大经济损失的；

（七）严重扰乱社会秩序的；

（八）造成其他严重后果的。

第五条 拒不履行信息网络安全管理义务，致使影响定罪量刑的刑事案件证据灭失，具有下列情形之一的，应当认定为刑法第二百八十六条之一第一款第三项规定的“情节严重”：

（一）造成危害国家安全犯罪、恐怖活动犯罪、黑社会性质组织犯罪、贪污贿赂犯罪案件的证据灭失的；

（二）造成可能判处五年有期徒刑以上刑罚犯罪案件的证据灭失的；

（三）多次造成刑事案件证据灭失的；

（四）致使刑事诉讼程序受到严重影响的；

（五）其他情节严重的情形。

第六条 拒不履行信息网络安全管理义务，具有下列情形之一的，应当认定为刑法第二百八十六条之一第一款第四项规定的“有其他严重情节”：

（一）对绝大多数用户日志未留存或者未落实真实身份信息认证义务的；

（二）二年内经多次责令改正拒不改正的；

（三）致使信息网络服务被主要用于违法犯罪的；

（四）致使信息网络服务、网络设施被用于实施网络攻击，严重影响生产、生活的；

（五）致使信息网络服务被用于实施危害国家安全犯罪、恐怖活动犯罪、黑社会性质组织犯罪、贪污贿赂犯罪或者其他重大犯罪的；

（六）致使国家机关或者通信、能源、交通、水利、金融、教育、医疗等领域提供公共服务的信息网络受到破坏，严重影响生产、生活的；

（七）其他严重违反信息网络安全管理义务的情形。

第七条 刑法第二百八十七条之一规定的“违法犯罪”，包括犯罪行为和属于刑法分则规定的行为类型但尚未构成犯罪的违法行为。

第八条 以实施违法犯罪活动为目的而设立或者设立后主要用于实施违法犯罪活动的网站、通讯群组，应当认定为刑法第二百八十七条之一第一款第一项规定的“用于实施诈骗、传授犯罪方法、制作或者销售违禁物品、管制物品等违法犯罪活动的网站、通讯群组”。

第九条　利用信息网络提供信息的链接、截屏、二维码、访问账号密码及其他指引访问服务的,应当认定为刑法第二百八十七条之一第一款第二项、第三项规定的“发布信息”。

第十条　非法利用信息网络,具有下列情形之一的,应当认定为刑法第二百八十七条之一第一款规定的“情节严重”:

(一)假冒国家机关、金融机构名义,设立用于实施违法犯罪活动的网站的;

(二)设立用于实施违法犯罪活动的网站,数量达到三个以上或者注册账号数累计达到二千以上的;

(三)设立用于实施违法犯罪活动的通讯群组,数量达到五个以上或者群组成员账号数累计达到一千以上的;

(四)发布有关违法犯罪的信息或者为实施违法犯罪活动发布信息,具有下列情形之一的:

1. 在网站上发布有关信息一百条以上的;

2. 向二千个以上用户账号发送有关信息的;

3. 向群组成员数累计达到三千以上的通讯群组发送有关信息的;

4. 利用关注人员账号数累计达到三万以上的社交网络传播有关信息的;

(五)违法所得一万元以上的;

(六)二年内曾因非法利用信息网络、帮助信息网络犯罪活动、危害计算机信息系统安全受过行政处罚,又非法利用信息网络的;

(七)其他情节严重的情形。

第十一条　为他人实施犯罪提供技术支持或者帮助,具有下列情形之一的,可以认定行为人明知他人利用信息网络实施犯罪,但是有相反证据的除外:

(一)经监管部门告知后仍然实施有关行为的;

(二)接到举报后不履行法定管理职责的;

(三)交易价格或者方式明显异常的;

(四)提供专门用于违法犯罪的程序、工具或者其他技术支持、帮助的;

(五)频繁采用隐蔽上网、加密通信、销毁数据等措施或者使用虚假身份,逃避监管或者规避调查的;

(六)为他人逃避监管或者规避调查提供技术支持、帮助的;

(七)其他足以认定行为人明知的情形。

第十二条 明知他人利用信息网络实施犯罪，为其犯罪提供帮助，具有下列情形之一的，应当认定为刑法第二百八十七条之二第一款规定的“情节严重”：

（一）为三个以上对象提供帮助的；

（二）支付结算金额二十万元以上的；

（三）以投放广告等方式提供资金五万元以上的；

（四）违法所得一万元以上的；

（五）二年内曾因非法利用信息网络、帮助信息网络犯罪活动、危害计算机信息系统安全受过行政处罚，又帮助信息网络犯罪活动的；

（六）被帮助对象实施的犯罪造成严重后果的；

（七）其他情节严重的情形。

实施前款规定的行为，确因客观条件限制无法查证被帮助对象是否达到犯罪的程度，但相关数额总计达到前款第二项至第四项规定标准五倍以上，或者造成特别严重后果的，应当以帮助信息网络犯罪活动罪追究行为人的刑事责任。

第十三条 被帮助对象实施的犯罪行为可以确认，但尚未到案、尚未依法裁判或者因未达到刑事责任年龄等原因依法未予追究刑事责任的，不影响帮助信息网络犯罪活动罪的认定。

第十四条 单位实施本解释规定的犯罪的，依照本解释规定的相应自然人犯罪的定罪量刑标准，对直接负责的主管人员和其他直接责任人员定罪处罚，并对单位判处罚金。

第十五条 综合考虑社会危害程度、认罪悔罪态度等情节，认为犯罪情节轻微的，可以不起诉或者免予刑事处罚；情节显著轻微危害不大的，不以犯罪论处。

第十六条 多次拒不履行信息网络安全管理义务、非法利用信息网络、帮助信息网络犯罪活动构成犯罪，依法应当追诉的，或者二年内多次实施前述行为未经处理的，数量或者数额累计计算。

第十七条 对于实施本解释规定的犯罪被判处刑罚的，可以根据犯罪情况和预防再犯罪的需要，依法宣告职业禁止；被判处管制、宣告缓刑的，可以根据犯罪情况，依法宣告禁止令。

第十八条 对于实施本解释规定的犯罪的，应当综合考虑犯罪的危害程度、违法所得数额以及被告人的前科情况、认罪悔罪态度等，依法判处罚金。

第十九条 本解释自2019年11月1日起施行。

最高人民法院、最高人民检察院关于办理侵犯公民个人信息刑事案件适用法律若干问题的解释

（2017 年 5 月 8 日　法释〔2017〕10 号）

第一条　刑法第二百五十三条之一规定的“公民个人信息”，是指以电子或者其他方式记录的能够单独或者与其他信息结合识别特定自然人身份或者反映特定自然人活动情况的各种信息，包括姓名、身份证件号码、通信通讯联系方式、住址、账号密码、财产状况、行踪轨迹等。

第二条　违反法律、行政法规、部门规章有关公民个人信息保护的规定的，应当认定为刑法第二百五十三条之一规定的“违反国家有关规定”。

第三条　向特定人提供公民个人信息，以及通过信息网络或者其他途径发布公民个人信息的，应当认定为刑法第二百五十三条之一规定的“提供公民个人信息”。

未经被收集者同意，将合法收集的公民个人信息向他人提供的，属于刑法第二百五十三条之一规定的“提供公民个人信息”，但是经过处理无法识别特定个人且不能复原的除外。

第四条　违反国家有关规定，通过购买、收受、交换等方式获取公民个人信息，或者在履行职责、提供服务过程中收集公民个人信息的，属于刑法第二百五十三条之一第三款规定的“以其他方法非法获取公民个人信息”。

第五条　非法获取、出售或者提供公民个人信息，具有下列情形之一的，应当认定为刑法第二百五十三条之一规定的“情节严重”：

（一）出售或者提供行踪轨迹信息，被他人用于犯罪的；

（二）知道或者应当知道他人利用公民个人信息实施犯罪，向其出售或者提供的；

（三）非法获取、出售或者提供行踪轨迹信息、通信内容、征信信息、财产信息五十条以上的；

（四）非法获取、出售或者提供住宿信息、通信记录、健康生理信息、交易信息等其他可能影响人身、财产安全的公民个人信息五百条以上的；

（五）非法获取、出售或者提供第三项、第四项规定以外的公民个人信息五千条以上的；

（六）数量未达到第三项至第五项规定标准，但是按相应比例合计达到有关数量标准的；

（七）违法所得五千元以上的；

（八）将在履行职责或者提供服务过程中获得的公民个人信息出售或者提供给他人，数量或者数额达到第三项至第七项规定标准一半以上的；

（九）曾因侵犯公民个人信息受过刑事处罚或者二年内受过行政处罚，又非法获取、出售或者提供公民个人信息的；

（十）其他情节严重的情形。

实施前款规定的行为，具有下列情形之一的，应当认定为刑法第二百五十三条之一第一款规定的“情节特别严重”：

（一）造成被害人死亡、重伤、精神失常或者被绑架等严重后果的；

（二）造成重大经济损失或者恶劣社会影响的；

（三）数量或者数额达到前款第三项至第八项规定标准十倍以上的；

（四）其他情节特别严重的情形。

第六条　为合法经营活动而非法购买、收受本解释第五条第一款第三项、第四项规定以外的公民个人信息，具有下列情形之一的，应当认定为刑法第二百五十三条之一规定的“情节严重”：

（一）利用非法购买、收受的公民个人信息获利五万元以上的；

（二）曾因侵犯公民个人信息受过刑事处罚或者二年内受过行政处罚，又非法购买、收受公民个人信息的；

（三）其他情节严重的情形。

实施前款规定的行为，将购买、收受的公民个人信息非法出售或者提供的，定罪量刑标准适用本解释第五条的规定。

第七条　单位犯刑法第二百五十三条之一规定之罪的，依照本解释规定的相应自然人犯罪的定罪量刑标准，对直接负责的主管人员和其他直接责任人员定罪处罚，并对单位判处罚金。

第八条　设立用于实施非法获取、出售或者提供公民个人信息违法犯罪活动的网站、通讯群组，情节严重的，应当依照刑法第二百八十七条之一的规定，以非法利用信息网络罪定罪处罚；同时构成侵犯公民个人信息罪的，依照侵犯公民个人信息罪定罪处罚。

第九条　网络服务提供者拒不履行法律、行政法规规定的信息网络安全管理义务,经监管部门责令采取改正措施而拒不改正,致使用户的公民个人信息泄露,造成严重后果的,应当依照刑法第二百八十六条之一的规定,以拒不履行信息网络安全管理义务罪定罪处罚。

第十条　实施侵犯公民个人信息犯罪,不属于"情节特别严重",行为人系初犯,全部退赃,并确有悔罪表现的,可以认定为情节轻微,不起诉或者免予刑事处罚;确有必要判处刑罚的,应当从宽处罚。

第十一条　非法获取公民个人信息后又出售或者提供的,公民个人信息的条数不重复计算。

向不同单位或者个人分别出售、提供同一公民个人信息的,公民个人信息的条数累计计算。

对批量公民个人信息的条数,根据查获的数量直接认定,但是有证据证明信息不真实或者重复的除外。

第十二条　对于侵犯公民个人信息犯罪,应当综合考虑犯罪的危害程度、犯罪的违法所得数额以及被告人的前科情况、认罪悔罪态度等,依法判处罚金。罚金数额一般在违法所得的一倍以上五倍以下。

第十三条　本解释自2017年6月1日起施行。

最高人民法院、最高人民检察院关于办理危害计算机信息系统安全刑事案件应用法律若干问题的解释

(2011年8月1日　法释〔2011〕19号)

为依法惩治危害计算机信息系统安全的犯罪活动,根据《中华人民共和国刑法》、《全国人民代表大会常务委员会关于维护互联网安全的决定》的规定,现就办理这类刑事案件应用法律的若干问题解释如下:

第一条　非法获取计算机信息系统数据或者非法控制计算机信息系统,具有下列情形之一的,应当认定为刑法第二百八十五条第二款规定的"情节严重":

(一)获取支付结算、证券交易、期货交易等网络金融服务的身份认证信息十组以上的;

(二)获取第(一)项以外的身份认证信息五百组以上的;

(三)非法控制计算机信息系统二十台以上的;

(四)违法所得五千元以上或者造成经济损失一万元以上的;

(五)其他情节严重的情形。

实施前款规定行为,具有下列情形之一的,应当认定为刑法第二百八十五条第二款规定的"情节特别严重":

(一)数量或者数额达到前款第(一)项至第(四)项规定标准五倍以上的;

(二)其他情节特别严重的情形。

明知是他人非法控制的计算机信息系统,而对该计算机信息系统的控制权加以利用的,依照前两款的规定定罪处罚。

第二条 具有下列情形之一的程序、工具,应当认定为刑法第二百八十五条第三款规定的"专门用于侵入、非法控制计算机信息系统的程序、工具":

(一)具有避开或者突破计算机信息系统安全保护措施,未经授权或者超越授权获取计算机信息系统数据的功能的;

(二)具有避开或者突破计算机信息系统安全保护措施,未经授权或者超越授权对计算机信息系统实施控制的功能的;

(三)其他专门设计用于侵入、非法控制计算机信息系统、非法获取计算机信息系统数据的程序、工具。

第三条 提供侵入、非法控制计算机信息系统的程序、工具,具有下列情形之一的,应当认定为刑法第二百八十五条第三款规定的"情节严重":

(一)提供能够用于非法获取支付结算、证券交易、期货交易等网络金融服务身份认证信息的专门性程序、工具五人次以上的;

(二)提供第(一)项以外的专门用于侵入、非法控制计算机信息系统的程序、工具二十人次以上的;

(三)明知他人实施非法获取支付结算、证券交易、期货交易等网络金融服务身份认证信息的违法犯罪行为而为其提供程序、工具五人次以上的;

(四)明知他人实施第(三)项以外的侵入、非法控制计算机信息系统的违法犯罪行为而为其提供程序、工具二十人次以上的;

(五)违法所得五千元以上或者造成经济损失一万元以上的;

(六)其他情节严重的情形。

实施前款规定行为,具有下列情形之一的,应当认定为提供侵入、非法控制计算机信息系统的程序、工具"情节特别严重":

(一)数量或者数额达到前款第(一)项至第(五)项规定标准五倍以上的;

(二)其他情节特别严重的情形。

第四条 破坏计算机信息系统功能、数据或者应用程序,具有下列情形之一的,应当认定为刑法第二百八十六条第一款和第二款规定的"后果严重":

(一)造成十台以上计算机信息系统的主要软件或者硬件不能正常运行的;

(二)对二十台以上计算机信息系统中存储、处理或者传输的数据进行删除、修改、增加操作的;

(三)违法所得五千元以上或者造成经济损失一万元以上的;

(四)造成为一百台以上计算机信息系统提供域名解析、身份认证、计费等基础服务或者为一万以上用户提供服务的计算机信息系统不能正常运行累计一小时以上的;

(五)造成其他严重后果的。

实施前款规定行为,具有下列情形之一的,应当认定为破坏计算机信息系统"后果特别严重":

(一)数量或者数额达到前款第(一)项至第(三)项规定标准五倍以上的;

(二)造成为五百台以上计算机信息系统提供域名解析、身份认证、计费等基础服务或者为五万以上用户提供服务的计算机信息系统不能正常运行累计一小时以上的;

(三)破坏国家机关或者金融、电信、交通、教育、医疗、能源等领域提供公共服务的计算机信息系统的功能、数据或者应用程序,致使生产、生活受到严重影响或者造成恶劣社会影响的;

(四)造成其他特别严重后果的。

第五条 具有下列情形之一的程序,应当认定为刑法第二百八十六条第三款规定的"计算机病毒等破坏性程序":

(一)能够通过网络、存储介质、文件等媒介,将自身的部分、全部或者变种进行复制、传播,并破坏计算机系统功能、数据或者应用程序的;

(二)能够在预先设定条件下自动触发,并破坏计算机系统功能、数据或者应用程序的;

(三)其他专门设计用于破坏计算机系统功能、数据或者应用程序的程序。

第六条 故意制作、传播计算机病毒等破坏性程序,影响计算机系统正常运行,具有下列情形之一的,应当认定为刑法第二百八十六条第三款规定的"后果严重":

(一)制作、提供、传输第五条第(一)项规定的程序,导致该程序通过网络、存储介质、文件等媒介传播的；

（二）造成二十台以上计算机系统被植入第五条第（二）、（三）项规定的程序的；

（三）提供计算机病毒等破坏性程序十人次以上的；

（四）违法所得五千元以上或者造成经济损失一万元以上的；

（五）造成其他严重后果的。

实施前款规定行为，具有下列情形之一的，应当认定为破坏计算机信息系统“后果特别严重”：

（一）制作、提供、传输第五条第（一）项规定的程序，导致该程序通过网络、存储介质、文件等媒介传播，致使生产、生活受到严重影响或者造成恶劣社会影响的；

（二）数量或者数额达到前款第（二）项至第（四）项规定标准五倍以上的；

（三）造成其他特别严重后果的。

第七条 明知是非法获取计算机信息系统数据犯罪所获取的数据、非法控制计算机信息系统犯罪所获取的计算机信息系统控制权，而予以转移、收购、代为销售或者以其他方法掩饰、隐瞒，违法所得五千元以上的，应当依照刑法第三百一十二条第一款的规定，以掩饰、隐瞒犯罪所得罪定罪处罚。

实施前款规定行为，违法所得五万元以上的，应当认定为刑法第三百一十二条第一款规定的“情节严重”。

单位实施第一款规定行为的，定罪量刑标准依照第一款、第二款的规定执行。

第八条 以单位名义或者单位形式实施危害计算机信息系统安全犯罪，达到本解释规定的定罪量刑标准的，应当依照刑法第二百八十五条、第二百八十六条的规定追究直接负责的主管人员和其他直接责任人员的刑事责任。

第九条 明知他人实施刑法第二百八十五条、第二百八十六条规定的行为，具有下列情形之一的，应当认定为共同犯罪，依照刑法第二百八十五条、第二百八十六条的规定处罚：

（一）为其提供用于破坏计算机信息系统功能、数据或者应用程序的程序、工具，违法所得五千元以上或者提供十人次以上的；

（二）为其提供互联网接入、服务器托管、网络存储空间、通讯传输通道、费用结算、交易服务、广告服务、技术培训、技术支持等帮助，违法所得五千元以上的；

（三）通过委托推广软件、投放广告等方式向其提供资金五千元以上的。

实施前款规定行为，数量或者数额达到前款规定标准五倍以上的，应当认定为刑法第二百八十五条、第二百八十六条规定的“情节特别严重”或者“后果特别严重”。

第十条　对于是否属于刑法第二百八十五条、第二百八十六条规定的“国家事务、国防建设、尖端科学技术领域的计算机信息系统”、“专门用于侵入、非法控制计算机信息系统的程序、工具”、“计算机病毒等破坏性程序”难以确定的，应当委托省级以上负责计算机信息系统安全保护管理工作的部门检验。司法机关根据检验结论，并结合案件具体情况认定。

第十一条　本解释所称“计算机信息系统”和“计算机系统”，是指具备自动处理数据功能的系统，包括计算机、网络设备、通信设备、自动化控制设备等。

本解释所称“身份认证信息”，是指用于确认用户在计算机信息系统上操作权限的数据，包括账号、口令、密码、数字证书等。

本解释所称“经济损失”，包括危害计算机信息系统犯罪行为给用户直接造成的经济损失，以及用户为恢复数据、功能而支出的必要费用。

最高人民法院、最高人民检察院关于办理诈骗刑事案件具体应用法律若干问题的解释

（2011 年 3 月 1 日　法释〔2011〕7 号）

第一条　诈骗公私财物价值三千元至一万元以上、三万元至十万元以上、五十万元以上的，应当分别认定为刑法第二百六十六条规定的“数额较大”、“数额巨大”、“数额特别巨大”。

各省、自治区、直辖市高级人民法院、人民检察院可以结合本地区经济社会发展状况，在前款规定的数额幅度内，共同研究确定本地区执行的具体数额标准，报最高人民法院、最高人民检察院备案。

第二条　诈骗公私财物达到本解释第一条规定的数额标准，具有下列情形之一的，可以依照刑法第二百六十六条的规定酌情从严惩处：

（一）通过发送短信、拨打电话或者利用互联网、广播电视、报刊杂志等发布虚假信息，对不特定多数人实施诈骗的；

（二）诈骗救灾、抢险、防汛、优抚、扶贫、移民、救济、医疗款物的；

（三）以赈灾募捐名义实施诈骗的；

（四）诈骗残疾人、老年人或者丧失劳动能力人的财物的；

（五）造成被害人自杀、精神失常或者其他严重后果的。

诈骗数额接近本解释第一条规定的“数额巨大”、“数额特别巨大”的标准，并具有前款规定的情形之一或者属于诈骗集团首要分子的，应当分别认定为刑法第二百六十六条规定的“其他严重情节”、“其他特别严重情节”。

第三条 诈骗公私财物虽已达到本解释第一条规定的“数额较大”的标准，但具有下列情形之一，且行为人认罪、悔罪的，可以根据刑法第三十七条、刑事诉讼法第一百四十二条的规定不起诉或者免予刑事处罚：

（一）具有法定从宽处罚情节的；

（二）一审宣判前全部退赃、退赔的；

（三）没有参与分赃或者获赃较少且不是主犯的；

（四）被害人谅解的；

（五）其他情节轻微、危害不大的。

第四条 诈骗近亲属的财物，近亲属谅解的，一般可不按犯罪处理。

诈骗近亲属的财物，确有追究刑事责任必要的，具体处理也应酌情从宽。

第五条 诈骗未遂，以数额巨大的财物为诈骗目标的，或者具有其他严重情节的，应当定罪处罚。

利用发送短信、拨打电话、互联网等电信技术手段对不特定多数人实施诈骗，诈骗数额难以查证，但具有下列情形之一的，应当认定为刑法第二百六十六条规定的“其他严重情节”，以诈骗罪（未遂）定罪处罚：

（一）发送诈骗信息五千条以上的；

（二）拨打诈骗电话五百人次以上的；

（三）诈骗手段恶劣、危害严重的。

实施前款规定行为，数量达到前款第（一）、（二）项规定标准十倍以上的，或者诈骗手段特别恶劣、危害特别严重的，应当认定为刑法第二百六十六条规定的“其他特别严重情节”，以诈骗罪（未遂）定罪处罚。

第六条 诈骗既有既遂，又有未遂，分别达到不同量刑幅度的，依照处罚较重的规定处罚；达到同一量刑幅度的，以诈骗罪既遂处罚。

第七条 明知他人实施诈骗犯罪，为其提供信用卡、手机卡、通讯工具、通讯传输通道、网络技术支持、费用结算等帮助的，以共同犯罪论处。

第八条 冒充国家机关工作人员进行诈骗，同时构成诈骗罪和招摇撞骗罪的，依照处罚较重的规定定罪处罚。

第九条　案发后查封、扣押、冻结在案的诈骗财物及其孳息，权属明确的，应当发还被害人；权属不明确的，可按被骗款物占查封、扣押、冻结在案的财物及其孳息总额的比例发还被害人，但已获退赔的应予扣除。

第十条　行为人已将诈骗财物用于清偿债务或者转让给他人，具有下列情形之一的，应当依法追缴：

（一）对方明知是诈骗财物而收取的；

（二）对方无偿取得诈骗财物的；

（三）对方以明显低于市场的价格取得诈骗财物的；

（四）对方取得诈骗财物系源于非法债务或者违法犯罪活动的。

他人善意取得诈骗财物的，不予追缴。

第十一条　以前发布的司法解释与本解释不一致的，以本解释为准。

最高人民法院、最高人民检察院、公安部关于办理刑事案件收集提取和审查判断电子数据若干问题的规定

（2016 年 9 月 9 日　法发〔2016〕22 号）

为规范电子数据的收集提取和审查判断，提高刑事案件办理质量，根据《中华人民共和国刑事诉讼法》等有关法律规定，结合司法实际，制定本规定。

一、一 般 规 定

第一条　电子数据是案件发生过程中形成的，以数字化形式存储、处理、传输的，能够证明案件事实的数据。

电子数据包括但不限于下列信息、电子文件：

（一）网页、博客、微博客、朋友圈、贴吧、网盘等网络平台发布的信息；

（二）手机短信、电子邮件、即时通信、通讯群组等网络应用服务的通信信息；

（三）用户注册信息、身份认证信息、电子交易记录、通信记录、登录日志等信息；

（四）文档、图片、音视频、数字证书、计算机程序等电子文件。

以数字化形式记载的证人证言、被害人陈述以及犯罪嫌疑人、被告人供述和辩解等证据，不属于电子数据。确有必要的，对相关证据的收集、提取、移送、审查，可以参照适用本规定。

第二条 侦查机关应当遵守法定程序，遵循有关技术标准，全面、客观、及时地收集、提取电子数据；人民检察院、人民法院应当围绕真实性、合法性、关联性审查判断电子数据。

第三条 人民法院、人民检察院和公安机关有权依法向有关单位和个人收集、调取电子数据。有关单位和个人应当如实提供。

第四条 电子数据涉及国家秘密、商业秘密、个人隐私的，应当保密。

第五条 对作为证据使用的电子数据，应当采取以下一种或者几种方法保护电子数据的完整性：

（一）扣押、封存电子数据原始存储介质；

（二）计算电子数据完整性校验值；

（三）制作、封存电子数据备份；

（四）冻结电子数据；

（五）对收集、提取电子数据的相关活动进行录像；

（六）其他保护电子数据完整性的方法。

第六条 初查过程中收集、提取的电子数据，以及通过网络在线提取的电子数据，可以作为证据使用。

二、电子数据的收集与提取

第七条 收集、提取电子数据，应当由二名以上侦查人员进行。取证方法应当符合相关技术标准。

第八条 收集、提取电子数据，能够扣押电子数据原始存储介质的，应当扣押、封存原始存储介质，并制作笔录，记录原始存储介质的封存状态。

封存电子数据原始存储介质，应当保证在不解除封存状态的情况下，无法增加、删除、修改电子数据。封存前后应当拍摄被封存原始存储介质的照片，清晰反映封口或者张贴封条处的状况。

封存手机等具有无线通信功能的存储介质，应当采取信号屏蔽、信号阻断或者切断电源等措施。

第九条 具有下列情形之一，无法扣押原始存储介质的，可以提取电子数据，但应当在笔录中注明不能扣押原始存储介质的原因、原始存储介质的存放地点或者电子数据的来源等情况，并计算电子数据的完整性校验值：

（一）原始存储介质不便封存的；

（二）提取计算机内存数据、网络传输数据等不是存储在存储介质上的电子数据的；

（三）原始存储介质位于境外的；

（四）其他无法扣押原始存储介质的情形。

对于原始存储介质位于境外或者远程计算机信息系统上的电子数据，可以通过网络在线提取。

为进一步查明有关情况，必要时，可以对远程计算机信息系统进行网络远程勘验。进行网络远程勘验，需要采取技术侦查措施的，应当依法经过严格的批准手续。

第十条　由于客观原因无法或者不宜依据第八条、第九条的规定收集、提取电子数据的，可以采取打印、拍照或者录像等方式固定相关证据，并在笔录中说明原因。

第十一条　具有下列情形之一的，经县级以上公安机关负责人或者检察长批准，可以对电子数据进行冻结：

（一）数据量大，无法或者不便提取的；

（二）提取时间长，可能造成电子数据被篡改或者灭失的；

（三）通过网络应用可以更为直观地展示电子数据的；

（四）其他需要冻结的情形。

第十二条　冻结电子数据，应当制作协助冻结通知书，注明冻结电子数据的网络应用账号等信息，送交电子数据持有人、网络服务提供者或者有关部门协助办理。解除冻结的，应当在三日内制作协助解除冻结通知书，送交电子数据持有人、网络服务提供者或者有关部门协助办理。

冻结电子数据，应当采取以下一种或者几种方法：

（一）计算电子数据的完整性校验值；

（二）锁定网络应用账号；

（三）其他防止增加、删除、修改电子数据的措施。

第十三条　调取电子数据，应当制作调取证据通知书，注明需要调取电子数据的相关信息，通知电子数据持有人、网络服务提供者或者有关部门执行。

第十四条　收集、提取电子数据，应当制作笔录，记录案由、对象、内容、收集、提取电子数据的时间、地点、方法、过程，并附电子数据清单，注明类别、文件格式、完整性校验值等，由侦查人员、电子数据持有人（提供人）签名或者盖章；电子数据持有人（提供人）无法签名或者拒绝签名的，应当在笔录中注明，由见证人签名或者盖章。有条件的,应当对相关活动进行录像。

第十五条 收集、提取电子数据,应当根据刑事诉讼法的规定,由符合条件的人员担任见证人。由于客观原因无法由符合条件的人员担任见证人的,应当在笔录中注明情况,并对相关活动进行录像。

针对同一现场多个计算机信息系统收集、提取电子数据的,可以由一名见证人见证。

第十六条 对扣押的原始存储介质或者提取的电子数据,可以通过恢复、破解、统计、关联、比对等方式进行检查。必要时,可以进行侦查实验。

电子数据检查,应当对电子数据存储介质拆封过程进行录像,并将电子数据存储介质通过写保护设备接入到检查设备进行检查;有条件的,应当制作电子数据备份,对备份进行检查;无法使用写保护设备且无法制作备份的,应当注明原因,并对相关活动进行录像。

电子数据检查应当制作笔录,注明检查方法、过程和结果,由有关人员签名或者盖章。进行侦查实验的,应当制作侦查实验笔录,注明侦查实验的条件、经过和结果,由参加实验的人员签名或者盖章。

第十七条 对电子数据涉及的专门性问题难以确定的,由司法鉴定机构出具鉴定意见,或者由公安部指定的机构出具报告。对于人民检察院直接受理的案件,也可以由最高人民检察院指定的机构出具报告。

具体办法由公安部、最高人民检察院分别制定。

三、电子数据的移送与展示

第十八条 收集、提取的原始存储介质或者电子数据,应当以封存状态随案移送,并制作电子数据的备份一并移送。

对网页、文档、图片等可以直接展示的电子数据,可以不随案移送打印件;人民法院、人民检察院因设备等条件限制无法直接展示电子数据的,侦查机关应当随案移送打印件,或者附展示工具和展示方法说明。

对冻结的电子数据,应当移送被冻结电子数据的清单,注明类别、文件格式、冻结主体、证据要点、相关网络应用账号,并附查看工具和方法的说明。

第十九条 对侵入、非法控制计算机信息系统的程序、工具以及计算机病毒等无法直接展示的电子数据,应当附电子数据属性、功能等情况的说明。

对数据统计量、数据同一性等问题,侦查机关应当出具说明。

第二十条　公安机关报请人民检察院审查批准逮捕犯罪嫌疑人，或者对侦查终结的案件移送人民检察院审查起诉的，应当将电子数据等证据一并移送人民检察院。人民检察院在审查批准逮捕和审查起诉过程中发现应当移送的电子数据没有移送或者移送的电子数据不符合相关要求的，应当通知公安机关补充移送或者进行补正。

对于提起公诉的案件，人民法院发现应当移送的电子数据没有移送或者移送的电子数据不符合相关要求的，应当通知人民检察院。

公安机关、人民检察院应当自收到通知后三日内移送电子数据或者补充有关材料。

第二十一条　控辩双方向法庭提交的电子数据需要展示的，可以根据电子数据的具体类型，借助多媒体设备出示、播放或者演示。必要时，可以聘请具有专门知识的人进行操作，并就相关技术问题作出说明。

四、电子数据的审查与判断

第二十二条　对电子数据是否真实，应当着重审查以下内容：

（一）是否移送原始存储介质；在原始存储介质无法封存、不便移动时，有无说明原因，并注明收集、提取过程及原始存储介质的存放地点或者电子数据的来源等情况；

（二）电子数据是否具有数字签名、数字证书等特殊标识；

（三）电子数据的收集、提取过程是否可以重现；

（四）电子数据如有增加、删除、修改等情形的，是否附有说明；

（五）电子数据的完整性是否可以保证。

第二十三条　对电子数据是否完整，应当根据保护电子数据完整性的相应方法进行验证：

（一）审查原始存储介质的扣押、封存状态；

（二）审查电子数据的收集、提取过程，查看录像；

（三）比对电子数据完整性校验值；

（四）与备份的电子数据进行比较；

（五）审查冻结后的访问操作日志；

（六）其他方法。

第二十四条　对收集、提取电子数据是否合法，应当着重审查以下内容：

（一）收集、提取电子数据是否由二名以上侦查人员进行，取证方法是否符合相关技术标准；

（二）收集、提取电子数据，是否附有笔录、清单，并经侦查人员、电子数据持有人（提供人）、见证人签名或者盖章；没有持有人（提供人）签名或者盖章的，是否注明原因；对电子数据的类别、文件格式等是否注明清楚；

（三）是否依照有关规定由符合条件的人员担任见证人，是否对相关活动进行录像；

（四）电子数据检查是否将电子数据存储介质通过写保护设备接入到检查设备；有条件的，是否制作电子数据备份，并对备份进行检查；无法制作备份且无法使用写保护设备的，是否附有录像。

第二十五条 认定犯罪嫌疑人、被告人的网络身份与现实身份的同一性，可以通过核查相关 IP 地址、网络活动记录、上网终端归属、相关证人证言以及犯罪嫌疑人、被告人供述和辩解等进行综合判断。

认定犯罪嫌疑人、被告人与存储介质的关联性，可以通过核查相关证人证言以及犯罪嫌疑人、被告人供述和辩解等进行综合判断。

第二十六条 公诉人、当事人或者辩护人、诉讼代理人对电子数据鉴定意见有异议，可以申请人民法院通知鉴定人出庭作证。人民法院认为鉴定人有必要出庭的，鉴定人应当出庭作证。

经人民法院通知，鉴定人拒不出庭作证的，鉴定意见不得作为定案的根据。对没有正当理由拒不出庭作证的鉴定人，人民法院应当通报司法行政机关或者有关部门。

公诉人、当事人或者辩护人、诉讼代理人可以申请法庭通知有专门知识的人出庭，就鉴定意见提出意见。

对电子数据涉及的专门性问题的报告，参照适用前三款规定。

第二十七条 电子数据的收集、提取程序有下列瑕疵，经补正或者作出合理解释的，可以采用；不能补正或者作出合理解释的，不得作为定案的根据：

（一）未以封存状态移送的；

（二）笔录或者清单上没有侦查人员、电子数据持有人（提供人）、见证人签名或者盖章的；

（三）对电子数据的名称、类别、格式等注明不清的；

（四）有其他瑕疵的。

第二十八条 电子数据具有下列情形之一的,不得作为定案的根据:

(一)电子数据系篡改、伪造或者无法确定真伪的;

(二)电子数据有增加、删除、修改等情形,影响电子数据真实性的;

(三)其他无法保证电子数据真实性的情形。

五、附　　则

第二十九条 本规定中下列用语的含义:

(一)存储介质,是指具备数据信息存储功能的电子设备、硬盘、光盘、优盘、记忆棒、存储卡、存储芯片等载体。

(二)完整性校验值,是指为防止电子数据被篡改或者破坏,使用散列算法等特定算法对电子数据进行计算,得出的用于校验数据完整性的数据值。

(三)网络远程勘验,是指通过网络对远程计算机信息系统实施勘验,发现、提取与犯罪有关的电子数据,记录计算机信息系统状态,判断案件性质,分析犯罪过程,确定侦查方向和范围,为侦查破案、刑事诉讼提供线索和证据的侦查活动。

(四)数字签名,是指利用特定算法对电子数据进行计算,得出的用于验证电子数据来源和完整性的数据值。

(五)数字证书,是指包含数字签名并对电子数据来源、完整性进行认证的电子文件。

(六)访问操作日志,是指为审查电子数据是否被增加、删除或者修改,由计算机信息系统自动生成的对电子数据访问、操作情况的详细记录。

第三十条 本规定自2016年10月1日起施行。之前发布的规范性文件与本规定不一致的,以本规定为准。

最高人民法院、最高人民检察院、公安部、国家安全部、司法部关于办理刑事案件严格排除非法证据若干问题的规定

(2017年6月20日　法发〔2017〕15号)

为准确惩罚犯罪,切实保障人权,规范司法行为,促进司法公正,根据《中华人民共和国刑事诉讼法》及有关司法解释等规定,结合司法实际,制定如下规定。

一、一般规定

第一条 严禁刑讯逼供和以威胁、引诱、欺骗以及其他非法方法收集证据,不

得强迫任何人证实自己有罪。对一切案件的判处都要重证据,重调查研究,不轻信口供。

第二条 采取殴打、违法使用戒具等暴力方法或者变相肉刑的恶劣手段,使犯罪嫌疑人、被告人遭受难以忍受的痛苦而违背意愿作出的供述,应当予以排除。

第三条 采用以暴力或者严重损害本人及其近亲属合法权益等进行威胁的方法,使犯罪嫌疑人、被告人遭受难以忍受的痛苦而违背意愿作出的供述,应当予以排除。

第四条 采用非法拘禁等非法限制人身自由的方法收集的犯罪嫌疑人、被告人供述,应当予以排除。

第五条 采用刑讯逼供方法使犯罪嫌疑人、被告人作出供述,之后犯罪嫌疑人、被告人受该刑讯逼供行为影响而作出的与该供述相同的重复性供述,应当一并排除,但下列情形除外:

(一)侦查期间,根据控告、举报或者自己发现等,侦查机关确认或者不能排除以非法方法收集证据而更换侦查人员,其他侦查人员再次讯问时告知诉讼权利和认罪的法律后果,犯罪嫌疑人自愿供述的;

(二)审查逮捕、审查起诉和审判期间,检察人员、审判人员讯问时告知诉讼权利和认罪的法律后果,犯罪嫌疑人、被告人自愿供述的。

第六条 采用暴力、威胁以及非法限制人身自由等非法方法收集的证人证言、被害人陈述,应当予以排除。

第七条 收集物证、书证不符合法定程序,可能严重影响司法公正的,应当予以补正或者作出合理解释;不能补正或者作出合理解释的,对有关证据应当予以排除。

二、侦　　查

第八条 侦查机关应当依照法定程序开展侦查,收集、调取能够证实犯罪嫌疑人有罪或者无罪、罪轻或者罪重的证据材料。

第九条 拘留、逮捕犯罪嫌疑人后,应当按照法律规定送看守所羁押。犯罪嫌疑人被送交看守所羁押后,讯问应当在看守所讯问室进行。因客观原因侦查机关在看守所讯问室以外的场所进行讯问的,应当作出合理解释。

第十条 侦查人员在讯问犯罪嫌疑人的时候,可以对讯问过程进行录音录像;对于可能判处无期徒刑、死刑的案件或者其他重大犯罪案件,应当对讯问过程进行录音录像。

侦查人员应当告知犯罪嫌疑人对讯问过程录音录像，并在讯问笔录中写明。

第十一条　对讯问过程录音录像，应当不间断进行，保持完整性，不得选择性地录制，不得剪接、删改。

第十二条　侦查人员讯问犯罪嫌疑人，应当依法制作讯问笔录。讯问笔录应当交犯罪嫌疑人核对，对于没有阅读能力的，应当向他宣读。对讯问笔录中有遗漏或者差错等情形，犯罪嫌疑人可以提出补充或者改正。

第十三条　看守所应当对提讯进行登记，写明提讯单位、人员、事由、起止时间以及犯罪嫌疑人姓名等情况。

看守所收押犯罪嫌疑人，应当进行身体检查。检查时，人民检察院驻看守所检察人员可以在场。检查发现犯罪嫌疑人有伤或者身体异常的，看守所应当拍照或者录像，分别由送押人员、犯罪嫌疑人说明原因，并在体检记录中写明，由送押人员、收押人员和犯罪嫌疑人签字确认。

第十四条　犯罪嫌疑人及其辩护人在侦查期间可以向人民检察院申请排除非法证据。对犯罪嫌疑人及其辩护人提供相关线索或者材料的，人民检察院应当调查核实。调查结论应当书面告知犯罪嫌疑人及其辩护人。对确有以非法方法收集证据情形的，人民检察院应当向侦查机关提出纠正意见。

侦查机关对审查认定的非法证据，应当予以排除，不得作为提请批准逮捕、移送审查起诉的根据。

对重大案件，人民检察院驻看守所检察人员应当在侦查终结前询问犯罪嫌疑人，核查是否存在刑讯逼供、非法取证情形，并同步录音录像。经核查，确有刑讯逼供、非法取证情形的，侦查机关应当及时排除非法证据，不得作为提请批准逮捕、移送审查起诉的根据。

第十五条　对侦查终结的案件，侦查机关应当全面审查证明证据收集合法性的证据材料，依法排除非法证据。排除非法证据后，证据不足的，不得移送审查起诉。

侦查机关发现办案人员非法取证的，应当依法作出处理，并可另行指派侦查人员重新调查取证。

三、审查逮捕、审查起诉

第十六条　审查逮捕、审查起诉期间讯问犯罪嫌疑人，应当告知其有权申请排除非法证据,并告知诉讼权利和认罪的法律后果。

第十七条 审查逮捕、审查起诉期间,犯罪嫌疑人及其辩护人申请排除非法证据,并提供相关线索或者材料的,人民检察院应当调查核实。调查结论应当书面告知犯罪嫌疑人及其辩护人。

人民检察院在审查起诉期间发现侦查人员以刑讯逼供等非法方法收集证据的,应当依法排除相关证据并提出纠正意见,必要时人民检察院可以自行调查取证。

人民检察院对审查认定的非法证据,应当予以排除,不得作为批准或者决定逮捕、提起公诉的根据。被排除的非法证据应当随案移送,并写明为依法排除的非法证据。

第十八条 人民检察院依法排除非法证据后,证据不足,不符合逮捕、起诉条件的,不得批准或者决定逮捕、提起公诉。

对于人民检察院排除有关证据导致对涉嫌的重要犯罪事实未予认定,从而作出不批准逮捕、不起诉决定,或者对涉嫌的部分重要犯罪事实决定不起诉的,公安机关、国家安全机关可要求复议、提请复核。

四、辩　　护

第十九条 犯罪嫌疑人、被告人申请提供法律援助的,应当按照有关规定指派法律援助律师。

法律援助值班律师可以为犯罪嫌疑人、被告人提供法律帮助,对刑讯逼供、非法取证情形代理申诉、控告。

第二十条 犯罪嫌疑人、被告人及其辩护人申请排除非法证据,应当提供涉嫌非法取证的人员、时间、地点、方式、内容等相关线索或者材料。

第二十一条 辩护律师自人民检察院对案件审查起诉之日起,可以查阅、摘抄、复制讯问笔录、提讯登记、采取强制措施或者侦查措施的法律文书等证据材料。其他辩护人经人民法院、人民检察院许可,也可以查阅、摘抄、复制上述证据材料。

第二十二条 犯罪嫌疑人、被告人及其辩护人向人民法院、人民检察院申请调取公安机关、国家安全机关、人民检察院收集但未提交的讯问录音录像、体检记录等证据材料,人民法院、人民检察院经审查认为犯罪嫌疑人、被告人及其辩护人申请调取的证据材料与证明证据收集的合法性有联系的,应当予以调取;认为与证明证据收集的合法性没有联系的,应当决定不予调取并向犯罪嫌疑人、被告人及其辩护人说明理由。

五、审　　判

第二十三条　人民法院向被告人及其辩护人送达起诉书副本时，应当告知其有权申请排除非法证据。

被告人及其辩护人申请排除非法证据，应当在开庭审理前提出，但在庭审期间发现相关线索或者材料等情形除外。人民法院应当在开庭审理前将申请书和相关线索或者材料的复制件送交人民检察院。

第二十四条　被告人及其辩护人在开庭审理前申请排除非法证据，未提供相关线索或者材料，不符合法律规定的申请条件的，人民法院对申请不予受理。

第二十五条　被告人及其辩护人在开庭审理前申请排除非法证据，按照法律规定提供相关线索或者材料的，人民法院应当召开庭前会议。人民检察院应当通过出示有关证据材料等方式，有针对性地对证据收集的合法性作出说明。人民法院可以核实情况，听取意见。

人民检察院可以决定撤回有关证据，撤回的证据，没有新的理由，不得在庭审中出示。

被告人及其辩护人可以撤回排除非法证据的申请。撤回申请后，没有新的线索或者材料，不得再次对有关证据提出排除申请。

第二十六条　公诉人、被告人及其辩护人在庭前会议中对证据收集是否合法未达成一致意见，人民法院对证据收集的合法性有疑问的，应当在庭审中进行调查；人民法院对证据收集的合法性没有疑问，且没有新的线索或者材料表明可能存在非法取证的，可以决定不再进行调查。

第二十七条　被告人及其辩护人申请人民法院通知侦查人员或者其他人员出庭，人民法院认为现有证据材料不能证明证据收集的合法性，确有必要通知上述人员出庭作证或者说明情况的，可以通知上述人员出庭。

第二十八条　公诉人宣读起诉书后，法庭应当宣布开庭审理前对证据收集合法性的审查及处理情况。

第二十九条　被告人及其辩护人在开庭审理前未申请排除非法证据，在法庭审理过程中提出申请的，应当说明理由。

对前述情形，法庭经审查，对证据收集的合法性有疑问的，应当进行调查；没有疑问的，应当驳回申请。

法庭驳回排除非法证据申请后，被告人及其辩护人没有新的线索或者材料，以相同理由再次提出申请的，法庭不再审查。

第三十条 庭审期间，法庭决定对证据收集的合法性进行调查的，应当先行当庭调查。但为防止庭审过分迟延，也可以在法庭调查结束前进行调查。

第三十一条 公诉人对证据收集的合法性加以证明，可以出示讯问笔录、提讯登记、体检记录、采取强制措施或者侦查措施的法律文书、侦查终结前对讯问合法性的核查材料等证据材料，有针对性地播放讯问录音录像，提请法庭通知侦查人员或者其他人员出庭说明情况。

被告人及其辩护人可以出示相关线索或者材料，并申请法庭播放特定时段的讯问录音录像。

侦查人员或者其他人员出庭，应当向法庭说明证据收集过程，并就相关情况接受发问。对发问方式不当或者内容与证据收集的合法性无关的，法庭应当制止。

公诉人、被告人及其辩护人可以对证据收集的合法性进行质证、辩论。

第三十二条 法庭对控辩双方提供的证据有疑问的，可以宣布休庭，对证据进行调查核实。必要时，可以通知公诉人、辩护人到场。

第三十三条 法庭对证据收集的合法性进行调查后，应当当庭作出是否排除有关证据的决定。必要时，可以宣布休庭，由合议庭评议或者提交审判委员会讨论，再次开庭时宣布决定。

在法庭作出是否排除有关证据的决定前，不得对有关证据宣读、质证。

第三十四条 经法庭审理，确认存在本规定所规定的以非法方法收集证据情形的，对有关证据应当予以排除。法庭根据相关线索或者材料对证据收集的合法性有疑问，而人民检察院未提供证据或者提供的证据不能证明证据收集的合法性，不能排除存在本规定所规定的以非法方法收集证据情形的，对有关证据应当予以排除。

对依法予以排除的证据，不得宣读、质证，不得作为判决的根据。

第三十五条 人民法院排除非法证据后，案件事实清楚，证据确实、充分，依据法律认定被告人有罪的，应当作出有罪判决；证据不足，不能认定被告人有罪的，应当作出证据不足、指控的犯罪不能成立的无罪判决；案件部分事实清楚，证据确实、充分的，依法认定该部分事实。

第三十六条 人民法院对证据收集合法性的审查、调查结论，应当在裁判文书中写明，并说明理由。

第三十七条　人民法院对证人证言、被害人陈述等证据收集合法性的审查、调查，参照上述规定。

第三十八条　人民检察院、被告人及其法定代理人提出抗诉、上诉，对第一审人民法院有关证据收集合法性的审查、调查结论提出异议的，第二审人民法院应当审查。

被告人及其辩护人在第一审程序中未申请排除非法证据，在第二审程序中提出申请的，应当说明理由。第二审人民法院应当审查。

人民检察院在第一审程序中未出示证据证明证据收集的合法性，第一审人民法院依法排除有关证据的，人民检察院在第二审程序中不得出示之前未出示的证据，但在第一审程序后发现的除外。

第三十九条　第二审人民法院对证据收集合法性的调查，参照上述第一审程序的规定。

第四十条　第一审人民法院对被告人及其辩护人排除非法证据的申请未予审查，并以有关证据作为定案根据，可能影响公正审判的，第二审人民法院可以裁定撤销原判，发回原审人民法院重新审判。

第一审人民法院对依法应当排除的非法证据未予排除的，第二审人民法院可以依法排除非法证据。排除非法证据后，原判决认定事实和适用法律正确、量刑适当的，应当裁定驳回上诉或者抗诉，维持原判；原判决认定事实没有错误，但适用法律有错误，或者量刑不当的，应当改判；原判决事实不清楚或者证据不足的，可以裁定撤销原判，发回原审人民法院重新审判。

第四十一条　审判监督程序、死刑复核程序中对证据收集合法性的审查、调查，参照上述规定。

第四十二条　本规定自2017年6月27日起施行。

最高人民法院、最高人民检察院关于办理扰乱无线电通讯管理秩序等刑事案件适用法律若干问题的解释

（2017年6月27日　法释〔2017〕11号）

为依法惩治扰乱无线电通讯管理秩序犯罪，根据《中华人民共和国刑法》《中华人民共和国刑事诉讼法》的有关规定，现就办理此类刑事案件适用法律的若干问题解释如下：

第一条 具有下列情形之一的，应当认定为刑法第二百八十八条第一款规定的“擅自设置、使用无线电台（站），或者擅自使用无线电频率，干扰无线电通讯秩序”：

（一）未经批准设置无线电广播电台（以下简称“黑广播”），非法使用广播电视专用频段的频率的；

（二）未经批准设置通信基站（以下简称“伪基站”），强行向不特定用户发送信息，非法使用公众移动通信频率的；

（三）未经批准使用卫星无线电频率的；

（四）非法设置、使用无线电干扰器的；

（五）其他擅自设置、使用无线电台（站），或者擅自使用无线电频率，干扰无线电通讯秩序的情形。

第二条 违反国家规定，擅自设置、使用无线电台（站），或者擅自使用无线电频率，干扰无线电通讯秩序，具有下列情形之一的，应当认定为刑法第二百八十八条第一款规定的“情节严重”：

（一）影响航天器、航空器、铁路机车、船舶专用无线电导航、遇险救助和安全通信等涉及公共安全的无线电频率正常使用的；

（二）自然灾害、事故灾难、公共卫生事件、社会安全事件等突发事件期间，在事件发生地使用“黑广播”“伪基站”的；

（三）举办国家或者省级重大活动期间，在活动场所及周边使用“黑广播”“伪基站”的；

（四）同时使用三个以上“黑广播”“伪基站”的；

（五）“黑广播”的实测发射功率五百瓦以上，或者覆盖范围十公里以上的；

（六）使用“伪基站”发送诈骗、赌博、招嫖、木马病毒、钓鱼网站链接等违法犯罪信息，数量在五千条以上，或者销毁发送数量等记录的；

（七）雇佣、指使未成年人、残疾人等特定人员使用“伪基站”的；

（八）违法所得三万元以上的；

（九）曾因扰乱无线电通讯管理秩序受过刑事处罚，或者二年内曾因扰乱无线电通讯管理秩序受过行政处罚，又实施刑法第二百八十八条规定的行为的；

（十）其他情节严重的情形。

第三条 违反国家规定，擅自设置、使用无线电台（站），或者擅自使用无线电频率，干扰无线电通讯秩序，具有下列情形之一的，应当认定为刑法第二百八十八条第一款规定的“情节特别严重”：

（一）影响航天器、航空器、铁路机车、船舶专用无线电导航、遇险救助和安全通信等涉及公共安全的无线电频率正常使用，危及公共安全的；

（二）造成公共秩序混乱等严重后果的；

（三）自然灾害、事故灾难、公共卫生事件和社会安全事件等突发事件期间，在事件发生地使用“黑广播”“伪基站”，造成严重影响的；

（四）对国家或者省级重大活动造成严重影响的；

（五）同时使用十个以上“黑广播”“伪基站”的；

（六）“黑广播”的实测发射功率三千瓦以上，或者覆盖范围二十公里以上的；

（七）违法所得十五万元以上的；

（八）其他情节特别严重的情形。

第四条　非法生产、销售“黑广播”“伪基站”、无线电干扰器等无线电设备，具有下列情形之一的，应当认定为刑法第二百二十五条规定的“情节严重”：

（一）非法生产、销售无线电设备三套以上的；

（二）非法经营数额五万元以上的；

（三）其他情节严重的情形。

实施前款规定的行为，数量或者数额达到前款第一项、第二项规定标准五倍以上，或者具有其他情节特别严重的情形的，应当认定为刑法第二百二十五条规定的“情节特别严重”。

在非法生产、销售无线电设备窝点查扣的零件，以组装完成的套数以及能够组装的套数认定；无法组装为成套设备的，每三套广播信号调制器（激励器）认定为一套“黑广播”设备，每三块主板认定为一套“伪基站”设备。

第五条　单位犯本解释规定之罪的，对单位判处罚金，并对直接负责的主管人员和其他直接责任人员，依照本解释规定的自然人犯罪的定罪量刑标准定罪处罚。

第六条　擅自设置、使用无线电台（站），或者擅自使用无线电频率，同时构成其他犯罪的，按照处罚较重的规定定罪处罚。

明知他人实施诈骗等犯罪，使用“黑广播”“伪基站”等无线电设备为其发送信息或者提供其他帮助，同时构成其他犯罪的，按照处罚较重的规定定罪处罚。

第七条　负有无线电监督管理职责的国家机关工作人员滥用职权或者玩忽职守，致使公共财产、国家和人民利益遭受重大损失的，应当依照刑法第三百九十七条的规定，以滥用职权罪或者玩忽职守罪追究刑事责任。

有查禁扰乱无线电管理秩序犯罪活动职责的国家机关工作人员，向犯罪分子通风报信、提供便利，帮助犯罪分子逃避处罚的，应当依照刑法第四百一十七条的规定，以帮助犯罪分子逃避处罚罪追究刑事责任；事先通谋的，以共同犯罪论处。

第八条 为合法经营活动，使用"黑广播""伪基站"或者实施其他扰乱无线电通讯管理秩序的行为，构成扰乱无线电通讯管理秩序罪，但不属于"情节特别严重"，行为人系初犯，并确有悔罪表现的，可以认定为情节轻微，不起诉或者免予刑事处罚；确有必要判处刑罚的，应当从宽处罚。

第九条 对案件所涉的有关专门性问题难以确定的，依据司法鉴定机构出具的鉴定意见，或者下列机构出具的报告，结合其他证据作出认定：

（一）省级以上无线电管理机构、省级无线电管理机构依法设立的派出机构、地市级以上广播电视主管部门就是否系"伪基站""黑广播"出具的报告；

（二）省级以上广播电视主管部门及其指定的检测机构就"黑广播"功率、覆盖范围出具的报告；

（三）省级以上航空、铁路、船舶等主管部门就是否干扰导航、通信等出具的报告。

对移动终端用户受影响的情况，可以依据相关通信运营商出具的证明，结合被告人供述、终端用户证言等证据作出认定。

第十条 本解释自2017年7月1日起施行。

最高人民法院、最高人民检察院、公安部、工业和信息化部、中国人民银行联合发布关于依法严厉打击惩戒治理非法买卖电话卡银行卡违法犯罪活动的通告

（2020年12月16日）

当前，非法买卖电话卡、银行卡（以下简称"两卡"）用于电信网络诈骗及其他相关违法犯罪活动问题日益突出，严重损害人民群众切身利益，严重侵蚀社会诚信根基，必须坚决依法严厉打击、惩戒和治理。为切实维护人民群众合法权益和社会治安大局稳定，依据《中华人民共和国刑法》《中华人民共和国刑事诉讼法》《中华人民共和国网络安全法》等有关法律规定，现就依法严厉打击惩戒治理非法买卖"两卡"违法犯罪活动的有关事项通告如下：

一、凡是实施非法出租、出售、购买"两卡"（包括手机卡、物联网卡、个人银行

卡、单位银行账户及结算卡、支付账户等)违法犯罪活动的人员,必须立即停止一切违法犯罪活动。自本通告发布之日起至2021年1月15日前,主动投案自首,如实供述、积极揭发的,可以依法从轻或者减轻处罚。在规定期限内拒不投案自首的,将依法从严惩处。

二、公安机关、人民检察院、人民法院将以"零容忍"的态度,依法从严打击非法买卖"两卡"违法犯罪活动,全力斩断非法买卖"两卡"的黑灰产业链。

三、电信行业监管部门和人民银行将依法加强行业监管,电信企业、银行业金融机构、非银行支付机构要按照"谁开卡、谁负责"的原则,落实主体责任,强化风险防控。

四、公安机关将对重点电信运营商和银行营业网点加强巡查,及时发现非法买卖"两卡"的可疑人员。涉案"两卡"较多地区公安机关将逐一上门,与涉案"两卡"开卡人见面,并签订承诺书。

五、对经设区的市级及以上公安机关认定的非法出租、出售、购买银行账户(卡)或者支付账户的单位和个人及相关组织者,银行业金融机构和非银行支付机构根据《中国人民银行　公安部对买卖银行卡或账户的个人实施惩戒的通知》(银发〔2019〕304号)实施5年内暂停其银行账户(卡)非柜面业务、支付账户所有业务,不得新开户等惩戒措施。相关单位和个人对惩戒提出申诉的,经公安机关确认后,银行业金融机构和非银行支付机构将及时解除相关惩戒措施,恢复业务办理。对经设区的市级及以上公安机关认定并处理的非法出租、出售、购买电话卡的失信用户,电信行业监管部门将联合公安机关,推动实施相关惩戒措施,

广大人民群众要提高防范意识,切莫贪图小利、心存侥幸,非法买卖"两卡",并积极向公安机关反诈骗中心举报涉"两卡"的违法犯罪线索,打一场打击惩戒治理非法买卖"两卡"违法犯罪活动的人民战争。

本通告自发布之日起施行。

最高人民法院刑事审判第三庭、最高人民检察院第四检察厅、公安部刑事侦查局关于"断卡"行动中有关法律适用问题的会议纪要

(2022年3月22日)

各省、自治区、直辖市高级人民法院刑事审判庭、人民检察院刑事检察部、公安厅

(局)刑侦局、刑侦(警)总队,新疆维吾尔自治区高级人民法院生产建设兵团分院刑事审判庭、新疆生产建设兵团人民检察院刑事检察部、新疆生产建设兵团公安局刑侦总队:

在国务院打击治理电信网络新型违法犯罪工作部际联席会议办公室的统一部署下,各级人民法院、人民检察院和公安机关认真落实习近平总书记重要指示批示精神,加强协作配合,积极履职作为,"断卡"行动深入推进,打击整治成效日益明显,有力遏制了电信网络诈骗犯罪持续高发的势头。2021 年 6 月,最高人民法院、最高人民检察院、公安部联合发布《关于办理电信网络诈骗等刑事案件适用法律若干问题的意见(二)》(以下简称"《意见(二)》"),进一步解决了实践中的部分难点重点问题,为打击治理专项工作提供了有力法律保障。

当前,涉"两卡"(即手机卡、信用卡)犯罪形势依旧复杂严峻,犯罪类型多样且不断发展,需要进一步统一认识,明确依据,更好实现打击治理的目的。为此,2021 年 11 月 26 日和 2022 年 1 月 7 日,最高人民法院刑事审判第三庭、最高人民检察院第四检察厅和公安部刑事侦查局先后召开联席会议,就当前"断卡"行动中各地反映的突出法律适用问题进行研究,就相关问题形成共识。现将会议纪要下发,供各地在办案中参考。

一、关于帮助信息网络犯罪活动罪中"明知他人利用信息网络实施犯罪"的理解适用。认定行为人是否"明知"他人利用信息网络实施犯罪,应当坚持主客观相一致原则,即要结合行为人的认知能力、既往经历、交易对象、与信息网络犯罪行为人的关系、提供技术支持或者帮助的时间和方式、获利情况、出租、出售"两卡"的次数、张数、个数,以及行为人的供述等主客观因素,同时注重听取行为人的辩解并根据其辩解合理与否,予以综合认定。司法办案中既要防止片面倚重行为人的供述认定明知;也要避免简单客观归罪,仅以行为人有出售"两卡"行为就直接认定明知。特别是对于交易双方存在亲友关系等信赖基础,一方确系偶尔向另一方出租、出售"两卡"的,要根据在案事实证据,审慎认定"明知"。

在办案过程中,可着重审查行为人是否具有以下特征及表现,综合全案证据,对其构成"明知"与否作出判断:(1)跨省或多人结伙批量办理、收购、贩卖"两卡"的;(2)出租、出售"两卡"后,收到公安机关、银行业金融机构、非银行支付机构、电信服务提供者等相关单位部门的口头或书面通知,告知其所出租、出售的"两卡"涉嫌诈骗、洗钱等违法犯罪,行为人未采取补救措施,反而继续出租、出售的;(3)出租、出售的"两卡"因涉嫌诈骗、洗钱等违法犯罪被冻结,又帮助解冻,或者注销旧卡、办理新卡，继续出租、出售的；(4)出租、出售的具有支付结算功能的网络账号因涉嫌诈骗、洗钱等违法犯罪被查封，又帮助解封，继续提供给他人使用的；(5)频繁使用隐蔽上网、加密通信、销毁数据等措施或者使用虚假身份，逃避监管或者规避调查的；(6)事先串通设计应对调查的话术口径的；(7)曾因非法交易“两卡”受过处罚或者信用惩戒、训诫谈话，又收购、出售、出租“两卡”的等。

二、关于《最高人民法院、最高人民检察院关于办理非法利用信息网络、帮助信息网络犯罪活动等刑事案件适用法律若干问题的解释》(以下简称“《解释》”)第十二条第一款第(一)项的理解适用。该项所规定的“为三个以上对象提供帮助”，应理解为分别为三个以上行为人或团伙组织提供帮助，且被帮助的行为人或团伙组织实施的行为均达到犯罪程度。为同一对象提供三次以上帮助的，不宜理解为“为三个以上对象提供帮助”。

三、关于《解释》第十二条第一款第(四)项的理解适用。该项所规定“违法所得一万元”中的“违法所得”，应理解为行为人为他人实施信息网络犯罪提供帮助，由此所获得的所有违法款项或非法收入。行为人收卡等“成本”费用无须专门扣除。

四、关于《关于深入推进“断卡”行动有关问题的会议纪要》(以下简称“《2020年会议纪要》”)中列举的符合《解释》第十二条规定的“情节严重”情形的理解适用。《2020年会议纪要》第五条规定，出租、出售的信用卡被用于实施电信网络诈骗，达到犯罪程度，该信用卡内流水金额超过三十万元的，按照符合《解释》第十二条规定的“情节严重”处理。在适用时应把握单向流入涉案信用卡中的资金超过三十万元，且其中至少三千元经查证系涉诈骗资金。行为人能够说明资金合法来源和性质的，应当予以扣除。以上述情形认定行为“情节严重”的，要注重审查行为人的主观明知程度、出租、出售信用卡的张数、次数、非法获利的数额以及造成的其他严重后果，综合考虑与《解释》第十二条第一款其他项适用的相当性。行为人出租、出售的信用卡被用于接收电信网络诈骗资金，但行为人未实施代为转账、套现、取现等行为，或者未实施为配合他人转账、套现、取现而提供刷脸等验证服务的，不宜认定为《解释》第十二条第一款第(二)项规定的“支付结算”行为。

五、关于正确区分帮助信息网络犯罪活动罪、掩饰、隐瞒犯罪所得、犯罪所得收益罪与诈骗罪的界限。在办理涉“两卡”犯罪案件中，存在准确界定前述三个罪名之间界限的问题。应当根据行为人的主观明知内容和实施的具体犯罪行为，确定其行为性质。以信用卡为例：(1)明知他人实施电信网络诈骗犯罪，参加诈骗团伙或者与诈骗团伙之间形成较为稳定的配合关系，长期为他人提供信用卡或者转账取现的,可以诈骗罪论处。(2)行为人向他人出租、出售信用卡后,在明知是犯罪所得及其收益的情况下,又代为转账、套现、取现等,或者为配合他人转账、套现、取现而提供刷脸等验证服务的,可以掩饰、隐瞒犯罪所得、犯罪所得收益罪论处。(3)明知他人利用信息网络实施犯罪,仅向他人出租、出售信用卡,未实施其他行为,达到情节严重标准的,可以帮助信息网络犯罪活动罪论处。

在司法实践中,应当具体案情具体分析,结合主客观证据,重视行为人的辩解理由,确保准确定性。

六、关于《意见(二)》第三条的理解适用。为严厉打击跨境电信网络诈骗团伙犯罪,该条规定,有证据证实行为人参加境外诈骗犯罪集团或犯罪团伙,在境外针对境内居民实施电信网络诈骗犯罪行为,诈骗数额难以查证,但一年内出境赴境外诈骗犯罪窝点累计时间30日以上或多次出境赴境外诈骗犯罪窝点的,以诈骗罪依法追究刑事责任。在司法适用时,要注意把握以下三个要求:(1)有证据证明行为人参加了境外电信网络诈骗犯罪集团或犯罪团伙,且在境外针对境内居民实施了具体的诈骗犯罪行为;(2)行为人一年内出境赴境外诈骗犯罪窝点累计30日以上,应当从行为人实际加入境外诈骗犯罪窝点的日期开始计算时间;(3)诈骗数额难以查证,是指基于客观困难,确实无法查清行为人实施诈骗的具体数额。在办案中,应当首先全力查证具体诈骗数额;在诈骗数额难以查清的情况下,根据《最高人民法院、最高人民检察院关于办理诈骗刑事案件具体应用法律若干问题的解释》和《最高人民法院、最高人民检察院、公安部关于办理电信网络诈骗等刑事案件适用法律若干问题的意见》的规定,还应当查证发送诈骗信息条数和拨打诈骗电话次数,如二者均无法查明,才适用该条规定。

七、关于收购、出售、出租信用卡的行为,可否以窃取、收买、非法提供信用卡信息罪追究刑事责任的问题。《刑法修正案(五)》设立了窃取、收买、非法提供信用卡信息罪,主要考虑是:利用信用卡信息资料复制磁条卡的问题在当时比较突出,严重危害持卡人的财产安全和国家金融安全,故设立本罪,相关司法解释将本罪入罪门槛规定为1张(套)信用卡。其中的“信用卡信息资料”,是指用于伪造信用卡的电子数据等基础信息,如有关发卡行代码、持卡人账户、密码等内容的加密电子数据。在“断卡”行动破获的此类案件中,行为人非法交易信用卡的主要目的在于直接使用信用卡,而非利用其中的信息资料伪造信用卡。故当前办理“断卡”行动中的此类案件,一般不以窃取、收买、非法提供信用卡信息罪追究刑事责任。

八、关于收购、出售、出租信用卡“四件套”行为的处理。行为人收购、出售、出租信用卡“四件套”（一般包括信用卡，身份信息，U盾，网银），数量较大的，可能同时构成帮助信息网络犯罪活动罪、妨害信用卡管理罪等。“断卡”行动中破获的此类案件，行为人收购、出售、出租的信用卡“四件套”，主要流向电信网络诈骗犯罪团伙或人员手中，用于非法接收、转移诈骗资金，一般以帮助信息网络犯罪活动罪论处。对于涉案信用卡“四件套”数量巨大，同时符合妨害信用卡管理罪构成要件的，择一重罪论处。

九、关于重大电信网络诈骗及其关联犯罪案件的管辖。对于涉案人数超过80人，以及在境外实施的电信网络诈骗及其关联犯罪案件，公安部根据工作需要指定异地管辖的，指定管辖前应当商最高人民检察院和最高人民法院。

各级人民法院、人民检察院、公安机关要充分认识到当前持续深入推进“断卡”行动的重要意义，始终坚持依法从严惩处和全面惩处的方针，坚决严惩跨境电信网络诈骗犯罪集团和人员、贩卖“两卡”团伙头目和骨干、职业“卡商”、行业“内鬼”等。同时，还应当注重宽以济严，对于初犯、偶犯、未成年人、在校学生，特别是其中被胁迫或蒙骗出售本人名下“两卡”，违法所得、涉案数额较少且认罪认罚的，以教育、挽救为主，落实“少捕慎诉慎押”的刑事司法政策，可以依法从宽处理，确保社会效果良好。

各省级人民法院、人民检察院、公安机关要尽快传达并转发本会议纪要，不断提高办案能力，依法准确办理涉“两卡”犯罪案件，确保“断卡”行动深入健康开展。在司法实践中如遇有重大疑难问题，应及时对口上报。

最高人民法院关于审理掩饰、隐瞒犯罪所得、犯罪所得收益刑事案件适用法律若干问题的解释

（2021年4月13日　法释〔2021〕8号）

第一条　明知是犯罪所得及其产生的收益而予以窝藏、转移、收购、代为销售或者以其他方法掩饰、隐瞒，具有下列情形之一的，应当依照刑法第三百一十二条第一款的规定，以掩饰、隐瞒犯罪所得、犯罪所得收益罪定罪处罚：

（一）一年内曾因掩饰、隐瞒犯罪所得及其产生的收益行为受过行政处罚，又实施掩饰、隐瞒犯罪所得及其产生的收益行为的；

（二）掩饰、隐瞒的犯罪所得系电力设备、交通设施、广播电视设施、公用电信设施、军事设施或者救灾、抢险、防汛、优抚、扶贫、移民、救济款物的；

（三）掩饰、隐瞒行为致使上游犯罪无法及时查处，并造成公私财物损失无法挽回的；

（四）实施其他掩饰、隐瞒犯罪所得及其产生的收益行为，妨害司法机关对上游犯罪进行追究的。

人民法院审理掩饰、隐瞒犯罪所得、犯罪所得收益刑事案件，应综合考虑上游犯罪的性质、掩饰、隐瞒犯罪所得及其收益的情节、后果及社会危害程度等，依法定罪处罚。

司法解释对掩饰、隐瞒涉及计算机信息系统数据、计算机信息系统控制权的犯罪所得及其产生的收益行为构成犯罪已有规定的，审理此类案件依照该规定。

依照全国人民代表大会常务委员会《关于〈中华人民共和国刑法〉第三百四十一条、第三百一十二条的解释》，明知是非法狩猎的野生动物而收购，数量达到五十只以上的，以掩饰、隐瞒犯罪所得罪定罪处罚。

第二条 掩饰、隐瞒犯罪所得及其产生的收益行为符合本解释第一条的规定，认罪、悔罪并退赃、退赔，且具有下列情形之一的，可以认定为犯罪情节轻微，免予刑事处罚：

（一）具有法定从宽处罚情节的；

（二）为近亲属掩饰、隐瞒犯罪所得及其产生的收益，且系初犯、偶犯的；

（三）有其他情节轻微情形的。

第三条 掩饰、隐瞒犯罪所得及其产生的收益，具有下列情形之一的，应当认定为刑法第三百一十二条第一款规定的“情节严重”：

（一）掩饰、隐瞒犯罪所得及其产生的收益价值总额达到十万元以上的；

（二）掩饰、隐瞒犯罪所得及其产生的收益十次以上，或者三次以上且价值总额达到五万元以上的；

（三）掩饰、隐瞒的犯罪所得系电力设备、交通设施、广播电视设施、公用电信设施、军事设施或者救灾、抢险、防汛、优抚、扶贫、移民、救济款物，价值总额达到五万元以上的；

（四）掩饰、隐瞒行为致使上游犯罪无法及时查处，并造成公私财物重大损失无法挽回或其他严重后果的；

（五）实施其他掩饰、隐瞒犯罪所得及其产生的收益行为，严重妨害司法机关对上游犯罪予以追究的。

司法解释对掩饰、隐瞒涉及机动车、计算机信息系统数据、计算机信息系统控制权的犯罪所得及其产生的收益行为认定“情节严重”已有规定的，审理此类案件依照该规定。

第四条　掩饰、隐瞒犯罪所得及其产生的收益的数额，应当以实施掩饰、隐瞒行为时为准。收购或者代为销售财物的价格高于其实际价值的，以收购或者代为销售的价格计算。

多次实施掩饰、隐瞒犯罪所得及其产生的收益行为，未经行政处罚，依法应当追诉的，犯罪所得、犯罪所得收益的数额应当累计计算。

第五条　事前与盗窃、抢劫、诈骗、抢夺等犯罪分子通谋，掩饰、隐瞒犯罪所得及其产生的收益的，以盗窃、抢劫、诈骗、抢夺等犯罪的共犯论处。

第六条　对犯罪所得及其产生的收益实施盗窃、抢劫、诈骗、抢夺等行为，构成犯罪的，分别以盗窃罪、抢劫罪、诈骗罪、抢夺罪等定罪处罚。

第七条　明知是犯罪所得及其产生的收益而予以掩饰、隐瞒，构成刑法第三百一十二条规定的犯罪，同时构成其他犯罪的，依照处罚较重的规定定罪处罚。

第八条　认定掩饰、隐瞒犯罪所得、犯罪所得收益罪，以上游犯罪事实成立为前提。上游犯罪尚未依法裁判，但查证属实的，不影响掩饰、隐瞒犯罪所得、犯罪所得收益罪的认定。

上游犯罪事实经查证属实，但因行为人未达到刑事责任年龄等原因依法不予追究刑事责任的，不影响掩饰、隐瞒犯罪所得、犯罪所得收益罪的认定。

第九条　盗用单位名义实施掩饰、隐瞒犯罪所得及其产生的收益行为，违法所得由行为人私分的，依照刑法和司法解释有关自然人犯罪的规定定罪处罚。

第十条　通过犯罪直接得到的赃款、赃物，应当认定为刑法第三百一十二条规定的“犯罪所得”。上游犯罪的行为人对犯罪所得进行处理后得到的孳息、租金等，应当认定为刑法第三百一十二条规定的“犯罪所得产生的收益”。

明知是犯罪所得及其产生的收益而采取窝藏、转移、收购、代为销售以外的方法，如居间介绍买卖，收受，持有，使用，加工，提供资金账户，协助将财物转换为现金、金融票据、有价证券，协助将资金转移、汇往境外等，应当认定为刑法第三百一十二条规定的“其他方法”。

第十一条　掩饰、隐瞒犯罪所得、犯罪所得收益罪是选择性罪名，审理此类案件，应当根据具体犯罪行为及其指向的对象，确定适用的罪名。

最高人民法院关于贯彻宽严相济刑事政策的若干意见(节录)

(2010 年 2 月 8 日　法发〔2010〕9 号)

9、当前和今后一段时期,对于集资诈骗、贷款诈骗、制贩假币以及扰乱、操纵证券、期货市场等严重危害金融秩序的犯罪,生产、销售假药、劣药、有毒有害食品等严重危害食品药品安全的犯罪,走私等严重侵害国家经济利益的犯罪,造成严重后果的重大安全责任事故犯罪,重大环境污染、非法采矿、盗伐林木等各种严重破坏环境资源的犯罪等,要依法从严惩处,维护国家的经济秩序,保护广大人民群众的生命健康安全。

10、严惩严重刑事犯罪,必须充分考虑被告人的主观恶性和人身危险性。对于事先精心预谋、策划犯罪的被告人,具有惯犯、职业犯等情节的被告人,或者因故意犯罪受过刑事处罚、在缓刑、假释考验期内又犯罪的被告人,要依法严惩,以实现刑罚特殊预防的功能。

12、要注重综合运用多种刑罚手段,特别是要重视依法适用财产刑,有效惩治犯罪。对于法律规定有附加财产刑的,要依法适用。对于侵财型和贪利型犯罪,更要注重通过依法适用财产刑使犯罪分子受到经济上的惩罚,剥夺其重新犯罪的能力和条件。要切实加大财产刑的执行力度,确保刑罚的严厉性和惩罚功能得以实现。被告人非法占有、处置被害人财产不能退赃的,在决定刑罚时,应作为重要情节予以考虑,体现从严处罚的精神。

15、被告人的行为已经构成犯罪,但犯罪情节轻微,或者未成年人、在校学生实施的较轻犯罪,或者被告人具有犯罪预备、犯罪中止、从犯、胁从犯、防卫过当、避险过当等情节,依法不需要判处刑罚的,可以免予刑事处罚。对免予刑事处罚的,应当根据刑法第三十七条规定,做好善后、帮教工作或者交由有关部门进行处理,争取更好的社会效果。

16、对于所犯罪行不重、主观恶性不深、人身危险性较小、有悔改表现、不致再危害社会的犯罪分子,要依法从宽处理。对于其中具备条件的,应当依法适用缓刑或者管制、单处罚金等非监禁刑。同时配合做好社区矫正,加强教育、感化、帮教、挽救工作。

19、对于较轻犯罪的初犯、偶犯,应当综合考虑其犯罪的动机、手段、情节、后果和犯罪时的主观状态,酌情予以从宽处罚。对于犯罪情节轻微的初犯、偶犯,可以免予刑事处罚；依法应当予以刑事处罚的，也应当尽量适用缓刑或者判处管制、单处罚金等非监禁刑。

20、对于未成年人犯罪，在具体考虑其实施犯罪的动机和目的、犯罪性质、情节和社会危害程度的同时，还要充分考虑其是否属于初犯，归案后是否悔罪，以及个人成长经历和一贯表现等因素，坚持“教育为主、惩罚为辅”的原则和“教育、感化、挽救”的方针进行处理。对于偶尔盗窃、抢夺、诈骗，数额刚达到较大的标准，案发后能如实交代并积极退赃的，可以认定为情节显著轻微，不作为犯罪处理。对于罪行较轻的，可以依法适当多适用缓刑或者判处管制、单处罚金等非监禁刑；依法可免予刑事处罚的，应当免予刑事处罚。对于犯罪情节严重的未成年人，也应当依照刑法第十七条第三款的规定予以从轻或者减轻处罚。对于已满十四周岁不满十六周岁的未成年犯罪人，一般不判处无期徒刑。

30、对于恐怖组织犯罪、邪教组织犯罪、黑社会性质组织犯罪和进行走私、诈骗、贩毒等犯罪活动的犯罪集团，在处理时要分别情况，区别对待：对犯罪组织或集团中的为首组织、指挥、策划者和骨干分子，要依法从严惩处，该判处重刑或死刑的要坚决判处重刑或死刑；对受欺骗、胁迫参加犯罪组织、犯罪集团或只是一般参加者，在犯罪中起次要、辅助作用的从犯，依法应当从轻或减轻处罚，符合缓刑条件的，可以适用缓刑。

31、对于一般共同犯罪案件，应当充分考虑各被告人在共同犯罪中的地位和作用，以及在主观恶性和人身危险性方面的不同，根据事实和证据能分清主从犯的，都应当认定主从犯。有多名主犯的，应在主犯中进一步区分出罪行最为严重者。对于多名被告人共同致死一名被害人的案件，要进一步分清各被告人的作用，准确确定各被告人的罪责，以做到区别对待；不能以分不清主次为由，简单地一律判处重刑。

33、在共同犯罪案件中，对于主犯或首要分子检举、揭发同案地位、作用较次犯罪分子构成立功的，从轻或者减轻处罚应当从严掌握，如果从轻处罚可能导致全案量刑失衡的，一般不予从轻处罚；如果检举、揭发的是其他犯罪案件中罪行同样严重的犯罪分子，或者协助抓获的是同案中的其他主犯、首要分子的，原则上应予依法从轻或者减轻处罚。对于从犯或犯罪集团中的一般成员立功，特别是协助抓获主犯、首要分子的，应当充分体现政策，依法从轻、减轻或者免除处罚。

最高人民法院关于审理洗钱等刑事案件具体应用法律若干问题的解释

（2009年11月4日 法释〔2009〕15号）

为依法惩治洗钱，掩饰、隐瞒犯罪所得、犯罪所得收益，资助恐怖活动等犯罪活动，根据刑法有关规定，现就审理此类刑事案件具体应用法律的若干问题解释如下：

第一条 刑法第一百九十一条、第三百一十二条规定的“明知”，应当结合被告人的认知能力，接触他人犯罪所得及其收益的情况，犯罪所得及其收益的种类、数额，犯罪所得及其收益的转换、转移方式以及被告人的供述等主、客观因素进行认定。

具有下列情形之一的，可以认定被告人明知系犯罪所得及其收益，但有证据证明确实不知道的除外：

（一）知道他人从事犯罪活动，协助转换或者转移财物的；

（二）没有正当理由，通过非法途径协助转换或者转移财物的；

（三）没有正当理由，以明显低于市场的价格收购财物的；

（四）没有正当理由，协助转换或者转移财物，收取明显高于市场的“手续费”的；

（五）没有正当理由，协助他人将巨额现金散存于多个银行账户或者在不同银行账户之间频繁划转的；

（六）协助近亲属或者其他关系密切的人转换或者转移与其职业或者财产状况明显不符的财物的；

（七）其他可以认定行为人明知的情形。

被告人将刑法第一百九十一条规定的某一上游犯罪的犯罪所得及其收益误认为刑法第一百九十一条规定的上游犯罪范围内的其他犯罪所得及其收益的，不影响刑法第一百九十一条规定的“明知”的认定。

第二条 具有下列情形之一的，可以认定为刑法第一百九十一条第一款第（五）项规定的“以其他方法掩饰、隐瞒犯罪所得及其收益的来源和性质”：

（一）通过典当、租赁、买卖、投资等方式，协助转移、转换犯罪所得及其收益的；

（二）通过与商场、饭店、娱乐场所等现金密集型场所的经营收入相混合的方式，协助转移、转换犯罪所得及其收益的；

（三）通过虚构交易、虚设债权债务、虚假担保、虚报收入等方式，协助将犯罪所得及其收益转换为“合法”财物的；

（四）通过买卖彩票、奖券等方式，协助转换犯罪所得及其收益的；

（五）通过赌博方式，协助将犯罪所得及其收益转换为赌博收益的；

（六）协助将犯罪所得及其收益携带、运输或者邮寄出入境的；

（七）通过前述规定以外的方式协助转移、转换犯罪所得及其收益的。

第三条　明知是犯罪所得及其产生的收益而予以掩饰、隐瞒，构成刑法第三百一十二条规定的犯罪，同时又构成刑法第一百九十一条或者第三百四十九条规定的犯罪的，依照处罚较重的规定定罪处罚。

第四条　刑法第一百九十一条、第三百一十二条、第三百四十九条规定的犯罪，应当以上游犯罪事实成立为认定前提。上游犯罪尚未依法裁判，但查证属实的，不影响刑法第一百九十一条、第三百一十二条、第三百四十九条规定的犯罪的审判。

上游犯罪事实可以确认，因行为人死亡等原因依法不予追究刑事责任的，不影响刑法第一百九十一条、第三百一十二条、第三百四十九条规定的犯罪的认定。

上游犯罪事实可以确认，依法以其他罪名定罪处罚的，不影响刑法第一百九十一条、第三百一十二条、第三百四十九条规定的犯罪的认定。

本条所称“上游犯罪”，是指产生刑法第一百九十一条、第三百一十二条、第三百四十九条规定的犯罪所得及其收益的各种犯罪行为。

第五条　刑法第一百二十条之一规定的“资助”，是指为恐怖活动组织或者实施恐怖活动的个人筹集、提供经费、物资或者提供场所以及其他物质便利的行为。

刑法第一百二十条之一规定的“实施恐怖活动的个人”，包括预谋实施、准备实施和实际实施恐怖活动的个人。

人民检察院办理网络犯罪案件规定

（2021 年 1 月 22 日）

第一章　一 般 规 定

第一条　为规范人民检察院办理网络犯罪案件，维护国家安全、网络安全、社会公共利益，保护公民、法人和其他组织的合法权益，根据《中华人民共和国刑事诉讼法》《人民检察院刑事诉讼规则》等规定，结合司法实践，制定本规定。

第二条 本规定所称网络犯罪是指针对信息网络实施的犯罪，利用信息网络实施的犯罪，以及其他上下游关联犯罪。

第三条 人民检察院办理网络犯罪案件应当加强全链条惩治，注重审查和发现上下游关联犯罪线索。对涉嫌犯罪，公安机关未立案侦查、应当提请批准逮捕而未提请批准逮捕或者应当移送起诉而未移送起诉的，依法进行监督。

第四条 人民检察院办理网络犯罪案件应当坚持惩治犯罪与预防犯罪并举，建立捕、诉、监、防一体的办案机制，加强以案释法，发挥检察建议的作用，促进有关部门、行业组织、企业等加强网络犯罪预防和治理，净化网络空间。

第五条 网络犯罪案件的管辖适用刑事诉讼法及其他相关规定。

有多个犯罪地的，按照有利于查清犯罪事实、有利于保护被害人合法权益、保证案件公正处理的原则确定管辖。

因跨区域犯罪、共同犯罪、关联犯罪等原因存在管辖争议的，由争议的人民检察院协商解决，协商不成的，报请共同的上级人民检察院指定管辖。

第六条 人民检察院办理网络犯罪案件应当发挥检察一体化优势，加强跨区域协作办案，强化信息互通、证据移交、技术协作，增强惩治网络犯罪的合力。

第七条 人民检察院办理网络犯罪案件应当加强对电子数据收集、提取、保全、固定等的审查，充分运用同一电子数据往往具有的多元关联证明作用，综合运用电子数据与其他证据，准确认定案件事实。

第八条 建立检察技术人员、其他有专门知识的人参与网络犯罪案件办理制度。根据案件办理需要，吸收检察技术人员加入办案组辅助案件办理。积极探索运用大数据、云计算、人工智能等信息技术辅助办案，提高网络犯罪案件办理的专业化水平。

第九条 人民检察院办理网络犯罪案件，对集团犯罪或者涉案人数众多的，根据行为人的客观行为、主观恶性、犯罪情节及地位、作用等综合判断责任轻重和刑事追究的必要性，按照区别对待原则分类处理，依法追诉。

第十条 人民检察院办理网络犯罪案件应当把追赃挽损贯穿始终，主动加强与有关机关协作，保证及时查封、扣押、冻结涉案财物，阻断涉案财物移转链条，督促涉案人员退赃退赔。

第二章 引导取证和案件审查

第十一条 人民检察院办理网络犯罪案件应当重点围绕主体身份同一性、技术手段违法性、上下游行为关联性等方面全面审查案件事实和证据，注重电子数据与其他证据之间的相互印证，构建完整的证据体系。

第十二条　经公安机关商请，根据追诉犯罪的需要，人民检察院可以派员适时介入重大、疑难、复杂网络犯罪案件的侦查活动，并对以下事项提出引导取证意见：

（一）案件的侦查方向及可能适用的罪名；

（二）证据的收集、提取、保全、固定、检验、分析等；

（三）关联犯罪线索；

（四）追赃挽损工作；

（五）其他需要提出意见的事项。

人民检察院开展引导取证活动时，涉及专业性问题的，可以指派检察技术人员共同参与。

第十三条　人民检察院可以通过以下方式了解案件办理情况：

（一）查阅案件材料；

（二）参加公安机关对案件的讨论；

（三）了解讯（询）问犯罪嫌疑人、被害人、证人的情况；

（四）了解、参与电子数据的收集、提取；

（五）其他方式。

第十四条　人民检察院介入网络犯罪案件侦查活动，发现关联犯罪或其他新的犯罪线索，应当建议公安机关依法立案或移送相关部门；对于犯罪嫌疑人不构成犯罪的，依法监督公安机关撤销案件。

第十五条　人民检察院可以根据案件侦查情况，向公安机关提出以下取证意见：

（一）能够扣押、封存原始存储介质的，及时扣押、封存；

（二）扣押可联网设备时，及时采取信号屏蔽、信号阻断或者切断电源等方式，防止电子数据被远程破坏；

（三）及时提取账户密码及相应数据，如电子设备、网络账户、应用软件等的账户密码，以及存储于其中的聊天记录、电子邮件、交易记录等；

（四）及时提取动态数据，如内存数据、缓存数据、网络连接数据等；

（五）及时提取依赖于特定网络环境的数据，如点对点网络传输数据、虚拟专线网络中的数据等；

（六）及时提取书证、物证等客观证据，注意与电子数据相互印证。

第十六条 对于批准逮捕后要求公安机关继续侦查、不批准逮捕后要求公安机关补充侦查或者审查起诉退回公安机关补充侦查的网络犯罪案件，人民检察院应当重点围绕本规定第十二条第一款规定的事项，有针对性地制作继续侦查提纲或者补充侦查提纲。对于专业性问题，应当听取检察技术人员或者其他有专门知识的人的意见。

人民检察院应当及时了解案件继续侦查或者补充侦查的情况。

第十七条 认定网络犯罪的犯罪嫌疑人，应当结合全案证据，围绕犯罪嫌疑人与原始存储介质、电子数据的关联性、犯罪嫌疑人网络身份与现实身份的同一性，注重审查以下内容：

（一）扣押、封存的原始存储介质是否为犯罪嫌疑人所有、持有或者使用；

（二）社交、支付结算、网络游戏、电子商务、物流等平台的账户信息、身份认证信息、数字签名、生物识别信息等是否与犯罪嫌疑人身份关联；

（三）通话记录、短信、聊天信息、文档、图片、语音、视频等文件内容是否能够反映犯罪嫌疑人的身份；

（四）域名、IP 地址、终端 MAC 地址、通信基站信息等是否能够反映电子设备为犯罪嫌疑人所使用；

（五）其他能够反映犯罪嫌疑人主体身份的内容。

第十八条 认定犯罪嫌疑人的客观行为，应当结合全案证据，围绕其利用的程序工具、技术手段的功能及其实现方式、犯罪行为和结果之间的关联性，注重审查以下内容：

（一）设备信息、软件程序代码等作案工具；

（二）系统日志、域名、IP 地址、WiFi 信息、地理位置信息等是否能够反映犯罪嫌疑人的行为轨迹；

（三）操作记录、网络浏览记录、物流信息、交易结算记录、即时通信信息等是否能够反映犯罪嫌疑人的行为内容；

（四）其他能够反映犯罪嫌疑人客观行为的内容。

第十九条 认定犯罪嫌疑人的主观方面，应当结合犯罪嫌疑人的认知能力、专业水平、既往经历、人员关系、行为次数、获利情况等综合认定，注重审查以下内容：

（一）反映犯罪嫌疑人主观故意的聊天记录、发布内容、浏览记录等；

（二）犯罪嫌疑人行为是否明显违背系统提示要求、正常操作流程；

（三）犯罪嫌疑人制作、使用或者向他人提供的软件程序是否主要用于违法犯罪活动；

（四）犯罪嫌疑人支付结算的对象、频次、数额等是否明显违反正常交易习惯；

（五）犯罪嫌疑人是否频繁采用隐蔽上网、加密通信、销毁数据等措施或者使用虚假身份；

（六）其他能够反映犯罪嫌疑人主观方面的内容。

第二十条　认定犯罪行为的情节和后果，应当结合网络空间、网络行为的特性，从违法所得、经济损失、信息系统的破坏、网络秩序的危害程度以及对被害人的侵害程度等综合判断，注重审查以下内容：

（一）聊天记录、交易记录、音视频文件、数据库信息等能够反映犯罪嫌疑人违法所得、获取和传播数据及文件的性质、数量的内容；

（二）账号数量、信息被点击次数、浏览次数、被转发次数等能够反映犯罪行为对网络空间秩序产生影响的内容；

（三）受影响的计算机信息系统数量、服务器日志信息等能够反映犯罪行为对信息网络运行造成影响程度的内容；

（四）被害人数量、财产损失数额、名誉侵害的影响范围等能够反映犯罪行为对被害人的人身、财产等造成侵害的内容；

（五）其他能够反映犯罪行为情节、后果的内容。

第二十一条　人民检察院办理网络犯罪案件，确因客观条件限制无法逐一收集相关言词证据的，可以根据记录被害人人数、被侵害的计算机信息系统数量、涉案资金数额等犯罪事实的电子数据、书证等证据材料，在审查被告人及其辩护人所提辩解、辩护意见的基础上，综合全案证据材料，对相关犯罪事实作出认定。

第二十二条　对于数量众多的同类证据材料，在证明是否具有同样的性质、特征或者功能时，因客观条件限制不能全部验证的，可以进行抽样验证。

第二十三条　对鉴定意见、电子数据等技术性证据材料，需要进行专门审查的，应当指派检察技术人员或者聘请其他有专门知识的人进行审查并提出意见。

第二十四条　人民检察院在审查起诉过程中，具有下列情形之一的，可以依法自行侦查：

（一）公安机关未能收集的证据，特别是存在灭失、增加、删除、修改风险的电子数据，需要及时收集和固定的；

（二）经退回补充侦查未达到补充侦查要求的；

（三）其他需要自行侦查的情形。

第二十五条 自行侦查由检察官组织实施,开展自行侦查的检察人员不得少于二人。需要技术支持和安全保障的,由人民检察院技术部门和警务部门派员协助。必要时,可以要求公安机关予以配合。

第二十六条 人民检察院办理网络犯罪案件的部门,发现或者收到侵害国家利益、社会公共利益的公益诉讼案件线索的,应当及时移送负责公益诉讼的部门处理。

第三章 电子数据的审查

第二十七条 电子数据是以数字化形式存储、处理、传输的,能够证明案件事实的数据,主要包括以下形式:

(一)网页、社交平台、论坛等网络平台发布的信息;

(二)手机短信、电子邮件、即时通信、通讯群组等网络通讯信息;

(三)用户注册信息、身份认证信息、数字签名、生物识别信息等用户身份信息;

(四)电子交易记录、通信记录、浏览记录、操作记录、程序安装、运行、删除记录等用户行为信息;

(五)恶意程序、工具软件、网站源代码、运行脚本等行为工具信息;

(六)系统日志、应用程序日志、安全日志、数据库日志等系统运行信息;

(七)文档、图片、音频、视频、数字证书、数据库文件等电子文件及其创建时间、访问时间、修改时间、大小等文件附属信息。

第二十八条 电子数据取证主要包括以下方式:收集、提取电子数据;电子数据检查和侦查实验;电子数据检验和鉴定。

收集、提取电子数据可以采取以下方式:

(一)扣押、封存原始存储介质;

(二)现场提取电子数据;

(三)在线提取电子数据;

(四)冻结电子数据;

(五)调取电子数据。

第二十九条 人民检察院办理网络犯罪案件,应当围绕客观性、合法性、关联性的要求对电子数据进行全面审查。注重审查电子数据与案件事实之间的多元关联,加强综合分析,充分发挥电子数据的证明作用。

第三十条 对电子数据是否客观、真实,注重审查以下内容:

（一）是否移送原始存储介质，在原始存储介质无法封存、不便移动时，是否说明原因，并注明相关情况；

（二）电子数据是否有数字签名、数字证书等特殊标识；

（三）电子数据的收集、提取过程及结果是否可以重现；

（四）电子数据有增加、删除、修改等情形的，是否附有说明；

（五）电子数据的完整性是否可以保证。

第三十一条　对电子数据是否完整，注重审查以下内容：

（一）原始存储介质的扣押、封存状态是否完好；

（二）比对电子数据完整性校验值是否发生变化；

（三）电子数据的原件与备份是否相同；

（四）冻结后的电子数据是否生成新的操作日志。

第三十二条　对电子数据的合法性，注重审查以下内容：

（一）电子数据的收集、提取、保管的方法和过程是否规范；

（二）查询、勘验、扣押、调取、冻结等的法律手续是否齐全；

（三）勘验笔录、搜查笔录、提取笔录等取证记录是否完备；

（四）是否由符合法律规定的取证人员、见证人、持有人（提供人）等参与，因客观原因没有见证人、持有人（提供人）签名或者盖章的，是否说明原因；

（五）是否按照有关规定进行同步录音录像；

（六）对于收集、提取的境外电子数据是否符合国（区）际司法协作及相关法律规定的要求。

第三十三条　对电子数据的关联性，注重审查以下内容：

（一）电子数据与案件事实之间的关联性；

（二）电子数据及其存储介质与案件当事人之间的关联性。

第三十四条　原始存储介质被扣押封存的，注重从以下方面审查扣押封存过程是否规范：

（一）是否记录原始存储介质的品牌、型号、容量、序列号、识别码、用户标识等外观信息，是否与实物一一对应；

（二）是否封存或者计算完整性校验值，封存前后是否拍摄被封存原始存储介质的照片，照片是否清晰反映封口或者张贴封条处的状况；

（三）是否由取证人员、见证人、持有人（提供人）签名或者盖章。

第三十五条　对原始存储介质制作数据镜像予以提取固定的，注重审查以下

内容:

(一)是否记录原始存储介质的品牌、型号、容量、序列号、识别码、用户标识等外观信息,是否记录原始存储介质的存放位置、使用人、保管人;

(二)是否附有制作数据镜像的工具、方法、过程等必要信息;

(三)是否计算完整性校验值;

(四)是否由取证人员、见证人、持有人(提供人)签名或者盖章。

第三十六条 提取原始存储介质中的数据内容并予以固定的,注重审查以下内容:

(一)是否记录原始存储介质的品牌、型号、容量、序列号、识别码、用户标识等外观信息,是否记录原始存储介质的存放位置、使用人、保管人;

(二)所提取数据内容的原始存储路径,提取的工具、方法、过程等信息,是否一并提取相关的附属信息、关联痕迹、系统环境等信息;

(三)是否计算完整性校验值;

(四)是否由取证人员、见证人、持有人(提供人)签名或者盖章。

第三十七条 对于在线提取的电子数据,注重审查以下内容:

(一)是否记录反映电子数据来源的网络地址、存储路径或者数据提取时的进入步骤等;

(二)是否记录远程计算机信息系统的访问方式、电子数据的提取日期和时间、提取的工具、方法等信息,是否一并提取相关的附属信息、关联痕迹、系统环境等信息;

(三)是否计算完整性校验值;

(四)是否由取证人员、见证人、持有人(提供人)签名或者盖章。

对可能无法重复提取或者可能出现变化的电子数据,是否随案移送反映提取过程的拍照、录像、截屏等材料。

第三十八条 对冻结的电子数据,注重审查以下内容:

(一)冻结手续是否符合规定;

(二)冻结的电子数据是否与案件事实相关;

(三)冻结期限是否即将到期、有无必要继续冻结或者解除;

(四)冻结期间电子数据是否被增加、删除、修改等。

第三十九条 对调取的电子数据,注重审查以下内容:

(一)调取证据通知书是否注明所调取的电子数据的相关信息;

(二)被调取单位、个人是否在通知书回执上签名或者盖章;

（三）被调取单位、个人拒绝签名、盖章的，是否予以说明；

（四）是否计算完整性校验值或者以其他方法保证电子数据的完整性。

第四十条　对电子数据进行检查、侦查实验，注重审查以下内容：

（一）是否记录检查过程、检查结果和其他需要记录的内容，并由检查人员签名或者盖章；

（二）是否记录侦查实验的条件、过程和结果，并由参加侦查实验的人员签名或者盖章；

（三）检查、侦查实验使用的电子设备、网络环境等是否与发案现场一致或者基本一致；

（四）是否使用拍照、录像、录音、通信数据采集等一种或者多种方式客观记录检查、侦查实验过程。

第四十一条　对电子数据进行检验、鉴定，注重审查以下内容：

（一）鉴定主体的合法性。包括审查司法鉴定机构、司法鉴定人员的资质，委托鉴定事项是否符合司法鉴定机构的业务范围，鉴定人员是否存在回避等情形；

（二）鉴定材料的客观性。包括鉴定材料是否真实、完整、充分，取得方式是否合法，是否与原始电子数据一致；

（三）鉴定方法的科学性。包括鉴定方法是否符合国家标准、行业标准，方法标准的选用是否符合相关规定；

（四）鉴定意见的完整性。是否包含委托人、委托时间、检材信息、鉴定或者分析论证过程、鉴定结果以及鉴定人签名、日期等内容；

（五）鉴定意见与其他在案证据能否相互印证。

对于鉴定机构以外的机构出具的检验、检测报告，可以参照本条规定进行审查。

第四十二条　行政机关在行政执法和查办案件过程中依法收集、提取的电子数据，人民检察院经审查符合法定要求的，可以作为刑事案件的证据使用。

第四十三条　电子数据的收集、提取程序有下列瑕疵，经补正或者作出合理解释的，可以采用；不能补正或者作出合理解释的，不得作为定案的根据：

（一）未以封存状态移送的；

（二）笔录或者清单上没有取证人员、见证人、持有人（提供人）签名或者盖章的；

（三）对电子数据的名称、类别、格式等注明不清的；

（四）有其他瑕疵的。

第四十四条 电子数据系篡改、伪造、无法确定真伪的，或者有其他无法保证电子数据客观、真实情形的，不得作为定案的根据。

电子数据有增加、删除、修改等情形，但经司法鉴定、当事人确认等方式确定与案件相关的重要数据未发生变化，或者能够还原电子数据原始状态、查清变化过程的，可以作为定案的根据。

第四十五条 对于无法直接展示的电子数据，人民检察院可以要求公安机关提供电子数据的内容、存储位置、附属信息、功能作用等情况的说明，随案移送人民法院。

第四章 出庭支持公诉

第四十六条 人民检察院依法提起公诉的网络犯罪案件，具有下列情形之一的，可以建议人民法院召开庭前会议：

（一）案情疑难复杂的；

（二）跨国（边）境、跨区域案件社会影响重大的；

（三）犯罪嫌疑人、被害人等人数众多、证据材料较多的；

（四）控辩双方对电子数据合法性存在较大争议的；

（五）案件涉及技术手段专业性强，需要控辩双方提前交换意见的；

（六）其他有必要召开庭前会议的情形。

必要时，人民检察院可以向法庭申请指派检察技术人员或者聘请其他有专门知识的人参加庭前会议。

第四十七条 人民法院开庭审理网络犯罪案件，公诉人出示证据可以借助多媒体示证、动态演示等方式进行。必要时，可以向法庭申请指派检察技术人员或者聘请其他有专门知识的人进行相关技术操作，并就专门性问题发表意见。

公诉人在出示电子数据时，应当从以下方面进行说明：

（一）电子数据的来源、形成过程；

（二）电子数据所反映的犯罪手段、人员关系、资金流向、行为轨迹等案件事实；

（三）电子数据与被告人供述、被害人陈述、证人证言、物证、书证等的相互印证情况；

（四）其他应当说明的内容。

第四十八条 在法庭审理过程中，被告人及其辩护人针对电子数据的客观性、合法性、关联性提出辩解或者辩护意见的，公诉人可以围绕争议点从证据来源是否合法，提取、复制、制作过程是否规范，内容是否真实完整，与案件事实有无关联等方面，有针对性地予以答辩。

第四十九条　支持、推动人民法院开庭审判网络犯罪案件全程录音录像。对庭审全程录音录像资料，必要时人民检察院可以商请人民法院复制，并将存储介质附检察卷宗保存。

第五章　跨区域协作办案

第五十条　对跨区域网络犯罪案件，上级人民检察院应当加强统一指挥和统筹协调，相关人民检察院应当加强办案协作。

第五十一条　上级人民检察院根据办案需要，可以统一调用辖区内的检察人员参与办理网络犯罪案件。

第五十二条　办理关联网络犯罪案件的人民检察院可以相互申请查阅卷宗材料、法律文书，了解案件情况，被申请的人民检察院应当予以协助。

第五十三条　承办案件的人民检察院需要向办理关联网络犯罪案件的人民检察院调取证据材料的，可以持相关法律文书和证明文件申请调取在案证据材料，被申请的人民检察院应当配合。

第五十四条　承办案件的人民检察院需要异地调查取证的，可以将相关法律文书及证明文件传输至证据所在地的人民检察院，请其代为调查取证。相关法律文书应当注明具体的取证对象、方式、内容和期限等。

被请求协助的人民检察院应当予以协助，及时将取证结果送达承办案件的人民检察院；无法及时调取的，应当作出说明。被请求协助的人民检察院有异议的，可以与承办案件的人民检察院进行协商；无法解决的，由承办案件的人民检察院报请共同的上级人民检察院决定。

第五十五条　承办案件的人民检察院需要询问异地证人、被害人的，可以通过远程视频系统进行询问，证人、被害人所在地的人民检察院应当予以协助。远程询问的，应当对询问过程进行同步录音录像。

第六章　跨国（边）境司法协作

第五十六条　办理跨国网络犯罪案件应当依照《中华人民共和国国际刑事司法协助法》及我国批准加入的有关刑事司法协助条约，加强国际司法协作，维护我国主权、安全和社会公共利益，尊重协作国司法主权、坚持平等互惠原则，提升跨国司法协作质效。

第五十七条 地方人民检察院在案件办理中需要向外国请求刑事司法协助的，应当制作刑事司法协助请求书并附相关材料，经报最高人民检察院批准后，由我国与被请求国间司法协助条约规定的对外联系机关向外国提出申请。没有刑事司法协助条约的，通过外交途径联系。

第五十八条 人民检察院参加现场移交境外证据的检察人员不少于二人，外方有特殊要求的除外。

移交、开箱、封存、登记的情况应当制作笔录，由最高人民检察院或者承办案件的人民检察院代表、外方移交人员签名或者盖章，一般应当全程录音录像。有其他见证人的，在笔录中注明。

第五十九条 人民检察院对境外收集的证据，应当审查证据来源是否合法、手续是否齐备以及证据的移交、保管、转换等程序是否连续、规范。

第六十条 人民检察院办理涉香港特别行政区、澳门特别行政区、台湾地区的网络犯罪案件，需要当地有关部门协助的，可以参照本规定及其他相关规定执行。

第七章 附　　则

第六十一条 人民检察院办理网络犯罪案件适用本规定，本规定没有规定的，适用其他相关规定。

第六十二条 本规定中下列用语的含义：

（一）信息网络，包括以计算机、电视机、固定电话机、移动电话机等电子设备为终端的计算机互联网、广播电视网、固定通信网、移动通信网等信息网络，以及局域网络；

（二）存储介质，是指具备数据存储功能的电子设备、硬盘、光盘、优盘、记忆棒、存储芯片等载体；

（三）完整性校验值，是指为防止电子数据被篡改或者破坏，使用散列算法等特定算法对电子数据进行计算，得出的用于校验数据完整性的数据值；

（四）数字签名，是指利用特定算法对电子数据进行计算，得出的用于验证电子数据来源和完整性的数据值；

（五）数字证书，是指包含数字签名并对电子数据来源、完整性进行认证的电子文件；

（六）生物识别信息，是指计算机利用人体所固有的生理特征（包括人脸、指纹、声纹、虹膜、DNA 等）或者行为特征（步态、击键习惯等）来进行个人身份识别的信息；

（七）运行脚本，是指使用一种特定的计算机编程语言，依据符合语法要求编写的执行指定操作的可执行文件；

（八）数据镜像，是指二进制（0101 排序的数据码流）相同的数据复制件，与原件的内容无差别；

（九）MAC 地址，是指计算机设备中网卡的唯一标识，每个网卡有且只有一个 MAC 地址。

第六十三条　人民检察院办理国家安全机关、海警机关、监狱等移送的网络犯罪案件，适用本规定和其他相关规定。

第六十四条　本规定由最高人民检察院负责解释。

第六十五条　本规定自发布之日起施行。

检察机关办理电信网络诈骗案件指引

（2018 年 11 月 9 日　高检发侦监字〔2018〕12 号）

电信网络诈骗犯罪，是指以非法占有为目的，利用电话、短信、互联网等电信网络技术手段，虚构事实，设置骗局，实施远程、非接触式诈骗，骗取公私财物的犯罪行为。根据《中华人民共和国刑法》第二百六十六条、《最高人民法院、最高人民检察院关于办理诈骗刑事案件具体应用法律若干问题的解释》（法释〔2011〕7 号）（以下简称《解释》）、《最高人民法院、最高人民检察院、公安部关于办理电信网络诈骗等刑事案件适用法律若干问题的意见》（法发〔2016〕32 号）（以下简称《意见》），办理电信网络诈骗案件除了要把握普通诈骗案件的基本要求外，还要特别注意以下问题：一是电信网络诈骗犯罪的界定；二是犯罪形态的审查；三是诈骗数额及发送信息、拨打电话次数的认定；四是共同犯罪及主从犯责任的认定；五是关联犯罪事前通谋的审查；六是电子数据的审查；七是境外证据的审查。

一、审查证据的基本要求

（一）审查逮捕

1. 有证据证明发生了电信网络诈骗犯罪事实

（1）证明电信网络诈骗案件发生

证据主要包括：报案登记、受案登记、受案笔录、立案决定书、破案经过、证人证言、被害人陈述、犯罪嫌疑人供述和辩解、被害人银行开户申请、开户明细单、银行转账凭证、银行账户交易记录、银行汇款单、网银转账记录、第三方支付结算交易记录、手机转账信息等证据。跨国电信网络诈骗还可能需要有国外有关部门出具的与案件有关的书面材料。

(2)证明电信网络诈骗行为的危害结果

①证明诈骗数额达到追诉标准的证据:证人证言、被害人陈述、犯罪嫌疑人供述和辩解、银行转账凭证、汇款凭证、转账信息、银行卡、银行账户交易记录、第三方支付结算交易记录以及其他与电信网络诈骗关联的账户交易记录、犯罪嫌疑人提成记录、诈骗账目记录等证据以及其它有关证据。

②证明发送信息条数、拨打电话次数以及页面浏览量达到追诉标准的证据:QQ、微信、skype 等即时通讯工具聊天记录、CDR 电话清单、短信记录、电话录音、电子邮件、远程勘验笔录、电子数据鉴定意见、网页浏览次数统计、网页浏览次数鉴定意见、改号软件、语音软件的登录情况及数据、拨打电话记录内部资料以及其他有关证据。

2. 有证据证明诈骗行为是犯罪嫌疑人实施的

(1)言词证据:证人证言、被害人陈述、犯罪嫌疑人供述和辩解等,注意审查犯罪嫌疑人供述的行为方式与被害人陈述的被骗方式、交付财物过程或者其他证据是否一致。对于团伙作案的,要重视对同案犯罪嫌疑人供述和辩解的审查,梳理各个同案犯罪嫌疑人的指证是否相互印证。

(2)有关资金链条的证据:银行转账凭证、交易流水、第三方支付交易记录以及其他关联账户交易记录、现场查扣的书证、与犯罪关联的银行卡及申请资料等,从中审查相关银行卡信息与被害人存款、转移赃款等账号有无关联,资金交付支配占有过程;犯罪嫌疑人的短信以及 QQ、微信、skype 等即时通讯工具聊天记录,审查与犯罪有关的信息,是否出现过与本案资金流转有关的银行卡账号、资金流水等信息。要注意审查被害人转账、汇款账号、资金流向等是否有相应证据印证赃款由犯罪嫌疑人取得。对诈骗集团租用或交叉使用账户的,要结合相关言词证据及书证、物证、勘验笔录等分析认定。

(3)有关信息链条的证据:侦查机关远程勘验笔录,远程提取证据笔录,CDR 电话清单、查获的手机 IMEI 串号、语音网关设备、路由设备、交换设备、手持终端等。要注意审查诈骗窝点物理 IP 地址是否与所使用电话 CDR 数据清单中记录的主叫 IP 地址或 IP 地址所使用的线路(包括此线路的账号、用户名称、对接服务器、语音网关、手持终端等设备的 IP 配置)一致,电话 CDR 数据清单中是否存在被害人的相关信息资料,改号电话显示号码、呼叫时间、电话、IP 地址是否与被害人陈述及其它在案证据印证。在电信网络诈骗窝点查获的手机 IMEI 串号以及其他电子作案工具,是否与被害人所接到的诈骗电话显示的信息来源一致。

(4)其他证据:跨境电信网络诈骗犯罪案件犯罪嫌疑人出入境记录、户籍证明材料、在境外使用的网络设备及虚拟网络身份的网络信息,证明犯罪嫌疑人出入境情况及身份情况。诈骗窝点的纸质和电子账目报表,审查时间、金额等细节是否与被害人陈述相互印证。犯罪过程中记载被害人身份、诈骗数额、时间等信息的流转单,审查相关信息是否与被害人陈述、银行转账记录等相互印证。犯罪嫌疑人之间的聊天记录、诈骗脚本、内部分工、培训资料、监控视频等证据,审查犯罪的具体手法、过程。购买作案工具和资源(手机卡、银行卡、POS 机、服务器、木马病毒、改号软件、公民个人信息等)的资金流水、电子数据等证据。

3. 有证据证明犯罪嫌疑人具有诈骗的主观故意

(1)证明犯罪嫌疑人主观故意的证据:犯罪嫌疑人的供述和辩解、证人证言、同案犯指证;诈骗脚本、诈骗信息内容、工作日记、分工手册、犯罪嫌疑人的具体职责、地位、参与实施诈骗行为的时间等;赃款的账册、分赃的记录、诈骗账目记录、提成记录、工作环境、工作形式等;短信、QQ、微信、skype 等即时通讯工具聊天记录等,审查其中是否出现有关诈骗的内容以及诈骗专门用的黑话、暗语等。

(2)证明提供帮助者的主观故意的证据:提供帮助犯罪嫌疑人供述和辩解、电信网络诈骗犯罪嫌疑人的指证、证人证言;双方短信以及 QQ、微信、skype 等即时通讯工具聊天记录等信息材料;犯罪嫌疑人的履历、前科记录、行政处罚记录、双方资金往来的凭证、犯罪嫌疑人提供帮助、协助的收益数额、取款时的监控视频、收入记录、处罚判决情况等。

(二)审查起诉

除审查逮捕阶段证据审查基本要求之外,对电信网络诈骗案件的审查起诉工作还应坚持“犯罪事实清楚,证据确实、充分”的标准,保证定罪量刑的事实都有证据证明;据以定案的证据均经法定程序查证属实;综合全案证据,对所认定的事实均已排除合理怀疑。

1. 有确实充分的证据证明发生了电信网络诈骗犯罪事实

(1)证明电信网络诈骗事实发生。除审查逮捕要求的证据类型之外,跨国电信网络诈骗还需要有出入境记录、飞机铁路等交通工具出行记录,必要时需国外有关部门出具的与案件有关的书面证据材料,包括原件、翻译件、使领馆认证文件等。

(2)证明电信网络诈骗行为的危害结果

①证明诈骗数额达到追诉标准的证据:能查清诈骗事实的相关证人证言、被害人陈述、犯罪嫌疑人供述和辩解、银行账户交易明细、交易凭证、第三方支付结算交易记录以及其他与电信网络诈骗关联的账户交易记录、犯罪嫌疑人的诈骗账目记录以及其它有关证据。

需要特别注意“犯罪数额接近提档”的情形。当诈骗数额接近“数额巨大”“数额特别巨大”的标准(一般掌握在80%以上,即达到2.4万元、40万元),根据《解释》和《意见》的规定,具有《意见》第二条第二款“酌情从重处罚”十种情形之一的,应当分别认定为刑法第二百六十六条规定的“其他严重情节”“其他特别严重情节”,提高一档量刑。

②证明发送信息条数、拨打电话次数以及页面浏览量达到追诉标准的证据类型与审查逮捕的证据类型相同。

2. 有确实充分的证据证明诈骗行为是犯罪嫌疑人实施的

(1)有关资金链条的证据。重点审查被害人的银行交易记录和犯罪嫌疑人持有的银行卡及账号的交易记录,用于查明被害人遭受的财产损失及犯罪嫌疑人诈骗的犯罪数额;重点审查犯罪嫌疑人的短信,以及QQ、微信、skype等即时通讯工具聊天记录,用于查明是否出现涉案银行卡账号、资金流转等犯罪信息,赃款是否由犯罪嫌疑人取得。此外,对诈骗团伙或犯罪集团租用或交叉使用多层级账户洗钱的,要结合资金存取流转的书证、监控录像、辨认笔录、证人证言、被害人陈述、犯罪嫌疑人供述和辩解等证据分析认定。

(2)有关人员链条的证据。电信网络诈骗多为共同犯罪,在审查刑事责任年龄、刑事责任能力方面的证据基础上,应重点审查犯罪嫌疑人供述和辩解、手机通信记录等,通过自供和互证,以及与其他证据之间的相互印证,查明各自的分工和作用,以区分主、从犯。对于分工明确、有明显首要分子、较为固定的组织结构的三人以上固定的犯罪组织,应当认定为犯罪集团。

言词证据及有关信息链条的证据与审查逮捕的证据类型相同。

3. 有确实充分的证据证明犯罪嫌疑人具有诈骗的主观故意

证明犯罪嫌疑人及提供帮助者主观故意的证据类型同审查逮捕证据类型相同。需要注意的是,由于犯罪嫌疑人各自分工不同,其供述和辩解也呈现不同的证明力。一般而言,专门行骗人对于单起事实的细节记忆相对粗略,只能供述诈骗的手段和方式;专业取款人对于取款的具体细目记忆也粗略,只能供述大概经过和情况,重点审查犯罪手段的同类性、共同犯罪人之间的关系及各自分工和作用。

二、需要特别注意的问题

在电信网络诈骗案件审查逮捕、审查起诉中,要根据相关法律、司法解释等规定,结合在案证据,重点注意以下问题:

(一)电信网络诈骗犯罪的界定

1.此罪彼罪

在一些案件中,尤其是利用网络钓鱼、木马链接实施犯罪的案件中,既存在虚构事实、隐瞒真相的诈骗行为,又可能存在秘密窃取的行为,关键要审查犯罪嫌疑人取得财物是否基于被害人对财物的主动处分意识。如果行为人通过秘密窃取的行为获取他人财物,则应认定构成盗窃罪;如果窃取或者骗取的是他人信用卡资料,并通过互联网、通讯终端等使用的,根据《最高人民法院、最高人民检察院关于办理妨害信用卡管理刑事案件具体应用法律若干问题的解释》(法释〔2009〕19号),则可能构成信用卡诈骗罪;如果通过电信网络技术向不特定多数人发送诈骗信息后又转入接触式诈骗,或者为实现诈骗目的,线上线下并行同时进行接触式和非接触式诈骗,应当按照诈骗取财行为的本质定性,虽然使用电信网络技术但被害人基于接触被骗的,应当认定普通诈骗;如果出现电信网络诈骗和合同诈骗、保险诈骗等特殊诈骗罪名的竞合,应依据刑法有关规定定罪量刑。

2.追诉标准低于普通诈骗犯罪且无地域差别

追诉标准直接决定了法律适用问题甚至罪与非罪的认定。《意见》规定,利用电信网络技术手段实施诈骗,诈骗公私财物价值三千元以上的,认定为刑法第二百六十六条规定的“数额较大”。而《解释》规定,诈骗公私财物价值三千元至一万元以上的,认定为刑法第二百六十六条规定的“数额较大”。因此,电信网络诈骗的追诉标准要低于普通诈骗的追诉标准,且全国统一无地域差别,即犯罪数额达到三千元以上、三万元以上、五十万元以上的,应当分别认定为刑法第二百六十六条规定的“数额较大”“数额巨大”“数额特别巨大”。

(二)犯罪形态的审查

1.可以查证诈骗数额的未遂

电信网络诈骗应以被害人失去对被骗钱款的实际控制为既遂认定标准。一般情形下,诈骗款项转出后即时到账构成既遂。但随着银行自助设备、第三方支付平台陆续推出“延时到账”“撤销转账”等功能,被害人通过自助设备、第三方支付平台向犯罪嫌疑人指定账户转账,可在规定时间内撤销转账,资金并未实时转出。此种情形下被害人并未对被骗款项完全失去控制,而犯罪嫌疑人亦未取得实际控制,应当认定为未遂。

2. 无法查证诈骗数额的未遂

根据《意见》规定,对于诈骗数额难以查证的,犯罪嫌疑人发送诈骗信息五千条以上,或者拨打诈骗电话五百人次以上,或者在互联网上发布诈骗信息的页面浏览量累计五千次以上,可以认定为诈骗罪中"其他严重情节",以诈骗罪(未遂)定罪处罚。具有上述情形,数量达到相应标准十倍以上的,应当认定为刑法第二百六十六条规定的"其他特别严重情节",以诈骗罪(未遂)定罪处罚。

(三)诈骗数额及发送信息、拨打电话次数的认定

1. 诈骗数额的认定

(1)根据犯罪集团诈骗账目登记表、犯罪嫌疑人提成表等书证,结合证人证言、犯罪嫌疑人供述和辩解等言词证据,认定犯罪嫌疑人的诈骗数额。

(2)根据经查证属实的银行账户交易记录、第三方支付结算账户交易记录、通话记录、电子数据等证据,结合已收集的被害人陈述,认定被害人人数及诈骗资金数额。

(3)对于确因客观原因无法查实全部被害人,尽管有证据证明该账户系用于电信网络诈骗犯罪,且犯罪嫌疑人无法说明款项合法来源的,也不能简单将账户内的款项全部推定为"犯罪数额"。要根据在案其他证据,认定犯罪集团是否有其他收入来源,"违法所得"有无其他可能性。如果证据足以证实"违法所得"的排他性,则可以将"违法所得"均认定为犯罪数额。

(4)犯罪嫌疑人为实施犯罪购买作案工具、伪装道具、租用场地、交通工具甚至雇佣他人等诈骗成本不能从诈骗数额中扣除。对通过向被害人交付一定货币,进而骗取其信任并实施诈骗的,由于货币具有流通性和经济价值,该部分货币可以从诈骗数额中扣除。

2. 发送信息、拨打电话次数的认定

(1)拨打电话包括拨出诈骗电话和接听被害人回拨电话。反复拨打、接听同一电话号码,以及反复向同一被害人发送诈骗信息的,拨打、接听电话次数、发送信息条数累计计算。

(2)被害人是否接听、接收到诈骗电话、信息不影响次数、条数计算。

(3)通过语音包发送的诈骗录音或通过网络等工具辅助拨出的电话,应当认定为拨打电话。

(4)发送信息条数、拨打电话次数的证据难以收集的,可以根据经查证属实的日发送信息条数、日拨打人次数,结合犯罪嫌疑人实施犯罪的时间、犯罪嫌疑人的供述等相关证据予以认定。

(5)发送信息条数和拨打电话次数在法律及司法解释未明确的情况下不宜换算累加。

(四)共同犯罪及主从犯责任的认定

1. 对于三人以上为实施电信网络诈骗而组成的较为固定的犯罪组织,应当依法认定为犯罪集团。对于犯罪集团的首要分子,按照集团所犯全部犯罪处罚,并且对犯罪集团中组织、指挥、策划者和骨干分子依法从严惩处。

2. 对于其余主犯,按照其所参与或者组织、指挥的全部犯罪处罚。多人共同实施电信网络诈骗,犯罪嫌疑人、被告人应对其参与期间该诈骗团伙实施的全部诈骗行为承担责任。

3. 对于部分被招募发送信息、拨打电话的犯罪嫌疑人,应当对其参与期间整个诈骗团伙的诈骗行为承担刑事责任,但可以考虑参与时间较短、诈骗数额较低、发送信息、拨打电话较少,认定为从犯,从宽处理。

4. 对于专门取款人,由于其可在短时间内将被骗款项异地转移,对诈骗既遂起到了至关重要的作用,也大大增加了侦查和追赃难度,因此应按其在共同犯罪中的具体作用进行认定,不宜一律认定为从犯。

(五)关联犯罪事前通谋的审查

根据《意见》规定,明知是电信网络诈骗犯罪所得及其产生的收益,通过使用销售点终端机具(POS 机)刷卡套现等非法途径,协助转换或者转移财物等五种方式转账、套现、取现的,需要与直接实施电信网络诈骗犯罪嫌疑人事前通谋的才以共同犯罪论处。因此,应当重点审查帮助转换或者转移财物行为人是否在诈骗犯罪既遂之前与实施诈骗犯罪嫌疑人共谋或者虽无共谋但明知他人实施犯罪而提供帮助。对于帮助者明知的内容和程度,并不要求其明知被帮助者实施诈骗行为的具体细节,其只要认识到对方实施诈骗犯罪行为即可。审查时,要根据犯罪嫌疑人的认知能力、既往经历、行为次数和手段、与他人关系、获利情况、是否曾因电信网络诈骗受过处罚以及是否故意规避调查等主客观因素分析认定。

(六)电子数据的审查

1. 电子数据真实性的审查

(1)是否移送原始存储介质;在原始存储介质无法封存、不便移动时,有无说明原因,并注明收集、提取过程及原始存储介质的存放地点或者电子数据的来源等情况。

(2)电子数据是否具有数字签名、数字证书等特殊标识。

(3)电子数据的收集、提取过程是否可以重现。

(4)电子数据如有增加、删除、修改等情形的,是否附有说明。

(5)电子数据的完整性是否可以保证。

2. 电子数据合法性的审查

(1)收集、提取电子数据是否由二名以上侦查人员进行,取证方法是否符合相关技术标准。

(2)收集、提取电子数据,是否附有笔录、清单,并经侦查人员、电子数据持有人(提供人)、见证人签名或者盖章;没有持有人(提供人)签名或者盖章的,是否注明原因;对电子数据的类别、文件格式等是否注明清楚。

(3)是否依照有关规定由符合条件的人员担任见证人,是否对相关活动进行录像。

(4)电子数据检查是否将电子数据存储介质通过写保护设备接入到检查设备;有条件的,是否制作电子数据备份,并对备份进行检查;无法制作备份且无法使用写保护设备的,是否附有录像。

(5)通过技术侦查措施,利用远程计算机信息系统进行网络远程勘验收集到电子数据,作为证据使用的,是否随案移送批准采取技术侦查措施的法律文书和所收集的证据材料,是否对其来源等作出书面说明。

(6)对电子数据作出鉴定意见的鉴定机构是否具有司法鉴定资质。

3. 电子数据的采信

(1)经过公安机关补正或者作出合理解释可以采信的电子数据:未以封存状态移送的;笔录或者清单上没有侦查人员、电子数据持有人(提供人)、见证人签名或者盖章的;对电子数据的名称、类别、格式等注明不清的;有其他瑕疵的。

(2)不能采信的电子数据:电子数据系篡改、伪造或者无法确定真伪的;电子数据有增加、删除、修改等情形,影响电子数据真实性的;其他无法保证电子数据真实性的情形。

(七)境外证据的审查

1. 证据来源合法性的审查

境外证据的来源包括:外交文件(国际条约、互助协议);司法协助(刑事司法协助、平等互助原则）；警务合作（国际警务合作机制、国际刑警组织）。

由于上述来源方式均需要有法定的程序和条件，对境外证据的审查要注意：证据来源是否是通过上述途径收集，审查报批、审批手续是否完备，程序是否合法；证据材料移交过程是否合法，手续是否齐全，确保境外证据的来源合法性。

2. 证据转换的规范性审查

对于不符合我国证据种类和收集程序要求的境外证据，侦查机关要重新进行转换和固定，才能作为证据使用。注重审查：

（1）境外交接证据过程的连续性，是否有交接文书，交接文书是否包含接收证据。

（2）接收移交、开箱、登记时是否全程录像，确保交接过程的真实性，交接物品的完整性。

（3）境外证据按照我国证据收集程序重新进行固定的，依据相关规定进行，注意证据转换过程的连续性和真实性的审查。

（4）公安机关是否对境外证据来源、提取人、提取时间或者提供人、提供时间以及保管移交的过程等作出说明，有无对电子数据完整性等专门性问题的鉴定意见等。

（5）无法确认证据来源、证据真实性、收集程序违法无法补正等境外证据应予排除。

3. 其他来源的境外证据的审查通过其他渠道收集的境外证据材料，作为证据使用的，应注重对其来源、提供人、提供时间以及提取人、提取时间进行审查。能够证明案件事实且符合刑事诉讼法规定的，可以作为证据使用。

三、社会危险性及羁押必要性审查

（一）审查逮捕

符合下列情形之一的，可以结合案件具体情况考虑认定犯罪嫌疑人具有社会危险性，有羁押必要：

1.《最高人民检察院、公安部关于逮捕社会危险性条件若干问题的规定（试行）》（高检会〔2015〕9 号）规定的具有社会危险性情节的。

2. 犯罪嫌疑人是诈骗团伙的首要分子或者主犯。对于首要分子，要重点审查其在电信网络诈骗集团中是否起到组织、策划、指挥作用。对于其他主犯，要重点审查其是否是犯意的发起者、犯罪的组织者、策划者、指挥者、主要责任者，是否参与了犯罪的全过程或关键环节以及在犯罪中所起的作用：诈骗团伙的具体管理者、组织者、招募者、电脑操盘人员、对诈骗成员进行培训的人员以及制作、提供诈骗方案、术语清单、语音包、信息的人员可以认定为主犯;取款组、供卡组、公民个人信息提供组等负责人,对维持诈骗团伙运转起着重要作用的,可以认定为主犯;对于其他实行犯是否属于主犯,主要通过其参加时段实施共同犯罪活动的程度、具体罪行的大小、对造成危害后果的作用等来认定。

3. 有证据证明犯罪嫌疑人实施诈骗行为,犯罪嫌疑人拒不供认或者作虚假供述的。

4. 有证据显示犯罪嫌疑人参与诈骗且既遂数额巨大、被害人众多,诈骗数额等需进一步核实的。

5. 有证据证明犯罪嫌疑人参与诈骗的时间长,应当明知诈骗团伙其他同案犯犯罪事实的,但犯罪嫌疑人拒绝指证或虚假指证的。

6. 其他具有社会危险性或羁押必要的情形。

在犯罪嫌疑人罪行较轻的前提下,根据犯罪嫌疑人在犯罪团伙中的地位、作用、参与时间、工作内容、认罪态度、悔罪表现等情节,结合案件整体情况,依据主客观相一致原则综合判断犯罪嫌疑人的社会危险性或者羁押必要性。在犯罪嫌疑人真诚认罪悔罪,如实供述且供述稳定的情况下,有下列情形的可以考虑社会危险性较小:

1. 预备犯、中止犯。

2. 直接参与诈骗的数额未达巨大,有自首、立功表现的。

3. 直接参与诈骗的数额未达巨大,参与时间短的发送信息、拨打电话人员。

4. 涉案数额未达巨大,受雇负责饮食、住宿等辅助工作人员。

5. 直接参与诈骗的数额未达巨大,积极退赃的从犯。

6. 被胁迫参加电信网络诈骗团伙,没有造成严重影响和后果的。

7. 其他社会危险性较小的情形。

需要注意的是,对犯罪嫌疑人社会危险性的把握,要根据案件社会影响、造成危害后果、打击力度的需要等多方面综合判断和考虑。

(二)审查起诉

在审查起诉阶段,要结合侦查阶段取得的事实证据,进一步引导侦查机关加大捕后侦查力度,及时审查新证据。在羁押期限届满前对全案进行综合审查,对于未达到逮捕证明标准的,撤销原逮捕决定。

经羁押必要性审查,发现犯罪嫌疑人具有下列情形之一的,应当向办案机关提出释放或者变更强制措施的建议：

1. 案件证据发生重大变化，没有证据证明有犯罪事实或者犯罪行为系犯罪嫌疑人、被告人所为的。

2. 案件事实或者情节发生变化，犯罪嫌疑人、被告人可能被判处拘役、管制、独立适用附加刑、免予刑事处罚或者判决无罪的。

3. 继续羁押犯罪嫌疑人、被告人，羁押期限将超过依法可能判处的刑期的。

4. 案件事实基本查清，证据已经收集固定，符合取保候审或者监视居住条件的。

经羁押必要性审查，发现犯罪嫌疑人、被告人具有下列情形之一，且具有悔罪表现，不予羁押不致发生社会危险性的，可以向办案机关提出释放或者变更强制措施的建议：

1. 预备犯或者中止犯；共同犯罪中的从犯或者胁从犯。

2. 主观恶性较小的初犯。

3. 系未成年人或者年满七十五周岁的人。

4. 与被害方依法自愿达成和解协议，且已经履行或者提供担保的。

5. 患有严重疾病、生活不能自理的。

6. 系怀孕或者正在哺乳自己婴儿的妇女。

7. 系生活不能自理的人的唯一扶养人。

8. 可能被判处一年以下有期徒刑或者宣告缓刑的。

9. 其他不需要继续羁押犯罪嫌疑人、被告人的情形。

检察机关办理侵犯公民个人信息案件指引

（2018 年 11 月 9 日　高检发侦监字〔2018〕13 号）

根据《中华人民共和国刑法》第二百五十三条之一的规定，侵犯公民个人信息罪是指违反国家有关规定，向他人出售、提供公民个人信息，或者通过窃取等方法非法获取公民个人信息，情节严重的行为。结合《最高人民法院、最高人民检察院关于办理侵犯公民个人信息刑事案件适用法律若干问题的解释》（法释〔2017〕10号）（以下简称《解释》），办理侵犯公民个人信息案件，应当特别注意以下问题：一是对“公民个人信息”的审查认定；二是对“违反国家有关规定”的审查认定；三是对“非法获取”的审查认定；四是对“情节严重”和“情节特别严重”的审查认定；五是对关联犯罪的审查认定。

一、审查证据的基本要求

(一)审查逮捕

1. 有证据证明发生了侵犯公民个人信息犯罪事实

(1)证明侵犯公民个人信息案件发生

主要证据包括:报案登记、受案登记、立案决定书、破案经过、证人证言、被害人陈述、犯罪嫌疑人供述和辩解以及证人、被害人提供的短信、微信或QQ截图等电子数据。

(2)证明被侵犯对象系公民个人信息

主要证据包括:扣押物品清单、勘验检查笔录、电子数据、司法鉴定意见及公民信息查询结果说明、被害人陈述、被害人提供的原始信息资料和对比资料等。

2. 有证据证明侵犯公民个人信息行为是犯罪嫌疑人实施的

(1)证明违反国家有关规定的证据:犯罪嫌疑人关于所从事的职业的供述、其所在公司的工商注册资料、公司出具的犯罪嫌疑人职责范围说明、劳动合同、保密协议及公司领导、同事关于犯罪嫌疑人职责范围的证言等。

(2)证明出售、提供行为的证据:远程勘验笔录及QQ、微信等即时通讯工具聊天记录、论坛、贴吧、电子邮件、手机短信记录等电子数据,证明犯罪嫌疑人通过上述途径向他人出售、提供、交换公民个人信息的情况。公民个人信息贩卖者、提供者、担保交易人及购买者、收受者的证言或供述,相关银行账户明细、第三方支付平台账户明细,证明出售公民个人信息违法所得情况。此外,如果犯罪嫌疑人系通过信息网络发布方式提供公民个人信息,证明该行为的证据还包括远程勘验笔录、扣押笔录、扣押物品清单、对手机、电脑存储介质、云盘、FTP等的司法鉴定意见等。

(3)证明犯罪嫌疑人或公民个人信息购买者、收受者控制涉案信息的证据:搜查笔录、扣押笔录、扣押物品清单,对手机、电脑存储介质等的司法鉴定意见等,证实储存有公民个人信息的电脑、手机、U盘或者移动硬盘、云盘、FTP等介质与犯罪嫌疑人或公民个人信息购买者、收受者的关系。犯罪嫌疑人供述、辨认笔录及证人证言等,证实犯罪嫌疑人或公民个人信息购买者、收受者所有或实际控制、使用涉案存储介质。

(4)证明涉案公民个人信息真实性的证据:被害人陈述、被害人提供的原始信息资料、公安机关或相关单位出具的涉案公民个人信息与权威数据库内信息同一性的比对说明。针对批量的涉案公民个人信息的真实性问题,根据《解释》精神,可以根据查获的数量直接认定,但有证据证明信息不真实或重复的除外。

(5)证明违反国家规定,通过窃取、购买、收受、交换等方式非法获取公民个人信息的证据:主要证据与上述以出售、提供方式侵犯公民个人信息行为的证据基本相同。针对窃取的方式如通过技术手段非法获取公民个人信息的行为,需证明犯罪嫌疑人实施上述行为,除被害人陈述、犯罪嫌疑人供述和辩解外,还包括侦查机关从被害公司数据库中发现入侵电脑 IP 地址情况、从犯罪嫌疑人电脑中提取的侵入被害公司数据的痕迹等现场勘验检查笔录,以及涉案程序(木马)的司法鉴定意见等。

3. 有证据证明犯罪嫌疑人具有侵犯公民个人信息的主观故意

(1)证明犯罪嫌疑人明知没有获取、提供公民个人信息的法律依据或资格,主要证据包括:犯罪嫌疑人的身份证明、犯罪嫌疑人关于所从事职业的供述、其所在公司的工商资料和营业范围、公司关于犯罪嫌疑人的职责范围说明、公司主要负责人的证人证言等。

(2)证明犯罪嫌疑人积极实施窃取、出售、提供、购买、交换、收受公民个人信息的行为,主要证据除了证人证言、犯罪嫌疑人供述和辩解外,还包括远程勘验笔录、手机短信记录、即时通讯工具聊天记录、电子数据司法鉴定意见、银行账户明细、第三方支付平台账户明细等。

4. 有证据证明"情节严重"或"情节特别严重"

(1)公民个人信息购买者或收受者的证言或供述。

(2)公民个人信息购买、收受公司工作人员利用公民个人信息进行电话或短信推销、商务调查等经营性活动后出具的证言或供述。

(3)公民个人信息购买者或者收受者利用所获信息从事违法犯罪活动后出具的证言或供述。

(4)远程勘验笔录、电子数据司法鉴定意见书、最高人民检察院或公安部指定的机构对电子数据涉及的专门性问题出具的报告、公民个人信息资料等。证明犯罪嫌疑人通过即时通讯工具、电子邮箱、论坛、贴吧、手机等向他人出售、提供、购买、交换、收受公民个人信息的情况。

(5)银行账户明细、第三方支付平台账户明细。

(6)死亡证明、伤情鉴定意见、医院诊断记录、经济损失鉴定意见、相关案件起诉书、判决书等。

(二)审查起诉

除审查逮捕阶段证据审查基本要求之外,对侵犯公民个人信息案件的审查起诉工作还应坚持“犯罪事实清楚，证据确实、充分”的标准，保证定罪量刑的事实都有证据证明；据以定案的证据均经法定程序查证属实；综合全案证据，对所认定的事实已排除合理怀疑。

1. 有确实充分的证据证明发生了侵犯公民个人信息犯罪事实。该证据与审查逮捕的证据类型相同。

2. 有确实充分的证据证明侵犯公民个人信息行为是犯罪嫌疑人实施的

(1)对于证明犯罪行为是犯罪嫌疑人实施的证据审查，需要结合《解释》精神，准确把握对“违反国家有关规定”“出售、提供行为”“窃取或以其他方法”的认定。

(2)对证明违反国家有关规定的证据审查，需要明确国家有关规定的具体内容，违反法律、行政法规、部门规章有关公民个人信息保护规定的，应当认定为刑法第二百五十三条之一规定的“违反国家有关规定”。

(3)对证明出售、提供行为的证据审查，应当明确“出售、提供”包括在履职或提供服务的过程中将合法持有的公民个人信息出售或者提供给他人的行为：向特定人提供、通过信息网络或者其他途径发布公民个人信息、未经被收集者同意，将合法收集的公民个人信息(经过处理无法识别特定个人且不能复原的除外)向他人提供的，均属于刑法第二百五十三条之一规定的“提供公民个人信息”。应当全面审查犯罪嫌疑人所出售提供公民个人信息的来源、途经与去向，对相关供述、物证、书证、证人证言、被害人陈述、电子数据等证据种类进行综合审查，针对使用信息网络进行犯罪活动的，需要结合专业知识，根据证明该行为的远程勘验笔录、扣押笔录、扣押物品清单、电子存储介质、网络存储介质等的司法鉴定意见进行审查。

(4)对证明通过窃取或以其他非法方法获取公民个人信息等方式非法获取公民个人信息的证据审查，应当明确“以其他方法获取公民个人信息”包括购买、收受、交换等方式获取公民个人信息，或者在履行职责、提供服务过程中收集公民个人信息的行为。

针对窃取行为，如通过信息网络窃取公民个人信息，则应当结合犯罪嫌疑人供述、证人证言、被害人陈述，着重审查证明犯罪嫌疑人侵入信息网络、数据库时的IP地址、MAC地址、侵入工具、侵入痕迹等内容的现场勘验检查笔录以及涉案程序(木马)的司法鉴定意见等。

针对购买、收受、交换行为，应当全面审查购买、收受、交换公民个人信息的来源、途经、去向，结合犯罪嫌疑人供述和辩解、辨认笔录、证人证言等证据，对搜查笔录、扣押笔录、扣押物品清单、涉案电子存储介质等司法鉴定意见进行审查，明确上述证据同犯罪嫌疑人或公民个人信息购买、收受、交换者之间的关系。

针对履行职责、提供服务过程中收集公民个人信息的行为,应当审查证明犯罪嫌疑人所从事职业及其所负职责的证据,结合法律、行政法规、部门规章等国家有关公民个人信息保护的规定,明确犯罪嫌疑人的行为属于违反国家有关规定,以其他方法非法获取公民个人信息的行为。

(5)对证明涉案公民个人信息真实性证据的审查,应当着重审查被害人陈述、被害人提供的原始信息资料、公安机关或其他相关单位出具的涉案公民个人信息与权威数据库内信息同一性的对比说明。对批量的涉案公民个人信息的真实性问题,根据《解释》精神,可以根据查获的数量直接认定,但有证据证明信息不真实或重复的除外。

3. 有确实充分的证据证明犯罪嫌疑人具有侵犯公民个人信息的主观故意

(1)对证明犯罪嫌疑人主观故意的证据审查,应当综合审查犯罪嫌疑人的身份证明、犯罪嫌疑人关于所从事职业的供述、其所在公司的工商资料和营业范围、公司关于犯罪嫌疑人的职责范围说明、公司主要负责人的证人证言等,结合国家公民个人信息保护的相关规定,夯实犯罪嫌疑人在实施犯罪时的主观明知。

(2)对证明犯罪嫌疑人积极实施窃取或者以其他方法非法获取公民个人信息行为的证据审查,应当结合犯罪嫌疑人供述、证人证言,着重审查远程勘验笔录、手机短信记录、即时通讯工具聊天记录、电子数据司法鉴定意见、银行账户明细、第三方支付平台账户明细等,明确犯罪嫌疑人在实施犯罪时的积极作为。

4. 有确实充分的证据证明"情节严重"或"情节特别严重"。该证据与审查逮捕的证据类型相同。

二、需要特别注意的问题

在侵犯公民个人信息案件审查逮捕、审查起诉中,要根据相关法律、司法解释等规定,结合在案证据,重点注意以下问题:

(一)对"公民个人信息"的审查认定

根据《解释》的规定,公民个人信息是指以电子或者其他方式记录的能够单独或者与其他信息结合识别特定自然人身份或者反映特定自然人活动情况的各种信息,包括姓名、身份证件号码、通信通讯联系方式、住址、账号密码、财产状况、行踪轨迹等。经过处理无法识别特定自然人且不能复原的信息,虽然也可能反映自然人活动情况,但与特定自然人无直接关联,不属于公民个人信息的范畴。

对于企业工商登记等信息中所包含的手机、电话号码等信息,应当明确该号码的用途。对由公司购买、使用的手机、电话号码等信息,不属于个人信息的范畴,从而严格区分“手机、电话号码等由公司购买,归公司使用”与“公司经办人在工商登记等活动中登记个人电话、手机号码”两种不同情形。

(二)对“违反国家有关规定”的审查认定

《中华人民共和国刑法修正案(九)》将原第二百五十三条之一的“违反国家规定”修改为“违反国家有关规定”,后者的范围明显更广。根据刑法第九十六条的规定,“国家规定”仅限于全国人大及其常委会制定的法律和决定,国务院制定的行政法规、规定的行政措施、发布的决定和命令。而“国家有关规定”还包括部门规章,这些规定散见于金融、电信、交通、教育、医疗、统计、邮政等领域的法律、行政法规或部门规章中。

(三)对“非法获取”的审查认定

在窃取或者以其他方法非法获取公民个人信息的行为中,需要着重把握“其他方法”的范围问题。“其他方法”,是指“窃取”以外,与窃取行为具有同等危害性的方法,其中,购买是最常见的非法获取手段。侵犯公民个人信息犯罪作为电信网络诈骗的上游犯罪,诈骗分子往往先通过网络向他人购买公民个人信息,然后自己直接用于诈骗或转发给其他同伙用于诈骗,诈骗分子购买公民个人信息的行为属于非法获取行为,其同伙接收公民个人信息的行为明显也属于非法获取行为。同时,一些房产中介、物业管理公司、保险公司、担保公司的业务员往往与同行通过 QQ、微信群互相交换各自掌握的客户信息,这种交换行为也属于非法获取行为。此外,行为人在履行职责、提供服务过程中,违反国家有关规定,未经他人同意收集公民个人信息,或者收集与提供的服务无关的公民个人信息的,也属于非法获取公民个人信息的行为。

(四)对“情节严重”和“情节特别严重”的审查认定

1. 关于“情节严重”的具体认定标准,根据《解释》第五条第一款的规定,主要涉及五个方面:

(1)信息类型和数量。①行踪轨迹信息、通信内容、征信信息、财产信息,此类信息与公民人身、财产安全直接相关,数量标准为五十条以上,且仅限于上述四类信息,不允许扩大范围。对于财产信息,既包括银行、第三方支付平台、证券期货等金融服务账户的身份认证信息(一组确认用户操作权限的数据,包括账号、口令、密码、数字证书等),也包括存款、房产、车辆等财产状况信息。②住宿信息、通信记录、健康生理信息、交易信息等可能影响公民人身、财产安全的信息,数量标准为五百条以上，此类信息也与人身、财产安全直接相关，但重要程度要弱于行踪轨迹信息、通信内容、征信信息、财产信息。对“其他可能影响人身、财产安全的公民个人信息”的把握，应当确保所适用的公民个人信息涉及人身、财产安全，且与“住宿信息、通信记录、健康生理信息、交易信息”在重要程度上具有相当性。③除上述两类信息以外的其他公民个人信息，数量标准为五千条以上。

(2)违法所得数额。对于违法所得，可直接以犯罪嫌疑人出售公民个人信息的收入予以认定，不必扣减其购买信息的犯罪成本。同时，在审查认定违法所得数额过程中，应当以查获的银行交易记录、第三方支付平台交易记录、聊天记录、犯罪嫌疑人供述、证人证言综合予以认定，对于犯罪嫌疑人无法说明合法来源的用于专门实施侵犯公民个人信息犯罪的银行账户或第三方支付平台账户内资金收入，可综合全案证据认定为违法所得。

(3)信息用途。公民个人信息被他人用于违法犯罪活动的，不要求他人的行为必须构成犯罪，只要行为人明知他人非法获取公民个人信息用于违法犯罪活动即可。

(4)主体身份。如果行为人系将在履行职责或者提供服务过程中获得的公民个人信息出售或者提供给他人的，涉案信息数量、违法所得数额只要达到一般主体的一半，即可认为“情节严重”。

(5)主观恶性。曾因侵犯公民个人信息受过刑事处罚或者二年内受过行政处罚，又非法获取、出售或者提供公民个人信息的，即可认为“情节严重”。

2. 关于“情节特别严重”的认定标准，根据《解释》，主要分为两类：一是信息数量、违法所得数额标准。二是信息用途引发的严重后果，其中造成人身伤亡、经济损失、恶劣社会影响等后果，需要审查认定侵犯公民个人信息的行为与严重后果间存在因果关系。

对于涉案公民个人信息数量的认定，根据《解释》第十一条，非法获取公民个人信息后又出售或者提供的，公民个人信息的条数不重复计算；向不同单位或者个人分别出售、提供同一公民个人信息的，公民个人信息的条数累计计算；对批量出售、提供公民个人信息的条数，根据查获的数量直接认定，但是有证据证明信息不真实或者重复的除外。在实践中，如犯罪嫌疑人多次获取同一条公民个人信息，一般认定为一条，不重复累计；但获取的该公民个人信息内容发生了变化的除外。

对于涉案公民个人信息的数量、社会危害性等因素的审查，应当结合刑法第二百五十三条和《解释》的规定进行综合审查。涉案公民个人信息数量极少，但造成被害人死亡等严重后果的，应审查犯罪嫌疑人行为与该后果之间的因果关系，符合条件的，可以认定为实施《解释》第五条第一款第十项“其他情节严重的情形”的行为，造成被害人死亡等严重后果，从而认定为“情节特别严重”。如涉案公民个人信息数量较多，但犯罪嫌疑人仅仅获取而未向他人出售或提供，则可以在认定相关犯罪事实的基础上，审查该行为是否符合《解释》第五条第一款第三、四、五、六、九项及第二款第三项的情形，符合条件的，可以分别认定为“情节严重”“情节特别严重”。

此外，针对为合法经营活动而购买、收受公民个人信息的行为，在适用《解释》第六条的定罪量刑标准时须满足三个条件：一是为了合法经营活动，对此可以综合全案证据认定，但主要应当由犯罪嫌疑人一方提供相关证据；二是限于普通公民个人信息，即不包括可能影响人身、财产安全的敏感信息；三是信息没有再流出扩散，即行为方式限于购买、收受。如果将购买、收受的公民个人信息非法出售或者提供的，定罪量刑标准应当适用《解释》第五条的规定。

(五)对关联犯罪的审查认定

对于侵犯公民个人信息犯罪与电信网络诈骗犯罪相交织的案件，应严格按照《最高人民法院、最高人民检察院、公安部关于办理电信网络诈骗等刑事案件适用法律若干问题的意见》(法发〔2016〕32 号)的规定进行审查认定，即通过认真审查非法获取、出售、提供公民个人信息的犯罪嫌疑人对电信网络诈骗犯罪的参与程度，结合能够证实其认知能力的学历文化、聊天记录、通话频率、获取固定报酬还是参与电信网络诈骗犯罪分成等证据，分析判断其是否属于诈骗共同犯罪、是否应该数罪并罚。

根据《解释》第八条的规定，设立用于实施出售、提供或者非法获取公民个人信息违法犯罪活动的网站、通讯群组，情节严重的，应当依照刑法第二百八十七条之一的规定，以非法利用信息网络罪定罪；同时构成侵犯公民个人信息罪的，应当认定为侵犯公民个人信息罪。

对于违反国家有关规定，采用技术手段非法侵入合法存储公民个人信息的单位数据库窃取公民个人信息的行为，也符合刑法第二百八十五条第二款非法获取计算机信息系统数据罪的客观特征，同时触犯侵犯公民个人信息罪和非法获取计算机信息系统数据罪的，应择一重罪论处。

此外，针对公安民警在履行职责过程中，违反国家有关规定，查询、提供公民个人信息的情形，应当认定为“违反国家有关规定，将在履行职责或者提供服务过程中以其他方法非法获取或提供公民个人信息”。但同时，应当审查犯罪嫌疑人除该行为之外有无其他行为侵害其他法益，从而对可能存在的其他犯罪予以准确认定。

三、社会危险性及羁押必要性审查

（一）审查逮捕

1. 犯罪动机：一是出售牟利；二是用于经营活动；三是用于违法犯罪活动。犯罪动机表明犯罪嫌疑人主观恶性，也能证明犯罪嫌疑人是否可能实施新的犯罪。

2. 犯罪情节。犯罪嫌疑人的行为直接反映其人身危险性。具有下列情节的侵犯公民个人信息犯罪，能够证实犯罪嫌疑人主观恶性和人身危险性较大，实施新的犯罪的可能性也较大，可以认为具有较大的社会危险性：一是犯罪持续时间较长、多次实施侵犯公民个人信息犯罪的；二是被侵犯的公民个人信息数量或违法所得巨大的；三是利用公民个人信息进行违法犯罪活动的；四是犯罪手段行为本身具有违法性或者破坏性，即犯罪手段恶劣的，如骗取、窃取公民个人信息，采取胁迫、植入木马程序侵入他人计算机系统等方式非法获取信息。

犯罪嫌疑人实施侵犯公民个人信息犯罪，不属于“情节特别严重”，系初犯，全部退赃，并确有悔罪表现的，可以认定社会危险性较小，没有逮捕必要。

（二）审查起诉

在审查起诉阶段，要结合侦查阶段取得的事实证据，进一步引导侦查机关加大捕后侦查力度，及时审查新证据。在羁押期限届满前对全案进行综合审查，对于未达到逮捕证明标准的，撤销原逮捕决定。

经羁押必要性审查，发现犯罪嫌疑人具有下列情形之一的，应当向办案机关提出释放或者变更强制措施的建议：

1. 案件证据发生重大变化，没有证据证明有犯罪事实或者犯罪行为系犯罪嫌疑人、被告人所为的。

2. 案件事实或者情节发生变化，犯罪嫌疑人、被告人可能被判处拘役、管制、独立适用附加刑、免予刑事处罚或者判决无罪的。

3. 继续羁押犯罪嫌疑人、被告人，羁押期限将超过依法可能判处的刑期的。

4. 案件事实基本查清，证据已经收集固定，符合取保候审或者监视居住条件的。

经羁押必要性审查，发现犯罪嫌疑人、被告人具有下列情形之一，且具有悔罪表现，不予羁押不致发生社会危险性的，可以向办案机关提出释放或者变更强制措施的建议：

1. 预备犯或者中止犯；共同犯罪中的从犯或者胁从犯。

2. 主观恶性较小的初犯。

3. 系未成年人或者年满七十五周岁的人。

4. 与被害方依法自愿达成和解协议,且已经履行或者提供担保的。

5. 患有严重疾病、生活不能自理的。

6. 系怀孕或者正在哺乳自己婴儿的妇女。

7. 系生活不能自理的人的唯一扶养人。

8. 可能被判处一年以下有期徒刑或者宣告缓刑的。

9. 其他不需要继续羁押犯罪嫌疑人、被告人的情形。

最高人民检察院关于办理涉互联网金融犯罪案件有关问题座谈会纪要(节录)

(2017 年 6 月 2 日　高检诉〔2017〕14 号)

(二)集资诈骗行为的认定

14、以非法占有为目的,使用诈骗方法非法集资,是集资诈骗罪的本质特征。是否具有非法占有目的,是区分非法吸收公众存款罪和集资诈骗罪的关键要件,对此要重点围绕融资项目真实性、资金去向、归还能力等事实进行综合判断。犯罪嫌疑人存在以下情形之一的,原则上可以认定具有非法占有目的:

(1)大部分资金未用于生产经营活动,或名义上投入生产经营但又通过各种方式抽逃转移资金的;

(2)资金使用成本过高,生产经营活动的盈利能力不具有支付全部本息的现实可能性的;

(3)对资金使用的决策极度不负责任或肆意挥霍造成资金缺口较大的;

(4)归还本息主要通过借新还旧来实现的;

(5)其他依照有关司法解释可以认定为非法占有目的的情形。

15、对于共同犯罪或单位犯罪案件中,不同层级的犯罪嫌疑人之间存在犯罪目的发生转化或者犯罪目的明显不同的,应当根据犯罪嫌疑人的犯罪目的分别认定。

(1)注意区分犯罪目的发生转变的时间节点。犯罪嫌疑人在初始阶段仅具有非法吸收公众存款的故意,不具有非法占有目的,但在发生经营失败、资金链断裂等问题后,明知没有归还能力仍然继续吸收公众存款的,这一时间节点之后的行为应当认定为集资诈骗罪,此前的行为应当认定为非法吸收公众存款罪。

(2)注意区分犯罪嫌疑人的犯罪目的的差异。在共同犯罪或单位犯罪中,犯罪嫌疑人由于层级、职责分工、获取收益方式、对全部犯罪事实的知情程度等不同,其犯罪目的也存在不同。在非法集资犯罪中,有的犯罪嫌疑人具有非法占有的目的,有的则不具有非法占有目的,对此,应当分别认定为集资诈骗罪和非法吸收公众存款罪。

16、证明主观上是否具有非法占有目的,可以重点收集、运用以下客观证据:

(1)与实施集资诈骗整体行为模式相关的证据:投资合同、宣传资料、培训内容等;

(2)与资金使用相关的证据:资金往来记录、会计账簿和会计凭证、资金使用成本(包括利息和佣金等)、资金决策使用过程、资金主要用途、财产转移情况等;

(3)与归还能力相关的证据:吸收资金所投资项目内容、投资实际经营情况、盈利能力、归还本息资金的主要来源、负债情况、是否存在虚构业绩等虚假宣传行为等;

(4)其他涉及欺诈等方面的证据:虚构融资项目进行宣传、隐瞒资金实际用途、隐匿销毁账簿;等等。司法会计鉴定机构对相关数据进行鉴定时,办案部门可以根据查证犯罪事实的需要提出重点鉴定的项目,保证司法会计鉴定意见与待证的构成要件事实之间的关联性。

17、集资诈骗的数额,应当以犯罪嫌疑人实际骗取的金额计算。犯罪嫌疑人为吸收公众资金制造还本付息的假象,在诈骗的同时对部分投资人还本付息的,集资诈骗的金额以案发时实际未兑付的金额计算。案发后,犯罪嫌疑人主动退还集资款项的,不能从集资诈骗的金额中扣除,但可以作为量刑情节考虑。

(三)非法经营资金支付结算行为的认定

18、支付结算业务(也称支付业务)是商业银行或者支付机构在收付款人之间提供的货币资金转移服务。非银行机构从事支付结算业务,应当经中国人民银行批准取得《支付业务许可证》,成为支付机构。未取得支付业务许可从事该业务的行为,违反《非法金融机构和非法金融业务活动取缔办法》第四条第一款第(三)、(四)项的规定,破坏了支付结算业务许可制度,危害支付市场秩序和安全,情节严重的,适用刑法第二百二十五条第(三)项,以非法经营罪追究刑事责任。具体情形:

(1)未取得支付业务许可经营基于客户支付账户的网络支付业务。无证网络支付机构为客户非法开立支付账户,客户先把资金支付到该支付账户,再由无证机构根据订单信息从支付账户平台将资金结算到收款人银行账户。

(2)未取得支付业务许可经营多用途预付卡业务。无证发卡机构非法发行可跨地区、跨行业、跨法人使用的多用途预付卡,聚集大量的预付卡销售资金,并根据客户订单信息向商户划转结算资金。

19、在具体办案时,要深入剖析相关行为是否具备资金支付结算的实质特征,准确区分支付工具的正常商业流转与提供支付结算服务、区分单用途预付卡与多用途预付卡业务,充分考虑具体行为与"地下钱庄"等同类犯罪在社会危害方面的相当性以及刑事处罚的必要性,严格把握入罪和出罪标准。

三、依法认定单位犯罪及其责任人员

20、涉互联网金融犯罪案件多以单位形式组织实施,所涉单位数量众多、层级复杂,其中还包括大量分支机构和关联单位,集团化特征明显。有的涉互联网金融犯罪案件中分支机构遍布全国,既有具备法人资格的,又有不具备法人资格的;既有受总公司直接领导的,又有受总公司的下属单位领导的。公安机关在立案时做法不一,有的对单位立案,有的不对单位立案,有的被立案的单位不具有独立法人资格,有的仅对最上层的单位立案而不对分支机构立案。对此,检察机关公诉部门在审查起诉时,应当从能够全面揭示犯罪行为基本特征、全面覆盖犯罪活动、准确界定区分各层级人员的地位作用、有利于有力指控犯罪、有利于追缴违法所得等方面依法具体把握,确定是否以单位犯罪追究。

四、综合运用定罪量刑情节

25、在办理跨区域涉互联网金融犯罪案件时,在追诉标准、追诉范围以及量刑建议等方面应当注意统一平衡。对于同一单位在多个地区分别设立分支机构的,在同一省(自治区、直辖市)范围内应当保持基本一致。分支机构所涉犯罪嫌疑人与上级单位主要犯罪嫌疑人之间应当保持适度平衡,防止出现责任轻重"倒挂"的现象。

26、单位犯罪中,直接负责的主管人员和其他直接责任人员在涉互联网金融犯罪案件中的地位、作用存在明显差别的,可以区分主犯和从犯。对起组织领导作用的总公司的直接负责的主管人员和发挥主要作用的其他直接责任人员,可以认定为全案的主犯,其他人员可以认定为从犯。

五、证据的收集、审查与运用

28、涉互联网金融犯罪案件证据种类复杂、数量庞大、且分散于各地,收集、审查、运用证据的难度大。各地检察机关公诉部门要紧紧围绕证据的真实性、合法性、关联性,引导公安机关依法全面收集固定证据,加强证据的审查、运用,确保案件事实经得起法律的检验。

29、对于重大、疑难、复杂涉互联网金融犯罪案件,检察机关公诉部门要依法提前介入侦查,围绕指控犯罪的需要积极引导公安机关全面收集固定证据,必要时与公安机关共同会商,提出完善侦查思路、侦查提纲的意见建议。加强对侦查取证合法性的监督,对应当依法排除的非法证据坚决予以排除,对应当补正或作出合理解释的及时提出意见。

30、电子数据在涉互联网金融犯罪案件的证据体系中地位重要,对于指控证实相关犯罪事实具有重要作用。随着互联网技术的不断发展,电子数据的形式、载体出现了许多新的变化,对电子数据的勘验、提取、审查等提出了更高要求,处理不当会对电子数据的真实性、合法性造成不可逆转的损害。检察机关公诉部门要严格执行《最高人民法院、最高人民检察院、公安部关于办理刑事案件收集提取和审查判断电子数据问题的若干规定》(法发〔2016〕22 号),加强对电子数据收集、提取程序和技术标准的审查,确保电子数据的真实性、合法性。对云存储电子数据等新类型电子数据进行提取、审查时,要高度重视程序合法性、数据完整性等问题,必要时主动征求相关领域专家意见,在提取前会同公安机关、云存储服务提供商制定科学合法的提取方案,确保万无一失。

31、落实"三统两分"要求,健全证据交换共享机制,协调推进跨区域案件办理。对涉及主案犯罪嫌疑人的证据,一般由主案侦办地办案机构负责收集,其他地区提供协助。其他地区办案机构需要主案侦办地提供证据材料的,应当向主案侦办地办案机构提出证据需求,由主案侦办地办案机构收集并依法移送。无法移送证据原件的,应当在移送复制件的同时,按照相关规定作出说明。各地检察机关公诉部门之间要加强协作,加强与公安机关的协调,督促本地公安机关与其他地区公安机关做好证据交换共享相关工作。案件进入审查起诉阶段后,检察机关公诉部门可以根据案件需要,直接向其他地区检察机关调取证据,其他地区检察机关公诉部门应积极协助。此外,各地检察机关在办理案件过程中发现对其他地区案件办理有重要作用的证据,应当及时采取措施并通知相应检察机关,做好依法移送工作。

人民检察院刑事诉讼规则(节录)

(2019 年 12 月 30 日　高检发释字〔2019〕4 号)

第十八条　人民检察院办理直接受理侦查的案件涉及公安机关管辖的刑事案

件，应当将属于公安机关管辖的刑事案件移送公安机关。如果涉嫌的主罪属于公安机关管辖，由公安机关为主侦查，人民检察院予以配合；如果涉嫌的主罪属于人民检察院管辖，由人民检察院为主侦查，公安机关予以配合。

对于一人犯数罪、共同犯罪、共同犯罪的犯罪嫌疑人还实施其他犯罪、多个犯罪嫌疑人实施的犯罪存在关联，并案处理有利于查明案件事实和诉讼进行的，人民检察院可以在职责范围内对相关犯罪案件并案处理。

第六十一条 人民检察院认定案件事实，应当以证据为根据。

公诉案件中被告人有罪的举证责任由人民检察院承担。人民检察院在提起公诉指控犯罪时，应当提出确实、充分的证据，并运用证据加以证明。

人民检察院提起公诉，应当秉持客观公正立场，对被告人有罪、罪重、罪轻的证据都应当向人民法院提出。

第六十二条 证据的审查认定，应当结合案件的具体情况，从证据与待证事实的关联程度、各证据之间的联系、是否依照法定程序收集等方面进行综合审查判断。

第六十三条 人民检察院侦查终结或者提起公诉的案件，证据应当确实、充分。证据确实、充分，应当符合以下条件：

（一）定罪量刑的事实都有证据证明；

（二）据以定案的证据均经法定程序查证属实；

（三）综合全案证据，对所认定事实已排除合理怀疑。

第六十四条 行政机关在行政执法和查办案件过程中收集的物证、书证、视听资料、电子数据等证据材料，经人民检察院审查符合法定要求的，可以作为证据使用。

行政机关在行政执法和查办案件过程中收集的鉴定意见、勘验、检查笔录，经人民检察院审查符合法定要求的，可以作为证据使用。

第七十三条 人民检察院经审查认定存在非法取证行为的，对该证据应当予以排除，其他证据不能证明犯罪嫌疑人实施犯罪行为的，应当不批准或者决定逮捕。已经移送起诉的，可以依法将案件退回监察机关补充调查或者退回公安机关补充侦查，或者作出不起诉决定。被排除的非法证据应当随案移送，并写明为依法排除的非法证据。

对于侦查人员的非法取证行为，尚未构成犯罪的，应当依法向其所在机关提出纠正意见。对于需要补正或者作出合理解释的，应当提出明确要求。

对于非法取证行为涉嫌犯罪需要追究刑事责任的,应当依法立案侦查。

第一百三十八条 对实施多个犯罪行为或者共同犯罪案件的犯罪嫌疑人,符合本规则第一百二十八条的规定,具有下列情形之一的,应当批准或者决定逮捕:

(一)有证据证明犯有数罪中的一罪的;

(二)有证据证明实施多次犯罪中的一次犯罪的;

(三)共同犯罪中,已有证据证明有犯罪事实的犯罪嫌疑人。

第一百四十条 犯罪嫌疑人涉嫌的罪行较轻,且没有其他重大犯罪嫌疑,具有下列情形之一的,可以作出不批准逮捕或者不予逮捕的决定:

(一)属于预备犯、中止犯,或者防卫过当、避险过当的;

(二)主观恶性较小的初犯,共同犯罪中的从犯、胁从犯,犯罪后自首、有立功表现或者积极退赃、赔偿损失、确有悔罪表现的;

(三)过失犯罪的犯罪嫌疑人,犯罪后有悔罪表现,有效控制损失或者积极赔偿损失的;

(四)犯罪嫌疑人与被害人双方根据刑事诉讼法的有关规定达成和解协议,经审查,认为和解系自愿、合法且已经履行或者提供担保的;

(五)犯罪嫌疑人认罪认罚的;

(六)犯罪嫌疑人系已满十四周岁未满十八周岁的未成年人或者在校学生,本人有悔罪表现,其家庭、学校或者所在社区、居民委员会、村民委员会具备监护、帮教条件的;

(七)犯罪嫌疑人系已满七十五周岁的人。

第二百五十五条 人民检察院办理审查逮捕、审查起诉案件,应当全面审查证明犯罪嫌疑人有罪或者无罪、罪轻或者罪重的证据。

第二百五十六条 经公安机关商请或者人民检察院认为确有必要时,可以派员适时介入重大、疑难、复杂案件的侦查活动,参加公安机关对于重大案件的讨论,对案件性质、收集证据、适用法律等提出意见,监督侦查活动是否合法。

经监察机关商请,人民检察院可以派员介入监察机关办理的职务犯罪案件。

第二百五十七条 对于批准逮捕后要求公安机关继续侦查、不批准逮捕后要求公安机关补充侦查或者审查起诉阶段退回公安机关补充侦查的案件,人民检察院应当分别制作继续侦查提纲或者补充侦查提纲,写明需要继续侦查或者补充侦查的事项、理由、侦查方向、需补充收集的证据及其证明作用等,送交公安机关。

第二百七十一条 审查起诉阶段,对于在侦查阶段认罪认罚的案件,人民检察

院应当重点审查以下内容:

(一)犯罪嫌疑人是否自愿认罪认罚,有无因受到暴力、威胁、引诱而违背意愿认罪认罚;

(二)犯罪嫌疑人认罪认罚时的认知能力和精神状态是否正常;

(三)犯罪嫌疑人是否理解认罪认罚的性质和可能导致的法律后果;

(四)公安机关是否告知犯罪嫌疑人享有的诉讼权利,如实供述自己罪行可以从宽处理和认罪认罚的法律规定,并听取意见;

(五)起诉意见书中是否写明犯罪嫌疑人认罪认罚情况;

(六)犯罪嫌疑人是否真诚悔罪,是否向被害人赔礼道歉。

经审查,犯罪嫌疑人违背意愿认罪认罚的,人民检察院可以重新开展认罪认罚工作。存在刑讯逼供等非法取证行为的,依照法律规定处理。

第二百八十条 人民检察院办理审查逮捕案件,可以讯问犯罪嫌疑人;具有下列情形之一的,应当讯问犯罪嫌疑人:

(一)对是否符合逮捕条件有疑问的;

(二)犯罪嫌疑人要求向检察人员当面陈述的;

(三)侦查活动可能有重大违法行为的;

(四)案情重大、疑难、复杂的;

(五)犯罪嫌疑人认罪认罚的;

(六)犯罪嫌疑人系未成年人的;

(七)犯罪嫌疑人是盲、聋、哑人或者是尚未完全丧失辨认或者控制自己行为能力的精神病人的。

讯问未被拘留的犯罪嫌疑人,讯问前应当听取公安机关的意见。

办理审查逮捕案件,对被拘留的犯罪嫌疑人不予讯问的,应当送达听取犯罪嫌疑人意见书,由犯罪嫌疑人填写后及时收回审查并附卷。经审查认为应当讯问犯罪嫌疑人的,应当及时讯问。

第二百八十四条 对公安机关提请批准逮捕的犯罪嫌疑人,人民检察院经审查认为符合本规则第一百二十八条、第一百三十六条、第一百三十八条规定情形,应当作出批准逮捕的决定,连同案卷材料送达公安机关执行,并可以制作继续侦查提纲,送交公安机关。

第三百零九条 公安机关需要延长侦查羁押期限的,人民检察院应当要求其在侦查羁押期限届满七日前提请批准延长侦查羁押期限。

人民检察院办理直接受理侦查的案件,负责侦查的部门认为需要延长侦查羁押期限的,应当按照前款规定向本院负责捕诉的部门移送延长侦查羁押期限意见书及有关材料。

对于超过法定羁押期限提请延长侦查羁押期限的,不予受理。

第三百二十八条　各级人民检察院提起公诉,应当与人民法院审判管辖相适应。负责捕诉的部门收到移送起诉的案件后,经审查认为不属于本院管辖的,应当在发现之日起五日以内经由负责案件管理的部门移送有管辖权的人民检察院。

属于上级人民法院管辖的第一审案件,应当报送上级人民检察院,同时通知移送起诉的公安机关;属于同级其他人民法院管辖的第一审案件,应当移送有管辖权的人民检察院或者报送共同的上级人民检察院指定管辖,同时通知移送起诉的公安机关。

上级人民检察院受理同级公安机关移送起诉的案件,认为属于下级人民法院管辖的,可以交下级人民检察院审查,由下级人民检察院向同级人民法院提起公诉,同时通知移送起诉的公安机关。

一人犯数罪、共同犯罪和其他需要并案审理的案件,只要其中一人或者一罪属于上级人民检察院管辖的,全案由上级人民检察院审查起诉。

公安机关移送起诉的案件,需要依照刑事诉讼法的规定指定审判管辖的,人民检察院应当在公安机关移送起诉前协商同级人民法院办理指定管辖有关事宜。

第三百三十条　人民检察院审查移送起诉的案件,应当查明:

(一)犯罪嫌疑人身份状况是否清楚,包括姓名、性别、国籍、出生年月日、职业和单位等;单位犯罪的,单位的相关情况是否清楚;

(二)犯罪事实、情节是否清楚;实施犯罪的时间、地点、手段、危害后果是否明确;

(三)认定犯罪性质和罪名的意见是否正确;有无法定的从重、从轻、减轻或者免除处罚情节及酌定从重、从轻情节;共同犯罪案件的犯罪嫌疑人在犯罪活动中的责任认定是否恰当;

(四)犯罪嫌疑人是否认罪认罚;

(五)证明犯罪事实的证据材料是否随案移送;证明相关财产系违法所得的证据材料是否随案移送;不宜移送的证据的清单、复制件、照片或者其他证明文件是否随案移送;

(六)证据是否确实、充分,是否依法收集,有无应当排除非法证据的情形;

(七)采取侦查措施包括技术侦查措施的法律手续和诉讼文书是否完备;

(八)有无遗漏罪行和其他应当追究刑事责任的人;

(九)是否属于不应当追究刑事责任的;

(十)有无附带民事诉讼;对于国家财产、集体财产遭受损失的,是否需要由人民检察院提起附带民事诉讼;对于破坏生态环境和资源保护,食品药品安全领域侵害众多消费者合法权益,侵害英雄烈士的姓名、肖像、名誉、荣誉等损害社会公共利益的行为,是否需要由人民检察院提起附带民事公益诉讼;

(十一)采取的强制措施是否适当,对于已经逮捕的犯罪嫌疑人,有无继续羁押的必要;

(十二)侦查活动是否合法;

(十三)涉案财物是否查封、扣押、冻结并妥善保管,清单是否齐备;对被害人合法财产的返还和对违禁品或者不宜长期保存的物品的处理是否妥当,移送的证明文件是否完备。

第三百五十五条 人民检察院认为犯罪嫌疑人的犯罪事实已经查清,证据确实、充分,依法应当追究刑事责任的,应当作出起诉决定。

具有下列情形之一的,可以认为犯罪事实已经查清:

(一)属于单一罪行的案件,查清的事实足以定罪量刑或者与定罪量刑有关的事实已经查清,不影响定罪量刑的事实无法查清的;

(二)属于数个罪行的案件,部分罪行已经查清并符合起诉条件,其他罪行无法查清的;

(三)无法查清作案工具、赃物去向,但有其他证据足以对被告人定罪量刑的;

(四)证人证言、犯罪嫌疑人供述和辩解、被害人陈述的内容主要情节一致,个别情节不一致,但不影响定罪的。

对于符合前款第二项情形的,应当以已经查清的罪行起诉。

第三百五十六条 人民检察院在办理公安机关移送起诉的案件中,发现遗漏罪行或者有依法应当移送起诉的同案犯罪嫌疑人未移送起诉的,应当要求公安机关补充侦查或者补充移送起诉。对于犯罪事实清楚,证据确实、充分的,也可以直接提起公诉。

第三百六十五条 人民检察院对于监察机关或者公安机关移送起诉的案件,发现犯罪嫌疑人没有犯罪事实,或者符合刑事诉讼法第十六条规定的情形之一的,经检察长批准,应当作出不起诉决定。

对于犯罪事实并非犯罪嫌疑人所为，需要重新调查或者侦查的，应当在作出不起诉决定后书面说明理由，将案卷材料退回监察机关或者公安机关并建议重新调查或者侦查。

第四百五十七条　人民检察院办理未成年人刑事案件，应当贯彻“教育、感化、挽救”方针和“教育为主、惩罚为辅”的原则，坚持优先保护、特殊保护、双向保护，以帮助教育和预防重新犯罪为目的。

人民检察院可以借助社会力量开展帮助教育未成年人的工作。

第四百八十二条　犯罪的时候不满十八周岁，被判处五年有期徒刑以下刑罚的，人民检察院应当在收到人民法院生效判决、裁定后，对犯罪记录予以封存。

生效判决、裁定由第二审人民法院作出的，同级人民检察院依照前款规定封存犯罪记录时，应当通知下级人民检察院对相关犯罪记录予以封存。

第四百八十三条　人民检察院应当将拟封存的未成年人犯罪记录、案卷等相关材料装订成册，加密保存，不予公开，并建立专门的未成年人犯罪档案库，执行严格的保管制度。

第四百八十四条　除司法机关为办案需要或者有关单位根据国家规定进行查询的以外，人民检察院不得向任何单位和个人提供封存的犯罪记录，并不得提供未成年人有犯罪记录的证明。

司法机关或者有关单位需要查询犯罪记录的，应当向封存犯罪记录的人民检察院提出书面申请。人民检察院应当在七日以内作出是否许可的决定。

第四百八十五条　未成年人犯罪记录封存后，没有法定事由、未经法定程序不得解封。

对被封存犯罪记录的未成年人，符合下列条件之一的，应当对其犯罪记录解除封存：

（一）实施新的犯罪，且新罪与封存记录之罪数罪并罚后被决定执行五年有期徒刑以上刑罚的；

（二）发现漏罪，且漏罪与封存记录之罪数罪并罚后被决定执行五年有期徒刑以上刑罚的。

第四百八十六条　人民检察院对未成年犯罪嫌疑人作出不起诉决定后，应当对相关记录予以封存。除司法机关为办案需要进行查询外，不得向任何单位和个人提供。封存的具体程序参照本规则第四百八十三条至第四百八十五条的规定。

第四百八十七条　被封存犯罪记录的未成年人或者其法定代理人申请出具无

犯罪记录证明的,人民检察院应当出具。需要协调公安机关、人民法院为其出具无犯罪记录证明的,人民检察院应当予以协助。

第五百五十七条 被害人及其法定代理人、近亲属或者行政执法机关,认为公安机关对其控告或者移送的案件应当立案侦查而不立案侦查,或者当事人认为公安机关不应当立案而立案,向人民检察院提出的,人民检察院应当受理并进行审查。

人民检察院发现公安机关可能存在应当立案侦查而不立案侦查情形的,应当依法进行审查。

人民检察院接到控告、举报或者发现行政执法机关不移送涉嫌犯罪案件的,经检察长批准,应当向行政执法机关提出检察意见,要求其按照管辖规定向公安机关移送涉嫌犯罪案件。

第五百六十七条 人民检察院应当对侦查活动中是否存在以下违法行为进行监督:

(一)采用刑讯逼供以及其他非法方法收集犯罪嫌疑人供述的;

(二)讯问犯罪嫌疑人依法应当录音或者录像而没有录音或者录像,或者未在法定羁押场所讯问犯罪嫌疑人的;

(三)采用暴力、威胁以及非法限制人身自由等非法方法收集证人证言、被害人陈述,或者以暴力、威胁等方法阻止证人作证或者指使他人作伪证的;

(四)伪造、隐匿、销毁、调换、私自涂改证据,或者帮助当事人毁灭、伪造证据的;

(五)违反刑事诉讼法关于决定、执行、变更、撤销强制措施的规定,或者强制措施法定期限届满,不予释放、解除或者变更的;

(六)应当退还取保候审保证金不退还的;

(七)违反刑事诉讼法关于讯问、询问、勘验、检查、搜查、鉴定、采取技术侦查措施等规定的;

(八)对与案件无关的财物采取查封、扣押、冻结措施,或者应当解除查封、扣押、冻结而不解除的;

(九)贪污、挪用、私分、调换、违反规定使用查封、扣押、冻结的财物及其孳息的;

(十)不应当撤案而撤案的;

(十一)侦查人员应当回避而不回避的;

（十二）依法应当告知犯罪嫌疑人诉讼权利而不告知，影响犯罪嫌疑人行使诉讼权利的；

（十三）对犯罪嫌疑人拘留、逮捕、指定居所监视居住后依法应当通知家属而未通知的；

（十四）阻碍当事人、辩护人、诉讼代理人、值班律师依法行使诉讼权利的；

（十五）应当对证据收集的合法性出具说明或者提供证明材料而不出具、不提供的；

（十六）侦查活动中的其他违反法律规定的行为。

第五百七十条　人民检察院应当对审判活动中是否存在以下违法行为进行监督：

（一）人民法院对刑事案件的受理违反管辖规定的；

（二）人民法院审理案件违反法定审理和送达期限的；

（三）法庭组成人员不符合法律规定，或者依照规定应当回避而不回避的；

（四）法庭审理案件违反法定程序的；

（五）侵犯当事人、其他诉讼参与人的诉讼权利和其他合法权利的；

（六）法庭审理时对有关程序问题所作的决定违反法律规定的；

（七）违反法律规定裁定发回重审的；

（八）故意毁弃、篡改、隐匿、伪造、偷换证据或者其他诉讼材料，或者依据未经法定程序调查、质证的证据定案的；

（九）依法应当调查收集相关证据而不收集的；

（十）徇私枉法，故意违背事实和法律作枉法裁判的；

（十一）收受、索取当事人及其近亲属或者其委托的律师等人财物或者其他利益的；

（十二）违反法律规定采取强制措施或者采取强制措施法定期限届满，不予释放、解除或者变更的；

（十三）应当退还取保候审保证金不退还的；

（十四）对与案件无关的财物采取查封、扣押、冻结措施，或者应当解除查封、扣押、冻结而不解除的；

（十五）贪污、挪用、私分、调换、违反规定使用查封、扣押、冻结的财物及其孳息的；

（十六）其他违反法律规定的行为。

第五百七十三条 犯罪嫌疑人、被告人被逮捕后，人民检察院仍应当对羁押的必要性进行审查。

第五百七十七条 人民检察院可以采取以下方式进行羁押必要性审查：

（一）审查犯罪嫌疑人、被告人不需要继续羁押的理由和证明材料；

（二）听取犯罪嫌疑人、被告人及其法定代理人、辩护人的意见；

（三）听取被害人及其法定代理人、诉讼代理人的意见，了解是否达成和解协议；

（四）听取办案机关的意见；

（五）调查核实犯罪嫌疑人、被告人的身体健康状况；

（六）需要采取的其他方式。

必要时，可以依照有关规定进行公开审查。

第六百四十五条 人民检察院发现人民法院执行刑事裁判涉财产部分具有下列情形之一的，应当依法提出纠正意见：

（一）执行立案活动违法的；

（二）延期缴纳、酌情减少或者免除罚金违法的；

（三）中止执行或者终结执行违法的；

（四）被执行人有履行能力，应当执行而不执行的；

（五）损害被执行人、被害人、利害关系人或者案外人合法权益的；

（六）刑事裁判全部或者部分被撤销后未依法返还或者赔偿的；

（七）执行的财产未依法上缴国库的；

（八）其他违法情形。

人民检察院对人民法院执行刑事裁判涉财产部分进行监督，可以对公安机关查封、扣押、冻结涉案财物的情况，人民法院审判部门、立案部门、执行部门移送、立案、执行情况，被执行人的履行能力等情况向有关单位和个人进行调查核实。

第六百七十一条 人民检察院依据国际刑事司法协助法等有关法律和有关刑事司法协助条约进行刑事司法协助。

第六百七十二条 人民检察院刑事司法协助的范围包括刑事诉讼文书送达，调查取证，安排证人作证或者协助调查，查封、扣押、冻结涉案财物，返还违法所得及其他涉案财物，移管被判刑人以及其他协助。

公安机关侦办电信诈骗案件工作机制（试行）

（2016 年 3 月 14 日　公传发〔2016〕130 号）

为进一步规范侦办电信诈骗案件工作程序，明确工作责任，不断提高公安机关的侦查破案能力和执法办案水平，努力实现“两降两升”（电信诈骗案件发案数、群众损失数明显下降、破获案件数、查处违法犯罪人员数明显上升）目标，特制定本机制。

一、明确职责任务

1. 电信诈骗案件由各级刑侦部门统一负责侦办，网安、[某]、科信部门负责提供技术支撑，法制部门负责提供法律支撑，指挥中心、派出所等负责做好接警工作，其他警种、部门负责配合做好相关工作。

2. 境外电信诈骗案件由公安部刑侦局统一负责组织侦办；境内电信诈骗案件由各省级刑侦部门负责组织侦办，重大、疑难、复杂的案件由公安部刑侦局直接组织侦办。

3. 境内电信诈骗案件，窝点地在重点整治地区的（目前为河北省丰宁县、福建省龙岩市新罗区、江西省余干县、湖南省双峰县、广东省茂名市电白区、广西自治区宾阳县、海南省儋州市等 7 个地方），由重点地区的省级刑侦部门承担案件侦办主要责任，地市级刑侦部门承担具体侦办任务。窝点地不在重点整治地区的，由窝点地和汇款地刑侦部门协商确定案件主侦单位，经协商无法达成一致意见的，由两地所属的共同上级刑侦部门指定管辖。重大案件，由公安部刑侦局指定主侦单位。

4. 主侦单位承担破案主要责任，具体负责案件的研判串并、落地侦查、统一抓捕、整体移诉等工作。协办地公安机关负责做好受理立案、信息收集、录入上报、制作卷宗等工作。主侦单位和协办地公安机关要加强协作配合。

5. 主侦单位要对诈骗犯罪团伙进行立案，并负责侦办该团伙所涉全部案件。

二、快速接警止付

6. 实行“谁接警、谁录入、谁负责”。公安机关刑警队、派出所在接报电信诈骗案件后，要第一时间问清涉案的一级账户（诈骗分子要求汇款人汇入的账户），并尽快（至迟不超过 30 分钟）将简要案情和一级账户的账号、姓名录入侦办平台。对与电信诈骗案件无关的账户，一律不得录入侦办平台。

7. 2016 年 6 月 1 日前，由公安部刑侦局实时审核各地接警录入侦办平台的涉案账户信息，开展紧急止付、快速查询冻结工作。6 月 1 日，人民银行、银监会和公安部资金查控平台上线运行后，由各省级刑侦部门实时审核侦办平台录入的涉案账户信息，承担涉案资金紧急止付、快速查询冻结工作。

8. 2016 年 6 月 1 日前，资金流查询工作由公安部刑侦局负责。6 月 1 日后，由各省级刑侦部门负责，根据一级账户拓展查询二级、三级账户等资金流向，直至该款项冻结或取款消费，并将取款 ATM 机终端号、POS 机终端号、取款地点、银联交易信息等录入平台。

三、确定犯罪窝点

9. 汇款地县级刑侦部门负责案件的受理、立案工作。公安机关派出所、责任区刑警队接警止付后，通过平台将案件信息推送至汇款地同级刑侦部门。

10. 汇款地县级刑侦部门要根据案件类型，在 2 天内将案件情况、线索信息录入侦办平台对应的案件模块。

11. 汇款地地市级刑侦部门接到平台上推送的本地案件发案情况后，要在网安、[某]部门的协助下，及时开展追踪溯源工作，并在 4 天内将获取的涉案电话号码、QQ 号码、微信号码、邮箱地址以及登录 IP 地址等信息录入侦办平台。其中，涉案 QQ 号码、微信号码、邮箱、登陆 IP 地址等网络信息调查，由汇款地地市级网安部门负责；涉案手机、座机、商务总机号码等信息调查，由汇款地地市级[某]部门负责。

12. 公安部刑侦局对平台录入的信息进行研判，发现诈骗窝点在境外的，由公安部刑侦局负责研判串并和侦查打击；发现诈骗窝点在境内的，交给诈骗窝点所在地的省级刑侦部门，由其负责开展研判串并和侦查打击。

四、集中研判侦查

13. 各级公安机关要坚持应采必采、应录必录，确保将案件涉及的全部线索和信息及时、准确地录入侦办平台。

14. 各级刑侦部门要对案件涉及的资金流、信息流、人员流、灰色产业链开展全链条研判，力争将案件涉及的线索和人员全部梳理清楚。境内案件，由犯罪窝点地省级刑侦部门负责组织开展研判，串并全国案件。境外案件，由公安部负责开展研判，串并案件。一般案件要在 5 天内完成研判任务，重大案件在 10 天内完成研判任务，最长不得超过 15 天。

15. 案件主侦单位和协办单位要根据研判成果，加强侦查经营，落地查找犯罪窝点，确定作案成员，串并核实案件，收集固定证据，实现“定人、定案、定方位”。

五、统一抓捕移诉

16. 境内案件，由省、市公安机关组织抓捕；境外案件，由公安部指定有关地方公安机关组成工作组赴境外进行抓捕。

17. 各地公安机关在抓捕过程中，要服从上级公安机关统一指挥，不得擅自行动。抓捕时要按照取证指引的要求，对抓捕现场的物证、书证、电子物证等证据进行勘验和采集，制作相关法律文书，并在2天内将上述信息汇总后录入平台。

18. 公安部刑侦局统一负责台湾幕后组织者和骨干的研判抓捕工作。

19. 境内案件，由省级公安机关指定主办地整体移诉；境外案件，由公安部指定主办地整体移诉。各涉案地公安机关要将抓获的犯罪嫌疑人和案件证据材料移送给主办地。

20. 各级公安机关在案件侦办过程中，要强化赃款追缴工作，并依法及时返还受害人。

六、强化法律保障

21. 各级公安机关要积极与检、法部门沟通，统一执法思想，统一证据标准，确保打击质量。

22. 对抓获的涉嫌电信诈骗的人员，达到刑事立案追诉标准的要坚决从严从快惩处；属于违反治安管理行为的，依法予以治安管理处罚。

七、强化人员管控

23. 各级公安机关对电信诈骗的前科人员和有违法犯罪嫌疑的重点人员要强化调查控制，主动干预，减少境外电信诈骗窝点话务员的来源。公安部和各地公安机关要建立电信诈骗违法犯罪人员信息库，实行积分预警、动态管控。

24. 各级公安机关刑侦部门要根据工作需要，依法将有前科的电信诈骗违法犯罪人员报列为法定不批准出境人员或边控人员。出入境管理部门要做好上述人员的出入境管控工作，并配合刑侦部门建立数据模型，加强分析比对，及时发现嫌疑人员。

25. 各级刑侦部门要在重点城市的重点旅行社中建立特情、耳目，及时发现嫌疑人员。

八、加强情况通报和考核奖惩

26. 部、省两级公安机关要挂牌督办一批重大有影响的电信诈骗案件，并给予专家、资源、技术等支持。

27. 部、省两级公安机关要建立每周通报制度，重点通报电信诈骗案件信息录入、立案数、破获案件数、铲除犯罪窝点数、抓获人员数、紧急止付和挽回损失数等情况。

28. 对于接警信息不录入、录入不及时、录入不准确,不立案或者侦破不力造成严重后果的,依法依规追究有关人员责任。

29. 公安部制定考核奖惩制度,主要考核各地破获案件数、查处违法犯罪人员数,考核实行主侦地和协办地双计分制。

九、附则

30. 本机制中电信诈骗案件是指通过电话、短信、网络等方式诈骗公私财物的案件,本机制中电信诈骗案件汇款地是指被骗人资金汇出地,本机制中电信诈骗案件窝点地是指犯罪分子实施诈骗犯罪行为时的所在地。

31. 本机制中的电信诈骗案件侦办平台(以下简称侦办平台,公安网链接地址:http://dyfz.xz.ga/)主要功能是为各级公安机关录入信息、开展研判提供支撑。公安部向各级公安机关刑警队、派出所开放侦办平台相应权限。

公安机关办理刑事案件电子数据取证规则

(2019年1月2日)

第一章 总 则

第一条 为规范公安机关办理刑事案件电子数据取证工作,确保电子数据取证质量,提高电子数据取证效率,根据《中华人民共和国刑事诉讼法》《公安机关办理刑事案件程序规定》等有关规定,制定本规则。

第二条 公安机关办理刑事案件应当遵守法定程序,遵循有关技术标准,全面、客观、及时地收集、提取涉案电子数据,确保电子数据的真实、完整。

第三条 电子数据取证包括但不限于:

(一)收集、提取电子数据;

(二)电子数据检查和侦查实验;

(三)电子数据检验与鉴定。

第四条 公安机关电子数据取证涉及国家秘密、警务工作秘密、商业秘密、个人隐私的,应当保密;对于获取的材料与案件无关的,应当及时退还或者销毁。

第五条 公安机关接受或者依法调取的其他国家机关在行政执法和查办案件过程中依法收集、提取的电子数据可以作为刑事案件的证据使用。

第二章　收集提取电子数据

第一节　一般规定

第六条　收集、提取电子数据,应当由二名以上侦查人员进行。必要时,可以指派或者聘请专业技术人员在侦查人员主持下进行收集、提取电子数据。

第七条　收集、提取电子数据,可以根据案情需要采取以下一种或者几种措施、方法:

(一)扣押、封存原始存储介质;

(二)现场提取电子数据;

(三)网络在线提取电子数据;

(四)冻结电子数据;

(五)调取电子数据。

第八条　具有下列情形之一的,可以采取打印、拍照或者录像等方式固定相关证据:

(一)无法扣押原始存储介质并且无法提取电子数据的;

(二)存在电子数据自毁功能或装置,需要及时固定相关证据的;

(三)需现场展示、查看相关电子数据的。

根据前款第二、三项的规定采取打印、拍照或者录像等方式固定相关证据后,能够扣押原始存储介质的,应当扣押原始存储介质;不能扣押原始存储介质但能够提取电子数据的,应当提取电子数据。

第九条　采取打印、拍照或者录像方式固定相关证据的,应当清晰反映电子数据的内容,并在相关笔录中注明采取打印、拍照或者录像等方式固定相关证据的原因,电子数据的存储位置、原始存储介质特征和所在位置等情况,由侦查人员、电子数据持有人(提供人)签名或者盖章;电子数据持有人(提供人)无法签名或者拒绝签名的,应当在笔录中注明,由见证人签名或者盖章。

第二节　扣押、封存原始存储介质

第十条　在侦查活动中发现的可以证明犯罪嫌疑人有罪或者无罪、罪轻或者罪重的电子数据,能够扣押原始存储介质的,应当扣押、封存原始存储介质,并制作笔录,记录原始存储介质的封存状态。

勘验、检查与电子数据有关的犯罪现场时,应当按照有关规范处置相关设备,扣押、封存原始存储介质。

第十一条 对扣押的原始存储介质,应当按照以下要求封存:

(一)保证在不解除封存状态的情况下,无法使用或者启动被封存的原始存储介质,必要时,具备数据信息存储功能的电子设备和硬盘、存储卡等内部存储介质可以分别封存;

(二)封存前后应当拍摄被封存原始存储介质的照片。照片应当反映原始存储介质封存前后的状况,清晰反映封口或者张贴封条处的状况;必要时,照片还要清晰反映电子设备的内部存储介质细节;

(三)封存手机等具有无线通信功能的原始存储介质,应当采取信号屏蔽、信号阻断或者切断电源等措施。

第十二条 对扣押的原始存储介质,应当会同在场见证人和原始存储介质持有人(提供人)查点清楚,当场开列《扣押清单》一式三份,写明原始存储介质名称、编号、数量、特征及其来源等,由侦查人员、持有人(提供人)和见证人签名或者盖章,一份交给持有人(提供人),一份交给公安机关保管人员,一份附卷备查。

第十三条 对无法确定原始存储介质持有人(提供人)或者原始存储介质持有人(提供人)无法签名、盖章或者拒绝签名、盖章的,应当在有关笔录中注明,由见证人签名或者盖章。由于客观原因无法由符合条件的人员担任见证人的,应当在有关笔录中注明情况,并对扣押原始存储介质的过程全程录像。

第十四条 扣押原始存储介质,应当收集证人证言以及犯罪嫌疑人供述和辩解等与原始存储介质相关联的证据。

第十五条 扣押原始存储介质时,可以向相关人员了解、收集并在有关笔录中注明以下情况:

(一)原始存储介质及应用系统管理情况,网络拓扑与系统架构情况,是否由多人使用及管理,管理及使用人员的身份情况;

(二)原始存储介质及应用系统管理的用户名、密码情况;

(三)原始存储介质的数据备份情况,有无加密磁盘、容器,有无自毁功能,有无其它移动存储介质,是否进行过备份,备份数据的存储位置等情况;

(四)其他相关的内容。

第三节 现场提取电子数据

第十六条 具有下列无法扣押原始存储介质情形之一的,可以现场提取电子数据：

（一）原始存储介质不便封存的；

（二）提取计算机内存数据、网络传输数据等不是存储在存储介质上的电子数据的；

（三）案件情况紧急，不立即提取电子数据可能会造成电子数据灭失或者其他严重后果的；

（四）关闭电子设备会导致重要信息系统停止服务的；

（五）需通过现场提取电子数据排查可疑存储介质的；

（六）正在运行的计算机信息系统功能或者应用程序关闭后，没有密码无法提取的；

（七）其他无法扣押原始存储介质的情形。

无法扣押原始存储介质的情形消失后，应当及时扣押、封存原始存储介质。

第十七条　现场提取电子数据可以采取以下措施保护相关电子设备：

（一）及时将犯罪嫌疑人或者其他相关人员与电子设备分离；

（二）在未确定是否易丢失数据的情况下，不能关闭正在运行状态的电子设备；

（三）对现场计算机信息系统可能被远程控制的，应当及时采取信号屏蔽、信号阻断、断开网络连接等措施；

（四）保护电源；

（五）有必要采取的其他保护措施。

第十八条　现场提取电子数据，应当遵守以下规定：

（一）不得将提取的数据存储在原始存储介质中；

（二）不得在目标系统中安装新的应用程序。如果因为特殊原因，需要在目标系统中安装新的应用程序的，应当在笔录中记录所安装的程序及目的；

（三）应当在有关笔录中详细、准确记录实施的操作。

第十九条　现场提取电子数据，应当制作《电子数据现场提取笔录》，注明电子数据的来源、事由和目的、对象、提取电子数据的时间、地点、方法、过程、不能扣押原始存储介质的原因、原始存储介质的存放地点，并附《电子数据提取固定清单》，注明类别、文件格式、完整性校验值等，由侦查人员、电子数据持有人（提供人）签名或者盖章；电子数据持有人（提供人）无法签名或者拒绝签名的，应当在笔录中注明，由见证人签名或者盖章。

第二十条　对提取的电子数据可以进行数据压缩，并在笔录中注明相应的方法和压缩后文件的完整性校验值。

第二十一条 由于客观原因无法由符合条件的人员担任见证人的，应当在《电子数据现场提取笔录》中注明情况，并全程录像，对录像文件应当计算完整性校验值并记入笔录。

第二十二条 对无法扣押的原始存储介质且无法一次性完成电子数据提取的，经登记、拍照或者录像后，可以封存后交其持有人（提供人）保管，并且开具《登记保存清单》一式两份，由侦查人员、持有人（提供人）和见证人签名或者盖章，一份交给持有人（提供人），另一份连同照片或者录像资料附卷备查。

持有人（提供人）应当妥善保管，不得转移、变卖、毁损，不得解除封存状态，不得未经办案部门批准接入网络，不得对其中可能用作证据的电子数据增加、删除、修改。必要时，应当保持计算机信息系统处于开机状态。

对登记保存的原始存储介质，应当在七日以内作出处理决定，逾期不作出处理决定的，视为自动解除。经查明确实与案件无关的，应当在三日以内解除。

第四节 网络在线提取电子数据

第二十三条 对公开发布的电子数据、境内远程计算机信息系统上的电子数据，可以通过网络在线提取。

第二十四条 网络在线提取应当计算电子数据的完整性校验值；必要时，可以提取有关电子签名认证证书、数字签名、注册信息等关联性信息。

第二十五条 网络在线提取时，对可能无法重复提取或者可能会出现变化的电子数据，应当采用录像、拍照、截获计算机屏幕内容等方式记录以下信息：

（一）远程计算机信息系统的访问方式；

（二）提取的日期和时间；

（三）提取使用的工具和方法；

（四）电子数据的网络地址、存储路径或者数据提取时的进入步骤等；

（五）计算完整性校验值的过程和结果。

第二十六条 网络在线提取电子数据应当在有关笔录中注明电子数据的来源、事由和目的、对象，提取电子数据的时间、地点、方法、过程，不能扣押原始存储介质的原因，并附《电子数据提取固定清单》，注明类别、文件格式、完整性校验值等，由侦查人员签名或者盖章。

第二十七条 网络在线提取时需要进一步查明下列情形之一的，应当对远程计算机信息系统进行网络远程勘验：

（一）需要分析、判断提取的电子数据范围的；

（二）需要展示或者描述电子数据内容或者状态的；

（三）需要在远程计算机信息系统中安装新的应用程序的；

（四）需要通过勘验行为让远程计算机信息系统生成新的除正常运行数据外电子数据的；

（五）需要收集远程计算机信息系统状态信息、系统架构、内部系统关系、文件目录结构、系统工作方式等电子数据相关信息的；

（六）其他网络在线提取时需要进一步查明有关情况的情形。

第二十八条　网络远程勘验由办理案件的县级公安机关负责。上级公安机关对下级公安机关刑事案件网络远程勘验提供技术支援。对于案情重大、现场复杂的案件，上级公安机关认为有必要时，可以直接组织指挥网络远程勘验。

第二十九条　网络远程勘验应当统一指挥，周密组织，明确分工，落实责任。

第三十条　网络远程勘验应当由符合条件的人员作为见证人。由于客观原因无法由符合条件的人员担任见证人的，应当在《远程勘验笔录》中注明情况，并按照本规则第二十五条的规定录像，录像可以采用屏幕录像或者录像机录像等方式，录像文件应当计算完整性校验值并记入笔录。

第三十一条　远程勘验结束后，应当及时制作《远程勘验笔录》，详细记录远程勘验有关情况以及勘验照片、截获的屏幕截图等内容。由侦查人员和见证人签名或者盖章。

远程勘验并且提取电子数据的，应当按照本规则第二十六条的规定，在《远程勘验笔录》注明有关情况，并附《电子数据提取固定清单》。

第三十二条　《远程勘验笔录》应当客观、全面、详细、准确、规范，能够作为还原远程计算机信息系统原始情况的依据，符合法定的证据要求。

对计算机信息系统进行多次远程勘验的，在制作首次《远程勘验笔录》后，逐次制作补充《远程勘验笔录》。

第三十三条　网络在线提取或者网络远程勘验时，应当使用电子数据持有人、网络服务提供者提供的用户名、密码等远程计算机信息系统访问权限。

采用技术侦查措施收集电子数据的，应当严格依照有关规定办理批准手续。收集的电子数据在诉讼中作为证据使用时，应当依照刑事诉讼法第一百五十四条规定执行。

第三十四条 对以下犯罪案件,网络在线提取、远程勘验过程应当全程同步录像:

(一)严重危害国家安全、公共安全的案件;

(二)电子数据是罪与非罪、是否判处无期徒刑、死刑等定罪量刑关键证据的案件;

(三)社会影响较大的案件;

(四)犯罪嫌疑人可能被判处五年有期徒刑以上刑罚的案件;

(五)其他需要全程同步录像的重大案件。

第三十五条 网络在线提取、远程勘验使用代理服务器、点对点传输软件、下载加速软件等网络工具的,应当在《网络在线提取笔录》或者《远程勘验笔录》中注明采用的相关软件名称和版本号。

第五节 冻结电子数据

第三十六条 具有下列情形之一的,可以对电子数据进行冻结:

(一)数据量大,无法或者不便提取的;

(二)提取时间长,可能造成电子数据被篡改或者灭失的;

(三)通过网络应用可以更为直观地展示电子数据的;

(四)其他需要冻结的情形。

第三十七条 冻结电子数据,应当经县级以上公安机关负责人批准,制作《协助冻结电子数据通知书》,注明冻结电子数据的网络应用账号等信息,送交电子数据持有人、网络服务提供者或者有关部门协助办理。

第三十八条 不需要继续冻结电子数据时,应当经县级以上公安机关负责人批准,在三日以内制作《解除冻结电子数据通知书》,通知电子数据持有人、网络服务提供者或者有关部门执行。

第三十九条 冻结电子数据的期限为六个月。有特殊原因需要延长期限的,公安机关应当在冻结期限届满前办理继续冻结手续。每次续冻期限最长不得超过六个月。继续冻结的,应当按照本规则第三十七条的规定重新办理冻结手续。逾期不办理继续冻结手续的,视为自动解除。

第四十条 冻结电子数据,应当采取以下一种或者几种方法:

(一)计算电子数据的完整性校验值;

(二)锁定网络应用账号;

（三）采取写保护措施；

（四）其他防止增加、删除、修改电子数据的措施。

第六节　调取电子数据

第四十一条　公安机关向有关单位和个人调取电子数据，应当经办案部门负责人批准，开具《调取证据通知书》，注明需要调取电子数据的相关信息，通知电子数据持有人、网络服务提供者或者有关部门执行。被调取单位、个人应当在通知书回执上签名或者盖章，并附完整性校验值等保护电子数据完整性方法的说明，被调取单位、个人拒绝盖章、签名或者附说明的，公安机关应当注明。必要时，应当采用录音或者录像等方式固定证据内容及取证过程。

公安机关应当协助因客观条件限制无法保护电子数据完整性的被调取单位、个人进行电子数据完整性的保护。

第四十二条　公安机关跨地域调查取证的，可以将《办案协作函》和相关法律文书及凭证传真或者通过公安机关信息化系统传输至协作地公安机关。协作地办案部门经审查确认后，在传来的法律文书上加盖本地办案部门印章后，代为调查取证。

协作地办案部门代为调查取证后，可以将相关法律文书回执或者笔录邮寄至办案地公安机关，将电子数据或者电子数据的获取、查看工具和方法说明通过公安机关信息化系统传输至办案地公安机关。

办案地公安机关应当审查调取电子数据的完整性，对保证电子数据的完整性有疑问的，协作地办案部门应当重新代为调取。

第三章　电子数据的检查和侦查实验

第一节　电子数据检查

第四十三条　对扣押的原始存储介质或者提取的电子数据，需要通过数据恢复、破解、搜索、仿真、关联、统计、比对等方式，以进一步发现和提取与案件相关的线索和证据时，可以进行电子数据检查。

第四十四条　电子数据检查，应当由二名以上具有专业技术的侦查人员进行。必要时，可以指派或者聘请有专门知识的人参加。

第四十五条　电子数据检查应当符合相关技术标准。

第四十六条　电子数据检查应当保护在公安机关内部移交过程中电子数据的

完整性。移交时,应当办理移交手续,并按照以下方式核对电子数据:

(一)核对其完整性校验值是否正确;

(二)核对封存的照片与当前封存的状态是否一致。

对于移交时电子数据完整性校验值不正确、原始存储介质封存状态不一致或者未封存可能影响证据真实性、完整性的,检查人员应当在有关笔录中注明。

第四十七条 检查电子数据应当遵循以下原则:

(一)通过写保护设备接入到检查设备进行检查,或者制作电子数据备份、对备份进行检查;

(二)无法使用写保护设备且无法制作备份的,应当注明原因,并全程录像;

(三)检查前解除封存、检查后重新封存前后应当拍摄被封存原始存储介质的照片,清晰反映封口或者张贴封条处的状况;

(四)检查具有无线通信功能的原始存储介质,应当采取信号屏蔽、信号阻断或者切断电源等措施保护电子数据的完整性。

第四十八条 检查电子数据,应当制作《电子数据检查笔录》,记录以下内容:

(一)基本情况。包括检查的起止时间,指挥人员、检查人员的姓名、职务,检查的对象,检查的目的等;

(二)检查过程。包括检查过程使用的工具,检查的方法与步骤等;

(三)检查结果。包括通过检查发现的案件线索、电子数据、等相关信息。

(四)其他需要记录的内容。

第四十九条 电子数据检查时需要提取电子数据的,应当制作《电子数据提取固定清单》,记录该电子数据的来源、提取方法和完整性校验值。

第二节 电子数据侦查实验

第五十条 为了查明案情,必要时,经县级以上公安机关负责人批准可以进行电子数据侦查实验。

第五十一条 电子数据侦查实验的任务包括:

(一)验证一定条件下电子设备发生的某种异常或者电子数据发生的某种变化;

(二)验证在一定时间内能否完成对电子数据的某种操作行为;

(三)验证在某种条件下使用特定软件、硬件能否完成某种特定行为、造成特定后果;

（四）确定一定条件下某种计算机信息系统应用或者网络行为能否修改、删除特定的电子数据；

（五）其他需要验证的情况。

第五十二条　电子数据侦查实验应当符合以下要求：

（一）应当采取技术措施保护原始存储介质数据的完整性；

（二）有条件的，电子数据侦查实验应当进行二次以上；

（三）侦查实验使用的电子设备、网络环境等应当与发案现场一致或者基本一致；必要时，可以采用相关技术方法对相关环境进行模拟或者进行对照实验；

（四）禁止可能泄露公民信息或者影响非实验环境计算机信息系统正常运行的行为。

第五十三条　进行电子数据侦查实验，应当使用拍照、录像、录音、通信数据采集等一种或多种方式客观记录实验过程。

第五十四条　进行电子数据侦查实验，应当制作《电子数据侦查实验笔录》，记录侦查实验的条件、过程和结果，并由参加侦查实验的人员签名或者盖章。

第四章　电子数据委托检验与鉴定

第五十五条　为了查明案情，解决案件中某些专门性问题，应当指派、聘请有专门知识的人进行鉴定，或者委托公安部指定的机构出具报告。

需要聘请有专门知识的人进行鉴定，或者委托公安部指定的机构出具报告的，应当经县级以上公安机关负责人批准。

第五十六条　侦查人员送检时，应当封存原始存储介质、采取相应措施保护电子数据完整性，并提供必要的案件相关信息。

第五十七条　公安部指定的机构及其承担检验工作的人员应当独立开展业务并承担相应责任，不受其他机构和个人影响。

第五十八条　公安部指定的机构应当按照法律规定和司法审判机关要求承担回避、保密、出庭作证等义务，并对报告的真实性、合法性负责。

公安部指定的机构应当运用科学方法进行检验、检测，并出具报告。

第五十九条　公安部指定的机构应当具备必需的仪器、设备并且依法通过资质认定或者实验室认可。

第六十条　委托公安部指定的机构出具报告的其他事宜，参照《公安机关鉴定规则》等有关规定执行。

第五章　附　　则

第六十一条　本规则自 2019 年 2 月 1 日起施行。公安部之前发布的文件与本规则不一致的,以本规则为准。

公安部关于新冠肺炎疫情期间依法严厉打击跨境赌博和电信网络诈骗犯罪的通告

(2020 年 4 月 9 日)

跨境赌博和电信网络诈骗犯罪,严重危害人民群众合法权益,严重影响经济社会健康发展。特别是新冠肺炎疫情发生以来,境外赌场、赌博网站加大对我公民招赌力度,一些不法分子大肆借疫情实施电信网络诈骗,两类犯罪组织、人员还相互勾联,危害更加突出,必须坚决依法严惩。为切实保障广大人民群众合法权益、维护我经济社会良好秩序,依据《中华人民共和国刑法》《中华人民共和国刑事诉讼法》及有关规定,现就依法严厉打击跨境赌博和电信网络诈骗犯罪相关事项通告如下:

一、凡是在境内外实施跨境赌博和电信网络诈骗犯罪,以及为犯罪分子传授作案方法、提供网络技术支持及资金支付结算等帮助的,都将受到依法严厉打击。

二、凡是在境外从事有关犯罪活动的,公安机关将"回国必查",逐一调查、一查到底,依法打击处理。对在当前加快复工复产阶段从事跨境赌博和电信网络诈骗犯罪,造成境内人员被骗或公司企业财产受损等情况的,将依法从重惩处。同时,参与跨境网络赌博活动是违法行为,公安机关将依法查处参赌人员。

三、移民管理部门将会同有关部门,加强出入境管控,强化边境地区巡控,依法打击违法出入国(边)境活动,及时发现并严厉打击出入国(边)境或偷越国(边)境的跨境赌博、电信网络诈骗违法犯罪嫌疑人。对明知已感染或可能感染新冠肺炎,仍然出入国(边)境或偷越国(边)境,引起病毒传播或者有传播严重危险的,公安机关将以涉嫌危害公共安全罪、妨害传染病防治罪、妨害国境卫生检疫罪等一并立案侦查。

四、公安机关将会同有关部门,加强对跨境赌博和电信网络诈骗的综合治理,加大非法资金管控力度,严肃查处一批违法违规为跨境赌资提供结算服务的支付机构,最大限度阻断资金非法流通。对相关违法犯罪人员,还将在出入境管理、个人征信等方面加大管控惩戒力度,建立参赌及从业人员"黑名单"等制度。

五、跨境赌博"十赌九输",电信网络诈骗全是"陷阱"。请广大群众认清其骗人本质和严重危害,自觉抵制赴境外或在网上参赌,高度警惕电信网络诈骗的新手法新特点,不断提高防范意识和能力。

六、欢迎广大人民群众积极检举揭发相关违法犯罪行为。对所提供的违法犯罪线索在捣毁特大犯罪窝点、打掉特大犯罪团伙中发挥重要作用的,公安机关将予以重奖,并依法保护举报人的个人信息及安全。对窝藏、包庇犯罪人员或者帮助毁灭、伪造证据以及掩饰、隐瞒犯罪所得、犯罪所得收益,构成犯罪的,将依法追究刑事责任。

本通告自发布之日起施行。

公安机关办理刑事案件程序规定(节录)

(2020 年 7 月 20 日修正　公安部令第 159 号)

第十五条　刑事案件由犯罪地的公安机关管辖。如果由犯罪嫌疑人居住地的公安机关管辖更为适宜的,可以由犯罪嫌疑人居住地的公安机关管辖。

法律、司法解释或者其他规范性文件对有关犯罪案件的管辖作出特别规定的,从其规定。

第十六条　犯罪地包括犯罪行为发生地和犯罪结果发生地。犯罪行为发生地,包括犯罪行为的实施地以及预备地、开始地、途经地、结束地等与犯罪行为有关的地点;犯罪行为有连续、持续或者继续状态的,犯罪行为连续、持续或者继续实施的地方都属于犯罪行为发生地。犯罪结果发生地,包括犯罪对象被侵害地、犯罪所得的实际取得地、藏匿地、转移地、使用地、销售地。

居住地包括户籍所在地、经常居住地。经常居住地是指公民离开户籍所在地最后连续居住一年以上的地方,但住院就医的除外。单位登记的住所地为其居住地。主要营业地或者主要办事机构所在地与登记的住所地不一致的,主要营业地或者主要办事机构所在地为其居住地。

第十七条　针对或者主要利用计算机网络实施的犯罪,用于实施犯罪行为的网络服务使用的服务器所在地,网络服务提供者所在地,被侵害的网络信息系统及其管理者所在地,以及犯罪过程中犯罪嫌疑人、被害人使用的网络信息系统所在地,被害人被侵害时所在地和被害人财产遭受损失地公安机关可以管辖。

第二十条　中国公民在中国驻外使、领馆内的犯罪,由其主管单位所在地或者原户籍地的公安机关管辖。

中国公民在中华人民共和国领域外的犯罪,由其入境地、离境前居住地或者现居住地的公安机关管辖;被害人是中国公民的,也可由被害人离境前居住地或者现居住地的公安机关管辖。

第二十一条 几个公安机关都有权管辖的刑事案件,由最初受理的公安机关管辖。必要时,可以由主要犯罪地的公安机关管辖。

具有下列情形之一的,公安机关可以在职责范围内并案侦查:

(一)一人犯数罪的;

(二)共同犯罪的;

(三)共同犯罪的犯罪嫌疑人还实施其他犯罪的;

(四)多个犯罪嫌疑人实施的犯罪存在关联,并案处理有利于查明犯罪事实的。

第二十二条 对管辖不明确或者有争议的刑事案件,可以由有关公安机关协商。协商不成的,由共同的上级公安机关指定管辖。

对情况特殊的刑事案件,可以由共同的上级公安机关指定管辖。

提请上级公安机关指定管辖时,应当在有关材料中列明犯罪嫌疑人基本情况、涉嫌罪名、案件基本事实、管辖争议情况、协商情况和指定管辖理由,经公安机关负责人批准后,层报有权指定管辖的上级公安机关。

第二十三条 上级公安机关指定管辖的,应当将指定管辖决定书分别送达被指定管辖的公安机关和其他有关的公安机关,并根据办案需要抄送同级人民法院、人民检察院。

原受理案件的公安机关,在收到上级公安机关指定其他公安机关管辖的决定书后,不再行使管辖权,同时应当将犯罪嫌疑人、涉案财物以及案卷材料等移送被指定管辖的公安机关。

对指定管辖的案件,需要逮捕犯罪嫌疑人的,由被指定管辖的公安机关提请同级人民检察院审查批准;需要提起公诉的,由该公安机关移送同级人民检察院审查决定。

第二十四条 县级公安机关负责侦查发生在本辖区内的刑事案件。

设区的市一级以上公安机关负责下列犯罪中重大案件的侦查:

(一)危害国家安全犯罪;

(二)恐怖活动犯罪;

(三)涉外犯罪;

（四）经济犯罪；

（五）集团犯罪；

（六）跨区域犯罪。

上级公安机关认为有必要的，可以侦查下级公安机关管辖的刑事案件；下级公安机关认为案情重大需要上级公安机关侦查的刑事案件，可以请求上一级公安机关管辖。

第三十二条　公安机关负责人、侦查人员有下列情形之一的，应当自行提出回避申请，没有自行提出回避申请的，应当责令其回避，当事人及其法定代理人也有权要求他们回避：

（一）是本案的当事人或者是当事人的近亲属的；

（二）本人或者他的近亲属和本案有利害关系的；

（三）担任过本案的证人、鉴定人、辩护人、诉讼代理人的；

（四）与本案当事人有其他关系，可能影响公正处理案件的。

第四十二条　公安机关应当保障辩护律师在侦查阶段依法从事下列执业活动：

（一）向公安机关了解犯罪嫌疑人涉嫌的罪名和案件有关情况，提出意见；

（二）与犯罪嫌疑人会见和通信，向犯罪嫌疑人了解案件有关情况；

（三）为犯罪嫌疑人提供法律帮助、代理申诉、控告；

（四）为犯罪嫌疑人申请变更强制措施。

第四十三条　公安机关在第一次讯问犯罪嫌疑人或者对犯罪嫌疑人采取强制措施的时候，应当告知犯罪嫌疑人有权委托律师作为辩护人，并告知其如果因经济困难或者其他原因没有委托辩护律师的，可以向法律援助机构申请法律援助。告知的情形应当记录在案。

对于同案的犯罪嫌疑人委托同一名辩护律师的，或者两名以上未同案处理但实施的犯罪存在关联的犯罪嫌疑人委托同一名辩护律师的，公安机关应当要求其更换辩护律师。

第五十九条　可以用于证明案件事实的材料，都是证据。

证据包括：

（一）物证；

（二）书证；

（三）证人证言；

（四）被害人陈述；

（五）犯罪嫌疑人供述和辩解；

（六）鉴定意见；

（七）勘验、检查、侦查实验、搜查、查封、扣押、提取、辨认等笔录；

（八）视听资料、电子数据。

证据必须经过查证属实，才能作为认定案件事实的根据。

第六十条 公安机关必须依照法定程序，收集、调取能够证实犯罪嫌疑人有罪或者无罪、犯罪情节轻重的各种证据。必须保证一切与案件有关或者了解案情的公民，有客观地充分地提供证据的条件，除特殊情况外，可以吸收他们协助调查。

第六十一条 公安机关向有关单位和个人收集、调取证据时，应当告知其必须如实提供证据。

对涉及国家秘密、商业秘密、个人隐私的证据，应当保密。

对于伪造证据、隐匿证据或者毁灭证据的，应当追究其法律责任。

第六十三条 公安机关接受或者依法调取的行政机关在行政执法和查办案件过程中收集的物证、书证、视听资料、电子数据、鉴定意见、勘验笔录、检查笔录等证据材料，经公安机关审查符合法定要求的，可以作为证据使用。

第六十六条 收集、调取电子数据，能够扣押电子数据原始存储介质的，应当扣押原始存储介质，并制作笔录、予以封存。

确因客观原因无法扣押原始存储介质的，可以现场提取或者网络在线提取电子数据。无法扣押原始存储介质，也无法现场提取或者网络在线提取的，可以采取打印、拍照或者录音录像等方式固定相关证据，并在笔录中注明原因。

收集、调取的电子数据，足以保证完整性，无删除、修改、增加等情形的，可以作为证据使用。经审查无法确定真伪，或者制作、取得的时间、地点、方式等有疑问，不能提供必要证明或者作出合理解释的，不能作为证据使用。

第六十九条 需要查明的案件事实包括：

（一）犯罪行为是否存在；

（二）实施犯罪行为的时间、地点、手段、后果以及其他情节；

（三）犯罪行为是否为犯罪嫌疑人实施；

（四）犯罪嫌疑人的身份；

（五）犯罪嫌疑人实施犯罪行为的动机、目的；

（六）犯罪嫌疑人的责任以及与其他同案人的关系；

（七）犯罪嫌疑人有无法定从重、从轻、减轻处罚以及免除处罚的情节；

（八）其他与案件有关的事实。

第七十条　公安机关移送审查起诉的案件，应当做到犯罪事实清楚，证据确实、充分。

证据确实、充分，应当符合以下条件：

（一）认定的案件事实都有证据证明；

（二）认定案件事实的证据均经法定程序查证属实；

（三）综合全案证据，对所认定事实已排除合理怀疑。

对证据的审查，应当结合案件的具体情况，从各证据与待证事实的关联程度、各证据之间的联系等方面进行审查判断。

只有犯罪嫌疑人供述，没有其他证据的，不能认定案件事实；没有犯罪嫌疑人供述，证据确实、充分的，可以认定案件事实。

第七十八条　公安机关根据案件情况对需要拘传的犯罪嫌疑人，或者经过传唤没有正当理由不到案的犯罪嫌疑人，可以拘传到其所在市、县公安机关执法办案场所进行讯问。

需要拘传的，应当填写呈请拘传报告书，并附有关材料，报县级以上公安机关负责人批准。

第八十一条　公安机关对具有下列情形之一的犯罪嫌疑人，可以取保候审：

（一）可能判处管制、拘役或者独立适用附加刑的；

（二）可能判处有期徒刑以上刑罚，采取取保候审不致发生社会危险性的；

（三）患有严重疾病、生活不能自理，怀孕或者正在哺乳自己婴儿的妇女，采取取保候审不致发生社会危险性的；

（四）羁押期限届满，案件尚未办结，需要继续侦查的。

对拘留的犯罪嫌疑人，证据不符合逮捕条件，以及提请逮捕后，人民检察院不批准逮捕，需要继续侦查，并且符合取保候审条件的，可以依法取保候审。

第一百零九条　公安机关对符合逮捕条件，有下列情形之一的犯罪嫌疑人，可以监视居住：

（一）患有严重疾病、生活不能自理的；

（二）怀孕或者正在哺乳自己婴儿的妇女；

（三）系生活不能自理的人的唯一扶养人；

（四）因案件的特殊情况或者办理案件的需要，采取监视居住措施更为适宜的；

（五）羁押期限届满，案件尚未办结，需要采取监视居住措施的。

对人民检察院决定不批准逮捕的犯罪嫌疑人，需要继续侦查，并且符合监视居住条件的，可以监视居住。

对于符合取保候审条件，但犯罪嫌疑人不能提出保证人，也不交纳保证金的，可以监视居住。

对于被取保候审人违反本规定第八十九条、第九十条规定的，可以监视居住。

第一百二十四条 公安机关对于现行犯或者重大嫌疑分子，有下列情形之一的，可以先行拘留：

（一）正在预备犯罪、实行犯罪或者在犯罪后即时被发觉的；

（二）被害人或者在场亲眼看见的人指认他犯罪的；

（三）在身边或者住处发现有犯罪证据的；

（四）犯罪后企图自杀、逃跑或者在逃的；

（五）有毁灭、伪造证据或者串供可能的；

（六）不讲真实姓名、住址，身份不明的；

（七）有流窜作案、多次作案、结伙作案重大嫌疑的

第一百三十三条 对有证据证明有犯罪事实，可能判处徒刑以上刑罚的犯罪嫌疑人，采取取保候审尚不足以防止发生下列社会危险性的，应当提请批准逮捕：

（一）可能实施新的犯罪的；

（二）有危害国家安全、公共安全或者社会秩序的现实危险的；

（三）可能毁灭、伪造证据，干扰证人作证或者串供的；

（四）可能对被害人、举报人、控告人实施打击报复的；

（五）企图自杀或者逃跑的。

对于有证据证明有犯罪事实，可能判处十年有期徒刑以上刑罚的，或者有证据证明有犯罪事实，可能判处徒刑以上刑罚，曾经故意犯罪或者身份不明的，应当提请批准逮捕。

公安机关在根据第一款的规定提请人民检察院审查批准逮捕时，应当对犯罪嫌疑人具有社会危险性说明理由。

第一百四十八条 对犯罪嫌疑人逮捕后的侦查羁押期限不得超过二个月。案情复杂、期限届满不能侦查终结的案件，应当制作提请批准延长侦查羁押期限意见书，经县级以上公安机关负责人批准后，在期限届满七日前送请同级人民检察院转报上一级人民检察院批准延长一个月。

第一百四十九条　下列案件在本规定第一百四十八条规定的期限届满不能侦查终结的，应当制作提请批准延长侦查羁押期限意见书，经县级以上公安机关负责人批准，在期限届满七日前送请同级人民检察院层报省、自治区、直辖市人民检察院批准，延长二个月：

（一）交通十分不便的边远地区的重大复杂案件；

（二）重大的犯罪集团案件；

（三）流窜作案的重大复杂案件；

（四）犯罪涉及面广，取证困难的重大复杂案件。

第一百五十条　对犯罪嫌疑人可能判处十年有期徒刑以上刑罚，依照本规定第一百四十九条规定的延长期限届满，仍不能侦查终结的，应当制作提请批准延长侦查羁押期限意见书，经县级以上公安机关负责人批准，在期限届满七日前送请同级人民检察院层报省、自治区、直辖市人民检察院批准，再延长二个月。

第一百五十一条　在侦查期间，发现犯罪嫌疑人另有重要罪行的，应当自发现之日起五日以内报县级以上公安机关负责人批准后，重新计算侦查羁押期限，制作变更羁押期限通知书，送达看守所，并报批准逮捕的人民检察院备案。

前款规定的"另有重要罪行"，是指与逮捕时的罪行不同种的重大犯罪以及同种犯罪并将影响罪名认定、量刑档次的重大犯罪。

第一百五十二条　犯罪嫌疑人不讲真实姓名、住址，身份不明的，应当对其身份进行调查。经县级以上公安机关负责人批准，侦查羁押期限自查清其身份之日起计算，但不得停止对其犯罪行为的侦查取证。

对于犯罪事实清楚，证据确实、充分，确实无法查明其身份的，按其自报的姓名移送人民检察院审查起诉。

第一百六十九条　公安机关对于公民扭送、报案、控告、举报或者犯罪嫌疑人自动投案的，都应当立即接受，问明情况，并制作笔录，经核对无误后，由扭送人、报案人、控告人、举报人、投案人签名、捺指印。必要时，应当对接受过程录音录像。

第一百七十条　公安机关对扭送人、报案人、控告人、举报人、投案人提供的有关证据材料等应当登记，制作接受证据材料清单，由扭送人、报案人、控告人、举报人、投案人签名，并妥善保管。必要时，应当拍照或者录音录像。

第一百七十八条　公安机关接受案件后，经审查，认为有犯罪事实需要追究刑事责任，且属于自己管辖的，经县级以上公安机关负责人批准，予以立案；认为没有犯罪事实，或者犯罪事实显著轻微不需要追究刑事责任，或者具有其他依法不追究刑事责任情形的,经县级以上公安机关负责人批准,不予立案。

对有控告人的案件,决定不予立案的,公安机关应当制作不予立案通知书,并在三日以内送达控告人。

决定不予立案后又发现新的事实或者证据,或者发现原认定事实错误,需要追究刑事责任的,应当及时立案处理。

第一百八十六条 经过侦查,发现具有下列情形之一的,应当撤销案件:

(一)没有犯罪事实的;

(二)情节显著轻微、危害不大,不认为是犯罪的;

(三)犯罪已过追诉时效期限的;

(四)经特赦令免除刑罚的;

(五)犯罪嫌疑人死亡的;

(六)其他依法不追究刑事责任的。

对于经过侦查,发现有犯罪事实需要追究刑事责任,但不是被立案侦查的犯罪嫌疑人实施的,或者共同犯罪案件中部分犯罪嫌疑人不够刑事处罚的,应当对有关犯罪嫌疑人终止侦查,并对该案件继续侦查。

第二百零三条 侦查人员讯问犯罪嫌疑人时,应当首先讯问犯罪嫌疑人是否有犯罪行为,并告知犯罪嫌疑人享有的诉讼权利,如实供述自己罪行可以从宽处理以及认罪认罚的法律规定,让他陈述有罪的情节或者无罪的辩解,然后向他提出问题。

犯罪嫌疑人对侦查人员的提问,应当如实回答。但是对与本案无关的问题,有拒绝回答的权利。

第一次讯问,应当问明犯罪嫌疑人的姓名、别名、曾用名、出生年月日、户籍所在地、现住地、籍贯、出生地、民族、职业、文化程度、政治面貌、工作单位、家庭情况、社会经历,是否属于人大代表、政协委员,是否受过刑事处罚或者行政处理等情况。

第二百一十一条 询问前,应当了解证人、被害人的身份,证人、被害人、犯罪嫌疑人之间的关系。询问时,应当告知证人、被害人必须如实地提供证据、证言和有意作伪证或者隐匿罪证应负的法律责任。

侦查人员不得向证人、被害人泄露案情或者表示对案件的看法,严禁采用暴力、威胁等非法方法询问证人、被害人。

第二百一十三条 侦查人员对于与犯罪有关的场所、物品、人身、尸体应当进行勘验或者检查,及时提取、采集与案件有关的痕迹、物证、生物样本等。在必要的时候,可以指派或者聘请具有专门知识的人,在侦查人员的主持下进行勘验、检查。

第二百一十六条 勘查现场,应当拍摄现场照片、绘制现场图,制作笔录,由参加勘查的人和见证人签名。对重大案件的现场勘查,应当录音录像。

第二百二十二条 为了收集犯罪证据、查获犯罪人,经县级以上公安机关负责人批准,侦查人员可以对犯罪嫌疑人以及可能隐藏罪犯或者犯罪证据的人的身体、物品、住处和其他有关的地方进行搜查。

第二百二十七条 在侦查活动中发现的可用以证明犯罪嫌疑人有罪或者无罪的各种财物、文件,应当查封、扣押;但与案件无关的财物、文件,不得查封、扣押。

持有人拒绝交出应当查封、扣押的财物、文件的,公安机关可以强制查封、扣押。

第二百三十二条 扣押犯罪嫌疑人的邮件、电子邮件、电报,应当经县级以上公安机关负责人批准,制作扣押邮件、电报通知书,通知邮电部门或者网络服务单位检交扣押。

不需要继续扣押的时候,应当经县级以上公安机关负责人批准,制作解除扣押邮件、电报通知书,立即通知邮电部门或者网络服务单位。

第七节 查询、冻结

第二百三十七条 公安机关根据侦查犯罪的需要,可以依照规定查询、冻结犯罪嫌疑人的存款、汇款、证券交易结算资金、期货保证金等资金,债券、股票、基金份额和其他证券,以及股权、保单权益和其他投资权益等财产,并可以要求有关单位和个人配合。

对于前款规定的财产,不得划转、转账或者以其他方式变相扣押。

第二百三十八条 向金融机构等单位查询犯罪嫌疑人的存款、汇款、证券交易结算资金、期货保证金等资金,债券、股票、基金份额和其他证券,以及股权、保单权益和其他投资权益等财产,应当经县级以上公安机关负责人批准,制作协助查询财产通知书,通知金融机构等单位协助办理。

第二百三十九条 需要冻结犯罪嫌疑人财产的,应当经县级以上公安机关负责人批准,制作协助冻结财产通知书,明确冻结财产的账户名称、账户号码、冻结数额、冻结期限、冻结范围以及是否及于孳息等事项,通知金融机构等单位协助办理。

冻结股权、保单权益的,应当经设区的市一级以上公安机关负责人批准。

冻结上市公司股权的,应当经省级以上公安机关负责人批准。

第二百四十条 需要延长冻结期限的,应当按照原批准权限和程序,在冻结期限届满前办理继续冻结手续。逾期不办理继续冻结手续的，视为自动解除冻结。

第二百四十一条 不需要继续冻结犯罪嫌疑人财产时，应当经原批准冻结的公安机关负责人批准，制作协助解除冻结财产通知书，通知金融机构等单位协助办理。

第二百四十二条 犯罪嫌疑人的财产已被冻结的，不得重复冻结，但可以轮候冻结。

第二百四十三条 冻结存款、汇款、证券交易结算资金、期货保证金等财产的期限为六个月。每次续冻期限最长不得超过六个月。

对于重大、复杂案件，经设区的市一级以上公安机关负责人批准，冻结存款、汇款、证券交易结算资金、期货保证金等财产的期限可以为一年。每次续冻期限最长不得超过一年

第二百四十八条 为了查明案情，解决案件中某些专门性问题，应当指派、聘请有专门知识的人进行鉴定。

需要聘请有专门知识的人进行鉴定，应当经县级以上公安机关负责人批准后，制作鉴定聘请书。

第二百五十八条 为了查明案情，在必要的时候，侦查人员可以让被害人、证人或者犯罪嫌疑人对与犯罪有关的物品、文件、尸体、场所或者犯罪嫌疑人进行辨认。

第十节 技术侦查

第二百六十三条 公安机关在立案后，根据侦查犯罪的需要，可以对下列严重危害社会的犯罪案件采取技术侦查措施：

（一）危害国家安全犯罪、恐怖活动犯罪、黑社会性质的组织犯罪、重大毒品犯罪案件；

（二）故意杀人、故意伤害致人重伤或者死亡、强奸、抢劫、绑架、放火、爆炸、投放危险物质等严重暴力犯罪案件；

（三）集团性、系列性、跨区域性重大犯罪案件；

（四）利用电信、计算机网络、寄递渠道等实施的重大犯罪案件，以及针对计算机网络实施的重大犯罪案件；

（五）其他严重危害社会的犯罪案件，依法可能判处七年以上有期徒刑的。

公安机关追捕被通缉或者批准、决定逮捕的在逃的犯罪嫌疑人、被告人，可以

采取追捕所必需的技术侦查措施。

第二百七十条　侦查人员对采取技术侦查措施过程中知悉的国家秘密、商业秘密和个人隐私，应当保密。

公安机关依法采取技术侦查措施，有关单位和个人应当配合，并对有关情况予以保密。

第二百七十四条　应当逮捕的犯罪嫌疑人在逃的，经县级以上公安机关负责人批准，可以发布通缉令，采取有效措施，追捕归案。

县级以上公安机关在自己管辖的地区内，可以直接发布通缉令；超出自己管辖的地区，应当报请有权决定的上级公安机关发布。

通缉令的发送范围，由签发通缉令的公安机关负责人决定。

第二百八十三条　侦查终结的案件，应当同时符合以下条件：

（一）案件事实清楚；

（二）证据确实、充分；

（三）犯罪性质和罪名认定正确；

（四）法律手续完备；

（五）依法应当追究刑事责任。

第二百九十一条　共同犯罪案件的起诉意见书，应当写明每个犯罪嫌疑人在共同犯罪中的地位、作用、具体罪责和认罪态度，并分别提出处理意见。

第二百九十五条　侦查终结，移送人民检察院审查起诉的案件，人民检察院退回公安机关补充侦查的，公安机关接到人民检察院退回补充侦查的法律文书后，应当按照补充侦查提纲在一个月以内补充侦查完毕。

补充侦查以二次为限。

第三百一十七条　公安机关办理未成年人刑事案件，实行教育、感化、挽救的方针，坚持教育为主、惩罚为辅的原则。

第三百三十一条　未成年人犯罪的时候不满十八周岁，被判处五年有期徒刑以下刑罚的，公安机关应当依据人民法院已经生效的判决书，将该未成年人的犯罪记录予以封存。

犯罪记录被封存的，除司法机关为办案需要或者有关单位根据国家规定进行查询外，公安机关不得向其他任何单位和个人提供。

被封存犯罪记录的未成年人，如果发现漏罪，合并被判处五年有期徒刑以上刑罚的，应当对其犯罪记录解除封存。

第三百三十九条 有下列情形之一，依照刑法规定应当追缴其违法所得及其他涉案财产的，经县级以上公安机关负责人批准，公安机关应当写出没收违法所得意见书，连同相关证据材料一并移送同级人民检察院：

（一）恐怖活动犯罪等重大犯罪案件，犯罪嫌疑人逃匿，在通缉一年后不能到案的；

（二）犯罪嫌疑人死亡的。

犯罪嫌疑人死亡，现有证据证明其存在违法所得及其他涉案财产应当予以没收的，公安机关可以进行调查。公安机关进行调查，可以依法进行查封、扣押、查询、冻结。

第三百四十条 没收违法所得意见书应当包括以下内容：

（一）犯罪嫌疑人的基本情况；

（二）犯罪事实和相关的证据材料；

（三）犯罪嫌疑人逃匿、被通缉或者死亡的情况；

（四）犯罪嫌疑人的违法所得及其他涉案财产的种类、数量、所在地；

（五）查封、扣押、冻结的情况等。

第三百四十六条 公安机关在异地执行传唤、拘传、拘留、逮捕，开展勘验、检查、搜查、查封、扣押、冻结、讯问等侦查活动，应当向当地公安机关提出办案协作请求，并在当地公安机关协助下进行，或者委托当地公安机关代为执行。

开展查询、询问、辨认等侦查活动或者送达法律文书的，也可以向当地公安机关提出办案协作请求，并按照有关规定进行通报。

第三百四十七条 需要异地公安机关协助的，办案地公安机关应当制作办案协作函件，连同有关法律文书和人民警察证复印件一并提供给协作地公安机关。必要时，可以将前述法律手续传真或者通过公安机关有关信息系统传输至协作地公安机关。

请求协助执行传唤、拘传、拘留、逮捕的，应当提供传唤证、拘传证、拘留证、逮捕证；请求协助开展搜查、查封、扣押、查询、冻结等侦查活动的，应当提供搜查证、查封决定书、扣押决定书、协助查询财产通知书、协助冻结财产通知书；请求协助开展勘验、检查、讯问、询问等侦查活动的，应当提供立案决定书。

第三百四十八条 公安机关应当指定一个部门归口接收协作请求，并进行审核。对符合本规定第三百四十七条规定的协作请求，应当及时交主管业务部门办理。

异地公安机关提出协作请求的，只要法律手续完备，协作地公安机关就应当及时无条件予以配合，不得收取任何形式的费用或者设置其他条件。

第三百四十九条 对协作过程中获取的犯罪线索，不属于自己管辖的，应当及时移交有管辖权的公安机关或者其他有关部门。

第三百五十条 异地执行传唤、拘传的，协作地公安机关应当协助将犯罪嫌疑人传唤、拘传到本市、县公安机关执法办案场所或者到他的住处进行讯问。

异地执行拘留、逮捕的，协作地公安机关应当派员协助执行。

第三百五十一条 已被决定拘留、逮捕的犯罪嫌疑人在逃的，可以通过网上工作平台发布犯罪嫌疑人相关信息、拘留证或者逮捕证。各地公安机关发现网上逃犯的，应当立即组织抓捕。

协作地公安机关抓获犯罪嫌疑人后，应当立即通知办案地公安机关。办案地公安机关应当立即携带法律文书及时提解，提解的侦查人员不得少于二人。

办案地公安机关不能及时到达协作地的，应当委托协作地公安机关在拘留、逮捕后二十四小时以内进行讯问。

第三百五十二条 办案地公安机关请求代为讯问、询问、辨认的，协作地公安机关应当制作讯问、询问、辨认笔录，交被讯问、询问人和辨认人签名、捺指印后，提供给办案地公安机关。

办案地公安机关可以委托协作地公安机关协助进行远程视频讯问、询问，讯问、询问过程应当全程录音录像。

第三百五十三条 办案地公安机关请求协查犯罪嫌疑人的身份、年龄、违法犯罪经历等情况的，协作地公安机关应当在接到请求后七日以内将协查结果通知办案地公安机关；交通十分不便的边远地区，应当在十五日以内将协查结果通知办案地公安机关。

办案地公安机关请求协助调查取证或者查询犯罪信息、资料的，协作地公安机关应当及时协查并反馈。

第三百五十四条 对不履行办案协作程序或者协作职责造成严重后果的，对直接负责的主管人员和其他直接责任人员，应当给予处分；构成犯罪的，依法追究刑事责任。

第三百五十五条 协作地公安机关依照办案地公安机关的协作请求履行办案协作职责所产生的法律责任，由办案地公安机关承担。但是，协作行为超出协作请求范围，造成执法过错的，由协作地公安机关承担相应法律责任。

第三百五十六条 办案地和协作地公安机关对于案件管辖、定性处理等发生争议的，可以进行协商。协商不成的，提请共同的上级公安机关决定。

第三百七十四条 公安部是公安机关进行刑事司法协助和警务合作的中央主管机关，通过有关法律、国际条约、协议规定的联系途径、外交途径或者国际刑事警察组织渠道，接收或者向外国提出刑事司法协助或者警务合作请求。

地方各级公安机关依照职责权限办理刑事司法协助事务和警务合作事务。

其他司法机关在办理刑事案件中，需要外国警方协助的，由其中央主管机关与公安部联系办理。

第三百七十五条 公安机关进行刑事司法协助和警务合作的范围，主要包括犯罪情报信息的交流与合作，调查取证，安排证人作证或者协助调查，查封、扣押、冻结涉案财物，没收、返还违法所得及其他涉案财物，送达刑事诉讼文书，引渡、缉捕和递解犯罪嫌疑人、被告人或者罪犯，以及国际条约、协议规定的其他刑事司法协助和警务合作事宜。

第三百七十六条 在不违背我国法律和有关国际条约、协议的前提下，我国边境地区设区的市一级公安机关和县级公安机关与相邻国家的警察机关，可以按照惯例相互开展执法会晤、人员往来、边境管控、情报信息交流等警务合作，但应当报省级公安机关批准，并报公安部备案；开展其他警务合作的，应当报公安部批准。

第三百七十七条 公安部收到外国的刑事司法协助或者警务合作请求后，应当依据我国法律和国际条约、协议的规定进行审查。对于符合规定的，交有关省级公安机关办理，或者移交其他有关中央主管机关；对于不符合条约或者协议规定的，通过接收请求的途径退回请求方。

对于请求书的签署机关、请求书及所附材料的语言文字、有关办理期限和具体程序等事项，在不违反我国法律基本原则的情况下，可以按照刑事司法协助条约、警务合作协议规定或者双方协商办理。

第三百七十八条 负责执行刑事司法协助或者警务合作的公安机关收到请求书和所附材料后，应当按照我国法律和有关国际条约、协议的规定安排执行，并将执行结果及其有关材料报经省级公安机关审核后报送公安部。

在执行过程中，需要采取查询、查封、扣押、冻结等措施或者返还涉案财物，且符合法律规定的条件的，可以根据我国有关法律和公安部的执行通知办理有关法律手续。

请求书提供的信息不准确或者材料不齐全难以执行的，应当立即通过省级公安机关报请公安部要求请求方补充材料；因其他原因无法执行或者具有应当拒绝协助、合作的情形等不能执行的，应当将请求书和所附材料，连同不能执行的理由通过省级公安机关报送公安部。

第三百七十九条　执行刑事司法协助和警务合作，请求书中附有办理期限的，应当按期完成。未附办理期限的，调查取证应当在三个月以内完成；送达刑事诉讼文书，应当在十日以内完成。不能按期完成的，应当说明情况和理由，层报公安部。

第三百八十条　需要请求外国警方提供刑事司法协助或者警务合作的，应当按照我国有关法律、国际条约、协议的规定提出刑事司法协助或者警务合作请求书，所附文件及相应译文，经省级公安机关审核后报送公安部。

第三百八十一条　需要通过国际刑事警察组织查找或者缉捕犯罪嫌疑人、被告人或者罪犯，查询资料、调查取证的，应当提出申请层报国际刑事警察组织中国国家中心局。

第三百八十二条　公安机关需要外国协助安排证人、鉴定人来中华人民共和国作证或者通过视频、音频作证，或者协助调查的，应当制作刑事司法协助请求书并附相关材料，经公安部审核同意后，由对外联系机关及时向外国提出请求。

来中华人民共和国作证或者协助调查的证人、鉴定人离境前，公安机关不得就其入境前实施的犯罪进行追究；除因入境后实施违法犯罪而被采取强制措施的以外，其人身自由不受限制。

证人、鉴定人在条约规定的期限内或者被通知无需继续停留后十五日内没有离境的，前款规定不再适用，但是由于不可抗力或者其他特殊原因未能离境的除外。

第三百八十三条　公安机关提供或者请求外国提供刑事司法协助或者警务合作，应当收取或者支付费用的，根据有关国际条约、协议的规定，或者按照对等互惠的原则协商办理。

第三百八十四条　办理引渡案件，依照《中华人民共和国引渡法》等法律规定和有关条约执行。

最高人民检察院、公安部关于逮捕社会危险性条件若干问题的规定（试行）（节录）

（2015 年 10 月 9 日　高检会〔2015〕9 号）

第二条　人民检察院办理审查逮捕案件，应当全面把握逮捕条件，对有证据证明有犯罪事实、可能判处徒刑以上刑罚的犯罪嫌疑人，除刑诉法第七十九条第二、三款规定的情形外，应当严格审查是否具备社会危险性条件。公安机关侦查刑事案件，应当收集、固定犯罪嫌疑人是否具有社会危险性的证据。

第三条 公安机关提请逮捕犯罪嫌疑人的，应当同时移送证明犯罪嫌疑人具有社会危险性的证据。对于证明犯罪事实的证据能够证明犯罪嫌疑人具有社会危险性的，应当在提请批准逮捕书中专门予以说明。对于证明犯罪事实的证据不能证明犯罪嫌疑人具有社会危险性的，应当收集、固定犯罪嫌疑人具备社会危险性条件的证据，并在提请逮捕时随卷移送。

第四条 人民检察院审查认定犯罪嫌疑人是否具有社会危险性，应当以公安机关移送的社会危险性相关证据为依据，并结合案件具体情况综合认定。必要时可以通过讯问犯罪嫌疑人、询问证人等诉讼参与人、听取辩护律师意见等方式，核实相关证据。依据在案证据不能认定犯罪嫌疑人符合逮捕社会危险性条件的，人民检察院可以要求公安机关补充相关证据，公安机关没有补充移送的，应当作出不批准逮捕的决定。

最高人民法院、最高人民检察院关于适用犯罪嫌疑人、被告人逃匿、死亡案件违法所得没收程序若干问题的规定（节录）

（2017 年 1 月 4 日　法释〔2017〕1 号）

第一条 下列犯罪案件，应当认定为刑事诉讼法第二百八十条第一款规定的“犯罪案件”：

（四）危害国家安全、走私、洗钱、金融诈骗、黑社会性质的组织、毒品犯罪案件。

电信诈骗、网络诈骗犯罪案件，依照前款规定的犯罪案件处理。

第六条 通过实施犯罪直接或者间接产生、获得的任何财产，应当认定为刑事诉讼法第二百八十条第一款规定的“违法所得”。

违法所得已经部分或者全部转变、转化为其他财产的，转变、转化后的财产应当视为前款规定的“违法所得”。

来自违法所得转变、转化后的财产收益，或者来自已经与违法所得相混合财产中违法所得相应部分的收益，应当视为第一款规定的“违法所得”。

第二十二条 违法所得或者其他涉案财产在境外的，负责立案侦查的公安机关、人民检察院等侦查机关应当制作查封、扣押、冻结的法律文书以及协助执行查封、扣押、冻结的请求函，层报公安、检察院等各系统最高上级机关后，由公安、检察院等各系统最高上级机关依照刑事司法协助条约、多边公约，或者按照对等互惠原则，向违法所得或者其他涉案财产所在地国(区)的主管机关请求协助执行。

被请求国(区)的主管机关提出，查封、扣押、冻结法律文书的制发主体必须是法院的，负责立案侦查的公安机关、人民检察院等侦查机关可以向同级人民法院提出查封、扣押、冻结的申请，人民法院经审查同意后制作查封、扣押、冻结令以及协助执行查封、扣押、冻结令的请求函，层报最高人民法院后，由最高人民法院依照刑事司法协助条约、多边公约，或者按照对等互惠原则，向违法所得或者其他涉案财产所在地国(区)的主管机关请求协助执行。

第三部分

行业领域电信网络诈骗治理

一、电信领域电信网络诈骗治理

中华人民共和国反电信网络诈骗法（节录）

（2022年9月2日　中华人民共和国主席令第119号）

第六条　国务院建立反电信网络诈骗工作机制，统筹协调打击治理工作。

地方各级人民政府组织领导本行政区域内反电信网络诈骗工作，确定反电信网络诈骗目标任务和工作机制，开展综合治理。

公安机关牵头负责反电信网络诈骗工作，金融、电信、网信、市场监管等有关部门依照职责履行监管主体责任，负责本行业领域反电信网络诈骗工作。

人民法院、人民检察院发挥审判、检察职能作用，依法防范、惩治电信网络诈骗活动。

电信业务经营者、银行业金融机构、非银行支付机构、互联网服务提供者承担风险防控责任，建立反电信网络诈骗内部控制机制和安全责任制度，加强新业务涉诈风险安全评估。

第九条　电信业务经营者应当依法全面落实电话用户真实身份信息登记制度。

基础电信企业和移动通信转售企业应当承担对代理商落实电话用户实名制管理责任，在协议中明确代理商实名制登记的责任和有关违约处置措施。

第十条　办理电话卡不得超出国家有关规定限制的数量。

对经识别存在异常办卡情形的，电信业务经营者有权加强核查或者拒绝办卡。具体识别办法由国务院电信主管部门制定。

国务院电信主管部门组织建立电话用户开卡数量核验机制和风险信息共享机制，并为用户查询名下电话卡信息提供便捷渠道。

第十一条　电信业务经营者对监测识别的涉诈异常电话卡用户应当重新进行实名核验，根据风险等级采取有区别的、相应的核验措施。对未按规定核验或者核验未通过的，电信业务经营者可以限制、暂停有关电话卡功能。

第十二条　电信业务经营者建立物联网卡用户风险评估制度，评估未通过的，不得向其销售物联网卡；严格登记物联网卡用户身份信息；采取有效技术措施限定物联网卡开通功能、使用场景和适用设备。

单位用户从电信业务经营者购买物联网卡再将载有物联网卡的设备销售给其他用户的，应当核验和登记用户身份信息，并将销量、存量及用户实名信息传送给号码归属的电信业务经营者。

电信业务经营者对物联网卡的使用建立监测预警机制。对存在异常使用情形的，应当采取暂停服务、重新核验身份和使用场景或者其他合同约定的处置措施。

第十三条　电信业务经营者应当规范真实主叫号码传送和电信线路出租，对改号电话进行封堵拦截和溯源核查。

电信业务经营者应当严格规范国际通信业务出入口局主叫号码传送，真实、准确向用户提示来电号码所属国家或者地区，对网内和网间虚假主叫、不规范主叫进行识别、拦截。

第十四条　任何单位和个人不得非法制造、买卖、提供或者使用下列设备、软件：

（一）电话卡批量插入设备；

（二）具有改变主叫号码、虚拟拨号、互联网电话违规接入公用电信网络等功能的设备、软件；

（三）批量账号、网络地址自动切换系统，批量接收提供短信验证、语音验证的平台；

（四）其他用于实施电信网络诈骗等违法犯罪的设备、软件。

电信业务经营者、互联网服务提供者应当采取技术措施，及时识别、阻断前款规定的非法设备、软件接入网络，并向公安机关和相关行业主管部门报告。

第二十八条　金融、电信、网信部门依照职责对银行业金融机构、非银行支付机构、电信业务经营者、互联网服务提供者落实本法规定情况进行监督检查。有关监督检查活动应当依法规范开展。

第三十条 电信业务经营者、银行业金融机构、非银行支付机构、互联网服务提供者应当对从业人员和用户开展反电信网络诈骗宣传，在有关业务活动中对防范电信网络诈骗作出提示，对本领域新出现的电信网络诈骗手段及时向用户作出提醒，对非法买卖、出租、出借本人有关卡、账户、账号等被用于电信网络诈骗的法律责任作出警示。

新闻、广播、电视、文化、互联网信息服务等单位，应当面向社会有针对性地开展反电信网络诈骗宣传教育。

任何单位和个人有权举报电信网络诈骗活动，有关部门应当依法及时处理，对提供有效信息的举报人依照规定给予奖励和保护。

第三十一条 任何单位和个人不得非法买卖、出租、出借电话卡、物联网卡、电信线路、短信端口、银行账户、支付账户、互联网账号等，不得提供实名核验帮助；不得假冒他人身份或者虚构代理关系开立上述卡、账户、账号等。

对经设区的市级以上公安机关认定的实施前款行为的单位、个人和相关组织者，以及因从事电信网络诈骗活动或者关联犯罪受过刑事处罚的人员，可以按照国家有关规定记入信用记录，采取限制其有关卡、账户、账号等功能和停止非柜面业务、暂停新业务、限制入网等措施。对上述认定和措施有异议的，可以提出申诉，有关部门应当建立健全申诉渠道、信用修复和救济制度。具体办法由国务院公安部门会同有关主管部门规定。

第三十二条 国家支持电信业务经营者、银行业金融机构、非银行支付机构、互联网服务提供者研究开发有关电信网络诈骗反制技术，用于监测识别、动态封堵和处置涉诈异常信息、活动。

国务院公安部门、金融管理部门、电信主管部门和国家网信部门等应当统筹负责本行业领域反制技术措施建设，推进涉电信网络诈骗样本信息数据共享，加强涉诈用户信息交叉核验，建立有关涉诈异常信息、活动的监测识别、动态封堵和处置机制。

依据本法第十一条、第十二条、第十八条、第二十二条和前款规定，对涉诈异常情形采取限制、暂停服务等处置措施的，应当告知处置原因、救济渠道及需要提交的资料等事项，被处置对象可以向作出决定或者采取措施的部门、单位提出申诉。作出决定的部门、单位应当建立完善申诉渠道，及时受理申诉并核查，核查通过的，应当即时解除有关措施。

第三十三条 国家推进网络身份认证公共服务建设，支持个人、企业自愿使用，电信业务经营者、银行业金融机构、非银行支付机构、互联网服务提供者对存在涉诈异常的电话卡、银行账户、支付账户、互联网账号，可以通过国家网络身份认证公共服务对用户身份重新进行核验。

第三十五条　经国务院反电信网络诈骗工作机制决定或者批准，公安、金融、电信等部门对电信网络诈骗活动严重的特定地区，可以依照国家有关规定采取必要的临时风险防范措施。

第三十九条　电信业务经营者违反本法规定，有下列情形之一的，由有关主管部门责令改正，情节较轻的，给予警告、通报批评，或者处五万元以上五十万元以下罚款；情节严重的，处五十万元以上五百万元以下罚款，并可以由有关主管部门责令暂停相关业务、停业整顿、吊销相关业务许可证或者吊销营业执照，对其直接负责的主管人员和其他直接责任人员，处一万元以上二十万元以下罚款：

（一）未落实国家有关规定确定的反电信网络诈骗内部控制机制的；

（二）未履行电话卡、物联网卡实名制登记职责的；

（三）未履行对电话卡、物联网卡的监测识别、监测预警和相关处置职责的；

（四）未对物联网卡用户进行风险评估，或者未限定物联网卡的开通功能、使用场景和适用设备的；

（五）未采取措施对改号电话、虚假主叫或者具有相应功能的非法设备进行监测处置的。

第四十二条　违反本法第十四条、第二十五条第一款规定的，没收违法所得，由公安机关或者有关主管部门处违法所得一倍以上十倍以下罚款，没有违法所得或者违法所得不足五万元的，处五十万元以下罚款；情节严重的，由公安机关并处十五日以下拘留。

第四十四条　违反本法第三十一条第一款规定的，没收违法所得，由公安机关处违法所得一倍以上十倍以下罚款，没有违法所得或者违法所得不足二万元的，处二十万元以下罚款；情节严重的，并处十五日以下拘留。

第四十六条　组织、策划、实施、参与电信网络诈骗活动或者为电信网络诈骗活动提供相关帮助的违法犯罪人员，除依法承担刑事责任、行政责任以外，造成他人损害的，依照《中华人民共和国民法典》等法律的规定承担民事责任。

电信业务经营者、银行业金融机构、非银行支付机构、互联网服务提供者等违反本法规定，造成他人损害的，依照《中华人民共和国民法典》等法律的规定承担民事责任。

中华人民共和国刑法(节录)

(2020 年 12 月 26 日修正　中华人民共和国主席令第 66 号)

第二百二十五条　【非法经营罪】违反国家规定,有下列非法经营行为之一,扰乱市场秩序,情节严重的,处五年以下有期徒刑或者拘役,并处或者单处违法所得一倍以上五倍以下罚金;情节特别严重的,处五年以上有期徒刑,并处违法所得一倍以上五倍以下罚金或者没收财产:

(一)未经许可经营法律、行政法规规定的专营、专卖物品或者其他限制买卖的物品的;

(二)买卖进出口许可证、进出口原产地证明以及其他法律、行政法规规定的经营许可证或者批准文件的;

(三)未经国家有关主管部门批准非法经营证券、期货、保险业务的,或者非法从事资金支付结算业务的;

(四)其他严重扰乱市场秩序的非法经营行为。

第二百六十五条　【盗窃罪】以牟利为目的,盗接他人通信线路、复制他人电信码号或者明知是盗接、复制的电信设备、设施而使用的,依照本法第二百六十四条的规定定罪处罚。

第二百八十七条之二　【帮助信息网络犯罪活动罪】明知他人利用信息网络实施犯罪,为其犯罪提供互联网接入、服务器托管、网络存储、通讯传输等技术支持,或者提供广告推广、支付结算等帮助,情节严重的,处三年以下有期徒刑或者拘役,并处或者单处罚金。

单位犯前款罪的,对单位判处罚金,并对其直接负责的主管人员和其他直接责任人员,依照第一款的规定处罚。

有前两款行为,同时构成其他犯罪的,依照处罚较重的规定定罪处罚。

第二百八十八条　【扰乱无线电通讯管理秩序罪】违反国家规定,擅自设置、使用无线电台(站),或者擅自使用无线电频率,干扰无线电通讯秩序,情节严重的,处三年以下有期徒刑、拘役或者管制,并处或者单处罚金;情节特别严重的,处三年以上七年以下有期徒刑,并处罚金。

单位犯前款罪的,对单位判处罚金,并对其直接负责的主管人员和其他直接责任人员,依照前款的规定处罚。

中华人民共和国电信条例(节录)

(2016年2月6日修订　国务院令第666号)

第二条　在中华人民共和国境内从事电信活动或者与电信有关的活动,必须遵守本条例。

本条例所称电信,是指利用有线、无线的电磁系统或者光电系统,传送、发射或者接收语音、文字、数据、图像以及其他任何形式信息的活动。

第六条　电信网络和信息的安全受法律保护。任何组织或者个人不得利用电信网络从事危害国家安全、社会公共利益或者他人合法权益的活动。

第十条　经营基础电信业务,应当具备下列条件:

(一)经营者为依法设立的专门从事基础电信业务的公司,且公司中国有股权或者股份不少于51%;

(二)有可行性研究报告和组网技术方案;

(三)有与从事经营活动相适应的资金和专业人员;

(四)有从事经营活动的场地及相应的资源;

(五)有为用户提供长期服务的信誉或者能力;

(六)国家规定的其他条件。

第十三条　经营增值电信业务,应当具备下列条件:

(一)经营者为依法设立的公司;

(二)有与开展经营活动相适应的资金和专业人员;

(三)有为用户提供长期服务的信誉或者能力;

(四)国家规定的其他条件。

第十七条　电信网之间应当按照技术可行、经济合理、公平公正、相互配合的原则,实现互联互通。

主导的电信业务经营者不得拒绝其他电信业务经营者和专用网运营单位提出的互联互通要求。

前款所称主导的电信业务经营者,是指控制必要的基础电信设施并且在电信业务市场中占有较大份额,能够对其他电信业务经营者进入电信业务市场构成实质性影响的经营者。

主导的电信业务经营者由国务院信息产业主管部门确定。

第五十六条 任何组织或者个人不得利用电信网络制作、复制、发布、传播含有下列内容的信息：

（一）反对宪法所确定的基本原则的；

（二）危害国家安全，泄露国家秘密，颠覆国家政权，破坏国家统一的；

（三）损害国家荣誉和利益的；

（四）煽动民族仇恨、民族歧视，破坏民族团结的；

（五）破坏国家宗教政策，宣扬邪教和封建迷信的；

（六）散布谣言，扰乱社会秩序，破坏社会稳定的；

（七）散布淫秽、色情、赌博、暴力、凶杀、恐怖或者教唆犯罪的；

（八）侮辱或者诽谤他人，侵害他人合法权益的；

（九）含有法律、行政法规禁止的其他内容的。

第五十七条 任何组织或者个人不得有下列危害电信网络安全和信息安全的行为：

（一）对电信网的功能或者存储、处理、传输的数据和应用程序进行删除或者修改；

（二）利用电信网从事窃取或者破坏他人信息、损害他人合法权益的活动；

（三）故意制作、复制、传播计算机病毒或者以其他方式攻击他人电信网络等电信设施；

（四）危害电信网络安全和信息安全的其他行为。

第五十八条 任何组织或者个人不得有下列扰乱电信市场秩序的行为：

（一）采取租用电信国际专线、私设转接设备或者其他方法，擅自经营国际或者香港特别行政区、澳门特别行政区和台湾地区电信业务；

（二）盗接他人电信线路，复制他人电信码号，使用明知是盗接、复制的电信设施或者码号；

（三）伪造、变造电话卡及其他各种电信服务有价凭证；

（四）以虚假、冒用的身份证件办理入网手续并使用移动电话。

第五十九条 电信业务经营者应当按照国家有关电信安全的规定，建立健全内部安全保障制度，实行安全保障责任制。

第六十条 电信业务经营者在电信网络的设计、建设和运行中，应当做到与国家安全和电信网络安全的需求同步规划，同步建设，同步运行。

第六十一条 在公共信息服务中，电信业务经营者发现电信网络中传输的信息明显属于本条例第五十六条所列内容的，应当立即停止传输，保存有关记录，并向国家有关机关报告。

第六十二条　使用电信网络传输信息的内容及其后果由电信用户负责。

电信用户使用电信网络传输的信息属于国家秘密信息的，必须依照保守国家秘密法的规定采取保密措施。

第六十四条　在中华人民共和国境内从事国际通信业务，必须通过国务院信息产业主管部门批准设立的国际通信出入口局进行。

我国内地与香港特别行政区、澳门特别行政区和台湾地区之间的通信，参照前款规定办理。

第六十五条　电信用户依法使用电信的自由和通信秘密受法律保护。除因国家安全或者追查刑事犯罪的需要，由公安机关、国家安全机关或者人民检察院依照法律规定的程序对电信内容进行检查外，任何组织或者个人不得以任何理由对电信内容进行检查。

电信业务经营者及其工作人员不得擅自向他人提供电信用户使用电信网络所传输信息的内容。

第六十六条　违反本条例第五十六条、第五十七条的规定，构成犯罪的，依法追究刑事责任；尚不构成犯罪的，由公安机关、国家安全机关依照有关法律、行政法规的规定予以处罚。

第六十七条　有本条例第五十八条第（二）、（三）、（四）项所列行为之一，扰乱电信市场秩序，构成犯罪的，依法追究刑事责任；尚不构成犯罪的，由国务院信息产业主管部门或者省、自治区、直辖市电信管理机构依据职权责令改正，没收违法所得，处违法所得3倍以上5倍以下罚款；没有违法所得或者违法所得不足1万元的，处1万元以上10万元以下罚款。

第六十八条　违反本条例的规定，伪造、冒用、转让电信业务经营许可证、电信设备进网许可证或者编造在电信设备上标注的进网许可证编号的，由国务院信息产业主管部门或者省、自治区、直辖市电信管理机构依据职权没收违法所得，处违法所得3倍以上5倍以下罚款；没有违法所得或者违法所得不足1万元的，处1万元以上10万元以下罚款。

第六十九条　违反本条例规定，有下列行为之一的，由国务院信息产业主管部门或者省、自治区、直辖市电信管理机构依据职权责令改正，没收违法所得，处违法所得3倍以上5倍以下罚款；没有违法所得或者违法所得不足5万元的，处10万元

以上100万元以下罚款;情节严重的,责令停业整顿:

(一)违反本条例第七条第三款的规定或者有本条例第五十八条第(一)项所列行为,擅自经营电信业务的,或者超范围经营电信业务的;

(二)未通过国务院信息产业主管部门批准,设立国际通信出入口进行国际通信的;

(三)擅自使用、转让、出租电信资源或者改变电信资源用途的;

(四)擅自中断网间互联互通或者接入服务的;

(五)拒不履行普遍服务义务的。

第七十五条 违反本条例的规定,有下列行为之一的,由省、自治区、直辖市电信管理机构责令改正,处1万元以上10万元以下的罚款:

(一)销售未取得进网许可的电信终端设备的;

(二)非法阻止或者妨碍电信业务经营者向电信用户提供公共电信服务的;

(三)擅自改动或者迁移他人的电信线路及其他电信设施的。

第七十七条 有本条例第五十六条、第五十七条和第五十八条所列禁止行为之一,情节严重的,由原发证机关吊销电信业务经营许可证。

国务院信息产业主管部门或者省、自治区、直辖市电信管理机构吊销电信业务经营许可证后,应当通知企业登记机关。

中华人民共和国无线电管理条例(节录)

(2016年11月11日修订 国务院、中央军事委员会令第672号)

第六条 任何单位或者个人不得擅自使用无线电频率,不得对依法开展的无线电业务造成有害干扰,不得利用无线电台(站)进行违法犯罪活动。

第十五条 取得无线电频率使用许可,应当符合下列条件:

(一)所申请的无线电频率符合无线电频率划分和使用规定,有明确具体的用途;

(二)使用无线电频率的技术方案可行;

(三)有相应的专业技术人员;

(四)对依法使用的其他无线电频率不会产生有害干扰。

第十六条 无线电管理机构应当自受理无线电频率使用许可申请之日起20个工作日内审查完毕,依照本条例第十五条规定的条件,并综合考虑国家安全需要和可用频率的情况，作出许可或者不予许可的决定。予以许可的，颁发无线电频率使用许可证；不予许可的，书面通知申请人并说明理由。

无线电频率使用许可证应当载明无线电频率的用途、使用范围、使用率要求、使用期限等事项。

第十九条 无线电频率使用许可的期限不得超过10年。

无线电频率使用期限届满后需要继续使用的，应当在期限届满30个工作日前向作出许可决定的无线电管理机构提出延续申请。受理申请的无线电管理机构应当依照本条例第十五条、第十六条的规定进行审查并作出决定。

无线电频率使用期限届满前拟终止使用无线电频率的，应当及时向作出许可决定的无线电管理机构办理注销手续。

第二十条 转让无线电频率使用权的，受让人应当符合本条例第十五条规定的条件，并提交双方转让协议，依照本条例第十六条规定的程序报请无线电管理机构批准。

第二十七条 设置、使用无线电台（站）应当向无线电管理机构申请取得无线电台执照，但设置、使用下列无线电台（站）的除外：

（一）地面公众移动通信终端；

（二）单收无线电台（站）；

（三）国家无线电管理机构规定的微功率短距离无线电台（站）。

第二十八条 除本条例第二十九条规定的业余无线电台外，设置、使用无线电台（站），应当符合下列条件：

（一）有可用的无线电频率；

（二）所使用的无线电发射设备依法取得无线电发射设备型号核准证且符合国家规定的产品质量要求；

（三）有熟悉无线电管理规定、具备相关业务技能的人员；

（四）有明确具体的用途，且技术方案可行；

（五）有能够保证无线电台（站）正常使用的电磁环境，拟设置的无线电台（站）对依法使用的其他无线电台（站）不会产生有害干扰。

申请设置、使用空间无线电台，除应当符合前款规定的条件外，还应当有可利用的卫星无线电频率和卫星轨道资源。

第二十九条 申请设置、使用业余无线电台的，应当熟悉无线电管理规定，具有相应的操作技术能力，所使用的无线电发射设备应当符合国家标准和国家无线电管理的有关规定。

第三十条 设置、使用有固定台址的无线电台(站),由无线电台(站)所在地的省、自治区、直辖市无线电管理机构实施许可。设置、使用没有固定台址的无线电台,由申请人住所地的省、自治区、直辖市无线电管理机构实施许可。

设置、使用空间无线电台、卫星测控(导航)站、卫星关口站、卫星国际专线地球站、15 瓦以上的短波无线电台(站)以及涉及国家主权、安全的其他重要无线电台(站),由国家无线电管理机构实施许可。

第三十一条 无线电管理机构应当自受理申请之日起 30 个工作日内审查完毕,依照本条例第二十八条、第二十九条规定的条件,作出许可或者不予许可的决定。予以许可的,颁发无线电台执照,需要使用无线电台识别码的,同时核发无线电台识别码;不予许可的,书面通知申请人并说明理由。

无线电台(站)需要变更、增加无线电台识别码的,由无线电管理机构核发。

第三十二条 无线电台执照应当载明无线电台(站)的台址、使用频率、发射功率、有效期、使用要求等事项。

无线电台执照的样式由国家无线电管理机构统一规定。

第三十三条 无线电台(站)使用的无线电频率需要取得无线电频率使用许可的,其无线电台执照有效期不得超过无线电频率使用许可证规定的期限;依照本条例第十四条规定不需要取得无线电频率使用许可的,其无线电台执照有效期不得超过 5 年。

无线电台执照有效期届满后需要继续使用无线电台(站)的,应当在期限届满 30 个工作日前向作出许可决定的无线电管理机构申请更换无线电台执照。受理申请的无线电管理机构应当依照本条例第三十一条的规定作出决定。

第三十四条 国家无线电管理机构向国际电信联盟统一申请无线电台识别码序列,并对无线电台识别码进行编制和分配。

第三十五条 建设固定台址的无线电台(站)的选址,应当符合城乡规划的要求,避开影响其功能发挥的建筑物、设施等。地方人民政府制定、修改城乡规划,安排可能影响大型无线电台(站)功能发挥的建设项目的,应当考虑其功能发挥的需要,并征求所在地无线电管理机构和军队电磁频谱管理机构的意见。

设置大型无线电台(站)、地面公众移动通信基站,其台址布局规划应当符合资源共享和电磁环境保护的要求。

第三十八条 无线电台(站)应当按照无线电台执照规定的许可事项和条件设

置、使用;变更许可事项的,应当向作出许可决定的无线电管理机构办理变更手续。

无线电台(站)终止使用的,应当及时向作出许可决定的无线电管理机构办理注销手续,交回无线电台执照,拆除无线电台(站)及天线等附属设备。

第三十九条　使用无线电台(站)的单位或者个人应当对无线电台(站)进行定期维护,保证其性能指标符合国家标准和国家无线电管理的有关规定,避免对其他依法设置、使用的无线电台(站)产生有害干扰。

第四十一条　使用无线电台(站)的单位或者个人不得故意收发无线电台执照许可事项之外的无线电信号,不得传播、公布或者利用无意接收的信息。

业余无线电台只能用于相互通信、技术研究和自我训练,并在业余业务或者卫星业余业务专用频率范围内收发信号,但是参与重大自然灾害等突发事件应急处置的除外。

第四十二条　研制无线电发射设备使用的无线电频率,应当符合国家无线电频率划分规定。

第四十三条　生产或者进口在国内销售、使用的无线电发射设备,应当符合产品质量等法律法规、国家标准和国家无线电管理的有关规定。

第四十四条　除微功率短距离无线电发射设备外,生产或者进口在国内销售、使用的其他无线电发射设备,应当向国家无线电管理机构申请型号核准。无线电发射设备型号核准目录由国家无线电管理机构公布。

生产或者进口应当取得型号核准的无线电发射设备,除应当符合本条例第四十三条的规定外,还应当符合无线电发射设备型号核准证核定的技术指标,并在设备上标注型号核准代码。

第四十五条　取得无线电发射设备型号核准,应当符合下列条件:

(一)申请人有相应的生产能力、技术力量、质量保证体系;

(二)无线电发射设备的工作频率、功率等技术指标符合国家标准和国家无线电管理的有关规定。

第四十六条　国家无线电管理机构应当依法对申请型号核准的无线电发射设备是否符合本条例第四十五条规定的条件进行审查,自受理申请之日起30个工作日内作出核准或者不予核准的决定。予以核准的,颁发无线电发射设备型号核准证;不予核准的,书面通知申请人并说明理由。

国家无线电管理机构应当定期将无线电发射设备型号核准的情况向社会公布。

第四十七条 进口依照本条例第四十四条的规定应当取得型号核准的无线电发射设备,进口货物收货人、携带无线电发射设备入境的人员、寄递无线电发射设备的收件人,应当主动向海关申报,凭无线电发射设备型号核准证办理通关手续。

进行体育比赛、科学实验等活动,需要携带、寄递依照本条例第四十四条的规定应当取得型号核准而未取得型号核准的无线电发射设备临时进关的,应当经无线电管理机构批准,凭批准文件办理通关手续。

第四十八条 销售依照本条例第四十四条的规定应当取得型号核准的无线电发射设备,应当向省、自治区、直辖市无线电管理机构办理销售备案。不得销售未依照本条例规定标注型号核准代码的无线电发射设备。

第四十九条 维修无线电发射设备,不得改变无线电发射设备型号核准证核定的技术指标。

第五十条 研制、生产、销售和维修大功率无线电发射设备,应当采取措施有效抑制电波发射,不得对依法设置、使用的无线电台(站)产生有害干扰。进行实效发射试验的,应当依照本条例第三十条的规定向省、自治区、直辖市无线电管理机构申请办理临时设置、使用无线电台(站)手续。

第五十二条 在边境地区设置、使用无线电台(站),应当遵守我国与相关国家、地区签订的无线电频率协调协议。

第五十六条 无线电管理机构应当定期对无线电频率的使用情况和在用的无线电台(站)进行检查和检测,保障无线电台(站)的正常使用,维护正常的无线电波秩序。

第五十七条 国家无线电监测中心和省、自治区、直辖市无线电监测站作为无线电管理技术机构,分别在国家无线电管理机构和省、自治区、直辖市无线电管理机构领导下,对无线电信号实施监测,查找无线电干扰源和未经许可设置、使用的无线电台(站)。

第五十八条 国务院有关部门的无线电监测站负责对本系统(行业)的无线电信号实施监测。

第六十条 辐射无线电波的非无线电设备对已依法设置、使用的无线电台(站)产生有害干扰的,设备所有者或者使用者应当采取措施予以消除。

第六十五条 依法设置、使用的无线电台(站)受到有害干扰的,可以向无线电管理机构投诉。受理投诉的无线电管理机构应当及时处理,并将处理情况告知投诉人。

处理无线电频率相互有害干扰,应当遵循频带外让频带内、次要业务让主要业务、后用让先用、无规划让有规划的原则。

第六十六条　无线电管理机构可以要求产生有害干扰的无线电台(站)采取维修无线电发射设备、校准发射频率或者降低功率等措施消除有害干扰;无法消除有害干扰的,可以责令产生有害干扰的无线电台(站)暂停发射。

第六十七条　对非法的无线电发射活动,无线电管理机构可以暂扣无线电发射设备或者查封无线电台(站),必要时可以采取技术性阻断措施;无线电管理机构在无线电监测、检查工作中发现涉嫌违法犯罪活动的,应当及时通报公安机关并配合调查处理。

第六十八条　省、自治区、直辖市无线电管理机构应当加强对生产、销售无线电发射设备的监督检查,依法查处违法行为。县级以上地方人民政府产品质量监督部门、工商行政管理部门应当配合监督检查,并及时向无线电管理机构通报其在产品质量监督、市场监管执法过程中发现的违法生产、销售无线电发射设备的行为。

第六十九条　无线电管理机构和无线电监测中心(站)的工作人员应当对履行职责过程中知悉的通信秘密和无线电信号保密。

第七十条　违反本条例规定,未经许可擅自使用无线电频率,或者擅自设置、使用无线电台(站)的,由无线电管理机构责令改正,没收从事违法活动的设备和违法所得,可以并处5万元以下的罚款;拒不改正的,并处5万元以上20万元以下的罚款;擅自设置、使用无线电台(站)从事诈骗等违法活动,尚不构成犯罪的,并处20万元以上50万元以下的罚款。

第七十一条　违反本条例规定,擅自转让无线电频率的,由无线电管理机构责令改正,没收违法所得;拒不改正的,并处违法所得1倍以上3倍以下的罚款;没有违法所得或者违法所得不足10万元的,处1万元以上10万元以下的罚款;造成严重后果的,吊销无线电频率使用许可证。

第七十二条　违反本条例规定,有下列行为之一的,由无线电管理机构责令改正,没收违法所得,可以并处3万元以下的罚款;造成严重后果的,吊销无线电台执照,并处3万元以上10万元以下的罚款:

(一)不按照无线电台执照规定的许可事项和要求设置、使用无线电台(站);

(二)故意收发无线电台执照许可事项之外的无线电信号,传播、公布或者利用无意接收的信息;

（三）擅自编制、使用无线电台识别码。

第七十三条 违反本条例规定，使用无线电发射设备、辐射无线电波的非无线电设备干扰无线电业务正常进行的，由无线电管理机构责令改正，拒不改正的，没收产生有害干扰的设备，并处5万元以上20万元以下的罚款，吊销无线电台执照；对船舶、航天器、航空器、铁路机车专用无线电导航、遇险救助和安全通信等涉及人身安全的无线电频率产生有害干扰的，并处20万元以上50万元以下的罚款。

第七十五条 违反本条例规定，有下列行为之一的，由无线电管理机构责令改正；拒不改正的，没收从事违法活动的设备，并处3万元以上10万元以下的罚款；造成严重后果的，并处10万元以上30万元以下的罚款：

（一）研制、生产、销售和维修大功率无线电发射设备，未采取有效措施抑制电波发射；

（二）境外组织或者个人在我国境内进行电波参数测试或者电波监测；

（三）向境外组织或者个人提供涉及国家安全的境内电波参数资料。

第七十六条 违反本条例规定，生产或者进口在国内销售、使用的无线电发射设备未取得型号核准的，由无线电管理机构责令改正，处5万元以上20万元以下的罚款；拒不改正的，没收未取得型号核准的无线电发射设备，并处20万元以上100万元以下的罚款。

第七十七条 销售依照本条例第四十四条的规定应当取得型号核准的无线电发射设备未向无线电管理机构办理销售备案的，由无线电管理机构责令改正；拒不改正的，处1万元以上3万元以下的罚款。

第七十八条 销售依照本条例第四十四条的规定应当取得型号核准而未取得型号核准的无线电发射设备的，由无线电管理机构责令改正，没收违法销售的无线电发射设备和违法所得，可以并处违法销售的设备货值10%以下的罚款；拒不改正的，并处违法销售的设备货值10%以上30%以下的罚款。

第七十九条 维修无线电发射设备改变无线电发射设备型号核准证核定的技术指标的，由无线电管理机构责令改正；拒不改正的，处1万元以上3万元以下的罚款。

第八十条 生产、销售无线电发射设备违反产品质量管理法律法规的，由产品质量监督部门依法处罚。

进口无线电发射设备，携带、寄递或者以其他方式运输无线电发射设备入境，违反海关监管法律法规的，由海关依法处罚。

第八十一条　违反本条例规定，构成违反治安管理行为的，依法给予治安管理处罚；构成犯罪的，依法追究刑事责任。

第八十二条　无线电管理机构及其工作人员不依照本条例规定履行职责的，对负有责任的领导人员和其他直接责任人员依法给予处分。

通信网络安全防护管理办法

（2010年1月21日　工业和信息化部令第11号）

第一条　为了加强对通信网络安全的管理，提高通信网络安全防护能力，保障通信网络安全畅通，根据《中华人民共和国电信条例》，制定本办法。

第二条　中华人民共和国境内的电信业务经营者和互联网域名服务提供者（以下统称"通信网络运行单位"）管理和运行的公用通信网和互联网（以下统称"通信网络"）的网络安全防护工作，适用本办法。

本办法所称互联网域名服务，是指设置域名数据库或者域名解析服务器，为域名持有者提供域名注册或者权威解析服务的行为。

本办法所称网络安全防护工作，是指为防止通信网络阻塞、中断、瘫痪或者被非法控制，以及为防止通信网络中传输、存储、处理的数据信息丢失、泄露或者被篡改而开展的工作。

第三条　通信网络安全防护工作坚持积极防御、综合防范、分级保护的原则。

第四条　中华人民共和国工业和信息化部（以下简称工业和信息化部）负责全国通信网络安全防护工作的统一指导、协调和检查，组织建立健全通信网络安全防护体系，制定通信行业相关标准。

各省、自治区、直辖市通信管理局（以下简称通信管理局）依据本办法的规定，对本行政区域内的通信网络安全防护工作进行指导、协调和检查。

工业和信息化部与通信管理局统称"电信管理机构"。

第五条　通信网络运行单位应当按照电信管理机构的规定和通信行业标准开展通信网络安全防护工作，对本单位通信网络安全负责。

第六条　通信网络运行单位新建、改建、扩建通信网络工程项目，应当同步建设通信网络安全保障设施，并与主体工程同时进行验收和投入运行。

通信网络安全保障设施的新建、改建、扩建费用，应当纳入本单位建设项目概算。

第七条 通信网络运行单位应当对本单位已正式投入运行的通信网络进行单元划分,并按照各通信网络单元遭到破坏后可能对国家安全、经济运行、社会秩序、公众利益的危害程度,由低到高分别划分为一级、二级、三级、四级、五级。

电信管理机构应当组织专家对通信网络单元的分级情况进行评审。

通信网络运行单位应当根据实际情况适时调整通信网络单元的划分和级别,并按照前款规定进行评审。

第八条 通信网络运行单位应当在通信网络定级评审通过后三十日内,将通信网络单元的划分和定级情况按照以下规定向电信管理机构备案:

(一)基础电信业务经营者集团公司向工业和信息化部申请办理其直接管理的通信网络单元的备案;基础电信业务经营者各省(自治区、直辖市)子公司、分公司向当地通信管理局申请办理其负责管理的通信网络单元的备案;

(二)增值电信业务经营者向作出电信业务经营许可决定的电信管理机构备案;

(三)互联网域名服务提供者向工业和信息化部备案。

第九条 通信网络运行单位办理通信网络单元备案,应当提交以下信息:

(一)通信网络单元的名称、级别和主要功能;

(二)通信网络单元责任单位的名称和联系方式;

(三)通信网络单元主要负责人的姓名和联系方式;

(四)通信网络单元的拓扑架构、网络边界、主要软硬件及型号和关键设施位置;

(五)电信管理机构要求提交的涉及通信网络安全的其他信息。

前款规定的备案信息发生变化的,通信网络运行单位应当自信息变化之日起三十日内向电信管理机构变更备案。

通信网络运行单位报备的信息应当真实、完整。

第十条 电信管理机构应当对备案信息的真实性、完整性进行核查,发现备案信息不真实、不完整的,通知备案单位予以补正。

第十一条 通信网络运行单位应当落实与通信网络单元级别相适应的安全防护措施,并按照以下规定进行符合性评测:

(一)三级及三级以上通信网络单元应当每年进行一次符合性评测;

(二)二级通信网络单元应当每两年进行一次符合性评测。

通信网络单元的划分和级别调整的,应当自调整完成之日起九十日内重新进行符合性评测。

通信网络运行单位应当在评测结束后三十日内,将通信网络单元的符合性评测结果、整改情况或者整改计划报送通信网络单元的备案机构。

第十二条　通信网络运行单位应当按照以下规定组织对通信网络单元进行安全风险评估,及时消除重大网络安全隐患:

(一)三级及三级以上通信网络单元应当每年进行一次安全风险评估;

(二)二级通信网络单元应当每两年进行一次安全风险评估。

国家重大活动举办前,通信网络单元应当按照电信管理机构的要求进行安全风险评估。

通信网络运行单位应当在安全风险评估结束后三十日内,将安全风险评估结果、隐患处理情况或者处理计划报送通信网络单元的备案机构。

第十三条　通信网络运行单位应当对通信网络单元的重要线路、设备、系统和数据等进行备份。

第十四条　通信网络运行单位应当组织演练,检验通信网络安全防护措施的有效性。

通信网络运行单位应当参加电信管理机构组织开展的演练。

第十五条　通信网络运行单位应当建设和运行通信网络安全监测系统,对本单位通信网络的安全状况进行监测。

第十六条　通信网络运行单位可以委托专业机构开展通信网络安全评测、评估、监测等工作。

工业和信息化部应当根据通信网络安全防护工作的需要,加强对前款规定的受托机构的安全评测、评估、监测能力指导。

第十七条　电信管理机构应当对通信网络运行单位开展通信网络安全防护工作的情况进行检查。

电信管理机构可以采取以下检查措施:

(一)查阅通信网络运行单位的符合性评测报告和风险评估报告;

(二)查阅通信网络运行单位有关网络安全防护的文档和工作记录;

(三)向通信网络运行单位工作人员询问了解有关情况;

(四)查验通信网络运行单位的有关设施;

(五)对通信网络进行技术性分析和测试;

(六)法律、行政法规规定的其他检查措施。

第十八条 电信管理机构可以委托专业机构开展通信网络安全检查活动。

第十九条 通信网络运行单位应当配合电信管理机构及其委托的专业机构开展检查活动，对于检查中发现的重大网络安全隐患，应当及时整改。

第二十条 电信管理机构对通信网络安全防护工作进行检查，不得影响通信网络的正常运行，不得收取任何费用，不得要求接受检查的单位购买指定品牌或者指定单位的安全软件、设备或者其他产品。

第二十一条 电信管理机构及其委托的专业机构的工作人员对于检查工作中获悉的国家秘密、商业秘密和个人隐私，有保密的义务。

第二十二条 违反本办法第六条第一款、第七条第一款和第三款、第八条、第九条、第十一条、第十二条、第十三条、第十四条、第十五条、第十九条规定的，由电信管理机构依据职权责令改正；拒不改正的，给予警告，并处五千元以上三万元以下的罚款。

第二十三条 电信管理机构的工作人员违反本办法第二十条、第二十一条规定的，依法给予行政处分；构成犯罪的，依法追究刑事责任。

第二十四条 本办法自2010年3月1日起施行。

业余无线电台管理办法（节录）

（2012年11月5日 工业和信息化部令第22号）

第二条 在中华人民共和国境内设置、使用业余无线电台，对业余无线电台实施监督管理，适用本办法。

本办法所称业余无线电台，是指开展《中华人民共和国无线电频率划分规定》确定的业余业务和卫星业余业务所需的发信机、收信机或者发信机与收信机的组合（包括附属设备）。

第六条 申请设置业余无线电台，应当具备下列条件：

（一）熟悉无线电管理规定；

（二）具备国家无线电管理机构规定的操作技术能力；

（三）无线电发射设备符合国家相关技术标准；

（四）法律、行政法规规定的其他条件。

单位申请设置业余无线电台的，其业余无线电台负责人应当具备前款第一项规定的条件，技术负责人应当具备前款第一项和第二项规定的条件。

个人申请设置具有发信功能的业余无线电台的，应当年满十八周岁。

第十八条 使用业余无线电台，应当具备下列条件：

（一）熟悉无线电管理规定；

（二）具备国家无线电管理机构规定的操作技术能力，取得相应操作技术能力证明。

第二十一条 未经所在地地方无线电管理机构批准，业余无线电台不得以任何方式进行广播或者发射通播性质的信号。

第二十三条 业余无线电台设置人应当对无线电发射设备进行有效监控，确保正常工作，保证能够及时停止其造成的有害干扰。

第二十七条 业余无线电台通信不得发送、接收与业余业务和卫星业余业务无关的信号，不得传播、公布无意接收的非业余业务和卫星业余业务的信息。

第二十八条 业余无线电台供其设置人、使用人用于相互通信、技术研究和自我训练。

禁止利用业余无线电台从事下列活动：

（一）发布、传播违反法律或者公共道德的信息；

（二）从事商业或者其他与营利有关的活动；

（三）阻碍其他无线电台通信；

（四）法律、行政法规禁止的其他活动。

第三十五条 禁止盗用、转让、私自编制或者违法使用业余无线电台呼号。

第四十条 有下列行为之一的，由无线电管理机构依照《中华人民共和国无线电管理条例》第四十三条的规定处罚：

（一）擅自设置、使用业余无线电台的；

（二）干扰无线电业务的；

（三）随意变更核定项目，发送和接收与业余业务和卫星业余业务无关的信号的。

第四十一条 有下列情形之一的，无线电管理机构应当依据职权责令限期改正，可以处警告或者三万元以下的罚款：

（一）涂改、仿制、伪造业余无线电台执照，或者倒卖、出租、出借及以其他形式非法转让业余无线电台执照的；

（二）盗用、出租、出借、转让、私自编制或者违法使用业余无线电台呼号的；

（三）违法使用业余无线电台造成严重后果的；

（四）以不正当手段取得业余无线电台执照的；

（五）不再具备设置或者使用业余无线电台条件而继续使用业余无线电台的；

（六）向负责监督检查的无线电管理机构隐瞒有关情况、提供虚假材料或者拒绝提供反映其活动情况的真实材料的；

（七）超出核定范围使用频率或者有其他违反频率管理有关规定的行为的。

电话用户真实身份信息登记规定

（2013 年 7 月 16 日　工业和信息化部令第 25 号）

第一条　为了规范电话用户真实身份信息登记活动，保障电话用户和电信业务经营者的合法权益，维护网络信息安全，促进电信业的健康发展，根据《全国人民代表大会常务委员会关于加强网络信息保护的决定》和《中华人民共和国电信条例》，制定本规定。

第二条　中华人民共和国境内的电话用户真实身份信息登记活动，适用本规定。

第三条　本规定所称电话用户真实身份信息登记，是指电信业务经营者为用户办理固定电话、移动电话（含无线上网卡，下同）等入网手续，在与用户签订协议或者确认提供服务时，如实登记用户提供的真实身份信息的活动。

本规定所称入网，是指用户办理固定电话装机、移机、过户，移动电话开户、过户等。

第四条　工业和信息化部和各省、自治区、直辖市通信管理局（以下统称电信管理机构）依法对电话用户真实身份信息登记工作实施监督管理。

第五条　电信业务经营者应当依法登记和保护电话用户办理入网手续时提供的真实身份信息。

第六条　电信业务经营者为用户办理入网手续时，应当要求用户出示有效证件、提供真实身份信息，用户应当予以配合。

用户委托他人办理入网手续的，电信业务经营者应当要求受托人出示用户和受托人的有效证件，并提供用户和受托人的真实身份信息。

第七条　个人办理电话用户真实身份信息登记的，可以出示下列有效证件之一：

（一）居民身份证、临时居民身份证或者户口簿；

（二）中国人民解放军军人身份证件、中国人民武装警察身份证件；

（三）港澳居民来往内地通行证、台湾居民来往大陆通行证或者其他有效旅行证件；

（四）外国公民护照；

（五）法律、行政法规和国家规定的其他有效身份证件。

第八条　单位办理电话用户真实身份信息登记的，可以出示下列有效证件之一：

（一）组织机构代码证；

（二）营业执照；

（三）事业单位法人证书或者社会团体法人登记证书；

（四）法律、行政法规和国家规定的其他有效证件或者证明文件。

单位办理登记的，除出示以上证件之一外，还应当出示经办人的有效证件和单位的授权书。

第九条　电信业务经营者应当对用户出示的证件进行查验，并如实登记证件类别以及证件上所记载的姓名（名称）、号码、住址信息；对于用户委托他人办理入网手续的，应当同时查验受托人的证件并登记受托人的上述信息。

为了方便用户提供身份信息、办理入网手续，保护用户的合法权益，电信业务经营者复印用户身份证件的，应当在复印件上注明电信业务经营者名称、复印目的和日期。

第十条　用户拒绝出示有效证件，拒绝提供其证件上所记载的身份信息，冒用他人的证件，或者使用伪造、变造的证件的，电信业务经营者不得为其办理入网手续。

第十一条　电信业务经营者在向电话用户提供服务期间及终止向其提供服务后两年内，应当留存用户办理入网手续时提供的身份信息和相关材料。

第十二条　电信业务经营者应当建立健全用户真实身份信息保密管理制度。

电信业务经营者及其工作人员对在提供服务过程中登记的用户真实身份信息应当严格保密，不得泄露、篡改或者毁损，不得出售或者非法向他人提供，不得用于提供服务之外的目的。

第十三条　电话用户真实身份信息发生或者可能发生泄露、毁损、丢失的，电信业务经营者应当立即采取补救措施；造成或者可能造成严重后果的，应当立即向相关电信管理机构报告，配合相关部门进行的调查处理。

电信管理机构应当对报告或者发现的可能违反电话用户真实身份信息保护规定的行为的影响进行评估；影响特别重大的，相关省、自治区、直辖市通信管理局应当向工业和信息化部报告。电信管理机构在依据本规定作出处理决定前，可以要求电信业务经营者暂停有关行为，电信业务经营者应当执行。

第十四条 电信业务经营者委托他人代理电话入网手续、登记电话用户真实身份信息的，应当对代理人的用户真实身份信息登记和保护工作进行监督和管理，不得委托不符合本规定有关用户真实身份信息登记和保护要求的代理人代办相关手续。

第十五条 电信业务经营者应当对其电话用户真实身份信息登记和保护情况每年至少进行一次自查，并对其工作人员进行电话用户真实身份信息登记和保护相关知识、技能和安全责任培训。

第十六条 电信管理机构应当对电信业务经营者的电话用户真实身份信息登记和保护情况实施监督检查。电信管理机构实施监督检查时，可以要求电信业务经营者提供相关材料，进入其生产经营场所调查情况，电信业务经营者应当予以配合。

电信管理机构实施监督检查，应当记录监督检查的情况，不得妨碍电信业务经营者正常的经营或者服务活动，不得收取任何费用。

电信管理机构及其工作人员对在实施监督检查过程中知悉的电话用户真实身份信息应当予以保密，不得泄露、篡改或者毁损，不得出售或者非法向他人提供。

第十七条 电信业务经营者违反本规定第六条、第九条至第十五条的规定，或者不配合电信管理机构依照本规定开展的监督检查的，由电信管理机构依据职权责令限期改正，予以警告，可以并处一万元以上三万元以下罚款，向社会公告。其中，《中华人民共和国电信条例》规定法律责任的，依照其规定处理；构成犯罪的，依法追究刑事责任。

第十八条 用户以冒用、伪造、变造的证件办理入网手续的，电信业务经营者不得为其提供服务，并由相关部门依照《中华人民共和国居民身份证法》、《中华人民共和国治安管理处罚法》、《现役军人和人民武装警察居民身份证申领发放办法》等规定处理。

第十九条 电信管理机构工作人员在对电话用户真实身份信息登记工作实施监督管理的过程中玩忽职守、滥用职权、徇私舞弊的，依法给予处理；构成犯罪的，依法追究刑事责任。

第二十条　电信业务经营者应当通过电话、短信息、书面函件或者公告等形式告知用户并采取便利措施，为本规定施行前尚未提供真实身份信息或者所提供身份信息不全的电话用户补办登记手续。

电信业务经营者为电话用户补办登记手续，不得擅自加重用户责任。

电信业务经营者应当在向尚未提供真实身份信息的用户确认提供服务时，要求用户提供真实身份信息。

第二十一条　本规定自2013年9月1日起施行。

电信设备进网管理办法

（2014年9月23日修正　工业和信息化部令第28号）

第一章　总　　则

第一条　为了保证公用电信网的安全畅通，加强电信设备进网管理，维护电信用户和电信业务经营者的合法权益，根据《中华人民共和国电信条例》，制定本办法。

第二条　本办法所称电信设备是指电信终端设备、无线电通信设备和涉及网间互联的设备。

电信终端设备是指连接在公用电信网末端，为用户提供发送和接收信息功能的电信设备。

无线电通信设备是指连接在公用电信网上，以无线电为通信手段的电信设备。

涉及网间互联的设备是指涉及不同电信业务经营者的网络之间或者不同电信业务的网络之间互联互通的电信设备。

第三条　国家对接入公用电信网的电信终端设备、无线电通信设备和涉及网间互联的电信设备实行进网许可制度。

实行进网许可制度的电信设备必须获得工业和信息化部颁发的进网许可证；未获得进网许可证的，不得接入公用电信网使用和在国内销售。

第四条　实行进网许可制度的电信设备目录由工业和信息化部会同国务院产品质量监督部门制定和公布。

第五条　电信设备生产企业（以下简称生产企业）申请电信设备进网许可必须符合国家法律、法规和政策规定。申请进网许可的电信设备必须符合国家标准、通信行业标准以及工业和信息化部的规定。电信设备生产企业应当具有完善的质量保证体系和售后服务措施。

第六条 生产企业申请电信设备进网许可,应当附送国务院产品质量监督部门认可的电信设备检测机构出具的检测报告或者认证机构出具的产品认证证书。

检测机构对申请进网许可的电信设备进行检测的依据、检测规程和出具的检测报告应当符合国家或工业和信息化部的规定。

第七条 工业和信息化部电信管理局具体负责全国电信设备进网管理和监督检查工作。

省、自治区、直辖市通信管理局负责本行政区域内电信设备进网管理和监督检查工作。

经工业和信息化部授权的受理机构承担电信设备进网许可申请的具体受理事宜。

第二章 进网许可程序

第八条 生产企业申请电信设备进网许可,应当向工业和信息化部授权的受理机构提交下列申请材料:

(一)电信设备进网许可申请表(由工业和信息化部提供格式文本)。申请表应当由生产企业法定代表人或其授权人签字并加盖公章。境外生产企业应当委托中国境内的代理机构提交申请表,并出具委托书;

(二)企业法人营业执照。境内生产企业应当提供企业法人营业执照。受境外生产企业委托代理申请电信设备进网许可的代理机构,应当提供代理机构有效执照;

(三)企业情况介绍。包括企业概况、生产条件、仪表配备、质量保证体系和售后服务措施等内容。对国家规定包修、包换和包退的产品,还应提供履行有关责任的文件;

(四)质量体系认证证书或审核报告。通过质量体系认证的,提供认证证书;未通过质量体系认证的,提供满足相关要求的质量体系审核机构出具的质量体系审核报告;

(五)电信设备介绍。包括设备功能、性能指标、原理框图、内外观照片和使用说明等内容;

(六)检测报告或产品认证证书。应当是国务院产品质量监督部门认可的电信设备检测机构出具的检测报告或者认证机构出具的产品认证证书。

申请进网许可的无线电发射设备，应当提供工业和信息化部颁发的“无线电发射设备型号核准证”。

无线电通信设备、涉及网间互联的设备或新产品应当提供总体技术方案和试验报告。

前列申请材料中证书、执照类材料应当提供原件和一份复印件，或者盖有发证机构证明印章的复印件；其它材料必须使用中文。

第九条　自受理机构收到完备的申请材料之日起60日内，工业和信息化部电信管理局对生产企业提交的申请材料进行审查，经审查符合条件的，颁发进网许可证并核发进网许可标志；不符合条件的，书面答复生产企业。

第十条　生产企业通过质量体系认证的，其提供检测机构检测的样品由生产企业按规定数量自行选取。

生产企业未通过质量体系认证的，其提供检测机构检测的样品由省、自治区、直辖市通信管理局按工业和信息化部规定的抽样办法执行。

第十一条　申请进网许可的无线电通信设备、涉及网间互联的设备或者新产品，应当在中国境内的电信网上或者工业和信息化部指定的模拟实验网上进行至少三个月的试验，并由试验单位出具试验报告。

工业和信息化部电信管理局组织专家对前款电信设备总体技术方案、试验报告、检测报告等进行评审，根据专家评审意见，经审查符合条件的，颁发进网许可证。

第十二条　生产企业对获得进网许可证的电信设备进行技术、外型改动的，须进行检测或重新办理进网许可证。

对获得进网许可证的电信设备外型改动较小，生产企业要求减免测试项目的，可以将改动前后的照片、电路原理图、改动说明和改动后的样品等交检测机构进行审核。检测机构向工业和信息化部电信管理局出具审核意见，检测机构审核认为可以减免测试项目的，经工业和信息化部电信管理局同意，可以减免测试项目。

第十三条　实行进网许可制度但尚无国家标准、行业标准的电信新设备，由生产企业自行将样品送到检测机构，检测机构根据国际标准或者企业标准进行检测，并出具检测报告。

工业和信息化部电信管理局对检测报告和有关材料进行审查，在符合国家产业政策和不影响网络安全畅通的条件下，批准进网试验，待国家标准、行业标准颁布后再按程序办理进网许可证。

第十四条　我国与其它国家或地区政府间签署电信设备检测实验室和检测报

告相互认可协议的，按协议规定执行。

第三章 进网许可证和进网许可标志

第十五条 生产企业应当在其获得进网许可的电信设备上粘贴进网许可标志。进网许可标志由工业和信息化部统一印制和核发。进网许可标志属于质量标志。

未获得进网许可和进网许可证失效的电信设备上不得加贴进网许可标志。

第十六条 进网许可证和进网许可标志不得转让、涂改、伪造和冒用。

第十七条 进网许可证的有效期为3年。

生产企业需要继续生产和销售已获得进网许可的电信设备的，在进网许可证有效期届满前三个月，应当重新申请办理进网许可证，并附送一年内的送样检测报告或产品质量监督抽查报告，原证交回。

第十八条 电信设备进网许可证中规定的内容发生变化的，生产企业应当重新办理进网许可证。

第十九条 获得进网许可证的生产企业应当向其经销商以及需要进网许可证复印件的用户提供复印件，复印件应当由生产企业负责人签字并加盖公章。生产企业应当对复印件编号登记。

第二十条 生产企业应当在获得进网许可的电信设备包装上和刊登的广告中标明进网许可证编号。

第四章 监督管理

第二十一条 工业和信息化部定期向社会公布获得进网许可证的电信设备和生产企业。

获得进网许可证的生产企业应当接受所在的省、自治区、直辖市通信管理局的监督管理。

任何单位不得对已获得进网许可证的电信设备进行重复检测、发证。

第二十二条 省、自治区、直辖市通信管理局应当于每年12月31日前，对本行政区域内获得进网许可的电信设备和生产企业进行年度检查，并于第二年1月31日前，将年度检查情况汇总报工业和信息化部电信管理局。

第二十三条 获得电信设备进网许可证的生产企业应当保证电信设备获得进网许可证前后的一致性，保证产品质量稳定、可靠，不得降低产品质量和性能。

工业和信息化部组织对电信设备获得进网许可证前后的一致性进行监督检查;配合国务院产品质量监督部门对获得进网许可证的电信设备进行质量跟踪和监督抽查,并向社会公布抽查结果。

第二十四条　获得进网许可的电信设备及其外包装必须标有国家规定的中文标识;产品必须附有中文说明书和保修卡;对国家规定包修、包换和包退的产品,还应有相应的凭证。

第二十五条　实行进网许可制度的电信设备未获得进网许可的,电信业务经营者不得使用。

第二十六条　用户有权自主选择电信终端设备,电信业务经营者不得拒绝用户使用自备的已经取得进网许可的电信终端设备。

第二十七条　电信设备检测机构或产品质量认证机构必须执行国家标准、行业标准和工业和信息化部规定。检测机构或产品质量认证机构及其工作人员不得弄虚作假,不得利用职务之便剽窃或泄露生产企业的技术秘密。

第五章　罚　　则

第二十八条　违反本办法规定,销售未获得进网许可的电信终端设备的,由省、自治区、直辖市通信管理局责令改正,并处1万元以上10万元以下罚款。

第二十九条　违反本办法规定,伪造、冒用、转让进网许可证,编造进网许可证编号或粘贴伪造的进网许可标志的,由工业和信息化部或者省、自治区、直辖市通信管理局没收违法所得,并处违法所得3倍以上5倍以下罚款;没有违法所得或者违法所得不足1万元的,处1万元以上10万元以下罚款。

第三十条　违反本办法规定,生产企业获得进网许可证后降低产品质量和性能的,由产品质量监督部门依照有关法律法规予以处罚。

第三十一条　违反本办法规定,生产企业未在获得进网许可的设备外包装和刊登的广告中注明进网许可证编号的,由工业和信息化部或者省、自治区、直辖市通信管理局责令改正,并给予警告。

第三十二条　违反本办法规定,生产企业有下列行为之一的,由工业和信息化部或者省、自治区、直辖市通信管理局责令限期改正;情节严重的,给予警告:

(一)申请进网许可时提供不真实申请材料的;

(二)不能保证电信设备获得进网许可证前后的一致性的;

(三)售后服务不落实,对国家规定包修、包换和包退的产品不履行相应义务的；

（四）不按规定参加年检或者年检结果不合格的；

（五）不接受工业和信息化部对电信设备获得进网许可证前后的一致性组织进行的监督检查或者检查结果不合格的。

违反前款第一项规定，尚未取得进网许可证的，工业和信息化部不予受理或者不予许可，生产企业在一年内不得再次申请进网许可；已取得进网许可证的，工业和信息化部撤销进网许可证，生产企业在三年内不得再次申请进网许可。

第三十三条 违反本办法规定，电信业务经营者拒绝用户自备的获得进网许可的电信终端设备进网的，由省、自治区、直辖市通信管理局责令改正，并向电信用户赔礼道歉，赔偿电信用户损失；拒不改正并赔礼道歉、赔偿损失的，处以警告，并处1万元以上10万元以下的罚款；情节严重的，责令停业整顿。

第三十四条 违反本办法规定，对已获得进网许可证的电信设备进行重复检测、发证的，由工业和信息化部责令改正。

第三十五条 违反本办法规定，检测机构、产品质量认证机构有下列行为之一的，工业和信息化部对其出具的检测报告或认证证书不予承认：

（一）弄虚作假，有作弊行为的；

（二）不按规定标准进行检测或认证的；

（三）不按工业和信息化部规定出具检测报告或认证证书的。

第三十六条 从事电信设备进网许可申请受理、检测、审批及有关工作的人员滥用职权、徇私舞弊或者利用职务之便剽窃、泄露生产企业技术秘密的，依法给予行政处分。构成犯罪的，依法追究刑事责任。

第六章 附 则

第三十七条 对进入公用电信网的电信设备抗震性能的管理办法，工业和信息化部另行制定。

第三十八条 未实行进网许可制度的电信设备可以由生产企业自愿向国务院产品质量监督部门认可的电信设备进网认证机构申请产品认证。

第三十九条 本办法自发布之日起施行。1998年12月31日信息产业部发布的《电信设备进网审批管理办法》同时废止。

电信网码号资源管理办法(节录)

(2014 年 9 月 23 日修正　工业和信息化部令第 28 号)

第二条　在中华人民共和国境内管理和使用电信网码号资源(以下简称码号资源),应当遵守本办法。

本办法所称码号资源,是指由数字、符号组成的用于实现电信功能的用户编号和网络编号。

第十三条　有下述情形之一的,电信主管部门不受理码号申请:

1. 码号申请人不具备本办法所附目录规定的申请人资格的;

2. 码号申请人提出的码号资源超出本办法所附目录规定范围的;

3. 提交的申请材料不完备的;

4. 申请人违反本办法受到电信主管部门的行政处罚,申请人无法定事由拒不履行行政处罚决定的;

5. 申请人欠缴码号资源占用费的。

第十四条　电信业务经营者违反本办法,一年内受到工业和信息化部行政处罚 1 次的,自行政处罚做出之日起一年内,工业和信息化部不受理其码号申请;超过 1 次的,自第 2 次行政处罚做出之日起两年内,工业和信息化部不受理其码号申请。

电信业务经营者各省子公司、分公司或其他分支机构违反本办法,一年内受到省、自治区、直辖市通信管理局行政处罚 3 次的,自第 3 次行政处罚做出之日起一年内,当地省、自治区、直辖市通信管理局不受理其码号申请,且其不得在当地省、自治区、直辖市行政区域内使用工业和信息化部在此期间分配的码号资源;所受行政处罚超过 3 次的,自第 4 次行政处罚做出之日起两年内,当地省、自治区、直辖市通信管理局不受理其码号申请,且其不得在当地省、自治区、直辖市行政区域内使用工业和信息化部在此期间分配的码号资源。

第二十一条　码号使用者应当严格按照电信主管部门审批时规定的码号结构、位长、用途、用户拨号方式和使用范围使用码号。

码号使用者不得转让或出租码号,不得超范围或跨本地网使用码号,不得将码号作为商标进行注册;未经工业和信息化部或省、自治区、直辖市通信管理局批准,码号使用者不得擅自改变码号用途。

第三十八条　工业和信息化部或省、自治区、直辖市通信管理局在码号资源管

理中,发现有下列情形之一的,可以收回已分配的码号资源:

(一)已终止占用码号资源的业务的;

(二)在规定时间内未启用码号资源的;

(三)以欺诈手段获得码号资源的;

(四)超过规定期限使用码号资源的;

(五)改变电信主管部门规定的码号结构、位长、拨号方式和使用范围使用码号资源的;

(六)擅自启用、扩大范围、改变用途、改变长途编号区或跨本地网使用用户号码资源的;

(七)转让、出租码号资源或将码号作为商标进行注册的;

(八)拒不按照规定缴纳码号资源使用费的;

(九)拒不执行电信主管部门的码号调整要求的。

第三十九条 电信主管部门决定收回的码号,相关基础电信业务经营者应按照电信主管部门的要求在规定的时间内对码号局数据进行调整。

第四十条 违反本办法的规定有下列情形之一的,工业和信息化部或者省、自治区、直辖市通信管理局责令改正,视情节轻重可以给予警告,并处5000元以上3万元以下的罚款:

(一)以欺诈手段获得码号资源的;

(二)无正当理由拒绝专用电信网单位对码号资源需求的;

(三)向用户收取选号费或占用费的;

(四)改变用户拨号方式的,或将码号作为商标擅自进行注册的;

(五)未按照规定时间启用码号或未达到最低使用规模或预期服务能力的;

(六)未按规定报告码号资源使用情况的;

(七)未按规定向电信主管部门备案的;

(八)未按规定配合码号使用者制作局数据,开通码号的;

(九)未按规定组织或配合本地网号码升位方案制订或实施的;

(十)不配合或不按规定配合电信主管部门要求或批准进行的本地网号码升位、长途编号区调整、号码位长拓展和码号调整的;

(十一)未按规定保护电信用户号码使用权益的。

第四十一条 违反本办法,有下列情形之一的,由工业和信息化部或者省、自治区、直辖市通信管理局依据《中华人民共和国电信条例》第七十条的规定责令改正,没收违法所得,处违法所得3倍以上5倍以下罚款;没有违法所得或者违法所得不足5万元的,处10万元以上100万元以下罚款:

(一)擅自启用码号资源的;

(二)擅自拓展号码位长使用的;

(三)超过规定的使用期限继续使用码号资源的;

(四)擅自改变长途编号区或跨本地网使用用户号码资源的;

(五)擅自转让、出租或变相转让、出租码号资源的;

(六)擅自改变码号资源用途的。

通信短信息服务管理规定(节录)

(2015年5月19日　工业和信息化部令第31号)

第三条　工业和信息化部负责对全国的短信息服务实施监督管理。

省、自治区、直辖市通信管理局负责对本行政区域内的短信息服务实施监督管理。

工业和信息化部和省、自治区、直辖市通信管理局统称电信管理机构。

第四条　提供、使用短信息服务的,应当遵守法律、行政法规和电信管理机构的相关规定,不得利用短信息服务从事违法活动。

第六条　经营短信息服务的,应当依法取得电信业务经营许可。

基础电信业务经营者不得为未取得电信业务经营许可的单位或者个人提供用于经营短信息服务的网络或者业务接入服务。

第七条　基础电信业务经营者应当准确记录接入其网络的短信息服务提供者的名称、接入代码和接入地点等信息。

第十条　短信息服务提供者发送短信息,应当将发送端电话号码或者代码一并发送,不得发送缺少发送端电话号码或者代码的短信息,不得发送含有虚假、冒用的发送端电话号码或者代码的短信息。

第十一条　短信息服务提供者应当在其服务系统中记录短信息发送和接收时间、发送端和接收端电话号码或者代码、用户订阅和退订情况等信息,端口类短信息还应当保存短信息内容。

前款规定的记录应当保存至少5个月,其中用户订阅和退订情况应当保存至短信息服务提供者与用户服务关系终止后5个月。

第十二条 短信息服务提供者提供端口类短信息服务，应当要求短信息内容提供者提供真实身份信息，并进行查验和登记。

第十三条 短信息服务提供者提供端口类短信息服务，应当按照电信管理机构批准的码号结构、位长、用途和使用范围使用端口号。未经电信管理机构批准，不得转让或者出租端口号。

第十四条 短信息服务提供者在业务活动中收集、使用用户个人信息，应当严格遵守有关法律法规的规定。

第十五条 短信息服务提供者应当建立和执行网络与信息安全管理制度，采取安全防范措施，加强公共信息巡查。

第十六条 短信息服务提供者、短信息内容提供者不得制作、复制、发布和传播含有《中华人民共和国电信条例》等法律法规规定的禁止性内容的短信息。

第二十四条 鼓励用户自主选择使用短信息安全应用软件等适当的安全防护手段，提高自我防护能力。

第二十五条 短信息服务提供者应当建立投诉处理机制，公布有效、便捷的联系方式，接受与短信息服务有关的投诉。

第三十条 电信管理机构对短信息服务活动实施监督检查时，短信息服务提供者、短信息内容提供者应当予以配合并按照要求提供相关材料。

电信管理机构实施监督检查，应当记录监督检查的情况，不得妨碍短信息服务提供者、短信息内容提供者正常的经营或者服务活动，不得收取任何费用。

第三十二条 电信管理机构应当将短信息服务提供者违反本规定的行为记入信用档案并予以公布。必要时，电信管理机构可以对短信息服务提供者的负责人进行监管谈话。

第三十三条 违反本规定第六条第一款、第十三条规定的，由电信管理机构依据《中华人民共和国电信条例》第六十九条规定处罚。

第三十四条 基础电信业务经营者、短信息服务提供者违反本规定第七条至第十二条、第十五条、第十八条至第二十一条、第二十七条第三款规定的，由电信管理机构依据职权责令限期改正，予以警告，可以并处一万元以上三万元以下罚款，向社会公告。

第三十五条 违反本规定第十六条规定的，依据《中华人民共和国电信条例》第六十六条规定处罚。

第三十七条 本规定下列用语的含义是：

（一）短信息服务，是指利用电信网向移动电话、固定电话等通信终端用户，提供有限长度的文字、数据、声音、图像等信息的电信业务。

（二）短信息服务提供者，是指提供短信息发送、存储、转发和接收等基础网络服务，以及利用基础网络设施和服务为其他组织和个人发送短信息提供平台的电信业务经营者（包含但不限于基础电信业务、增值电信业务中的信息服务业务和移动通信转售业务经营者）。

（三）短信息内容提供者，是指将其短信息通过短信息服务提供者发送的组织或者个人。

（四）端口类短信息，是指短信息服务提供者利用自有端口或者行业类应用端口发送的短信息。

（五）商业性短信息，是指用于介绍、推销商品、服务或者商业投资机会的短信息。

（六）公益性短信息，是指各级人民政府相关部门等单位向用户发送的，旨在服务社会公共利益，倡导社会公序良俗、预防或处置突发事件、提醒群众防灾避灾等非盈利性质的短信息。

电信业务经营许可管理办法（节录）

（2017年7月3日修订　工业和信息化部令第42号）

第五条　经营基础电信业务，应当具备下列条件：

（一）经营者为依法设立的专门从事基础电信业务的公司，并且公司的国有股权或者股份不少于51%；

（二）有业务发展研究报告和组网技术方案；

（三）有与从事经营活动相适应的资金和专业人员；

（四）有从事经营活动的场地、设施及相应的资源；

（五）有为用户提供长期服务的信誉或者能力；

（六）在省、自治区、直辖市范围内经营的，注册资本最低限额为1亿元人民币；在全国或者跨省、自治区、直辖市范围经营的，注册资本最低限额为10亿元人民币；

（七）公司及其主要投资者和主要经营管理人员未被列入电信业务经营失信名单；

（八）国家规定的其他条件。

第六条 经营增值电信业务，应当具备下列条件：

（一）经营者为依法设立的公司；

（二）有与开展经营活动相适应的资金和专业人员；

（三）有为用户提供长期服务的信誉或者能力；

（四）在省、自治区、直辖市范围内经营的，注册资本最低限额为100万元人民币；在全国或者跨省、自治区、直辖市范围经营的，注册资本最低限额为1000万元人民币；

（五）有必要的场地、设施及技术方案；

（六）公司及其主要投资者和主要经营管理人员未被列入电信业务经营失信名单；

（七）国家规定的其他条件。

第十九条 任何单位和个人不得伪造、涂改、冒用和以任何方式转让经营许可证。

第二十条 基础电信业务经营者应当按照公开、平等的原则为取得经营许可证的电信业务经营者提供经营相关电信业务所需的电信服务和电信资源，不得为无经营许可证的单位或者个人提供用于经营电信业务的电信资源或者提供网络接入、业务接入服务。

第二十二条 为增值电信业务经营者提供网络接入、代理收费和业务合作的基础电信业务经营者，应当对相应增值电信业务的内容、收费、合作行为等进行规范、管理，并建立相应的发现、监督和处置制度及措施。

第二十四条 提供接入服务的增值电信业务经营者应当遵守下列规定：

（一）应当租用取得相应经营许可证的基础电信业务经营者提供的电信服务或者电信资源从事业务经营活动，不得向其他从事接入服务的增值电信业务经营者转租所获得的电信服务或者电信资源；

（二）为用户办理接入服务手续时，应当要求用户提供真实身份信息并予以查验；

（三）不得为未依法取得经营许可证或者履行非经营性互联网信息服务备案手续的单位或者个人提供接入或者代收费等服务；

（四）按照电信管理机构的规定，建立相应的业务管理系统，并按要求实现同电信管理机构相应系统对接，定期报送有关业务管理信息；

（五）对所接入网站传播违法信息的行为进行监督，发现传播明显属于《中华人民共和国电信条例》第五十六条规定的信息的，应当立即停止接入和代收费等服

务,保存有关记录,并向国家有关机关报告;

(六)按照电信管理机构的要求终止或者暂停对违法网站的接入服务。

第二十五条　电信管理机构建立电信业务市场监测制度。相关电信业务经营者应当按照规定向电信管理机构报送相应的监测信息。

第二十六条　电信业务经营者应当按照国家和电信管理机构的规定,明确相应的网络与信息安全管理机构和专职网络与信息安全管理人员,建立网络与信息安全保障、网络安全防护、违法信息监测处置、新业务安全评估、网络安全监测预警、突发事件应急处置、用户信息安全保护等制度,并具备相应的技术保障措施。

第三十二条　有下列情形之一的,发证机关或者其上级机关可以撤销经营许可证:

(一)发证机关工作人员滥用职权、玩忽职守作出准予行政许可决定的;

(二)超越法定职权或者违反法定程序作出准予行政许可决定的;

(三)对不具备申请资格或者不符合申请条件的申请人准予行政许可的;

(四)依法可以撤销经营许可证的其他情形。

第三十三条　有下列情形之一的,发证机关应当注销经营许可证:

(一)电信业务经营者依法终止的;

(二)经营许可证有效期届满未延续的;

(三)电信业务经营者被有关机关依法处罚或者因不可抗力,导致电信业务经营许可事项无法实施的;

(四)经营许可证依法被撤销、吊销的;

(五)法律、法规规定应当注销经营许可证的其他情形。

第四十二条　电信业务经营者受到电信管理机构行政处罚的,由电信管理机构自作出行政处罚决定之日起30日内列入电信业务经营不良名单,但受到电信管理机构吊销经营许可证的处罚或者具有本办法规定直接列入电信业务经营失信名单情形的,直接列入失信名单。

列入电信业务经营不良名单的电信业务经营者,一年内未再次受到电信管理机构行政处罚的,由电信管理机构移出不良名单;三年内再次受到电信管理机构责令停业整顿、吊销经营许可证的处罚,或者具有工业和信息化部规定的其他情形的,由电信管理机构列入电信业务经营失信名单。

列入电信业务经营失信名单后,三年内未再次受到电信管理机构行政处罚的,由电信管理机构移出失信名单。

列入或者移出电信业务经营失信名单,应当同时将电信业务经营者的主要经营管理人员列入或者移出。

第四十三条 电信管理机构对列入电信业务经营不良名单和失信名单的电信业务经营者实施重点监管。

基础电信业务经营者和提供接入服务的增值电信业务经营者向其他增值电信业务经营者提供网络接入、代收费和业务合作时,应当把电信业务经营不良名单和失信名单作为重要考量因素。

第四十四条 任何单位或者个人发现电信业务经营者违反电信管理规定应当受到行政处罚的,可以向有关电信管理机构举报。

第四十五条 隐瞒有关情况或者提供虚假材料申请电信业务经营许可的,电信管理机构不予受理或者不予行政许可,给予警告,申请人在一年内不得再次申请该行政许可。

以欺骗、贿赂等不正当手段取得电信业务经营许可的,电信管理机构撤销该行政许可,给予警告并直接列入电信业务经营失信名单,并视情节轻重处5000元以上3万元以下的罚款,申请人在三年内不得再次申请该行政许可;构成犯罪的,依法追究刑事责任。

第四十七条 违反本办法第十九条规定的,依照《中华人民共和国电信条例》第六十八条规定予以处罚。

第四十八条 违反本办法第四条第二款、第二十条、第二十二条、第二十三条、第二十四条、第二十九条、第三十一条或者第三十五条第三款规定的,由电信管理机构责令改正,给予警告,可以并处5000元以上3万元以下的罚款。

《中华人民共和国网络安全法》、《中华人民共和国电信条例》对前款规定的情形规定法律责任的,电信管理机构从其规定处理。

第五十条 电信管理机构的工作人员在经营许可证管理工作中,玩忽职守、滥用职权、徇私舞弊,构成犯罪的,移交司法机关依法追究刑事责任;尚不构成犯罪的,由所在单位或者上级主管部门依法给予处分。

无线电频率使用许可管理办法(节录)

(2017年7月3日 工业和信息化部令第40号)

第五条 取得无线电频率使用许可,应当符合下列条件:

(一)所申请的无线电频率符合无线电频率划分和使用规定,有明确具体的用途;

(二)使用无线电频率的技术方案可行;

(三)有相应的专业技术人员;

(四)对依法使用的其他无线电频率不会产生有害干扰;

(五)法律、行政法规规定的其他条件。

使用卫星无线电频率,还应当符合空间无线电业务管理相关规定。

第十五条　使用无线电频率,应当遵守国家无线电管理的有关规定和无线电频率使用许可证的要求,接受、配合无线电管理机构的监督管理。

第十六条　无线电频率使用许可证应当妥善保存。任何组织或者个人不得伪造、涂改、冒用无线电频率使用许可证。

第十八条　无线电频率使用人不得擅自转让无线电频率使用权,不得擅自扩大使用范围或者改变用途。

需要转让无线电频率使用权的,受让人应当符合本办法第五条规定的条件,提交双方转让协议和本办法第六条规定的材料,依照本办法第九条规定的程序报请无线电管理机构批准。

第十九条　依法使用的无线电频率受到有害干扰的,可以向无线电管理机构投诉,无线电管理机构应当及时协调处理,并将处理情况告知投诉人。

第二十二条　无线电管理机构应当对无线电频率使用行为进行监督检查。

无线电管理机构根据需要可以组织开展无线电频率使用评估,对无线电频率使用情况、使用率等进行检查。

第二十四条　任何组织或者个人对未经许可擅自使用无线电频率或者违法使用无线电频率的行为,有权向无线电管理机构举报,无线电管理机构应当及时核实、处理。

第二十五条　有下列情形之一的,作出许可决定的无线电管理机构或者国家无线电管理机构可以撤销无线电频率使用许可:

(一)无线电管理机构工作人员滥用职权、玩忽职守作出准予许可决定的;

(二)超越法定职权或者违反法定程序作出准予许可决定的;

(三)对不具备申请资格或者不符合法定条件的申请人作出准予许可决定的;

(四)除因不可抗力外,取得无线电频率使用许可后超过 2 年不使用或者使用率达不到无线电频率许可证规定要求的;

（五）依法可以撤销无线电频率使用许可的其他情形。

无线电频率使用人以欺骗、贿赂等不正当手段取得无线电频率使用许可的，应当予以撤销。

第二十六条 有下列情形之一的，无线电管理机构应当依法办理无线电频率使用许可的注销手续：

（一）无线电频率使用许可的期限届满未书面申请延续或者未准予延续的；

（二）无线电频率使用人在无线电频率使用期限内申请终止使用频率的；

（三）无线电频率使用许可被依法撤销、撤回，或者无线电频率使用许可证依法被吊销的；

（四）因不可抗力导致无线电频率使用许可事项无法实施的；

（五）取得无线电频率使用许可的自然人死亡、丧失行为能力或者法人、其他组织依法终止的；

（六）法律、法规规定的其他情形。

无线电管理机构注销无线电频率使用许可的，同时收回无线电频率。

第二十八条 未经许可擅自使用无线电频率、擅自转让无线电频率、未按照国家有关规定缴纳无线电频率占用费的，无线电管理机构应当分别依照《中华人民共和国无线电管理条例》第七十条、第七十一条、第七十四条的规定处理。

第二十九条 无线电频率使用人违反无线电频率使用许可证的要求使用频率，或者拒不接受、配合无线电管理机构依法实施的监督管理的，无线电管理机构应当责令改正，给予警告，可以并处5000元以上3万元以下的罚款。

第三十条 伪造、涂改、冒用无线电频率使用许可证的，无线电管理机构应当责令改正，给予警告或者处3万元以下的罚款。

第三十三条 无线电管理机构工作人员在实施无线电频率使用许可和监督管理工作中，滥用职权、玩忽职守、徇私舞弊的，依法给予处分。

无线电频率使用和在用无线电台（站）监督检查暂行办法（节录）

（2022年4月2日 工信部无〔2022〕38号）

第三条 国家无线电管理机构负责组织、指导省、自治区、直辖市无线电管理机构开展无线电频率使用和在用无线电台（站）监督检查工作，并定期对各地开展的监督检查工作进行考核评价。

第四条　省、自治区、直辖市无线电管理机构依据职责或根据国家无线电管理机构要求，对本行政区域内的无线电频率使用和在用无线电台（站）进行检查。

第五条　国家无线电监测中心和省、自治区、直辖市无线电监测站作为无线电管理技术机构，依据职责承担无线电频率使用和在用无线电台（站）监督检查中的监测、检测等技术工作。

第八条　无线电管理机构对无线电频率使用的检查应当包括以下内容：

（一）是否取得无线电频率使用许可证或无线电频率使用批准文件；

（二）是否按照无线电频率使用许可证或无线电频率使用批准文件载明的使用频率、使用地域、业务用途、使用期限、使用率要求等事项以及特别规定事项使用无线电频率；

（三）是否降低其申请取得无线电频率使用许可时应当符合或自行承诺的条件，是否改变申请时的技术方案；

（四）是否有相应的专业技术人员；

（五）是否对依法使用的其他无线电频率产生有害干扰；

（六）是否存在伪造、涂改、冒用无线电频率使用许可证的情况；

（七）取得无线电频率许可 2 年内是否使用；

（八）是否依法缴纳无线电频率占用费；

（九）是否按要求报送年度无线电频率使用报告；

（十）遵守国家无线电管理规定的其他情况。

地面无线电业务频率使用、卫星无线电频率使用和卫星通信网无线电频率使用的检查内容参见附件 1（略）。

第九条　无线电管理机构对在用无线电台（站）的检查应当包括以下内容：

（一）是否取得无线电台执照；

（二）是否按照无线电台执照载明的事项以及特别规定事项使用无线电台（站）；

（三）是否降低其申请取得无线电台执照时应当符合或自行承诺的条件，是否改变申请时的技术方案；

（四）是否有熟悉无线电管理规定、具备相关业务技能的人员；

（五）是否对依法使用的其他无线电台（站）产生有害干扰；

（六）是否故意收发无线电台执照许可事项之外的无线电信号；

（七）是否擅自编制、使用无线电台识别码；

（八）是否对地面无线电业务台（站）和卫星地球站进行定期维护，保证其性能指标符合国家标准和国家无线电管理的有关规定；

（九）是否依法缴纳无线电频率占用费；

（十）遵守国家无线电管理规定的其他情况。

地面无线电业务台（站）、空间无线电台和卫星地球站的检查内容参见附件2（略）。

第十条 无线电管理机构应结合监管实际开展日常检查，根据无线电台（站）的业务功能定位、对其他无线电业务的影响程度以及电磁环境保护要求等不同情况，对在用无线电台（站）实施分类检查，检查频次和比例参见附件3（附件略）。

第十一条 无线电管理机构对涉及上级机关交办、群众举报、干扰投诉、无线电监测发现或者其他部门移送案件线索等事项应当及时开展重点检查。

第十二条 在日常检查及重点检查中发现检查对象存在以下问题的，无线电管理机构应当在后续日常检查中增加检查频次：

（一）未按要求报送上一年度无线电频率使用报告，或者报告真实性存在问题的；

（二）未对在用无线电台（站）进行定期维护，导致其性能指标不符合国家标准和国家无线电管理有关规定的；

（三）违反无线电管理相关法律、法规及规章，被责令改正或予以行政处罚的。

第二十二条 无线电管理机构原则上应当于检查工作完成后20个工作日内，将不涉及国家秘密、商业秘密的检查结果向社会公开或在一定范围内通报。

第二十三条 无线电管理机构应当避免对检查对象重复检查。同一时期对同一检查对象实施多项检查的，原则上应当合并进行。除需进行重点检查和增加监管频次的情形外，对同一检查对象原则上一年内不再重复实施检查。

第二十四条 无线电管理机构应当加强检查人员队伍建设，对检查人员定期进行相关业务和技能的培训与考核。

第二十五条 无线电管理机构应当配备满足检查工作需要的监测、检测、摄录、移动办公等设备和工具。

第二十六条 检查人员在实施检查过程中，应当严格遵守有关法律法规和廉政纪律。

第二十七条 检查人员应当遵守国家保密规定，保守国家秘密，且不得泄露检查对象的商业秘密、个人隐私信息等。

第二十八条　无线电管理机构开展检查过程中,发现未经许可擅自使用无线电频率,或者擅自设置、使用无线电台(站)等违法行为,应当依据《中华人民共和国无线电管理条例》和相关规定予以查处。

第二十九条　检查对象故意隐瞒有关情况、提供虚假材料、拒绝提供反映其活动情况的真实材料或者阻挠、阻碍检查人员依法履行职责的,由无线电管理机构依据相关法律、法规及规章进行处罚;构成犯罪的,依法追究刑事责任。

第三十条　检查人员未依法正确履行职责,造成不良后果或影响的,依据《中华人民共和国公职人员政务处分法》等法律法规给予处分;构成犯罪的,依法追究刑事责任。

即时通信工具公众信息服务发展管理暂行规定

(2014 年 8 月 7 日　国家互联网信息办公室)

第一条　为进一步推动即时通信工具公众信息服务健康有序发展,保护公民、法人和其他组织的合法权益,维护国家安全和公共利益,根据《全国人民代表大会常务委员会关于维护互联网安全的决定》、《全国人民代表大会常务委员会关于加强网络信息保护的决定》、《最高人民法院　最高人民检察院关于办理利用信息网络实施诽谤等刑事案件适用法律若干问题的解释》、《互联网信息服务管理办法》、《互联网新闻信息服务管理规定》等法律法规,制定本规定。

第二条　在中华人民共和国境内从事即时通信工具公众信息服务,适用本规定。

本规定所称即时通信工具,是指基于互联网面向终端使用者提供即时信息交流服务的应用。本规定所称公众信息服务,是指通过即时通信工具的公众账号及其他形式向公众发布信息的活动。

第三条　国家互联网信息办公室负责统筹协调指导即时通信工具公众信息服务发展管理工作,省级互联网信息内容主管部门负责本行政区域的相关工作。

互联网行业组织应当积极发挥作用,加强行业自律,推动行业信用评价体系建设,促进行业健康有序发展。

第四条　即时通信工具服务提供者应当取得法律法规规定的相关资质。即时通信工具服务提供者从事公众信息服务活动,应当取得互联网新闻信息服务资质。

第五条 即时通信工具服务提供者应当落实安全管理责任,建立健全各项制度,配备与服务规模相适应的专业人员,保护用户信息及公民个人隐私,自觉接受社会监督,及时处理公众举报的违法和不良信息。

第六条 即时通信工具服务提供者应当按照“后台实名、前台自愿”的原则,要求即时通信工具服务使用者通过真实身份信息认证后注册账号。

即时通信工具服务使用者注册账号时,应当与即时通信工具服务提供者签订协议,承诺遵守法律法规、社会主义制度、国家利益、公民合法权益、公共秩序、社会道德风尚和信息真实性等“七条底线”。

第七条 即时通信工具服务使用者为从事公众信息服务活动开设公众账号,应当经即时通信工具服务提供者审核,由即时通信工具服务提供者向互联网信息内容主管部门分类备案。

新闻单位、新闻网站开设的公众账号可以发布、转载时政类新闻,取得互联网新闻信息服务资质的非新闻单位开设的公众账号可以转载时政类新闻。其他公众账号未经批准不得发布、转载时政类新闻。

即时通信工具服务提供者应当对可以发布或转载时政类新闻的公众账号加注标识。

鼓励各级党政机关、企事业单位和各人民团体开设公众账号,服务经济社会发展,满足公众需求。

第八条 即时通信工具服务使用者从事公众信息服务活动,应当遵守相关法律法规。

对违反协议约定的即时通信工具服务使用者,即时通信工具服务提供者应当视情节采取警示、限制发布、暂停更新直至关闭账号等措施,并保存有关记录,履行向有关主管部门报告义务。

第九条 对违反本规定的行为,由有关部门依照相关法律法规处理。

第十条 本规定自公布之日起施行。

最高人民法院、最高人民检察院、公安部、国家安全部关于依法办理非法生产销售使用“伪基站”设备案件的意见

(2014 年 3 月 14 日 公通字〔2014〕13 号)

各省、自治区、直辖市高级人民法院,人民检察院,公安厅、局,国家安全厅、局,新疆

维吾尔自治区高级人民法院生产建设兵团分院，新疆生产建设兵团人民检察院、公安局、国家安全局：

近年来，各地非法生产、销售、使用“伪基站”设备违法犯罪活动日益猖獗，有的借以非法获取公民个人信息，有的非法经营广告业务，或者发送虚假广告，甚至实施诈骗等犯罪活动。“伪基站”设备是未取得电信设备进网许可和无线电发射设备型号核准的非法无线电通信设备，具有搜取手机用户信息，强行向不特定用户手机发送短信息等功能，使用过程中会非法占用公众移动通信频率，局部阻断公众移动通信网络信号。非法生产、销售、使用“伪基站”设备，不仅破坏正常电信秩序，影响电信运营商正常经营活动，危害公共安全，扰乱市场秩序，而且严重影响用户手机使用，损害公民财产权益，侵犯公民隐私，社会危害性严重。为依法办理非法生产、销售、使用“伪基站”设备案件，保障国家正常电信秩序，维护市场经济秩序，保护公民合法权益，根据有关法律规定，制定本意见。

一、准确认定行为性质

（一）非法生产、销售“伪基站”设备，具有以下情形之一的，依照《刑法》第二百二十五条的规定，以非法经营罪追究刑事责任：

1. 个人非法生产、销售“伪基站”设备三套以上，或者非法经营数额五万元以上，或者违法所得数额二万元以上的；

2. 单位非法生产、销售“伪基站”设备十套以上，或者非法经营数额十五万元以上，或者违法所得数额五万元以上的；

3. 虽未达到上述数额标准，但两年内曾因非法生产、销售“伪基站”设备受过两次以上行政处罚，又非法生产、销售“伪基站”设备的。

实施前款规定的行为，数量、数额达到前款规定的数量、数额五倍以上的，应当认定为《刑法》第二百二十五条规定的“情节特别严重”。

非法生产、销售“伪基站”设备，经鉴定为专用间谍器材的，依照《刑法》第二百八十三条的规定，以非法生产、销售间谍专用器材罪追究刑事责任；同时构成非法经营罪的，以非法经营罪追究刑事责任。

（二）非法使用“伪基站”设备干扰公用电信网络信号，危害公共安全的，依照《刑法》第一百二十四条第一款的规定，以破坏公用电信设施罪追究刑事责任；同时构成虚假广告罪、非法获取公民个人信息罪、破坏计算机信息系统罪、扰乱无线电通讯管理秩序罪的，依照处罚较重的规定追究刑事责任。

除法律、司法解释另有规定外，利用“伪基站”设备实施诈骗等其他犯罪行为，同时构成破坏公用电信设施罪的,依照处罚较重的规定追究刑事责任。

(三)明知他人实施非法生产、销售“伪基站”设备,或者非法使用“伪基站”设备干扰公用电信网络信号等犯罪,为其提供资金、场所、技术、设备等帮助的,以共同犯罪论处。

(四)对于非法使用“伪基站”设备扰乱公共秩序,侵犯他人人身权利、财产权利,情节较轻,尚不构成犯罪,但构成违反治安管理行为的,依法予以治安管理处罚。

二、严格贯彻宽严相济刑事政策

对犯罪嫌疑人、被告人的处理,应当结合其主观恶性大小、行为危害程度以及在案件中所起的作用等因素,切实做到区别对待。对组织指挥、实施非法生产、销售、使用“伪基站”设备的首要分子、积极参加的犯罪分子,以及曾因非法生产、销售、使用“伪基站”设备受到行政处罚或者刑事处罚,又实施非法生产、销售、使用“伪基站”设备的犯罪分子,应当作为打击重点依法予以严惩;对具有自首、立功、从犯等法定情节的犯罪分子,可以依法从宽处理。对情节显著轻微、危害不大的,依法不作为犯罪处理。

三、合理确定管辖

(一)案件一般由犯罪地公安机关管辖,犯罪嫌疑人居住地公安机关管辖更为适宜的,也可以由犯罪嫌疑人居住地公安机关管辖。对案件管辖有争议的,可以由共同的上级公安机关指定管辖;情况特殊的,上级公安机关可以指定其他公安机关管辖。

(二)上级公安机关指定下级公安机关立案侦查的案件,需要逮捕犯罪嫌疑人的,由侦查该案件的公安机关提请同级人民检察院审查批准,人民检察院应当依法作出批准逮捕或者不批准逮捕的决定;需要移送审查起诉的,由侦查该案件的公安机关移送同级人民检察院审查起诉。

(三)人民检察院对于审查起诉的案件,按照《刑事诉讼法》的管辖规定,认为应当由上级人民检察院或者同级其他人民检察院起诉的,将案件移送有管辖权的人民检察院,或者报上级检察机关指定管辖。

(四)符合最高人民法院、最高人民检察院、公安部、国家安全部、司法部、全国人大法工委《关于实施刑事诉讼法若干问题的规定》有关并案处理规定的,人民法院、人民检察院、公安机关可以在职责范围内并案处理。

四、加强协作配合

人民法院、人民检察院、公安机关、国家安全机关要认真履行职责,加强协调配合,形成工作合力。国家安全机关要依法做好相关鉴定工作;公安机关要全面收集证据，特别是注意做好相关电子数据的收集、固定工作，对疑难、复杂案件，及时向人民检察院、人民法院通报情况，对已经提请批准逮捕的案件，积极跟进、配合人民检察院的审查批捕工作，认真听取意见；人民检察院对于公安机关提请批准逮捕、移送审查起诉的案件，符合批捕、起诉条件的，应当依法尽快予以批捕、起诉；人民法院应当加强审判力量，制订庭审预案，并依法及时审结。

最高人民法院、最高人民检察院关于办理扰乱无线电通讯管理秩序等刑事案件适用法律若干问题的解释

（2017 年 6 月 27 日　法释〔2017〕11 号）

为依法惩治扰乱无线电通讯管理秩序犯罪，根据《中华人民共和国刑法》《中华人民共和国刑事诉讼法》的有关规定，现就办理此类刑事案件适用法律的若干问题解释如下：

第一条　具有下列情形之一的，应当认定为刑法第二百八十八条第一款规定的“擅自设置、使用无线电台（站），或者擅自使用无线电频率，干扰无线电通讯秩序”：

（一）未经批准设置无线电广播电台（以下简称“黑广播”），非法使用广播电视专用频段的频率的；

（二）未经批准设置通信基站（以下简称“伪基站”），强行向不特定用户发送信息，非法使用公众移动通信频率的；

（三）未经批准使用卫星无线电频率的；

（四）非法设置、使用无线电干扰器的；

（五）其他擅自设置、使用无线电台（站），或者擅自使用无线电频率，干扰无线电通讯秩序的情形。

第二条　违反国家规定，擅自设置、使用无线电台（站），或者擅自使用无线电频率，干扰无线电通讯秩序，具有下列情形之一的，应当认定为刑法第二百八十八条第一款规定的“情节严重”：

（一）影响航天器、航空器、铁路机车、船舶专用无线电导航、遇险救助和安全通信等涉及公共安全的无线电频率正常使用的；

（二）自然灾害、事故灾难、公共卫生事件、社会安全事件等突发事件期间，在事件发生地使用“黑广播”“伪基站”的；

（三）举办国家或者省级重大活动期间，在活动场所及周边使用“黑广播”“伪基站”的；

（四）同时使用三个以上“黑广播”“伪基站”的；

（五）“黑广播”的实测发射功率五百瓦以上，或者覆盖范围十公里以上的；

（六）使用“伪基站”发送诈骗、赌博、招嫖、木马病毒、钓鱼网站链接等违法犯罪信息，数量在五千条以上，或者销毁发送数量等记录的；

（七）雇佣、指使未成年人、残疾人等特定人员使用“伪基站”的；

（八）违法所得三万元以上的；

（九）曾因扰乱无线电通讯管理秩序受过刑事处罚，或者二年内曾因扰乱无线电通讯管理秩序受过行政处罚，又实施刑法第二百八十八条规定的行为的；

（十）其他情节严重的情形。

第三条 违反国家规定，擅自设置、使用无线电台（站），或者擅自使用无线电频率，干扰无线电通讯秩序，具有下列情形之一的，应当认定为刑法第二百八十八条第一款规定的“情节特别严重”：

（一）影响航天器、航空器、铁路机车、船舶专用无线电导航、遇险救助和安全通信等涉及公共安全的无线电频率正常使用，危及公共安全的；

（二）造成公共秩序混乱等严重后果的；

（三）自然灾害、事故灾难、公共卫生事件和社会安全事件等突发事件期间，在事件发生地使用“黑广播”“伪基站”，造成严重影响的；

（四）对国家或者省级重大活动造成严重影响的；

（五）同时使用十个以上“黑广播”“伪基站”的；

（六）“黑广播”的实测发射功率三千瓦以上，或者覆盖范围二十公里以上的；

（七）违法所得十五万元以上的；

（八）其他情节特别严重的情形。

第四条 非法生产、销售“黑广播”“伪基站”、无线电干扰器等无线电设备，具有下列情形之一的，应当认定为刑法第二百二十五条规定的“情节严重”：

（一）非法生产、销售无线电设备三套以上的；

（二）非法经营数额五万元以上的；

（三）其他情节严重的情形。

实施前款规定的行为，数量或者数额达到前款第一项、第二项规定标准五倍以上，或者具有其他情节特别严重的情形的，应当认定为刑法第二百二十五条规定的

"情节特别严重"。

在非法生产、销售无线电设备窝点查扣的零件，以组装完成的套数以及能够组装的套数认定；无法组装为成套设备的，每三套广播信号调制器（激励器）认定为一套"黑广播"设备，每三块主板认定为一套"伪基站"设备。

第五条　单位犯本解释规定之罪的，对单位判处罚金，并对直接负责的主管人员和其他直接责任人员，依照本解释规定的自然人犯罪的定罪量刑标准定罪处罚。

第六条　擅自设置、使用无线电台（站），或者擅自使用无线电频率，同时构成其他犯罪的，按照处罚较重的规定定罪处罚。

明知他人实施诈骗等犯罪，使用"黑广播""伪基站"等无线电设备为其发送信息或者提供其他帮助，同时构成其他犯罪的，按照处罚较重的规定定罪处罚。

第七条　负有无线电监督管理职责的国家机关工作人员滥用职权或者玩忽职守，致使公共财产、国家和人民利益遭受重大损失的，应当依照刑法第三百九十七条的规定，以滥用职权罪或者玩忽职守罪追究刑事责任。

有查禁扰乱无线电管理秩序犯罪活动职责的国家机关工作人员，向犯罪分子通风报信、提供便利，帮助犯罪分子逃避处罚的，应当依照刑法第四百一十七条的规定，以帮助犯罪分子逃避处罚罪追究刑事责任；事先通谋的，以共同犯罪论处。

第八条　为合法经营活动，使用"黑广播""伪基站"或者实施其他扰乱无线电通讯管理秩序的行为，构成扰乱无线电通讯管理秩序罪，但不属于"情节特别严重"，行为人系初犯，并确有悔罪表现的，可以认定为情节轻微，不起诉或者免予刑事处罚；确有必要判处刑罚的，应当从宽处罚。

第九条　对案件所涉的有关专门性问题难以确定的，依据司法鉴定机构出具的鉴定意见，或者下列机构出具的报告，结合其他证据作出认定：

（一）省级以上无线电管理机构、省级无线电管理机构依法设立的派出机构、地市级以上广播电视主管部门就是否系"伪基站""黑广播"出具的报告；

（二）省级以上广播电视主管部门及其指定的检测机构就"黑广播"功率、覆盖范围出具的报告；

（三）省级以上航空、铁路、船舶等主管部门就是否干扰导航、通信等出具的报告。

对移动终端用户受影响的情况，可以依据相关通信运营商出具的证明，结合被告人供述、终端用户证言等证据作出认定。

第十条　本解释自 2017 年 7 月 1 日起施行。

最高人民检察院关于非法经营国际或港澳台地区电信业务行为法律适用问题的批复

（2002年2月6日　高检发释字〔2002〕1号）

福建省人民检察院：

你院《关于如何适用刑法第二百二十五条第（四）项规定的请示》（闽检〔2000〕65号）收悉。经研究，批复如下：

违反《中华人民共和国电信条例》规定，采取租用电信国际专线、私设转接设备或者其他方法，擅自经营国际或者香港特别行政区、澳门特别行政区和台湾地区电信业务进行营利活动，扰乱电信市场管理秩序，情节严重的，应当依照《刑法》第二百二十五条第（四）项的规定，以非法经营罪追究刑事责任。

此复。

工业和信息化部、公安部关于依法清理整治涉诈电话卡、物联网卡以及关联互联网账号的通告

（2021年6月2日　工信部联网安函〔2021〕133号）

为深入贯彻落实党中央、国务院决策部署，坚决遏制电信网络诈骗犯罪高发多发态势，切实维护广大人民群众合法权益，按照《中华人民共和国刑法》《中华人民共和国治安管理处罚法》《中华人民共和国网络安全法》《互联网信息服务管理办法》等相关法律法规要求，现就依法清理整治涉诈电话卡、物联网卡以及关联互联网账号有关事项通告如下：

一、凡是实施非法办理、出租、出售、购买和囤积电话卡、物联网卡以及关联互联网账号的相关人员，自本通告发布之日起，应停止相关行为，并于2021年6月底前主动注销相关电话卡、物联网卡以及关联互联网账号。对通告发布后仍然进行上述非法行为的人员，将依法依规予以惩处。

二、电信主管部门、公安机关将持续深入推进“断卡行动”，以零容忍态度，依法严厉打击非法办理、出租、出售、购买和囤积电话卡、物联网卡以及关联互联网账号的行为，全力清理涉诈号卡资源。

三、电信企业、互联网企业应按照“谁开卡、谁负责，谁接入、谁负责，谁运营、谁负责”的原则，严格落实网络信息安全主体责任，加强电话卡、物联网卡、互联网账号的实名制管理，加强涉诈网络信息监测处置，强化风险防控。

四、电信企业应建立电话卡“二次实人认证”工作机制，针对涉诈电话卡、“一证（身份证）多卡”、“睡眠卡”、“静默卡”、境外诈骗高发地卡、频繁触发预警模型等高风险电话卡，提醒用户在24小时内通过电信企业营业厅或线上方式进行实名核验，在规定期限内未核验或未通过核验的，暂停电话卡功能，有异议的可进行投诉反映，经核验通过的恢复功能。通过电信企业营业厅认证的，电信企业应要求用户现场签署涉诈风险告知书；采用线上方式认证的，电信企业应要求用户阅读勾选涉诈风险告知书，录制留存用户朗读知晓涉诈法律责任的认证视频。

五、互联网企业应根据公安机关、电信主管部门有关要求，对涉案电话卡、涉诈高风险电话卡所关联注册的微信、QQ、支付宝、淘宝等互联网账号依法依规进行实名核验，对违法违规账号及时采取关停等处置措施。

六、公安机关统一负责用户投诉受理、涉卡违法犯罪线索举报等事项，全国统一受理电话为96110。

广大人民群众要提高风险防范意识，配合开展此次清理整治工作，并积极向公安机关举报涉及电话卡、物联网卡以及关联互联网账号的违法犯罪线索。

特此通告。

工业和信息化部关于进一步做好防范打击通讯信息诈骗相关工作的通知

（2015年12月31日　工信部网安函〔2015〕601号）

各省、自治区、直辖市通信管理局，各省、自治区、直辖市无线电管理机构，中国信息通信研究院、国家计算机网络应急技术处理协调中心、国家无线电监测中心、人民邮电报社、中国互联网协会，各基础电信企业、移动通信转售企业、相关增值电信服务企业：

为切实保障正常通信秩序，保护人民群众合法权益，维护社会和谐稳定，进一步防范与打击不法分子利用通信网络实施通讯信息诈骗等违法犯罪活动，现将我部前期开展的“综合治理不良网络信息　防范打击通讯信息诈骗行动”延期至2016年4月30日。同时，结合国务院打击治理电信网络新型违法犯罪工作部际联席会议办公室(以下简称部际联席会议办公室)近期开展的打击治理电信网络新型违法犯罪专项行动涉及通信行业的有关工作任务和要求,现就进一步做好防范打击通讯信息诈骗等有关工作通知如下:

一、工作目标

认真贯彻落实国务院相关工作部署和要求,按照"突出重点、技管结合、落实责任、标本兼治"的总体思路,针对重点电信业务中存在的违规出租、违规使用、违规经营、主叫号码传送不规范等问题,突出抓好重点电信业务清理规范,大力加强技术防范管控力度,强化社会监督举报受理,严肃查处违法违规行为,加大工作监督检查与责任考核力度,完善固化相关工作机制,着力实现企业网络与信息安全责任落实到位、重点电信业务经营秩序有效规范、通讯信息诈骗传播渠道有力遏制、违法违规行为得到坚决惩处。

二、主要任务和工作措施

(一)整顿规范重点电信业务经营秩序

1. 严格规范语音专线出租业务。一是各基础电信企业要进一步健全语音专线用户资质审查和业务出租审批制度,坚决杜绝无审查、审批出租语音专线,严禁向个人出租语音专线,严禁无呼叫中心业务经营许可资质的企业租用语音专线经营呼叫中心业务。强化业务出租合同的责任约束,合同中必须明示允许传送的真实有效主叫号码或号段。二是各基础电信企业集团公司要全面落实语音专线出租备案与检查制度,要求所属各级企业认真填报出租专线的客户资质、使用用途、线路类型、接入位置、对端接入设备类型、允许传送的主叫号码等信息,并定期抽查复核。

2. 切实规范"一号通"、"400"、商务总机业务。各基础电信企业要严格落实上述电信业务实名登记制度,加强用户登记信息核实,严禁向个人用户提供"400"、商务总机业务,"400"、商务总机业务真实落地号码必须为申请单位实名办理的电话号码。对用户资质发生变化的,要建立复核制度,及时更新登记信息。在同一基础电信企业全国范围内申请多个"一号通"、"400"、商务总机业务号码的,要从严审核,加强监管。

3. 加强电话用户实名登记。各单位要继续深入贯彻落实《电话"黑卡"治理专项行动工作方案》(工信部联保〔2014〕570号,以下简称"570号文")部署,加大对违规批量办理、非实名办理电话卡行为的整治力度,对未实名登记用户,基础电信企业和移动通信转售业务经营者要采取有力措施加快推进完成实名补登。同时,各基础电信企业要加大力度,全面清理解决网络宽带地址虚假登记问题。

4. 从严管理社会营销渠道。一是各基础电信企业要严格执行社会营销渠道代理资质审核制度，加强代理行为监管，严禁社会营销渠道转租转售语音专线、"一号通"、"400"、商务总机业务。二是今后涉及语音专线、"一号通"、"400"、商务总机业务的用户资质审核、实名认证、签约开户、投诉复核等环节均须由基础电信企业负责，并承担管理责任。

（二）坚决遏制虚假主叫传输与改号软件传播

1. 严格规范国际通信业务出入口局主叫号码传送。各基础电信企业集团公司要认真对照《网间主叫号码的传送》等技术标准以及《关于加强国际来话中"+86"主叫号码传送管理的通知》（工信部电管函〔2013〕248 号）要求，全面开展自查整改，全面落实"+86"国际虚假主叫拦截，严格规范国际主叫号码传送。对公安部核实并书面通报的涉嫌通讯信息诈骗的国际来话虚假主叫号码，由各基础电信企业集团公司在国际通信业务出入口局列入黑名单进行拦截。

2. 全面实施语音专线主叫鉴权。各基础电信企业集团公司要组织所属省、市、县三级基础电信企业，加快完成老旧设备改造，全面落实语音专线主叫鉴权机制，对未鉴权的主叫呼叫一律进行拦截，除特殊用户外，不得传输主叫号码为空号以及设置主叫号码禁显的呼叫，坚决遏制虚假改号呼叫通过语音专线落地传输问题。

3. 加大网内和网间虚假主叫发现与拦截力度。各基础电信企业要建立必要的网内技术监测手段，对发现的虚假改号呼叫，固定证据后进行技术拦截。加强协同配合，建立健全网间虚假号码呼叫的联动处置机制。

4. 集中清理改号软件。提供搜索引擎、电商平台、应用商店、社交网络等服务的相关增值电信服务企业，加大清理力度，通过关键词屏蔽、APP 下架等方式，斩断改号软件的网上发布、搜索、传播、销售、宣传渠道。中国互联网协会要充分发挥行业自律组织优势，加强对改号软件的社会举报受理，组织、督促应用商店及时下架。

（三）大力加强技术防范管控工作

1. 建设防范打击通讯信息诈骗业务管理系统。各基础电信企业集团公司要组织建立防范打击通讯信息诈骗业务管理系统，对语音专线、"一号通"、"400"、商务总机等重点电信业务的开办信息进行登记、报备、审核、复查，对业务监督检查、责任追究和考核等情况予以记录和备案。

2. 推动本地电信网防诈骗技术手段建设。各通信管理局、国家计算机网络应急技术处理协调中心要加强与当地相关部门的协调配合，组织基础电信企业积极推进电信网通讯信息诈骗技术防范手段建设。

3. 提升用户终端安全防护能力。一是中国互联网协会牵头，组织规范开发与推广手机客户端来电安全防护类应用，提升手机客户端来电安全防护能力。同时，整合手机安全厂商相关数据资源，实现资源共享与防控联动。二是各基础电信企业集团公司要有效整合内外部资源，向用户免费提供涉嫌通讯信息诈骗来电号码提示服务。

4. 加强相关技术手段研发与规范管理。国家计算机网络应急技术处理协调中心要充分发挥技术优势，支撑我部做好通讯信息诈骗防范手段的技术研发、标准制定、规划建设与规范使用，提升对各类通讯信息诈骗的综合技术防范能力。

（四）依法严厉查处违法违规行为

1. 依法查处违法违规经营电信业务行为。对各单位工作中主动发现的或社会举报的涉嫌违法违规经营国际电信业务、经营 IP 电话平台、提供 IP 电话落地及网络改号服务、经营呼叫中心业务等线索，相关省级通信管理局要牵头组织各基础电信企业依法依规严肃查处，并列入违法违规电信业务经营者黑名单，涉嫌违法犯罪的通报公安机关落地查人，形成震慑效应。

2. 严厉整顿重点地区突出问题。对河北丰宁、广西宾阳、广东电白、广东茂名、海南儋州等通讯信息诈骗犯罪活动严重的重点地区，相关省级通信管理局、各基础电信企业集团公司要分别牵头，组织上述地区基础电信企业开展专项整治，针对语音专线、有线宽带、“400”等重点电信业务以及电话卡、上网卡实名登记使用情况等，逐一梳理，重拳出击，从严整顿规范电信业务经营秩序，严查严打违法违规业务行为，并通报公安机关落地查人。

3. 积极配合公安机关做好打击查处工作。各通信管理局要加强与当地公安机关的协调配合，按照相关政策与要求，依法依规配合公安机关做好涉嫌通讯信息诈骗等电信网络新型违法犯罪的号码关停、涉案线索快速查询和调查取证等工作。专项行动期间，对公安机关发现、核实并书面通报的涉嫌通讯信息诈骗等电信网络新型违法犯罪号码，比照 570 号文中关于码号关停的工作机制执行。

4. 严打“伪基站”和“黑广播”。各地无线电管理机构要充分发挥无线电监测手段的重要作用，积极配合公安、广电、工商等部门，联合开展打击治理非法生产、销售和使用“伪基站”、“黑广播”等无线电发射设备的违法犯罪行为。

（五）强化工作督查与责任考核

1. 依托用户举报数据开展重点督查。中国互联网协会每月收集汇总用户举报数量大的涉嫌通讯信息诈骗的电话号码，通报各基础电信企业集团公司彻查违规行为源头。各基础电信企业集团公司要对发现的问题,纳入企业绩效考核,敦促相关省级公司严格整改,并严肃追究涉及违法违规的人员责任,构成犯罪的,依法移交司法机关追究刑事责任。各基础电信企业集团公司要将核查整改结果及时报我部。

2. 加强基础电信企业网络信息安全责任考核。以部际联席会议办公室通报的涉及各基础电信企业违法违规案件数量和案件性质、以及在行业管理中发现查实的涉及各基础电信企业的违法违规行为作为重要考核指标,将防范打击通讯信息诈骗专项工作作为重要考核内容,纳入省级基础电信企业网络与信息安全责任考核。我部将定期汇总分析相关情况并书面通报各基础电信企业集团公司和各通信管理局,依据违法违规行为严重程度严格扣分。中国信息通信研究院做好支撑。

3. 强化自查自纠与监督检查。各基础电信企业、移动通信转售业务经营者要进一步完善自查自纠工作机制,明确自查重点与标准要求,针对重点电信业务、关键业务环节和突出问题全面开展深入自查与集中整治,不留死角。各通信管理局、各基础电信企业集团公司分别牵头,突出问题导向,定期开展全面检查和专项检查,检查结果作为省级基础电信企业网络与信息安全责任考核重要依据。

4. 加大处罚力度。对上述工作中发现存在违法违规行为的企业,将依法约谈,督促限期整改,对于违规行为较为严重的或者整改不力的,将依法从严处罚。

(六)加强社会监督举报与宣传引导

1. 畅通社会监督举报渠道。中国互联网协会、各基础电信企业集团公司、移动通信转售业务经营者要加强社会举报渠道建设与对外宣传,进一步完善举报受理工作机制,设立通讯信息诈骗举报专区,加大举报受理力度,及时对举报投诉予以有效处理和反馈,自觉接受用户监督。

2. 加强公众教育与宣传引导。一是各单位要建立宣传机制,及时向社会发布专项行动工作进展,积极营造良好社会舆论环境。人民邮电报社做好支撑配合。二是各基础电信企业、移动通信转售业务经营者要及时通过手机短彩信向用户发送防范通讯信息诈骗预警类、提醒类信息,并综合利用营业厅以及网站、微博、微信等载体,通过制作播放视频材料、悬挂警示标语、张贴防范提示、发放宣传资料等方式,深入开展经常性防范宣传教育活动,提高人民群众防范通讯信息诈骗的意识与能力。三是中国互联网协会要组织重点互联网企业,在相关网站显要位置建立专题或专栏,集中开展宣传教育活动。

三、工作要求

（一）提高认识，加强领导，强化责任担当。防范打击通讯信息诈骗等电信网络新型违法犯罪工作事关广大人民群众根本利益，事关通信行业社会形象与公信力，是落实行业法律责任和社会责任的根本要求。各单位要充分认识到这项工作的重要意义，进一步增强大局意识和责任意识，加强组织领导，统筹工作部署，严格责任落实。我部成立防范打击通讯信息诈骗专项工作领导小组，与各基础电信企业集团公司等相关单位建立防范打击通讯信息诈骗工作协调机制，统筹推进全国防范打击通讯信息诈骗工作。各通信管理局、各基础电信企业集团公司要牵头成立本地区、本企业防范打击通讯信息诈骗工作领导小组和办公室，确保各项工作任务落到实处。

（二）突出重点，狠抓落实，确保工作成效。各单位要紧紧围绕制度完善、手段建设、业务整顿、监督检查和责任追究等重点环节，进一步细化工作方案与措施，确保每项工作都有具体责任部门与责任人、有时间表和路线图，形成管理闭环，加强联动配合，切实提高防范打击通讯信息诈骗源头监管与治理能力。各基础电信企业要针对各项重点电信业务建立完善全要素、全覆盖的管理制度规范，每项制度内容都要有具体要求，有培训、有检查、有考核、有追责，完善业务流程，提高内控水平。涉及企业内部自建技术手段的，各基础电信企业要加快项目审批和建设进度，并向企业网络信息安全部门开放监督管理权限；涉及通信主管部门牵头建设的技术手段，相关企业要积极配合。

（三）密切联系，强化协同，形成工作合力。各单位要完善信息通报与沟通反馈机制，每月定期向我部书面报告相关工作开展情况，各基础电信企业集团公司主要报告内容应包括查处违规出租电信线路、拦截非法主叫号码、查处违规非实名办理电话卡和上网卡、依法关停涉案违法号码、查处违规行为和违规人员等情况与数量。各通信管理局要认真落实属地监管责任，加大对本地区防范打击通讯信息诈骗工作的组织协调与推进力度，加强与公安机关的沟通协调，提高工作主动性与有效性。遇重大问题及时报我部。

（四）总结经验，持之以恒，形成长效机制。专项行动结束后，各单位要在已有工作基础上，及时总结经验，查堵漏洞，进一步细化工作举措，狠抓工作责任落实，将行之有效的治理措施形成管理制度，建立健全长效工作机制，持续保持对通讯信息诈骗的高压打击态势，巩固工作成效。2016 年 4 月 10 日前，各单位将专项行动工作总结书面报我部（网络安全管理局）。

工业和信息化部关于进一步防范和打击通讯信息诈骗工作的实施意见

（2016 年 11 月 4 日 工信部网安函〔2016〕452 号）

为坚决贯彻党中央、国务院近期系列决策部署，细化落实工业和信息化部等六部门《关于防范和打击电信网络诈骗犯罪的通告》要求，有效防范和打击通讯信息诈骗，切实保障正常通信秩序，保护用户合法权益，维护社会和谐稳定，提出以下实施意见。

一、从严从快全面落实电话用户实名制

（一）加快完成未实名电话存量用户身份信息补登记。各基础电信企业要加快推进未实名老用户补登记，在 2016 年底前实名率达到 100%。各移动转售企业要对 170、171 号段全部用户进行回访和身份信息确认，对未登记或登记信息错误的用户进行补登记，2016 年底前实名率达到 100%。在规定时间内未完成补登记的，一律予以停机。

（二）从严做好新入网电话用户实名登记。各基础电信企业和移动转售企业要采取有效的管理和技术措施，确保电话用户登记信息真实、准确、可溯源。为新用户办理入网手续时，要严格落实用户身份证件核查责任，采取二代身份证识别设备、联网核验等措施验证用户身份信息，并现场拍摄和留存办理用户照片。通过网络渠道发展新用户时，要采取在线视频实人认证等技术方式核验用户身份信息。

（三）严格限制一证多卡。2016 年底前，各基础电信企业和移动转售企业应全面完成一证多卡用户摸排清理，对在本企业全国范围内已经办理 5 张（含）以上移动电话卡的存量用户，要对用户身份信息逐一重新核实。同一用户在同一基础电信企业或同一移动转售企业全国范围内办理使用的移动电话卡达到 5 张的，按照六部委《关于防范和打击电信网络诈骗犯罪的通告》第四条相关要求处理。

（四）强化行业卡实名登记管理。一是各基础电信企业和移动转售企业要对已经在网使用的行业卡实名登记情况进行重新核实，对未登记或登记信息错误的用户进行补登记，2016 年底前实名率达到 100%。二是对新办理使用行业卡的，要从严审核行业用户单位资质、所需行业卡功能、数量及业务量，按照“功能最小化”原则，屏蔽语音、短信功能，并充分利用技术手段对行业卡使用范围（包括可访问 IP 地址、端口、通话及短信号码等）、使用场景（如设备 IMEI 与号卡 IMSI 一一对应）等进行严格限制和绑定。三是原则上新增的行业卡必须使用13位专用号段，并通过专用网络承载相关业务，特殊情况下需使用11位号段且开通无限制的语音功能的，必须按照公众移动电话用户进行实名登记。四是按照“谁发卡、谁负责”原则，各基础电信企业和移动转售企业要加强对行业卡使用情况的监测和管控，严禁二次销售和违规使用行业卡。对未采取有效监测和管控措施，致使行业卡被倒卖或被用于非行业用户的，从严追究相关企业和负责人的责任。

（五）严格落实代理渠道电话实名制管理要求。各基础电信企业和移动转售企业要进一步严格代理渠道准入，强化代理商资质审核，严格禁止代理渠道擅自委托下级代理。建立委托代理渠道电话入网和实名登记违规责任追究制度，各基础电信企业集团公司要签订电话实名制责任承诺书，各企业建立内部问责机制，对出现不登记、虚假登记、批量开卡、“养卡”等违规行为的代理渠道，一经发现立即取消其代理资格，纳入委托代理渠道黑名单，并从严追究相关基础电信企业省级公司相关部门和负责人责任。各通信管理局要在2016年11月底前组织电信企业完善委托代理渠道黑名单制度，对纳入黑名单的渠道和个人，各电信企业不得委托其办理电话入网和实名登记手续。

二、大力整顿和规范重点电信业务

（六）全面开展存量用户自查清理。2016年11月底前，各基础电信企业要全面完成语音专线和“400”、“一号通”、“商务总机”等存量重点电信业务排查清理。对未进行主体信息登记、虚假登记、登记信息不完整、未登记使用用途或者实际用途与登记用途不符合、资质不符或者存在其他不符合业务运营和使用规范、使用异常的，要督促用户限期整改，问题严重、拒不整改或未按要求整改的，一律依法予以取缔。2016年11月底前，各基础电信企业要将上述重点电信业务自查清理情况书面报部及所在地通信管理局。

（七）从严加强新用户入网审核和管理。一是严格申请主体资格。语音专线和“400”、“一号通”、“商务总机”等重点电信业务的申办主体必须为单位用户，严禁发展个人用户。二是严格办理渠道。用户必须在基础电信企业自有实体渠道申请办理上述重点电信业务，并由基础电信企业负管理责任，严禁代理渠道或网络渠道代为办理。三是严格资质核验。申请用户应当提供单位有效证照（企业用户应当提供营业执照，政府部门、事业单位、社会团体用户应当提供组织机构代码证）、法定代表人的有效身份证件、申请单位办理人的有效身份证件，属申请资源经营电信业务的，要同时提供相应的电信业务许可证。基础电信企业要严格核验、登记与留存上述证照信息以及业务使用用途。四是严格申请数量。同一用户在同一基础电信企业全国范围内申请“400”、“一号通”、“商务总机”等重点业务号码，每类原则上不得超过5个。五是严格台账管理。各基础电信企业集团公司和各省级公司要在2016年底前分别建立上述重点电信业务统一台账，并动态更新管理，确保监管部门可随时依法查询用户的登记情况、使用状态和业务变更记录。

（八）从严加强业务外呼管理。一是严格外呼审批。用户申请“400”、“商务总机”外呼以及自带95、96等字头短号码通过租用语音专线开展外呼的，必须由基础电信企业省级及以上公司从严审批并负管理责任，业务合同中必须明示允许的外呼号码或号段以及外呼用途、时段、频次等。新增“一号通”一律禁止外呼。二是建立外呼白名单制度。各基础电信企业允许外呼的上述重点电信业务号码必须为本网实际开通的、属本企业分配的号码或号段，并统一纳入白名单管理，对白名单以外的外呼号码一律进行拦截。通过本网中继外呼时，严禁使用它网的固定、移动用户号码或“400”等业务号码。

（九）强化业务合同责任约束。各基础电信企业要进一步强化上述重点电信业务合同约束，细化责任条款，明确规定发现冒用或伪造身份证照、违法使用、违规外呼、呼叫频次异常、超约定用途使用、转租转售、被公安机关通报以及用户就上述问题投诉较多等情况的，核实确认后，一律终止业务接入。2016年底前，各基础电信企业要与存量用户全部补签订相关责任条款。

（十）建立健全业务使用动态复核机制。2016年底前，各基础电信企业要采取必要的管理与技术措施，建立随机拨测、现场随机巡检、用户资质年度复核等制度，加强对重点电信业务使用的动态管理。发现违规使用的，依据相关管理规范和业务协议从严从重处置，并通报通信管理部门依法依规处理，涉嫌违法犯罪的通报公安机关。

三、坚决整治网络改号问题

（十一）严格规范号码传送和使用管理。一是严格防范国际改号呼叫。各基础电信企业要对从境外诈骗电话来话高发区输入的国际来话进行重点管理甄别，对“+86”等不规范国际来话，以及公安机关核实通报的伪造国内公检法和党政部门便民电话的虚假主叫号码，在国际通信业务出入口局一律进行拦截。对携带“通用号码”的来话，在国际通信业务出入口局和国内网间互联互通关口局将其“通用号码”信息一律予以删除。二是严格规范主叫号码传送。落实号码传送行业规定和有关行业标准。禁止违规传送主叫号码为空号或设置主叫号码禁显的呼叫。各基础电信企业在网间关口局对不符合号码管理、网间互联规定和标准的违规呼叫、违规号码一律进行拦截。从严管理语音专线呼叫转移业务功能，确需开通的，应当由基础电信企业集团公司统一审核并建立台账；各基础电信企业要在2016年11月底前全面完成已经开通的语音专线呼叫转移功能排查清理。三是严格号码使用管理。号码使用者应当严格遵循号码管理的各项规定，按照通信管理部门批准的地域、用途、位长格式规范使用号码，禁止转让。四是提升网络改号电话发现处置能力。各基础电信企业要会同国家计算机网络与信息安全管理中心等单位，开展网络改号电话检测技术研究，进一步提升对网络改号电话的监测、发现、拦截、处置能力。

（十二）全面落实语音专线主叫鉴权机制。2016年底前，各基础电信企业语音专线主叫鉴权比例按规范达到100%，对未按规范进行主叫鉴权的呼叫一律拦截。同时，建立主叫呼叫过程的鉴权日志留存和稽核等机制，发现传送非业务合同约定的主叫号码的语音专线一律关停，对存在私自转接国际来话、为非法VoIP和改号电话提供语音落地、转租转售等严重问题的专线用户，应全面终止与其合作，并报通信管理部门依法依规处理。

（十三）建立网络改号呼叫源头倒查和打击机制。严禁违法网络改号电话的运行、经营。对用户举报以及公安机关通报的网络改号电话等，通信管理部门组织基础电信企业联动倒查其话务落地源头，对为改号呼叫落地提供电信线路等资源的单位或个人，立即清理停止相关电信线路接入；涉及电信企业的，依法予以处理，并严肃追究相关部门和人员的管理责任；涉嫌违法犯罪的通报公安机关。各基础电信企业要建立健全内部快速倒查机制，设立专人负责工作对接，并按照通信管理部门规定时限要求留存信令数据。基础电信企业因规定的信令留存时限不满足等自身原因致使倒查工作无法开展的，作为改号电话呼叫来源责任方。

（十四）坚决清理网上改号软件。2016年11月底前，相关互联网企业要通过关键词屏蔽、软件下架、信息删除和账户封停等方式，对网站页面、搜索引擎、手机应用软件商城、电商平台、社交平台上的改号软件信息进行深入清理，切断下载、搜索、传播、兜售改号软件的渠道。

四、不断提升技术防范和打击能力

（十五）抓紧完成企业侧技术手段建设。各基础电信企业要按照部《关于进一步做好防范打击通讯信息诈骗相关工作的通知》（工信部网安函〔2015〕601号）以及《基础电信企业防范打击通讯信息诈骗不良呼叫号码处置技术能力要求》（工信厅网安〔2016〕143 号）相关要求，在 2016 年底前全面建成防范打击通讯信息诈骗业务管理系统和用户终端侧安全提示服务两类技术手段，2017 年 3 月底前全面建成网内和网间不良呼叫号码监测处置系统，综合运用多种技术手段持续提升企业侧技术防范打击能力。

（十六）进一步打击“伪基站”、“黑广播”。各地无线电管理机构要充分发挥技术优势，进一步提升对“伪基站”、“黑广播”的监测定位、逼近查找等技术支持能力，完善与公安、广电、民航、工商等相关部门的重大案件情况通报机制，积极配合做好“伪基站”、“黑广播”查处打击工作。

五、加强行业用户个人信息保护

（十七）严格保护行业用户个人信息。电信和互联网企业要严格落实《全国人民代表大会常务委员会关于加强网络信息保护的决定》、《电信和互联网用户个人信息保护规定》（工业和信息化部令第 24 号）等规定，严格用户个人信息使用内部管理，采取必要的网络安全技术保障措施。2016 年 11 月底前，各基础电信企业、移动转售企业和互联网企业要全面完成用户个人信息保护自查，重点检查营业厅、代理点等环节用户个人信息保护管理和涉及用户个人信息系统的安全防护，加强内部安全审计，严肃处理非法出售、泄露用户个人信息的问题。部将结合 2016 年网络安全防护检查工作，对基础电信企业、重点移动转售企业和互联网企业开展抽查，对于明知存在严重安全隐患仍不采取措施的，严肃查处并公开曝光。

（十八）强化手机应用软件监督管理。加大技术检测力度，按照“发现、取证、处置、曝光”工作机制，对手机应用软件收集、使用用户个人信息情况进行技术检测，对发现的违规应用软件统一下架和公开曝光，并依法查处违规企业。

六、强化社会监督与宣传教育

（十九）强化监督举报受理与处置。一是各基础电信企业和移动转售企业要进一步完善用户举报渠道和方式，建立健全举报奖励制度，设立专区及时受理与处置涉嫌通讯信息诈骗用户举报。中国互联网协会要充分发挥 12321 举报平台作用，建立电话、短信、网站、手机 APP 等多渠道举报机制。二是对公安机关通报的以及 12321 举报中心受理的用户投诉举报情况，各基础电信企业和移动转售企业要逐一认真核查，并对存在的问题进行及时整改和严肃追责。

（二十）加强宣传提升用户防范能力。一是各基础电信企业和移动转售企业要充分运用传统媒体、新媒体以及短彩信等渠道，及时向用户宣传提醒通讯信息诈骗类型和危害。二是各基础电信企业和互联网企业应向国内手机用户免费提供涉嫌通讯信息诈骗来电号码标注提醒和风险防控警示。部支持中国信息通信研究院等第三方单位,整合各类监测举报资源和手机用户标记资源,实现行业内资源共享。

七、强化行业监管与责任追究

（二十一）强化属地通信管理部门行业监管责任。一是各通信管理局要及时对辖区基础电信企业防范打击通讯信息诈骗工作责任落实情况开展监督检查,并将检查结果纳入基础电信企业省级公司信息安全责任考核,从严扣分,同时依法依规实施行政处罚、公开曝光。二是各通信管理局要善用外部监督,根据用户举报和公安机关通报情况,对连续三个月被举报率排名全国前5位,或者被公安机关点名通报的基础电信企业省级公司,视情节严重程度采取约谈、责令整改、通报、公开曝光等措施。三是各通信管理局应按照《关于加强依法治理电信市场的若干规定》(信部政〔2003〕453号)相关规定,及时反映通报基础电信企业省级公司防范打击通讯信息诈骗工作责任落实情况,作为相关基础电信企业集团公司对省级公司领导班子成员开展考核、干部调整时的重要依据。

（二十二）建立健全基础电信企业责任追究机制。一是各基础电信企业集团公司要健全内部责任追究制度,实行防范打击通讯信息诈骗工作责任一票否决制,并在2016年12月底前,将本公司防范打击通讯信息诈骗工作责任追究制度报部审核后,向社会公布。二是基础电信企业要强化制度执行,层层签署责任书,对于未有效建立和实施业务规范、技术防范、监督检查、考核追责、教育培训等防范打击工作管理制度闭环体系,以及责任落实不到位特别是导致大案要案发生的,根据公安机关的案件通报和监管部门的责任认定意见,基础电信企业集团公司要严肃处理涉事分支机构,追究其主要领导和相关责任人员的责任,并对省级公司及集团公司相关部门领导及相关责任人采取通报、约谈、降级直至责令免职等追究措施。有关追责情况及时报部和相关通信管理局。三是各基础电信企业集团公司对下属机构的违规行为,在公司内部管理考核中从严扣分。

（二十三）健全移动转售业务监管和违规退出机制。将170、171号段实名制等管理要求落实情况、公安机关通报的重大涉案情况、用户投诉举报问题突出情况等,作为移动转售企业申请扩大经营范围、增加码号资源、发放正式经营许可的一票否决项,对问题较为严重、整改不力的,一律暂停新增码号资源、扩大试点范围等相关申请受理,对问题情节严重、屡教屡犯的,依法取消其相关资质。

（二十四）加大对增值电信业务经营者和代理商违法违规行为的惩处力度。一是对查实的违法违规电信业务经营者,由通信管理部门通报工商部门,依法纳入企业信用信息基础数据库,并适时向社会公布。二是对查实的违法增值电信企业,依法责令相关业务停业整顿直至吊销相关电信业务许可证,并按照《电信业务经营许可管理办法》等相关规定,3 年内不予审批新的电信业务经营许可。三是对查实的存在严重违规行为的代理商,相关电信企业要一律取消其代理资质。四是加大曝光力度,对违规经营行为定期或不定期向社会曝光。

(二十五)建立通信行业防范打击通讯信息诈骗“黑名单”共享机制。部委托中国信息通信研究院牵头建立通信行业防范打击通讯信息诈骗“黑名单”全国共享库。对在防范和打击通讯信息诈骗工作中被相关部门认定违规的企业和个人,纳入黑名单,对其营业执照、法人信息、违规行为等进行详细分类记录,在全行业实现信息共享。各基础电信企业对黑名单用户在申请成为业务代理以及申请使用语音专线、“400”、“商务总机”等重点电信业务时一律拒绝受理。

八、切实强化防范治理的工作保障

(二十六)进一步加强组织保障。各基础电信企业、移动转售企业和相关互联网企业要进一步健全内部网络信息安全组织体系,明确本企业防范打击通讯信息诈骗责任部门,明确其工作组织实施和内部监督考核问责职责。其中,各基础电信企业在集团公司层面要进一步健全专职网络信息安全部门,切实加强组织领导,充实工作力量,加强本企业防范打击通讯信息诈骗工作的组织保障。国家计算机网络与信息安全管理中心、中国信息通信研究院等单位要建立健全管理支撑组织体系,明确相应管理支撑部门,配齐配足人员力量,进一步强化防范打击通讯信息诈骗技术保障和法律政策研究能力,全力支撑做好防范治理相关工作。

(二十七)进一步健全安全制度体系。各基础电信企业、移动转售企业和相关互联网企业应建立防范打击通讯信息诈骗安全管理制度,建立相关业务规范、考核奖惩、教育培训、安全事件报告等制度,制定重大突发事件应急处置预案,加强与通信管理部门工作配合和信息共享。

(二十八)进一步加强通讯信息诈骗风险评估防范。各基础电信企业、移动转售企业和相关互联网企业要针对“一卡双号”、“融合通信”、“短信营业厅”等可能引发通讯信息诈骗风险的存量业务,重新组织开展全流程、全环节的安全评估,积极消除安全隐患;对拟新上线的业务,要把通讯信息诈骗风险作为安全评估重点内容,对存在通讯信息诈骗高安全风险的业务一律禁止上线。

(二十九)进一步加强信息通报工作。自本意见发布之日起,各单位应当全面对照工作任务分工表(见附件),将本单位防范打击通讯信息诈骗工作进展、经验做法、存在问题和相关建议情况，于每月 1 日和 15 日报部防范打击通讯信息诈骗工作领导小组办公室（网络安全管理局），重大情况及时报告。

各地区、各单位要以对党对人民高度负责的精神，切实增强使命感、责任感和紧迫感，把防范和打击通讯信息诈骗工作作为当前一项重大政治任务和重要民生工程，进一步加强组织领导，细化工作措施，坚决压实责任，加大工作力度，尽快取得实质性成效，实现根本性好转，使人民群众有获得感，推动通信行业健康可持续发展。

附件：（略）

工业和信息化部印发《关于纵深推进防范打击通讯信息诈骗工作的通知》

（2018 年 5 月 18 日）

为落实全国网络安全和信息化工作会议、中央经济工作会议和《政府工作报告》中提出的防范打击电信网络诈骗相关要求，针对电信网络诈骗治理工作遇到的新情况新问题，近日工业和信息化部印发了《关于纵深推进防范打击通讯信息诈骗工作的通知》。

《通知》明确了九项重点任务：

一是切实加强实人认证工作，持续巩固电话用户实名登记成效。严格落实实体渠道和网络渠道电话用户实名登记要求；组织开展用户实名登记人像比对试点工作，提升电话入网环节一致率；强化电话用户信息动态复核；对要求落实不到位的加大责任倒查力度。

二是持续规范重点电信业务，着力治理境外来源诈骗电话。重点做好境外来源诈骗电话研判处置、境外来电提醒等工作；联合公安机关建立健全国际诈骗电话研判和防范协作机制；鼓励相关企业和机构等开展诈骗电话治理国际交流与合作。

三是加强钓鱼网站和恶意程序整治，有效降低网络诈骗威胁风险。加强对仿冒政府、教育、金融机构等钓鱼网站和涉嫌诈骗类恶意程序的监测分析和信息共享；及时依法处置钓鱼网站和诈骗类恶意程序；及时提醒诈骗类钓鱼网站和恶意程序风险情况。

四是依法开展网上诈骗信息治理，着力压缩诈骗信息传播渠道。即时通信、网络社交、搜索引擎、电子商务等重点平台企业要建立完善本企业网络诈骗风险分析模型和网上巡查处置机制，对涉嫌传播诈骗信息的账户依法关停；要将有关责任落实情况纳入本企业电信业务经营信息年报。互联网接入企业要强化对涉诈骗网站和平台等的巡查处置。基础电信企业要进一步加强对端口类短信业务管理等。

五是强化数据共享和协同联动，有效发挥全国诈骗电话技术防范体系作用。全面提升全国诈骗电话防范系统监测防范、综合分析和预警处置能力，推动诈骗电话防范能力从电信网向互联网延伸覆盖；完善防范打击通讯信息诈骗资源共享与统一指挥平台，实现与企业、公安机关等信息共享和协同联动；加强产学研合作。

六是密切关注新动态新趋势，严控新兴领域通讯信息诈骗风险。积极防范物联网行业卡诈骗风险，指导和督促电信企业建立物联网卡分级审批制度；强化移动通信转售业务通讯信息诈骗风险防范处置责任落实；紧密跟踪“互联网＋”等融合类业务涉通讯信息诈骗风险，督促指导相关企业建立完善安全评估制度要求，落实安全保障措施。

七是不断完善举报通报机制，充分发挥关键抓手作用。优化通信行业举报通报机制，进一步加强网络诈骗问题举报通报；建立完善企业内部通讯信息诈骗举报通报工作责任制度和处置流程，形成核查处置、问题整改、违规追责、结果反馈等管理闭环；完善号码标记数据共享机制；完善举报通报数据核验机制。

八是全面从严监督执法，切实强化企业责任落实。健全部重点督查、属地定期检查、企业内部自查的多层次督导检查工作体系；进一步加强与公安机关的信息共享和联动执法机制；对防范打击通讯信息诈骗工作责任落实不到位或存在违法违规的企业，依法从严查处，按规定纳入电信经营不良名单或失信名单。

九是广泛加强宣传教育，切实提高用户防范意识。依托线上线下等多种渠道，创新宣传方式，切实提高用户防范意识和能力；加强用户提示体系建设，实现对诈骗电话号码、恶意网址、手机恶意程序、异常互联网账号等有效提示和预警；鼓励行业内开展开辟反诈专栏、论坛、白皮书等，汇聚社会各方力量，深入推进防范打击工作。

工业和信息化部关于移动通信转售业务正式商用的通告（节录）

（2018年4月28日　工信部通信〔2018〕70号）

三、申请经营移动通信转售业务的企业，除应按照第二条所列规定提交相关材料外，还应提交与基础电信企业签订的商业合同。合同中应包括：合作地域范围、号码资源、批发价格、互联互通、日志留存、垃圾短信和骚扰电话治理、网络安全、实名登记、防范和打击通讯信息诈骗、用户权益和用户个人信息保护、履约保障、市场退出和用户善后等方面的内容。

四、经电信管理机构批准已开展移动通信转售业务试点的企业(以下简称试点企业),拟继续开展业务的,应按照本通告规定续签商业合同、申请办理更换电信业务经营许可证。申请期间,可继续开展相应业务,基础电信企业应继续做好合作、服务及保障工作。电信管理机构将综合考虑试点期间总体情况,依法开展相关审批工作。

五、试点企业有以下情形之一的,进入退出程序:

(一)因自身原因,决定不再经营的;

(二)基础电信企业与试点企业终止合作,试点企业不能继续经营的;

(三)自本通告发布之日起2年内未更换电信业务经营许可证的;

(四)因责任落实不到位,导致重大通讯信息诈骗案件发生的;

(五)因责任落实不到位或经营服务出现严重问题,导致恶性群体事件发生的;

(六)因解散、依法被撤销或被宣告破产等原因而终止经营的。

六、试点企业进入退出程序,按照以下规定执行:

(四)有第五条第三项、第四项、第五项情形,电信管理机构应当向社会公示,公示期为30日。自公示期结束60日内,电信管理机构应收回并注销试点批文。期间,试点企业应向社会公告,通知所涉及用户,向电信管理机构提交用户善后处理方案、社会公示情况说明等材料,同时妥善处理用户预付费返还、费用结算、争议解决等事宜;

试点企业进入退出程序,未按国家有关规定做好用户善后工作,造成不良社会影响的,依法依规纳入电信业务经营不良名单或失信名单。

七、工业和信息化部根据基础电信企业需求,为其核配移动通信转售业务专用号段。基础电信企业应做好相应的数据开通工作,并根据移动通信转售企业(以下简称转售企业)的需求,合理分配码号资源供其使用,确保码号资源的有效利用。转售企业根据自身业务需求,可向工业和信息化部申请移动转售客户服务号码,并应严格按照批准的位长、用途等规范使用码号。

十一、基础电信企业应做好转售业务用户日志留存工作,并为转售企业提供垃圾短信和骚扰电话治理、防范和打击通讯信息诈骗等技术支持。

十二、转售企业应按照相关法律规定和行业管理要求,为公安机关、国家安全机关维护国家安全和追查刑事犯罪活动，提供支持和协助。建立健全网络安全管理制度，设立网络安全管理机构，配备相应管理人员，依法依规落实电话用户实名登记要求，保护用户个人信息，切实落实防范和打击通讯信息诈骗工作要求。

十三、转售企业应在各业务开通省（自治区、直辖市）设立专门的负责人员，定期向电信管理机构提交企业发展情况报告等，按照电信管理机构要求，做好用户服务保障和投、申诉处理、统计数据上报。

十六、转售企业违反《全国人民代表大会常务委员会关于加强网络信息保护的决定》《网络安全法》《反恐怖主义法》《电信条例》《电信业务经营许可管理办法》《关于防范和打击电信网络诈骗犯罪的通告》等相关法律法规以及本通告规定的，由电信管理机构依法进行查处；情节严重的，依法吊销电信业务经营许可证，对试点企业取消移动通信转售业务试点资格。

十七、电信管理机构应紧密跟踪、分析移动通信转售业务发展情况，及时解决市场问题，规范企业经营行为；加强市场监督检查，强化网络和信息安全监管，切实保障用户合法权益，为转售企业健康发展营造良好环境。

工业和信息化部关于2019年信息通信行业行风建设暨纠风工作的指导意见（节录）

（2019年3月13日　工信部信管函〔2019〕65号）

各省、自治区、直辖市通信管理局，各相关电信业务经营者：

近年来，信息通信行业持续加强行风建设和纠风工作（以下简称行风纠风工作），切实维护用户合法权益，取得了积极进展和成效。但同时，部分地区基础设施薄弱，部分企业为民服务意识不强、经营服务行为不规范、网络安全责任落实不到位等问题仍然存在。为进一步优化信息通信市场环境，推动网络安全责任落实，增强人民群众获得感，树立行业良好风气，现提出2019年信息通信行业行风建设暨纠风工作指导意见。

一、总体思路和目标

以习近平新时代中国特色社会主义思想为指导，全面贯彻党的十九大和十九届二中、三中全会精神，坚持以人民为中心的发展思想，纠建并举，标本兼治。加强行业作风建设，强化网络安全管理，提升服务能力和水平，重点整治骚扰电话、不规范资费营销和计收费、违规收集使用个人信息、通讯信息诈骗等社会关注的热点问题,切实维护用户合法权益,营造良好市场环境,推进行业高质量发展。

二、重点任务

(二)解决社会关注的热点问题

1. 深入推进综合整治骚扰电话。进一步落实综合整治骚扰电话专项行动方案及相关措施,基础电信企业、移动转售企业要全面加强通信资源和用户管理,严格台账管理,强化合同约束;呼叫中心企业要严格规范通信资源使用行为、营销外呼行为,建立禁呼名单制度;相关企业要全面清理各类骚扰软件。进一步提升主叫号码鉴权和溯源、骚扰电话监测和拦截、风险提示等技术防范能力。完善骚扰电话的举报、处置、追责及网间联动协查流程,推动行业自律。综合调动各方力量,规范电话营销行为,推进电话用户登记的"谢绝来电"制度,建立骚扰电话长效管控机制。

3. 强化落实用户个人信息保护和网络数据安全管理。严格落实个人信息保护和网络数据安全各项法律法规和制度规定,完善企业内部数据安全责任部门、管理制度及保护措施。完善用户个人信息和网络数据收集使用规则,为用户提供便捷的账号注销等服务。明示收集使用信息的目的、方式和范围,不得收集与其提供的服务无关的个人信息,切实保障用户知情权和选择权。加强数据对外使用安全管理,积极防范数据泄露、滥用等安全风险。鼓励企业通过签署自律公约、公开承诺等方式,加强自律工作。进一步完善监督检查、技术检测、执法检查、考核追责等管理机制,加大对违规行为处置和曝光力度。

4. 巩固深化防范打击通讯信息诈骗与电话用户实名登记管理。进一步健全完善行业责任督导体系,切实落实企业主体责任;持续完善电信网络诈骗技术防范体系,加大防范打击电信网络诈骗技术和项目推广应用,有效提升电信网络诈骗技术防范处置能力;加强社会宣传引导,通过传统媒体、新媒体等渠道,组织开展通讯信息诈骗风险宣传引导和防范提醒。持续推进电话用户入网实人认证,提升电话用户登记信息准确率;健全工作机制和管理规定,加大信息资源有效利用,全面实施电话用户登记信息与公民身份信息核查比对,有力支撑网络综合治理。加强物联网行业卡安全管理,构建物联网行业卡安全管理体系,健全物联网安全管理技术手段,加大监督检查及违规处罚力度,保障物联网行业健康有序发展。

工业和信息化部关于加强呼叫中心业务管理的通知(节录)

(2020 年 6 月 8 日　工信部信管〔2020〕81 号)

各省、自治区、直辖市通信管理局,中国电信集团有限公司、中国移动通信集团有限公司、中国联合网络通信集团有限公司,各呼叫中心业务经营者:

为加强骚扰电话治理,保护用户合法权益,依据《电信条例》《电信业务经营许可管理办法》《电信网码号资源管理办法》以及《电信业务分类目录(2015 年版)》等相关规定,现就加强呼叫中心业务管理有关事项通知如下:

一、加强准入管理

(一)经营呼叫中心业务,须按规定取得经营许可。电信管理机构在许可受理审批过程中,应当组织对申请者办公场所、人员情况等进行实地查验,申请者须予以配合。隐瞒有关情况或者提供虚假材料申请电信业务经营许可的,电信管理机构不予受理或者不予行政许可,给予警告,申请者在一年内不得再次申请该行政许可。

(二)经营呼叫中心业务,应当符合《电信业务分类目录(2015 年版)》界定的业务形态,即组建呼叫中心系统并按规定获得电信业务接入号码和语音中继线路资源,提供以接受用户主动呼入为主的信息咨询服务。确有需要的,通过合同、协议约定等方式,经用户同意后,方可提供即时回访和信息咨询等电话呼出服务,但不允许提供商业营销类电话呼出服务。

电信管理机构在许可受理审批过程中,应当结合实地查验情况仔细甄别申请者拟提供的业务形态。对于尚未具备开展业务条件的或拟提供商业营销类电话呼出服务的,电信管理机构依法不予受理或者不予行政许可。对于确属呼叫中心业务的,企业须提交骚扰电话禁呼承诺书。

二、加强码号管理

(三)呼叫中心业务经营者应使用电信管理机构向其核配的电信业务接入号码提供服务,不得转让、出租或变相转让出租码号资源,不得擅自启用码号资源,不得擅自改变码号位长。

(四)对于因违反码号资源管理规定,受到电信管理机构行政处罚的,依照《电信网码号资源管理办法》相关规定,不予受理其码号申请。

三、加强接入管理

(一)基础电信业务经营者为呼叫中心业务经营者提供接入服务前,应当认真核验其营业执照、许可证、码号证书、码号备案信息等材料以及业务方案,并留存记录。

存在以下情况之一的,基础电信业务经营者一律不得为其提供接入服务:

1. 呼叫中心业务经营者营业执照、许可证、码号证书、码号备案信息等不真实或不一致。

2. 呼叫中心业务经营者未按规定申请获得经营许可或码号,或未按规定办理码号备案手续。

3. 呼叫中心业务经营者拟使用用户号码或其他呼叫中心业务经营者获配的电信业务接入号码开展业务。

4. 呼叫中心业务经营者擅自改变码号位长。

5. 呼叫中心业务经营者提供商业营销类电话呼出服务。

(二)发现呼叫中心业务经营者存在未经用户同意擅自呼出的,基础电信业务经营者应当及时采取必要措施限制相关接入服务。

(三)基础电信业务经营者应当严格落实真实主叫鉴权等要求,严禁为呼叫中心业务经营者或其他第三方违规更改、隐藏主叫号码等提供权限,确保电话溯源可查。

四、加强经营行为管理

(一)呼叫中心业务经营者应当健全内部管控机制,建立技术手段,严格控制呼出,禁止拨打骚扰电话或为拨打骚扰电话提供便利。

(二)呼叫中心业务经营者确因用户同意的即时回访或信息咨询等实施呼出的,应当留存不少于30日的通话录音、相应的主被叫号码和拨打时间、用户同意的相关凭证等信息,并尽量避开用户休息时间,建立合理的呼出管理制度。

(三)呼叫中心业务经营者应当使用合法合规的语音中继线路等资源提供服务,不得转租转售相关电信资源。

(四)呼叫中心业务经营者不得通过转接平台等任何方式违规更改、隐藏电信业务接入号码。

(五)呼叫中心业务经营者应当合法合规获取使用回访用户的相关信息,保障用户个人信息安全。

五、其他事项

(一)仅向客户提供呼叫中心系统和座席出租服务的,也属于经营呼叫中心业务,须符合本通知的准入管理、经营行为管理等相关规定,并落实以下要求:

1. 对于接入呼叫中心系统的语音中继线路和码号,呼叫中心业务经营者应当核实确属客户合法合规获得的,并留存相关证明材料。

2. 建立健全技术防范手段禁止客户使用呼叫中心系统违规拨打骚扰电话。

3. 发现客户存在未经用户同意擅自呼出的,须及时采取必要措施限制其使用呼叫中心系统功能。

综合整治骚扰电话专项行动方案

(2018 年 7 月 18 日　工信部联信管〔2018〕138 号)

当前,营销电话扰民、恶意电话骚扰等问题日益突出,严重影响人民群众正常生活。依据《网络安全法》《消费者权益保护法》《全国人大常委会关于加强网络信息保护的决定》《电信条例》等法律法规,现决定自 2018 年 7 月起至 2019 年 12 月底,在全国开展综合整治骚扰电话专项行动。

一、总体要求

全面贯彻党的十九大和十九届二中、三中全会精神,以习近平新时代中国特色社会主义思想为指导,落实国务院治理骚扰电话有关部署要求,充分调动社会各方力量和有利因素,综合采用法律、行政、经济和技术等多种手段,重点对商业营销类、恶意骚扰类和违法犯罪类骚扰电话进行整治,规范通信资源管理,加强源头治理,打击非法获取个人信息的行为,合力斩断骚扰电话利益链,实现商业营销类电话规范拨打、恶意骚扰和违法犯罪类电话明显减少的目标。

二、重点工作

(一)严控骚扰电话传播渠道

由工业和信息化部牵头,组织各地电信管理机构督促相关基础电信企业、呼叫中心企业、互联网企业等加强语音通信业务和资源管理,防范电话扰民。

1. 加强语音线路和码号资源管理。各基础电信企业要按照“谁接入谁负责”的原则,严格语音线路和“95”“96”“400”等码号资源的用户资质审查,规范资源使用,全面掌握使用主体、接入位置、资源用途、允许传送的主叫号码等信息,定期排查语音中继、互联网专线接入,杜绝违规使用线路资源的行为,严禁为非法经营、超范围经营提供线路资源和业务接入。

2. 加强电话用户合同约束。各基础电信企业要完善个人用户和集团用户的合同管理,规范用户通信行为,对重点地区号码使用从严管理。在合同中明确业务使用规范、用户违约责任和相应处罚措施，对拨打骚扰电话的用户，应依据协议约定进行处置和违约责任追究，涉及违法违规的，要及时报相关主管部门。

3. 全面规范营销外呼业务。呼叫中心企业要对经营资质、自营和外包业务进行全面规范，包括：业务名称、业务委托主体、业务类型、外呼业务号码、外呼对象和内容以及具体联系方式等。开展商业营销外呼的，应当征得用户同意，建立用户白名单并留存相关依据资料，规范外呼时段、行为等，不得对用户正常生活造成影响。用户明确表示拒绝后，不得继续向其发起呼叫。

4. 全面清理各类骚扰软件。各互联网企业要全面清理网上“呼死你”等骚扰软件和设备信息，切断相关软硬件推广、销售和使用渠道。

（二）全面提升技术防范能力

由工业和信息化部牵头，组织各地电信管理机构推动各相关单位加强技术防范能力建设。

1. 强化主叫号码鉴权和通话溯源。基础电信企业要严格规范企业客户可以使用的号段范围，严禁利用透传技术虚拟主叫号码或自行修改主叫号码，对未通过鉴权的呼叫一律进行拦截。要按照相关规定和时限要求，留存通信数据，配合做好通话溯源倒查工作。

2. 提升骚扰电话拦截能力。基础电信企业要加强骚扰电话拦截配套技术系统建设，利用云计算、大数据等技术手段，加强数据共享能力建设，提升骚扰电话识别和拦截能力。要严格落实相关技术标准和规范要求，加强以“+86”开头的虚假号码境外来电拦截，做好不规范主叫号码和“响一声”“呼死你”等骚扰电话的甄别和拦截。

3. 增强骚扰电话提醒和预警能力。移动智能终端制造企业应支持手机终端配备防骚扰电话能力。基础电信企业、移动转售企业、相关互联网企业应通过短信、闪信、应用软件等方式为手机提供疑似骚扰电话标注、拦截和风险防控警示服务。中国通信标准化协会应加快制定相关标准，中国信息通信研究院应组织电话标注企业规范标记内容，提高号码标记准确性，并及时向各行业主管部门通报。

4. 增强骚扰电话综合管控能力。电信管理机构指导各相关单位，充分利用现有全国诈骗电话防范系统和网间互联互通监测系统，增强骚扰电话监测和标注等相关功能，建立联动工作机制，协同做好骚扰电话的监测发现等综合整治工作。探索建立全国防骚扰信息综合服务平台，统计分析用户对各类商业营销信息的接收意愿，引导基础电信企业、移动转售企业、呼叫中心企业等加强对商业性电子信息的规范传播。

（三）规范重点行业商业营销行为

由各相关主管部门牵头，加强各行业商业营销规范管理，宣贯相关法律法规，查处商家违规滥发商业类电子信息的行为，严禁在用户明确表示拒绝后仍向其拨打营销电话，对违法违规企业和从业人员依法采取监管措施或予以行政处罚，从源头上杜绝营销电话扰民。

1. 严格规范金融类电话营销行为。中国银行保险监督管理委员会、中国证券监督管理委员会依职责分工，加强对金融机构和从业人员的监督管理，严格规范贷款、理财、信用卡、股票、基金、债券、保险等业务的电话营销行为，督促金融机构对其委托的第三方机构的电话营销行为加强管理。

2. 严格规范售房租房电话营销行为。住房和城乡建设部牵头，加强对房地产开发企业、房地产经纪机构和房地产经纪人员的监督管理，严格落实中介机构备案制度，严格规范电话营销行为。

3. 严格规范医疗机构、保健食品生产经营企业的电话营销行为。国家卫生健康委员会、国家市场监督管理总局等依职责分工负责，加强医疗机构和保健食品生产经营企业依法执业（经营）监管，特别是加强对涉嫌违法违规开展电话营销的医疗机构、保健食品生产经营企业的监管，规范母婴保健、医疗美容等医疗行为以及保健食品生产经营行为，严厉打击无证行医、非法医疗美容和违法违规生产经营保健食品。

4. 规范人力资源服务、旅游等行业的电话营销行为。人力资源和社会保障部、文化和旅游部等依职责分工负责，加强对人力资源服务、旅游等行业、企业和从业人员的事中事后监管，配合相关部门健全完善商业信息发布管理制度，严格规范电话营销行为。

（四）依法惩处违法犯罪。公安部牵头，集中侦破一批利用电话实施诈骗、敲诈勒索、虚假广告宣传等违法犯罪案件。对明知从事违法犯罪活动，仍提供网络、技术、线路等服务的企业和人员依法严惩。集中侦破一批侵犯公民个人信息犯罪案件。依法严厉打击各行政机关和电信、金融、医疗、教育、物业、物流、寄递等重点单位工作人员非法出售或者向他人提供公民个人信息的违法犯罪行为。

（五）健全法规制度保障

工业和信息化部、教育部、人力资源和社会保障部、住房和城乡建设部、文化和旅游部、国家卫生健康委员会、国家市场监督管理总局、中国银行保险监督管理委员会、中国证券监督管理委员会等部门依据职责，研究完善行业内电话营销管理规则，督促业内企业和机构依法规范开展电话营销业务，加大对电话扰民企业和人员惩戒力度，将违法违规行为列入相关信用记录。国家市场监督管理总局牵头，将有关企业的行政处罚、抽查检查结果、严重违法失信企业名单等信息通过国家企业信用信息公示系统归集，记于企业名下并依法向社会公示。最高人民法院、最高人民检察院对于涉骚扰电话相关案件给予法律指导，研究提出适用法律意见。司法部配合各相关部门，推动完善相关法律规定，进一步规范电话营销行为。

三、相关要求

（一）高度重视，落实责任。各相关部门要充分认识骚扰电话治理工作对于服务人民群众、维护社会稳定的重要意义，明确相关负责人、联系人及具体工作职责和工作方案，细化责任、层层落实，真抓实干、勇于担当，把行动方案落到实处，切实遏制骚扰电话蔓延态势。

（二）加强联动，务求实效。工业和信息化部建立骚扰电话联合行动工作机制，强化部门间沟通协作；建立多部门联合响应处理机制，查处严重电话扰民和违法犯罪类电话案件；建立联合惩戒机制，各部门对存在严重违规行为的企业和个人实施联合惩戒，使其“一处失信，处处受限”。

（三）强化宣传，引导自律。运用多种媒体渠道，及时反映行业治理成效，曝光违规企业和典型案例，提升用户防范意识，营造良好舆论环境。工业和信息化部每季度通报相关治理情况，引导行业自律，加强社会监督。

（四）畅通渠道，促进共治。电信主管部门为群众提供电话、网站、手机应用等多途径的骚扰电话举报渠道，并将群众举报线索通报各相关主管部门。各相关部门依法依规开展处置后及时反馈结果，保障群众举报“件件有处置，事事有回音”，有效调动社会力量，推进骚扰电话问题社会共治。

综合治理不良网络信息防范
打击通讯信息诈骗行动工作方案

（2015年7月9日　工信部信管函〔2015〕339号）

一、总体要求

为认真贯彻落实国务院关于治理垃圾短信、骚扰电话等不良网络信息，以及打击治理通讯信息诈骗工作的总体部署和要求，在我部前期工作基础上，结合2015年电信行业行风建设暨纠风工作，本着“问题导向、突出重点、落实责任、综合施策、社会共治”的原则，于2015年7月至12月开展“综合治理不良网络信息防范打击通讯信息诈骗”行动（以下简称“治防行动”），维护用户合法权益，保障正常通信秩序，营造清朗网络空间，维护社会和谐稳定。

二、重点工作

（一）完善制度标准，建立联动机制

1. 通信主管部门组织做好《通信短信息服务管理规定》（工业和信息化部令第31号）的解读和宣贯工作；推动电信和互联网用户个人信息保护分级保护指南、移动智能终端安全能力等行业标准的实施，制定移动互联网恶意程序与处置平台能力要求和检测标准，完善电信和互联网用户个人信息保护系列标准体系。

2. 通信主管部门与相关部门建立会商机制，及时共享相关信息，推动实现网站备案信息与身份证、营业执照、组织机构代码数据库信息的在线实时比对；建立由支撑单位、电信业务经营者、设备制造商和业内专家共同组成的多方联系平台。

（二）强化技术手段，提升监测能力

3. 工业和信息化部组织建设移动应用程序（APP）安全公共云服务平台，为终端厂商和消费者自主开展APP安全测试提供便利条件，探索建立APP可信认证体系；鼓励用户下载安装安全防护APP，推动基础电信企业、相关互联网企业与12321举报中心合作，实现不良网络信息标记数据库信息共享。各通信管理局组织辖区内基础电信企业，稳妥推进通讯信息诈骗技术防范手段建设。

4. 中国信息通信研究院应进一步完善网间垃圾短信联动处理平台功能，健全对骚扰电话、iMessage垃圾信息的检测手段。中国互联网协会应优化网站备案业务流程，提升网站备案主体信息准确率。基础电信企业要依托大数据、云计算等新兴技术，加强对发送不良网络信息的行为分析能力。

（三）落实主体责任，开展重点整顿

5. 基础电信企业要实现端口类短信可溯源、可定位，确保端口类垃圾短信举报率不反弹。移动通信转售业务经营者要具备对垃圾短信和骚扰电话的监测和处置手段。

6. 基础电信企业要针对各类专线、中继线用户和代理商进行全面自查自纠，严格审核租用方资质，建立线路资源出租备案检查制度，规范出租合同中的约束条款，加强对社会营销渠道代理资质的审核和对代理行为的管理，严禁层层转租行为，彻底清理违规接入；根据《国际通信出入口局管理办法》（工业和信息化部令第

22号)有关要求,重点加强对租用国际专线用户的信息档案管理;加强对“一号通”、“400”业务申请主体身份的核验,完善相关服务协议,明确责任和义务并严格落实。

7. 基础电信企业要严格按照主叫号码传送相关技术标准要求,进一步规范国际主叫号码传送;按照我部《关于加强国际来话中“+86”主叫号码传送管理的通知》(工信部电管函〔2013〕248号)要求,继续严格落实对国际来话中“+86”不规范主叫号码的拦截工作;建立语音专线主叫号码鉴权机制,对未通过鉴权的呼叫一律进行拦截,除特殊用户外,不得传输主叫号码为空号以及设置主叫号码禁显的呼叫;对专线用户使用的主叫号码或号段必须进行定期查验,以确保主叫号码的合法性和真实性;建立必要的网内技术监测手段,重点加强对信令数据的监测与分析,及时发现和定位虚假改号呼叫,固定证据并采取技术拦截措施。

8. 相关互联网企业要在搜索引擎、电商平台、应用商店、社交网络等网络空间,通过关键词屏蔽、APP下架等方式,斩断改号软件的网上发布、搜索、传播、销售、宣传等渠道。

(四)加强监督检查,畅通举报渠道

9. 通信主管部门通过日常巡查、重点抽查等方式,及时发现传播不良网络信息和为实施通讯信息诈骗提供便利条件的违法违规行为。

10. 中国互联网协会应组织业内企业制定自律规范,充分发挥第三方社会组织在监督和治防方面的作用;探索通过互联网众包方式,招募志愿者参与不良网络信息的举报和对治防效果的评估。各相关企业要公开不良网络信息举报方式,畅通举报渠道,健全举报投诉受理工作机制,及时对举报投诉予以有效处理和反馈。

11. 通信主管部门要充分利用传统媒体和新兴媒体加强宣传引导,营造良好舆论环境,提升用户权益保护意识和安全防护能力。各单位应在相关网站设立治防工作专栏,统一开展宣传活动。

(五)处置违规行为,加大考核力度

12. 工业和信息化部建立不良网络信息综合治理及通讯信息诈骗防范打击工作通报制度,公布治防行动进展情况,分析典型案例,曝光违法违规企业。

13. 通信主管部门对违规出租电信资源、非法设置VoIP(互联网协议电话)经营平台、非法提供VoIP电话落地及改号服务、违规开展呼叫中心业务的企业,依法责令改正、记入信誉档案、向社会公开,情节严重涉嫌违法犯罪的移交公安部门;完善违法违规网站黑名单处置流程,依法及时处置违法违规网站;实现“一键举报、百家联动”,对不良APP采取下架、断接入、列入黑名单等方式予以处置。

14. 各通信管理局要加强与公安机关的协调配合，健全通讯信息诈骗犯罪案件查处机制；对公安机关发现、核实并书面通报的涉嫌通讯信息诈骗犯罪的号码，可参照公安部和我部联合确定的涉嫌违法犯罪通讯码号暂停查处工作机制，组织基础电信企业依法依规予以关停。

15. 各基础电信企业集团公司要将不良网络信息综合治理工作纳入对各级分支机构的关键绩效指标考核和电信行业行风建设暨纠风工作考评，对工作开展不力的单位负责人和直接责任人予以严肃处理。各通信管理局和基础电信企业集团公司要按照2015年省级基础电信企业网络与信息安全责任考核要求，就打击通讯信息诈骗工作做好督促打分。

三、进度安排

（一）动员部署阶段（2015年7月中旬－8月中旬）

建立多方参与的联系机制，在全国范围内对治防行动进行部署，各单位按照工作方案，结合职责分工，明确时间进度和相关责任人。各省、自治区、直辖市通信管理局组织辖区内电信业务经营者对治防行动各项工作进行细化分解，制定具体措施。各基础电信企业集团公司成立专门工作组，加强对各级分支机构的组织协调，立即全面开展自查自纠，并于2015年8月15日前将自查自纠结果书面报工业和信息化部。

（二）落实整改阶段（2015年8月中旬－10月底）

各单位按照本方案任务分工要求，逐项进行落实。各电信业务经营者严格规范经营行为，对发现的问题进行整改。各省、自治区、直辖市通信管理局通过日常巡查和重点抽查，监督辖区内电信业务经营者各项措施落实情况，及时查处、曝光违法违规行为。各通信管理局和基础电信企业集团公司及时汇总治防行动进展情况，并于2015年10月1日前将阶段性工作小结书面报部。

（三）检查总结阶段（2015年11月－12月底）

各单位全面总结治防行动进展情况，并将书面材料于2015年12月1日前报工业和信息化部。工业和信息化部将组织联合检查组，实地检查治防行动各项任务落实情况和取得的成效。通过梳理汇总，归纳经验，查堵漏洞，推广典型，巩固成效，建立不良网络信息综合治理长效机制，持续保持对通讯信息诈骗的高压打击态势。

四、工作要求

（一）治防工作事关广大人民群众根本利益，事关行业社会形象与公信力，各单位要高度重视，充分认识工作重要性和紧迫性，切实增强大局意识和责任意识，确保各项任务落到实处、取得实效。

（二）部信息通信管理局负责统筹不良网络信息综合治理相关工作，部网络安全管理局负责统筹防范打击通讯信息诈骗工作。各通信管理局要加强与公安、工商等部门的配合和联动，统筹组织、督促辖区内电信业务经营者开展治防行动各项工作，协调解决实施过程中遇到的问题，对辖区内发现的违法违规行为依法进行查处。

（三）中国信息通信研究院要加强政策研究支持，健全检测手段，完善网间垃圾短信联动处理平台功能。国家计算机网络应急技术处理协调中心要充分发挥技术优势，在通讯信息诈骗技术防范以及手段建设等方面进行有力支撑。中国互联网协会要进一步加强行业自律和不良网络信息的举报受理工作，优化网站备案流程。

（四）各基础电信企业集团公司要健全内部管理制度，提升网络监测能力，完善技术处置手段，加强对各级分支机构的监督检查和责任考核，对企业内部暴露的问题严肃查处，绝不姑息。移动通信转售业务经营者要具备对垃圾短信和骚扰电话的监测和处置手段，完善不良网络信息举报投诉受理机制。呼叫中心业务经营者要规范外呼行为，确保主叫号码传送真实有效。相关互联网企业要结合自身业务特点，积极参与治防工作，对不良网络信息进行处置，配合进行治防行动宣传。

打击治理电信网络新型违法犯罪
专项行动工作方案（节录）

（2015 年 11 月 4 日　公刑〔2015〕3410 号）

三、工作措施

（一）铲除境内地域性诈骗犯罪源头。工业和信息化部及中国电信、中国联通、中国移动，要对广西宾阳有线宽带虚假登记以及“黑卡”泛滥问题、广东电白诈骗团伙持有外地手机漫游本地作案问题、海南儋州诈骗团伙使用的 400 捆绑电话溯源问题，组织开展专项整治，对非实名登记、登记地与使用地不一致的手机、线路一律予以关停。

（六）集中治理电信、银行领域的突出问题。工业和信息化部要指导督促各电信企业严格落实各项文件规定，规范国际主叫号码传送，切断境外网络改号电话通过国际端口局进入国内的通道，提高对网络改号电话的发现、核实、检测和拦截能力。中国电信、中国联通、中国移动要集中清理整治违规出租电信线路、非法设置

VOIP 经营平台、制作传播改号软件等违法违规经营行为，进一步加强"一号通"、"400"、"商务总机"等重点电信业务市场的规范管理，对于违规使用的电话号码、电信线路等一律关停，对有关人员依法依规处理。深入推进整治"黑卡"专项行动，加强电话卡、上网卡实名登记和联网核查工作，加强对社会营销渠道的管理，规范网络销售电话卡业务，杜绝记名不实名的情况发生。对在 2013 年 9 月 1 日之前已入网使用通信服务，但未实名登记的用户要采取各种有效措施，切实抓好实名补登工作。

二、金融领域电信网络诈骗治理

中华人民共和国反电信网络诈骗法（节录）

（2022 年 9 月 2 日　中华人民共和国主席令第 119 号）

第十五条　银行业金融机构、非银行支付机构为客户开立银行账户、支付账户及提供支付结算服务，和与客户业务关系存续期间，应当建立客户尽职调查制度，依法识别受益所有人，采取相应风险管理措施，防范银行账户、支付账户等被用于电信网络诈骗活动。

第十六条　开立银行账户、支付账户不得超出国家有关规定限制的数量。

对经识别存在异常开户情形的，银行业金融机构、非银行支付机构有权加强核查或者拒绝开户。

中国人民银行、国务院银行业监督管理机构组织有关清算机构建立跨机构开户数量核验机制和风险信息共享机制，并为客户提供查询名下银行账户、支付账户的便捷渠道。银行业金融机构、非银行支付机构应当按照国家有关规定提供开户情况和有关风险信息。相关信息不得用于反电信网络诈骗以外的其他用途。

第十七条　银行业金融机构、非银行支付机构应当建立开立企业账户异常情形的风险防控机制。金融、电信、市场监管、税务等有关部门建立开立企业账户相关信息共享查询系统，提供联网核查服务。

市场主体登记机关应当依法对企业实名登记履行身份信息核验职责；依照规定对登记事项进行监督检查，对可能存在虚假登记、涉诈异常的企业重点监督检查，依法撤销登记的，依照前款的规定及时共享信息；为银行业金融机构、非银行支付机构进行客户尽职调查和依法识别受益所有人提供便利。

第十八条 银行业金融机构、非银行支付机构应当对银行账户、支付账户及支付结算服务加强监测，建立完善符合电信网络诈骗活动特征的异常账户和可疑交易监测机制。

中国人民银行统筹建立跨银行业金融机构、非银行支付机构的反洗钱统一监测系统，会同国务院公安部门完善与电信网络诈骗犯罪资金流转特点相适应的反洗钱可疑交易报告制度。

对监测识别的异常账户和可疑交易，银行业金融机构、非银行支付机构应当根据风险情况，采取核实交易情况、重新核验身份、延迟支付结算、限制或者中止有关业务等必要的防范措施。

银行业金融机构、非银行支付机构依照第一款规定开展异常账户和可疑交易监测时，可以收集异常客户互联网协议地址、网卡地址、支付受理终端信息等必要的交易信息、设备位置信息。上述信息未经客户授权，不得用于反电信网络诈骗以外的其他用途。

第十九条 银行业金融机构、非银行支付机构应当按照国家有关规定，完整、准确传输直接提供商品或者服务的商户名称、收付款客户名称及账号等交易信息，保证交易信息的真实、完整和支付全流程中的一致性。

第二十条 国务院公安部门会同有关部门建立完善电信网络诈骗涉案资金即时查询、紧急止付、快速冻结、及时解冻和资金返还制度，明确有关条件、程序和救济措施。

公安机关依法决定采取上述措施的，银行业金融机构、非银行支付机构应当予以配合。

中华人民共和国刑法（节录）

（2020 年 12 月 26 日修正　中华人民共和国主席令第 66 号）

第一百七十四条 **【擅自设立金融机构罪】**未经国家有关主管部门批准，擅自设立商业银行、证券交易所、期货交易所、证券公司、期货经纪公司、保险公司或者其他金融机构的，处三年以下有期徒刑或者拘役，并处或者单处二万元以上二十万元以下罚金；情节严重的，处三年以上十年以下有期徒刑，并处五万元以上五十万元以下罚金。

【伪造、变造、转让金融机构经营许可证、批准文件罪】伪造、变造、转让商业银行、证券交易所、期货交易所、证券公司、期货经纪公司、保险公司或者其他金融机构的经营许可证或者批准文件的，依照前款的规定处罚。

单位犯前两款罪的，对单位判处罚金，并对其直接负责的主管人员和其他直接责任人员，依照第一款的规定处罚。

第一百七十七条　【伪造、变造金融票证罪】有下列情形之一，伪造、变造金融票证的，处五年以下有期徒刑或者拘役，并处或者单处二万元以上二十万元以下罚金；情节严重的，处五年以上十年以下有期徒刑，并处五万元以上五十万元以下罚金；情节特别严重的，处十年以上有期徒刑或者无期徒刑，并处五万元以上五十万元以下罚金或者没收财产：

（一）伪造、变造汇票、本票、支票的；

（二）伪造、变造委托收款凭证、汇款凭证、银行存单等其他银行结算凭证的；

（三）伪造、变造信用证或者附随的单据、文件的；

（四）伪造信用卡的。

单位犯前款罪的，对单位判处罚金，并对其直接负责的主管人员和其他直接责任人员，依照前款的规定处罚。

第一百七十七条之一　【妨害信用卡管理罪】有下列情形之一，妨害信用卡管理的，处三年以下有期徒刑或者拘役，并处或者单处一万元以上十万元以下罚金；数量巨大或者有其他严重情节的，处三年以上十年以下有期徒刑，并处二万元以上二十万元以下罚金：

（一）明知是伪造的信用卡而持有、运输的，或者明知是伪造的空白信用卡而持有、运输，数量较大的；

（二）非法持有他人信用卡，数量较大的；

（三）使用虚假的身份证明骗领信用卡的；

（四）出售、购买、为他人提供伪造的信用卡或者以虚假的身份证明骗领的信用卡的。

【窃取、收买、非法提供信用卡信息罪】窃取、收买或者非法提供他人信用卡信息资料的，依照前款规定处罚。

银行或者其他金融机构的工作人员利用职务上的便利，犯第二款罪的，从重处罚。

第一百七十八条　【伪造、变造国家有价证券罪】伪造、变造国库券或者国家发行的其他有价证券，数额较大的，处三年以下有期徒刑或者拘役，并处或者单处二万元以上二十万元以下罚金；数额巨大的，处三年以上十年以下有期徒刑，并处五万元以上五十万元以下罚金；数额特别巨大的，处十年以上有期徒刑或者无期徒刑，并处五万元以上五十万元以下罚金或者没收财产。

【伪造、变造股票、公司、企业债券罪】伪造、变造股票或者公司、企业债券，数额较大的，处三年以下有期徒刑或者拘役，并处或者单处一万元以上十万元以下罚金；数额巨大的，处三年以上十年以下有期徒刑，并处二万元以上二十万元以下罚金。

单位犯前两款罪的，对单位判处罚金，并对其直接负责的主管人员和其他直接责任人员，依照前两款的规定处罚。

第一百七十九条　【擅自发行股票、公司、企业债券罪】未经国家有关主管部门批准，擅自发行股票或者公司、企业债券，数额巨大、后果严重或者有其他严重情节的，处五年以下有期徒刑或者拘役，并处或者单处非法募集资金金额百分之一以上百分之五以下罚金。

单位犯前款罪的，对单位判处罚金，并对其直接负责的主管人员和其他直接责任人员，处五年以下有期徒刑或者拘役。

第一百九十一条　【洗钱罪】为掩饰、隐瞒毒品犯罪、黑社会性质的组织犯罪、恐怖活动犯罪、走私犯罪、贪污贿赂犯罪、破坏金融管理秩序犯罪、金融诈骗犯罪的所得及其产生的收益的来源和性质，有下列行为之一的，没收实施以上犯罪的所得及其产生的收益，处五年以下有期徒刑或者拘役，并处或者单处罚金；情节严重的，处五年以上十年以下有期徒刑，并处罚金：

（一）提供资金帐户的；

（二）将财产转换为现金、金融票据、有价证券的；

（三）通过转帐或者其他支付结算方式转移资金的；

（四）跨境转移资产的；

（五）以其他方法掩饰、隐瞒犯罪所得及其收益的来源和性质的。

单位犯前款罪的，对单位判处罚金，并对其直接负责的主管人员和其他直接责任人员，依照前款的规定处罚。

第一百九十二条　【集资诈骗罪】以非法占有为目的，使用诈骗方法非法集资，数额较大的，处三年以上七年以下有期徒刑，并处罚金；数额巨大或者有其他严重情节的，处七年以上有期徒刑或者无期徒刑，并处罚金或者没收财产。

单位犯前款罪的，对单位判处罚金，并对其直接负责的主管人员和其他直接责任人员，依照前款的规定处罚。

第一百九十三条　【贷款诈骗罪】有下列情形之一，以非法占有为目的，诈骗银行或者其他金融机构的贷款，数额较大的，处五年以下有期徒刑或者拘役，并处二万元以上二十万元以下罚金；数额巨大或者有其他严重情节的，处五年以上十年以下有期徒刑，并处五万元以上五十万元以下罚金；数额特别巨大或者有其他特别严重情节的，处十年以上有期徒刑或者无期徒刑，并处五万元以上五十万元以下罚金或者没收财产：

（一）编造引进资金、项目等虚假理由的；

（二）使用虚假的经济合同的；

（三）使用虚假的证明文件的；

（四）使用虚假的产权证明作担保或者超出抵押物价值重复担保的；

（五）以其他方法诈骗贷款的。

第一百九十五条　【信用证诈骗罪】有下列情形之一，进行信用证诈骗活动的，处五年以下有期徒刑或者拘役，并处二万元以上二十万元以下罚金；数额巨大或者有其他严重情节的，处五年以上十年以下有期徒刑，并处五万元以上五十万元以下罚金；数额特别巨大或者有其他特别严重情节的，处十年以上有期徒刑或者无期徒刑，并处五万元以上五十万元以下罚金或者没收财产：

（一）使用伪造、变造的信用证或者附随的单据、文件的；

（二）使用作废的信用证的；

（三）骗取信用证的；

（四）以其他方法进行信用证诈骗活动的。

第一百九十六条　【信用卡诈骗罪】有下列情形之一，进行信用卡诈骗活动，数额较大的，处五年以下有期徒刑或者拘役，并处二万元以上二十万元以下罚金；数额巨大或者有其他严重情节的，处五年以上十年以下有期徒刑，并处五万元以上五十万元以下罚金；数额特别巨大或者有其他特别严重情节的，处十年以上有期徒刑或者无期徒刑，并处五万元以上五十万元以下罚金或者没收财产：

（一）使用伪造的信用卡，或者使用以虚假的身份证明骗领的信用卡的；

（二）使用作废的信用卡的；

（三）冒用他人信用卡的；

（四）恶意透支的。

前款所称恶意透支，是指持卡人以非法占有为目的，超过规定限额或者规定期限透支,并且经发卡银行催收后仍不归还的行为。

【盗窃罪】盗窃信用卡并使用的,依照本法第二百六十四条的规定定罪处罚。

第一百九十七条 【有价证券诈骗罪】使用伪造、变造的国库券或者国家发行的其他有价证券,进行诈骗活动,数额较大的,处五年以下有期徒刑或者拘役,并处二万元以上二十万元以下罚金;数额巨大或者有其他严重情节的,处五年以上十年以下有期徒刑,并处五万元以上五十万元以下罚金;数额特别巨大或者有其他特别严重情节的,处十年以上有期徒刑或者无期徒刑,并处五万元以上五十万元以下罚金或者没收财产。

第一百九十八条 【保险诈骗罪】有下列情形之一,进行保险诈骗活动,数额较大的,处五年以下有期徒刑或者拘役,并处一万元以上十万元以下罚金;数额巨大或者有其他严重情节的,处五年以上十年以下有期徒刑,并处二万元以上二十万元以下罚金;数额特别巨大或者有其他特别严重情节的,处十年以上有期徒刑,并处二万元以上二十万元以下罚金或者没收财产:

(一)投保人故意虚构保险标的,骗取保险金的;

(二)投保人、被保险人或者受益人对发生的保险事故编造虚假的原因或者夸大损失的程度,骗取保险金的;

(三)投保人、被保险人或者受益人编造未曾发生的保险事故,骗取保险金的;

(四)投保人、被保险人故意造成财产损失的保险事故,骗取保险金的;

(五)投保人、受益人故意造成被保险人死亡、伤残或者疾病,骗取保险金的。

有前款第四项、第五项所列行为,同时构成其他犯罪的,依照数罪并罚的规定处罚。

单位犯第一款罪的,对单位判处罚金,并对其直接负责的主管人员和其他直接责任人员,处五年以下有期徒刑或者拘役;数额巨大或者有其他严重情节的,处五年以上十年以下有期徒刑;数额特别巨大或者有其他特别严重情节的,处十年以上有期徒刑。

保险事故的鉴定人、证明人、财产评估人故意提供虚假的证明文件,为他人诈骗提供条件的,以保险诈骗的共犯论处。

第二百二十四条之一 【组织、领导传销活动罪】组织、领导以推销商品、提供服务等经营活动为名,要求参加者以缴纳费用或者购买商品、服务等方式获得加入资格,并按照一定顺序组成层级,直接或者间接以发展人员的数量作为计酬或者返利依据,引诱、胁迫参加者继续发展他人参加,骗取财物,扰乱经济社会秩序的传销活动的，处五年以下有期徒刑或者拘役，并处罚金；情节严重的，处五年以上有期徒刑，并处罚金。

第二百二十五条　【非法经营罪】违反国家规定，有下列非法经营行为之一，扰乱市场秩序，情节严重的，处五年以下有期徒刑或者拘役，并处或者单处违法所得一倍以上五倍以下罚金；情节特别严重的，处五年以上有期徒刑，并处违法所得一倍以上五倍以下罚金或者没收财产：

（一）未经许可经营法律、行政法规规定的专营、专卖物品或者其他限制买卖的物品的；

（二）买卖进出口许可证、进出口原产地证明以及其他法律、行政法规规定的经营许可证或者批准文件的；

（三）未经国家有关主管部门批准非法经营证券、期货、保险业务的，或者非法从事资金支付结算业务的；

（四）其他严重扰乱市场秩序的非法经营行为。

第二百五十三条之一　【侵犯公民个人信息罪】违反国家有关规定，向他人出售或者提供公民个人信息，情节严重的，处三年以下有期徒刑或者拘役，并处或者单处罚金；情节特别严重的，处三年以上七年以下有期徒刑，并处罚金。

违反国家有关规定，将在履行职责或者提供服务过程中获得的公民个人信息，出售或者提供给他人的，依照前款的规定从重处罚。

窃取或者以其他方法非法获取公民个人信息的，依照第一款的规定处罚。

单位犯前三款罪的，对单位判处罚金，并对其直接负责的主管人员和其他直接责任人员，依照各该款的规定处罚。

第二百八十七条之一　【非法利用信息网络罪】利用信息网络实施下列行为之一，情节严重的，处三年以下有期徒刑或者拘役，并处或者单处罚金：

（一）设立用于实施诈骗、传授犯罪方法、制作或者销售违禁物品、管制物品等违法犯罪活动的网站、通讯群组的；

（二）发布有关制作或者销售毒品、枪支、淫秽物品等违禁物品、管制物品或者其他违法犯罪信息的；

（三）为实施诈骗等违法犯罪活动发布信息的。

单位犯前款罪的，对单位判处罚金，并对其直接负责的主管人员和其他直接责任人员，依照第一款的规定处罚。

有前两款行为，同时构成其他犯罪的，依照处罚较重的规定定罪处罚。

第二百八十七条之二 【帮助信息网络犯罪活动罪】明知他人利用信息网络实施犯罪,为其犯罪提供互联网接入、服务器托管、网络存储、通讯传输等技术支持,或者提供广告推广、支付结算等帮助,情节严重的,处三年以下有期徒刑或者拘役,并处或者单处罚金。

单位犯前款罪的,对单位判处罚金,并对其直接负责的主管人员和其他直接责任人员,依照第一款的规定处罚。

有前两款行为,同时构成其他犯罪的,依照处罚较重的规定定罪处罚。

第三百一十二条 【掩饰、隐瞒犯罪所得、犯罪所得收益罪】明知是犯罪所得及其产生的收益而予以窝藏、转移、收购、代为销售或者以其他方法掩饰、隐瞒的,处三年以下有期徒刑、拘役或者管制,并处或者单处罚金;情节严重的,处三年以上七年以下有期徒刑,并处罚金。

单位犯前款罪的,对单位判处罚金,并对其直接负责的主管人员和其他直接责任人员,依照前款的规定处罚。

中华人民共和国中国人民银行法(节录)

(2003 年 12 月 27 日修正　中华人民共和国主席令第 12 号)

第四条 中国人民银行履行下列职责:

(一)发布与履行其职责有关的命令和规章;

(二)依法制定和执行货币政策;

(三)发行人民币,管理人民币流通;

(四)监督管理银行间同业拆借市场和银行间债券市场;

(五)实施外汇管理,监督管理银行间外汇市场;

(六)监督管理黄金市场;

(七)持有、管理、经营国家外汇储备、黄金储备;

(八)经理国库;

(九)维护支付、清算系统的正常运行;

(十)指导、部署金融业反洗钱工作,负责反洗钱的资金监测;

(十一)负责金融业的统计、调查、分析和预测;

(十二)作为国家的中央银行,从事有关的国际金融活动;

(十三)国务院规定的其他职责。

中国人民银行为执行货币政策，可以依照本法第四章的有关规定从事金融业务活动。

第三十二条　中国人民银行有权对金融机构以及其他单位和个人的下列行为进行检查监督：

（一）执行有关存款准备金管理规定的行为；

（二）与中国人民银行特种贷款有关的行为；

（三）执行有关人民币管理规定的行为；

（四）执行有关银行间同业拆借市场、银行间债券市场管理规定的行为；

（五）执行有关外汇管理规定的行为；

（六）执行有关黄金管理规定的行为；

（七）代理中国人民银行经理国库的行为；

（八）执行有关清算管理规定的行为；

（九）执行有关反洗钱规定的行为。

前款所称中国人民银行特种贷款，是指国务院决定的由中国人民银行向金融机构发放的用于特定目的的贷款。

中华人民共和国反洗钱法（节录）

（2006 年 10 月 31 日　中华人民共和国主席令第 56 号）

第十五条　金融机构应当依照本法规定建立健全反洗钱内部控制制度，金融机构的负责人应当对反洗钱内部控制制度的有效实施负责。

金融机构应当设立反洗钱专门机构或者指定内设机构负责反洗钱工作。

第十六条　金融机构应当按照规定建立客户身份识别制度。

金融机构在与客户建立业务关系或者为客户提供规定金额以上的现金汇款、现钞兑换、票据兑付等一次性金融服务时，应当要求客户出示真实有效的身份证件或者其他身份证明文件，进行核对并登记。

客户由他人代理办理业务的，金融机构应当同时对代理人和被代理人的身份证件或者其他身份证明文件进行核对并登记。

与客户建立人身保险、信托等业务关系，合同的受益人不是客户本人的，金融机构还应当对受益人的身份证件或者其他身份证明文件进行核对并登记。

金融机构不得为身份不明的客户提供服务或者与其进行交易，不得为客户开立匿名账户或者假名账户。

金融机构对先前获得的客户身份资料的真实性、有效性或者完整性有疑问的，应当重新识别客户身份。

任何单位和个人在与金融机构建立业务关系或者要求金融机构为其提供一次性金融服务时，都应当提供真实有效的身份证件或者其他身份证明文件。

第十七条 金融机构通过第三方识别客户身份的，应当确保第三方已经采取符合本法要求的客户身份识别措施；第三方未采取符合本法要求的客户身份识别措施的，由该金融机构承担未履行客户身份识别义务的责任。

第十八条 金融机构进行客户身份识别，认为必要时，可以向公安、工商行政管理等部门核实客户的有关身份信息。

第十九条 金融机构应当按照规定建立客户身份资料和交易记录保存制度。

在业务关系存续期间，客户身份资料发生变更的，应当及时更新客户身份资料。

客户身份资料在业务关系结束后、客户交易信息在交易结束后，应当至少保存五年。

金融机构破产和解散时，应当将客户身份资料和客户交易信息移交国务院有关部门指定的机构。

第二十条 金融机构应当按照规定执行大额交易和可疑交易报告制度。

金融机构办理的单笔交易或者在规定期限内的累计交易超过规定金额或者发现可疑交易的，应当及时向反洗钱信息中心报告。

第二十一条 金融机构建立客户身份识别制度、客户身份资料和交易记录保存制度的具体办法，由国务院反洗钱行政主管部门会同国务院有关金融监督管理机构制定。金融机构大额交易和可疑交易报告的具体办法，由国务院反洗钱行政主管部门制定。

第二十二条 金融机构应当按照反洗钱预防、监控制度的要求，开展反洗钱培训和宣传工作。

中华人民共和国银行业监督管理法（节录）

（2006 年 10 月 31 日修正　中华人民共和国主席令第 58 号）

第一条 为了加强对银行业的监督管理，规范监督管理行为，防范和化解银行业风险，保护存款人和其他客户的合法权益，促进银行业健康发展，制定本法。

第二条 国务院银行业监督管理机构负责对全国银行业金融机构及其业务活动监督管理的工作。

本法所称银行业金融机构,是指在中华人民共和国境内设立的商业银行、城市信用合作社、农村信用合作社等吸收公众存款的金融机构以及政策性银行。

对在中华人民共和国境内设立的金融资产管理公司、信托投资公司、财务公司、金融租赁公司以及经国务院银行业监督管理机构批准设立的其他金融机构的监督管理,适用本法对银行业金融机构监督管理的规定。

国务院银行业监督管理机构依照本法有关规定,对经其批准在境外设立的金融机构以及前二款金融机构在境外的业务活动实施监督管理。

第八条 国务院银行业监督管理机构根据履行职责的需要设立派出机构。国务院银行业监督管理机构对派出机构实行统一领导和管理。

国务院银行业监督管理机构的派出机构在国务院银行业监督管理机构的授权范围内,履行监督管理职责。

第二十三条 银行业监督管理机构应当对银行业金融机构的业务活动及其风险状况进行非现场监管,建立银行业金融机构监督管理信息系统,分析、评价银行业金融机构的风险状况。

第四十一条 经国务院银行业监督管理机构或者其省一级派出机构负责人批准,银行业监督管理机构有权查询涉嫌金融违法的银行业金融机构及其工作人员以及关联行为人的账户;对涉嫌转移或者隐匿违法资金的,经银行业监督管理机构负责人批准,可以申请司法机关予以冻结。

第四十三条 银行业监督管理机构从事监督管理工作的人员有下列情形之一的,依法给予行政处分;构成犯罪的,依法追究刑事责任:

(一)违反规定审查批准银行业金融机构的设立、变更、终止,以及业务范围和业务范围内的业务品种的;

(二)违反规定对银行业金融机构进行现场检查的;

(三)未依照本法第二十八条规定报告突发事件的;

(四)违反规定查询账户或者申请冻结资金的;

(五)违反规定对银行业金融机构采取措施或者处罚的;

(六)违反本法第四十二条规定对有关单位或者个人进行调查的;

(七)滥用职权、玩忽职守的其他行为。

银行业监督管理机构从事监督管理工作的人员贪污受贿,泄露国家秘密、商业秘密和个人隐私,构成犯罪的,依法追究刑事责任;尚不构成犯罪的,依法给予行政处分。

第四十四条 擅自设立银行业金融机构或者非法从事银行业金融机构的业务活动的,由国务院银行业监督管理机构予以取缔;构成犯罪的,依法追究刑事责任;尚不构成犯罪的,由国务院银行业监督管理机构没收违法所得,违法所得五十万元以上的,并处违法所得一倍以上五倍以下罚款;没有违法所得或者违法所得不足五十万元的,处五十万元以上二百万元以下罚款。

个人存款账户实名制规定

(2000 年 3 月 20 日　国务院令第 285 号)

第一条 为了保证个人存款账户的真实性,维护存款人的合法权益,制定本规定。

第二条 中华人民共和国境内的金融机构和在金融机构开立个人存款账户的个人,应当遵守本规定。

第三条 本规定所称金融机构,是指在境内依法设立和经营个人存款业务的机构。

第四条 本规定所称个人存款账户,是指个人在金融机构开立的人民币、外币存款账户,包括活期存款账户、定期存款账户、定活两便存款账户、通知存款账户以及其他形式的个人存款账户。

第五条 本规定所称实名,是指符合法律、行政法规和国家有关规定的身份证件上使用的姓名。

下列身份证件为实名证件:

(一)居住在境内的中国公民,为居民身份证或者临时居民身份证;

(二)居住在境内的 16 周岁以下的中国公民,为户口簿;

(三)中国人民解放军军人,为军人身份证件;中国人民武装警察,为武装警察身份证件;

(四)香港、澳门居民,为港澳居民往来内地通行证;台湾居民,为台湾居民来往大陆通行证或者其他有效旅行证件;

(五)外国公民,为护照。

前款未作规定的,依照有关法律、行政法规和国家有关规定执行。

第六条　个人在金融机构开立个人存款账户时,应当出示本人身份证件,使用实名。

代理他人在金融机构开立个人存款账户的,代理人应当出示被代理人和代理人的身份证件。

第七条　在金融机构开立个人存款账户的,金融机构应当要求其出示本人身份证件,进行核对,并登记其身份证件上的姓名和号码。代理他人在金融机构开立个人存款账户的,金融机构应当要求其出示被代理人和代理人的身份证件,进行核对,并登记被代理人和代理人的身份证件上的姓名和号码。

不出示本人身份证件或者不使用本人身份证件上的姓名的,金融机构不得为其开立个人存款账户。

第八条　金融机构及其工作人员负有为个人存款账户的情况保守秘密的责任。

金融机构不得向任何单位或者个人提供有关个人存款账户的情况,并有权拒绝任何单位或者个人查询、冻结、扣划个人在金融机构的款项;但是,法律另有规定的除外。

第九条　金融机构违反本规定第七条规定的,由中国人民银行给予警告,可以处1000元以上5000元以下的罚款;情节严重的,可以并处责令停业整顿,对直接负责的主管人员和其他直接责任人员依法给予纪律处分;构成犯罪的,依法追究刑事责任。

第十条　本规定施行前,已经在金融机构开立的个人存款账户,按照本规定施行前国家有关规定执行;本规定施行后,在原账户办理第一笔个人存款时,原账户没有使用实名的,应当依照本规定使用实名。

第十一条　本规定由中国人民银行组织实施。

第十二条　本规定自2000年4月1日起施行。

国务院办公厅关于完善反洗钱、反恐怖融资、反逃税监管体制机制的意见(节录)

(2017年8月29日　国办函〔2017〕84号)

一、总体要求

(二)基本原则。

坚持问题导向,发挥工作合力。进一步解放思想,从基本国情和实际工作需要出发,深入研究、有效解决"三反"监管体制机制存在的问题。反洗钱行政主管部门、税务机关、公安机关要切实履职,国务院银行业、证券、保险监督管理机构及其他相关单位要发挥工作积极性,形成"三反"合力。探索建立以金融情报为纽带、以资金监测为手段、以数据信息共享为基础、符合国家治理需要的"三反"监管体制机制。

坚持防控为本,有效化解风险。开展全面科学的风险评估,根据风险水平和分布进一步优化监管资源配置,强化高风险领域监管。同时,不断优化风险评估机制和监测分析系统,健全风险预防体系,有效防控洗钱、恐怖融资和逃税风险。

坚持立足国情,为双向开放提供服务保障。根据国内洗钱、恐怖融资和逃税风险实际情况,逐步建立健全"三反"法律制度和监管规则。根据有关国际条约或者按照平等互利原则开展国际合作。忠实履行我国应当承担的国际义务,严格执行国际标准,加强跨境监管合作,切实维护我国金融机构合法权益,为金融业双向开放保驾护航。

坚持依法行政,充分发挥反洗钱义务机构主体作用。依法确定相关单位职责,确保各司其职,主动作为,严控风险。重视和发挥反洗钱义务机构在预防洗钱、恐怖融资和逃税方面的"第一道防线"作用。

(三)目标要求。

到2020年,初步形成适应社会主义市场经济要求、适合中国国情、符合国际标准的"三反"法律法规体系,建立职责清晰、权责对等、配合有力的"三反"监管协调合作机制,有效防控洗钱、恐怖融资和逃税风险。

二、健全工作机制

(五)研究设计洗钱和恐怖融资风险评估体系,建立反洗钱和反恐怖融资战略形成机制。积极发挥风险评估在发现问题、完善体制机制、配置资源方面的基础性作用,开展风险导向的反洗钱和反恐怖融资战略研究。建立国家层面的洗钱和恐怖融资风险评估指标体系和评估机制,成立由反洗钱行政主管部门、税务机关、公安机关、国家安全机关、司法机关以及国务院银行业、证券、保险监督管理机构和其他行政机关组成的洗钱和恐怖融资风险评估工作组,定期开展洗钱和恐怖融资风险评估工作。以风险评估发现的问题为导向,制定并定期更新反洗钱和反恐怖融资战略,确定反洗钱和反恐怖融资工作的阶段性目标、主要任务和重大举措,明确任务分工,加大高风险领域反洗钱监管力度。建立多层次评估结果运用机制,由相关单位和反洗钱义务机构根据评估结果有针对性地完善反洗钱和反恐怖融资工作，提升资源配置效率，提高风险防控有效性。

（六）强化线索移送和案件协查，优化打击犯罪合作机制。加强反洗钱行政主管部门、税务机关与监察机关、侦查机关、行政执法机关间的沟通协调，进一步完善可疑交易线索合作机制，加强情报会商和信息反馈机制，分析洗钱、恐怖融资和逃税的形势与趋势，不断优化反洗钱调查的策略、方法和技术。反洗钱行政主管部门要加强可疑交易线索移送和案件协查工作，相关单位要加强对线索使用查处情况的及时反馈，形成打击洗钱、恐怖融资和逃税的合力，维护金融秩序和社会稳定。

（七）加强监管协调，健全监管合作机制。在行业监管规则中嵌入反洗钱监管要求，构建涵盖事前、事中、事后的完整监管链条。充分发挥反洗钱工作部际联席会议作用，加强反洗钱行政主管部门和金融监管部门之间的协调，完善监管制度、政策和措施，开展联合监管行动，共享监管信息，协调跨境监管合作。

（八）依法使用政务数据，健全数据信息共享机制。以依法合规为前提、资源整合为目标，探索研究“三反”数据信息共享标准和统计指标体系，明确相关单位的数据提供责任和数据使用权限。稳步推进数据信息共享机制建设，既要严格依法行政，保护商业秘密和个人隐私，又要推进相关数据库建设，鼓励各方参与共享。建立相关单位间的电子化网络，为实现安全、高效的数据信息共享提供支撑。

三、完善法律制度

（十）推动研究完善相关刑事立法，修改惩治洗钱犯罪和恐怖融资犯罪相关规定。按照我国参加的国际公约和明确承诺执行的国际标准要求，研究扩大洗钱罪的上游犯罪范围，将上游犯罪本犯纳入洗钱罪的主体范围。对照国际公约要求，根据我国反恐实际需要，推动逐步完善有关恐怖融资犯罪的刑事立法，加强司法解释工作。研究建立相关司法工作激励机制，提升反洗钱工作追偿效果。

（十二）加强特定非金融机构风险监测，探索建立特定非金融机构反洗钱和反恐怖融资监管制度。加强反洗钱行政主管部门、税务机关与特定非金融行业主管部门间的协调配合，密切关注非金融领域的洗钱、恐怖融资和逃税风险变化情况，对高风险行业开展风险评估，研究分析行业洗钱、恐怖融资和逃税风险分布及发展趋势，提出“三反”监管政策建议。对于反洗钱国际标准明确提出要求的房地产中介、贵金属和珠宝玉石销售、公司服务等行业及其他存在较高风险的特定非金融行业，逐步建立反洗钱和反恐怖融资监管制度。按照“一业一策”原则，由反洗钱行政主管部门会同特定非金融行业主管部门发布特定行业的反洗钱和反恐怖融资监管制度，根据行业监管现状、被监管机构经营特点等确定行业反洗钱和反恐怖融资监管模式。积极发挥行业协会和自律组织的作用,指导行业协会制定本行业反洗钱和反恐怖融资工作指引。

(十三)加强监管政策配套,健全风险防控制度。研究建立各监管部门对新成立反洗钱义务机构、非营利组织及其董事、监事和高级管理人员的反洗钱背景审查制度,严格审核发起人、股东、实际控制人、最终受益人和董事、监事、高级管理人员背景,审查资金来源和渠道,从源头上防止不法分子通过创设组织机构进行洗钱、恐怖融资和逃税活动。研究各类无记名可转让有价证券的洗钱风险以及需纳入监管的重点,研究无记名可转让有价证券价值甄别和真伪核验技术,明确反洗钱行政主管部门与海关监管分工,推动对跨境携带无记名可转让有价证券的监管及通报制度尽快出台。制定海关向反洗钱行政主管部门、公安机关、国家安全机关通报跨境携带现金信息的具体程序,完善跨境异常资金监测制度。

四、健全预防措施

(十四)建立健全防控风险为本的监管机制,引导反洗钱义务机构有效化解风险。以有效防控风险为目标,持续优化反洗钱监管政策框架,合理确定反洗钱监管风险容忍度,建立健全监管政策传导机制,督促、引导、激励反洗钱义务机构积极主动加强洗钱和恐怖融资风险管理,充分发挥其在预防洗钱、恐怖融资和逃税方面的"第一道防线"作用。综合运用反洗钱监管政策工具,推行分类监管,完善风险预警和应急处置机制,切实强化对高风险市场、高风险业务和高风险机构的反洗钱监管。

(十五)强化法人监管措施,提升监管工作效率。反洗钱行政主管部门和国务院银行业、证券、保险监督管理机构要加强反洗钱监管,以促进反洗钱义务机构自我管理、自主管理风险为目标,逐步建立健全法人监管框架。围绕法人机构和分支机构、集团公司和子公司在风险管理中的不同定位和功能,对反洗钱监管政策适度分层分类。加强反洗钱义务机构总部内控机制要求,强化董事、监事和高级管理人员责任,督促反洗钱义务机构提高履行反洗钱义务的执行力。探索建立与法人监管相适应的监管分工合作机制,搭建满足法人监管需要的技术平台,逐步实现反洗钱监管信息跨区域共享。在严格遵守保密规定的前提下,研究建立反洗钱义务机构之间的反洗钱工作信息交流平台和交流机制。

(十六)健全监测分析体系,提升监测分析水平。不断拓宽反洗钱监测分析数据信息来源,依法推动数据信息在相关单位间的双向流动和共享。强化反洗钱监测分析工作的组织协调,有针对性地做好对重点领域、重点地区、重点人群的监测分析工作。不断延伸反洗钱监管触角,将相关单位关于可疑交易报告信息使用情况的反馈信息和评价意见，作为反洗钱行政主管部门开展反洗钱义务机构可疑交易报告评价工作的重要依据。丰富非现场监管政策工具，弥补书面审查工作的不足。发挥会计师事务所、律师事务所等专业服务机构在反洗钱监测预警和依法处置中的积极作用，研究专业服务机构有关反洗钱的制度措施。

（十七）鼓励创新和坚守底线并重，妥善应对伴随新业务和新业态出现的风险。建立健全反洗钱义务机构洗钱和恐怖融资风险自评估制度，对新产品、新业务、新技术、新渠道产生的洗钱和恐怖融资风险自主进行持续识别和评估，动态监测市场风险变化，完善有关反洗钱监管要求。强化反洗钱义务机构自主管理风险的责任，反洗钱义务机构推出新产品、新业务前，须开展洗钱和恐怖融资风险自评估，并按照风险评估结果采取有效的风险防控措施。鼓励反洗钱义务机构利用大数据、云计算等新技术提升反洗钱和反恐怖融资工作有效性。

（十八）完善跨境异常资金监控机制，预防打击跨境金融犯罪活动。以加强异常交易监测为切入点，综合运用外汇交易监测、跨境人民币交易监测和反洗钱资金交易监测等信息，及时发现跨境洗钱和恐怖融资风险。遵循反洗钱国际标准有关支付清算透明度的要求，指导金融机构加强风险管理，增强跨境人民币清算体系的“三反”监测预警功能，维护人民币支付清算体系的良好声誉，降低金融机构跨境业务风险。

五、严惩违法犯罪活动

（二十二）加大反洗钱调查工作力度，建立健全洗钱类型分析工作机制。进一步规范反洗钱调查工作程序，完善反洗钱调查流程，优化调查手段，加强可疑交易线索分析研判，加强反洗钱调查和线索移送，积极配合有权机关的协查请求，不断增强反洗钱调查工作实效。加强洗钱类型分析和风险提示，指导反洗钱义务机构开展洗钱类型分析，及时向反洗钱义务机构发布洗钱风险提示，督促反洗钱义务机构加强风险预警。

最高人民法院、最高人民检察院、公安部关于办理电信网络诈骗等刑事案件适用法律若干问题的意见（节录）

（2016年12月19日　法发〔2016〕32号）

三、全面惩处关联犯罪

（四）非法持有他人信用卡，没有证据证明从事电信网络诈骗犯罪活动，符合刑法第一百七十七条之一第一款第(二)项规定的,以妨害信用卡管理罪追究刑事责任。

(五)明知是电信网络诈骗犯罪所得及其产生的收益,以下列方式之一予以转账、套现、取现的,依照刑法第三百一十二条第一款的规定,以掩饰、隐瞒犯罪所得、犯罪所得收益罪追究刑事责任。但有证据证明确实不知道的除外:

1. 通过使用销售点终端机具(POS 机)刷卡套现等非法途径,协助转换或者转移财物的;

2. 帮助他人将巨额现金散存于多个银行账户,或在不同银行账户之间频繁划转的;

3. 多次使用或者使用多个非本人身份证明开设的信用卡、资金支付结算账户或者多次采用遮蔽摄像头、伪装等异常手段,帮助他人转账、套现、取现的;

4. 为他人提供非本人身份证明开设的信用卡、资金支付结算账户后,又帮助他人转账、套现、取现的;

5. 以明显异于市场的价格,通过手机充值、交易游戏点卡等方式套现的。

实施上述行为,事前通谋的,以共同犯罪论处。

实施上述行为,电信网络诈骗犯罪嫌疑人尚未到案或案件尚未依法裁判,但现有证据足以证明该犯罪行为确实存在的,不影响掩饰、隐瞒犯罪所得、犯罪所得收益罪的认定。

实施上述行为,同时构成其他犯罪的,依照处罚较重的规定定罪处罚。法律和司法解释另有规定的除外。

(八)金融机构、网络服务提供者、电信业务经营者等在经营活动中,违反国家有关规定,被电信网络诈骗犯罪分子利用,使他人遭受财产损失的,依法承担相应责任。构成犯罪的,依法追究刑事责任。

七、涉案财物的处理

(一)公安机关侦办电信网络诈骗案件,应当随案移送涉案赃款赃物,并附清单。人民检察院提起公诉时,应一并移交受理案件的人民法院,同时就涉案赃款赃物的处理提出意见。

(二)涉案银行账户或者涉案第三方支付账户内的款项,对权属明确的被害人的合法财产,应当及时返还。确因客观原因无法查实全部被害人,但有证据证明该账户系用于电信网络诈骗犯罪,且被告人无法说明款项合法来源的,根据刑法第六十四条的规定,应认定为违法所得,予以追缴。

（三）被告人已将诈骗财物用于清偿债务或者转让给他人，具有下列情形之一的，应当依法追缴：

1. 对方明知是诈骗财物而收取的；

2. 对方无偿取得诈骗财物的；

3. 对方以明显低于市场的价格取得诈骗财物的；

4. 对方取得诈骗财物系源于非法债务或者违法犯罪活动的。

他人善意取得诈骗财物的，不予追缴。

最高人民检察院关于办理涉互联网金融犯罪案件有关问题座谈会纪要（节录）

（2017 年 6 月 2 日　高检诉〔2017〕14 号）

（三）非法经营资金支付结算行为的认定

18　支付结算业务（也称支付业务）是商业银行或者支付机构在收付款人之间提供的货币资金转移服务。非银行机构从事支付结算业务，应当经中国人民银行批准取得《支付业务许可证》，成为支付机构。未取得支付业务许可从事该业务的行为，违反《非法金融机构和非法金融业务活动取缔办法》第四条第一款第（三）、（四）项的规定，破坏了支付结算业务许可制度，危害支付市场秩序和安全，情节严重的，适用刑法第二百二十五条第（三）项，以非法经营罪追究刑事责任。具体情形：

（1）未取得支付业务许可经营基于客户支付账户的网络支付业务。无证网络支付机构为客户非法开立支付账户，客户先把资金支付到该支付账户，再由无证机构根据订单信息从支付账户平台将资金结算到收款人银行账户。

（2）未取得支付业务许可经营多用途预付卡业务。无证发卡机构非法发行可跨地区、跨行业、跨法人使用的多用途预付卡，聚集大量的预付卡销售资金，并根据客户订单信息向商户划转结算资金。

19　在具体办案时，要深入剖析相关行为是否具备资金支付结算的实质特征，准确区分支付工具的正常商业流转与提供支付结算服务、区分单用途预付卡与多用途预付卡业务，充分考虑具体行为与“地下钱庄”等同类犯罪在社会危害方面的相当性以及刑事处罚的必要性，严格把握入罪和出罪标准。

三、依法认定单位犯罪及其责任人员

20　涉互联网金融犯罪案件多以单位形式组织实施，所涉单位数量众多、层级复杂,其中还包括大量分支机构和关联单位,集团化特征明显。有的涉互联网金融犯罪案件中分支机构遍布全国,既有具备法人资格的,又有不具备法人资格的;既有受总公司直接领导的,又有受总公司的下属单位领导的。公安机关在立案时做法不一,有的对单位立案,有的不对单位立案,有的被立案的单位不具有独立法人资格,有的仅对最上层的单位立案而不对分支机构立案。对此,检察机关公诉部门在审查起诉时,应当从能够全面揭示犯罪行为基本特征、全面覆盖犯罪活动、准确界定区分各层级人员的地位作用、有利于有力指控犯罪、有利于追缴违法所得等方面依法具体把握,确定是否以单位犯罪追究。

五、证据的收集、审查与运用

28　涉互联网金融犯罪案件证据种类复杂、数量庞大、且分散于各地,收集、审查、运用证据的难度大。各地检察机关公诉部门要紧紧围绕证据的真实性、合法性、关联性,引导公安机关依法全面收集固定证据,加强证据的审查、运用,确保案件事实经得起法律的检验。

29　对于重大、疑难、复杂涉互联网金融犯罪案件,检察机关公诉部门要依法提前介入侦查,围绕指控犯罪的需要积极引导公安机关全面收集固定证据,必要时与公安机关共同会商,提出完善侦查思路、侦查提纲的意见建议。加强对侦查取证合法性的监督,对应当依法排除的非法证据坚决予以排除,对应当补正或作出合理解释的及时提出意见。

30　电子数据在涉互联网金融犯罪案件的证据体系中地位重要,对于指控证实相关犯罪事实具有重要作用。随着互联网技术的不断发展,电子数据的形式、载体出现了许多新的变化,对电子数据的勘验、提取、审查等提出了更高要求,处理不当会对电子数据的真实性、合法性造成不可逆转的损害。检察机关公诉部门要严格执行《最高人民法院、最高人民检察院、公安部关于办理刑事案件收集提取和审查判断电子数据问题的若干规定》(法发〔2016〕22 号),加强对电子数据收集、提取程序和技术标准的审查,确保电子数据的真实性、合法性。对云存储电子数据等新类型电子数据进行提取、审查时,要高度重视程序合法性、数据完整性等问题,必要时主动征求相关领域专家意见,在提取前会同公安机关、云存储服务提供商制定科学合法的提取方案,确保万无一失。

31　落实"三统两分"要求,健全证据交换共享机制,协调推进跨区域案件办理。对涉及主案犯罪嫌疑人的证据,一般由主案侦办地办案机构负责收集,其他地区提供协助。其他地区办案机构需要主案侦办地提供证据材料的,应当向主案侦办地办案机构提出证据需求，由主案侦办地办案机构收集并依法移送。无法移送证据原件的，应当在移送复制件的同时，按照相关规定作出说明。各地检察机关公诉部门之间要加强协作，加强与公安机关的协调，督促本地公安机关与其他地区公安机关做好证据交换共享相关工作。案件进入审查起诉阶段后，检察机关公诉部门可以根据案件需要，直接向其他地区检察机关调取证据，其他地区检察机关公诉部门应积极协助。此外，各地检察机关在办理案件过程中发现对其他地区案件办理有重要作用的证据，应当及时采取措施并通知相应检察机关，做好依法移送工作。

六、投资人合法权益的保护

32　涉互联网金融犯罪案件投资人诉求复杂多样，矛盾化解和维护稳定工作任务艰巨繁重，各地检察机关公诉部门在办案过程中要坚持刑事追诉和权益保护并重，根据《刑事诉讼法》等相关法律规定，依法保证互联网金融活动中投资人的合法权益，坚持把追赃挽损等工作贯穿到侦查、起诉、审判各个环节，配合公安、法院等部门最大限度减少投资人的实际损失，加强与本院控申部门、公安机关的联系沟通，及时掌握涉案动态信息，认真开展办案风险评估预警工作，周密制定处置预案，并落实责任到位，避免因部门之间衔接不畅、处置不当造成工作被动。发现重大风险隐患的，及时向有关部门通报情况，必要时逐级上报高检院。

中国人民银行金融机构反洗钱和反恐怖融资监督管理办法（节录）

（2021年4月15日　中国人民银行令〔2021〕第3号）

第一章　总　　则

第二条　本办法适用于在中华人民共和国境内依法设立的下列金融机构：

（一）开发性金融机构、政策性银行、商业银行、农村合作银行、农村信用合作社、村镇银行；

（二）证券公司、期货公司、证券投资基金管理公司；

（三）保险公司、保险资产管理公司；

（四）信托公司、金融资产管理公司、企业集团财务公司、金融租赁公司、汽车金融公司、消费金融公司、货币经纪公司、贷款公司、银行理财子公司；

（五）中国人民银行确定并公布应当履行反洗钱和反恐怖融资义务的其他金融

机构。

非银行支付机构、银行卡清算机构、资金清算中心、网络小额贷款公司以及从事汇兑业务、基金销售业务、保险专业代理和保险经纪业务的机构，适用本办法关于金融机构的监督管理规定。

第三条 中国人民银行及其分支机构依法对金融机构反洗钱和反恐怖融资工作进行监督管理。

第四条 金融机构应当按照规定建立健全反洗钱和反恐怖融资内部控制制度，评估洗钱和恐怖融资风险，建立与风险状况和经营规模相适应的风险管理机制，搭建反洗钱信息系统，设立或者指定部门并配备相应人员，有效履行反洗钱和反恐怖融资义务。

第五条 对依法履行反洗钱和反恐怖融资职责或者义务获得的客户身份资料和交易信息，应当予以保密，非依法律规定不得对外提供。

第二章 金融机构反洗钱和反恐怖融资内部控制和风险管理

第六条 金融机构应当按照规定，结合本机构经营规模以及洗钱和恐怖融资风险状况，建立健全反洗钱和反恐怖融资内部控制制度。

第七条 金融机构应当在总部层面建立洗钱和恐怖融资风险自评估制度，定期或不定期评估洗钱和恐怖融资风险，经董事会或者高级管理层审定之日起10个工作日内，将自评估情况报送中国人民银行或者所在地中国人民银行分支机构。

金融机构洗钱和恐怖融资风险自评估应当与本机构经营规模和业务特征相适应，充分考虑客户、地域、业务、交易渠道等方面的风险要素类型及其变化情况，并吸收运用国家洗钱和恐怖融资风险评估报告、监管部门及自律组织的指引等。金融机构在采用新技术、开办新业务或者提供新产品、新服务前，或者其面临的洗钱或者恐怖融资风险发生显著变化时，应当进行洗钱和恐怖融资风险评估。

金融机构应当定期审查和不断优化洗钱和恐怖融资风险评估工作流程和指标体系。

第八条 金融机构应当根据本机构经营规模和已识别出的洗钱和恐怖融资风险状况，经董事会或者高级管理层批准，制定相应的风险管理政策，并根据风险状况变化和控制措施执行情况及时调整。

金融机构应当将洗钱和恐怖融资风险管理纳入本机构全面风险管理体系，覆盖各项业务活动和管理流程；针对识别的较高风险情形，应当采取强化措施，管理和降低风险；针对识别的较低风险情形，可以采取简化措施；超出金融机构风险控制能力的，不得与客户建立业务关系或者进行交易，已经建立业务关系的，应当中止交易并考虑提交可疑交易报告，必要时终止业务关系。

第九条　金融机构应当设立专门部门或者指定内设部门牵头开展反洗钱和反恐怖融资管理工作。

金融机构应当明确董事会、监事会、高级管理层和相关部门的反洗钱和反恐怖融资职责，建立相应的绩效考核和奖惩机制。

金融机构应当任命或者授权一名高级管理人员牵头负责反洗钱和反恐怖融资管理工作，并采取合理措施确保其独立开展工作以及充分获取履职所需权限和资源。

金融机构应当根据本机构经营规模、洗钱和恐怖融资风险状况和业务发展趋势配备充足的反洗钱岗位人员，采取适当措施确保反洗钱岗位人员的资质、经验、专业素质及职业道德符合要求，制定持续的反洗钱和反恐怖融资培训计划。

第十条　金融机构应当根据反洗钱和反恐怖融资工作需要，建立和完善相关信息系统，并根据风险状况、反洗钱和反恐怖融资工作需求变化及时优化升级。

第十一条　金融机构应当建立反洗钱和反恐怖融资审计机制，通过内部审计或者独立审计等方式，审查反洗钱和反恐怖融资内部控制制度制定和执行情况。审计应当遵循独立性原则，全面覆盖境内外分支机构、控股附属机构，审计的范围、方法和频率应当与本机构经营规模及洗钱和恐怖融资风险状况相适应，审计报告应当向董事会或者其授权的专门委员会提交。

第十二条　金融机构应当在总部层面制定统一的反洗钱和反恐怖融资机制安排，包括为开展客户尽职调查、洗钱和恐怖融资风险管理，共享反洗钱和反恐怖融资信息的制度和程序，并确保其所有分支机构和控股附属机构结合自身业务特点有效执行。

金融机构在共享和使用反洗钱和反恐怖融资信息方面应当依法提供信息并防止信息泄露。

第十四条　金融机构应当按照规定，结合内部控制制度和风险管理机制的相关要求，履行客户尽职调查、客户身份资料和交易记录保存、大额交易和可疑交易报告等义务。

第十五条　金融机构应当按照中国人民银行的规定报送反洗钱和反恐怖融资工作信息。金融机构应当对相关信息的真实性、完整性、有效性负责。

第十六条 在境外设有分支机构或控股附属机构的，境内金融机构总部应当按年度向中国人民银行或者所在地中国人民银行分支机构报告境外分支机构或控股附属机构接受驻在国家（地区）反洗钱和反恐怖融资监管情况。

第十七条 发生下列情况的，金融机构应当按照规定及时向中国人民银行或者所在地中国人民银行分支机构报告：

（一）制定或者修订主要反洗钱和反恐怖融资内部控制制度的；

（二）牵头负责反洗钱和反恐怖融资工作的高级管理人员、牵头管理部门或者部门主要负责人调整的；

（三）发生涉及反洗钱和反恐怖融资工作的重大风险事项的；

（四）境外分支机构和控股附属机构受到当地监管当局或者司法部门开展的与反洗钱和反恐怖融资相关的执法检查、行政处罚、刑事调查或者发生其他重大风险事件的；

（五）中国人民银行要求报告的其他事项。

第三章 反洗钱和反恐怖融资监督管理

第十八条 中国人民银行及其分支机构应当遵循风险为本和法人监管原则，合理运用各类监管方法，实现对不同类型金融机构的有效监管。

中国人民银行及其分支机构可以向国务院金融监督管理机构或者其派出机构通报对金融机构反洗钱和反恐怖融资监管情况。

第十九条 根据履行反洗钱和反恐怖融资职责的需要，中国人民银行及其分支机构可以按照规定程序，对金融机构履行反洗钱和反恐怖融资义务的情况开展执法检查。

中国人民银行及其分支机构可以对其下级机构负责监督管理的金融机构进行反洗钱和反恐怖融资执法检查，可以授权下级机构检查由上级机构负责监督管理的金融机构。

第二十条 中国人民银行及其分支机构开展反洗钱和反恐怖融资执法检查，应当依据现行反洗钱和反恐怖融资规定，按照中国人民银行执法检查有关程序规定组织实施。

第二十一条 中国人民银行及其分支机构应当根据执法检查有关程序规定，规范有效地开展执法检查工作，重点加强对以下机构的监督管理：

（一）涉及洗钱和恐怖融资案件的机构；

（二）洗钱和恐怖融资风险较高的机构；

（三）通过日常监管、受理举报投诉等方式，发现存在重大违法违规线索的机构；

（四）其他应当重点监管的机构。

第二十二条　中国人民银行及其分支机构进入金融机构现场开展反洗钱和反恐怖融资检查的，按照规定可以询问金融机构工作人员，要求其对监管事项作出说明；查阅、复制文件、资料，对可能被转移、隐匿或者销毁的文件、资料予以封存；查验金融机构运用信息化、数字化管理业务数据和进行洗钱和恐怖融资风险管理的系统。

第二十三条　中国人民银行及其分支机构应当根据金融机构报送的反洗钱和反恐怖融资工作信息，结合日常监管中获得的其他信息，对金融机构反洗钱和反恐怖融资制度的建立健全情况和执行情况进行评价。

第二十四条　为了有效实施风险为本监管，中国人民银行及其分支机构应当结合国家、地区、行业的洗钱和恐怖融资风险评估情况，在采集金融机构反洗钱和反恐怖融资信息的基础上，对金融机构开展风险评估，及时、准确掌握金融机构洗钱和恐怖融资风险状况。

第二十六条　根据金融机构合规情况和风险状况，中国人民银行及其分支机构可以采取监管提示、约见谈话、监管走访等措施。在监管过程中，发现金融机构存在较高洗钱和恐怖融资风险或者涉嫌违反反洗钱和反恐怖融资规定的，中国人民银行及其分支机构应当及时开展执法检查。

第四章　法 律 责 任

第三十五条　中国人民银行及其分支机构从事反洗钱工作的人员，违反本办法有关规定的，按照《中华人民共和国反洗钱法》第三十条的规定予以处分。

第三十六条　金融机构违反本办法有关规定的，由中国人民银行或者其地市中心支行以上分支机构按照《中华人民共和国反洗钱法》第三十一条、第三十二条的规定进行处理；区别不同情形，建议国务院金融监督管理机构依法予以处理。

中国人民银行县（市）支行发现金融机构违反本规定的，应报告其上一级分支机构，由该分支机构按照前款规定进行处理或提出建议。

银行跨境业务反洗钱和反恐怖融资工作指引(试行)

(2021 年 1 月 19 日　银发〔2021〕16 号)

第一章　总　　则

第一条　【立法目的和依据】为规范银行跨境业务管理,防范洗钱、恐怖融资及跨境资金非法流动风险,依据《中华人民共和国中国人民银行法》《中华人民共和国反洗钱法》《中华人民共和国外汇管理条例》《国务院办公厅关于完善反洗钱、反恐怖融资、反逃税监管体制机制的意见》等规定,制定本指引。

第二条　【跨境业务定义】本指引所指跨境业务是指境内外机构、境内外个人发生的跨境本外币收支活动和境内外汇经营活动。

第三条　【工作原则】银行办理跨境业务应严格执行反洗钱法律法规及中国人民银行、国家外汇管理局有关规定,按照本指引规定和要求,以风险为本,切实履行"了解你的客户、了解你的业务、尽职审查"职责,有效识别、评估、监测和控制跨境业务的洗钱和恐怖融资风险。

第四条　【管理环节】银行对跨境业务洗钱和恐怖融资风险的识别、评估、监测和控制工作,应贯穿整个跨境业务流程,包括客户背景调查、业务审核、持续监控、信息资料留存及报告等。

第五条　【内控要求】银行应结合跨境业务流程及管理要求,建立健全反洗钱和反恐怖融资内部控制体系,明确跨境业务洗钱和恐怖融资风险识别、评估、监测和控制的职责分工。

第六条　【风险提示】银行在办理跨境业务过程中,除按本指引执行外,还应根据中国人民银行、中国银行保险监督管理委员会、国家外汇管理局等金融管理部门发布的相关风险提示,查找风险漏洞和薄弱环节,采取有针对性的风险控制措施。

第二章　客户尽职调查

第七条　【尽职调查要求】银行应在为客户开立外汇账户或与客户建立跨境业务关系时,切实落实"了解你的客户"原则,严格按照反洗钱和反恐怖融资以及跨境业务管理相关要求,使用可靠的数据或信息、独立来源的证明文件对客户身份进行识别和核实,充分了解非自然人客户受益所有人等,确保客户具备从事相关业务的资格,以及客户身份信息的完整性、准确性和时效性。

第八条　【尽职调查信息】银行在办理跨境业务的准入和存续期间，应识别客户以下背景信息，包括但不限于：客户洗钱和恐怖融资风险等级、在相关监管部门和银行的违规记录、不良记录等；客户经营状况、股东或实际控制人、受益所有人、主要关联企业与交易对手、信用记录、财务指标、资金来源和用途、建立业务关系的意图和性质、交易意图及逻辑、涉外经营和跨境收支行为、是否为政治公众人物等。

第九条　【风险等级分类管理】银行应按照现行反洗钱和反恐怖融资法律法规，合理确定客户的洗钱和恐怖融资风险等级，根据风险状况采取相应的控制措施，并在持续关注的基础上实现对风险的动态追踪。

第十条　【未通过审核情形】客户有拒绝提供有效身份证件或者其他身份证明文件，提供虚假身份证明资料、经营资料或业务背景资料，开户理由不合理、开立业务与客户身份不相符等情形的，银行应拒绝受理其业务申请，并按反洗钱相关规定报告可疑行为。

第十一条　【持续识别】在与客户的跨境业务关系存续期间，银行应按照现行反洗钱和反恐怖融资法律法规要求，持续识别和重新识别客户。

第十二条　【代理情形】银行依托第三方机构识别客户身份的，应通过合同、协议或其他书面文件，明确第三方机构在识别客户身份及反洗钱和反恐怖融资监控方面的职责，要求第三方机构制定符合要求的客户身份识别措施，并督促其执行。依托第三方代为履行客户身份识别的，银行应当承担未履行客户身份识别义务的责任。

第三章　业务风险识别与尽职审查

第十三条　【业务风险评估】银行应综合考虑各方面因素，对跨境业务的洗钱和恐怖融资风险进行定期评估，合理确定洗钱和恐怖融资风险等级。特别是推出和运用与跨境业务相关的新金融业务、新营销渠道、新技术前，应进行系统全面的洗钱和恐怖融资风险评估，按照风险可控原则建立相应的风险管理措施。

第十四条　【识别要求】银行为客户办理跨境业务应贯彻落实"了解你的业务"原则，建立完整、有效的跨境业务审核指引和操作流程，有效识别客户申请办理跨境业务的交易背景、交易性质、交易环节和交易目的等，审查交易的合规性、真实性、合理性及其与跨境收支的一致性。银行为客户提供跨境支付服务时，应当确保支付指令的完整性、一致性、可跟踪稽核和不可篡改。

第十五条　【识别原则】银行识别客户跨境业务洗钱和恐怖融资风险，应遵循

"逻辑合理性"和"商业合理性"原则,分析客户提供的交易材料之间是否能相互印证、逻辑合理;综合评估跨境业务金额、币种、期限等与相应的基础交易背景是否匹配等。

第十六条 【识别方法】银行应根据跨境业务的种类,按照风险为本的原则,制定相应的跨境业务审查要求。审查内容包括但不限于:客户跨境业务需求、资金来源或用途、款项划转频率、性质、路径与客户生产经营范围、财务状况是否相符;跨境业务的资金规模与客户实际经营规模、资本实力是否相符;跨境业务需求与行业特点、客户过往交易习惯或经营特征是否相符等。

第十七条 【识别参考因素】银行对各类跨境业务进行洗钱和恐怖融资风险识别时,应根据业务特点、业务开展区域和客户群体等实际情况,区分新业务和存量业务,综合考虑确定风险因素,可参考客户声誉、客户类型或群体、交易渠道、交易特征、业务特点、业务开展区域等,包括但不限于:

(一)已被银行列入洗钱高风险分类,或被中国人民银行、国家外汇管理局或其他监管部门纳入限制性分类管理目录或重点监管名单;

(二)因重大违规行为,近一年内被中国人民银行、国家外汇管理局或其他监管部门行政处罚、风险提示或通报;

(三)客户身份信息存在疑问、背景不明,或者无法获取足够信息对客户背景进行评估,如无正式固定办公经营场所、无准确联系方式、主营业务在异地的客户、身份信息存疑的新创建业务关系的客户等;

(四)新设立或新开户即开展大额频繁跨境交易,或长期睡眠账户突然出现大额频繁跨境交易,且无合理理由;

(五)跨境交易业务种类、跨境交易规模与客户资本实力、投资总额、生产经营规模、历史交易习惯显著不符;

(六)交易价格明显偏离市场价格正常范围,交易明显不符合常理或不具有商业合理性;

(七)交易资金来源或去向可疑,或交易主体、交易性质、目的、背景等信息异常;

(八)其他异常情形,如中国人民银行、国家外汇管理局发布的相关风险提示列示的情形等。

第十八条 【持续监控要求】在与客户的跨境业务关系存续期间,银行应对客户和跨境业务准入后的后续交易及资金流向进行持续监测,确保当前交易、资金流向及用途符合跨境业务反洗钱和反恐怖融资管理要求，保持对客户及其业务、风险状况、资金来源等方面的持续了解。若发现重大异常情况，应按现行反洗钱和反恐怖融资法律法规采取有效控制措施。

第十九条　【强化审查措施】银行应围绕真实性、合规性、合理性及审慎性开展尽职审查，形成对客户交易真实性与合规性风险的整体判断，并根据客户风险和业务风险等级采取与风险相称的尽职审查措施。对于低风险客户和低风险业务，银行可按照现行管理法规及内控制度规定，简化审查措施。对于高风险客户或高风险业务，或者存在异常或可疑情况的业务，银行应根据实际情况选择采取以下强化审查措施：

（一）要求客户提供或主动收集更多的直接证明材料；

（二）通过自行查证、银行系统内部共享信息、第三方查证等方法，查证客户提供的真实性证明材料是否真实、是否系伪造变造、是否被违规重复使用；

（三）通过联网核查公民身份信息系统、工商登记系统、征信系统、海外关联机构协查认证等方式，核实客户身份和背景信息；

（四）深入了解客户的背景信息，如法定代表人、实际控制人、受益所有人、生产经营情况、财务状况、行业状况、上下游合作伙伴、母公司和关联企业、业务历史记录、资信评级记录、其他通过公共数据库或互联网渠道获取的信息；

（五）全面分析客户申请办理业务信息，如业务需求背景、交易目的、交易性质、资金来源和用途、交易对手方、交易受益人；

（六）实地查访客户住所或单位所在地，机构客户注册地或实际办公地；

（七）通过代理银行或跨境业务上下游银行或机构，调查或查询客户与业务信息；

（八）其他审查措施。

第二十条　【禁止性要求】银行不得以跨境业务竞争和发展需要为由降低尽职审查标准，也不得以资金风险较低而降低或免于尽职审查责任。

第二十一条　【未排除风险情形】经尽职审查无法排除风险或发现客户涉嫌违法违规行为的，银行应将其纳入高风险客户名单，并在一定时间内限制或拒绝为其办理某类或所有跨境业务。

第二十二条　【制裁情形】银行应严格按照外交部关于执行联合国安理会相关制裁决议和有权部门防范打击恐怖主义和恐怖融资相关要求采取相应措施。

第四章　报告制度和资料留存

第二十三条　【大额和可疑报告】银行应按照反洗钱规定建立健全并执行大额交易和可疑交易报告制度。

第二十四条　【资料留存要求】银行应建立可用于各类跨境业务的客户信息档案，以书面或电子等形式完整妥善保存客户身份资料、交易记录，以及反映银行开展客户尽职调查及风险分类、尽职审查情况及过程的相关资料和记录。客户资料应按照相关法律规定的期限归档留存备查。

第五章　内部控制

第二十五条　【内控架构】银行应结合跨境业务流程及管理要求，建立健全内控组织架构，明确跨境业务反洗钱和反恐怖融资工作的职责分工。

第二十六条　【内控制度】银行应将跨境业务反洗钱和反恐怖融资要求全面纳入内控制度体系，包括客户尽职调查、洗钱和恐怖融资风险管理、可疑交易报告、客户身份资料和交易记录保存、反洗钱和反恐怖融资内部检查和审计、重大洗钱案件应急处置等方面。

第二十七条　【信息系统要求】银行跨境业务操作系统和信息管理系统应满足跨境业务反洗钱和反恐怖融资实际管理需求，确保客户身份信息和交易信息的完整、连续、准确和可追溯。

第二十八条　【内控检查要求】银行应将跨境业务反洗钱和反恐怖融资管理情况纳入内部检查和审计范围，并定期开展监督检查工作。

第二十九条　【考核要求】银行应将跨境业务洗钱和恐怖融资风险识别及控制的执行情况纳入内部考核评估，明确各项业务责任范围和责任追究机制。

第三十条　【保密要求】对依法履行跨境业务反洗钱和反恐怖融资义务获得的客户身份资料和交易记录，银行及其工作人员应当予以保密；非依法律规定，不得向任何单位和个人提供。

第六章　附　　则

第三十一条　【纳入考核】本指引执行情况作为反洗钱分类评级、宏观审慎评估、银行外汇业务合规与审慎经营评估、跨境业务创新试点等工作的参考。

第三十二条　【参照适用】非银行金融机构、非银行支付机构、清算机构、个人本外币兑换特许业务机构等其他从事跨境业务的反洗钱义务机构参照本指引执行。

第三十三条　【例外条款】反洗钱、跨境人民币业务、外汇管理等相关法律法规另有规定的，从其规定。

第三十四条　【解释权限】本指引由中国人民银行、国家外汇管理局负责解释。

第三十五条　【生效时间】本指引自发布之日起30日后实施。

法人金融机构洗钱和恐怖融资风险自评估指引

（2021年1月15日　银反洗发〔2021〕1号）

第一章　总体要求

第一条　为深入实践风险为本原则，指导法人金融机构落实《国务院办公厅关于完善反洗钱、反恐怖融资、反逃税监管体制机制的意见》，识别、评估洗钱和恐怖融资（以下统称洗钱）风险，优化反洗钱和反恐怖融资（以下统称反洗钱）资源配置，制定和实施与其风险相称的管理策略、政策和程序，提升反洗钱工作有效性，根据《中华人民共和国反洗钱法》《中华人民共和国反恐怖主义法》等法律法规，制定本指引。

第二条　本指引适用于在中国境内依法设立的法人金融机构和非银行支付机构（以下统称法人金融机构）。

第三条　法人金融机构开展洗钱风险自评估应当遵循以下原则：

（一）全面性原则。覆盖本机构所有经营地域、客户群体、产品业务（含服务）、交易或交付渠道；覆盖境内外所有与洗钱风险管理相关的分支机构及总部有关部门；充分考虑各方面风险因素，贯穿决策、执行和监督的全部管理环节。

（二）客观性原则。以客观公正的态度收集有关数据和资料，以充分完整的事实为依据，力求全面准确地揭示本机构面临的洗钱风险和管理漏洞。

（三）匹配性原则。洗钱风险自评估的性质与程度应当与法人金融机构自身经营的性质和规模相匹配，国家洗钱风险评估或中国人民银行认可的行业风险评估报告中认定为中等以下风险水平的行业机构，或经营规模较小、业务种类简单、客户数量较少的机构可适当简化评估流程与内容。

（四）灵活性原则。机构应根据经营管理、外部环境、监管法规、洗钱风险状况等因素的变化，及时调整自评估指标和方法。对于风险较高的领域，应当缩短自评估周期,提高自评估频率。

第四条 法人金融机构应当在本指引的基础上制定具体的洗钱风险自评估制度。

本指引所述部分内容不适用的,法人金融机构可以在充分考虑各项风险因素及本机构实际情况的基础上进行调整,并向对法人金融机构具有管辖权的人民银行总行或分支机构报告。有关调整及相应论证应有必要的书面记录。

第五条 洗钱风险自评估目的是为机构洗钱风险管理工作提供必要基础和依据,法人金融机构应充分运用风险自评估结果,确保反洗钱资源配置、洗钱风险管理策略、政策和程序与评估所识别的风险相适应。

第二章 评估内容

第六条 法人金融机构洗钱风险自评估包括固有风险评估、控制措施有效性评估、剩余风险评估。

固有风险评估反映在不考虑控制措施的情况下,法人金融机构被利用于洗钱和恐怖融资的可能性。控制措施有效性评估反映法人金融机构所采取的控制措施对管理和缓释固有风险的有效程度,进而对尚未得到有效管理和缓释的剩余风险进行评估。

法人金融机构应当建立与本机构经营规模与复杂程度相匹配的洗钱风险自评估指标和模型,确保有效识别风险管理漏洞,提高自评估结论的准确性和针对性。

第七条 法人金融机构固有风险评估应当考虑以下方面:

(一)地域环境;

(二)客户群体;

(三)产品业务(含服务);

(四)渠道(含交易或交付渠道)。

法人金融机构应当设计科学、合理的固有风险指标,确保充分考虑各类风险因素。

第八条 法人金融机构在评估地域环境的固有风险时,应当全面考虑经营场所覆盖地域,分别评估境内各地区和境外各司法管辖区地域风险,境内地区划分原则上按经营地域范围内的下一级行政区划划分,如全国性机构按省划分,或按总部对分支机构管理结构划分。对于地理位置相近、经营情况类似的地域可合并评估。

对各地域的固有风险评估可考虑以下因素:

(一)当地洗钱、恐怖融资与(广义)上游犯罪形势,是否毗邻洗钱、恐怖融资或上游犯罪、恐怖主义活动活跃的境外国家和地区,或是否属于较高风险国家和地区(至少包括金融行动特别工作组呼吁采取行动的高风险国家、地区和应加强监控的国家、地区,也可参考国际组织有关避税天堂名单等,以下简称较高风险和地区);

(二)接受司法机关刑事查询、冻结、扣划和监察机关、公安机关查询、冻结、扣划(以下简称刑事查冻扣)中涉及该地区的客户数量、交易金额、资产规模等;

(三)本机构上报的涉及当地的一般可疑交易和重点可疑交易报告数量及客户数量、交易金额;

(四)本机构在当地网点数量、客户数量、客户资产规模、交易金额及市场占有率水平。

第九条　法人金融机构在评估客户群体的固有风险时,应当全面考虑本机构服务客户群体范围和结构,分别评估各主要客户群体固有风险。客户群体划分可结合本机构对客户管理的分类,如个人客户、公司客户、机构客户等,有条件的机构可按照行业(职业)或主要办理业务、建立业务关系方式等角度进一步聚焦洗钱风险突出的群体。同时,也应对具有高风险特征的客户群体进行评估,如政治公众人物客户、非居民客户。

对各客户群体的固有风险评估可考虑以下因素:

(一)客户数量、资产规模、交易金额及相应占比;

(二)客户涉有权机关刑事查冻扣、涉人民银行调查的数量与比例;

(三)客户身份信息完整、丰富程度和对客户交易背景、目的了解程度;

(四)识别客户身份不同方式的分布,如当面核实身份、或采取可靠的技术手段核实身份、通过第三方机构识别身份的比例;

(五)客户风险等级划分的分布结构;

(六)非自然人客户的股权或控制权结构,存在同一控制人风险的情况;

(七)客户来自较高风险国家或地区的情况;

(八)客户办理高风险业务(如现金、跨境、高额价值转移等)的种类和相应的规模;

(九)客户涉可疑交易报告的数量及不同管控措施的比例;

(十)客户属于高风险行业或职业的数量、比例;

(十一)该类型客户是否属于洗钱或上游犯罪高风险群体;

(十二)客户群体涉联合国定向金融制裁名单及其他人民银行要求关注的反洗

钱和反恐怖融资监控名单,或其交易对手涉以上名单的比例。

第十条 法人金融机构在评估产品业务的固有风险时,应当全面考虑本机构向客户提供的各类产品业务(或服务)。产品业务划分原则上应在本机构产品业务管理结构的基础上进一步细化,如私人银行业务、国际金融业务、个人银行卡、理财产品等。业务模式、性质相同且洗钱风险因素不存在重大差异的,可作为同一类产品业务进行评估。

对各类产品业务的固有风险评估可考虑以下因素:

(一)产品业务规模,如账户数量、管理资产总额,年度交易量等;

(二)是否属于已知存在洗钱案例、洗钱类型手法的产品业务;

(三)产品业务面向的主要客户群体,以及高风险客户数量和相应资产规模、交易金额和比例;

(四)产品业务销售、办理渠道及相应渠道的风险程度,是否允许他人代办或难以识别是否本人办理;

(五)产品业务记录跟踪资金来源、去向的程度,与现金的关联程度,现金交易金额和比例;

(六)产品业务是否可向他人转移价值,包括资产(合约)所有权、受益权转移,以及转移的便利程度,是否有额度限制,是否可跨境转移;

(七)产品业务是否可作为客户的资产(如储蓄存款、理财产品等),是否有额度限制,保值程度和流动性如何,是否可便利、快速转换为现金或活期存款;

(八)产品业务是否可作为收付款工具(如结算账户),使用范围、额度、便利性如何,是否可跨境使用;

(九)产品业务是否可作为其他业务的办理通道或身份认证手段,身份识别措施是否比原有通道和手段更为简化,是否有额度限制或使用范围限制;

(十)产品业务是否应用可能影响客户尽职调查和资金交易追踪的新技术。

第十一条 法人金融机构在评估渠道的固有风险时,应当全面考虑本机构自有或通过第三方与客户建立关系、提供服务的渠道。渠道可划分为机构自有实体经营场所、自有互联网渠道、自助设备与终端、第三方实体经营场所、第三方互联网渠道,银行业机构还应考虑代理行渠道。

对各类渠道的固有风险评估可考虑以下因素:

(一)渠道覆盖范围(线下网点数量与分布区域,线上可及地域范围)及相应地区(包括境外国家和地区)的风险程度;

（二）通过该渠道建立业务关系的客户数量和风险水平分布；

（三）通过该渠道办理业务的客户数量、交易笔数与金额，办理业务的主要类型和风险水平。

第十二条　法人金融机构应在分别评估不同地域、不同客户群体、不同产品业务、不同渠道固有风险的基础上，汇总得出机构地域、客户、产品业务、渠道四个维度的固有风险评估结果，最终得出对机构整体固有风险的判断。各层次评估应当包括对主要风险点的分析和总体风险的评价，并给出相应的风险评级，以便进行地域、客户群体、产品业务、渠道之间的横向对比和不同年度评估结果的纵向对比。

第十三条　法人金融机构在评估控制措施有效性时，既要从整体上评估机构反洗钱内部控制的基础与环境、洗钱风险管理机制有效性，也要按照固有风险评估环节的分类方法，分别对与各类地域、客户群体、产品业务、渠道相应的特殊控制措施进行评价。

第十四条　对反洗钱内部控制基础与环境的评价可以考虑以下因素：

（一）董事会与高级管理层对洗钱风险管理的重视程度，包括决策、监督跨部门反洗钱工作事项的情况；

（二）反洗钱管理层级与架构，管理机制运转情况；

（三）反洗钱管理部门的权限和资源，反洗钱工作主要负责人和工作团队的能力与经验；

（四）机构信息系统建设和数据整合情况，特别是获取、整合客户和交易信息的能力，以及对信息安全的保护措施；

（五）机构总部监督各部门、条线和各分支机构落实反洗钱政策的机制与力度，特别是是否将反洗钱纳入内部审计和检查工作范围、发现问题并提出整改意见；

（六）对董事会、高级管理层、总部和分支机构业务条线人员的培训机制。

第十五条　对法人金融机构整体洗钱风险管理机制有效性的评价，可以考虑以下因素：

（一）高级管理层、反洗钱管理部门和主要业务部门、分支机构了解机构洗钱风险（包括地域、客户、产品业务、渠道）和经营范围内国家或地区洗钱威胁的情况；

（二）机构洗钱风险管理政策制定情况，以及政策与所识别风险的匹配程度，如机构拓展业务范围，包括地域范围、业务范围、客户范围、渠道范围是否考虑相应的洗钱风险，并经过董事会、高级管理层或适当层级的审议决策；

（三）机构反洗钱内控制度与监管要求的匹配程度，是否得到及时更新，各条线业务操作规程和系统中内嵌洗钱风险管理措施的情况；

（四）集团层面洗钱风险管理的统一性及集团内信息共享情况（仅集团性机构、跨国机构适用）；

（五）反洗钱管理部门与业务部门、客户管理部门、渠道部门和各分支机构沟通机制和信息交流情况；

（六）客户尽职调查与客户风险等级划分和调整工作的覆盖面、及时性和质量，客户身份资料获取、保存和更新的完整性、准确性、及时性，客户风险等级划分指标的合理性（包括考虑地域、产品业务、渠道风险的情况），对风险较高客户采取强化尽职调查和其他管控措施的机制；

（七）大额和可疑交易监测分析与上报机制、流程的合理性，监测分析系统功能与对信息的获取，监测分析指标和模型设计合理性、修订及时性，监测分析中考虑地域、客户、产品业务、渠道风险的情况；

（八）交易记录保存完整性和查询、调阅便利性；

（九）名单筛查工作机制健全性，覆盖业务与客户范围的全面性，以及系统预警和回溯性筛查功能。

第十六条 对不同地域、客户群体、产品业务、渠道有特殊控制措施的，可以在评估时分别考虑以下因素：

（一）针对地域风险

1. 当地分支机构反洗钱合规管理部门设置与人员配备；

2. 当地分支机构执行总部反洗钱政策情况，内审和检查发现问题及整改情况；

3. 所在国或地区反洗钱监管要求与我国是否存在重要差异，是否有未满足当地监管要求或我国监管要求的情形；

4. 当地分支机构接受反洗钱监管检查、走访情况和后续整改工作；

5. 对涉当地线上客户、业务的管控措施；

6. 是否因洗钱风险而控制客户、业务规模，减缓或减少经营网点、限制或停止线上服务等。

（二）针对客户风险

对该客户群在建立业务管理、持续监测和退出环节的特殊管理措施，包括强化身份识别，交易额度、频次与渠道限制，提高审批层级等。

（三）针对产品业务风险

1. 在建立业务关系和后续使用过程中识别、核验客户身份的手段措施，可获取

的客户身份(包括代办人)信息,了解客户交易性质、目的的程度;

2. 产品业务交易信息保存的全面性和透明度,可否便捷查询使用;

3. 是否纳入可疑交易监测和名单监测范围,或有强化监测情形;

4. 是否针对特定情形采取限制客户范围或交易金额、频率、渠道等措施。

(四)针对渠道风险

1. 渠道识别与核验客户身份的手段措施及准确性;

2. 渠道获取、保存和查询客户与交易信息的能力;

3. 与第三方机构、代理行之间客户尽职调查和反洗钱相关工作职责划分与监督情况;

4. 是否针对特定情形采取限制客户范围、产品业务种类、交易金额或频率等措施。

在评估过程中,可采取映射方式反映同一控制措施与不同固有风险之间的对应关系,实现对不同维度控制措施有效性和剩余风险的差别化评估。

第十七条 法人金融机构应在综合考虑反洗钱内部控制基础与环境、洗钱风险管理机制有效性和特殊控制措施基础上,得出对不同地域、客户群体、产品业务、渠道的风险控制措施有效性评级,再汇总得出地域、客户、产品业务、渠道四个维度的风险控制措施有效性评价和评级,最终得出对机构整体控制措施有效性的判断。

第十八条 法人金融机构应在整体固有风险评级基础上,考虑整体控制措施有效性,得出经反洗钱控制后的机构整体剩余风险评级。同时,对于地域、客户群体、产品业务、渠道维度及细分类别,也应在考虑固有风险与包括特殊控制措施在内的整体控制措施有效性的基础上,得出相应类别的剩余风险评级。

第十九条 法人金融机构应当合理划分固有风险、控制措施有效性以及剩余风险的等级。风险等级原则上应分为五级或更高。机构规模较小、业务类型单一的机构可简化至不少于三级。规模越大、结构越复杂的机构,其设定的风险等级应当越详细。

第二十条 法人金融机构可以通过固有风险与控制措施有效性二维矩阵方式(见下表,以固有风险和控制措施有效性均分为五级为例)对照计量机构整体及不同维度的剩余风险等级,或根据自身的实际情况确定依据固有风险和控制措施有效性情况计量剩余风险的方法。

表 1　矩阵对照计量剩余风险方法

控制措施有效性 / 固有风险	非常有效	较有效	一般有效	低效	无效
高风险	中风险	中高风险	中高风险	高风险	高风险
较高风险	中风险	中风险	中高风险	中高风险	高风险
中风险	中低风险	中风险	中风险	中高风险	中高风险
较低风险	中低风险	中低风险	中风险	中风险	中高风险
低风险	低风险	中低风险	中低风险	中风险	中风险

第三章　流程和方法

第二十一条　法人金融机构应当指定一名高级管理人员全面负责洗钱风险自评估工作，建立包括反洗钱牵头部门和业务部门、稽核与内审部门等在内的领导小组。领导小组应当组织协调自评估整体工作，指导相关业务条线、部门、分支机构按照评估方案承担本部门、本机构自评估职责，确保自评估的客观性与相对独立性。各条线、部门、分支机构应充分梳理和反映自身面临的洗钱风险和反洗钱工作存在的困难与脆弱性，提供自评估工作所必需的数据、信息和支持。

法人金融机构可聘请第三方专业机构协助进行评估方案、指标与方法的起草和内外部信息收集整理等辅助性工作，但评估过程中对各类固有风险、控制措施有效性及剩余风险的讨论、分析和判断应由领导小组、反洗钱牵头部门及各条线、部门、分支机构主导完成。不得将自评估工作完全委托或外包至第三方专业机构完成。

第二十二条　法人金融机构开展全面洗钱风险自评估，一般包括准备阶段、实施阶段和报告阶段。

第二十三条　法人金融机构应当结合本机构实际情况，充分做好自评估前的准备工作，包括成立评估工作组，配备相关评估人员和资源，制定评估工作方案，研究确定或更新评估指标和方法，认真梳理本机构经营地域、客户群体、产品业务、渠道种类，广泛收集自评估所需的各类信息等。

由于金融产品和业务种类繁多复杂，法人金融机构应当按照科学、合理的分类标准，认真梳理现有产品业务和渠道的种类。

第二十四条　法人金融机构收集自评估所需的各类信息，应当充分考虑内外部各方面来源，例如：

（一）金融行动特别工作组（FATF）、亚太反洗钱组织（APG）、欧亚反洗钱与反恐融资组织（EAG）发布的呼吁采取行动的高风险国家和应加强监控的国家名单、洗钱类型分析报告和相关行业指引，以及巴塞尔银行监管委员会（BCBS）、国际证券监管委员会组织（IOSCO）、国际保险监督官协会（IAIS）等国际组织发布的洗钱风险研究成果；

（二）国家相关部门通报的上游犯罪形势、破获的洗钱案例、洗钱类型分析报告，以及机构境外经营所在国家或地区洗钱风险评估报告或其他洗钱威胁情况；

（三）中国人民银行、银保监会、证监会、外汇局等金融管理部门发布的洗钱风险提示和业务风险提示，以及机构境外经营所在国家或地区监管部门风险提示、指引等；

（四）本机构的客户群体规模信息、特征分析数据，各类金融产品业务和渠道的发展规模状况、结构分析数据，客户洗钱和恐怖融资风险等级划分以及产品业务洗钱风险评估结果等；

（五）本机构反洗钱和相关业务制度、工作机制，信息系统建设、运行情况，内部审计情况，必要时查找和了解具体客户、业务、交易或反洗钱工作信息作为例证；

（六）反洗钱系统记录的各类异常交易排查分析资料，可疑交易报告信息，内部管理或业务操作中发现的各类风险事件信息；

（七）本机构依托开展客户尽职调查或有其他业务、客户合作的第三方机构在客户尽职调查、客户身份资料和交易记录保存方面的情况，以及双方信息传递权利义务划分与执行情况。

第二十五条　法人金融机构实施风险评估应当选取科学合理的评估方法，通过恰当的书面问卷、现场座谈、抽样调查等形式，定性或定量开展评估。

第二十六条　法人金融机构应当形成书面的自评估报告，经高级管理层审定后上报董事会或董事会下设的专业委员会审阅，并书面报告对法人机构具有管辖权的人民银行总行或分支机构。自评估报告应当记录自评估的方法、流程等情况，重点反映自评估发现的固有风险点、控制措施的薄弱环节和风险隐患，作出明确评估结论，指明应当予以重点关注的风险领域和拟采取的管控措施，提出有针对性的风险管理建议。同时，法人金融机构应当做好自评估的指标、方法和相关数据记录和保存。

第四章　结果运用和管理

第二十七条　法人金融机构应当以自评估报告和结论为基础，制定或持续调整、完善经高级管理层批准的洗钱风险管理政策、控制措施和程序,并关注控制措施的执行情况。

针对自评估发现的高风险或较高风险情形,或原有控制措施有效性存在不足时,应当采取以下一项或多项强化风险管理措施:

(一)根据洗钱风险自评估结论,确定反洗钱工作所需的资源配置和优先顺序,必要时调整经营策略,确保与风险管理相适应;

(二)根据评估发现的控制措施薄弱环节,加强内控制度建设、工作流程优化,完善工作机制,严格内部检查和审计;

(三)针对评估发现的高风险客户类型进行优先处理,采取从严的客户接纳政策或强化的尽职调查,提高对其信息更新的频率,或加强对其的交易监测和限制;

(四)针对评估发现的高风险业务类型采取强化控制措施,在业务准入、交易频率、交易金额等方面设置限制;

(五)调整和优化交易监测指标与名单监控,对评估发现的高风险业务活动,进行更频繁深入的审查;

(六)针对评估发现的问题,进行风险提示;

(七)强化信息系统功能建设,支持洗钱风险管理的需要;

(八)其他能够有效控制风险的措施。

法人金融机构制定的改进措施不改变当次洗钱风险自评估结论,其执行效果应在后续评估中予以考虑。

第二十八条 法人金融机构应当建立洗钱风险自评估成果共享机制,明确共享的内容、对象和方式,以及信息保密要求,确保相关条线、部门、分支机构知晓、理解与之相关的洗钱风险特征及程度,以推动洗钱风险管理措施在全系统的落地执行。

第二十九条 法人金融机构应当动态、持续关注风险变化情况,及时更新完善本机构的自评估指标及方法,特别是在机构可疑交易监测分析结果或接受外部协查情况与评估结果出现明显偏差时,应及时分析原因并调整风险评估方法或改进可疑交易监测模型等措施。

第三十条 法人金融机构应当定期开展本机构洗钱风险自评估,原则上自评估的周期应不超过 36 个月,机构固有风险或剩余风险处于较高及以上等级的,自评估周期应不超过 24 个月。

法人金融机构出现以下情形时应及时开展自评估工作:

（一）经济金融和反洗钱法律制度、监管政策作出重大调整，使机构经营环境或应当履行的反洗钱义务发生重大变化；

（二）公司实际控制人、受益所有人发生变化或公司治理结构发生重大调整；

（三）经营发展策略有重大调整；

（四）内外部风险状况发生显著变化，如出现重大洗钱风险事件；

（五）其他认为有必要评估风险的情形。

第三十一条　在两次自评估间期，法人金融机构应在拟作出以下调整或变化时，参照本指引第二章相关内容，对相应的地域、客户群体、产品业务、渠道或控制措施开展专项评估，并考虑其对机构整体风险的影响：

（一）在新的境外国家或地区开设分支机构或附属机构；

（二）面向新的客户群体提供产品业务或服务；

（三）开发新的产品业务类型，或在产品业务（包括已有产品业务和新产品新业务）中应用可能对洗钱风险产生重大影响的新技术；

（四）采用新的渠道类型与客户建立业务关系或提供服务；

（五）对洗钱风险管理的流程、方式、内部控制制度或信息系统等作出重要变更。

专项评估应由负责管理相应变化因素的部门与反洗钱工作牵头部门共同开展，于调整或变化实现前完成评估，并根据结果完善或强化洗钱风险控制措施，确保剩余风险水平处于机构洗钱风险接纳或管理能力范围内。法人金融机构应对调整后可能的客户、业务、交易等情况作出合理估计，并在评估后持续监测以上调整或变化实际发生后的风险状况，在6至12个月的期间内根据最新的客户、业务、交易等情况更新专项评估结果。

法人金融机构对新产品、新业务和产品业务中应用新技术有更详细、更严格评估机制的，可直接将该评估结果引用或映射至对新产品业务类型的专项评估当中。

第三十二条　法人金融机构应当积极加强自评估相关系统建设，建立并定期维护产品业务种类清单和客户类型清单，逐步实现通过系统准确提取自评估所需的各类数据信息，提高自评估工作效能。

第三十三条　在法人金融机构洗钱风险自评估及相关工作符合本指引前述要求的情况下，对于评估发现的低风险情形，可以采取适当的简化措施。但发现涉嫌洗钱和恐怖融资活动时，不得采取简化措施。

第五章　附　　则

第三十四条　境外金融机构在中国境内依法设立的最高层级分支机构(或被指定为境内报告行的分支机构),应参照本指引开展评估。

若境外金融机构的洗钱风险自评估已覆盖在我国境内分公司,且已充分考虑本指引要求的各项因素,特别是中国境内与跨境洗钱犯罪威胁形势和手法、中国境内分支机构客户群体与产品业务、渠道特色,能够实现对中国境内地域、客户群体、产品业务、渠道的洗钱风险评估和管理要求,境外金融机构在我国境内的分支机构可直接援引其总公司或集团的洗钱风险自评估结论。

具有关联关系的农村信用社、农村商业银行及农村信用联社可根据本机构实际情况,在确定的层级范围内开展统一的联合风险评估。

银行卡清算机构、资金清算中心等从事支付清算业务的机构,从事汇兑业务、基金销售业务、保险专业代理和保险经纪业务的机构,以及网络小额贷款公司等其他从事互联网金融业务的非金融机构开展洗钱风险自评估可参照本指引。

第三十五条　本指引由中国人民银行反洗钱局负责解释。

第三十六条　本指引自印发之日起实行。

中国银行保险监督管理委员会银行业金融机构反洗钱和反恐怖融资管理办法(节录)

(2019 年 1 月 29 日　中国银行保险监督管理委员会令 2019 年第 1 号)

第一章　总　　则

第一条　为预防洗钱和恐怖融资活动,做好银行业金融机构反洗钱和反恐怖融资工作,根据《中华人民共和国银行业监督管理法》、《中华人民共和国反洗钱法》、《中华人民共和国反恐怖主义法》等有关法律、行政法规,制定本办法。

第二条　国务院银行业监督管理机构根据法律、行政法规规定,配合国务院反洗钱行政主管部门,履行银行业金融机构反洗钱和反恐怖融资监督管理职责。

国务院银行业监督管理机构的派出机构根据法律、行政法规及本办法的规定,负责辖内银行业金融机构反洗钱和反恐怖融资监督管理工作。

第三条　本办法所称银行业金融机构,是指在中华人民共和国境内设立的商业银行、农村合作银行、农村信用合作社等吸收公众存款的金融机构以及政策性银行和国家开发银行。

对在中华人民共和国境内设立的金融资产管理公司、信托公司、企业集团财务公司、金融租赁公司、汽车金融公司、货币经纪公司、消费金融公司以及经国务院银行业监督管理机构批准设立的其他金融机构的反洗钱和反恐怖融资管理，参照本办法对银行业金融机构的规定执行。

第四条　银行业金融机构境外分支机构和附属机构，应当遵循驻在国家（地区）反洗钱和反恐怖融资方面的法律规定，协助配合驻在国家（地区）监管机构的工作，同时在驻在国家（地区）法律规定允许的范围内，执行本办法的有关要求。

驻在国家（地区）不允许执行本办法的有关要求的，银行业金融机构应当采取适当的额外措施应对洗钱和恐怖融资风险，并向国务院银行业监督管理机构报告。

第二章　银行业金融机构反洗钱和反恐怖融资义务

第五条　银行业金融机构应当建立健全洗钱和恐怖融资风险管理体系，全面识别和评估自身面临的洗钱和恐怖融资风险，采取与风险相适应的政策和程序。

第六条　银行业金融机构应当将洗钱和恐怖融资风险管理纳入全面风险管理体系，将反洗钱和反恐怖融资要求嵌入合规管理、内部控制制度，确保洗钱和恐怖融资风险管理体系能够全面覆盖各项产品及服务。

第七条　银行业金融机构应当依法建立反洗钱和反恐怖融资内部控制制度，并对分支机构和附属机构的执行情况进行管理。反洗钱和反恐怖融资内部控制制度应当包括下列内容：

（一）反洗钱和反恐怖融资内部控制职责划分；

（二）反洗钱和反恐怖融资内部控制措施；

（三）反洗钱和反恐怖融资内部控制评价机制；

（四）反洗钱和反恐怖融资内部控制监督制度；

（五）重大洗钱和恐怖融资风险事件应急处置机制；

（六）反洗钱和反恐怖融资工作信息保密制度；

（七）国务院银行业监督管理机构及国务院反洗钱行政主管部门规定的其他内容。

第八条　银行业金融机构应当建立组织架构健全、职责边界清晰的洗钱和恐怖融资风险治理架构，明确董事会、监事会、高级管理层、业务部门、反洗钱和反恐怖融资管理部门和内审部门等在洗钱和恐怖融资风险管理中的职责分工。

第九条 银行业金融机构董事会应当对反洗钱和反恐怖融资工作承担最终责任。

第十条 银行业金融机构的高级管理层应当承担洗钱和恐怖融资风险管理的实施责任。

银行业金融机构应当任命或者授权一名高级管理人员牵头负责洗钱和恐怖融资风险管理工作,其有权独立开展工作。银行业金融机构应当确保其能够充分获取履职所需的权限和资源,避免可能影响其履职的利益冲突。

第十一条 银行业金融机构应当设立反洗钱和反恐怖融资专门机构或者指定内设机构负责反洗钱和反恐怖融资管理工作。反洗钱和反恐怖融资管理部门应当设立专门的反洗钱和反恐怖融资岗位,并配备足够人员。

银行业金融机构应当明确相关业务部门的反洗钱和反恐怖融资职责,保证反洗钱和反恐怖融资内部控制制度在业务流程中的贯彻执行。

第十二条 银行业金融机构应当按照规定建立健全和执行客户身份识别制度,遵循"了解你的客户"的原则,针对不同客户、业务关系或者交易,采取有效措施,识别和核实客户身份,了解客户及其建立、维持业务关系的目的和性质,了解非自然人客户受益所有人。在与客户的业务关系存续期间,银行业金融机构应当采取持续的客户身份识别措施。

第十三条 银行业金融机构应当按照规定建立健全和执行客户身份资料和交易记录保存制度,妥善保存客户身份资料和交易记录,确保能重现该项交易,以提供监测分析交易情况、调查可疑交易活动和查处洗钱案件所需的信息。

第十四条 银行业金融机构应当按照规定建立健全和执行大额交易和可疑交易报告制度。

第十五条 银行业金融机构与金融机构开展业务合作时,应当在合作协议中明确双方的反洗钱和反恐怖融资职责,承担相应的法律义务,相互间提供必要的协助,采取有效的风险管控措施。

第十六条 银行业金融机构解散、撤销或者破产时,应当将客户身份资料和交易记录移交国务院有关部门指定的机构。

第十七条 银行业金融机构应当按照客户特点或者账户属性,以客户为单位合理确定洗钱和恐怖融资风险等级,根据风险状况采取相应的控制措施,并在持续关注的基础上适时调整风险等级。

第十八条 银行业金融机构应当建立健全和执行洗钱和恐怖融资风险自评估

制度,对本机构的内外部洗钱和恐怖融资风险及相关风险控制措施有效性进行评估。

银行业金融机构开展新业务、应用新技术之前应当进行洗钱和恐怖融资风险评估。

第二十一条　银行业金融机构应当每年开展反洗钱和反恐怖融资内部审计,内部审计可以是专项审计,或者与其他审计项目结合进行。

第二十二条　对依法履行反洗钱和反恐怖融资义务获得的客户身份资料和交易信息,银行业金融机构及其工作人员应当予以保密;非依法律规定,不得向任何单位和个人提供。

第二十三条　银行业金融机构应当将可量化的反洗钱和反恐怖融资控制指标嵌入信息系统,使风险信息能够在业务部门和反洗钱和反恐怖融资管理部门之间有效传递、集中和共享,满足对洗钱和恐怖融资风险进行预警、信息提取、分析和报告等各项要求。

第二十四条　银行业金融机构应当配合银行业监督管理机构做好反洗钱和反恐怖融资监督检查工作。

第二十五条　银行业金融机构应当按照法律、行政法规及银行业监督管理机构的相关规定,履行协助查询、冻结、扣划义务,配合公安机关、司法机关等做好洗钱和恐怖融资案件调查工作。

第二十六条　银行业金融机构应当做好境外洗钱和恐怖融资风险管控和合规经营工作。境外分支机构和附属机构要加强与境外监管当局的沟通,严格遵守境外反洗钱和反恐怖融资法律法规及相关监管要求。

银行业金融机构境外分支机构和附属机构受到当地监管部门或者司法部门现场检查、行政处罚、刑事调查或者发生其他重大风险事项时,应当及时向银行业监督管理机构报告。

第二十七条　银行业金融机构应当对跨境业务开展尽职调查和交易监测工作,做好跨境业务洗钱风险、制裁风险和恐怖融资风险防控,严格落实代理行尽职调查与风险分类评级义务。

第二十八条　对依法履行反洗钱和反恐怖融资义务获得的客户身份资料和交易信息,非依法律、行政法规规定,银行业金融机构不得向境外提供。

银行业金融机构对于涉及跨境信息提供的相关问题应当及时向银行业监督管理机构报告,并按照法律法规要求采取相应措施。

第二十九条 银行业金融机构应当制定反洗钱和反恐怖融资培训制度,定期开展反洗钱和反恐怖融资培训。

第三十条 银行业金融机构应当开展反洗钱和反恐怖融资宣传,保存宣传资料和宣传工作记录。

第三章 监督管理

第三十一条 国务院银行业监督管理机构依法履行下列反洗钱和反恐怖融资监督管理职责:

(一)制定银行业金融机构反洗钱和反恐怖融资制度文件;

(二)督促指导银行业金融机构建立健全反洗钱和反恐怖融资内部控制制度;

(三)监督、检查银行业金融机构反洗钱和反恐怖融资内部控制制度建立执行情况;

(四)在市场准入工作中落实反洗钱和反恐怖融资审查要求;

(五)与其他国家或者地区的银行业监督管理机构开展反洗钱和反恐怖融资监管合作;

(六)指导银行业金融机构依法履行协助查询、冻结、扣划义务;

(七)转发联合国安理会相关制裁决议,依法督促银行业金融机构落实金融制裁要求;

(八)向侦查机关报送涉嫌洗钱和恐怖融资犯罪的交易活动,协助公安机关、司法机关等调查处理涉嫌洗钱和恐怖融资犯罪案件;

(九)指导银行业金融机构应对境外协助执行案件、跨境信息提供等相关工作;

(十)指导行业自律组织开展反洗钱和反恐怖融资工作;

(十一)组织开展反洗钱和反恐怖融资培训宣传工作;

(十二)其他依法应当履行的反洗钱和反恐怖融资职责。

第三十二条 银行业监督管理机构应当履行银行业反洗钱和反恐怖融资监管职责,加强反洗钱和反恐怖融资日常合规监管,构建涵盖事前、事中、事后的完整监管链条。

银行业监督管理机构与国务院反洗钱行政主管部门及其他相关部门要加强监管协调,建立信息共享机制。

第三十四条 银行业监督管理机构应当在职责范围内对银行业金融机构反洗钱和反恐怖融资义务履行情况依法开展现场检查。现场检查可以开展专项检查,或者与其他检查项目结合进行。

银行业监督管理机构可以与反洗钱行政主管部门开展联合检查。

第三十七条　银行业监督管理机构在市场准入工作中应当严格审核发起人、股东、实际控制人、最终受益人和董事、高级管理人员背景，审查资金来源和渠道，从源头上防止不法分子通过创设机构进行洗钱、恐怖融资活动。

第三十八条　设立银行业金融机构应当符合以下反洗钱和反恐怖融资审查条件：

（一）投资资金来源合法；

（二）股东及其控股股东、实际控制人、关联方、一致行动人、最终受益人等各方关系清晰透明，不得有故意或重大过失犯罪记录；

（三）建立反洗钱和反恐怖融资内部控制制度；

（四）设置反洗钱和反恐怖融资专门工作机构或指定内设机构负责该项工作；

（五）配备反洗钱和反恐怖融资专业人员，专业人员接受了必要的反洗钱和反恐怖融资培训；

（六）信息系统建设满足反洗钱和反恐怖融资要求；

（七）国务院银行业监督管理机构规定的其他条件。

第三十九条　设立银行业金融机构境内分支机构应当符合下列反洗钱和反恐怖融资审查条件：

（一）总行具备健全的反洗钱和反恐怖融资内部控制制度并对分支机构具有良好的管控能力；

（二）总行的信息系统建设能够支持分支机构的反洗钱和反恐怖融资工作；

（三）拟设分支机构设置了反洗钱和反恐怖融资专门机构或指定内设机构负责反洗钱和反恐怖融资工作；

（四）拟设分支机构配备反洗钱和反恐怖融资专业人员，专业人员接受了必要的反洗钱和反恐怖融资培训；

（五）国务院银行业监督管理机构规定的其他条件。

第四十条　银行业金融机构申请投资设立、参股、收购境内法人金融机构的，申请人应当具备健全的反洗钱和反恐怖融资内部控制制度。

第四十一条　银行业金融机构申请投资设立、参股、收购境外金融机构的，应当具备健全的反洗钱和反恐怖融资内部控制制度，具有符合境外反洗钱和反恐怖融资监管要求的专业人才队伍。

第四十三条 银行业金融机构开展新业务需要经银行业监督管理机构批准的,应当提交新业务的洗钱和恐怖融资风险评估报告。银行业监督管理机构在进行业务准入时,应当对新业务的洗钱和恐怖融资风险评估情况进行审核。

第四十六条 国务院银行业监督管理机构应当加强与境外监管当局的沟通与交流,通过签订监管合作协议、举行双边监管磋商和召开监管联席会议等形式加强跨境反洗钱和反恐怖融资监管合作。

第四十七条 银行业监督管理机构应当在职责范围内定期开展对银行业金融机构境外机构洗钱和恐怖融资风险管理情况的监测分析。监管机构应当将境外机构洗钱和恐怖融资风险管理情况作为与银行业金融机构监管会谈及外部审计会谈的重要内容。

第四十八条 银行业监督管理机构应当在职责范围内对银行业金融机构境外机构洗钱和恐怖融资风险管理情况依法开展现场检查,对存在问题的境外机构及时采取监管措施,并对违规机构依法依规进行处罚。

法人金融机构反洗钱分类评级管理办法(试行)

(2017 年 1 月 3 日　银发〔2017〕1 号)

第一章　总　　则

第一条 为有效实施法人金融机构反洗钱监管,合理配置监管资源,提高监管效率,根据《中华人民共和国反洗钱法》、《中华人民共和国反恐怖主义法》等法律法规及反洗钱监管规定,制定本办法。

第二条 本办法适用于在中华人民共和国境内依法设立的法人金融机构。

第三条 反洗钱分类评级是指中国人民银行及其分支机构以反洗钱监管档案为依托,结合日常监管情况,按本办法对法人金融机构反洗钱工作的合规性与有效性进行评价,确定相应等级。

中国人民银行及其分支机构按照监管分工对法人金融机构开展反洗钱分类评级。

第四条 中国人民银行及其分支机构根据法人金融机构的分类评级结果采取差异化、针对性的监管措施。

第五条 法人金融机构应当对报送的分类评级工作信息资料及证明材料的真实性、完整性、准确性负责。

第二章　评级指标及方法

第六条　评级指标包括设计指标、执行指标和检验指标。

(一)设计指标:主要评价法人金融机构洗钱风险控制体系建设、工作机制运作等情况,包括制度完善程度、机制合理性、技术保障能力、人员配备与资质情况等内容。

(二)执行指标:主要评价法人金融机构反洗钱义务履行、对高风险客户和高风险业务管理措施、自主风险管控能力等情况,包括客户身份识别、客户资料和交易记录保存、大额交易和可疑交易报告、对高风险客户的特别措施、对高风险业务的针对性措施、宣传培训、自主管理与审计等内容。

(三)检验指标:主要评价法人金融机构洗钱风险防控效果、接受及配合中国人民银行及其分支机构监管等情况,包括配合行政调查、接受现场检查及被处罚情况、配合监管工作情况、洗钱风险防控成果、有无重大违规事项、基层行评价、专业监管部门评价等内容。

第七条　中国人民银行及其分支机构按照《法人金融机构反洗钱分类评级标准》(附1),在100分基准分基础上,对评级指标逐项评价计分,确定法人金融机构的评级分数。

第八条　中国人民银行按照风险为本的方法和法人监管的原则,根据反洗钱、反恐怖融资工作需要,结合年度监管重点,适时调整评级标准和指标。

第三章　评级结果及运用

第九条　根据法人金融机构的评分及本办法规定的特定情形,中国人民银行及其分支机构对法人金融机构实施分类管理,分为A(AAA、AA、A)、B(BBB、BB、B)、C(CCC、CC、C)、D、E共5类11级。

A类分数区间:$95 \leq AAA \leq 100$,$90 \leq AA < 95$,$85 \leq A < 90$。

B类分数区间:$80 \leq BBB < 85$,$75 \leq BB < 80$,$70 \leq B < 75$。

C类分数区间:$65 \leq CCC < 70$,$60 \leq CC < 65$,$55 \leq C < 60$。

D类分数区间:$50 \leq D < 55$。

E类分数区间:$E < 50$。

第十条　法人金融机构在评级期间违反反洗钱法律法规情节严重,且未积极整改致使反洗钱合规状况持续恶化的,直接评定为D类机构。

第十一条 法人金融机构在评级期间存在下列任一情形，直接评定为 E 类机构：

（一）发生重大风险事件、违规事件或存在重大风险隐患，造成恶劣社会影响的。

（二）违反保密规定，出现失密、泄密情况，导致严重后果的。

（三）不配合中国人民银行及其分支机构反洗钱监管、调查工作，拒绝提供信息资料的。

（四）提供信息资料存在重大事项隐瞒、重大信息遗漏、虚假陈述或误导性陈述，情节严重的。

（五）存在其他重大问题，严重影响反洗钱监管和调查工作的。

第十二条 中国人民银行及其分支机构根据法人金融机构评级结果，可以采取质询、约见谈话、监管走访、现场检查等有针对性的监管措施。原则上对评级等级较低的机构实施监管措施的频率和强度应当高于评级等级较高的机构。

（一）质询。A 类、B 类机构可以采取电话或书面质询方式，C 类及以下机构应当采取书面质询方式。

（二）约见谈话。A 类、B 类机构可以仅约谈单位反洗钱主管部门负责人，C 类及以下机构应当约谈单位主要负责人或主管反洗钱工作高级管理人员。

（三）监管走访。A 类、B 类机构可以仅访问单位反洗钱主管部门负责人，C 类及以下机构应当访问单位主要负责人或主管反洗钱工作高级管理人员。

（四）现场检查。对 A 类机构随机抽查的比例应当低于 B 类及以下机构，对 B 类机构随机抽查的比例应当低于 C 类及以下机构，依此类推。在评级中发现法人金融机构涉嫌违反反洗钱规定且情节严重的，应当及时开展现场检查。

第十三条 法人金融机构评级结果只能用于中国人民银行及其分支机构开展反洗钱监管，不得用于其他目的，法律法规另有规定的除外。

法人金融机构不得擅自将评级结果对外披露或用于广告、宣传、营销等商业目的。

第十四条 中国人民银行及其分支机构将评级结果和整改落实情况纳入反洗钱监管档案管理，作为下一年度评级参考依据。

第四章 组 织 实 施

第十五条 反洗钱分类评级按年度实施，原则上每年第一季度完成对上一年度的分类评级工作。评级结果反映截至评级年度末法人金融机构的反洗钱工作情况。

评级期间为上一年度 1 月 1 日至 12 月 31 日。

第十六条 评级包括法人金融机构自评、中国人民银行或其分支机构初评、初评结果反馈与意见征求、中国人民银行或其分支机构复评、复评结果告知五个阶段。

第十七条 法人金融机构应当对照《法人金融机构反洗钱分类评级自评表》(附 2),严格按照填表说明,逐项自评计分,填写自评理由,提供相关证明材料。

每年 1 月 20 日前,法人金融机构应当将单位负责人或主管反洗钱工作高级管理人员签字确认的自评表及相关证明材料报送中国人民银行或其分支机构。

第十八条 中国人民银行或其分支机构对自评表及相关证明材料有疑问的,法人金融机构应当按照中国人民银行或其分支机构的要求提供解释说明或者补充材料。

第十九条 中国人民银行及其分支机构按照《法人金融机构反洗钱分类评级标准》,综合下列因素,对评级指标逐项评价、计分,得出初评分数:

(一)监管档案和日常监管情况。

(二)上一年度评级结果和整改落实情况。

(三)报送自评表和相关证明材料的及时性。

(四)自评表和相关证明材料的真实、完整、准确程度。

(五)其他相关情况。

第二十条 中国人民银行或其分支机构完成初评后向法人金融机构反馈指标评价、计分情况和初评分数。法人金融机构对指标评价、计分情况或初评分数有异议的,应当在收到反馈之日起十个工作日内,提出由单位反洗钱主管部门负责人签字确认的陈述和申辩意见。逾期未提出陈述和申辩意见的,视为无异议。

第二十一条 法人金融机构陈述和申辩意见成立的,中国人民银行或其分支机构应当采纳,并对相应指标评价、计分情况和初评分数进行调整,确定评级结果。

第二十二条 中国人民银行或其分支机构完成复评后将评级结果以适当方式告知法人金融机构。针对评级过程中发现的问题,中国人民银行或其分支机构可以根据具体情形决定是否对 A 类、B 类机构发出《反洗钱监管意见书》,应当对 C 类及以下机构发出《反洗钱监管意见书》,并进行风险提示,要求其采取必要的整改措施。

中国人民银行及其分支机构可以根据反洗钱监管需要,按年度向有关部门通报评级结果。

第二十三条 法人金融机构应当根据评级过程中发现的问题,组织落实整改,并及时向中国人民银行或其分支机构报告整改情况。A类、B类机构可以通过提交书面整改报告形式报告整改落实情况,C类及以下机构应当由单位主要负责人或主管反洗钱工作高级管理人员每半年向中国人民银行或其分支机构报告整改落实情况。

第五章 附 则

第二十四条 中国人民银行分支机构对非法人金融机构开展反洗钱分类评级工作,可以参照本办法并根据反洗钱监管工作安排和当地具体情况调整评级标准和指标,简化评级流程。

第二十五条 非银行支付机构、银行卡清算机构、资金清算中心等从事支付清算业务的机构及从事汇兑业务和基金销售业务的机构适用本办法。

第二十六条 本办法由中国人民银行负责解释。

第二十七条 本办法自印发之日起实施。本办法实施前有关反洗钱评级规定与本办法规定不一致的,以本办法为准。

附:(略)

证券期货业反洗钱工作实施办法

(2010年9月1日 中国证券监督管理委员会令第68号)

第一章 总 则

第一条 为进一步配合国务院反洗钱行政主管部门加强证券期货业反洗钱工作,有效防范证券期货业洗钱和恐怖融资风险,规范行业反洗钱监管行为,推动证券期货经营机构认真落实反洗钱工作,维护证券期货市场秩序,根据《中华人民共和国反洗钱法》(以下简称《反洗钱法》)、《中华人民共和国证券法》、《中华人民共和国证券投资基金法》及《期货交易管理条例》等法律法规,制定本办法。

第二条 本办法适用于中华人民共和国境内的证券期货业反洗钱工作。

从事基金销售业务的机构在基金销售业务中履行反洗钱责任适用本办法。

第三条 中国证券监督管理委员会(以下简称证监会)依法配合国务院反洗钱

行政主管部门履行证券期货业反洗钱监管职责，制定证券期货业反洗钱工作的规章制度，组织、协调、指导证券公司、期货公司和基金管理公司（以下简称证券期货经营机构）的反洗钱工作。

证监会派出机构按照本办法的规定，履行辖区内证券期货业反洗钱监管职责。

第四条　中国证券业协会和中国期货业协会依照本办法的规定，履行证券期货业反洗钱自律管理职责。

第五条　证券期货经营机构应当依法建立健全反洗钱工作制度，按照本办法规定向当地证监会派出机构报送相关信息。证券期货经营机构发现证券期货业内涉嫌洗钱活动线索，应当依法向反洗钱行政主管部门、侦查机关举报。

第二章　监管机构及行业协会职责

第六条　证监会负责组织、协调、指导证券期货业的反洗钱工作，履行以下反洗钱工作职责：

（一）配合国务院反洗钱行政主管部门研究制定证券期货业反洗钱工作的政策、规划，研究解决证券期货业反洗钱工作重大和疑难问题，及时向国务院反洗钱行政主管部门通报反洗钱工作信息；

（二）参与制定证券期货经营机构反洗钱有关规章，对证券期货经营机构提出建立健全反洗钱内控制度的要求，在证券期货经营机构市场准入和人员任职方面贯彻反洗钱要求；

（三）配合国务院反洗钱行政主管部门对证券期货经营机构实施反洗钱监管；

（四）会同国务院反洗钱行政主管部门指导中国证券业协会、中国期货业协会制定反洗钱工作指引，开展反洗钱宣传和培训；

（五）研究证券期货业反洗钱的重大问题并提出政策建议；

（六）及时向侦查机关报告涉嫌洗钱犯罪的交易活动，协助司法部门调查处理涉嫌洗钱犯罪案件；

（七）对派出机构落实反洗钱监管工作情况进行考评，对中国证券业协会、中国期货业协会落实反洗钱工作进行指导；

（八）法律、行政法规规定的其他职责。

第七条　证监会派出机构履行以下反洗钱工作职责：

（一）配合当地反洗钱行政主管部门对辖区证券期货经营机构实施反洗钱监管，并建立信息交流机制；

（二）定期向证监会报送辖区内半年度和年度反洗钱工作情况，及时报告辖区证券期货经营机构受反洗钱行政主管部门检查或处罚等信息及相关重大事件；

（三）组织、指导辖区证券期货业的反洗钱培训和宣传工作；

（四）研究辖区证券期货业反洗钱工作问题，并提出改进措施；

（五）法律、行政法规以及证监会规定的其他职责。

第八条　中国证券业协会、中国期货业协会履行以下反洗钱工作职责：

（一）在证监会的指导下，制定和修改行业反洗钱相关工作指引；

（二）组织会员单位开展反洗钱培训和宣传工作；

（三）定期向证监会报送协会年度反洗钱工作报告，及时报告相关重大事件；

（四）组织会员单位研究行业反洗钱工作的相关问题；

（五）法律、行政法规以及证监会规定的其他职责。

第三章　证券期货经营机构反洗钱义务

第九条　证券期货经营机构应当依法履行反洗钱义务，建立健全反洗钱内部控制制度。证券期货经营机构负责人应当对反洗钱内部控制制度的有效实施负责，总部应当对分支机构执行反洗钱内部控制制度进行监督管理，根据要求向当地证监会派出机构报告反洗钱工作开展情况。

第十条　证券期货经营机构应当向当地证监会派出机构报送其内部反洗钱工作部门设置、负责人及专门负责反洗钱工作的人员的联系方式等相关信息。如有变更，应当自变更之日起10个工作日内报送更新后的相关信息。

第十一条　证券期货经营机构应当在发现以下事项发生后的5个工作日内，以书面方式向当地证监会派出机构报告：

（一）证券期货经营机构受到反洗钱行政主管部门检查或处罚的；

（二）证券期货经营机构或其客户从事或涉嫌从事洗钱活动，被反洗钱行政主管部门、侦查机关或者司法机关处罚的；

（三）其他涉及反洗钱工作的重大事项。

第十二条　证券期货经营机构应当按照反洗钱法律法规的要求及时建立客户风险等级划分制度，并报当地证监会派出机构备案。在持续关注的基础上，应适时调整客户风险等级。

第十三条　证券期货经营机构在为客户办理业务过程中，发现客户所提供的个人身份证件或机构资料涉嫌虚假记载的，应当拒绝办理；发现存在可疑之处的，应当要求客户补充提供个人身份证件或机构原件等足以证实其身份的相关证明材料，无法证实的，应当拒绝办理。

第十四条　证券期货经营机构通过销售机构向客户销售基金等金融产品时，应当通过合同、协议或其他书面文件，明确双方在客户身份识别、客户身份资料和交易记录保存与信息交换、大额交易和可疑交易报告等方面的反洗钱职责和程序。

第十五条　证券期货经营机构应当建立反洗钱工作保密制度，并报当地证监会派出机构备案。

反洗钱工作保密事项包括以下内容：

（一）客户身份资料及客户风险等级划分资料；

（二）交易记录；

（三）大额交易报告；

（四）可疑交易报告；

（五）履行反洗钱义务所知悉的国家执法部门调查涉嫌洗钱活动的信息；

（六）其他涉及反洗钱工作的保密事项。

查阅、复制涉密档案应当实施书面登记制度。

第十六条　证券期货经营机构应当建立反洗钱培训、宣传制度，每年开展对单位员工的反洗钱培训工作和对客户的反洗钱宣传工作，持续完善反洗钱的预防和监控措施。每年年初，应当向当地证监会派出机构上报反洗钱培训和宣传的落实情况。

第十七条　证券期货经营机构不遵守本办法有关报告、备案或建立相关内控制度等规定的，证监会及其派出机构可采取责令改正、监管谈话或责令参加培训等监管措施。

第四章　附　　则

第十八条　本办法自2010年10月1日起施行。

中国人民银行金融机构反洗钱规定

（2006年11月14日　中国人民银行令〔2006〕第1号）

第一条　为了预防洗钱活动，规范反洗钱监督管理行为和金融机构的反洗钱工作，维护金融秩序，根据《中华人民共和国反洗钱法》、《中华人民共和国中国人民银行法》等有关法律、行政法规，制定本规定。

第二条 本规定适用于在中华人民共和国境内依法设立的下列金融机构：

（一）商业银行、城市信用合作社、农村信用合作社、邮政储汇机构、政策性银行；

（二）证券公司、期货经纪公司、基金管理公司；

（三）保险公司、保险资产管理公司；

（四）信托投资公司、金融资产管理公司、财务公司、金融租赁公司、汽车金融公司、货币经纪公司；

（五）中国人民银行确定并公布的其他金融机构。

从事汇兑业务、支付清算业务和基金销售业务的机构适用本规定对金融机构反洗钱监督管理的规定。

第三条 中国人民银行是国务院反洗钱行政主管部门，依法对金融机构的反洗钱工作进行监督管理。中国银行业监督管理委员会、中国证券监督管理委员会、中国保险监督管理委员会在各自的职责范围内履行反洗钱监督管理职责。

中国人民银行在履行反洗钱职责过程中，应当与国务院有关部门、机构和司法机关相互配合。

第四条 中国人民银行根据国务院授权代表中国政府开展反洗钱国际合作。中国人民银行可以和其他国家或者地区的反洗钱机构建立合作机制，实施跨境反洗钱监督管理。

第五条 中国人民银行依法履行下列反洗钱监督管理职责：

（一）制定或者会同中国银行业监督管理委员会、中国证券监督管理委员会和中国保险监督管理委员会制定金融机构反洗钱规章；

（二）负责人民币和外币反洗钱的资金监测；

（三）监督、检查金融机构履行反洗钱义务的情况；

（四）在职责范围内调查可疑交易活动；

（五）向侦查机关报告涉嫌洗钱犯罪的交易活动；

（六）按照有关法律、行政法规的规定，与境外反洗钱机构交换与反洗钱有关的信息和资料；

（七）国务院规定的其他有关职责。

第六条 中国人民银行设立中国反洗钱监测分析中心，依法履行下列职责：

（一）接收并分析人民币、外币大额交易和可疑交易报告；

（二）建立国家反洗钱数据库，妥善保存金融机构提交的大额交易和可疑交易报告信息；

（三）按照规定向中国人民银行报告分析结果；

（四）要求金融机构及时补正人民币、外币大额交易和可疑交易报告；

（五）经中国人民银行批准，与境外有关机构交换信息、资料；

（六）中国人民银行规定的其他职责。

第七条　中国人民银行及其工作人员应当对依法履行反洗钱职责获得的信息予以保密，不得违反规定对外提供。

中国反洗钱监测分析中心及其工作人员应当对依法履行反洗钱职责获得的客户身份资料、大额交易和可疑交易信息予以保密；非依法律规定，不得向任何单位和个人提供。

第八条　金融机构及其分支机构应当依法建立健全反洗钱内部控制制度，设立反洗钱专门机构或者指定内设机构负责反洗钱工作，制定反洗钱内部操作规程和控制措施，对工作人员进行反洗钱培训，增强反洗钱工作能力。

金融机构及其分支机构的负责人应当对反洗钱内部控制制度的有效实施负责。

第九条　金融机构应当按照规定建立和实施客户身份识别制度。

（一）对要求建立业务关系或者办理规定金额以上的一次性金融业务的客户身份进行识别，要求客户出示真实有效的身份证件或者其他身份证明文件，进行核对并登记，客户身份信息发生变化时，应当及时予以更新；

（二）按照规定了解客户的交易目的和交易性质，有效识别交易的受益人；

（三）在办理业务中发现异常迹象或者对先前获得的客户身份资料的真实性、有效性、完整性有疑问的，应当重新识别客户身份；

（四）保证与其有代理关系或者类似业务关系的境外金融机构进行有效的客户身份识别，并可从该境外金融机构获得所需的客户身份信息。

前款规定的具体实施办法由中国人民银行会同中国银行业监督管理委员会、中国证券监督管理委员会和中国保险监督管理委员会制定。

第十条　金融机构应当在规定的期限内，妥善保存客户身份资料和能够反映每笔交易的数据信息、业务凭证、账簿等相关资料。

前款规定的具体实施办法由中国人民银行会同中国银行业监督管理委员会、中国证券监督管理委员会、中国保险监督管理委员会制定。

第十一条 金融机构应当按照规定向中国反洗钱监测分析中心报告人民币、外币大额交易和可疑交易。

前款规定的具体实施办法由中国人民银行另行制定。

第十二条 中国人民银行会同中国银行业监督管理委员会、中国证券监督管理委员会、中国保险监督管理委员会指导金融行业自律组织制定本行业的反洗钱工作指引。

第十三条 金融机构在履行反洗钱义务过程中,发现涉嫌犯罪的,应当及时以书面形式向中国人民银行当地分支机构和当地公安机关报告。

第十四条 金融机构及其工作人员应当依法协助、配合司法机关和行政执法机关打击洗钱活动。

金融机构的境外分支机构应当遵循驻在国家或者地区反洗钱方面的法律规定,协助配合驻在国家或者地区反洗钱机构的工作。

第十五条 金融机构及其工作人员对依法履行反洗钱义务获得的客户身份资料和交易信息应当予以保密;非依法律规定,不得向任何单位和个人提供。

金融机构及其工作人员应当对报告可疑交易、配合中国人民银行调查可疑交易活动等有关反洗钱工作信息予以保密,不得违反规定向客户和其他人员提供。

第十六条 金融机构及其工作人员依法提交大额交易和可疑交易报告,受法律保护。

第十七条 金融机构应当按照中国人民银行的规定,报送反洗钱统计报表、信息资料以及稽核审计报告中与反洗钱工作有关的内容。

第十八条 中国人民银行及其分支机构根据履行反洗钱职责的需要,可以采取下列措施进行反洗钱现场检查:

(一)进入金融机构进行检查;

(二)询问金融机构的工作人员,要求其对有关检查事项作出说明;

(三)查阅、复制金融机构与检查事项有关的文件、资料,并对可能被转移、销毁、隐匿或者篡改的文件资料予以封存;

(四)检查金融机构运用电子计算机管理业务数据的系统。

中国人民银行或者其分支机构实施现场检查前,应填写现场检查立项审批表,列明检查对象、检查内容、时间安排等内容,经中国人民银行或者其分支机构负责人批准后实施。

现场检查时,检查人员不得少于2人,并应出示执法证和检查通知书;检查人员少于2人或者未出示执法证和检查通知书的,金融机构有权拒绝检查。

现场检查后,中国人民银行或者其分支机构应当制作现场检查意见书,加盖公章,送达被检查机构。现场检查意见书的内容包括检查情况、检查评价、改进意见与措施。

第十九条　中国人民银行及其分支机构根据履行反洗钱职责的需要,可以与金融机构董事、高级管理人员谈话,要求其就金融机构履行反洗钱义务的重大事项作出说明。

第二十条　中国人民银行对金融机构实施现场检查,必要时将检查情况通报中国银行业监督管理委员会、中国证券监督管理委员会或者中国保险监督管理委员会。

第二十一条　中国人民银行或者其省一级分支机构发现可疑交易活动需要调查核实的,可以向金融机构调查可疑交易活动涉及的客户账户信息、交易记录和其他有关资料,金融机构及其工作人员应当予以配合。

前款所称中国人民银行或者其省一级分支机构包括中国人民银行总行、上海总部、分行、营业管理部、省会(首府)城市中心支行、副省级城市中心支行。

第二十二条　中国人民银行或者其省一级分支机构调查可疑交易活动,可以询问金融机构的工作人员,要求其说明情况;查阅、复制被调查的金融机构客户的账户信息、交易记录和其他有关资料;对可能被转移、隐藏、篡改或者毁损的文件、资料,可以封存。

调查可疑交易活动时,调查人员不得少于2人,并出示执法证和中国人民银行或者其省一级分支机构出具的调查通知书。查阅、复制、封存被调查的金融机构客户的账户信息、交易记录和其他有关资料,应当经中国人民银行或者其省一级分支机构负责人批准。调查人员违反规定程序的,金融机构有权拒绝调查。

询问应当制作询问笔录。询问笔录应当交被询问人核对。记载有遗漏或者差错的,被询问人可以要求补充或者更正。被询问人确认笔录无误后,应当签名或者盖章;调查人员也应当在笔录上签名。

调查人员封存文件、资料,应当会同在场的金融机构工作人员查点清楚,当场开列清单一式二份,由调查人员和在场的金融机构工作人员签名或者盖章,一份交金融机构,一份附卷备查。

第二十三条　经调查仍不能排除洗钱嫌疑的,应当立即向有管辖权的侦查机关报案。对客户要求将调查所涉及的账户资金转往境外的,金融机构应当立即向中国人民银行当地分支机构报告。经中国人民银行负责人批准,中国人民银行可以采取临时冻结措施,并以书面形式通知金融机构,金融机构接到通知后应当立即予以执行。

侦查机关接到报案后,认为需要继续冻结的,金融机构在接到侦查机关继续冻结的通知后,应当予以配合。侦查机关认为不需要继续冻结的,中国人民银行在接到侦查机关不需要继续冻结的通知后,应当立即以书面形式通知金融机构解除临时冻结。

临时冻结不得超过48小时。金融机构在按照中国人民银行的要求采取临时冻结措施后48小时内,未接到侦查机关继续冻结通知的,应当立即解除临时冻结。

第二十四条 中国人民银行及其分支机构从事反洗钱工作的人员有下列行为之一的,依法给予行政处分:

(一)违反规定进行检查、调查或者采取临时冻结措施的;

(二)泄露因反洗钱知悉的国家秘密、商业秘密或者个人隐私的;

(三)违反规定对有关机构和人员实施行政处罚的;

(四)其他不依法履行职责的行为。

第二十五条 金融机构违反本规定的,由中国人民银行或者其地市中心支行以上分支机构按照《中华人民共和国反洗钱法》第三十一条、第三十二条的规定进行处罚;区别不同情形,建议中国银行业监督管理委员会、中国证券监督管理委员会或者中国保险监督管理委员会采取下列措施:

(一)责令金融机构停业整顿或者吊销其经营许可证;

(二)取消金融机构直接负责的董事、高级管理人员和其他直接责任人员的任职资格、禁止其从事有关金融行业工作;

(三)责令金融机构对直接负责的董事、高级管理人员和其他直接责任人员给予纪律处分。

中国人民银行县(市)支行发现金融机构违反本规定的,应报告其上一级分支机构,由该分支机构按照前款规定进行处罚或提出建议。

第二十六条 中国人民银行和其地市中心支行以上分支机构对金融机构违反本规定的行为给予行政处罚的,应当遵守《中国人民银行行政处罚程序规定》的有关规定。

第二十七条 本规定自2007年1月1日起施行。2003年1月3日中国人民银行发布的《金融机构反洗钱规定》同时废止。

支付结算办法(节录)

(1997 年 9 月 19 日　银发〔1997〕393 号)

第三章　信　用　卡

第一百三十条　信用卡是指商业银行向个人和单位发行的,凭以向特约单位购物、消费和向银行存取现金,且具有消费信用的特制载体卡片。

第一百三十一条　信用卡按使用对象分为单位卡和个人卡;按信誉等级分为金卡和普通卡。

第一百三十二条　商业银行(包括外资银行、合资银行)、非银行金融机构未经中国人民银行批准不得发行信用卡。

非金融机构、境外金融机构的驻华代表机构不得发行信用卡和代理收单结算业务。

第一百三十三条　申请发行信用卡的银行、非银行金融机构,必须具备下列条件:

(一)符合中国人民银行颁布的商业银行资产负债比例监控指标;

(二)相应的管理机构;

(三)合格的管理人员和技术人员;

(四)健全的管理制度和安全制度;

(五)必要的电信设备和营业场所;

(六)中国人民银行规定的其它条件。

第一百三十四条　商业银行、非银行金融机构开办信用卡业务须报经中国人民银行总行批准;其所属分、支机构开办信用卡业务,须报经辖区内中国人民银行分、支行备案。

第一百三十五条　凡在中国境内金融机构开立基本存款账户的单位可申领单位卡。单位卡可申领若干张,持卡人资格由申领单位法定代表人或其委托的代理人书面指定和注销。

凡具有完全民事行为能力的公民可申领个人卡。个人卡的主卡持卡人可为其配偶及年满 18 周岁的亲属申领附属卡,申领的附属卡最多不得超过两张,也有权要求注销其附属卡。

第一百三十六条　单位或个人申领信用卡,应按规定填制申请表,连同有关资料一并送交发卡银行。符合条件并按银行要求交存一定金额的备用金后，银行为申领人开立信用卡存款账户，并发给信用卡。

第一百三十八条 发卡银行可根据申请人的资信程度，要求其提供担保。担保的方式可采用保证、抵押或质押。

第一百四十条 信用卡仅限于合法持卡人本人使用，持卡人不得出租或转借信用卡。

第一百四十一条 发卡银行应建立授权审批制度；信用卡结算超过规定限额的必须取得发卡银行的授权。

第一百四十三条 持卡人凭卡购物、消费时，需将信用卡和身份证件一并交特约单位。智能卡（下称IC卡）、照片卡可免验身份证件。

特约单位不得拒绝受理持卡人合法持有的、签约银行发行的有效信用卡，不得因持卡人使用信用卡而向其收取附加费用。

第一百五十一条 个人卡持卡人在银行支取现金时，应将信用卡和身份证件一并交发卡银行或代理银行。IC卡、照片卡以及凭密码在POS上支取现金的可免验身份证件。

发卡银行或代理银行压（刷）卡后，填写取现单，经审查无误，交持卡人签名确认。超过支付限额的，代理银行应向发卡银行索权，并在取现单上填写授权号码。办理付款手续后，将现金、信用卡、身份证件和取现单回单联交给持卡人。

第一百五十二条 发卡银行收到代理银行通过同城票据交换或本系统联行划转的各种单据审核无误后办理付款。

第一百五十六条 单位卡在使用过程中，需要向其账户续存资金的，一律从其基本存款账户转帐存入。

个人卡在使用过程中，需要向其账户续存资金的，只限于其持有的现金存入和工资性款项以及属于个人的劳务报酬收入转帐存入。

第一百五十七条 个人卡持卡人或其代理人交存现金，应在发卡银行或其代理银行办理。

持卡人凭信用卡在发卡银行或代理银行交存现金的，银行经审查并收妥现金后，在存款单上压卡，将存款单回单联及信用卡交给持卡人。

持卡人委托他人在不压卡的情况下代为办理交存现金的，代理人应在信用卡存款单上填写持卡人的卡号、姓名、存款金额等内容，并将现金送交银行办理交存手续。

非银行支付机构网络支付业务管理办法

（2015年12月28日　中国人民银行公告〔2015〕第43号）

第一章　总　　则

第一条　为规范非银行支付机构（以下简称支付机构）网络支付业务，防范支付风险，保护当事人合法权益，根据《中华人民共和国中国人民银行法》、《非金融机构支付服务管理办法》（中国人民银行令〔2010〕第2号发布）等规定，制定本办法。

第二条　支付机构从事网络支付业务，适用本办法。

本办法所称支付机构是指依法取得《支付业务许可证》，获准办理互联网支付、移动电话支付、固定电话支付、数字电视支付等网络支付业务的非银行机构。

本办法所称网络支付业务，是指收款人或付款人通过计算机、移动终端等电子设备，依托公共网络信息系统远程发起支付指令，且付款人电子设备不与收款人特定专属设备交互，由支付机构为收付款人提供货币资金转移服务的活动。

本办法所称收款人特定专属设备，是指专门用于交易收款，在交易过程中与支付机构业务系统交互并参与生成、传输、处理支付指令的电子设备。

第三条　支付机构应当遵循主要服务电子商务发展和为社会提供小额、快捷、便民小微支付服务的宗旨，基于客户的银行账户或者按照本办法规定为客户开立支付账户提供网络支付服务。

本办法所称支付账户，是指获得互联网支付业务许可的支付机构，根据客户的真实意愿为其开立的，用于记录预付交易资金余额、客户凭以发起支付指令、反映交易明细信息的电子簿记。

支付账户不得透支，不得出借、出租、出售，不得利用支付账户从事或者协助他人从事非法活动。

第四条　支付机构基于银行卡为客户提供网络支付服务的，应当执行银行卡业务相关监管规定和银行卡行业规范。

支付机构对特约商户的拓展与管理、业务与风险管理应当执行《银行卡收单业务管理办法》（中国人民银行公告〔2013〕第9号公布）等相关规定。

支付机构网络支付服务涉及跨境人民币结算和外汇支付的，应当执行中国人民银行、国家外汇管理局相关规定。

支付机构应当依法维护当事人合法权益，遵守反洗钱和反恐怖融资相关规定，履行反洗钱和反恐怖融资义务。

第五条 支付机构依照中国人民银行有关规定接受分类评价，并执行相应的分类监管措施。

第二章 客户管理

第六条 支付机构应当遵循“了解你的客户”原则，建立健全客户身份识别机制。支付机构为客户开立支付账户的，应当对客户实行实名制管理，登记并采取有效措施验证客户身份基本信息，按规定核对有效身份证件并留存有效身份证件复印件或者影印件，建立客户唯一识别编码，并在与客户业务关系存续期间采取持续的身份识别措施，确保有效核实客户身份及其真实意愿，不得开立匿名、假名支付账户。

第七条 支付机构应当与客户签订服务协议，约定双方责任、权利和义务，至少明确业务规则（包括但不限于业务功能和流程、身份识别和交易验证方式、资金结算方式等），收费项目和标准，查询、差错争议及投诉等服务流程和规则，业务风险和非法活动防范及处置措施，客户损失责任划分和赔付规则等内容。

支付机构为客户开立支付账户的，还应在服务协议中以显著方式告知客户，并采取有效方式确认客户充分知晓并清晰理解下列内容：“支付账户所记录的资金余额不同于客户本人的银行存款，不受《存款保险条例》保护，其实质为客户委托支付机构保管的、所有权归属于客户的预付价值。该预付价值对应的货币资金虽然属于客户，但不以客户本人名义存放在银行，而是以支付机构名义存放在银行，并且由支付机构向银行发起资金调拨指令。”

支付机构应当确保协议内容清晰、易懂，并以显著方式提示客户注意与其有重大利害关系的事项。

第八条 获得互联网支付业务许可的支付机构，经客户主动提出申请，可为其开立支付账户；仅获得移动电话支付、固定电话支付、数字电视支付业务许可的支付机构，不得为客户开立支付账户。

支付机构不得为金融机构，以及从事信贷、融资、理财、担保、信托、货币兑换等金融业务的其他机构开立支付账户。

第三章 业务管理

第九条 支付机构不得经营或者变相经营证券、保险、信贷、融资、理财、担保、信托、货币兑换、现金存取等业务。

第十条　支付机构向客户开户银行发送支付指令，扣划客户银行账户资金的，支付机构和银行应当执行下列要求：

（一）支付机构应当事先或在首笔交易时自主识别客户身份并分别取得客户和银行的协议授权，同意其向客户的银行账户发起支付指令扣划资金；

（二）银行应当事先或在首笔交易时自主识别客户身份并与客户直接签订授权协议，明确约定扣款适用范围和交易验证方式，设立与客户风险承受能力相匹配的单笔和单日累计交易限额，承诺无条件全额承担此类交易的风险损失先行赔付责任；

（三）除单笔金额不超过200元的小额支付业务，公共事业缴费、税费缴纳、信用卡还款等收款人固定并且定期发生的支付业务，以及符合第三十七条规定的情形以外，支付机构不得代替银行进行交易验证。

第十一条　支付机构应根据客户身份对同一客户在本机构开立的所有支付账户进行关联管理，并按照下列要求对个人支付账户进行分类管理：

（一）对于以非面对面方式通过至少一个合法安全的外部渠道进行身份基本信息验证，且为首次在本机构开立支付账户的个人客户，支付机构可以为其开立Ⅰ类支付账户，账户余额仅可用于消费和转账，余额付款交易自账户开立起累计不超过1000元（包括支付账户向客户本人同名银行账户转账）；

（二）对于支付机构自主或委托合作机构以面对面方式核实身份的个人客户，或以非面对面方式通过至少三个合法安全的外部渠道进行身份基本信息多重交叉验证的个人客户，支付机构可以为其开立Ⅱ类支付账户，账户余额仅可用于消费和转账，其所有支付账户的余额付款交易年累计不超过10万元（不包括支付账户向客户本人同名银行账户转账）；

（三）对于支付机构自主或委托合作机构以面对面方式核实身份的个人客户，或以非面对面方式通过至少五个合法安全的外部渠道进行身份基本信息多重交叉验证的个人客户，支付机构可以为其开立Ⅲ类支付账户，账户余额可以用于消费、转账以及购买投资理财等金融类产品，其所有支付账户的余额付款交易年累计不超过20万元（不包括支付账户向客户本人同名银行账户转账）。

客户身份基本信息外部验证渠道包括但不限于政府部门数据库、商业银行信息系统、商业化数据库等。其中，通过商业银行验证个人客户身份基本信息的，应为Ⅰ类银行账户或信用卡。

第十二条 支付机构办理银行账户与支付账户之间转账业务的，相关银行账户与支付账户应属于同一客户。

支付机构应按照与客户的约定及时办理支付账户向客户本人银行账户转账业务，不得对Ⅱ类、Ⅲ类支付账户向客户本人银行账户转账设置限额。

第十三条 支付机构为客户办理本机构发行的预付卡向支付账户转账的，应当按照《支付机构预付卡业务管理办法》（中国人民银行公告〔2012〕第12号公布）相关规定对预付卡转账至支付账户的余额单独管理，仅限其用于消费，不得通过转账、购买投资理财等金融类产品等形式进行套现或者变相套现。

第十四条 支付机构应当确保交易信息的真实性、完整性、可追溯性以及在支付全流程中的一致性，不得篡改或者隐匿交易信息。交易信息包括但不限于下列内容：

（一）交易渠道、交易终端或接口类型、交易类型、交易金额、交易时间，以及直接向客户提供商品或者服务的特约商户名称、编码和按照国家与金融行业标准设置的商户类别码；

（二）收付款客户名称，收付款支付账户账号或者银行账户的开户银行名称及账号；

（三）付款客户的身份验证和交易授权信息；

（四）有效追溯交易的标识；

（五）单位客户单笔超过5万元的转账业务的付款用途和事由。

第十五条 因交易取消（撤销）、退货、交易不成功或者投资理财等金融类产品赎回等原因需划回资金的，相应款项应当划回原扣款账户。

第十六条 对于客户的网络支付业务操作行为，支付机构应当在确认客户身份及真实意愿后及时办理，并在操作生效之日起至少五年内，真实、完整保存操作记录。

客户操作行为包括但不限于登录和注销登录、身份识别和交易验证、变更身份信息和联系方式、调整业务功能、调整交易限额、变更资金收付方式，以及变更或挂失密码、数字证书、电子签名等。

第四章 风险管理与客户权益保护

第十七条 支付机构应当综合客户类型、身份核实方式、交易行为特征、资信状况等因素，建立客户风险评级管理制度和机制，并动态调整客户风险评级及相关风险控制措施。

支付机构应当根据客户风险评级、交易验证方式、交易渠道、交易终端或接口类型、交易类型、交易金额、交易时间、商户类别等因素，建立交易风险管理制度和交易监测系统，对疑似欺诈、套现、洗钱、非法融资、恐怖融资等交易，及时采取调查核实、延迟结算、终止服务等措施。

第十八条 支付机构应当向客户充分提示网络支付业务的潜在风险，及时揭示不法分子新型作案手段，对客户进行必要的安全教育，并对高风险业务在操作前、操作中进行风险警示。

支付机构为客户购买合作机构的金融类产品提供网络支付服务的，应当确保合作机构为取得相应经营资质并依法开展业务的机构，并在首次购买时向客户展示合作机构信息和产品信息，充分提示相关责任、权利、义务及潜在风险，协助客户与合作机构完成协议签订。

第十九条 支付机构应当建立健全风险准备金制度和交易赔付制度，并对不能有效证明因客户原因导致的资金损失及时先行全额赔付，保障客户合法权益。

支付机构应于每年 1 月 31 日前，将前一年度发生的风险事件、客户风险损失发生和赔付等情况在网站对外公告。支付机构应在年度监管报告中如实反映上述内容和风险准备金计提、使用及结余等情况。

第二十条 支付机构应当依照中国人民银行有关客户信息保护的规定，制定有效的客户信息保护措施和风险控制机制，履行客户信息保护责任。

支付机构不得存储客户银行卡的磁道信息或芯片信息、验证码、密码等敏感信息，原则上不得存储银行卡有效期。因特殊业务需要，支付机构确需存储客户银行卡有效期的，应当取得客户和开户银行的授权，以加密形式存储。

支付机构应当以“最小化”原则采集、使用、存储和传输客户信息，并告知客户相关信息的使用目的和范围。支付机构不得向其他机构或个人提供客户信息，法律法规另有规定，以及经客户本人逐项确认并授权的除外。

第二十一条 支付机构应当通过协议约定禁止特约商户存储客户银行卡的磁道信息或芯片信息、验证码、有效期、密码等敏感信息，并采取定期检查、技术监测等必要监督措施。

特约商户违反协议约定存储上述敏感信息的，支付机构应当立即暂停或者终止为其提供网络支付服务，采取有效措施删除敏感信息、防止信息泄露，并依法承担因相关信息泄露造成的损失和责任。

第二十二条 支付机构可以组合选用下列三类要素，对客户使用支付账户余额付款的交易进行验证：

（一）仅客户本人知悉的要素，如静态密码等；

（二）仅客户本人持有并特有的，不可复制或者不可重复利用的要素，如经过安全认证的数字证书、电子签名，以及通过安全渠道生成和传输的一次性密码等；

（三）客户本人生理特征要素，如指纹等。

支付机构应当确保采用的要素相互独立，部分要素的损坏或者泄露不应导致其他要素损坏或者泄露。

第二十三条 支付机构采用数字证书、电子签名作为验证要素的，数字证书及生成电子签名的过程应符合《中华人民共和国电子签名法》、《金融电子认证规范》（JR/T 0118－2015）等有关规定，确保数字证书的唯一性、完整性及交易的不可抵赖性。

支付机构采用一次性密码作为验证要素的，应当切实防范一次性密码获取端与支付指令发起端为相同物理设备而带来的风险，并将一次性密码有效期严格限制在最短的必要时间内。

支付机构采用客户本人生理特征作为验证要素的，应当符合国家、金融行业标准和相关信息安全管理要求，防止被非法存储、复制或重放。

第二十四条 支付机构应根据交易验证方式的安全级别，按照下列要求对个人客户使用支付账户余额付款的交易进行限额管理：

（一）支付机构采用包括数字证书或电子签名在内的两类（含）以上有效要素进行验证的交易，单日累计限额由支付机构与客户通过协议自主约定；

（二）支付机构采用不包括数字证书、电子签名在内的两类（含）以上有效要素进行验证的交易，单个客户所有支付账户单日累计金额应不超过5000元（不包括支付账户向客户本人同名银行账户转账）；

（三）支付机构采用不足两类有效要素进行验证的交易，单个客户所有支付账户单日累计金额应不超过1000元（不包括支付账户向客户本人同名银行账户转账），且支付机构应当承诺无条件全额承担此类交易的风险损失赔付责任。

第二十五条 支付机构网络支付业务相关系统设施和技术，应当持续符合国家、金融行业标准和相关信息安全管理要求。如未符合相关标准和要求，或者尚未形成国家、金融行业标准，支付机构应当无条件全额承担客户直接风险损失的先行赔付责任。

第二十六条　支付机构应当在境内拥有安全、规范的网络支付业务处理系统及其备份系统，制定突发事件应急预案，保障系统安全性和业务连续性。

支付机构为境内交易提供服务的，应当通过境内业务处理系统完成交易处理，并在境内完成资金结算。

第二十七条　支付机构应当采取有效措施，确保客户在执行支付指令前可对收付款客户名称和账号、交易金额等交易信息进行确认，并在支付指令完成后及时将结果通知客户。

因交易超时、无响应或者系统故障导致支付指令无法正常处理的，支付机构应当及时提示客户；因客户原因造成支付指令未执行、未适当执行、延迟执行的，支付机构应当主动通知客户更改或者协助客户采取补救措施。

第二十八条　支付机构应当通过具有合法独立域名的网站和统一的服务电话等渠道，为客户免费提供至少最近一年以内交易信息查询服务，并建立健全差错争议和纠纷投诉处理制度，配备专业部门和人员据实、准确、及时处理交易差错和客户投诉。支付机构应当告知客户相关服务的正确获取途径，指导客户有效辨识服务渠道的真实性。

支付机构应当于每年1月31日前，将前一年度发生的客户投诉数量和类型、处理完毕的投诉占比、投诉处理速度等情况在网站对外公告。

第二十九条　支付机构应当充分尊重客户自主选择权，不得强迫客户使用本机构提供的支付服务，不得阻碍客户使用其他机构提供的支付服务。

支付机构应当公平展示客户可选用的各种资金收付方式，不得以任何形式诱导、强迫客户开立支付账户或者通过支付账户办理资金收付，不得附加不合理条件。

第三十条　支付机构因系统升级、调试等原因，需暂停网络支付服务的，应当至少提前5个工作日予以公告。

支付机构变更协议条款、提高服务收费标准或者新设收费项目的，应当于实施之前在网站等服务渠道以显著方式连续公示30日，并于客户首次办理相关业务前确认客户知悉且接受拟调整的全部详细内容。

第五章　监督管理

第三十一条　支付机构提供网络支付创新产品或者服务、停止提供产品或者服务、与境外机构合作在境内开展网络支付业务的，应当至少提前30日向法人所在地中国人民银行分支机构报告。

支付机构发生重大风险事件的,应当及时向法人所在地中国人民银行分支机构报告;发现涉嫌违法犯罪的,同时报告公安机关。

第三十二条 中国人民银行可以结合支付机构的企业资质、风险管控特别是客户备付金管理等因素,确立支付机构分类监管指标体系,建立持续分类评价工作机制,并对支付机构实施动态分类管理。具体办法由中国人民银行另行制定。

第三十三条 评定为"A"类且Ⅱ类、Ⅲ类支付账户实名比例超过95%的支付机构,可以采用能够切实落实实名制要求的其他客户身份核实方法,经法人所在地中国人民银行分支机构评估认可并向中国人民银行备案后实施。

第三十四条 评定为"A"类且Ⅱ类、Ⅲ类支付账户实名比例超过95%的支付机构,可以对从事电子商务经营活动、不具备工商登记注册条件且相关法律法规允许不进行工商登记注册的个人客户(以下简称个人卖家)参照单位客户管理,但应建立持续监测电子商务经营活动、对个人卖家实施动态管理的有效机制,并向法人所在地中国人民银行分支机构备案。

支付机构参照单位客户管理的个人卖家,应至少符合下列条件:

(一)相关电子商务交易平台已依照相关法律法规对其真实身份信息进行审查和登记,与其签订登记协议,建立登记档案并定期核实更新,核发证明个人身份信息真实合法的标记,加载在其从事电子商务经营活动的主页面醒目位置;

(二)支付机构已按照开立Ⅲ类个人支付账户的标准对其完成身份核实;

(三)持续从事电子商务经营活动满6个月,且期间使用支付账户收取的经营收入累计超过20万元。

第三十五条 评定为"A"类且Ⅱ类、Ⅲ类支付账户实名比例超过95%的支付机构,对于已经实名确认、达到实名制管理要求的支付账户,在办理第十二条第一款所述转账业务时,相关银行账户与支付账户可以不属于同一客户。但支付机构应在交易中向银行准确、完整发送交易渠道、交易终端或接口类型、交易类型、收付款客户名称和账号等交易信息。

第三十六条 评定为"A"类且Ⅱ类、Ⅲ类支付账户实名比例超过95%的支付机构,可以将达到实名制管理要求的Ⅱ类、Ⅲ类支付账户的余额付款单日累计限额,提高至第二十四条规定的2倍。

评定为"B"类及以上,且Ⅱ类、Ⅲ类支付账户实名比例超过90%的支付机构,可以将达到实名制管理要求的Ⅱ类、Ⅲ类支付账户的余额付款单日累计限额,提高至第二十四条规定的1.5倍。

第三十七条　评定为“A”类的支付机构按照第十条规定办理相关业务时，可以与银行根据业务需要，通过协议自主约定由支付机构代替进行交易验证的情形，但支付机构应在交易中向银行完整、准确发送交易渠道、交易终端或接口类型、交易类型、商户名称、商户编码、商户类别码、收付款客户名称和账号等交易信息；银行应核实支付机构验证手段或渠道的安全性，且对客户资金安全的管理责任不因支付机构代替验证而转移。

第三十八条　对于评定为“C”类及以下、支付账户实名比例较低、对零售支付体系或社会公众非现金支付信心产生重大影响的支付机构，中国人民银行及其分支机构可以在第十九条、第二十八条等规定的基础上适度提高公开披露相关信息的要求，并加强非现场监管和现场检查。

第三十九条　中国人民银行及其分支机构对照上述分类管理措施相应条件，动态确定支付机构适用的监管规定并持续监管。支付机构分类评定结果和支付账户实名比例不符合上述分类管理措施相应条件的，应严格按照第十条、第十一条、第十二条及第二十四条等相关规定执行。

中国人民银行及其分支机构可以根据社会经济发展情况和支付机构分类管理需要，对支付机构网络支付业务范围、模式、功能、限额及业务创新等相关管理措施进行适时调整。

第四十条　支付机构应当加入中国支付清算协会，接受行业自律组织管理。

中国支付清算协会应当根据本办法制定网络支付业务行业自律规范，建立自律审查机制，向中国人民银行备案后组织实施。自律规范应包括支付机构与客户签订协议的范本，明确协议应记载和不得记载事项，还应包括支付机构披露有关信息的具体内容和标准格式。

中国支付清算协会应当建立信用承诺制度，要求支付机构以标准格式向社会公开承诺依法合规开展网络支付业务、保障客户信息安全和资金安全、维护客户合法权益、如违法违规自愿接受约束和处罚。

第六章　法律责任

第四十一条　支付机构从事网络支付业务有下列情形之一的，中国人民银行及其分支机构依据《非金融机构支付服务管理办法》第四十二条的规定进行处理：

（一）未按规定建立客户实名制管理、支付账户开立与使用、差错争议和纠纷投诉处理、风险准备金和交易赔付、应急预案等管理制度的；

（二）未按规定建立客户风险评级管理、支付账户功能与限额管理、客户支付指令验证管理、交易和信息安全管理、交易监测系统等风险控制机制的，未按规定对支付业务采取有效风险控制措施的；

（三）未按规定进行风险提示、公开披露相关信息的；

（四）未按规定履行报告义务的。

第四十二条 支付机构从事网络支付业务有下列情形之一的，中国人民银行及其分支机构依据《非金融机构支付服务管理办法》第四十三条的规定进行处理；情节严重的，中国人民银行及其分支机构依据《中华人民共和国中国人民银行法》第四十六条的规定进行处理：

（一）不符合支付机构支付业务系统设施有关要求的；

（二）不符合国家、金融行业标准和相关信息安全管理要求的，采用数字证书、电子签名不符合《中华人民共和国电子签名法》、《金融电子认证规范》等规定的；

（三）为非法交易、虚假交易提供支付服务，发现客户疑似或者涉嫌违法违规行为未按规定采取有效措施的；

（四）未按规定采取客户支付指令验证措施的；

（五）未真实、完整、准确反映网络支付交易信息，篡改或者隐匿交易信息的；

（六）未按规定处理客户信息，或者未履行客户信息保密义务，造成信息泄露隐患或者导致信息泄露的；

（七）妨碍客户自主选择支付服务提供主体或资金收付方式的；

（八）公开披露虚假信息的；

（九）违规开立支付账户，或擅自经营金融业务活动的。

第四十三条 支付机构违反反洗钱和反恐怖融资规定的，依据国家有关法律法规进行处理。

第七章 附 则

第四十四条 本办法相关用语含义如下：

单位客户，是指接受支付机构支付服务的法人、其他组织或者个体工商户。

个人客户，是指接受支付机构支付服务的自然人。

单位客户的身份基本信息，包括客户的名称、地址、经营范围、统一社会信用代码或组织机构代码；可证明该客户依法设立或者可依法开展经营、社会活动的执照、证件或者文件的名称、号码和有效期限；法定代表人（负责人）或授权办理业务人员的姓名、有效身份证件的种类、号码和有效期限。

个人客户的身份基本信息，包括客户的姓名、国籍、性别、职业、住址、联系方式以及客户有效身份证件的种类、号码和有效期限。

法人和其他组织客户的有效身份证件，是指政府有权机关颁发的能够证明其合法真实身份的证件或文件，包括但不限于营业执照、事业单位法人证书、税务登记证、组织机构代码证；个体工商户的有效身份证件，包括营业执照、经营者或授权经办人员的有效身份证件。

个人客户的有效身份证件，包括：在中国境内已登记常住户口的中国公民为居民身份证，不满十六周岁的，为居民身份证或户口簿；香港、澳门特别行政区居民为港澳居民往来内地通行证；台湾地区居民为台湾居民来往大陆通行证；定居国外的中国公民为中国护照；外国公民为护照或者外国人永久居留证（外国边民，按照边贸结算的有关规定办理）；法律、行政法规规定的其他身份证明文件。

客户本人，是指客户本单位（单位客户）或者本人（个人客户）。

第四十五条　本办法由中国人民银行负责解释和修订。

第四十六条　本办法自2016年7月1日起施行。

中国人民银行、工业和信息化部、公安部、国家工商行政管理总局关于建立电信网络新型违法犯罪涉案账户紧急止付和快速冻结机制的通知

（2016年3月18日　银发〔2016〕86号）

为提高公安机关冻结诈骗资金效率，切实保护社会公众财产安全，中国人民银行、工业和信息化部、公安部、工商总局决定建立电信网络新型违法犯罪涉案账户紧急止付和快速冻结机制。现就有关事项通知如下：

一、开通管理平台紧急止付、快速冻结功能

自2016年6月1日起，各银行业金融机构（以下简称银行）、公安机关通过接口方式与电信网络新型违法犯罪交易风险事件管理平台（以下简称管理平台）连接，实现对涉案账户的紧急止付、快速冻结、信息共享和快速查询功能。获得网络支付业务许可的非银行支付机构（以下简称支付机构）应于2016年12月31日前，通过接口方式与管理平台连接，实现上述功能。

二、规范紧急止付、快速冻结业务流程

公安机关、银行、支付机构依托管理平台收发电子报文，对涉案账户采取紧急止付、快速冻结措施。

（一）止付流程。

1. 被害人申请紧急止付。被害人被骗后，可拨打报警电话（110），直接向公安机关报案；也可向开户行所在地同一法人银行的任一网点举报。涉案账户为支付账户的向公安机关报案。

被害人向银行举报的，应出示本人有效身份证件，填写《紧急止付申请表》，详细说明资金汇出账户、收款人开户行名称、收款人账户（以下简称止付账户）、汇出金额、汇出时间、汇出渠道、疑似诈骗电话或短信内容等，承诺承担相关的法律责任并签名确认。同时，银行应当告知被害人拨打当地110报警电话。公安机关110报警服务台应立即指定辖区内的公安机关受理并告知被害人。被害人将110指定的受案公安机关名称告知银行。银行应当立即将《紧急止付申请表》以及被害人身份证件扫描件，通过管理平台发送至受案公安机关。

2. 紧急止付。公安机关应将加盖电子签章的紧急止付指令，以报文形式通过管理平台发送至止付账户开户行总行或支付机构，止付账户开户行总行或支付机构通过本单位业务系统，对相关账户的户名、账号、汇款金额和交易时间进行核对。核对一致的，立即进行止付操作，止付期限为自止付时点起48小时；核对不一致的，不得进行止付操作。止付银行或支付机构完成相关操作后，立即通过管理平台发送“紧急止付结果反馈报文”。公安机关可根据办案需要对同一账户再次止付，但止付次数以两次为限。

3. 冻结账户。公安机关应当在止付期限内，对被害人报案事项的真实性进行审查。报案事项属实的，经公安机关负责人批准，予以立案，并通过管理平台向止付账户开户行总行或支付机构发送“协助冻结财产通知报文”。银行或支付机构收到“协助冻结财产通知报文”后，对相应账户进行冻结。在止付期限内，未收到公安机关“协助冻结财产通知报文”的，止付期满后账户自动解除止付。

4. 同一法人银行特殊情形处理。如被害人开户行和止付账户开户行属于同一法人银行的，在情况紧急时，止付账户开户行可先行采取紧急止付，同时告知被害人立即报案，公安机关应在24小时内将紧急止付指令通过管理平台补送到止付银行。

（二）延伸止付。

如被害人被骗资金已被转出，止付账户开户行总行或支付机构应当将资金划转信息通过管理平台反馈公安机关,由公安机关决定是否延伸止付。若公安机关选择延伸止付,应通过管理平台将“延伸紧急止付报文”发送到相关银行或支付机构采取延伸止付。止付时间从止付操作起计算,止付期限为48小时。

延伸止付账户开户行或支付机构应根据“延伸紧急止付报文”,对涉案账户立即采取延伸止付,并将“延伸紧急止付结果反馈报文”通过管理平台反馈至发起延伸止付的公安机关。

如资金被多次转移的,应当进行多次延伸止付。多次延伸止付流程同上。

(三)明确责任。

客户恶意举报或因客户恶意举报采取的紧急止付措施对开户银行、开户支付机构、止付银行、止付支付机构以及止付账户户主等相关当事人造成损失和涉及法律责任的,应依法追究报案人责任。

三、限制涉案及可疑账户业务

银行、支付机构应对涉案账户或可疑账户采取业务限制措施。

(一)信息报送。

公安机关将涉案账户信息通过“涉案账户信息统计报文”发送到管理平台;银行、支付机构、公安机关将可疑账户信息通过“可疑账户信息统计报文”发送到管理平台。

(二)限制银行账户业务。

对于纳入“涉案账户信息”的账户(卡),开户银行应中止其业务,及时封停涉案账户(卡)在境内和境外的转账、取现等功能;银行不得向纳入“涉案账户信息”账户(卡)办理转账汇款、存现业务。对于纳入“涉案账户信息”的支付账户,支付机构应中止其转账支付业务。对于纳入“可疑账户信息”的账户,开户银行应取消其网上银行、手机银行、境内和境外自动柜员机(ATM)取现功能;汇入银行或支付机构客户账户(卡)纳入“可疑账户信息”的,汇出银行或支付机构应向汇款人提示“收款账户可疑,谨防诈骗”。

(三)加强对涉案账户的监测。

对于纳入“涉案账户信息”和“可疑账户信息”的客户,银行、支付机构应对其采取重新识别客户身份的措施,加强对其交易活动的监测;对于认定存在诈骗洗钱行为的客户信息应及时报送中国反洗钱监测分析中心。

四、相关要求

(一)人民银行、公安机关、电信主管部门、工商行政管理部门和银行、支付机构应加强沟通、密切配合,积极推进信息共享,建立高效运转的紧急止付和快速冻结工作机制，推动紧急止付和快速冻结顺利实施，最大限度挽回社会公众的财产损失。

（二）银行、支付机构和公安机关应根据本通知要求细化并制定本单位紧急止付和快速冻结操作规范，规范电信网络新型违法犯罪报案流程，核实报案人的身份信息，明确相关法律责任；完成系统改造，按期接入管理平台，及时上报和同步更新涉案账户信息库，实现对涉案账户的紧急止付、快速冻结。同时，银行、支付机构应对账户的网上交易记录IP地址进行集中管理，便于公安机关查询取证。

（三）公安机关应当积极受理电信网络新型违法犯罪报案，核实情况属实后应当立即予以立案，及时向银行、支付机构发送冻结指令并出具冻结法律文书。银行、支付机构应畅通本单位内部紧急止付和快速冻结通道，认真核实涉案账户流转情况，对涉案账户实现业务控制。

（四）各银行、支付机构、公安机关、电信主管部门应加强电信网络新型违法犯罪的宣传教育，及时通报电信网络新型违法犯罪案例，总结作案手段和特点，交流防堵经验做法，展示宣传资料，提高一线人员的防范和识别能力，加强社会公众风险防范意识，有效劝阻、提示社会公众谨防诈骗。

请人民银行上海总部，各分行、营业管理部、省会（首府）城市中心支行，深圳市中心支行会同各省、自治区、直辖市及计划单列市通信管理局、公安厅（局）、工商行政管理局（市场监督管理部门）；新疆生产建设兵团公安局及时将本通知转发至辖区内相关机构。

中国人民银行关于加强支付结算管理防范电信网络新型违法犯罪有关事项的通知

（2016年9月30日　银发〔2016〕261号）

中国人民银行上海总部，各分行、营业管理部，各省会（首府）城市中心支行，深圳市中心支行；国家开发银行，各政策性银行、国有商业银行、股份制商业银行，中国邮政储蓄银行；中国银联股份有限公司，中国支付清算协会；各非银行支付机构：

为有效防范电信网络新型违法犯罪，切实保护人民群众财产安全和合法权益，现就加强支付结算管理有关事项通知如下：

一、加强账户实名制管理

（一）全面推进个人账户分类管理。

1. 个人银行结算账户。自2016年12月1日起，银行业金融机构（以下简称银行)为个人开立银行结算账户的,同一个人在同一家银行(以法人为单位,下同)只能开立一个Ⅰ类户,已开立Ⅰ类户,再新开户的,应当开立Ⅱ类户或Ⅲ类户。银行对本银行行内异地存取现、转账等业务,收取异地手续费的,应当自本通知发布之日起三个月内实现免费。

个人于2016年11月30日前在同一家银行开立多个Ⅰ类户的,银行应当对同一存款人开户数量较多的情况进行摸排清理,要求存款人作出说明,核实其开户的合理性。对于无法核实开户合理性的,银行应当引导存款人撤销或归并账户,或者采取降低账户类别等措施,使存款人运用账户分类机制,合理存放资金,保护资金安全。

2. 个人支付账户。自2016年12月1日起,非银行支付机构(以下简称支付机构)为个人开立支付账户的,同一个人在同一家支付机构只能开立一个Ⅲ类账户。支付机构应当于2016年11月30日前完成存量支付账户清理工作,联系开户人确认需保留的账户,其余账户降低类别管理或予以撤并;开户人未按规定时间确认的,支付机构应当保留其使用频率较高和金额较大的账户,后续可根据其申请进行变更。

(二)暂停涉案账户开户人名下所有账户的业务。自2017年1月1日起,对于不法分子用于开展电信网络新型违法犯罪的作案银行账户和支付账户,经设区的市级及以上公安机关认定并纳入电信网络新型违法犯罪交易风险事件管理平台"涉案账户"名单的,银行和支付机构中止该账户所有业务。

银行和支付机构应当通知涉案账户开户人重新核实身份,如其未在3日内向银行或者支付机构重新核实身份的,应当对账户开户人名下其他银行账户暂停非柜面业务,支付账户暂停所有业务。银行和支付机构重新核实账户开户人身份后,可以恢复除涉案账户外的其他账户业务;账户开户人确认账户为他人冒名开立的,应当向银行和支付机构出具被冒用身份开户并同意销户的声明,银行和支付机构予以销户。

(三)建立对买卖银行账户和支付账户、冒名开户的惩戒机制。自2017年1月1日起,银行和支付机构对经设区的市级及以上公安机关认定的出租、出借、出售、购买银行账户(含银行卡,下同)或者支付账户的单位和个人及相关组织者,假冒他人身份或者虚构代理关系开立银行账户或者支付账户的单位和个人,5年内暂停其银行账户非柜面业务、支付账户所有业务,3年内不得为其新开立账户。人民银行将上述单位和个人信息移送金融信用信息基础数据库并向社会公布。

（四）加强对冒名开户的惩戒力度。银行在办理开户业务时，发现个人冒用他人身份开立账户的，应当及时向公安机关报案并将被冒用的身份证件移交公安机关。

（五）建立单位开户审慎核实机制。对于被全国企业信用信息公示系统列入“严重违法失信企业名单”，以及经银行和支付机构核实单位注册地址不存在或者虚构经营场所的单位，银行和支付机构不得为其开户。银行和支付机构应当至少每季度排查企业是否属于严重违法企业，情况属实的，应当在3个月内暂停其业务，逐步清理。

对存在法定代表人或者负责人对单位经营规模及业务背景等情况不清楚、注册地和经营地均在异地等异常情况的单位，银行和支付机构应当加强对单位开户意愿的核查。银行应当对法定代表人或者负责人面签并留存视频、音频资料等，开户初期原则上不开通非柜面业务，待后续了解后再审慎开通。支付机构应当留存单位法定代表人或者负责人开户时的视频、音频资料等。

支付机构为单位开立支付账户，应当参照《人民币银行结算账户管理办法》（中国人民银行令〔2003〕第5号发布）第十七条、第二十四条、第二十六条等相关规定，要求单位提供相关证明文件，并自主或者委托合作机构以面对面方式核实客户身份，或者以非面对面方式通过至少三个合法安全的外部渠道对单位基本信息进行多重交叉验证。对于本通知发布之日前已经开立支付账户的单位，支付机构应当于2017年6月底前按照上述要求核实身份，完成核实前不得为其开立新的支付账户；逾期未完成核实的，支付账户只收不付。支付机构完成核实工作后，将有关情况报告法人所在地人民银行分支机构。

支付机构应当加强对使用个人支付账户开展经营性活动的资金交易监测和持续性客户管理。

（六）加强对异常开户行为的审核。有下列情形之一的，银行和支付机构有权拒绝开户：

1. 对单位和个人身份信息存在疑义，要求出示辅助证件，单位和个人拒绝出示的。

2. 单位和个人组织他人同时或者分批开立账户的。

3. 有明显理由怀疑开立账户从事违法犯罪活动的。

银行和支付机构应当加强账户交易活动监测，对开户之日起6个月内无交易记录的账户，银行应当暂停其非柜面业务，支付机构应当暂停其所有业务，银行和支付机构向单位和个人重新核实身份后,可以恢复其业务。

(七)严格联系电话号码与身份证件号码的对应关系。银行和支付机构应当建立联系电话号码与个人身份证件号码的一一对应关系,对多人使用同一联系电话号码开立和使用账户的情况进行排查清理,联系相关当事人进行确认。对于成年人代理未成年人或者老年人开户预留本人联系电话等合理情形的,由相关当事人出具说明后可以保持不变;对于单位批量开户,预留财务人员联系电话等情形的,应当变更为账户所有人本人的联系电话;对于无法证明合理性的,应当对相关银行账户暂停非柜面业务,支付账户暂停所有业务。

二、加强转账管理

(八)增加转账方式,调整转账时间。自 2016 年 12 月 1 日起,银行和支付机构提供转账服务时应当执行下列规定:

1. 向存款人提供实时到账、普通到账、次日到账等多种转账方式选择,存款人在选择后才能办理业务。

2. 除向本人同行账户转账外,个人通过自助柜员机(含其他具有存取款功能的自助设备,下同)转账的,发卡行在受理 24 小时后办理资金转账。在发卡行受理后 24 小时内,个人可以向发卡行申请撤销转账。受理行应当在受理结果界面对转账业务办理时间和可撤销规定作出明确提示。

3. 银行通过自助柜员机为个人办理转账业务的,应当增加汉语语音提示,并通过文字、标识、弹窗等设置防诈骗提醒;非汉语提示界面应当对资金转出等核心关键字段提供汉语提示,无法提示的,不得提供转账。

(九)加强银行非柜面转账管理。自 2016 年 12 月 1 日起,银行在为存款人开通非柜面转账业务时,应当与存款人签订协议,约定非柜面渠道向非同名银行账户和支付账户转账的日累计限额、笔数和年累计限额等,超出限额和笔数的,应当到银行柜面办理。

除向本人同行账户转账外,银行为个人办理非柜面转账业务,单日累计金额超过 5 万元的,应当采用数字证书或者电子签名等安全可靠的支付指令验证方式。单位、个人银行账户非柜面转账单日累计金额分别超过 100 万元、30 万元的,银行应当进行大额交易提醒,单位、个人确认后方可转账。

(十)加强支付账户转账管理。自 2016 年 12 月 1 日起,支付机构在为单位和个人开立支付账户时,应当与单位和个人签订协议,约定支付账户与支付账户、支付账户与银行账户之间的日累计转账限额和笔数,超出限额和笔数的,不得再办理转账业务。

(十一)加强交易背景调查。银行和支付机构发现账户存在大量转入转出交易的,应当按照“了解你的客户”原则,对单位或者个人的交易背景进行调查。如发现存在异常的,应当按照审慎原则调整向单位和个人提供的相关服务。

(十二)加强特约商户资金结算管理。银行和支付机构为特约商户提供T+0资金结算服务的,应当对特约商户加强交易监测和风险管理,不得为入网不满90日或者入网后连续正常交易不满30日的特约商户提供T+0资金结算服务。

三、加强银行卡业务管理

(十三)严格审核特约商户资质,规范受理终端管理。任何单位和个人不得在网上买卖POS机(包括MPOS)、刷卡器等受理终端。银行和支付机构应当对全部实体特约商户进行现场检查,逐一核对其受理终端的使用地点。对于违规移机使用、无法确认实际使用地点的受理终端一律停止业务功能。银行和支付机构应当于2016年11月30日前形成检查报告备查。

(十四)建立健全特约商户信息管理系统和黑名单管理机制。中国支付清算协会、银行卡清算机构应当建立健全特约商户信息管理系统,组织银行、支付机构详细记录特约商户基本信息、启动和终止服务情况、合规风险状况等。对同一特约商户或者同一个人控制的特约商户反复更换服务机构等异常状况的,银行和支付机构应当审慎为其提供服务。

中国支付清算协会、银行卡清算机构应当建立健全特约商户黑名单管理机制,将因存在重大违规行为被银行和支付机构终止服务的特约商户及其法定代表人或者负责人、公安机关认定为违法犯罪活动转移赃款提供便利的特约商户及相关个人、公安机关认定的买卖账户的单位和个人等,列入黑名单管理。中国支付清算协会应当将黑名单信息移送金融信用信息基础数据库。银行和支付机构不得将黑名单中的单位以及由相关个人担任法定代表人或者负责人的单位拓展为特约商户;已经拓展为特约商户的,应当自该特约商户被列入黑名单之日起10日内予以清退。

四、强化可疑交易监测

(十五)确保交易信息真实、完整、可追溯。支付机构与银行合作开展银行账户付款或者收款业务的,应当严格执行《银行卡收单业务管理办法》(中国人民银行令〔2013〕第9号发布)、《非银行支付机构网络支付业务管理办法》(中国人民银行公告〔2015〕第43号公布)等制度规定,确保交易信息的真实性、完整性、可追溯性以及在支付全流程中的一致性,不得篡改或者隐匿交易信息,交易信息应当至少保存

5年。银行和支付机构应当于2017年3月31日前按照网络支付报文相关金融行业技术标准完成系统改造，逾期未完成改造的，暂停有关业务。

（十六）加强账户监测。银行和支付机构应当加强对银行账户和支付账户的监测，建立和完善可疑交易监测模型，账户及其资金划转具有集中转入分散转出等可疑交易特征的，应当列入可疑交易。

对于列入可疑交易的账户，银行和支付机构应当与相关单位或者个人核实交易情况；经核实后银行和支付机构仍然认定账户可疑的，银行应当暂停账户非柜面业务，支付机构应当暂停账户所有业务，并按照规定报送可疑交易报告或者重点可疑交易报告；涉嫌违法犯罪的，应当及时向当地公安机关报告。

（十七）强化支付结算可疑交易监测的研究。中国支付清算协会、银行卡清算机构应当根据公安机关、银行、支付机构提供的可疑交易情形，构建可疑交易监测模型，向银行和支付机构发布。

五、健全紧急止付和快速冻结机制

（十八）理顺工作机制，按期接入电信网络新型违法犯罪交易风险事件管理平台。2016年11月30日前，支付机构应当理顺本机构协助有权机关查询、止付、冻结和扣划工作流程；实现查询账户信息和交易流水以及账户止付、冻结和扣划等；指定专人专岗负责协助查询、止付、冻结和扣划工作，不得推诿、拖延。银行、从事网络支付的支付机构应当根据有关要求，按时完成本单位核心系统的开发和改造工作，在2016年底前全部接入电信网络新型违法犯罪交易风险事件管理平台。

六、加大对无证机构的打击力度

（十九）依法处置无证机构。人民银行分支机构应当充分利用支付机构风险专项整治工作机制，加强与地方政府以及工商部门、公安机关的配合，及时出具相关非法从事资金支付结算的行政认定意见，加大对无证机构的打击力度，尽快依法处置一批无证经营机构。人民银行上海总部，各分行、营业管理部、省会（首府）城市中心支行应当按月填制《无证经营支付业务专项整治工作进度表》，将辖区工作进展情况上报总行。

七、建立责任追究机制

（二十）严格处罚，实行责任追究。人民银行分支机构、银行和支付机构应当履职尽责，确保打击治理电信网络新型违法犯罪工作取得实效。

凡是发生电信网络新型违法犯罪案件的，应当倒查银行、支付机构的责任落实情况。银行和支付机构违反相关制度以及本通知规定的，应当按照有关规定进行处罚;情节严重的,人民银行依据《中华人民共和国中国人民银行法》第四十六条的规定予以处罚,并可采取暂停1个月至6个月新开立账户和办理支付业务的监管措施。

凡是人民银行分支机构监管责任不落实,导致辖区内银行和支付机构未有效履职尽责,公众在电信网络新型违法犯罪活动中遭受严重资金损失,产生恶劣社会影响的,应当对人民银行分支机构进行问责。

人民银行分支机构、银行、支付机构、中国支付清算协会、银行卡清算机构应当按照规定向人民银行总行报告本通知执行情况并填报有关统计表。

请人民银行上海总部,各分行、营业管理部、省会(首府)城市中心支行,深圳市中心支行及时将该通知转发至辖区内各城市商业银行、农村商业银行、农村合作银行、村镇银行、城市信用社、农村信用社和外资银行等。

各单位在执行中如遇问题,请及时向人民银行报告。

中国人民银行关于非银行支付机构开展大额交易报告工作有关要求的通知

(2018年7月10日　银发〔2018〕163号)

中国人民银行上海总部,各分行、营业管理部,各省会(首府)城市中心支行,各副省级城市中心支行;国家开发银行,各政策性银行、国有商业银行、股份制商业银行,中国邮政储蓄银行:

为落实《金融机构大额交易和可疑交易报告管理办法》(中国人民银行令〔2016〕第3号发布)有关规定,进一步健全大额交易和可疑交易报告工作机制,提高资金监测有效性,现就非银行支付机构执行大额交易报告制度的有关要求通知如下:

一、非银行支付机构应当切实履行大额交易报告义务,按照《中华人民共和国反洗钱法》、《金融机构大额交易和可疑交易报告管理办法》等有关法律法规的规定,强化董事会和高级管理层反洗钱履职责任,在总部或集团层面推动落实大额交易报告制度、流程、系统建设等工作要求,切实保障相关人员、信息和技术等资源需求。非银行支付机构与银行机构应当加强信息传递,为对方履行大额交易报告义务提供完整、准确、及时的客户身份信息和交易信息,持续完善资金上下游链条信息。

二、非银行支付机构应当以客户为单位，按资金收入或者支出单边累计计算并报告下列大额交易：

（一）当日单笔或者累计交易额人民币5万元以上（含5万元）、外币等值1万美元以上（含1万美元）的现金收支。

（二）非自然人客户支付账户与其他账户发生当日单笔或者累计交易额人民币200万元以上（含200万元）、外币等值20万美元以上（含20万美元）的款项划转。

（三）自然人客户支付账户与其他账户发生当日单笔或者累计交易额人民币50万元以上（含50万元）、外币等值10万美元以上（含10万美元）的境内款项划转。

（四）自然人客户支付账户与其他的银行账户发生当日单笔或者累计交易额人民币20万元以上（含20万元）、外币等值1万美元以上（含1万美元）的跨境款项划转。

中国人民银行根据需要可以调整大额交易报告标准。

三、客户通过非银行支付机构发生的银行账户与银行账户之间的款项划转，非银行支付机构应当参照本通知第二条的标准提交大额交易报告。

四、客户通过非银行支付机构发生的预付卡与银行账户之间的款项划转，预付卡发卡机构应当参照本通知第二条的标准提交大额交易报告。

五、对于跨境收单业务，非银行支付机构应当以客户支付的人民币交易金额计算并提交大额交易报告；客户通过绑定境外银行卡进行支付的，非银行支付机构应当以收单机构与其结算的人民币交易金额计算并提交大额交易报告。

六、对符合下列条件之一的大额交易，如未发现交易或行为可疑的，非银行支付机构可以不报告：

（一）交易一方为各级党的机关、国家权力机关、行政机关、司法机关、军事机关、人民政协机关和人民解放军、武警部队，但不包含其下属的各类企事业单位。

（二）非银行支付机构为客户办理相关业务收取的手续费用。

（三）交易背景为缴纳水费、电费、燃气费等公共事业费。

（四）中国人民银行确定的其他情形。

中国人民银行根据需要可以调整大额交易免报范围。

七、非银行支付机构应当在大额交易完成之日起5个工作日内以电子方式提交大额交易报告。大额交易完成以款项实际划转到支付账户或者银行账户为准。

八、本通知所称的非银行支付机构，是指根据《非金融机构支付服务管理办法》（中国人民银行令〔2010〕第2号发布）规定取得《支付业务许可证》的机构；预付卡发卡机构，是指依法取得《支付业务许可证》，获准办理预付卡发行与受理业务的非银行支付机构。

本通知所称的非自然人客户，包括法人、其他组织或个体工商户；其他账户，包括他人的支付账户、本人或他人的银行账户；

其他的银行账户，包括本人或他人的银行账户。

九、非银行支付机构应当于2019年1月1日起按照本通知的规定，提交大额交易报告。大额交易报告的具体要素内容、报告格式和填报要求由中国人民银行另行规定。非银行支付机构开展大额交易报告工作的其他要求按照《金融机构大额交易和可疑交易报告管理办法》有关规定执行。

请中国人民银行上海总部，各分行、营业管理部，各省会（首府）城市中心支行，各副省级城市中心支行将本通知转发至辖区内有关商业银行、农村合作银行、农村信用社、村镇银行和非银行支付机构。

中国人民银行关于进一步加强支付结算管理防范电信网络新型违法犯罪有关事项的通知

（2019年3月22日　银发〔2019〕85号）

中国人民银行上海总部，各分行、营业管理部，各省会（首府）城市中心支行，深圳市中心支行；国家开发银行，各政策性银行、国有商业银行、股份制商业银行，中国邮政储蓄银行；中国银联股份有限公司，中国支付清算协会，网联清算有限公司；各非银行支付机构：

为有效应对和防范电信网络新型违法犯罪新形势和新问题，保护人民群众财产安全和合法权益，现就进一步加强支付结算管理有关事项通知如下：

一、健全紧急止付和快速冻结机制

（一）准确反馈交易流水号。自2019年6月1日起，银行业金融机构（以下简称银行）和非银行支付机构（以下简称支付机构）在受理公安机关通过电信网络新型违法犯罪交易风险事件管理平台（以下简称管理平台）发起的查询业务时，应当执行下列规定：

1. 对于支付机构发起涉及银行账户的网络支付业务，银行应当按照管理平台报文要求，准确提供该笔业务对应的由清算机构发送的交易流水号。

2. 支付机构应当支持根据清算机构发送的交易流水号查询对应业务的相关信

息,并按照管理平台报文要求反馈。

(二)强化涉案账户查询、止付、冻结管理。对于公安机关通过管理平台发起的涉案账户查询、止付和冻结业务,符合法律法规和相关规定的,银行和支付机构应当立即办理并及时反馈。银行和支付机构应当建立涉案账户查询、止付、冻结7×24小时紧急联系人机制,设置AB角,并于2019年4月1日前将紧急联系人姓名、联系方式等信息报送法人所在地公安机关。紧急联系人发生变更的,应当于变更之日起1个工作日内重新报送。

二、加强账户实名制管理

(三)加强单位支付账户开户审核。支付机构为单位开立支付账户应当严格审核单位开户证明文件的真实性、完整性和合规性,开户申请人与开户证明文件所属人的一致性,并向单位法定代表人或负责人核实开户意愿,留存相关工作记录。支付机构可采取面对面、视频等方式向单位法定代表人或负责人核实开户意愿,具体方式由支付机构根据客户风险评级情况确定。

单位存在异常开户情形的,支付机构应当按照反洗钱等规定采取延长开户审核期限、强化客户尽职调查等措施,必要时应当拒绝开户。

(四)开展存量单位支付账户核实。支付机构应当按照本通知第三项规定的开户审核要求,开展全部存量单位支付账户实名制落实情况核实工作。核实中发现单位支付账户未落实实名制要求或者无法核实实名制落实情况的,应当中止其支付账户所有业务,且不得为其新开立支付账户;发现疑似电信网络新型违法犯罪涉案账户的,应当立即报告公安机关。支付机构应当于2019年4月1日前制定核实计划,于2019年6月30日前完成核实工作。

(五)完善支付账户密码安全管理。支付机构应当完善客户修改支付账户登录密码、支付密码等业务的安全管理,不得仅凭验证支付账号绑定银行账户信息即为客户办理修改支付账户登录密码、支付密码和预留手机号码等业务。

(六)健全单位客户风险管理。支付机构应当健全单位客户风险评级管理制度,根据单位客户风险评级,合理设置并动态调整同一单位所有支付账户余额付款总限额。

支付机构发现单位支付账户存在可疑交易特征的,应当采取面对面、视频等方式重新核实客户身份,甄别可疑交易行为,确属可疑的,应当按照反洗钱有关规定采取相关措施,无法核实的,应当中止该支付账户所有业务;对公安机关移送涉案账户的开户单位法定代表人或负责人、经办人员开立的其他单位支付账户,应当重点核实。

（七）优化个人银行账户变更和撤销服务。自2019年6月1日起，银行应当为个人提供境内分支机构跨网点办理账户变更和撤销服务。

（八）建立合法开立和使用账户承诺机制。自2019年6月1日起，银行和支付机构为客户开立账户时，应当在开户申请书、服务协议或开户申请信息填写界面醒目告知客户出租、出借、出售、购买账户的相关法律责任和惩戒措施，并载明以下语句："本人（单位）充分了解并清楚知晓出租、出借、出售、购买账户的相关法律责任和惩戒措施，承诺依法依规开立和使用本人（单位）账户"，由客户确认。

（九）加大买卖银行账户和支付账户、冒名开户惩戒力度。自2019年4月1日起，银行和支付机构对经设区的市级及以上公安机关认定的出租、出借、出售、购买银行账户（含银行卡）或者支付账户的单位和个人及相关组织者，假冒他人身份或者虚构代理关系开立银行账户或者支付账户的单位和个人，5年内暂停其银行账户非柜面业务、支付账户所有业务，并不得为其新开立账户。惩戒期满后，受惩戒的单位和个人办理新开立账户业务的，银行和支付机构应加大审核力度。人民银行将上述单位和个人信息移送金融信用信息基础数据库并向社会公布。

三、加强转账管理

（十）载明非实时到账信息。自2019年6月1日起，对于客户选择普通到账、次日到账等非实时到账的转账业务的，银行和支付机构应当在办理结果回执或界面明确载明该笔转账业务非实时到账。

（十一）改进自助柜员机转账管理。银行通过自助柜员机为个人办理业务时，可在转账受理界面（含外文界面）以中文显示收款人姓名、账号和转账金额等信息（姓名应当脱敏处理），并以中文明确提示该业务实时到账，由客户确认。符合上述要求的，可不再执行《中国人民银行关于加强支付结算管理　防范电信网络新型违法犯罪有关事项的通知》（银发〔2016〕261号）第八项关于自助柜员机转账24小时后到账的规定。鼓励银行在自助柜员机应用生物特征识别等多因素身份认证方式，积极探索兼顾安全与便捷的支付服务。

四、强化特约商户与受理终端管理

（十二）建立特约商户信息共享联防机制。自2019年6月1日起，收单机构拓展特约商户时，应当通过中国支付清算协会或银行卡清算机构的特约商户信息管理系统查询其签约、更换收单机构情况和黑名单信息。对于同一特约商户或者同一个人担任法定代表人（负责人）的特约商户存在频繁更换收单机构、被收单机构多次清退或同时签约多个收单机构等异常情形的，收单机构应当谨慎将其拓展为特约商户。对于黑名单中的单位以及相关个人担任法定代表人或负责人的单位，收单机构不得将其拓展为特约商户；已经拓展为特约商户的，应当自其被列入黑名单之日起10日内予以清退。

（十三）加强特约商户管理。收单机构应当严格按规定审核特约商户申请资料，采取有效措施核实其经营活动的真实性和合法性，不得仅凭特约商户主要负责人身份证件为其提供收单服务。不得直接或变相为互联网赌博、色情平台，互联网销售彩票平台，非法外汇、贵金属投资交易平台，非法证券期货类交易平台，代币发行融资及虚拟货币交易平台，未经监管部门批准通过互联网开展资产管理业务以及未取得省级政府批文的大宗商品交易场所等非法交易提供支付结算服务。

（十四）严格受理终端管理。自本通知发布之日起，对于受理终端应当执行下列规定：

1. 收单机构为特约商户安装可移动的银行卡、条码支付受理终端（以下简称移动受理终端）时，应当结合商户经营地址限定受理终端的使用地域范围。收单机构应当对移动受理终端所处位置持续开展实时监测，并逐笔记录交易位置信息，对于无法监测位置或与商户经营地址不符的交易，暂停办理资金结算并立即核实；确认存在移机等违规行为的，应当停止收单服务并收回受理机具。本通知发布前已安装的移动受理终端不符合上述要求的，收单机构应当于2019年6月30日前完成改造；逾期未完成改造的，暂停移动受理终端业务功能。

2. 对于连续3个月内未发生交易的受理终端或收款码，收单机构应当重新核实特约商户身份，无法核实的应当停止为其提供收款服务。对于连续12个月内未发生交易的受理终端或收款码，收单机构应当停止为其提供收款服务。

3. 清算机构应当强化受理终端入网管理，参照国家标准及金融行业标准制定受理终端入网管理制度；应当通过特约商户信息管理系统运用大数据分析技术，持续开展受理终端注册信息与交易信息监测校验，并向收单机构反馈校验结果。收单机构对异常校验结果应当及时采取措施核实、整改。

（十五）强化收单业务风险监测。收单机构、清算机构应当强化收单业务风险管理，持续监测和分析交易金额、笔数、类型、时间、频率和收款方、付款方等特征，完善可疑交易监测模型。收单机构发现交易金额、时间、频率与特约商户经营范围、规模不相符等异常情形的，应当对特约商户采取延迟资金结算、设置收款限额、暂停银行卡交易、收回受理终端（关闭网络支付接口）等措施；发现涉嫌电信网络新型违法犯罪的,应当立即向公安机关报告。收单机构应当与特约商户签订受理协议时明确上述规定。

(十六)健全特约商户分类巡检机制。收单机构应当根据特约商户风险评级确定其巡检方式和频率。对于具备固定经营场所的实体特约商户,收单机构应当每年独立开展至少一次现场巡检;对于不具备固定经营场所的实体特约商户,收单机构应当定期采集其经营影像或照片、开展受理终端定位监测;对于网络特约商户,收单机构应当定期登录其经营网页查看经营内容、开展网络支付接口技术监测和大数据分析。收单机构应当按照上述要求对存量实体特约商户和网络特约商户开展一次全面巡检,于2019年6月30日前形成检查报告备查。

(十七)准确展示交易信息。银行、支付机构应当按照清算机构报文规范要求准确、完整报送实际交易的特约商户信息和收款方、付款方信息,并向客户准确展示商户名称或收款方、付款方名称。

五、广泛宣传教育

(十八)全面设置防诈骗提示。自2019年4月1日起,银行应当在营业网点和柜台醒目位置张贴防范电信网络新型违法犯罪提示,并提醒客户阅知。自2019年6月1日起,银行和支付机构应当在所有电子渠道的转账操作界面设置防范电信网络新型违法犯罪提示。

(十九)开展集中宣传活动。2019年4月至12月,人民银行分支机构、银行、支付机构、清算机构和中国支付清算协会应当制定防范电信网络诈骗宣传方案,综合运用解读文章、海报、漫画等各种宣传方式,利用电视、广播、报纸、微博、微信、微视频等各种宣传渠道,持续向客户宣传普及电信网络新型违法犯罪典型手法及应对措施、转账汇款注意事项、买卖账户社会危害、个人金融信息保护和支付结算常识等内容。应当加强对在校学生、企业财务人员、老年人、农村居民等群体的宣传教育,针对性地开展防范电信网络新型违法犯罪知识进学校、进企业、进社区、进农村等宣传活动。

六、落实责任追究机制

(二十)建立通报约谈机制。对于被公安机关通报配合打击治理电信网络新型违法犯罪工作不力的银行和支付机构,人民银行及其分支机构将会同公安机关约谈相关负责人,根据公安机关移送线索倒查责任落实情况,列为执法检查随机抽查的重点检查对象。

(二十一)依法严格处罚。银行和支付机构违反相关制度以及本通知规定的,应当按照有关规定进行处罚;情节严重的,人民银行依据《中华人民共和国中国人民银行法》第四十六条的规定予以处罚。

各单位在执行中如遇问题,请及时向人民银行报告。人民银行以前发布的通知与本通知不一致的部分,以本通知为准。

请人民银行上海总部,各分行、营业管理部、省会(首府)城市中心支行,深圳市中心支行及时将该通知转发至辖区内各城市商业银行、农村商业银行、农村合作银行、村镇银行、城市信用社、农村信用社和外资银行等。

中国银监会关于银行业打击治理电信网络新型违法犯罪有关工作事项的通知(节录)

(2015 年 11 月 13 日　银监发〔2015〕48 号)

各银监局,各政策性银行、大型银行、股份制银行,邮储银行,外资银行,金融资产管理公司,其他会管金融机构:

国务院打击治理电信网络新型违法犯罪工作部际联席会议办公室决定,2015 年 11 月至 2016 年 4 月在全国范围内开展打击治理电信网络新型违法犯罪专项行动。现将《公安部关于印发〈打击治理电信网络新型违法犯罪专项行动工作方案〉的通知》(公刑〔2015〕3410 号)印发给你们,请结合以下工作要求抓好贯彻落实。

一、统一思想,高度重视,增强打击治理电信网络新型违法犯罪专项行动的责任感

各银监局和银行业金融机构要深刻认识当前电信网络新型违法犯罪形势的严峻性、复杂性,进一步增强责任感、紧迫感,积极回应人民群众迫切期待。坚持标本兼治、综合治理、落实责任,整合各方面资源,统筹各方面力量,全面落实打击治理、源头监管、宣传防范等各项工作措施,坚决遏制电信网络新型违法犯罪发展蔓延势头,切实维护人民群众合法权益,切实维护社会和谐稳定。

二、积极协助,全力配合,确保做好涉案账户查控工作

各银监局和银行业金融机构要严格执行《银行业金融机构协助人民检察院公安机关国家安全机关查询冻结工作规定》(银监发〔2014〕53 号)。根据《打击治理电信网络新型违法犯罪专项行动工作方案》部署,积极配合公安机关做好涉案账户的及时查询、紧急止付、快速冻结等查控工作。同时,各银监局和银行业金融机构要根据银监会和公安部相关工作部署,大力推进涉案账户资金网络查控平台建设应用,切实提高涉案资金查控的合法性、及时性、准确性。

三、认真核实,限制开卡数量,严格执行实名制管理规定

各银行业金融机构要严格执行《个人存款账户实名制规定》(国务院令第285号),充分利用身份证联网核查等技术手段,认真审核办理人身份证件,坚决杜绝违规代开卡、乱开卡、批量开卡等问题。同一客户在同一商业银行开立借记卡原则上不得超过4张;如该客户之前已持有同一商业银行全国范围内4张(含)以上借记卡的,商业银行不得为其开立或激活新的借记卡,社会保障卡、医疗保险卡、军人保障卡、已销户的借记卡除外。同一代理人在同一商业银行代理开卡原则上不得超过3张。确有正当理由,需要超出上述开卡数量限制的,由商业银行核实后酌情办理。对已办理4张以上借记卡的客户,银行业金融机构要主动与开卡客户进行联系,开展核查工作,发现非本人意愿办理的,应当中止服务。

对于公安机关或司法机关正式提供的文件显示客户(持卡人、申请人、代理人等)曾参与出租、出借、出售本人或他人借记卡账户以及相关各类验证工具的,同一商业银行在全国范围内对该客户(持卡人、申请人、代理人)等开立的借记卡账户数量不得超过2个。如该客户(持卡人、申请人、代理人等)之前已持有同一商业银行全国范围内2个(含)以上借记卡账户的,商业银行不得为其开立或激活新的借记卡账户。限制时间自收到公安机关或司法机关正式文件之日起至少5年。社会保障卡、医疗保险卡、军人保障卡、已销户的借记卡账户除外。

对于代理开立的借记卡,需被代理人持本人有效身份证件在柜面办理卡片启用后方可正常使用,在启用前应只支持存款转入等贷方交易,不支持取款、转出、消费、理财投资等借方交易。对于存款人因病残、出国等特殊原因无法由本人办理启用业务的,银行核实情况后应开设绿色通道,做到特事特办。其中,16岁以下中国公民由监护人代理开立的借记卡,不受上述限制。

对于新开银行卡客户,原则上应预留本人实名登记的手机号码;确无手机号码的,可以不予预留。对于新开办网银、手机银行、电话银行等业务的客户,应当要求预留本人实名登记的手机号码。若客户预留非本人实名登记的手机号码,一经发现,银行业金融机构有权停用该银行卡,待客户更新本人实名登记的手机号码再恢复使用。16岁以下中国公民由监护人代理开立的银行账户,可留存监护人或存款人本人经实名认证的手机号码。

对于个人客户主动向银行业金融机构提出申请,要求对其名下非本人意愿办理的本地和异地银行卡进行处置的,银行业金融机构在核实后,应中止银行卡服务。

四、强化内控,完善流程,提升银行卡安全管理水平

各银行业金融机构要全面梳理完善业务流程,提升内控水平,切实加强银行卡安全管理,不断强化行业自律,严格落实社会责任。同时,应尽快建立涉嫌电信网络诈骗账户黑名单制度,依法限制涉嫌电信网络诈骗银行卡的境内、境外使用功能。

五、密切联系,协调配合,形成打击治理电信网络新型违法犯罪的强大合力

各银监局、银行业金融机构应参照《关于进一步做好涉恐案件资金查控工作的通知》(公刑〔2015〕846号)要求,建立健全与公安机关的资金查控联系人机制。在专项行动和资金查控工作中,各方确定的联系人应切实负起责任,直接对接、直接联络、快速反应,共同做好涉案资金的查询、冻结工作。对于重大、复杂案件,各银监局应配合公安机关进行重点协调和部署,做好有关银行业金融机构的督促和指导工作,努力形成打击治理电信网络新型违法犯罪的强大合力。

电信网络新型违法犯罪案件冻结资金返还若干规定

(2016年8月4日 银监发〔2016〕41号)

第一条 为维护公民、法人和其他组织的财产权益,减少电信网络新型违法犯罪案件被害人的财产损失,确保依法、及时、便捷返还冻结资金,根据《中华人民共和国刑法》、《中华人民共和国刑事诉讼法》、《中华人民共和国银行业监督管理法》、《中华人民共和国商业银行法》等法律、行政法规,制定本规定。

第二条 本规定所称电信网络新型违法犯罪案件,是指不法分子利用电信、互联网等技术,通过发送短信、拨打电话、植入木马等手段,诱骗(盗取)被害人资金汇(存)入其控制的银行账户,实施的违法犯罪案件。

本规定所称冻结资金,是指公安机关依照法律规定对特定银行账户实施冻结措施,并由银行业金融机构协助执行的资金。

本规定所称被害人,包括自然人、法人和其他组织。

第三条 公安机关应当依照法律、行政法规和本规定的职责、范围、条件和程序,坚持客观、公正、便民的原则,实施涉案冻结资金返还工作。

银行业金融机构应当依照有关法律、行政法规和本规定,协助公安机关实施涉案冻结资金返还工作。

第四条 公安机关负责查清被害人资金流向,及时通知被害人,并作出资金返还决定,实施返还。

银行业监督管理机构负责督促、检查辖区内银行业金融机构协助查询、冻结、返还工作,并就执行中的问题与公安机关进行协调。

银行业金融机构依法协助公安机关查清被害人资金流向,将所涉资金返还至公安机关指定的被害人账户。

第五条 被害人在办理被骗(盗)资金返还过程中,应当提供真实有效的信息,配合公安机关和银行业金融机构开展相应的工作。

被害人应当由本人办理冻结资金返还手续。本人不能办理的,可以委托代理人办理;公安机关应当核实委托关系的真实性。

被害人委托代理人办理冻结资金返还手续的,应当出具合法的委托手续。

第六条 对电信网络新型违法犯罪案件,公安机关冻结涉案资金后,应当主动告知被害人。

被害人向冻结公安机关或者受理案件地公安机关提出冻结涉案资金返还请求的,应当填写《电信网络新型违法犯罪涉案资金返还申请表》。

冻结公安机关应当对被害人的申请进行审核,经查明冻结资金确属被害人的合法财产,权属明确无争议的,制作《电信网络新型违法犯罪涉案资金流向表》和《呈请返还资金报告书》,由设区的市一级以上公安机关批准并出具《电信网络新型违法犯罪冻结资金返还决定书》。

受理案件地公安机关与冻结公安机关不是同一机关的,受理案件地公安机关应当及时向冻结公安机关移交受、立案法律手续、询问笔录、被骗盗银行卡账户证明、身份信息证明、《电信网络新型违法犯罪涉案资金返还申请表》等相关材料,冻结公安机关按照前款规定进行审核决定。

冻结资金应当返还至被害人原汇出银行账户,如原银行账户无法接受返还,也可以向被害人提供的其他银行账户返还。

第七条 冻结公安机关对依法冻结的涉案资金,应当以转账时间戳(银行电子系统记载的时间点)为标记,核查各级转账资金走向,一一对应还原资金流向,制作《电信网络新型违法犯罪案件涉案资金流向表》。

第八条 冻结资金以溯源返还为原则,由公安机关区分不同情况按以下方式返还:

(一)冻结账户内仅有单笔汇(存)款记录,可直接溯源被害人的,直接返还被害人;

（二）冻结账户内有多笔汇（存）款记录，按照时间戳记载可以直接溯源被害人的，直接返还被害人；

（三）冻结账户内有多笔汇（存）款记录，按照时间戳记载无法直接溯源被害人的，按照被害人被骗（盗）金额占冻结在案资金总额的比例返还。

按比例返还的，公安机关应当发出公告，公告期为30日，公告期间内被害人、其他利害关系人可就返还冻结提出异议，公安机关依法进行审核。

冻结账户返还后剩余资金在原冻结期内继续冻结；公安机关根据办案需要可以在冻结期满前依法办理续冻手续。如查清新的被害人，公安机关可以按照本规定启动新的返还程序。

第九条　被害人以现金通过自动柜员机或者柜台存入涉案账户内的，涉案账户交易明细账中的存款记录与被害人笔录核对相符的，可以依照本规定第八条的规定，予以返还。

第十条　公安机关办理资金返还工作时，应当制作《电信网络新型违法犯罪冻结资金协助返还通知书》，由两名以上公安机关办案人员持本人有效人民警察证和《电信网络新型违法犯罪冻结资金协助返还通知书》前往冻结银行办理返还工作。

第十一条　立案地涉及多地，对资金返还存在争议的，应当由共同上级公安机关确定一个公安机关负责返还工作。

第十二条　银行业金融机构办理返还时，应当对办案人员的人民警察证和《电信网络新型违法犯罪冻结资金协助返还通知书》进行审查。对于提供的材料不完备的，有权要求办案公安机关补正。

银行业金融机构应当及时协助公安机关办理返还。能够现场办理完毕的，应当现场办理；现场无法办理完毕的，应当在三个工作日内办理完毕。银行业金融机构应当将回执反馈公安机关。

银行业金融机构应当留存《电信网络新型违法犯罪冻结资金协助返还通知书》原件、人民警察证复印件，并妥善保管留存，不得挪作他用。

第十三条　银行业金融机构应当指定专门机构和人员，承办电信网络新型违法犯罪涉案资金返还工作。

第十四条　公安机关违法办理资金返还，造成当事人合法权益损失的，依法承担法律责任。

第十五条　中国银监会和公安部应当加强对新型电信网络违法犯罪冻结资金返还工作的指导和监督。

银行业金融机构违反协助公安机关资金返还义务的，按照《银行业金融机构协助人民检察院公安机关国家安全机关查询冻结工作规定》第二十八条的规定，追究相应机构和人员的责任。

第十六条 本规定由中国银监会和公安部共同解释。执行中遇有具体应用问题，可以向银监会法律部门和公安部刑事侦查局报告。

第十七条 本规定自发布之日起施行。

电信网络新型违法犯罪案件冻结资金返还若干规定实施细则

（2016年12月2日 银监办发〔2016〕170号）

第一条 根据《电信网络新型违法犯罪案件冻结资金返还若干规定》（以下简称《返还规定》）制定本实施细则（以下简称《实施细则》）。

第二条 《返还规定》目前仅适用于我国公安机关立案侦办的电信网络犯罪案件。外国通过有关国际条约、协议、规定的联系途径、外交途径，提出刑事司法协助请求的，由银监会和公安部批准后，可参照此规定执行。

第三条 《返还规定》第二条第二款所称的冻结资金不包括止付资金。

第四条 《返还规定》第五条第一款中的"真实有效的信息"，是指受害人应当提供本人有效身份证件、接受资金返还银行卡（卡状态为正常）原件及复印件，并在复印件上注明"此复印件由本人提供，经核对，与原件无误，此件只做冻结资金返还使用"。

第五条 被害人委托代理人办理资金返还手续时，委托代理人需提供本人有效身份证件、被害人有效证件以及被害人签名或盖章的授权委托书。

被害人为无民事行为能力或者限制民事行为能力的，由其监护人办理资金返还；被害人死亡的，由其继承人办理资金返还。被害人的监护人或继承人需提供相应证明文件。

第六条 《返还规定》第五条中的"公安机关"是指受理案件地公安机关。

第七条 受理地公安机关应当制作返还资金询问笔录，笔录中应详细记明被害人接收资金返还的银行账户、银行有无赔偿垫付等内容。告知被返还人应当承担的法律责任，对返还错误的款项应及时退回，如故意伪造证据材料或拒不归还的，将依法追究其法律责任。

第八条　《返还规定》第六条第一款中的“应当主动告知被害人”，是指受理案件地公安机关应当口头或书面告知被害人，告知应当包括以下内容：

（一）涉案资金的冻结情况；

（二）已冻结资金是否属于被害人，需公安机关进一步查证；

（三）资金返还工作一般在立案3个月后启动。

第九条　被害人原则上只能向受理案件地公安机关提出申请。《返还规定》第六条第二款中的“冻结公安机关或者受理案件地公安机关”是指“冻结公安机关和受理案件地公安机关为同一公安机关”情形。

第十条　《电信网络新型违法犯罪案件冻结资金返还申请表》应当一人一表、一卡（账户）一表，对多个申请人涉及一个账户或一个申请人涉及多个账户需要办理资金返还的，应当分别填表。

第十一条　《电信网络新型违法犯罪案件冻结资金返还申请表》中“返还银行账户”栏应当填写户名、账号、开户网点、所属银行。立案单位一栏中加盖的公章应与立案决定书的公章一致。冻结单位一栏中加盖的公章应与冻结通知书的公章一致。“冻结金额”栏应当填写返还金额。

第十二条　受理案件地公安机关与冻结公安机关不是同一机关的，由受理案件地公安机关负责核查各级转账资金流向，并负责制作《电信网络新型违法犯罪涉案资金流向表》。

第十三条　《电信网络新型违法犯罪冻结资金返还决定书》应一式两份，一份由冻结地公安机关留存，一份交办理返还工作的银行。

第十四条　《呈请返还资金报告书》中“返还银行账号”栏应当填写户名、账号、开户网点、所属银行。“返还金额”栏金额应当用大写汉字填写（精确到分）。“审核意见”栏签字由冻结公安机关负责人审批并加盖单位公章；“领导批示”栏由设区的市一级以上公安机关负责人审批，并加盖公章。

第十五条　《返还规定》第六条第四款中的“移交”，是指受理案件地公安机关派2名民警持本人有效人民警察证，携带相关材料赴冻结地公安机关移交。移交证据材料时，除《返还规定》第六条第四款规定的材料外，还需出具冻结资金返还工作协作函和涉案账户的交易流水明细（加盖公章）。冻结地公安机关收到材料后，应当填写回执交受理地公安机关。

第十六条　《返还规定》第六条第五款中的“如原银行账户无法接受返还”时，原则上应返还至本人的其他银行账户，如确需返还至非本人银行账户，需要由本人出具书面申请,详细说明原因、其与返还账户持有人的关系以及自愿要求返还至该账户的声明,并签字确认。

第十七条 按比例返还的,应当制作《按比例返还资金流向参照表》。冻结公安机关通过其官方网站、微信公众号、官方微博、主流电视、广播、报纸等多种方式发出公告。已明确被害人的,冻结公安机关应当以电话、书面等形式通知所有被害人,并做好记录。

公告期间内被害人、其他利害关系人可就返还被冻结资金提出异议并提供相关证明材料,公安机关应当予以受理,制作书面记录并出具回执。公安机关应当对材料进行审核并作出异议是否成立的决定,同时通知被害人、其他利害关系人。异议成立的,公安机关应当中止冻结资金返还,重新确定返还比例。异议不成立或者公告期内被害人、其他利害关系人未提出异议的,公安机关应当按照原确定的比例返还被冻结资金。

第十八条 冻结资金返还的金额以冻结账户的实际到账金额为准。资金返还产生的手续费从返还金额中扣除。

第十九条 办理资金返还后账户仍有余额的,冻结地公安机关应当在冻结期满前办理续冻手续。

第二十条 被害人以现金通过自动柜员机或者柜台存入涉案账户内的,在返还资金时受理案件地公安机关除向冻结公安机关提供账户交易明细中的存款记录与被害人笔录外,还应当提供银行柜台、ATM 柜员机存(汇)款监控录像、存(汇)款底单等材料。

第二十一条 《返还规定》第十条中“公安机关”是指冻结公安机关。

第二十二条 办理冻结资金返还时,由两名以上冻结公安机关办案人员持本人有效人民警察证、《电信网络新型违法犯罪冻结资金返还决定书》原件和《电信网络新型违法犯罪冻结资金协助返还通知书》原件前往冻结银行办理返还工作,商业银行对相关手续材料内容进行形式审查,并可留存《电信网络新型违法犯罪冻结资金返还决定书》复印件。冻结公安机关在办理冻结资金返还时,应同时告知所在地省级反诈骗中心。

第二十三条 《电信网络新型违法犯罪冻结资金协助返还通知书》中“类型”栏一般填写“银行存款”;“所在机构”、“户名或权利人”、“被冻结账号”栏均应填写被冻结账户的信息;“返还接受账号”栏应填写户名、账号、开户网点及所属银行;加盖公章应与原冻结通知书一致。

第二十四条 银行业金融机构应当指定各省的专门分支机构和人员，负责资金返还的办理工作（另件下发）。《返还规定》第十条中"冻结银行"指冻结账户的归属行在冻结地公安机关所在的省一级分支机构。如该银行在冻结地尚未设立分支机构的，冻结公安机关可就近选择该行公安机关所在地其他省一级分支机构办理。

第二十五条 冻结银行受理资金返还时，可以向冻结公安机关所在地的省级反诈骗中心电话核实办案民警身份，并按照第二十二条、第二十三条规定，审核冻结公安机关提供的材料。身份有疑问或材料不齐全的，冻结银行有权拒绝办理资金返还工作。

第二十六条 资金返还时，冻结银行发现该冻结账户还有被其他司法部门冻结的，可暂停资金返还工作。协商一致同意并出具加盖司法部门公章函件后，方可启动资金返还工作。

第二十七条 银行业金融机构仅承担审核司法手续齐全性、完备性和核实民警身份的责任，不承担因执行公安机关返还通知书而产生的责任。

第二十八条 各级公安机关和银行业金融机构要认真贯彻落实《返还规定》，切实做好涉案冻结资金返还工作。银监会、公安部将对相关工作进行监督检查，对于不落实《返还规定》造成不良影响的，严肃追究责任，并进行通报。

第二十九条 本《实施细则》自印发之日起施行。

中国互联网金融协会、中国银行业协会、中国支付清算协会关于防范虚拟货币交易炒作风险的公告

（2021 年 5 月 18 日）

近期，虚拟货币价格暴涨暴跌，虚拟货币交易炒作活动有所反弹，严重侵害人民群众财产安全，扰乱经济金融正常秩序。为进一步贯彻落实中国人民银行等部门发布的《关于防范比特币风险的通知》《关于防范代币发行融资风险的公告》等要求，防范虚拟货币交易炒作风险，中国互联网金融协会、中国银行业协会、中国支付清算协会联合就有关事项公告如下：

一、正确认识虚拟货币及相关业务活动的本质属性

虚拟货币是一种特定的虚拟商品，不由货币当局发行，不具有法偿性与强制性等货币属性，不是真正的货币，不应且不能作为货币在市场上流通使用。

开展法定货币与虚拟货币兑换及虚拟货币之间的兑换业务、作为中央对手方

买卖虚拟货币、为虚拟货币交易提供信息中介和定价服务、代币发行融资以及虚拟货币衍生品交易等相关交易活动,违反有关法律法规,并涉嫌非法集资、非法发行证券、非法发售代币票券等犯罪活动。

二、有关机构不得开展与虚拟货币相关的业务

金融机构、支付机构等会员单位要切实增强社会责任,不得用虚拟货币为产品和服务定价,不得承保与虚拟货币相关的保险业务或将虚拟货币纳入保险责任范围,不得直接或间接为客户提供其他与虚拟货币相关的服务,包括但不限于:为客户提供虚拟货币登记、交易、清算、结算等服务;接受虚拟货币或将虚拟货币作为支付结算工具;开展虚拟货币与人民币及外币的兑换服务;开展虚拟货币的储存、托管、抵押等业务;发行与虚拟货币相关的金融产品;将虚拟货币作为信托、基金等投资的投资标的等。

金融机构、支付机构等会员单位应切实加强虚拟货币交易资金监测,依托行业自律机制,强化风险信息共享,提高行业风险联防联控水平;发现违法违规线索的,要及时按程序采取限制、暂停或终止相关交易、服务等措施,并向有关部门报告;同时积极运用多渠道、多元化的触达手段,加强客户宣传和警示教育,主动做好涉虚拟货币风险提示。

互联网平台企业会员单位不得为虚拟货币相关业务活动提供网络经营场所、商业展示、营销宣传、付费导流等服务,发现相关问题线索应及时向有关部门报告,并为相关调查、侦查工作提供技术支持和协助。

三、消费者要提高风险防范意识,谨防财产和权益损失

虚拟货币无真实价值支撑,价格极易被操纵,相关投机交易活动存在虚假资产风险、经营失败风险、投资炒作风险等多重风险。从我国现有司法实践看,虚拟货币交易合同不受法律保护,投资交易造成的后果和引发的损失由相关方自行承担。

广大消费者要增强风险意识,树立正确的投资理念,不参与虚拟货币交易炒作活动,谨防个人财产及权益受损。要珍惜个人银行账户,不用于虚拟货币账户充值和提现、购买和销售相关交易充值码以及划转相关交易资金等活动,防止违法使用和个人信息泄露。

四、加强对会员单位的自律管理

各会员单位要严格落实国家有关监管要求,恪守行业自律承诺,坚决不开展、不参与任何与虚拟货币相关的业务活动。三家协会将加强对会员单位的自律监督,发现违反有关监管规定和行业自律管理要求的,将依照相关自律规范对其采取业内通报、暂停会员权利、取消会员资格等处分措施，并向金融管理部门报告，涉嫌违法犯罪的，将有关线索移送公安机关。

中国人民银行、中央网信办、最高人民法院、最高人民检察院、工业和信息化部、公安部、市场监管总局、银保监会、证监会、外汇局关于进一步防范和处置虚拟货币交易炒作风险的通知

（2021年9月15日　银发〔2021〕237号）

各省、自治区、直辖市人民政府，新疆生产建设兵团：

近期，虚拟货币交易炒作活动抬头，扰乱经济金融秩序，滋生赌博、非法集资、诈骗、传销、洗钱等违法犯罪活动，严重危害人民群众财产安全。为进一步防范和处置虚拟货币交易炒作风险，切实维护国家安全和社会稳定，依据《中华人民共和国中国人民银行法》《中华人民共和国商业银行法》《中华人民共和国证券法》《中华人民共和国网络安全法》《中华人民共和国电信条例》《防范和处置非法集资条例》《期货交易管理条例》《国务院关于清理整顿各类地方交易场所切实防范金融风险的决定》《国务院办公厅关于清理整顿各类交易场所的实施意见》等规定，现就有关事项通知如下：

一、明确虚拟货币和相关业务活动本质属性

（一）虚拟货币不具有与法定货币等同的法律地位。比特币、以太币、泰达币等虚拟货币具有非货币当局发行、使用加密技术及分布式账户或类似技术、以数字化形式存在等主要特点，不具有法偿性，不应且不能作为货币在市场上流通使用。

（二）虚拟货币相关业务活动属于非法金融活动。开展法定货币与虚拟货币兑换业务、虚拟货币之间的兑换业务、作为中央对手方买卖虚拟货币、为虚拟货币交易提供信息中介和定价服务、代币发行融资以及虚拟货币衍生品交易等虚拟货币相关业务活动涉嫌非法发售代币票券、擅自公开发行证券、非法经营期货业务、非法集资等非法金融活动，一律严格禁止，坚决依法取缔。对于开展相关非法金融活动构成犯罪的，依法追究刑事责任。

（三）境外虚拟货币交易所通过互联网向我国境内居民提供服务同样属于非法金融活动。对于相关境外虚拟货币交易所的境内工作人员，以及明知或应知其从事虚拟货币相关业务，仍为其提供营销宣传、支付结算、技术支持等服务的法人、非法人组织和自然人，依法追究有关责任。

（四）参与虚拟货币投资交易活动存在法律风险。任何法人、非法人组织和自然人投资虚拟货币及相关衍生品，违背公序良俗的，相关民事法律行为无效，由此引发的损失由其自行承担；涉嫌破坏金融秩序、危害金融安全的，由相关部门依法查处。

二、建立健全应对虚拟货币交易炒作风险的工作机制

（五）部门协同联动。人民银行会同中央网信办、最高人民法院、最高人民检察院、工业和信息化部、公安部、市场监管总局、银保监会、证监会、外汇局等部门建立工作协调机制，协同解决工作中的重大问题，督促指导各地区按统一部署开展工作。

（六）强化属地落实。各省级人民政府对本行政区域内防范和处置虚拟货币交易炒作相关风险负总责，由地方金融监管部门牵头，国务院金融管理部门分支机构以及网信、电信主管、公安、市场监管等部门参加，建立常态化工作机制，统筹调动资源，积极预防、妥善处理虚拟货币交易炒作有关问题，维护经济金融秩序和社会和谐稳定。

三、加强虚拟货币交易炒作风险监测预警

（七）全方位监测预警。各省级人民政府充分发挥地方监测预警机制作用，线上监测和线下排查相结合，提高识别发现虚拟货币交易炒作活动的精度和效率。人民银行、中央网信办等部门持续完善加密资产监测技术手段，实现虚拟货币"挖矿"、交易、兑换的全链条跟踪和全时信息备份。金融管理部门指导金融机构和非银行支付机构加强对涉虚拟货币交易资金的监测工作。

（八）建立信息共享和快速反应机制。在各省级人民政府领导下，地方金融监管部门会同国务院金融管理部门分支机构、网信部门、公安机关等加强线上监控、线下摸排、资金监测的有效衔接，建立虚拟货币交易炒作信息共享和交叉验证机制，以及预警信息传递、核查、处置快速反应机制。

四、构建多维度、多层次的风险防范和处置体系

（九）金融机构和非银行支付机构不得为虚拟货币相关业务活动提供服务。金融机构和非银行支付机构不得为虚拟货币相关业务活动提供账户开立、资金划转和清算结算等服务，不得将虚拟货币纳入抵质押品范围，不得开展与虚拟货币相关的保险业务或将虚拟货币纳入保险责任范围，发现违法违规问题线索应及时向有关部门报告。

（十）加强对虚拟货币相关的互联网信息内容和接入管理。互联网企业不得为虚拟货币相关业务活动提供网络经营场所、商业展示、营销宣传、付费导流等服务，发现违法违规问题线索应及时向有关部门报告，并为相关调查、侦查工作提供技术支持和协助。网信和电信主管部门根据金融管理部门移送的问题线索及时依法关闭开展虚拟货币相关业务活动的网站、移动应用程序、小程序等互联网应用。

（十一）加强对虚拟货币相关的市场主体登记和广告管理。市场监管部门加强市场主体登记管理，企业、个体工商户注册名称和经营范围中不得含有“虚拟货币”“虚拟资产”“加密货币”“加密资产”等字样或内容。市场监管部门会同金融管理部门依法加强对涉虚拟货币相关广告的监管，及时查处相关违法广告。

（十二）严厉打击虚拟货币相关非法金融活动。发现虚拟货币相关非法金融活动问题线索后，地方金融监管部门会同国务院金融管理部门分支机构等相关部门依法及时调查认定、妥善处置，并严肃追究有关法人、非法人组织和自然人的法律责任，涉及犯罪的，移送司法机关依法查处。

（十三）严厉打击涉虚拟货币犯罪活动。公安部部署全国公安机关继续深入开展“打击洗钱犯罪专项行动”“打击跨境赌博专项行动”“断卡行动”，依法严厉打击虚拟货币相关业务活动中的非法经营、金融诈骗等犯罪活动，利用虚拟货币实施的洗钱、赌博等犯罪活动和以虚拟货币为噱头的非法集资、传销等犯罪活动。

（十四）加强行业自律管理。中国互联网金融协会、中国支付清算协会、中国银行业协会加强会员管理和政策宣传，倡导和督促会员单位抵制虚拟货币相关非法金融活动，对违反监管政策和行业自律规则的会员单位，依照有关自律管理规定予以惩戒。依托各类行业基础设施开展虚拟货币交易炒作风险监测，及时向有关部门移送问题线索。

五、强化组织实施

（十五）加强组织领导和统筹协调。各部门、各地区要高度重视应对虚拟货币交易炒作风险工作，加强组织领导，明确工作责任，形成中央统筹、属地实施、条块结合、共同负责的长效工作机制，保持高压态势，动态监测风险，采取有力措施，防范化解风险，依法保护人民群众财产安全，全力维护经济金融秩序和社会稳定。

（十六）加强政策解读和宣传教育。各部门、各地区及行业协会要充分运用各类媒体等传播渠道，通过法律政策解读、典型案例剖析、投资风险教育等方式，向社会公众宣传虚拟货币炒作等相关业务活动的违法性、危害性及其表现形式等，增强社会公众风险防范意识。

中国互联网金融协会、中国银行业协会、中国证券业协会关于防范 NFT 相关金融风险的倡议

（2022 年 4 月 13 日）

近年来，我国 NFT（Non – Fungible Token，非同质化通证）市场持续升温。NFT 作为一项区块链技术创新应用，在丰富数字经济模式、促进文创产业发展等方面显现出一定的潜在价值，但同时也存在炒作、洗钱、非法金融活动等风险隐患。为防范金融风险、保护消费者合法权益、维护行业健康生态，中国互联网金融协会、中国银行业协会、中国证券业协会联合呼吁会员单位共同发起以下倡议：

一、坚持守正创新，赋能实体经济

践行科技向善理念，合理选择应用场景，规范应用区块链技术，发挥 NFT 在推动产业数字化、数字产业化方面的正面作用。确保 NFT 产品的价值有充分支撑，引导消费者理性消费，防止价格虚高背离基本的价值规律。保护底层商品的知识产权，支持正版数字文创作品。真实、准确、完整披露 NFT 产品信息，保障消费者的知情权、选择权、公平交易权。

二、坚守行为底线，防范金融风险

坚决遏制 NFT 金融化证券化倾向，从严防范非法金融活动风险，自觉遵守以下行为规范。

一是不在 NFT 底层商品中包含证券、保险、信贷、贵金属等金融资产，变相发行交易金融产品。

二是不通过分割所有权或者批量创设等方式削弱 NFT 非同质化特征，变相开展代币发行融资（ICO）。

三是不为 NFT 交易提供集中交易（集中竞价、电子撮合、匿名交易、做市商等）、持续挂牌交易、标准化合约交易等服务，变相违规设立交易场所。

四是不以比特币、以太币、泰达币等虚拟货币作为 NFT 发行交易的计价和结算工具。

五是对发行、售卖、购买主体进行实名认证，妥善保存客户身份资料和发行交易记录，积极配合反洗钱工作。

六是不直接或间接投资 NFT，不为投资 NFT 提供融资支持。

同时，我们郑重呼吁广大消费者树立正确的消费理念，增强自我保护意识，自

觉抵制 NFT 投机炒作行为，警惕和远离 NFT 相关非法金融活动，切实维护自身财产安全。如发现相关违法违规活动，应及时向有关部门举报。

三、互联网领域电信网络诈骗治理

中华人民共和国反电信网络诈骗法（节录）

（2022 年 9 月 2 日　中华人民共和国主席令第 119 号）

第四章　互联网治理

第二十一条　电信业务经营者、互联网服务提供者为用户提供下列服务，在与用户签订协议或者确认提供服务时，应当依法要求用户提供真实身份信息，用户不提供真实身份信息的，不得提供服务：

（一）提供互联网接入服务；

（二）提供网络代理等网络地址转换服务；

（三）提供互联网域名注册、服务器托管、空间租用、云服务、内容分发服务；

（四）提供信息、软件发布服务，或者提供即时通讯、网络交易、网络游戏、网络直播发布、广告推广服务。

第二十二条　互联网服务提供者对监测识别的涉诈异常账号应当重新核验，根据国家有关规定采取限制功能、暂停服务等处置措施。

互联网服务提供者应当根据公安机关、电信主管部门要求，对涉案电话卡、涉诈异常电话卡所关联注册的有关互联网账号进行核验，根据风险情况，采取限期改正、限制功能、暂停使用、关闭账号、禁止重新注册等处置措施。

第二十三条　设立移动互联网应用程序应当按照国家有关规定向电信主管部门办理许可或者备案手续。

为应用程序提供封装、分发服务的，应当登记并核验应用程序开发运营者的真实身份信息，核验应用程序的功能、用途。

公安、电信、网信等部门和电信业务经营者、互联网服务提供者应当加强对分发平台以外途径下载传播的涉诈应用程序重点监测、及时处置。

第二十四条　提供域名解析、域名跳转、网址链接转换服务的，应当按照国家有关规定，核验域名注册、解析信息和互联网协议地址的真实性、准确性，规范域名跳转，记录并留存所提供相应服务的日志信息，支持实现对解析、跳转、转换记录的溯源。

第二十五条 任何单位和个人不得为他人实施电信网络诈骗活动提供下列支持或者帮助：

（一）出售、提供个人信息；

（二）帮助他人通过虚拟货币交易等方式洗钱；

（三）其他为电信网络诈骗活动提供支持或者帮助的行为。

电信业务经营者、互联网服务提供者应当依照国家有关规定，履行合理注意义务，对利用下列业务从事涉诈支持、帮助活动进行监测识别和处置：

（一）提供互联网接入、服务器托管、网络存储、通讯传输、线路出租、域名解析等网络资源服务；

（二）提供信息发布或者搜索、广告推广、引流推广等网络推广服务；

（三）提供应用程序、网站等网络技术、产品的制作、维护服务；

（四）提供支付结算服务。

第二十六条 公安机关办理电信网络诈骗案件依法调取证据的，互联网服务提供者应当及时提供技术支持和协助。

互联网服务提供者依照本法规定对有关涉诈信息、活动进行监测时，发现涉诈违法犯罪线索、风险信息的，应当依照国家有关规定，根据涉诈风险类型、程度情况移送公安、金融、电信、网信等部门。有关部门应当建立完善反馈机制，将相关情况及时告知移送单位。

中华人民共和国刑法（节录）

（2020 年 12 月 26 日修正　中华人民共和国主席令第 66 号）

第二百八十五条 **【非法侵入计算机信息系统罪】**违反国家规定，侵入国家事务、国防建设、尖端科学技术领域的计算机信息系统的，处三年以下有期徒刑或者拘役。

【非法获取计算机信息系统数据、非法控制计算机信息系统罪】违反国家规定，侵入前款规定以外的计算机信息系统或者采用其他技术手段，获取该计算机信息系统中存储、处理或者传输的数据，或者对该计算机信息系统实施非法控制，情节严重的，处三年以下有期徒刑或者拘役，并处或者单处罚金；情节特别严重的，处三年以上七年以下有期徒刑,并处罚金。

【提供侵入、非法控制计算机信息系统程序、工具罪】提供专门用于侵入、非法控制计算机信息系统的程序、工具,或者明知他人实施侵入、非法控制计算机信息系统的违法犯罪行为而为其提供程序、工具,情节严重的,依照前款的规定处罚。

单位犯前三款罪的,对单位判处罚金,并对其直接负责的主管人员和其他直接责任人员,依照各该款的规定处罚。

第二百八十六条　【破坏计算机信息系统罪】违反国家规定,对计算机信息系统功能进行删除、修改、增加、干扰,造成计算机信息系统不能正常运行,后果严重的,处五年以下有期徒刑或者拘役;后果特别严重的,处五年以上有期徒刑。

违反国家规定,对计算机信息系统中存储、处理或者传输的数据和应用程序进行删除、修改、增加的操作,后果严重的,依照前款的规定处罚。

故意制作、传播计算机病毒等破坏性程序,影响计算机系统正常运行,后果严重的,依照第一款的规定处罚。

单位犯前三款罪的,对单位判处罚金,并对其直接负责的主管人员和其他直接责任人员,依照第一款的规定处罚。

第二百八十六条之一　【拒不履行信息网络安全管理义务罪】网络服务提供者不履行法律、行政法规规定的信息网络安全管理义务,经监管部门责令采取改正措施而拒不改正,有下列情形之一的,处三年以下有期徒刑、拘役或者管制,并处或者单处罚金:

(一)致使违法信息大量传播的;

(二)致使用户信息泄露,造成严重后果的;

(三)致使刑事案件证据灭失,情节严重的;

(四)有其他严重情节的。

单位犯前款罪的,对单位判处罚金,并对其直接负责的主管人员和其他直接责任人员,依照前款的规定处罚。

有前两款行为,同时构成其他犯罪的,依照处罚较重的规定定罪处罚。

第二百八十七条　【利用计算机实施犯罪的提示性规定】利用计算机实施金融诈骗、盗窃、贪污、挪用公款、窃取国家秘密或者其他犯罪的,依照本法有关规定定罪处罚。

第二百八十七条之一　【非法利用信息网络罪】利用信息网络实施下列行为之一,情节严重的,处三年以下有期徒刑或者拘役,并处或者单处罚金:

（一）设立用于实施诈骗、传授犯罪方法、制作或者销售违禁物品、管制物品等违法犯罪活动的网站、通讯群组的；

（二）发布有关制作或者销售毒品、枪支、淫秽物品等违禁物品、管制物品或者其他违法犯罪信息的；

（三）为实施诈骗等违法犯罪活动发布信息的。

单位犯前款罪的，对单位判处罚金，并对其直接负责的主管人员和其他直接责任人员，依照第一款的规定处罚。

有前两款行为，同时构成其他犯罪的，依照处罚较重的规定定罪处罚。

第二百八十七条之二　【帮助信息网络犯罪活动罪】明知他人利用信息网络实施犯罪，为其犯罪提供互联网接入、服务器托管、网络存储、通讯传输等技术支持，或者提供广告推广、支付结算等帮助，情节严重的，处三年以下有期徒刑或者拘役，并处或者单处罚金。

单位犯前款罪的，对单位判处罚金，并对其直接负责的主管人员和其他直接责任人员，依照第一款的规定处罚。

有前两款行为，同时构成其他犯罪的，依照处罚较重的规定定罪处罚。

中华人民共和国数据安全法（节录）

（2021年6月10日　中华人民共和国主席令第84号）

第三条　本法所称数据，是指任何以电子或者其他方式对信息的记录。

数据处理，包括数据的收集、存储、使用、加工、传输、提供、公开等。

数据安全，是指通过采取必要措施，确保数据处于有效保护和合法利用的状态，以及具备保障持续安全状态的能力。

第八条　开展数据处理活动，应当遵守法律、法规，尊重社会公德和伦理，遵守商业道德和职业道德，诚实守信，履行数据安全保护义务，承担社会责任，不得危害国家安全、公共利益，不得损害个人、组织的合法权益。

第二十一条　国家建立数据分类分级保护制度，根据数据在经济社会发展中的重要程度，以及一旦遭到篡改、破坏、泄露或者非法获取、非法利用，对国家安全、公共利益或者个人、组织合法权益造成的危害程度，对数据实行分类分级保护。国家数据安全工作协调机制统筹协调有关部门制定重要数据目录，加强对重要数据的保护。

关系国家安全、国民经济命脉、重要民生、重大公共利益等数据属于国家核心数据，实行更加严格的管理制度。

各地区、各部门应当按照数据分类分级保护制度，确定本地区、本部门以及相关行业、领域的重要数据具体目录，对列入目录的数据进行重点保护。

第二十二条　国家建立集中统一、高效权威的数据安全风险评估、报告、信息共享、监测预警机制。国家数据安全工作协调机制统筹协调有关部门加强数据安全风险信息的获取、分析、研判、预警工作。

第二十七条　开展数据处理活动应当依照法律、法规的规定，建立健全全流程数据安全管理制度，组织开展数据安全教育培训，采取相应的技术措施和其他必要措施，保障数据安全。利用互联网等信息网络开展数据处理活动，应当在网络安全等级保护制度的基础上，履行上述数据安全保护义务。

重要数据的处理者应当明确数据安全负责人和管理机构，落实数据安全保护责任。

第二十九条　开展数据处理活动应当加强风险监测，发现数据安全缺陷、漏洞等风险时，应当立即采取补救措施；发生数据安全事件时，应当立即采取处置措施，按照规定及时告知用户并向有关主管部门报告。

第三十二条　任何组织、个人收集数据，应当采取合法、正当的方式，不得窃取或者以其他非法方式获取数据。

法律、行政法规对收集、使用数据的目的、范围有规定的，应当在法律、行政法规规定的目的和范围内收集、使用数据。

第三十五条　公安机关、国家安全机关因依法维护国家安全或者侦查犯罪的需要调取数据，应当按照国家有关规定，经过严格的批准手续，依法进行，有关组织、个人应当予以配合。

第三十八条　国家机关为履行法定职责的需要收集、使用数据，应当在其履行法定职责的范围内依照法律、行政法规规定的条件和程序进行；对在履行职责中知悉的个人隐私、个人信息、商业秘密、保密商务信息等数据应当依法予以保密，不得泄露或者非法向他人提供。

第四十九条　国家机关不履行本法规定的数据安全保护义务的，对直接负责的主管人员和其他直接责任人员依法给予处分。

第五十条　履行数据安全监管职责的国家工作人员玩忽职守、滥用职权、徇私舞弊的，依法给予处分。

第五十一条 窃取或者以其他非法方式获取数据，开展数据处理活动排除、限制竞争，或者损害个人、组织合法权益的，依照有关法律、行政法规的规定处罚。

中华人民共和国个人信息保护法（节录）

（2021年8月20日 中华人民共和国主席令第91号）

第二条 自然人的个人信息受法律保护，任何组织、个人不得侵害自然人的个人信息权益。

第四条 个人信息是以电子或者其他方式记录的与已识别或者可识别的自然人有关的各种信息，不包括匿名化处理后的信息。

个人信息的处理包括个人信息的收集、存储、使用、加工、传输、提供、公开、删除等。

第五条 处理个人信息应当遵循合法、正当、必要和诚信原则，不得通过误导、欺诈、胁迫等方式处理个人信息。

第六条 处理个人信息应当具有明确、合理的目的，并应当与处理目的直接相关，采取对个人权益影响最小的方式。

收集个人信息，应当限于实现处理目的的最小范围，不得过度收集个人信息。

第十条 任何组织、个人不得非法收集、使用、加工、传输他人个人信息，不得非法买卖、提供或者公开他人个人信息；不得从事危害国家安全、公共利益的个人信息处理活动。

第二十八条 敏感个人信息是一旦泄露或者非法使用，容易导致自然人的人格尊严受到侵害或者人身、财产安全受到危害的个人信息，包括生物识别、宗教信仰、特定身份、医疗健康、金融账户、行踪轨迹等信息，以及不满十四周岁未成年人的个人信息。

只有在具有特定的目的和充分的必要性，并采取严格保护措施的情形下，个人信息处理者方可处理敏感个人信息。

第二十九条 处理敏感个人信息应当取得个人的单独同意；法律、行政法规规定处理敏感个人信息应当取得书面同意的，从其规定。

第四十四条 个人对其个人信息的处理享有知情权、决定权，有权限制或者拒绝他人对其个人信息进行处理；法律、行政法规另有规定的除外。

第五十一条 个人信息处理者应当根据个人信息的处理目的、处理方式、个人信息的种类以及对个人权益的影响、可能存在的安全风险等，采取下列措施确保个人信息处理活动符合法律、行政法规的规定，并防止未经授权的访问以及个人信息泄露、篡改、丢失：

（一）制定内部管理制度和操作规程；

（二）对个人信息实行分类管理；

（三）采取相应的加密、去标识化等安全技术措施；

（四）合理确定个人信息处理的操作权限，并定期对从业人员进行安全教育和培训；

（五）制定并组织实施个人信息安全事件应急预案；

（六）法律、行政法规规定的其他措施。

第五十八条　提供重要互联网平台服务、用户数量巨大、业务类型复杂的个人信息处理者，应当履行下列义务：

（一）按照国家规定建立健全个人信息保护合规制度体系，成立主要由外部成员组成的独立机构对个人信息保护情况进行监督；

（二）遵循公开、公平、公正的原则，制定平台规则，明确平台内产品或者服务提供者处理个人信息的规范和保护个人信息的义务；

（三）对严重违反法律、行政法规处理个人信息的平台内的产品或者服务提供者，停止提供服务；

（四）定期发布个人信息保护社会责任报告，接受社会监督。

第六十一条　履行个人信息保护职责的部门履行下列个人信息保护职责：

（一）开展个人信息保护宣传教育，指导、监督个人信息处理者开展个人信息保护工作；

（二）接受、处理与个人信息保护有关的投诉、举报；

（三）组织对应用程序等个人信息保护情况进行测评，并公布测评结果；

（四）调查、处理违法个人信息处理活动；

（五）法律、行政法规规定的其他职责。

第六十三条　履行个人信息保护职责的部门履行个人信息保护职责，可以采取下列措施：

（一）询问有关当事人，调查与个人信息处理活动有关的情况；

（二）查阅、复制当事人与个人信息处理活动有关的合同、记录、账簿以及其他有关资料；

（三）实施现场检查，对涉嫌违法的个人信息处理活动进行调查；

（四）检查与个人信息处理活动有关的设备、物品；对有证据证明是用于违法个人信息处理活动的设备、物品，向本部门主要负责人书面报告并经批准，可以查封或者扣押。

履行个人信息保护职责的部门依法履行职责，当事人应当予以协助、配合，不得拒绝、阻挠。

第六十四条 履行个人信息保护职责的部门在履行职责中，发现个人信息处理活动存在较大风险或者发生个人信息安全事件的，可以按照规定的权限和程序对该个人信息处理者的法定代表人或者主要负责人进行约谈，或者要求个人信息处理者委托专业机构对其个人信息处理活动进行合规审计。个人信息处理者应当按照要求采取措施，进行整改，消除隐患。

履行个人信息保护职责的部门在履行职责中，发现违法处理个人信息涉嫌犯罪的，应当及时移送公安机关依法处理。

中华人民共和国网络安全法（节录）

（2016 年 11 月 7 日　中华人民共和国主席令第 53 号）

第五条 国家采取措施，监测、防御、处置来源于中华人民共和国境内外的网络安全风险和威胁，保护关键信息基础设施免受攻击、侵入、干扰和破坏，依法惩治网络违法犯罪活动，维护网络空间安全和秩序。

第十条 建设、运营网络或者通过网络提供服务，应当依照法律、行政法规的规定和国家标准的强制性要求，采取技术措施和其他必要措施，保障网络安全、稳定运行，有效应对网络安全事件，防范网络违法犯罪活动，维护网络数据的完整性、保密性和可用性。

第十二条 国家保护公民、法人和其他组织依法使用网络的权利，促进网络接入普及，提升网络服务水平，为社会提供安全、便利的网络服务，保障网络信息依法有序自由流动。

任何个人和组织使用网络应当遵守宪法法律，遵守公共秩序，尊重社会公德，不得危害网络安全，不得利用网络从事危害国家安全、荣誉和利益，煽动颠覆国家政权、推翻社会主义制度，煽动分裂国家、破坏国家统一，宣扬恐怖主义、极端主义，宣扬民族仇恨、民族歧视，传播暴力、淫秽色情信息，编造、传播虚假信息扰乱经济秩序和社会秩序，以及侵害他人名誉、隐私、知识产权和其他合法权益等活动。

第十四条　任何个人和组织有权对危害网络安全的行为向网信、电信、公安等部门举报。收到举报的部门应当及时依法作出处理；不属于本部门职责的，应当及时移送有权处理的部门。

有关部门应当对举报人的相关信息予以保密，保护举报人的合法权益。

第二十二条　网络产品、服务应当符合相关国家标准的强制性要求。网络产品、服务的提供者不得设置恶意程序；发现其网络产品、服务存在安全缺陷、漏洞等风险时，应当立即采取补救措施，按照规定及时告知用户并向有关主管部门报告。

网络产品、服务的提供者应当为其产品、服务持续提供安全维护；在规定或者当事人约定的期限内，不得终止提供安全维护。

网络产品、服务具有收集用户信息功能的，其提供者应当向用户明示并取得同意；涉及用户个人信息的，还应当遵守本法和有关法律、行政法规关于个人信息保护的规定。

第二十四条　网络运营者为用户办理网络接入、域名注册服务，办理固定电话、移动电话等入网手续，或者为用户提供信息发布、即时通讯等服务，在与用户签订协议或者确认提供服务时，应当要求用户提供真实身份信息。用户不提供真实身份信息的，网络运营者不得为其提供相关服务。

国家实施网络可信身份战略，支持研究开发安全、方便的电子身份认证技术，推动不同电子身份认证之间的互认。

第二十五条　网络运营者应当制定网络安全事件应急预案，及时处置系统漏洞、计算机病毒、网络攻击、网络侵入等安全风险；在发生危害网络安全的事件时，立即启动应急预案，采取相应的补救措施，并按照规定向有关主管部门报告。

第二十七条　任何个人和组织不得从事非法侵入他人网络、干扰他人网络正常功能、窃取网络数据等危害网络安全的活动；不得提供专门用于从事侵入网络、干扰网络正常功能及防护措施、窃取网络数据等危害网络安全活动的程序、工具；明知他人从事危害网络安全的活动的，不得为其提供技术支持、广告推广、支付结算等帮助。

第二十八条　网络运营者应当为公安机关、国家安全机关依法维护国家安全和侦查犯罪的活动提供技术支持和协助。

第四十条　网络运营者应当对其收集的用户信息严格保密，并建立健全用户信息保护制度。

第四十一条　网络运营者收集、使用个人信息，应当遵循合法、正当、必要的原则,公开收集、使用规则,明示收集、使用信息的目的、方式和范围,并经被收集者同意。

网络运营者不得收集与其提供的服务无关的个人信息,不得违反法律、行政法规的规定和双方的约定收集、使用个人信息,并应当依照法律、行政法规的规定和与用户的约定,处理其保存的个人信息。

第四十二条 网络运营者不得泄露、篡改、毁损其收集的个人信息;未经被收集者同意,不得向他人提供个人信息。但是,经过处理无法识别特定个人且不能复原的除外。

网络运营者应当采取技术措施和其他必要措施,确保其收集的个人信息安全,防止信息泄露、毁损、丢失。在发生或者可能发生个人信息泄露、毁损、丢失的情况时,应当立即采取补救措施,按照规定及时告知用户并向有关主管部门报告。

第四十三条 个人发现网络运营者违反法律、行政法规的规定或者双方的约定收集、使用其个人信息的,有权要求网络运营者删除其个人信息;发现网络运营者收集、存储的其个人信息有错误的,有权要求网络运营者予以更正。网络运营者应当采取措施予以删除或者更正。

第四十四条 任何个人和组织不得窃取或者以其他非法方式获取个人信息,不得非法出售或者非法向他人提供个人信息。

第四十五条 依法负有网络安全监督管理职责的部门及其工作人员,必须对在履行职责中知悉的个人信息、隐私和商业秘密严格保密,不得泄露、出售或者非法向他人提供。

第四十六条 任何个人和组织应当对其使用网络的行为负责,不得设立用于实施诈骗,传授犯罪方法,制作或者销售违禁物品、管制物品等违法犯罪活动的网站、通讯群组,不得利用网络发布涉及实施诈骗,制作或者销售违禁物品、管制物品以及其他违法犯罪活动的信息。

第四十七条 网络运营者应当加强对其用户发布的信息的管理,发现法律、行政法规禁止发布或者传输的信息的,应当立即停止传输该信息,采取消除等处置措施,防止信息扩散,保存有关记录,并向有关主管部门报告。

第四十八条 任何个人和组织发送的电子信息、提供的应用软件,不得设置恶意程序,不得含有法律、行政法规禁止发布或者传输的信息。

电子信息发送服务提供者和应用软件下载服务提供者,应当履行安全管理义务,知道其用户有前款规定行为的,应当停止提供服务,采取消除等处置措施,保存有关记录,并向有关主管部门报告。

第五十条　国家网信部门和有关部门依法履行网络信息安全监督管理职责，发现法律、行政法规禁止发布或者传输的信息的，应当要求网络运营者停止传输，采取消除等处置措施，保存有关记录；对来源于中华人民共和国境外的上述信息，应当通知有关机构采取技术措施和其他必要措施阻断传播。

第七十六条　本法下列用语的含义：

（一）网络，是指由计算机或者其他信息终端及相关设备组成的按照一定的规则和程序对信息进行收集、存储、传输、交换、处理的系统。

（二）网络安全，是指通过采取必要措施，防范对网络的攻击、侵入、干扰、破坏和非法使用以及意外事故，使网络处于稳定可靠运行的状态，以及保障网络数据的完整性、保密性、可用性的能力。

（三）网络运营者，是指网络的所有者、管理者和网络服务提供者。

（四）网络数据，是指通过网络收集、存储、传输、处理和产生的各种电子数据。

（五）个人信息，是指以电子或者其他方式记录的能够单独或者与其他信息结合识别自然人个人身份的各种信息，包括但不限于自然人的姓名、出生日期、身份证件号码、个人生物识别信息、住址、电话号码等。

中华人民共和国电子商务法（节录）

（2018 年 8 月 31 日　中华人民共和国主席令第 7 号）

第五条　电子商务经营者从事经营活动，应当遵循自愿、平等、公平、诚信的原则，遵守法律和商业道德，公平参与市场竞争，履行消费者权益保护、环境保护、知识产权保护、网络安全与个人信息保护等方面的义务，承担产品和服务质量责任，接受政府和社会的监督。

第十三条　电子商务经营者销售的商品或者提供的服务应当符合保障人身、财产安全的要求和环境保护要求，不得销售或者提供法律、行政法规禁止交易的商品或者服务。

第十七条　电子商务经营者应当全面、真实、准确、及时地披露商品或者服务信息，保障消费者的知情权和选择权。电子商务经营者不得以虚构交易、编造用户评价等方式进行虚假或者引人误解的商业宣传，欺骗、误导消费者。

第二十二条　电子商务经营者因其技术优势、用户数量、对相关行业的控制能力以及其他经营者对该电子商务经营者在交易上的依赖程度等因素而具有市场支配地位的,不得滥用市场支配地位,排除、限制竞争。

第二十三条 电子商务经营者收集、使用其用户的个人信息,应当遵守法律、行政法规有关个人信息保护的规定。

第三十条 电子商务平台经营者应当采取技术措施和其他必要措施保证其网络安全、稳定运行,防范网络违法犯罪活动,有效应对网络安全事件,保障电子商务交易安全。

电子商务平台经营者应当制定网络安全事件应急预案,发生网络安全事件时,应当立即启动应急预案,采取相应的补救措施,并向有关主管部门报告。

第三十九条 电子商务平台经营者应当建立健全信用评价制度,公示信用评价规则,为消费者提供对平台内销售的商品或者提供的服务进行评价的途径。

电子商务平台经营者不得删除消费者对其平台内销售的商品或者提供的服务的评价。

第八十五条 电子商务经营者违反本法规定,销售的商品或者提供的服务不符合保障人身、财产安全的要求,实施虚假或者引人误解的商业宣传等不正当竞争行为,滥用市场支配地位,或者实施侵犯知识产权、侵害消费者权益等行为的,依照有关法律的规定处罚。

全国人民代表大会常务委员会
关于维护互联网安全的决定

(2009 年 8 月 27 日修正)

我国的互联网,在国家大力倡导和积极推动下,在经济建设和各项事业中得到日益广泛的应用,使人们的生产、工作、学习和生活方式已经开始并将继续发生深刻的变化,对于加快我国国民经济、科学技术的发展和社会服务信息化进程具有重要作用。同时,如何保障互联网的运行安全和信息安全问题已经引起全社会的普遍关注。为了兴利除弊,促进我国互联网的健康发展,维护国家安全和社会公共利益,保护个人、法人和其他组织的合法权益,特作如下决定:

一、为了保障互联网的运行安全,对有下列行为之一,构成犯罪的,依照刑法有关规定追究刑事责任:

(一)侵入国家事务、国防建设、尖端科学技术领域的计算机信息系统;

(二)故意制作、传播计算机病毒等破坏性程序,攻击计算机系统及通信网络,致使计算机系统及通信网络遭受损害；

（三）违反国家规定，擅自中断计算机网络或者通信服务，造成计算机网络或者通信系统不能正常运行。

二、为了维护国家安全和社会稳定，对有下列行为之一，构成犯罪的，依照刑法有关规定追究刑事责任：

（一）利用互联网造谣、诽谤或者发表、传播其他有害信息，煽动颠覆国家政权、推翻社会主义制度，或者煽动分裂国家、破坏国家统一；

（二）通过互联网窃取、泄露国家秘密、情报或者军事秘密；

（三）利用互联网煽动民族仇恨、民族歧视，破坏民族团结；

（四）利用互联网组织邪教组织、联络邪教组织成员，破坏国家法律、行政法规实施。

三、为了维护社会主义市场经济秩序和社会管理秩序，对有下列行为之一，构成犯罪的，依照刑法有关规定追究刑事责任：

（一）利用互联网销售伪劣产品或者对商品、服务作虚假宣传；

（二）利用互联网损害他人商业信誉和商品声誉；

（三）利用互联网侵犯他人知识产权；

（四）利用互联网编造并传播影响证券、期货交易或者其他扰乱金融秩序的虚假信息；

（五）在互联网上建立淫秽网站、网页，提供淫秽站点链接服务，或者传播淫秽书刊、影片、音像、图片。

四、为了保护个人、法人和其他组织的人身、财产等合法权利，对有下列行为之一，构成犯罪的，依照刑法有关规定追究刑事责任：

（一）利用互联网侮辱他人或者捏造事实诽谤他人；

（二）非法截获、篡改、删除他人电子邮件或者其他数据资料，侵犯公民通信自由和通信秘密；

（三）利用互联网进行盗窃、诈骗、敲诈勒索。

五、利用互联网实施本决定第一条、第二条、第三条、第四条所列行为以外的其他行为，构成犯罪的，依照刑法有关规定追究刑事责任。

六、利用互联网实施违法行为，违反社会治安管理，尚不构成犯罪的，由公安机关依照《治安管理处罚法》予以处罚；违反其他法律、行政法规，尚不构成犯罪的，由有关行政管理部门依法给予行政处罚；对直接负责的主管人员和其他直接责任人员,依法给予行政处分或者纪律处分。

利用互联网侵犯他人合法权益,构成民事侵权的,依法承担民事责任。

七、各级人民政府及有关部门要采取积极措施,在促进互联网的应用和网络技术的普及过程中,重视和支持对网络安全技术的研究和开发,增强网络的安全防护能力。有关主管部门要加强对互联网的运行安全和信息安全的宣传教育,依法实施有效的监督管理,防范和制止利用互联网进行的各种违法活动,为互联网的健康发展创造良好的社会环境。从事互联网业务的单位要依法开展活动,发现互联网上出现违法犯罪行为和有害信息时,要采取措施,停止传输有害信息,并及时向有关机关报告。任何单位和个人在利用互联网时,都要遵纪守法,抵制各种违法犯罪行为和有害信息。人民法院、人民检察院、公安机关、国家安全机关要各司其职,密切配合,依法严厉打击利用互联网实施的各种犯罪活动。要动员全社会的力量,依靠全社会的共同努力,保障互联网的运行安全与信息安全,促进社会主义精神文明和物质文明建设。

全国人民代表大会常务委员会
关于加强网络信息保护的决定

(2012 年 12 月 28 日)

为了保护网络信息安全,保障公民、法人和其他组织的合法权益,维护国家安全和社会公共利益,特作如下决定:

一、国家保护能够识别公民个人身份和涉及公民个人隐私的电子信息。

任何组织和个人不得窃取或者以其他非法方式获取公民个人电子信息,不得出售或者非法向他人提供公民个人电子信息。

二、网络服务提供者和其他企业事业单位在业务活动中收集、使用公民个人电子信息,应当遵循合法、正当、必要的原则,明示收集、使用信息的目的、方式和范围,并经被收集者同意,不得违反法律、法规的规定和双方的约定收集、使用信息。

网络服务提供者和其他企业事业单位收集、使用公民个人电子信息,应当公开其收集、使用规则。

三、网络服务提供者和其他企业事业单位及其工作人员对在业务活动中收集的公民个人电子信息必须严格保密,不得泄露、篡改、毁损,不得出售或者非法向他人提供。

四、网络服务提供者和其他企业事业单位应当采取技术措施和其他必要措施，确保信息安全，防止在业务活动中收集的公民个人电子信息泄露、毁损、丢失。在发生或者可能发生信息泄露、毁损、丢失的情况时，应当立即采取补救措施。

五、网络服务提供者应当加强对其用户发布的信息的管理，发现法律、法规禁止发布或者传输的信息的，应当立即停止传输该信息，采取消除等处置措施，保存有关记录，并向有关主管部门报告。

六、网络服务提供者为用户办理网站接入服务，办理固定电话、移动电话等入网手续，或者为用户提供信息发布服务，应当在与用户签订协议或者确认提供服务时，要求用户提供真实身份信息。

七、任何组织和个人未经电子信息接收者同意或者请求，或者电子信息接收者明确表示拒绝的，不得向其固定电话、移动电话或者个人电子邮箱发送商业性电子信息。

八、公民发现泄露个人身份、散布个人隐私等侵害其合法权益的网络信息，或者受到商业性电子信息侵扰的，有权要求网络服务提供者删除有关信息或者采取其他必要措施予以制止。

九、任何组织和个人对窃取或者以其他非法方式获取、出售或者非法向他人提供公民个人电子信息的违法犯罪行为以及其他网络信息违法犯罪行为，有权向有关主管部门举报、控告；接到举报、控告的部门应当依法及时处理。被侵权人可以依法提起诉讼。

十、有关主管部门应当在各自职权范围内依法履行职责，采取技术措施和其他必要措施，防范、制止和查处窃取或者以其他非法方式获取、出售或者非法向他人提供公民个人电子信息的违法犯罪行为以及其他网络信息违法犯罪行为。有关主管部门依法履行职责时，网络服务提供者应当予以配合，提供技术支持。

国家机关及其工作人员对在履行职责中知悉的公民个人电子信息应当予以保密，不得泄露、篡改、毁损，不得出售或者非法向他人提供。

十一、对有违反本决定行为的，依法给予警告、罚款、没收违法所得、吊销许可证或者取消备案、关闭网站、禁止有关责任人员从事网络服务业务等处罚，记入社会信用档案并予以公布；构成违反治安管理行为的，依法给予治安管理处罚。构成犯罪的，依法追究刑事责任。侵害他人民事权益的，依法承担民事责任。

十二、本决定自公布之日起施行。

中华人民共和国计算机信息网络国际联网管理暂行规定

（1997 年 5 月 20 日修正　国务院令第 218 号）

第一条　为了加强对计算机信息网络国际联网的管理，保障国际计算机信息交流的健康发展，制定本规定。

第二条　中华人民共和国境内的计算机信息网络进行国际联网，应当依照本规定办理。

第三条　本规定下列用语的含义是：

（一）计算机信息网络国际联网（以下简称国际联网），是指中华人民共和国境内的计算机信息网络为实现信息的国际交流，同外国的计算机信息网络相联接。

（二）互联网络，是指直接进行国际联网的计算机信息网络；互联单位，是指负责互联网络运行的单位。

（三）接入网络，是指通过接入互联网络进行国际联网的计算机信息网络；接入单位，是指负责接入网络运行的单位。

第四条　国家对国际联网实行统筹规划、统一标准、分级管理、促进发展的原则。

第五条　国务院信息化工作领导小组（以下简称领导小组），负责协调、解决有关国际联网工作中的重大问题。

领导小组办公室按照本规定制定具体管理办法，明确国际出入口信道提供单位、互联单位、接入单位和用户的权利、义务和责任，并负责对国际联网工作的检查监督。

第六条　计算机信息网络直接进行国际联网，必须使用邮电部国家公用电信网提供的国际出入口信道。

任何单位和个人不得自行建立或者使用其他信道进行国际联网。

第七条　已经建立的互联网络，根据国务院有关规定调整后，分别由邮电部、电子工业部、国家教育委员会和中国科学院管理。

新建互联网络，必须报经国务院批准。

第八条　接入网络必须通过互联网络进行国际联网。

接入单位拟从事国际联网经营活动的，应当向有权受理从事国际联网经营活动申请的互联单位主管部门或者主管单位申请领取国际联网经营许可证；未取得国际联网经营许可证的，不得从事国际联网经营业务。

接入单位拟从事非经营活动的，应当报经有权受理从事非经营活动申请的互联单位主管部门或者主管单位审批；未经批准的，不得接入互联网络进行国际联网。

申请领取国际联网经营许可证或者办理审批手续时，应当提供其计算机信息网络的性质、应用范围和主机地址等资料。

国际联网经营许可证的格式，由领导小组统一制定。

第九条　从事国际联网经营活动的和从事非经营活动的接入单位都必须具备下列条件：

（一）是依法设立的企业法人或者事业法人；

（二）具有相应的计算机信息网络、装备以及相应的技术人员和管理人员；

（三）具有健全的安全保密管理制度和技术保护措施；

（四）符合法律和国务院规定的其他条件。

接入单位从事国际联网经营活动的，除必须具备本条前款规定条件外，还应当具备为用户提供长期服务的能力。

从事国际联网经营活动的接入单位的情况发生变化，不再符合本条第一款、第二款规定条件的，其国际联网经营许可证由发证机构予以吊销；从事非经营活动的接入单位的情况发生变化，不再符合本条第一款规定条件的，其国际联网资格由审批机构予以取消。

第十条　个人、法人和其他组织（以下统称用户）使用的计算机或者计算机信息网络，需要进行国际联网的，必须通过接入网络进行国际联网。

前款规定的计算机或者计算机信息网络，需要接入接入网络的，应当征得接入单位的同意，并办理登记手续。

第十一条　国际出入口信道提供单位、互联单位和接入单位，应当建立相应的网络管理中心，依照法律和国家有关规定加强对本单位及其用户的管理，做好网络信息安全管理工作，确保为用户提供良好、安全的服务。

第十二条　互联单位与接入单位，应当负责本单位及其用户有关国际联网的技术培训和管理教育工作。

第十三条　从事国际联网业务的单位和个人，应当遵守国家有关法律、行政法规，严格执行安全保密制度，不得利用国际联网从事危害国家安全、泄露国家秘密等违法犯罪活动，不得制作、查阅、复制和传播妨碍社会治安的信息和淫秽色情等信息。

第十四条 违反本规定第六条、第八条和第十条的规定的,由公安机关责令停止联网,给予警告,可以并处15000元以下的罚款;有违法所得的,没收违法所得。

第十五条 违反本规定,同时触犯其他有关法律、行政法规的,依照有关法律、行政法规的规定予以处罚;构成犯罪的,依法追究刑事责任。

第十六条 与台湾、香港、澳门地区的计算机信息网络的联网,参照本规定执行。

第十七条 本规定自发布之日起施行。

中华人民共和国计算机信息网络国际联网管理暂行规定实施办法(节录)

(1998年2月13日 国信〔1998〕001号)

第七条 我国境内的计算机信息网络直接进行国际联网,必须使用邮电部国家公用电信网提供的国际出入口信道。

任何单位和个人不得自行建立或者使用其他信道进行国际联网。

第十条 接入网络必须通过互联网络进行国际联网,不得以其他方式进行国际联网。

接入单位必须具备《暂行规定》第九条规定的条件,并向互联单位主管部门或者主管单位提交接入单位申请书和接入网络可行性报告。互联单位主管部门或者主管单位应当在收到接入单位申请书后20个工作日内,将审批意见以书面形式通知申请单位。

接入网络可行性报告的主要内容应当包括:网络服务性质和范围、网络技术方案、经济分析、管理制度和安全措施等。

第十一条 对从事国际联网经营活动的接入单位(以下简称经营性接入单位)实行国际联网经营许可证(以下简称经营许可证)制度。经营许可证的格式由国务院信息化工作领导小组统一制定。

第十二条 个人、法人和其他组织用户使用的计算机或者计算机信息网络必须通过接入网络进行国际联网,不得以其他方式进行国际联网。

第十三条 用户向接入单位申请国际联网时,应当提供有效身份证明或者其他证明文件,并填写用户登记表。

接入单位应当在收到用户申请后5个工作日内,以书面形式答复用户。

第十七条　国际出入口信道提供单位、互联单位和接入单位必须建立网络管理中心,健全管理制度,做好网络信息安全管理工作。

第十八条　用户应当服从接入单位的管理,遵守用户守则;不得擅自进入未经许可的计算机系统,篡改他人信息;不得在网络上散发恶意信息,冒用他人名义发出信息,侵犯他人隐私;不得制造、传播计算机病毒及从事其它侵犯网络和他人合法权益的活动。

用户有权获得接入单位提供的各项服务;有义务交纳费用。

第十九条　国际出入口信道提供单位、互联单位和接入单位应当保存与其服务相关的所有信息资料;在国务院信息化工作领导小组办公室和有关主管部门进行检查时,应当及时提供有关信息资料。

第二十条　互联单位、接入单位和用户应当遵守国家有关法律、行政法规,严格执行国家安全保密制度;不得利用国际联网从事危害国家安全、泄露国家秘密等违法犯罪活动,不得制作、查阅、复制和传播妨碍社会治安和淫秽色情等有害信息;发现有害信息应当及时向有关主管部门报告,并采取有效措施,不得使其扩散。

互联网信息服务管理办法

(2011年1月8日修订　国务院令第588号)

第一条　为了规范互联网信息服务活动,促进互联网信息服务健康有序发展,制定本办法。

第二条　在中华人民共和国境内从事互联网信息服务活动,必须遵守本办法。

本办法所称互联网信息服务,是指通过互联网向上网用户提供信息的服务活动。

第三条　互联网信息服务分为经营性和非经营性两类。

经营性互联网信息服务,是指通过互联网向上网用户有偿提供信息或者网页制作等服务活动。

非经营性互联网信息服务,是指通过互联网向上网用户无偿提供具有公开性、共享性信息的服务活动。

第四条　国家对经营性互联网信息服务实行许可制度;对非经营性互联网信息服务实行备案制度。

未取得许可或者未履行备案手续的,不得从事互联网信息服务。

第五条 从事新闻、出版、教育、医疗保健、药品和医疗器械等互联网信息服务,依照法律、行政法规以及国家有关规定须经有关主管部门审核同意的,在申请经营许可或者履行备案手续前,应当依法经有关主管部门审核同意。

第六条 从事经营性互联网信息服务,除应当符合《中华人民共和国电信条例》规定的要求外,还应当具备下列条件:

(一)有业务发展计划及相关技术方案;

(二)有健全的网络与信息安全保障措施,包括网站安全保障措施、信息安全保密管理制度、用户信息安全管理制度;

(三)服务项目属于本办法第五条规定范围的,已取得有关主管部门同意的文件。

第七条 从事经营性互联网信息服务,应当向省、自治区、直辖市电信管理机构或者国务院信息产业主管部门申请办理互联网信息服务增值电信业务经营许可证(以下简称经营许可证)。

省、自治区、直辖市电信管理机构或者国务院信息产业主管部门应当自收到申请之日起60日内审查完毕,作出批准或者不予批准的决定。予以批准的,颁发经营许可证;不予批准的,应当书面通知申请人并说明理由。

申请人取得经营许可证后,应当持经营许可证向企业登记机关办理登记手续。

第八条 从事非经营性互联网信息服务,应当向省、自治区、直辖市电信管理机构或者国务院信息产业主管部门办理备案手续。办理备案时,应当提交下列材料:

(一)主办单位和网站负责人的基本情况;

(二)网站网址和服务项目;

(三)服务项目属于本办法第五条规定范围的,已取得有关主管部门的同意文件。

省、自治区、直辖市电信管理机构对备案材料齐全的,应当予以备案并编号。

第九条 从事互联网信息服务,拟开办电子公告服务的,应当在申请经营性互联网信息服务许可或者办理非经营性互联网信息服务备案时,按照国家有关规定提出专项申请或者专项备案。

第十条 省、自治区、直辖市电信管理机构和国务院信息产业主管部门应当公布取得经营许可证或者已履行备案手续的互联网信息服务提供者名单。

第十一条　互联网信息服务提供者应当按照经许可或者备案的项目提供服务，不得超出经许可或者备案的项目提供服务。

非经营性互联网信息服务提供者不得从事有偿服务。

互联网信息服务提供者变更服务项目、网站网址等事项的，应当提前30日向原审核、发证或者备案机关办理变更手续。

第十二条　互联网信息服务提供者应当在其网站主页的显著位置标明其经营许可证编号或者备案编号。

第十三条　互联网信息服务提供者应当向上网用户提供良好的服务，并保证所提供的信息内容合法。

第十四条　从事新闻、出版以及电子公告等服务项目的互联网信息服务提供者，应当记录提供的信息内容及其发布时间、互联网地址或者域名；互联网接入服务提供者应当记录上网用户的上网时间、用户账号、互联网地址或者域名、主叫电话号码等信息。

互联网信息服务提供者和互联网接入服务提供者的记录备份应当保存60日，并在国家有关机关依法查询时，予以提供。

第十五条　互联网信息服务提供者不得制作、复制、发布、传播含有下列内容的信息：

（一）反对宪法所确定的基本原则的；

（二）危害国家安全，泄露国家秘密，颠覆国家政权，破坏国家统一的；

（三）损害国家荣誉和利益的；

（四）煽动民族仇恨、民族歧视，破坏民族团结的；

（五）破坏国家宗教政策，宣扬邪教和封建迷信的；

（六）散布谣言，扰乱社会秩序，破坏社会稳定的；

（七）散布淫秽、色情、赌博、暴力、凶杀、恐怖或者教唆犯罪的；

（八）侮辱或者诽谤他人，侵害他人合法权益的；

（九）含有法律、行政法规禁止的其他内容的。

第十六条　互联网信息服务提供者发现其网站传输的信息明显属于本办法第十五条所列内容之一的，应当立即停止传输，保存有关记录，并向国家有关机关报告。

第十七条　经营性互联网信息服务提供者申请在境内境外上市或者同外商合资、合作，应当事先经国务院信息产业主管部门审查同意；其中，外商投资的比例应当符合有关法律、行政法规的规定。

第十八条 国务院信息产业主管部门和省、自治区、直辖市电信管理机构，依法对互联网信息服务实施监督管理。

新闻、出版、教育、卫生、药品监督管理、工商行政管理和公安、国家安全等有关主管部门，在各自职责范围内依法对互联网信息内容实施监督管理。

第十九条 违反本办法的规定，未取得经营许可证，擅自从事经营性互联网信息服务，或者超出许可的项目提供服务的，由省、自治区、直辖市电信管理机构责令限期改正，有违法所得的，没收违法所得，处违法所得3倍以上5倍以下的罚款；没有违法所得或者违法所得不足5万元的，处10万元以上100万元以下的罚款；情节严重的，责令关闭网站。

违反本办法的规定，未履行备案手续，擅自从事非经营性互联网信息服务，或者超出备案的项目提供服务的，由省、自治区、直辖市电信管理机构责令限期改正；拒不改正的，责令关闭网站。

第二十条 制作、复制、发布、传播本办法第十五条所列内容之一的信息，构成犯罪的，依法追究刑事责任；尚不构成犯罪的，由公安机关、国家安全机关依照《中华人民共和国治安管理处罚法》、《计算机信息网络国际联网安全保护管理办法》等有关法律、行政法规的规定予以处罚；对经营性互联网信息服务提供者，并由发证机关责令停业整顿直至吊销经营许可证，通知企业登记机关；对非经营性互联网信息服务提供者，并由备案机关责令暂时关闭网站直至关闭网站。

第二十一条 未履行本办法第十四条规定的义务的，由省、自治区、直辖市电信管理机构责令改正；情节严重的，责令停业整顿或者暂时关闭网站。

第二十二条 违反本办法的规定，未在其网站主页上标明其经营许可证编号或者备案编号的，由省、自治区、直辖市电信管理机构责令改正，处5000元以上5万元以下的罚款。

第二十三条 违反本办法第十六条规定的义务的，由省、自治区、直辖市电信管理机构责令改正；情节严重的，对经营性互联网信息服务提供者，并由发证机关吊销经营许可证，对非经营性互联网信息服务提供者，并由备案机关责令关闭网站。

第二十四条 互联网信息服务提供者在其业务活动中，违反其他法律、法规的，由新闻、出版、教育、卫生、药品监督管理和工商行政管理等有关主管部门依照有关法律、法规的规定处罚。

第二十五条　电信管理机构和其他有关主管部门及其工作人员，玩忽职守、滥用职权、徇私舞弊，疏于对互联网信息服务的监督管理，造成严重后果，构成犯罪的，依法追究刑事责任；尚不构成犯罪的，对直接负责的主管人员和其他直接责任人员依法给予降级、撤职直至开除的行政处分。

第二十六条　在本办法公布前从事互联网信息服务的，应当自本办法公布之日起60日内依照本办法的有关规定补办有关手续。

第二十七条　本办法自公布之日起施行。

计算机信息网络国际联网安全保护管理办法（节录）

（2011年1月8日修订　国务院令第588号）

第一章　总　　则

第三条　公安部计算机管理监察机构负责计算机信息网络国际联网的安全保护管理工作。

公安机关计算机管理监察机构应当保护计算机信息网络国际联网的公共安全，维护从事国际联网业务的单位和个人的合法权益和公众利益。

第四条　任何单位和个人不得利用国际联网危害国家安全、泄露国家秘密，不得侵犯国家的、社会的、集体的利益和公民的合法权益，不得从事违法犯罪活动。

第五条　任何单位和个人不得利用国际联网制作、复制、查阅和传播下列信息：

（一）煽动抗拒、破坏宪法和法律、行政法规实施的；

（二）煽动颠覆国家政权，推翻社会主义制度的；

（三）煽动分裂国家、破坏国家统一的；

（四）煽动民族仇恨、民族歧视，破坏民族团结的；

（五）捏造或者歪曲事实，散布谣言，扰乱社会秩序的；

（六）宣扬封建迷信、淫秽、色情、赌博、暴力、凶杀、恐怖，教唆犯罪的；

（七）公然侮辱他人或者捏造事实诽谤他人的；

（八）损害国家机关信誉的；

（九）其他违反宪法和法律、行政法规的。

第六条　任何单位和个人不得从事下列危害计算机信息网络安全的活动：

（一）未经允许，进入计算机信息网络或者使用计算机信息网络资源的；

（二）未经允许，对计算机信息网络功能进行删除、修改或者增加的；

（三）未经允许，对计算机信息网络中存储、处理或者传输的数据和应用程序进行删除、修改或者增加的；

（四）故意制作、传播计算机病毒等破坏性程序的；

（五）其他危害计算机信息网络安全的。

第七条 用户的通信自由和通信秘密受法律保护。任何单位和个人不得违反法律规定，利用国际联网侵犯用户的通信自由和通信秘密。

第二章 安全保护责任

第八条 从事国际联网业务的单位和个人应当接受公安机关的安全监督、检查和指导，如实向公安机关提供有关安全保护的信息、资料及数据文件，协助公安机关查处通过国际联网的计算机信息网络的违法犯罪行为。

第九条 国际出入口信道提供单位、互联单位的主管部门或者主管单位，应当依照法律和国家有关规定负责国际出入口信道、所属互联网络的安全保护管理工作。

第十条 互联单位、接入单位及使用计算机信息网络国际联网的法人和其他组织应当履行下列安全保护职责：

（一）负责本网络的安全保护管理工作，建立健全安全保护管理制度；

（二）落实安全保护技术措施，保障本网络的运行安全和信息安全；

（三）负责对本网络用户的安全教育和培训；

（四）对委托发布信息的单位和个人进行登记，并对所提供的信息内容按照本办法第五条进行审核；

（五）建立计算机信息网络电子公告系统的用户登记和信息管理制度；

（六）发现有本办法第四条、第五条、第六条、第七条所列情形之一的，应当保留有关原始记录，并在 24 小时内向当地公安机关报告；

（七）按照国家有关规定，删除本网络中含有本办法第五条内容的地址、目录或者关闭服务器。

第十一条 用户在接入单位办理入网手续时，应当填写用户备案表。备案表由公安部监制。

第十二条 互联单位、接入单位、使用计算机信息网络国际联网的法人和其他组织（包括跨省、自治区、直辖市联网的单位和所属的分支机构），应当自网络正式联通之日起30日内，到所在地的省、自治区、直辖市人民政府公安机关指定的受理机关办理备案手续。

前款所列单位应当负责将接入本网络的接入单位和用户情况报当地公安机关备案，并及时报告本网络中接入单位和用户的变更情况。

第十三条　使用公用账号的注册者应当加强对公用账号的管理，建立账号使用登记制度。用户账号不得转借、转让。

第十四条　涉及国家事务、经济建设、国防建设、尖端科学技术等重要领域的单位办理备案手续时，应当出具其行政主管部门的审批证明。

前款所列单位的计算机信息网络与国际联网，应当采取相应的安全保护措施。

第三章　安全监督

第十五条　省、自治区、直辖市公安厅（局），地（市）、县（市）公安局，应当有相应机构负责国际联网的安全保护管理工作。

第十六条　公安机关计算机管理监察机构应当掌握互联单位、接入单位和用户的备案情况，建立备案档案，进行备案统计，并按照国家有关规定逐级上报。

第十七条　公安机关计算机管理监察机构应当督促互联单位、接入单位及有关用户建立健全安全保护管理制度。监督、检查网络安全保护管理以及技术措施的落实情况。

公安机关计算机管理监察机构在组织安全检查时，有关单位应当派人参加。公安机关计算机管理监察机构对安全检查发现的问题，应当提出改进意见，作出详细记录，存档备查。

第十八条　公安机关计算机管理监察机构发现含有本办法第五条所列内容的地址、目录或者服务器时，应当通知有关单位关闭或者删除。

第十九条　公安机关计算机管理监察机构应当负责追踪和查处通过计算机信息网络的违法行为和针对计算机信息网络的犯罪案件，对违反本办法第四条、第七条规定的违法犯罪行为，应当按照国家有关规定移送有关部门或者司法机关处理。

信息网络传播权保护条例（节录）

（2013年1月30日修订　国务院令第634号）

第三条　依法禁止提供的作品、表演、录音录像制品，不受本条例保护。

权利人行使信息网络传播权,不得违反宪法和法律、行政法规,不得损害公共利益。

第四条 为了保护信息网络传播权,权利人可以采取技术措施。

任何组织或者个人不得故意避开或者破坏技术措施,不得故意制造、进口或者向公众提供主要用于避开或者破坏技术措施的装置或者部件,不得故意为他人避开或者破坏技术措施提供技术服务。但是,法律、行政法规规定可以避开的除外。

互联网上网服务营业场所管理条例(节录)

(2022年3月29日修订 国务院令第710号)

第一章 总 则

第三条 互联网上网服务营业场所经营单位应当遵守有关法律、法规的规定,加强行业自律,自觉接受政府有关部门依法实施的监督管理,为上网消费者提供良好的服务。

互联网上网服务营业场所的上网消费者,应当遵守有关法律、法规的规定,遵守社会公德,开展文明、健康的上网活动。

第三章 经 营

第十四条 互联网上网服务营业场所经营单位和上网消费者不得利用互联网上网服务营业场所制作、下载、复制、查阅、发布、传播或者以其他方式使用含有下列内容的信息:

(一)反对宪法确定的基本原则的;

(二)危害国家统一、主权和领土完整的;

(三)泄露国家秘密,危害国家安全或者损害国家荣誉和利益的;

(四)煽动民族仇恨、民族歧视,破坏民族团结,或者侵害民族风俗、习惯的;

(五)破坏国家宗教政策,宣扬邪教、迷信的;

(六)散布谣言,扰乱社会秩序,破坏社会稳定的;

(七)宣传淫秽、赌博、暴力或者教唆犯罪的;

(八)侮辱或者诽谤他人,侵害他人合法权益的;

(九)危害社会公德或者民族优秀文化传统的;

(十)含有法律、行政法规禁止的其他内容的。

第十五条　互联网上网服务营业场所经营单位和上网消费者不得进行下列危害信息网络安全的活动：

（一）故意制作或者传播计算机病毒以及其他破坏性程序的；

（二）非法侵入计算机信息系统或者破坏计算机信息系统功能、数据和应用程序的；

（三）进行法律、行政法规禁止的其他活动的。

第十六条　互联网上网服务营业场所经营单位应当通过依法取得经营许可证的互联网接入服务提供者接入互联网，不得采取其他方式接入互联网。

互联网上网服务营业场所经营单位提供上网消费者使用的计算机必须通过局域网的方式接入互联网，不得直接接入互联网。

第十八条　互联网上网服务营业场所经营单位和上网消费者不得利用网络游戏或者其他方式进行赌博或者变相赌博活动。

第十九条　互联网上网服务营业场所经营单位应当实施经营管理技术措施，建立场内巡查制度，发现上网消费者有本条例第十四条、第十五条、第十八条所列行为或者有其他违法行为的，应当立即予以制止并向文化行政部门、公安机关举报。

第四章　罚　　则

第二十八条　文化行政部门应当建立互联网上网服务营业场所经营单位的经营活动信用监管制度，建立健全信用约束机制，并及时公布行政处罚信息。

第三十三条　互联网上网服务营业场所经营单位违反本条例的规定，有下列行为之一的，由文化行政部门、公安机关依据各自职权给予警告，可以并处15000元以下的罚款；情节严重的，责令停业整顿，直至由文化行政部门吊销《网络文化经营许可证》：

（一）向上网消费者提供的计算机未通过局域网的方式接入互联网的；

（二）未建立场内巡查制度，或者发现上网消费者的违法行为未予制止并向文化行政部门、公安机关举报的；

（三）未按规定核对、登记上网消费者的有效身份证件或者记录有关上网信息的；

（四）未按规定时间保存登记内容、记录备份，或者在保存期内修改、删除登记内容、记录备份的；

（五）变更名称、住所、法定代表人或者主要负责人、注册资本、网络地址或者终止经营活动，未向文化行政部门、公安机关办理有关手续或者备案的。

互联网安全保护技术措施规定

（2005 年 12 月 13 日　公安部令第 82 号）

第一条　为加强和规范互联网安全技术防范工作，保障互联网网络安全和信息安全，促进互联网健康、有序发展，维护国家安全、社会秩序和公共利益，根据《计算机信息网络国际联网安全保护管理办法》，制定本规定。

第二条　本规定所称互联网安全保护技术措施，是指保障互联网网络安全和信息安全、防范违法犯罪的技术设施和技术方法。

第三条　互联网服务提供者、联网使用单位负责落实互联网安全保护技术措施，并保障互联网安全保护技术措施功能的正常发挥。

第四条　互联网服务提供者、联网使用单位应当建立相应的管理制度。未经用户同意不得公开、泄露用户注册信息，但法律、法规另有规定的除外。

互联网服务提供者、联网使用单位应当依法使用互联网安全保护技术措施，不得利用互联网安全保护技术措施侵犯用户的通信自由和通信秘密。

第五条　公安机关公共信息网络安全监察部门负责对互联网安全保护技术措施的落实情况依法实施监督管理。

第六条　互联网安全保护技术措施应当符合国家标准。没有国家标准的，应当符合公共安全行业技术标准。

第七条　互联网服务提供者和联网使用单位应当落实以下互联网安全保护技术措施：

（一）防范计算机病毒、网络入侵和攻击破坏等危害网络安全事项或者行为的技术措施；

（二）重要数据库和系统主要设备的冗灾备份措施；

（三）记录并留存用户登录和退出时间、主叫号码、账号、互联网地址或域名、系统维护日志的技术措施；

（四）法律、法规和规章规定应当落实的其他安全保护技术措施。

第八条　提供互联网接入服务的单位除落实本规定第七条规定的互联网安全保护技术措施外，还应当落实具有以下功能的安全保护技术措施：

（一）记录并留存用户注册信息；

（二）使用内部网络地址与互联网网络地址转换方式为用户提供接入服务的，能够记录并留存用户使用的互联网网络地址和内部网络地址对应关系；

（三）记录、跟踪网络运行状态，监测、记录网络安全事件等安全审计功能。

第九条　提供互联网信息服务的单位除落实本规定第七条规定的互联网安全保护技术措施外，还应当落实具有以下功能的安全保护技术措施：

（一）在公共信息服务中发现、停止传输违法信息，并保留相关记录；

（二）提供新闻、出版以及电子公告等服务的，能够记录并留存发布的信息内容及发布时间；

（三）开办门户网站、新闻网站、电子商务网站的，能够防范网站、网页被篡改，被篡改后能够自动恢复；

（四）开办电子公告服务的，具有用户注册信息和发布信息审计功能；

（五）开办电子邮件和网上短信息服务的，能够防范、清除以群发方式发送伪造、隐匿信息发送者真实标记的电子邮件或者短信息。

第十条　提供互联网数据中心服务的单位和联网使用单位除落实本规定第七条规定的互联网安全保护技术措施外，还应当落实具有以下功能的安全保护技术措施：

（一）记录并留存用户注册信息；

（二）在公共信息服务中发现、停止传输违法信息，并保留相关记录；

（三）联网使用单位使用内部网络地址与互联网网络地址转换方式向用户提供接入服务的，能够记录并留存用户使用的互联网网络地址和内部网络地址对应关系。

第十一条　提供互联网上网服务的单位，除落实本规定第七条规定的互联网安全保护技术措施外，还应当安装并运行互联网公共上网服务场所安全管理系统。

第十二条　互联网服务提供者依照本规定采取的互联网安全保护技术措施应当具有符合公共安全行业技术标准的联网接口。

第十三条　互联网服务提供者和联网使用单位依照本规定落实的记录留存技术措施，应当具有至少保存六十天记录备份的功能。

第十四条　互联网服务提供者和联网使用单位不得实施下列破坏互联网安全保护技术措施的行为：

（一）擅自停止或者部分停止安全保护技术设施、技术手段运行；

（二）故意破坏安全保护技术设施；

（三）擅自删除、篡改安全保护技术设施、技术手段运行程序和记录；

（四）擅自改变安全保护技术措施的用途和范围；

（五）其他故意破坏安全保护技术措施或者妨碍其功能正常发挥的行为。

第十五条 违反本规定第七条至第十四条规定的，由公安机关依照《计算机信息网络国际联网安全保护管理办法》第二十一条的规定予以处罚。

第十六条 公安机关应当依法对辖区内互联网服务提供者和联网使用单位安全保护技术措施的落实情况进行指导、监督和检查。

公安机关在依法监督检查时，互联网服务提供者、联网使用单位应当派人参加。公安机关对监督检查发现的问题，应当提出改进意见，通知互联网服务提供者、联网使用单位及时整改。

公安机关在监督检查时，监督检查人员不得少于二人，并应当出示执法身份证件。

第十七条 公安机关及其工作人员违反本规定，有滥用职权，徇私舞弊行为的，对直接负责的主管人员和其他直接责任人员依法给予行政处分；构成犯罪的，依法追究刑事责任。

第十八条 本规定所称互联网服务提供者，是指向用户提供互联网接入服务、互联网数据中心服务、互联网信息服务和互联网上网服务的单位。

本规定所称联网使用单位，是指为本单位应用需要连接并使用互联网的单位。

本规定所称提供互联网数据中心服务的单位，是指提供主机托管、租赁和虚拟空间租用等服务的单位。

第十九条 本规定自2006年3月1日起施行。

公安机关互联网安全监督检查规定

（2018年9月15日 公安部令第151号）

第一章 总 则

第一条 为规范公安机关互联网安全监督检查工作，预防网络违法犯罪，维护网络安全，保护公民、法人和其他组织合法权益，根据《中华人民共和国人民警察法》、《中华人民共和国网络安全法》等有关法律、行政法规，制定本规定。

第二条 本规定适用于公安机关依法对互联网服务提供者和联网使用单位履

行法律、行政法规规定的网络安全义务情况进行的安全监督检查。

第三条　互联网安全监督检查工作由县级以上地方人民政府公安机关网络安全保卫部门组织实施。

上级公安机关应当对下级公安机关开展互联网安全监督检查工作情况进行指导和监督。

第四条　公安机关开展互联网安全监督检查，应当遵循依法科学管理、保障和促进发展的方针，严格遵守法定权限和程序，不断改进执法方式，全面落实执法责任。

第五条　公安机关及其工作人员对履行互联网安全监督检查职责中知悉的个人信息、隐私、商业秘密和国家秘密，应当严格保密，不得泄露、出售或者非法向他人提供。

公安机关及其工作人员在履行互联网安全监督检查职责中获取的信息，只能用于维护网络安全的需要，不得用于其他用途。

第六条　公安机关对互联网安全监督检查工作中发现的可能危害国家安全、公共安全、社会秩序的网络安全风险，应当及时通报有关主管部门和单位。

第七条　公安机关应当建立并落实互联网安全监督检查工作制度，自觉接受检查对象和人民群众的监督。

第二章　监督检查对象和内容

第八条　互联网安全监督检查由互联网服务提供者的网络服务运营机构和联网使用单位的网络管理机构所在地公安机关实施。互联网服务提供者为个人的，可以由其经常居住地公安机关实施。

第九条　公安机关应当根据网络安全防范需要和网络安全风险隐患的具体情况，对下列互联网服务提供者和联网使用单位开展监督检查：

（一）提供互联网接入、互联网数据中心、内容分发、域名服务的；

（二）提供互联网信息服务的；

（三）提供公共上网服务的；

（四）提供其他互联网服务的。

对开展前款规定的服务未满一年的，两年内曾发生过网络安全事件、违法犯罪案件的，或者因未履行法定网络安全义务被公安机关予以行政处罚的，应当开展重点监督检查。

第十条 公安机关应当根据互联网服务提供者和联网使用单位履行法定网络安全义务的实际情况,依照国家有关规定和标准,对下列内容进行监督检查:

(一)是否办理联网单位备案手续,并报送接入单位和用户基本信息及其变更情况;

(二)是否制定并落实网络安全管理制度和操作规程,确定网络安全负责人;

(三)是否依法采取记录并留存用户注册信息和上网日志信息的技术措施;

(四)是否采取防范计算机病毒和网络攻击、网络侵入等技术措施;

(五)是否在公共信息服务中对法律、行政法规禁止发布或者传输的信息依法采取相关防范措施;

(六)是否按照法律规定的要求为公安机关依法维护国家安全、防范调查恐怖活动、侦查犯罪提供技术支持和协助;

(七)是否履行法律、行政法规规定的网络安全等级保护等义务。

第十一条 除本规定第十条所列内容外,公安机关还应当根据提供互联网服务的类型,对下列内容进行监督检查:

(一)对提供互联网接入服务的,监督检查是否记录并留存网络地址及分配使用情况;

(二)对提供互联网数据中心服务的,监督检查是否记录所提供的主机托管、主机租用和虚拟空间租用的用户信息;

(三)对提供互联网域名服务的,监督检查是否记录网络域名申请、变动信息,是否对违法域名依法采取处置措施;

(四)对提供互联网信息服务的,监督检查是否依法采取用户发布信息管理措施,是否对已发布或者传输的法律、行政法规禁止发布或者传输的信息依法采取处置措施,并保存相关记录;

(五)对提供互联网内容分发服务的,监督检查是否记录内容分发网络与内容源网络链接对应情况;

(六)对提供互联网公共上网服务的,监督检查是否采取符合国家标准的网络与信息安全保护技术措施。

第十二条 在国家重大网络安全保卫任务期间,对与国家重大网络安全保卫任务相关的互联网服务提供者和联网使用单位,公安机关可以对下列内容开展专项安全监督检查:

(一)是否制定重大网络安全保卫任务所要求的工作方案、明确网络安全责任分工并确定网络安全管理人员；

（二）是否组织开展网络安全风险评估，并采取相应风险管控措施堵塞网络安全漏洞隐患；

（三）是否制定网络安全应急处置预案并组织开展应急演练，应急处置相关设施是否完备有效；

（四）是否依法采取重大网络安全保卫任务所需要的其他网络安全防范措施；

（五）是否按照要求向公安机关报告网络安全防范措施及落实情况。

对防范恐怖袭击的重点目标的互联网安全监督检查，按照前款规定的内容执行。

第三章　监督检查程序

第十三条　公安机关开展互联网安全监督检查，可以采取现场监督检查或者远程检测的方式进行。

第十四条　公安机关开展互联网安全现场监督检查时，人民警察不得少于二人，并应当出示人民警察证和县级以上地方人民政府公安机关出具的监督检查通知书。

第十五条　公安机关开展互联网安全现场监督检查可以根据需要采取以下措施：

（一）进入营业场所、机房、工作场所；

（二）要求监督检查对象的负责人或者网络安全管理人员对监督检查事项作出说明；

（三）查阅、复制与互联网安全监督检查事项相关的信息；

（四）查看网络与信息安全保护技术措施运行情况。

第十六条　公安机关对互联网服务提供者和联网使用单位是否存在网络安全漏洞，可以开展远程检测。

公安机关开展远程检测，应当事先告知监督检查对象检查时间、检查范围等事项或者公开相关检查事项，不得干扰、破坏监督检查对象网络的正常运行。

第十七条　公安机关开展现场监督检查或者远程检测，可以委托具有相应技术能力的网络安全服务机构提供技术支持。

网络安全服务机构及其工作人员对工作中知悉的个人信息、隐私、商业秘密和国家秘密，应当严格保密，不得泄露、出售或者非法向他人提供。公安机关应当严格监督网络安全服务机构落实网络安全管理与保密责任。

第十八条 公安机关开展现场监督检查,应当制作监督检查记录,并由开展监督检查的人民警察和监督检查对象的负责人或者网络安全管理人员签名。监督检查对象负责人或者网络安全管理人员对监督检查记录有异议的,应当允许其作出说明;拒绝签名的,人民警察应当在监督检查记录中注明。

公安机关开展远程检测,应当制作监督检查记录,并由二名以上开展监督检查的人民警察在监督检查记录上签名。

委托网络安全服务机构提供技术支持的,技术支持人员应当一并在监督检查记录上签名。

第十九条 公安机关在互联网安全监督检查中,发现互联网服务提供者和联网使用单位存在网络安全风险隐患,应当督促指导其采取措施消除风险隐患,并在监督检查记录上注明;发现有违法行为,但情节轻微或者未造成后果的,应当责令其限期整改。

监督检查对象在整改期限届满前认为已经整改完毕的,可以向公安机关书面提出提前复查申请。

公安机关应当自整改期限届满或者收到监督检查对象提前复查申请之日起三个工作日内,对整改情况进行复查,并在复查结束后三个工作日内反馈复查结果。

第二十条 监督检查过程中收集的资料、制作的各类文书等材料,应当按照规定立卷存档。

第四章 法律责任

第二十一条 公安机关在互联网安全监督检查中,发现互联网服务提供者和联网使用单位有下列违法行为的,依法予以行政处罚:

(一)未制定并落实网络安全管理制度和操作规程,未确定网络安全负责人的,依照《中华人民共和国网络安全法》第五十九条第一款的规定予以处罚;

(二)未采取防范计算机病毒和网络攻击、网络侵入等危害网络安全行为的技术措施的,依照《中华人民共和国网络安全法》第五十九条第一款的规定予以处罚;

(三)未采取记录并留存用户注册信息和上网日志信息措施的,依照《中华人民共和国网络安全法》第五十九条第一款的规定予以处罚;

(四)在提供互联网信息发布、即时通讯等服务中,未要求用户提供真实身份信息,或者对不提供真实身份信息的用户提供相关服务的,依照《中华人民共和国网络安全法》第六十一条的规定予以处罚；

（五）在公共信息服务中对法律、行政法规禁止发布或者传输的信息未依法或者不按照公安机关的要求采取停止传输、消除等处置措施、保存有关记录的，依照《中华人民共和国网络安全法》第六十八条或者第六十九条第一项的规定予以处罚；

（六）拒不为公安机关依法维护国家安全和侦查犯罪的活动提供技术支持和协助的，依照《中华人民共和国网络安全法》第六十九条第三项的规定予以处罚。

有前款第四至六项行为违反《中华人民共和国反恐怖主义法》规定的，依照《中华人民共和国反恐怖主义法》第八十四条或者第八十六条第一款的规定予以处罚。

第二十二条 公安机关在互联网安全监督检查中，发现互联网服务提供者和联网使用单位，窃取或者以其他非法方式获取、非法出售或者非法向他人提供个人信息，尚不构成犯罪的，依照《中华人民共和国网络安全法》第六十四条第二款的规定予以处罚。

第二十三条 公安机关在互联网安全监督检查中，发现互联网服务提供者和联网使用单位在提供的互联网服务中设置恶意程序的，依照《中华人民共和国网络安全法》第六十条第一项的规定予以处罚。

第二十四条 互联网服务提供者和联网使用单位拒绝、阻碍公安机关实施互联网安全监督检查的，依照《中华人民共和国网络安全法》第六十九条第二项的规定予以处罚；拒不配合反恐怖主义工作的，依照《中华人民共和国反恐怖主义法》第九十一条或者第九十二条的规定予以处罚。

第二十五条 受公安机关委托提供技术支持的网络安全服务机构及其工作人员，从事非法侵入监督检查对象网络、干扰监督检查对象网络正常功能、窃取网络数据等危害网络安全的活动的，依照《中华人民共和国网络安全法》第六十三条的规定予以处罚；窃取或者以其他非法方式获取、非法出售或者非法向他人提供在工作中获悉的个人信息的，依照《中华人民共和国网络安全法》第六十四条第二款的规定予以处罚，构成犯罪的，依法追究刑事责任。

前款规定的机构及人员侵犯监督检查对象的商业秘密，构成犯罪的，依法追究刑事责任。

第二十六条 公安机关及其工作人员在互联网安全监督检查工作中，玩忽职守、滥用职权、徇私舞弊的，对直接负责的主管人员和其他直接责任人员依法予以处分；构成犯罪的，依法追究刑事责任。

第二十七条 互联网服务提供者和联网使用单位违反本规定,构成违反治安管理行为的,依法予以治安管理处罚;构成犯罪的,依法追究刑事责任。

第五章 附 则

第二十八条 对互联网上网服务营业场所的监督检查,按照《互联网上网服务营业场所管理条例》的有关规定执行。

第二十九条 本规定自2018年11月1日起施行。

互联网个人信息安全保护指南(节录)

(2019年4月10日)

5 技术措施

5.1 基本要求

个人信息处理系统其安全技术措施应满足GB/T 22239相应等级的要求,按照网络安全等级保护制度的要求,履行安全保护义务,保障网络免受干扰、破坏或者未经授权的访问,防止网络数据泄露或者被窃取、篡改。

5.2 通用要求

5.2.1 通信网络安全

5.2.1.1 网络架构

a)应为个人信息处理系统所处网络划分不同的网络区域,并按照方便管理和控制的原则为各网络区域分配地址;

b)个人信息处理系统应作为重点区域部署,并设有边界防护措施。

5.2.1.2 通信传输

a)应采用校验技术或密码技术保证通信过程中个人信息的完整性;

b)应采用密码技术保证通信过程中个人信息字段或整个报文的保密性。

5.2.2 区域边界安全

5.2.2.1 边界防护

a)应对跨越边界访问通信信息进行有效防护;

b)应对非授权设备跨越边界行为进行检查或限制。

5.2.2.2 访问控制

应在个人信息处理系统边界根据访问控制策略设置访问控制规则。

5.2.2.3　入侵防范

应在个人信息处理系统边界部署入侵防护措施，检测、防止或限制从外部、内部发起的网络攻击行为。

5.2.2.4　恶意代码防范

应在个人信息处理系统的网络边界处对恶意代码进行检测和清除，并维护恶意代码防护机制的升级和更新。

5.2.4　应用和数据安全

5.2.4.1　身份鉴别

a)个人信息处理系统应对登录的用户进行身份标识和鉴别，该身份标识应具有唯一性，鉴别信息应具有复杂度并要求定期更换；

b)个人信息处理系统应提供并启用登录失败处理功能，并在多次登录后采取必要的保护措施；

c)个人信息处理系统应强制用户首次登录时修改初始口令，当确定信息被泄露后，应提供提示全部用户强制修改密码的功能，在验证确认用户后修改密码；

d)用户身份鉴别信息丢失或失效时，应采取技术措施保证鉴别信息重置过程的安全；

e)应采取静态口令、动态口令、密码技术、生物技术等两种或两种以上的组合鉴别技术对用户进行身份鉴别，且其中一种鉴别技术使用密码技术来实现。

5.2.4.2　访问控制

a)个人信息处理系统应提供访问控制功能，并对登录的用户分配账户和权限；

b)应重命名或删除默认账户，修改默认账户的默认口令；

c)应及时删除或停用多余的、过期的账户，避免共享账户的存在；

d)应授予不同账户为完成各自承担任务所需的最小权限，在它们之间形成相互制约的关系；

e)应由授权主体配置访问控制策略，访问控制策略规定主体对客体的访问规则；

f)访问控制的粒度应达到主体为用户级，客体为文件、数据库表级、记录或字段级；

g)个人信息应设置安全标记，控制主体对有安全标记资源的访问。

5.2.4.3　安全审计

a)个人信息处理系统应提供安全审计功能，审计应覆盖到每个用户，应对重要的用户行为和重要的安全事件进行审计；

b)审计记录应包括事件的日期和时间、用户、事件类型、事件是否成功及其他与审计相关的信息；

c)应对审计记录进行保护，定期备份，并避免受到未预期的删除、修改或覆盖等；

d)审计记录的留存时间应符合法律法规的要求；

e)应对审计进程进行保护，防止未经授权的中断。

5.2.4.4　软件容错

a)应提供个人信息的有效性校验功能，保证通过人机接口输入或通过通信接口输入的内容符合个人信息处理系统设定要求；

b)应能够发现个人信息处理系统软件组件可能存在的已知漏洞，并能够在充分测试评估后及时修补漏洞；

c)应能够在故障发生时，继续提供一部分功能，并能够实施必要的措施。

5.2.4.5　资源控制

a)在通信双方中的一方在一段时间内未做任何响应时，另一方应能够自动结束会话；

b)应对个人信息处理系统的最大并发会话连接数进行限制；

c)应能够对单个用户的多重并发会话进行限制。

5.2.4.6　数据完整性

a)应采取校验技术或密码技术保证重要数据在传输过程中的完整性，包括但不限于鉴别数据和个人信息；

b)应采用校验技术或密码技术保证重要数据在存储过程中的完整性，包括但不限于鉴别数据和个人信息。

5.2.4.7　数据保密性

a)应采用密码技术保证重要数据在传输过程中的保密性，包括但不限于鉴别数据和个人信息；

b)应采用密码技术保证重要数据在存储过程中的保密性，包括但不限于鉴别数据和个人信息。

5.2.4.8　数据备份恢复

a)应提供个人信息的本地数据备份与恢复功能，定期对备份数据进行恢复测试，保证数据可用性；

b)应提供异地实时备份功能，利用通信网络将重要数据实时备份至备份场地；

c)应提供重要数据处理系统的热冗余，保证系统的高可用性。

5.2.4.9　剩余信息保护

a)应保证鉴别信息所在的存储空间被释放或重新分配前得到完全清除；

b)应保证存有个人信息的存储空间被释放或重新分配前得到完全清除。

5.3　扩展要求

5.3.1　云计算安全扩展要求

a)应确保个人信息在云计算平台中存储于中国境内，如需出境应遵循国家相关规定；

b)应使用校验技术或密码技术保证虚拟机迁移过程中，个人信息的完整性，并在检测到完整性受到破坏时采取必要的恢复措施；

c)应使用密码技术保证虚拟机迁移过程中，个人信息的保密性，防止在迁移过程中的个人信息泄露。

5.3.2　物联网安全扩展要求

物联网感知节点设备采集信息回传应采用密码技术保证通信过程中个人信息的保密性。

6　业务流程

6.1　收集

个人信息的收集行为应满足以下要求：

a)个人信息收集前，应当遵循合法、正当、必要的原则向被收集的个人信息主体公开收集、使用规则，明示收集、使用信息的目的、方式和范围等信息；

b)个人信息收集应获得个人信息主体的同意和授权，不应收集与其提供的服务无关的个人信息，不应通过捆绑产品或服务各项业务功能等方式强迫收集个人信息；

c)个人信息收集应执行收集前签署的约定和协议，不应超范围收集；

d)不应大规模收集或处理我国公民的种族、民族、政治观点、宗教信仰等敏感数据；

e)个人生物识别信息应仅收集和使用摘要信息，避免收集其原始信息；

f)应确保收集个人信息过程的安全性：

1)收集个人信息之前，应有对被收集人进行身份认证的机制，该身份认证机制应具有相应安全性；

2)收集个人信息时,信息在传输过程中应进行加密等保护处理;

3)收集个人信息的系统应落实网络安全等级保护要求;

4)收集个人信息时应有对收集内容进行安全检测和过滤的机制,防止非法内容提交。

6.2　保存

个人信息的保存行为应满足以下要求:

a)在境内运营中收集和产生的个人信息应在境内存储,如需出境应遵循国家相关规定;

b)收集到的个人信息应采取相应的安全加密存储等安全措施进行处理;

c)应对保存的个人信息根据收集、使用目的、被收集人授权设置相应的保存时限;

d)应对保存的个人信息在超出设置的时限后予以删除;

e)保存信息的主要设备,应对个人信息数据提供备份和恢复功能,确保数据备份的频率和时间间隔,并使用不少于以下一种备份手段:

1)具有本地数据备份功能;

2)将备份介质进行场外存放;

3)具有异地数据备份功能。

6.3　应用

个人信息的应用应满足以下要求:

a)对个人信息的应用,应符合与个人信息主体签署的相关协议和规定,不应超范围应用个人信息;

注:经过处理无法识别特定个人且不能复原的个人信息数据,可以超出与信息主体签署的相关使用协议和约定,但应提供适当的保护措施进行保护。

b)个人信息主体应拥有控制本人信息的权限,包括:

1)允许对本人信息的访问;

2)允许通过适当方法对本人信息的修改或删除,包括纠正不准确和不完整的数据,并保证修改后的本人信息具备真实性和有效性;

c)完全依靠自动化处理的用户画像技术应用于精准营销、搜索结果排序、个性化推送新闻、定向投放广告等增值应用,可事先不经用户明确授权,但应确保用户有反对或者拒绝的权利;如应用于征信服务、行政司法决策等可能对用户带来法律后果的增值应用,或跨网络运营者使用,应经用户明确授权方可使用其数据;

d)应对个人信息的接触者设置相应的访问控制措施,包括:

1)对被授权访问个人信息数据的工作人员按照最小授权的原则,只能访问最少够用的信息,只具有完成职责所需的最少的数据操作权限;

2)对个人信息的重要操作设置内部审批流程,如批量修改、拷贝、下载等;

3)对特定人员超限制处理个人信息时配置相应的责任人或负责机构进行审批,并对这种行为进行记录;

e)应对必须要通过界面(如显示屏幕、纸面)展示的个人信息进行去标识化的处理。

6.4　删除

a)个人信息在超过保存时限之后应进行删除,经过处理无法识别特定个人且不能复原的除外;

b)个人信息持有者如有违反法律、行政法规的规定或者双方的约定收集、使用其个人信息时,个人信息主体要求删除其个人信息的,应采取措施予以删除;

c)个人信息相关存储设备,将存储的个人信息数据进行删除之后应采取措施防止通过技术手段恢复;

d)对存储过个人信息的设备在进行新信息的存储时,应将之前的内容全部进行删除;

e)废弃存储设备,应在进行删除后再进行处理。

违反《网络安全法》行为名称及适用条款

(2019 年 6 月 18 日　公网安〔2019〕566 号)

1. 网络运营者不履行网络安全保护义务(第 21 条、第 25 条和第 59 条第 1 款)

2. 关键信息基础设施的运营者不履行网络安全保护义务(第 33 条、第 34 条、第 36 条、第 38 条和第 59 条第 2 款)

3. 设置恶意程序(第 22 条、第 48 条第 1 款和第 60 条第 1 项)

4. 未按规定告知、报告安全风险(第 22 条、第 48 条第 1 款和第 60 条第 2 项)

5. 网络运营者不履行用户真实身份信息核验义务(第 24 条第 1 款和第 61 条)

6. 未按规定开展网络安全检测、风险评估等活动(第 26 条和第 62 条)

7. 违法发布网络安全信息(第 26 条和第 62 条)

8. 从事危害网络安全活动(第 27 条和第 63 条)

9. 提供危害网络安全活动专门程序、工具（第27条和第63条）

10. 为危害网络安全活动提供帮助（第27条和第63条）

11. 网络运营者、网络产品或者服务提供者不履行个人信息保护义务（第22条第3款、第41条至第43条和第64条第1款）

12. 非法获取、出售、向他人提供个人信息（第44条和第64条第2款）

13. 非法利用信息网络（第46条和第67条）

14. 网络运营者不履行网络信息安全管理义务（第47条和第68条第1款）

15. 电子信息发送、应用软件下载服务提供者不履行网络信息安全管理义务（第48条第2款和第68条第2款）

16. 网络运营者不按公安机关要求处置违法信息（第69条第1项）

17. 网络运营者拒绝、阻碍公安机关监督检查（第69条第2项）

18. 网络运营者拒不向公安机关提供技术支持和协助（第69条第3项）

19. 发布、传输违法信息（第12条第2款和第70条）

对上述违法行为，除《网络安全法》明确规定由公安机关实施行政处罚的之外，公安机关实施行政处罚限于公安机关监管范围。

贯彻落实网络安全等级保护制度和关键信息基础设施安全保护制度的指导意见（节录）

（2020年7月22日　公网安〔2020〕1960号）

三、建立并实施关键信息基础设施安全保护制度

（四）加强重要数据和个人信息保护。运营者应建立并落实重要数据和个人信息安全保护制度，对关键信息基础设施中的重要网络和数据库进行容灾备份，采取身份鉴别、访问控制、密码保护、安全审计、安全隔离、可信验证等关键技术措施，切实保护重要数据全生命周期安全。运营者在境内运营中收集和产生的个人信息和重要数据应当在境内存储，因业务需要，确需向境外提供的，应当遵守有关规定并进行安全评估。

四、加强网络安全保护工作协作配合

行业主管部门、网络运营者与公安机关要密切协同，大力开展安全监测、通报预警、应急处置、威胁情报等工作，落实常态化措施，提升应对、处置网络安全突发事件和重大风险防控能力。

(一)加强网络安全立体化监测体系建设。各单位、各部门要全面加强网络安全监测,对关键信息基础设施、重要网络等开展实时监测,发现网络攻击和安全威胁,立即报告公安机关和有关部门并采取有效措施处置。要加强网络新技术研究和应用,研究绘制网络空间地理信息图谱(网络地图),实现挂图作战。行业主管部门、网络运营要建设本行业、本单位的网络安全保护业务平台,建设平台智慧大脑,依托平台和大数据开展实时监测、通报预警、应急处置、安全防护、指挥调度等工作,并与公安机关有关安全保卫平台对接,形成条块结合、纵横联通、协同联动的综合防控大格局。重点行业、网络运营者和公安机关要建设网络安全监控指挥中心,落实7×24小时值班值守制度,建立常态化、实战化的网络安全工作机制。

(二)加强网络安全信息共享和通报预警。行业主管部门、网络运营者要依托国家网络与信息安全信息通报机制,加强本行业、本领域网络安全信息通报预警力量建设,及时收集、汇总、分析各方网络安全信息,加强威胁情报工作,组织开展网络安全威胁分析和态势研判,及时通报预警和处置。第三级以上网络运营者和关键信息基础设施运营者要开展网络安全监测预警和信息通报工作,及时接收、处置来自国家、行业和地方网络安全预警通报信息,按规定向行业主管部门、备案公安机关报送网络安全监测预警信息和网络安全事件。公安机关要加强网络与信息安全信息通报预警机制建设和力量建设,不断提高网络安全通报预警能力。

(三)加强网络安全应急处置机制建设。行业主管部门、网络运营者要按照国家有关要求制定网络安全应急预案,加强网络安全应急力量建设和应急资源储备,与公安机关密切配合,建立网络安全事件报告制度和应急处置机制。关键信息基础设施运营者和第三级以上网络运营者应定期开展应急演练,有效处置网络安全事件,并针对应急演练中发现的突出问题和漏洞隐患,及时整改加固,完善保护措施。行业主管部门、网络运营者应配合公安机关每年组织开展的网络安全监督检查、比武演习等工作,不断提升安全保护能力和对抗能力。

(四)加强网络安全事件处置和案件侦办。关键信息基础设施、第三级以上网络发生重大网络安全威胁和事件时,行业主管部门、网络运营者和公安机关应联合开展处置。电信业务经营者、网络服务提供者应提供支持及协助。网络运营者应配合公安机关打击网络违法犯罪活动;发现违法犯罪线索、重大网络安全威胁和事件时,应及时报告公安机关和有关部门并提供必要协助。

(五)加强网络安全问题隐患整改督办。公安机关建立挂牌督办制度,针对网络运营者网络安全工作不力、重大安全问题隐患久拖不改,或存在较大网络安全风险、发生重大网络安全案事件的,按照规定的权限和程序,会同行业主管部门对相关负责人进行约谈,挂牌督办,并加大监督检查和行政执法力度,依法依规进行行政处罚。网络运营者应按照有关要求采取措施,及时进行整改,消除重大风险隐患。发生重大网络安全案事件的,行业主管部门应组织全行业开展整改整顿。

五、加强网络安全工作各项保障

(四)加强技术攻关。各单位、各部门要充分调动网络安全企业、科研机构、专家等社会力量积极参与网络安全核心技术攻关,加强网络安全协同协作、互动互补、共治共享和群防群治。公安机关要会同有关部门加强网络安全等级保护和关键信息基础设施安全保护标准制定工作,出台标准应用指南,加强标准宣贯和应用实施,建设试点示范基地,促进我国网络安全产业和企业的健康发展。

(五)加强人才培养。各单位、各部门要加强网络安全等级保护和关键信息基础设施安全保护业务交流,通过组织开展比武竞赛等形式,发现选拔高精尖技术人才,建设人才库,建立健全人才发现、培养、选拔和使用机制,为做好网络安全工作提供人才保障。

互联网信息服务算法推荐管理规定(节录)

(2021 年 12 月 31 日　国家互联网信息办公室、工业和信息化部、公安部、国家市场监督管理总局令第 9 号)

第四条　提供算法推荐服务,应当遵守法律法规,尊重社会公德和伦理,遵守商业道德和职业道德,遵循公正公平、公开透明、科学合理和诚实信用的原则。

第五条　鼓励相关行业组织加强行业自律,建立健全行业标准、行业准则和自律管理制度,督促指导算法推荐服务提供者制定完善服务规范、依法提供服务并接受社会监督。

第二章　信息服务规范

第六条　算法推荐服务提供者应当坚持主流价值导向,优化算法推荐服务机制,积极传播正能量,促进算法应用向上向善。

算法推荐服务提供者不得利用算法推荐服务从事危害国家安全和社会公共利益、扰乱经济秩序和社会秩序、侵犯他人合法权益等法律、行政法规禁止的活动,不得利用算法推荐服务传播法律、行政法规禁止的信息,应当采取措施防范和抵制传播不良信息。

第七条　算法推荐服务提供者应当落实算法安全主体责任，建立健全算法机制机理审核、科技伦理审查、用户注册、信息发布审核、数据安全和个人信息保护、反电信网络诈骗、安全评估监测、安全事件应急处置等管理制度和技术措施，制定并公开算法推荐服务相关规则，配备与算法推荐服务规模相适应的专业人员和技术支撑。

第九条　算法推荐服务提供者应当加强信息安全管理，建立健全用于识别违法和不良信息的特征库，完善入库标准、规则和程序。发现未作显著标识的算法生成合成信息的，应当作出显著标识后，方可继续传输。

发现违法信息的，应当立即停止传输，采取消除等处置措施，防止信息扩散，保存有关记录，并向网信部门和有关部门报告。发现不良信息的，应当按照网络信息内容生态治理有关规定予以处置。

第十条　算法推荐服务提供者应当加强用户模型和用户标签管理，完善记入用户模型的兴趣点规则和用户标签管理规则，不得将违法和不良信息关键词记入用户兴趣点或者作为用户标签并据以推送信息。

第十一条　算法推荐服务提供者应当加强算法推荐服务版面页面生态管理，建立完善人工干预和用户自主选择机制，在首页首屏、热搜、精选、榜单类、弹窗等重点环节积极呈现符合主流价值导向的信息。

第十二条　鼓励算法推荐服务提供者综合运用内容去重、打散干预等策略，并优化检索、排序、选择、推送、展示等规则的透明度和可解释性，避免对用户产生不良影响，预防和减少争议纠纷。

第十四条　算法推荐服务提供者不得利用算法虚假注册账号、非法交易账号、操纵用户账号或者虚假点赞、评论、转发，不得利用算法屏蔽信息、过度推荐、操纵榜单或者检索结果排序、控制热搜或者精选等干预信息呈现，实施影响网络舆论或者规避监督管理行为。

第十八条　算法推荐服务提供者向未成年人提供服务的，应当依法履行未成年人网络保护义务，并通过开发适合未成年人使用的模式、提供适合未成年人特点的服务等方式，便利未成年人获取有益身心健康的信息。

算法推荐服务提供者不得向未成年人推送可能引发未成年人模仿不安全行为和违反社会公德行为、诱导未成年人不良嗜好等可能影响未成年人身心健康的信息，不得利用算法推荐服务诱导未成年人沉迷网络。

第十九条 算法推荐服务提供者向老年人提供服务的,应当保障老年人依法享有的权益,充分考虑老年人出行、就医、消费、办事等需求,按照国家有关规定提供智能化适老服务,依法开展涉电信网络诈骗信息的监测、识别和处置,便利老年人安全使用算法推荐服务。

第四章 监督管理

第二十三条 网信部门会同电信、公安、市场监管等有关部门建立算法分级分类安全管理制度,根据算法推荐服务的舆论属性或者社会动员能力、内容类别、用户规模、算法推荐技术处理的数据重要程度、对用户行为的干预程度等对算法推荐服务提供者实施分级分类管理。

第二十八条 网信部门会同电信、公安、市场监管等有关部门对算法推荐服务依法开展安全评估和监督检查工作,对发现的问题及时提出整改意见并限期整改。

算法推荐服务提供者应当依法留存网络日志,配合网信部门和电信、公安、市场监管等有关部门开展安全评估和监督检查工作,并提供必要的技术、数据等支持和协助。

第二十九条 参与算法推荐服务安全评估和监督检查的相关机构和人员对在履行职责中知悉的个人隐私、个人信息和商业秘密应当依法予以保密,不得泄露或者非法向他人提供。

第三十条 任何组织和个人发现违反本规定行为的,可以向网信部门和有关部门投诉、举报。收到投诉、举报的部门应当及时依法处理。

互联网信息搜索服务管理规定

(2016 年 6 月 25 日)

第一条 为规范互联网信息搜索服务,促进互联网信息搜索行业健康有序发展,保护公民、法人和其他组织的合法权益,维护国家安全和公共利益,根据《全国人民代表大会常务委员会关于加强网络信息保护的决定》和《国务院关于授权国家互联网信息办公室负责互联网信息内容管理工作的通知》,制定本规定。

第二条 在中华人民共和国境内从事互联网信息搜索服务,适用本规定。

本规定所称互联网信息搜索服务,是指运用计算机技术从互联网上搜集、处理各类信息供用户检索的服务。

第三条　国家互联网信息办公室负责全国互联网信息搜索服务的监督管理执法工作。地方互联网信息办公室依据职责负责本行政区域内互联网信息搜索服务的监督管理执法工作。

第四条　互联网信息搜索服务行业组织应当建立健全行业自律制度和行业准则，指导互联网信息搜索服务提供者建立健全服务规范，督促互联网信息搜索服务提供者依法提供服务、接受社会监督，提高互联网信息搜索服务从业人员的职业素养。

第五条　互联网信息搜索服务提供者应当取得法律法规规定的相关资质。

第六条　互联网信息搜索服务提供者应当落实主体责任，建立健全信息审核、公共信息实时巡查、应急处置及个人信息保护等信息安全管理制度，具有安全可控的防范措施，为有关部门依法履行职责提供必要的技术支持。

第七条　互联网信息搜索服务提供者不得以链接、摘要、快照、联想词、相关搜索、相关推荐等形式提供含有法律法规禁止的信息内容。

第八条　互联网信息搜索服务提供者提供服务过程中发现搜索结果明显含有法律法规禁止内容的信息、网站及应用，应当停止提供相关搜索结果，保存有关记录，并及时向国家或者地方互联网信息办公室报告。

第九条　互联网信息搜索服务提供者及其从业人员，不得通过断开相关链接或者提供含有虚假信息的搜索结果等手段，牟取不正当利益。

第十条　互联网信息搜索服务提供者应当提供客观、公正、权威的搜索结果，不得损害国家利益、公共利益，以及公民、法人和其他组织的合法权益。

第十一条　互联网信息搜索服务提供者提供付费搜索信息服务，应当依法查验客户有关资质，明确付费搜索信息页面比例上限，醒目区分自然搜索结果与付费搜索信息，对付费搜索信息逐条加注显著标识。

互联网信息搜索服务提供者提供商业广告信息服务，应当遵守相关法律法规。

第十二条　互联网信息搜索服务提供者应当建立健全公众投诉、举报和用户权益保护制度，在显著位置公布投诉、举报方式，主动接受公众监督，及时处理公众投诉、举报，依法承担对用户权益造成损害的赔偿责任。

第十三条　本规定自 2016 年 8 月 1 日起施行。

移动互联网应用程序信息服务管理规定

（2022年6月14日修订　国家互联网信息办公室）

第一章　总　　则

第一条　为了规范移动互联网应用程序（以下简称应用程序）信息服务，保护公民、法人和其他组织的合法权益，维护国家安全和公共利益，根据《中华人民共和国网络安全法》、《中华人民共和国数据安全法》、《中华人民共和国个人信息保护法》、《中华人民共和国未成年人保护法》、《互联网信息服务管理办法》、《互联网新闻信息服务管理规定》、《网络信息内容生态治理规定》等法律、行政法规和国家有关规定，制定本规定。

第二条　在中华人民共和国境内提供应用程序信息服务，以及从事互联网应用商店等应用程序分发服务，应当遵守本规定。

本规定所称应用程序信息服务，是指通过应用程序向用户提供文字、图片、语音、视频等信息制作、复制、发布、传播等服务的活动，包括即时通讯、新闻资讯、知识问答、论坛社区、网络直播、电子商务、网络音视频、生活服务等类型。

本规定所称应用程序分发服务，是指通过互联网提供应用程序发布、下载、动态加载等服务的活动，包括应用商店、快应用中心、互联网小程序平台、浏览器插件平台等类型。

第三条　国家网信部门负责全国应用程序信息内容的监督管理工作。地方网信部门依据职责负责本行政区域内应用程序信息内容的监督管理工作。

第四条　应用程序提供者和应用程序分发平台应当遵守宪法、法律和行政法规，弘扬社会主义核心价值观，坚持正确政治方向、舆论导向和价值取向，遵循公序良俗，履行社会责任，维护清朗网络空间。

应用程序提供者和应用程序分发平台不得利用应用程序从事危害国家安全、扰乱社会秩序、侵犯他人合法权益等法律法规禁止的活动。

第五条　应用程序提供者和应用程序分发平台应当履行信息内容管理主体责任，积极配合国家实施网络可信身份战略，建立健全信息内容安全管理、信息内容生态治理、数据安全和个人信息保护、未成年人保护等管理制度，确保网络安全，维护良好网络生态。

第二章　应用程序提供者

第六条　应用程序提供者为用户提供信息发布、即时通讯等服务的，应当对申请注册的用户进行基于移动电话号码、身份证件号码或者统一社会信用代码等方式的真实身份信息认证。用户不提供真实身份信息，或者冒用组织机构、他人身份信息进行虚假注册的，不得为其提供相关服务。

第七条　应用程序提供者通过应用程序提供互联网新闻信息服务的，应当取得互联网新闻信息服务许可，禁止未经许可或者超越许可范围开展互联网新闻信息服务活动。

应用程序提供者提供其他互联网信息服务，依法须经有关主管部门审核同意或者取得相关许可的，经有关主管部门审核同意或者取得相关许可后方可提供服务。

第八条　应用程序提供者应当对信息内容呈现结果负责，不得生产传播违法信息，自觉防范和抵制不良信息。

应用程序提供者应当建立健全信息内容审核管理机制，建立完善用户注册、账号管理、信息审核、日常巡查、应急处置等管理措施，配备与服务规模相适应的专业人员和技术能力。

第九条　应用程序提供者不得通过虚假宣传、捆绑下载等行为，通过机器或者人工刷榜、刷量、控评等方式，或者利用违法和不良信息诱导用户下载。

第十条　应用程序应当符合相关国家标准的强制性要求。应用程序提供者发现应用程序存在安全缺陷、漏洞等风险时，应当立即采取补救措施，按照规定及时告知用户并向有关主管部门报告。

第十一条　应用程序提供者开展应用程序数据处理活动，应当履行数据安全保护义务，建立健全全流程数据安全管理制度，采取保障数据安全技术措施和其他安全措施，加强风险监测，不得危害国家安全、公共利益，不得损害他人合法权益。

第十二条　应用程序提供者处理个人信息应当遵循合法、正当、必要和诚信原则，具有明确、合理的目的并公开处理规则，遵守必要个人信息范围的有关规定，规范个人信息处理活动，采取必要措施保障个人信息安全，不得以任何理由强制要求用户同意个人信息处理行为，不得因用户不同意提供非必要个人信息，而拒绝用户使用其基本功能服务。

第十三条　应用程序提供者应当坚持最有利于未成年人的原则，关注未成年人健康成长，履行未成年人网络保护各项义务，依法严格落实未成年人用户账号真实身份信息注册和登录要求，不得以任何形式向未成年人用户提供诱导其沉迷的相关产品和服务，不得制作、复制、发布、传播含有危害未成年人身心健康内容的信息。

第十四条 应用程序提供者上线具有舆论属性或者社会动员能力的新技术、新应用、新功能，应当按照国家有关规定进行安全评估。

第十五条 鼓励应用程序提供者积极采用互联网协议第六版（IPv6）向用户提供信息服务。

第十六条 应用程序提供者应当依据法律法规和国家有关规定，制定并公开管理规则，与注册用户签订服务协议，明确双方相关权利义务。

对违反本规定及相关法律法规及服务协议的注册用户，应用程序提供者应当依法依约采取警示、限制功能、关闭账号等处置措施，保存记录并向有关主管部门报告。

第三章 应用程序分发平台

第十七条 应用程序分发平台应当在上线运营三十日内向所在地省、自治区、直辖市网信部门备案。办理备案时，应当提交以下材料：

（一）平台运营主体基本情况；

（二）平台名称、域名、接入服务、服务资质、上架应用程序类别等信息；

（三）平台取得的经营性互联网信息服务许可或者非经营性互联网信息服务备案等材料；

（四）本规定第五条要求建立健全的相关制度文件；

（五）平台管理规则、服务协议等。

省、自治区、直辖市网信部门收到备案材料后，材料齐全的应当予以备案。

国家网信部门及时公布已经履行备案手续的应用程序分发平台名单。

第十八条 应用程序分发平台应当建立分类管理制度，对上架的应用程序实施分类管理，并按类别向其所在地省、自治区、直辖市网信部门备案应用程序。

第十九条 应用程序分发平台应当采取复合验证等措施，对申请上架的应用程序提供者进行基于移动电话号码、身份证件号码或者统一社会信用代码等多种方式相结合的真实身份信息认证。根据应用程序提供者的不同主体性质，公示提供者名称、统一社会信用代码等信息，方便社会监督查询。

第二十条　应用程序分发平台应当建立健全管理机制和技术手段，建立完善上架审核、日常管理、应急处置等管理措施。

应用程序分发平台应当对申请上架和更新的应用程序进行审核，发现应用程序名称、图标、简介存在违法和不良信息，与注册主体真实身份信息不相符，业务类型存在违法违规等情况的，不得为其提供服务。

应用程序提供的信息服务属于本规定第七条规定范围的，应用程序分发平台应当对相关许可等情况进行核验；属于本规定第十四条规定范围的，应用程序分发平台应当对安全评估情况进行核验。

应用程序分发平台应当加强对在架应用程序的日常管理，对含有违法和不良信息，下载量、评价指标等数据造假，存在数据安全风险隐患，违法违规收集使用个人信息，损害他人合法权益等的，不得为其提供服务。

第二十一条　应用程序分发平台应当依据法律法规和国家有关规定，制定并公开管理规则，与应用程序提供者签订服务协议，明确双方相关权利义务。

对违反本规定及相关法律法规及服务协议的应用程序，应用程序分发平台应当依法依约采取警示、暂停服务、下架等处置措施，保存记录并向有关主管部门报告。

第四章　监督管理

第二十二条　应用程序提供者和应用程序分发平台应当自觉接受社会监督，设置醒目、便捷的投诉举报入口，公布投诉举报方式，健全受理、处置、反馈等机制，及时处理公众投诉举报。

第二十三条　鼓励互联网行业组织建立健全行业自律机制，制定完善行业规范和自律公约，指导会员单位建立健全服务规范，依法依规提供信息服务，维护市场公平，促进行业健康发展。

第二十四条　网信部门会同有关主管部门建立健全工作机制，监督指导应用程序提供者和应用程序分发平台依法依规从事信息服务活动。

应用程序提供者和应用程序分发平台应当对网信部门和有关主管部门依法实施的监督检查予以配合，并提供必要的支持和协助。

第二十五条　应用程序提供者和应用程序分发平台违反本规定的，由网信部门和有关主管部门在职责范围内依照相关法律法规处理。

第五章　附　　则

第二十六条　本规定所称移动互联网应用程序，是指运行在移动智能终端上向用户提供信息服务的应用软件。

本规定所称移动互联网应用程序提供者，是指提供信息服务的移动互联网应用程序所有者或者运营者。

本规定所称移动互联网应用程序分发平台，是指提供移动互联网应用程序发布、下载、动态加载等分发服务的互联网信息服务提供者。

第二十七条 本规定自2022年8月1日起施行。2016年6月28日公布的《移动互联网应用程序信息服务管理规定》同时废止。

国家网络空间安全战略（节录）

（2016年12月27日）

一、机遇和挑战

（二）严峻挑战

网络渗透危害政治安全。政治稳定是国家发展、人民幸福的基本前提。利用网络干涉他国内政、攻击他国政治制度、煽动社会动乱、颠覆他国政权，以及大规模网络监控、网络窃密等活动严重危害国家政治安全和用户信息安全。

网络攻击威胁经济安全。网络和信息系统已经成为关键基础设施乃至整个经济社会的神经中枢，遭受攻击破坏、发生重大安全事件，将导致能源、交通、通信、金融等基础设施瘫痪，造成灾难性后果，严重危害国家经济安全和公共利益。

网络恐怖和违法犯罪破坏社会安全。恐怖主义、分裂主义、极端主义等势力利用网络煽动、策划、组织和实施暴力恐怖活动，直接威胁人民生命财产安全、社会秩序。计算机病毒、木马等在网络空间传播蔓延，网络欺诈、黑客攻击、侵犯知识产权、滥用个人信息等不法行为大量存在，一些组织肆意窃取用户信息、交易数据、位置信息以及企业商业秘密，严重损害国家、企业和个人利益，影响社会和谐稳定。

二、目标

安全：网络安全风险得到有效控制，国家网络安全保障体系健全完善，核心技术装备安全可控，网络和信息系统运行稳定可靠。网络安全人才满足需求，全社会的网络安全意识、基本防护技能和利用网络的信心大幅提升。

有序：公众在网络空间的知情权、参与权、表达权、监督权等合法权益得到充分保障，网络空间个人隐私获得有效保护，人权受到充分尊重。网络空间的国内和国际法律体系、标准规范逐步建立,网络空间实现依法有效治理,网络环境诚信、文明、健康,信息自由流动与维护国家安全、公共利益实现有机统一。

三、原则

(三)依法治理网络空间

全面推进网络空间法治化,坚持依法治网、依法办网、依法上网,让互联网在法治轨道上健康运行。依法构建良好网络秩序,保护网络空间信息依法有序自由流动,保护个人隐私,保护知识产权。任何组织和个人在网络空间享有自由、行使权利的同时,须遵守法律,尊重他人权利,对自己在网络上的言行负责。

四、战略任务

(三)保护关键信息基础设施

国家关键信息基础设施是指关系国家安全、国计民生,一旦数据泄露、遭到破坏或者丧失功能可能严重危害国家安全、公共利益的信息设施,包括但不限于提供公共通信、广播电视传输等服务的基础信息网络,能源、金融、交通、教育、科研、水利、工业制造、医疗卫生、社会保障、公用事业等领域和国家机关的重要信息系统,重要互联网应用系统等。采取一切必要措施保护关键信息基础设施及其重要数据不受攻击破坏。坚持技术和管理并重、保护和震慑并举,着眼识别、防护、检测、预警、响应、处置等环节,建立实施关键信息基础设施保护制度,从管理、技术、人才、资金等方面加大投入,依法综合施策,切实加强关键信息基础设施安全防护。

(五)打击网络恐怖和违法犯罪

加强网络反恐、反间谍、反窃密能力建设,严厉打击网络恐怖和网络间谍活动。

坚持综合治理、源头控制、依法防范,严厉打击网络诈骗、网络盗窃、贩枪贩毒、侵害公民个人信息、传播淫秽色情、黑客攻击、侵犯知识产权等违法犯罪行为。

(六)完善网络治理体系

坚持依法、公开、透明管网治网,切实做到有法可依、有法必依、执法必严、违法必究。健全网络安全法律法规体系,制定出台网络安全法、未成年人网络保护条例等法律法规,明确社会各方面的责任和义务,明确网络安全管理要求。加快对现行法律的修订和解释,使之适用于网络空间。完善网络安全相关制度,建立网络信任体系,提高网络安全管理的科学化规范化水平。

加快构建法律规范、行政监管、行业自律、技术保障、公众监督、社会教育相结合的网络治理体系,推进网络社会组织管理创新,健全基础管理、内容管理、行业管理以及网络违法犯罪防范和打击等工作联动机制。加强网络空间通信秘密、言论自由、商业秘密，以及名誉权、财产权等合法权益的保护。

鼓励社会组织等参与网络治理，发展网络公益事业，加强新型网络社会组织建设。鼓励网民举报网络违法行为和不良信息。

（七）夯实网络安全基础

坚持创新驱动发展，积极创造有利于技术创新的政策环境，统筹资源和力量，以企业为主体，产学研用相结合，协同攻关、以点带面、整体推进，尽快在核心技术上取得突破。重视软件安全，加快安全可信产品推广应用。发展网络基础设施，丰富网络空间信息内容。实施“互联网＋”行动，大力发展网络经济。实施国家大数据战略，建立大数据安全管理制度，支持大数据、云计算等新一代信息技术创新和应用。优化市场环境，鼓励网络安全企业做大做强，为保障国家网络安全夯实产业基础。

建立完善国家网络安全技术支撑体系。加强网络安全基础理论和重大问题研究。加强网络安全标准化和认证认可工作，更多地利用标准规范网络空间行为。做好等级保护、风险评估、漏洞发现等基础性工作，完善网络安全监测预警和网络安全重大事件应急处置机制。

实施网络安全人才工程，加强网络安全学科专业建设，打造一流网络安全学院和创新园区，形成有利于人才培养和创新创业的生态环境。办好网络安全宣传周活动，大力开展全民网络安全宣传教育。推动网络安全教育进教材、进学校、进课堂，提高网络媒介素养，增强全社会网络安全意识和防护技能，提高广大网民对网络违法有害信息、网络欺诈等违法犯罪活动的辨识和抵御能力。

（九）强化网络空间国际合作

在相互尊重、相互信任的基础上，加强国际网络空间对话合作，推动互联网全球治理体系变革。深化同各国的双边、多边网络安全对话交流和信息沟通，有效管控分歧，积极参与全球和区域组织网络安全合作，推动互联网地址、根域名服务器等基础资源管理国际化。

支持联合国发挥主导作用，推动制定各方普遍接受的网络空间国际规则、网络空间国际反恐公约，健全打击网络犯罪司法协助机制，深化在政策法律、技术创新、标准规范、应急响应、关键信息基础设施保护等领域的国际合作。

互联网论坛社区服务管理规定

（2017 年 8 月 25 日）

第一条 为规范互联网论坛社区服务，促进互联网论坛社区行业健康有序发展，保护公民、法人和其他组织的合法权益，维护国家安全和公共利益，根据《中华人民共和国网络安全法》《国务院关于授权国家互联网信息办公室负责互联网信息内容管理工作的通知》，制定本规定。

第二条 在中华人民共和国境内从事互联网论坛社区服务，适用本规定。

本规定所称互联网论坛社区服务，是指在互联网上以论坛、贴吧、社区等形式，为用户提供互动式信息发布社区平台的服务。

第三条 国家互联网信息办公室负责全国互联网论坛社区服务的监督管理执法工作。地方互联网信息办公室依据职责负责本行政区域内互联网论坛社区服务的监督管理执法工作。

第四条 鼓励互联网论坛社区服务行业组织建立健全行业自律制度和行业准则，指导互联网论坛社区服务提供者建立健全服务规范，督促互联网论坛社区服务提供者依法提供服务、接受社会监督，提高互联网论坛社区服务从业人员的职业素养。

第五条 互联网论坛社区服务提供者应当落实主体责任，建立健全信息审核、公共信息实时巡查、应急处置及个人信息保护等信息安全管理制度，具有安全可控的防范措施，配备与服务规模相适应的专业人员，为有关部门依法履行职责提供必要的技术支持。

第六条 互联网论坛社区服务提供者不得利用互联网论坛社区服务发布、传播法律法规和国家有关规定禁止的信息。

互联网论坛社区服务提供者应当与用户签订协议，明确用户不得利用互联网论坛社区服务发布、传播法律法规和国家有关规定禁止的信息，情节严重的，服务提供者将封禁或者关闭有关账号、版块；明确论坛社区版块发起者、管理者应当履行与其权利相适应的义务，对违反法律规定和协议约定、履行责任义务不到位的，服务提供者应当依法依约限制或取消其管理权限，直至封禁或者关闭有关账号、版块。

第七条 互联网论坛社区服务提供者应当加强对其用户发布信息的管理，发现含有法律法规和国家有关规定禁止的信息的，应当立即停止传输该信息，采取消除等处置措施，保存有关记录，并及时向国家或者地方互联网信息办公室报告。

第八条 互联网论坛社区服务提供者应当按照“后台实名、前台自愿”的原则，要求用户通过真实身份信息认证后注册账号，并对版块发起者和管理者实施真实身份信息备案、定期核验等。用户不提供真实身份信息的，互联网论坛社区服务提供者不得为其提供信息发布服务。

互联网论坛社区服务提供者应当加强对注册用户虚拟身份信息、版块名称简介等的审核管理，不得出现法律法规和国家有关规定禁止的内容。

互联网论坛社区服务提供者应当保护用户身份信息，不得泄露、篡改、毁损，不得非法出售或者非法向他人提供。

第九条 互联网论坛社区服务提供者及其从业人员，不得通过发布、转载、删除信息或者干预呈现结果等手段，谋取不正当利益。

第十条 互联网论坛社区服务提供者开展经营和服务活动，必须遵守法律法规，尊重社会公德，遵守商业道德，诚实信用，承担社会责任。

第十一条 互联网论坛社区服务提供者应当建立健全公众投诉、举报制度，在显著位置公布投诉、举报方式，主动接受公众监督，及时处理公众投诉、举报。国家和地方互联网信息办公室依据职责，对举报受理落实情况进行监督检查。

第十二条 互联网论坛社区服务提供者违反本规定的，由有关部门依照相关法律法规处理。

第十三条 本规定自2017年10月1日起施行。

儿童个人信息网络保护规定（节录）

（2019年8月22日　国家互联网信息办公室令第4号）

第三条 在中华人民共和国境内通过网络从事收集、存储、使用、转移、披露儿童个人信息等活动，适用本规定。

第四条 任何组织和个人不得制作、发布、传播侵害儿童个人信息安全的信息。

第五条 儿童监护人应当正确履行监护职责，教育引导儿童增强个人信息保护意识和能力，保护儿童个人信息安全。

第六条 鼓励互联网行业组织指导推动网络运营者制定儿童个人信息保护的

行业规范、行为准则等，加强行业自律，履行社会责任。

第七条　网络运营者收集、存储、使用、转移、披露儿童个人信息的，应当遵循正当必要、知情同意、目的明确、安全保障、依法利用的原则。

第九条　网络运营者收集、使用、转移、披露儿童个人信息的，应当以显著、清晰的方式告知儿童监护人，并应当征得儿童监护人的同意。

第十一条　网络运营者不得收集与其提供的服务无关的儿童个人信息，不得违反法律、行政法规的规定和双方的约定收集儿童个人信息。

第十二条　网络运营者存储儿童个人信息，不得超过实现其收集、使用目的所必需的期限。

第十三条　网络运营者应当采取加密等措施存储儿童个人信息，确保信息安全。

第十四条　网络运营者使用儿童个人信息，不得违反法律、行政法规的规定和双方约定的目的、范围。因业务需要，确需超出约定的目的、范围使用的，应当再次征得儿童监护人的同意。

第十五条　网络运营者对其工作人员应当以最小授权为原则，严格设定信息访问权限，控制儿童个人信息知悉范围。工作人员访问儿童个人信息的，应当经过儿童个人信息保护负责人或者其授权的管理人员审批，记录访问情况，并采取技术措施，避免违法复制、下载儿童个人信息。

第十六条　网络运营者委托第三方处理儿童个人信息的，应当对受委托方及委托行为等进行安全评估，签署委托协议，明确双方责任、处理事项、处理期限、处理性质和目的等，委托行为不得超出授权范围。

前款规定的受委托方，应当履行以下义务：

（一）按照法律、行政法规的规定和网络运营者的要求处理儿童个人信息；

（二）协助网络运营者回应儿童监护人提出的申请；

（三）采取措施保障信息安全，并在发生儿童个人信息泄露安全事件时，及时向网络运营者反馈；

（四）委托关系解除时及时删除儿童个人信息；

（五）不得转委托；

（六）其他依法应当履行的儿童个人信息保护义务。

第二十条　儿童或者其监护人要求网络运营者删除其收集、存储、使用、披露的儿童个人信息的，网络运营者应当及时采取措施予以删除，包括但不限于以下情形：

（一）网络运营者违反法律、行政法规的规定或者双方的约定收集、存储、使用、转移、披露儿童个人信息的；

（二）超出目的范围或者必要期限收集、存储、使用、转移、披露儿童个人信息的；

（三）儿童监护人撤回同意的；

（四）儿童或者其监护人通过注销等方式终止使用产品或者服务的。

第二十一条 网络运营者发现儿童个人信息发生或者可能发生泄露、毁损、丢失的，应当立即启动应急预案，采取补救措施；造成或者可能造成严重后果的，应当立即向有关主管部门报告，并将事件相关情况以邮件、信函、电话、推送通知等方式告知受影响的儿童及其监护人，难以逐一告知的，应当采取合理、有效的方式发布相关警示信息。

第二十二条 网络运营者应当对网信部门和其他有关部门依法开展的监督检查予以配合。

第二十四条 任何组织和个人发现有违反本规定行为的，可以向网信部门和其他有关部门举报。

网信部门和其他有关部门收到相关举报的，应当依据职责及时进行处理。

第二十五条 网络运营者落实儿童个人信息安全管理责任不到位，存在较大安全风险或者发生安全事件的，由网信部门依据职责进行约谈，网络运营者应当及时采取措施进行整改，消除隐患。

网络信息内容生态治理规定（节录）

（2019年12月15日　国家互联网信息办公室令第5号）

第二章　网络信息内容生产者

第四条 网络信息内容生产者应当遵守法律法规，遵循公序良俗，不得损害国家利益、公共利益和他人合法权益。

第六条 网络信息内容生产者不得制作、复制、发布含有下列内容的违法信息：

（一）反对宪法所确定的基本原则的；

（二）危害国家安全，泄露国家秘密，颠覆国家政权，破坏国家统一的；

（三）损害国家荣誉和利益的；

（四）歪曲、丑化、亵渎、否定英雄烈士事迹和精神，以侮辱、诽谤或者其他方式侵害英雄烈士的姓名、肖像、名誉、荣誉的；

（五）宣扬恐怖主义、极端主义或者煽动实施恐怖活动、极端主义活动的；

（六）煽动民族仇恨、民族歧视，破坏民族团结的；

（七）破坏国家宗教政策，宣扬邪教和封建迷信的；

（八）散布谣言，扰乱经济秩序和社会秩序的；

（九）散布淫秽、色情、赌博、暴力、凶杀、恐怖或者教唆犯罪的；

（十）侮辱或者诽谤他人，侵害他人名誉、隐私和其他合法权益的；

（十一）法律、行政法规禁止的其他内容。

第七条　网络信息内容生产者应当采取措施，防范和抵制制作、复制、发布含有下列内容的不良信息：

（一）使用夸张标题，内容与标题严重不符的；

（二）炒作绯闻、丑闻、劣迹等的；

（三）不当评述自然灾害、重大事故等灾难的；

（四）带有性暗示、性挑逗等易使人产生性联想的；

（五）展现血腥、惊悚、残忍等致人身心不适的；

（六）煽动人群歧视、地域歧视等的；

（七）宣扬低俗、庸俗、媚俗内容的；

（八）可能引发未成年人模仿不安全行为和违反社会公德行为、诱导未成年人不良嗜好等的；

（九）其他对网络生态造成不良影响的内容。

第三章　网络信息内容服务平台

第九条　网络信息内容服务平台应当建立网络信息内容生态治理机制，制定本平台网络信息内容生态治理细则，健全用户注册、账号管理、信息发布审核、跟帖评论审核、版面页面生态管理、实时巡查、应急处置和网络谣言、黑色产业链信息处置等制度。

网络信息内容服务平台应当设立网络信息内容生态治理负责人，配备与业务范围和服务规模相适应的专业人员，加强培训考核，提升从业人员素质。

第十四条　网络信息内容服务平台应当加强对本平台设置的广告位和在本平

台展示的广告内容的审核巡查,对发布违法广告的,应当依法予以处理。

第四章 网络信息内容服务使用者

第二十条 鼓励网络信息内容服务使用者积极参与网络信息内容生态治理,通过投诉、举报等方式对网上违法和不良信息进行监督,共同维护良好网络生态。

第二十一条 网络信息内容服务使用者和网络信息内容生产者、网络信息内容服务平台不得利用网络和相关信息技术实施侮辱、诽谤、威胁、散布谣言以及侵犯他人隐私等违法行为,损害他人合法权益。

第二十二条 网络信息内容服务使用者和网络信息内容生产者、网络信息内容服务平台不得通过发布、删除信息以及其他干预信息呈现的手段侵害他人合法权益或者谋取非法利益。

第二十四条 网络信息内容服务使用者和网络信息内容生产者、网络信息内容服务平台不得通过人工方式或者技术手段实施流量造假、流量劫持以及虚假注册账号、非法交易账号、操纵用户账号等行为,破坏网络生态秩序。

第五章 网络行业组织

第二十七条 鼓励行业组织建立完善行业自律机制,制定网络信息内容生态治理行业规范和自律公约,建立内容审核标准细则,指导会员单位建立健全服务规范、依法提供网络信息内容服务、接受社会监督。

第二十九条 鼓励行业组织推动行业信用评价体系建设,依据章程建立行业评议等评价奖惩机制,加大对会员单位的激励和惩戒力度,强化会员单位的守信意识。

第六章 监督管理

第三十条 各级网信部门会同有关主管部门,建立健全信息共享、会商通报、联合执法、案件督办、信息公开等工作机制,协同开展网络信息内容生态治理工作。

第三十一条 各级网信部门对网络信息内容服务平台履行信息内容管理主体责任情况开展监督检查,对存在问题的平台开展专项督查。

网络信息内容服务平台对网信部门和有关主管部门依法实施的监督检查,应当予以配合。

第七章 法律责任

第三十四条 网络信息内容生产者违反本规定第六条规定的,网络信息内容服务平台应当依法依约采取警示整改、限制功能、暂停更新、关闭账号等处置措施，及时消除违法信息内容，保存记录并向有关主管部门报告。

第三十九条　网信部门根据法律、行政法规和国家有关规定，会同有关主管部门建立健全网络信息内容服务严重失信联合惩戒机制，对严重违反本规定的网络信息内容服务平台、网络信息内容生产者和网络信息内容使用者依法依规实施限制从事网络信息服务、网上行为限制、行业禁入等惩戒措施。

第四十条　违反本规定，给他人造成损害的，依法承担民事责任；构成犯罪的，依法追究刑事责任；尚不构成犯罪的，由有关主管部门依照有关法律、行政法规的规定予以处罚。

网络安全审查办法（节录）

（2021 年 12 月 28 日　国家互联网信息办公室、国家发展和改革委员会、工业和信息化部、公安部、国家安全部、财政部、商务部、中国人民银行、国家市场监督管理总局、国家广播电视总局、中国证券监督管理委员会、国家保密局、国家密码管理局令第 8 号）

第三条　网络安全审查坚持防范网络安全风险与促进先进技术应用相结合、过程公正透明与知识产权保护相结合、事前审查与持续监管相结合、企业承诺与社会监督相结合，从产品和服务以及数据处理活动安全性、可能带来的国家安全风险等方面进行审查。

第十条　网络安全审查重点评估相关对象或者情形的以下国家安全风险因素：

（一）产品和服务使用后带来的关键信息基础设施被非法控制、遭受干扰或者破坏的风险；

（二）产品和服务供应中断对关键信息基础设施业务连续性的危害；

（三）产品和服务的安全性、开放性、透明性、来源的多样性，供应渠道的可靠性以及因为政治、外交、贸易等因素导致供应中断的风险；

（四）产品和服务提供者遵守中国法律、行政法规、部门规章情况；

（五）核心数据、重要数据或者大量个人信息被窃取、泄露、毁损以及非法利用、非法出境的风险；

（六）上市存在关键信息基础设施、核心数据、重要数据或者大量个人信息被外

国政府影响、控制、恶意利用的风险,以及网络信息安全风险;

(七)其他可能危害关键信息基础设施安全、网络安全和数据安全的因素。

第十七条 参与网络安全审查的相关机构和人员应当严格保护知识产权,对在审查工作中知悉的商业秘密、个人信息,当事人、产品和服务提供者提交的未公开材料,以及其他未公开信息承担保密义务;未经信息提供方同意,不得向无关方披露或者用于审查以外的目的。

互联网 IP 地址备案管理办法

(2005 年 2 月 8 日 信息产业部令第 34 号)

第一条 为加强对互联网 IP 地址资源使用的管理,保障互联网络的安全,维护广大互联网用户的根本利益,促进互联网业的健康发展,制定本办法。

第二条 在中华人民共和国境内直接从亚太互联网信息中心等具有 IP 地址管理权的国际机构获得 IP 地址的单位和具有分配 IP 地址供其他单位或者个人使用的单位,适用本办法。

第三条 直接从亚太互联网信息中心等具有 IP 地址管理权的国际机构获得 IP 地址自用或分配给其他用户使用的单位统称为第一级 IP 地址分配机构。

直接从第一级 IP 地址分配机构获得 IP 地址除自用外还分配给本单位互联网用户以外的其他用户使用的单位为第二级 IP 地址分配机构(以下各级 IP 地址分配机构的级别依此类推)。

第四条 国家对 IP 地址的分配使用实行备案管理。

第五条 中华人民共和国信息产业部(以下简称"信息产业部")对基础电信业务经营者、公益性互联网络单位和中国互联网络信息中心的 IP 地址备案实施监督管理。

各省、自治区、直辖市通信管理局(以下简称"省通信管理局")对本行政区域内其他各级 IP 地址分配机构的 IP 地址备案活动实施监督管理。

第六条 信息产业部统一建设并管理全国的互联网 IP 地址数据库,制定和调整 IP 地址分配机构需报备的 IP 地址信息;各省通信管理局通过使用全国互联网 IP 地址数据库管理本行政区域内各级 IP 地址分配机构报备的 IP 地址信息。

第七条 各级 IP 地址分配机构应当通过信息产业部指定的网站,按照 IP 地址备案的要求以电子形式报备 IP 地址信息。

第八条　各级IP地址分配机构在进行IP地址备案时，应当如实、完整地报备IP地址信息（需报备的IP地址信息参见本办法附录）。

第九条　各级IP地址分配机构应自取得IP地址之日起20个工作日内完成IP地址信息的第一次报备。

第十条　各级IP地址分配机构申请和分配使用的IP地址信息发生变化的，IP地址分配机构应自变化之日起5个工作日内通过信息产业部指定的网站，按照IP地址备案的要求以电子形式提交变更后的IP地址信息。

各级IP地址分配机构的联系人或联系方式发生变更的，应自变更之日起10个工作日内报备变更后的信息。

第十一条　基础电信业务经营者IP地址信息的报备，由各基础电信业务经营者集团公司（总公司）和基础电信业务经营者的省级公司（省级分支机构）共同完成。

各基础电信业务经营者集团公司（总公司）按照本办法的规定完成由其申请、使用和分配到省级公司（省级分支机构）的IP地址信息的报备。各基础电信业务经营者的省级公司（省级分支机构）按照本办法的规定统一完成该省级公司（省级分支机构）及其所属公司（分支机构）申请、使用和分配的IP地址信息的报备。

第十二条　中国教育和科研计算机网、中国科学技术网、中国国际经济贸易互联网、中国长城互联网等公益性互联网的网络管理单位应当按照本办法的规定，统一完成其申请、使用和分配的IP地址信息的报备。

第十三条　IP地址分配机构同时是互联网接入服务提供者的，应当如实记录和保存由其提供接入服务的使用自带IP地址的用户的IP地址信息，并自提供接入服务之日起五日内，填报IP地址备案信息，进行备案。

第十四条　各级IP地址分配机构应当建立健全本单位的IP地址管理制度。

第十五条　各级IP地址分配机构分配IP地址时，应当通知其下一级IP地址分配机构报备IP地址信息。

第十六条　信息产业部和省通信管理局及其工作人员对IP地址分配机构报备的IP地址信息，有保密的义务。

信息产业部和省通信管理局及其工作人员不得向他人提供IP地址分配机构报备的IP地址信息，但法律、行政法规另有规定的除外。

第十七条　违反本办法第八条、第九条、第十条、第十三条的规定的，由信息产业部或者省通信管理局依据职权责令限期改正；逾期不改的，给予警告或者处人民币1万元罚款,或者同时处以上2种处罚。

第十八条 违反本办法第十四条规定,未建立IP地址管理制度的,由信息产业部或者省通信管理局依据职权责令限期改正;逾期不改的,给予警告或者处人民币五千元以上一万元以下罚款,或者同时处以上两种处罚。

第十九条 本办法实施前直接从亚太互联网信息中心等具有IP地址管理权的国际机构获得IP地址供本单位使用或者分配IP地址供其他单位或个人使用的,应自本办法施行之日起45个工作日内,按照本办法的规定完成备案手续。

第二十条 本办法自2005年3月20日起实施。

互联网站管理工作细则(节录)

(2005年10月25日 信部电〔2005〕501号)

第一章 总 则

第二条 互联网站管理工作坚持属地管理原则。按照"谁运营谁负责"、"谁接入谁负责"的要求,辅以相应的技术手段,做到政府管理、行业自律和社会监督相结合。

第三条 互联网站管理有关数据使用和发布应严格遵守国家和信息产业部有关保密规定。

第二章 相关主体职责与义务

第五条 信息产业部对全国ICP、IP地址及域名信息备案管理工作及相关工作进行监督、指导及协调。

(一)根据互联网站管理工作的需要制定相关管理规定。

(二)指导、检查、督促省通信管理局开展互联网站管理工作。

(三)了解掌握备案管理工作中存在的问题和情况,组织研究解决。

(四)组织开展"信息产业部ICP、IP地址、域名信息备案管理系统"(以下简称"备案管理系统")的优化、完善等工作。

(五)负责对跨地区经营性互联网信息服务提供者ICP备案信息进行录入、审核。

(六)对域名注册服务机构和相关IP地址备案单位的备案工作进行业务指导和监督检查。

（七）定期通报备案工作进展情况和及时通报未备案网站、备案信息真实性等备案信息的相关情况。

（八）协调部级前置审批部门、专项内容主管部门、公益性互联网站主管部门等相关部门开展互联网站管理工作。

第六条 省通信管理局具体负责本行政区ICP、IP地址信息备案管理，查处违法违规网站、监管互联网接入服务市场、对网站进行年度审核等工作。

（一）依法对ICP备案信息进行日常审核工作。

（二）指导监督本行政区接入提供者、网站主办者、IP地址备案单位的ICP和IP地址信息备案工作；加强对其制度建立、机构设置、数据库系统建设等日常工作的监督检查。

（三）依法采用多种手段切实加强对互联网接入服务市场的监管，将接入提供者对互联网站的管理情况纳入其经营许可证年检、行风评议等考核工作中。

（四）依法做好接入提供者、IP地址备案单位、网站主办者等违法违规行为的查处工作。

（五）负责本行政区互联网站年度审核工作。

（六）负责对本行政区经营性互联网信息服务提供者ICP备案信息进行录入、审核。

（七）协同本行政区前置审批部门、专项内容主管部门等相关部门开展互联网站管理工作。

（八）积极支持引导互联网协会、通信企业协会等社团组织配合做好网站管理工作。

（九）建立健全社会监督渠道，公布举报电话（传真）、电子信箱等举报方式，广泛听取并认真查处社会各界对网站未经备案擅自提供互联网信息服务、备案信息不真实、接入提供者违规提供接入服务等违法违规行为的举报。

第七条 接入提供者是为网站主办者提供互联网接入服务的主体。接入提供者应当按照“谁运营谁负责”、“谁接入谁负责”的要求，切实加强内部管理和对所接入互联网站的管理。

（一）设立专岗专职，负责网站备案、规范网站行为及相关管理工作，专岗专职名单报省通信管理局备案。人员发生变动时要做好工作交接，变化后人员名单及时报省通信管理局备案。

（二）按照“先备案后接入”的要求制定完善接入服务流程，建立健全为用户代为备案信息的事前核验制度、对用户行为的事中监督制度、配合对违法违规网站的事后查处制度、网络与信息安全责任制等工作制度。

（三）应记录网站主办者的备案信息，对所接入网站主办者的备案信息进行动态核实，保证备案信息的真实、准确。

（四）接入提供者要杜绝为未备案的网站主办者提供接入服务，实时搜索已接入的未备案网站信息，及时停止并督促网站主办者履行备案手续。

（五）受网站主办者的委托应依法为网站主办单位履行备案、备案变更、备案注销等手续。代为备案时，用户名、密码和系统提示信息要及时移交网站主办者，并指导、督促网站主办者下载安装电子证书。不得在已知或应知互联网站主办者备案信息不真实或不准确的情况下，为其代为履行备案、备案变更、备案注销手续。

（六）对直接接入及间接接入的网站客户负有管理责任。

（七）应建设必要的业务管理系统，满足行业主管部门对网站管理的要求。

（八）做好用户记录留存、有害信息报告等网络信息安全管理工作。

（九）配合省通信管理局开展互联网站年度审核工作。

（十）配合省通信管理局对违法违规网站依法进行查处。

（十一）自觉接受省通信管理局的监督和管理。

第八条 网站主办者应依法开展互联网信息服务业务。

（一）应当自行或委托接入提供者履行备案、备案变更、备案注销手续。

（二）应当保证备案信息内容的真实准确。

（三）在通过备案审核后，应当在网站开通时在主页底部中央位置标明备案编号，在备案编号下方链接信息产业部“备案管理系统”网址，按要求将电子验证标识放置在其网站指定目录下。

（四）备案信息发生变化时应及时进行变更，同时再次安装电子证书。

（五）涉及前置审批及电子公告服务的，应在取得前置审批部门和专项审批部门批准并办理相关备案手续后方可提供相关内容信息。

（六）网站主办者应妥善保管用户名和密码，用户明和密码丢失的，应提交书面申请，省通信管理局经确认后予以补发。

（七）按照省通信管理局和相关内容主管部门的要求做好年度审核工作。

（八）应当自觉接受互联网行业主管部门的监督和管理。

第九条 IP 地址备案单位具体承担 IP 地址信息报备工作。

（一）IP 地址备案单位应当按要求通过“备案管理系统”报备 IP 地址信息。其中，基础电信运营公司IP地址信息的报备由总部和省级公司共同完成，基础电信运营公司总部应对其省级公司的IP地址信息报备工作进行指导和监督。公益性互联网络的管理单位负责统一完成其网络上使用的所有IP地址信息的报备。跨省经营因特网接入服务业务提供者IP地址信息的报备由其开展业务所在地的所有分支机构共同完成。

（二）IP地址备案单位应当确保其所报备的IP地址信息完整、准确。

（三）IP地址备案信息发生变化时，IP地址备案单位应按规定要求自变化之日起五个工作日内向“备案管理系统”提交变更后的IP地址信息。

（四）IP地址备案单位应当建立健全本单位的IP地址管理制度。

（五）应当自觉接受互联网行业主管部门的监督和管理。

第十条　中国互联网络信息中心和相关域名注册服务机构具体承担域名信息的报备工作。

（一）中国互联网络信息中心和相关域名注册服务机构应当按要求通过“备案管理系统”报备域名信息。其中，中国互联网络信息中心负责报备所有CN和中文域名注册信息；相关域名注册服务机构负责报备所有境外域名注册信息。

（二）中国互联网络信息中心和相关域名注册服务机构应当确保所报备的域名注册信息完整、准确。

（三）域名注册信息、域名备案联系人等信息发生变化时，中国互联网络信息中心和相关域名注册服务机构应当自变化之日起五个工作日内向“备案管理系统”提交变更后的域名报备信息。

互联网电子邮件服务管理办法（节录）

（2006年2月20日　信息产业部令第38号）

第三条　公民使用互联网电子邮件服务的通信秘密受法律保护。除因国家安全或者追查刑事犯罪的需要，由公安机关或者检察机关依照法律规定的程序对通信内容进行检查外，任何组织或者个人不得以任何理由侵犯公民的通信秘密。

第四条　提供互联网电子邮件服务，应当事先取得增值电信业务经营许可或者依法履行非经营性互联网信息服务备案手续。

未取得增值电信业务经营许可或者未履行非经营性互联网信息服务备案手续，任何组织或者个人不得在中华人民共和国境内开展互联网电子邮件服务。

第五条 互联网接入服务提供者等电信业务提供者,不得为未取得增值电信业务经营许可或者未履行非经营性互联网信息服务备案手续的组织或者个人开展互联网电子邮件服务提供接入服务。

第六条第一款 国家对互联网电子邮件服务提供者的电子邮件服务器 IP 地址实行登记管理。互联网电子邮件服务提供者应当在电子邮件服务器开通前二十日将互联网电子邮件服务器所使用的 IP 地址向中华人民共和国信息产业部(以下简称“信息产业部”)或者省、自治区、直辖市通信管理局(以下简称“通信管理局”)登记。

第七条 互联网电子邮件服务提供者应当按照信息产业部制定的技术标准建设互联网电子邮件服务系统,关闭电子邮件服务器匿名转发功能,并加强电子邮件服务系统的安全管理,发现网络安全漏洞后应当及时采取安全防范措施。

第九条 互联网电子邮件服务提供者对用户的个人注册信息和互联网电子邮件地址,负有保密的义务。

互联网电子邮件服务提供者及其工作人员不得非法使用用户的个人注册信息资料和互联网电子邮件地址;未经用户同意,不得泄露用户的个人注册信息和互联网电子邮件地址,但法律、行政法规另有规定的除外。

第十一条 任何组织或者个人不得制作、复制、发布、传播包含《中华人民共和国电信条例》第五十七条规定内容的互联网电子邮件。

任何组织或者个人不得利用互联网电子邮件从事《中华人民共和国电信条例》第五十八条禁止的危害网络安全和信息安全的活动。

网络产品安全漏洞管理规定(节录)

(2021 年 7 月 12 日 工信部联网安〔2021〕66 号)

第三条 国家互联网信息办公室负责统筹协调网络产品安全漏洞管理工作。工业和信息化部负责网络产品安全漏洞综合管理,承担电信和互联网行业网络产品安全漏洞监督管理。公安部负责网络产品安全漏洞监督管理,依法打击利用网络产品安全漏洞实施的违法犯罪活动。

有关主管部门加强跨部门协同配合,实现网络产品安全漏洞信息实时共享,对重大网络产品安全漏洞风险开展联合评估和处置。

第四条 任何组织或者个人不得利用网络产品安全漏洞从事危害网络安全的

活动,不得非法收集、出售、发布网络产品安全漏洞信息;明知他人利用网络产品安全漏洞从事危害网络安全的活动的,不得为其提供技术支持、广告推广、支付结算等帮助。

第九条　从事网络产品安全漏洞发现、收集的组织或者个人通过网络平台、媒体、会议、竞赛等方式向社会发布网络产品安全漏洞信息的,应当遵循必要、真实、客观以及有利于防范网络安全风险的原则,并遵守以下规定:

(三)不得刻意夸大网络产品安全漏洞的危害和风险,不得利用网络产品安全漏洞信息实施恶意炒作或者进行诈骗、敲诈勒索等违法犯罪活动。

第十五条　利用网络产品安全漏洞从事危害网络安全活动,或者为他人利用网络产品安全漏洞从事危害网络安全的活动提供技术支持的,由公安机关依法处理;构成《中华人民共和国网络安全法》第六十三条规定情形的,依照该规定予以处罚;构成犯罪的,依法追究刑事责任。

电信和互联网用户个人信息保护规定(节录)

(2013 年 7 月 16 日　工业和信息化部令第 24 号)

第五条　电信业务经营者、互联网信息服务提供者在提供服务的过程中收集、使用用户个人信息,应当遵循合法、正当、必要的原则。

第六条　电信业务经营者、互联网信息服务提供者对其在提供服务过程中收集、使用的用户个人信息的安全负责。

第九条　未经用户同意,电信业务经营者、互联网信息服务提供者不得收集、使用用户个人信息。

电信业务经营者、互联网信息服务提供者收集、使用用户个人信息的,应当明确告知用户收集、使用信息的目的、方式和范围,查询、更正信息的渠道以及拒绝提供信息的后果等事项。

电信业务经营者、互联网信息服务提供者不得收集其提供服务所必需以外的用户个人信息或者将信息用于提供服务之外的目的,不得以欺骗、误导或者强迫等方式或者违反法律、行政法规以及双方的约定收集、使用信息。

电信业务经营者、互联网信息服务提供者在用户终止使用电信服务或者互联网信息服务后,应当停止对用户个人信息的收集和使用,并为用户提供注销号码或者账号的服务。

法律、行政法规对本条第一款至第四款规定的情形另有规定的，从其规定。

第十条 电信业务经营者、互联网信息服务提供者及其工作人员对在提供服务过程中收集、使用的用户个人信息应当严格保密，不得泄露、篡改或者毁损，不得出售或者非法向他人提供。

第三章 安全保障措施

第十三条 电信业务经营者、互联网信息服务提供者应当采取以下措施防止用户个人信息泄露、毁损、篡改或者丢失：

（一）确定各部门、岗位和分支机构的用户个人信息安全管理责任；

（二）建立用户个人信息收集、使用及其相关活动的工作流程和安全管理制度；

（三）对工作人员及代理人实行权限管理，对批量导出、复制、销毁信息实行审查，并采取防泄密措施；

（四）妥善保管记录用户个人信息的纸介质、光介质、电磁介质等载体，并采取相应的安全储存措施；

（五）对储存用户个人信息的信息系统实行接入审查，并采取防入侵、防病毒等措施；

（六）记录对用户个人信息进行操作的人员、时间、地点、事项等信息；

（七）按照电信管理机构的规定开展通信网络安全防护工作；

（八）电信管理机构规定的其他必要措施。

第十四条 电信业务经营者、互联网信息服务提供者保管的用户个人信息发生或者可能发生泄露、毁损、丢失的，应当立即采取补救措施；造成或者可能造成严重后果的，应当立即向准予其许可或者备案的电信管理机构报告，配合相关部门进行的调查处理。

第十五条 电信业务经营者、互联网信息服务提供者应当对其工作人员进行用户个人信息保护相关知识、技能和安全责任培训。

第十六条 电信业务经营者、互联网信息服务提供者应当对用户个人信息保护情况每年至少进行一次自查，记录自查情况，及时消除自查中发现的安全隐患。

第四章 监督检查

第十七条 电信管理机构应当对电信业务经营者、互联网信息服务提供者保护用户个人信息的情况实施监督检查。

电信管理机构实施监督检查时，可以要求电信业务经营者、互联网信息服务提供者提供相关材料，进入其生产经营场所调查情况，电信业务经营者、互联网信息服务提供者应当予以配合。

电信管理机构实施监督检查，应当记录监督检查的情况，不得妨碍电信业务经营者、互联网信息服务提供者正常的经营或者服务活动，不得收取任何费用。

第十八条　电信管理机构及其工作人员对在履行职责中知悉的用户个人信息应当予以保密，不得泄露、篡改或者毁损，不得出售或者非法向他人提供。

第二十一条　鼓励电信和互联网行业协会依法制定有关用户个人信息保护的自律性管理制度，引导会员加强自律管理，提高用户个人信息保护水平。

工业和信息化部关于加强电信和互联网行业网络安全工作的指导意见（节录）

（2014 年 8 月 28 日　工信部保〔2014〕368 号）

二、工作重点

（三）维护公共互联网网络安全环境。认真落实工业和信息化部《木马和僵尸网络监测与处置机制》、《移动互联网恶意程序监测与处置机制》，建立健全钓鱼网站监测与处置机制。在与用户签订的业务服务合同中明确用户维护网络安全环境的责任和义务。加强木马病毒样本库、移动恶意程序样本库、漏洞库、恶意网址库等建设，促进行业内网络安全威胁信息共享。加强对黑客地下产业利益链条的深入分析和源头治理，积极配合相关执法部门打击网络违法犯罪。基础电信企业在业务推广和用户办理业务时，要加强对用户网络安全知识和技能的宣传辅导，积极拓展面向用户的网络安全增值服务。

（五）强化网络数据和用户个人信息保护。认真落实《电信和互联网用户个人信息保护规定》（工业和信息化部令第 24 号），严格规范用户个人信息的收集、存储、使用和销毁等行为，落实各个环节的安全责任，完善相关管理制度和技术手段。落实数据安全和用户个人信息安全防护标准要求，完善网络数据和用户信息的防窃密、防篡改和数据备份等安全防护措施。强化对内部人员、合作伙伴的授权管理和审计，加大违规行为惩罚力度。发生大规模用户个人信息泄露事件后要立即向通信主管部门报告，并及时采取有效补救措施。

（八）强化网络安全技术能力和手段建设。深入开展网络安全监测预警、漏洞挖掘、恶意代码分析、检测评估和溯源取证技术研究，加强高级可持续攻击应对技术研究。建立和完善入侵检测与防御、防病毒、防拒绝服务攻击、异常流量监测、网页防篡改、域名安全、漏洞扫描、集中账号管理、数据加密、安全审计等网络安全防护技术手段。健全基于网络侧的木马病毒、移动恶意程序等监测与处置手段。积极研究利用云计算、大数据等新技术提高网络安全监测预警能力。促进企业技术手段与通信主管部门技术手段对接，制定接口标准规范，实现监测数据共享。加强与网络安全服务企业的合作，防范服务过程中的风险，在依托安全服务单位开展网络安全集成建设和风险评估等工作时，应当选用通过有关行业组织网络安全服务能力评定的单位。

三、保障措施

（一）加强网络安全监管。通信主管部门要切实履行电信和互联网行业网络安全监管职责，不断健全网络安全监管体系，积极推动关键信息基础设施保护、网络数据保护等网络安全相关立法，进一步完善网络安全防护标准和有关工作机制；要加大对基础电信企业的网络安全监督检查和考核力度，加强对互联网域名注册管理和服务机构以及增值电信企业的网络安全监管，推动建立电信和互联网行业网络安全认证体系。国家计算机网络应急技术处理协调中心和工业和信息化部电信研究院等要加大网络安全技术、资金和人员投入，大力提升对通信主管部门网络安全监管的支撑能力。

（二）充分发挥行业组织和专业机构的作用。充分发挥行业组织支撑政府、服务行业的桥梁纽带作用，大力开展电信和互联网行业网络安全自律工作。支持相关行业组织和专业机构开展面向行业的网络安全法规、政策、标准宣贯和知识技能培训、竞赛，促进网络安全管理和技术交流；开展网络安全服务能力评定，促进和规范网络安全服务市场健康发展；建立健全网络安全社会监督举报机制，发动全社会力量参与维护公共互联网网络安全环境；开展面向社会公众的网络安全宣传教育活动，提高用户的网络安全风险意识和自我保护能力。

（三）落实企业主体责任。相关企业要从维护国家安全、促进经济社会发展、保障用户利益的高度，充分认识做好网络安全工作的重要性、紧迫性，切实加强组织领导，落实安全责任，健全网络安全管理体系。基础电信企业主要领导要对网络安全工作负总责，明确一名主管领导具体负责、统一协调企业内部网络安全各项工作；要加强集团公司、省级公司网络安全管理专职部门建设，加强专职人员配备，强化专职部门的网络安全管理职能，切实加大企业内部网络安全工作的统筹协调、监督检查、责任考核和责任追究力度。互联网域名注册管理和服务机构、增值电信企业要结合实际健全内部网络安全管理体系，配备网络安全管理专职部门和人员，保证网络安全责任落实到位。

（四）加大资金保障力度。基础电信企业要制定本企业网络安全专项规划，在加大网络和业务发展投入的同时，同步加大网络安全保障资金投入，并将网络安全经费纳入企业年度预算。互联网域名注册管理和服务机构、增值电信企业要结合实际加大网络安全资金投入力度。

（五）加强人才队伍建设。基础电信企业要积极开展网络安全专业岗位职业技能鉴定工作，建立健全网络安全专业岗位持证上岗制度；加强网络安全培训，把相关培训纳入员工培训计划；积极组织和参与网络安全知识技能竞赛，形成培养、选拔、吸引和使用网络安全人才的良性机制。

电子认证服务管理办法（节录）

（2015 年 4 月 29 日修订　工业和信息化部令第 29 号）

第二章　电子认证服务机构

第十一条　电子认证服务机构不得倒卖、出租、出借或者以其他形式非法转让《电子认证服务许可证》。

第三章　电子认证服务

第十七条　电子认证服务机构应当保证提供下列服务：

（一）制作、签发、管理电子签名认证证书。

（二）确认签发的电子签名认证证书的真实性。

（三）提供电子签名认证证书目录信息查询服务。

（四）提供电子签名认证证书状态信息查询服务。

第十八条　电子认证服务机构应当履行下列义务：

（一）保证电子签名认证证书内容在有效期内完整、准确。

（二）保证电子签名依赖方能够证实或者了解电子签名认证证书所载内容及其他有关事项。

（三）妥善保存与电子认证服务相关的信息。

第十九条 电子认证服务机构应当建立完善的安全管理和内部审计制度。

第二十条 电子认证服务机构应当遵守国家的保密规定,建立完善的保密制度。

电子认证服务机构对电子签名人和电子签名依赖方的资料,负有保密的义务。

第五章 电子签名认证证书

第二十九条 有下列情况之一的,电子认证服务机构可以撤销其签发的电子签名认证证书:

(一)证书持有人申请撤销证书。

(二)证书持有人提供的信息不真实。

(三)证书持有人没有履行双方合同规定的义务。

(四)证书的安全性不能得到保证。

(五)法律、行政法规规定的其他情况。

第三十条 有下列情况之一的,电子认证服务机构应当对申请人提供的证明身份的有关材料进行查验,并对有关材料进行审查:

(一)申请人申请电子签名认证证书。

(二)证书持有人申请更新证书。

(三)证书持有人申请撤销证书。

第七章 罚　　则

第三十八条 电子认证服务机构向工业和信息化部隐瞒有关情况、提供虚假材料或者拒绝提供反映其活动的真实材料的,由工业和信息化部责令改正,给予警告或者处以5000元以上1万元以下的罚款。

公共互联网网络安全威胁监测与处置办法

(2017年8月9日　工信部网安〔2017〕202号)

第一条 为加强和规范公共互联网网络安全威胁监测与处置工作,消除安全隐患,制止攻击行为,避免危害发生,降低安全风险,维护网络秩序和公共利益,保护公民、法人和其他组织的合法权益,根据《中华人民共和国网络安全法》《全国人民代表大会常务委员会关于加强网络信息保护的决定》《中华人民共和国电信条例》等有关法律法规和工业和信息化部职责,制定本办法。

第二条　本办法所称公共互联网网络安全威胁是指公共互联网上存在或传播的、可能或已经对公众造成危害的网络资源、恶意程序、安全隐患或安全事件，包括：

（一）被用于实施网络攻击的恶意IP地址、恶意域名、恶意URL、恶意电子信息，包括木马和僵尸网络控制端，钓鱼网站，钓鱼电子邮件、短信/彩信、即时通信等；

（二）被用于实施网络攻击的恶意程序，包括木马、病毒、僵尸程序、移动恶意程序等；

（三）网络服务和产品中存在的安全隐患，包括硬件漏洞、代码漏洞、业务逻辑漏洞、弱口令、后门等；

（四）网络服务和产品已被非法入侵、非法控制的网络安全事件，包括主机受控、数据泄露、网页篡改等；

（五）其他威胁网络安全或存在安全隐患的情形。

第三条　工业和信息化部负责组织开展全国公共互联网网络安全威胁监测与处置工作。各省、自治区、直辖市通信管理局负责组织开展本行政区域内公共互联网网络安全威胁监测与处置工作。工业和信息化部和各省、自治区、直辖市通信管理局以下统称为电信主管部门。

第四条　网络安全威胁监测与处置工作坚持及时发现、科学认定、有效处置的原则。

第五条　相关专业机构、基础电信企业、网络安全企业、互联网企业、域名注册管理和服务机构等应当加强网络安全威胁监测与处置工作，明确责任部门、责任人和联系人，加强相关技术手段建设，不断提高网络安全威胁监测与处置的及时性、准确性和有效性。

第六条　相关专业机构、基础电信企业、网络安全企业、互联网企业、域名注册管理和服务机构等监测发现网络安全威胁后，属于本单位自身问题的，应当立即进行处置，涉及其他主体的，应当及时将有关信息按照规定的内容要素和格式提交至工业和信息化部和相关省、自治区、直辖市通信管理局。

工业和信息化部建立网络安全威胁信息共享平台，统一汇集、存储、分析、通报、发布网络安全威胁信息；制定相关接口规范，与相关单位网络安全监测平台实现对接。国家计算机网络应急技术处理协调中心负责平台建设和运行维护工作。

第七条　电信主管部门委托国家计算机网络应急技术处理协调中心、中国信息通信研究院等专业机构对相关单位提交的网络安全威胁信息进行认定，并提出处置建议。认定工作应当坚持科学严谨、公平公正、及时高效的原则。电信主管部门对参与认定工作的专业机构和人员加强管理与培训。

第八条 电信主管部门对专业机构的认定和处置意见进行审查后，可以对网络安全威胁采取以下一项或多项处置措施：

（一）通知基础电信企业、互联网企业、域名注册管理和服务机构等，由其对恶意IP地址（或宽带接入账号）、恶意域名、恶意URL、恶意电子邮件账号或恶意手机号码等，采取停止服务或屏蔽等措施。

（二）通知网络服务提供者，由其清除本单位网络、系统或网站中存在的可能传播扩散的恶意程序。

（三）通知存在漏洞、后门或已经被非法入侵、控制、篡改的网络服务和产品的提供者，由其采取整改措施，消除安全隐患；对涉及党政机关和关键信息基础设施的，同时通报其上级主管单位和网信部门。

（四）其他可以消除、制止或控制网络安全威胁的技术措施。

电信主管部门的处置通知应当通过书面或可验证来源的电子方式等形式送达相关单位，紧急情况下，可先电话通知，后补书面通知。

第九条 基础电信企业、互联网企业、域名注册管理和服务机构等应当为电信主管部门依法查询IP地址归属、域名注册等信息提供技术支持和协助，并按照电信主管部门的通知和时限要求采取相应处置措施，反馈处置结果。负责网络安全威胁认定的专业机构应当对相关处置情况进行验证。

第十条 相关组织或个人对按照本办法第八条第（一）款采取的处置措施不服的，有权在10个工作日内向做出处置决定的电信主管部门进行申诉。相关电信主管部门接到申诉后应当及时组织核查，并在30个工作日内予以答复。

第十一条 鼓励相关单位以行业自律或技术合作、技术服务等形式开展网络安全威胁监测与处置工作，并对处置行为负责，监测与处置结果应当及时报送电信主管部门。

第十二条 基础电信企业、互联网企业、域名注册管理和服务机构等未按照电信主管部门通知要求采取网络安全威胁处置措施的，由电信主管部门依据《中华人民共和国网络安全法》第五十六条、第五十九条、第六十条、第六十八条等规定进行约谈或给予警告、罚款等行政处罚。

第十三条 造成或可能造成严重社会危害或影响的公共互联网网络安全突发事件的监测与处置工作，按照国家和电信主管部门有关应急预案执行。

第十四条 各省、自治区、直辖市通信管理局可参照本办法制定本行政区域网络安全威胁监测与处置办法实施细则。

第十五条　本办法自2018年1月1日起实施。2009年4月13日印发的《木马和僵尸网络监测与处置机制》和2011年12月9日印发的《移动互联网恶意程序监测与处置机制》同时废止。

互联网域名管理办法(节录)

(2017年8月24日　工业和信息化部令第43号)

第十条　申请设立域名根服务器及域名根服务器运行机构的,应当具备以下条件:

(一)域名根服务器设置在境内,并且符合互联网发展相关规划及域名系统安全稳定运行要求;

(二)是依法设立的法人,该法人及其主要出资者、主要经营管理人员具有良好的信用记录;

(三)具有保障域名根服务器安全可靠运行的场地、资金、环境、专业人员和技术能力以及符合电信管理机构要求的信息管理系统;

(四)具有健全的网络与信息安全保障措施,包括管理人员、网络与信息安全管理制度、应急处置预案和相关技术、管理措施等;

(五)具有用户个人信息保护能力、提供长期服务的能力及健全的服务退出机制;

(六)法律、行政法规规定的其他条件。

第十一条　申请设立域名注册管理机构的,应当具备以下条件:

(一)域名管理系统设置在境内,并且持有的顶级域名符合相关法律法规及域名系统安全稳定运行要求;

(二)是依法设立的法人,该法人及其主要出资者、主要经营管理人员具有良好的信用记录;

(三)具有完善的业务发展计划和技术方案以及与从事顶级域名运行管理相适应的场地、资金、专业人员以及符合电信管理机构要求的信息管理系统;

(四)具有健全的网络与信息安全保障措施,包括管理人员、网络与信息安全管理制度、应急处置预案和相关技术、管理措施等;

(五)具有进行真实身份信息核验和用户个人信息保护的能力、提供长期服务的能力及健全的服务退出机制;

（六）具有健全的域名注册服务管理制度和对域名注册服务机构的监督机制；

（七）法律、行政法规规定的其他条件。

第十二条 申请设立域名注册服务机构的，应当具备以下条件：

（一）在境内设置域名注册服务系统、注册数据库和相应的域名解析系统；

（二）是依法设立的法人，该法人及其主要出资者、主要经营管理人员具有良好的信用记录；

（三）具有与从事域名注册服务相适应的场地、资金和专业人员以及符合电信管理机构要求的信息管理系统；

（四）具有进行真实身份信息核验和用户个人信息保护的能力、提供长期服务的能力及健全的服务退出机制；

（五）具有健全的域名注册服务管理制度和对域名注册代理机构的监督机制；

（六）具有健全的网络与信息安全保障措施，包括管理人员、网络与信息安全管理制度、应急处置预案和相关技术、管理措施等；

（七）法律、行政法规规定的其他条件。

第二十三条 域名根服务器运行机构、域名注册管理机构和域名注册服务机构应当向用户提供安全、方便、稳定的服务。

第二十四条 域名注册管理机构应当根据本办法制定域名注册实施细则并向社会公开。

第二十五条 域名注册管理机构应当通过电信管理机构许可的域名注册服务机构开展域名注册服务。

域名注册服务机构应当按照电信管理机构许可的域名注册服务项目提供服务，不得为未经电信管理机构许可的域名注册管理机构提供域名注册服务。

第二十八条 任何组织或者个人注册、使用的域名中，不得含有下列内容：

（一）反对宪法所确定的基本原则的；

（二）危害国家安全，泄露国家秘密，颠覆国家政权，破坏国家统一的；

（三）损害国家荣誉和利益的；

（四）煽动民族仇恨、民族歧视，破坏民族团结的；

（五）破坏国家宗教政策，宣扬邪教和封建迷信的；

（六）散布谣言，扰乱社会秩序，破坏社会稳定的；

（七）散布淫秽、色情、赌博、暴力、凶杀、恐怖或者教唆犯罪的；

（八）侮辱或者诽谤他人，侵害他人合法权益的；

(九)含有法律、行政法规禁止的其他内容的。

域名注册管理机构、域名注册服务机构不得为含有前款所列内容的域名提供服务。

第二十九条　域名注册服务机构不得采用欺诈、胁迫等不正当手段要求他人注册域名。

第三十条　域名注册服务机构提供域名注册服务,应当要求域名注册申请者提供域名持有者真实、准确、完整的身份信息等域名注册信息。

域名注册管理机构和域名注册服务机构应当对域名注册信息的真实性、完整性进行核验。

域名注册申请者提供的域名注册信息不准确、不完整的,域名注册服务机构应当要求其予以补正。申请者不补正或者提供不真实的域名注册信息的,域名注册服务机构不得为其提供域名注册服务。

第三十二条　域名注册管理机构、域名注册服务机构应当依法存储、保护用户个人信息。未经用户同意不得将用户个人信息提供给他人,但法律、行政法规另有规定的除外。

第三十六条　提供域名解析服务,应当遵守有关法律、法规、标准,具备相应的技术、服务和网络与信息安全保障能力,落实网络与信息安全保障措施,依法记录并留存域名解析日志、维护日志和变更记录,保障解析服务质量和解析系统安全。涉及经营电信业务的,应当依法取得电信业务经营许可。

第三十七条　提供域名解析服务,不得擅自篡改解析信息。

任何组织或者个人不得恶意将域名解析指向他人的 IP 地址。

第四十条　域名注册管理机构、域名注册服务机构应当配合国家有关部门依法开展的检查工作,并按照电信管理机构的要求对存在违法行为的域名采取停止解析等处置措施。

域名注册管理机构、域名注册服务机构发现其提供服务的域名发布、传输法律和行政法规禁止发布或者传输的信息的,应当立即采取消除、停止解析等处置措施,防止信息扩散,保存有关记录,并向有关部门报告。

第四十一条第一款　域名根服务器运行机构、域名注册管理机构和域名注册服务机构应当遵守国家相关法律、法规和标准,落实网络与信息安全保障措施,配置必要的网络通信应急设备,建立健全网络与信息安全监测技术手段和应急制度。域名系统出现网络与信息安全事件时,应当在 24 小时内向电信管理机构报告。

第四十二条 任何组织或者个人认为他人注册或者使用的域名侵害其合法权益的，可以向域名争议解决机构申请裁决或者依法向人民法院提起诉讼。

第四十四条 电信管理机构应当加强对域名服务的监督检查。域名根服务器运行机构、域名注册管理机构、域名注册服务机构应当接受、配合电信管理机构的监督检查。

第四十八条 电信管理机构开展监督检查，不得妨碍域名根服务器运行机构、域名注册管理机构和域名注册服务机构正常的经营和服务活动，不得收取任何费用，不得泄露所知悉的域名注册信息。

第五十条 违反本办法规定，域名注册管理机构或者域名注册服务机构有下列行为之一的，由电信管理机构依据职权责令限期改正，并视情节轻重，处一万元以上三万元以下罚款，向社会公告：

（一）为未经许可的域名注册管理机构提供域名注册服务，或者通过未经许可的域名注册服务机构开展域名注册服务的；

（二）未按照许可的域名注册服务项目提供服务的；

（三）未对域名注册信息的真实性、完整性进行核验的；

（四）无正当理由阻止域名持有者变更域名注册服务机构的。

第五十一条 违反本办法规定，提供域名解析服务，有下列行为之一的，由电信管理机构责令限期改正，可以视情节轻重处一万元以上三万元以下罚款，向社会公告：

（一）擅自篡改域名解析信息或者恶意将域名解析指向他人 IP 地址的；

（二）为含有本办法第二十八条第一款所列内容的域名提供域名跳转的；

（三）未落实网络与信息安全保障措施的；

（四）未依法记录并留存域名解析日志、维护日志和变更记录的；

（五）未按照要求对存在违法行为的域名进行处置的。

公共互联网网络安全突发事件应急预案（节录）

（2017 年 11 月 14 日　工信部网安〔2017〕281 号）

7. 预防与应急准备

7.1　预防保护

基础电信企业、域名机构、互联网企业应当根据有关法律法规和国家、行业标准的规定，建立健全网络安全管理制度，采取网络安全防护技术措施，建设网络安全技术手段，定期进行网络安全检查和风险评估，及时消除隐患和风险。电信主管部门依法开展网络安全监督检查，指导督促相关单位消除安全隐患。

7.2 应急演练

电信主管部门应当组织开展公共互联网网络安全突发事件应急演练，提高相关单位网络安全突发事件应对能力。基础电信企业、大型互联网企业、域名机构要积极参与电信主管部门组织的应急演练，并应每年组织开展一次本单位网络安全应急演练，应急演练情况要向电信主管部门报告。

7.3 宣传培训

电信主管部门、网络安全专业机构组织开展网络安全应急相关法律法规、应急预案和基本知识的宣传教育和培训，提高相关企业和社会公众的网络安全意识和防护、应急能力。基础电信企业、域名机构、互联网企业要面向本单位员工加强网络安全应急宣传教育和培训。鼓励开展各种形式的网络安全竞赛。

7.4 手段建设

工业和信息化部规划建设统一的公共互联网网络安全应急指挥平台，汇集、存储、分析有关突发事件的信息，开展应急指挥调度。指导基础电信企业、大型互联网企业、域名机构和网络安全专业机构等单位规划建设本单位突发事件信息系统，并与工业和信息化部应急指挥平台实现互联互通。

7.5 工具配备

基础电信企业、域名机构、互联网企业和网络安全专业机构应加强对木马查杀、漏洞检测、网络扫描、渗透测试等网络安全应急装备、工具的储备，及时调整、升级软件硬件工具。鼓励研制开发相关技术装备和工具。

8. 保障措施

8.3 队伍建设

网络安全专业机构要加强网络安全应急技术支撑队伍建设，不断提升网络安全突发事件预防保护、监测预警、应急处置、攻击溯源等能力。基础电信企业、域名机构、大型互联网企业要建立专门的网络安全应急队伍，提升本单位网络安全应急能力。支持网络安全企业提升应急支撑能力，促进网络安全应急产业发展。

8.4 社会力量

建立工业和信息化部网络安全应急专家组，充分发挥专家在应急处置工作中的作用。从网络安全专业机构、相关企业、科研院所、高等学校中选拔网络安全技术人才,形成网络安全技术人才库。

8.5　国际合作

工业和信息化部根据职责建立国际合作渠道,签订国际合作协议,必要时通过国际合作应对公共互联网网络安全突发事件。鼓励网络安全专业机构、基础电信企业、域名机构、互联网企业、网络安全企业开展网络安全国际交流与合作。

工业和信息化部办公厅关于进一步清理整治网上改号软件的通知

(2016年11月22日　工信厅信管函〔2016〕753号)

各省、自治区、直辖市通信管理局,各基础电信企业、相关互联网企业,中国互联网协会:

为落实最高人民法院等六部门《关于防范和打击电信网络诈骗犯罪的通告》要求,切实推进实施《工业和信息化部关于进一步防范和打击通讯信息诈骗工作的实施意见》(以下简称《实施意见》),进一步清理整治网上改号软件,有效防止和惩治利用改号软件实施通讯信息诈骗的违法犯罪活动,现将有关事项通知如下:

一、各基础电信企业和互联网企业要高度重视,履行主体责任,强化社会担当,在前期工作的基础上,在今年11月底前进行再部署、再巩固,加大力度,严查快办,坚决清理网上改号软件,切实维护广大人民群众合法权益。同时,坚持守土有责,健全长效机制,加强防范管理,筑牢安全防线,绝不能在自己的业务平台上或服务过程中出现漏洞,让改号软件得以滋生和蔓延,给违法犯罪分子以可乘之机。

二、各基础电信企业和互联网企业要切实采取有效措施,在网站页面、搜索引擎、手机应用软件商店、电商平台、社交平台等空间,通过关键词屏蔽、软件下架、信息删除、账号封停等手段,对网上改号软件及其衍生和变形工具进行全面、彻底、深入地清理,坚决阻断改号软件网上发布、搜索、传播、销售渠道,让非法改号软件"发不出、看不见、搜不到、下载不了",在各类网络空间无迹可寻。

三、搜索引擎服务企业要加强对网上改号软件的搜索屏蔽,建立完善改号软件关键词屏蔽库并对其各种变形衍生词汇及时进行更新补充;对提供改号软件下载、售卖和使用信息的搜索结果予以删除,禁止改号软件通过搜索引擎在网上传播。

四、手机应用软件商店服务企业要建立健全软件上架审核机制,严禁改号软件上架。同时,加强对既有应用软件的排查,对发现的改号软件应立即下架,并将该款软件应用及其开发者列入黑名单。对列入黑名单的改号软件开发者，应向公安机关报告，并将其所有应用软件下架三个月进行整改。

五、各电商平台、社交平台、软件下载网站和即时通信服务企业要加强对改号软件信息的监控和违规主体的处置，及时删除改号软件的各种推广、售卖信息和下载链接，对累计违规次数达到3次的电商商户、信息网站、账号和公众号等立即予以关停，并将相关商户和账号信息报告公安机关处理。

六、各基础电信企业和互联网企业要建立改号软件的举报机制并向社会公开举报渠道，对收到的举报应及时核查、处理和反馈，发现一个清除一个，保持对网上改号软件的高压打击态势，坚决防止死灰复燃。

七、中国互联网协会要继续组织开展行业自律工作，做好“12321”举报中心的举报受理与跟踪督办，推动相关企业加强改号软件关键词屏蔽库、手机应用软件商店黑名单等信息的互通和共享，健全完善“一点发现，百店联动，全网清除”的快速响应和协同处置机制，形成对改号软件共同打击、群防群治的长效工作局面。

八、对各基础电信企业和相关互联网企业的落实情况，我部和各地通信管理局将加强监督检查，定期和不定期组织抽查检测，对清理整治不力、落实不到位的，将按照《实施意见》严肃问责，向全社会曝光并向中央综治办等有关部门通报，情节严重的移交公安机关依法处理。

九、请各企业、中国互联网协会于每月1日和15日前将改号软件的清理成果和统计数据报部（信息通信管理局）。

如有新情况、新问题，请及时报告。

工业和信息化部办公厅关于深入推进互联网网络接入服务市场清理规范工作的通知

（2018年4月28日 工信厅信管函〔2018〕161号）

各省、自治区、直辖市通信管理局，中国信息通信研究院，中国电信集团有限公司、中国移动通信集团有限公司、中国联合网络通信集团有限公司、中国广播电视网络有限公司、中信网络有限公司，各互联网数据中心业务经营者、互联网接入服务业务经营者、内容分发网络业务经营者：

根据《关于清理规范互联网网络接入服务市场的通知》（工信部信管函〔2017〕32号）要求，在全行业共同努力下，互联网网络接入服务市场清理规范工作取得积极进展,各类违法违规行为得到初步整治。但随着清理规范工作深入开展,一些深层次矛盾逐步浮出水面,部分企业违规自建传输网络、非法经营传输业务及违规经营跨境数据通信等问题仍较为突出,违规线索涉及面广,市场情况复杂。为深入核查处理新线索,巩固前期清理规范成效,维护良好市场秩序,现决定将互联网网络接入服务市场清理规范工作时间延长至2019年3月31日。有关事项通知如下:

一、各单位要巩固前期整治成效,集中力量核查违规线索、查处违法企业,将清理规范工作引向深入。要及时总结经验,探索长效管理机制,推动互联网网络接入服务市场健康有序发展。

二、各互联网网络接入服务企业要进一步提升法律意识,全面深入开展自查,规范自身经营服务行为,切实做到守法合规经营。要自觉终止与不法企业的合作,确保通信网络资源来源合法、去向合法、使用合法。

三、各通信管理局要按照"属地负责、逐一过关"的原则,加强跨地域协作,逐一核查违规线索,分类处理相关企业,采取针对性措施,督促企业合法合规经营。对拒不整改的要依法予以查处,并纳入信用管理机制实施惩戒。

四、各基础电信企业要加强网络资源和用户台账管理,采取技术、管理、法律等措施,防范网络资源被用于非法经营。要配合各通信管理局做好违规线索核查,及时关停被用于非法经营、违规使用的网络资源。要按照"提速降费"的要求,保证各类企业和用户的网络资源需求,为网络接入服务企业守法合规经营、市场持续健康发展提供坚实保障。

五、中国信息通信研究院要加强对全国清理规范工作的跟踪,收集和报送相关舆情信息,及时汇总违规线索,利用数据分析等技术手段做好清理规范支撑工作。

六、各通信管理局、各基础电信企业请于5月15日前将前期工作进展情况、取得的成效、存在的问题以及下一步工作安排函报部信息通信管理局。每季度末报最新工作进展,重大事项随报。

特此通知。

工业和信息化部办公厅关于做好疫情防控期间信息通信行业网络安全保障工作的通知(节录)

(2020年2月14日　工信厅网安函〔2020〕22号)

(三)加强涉疫情网络安全威胁监测处置。按照公共互联网网络安全威胁与处置工作机制，对伪装成疫情信息传播网络病毒或相关钓鱼网站、恶意邮件、恶意程序，以及医疗机构、疫情防控物资生产企业所属网络系统存在受控、漏洞等情况加大监测力度，利用网络安全威胁信息共享平台及时通报有关情况，发布风险提示，协助相关单位采取有效处置措施，从源头上降低网络安全风险，维护疫情防控期间的网络秩序和公共利益。

（四）加强疫情期间电话用户入网服务保障。鼓励基础电信企业、移动通信转售企业通过网络渠道为用户办理电话入网实名登记手续，引导广大用户利用电信企业门户网站、手机APP、掌上营业厅等线上方式办理电话入网手续及手机卡。基础电信企业、移动通信转售企业应加大对网络渠道销售手机卡业务及办理流程的宣传，做好相关业务系统和平台的保障，切实为广大用户提供便利。

二、加强信息安全和网络数据保护

（五）加强涉疫情电信网络诈骗防范。充分发挥电信网、互联网诈骗技术防范系统等技术平台作用，切实强化对涉疫情诈骗电话、短信的精准分析和依法快速处置；针对涉防疫医疗物资购买、航班行程退改签等诈骗新手法新套路，及时研判预警，对相关涉诈网站、域名、APP、账户依法快速处置。进一步加强与公安机关工作配合和信息沟通，及时通报涉疫情电信网络诈骗信息线索。充分利用微信、微博、短彩信、APP等平台开展涉疫情电信网络诈骗的宣传引导和风险提示。

（七）加强个人信息和数据安全保护。落实《中央网络安全和信息化委员会办公室关于做好个人信息保护利用大数据支撑联防联控工作的通知》等要求，在积极利用行业数据、平台等支撑联防联控工作中，切实处理好数据使用与数据保护的关系，进一步强化个人信息收集、使用等各环节的规范管理，将个人信息和数据安全保护各项要求落到实处。

三、进一步强化责任落实和工作协同

（八）加强网络安全责任落实。各地通信管理局要加强统一领导和统筹协调，做到守土有责、守土担责、守土尽责，指导督促地方信息通信行业做好疫情防控网络安全保障工作。各基础电信企业、域名机构、互联网企业、网络安全专业机构、网络安全企业要切实承担起网络安全主体责任，充分发挥网络安全技术支撑保障作用，为打赢疫情防控阻击战作出积极贡献。

工业和信息化部办公厅关于开展2020年网络安全技术应用试点示范工作的通知(节录)

(2020年7月30日　工信厅网安函〔2020〕190号)

1. 5G网络安全。重点结合增强移动带宽、低时延高可靠、海量大连接三大场景安全需求,针对网络功能虚拟化、网络切片、边缘计算等带来的网络安全需求,在威胁监测、风险识别、安全防御、安全检测、安全恢复、安全模型认证等方面的安全解决方案。

5. 大数据安全。面向大数据中心、智能计算中心、云计算平台等先进算力设施的网络安全解决方案,以及结合海量网络数据汇聚存储、流动共享等安全需求,在数据资产识别、分类分级防护、数据加密、数据脱敏、泄露追溯等方面的解决方案。

6. 物联网安全。结合智慧家庭、智能抄表、零售服务、智能安防、智慧物流、智慧农业等典型场景网络安全需求,在物联网卡、物联网芯片、联网终端、网关、平台和应用等方面的基础管理、可信接入、威胁监测、态势感知等安全解决方案。

7. 人工智能安全。结合智能机器人、智能语音交互、视频图像身份识别、影像辅助诊断、无人机等典型应用场景网络安全需求,在人工智能数据、算法、平台、应用服务等方面的安全解决方案,以及运用人工智能技术的高级威胁预警、网络资产管理、网络行为溯源分析等安全解决方案。

8. 区块链安全。结合供应链管理、电子交易、数字版权、保险、社会救助等区块链技术典型应用场景网络安全需求,在身份验证、安全存储、存证取证、数据共享流通等方面的安全解决方案,以及区块链基础设施、区块链平台、区块链服务等方面的安全监测、防护、测试验证解决方案。

10. 电信网络诈骗防范治理。围绕电信网络诈骗技术防范、管理创新、联防联控等安全需求,在涉诈风险实时预警处置、诈骗行为精准分析、远程智能群呼设备监测定位取证、电信网络诈骗协同分析治理等方面的解决方案。

中国互联网络信息中心关于发布《“公司”“网络”域名注册实施细则》的公告（节录）

（2021 年 11 月 25 日）

第九条　注册服务机构在开展域名注册服务时不得采取以下行为：

（一）冒用政府机构、企事业单位及社会团体等其他组织的名义，开展域名注册服务；

（二）使用虚假信息注册域名，变相占用域名资源；

（三）采用欺诈、胁迫等不正当手段要求他人注册域名；

（四）强迫用户延长域名注册期限，捆绑销售其他服务；

（五）不按照用户实际注册期限向中国互联网络信息中心提交注册信息；

（六）无正当理由拒绝域名持有者索取域名转移密码的申请，阻止域名持有者变更注册服务机构，或就转移申请向域名持有者收取费用；

（七）未按用户提交的续费期限进行续费，或违反规定擅自续费；

（八）违规泄露用户注册信息，或利用用户注册信息牟取不正当利益；

（九）其他违反法律法规、国家有关规定、ICANN 政策以及中国互联网络信息中心规定，或者侵犯用户合法权益的行为。

注册服务机构如违反上述规定，中国互联网络信息中心将依据与其签订的协议追究相关责任，情节严重的，将终止协议。

第六章　网络与信息安全

第三十四条　注册服务机构应当依照法律、行政法规的规定和国家标准的强制性要求，按照国家有关规定和有关主管部门关于网络与信息安全的要求，配置必要的网络通信应急设备，建立健全网络与信息安全监测技术手段和应急制度。域名系统出现网络与信息安全事件时，注册服务机构应当按照国家有关规定立即向有关部门报告。

第三十五条　中国互联网络信息中心和注册服务机构为开展域名注册管理、域名注册服务和相关业务目的，按照《互联网域名管理办法》等国家有关规定、ICANN 政策、本细则以及中国互联网络信息中心规定的方式和范围，经用户同意，可以处理用户个人信息。依据有关法律法规、司法机关和国家有关主管部门要求，不需用户同意的除外。

用户申请注册和持有域名,即表示同意中国互联网络信息中心和注册服务机构依据本条第一款的规定处理用户信息,包括个人信息。

注册服务机构在域名注册服务中,应当明示处理用户个人信息的目的、方式、范围,并征得用户同意。

本条所述的处理,包括收集、存储、使用、加工、传输、提供、公开以及法律法规规定的其他方式。

第三十六条 注册服务机构应当依法存储保护用户信息,保障用户数据信息的存储安全,妥善保存用户数据信息资料,防止信息泄露、毁损、丢失。在发生或可能发生用户信息泄露、损毁、丢失的情况时,应当立即采取补救措施,按照国家和有关主管部门规定及时告知用户并向有关主管部门报告。

第三十七条 注册服务机构是用户信息保护的责任主体,在与用户签署的域名注册协议中,应当明确规定注册服务机构对用户信息安全承担保护责任,明确具体信息保护措施。注册服务机构泄露用户信息,应依据与用户签订的协议进行赔偿。

用户发现注册服务机构违反法律、行政法规的规定或者双方的约定处理其个人信息的,有权请求注册服务机构删除,注册服务机构应当删除。

第三十八条 为确保域名系统安全,中国互联网络信息中心可以对注册服务机构的网络和信息安全防护工作进行抽查、检查和评估。发现有违法违规行为时,可以依据相关规定追究责任。

第三十九条 中国互联网络信息中心和注册服务机构应当配合国家有关主管部门处置用于从事违法行为的域名。

中国互联网络信息中心依据《互联网域名管理办法》,制定对用于从事违法行为域名的处置措施,并进行处置。

注册服务机构应当依据《互联网域名管理办法》和中国互联网络信息中心规定,对用于从事违法行为的域名采取处置措施。

用于从事违法行为的前述域名,包括利用域名发布、传输法律和行政法规禁止发布或者传输的信息,利用域名危害互联网安全以及被国家有关主管部门或中国互联网络信息中心认定用于违法或危害互联网安全应用的情形。

最高人民检察院印发《关于加强刑事检察与公益诉讼检察衔接协作严厉打击电信网络犯罪加强个人信息司法保护的通知》解读

（2022 年 6 月 21 日）

近日，最高人民检察院印发《关于加强刑事检察与公益诉讼检察衔接协作严厉打击电信网络犯罪加强个人信息司法保护的通知》（下称《通知》）。要求各地检察机关积极推动促进个人信息保护法等法律法规的统一正确实施，参与网络空间治理，强化刑事检察和公益诉讼检察职能衔接协作，实现全链条打击、一体化网络治理。

《通知》要求，深入开展依法打击行业“内鬼”泄露公民个人信息违法犯罪工作，积极配合“清朗”系列专项行动，探索积累常态化监督办案的典型经验。聚焦重点行业、重点领域、重点群体开展监督办案，包括处理大规模个人信息特别是个人敏感信息，容易产生个人信息泄露风险的重点行业；金融、电信、互联网、就业招聘行业中容易产生电信网络诈骗违法犯罪风险的重点领域；容易受到电信网络诈骗违法犯罪侵害的老年人、在校学生、未成年人等重点群体。在严厉打击刑事犯罪的同时，充分发挥公益诉讼检察职能，依法追究违法主体的民事责任，督促行政机关履职尽责，增强惩治预防效能。

《通知》指出，要完善刑事检察、公益诉讼检察协作机制。包括建立线索移送机制、同步介入机制、人员协作机制和会商研判机制等。针对电信网络诈骗违法犯罪和个人信息公益损害呈现跨行政区划的特点，进一步加强大数据赋能，探索通过罪名、领域、行业等关键词自动抓取和智能算法技术，改革案件线索产出的供给侧，打破业务条线之间的数据壁垒。对易发、高发违法犯罪的系统性、普遍性、行业性问题，省级以上检察院可以联合挂牌督办或者部署开展专项整治行动，组建“刑事＋公益诉讼＋技术”检察办案团队，集中办理大案要案。

《通知》要求，要进一步提升调查取证能力水平，增强刑事附带民事公益诉讼质效。加强刑事检察和公益诉讼检察部门在提前介入、引导侦查工作中的协同协作。积极运用认罪认罚从宽、少捕慎诉慎押、涉案企业合规改革等，创新公益损害替代修复方式，督促引导违法主体及时有效履行公益损害赔偿责任。

《通知》强调，要进一步加强网络空间系统治理和溯源治理。结合监督办案加强类案治理的分析研判，注重发现执法司法、行业监管、信息公开、综合治理等工作中的问题和漏洞，精准向有关部门提出促进完善监管的检察建议，探索向有关网络平台提出依法履行社会责任的检察建议。

四、市场监管领域电信网络诈骗治理

中华人民共和国反电信网络诈骗法（节录）

（2022年9月2日　中华人民共和国主席令第119号）

第七条　有关部门、单位在反电信网络诈骗工作中应当密切协作，实现跨行业、跨地域协同配合、快速联动，加强专业队伍建设，有效打击治理电信网络诈骗活动。

第八条　各级人民政府和有关部门应当加强反电信网络诈骗宣传，普及相关法律和知识，提高公众对各类电信网络诈骗方式的防骗意识和识骗能力。

教育行政、市场监管、民政等有关部门和村民委员会、居民委员会，应当结合电信网络诈骗受害群体的分布等特征，加强对老年人、青少年等群体的宣传教育，增强反电信网络诈骗宣传教育的针对性、精准性，开展反电信网络诈骗宣传教育进学校、进企业、进社区、进农村、进家庭等活动。

第十七条　银行业金融机构、非银行支付机构应当建立开立企业账户异常情形的风险防控机制。金融、电信、市场监管、税务等有关部门建立开立企业账户相关信息共享查询系统，提供联网核查服务。

市场主体登记机关应当依法对企业实名登记履行身份信息核验职责；依照规定对登记事项进行监督检查，对可能存在虚假登记、涉诈异常的企业重点监督检查，依法撤销登记的，依照前款的规定及时共享信息；为银行业金融机构、非银行支付机构进行客户尽职调查和依法识别受益所有人提供便利。

第三十九条　电信业务经营者违反本法规定，有下列情形之一的，由有关主管部门责令改正，情节较轻的，给予警告、通报批评，或者处五万元以上五十万元以下罚款；情节严重的，处五十万元以上五百万元以下罚款，并可以由有关主管部门责令暂停相关业务、停业整顿、吊销相关业务许可证或者吊销营业执照，对其直接负责的主管人员和其他直接责任人员，处一万元以上二十万元以下罚款：

（一）未落实国家有关规定确定的反电信网络诈骗内部控制机制的；

（二）未履行电话卡、物联网卡实名制登记职责的；

（三）未履行对电话卡、物联网卡的监测识别、监测预警和相关处置职责的；

（四）未对物联网卡用户进行风险评估，或者未限定物联网卡的开通功能、使用场景和适用设备的；

（五）未采取措施对改号电话、虚假主叫或者具有相应功能的非法设备进行监测处置的。

第四十三条　违反本法第二十五条第二款规定，由有关主管部门责令改正，情节较轻的，给予警告、通报批评，或者处五万元以上五十万元以下罚款；情节严重的，处五十万元以上五百万元以下罚款，并可以由有关主管部门责令暂停相关业务、停业整顿、关闭网站或者应用程序，对其直接负责的主管人员和其他直接责任人员，处一万元以上二十万元以下罚款。

中华人民共和国刑法（节录）

（2020年12月26日修正　中华人民共和国主席令第66号）

第二百二十五条　【非法经营罪】违反国家规定，有下列非法经营行为之一，扰乱市场秩序，情节严重的，处五年以下有期徒刑或者拘役，并处或者单处违法所得一倍以上五倍以下罚金；情节特别严重的，处五年以上有期徒刑，并处违法所得一倍以上五倍以下罚金或者没收财产：

（一）未经许可经营法律、行政法规规定的专营、专卖物品或者其他限制买卖的物品的；

（二）买卖进出口许可证、进出口原产地证明以及其他法律、行政法规规定的经营许可证或者批准文件的；

（三）未经国家有关主管部门批准非法经营证券、期货、保险业务的，或者非法从事资金支付结算业务的；

（四）其他严重扰乱市场秩序的非法经营行为。

第二百八十六条之一　【拒不履行信息网络安全管理义务罪】网络服务提供者不履行法律、行政法规规定的信息网络安全管理义务，经监管部门责令采取改正措施而拒不改正，有下列情形之一的，处三年以下有期徒刑、拘役或者管制，并处或者单处罚金：

（一）致使违法信息大量传播的；

（二）致使用户信息泄露，造成严重后果的；

（三）致使刑事案件证据灭失，情节严重的；

（四）有其他严重情节的。

单位犯前款罪的，对单位判处罚金，并对其直接负责的主管人员和其他直接责任人员，依照前款的规定处罚。

有前两款行为，同时构成其他犯罪的，依照处罚较重的规定定罪处罚。

中华人民共和国电信条例（节录）

（2016年2月6日修订　国务院令第666号）

第七条　国家对电信业务经营按照电信业务分类，实行许可制度。

经营电信业务，必须依照本条例的规定取得国务院信息产业主管部门或者省、自治区、直辖市电信管理机构颁发的电信业务经营许可证。

未取得电信业务经营许可证，任何组织或者个人不得从事电信业务经营活动。

第八条　电信业务分为基础电信业务和增值电信业务。

基础电信业务，是指提供公共网络基础设施、公共数据传送和基本话音通信服务的业务。增值电信业务，是指利用公共网络基础设施提供的电信与信息服务的业务。

电信业务分类的具体划分在本条例所附的《电信业务分类目录》中列出。国务院信息产业主管部门根据实际情况，可以对目录所列电信业务分类项目作局部调整，重新公布。

第九条　经营基础电信业务，须经国务院信息产业主管部门审查批准，取得《基础电信业务经营许可证》。

经营增值电信业务，业务覆盖范围在两个以上省、自治区、直辖市的，须经国务院信息产业主管部门审查批准，取得《跨地区增值电信业务经营许可证》；业务覆盖范围在一个省、自治区、直辖市行政区域内的，须经省、自治区、直辖市电信管理机构审查批准，取得《增值电信业务经营许可证》。

运用新技术试办《电信业务分类目录》未列出的新型电信业务的，应当向省、自治区、直辖市电信管理机构备案。

第十条　经营基础电信业务，应当具备下列条件：

（一）经营者为依法设立的专门从事基础电信业务的公司，且公司中国有股权或者股份不少于51%；

(二)有可行性研究报告和组网技术方案；

(三)有与从事经营活动相适应的资金和专业人员；

(四)有从事经营活动的场地及相应的资源；

(五)有为用户提供长期服务的信誉或者能力；

(六)国家规定的其他条件。

第十一条　申请经营基础电信业务，应当向国务院信息产业主管部门提出申请，并提交本条例第十条规定的相关文件。国务院信息产业主管部门应当自受理申请之日起180日内审查完毕，作出批准或者不予批准的决定。予以批准的，颁发《基础电信业务经营许可证》；不予批准的，应当书面通知申请人并说明理由。

第十二条　国务院信息产业主管部门审查经营基础电信业务的申请时，应当考虑国家安全、电信网络安全、电信资源可持续利用、环境保护和电信市场的竞争状况等因素。

颁发《基础电信业务经营许可证》，应当按照国家有关规定采用招标方式。

第十三条　经营增值电信业务，应当具备下列条件：

(一)经营者为依法设立的公司；

(二)有与开展经营活动相适应的资金和专业人员；

(三)有为用户提供长期服务的信誉或者能力；

(四)国家规定的其他条件。

第十四条　申请经营增值电信业务，应当根据本条例第九条第二款的规定，向国务院信息产业主管部门或者省、自治区、直辖市电信管理机构提出申请，并提交本条例第十三条规定的相关文件。申请经营的增值电信业务，按照国家有关规定须经有关主管部门审批的，还应当提交有关主管部门审核同意的文件。国务院信息产业主管部门或者省、自治区、直辖市电信管理机构应当自收到申请之日起60日内审查完毕，作出批准或者不予批准的决定。予以批准的，颁发《跨地区增值电信业务经营许可证》或者《增值电信业务经营许可证》；不予批准的，应当书面通知申请人并说明理由。

第十五条　电信业务经营者在经营过程中，变更经营主体、业务范围或者停止经营的，应当提前90日向原颁发许可证的机关提出申请，并办理相应手续；停止经营的，还应当按照国家有关规定做好善后工作。

第十六条　专用电信网运营单位在所在地区经营电信业务的，应当依照本条例规定的条件和程序提出申请，经批准，取得电信业务经营许可证。

中华人民共和国无线电管理条例(节录)

(2016年11月11日修订 国务院、中央军事委员会令第672号)

第五十七条 国家无线电监测中心和省、自治区、直辖市无线电监测站作为无线电管理技术机构,分别在国家无线电管理机构和省、自治区、直辖市无线电管理机构领导下,对无线电信号实施监测,查找无线电干扰源和未经许可设置、使用的无线电台(站)。

第五十八条 国务院有关部门的无线电监测站负责对本系统(行业)的无线电信号实施监测。

第六十八条 省、自治区、直辖市无线电管理机构应当加强对生产、销售无线电发射设备的监督检查,依法查处违法行为。县级以上地方人民政府产品质量监督部门、工商行政管理部门应当配合监督检查,并及时向无线电管理机构通报其在产品质量监督、市场监管执法过程中发现的违法生产、销售无线电发射设备的行为。

第六十九条 无线电管理机构和无线电监测中心(站)的工作人员应当对履行职责过程中知悉的通信秘密和无线电信号保密。

第七十二条 违反本条例规定,有下列行为之一的,由无线电管理机构责令改正,没收违法所得,可以并处3万元以下的罚款;造成严重后果的,吊销无线电台执照,并处3万元以上10万元以下的罚款:

(一)不按照无线电台执照规定的许可事项和要求设置、使用无线电台(站);

(二)故意收发无线电台执照许可事项之外的无线电信号,传播、公布或者利用无意接收的信息;

(三)擅自编制、使用无线电台识别码。

中华人民共和国电子商务法(节录)

(2018年8月31日 中华人民共和国主席令第7号)

第二十八条 电子商务平台经营者应当按照规定向市场监督管理部门报送平台内经营者的身份信息,提示未办理市场主体登记的经营者依法办理登记,并配合市场监督管理部门,针对电子商务的特点,为应当办理市场主体登记的经营者办理登记提供便利。

电子商务平台经营者应当依照税收征收管理法律、行政法规的规定，向税务部门报送平台内经营者的身份信息和与纳税有关的信息，并应当提示依照本法第十条规定不需要办理市场主体登记的电子商务经营者依照本法第十一条第二款的规定办理税务登记。

第七十六条　电子商务经营者违反本法规定，有下列行为之一的，由市场监督管理部门责令限期改正，可以处一万元以下的罚款，对其中的电子商务平台经营者，依照本法第八十一条第一款的规定处罚：

（一）未在首页显著位置公示营业执照信息、行政许可信息、属于不需要办理市场主体登记情形等信息，或者上述信息的链接标识的；

（二）未在首页显著位置持续公示终止电子商务的有关信息的；

（三）未明示用户信息查询、更正、删除以及用户注销的方式、程序，或者对用户信息查询、更正、删除以及用户注销设置不合理条件的。

电子商务平台经营者对违反前款规定的平台内经营者未采取必要措施的，由市场监督管理部门责令限期改正，可以处二万元以上十万元以下的罚款。

第七十七条　电子商务经营者违反本法第十八条第一款规定提供搜索结果，或者违反本法第十九条规定搭售商品、服务的，由市场监督管理部门责令限期改正，没收违法所得，可以并处五万元以上二十万元以下的罚款；情节严重的，并处二十万元以上五十万元以下的罚款。

第八十条　电子商务平台经营者有下列行为之一的，由有关主管部门责令限期改正；逾期不改正的，处二万元以上十万元以下的罚款；情节严重的，责令停业整顿，并处十万元以上五十万元以下的罚款：

（一）不履行本法第二十七条规定的核验、登记义务的；

（二）不按照本法第二十八条规定向市场监督管理部门、税务部门报送有关信息的；

（三）不按照本法第二十九条规定对违法情形采取必要的处置措施，或者未向有关主管部门报告的；

（四）不履行本法第三十一条规定的商品和服务信息、交易信息保存义务的。

法律、行政法规对前款规定的违法行为的处罚另有规定的，依照其规定。

第八十一条　电子商务平台经营者违反本法规定，有下列行为之一的，由市场监督管理部门责令限期改正，可以处二万元以上十万元以下的罚款；情节严重的，处十万元以上五十万元以下的罚款：

（一）未在首页显著位置持续公示平台服务协议、交易规则信息或者上述信息的链接标识的；

（二）修改交易规则未在首页显著位置公开征求意见，未按照规定的时间提前公示修改内容，或者阻止平台内经营者退出的；

（三）未以显著方式区分标记自营业务和平台内经营者开展的业务的；

（四）未为消费者提供对平台内销售的商品或者提供的服务进行评价的途径，或者擅自删除消费者的评价的。

电子商务平台经营者违反本法第四十条规定，对竞价排名的商品或者服务未显著标明“广告”的，依照《中华人民共和国广告法》的规定处罚。

第八十二条 电子商务平台经营者违反本法第三十五条规定，对平台内经营者在平台内的交易、交易价格或者与其他经营者的交易等进行不合理限制或者附加不合理条件，或者向平台内经营者收取不合理费用的，由市场监督管理部门责令限期改正，可以处五万元以上五十万元以下的罚款；情节严重的，处五十万元以上二百万元以下的罚款。

第八十三条 电子商务平台经营者违反本法第三十八条规定，对平台内经营者侵害消费者合法权益行为未采取必要措施，或者对平台内经营者未尽到资质资格审核义务，或者对消费者未尽到安全保障义务的，由市场监督管理部门责令限期改正，可以处五万元以上五十万元以下的罚款；情节严重的，责令停业整顿，并处五十万元以上二百万元以下的罚款。

互联网上网服务营业场所管理条例（节录）

（2022 年 3 月 29 日修订　国务院令第 752 号）

第三条 互联网上网服务营业场所经营单位应当遵守有关法律、法规的规定，加强行业自律，自觉接受政府有关部门依法实施的监督管理，为上网消费者提供良好的服务。

互联网上网服务营业场所的上网消费者，应当遵守有关法律、法规的规定，遵守社会公德，开展文明、健康的上网活动。

第四条 县级以上人民政府文化行政部门负责互联网上网服务营业场所经营单位的设立审批，并负责对依法设立的互联网上网服务营业场所经营单位经营活动的监督管理;公安机关负责对互联网上网服务营业场所经营单位的信息网络安全、治安及消防安全的监督管理;工商行政管理部门负责对互联网上网服务营业场所经营单位登记注册和营业执照的管理,并依法查处无照经营活动;电信管理等其他有关部门在各自职责范围内,依照本条例和有关法律、行政法规的规定,对互联网上网服务营业场所经营单位分别实施有关监督管理。

第五条 文化行政部门、公安机关、工商行政管理部门和其他有关部门及其工作人员不得从事或者变相从事互联网上网服务经营活动,也不得参与或者变相参与互联网上网服务营业场所经营单位的经营活动。

第六条 国家鼓励公民、法人和其他组织对互联网上网服务营业场所经营单位的经营活动进行监督,并对有突出贡献的给予奖励。

第二十五条 文化行政部门、公安机关、工商行政管理部门或者其他有关部门及其工作人员,利用职务上的便利收受他人财物或者其他好处,违法批准不符合法定设立条件的互联网上网服务营业场所经营单位,或者不依法履行监督职责,或者发现违法行为不予依法查处,触犯刑律的,对直接负责的主管人员和其他直接责任人员依照刑法关于受贿罪、滥用职权罪、玩忽职守罪或者其他罪的规定,依法追究刑事责任;尚不够刑事处罚的,依法给予降级、撤职或者开除的行政处分。

第二十六条 文化行政部门、公安机关、工商行政管理部门或者其他有关部门的工作人员,从事或者变相从事互联网上网服务经营活动的,参与或者变相参与互联网上网服务营业场所经营单位的经营活动的,依法给予降级、撤职或者开除的行政处分。

文化行政部门、公安机关、工商行政管理部门或者其他有关部门有前款所列行为的,对直接负责的主管人员和其他直接责任人员依照前款规定依法给予行政处分。

无证无照经营查处办法

(2017 年 8 月 6 日 国务院令第 684 号)

第一条 为了维护社会主义市场经济秩序,促进公平竞争,保护经营者和消费者的合法权益,制定本办法。

第二条 任何单位或者个人不得违反法律、法规、国务院决定的规定,从事无证无照经营。

第三条 下列经营活动,不属于无证无照经营:

(一)在县级以上地方人民政府指定的场所和时间,销售农副产品、日常生活用品,或者个人利用自己的技能从事依法无须取得许可的便民劳务活动;

(二)依照法律、行政法规、国务院决定的规定,从事无须取得许可或者办理注册登记的经营活动。

第四条 县级以上地方人民政府负责组织、协调本行政区域的无证无照经营查处工作,建立有关部门分工负责、协调配合的无证无照经营查处工作机制。

第五条 经营者未依法取得许可从事经营活动的,由法律、法规、国务院决定规定的部门予以查处;法律、法规、国务院决定没有规定或者规定不明确的,由省、自治区、直辖市人民政府确定的部门予以查处。

第六条 经营者未依法取得营业执照从事经营活动的,由履行工商行政管理职责的部门(以下称工商行政管理部门)予以查处。

第七条 经营者未依法取得许可且未依法取得营业执照从事经营活动的,依照本办法第五条的规定予以查处。

第八条 工商行政管理部门以及法律、法规、国务院决定规定的部门和省、自治区、直辖市人民政府确定的部门(以下统称查处部门)应当依法履行职责,密切协同配合,利用信息网络平台加强信息共享;发现不属于本部门查处职责的无证无照经营,应当及时通报有关部门。

第九条 任何单位或者个人有权向查处部门举报无证无照经营。

查处部门应当向社会公开受理举报的电话、信箱或者电子邮件地址,并安排人员受理举报,依法予以处理。对实名举报的,查处部门应当告知处理结果,并为举报人保密。

第十条 查处部门依法查处无证无照经营,应当坚持查处与引导相结合、处罚与教育相结合的原则,对具备办理证照的法定条件、经营者有继续经营意愿的,应当督促、引导其依法办理相应证照。

第十一条 县级以上人民政府工商行政管理部门对涉嫌无照经营进行查处,可以行使下列职权:

(一)责令停止相关经营活动;

(二)向与涉嫌无照经营有关的单位和个人调查了解有关情况;

(三)进入涉嫌从事无照经营的场所实施现场检查;

(四)查阅、复制与涉嫌无照经营有关的合同、票据、账簿以及其他有关资料。

对涉嫌从事无照经营的场所,可以予以查封;对涉嫌用于无照经营的工具、设备、原材料、产品(商品)等物品,可以予以查封、扣押。

对涉嫌无证经营进行查处,依照相关法律、法规的规定采取措施。

第十二条 从事无证经营的,由查处部门依照相关法律、法规的规定予以处罚。

第十三条 从事无照经营的,由工商行政管理部门依照相关法律、行政法规的规定予以处罚。法律、行政法规对无照经营的处罚没有明确规定的,由工商行政管理部门责令停止违法行为,没收违法所得,并处1万元以下的罚款。

第十四条 明知属于无照经营而为经营者提供经营场所,或者提供运输、保管、仓储等条件的,由工商行政管理部门责令停止违法行为,没收违法所得,可以处5000元以下的罚款。

第十五条 任何单位或者个人从事无证无照经营的,由查处部门记入信用记录,并依照相关法律、法规的规定予以公示。

第十六条 妨害查处部门查处无证无照经营,构成违反治安管理行为的,由公安机关依照《中华人民共和国治安管理处罚法》的规定予以处罚。

第十七条 查处部门及其工作人员滥用职权、玩忽职守、徇私舞弊的,对负有责任的领导人员和直接责任人员依法给予处分。

第十八条 违反本办法规定,构成犯罪的,依法追究刑事责任。

第十九条 本办法自2017年10月1日起施行。2003年1月6日国务院公布的《无照经营查处取缔办法》同时废止。

快递暂行条例(节录)

(2019年3月2日修订)

第五条 国务院邮政管理部门负责对全国快递业实施监督管理。国务院公安、国家安全、海关、工商行政管理等有关部门在各自职责范围内负责相关的快递监督管理工作。

省、自治区、直辖市邮政管理机构和按照国务院规定设立的省级以下邮政管理机构负责对本辖区的快递业实施监督管理。县级以上地方人民政府有关部门在各自职责范围内负责相关的快递监督管理工作。

行政执法机关移送涉嫌犯罪案件的规定(节录)

(2020 年 8 月 7 日修订)

第一条 为了保证行政执法机关向公安机关及时移送涉嫌犯罪案件,依法惩罚破坏社会主义市场经济秩序罪、妨害社会管理秩序罪以及其他罪,保障社会主义建设事业顺利进行,制定本规定。

第二条 本规定所称行政执法机关,是指依照法律、法规或者规章的规定,对破坏社会主义市场经济秩序、妨害社会管理秩序以及其他违法行为具有行政处罚权的行政机关,以及法律、法规授权的具有管理公共事务职能、在法定授权范围内实施行政处罚的组织。

第三条 行政执法机关在依法查处违法行为过程中,发现违法事实涉及的金额、违法事实的情节、违法事实造成的后果等,根据刑法关于破坏社会主义市场经济秩序罪、妨害社会管理秩序罪等罪的规定和最高人民法院、最高人民检察院关于破坏社会主义市场经济秩序罪、妨害社会管理秩序罪等罪的司法解释以及最高人民检察院、公安部关于经济犯罪案件的追诉标准等规定,涉嫌构成犯罪,依法需要追究刑事责任的,必须依照本规定向公安机关移送。

互联网信息服务算法推荐管理规定(节录)

(2021 年 12 月 31 日)

第三条 国家网信部门负责统筹协调全国算法推荐服务治理和相关监督管理工作。国务院电信、公安、市场监管等有关部门依据各自职责负责算法推荐服务监督管理工作。

地方网信部门负责统筹协调本行政区域内的算法推荐服务治理和相关监督管理工作。地方电信、公安、市场监管等有关部门依据各自职责负责本行政区域内的算法推荐服务监督管理工作。

第四条 提供算法推荐服务,应当遵守法律法规,尊重社会公德和伦理,遵守商业道德和职业道德,遵循公正公平、公开透明、科学合理和诚实信用的原则。

第五条 鼓励相关行业组织加强行业自律,建立健全行业标准、行业准则和自律管理制度,督促指导算法推荐服务提供者制定完善服务规范、依法提供服务并接受社会监督。

第二十三条　网信部门会同电信、公安、市场监管等有关部门建立算法分级分类安全管理制度,根据算法推荐服务的舆论属性或者社会动员能力、内容类别、用户规模、算法推荐技术处理的数据重要程度、对用户行为的干预程度等对算法推荐服务提供者实施分级分类管理。

第二十八条　网信部门会同电信、公安、市场监管等有关部门对算法推荐服务依法开展安全评估和监督检查工作,对发现的问题及时提出整改意见并限期整改。

算法推荐服务提供者应当依法留存网络日志,配合网信部门和电信、公安、市场监管等有关部门开展安全评估和监督检查工作,并提供必要的技术、数据等支持和协助。

第二十九条　参与算法推荐服务安全评估和监督检查的相关机构和人员对在履行职责中知悉的个人隐私、个人信息和商业秘密应当依法予以保密,不得泄露或者非法向他人提供。

第三十一条　算法推荐服务提供者违反本规定第七条、第八条、第九条第一款、第十条、第十四条、第十六条、第十七条、第二十二条、第二十四条、第二十六条规定,法律、行政法规有规定的,依照其规定;法律、行政法规没有规定的,由网信部门和电信、公安、市场监管等有关部门依据职责给予警告、通报批评,责令限期改正;拒不改正或者情节严重的,责令暂停信息更新,并处一万元以上十万元以下罚款。构成违反治安管理行为的,依法给予治安管理处罚;构成犯罪的,依法追究刑事责任。

第三十二条　算法推荐服务提供者违反本规定第六条、第九条第二款、第十一条、第十三条、第十五条、第十八条、第十九条、第二十条、第二十一条、第二十七条、第二十八条第二款规定的,由网信部门和电信、公安、市场监管等有关部门依据职责,按照有关法律、行政法规和部门规章的规定予以处理。

企业名称登记管理规定(节录)

(2020 年 12 月 28 日修订)

第十九条　企业名称转让或者授权他人使用的,相关企业应当依法通过国家企业信用信息公示系统向社会公示。

第二十条　企业登记机关在办理企业登记时,发现企业名称不符合本规定的,不予登记并书面说明理由。

企业登记机关发现已经登记的企业名称不符合本规定的,应当及时纠正。其他单位或者个人认为已经登记的企业名称不符合本规定的,可以请求企业登记机关予以纠正。

第二十四条 申请人登记或者使用企业名称违反本规定的,依照企业登记相关法律、行政法规的规定予以处罚。

企业登记机关对不符合本规定的企业名称予以登记,或者对符合本规定的企业名称不予登记的,对直接负责的主管人员和其他直接责任人员,依法给予行政处分。

网络交易服务规范(节录)

(2009年4月2日)

1 范围

本标准针对电子商务B2B、B2C和C2C模式的特点,规定了各模式中网络交易方、网络交易平台提供商、网络支付平台提供商和网络交易辅助服务提供商的行为服务规范。

本标准适用于中国境内所有的网络交易服务行为。

2 术语和定义

网络交易 network transaction

网络交易,是指发生在企业(或其他组织机构)之间(Business to Business,简称B2B)、企业(或其他组织机构)与消费者之间(Business to Consumer,简称B2C)、消费者之间(Consumer to Consumer,简称C2C)通过网络手段缔结的商品或服务交易。

网络交易服务 network transaction service

网络交易方、网络交易平台提供商、网络支付平台提供商和网络交易辅助服务提供商为缔结和履行网络交易所提供的各种服务。

网络交易方 network transaction party

通过网络进行交易的双方,分为:

(a)卖方:利用网络出售商品或提供服务。

(b)买方:利用网络购买商品或获得服务。

网络交易平台 network transaction platform

为网络交易提供商品或服务交易的系统。

网络交易平台提供商 network transaction platform provider

为网络交易提供交易平台,并进行平台运营和管理的法人或法人委派的行为主体。

网络支付平台 network payment platform

为网络交易提供交易安全支付服务的系统。

网络支付平台提供商 network payment platform provider

为网络交易提供网络安全支付平台,并进行平台运营和管理的法人或法人委派的行为主体。

网络交易辅助服务 network transaction aid service

为网络交易提供其他所需的服务活动,如:交易物的运输或寄递、交易保险、数字证书认证等。

网络交易辅助服务提供商 network transaction aid service provider

为网络交易提供辅助服务的法人或法人委派的行为主体。

3 基本要求

遵守国家法律法规及相关部门规章标准

网络交易方、网络交易平台提供商、网络支付平台提供商和网络交易辅助服务提供商应遵守国家有关法律法规及相关部门的规章标准等。

遵守网络技术规范和安全规范

网络交易以网络技术为基础,网络交易方、网络交易平台提供商、网络支付平台提供商和网络交易辅助服务提供商应遵守相关的网络技术规范和安全规范等。

遵循诚信自律原则

网络交易方、网络交易平台提供商、网络支付平台提供商和网络交易辅助服务提供商应遵循诚信自律的原则。

严格禁止国家法律法规等规定的违法行为

严格禁止通过网络从事法律法规和国家其他有关规定禁止的违法犯罪行为,如赌博、洗钱、传销以及贩卖枪支、毒品、禁药、盗版软件、淫秽商品和服务等。

4 B2B 模式网络交易服务规范

网络交易方

具备合法的主体资格

网络交易方应具备法人或法人委派的行为主体资格,在网络注册和交易的过程中,网络交易方应使用真实身份和真实信息,同时还需在网上提供相应的资质证明以便核准查询,如:营业执照、税务登记证、特殊业务许可证(如涉及特殊业务)以及真实的实体经营地址和联系方式等。

选择安全的支付方式

网络交易方可以根据实际情况选择支付方式,如网上支付、货到付款或款到发货等,提高防风险意识。在进行网上支付时,应注意账户和密码的保密。

交易凭据的保存

网络交易方应妥善保存交易记录文档,包括发货单、汇款单和发票等有法律效力的凭证,保存年限不低于法律法规认可的年限。

在涉及大额或重要交易时,可以生成必要的书面文件或采取其他合理措施记录和保存交易信息。

权益保护

网络交易方的各项合法权利和权益受法律保护,不得以任何手段对其合法的权利和权益进行侵害。

非经交易方同意,网络交易平台提供商、网络支付平台提供商和辅助服务提供商不得向第三方披露、转让或出售交易当事人名单、交易记录等涉及用户隐私或商业秘密的数据,但通过正常途径已经为公众获知的资料或法律法规另有规定的不在此列。

网络交易平台提供商

具备合法的主体资格

网络交易平台提供商应具备法人或法人委派的行为主体资格,在网络交易平台上应提供相应的资质证明以便核准查询,如:营业执照、税务登记证等。

建立完善的规章制度

网络交易平台提供商应提供规范化的网上交易服务,建立健全其规章制度,如交易系统安全制度、用户注册管理制度、保证金管理制度、信息监管和举报制度、交易数据存储和备份制度、交易纠纷处理制度等。

保证交易系统的稳定和安全

网络交易平台提供商应按照国家信息安全登记保护制度的有关规定和要求建设、运行、维护网络交易平台系统,落实网络安全保护技术措施。

网络交易平台提供商应高度重视网络交易平台系统的稳定和安全,采取各种合理有力的措施保证网络交易系统稳定和安全地运行。

用户注册管理

网络交易平台提供商应要求网络交易方进行用户注册，并提供企业（或其他组织机构）真实身份信息。网络交易平台提供商应在可行的范围内采取合理措施对用户注册信息的真实性进行审查和注册资料的备份。如果发现和证实用户使用虚假信息进行注册和交易，网络交易平台提供商有权利和责任及时对该用户进行注销，并保存有关记录。

网络交易平台提供商应定期核验其平台上交易方的经营凭证，网络交易各方应及时在网上提供近期通过主管部门年审的相应经营凭证。

网络交易平台提供商应对用户的注册信息至少保存3年（从最后一次登录算起），同时网络交易平台提供商还应保存和及时更新用户登录日志。对于发布有害或违法信息的用户，网络交易平台提供商有权利对该用户进行及时注销，并保存有关记录。

……

网络交易信息监管

网络交易平台提供商有责任审核和监控交易方发布的商品信息、公开论坛和用户反馈栏中的信息，对有害或违法信息应当立即予以删除，并保存有关记录。

如有第三方主诉网络交易平台中的信息或公开论坛、用户反馈等栏目中的信息侵犯其合法权益，在该诉求方提供其身份证明、事实证明和具体网络链接地址的情况下，网络交易平台提供商应当予以及时删除。

网络交易平台提供商应建立商品或服务违规举报机制，实现交易方等对网络销售假冒伪劣商品或服务进行及时的违规举报，并在严重情况下报告国家有关部门进行处理。

交易数据存储和备份

网络交易平台提供商应及时保存其平台上发生的网络交易的相关信息、记录或资料，包括商品名称、商品介绍、交易数量、交易单价、交易金额、交易时间以及交易方的名称、地址、联系方式等，保存时间自交易完成之日起不得少于3年，涉税资料需根据国家相关部门规定年限保存。

网络交易平台提供商应具备数据存储、数据备份、灾难恢复和相应技术手段，保证上述资料的完整性、准确性、安全性和不可更改性，并在必要权限核查后可检索查用。

……

网络支付平台提供商

具备合法的主体资格

网络支付平台提供商应具备法人或法人委派的行为主体资格，在网络支付平台上应提供相应的主体资质证明以便核准查询，如：营业执照、税务登记证等。

网络支付平台提供商应具备通过银行业金融机构或经国家有关部门批准的非金融企业法人提供电子商务交易支付清算服务的功能，并确保在线支付的安全、有效。

建立完善的规章制度

网络支付平台提供商应提供规范化的网络支付服务，建立健全其规章制度，如支付系统安全制度、用户注册管理制度、账户和资金安全管理制度、信息监管和举报制度、支付数据存储和备份制度等。

保证支付系统的稳定和安全

网络支付平台提供商应按照国家信息安全登记保护制度的有关规定和要求建设、运行、维护网络支付平台系统，落实网络安全保护技术措施。

网络支付平台提供商应高度重视网络支付平台系统的稳定和安全，采取各种合理有力的措施保证网络支付系统稳定和安全地运行。

用户注册管理

网络支付平台提供商应要求网络交易方进行用户注册，并提供企业真实身份信息。网络支付平台提供商应在可行的范围内采取合理措施对用户注册信息的真实性进行审查和注册资料的备份。如果发现和证实用户使用虚假信息进行注册，网络支付平台提供商有权利及时对该用户进行注销，并保存有关记录。

保证账户和资金安全

网络支付平台提供商应根据网络交易的特点，采取合理有力的措施保证用户身份信息、账户以及密码的安全，保证交易资金的安全。

网络支付平台提供商不得以任何方式恶意占压资金、非法套现、挪用或转移资金以及非法融资等。

支付数据存储和备份

网络支付平台提供商应及时保存其平台上发生的网络支付的相关信息、记录或资料，保存时间自支付完成之日起不得少于3年，国家另有规定资料保存年限除外。

网络支付平台提供商应具备数据存储、数据备份、灾难恢复和相应技术手段，保证上述资料的完整性、准确性、安全性和不可更改性，并在必要权限核查后可检索查用。

网络交易辅助服务提供商

具备合法的主体资格

网络交易辅助服务提供商应具备法人或法人委派的行为主体资格，当网络交易辅助服务提供商通过网络提供服务时，则需要在相应网络上提供其主体资质证明以便核准查询，如：营业执照、税务登记证等。

建立完善的规章制度

网络交易辅助服务提供商应提供规范化的交易辅助服务，建立健全其规章制度，如辅助服务管理制度、辅助服务数据存储和备份制度、辅助服务纠纷处理制度等。

保证辅助服务的稳定和安全

网络交易辅助服务提供商应按照交易辅助服务的要求提供稳定和安全的辅助服务，并采取各种合理有力的措施保证辅助服务的稳定和安全。

辅助服务数据存储和备份

网络交易辅助服务提供商应保存与其发生辅助服务的相关信息、记录或资料，保存时间自辅助服务结束之日起不得少于3年，国家另有规定资料保存年限除外。

网络交易辅助服务提供商应保证辅助服务数据的完整性、准确性、安全性和不可更改性，并在必要权限核查后可检索查用。

……

5　B2C模式网络交易服务规范

网络交易方

使用真实身份

网络交易方在网络注册和交易的过程中，应使用真实的企业（或其他组织机构）身份信息或个人身份信息，对于企业（或其他组织机构）交易方，还需在网上提供相应的资质证明以便核准查询，如：营业执照、税务登记证、特殊业务许可证（如涉及特殊业务）以及真实的实体经营地址和联系方式等。

……

选择安全的支付手段

网络交易方可以根据实际情况选择支付方式，如网上支付、货到付款或款到发货等，提高防风险意识。在进行网上支付时，应注意账户和密码的保密。

交易凭据的保存

网络交易方应妥善保存交易记录文档,包括发货单、汇款单和发票等有法律效力的凭证,保存年限不低于法律法规认可的年限。

权益保护

网络交易方的各项合法权利和权益受法律保护,不得以任何手段对其合法的权利和权益进行侵害。

非经交易方同意,网络交易平台提供商、网络支付平台提供商和辅助服务提供商不得向第三方披露、转让或出售交易当事人名单、交易记录等涉及用户隐私或商业秘密的数据,但通过正常途径已经为公众获知的资料或法律法规另有规定的不在此列。

网络交易平台提供商

具备合法的主体资格

网络交易平台提供商应具备法人或法人委派的行为主体资格,在网络交易平台上应提供相应的资质证明以便核准查询,如:营业执照、税务登记证等。

建立完善的规章制度

网络交易平台提供商应提供规范化的网上交易服务,建立健全其规章制度,如交易系统安全制度、用户注册管理制度、保证金管理制度、信息监管和举报制度、交易数据存储和备份制度、交易纠纷处理制度等。

保证交易系统的稳定和安全

网络交易平台提供商应按照国家信息安全登记保护制度的有关规定和要求建设、运行、维护网络交易平台系统,落实网络安全保护技术措施。

网络交易平台提供商应高度重视网络交易平台系统的稳定和安全,采取各种合理有力的措施保证网络交易系统稳定和安全地运行。

用户注册管理

网络交易平台提供商应要求网络交易方进行用户注册,并提供企业(或其他组织机构)真实身份信息或个人真实身份信息。网络交易平台提供商应在可行的范围内采取合理措施对用户注册信息的真实性进行审查和注册资料的备份。如果发现和证实用户使用虚假信息进行注册和交易,网络交易平台提供商有权利和责任及时对该用户进行注销,并保存有关记录。

网络交易平台提供商应定期核验其平台上交易方的经营凭证,网络交易各方应及时在网上提供近期通过主管部门年审的相应经营凭证。

网络交易平台提供商应对用户的注册信息至少保存2年(从最后一次登录算起),同时网络交易平台提供商还应保存和及时更新用户登录日志。对于发布有害或违法信息的用户,网络交易平台提供商有权利对该用户进行及时注销,并保存有关记录。

……

网络交易信息监管

网络交易平台提供商有责任审核和监控交易方发布的商品信息、公开论坛和用户反馈栏中的信息,对有害或违法信息应当立即予以删除,并保存有关记录。

如有第三方主诉网络交易平台中的信息或公开论坛、用户反馈等栏目中的信息侵犯其合法权益,在该诉求方提供其身份证明、事实证明和具体网络链接地址的情况下,网络交易平台提供商应当予以及时删除。

网络交易平台提供商应建立商品或服务违规举报机制,实现交易方等对网络销售假冒伪劣商品或服务进行及时的违规举报,并在严重情况下报告国家有关部门进行处理。

交易数据存储和备份

网络交易平台提供商应及时保存其平台上发生的网络交易的相关信息、记录或资料,包括商品名称、商品介绍、交易数量、交易单价、交易金额、交易时间以及交易方的名称、地址、联系方式等,保存时间自交易完成之日起不得少于2年,涉税资料需根据国家相关部门规定年限保存。

网络交易平台提供商应具备数据存储、数据备份、灾难恢复和相应技术手段,保证上述资料的完整性、准确性、安全性和不可更改性,并在必要权限核查后可检索查用。

对于网络游戏或网络社区里的虚拟交易物如虚拟货币、虚拟道具等,其生产和交易平台提供商不仅要记录虚拟交易物的原始生产数据(网络虚拟交易物应具有唯一编码),还要记录虚拟交易物在交易过程中产生的相关交易数据,并不得更改。

……

网络支付平台提供商

具备合法的主体资格

网络支付平台提供商应具备法人或法人委派的行为主体资格,在网络支付平台上应提供相应的主体资质证明以便核准查询,如:营业执照、税务登记证等。

网络支付平台提供商应具备通过银行业金融机构或经国家有关部门批准的非

金融企业法人提供电子商务交易支付清算服务的功能，并确保在线支付的安全、有效。

建立完善的规章制度

网络支付平台提供商应提供规范化的网络支付服务，建立健全其规章制度，如支付系统安全制度、用户注册管理制度、账户和资金安全管理制度、信息监管和举报制度、支付数据存储和备份制度等。

保证支付系统的稳定和安全

网络支付平台提供商应按照国家信息安全登记保护制度的有关规定和要求建设、运行、维护网络支付平台系统，落实网络安全保护技术措施。

网络支付平台提供商应高度重视网络支付平台系统的稳定和安全，采取各种合理有力的措施保证网络支付系统稳定和安全地运行。

用户注册管理

网络支付平台提供商应要求网络交易方进行用户注册，并提供企业真实身份信息或个人真实身份信息。网络支付平台提供商应在可行的范围内采取合理措施对用户注册信息的真实性进行审查和注册资料的备份。如果发现和证实用户使用虚假信息进行注册，网络支付平台提供商有权利及时对该用户进行注销，并保存有关记录。

网络支付平台提供商应对用户的注册信息至少保存 2 年（从最后一次登录算起），同时网络支付平台提供商还应保存和及时更新用户登录日志。

保证账户和资金安全

网络支付平台提供商应根据网络交易的特点，采取合理有力的措施保证用户身份信息、账户以及密码的安全，保证交易资金的安全。

网络支付平台提供商不得以任何方式恶意占压资金、非法套现、挪用或转移资金以及非法融资等。

支付数据存储和备份

网络支付平台提供商应及时保存其平台上发生的网络支付的相关信息、记录或资料，保存时间自支付完成之日起不得少于 2 年，国家另有规定资料保存年限除外。

网络支付平台提供商应具备数据存储、数据备份、灾难恢复和相应技术手段，保证上述资料的完整性、准确性、安全性和不可更改性，并在必要权限核查后可检索查用。

网络交易辅助服务提供商

具备合法的主体资格

网络交易辅助服务提供商应具备法人或法人委派的行为主体资格，当网络交易辅助服务提供商通过网络提供服务时，则需要在相应网络上提供其主体资质证明以便核准查询，如：营业执照、税务登记证等。

建立完善的规章制度

网络交易辅助服务提供商应提供规范化的交易辅助服务，建立健全其规章制度，如辅助服务管理制度、辅助服务数据存储和备份制度、辅助服务纠纷处理制度等。

保证辅助服务的稳定和安全

网络交易辅助服务提供商应按照交易辅助服务的要求提供稳定和安全的辅助服务，并采取各种合理有力的措施保证辅助服务的稳定和安全。

辅助服务数据存储和备份

网络交易辅助服务提供商应保存与其发生辅助服务的相关信息、记录或资料，保存时间自辅助服务结束之日起不得少于 2 年，国家另有规定资料保存年限除外。

网络交易辅助服务提供商应保证辅助服务数据的完整性、准确性、安全性和不可更改性，并在必要权限核查后可检索查用。

……

6　C2C 模式网络交易服务规范

网络交易方

使用真实身份

网络交易方在网络注册和交易的过程中，应使用真实的个人身份信息，如真实姓名、住址、联系方式等。

保证商品或服务信息发布准确

卖方应在网络交易平台上如实发布商品或服务信息，并对商品或服务的内容进行必要和明确的说明。

保证商品或服务的质量

卖方应保证其销售商品或服务的质量，不得提供假冒伪劣的商品或服务。

选择安全的支付手段

网络交易方可以根据实际情况选择支付方式，如网上支付、货到付款或款到发货等，提高防风险意识。在进行网上支付时，应注意账户和密码的保密。

交易凭据的保存

网络交易方应妥善保存交易记录文档,包括发货单、汇款单和发票等有法律效力的凭证,保存年限不低于法律法规认可的年限。

权益保护

网络交易方的各项合法权利和权益受法律保护,不得以任何手段对其合法的权利和权益进行侵害。

非经交易方同意,网络交易平台提供商、网络支付平台提供商和辅助服务提供商不得向第三方披露、转让或出售交易当事人名单、交易记录等涉及用户隐私或商业秘密的数据,但通过正常途径已经为公众获知的资料或法律法规另有规定的不在此列。

……

网络交易平台提供商

具备合法的主体资格

网络交易平台提供商应具备法人或法人委派的行为主体资格,在网络交易平台上应提供相应的资质证明以便核准查询,如:营业执照、税务登记证等。

建立完善的规章制度

网络交易平台提供商应提供规范化的网上交易服务,建立健全其规章制度,如交易系统安全制度、用户注册管理制度、信息监管和举报制度、交易数据存储和备份制度、交易纠纷处理制度等。

保证交易系统的稳定和安全

网络交易平台提供商应按照国家信息安全登记保护制度的有关规定和要求建设、运行、维护网络交易平台系统,落实网络安全保护技术措施。

网络交易平台提供商应高度重视网络交易平台系统的稳定和安全,采取各种合理有力的措施保证网络交易系统稳定和安全地运行。

用户注册管理

网络交易平台提供商应要求网络交易方进行用户注册,并提供个人真实身份信息。网络交易平台提供商应在可行的范围内采取合理措施对用户注册信息的真实性进行审查和注册资料的备份。如果发现和证实用户使用虚假信息进行注册和交易,网络交易平台提供商有权利和责任及时对该用户进行注销,并保存有关记录。

网络交易平台提供商应对用户的注册信息至少保存1年(从最后一次登录算

起)，同时网络交易平台提供商还应保存和及时更新用户登录日志。对于发布有害或违法信息的用户，网络交易平台提供商有权利对该用户进行及时注销，并保存有关记录。

网络交易信息监管

网络交易平台提供商有责任审核和监控交易方发布的商品或服务信息、公开论坛和用户反馈栏中的信息，对有害或违法信息应当立即予以删除，并保存有关记录。

如有第三方主诉网络交易平台中的信息或公开论坛、用户反馈等栏目中的信息侵犯其合法权益，在该诉求方提供其身份证明、事实证明和具体网络链接地址的情况下，网络交易平台提供商应当予以及时删除。

网络交易平台提供商应建立商品或服务违规举报机制，实现交易方等对网络销售假冒伪劣商品或服务进行及时的违规举报，并在严重情况下报告国家有关部门进行处理。

交易数据存储和备份

网络交易平台提供商应及时保存其平台上发生的网络交易的相关信息、记录或资料，包括商品名称、商品介绍、交易数量、交易单价、交易金额、交易时间以及交易方的名称、地址、联系方式等，保存时间自交易完成之日起不得少于 1 年，涉税资料需根据国家相关部门规定年限保存。

网络交易平台提供商应具备数据存储、数据备份、灾难恢复和相应技术手段，保证上述资料的完整性、准确性、安全性和不可更改性，并在必要权限核查后可检索查用。

网络支付平台提供商

具备合法的主体资格

网络支付平台提供商应具备法人或法人委派的行为主体资格，在网络支付平台上应提供相应的主体资质证明以便核准查询，如：营业执照、税务登记证等。

网络支付平台提供商应具备通过银行业金融机构或经国家有关部门批准的非金融企业法人提供电子商务交易支付清算服务的功能，并确保在线支付的安全、有效。

建立完善的规章制度

网络支付平台提供商应提供规范化的网络支付服务，建立健全其规章制度，如支付系统安全制度、用户注册管理制度、账户和资金安全管理制度、信息监管和举报制度、支付数据存储和备份制度等。

保证支付系统的稳定和安全

网络支付平台提供商应按照国家信息安全登记保护制度的有关规定和要求建设、运行、维护网络支付平台系统,落实网络安全保护技术措施。

网络支付平台提供商应高度重视网络支付平台系统的稳定和安全,采取各种合理有力的措施保证网络支付系统稳定和安全地运行。

用户注册管理

网络支付平台提供商应要求网络交易方进行用户注册,并提供个人真实身份信息。网络支付平台提供商应在可行的范围内采取合理措施对用户注册信息的真实性进行审查和注册资料的备份。如果发现和证实用户使用虚假信息进行注册,网络支付平台提供商有权利及时对该用户进行注销,并保存有关记录。

保证账户和资金安全

网络支付平台提供商应根据网络交易的特点,采取合理有力的措施保证用户身份信息、账户以及密码的安全,保证交易资金的安全。

网络支付平台提供商不得以任何方式恶意占压资金、非法套现、挪用或转移资金以及非法融资等。

支付数据存储和备份

网络支付平台提供商应及时保存其平台上发生的网络支付的相关信息、记录或资料,保存时间自支付完成之日起不得少于2年,国家另有规定资料保存年限除外。

网络支付平台提供商应具备数据存储、数据备份、灾难恢复和相应技术手段,保证上述资料的完整性、准确性、安全性和不可更改性,并在必要权限核查后可检索查用。

网络交易辅助服务提供商

具备合法的主体资格

网络交易辅助服务提供商应具备法人或法人委派的行为主体资格,当网络交易辅助服务提供商通过网络提供服务时,则需要在相应网络上提供其主体资质证明以便核准查询,如:营业执照、税务登记证等。

建立完善的规章制度

网络交易辅助服务提供商应提供规范化的交易辅助服务,建立健全其规章制度,如辅助服务管理制度、辅助服务数据存储和备份制度、辅助服务纠纷处理制度等。

保证辅助服务的稳定和安全

网络交易辅助服务提供商应按照交易辅助服务的要求提供稳定和安全的辅助服务，并采取各种合理有力的措施保证辅助服务的稳定和安全。

辅助服务数据存储和备份

网络交易辅助服务提供商应保存与其发生辅助服务的相关信息、记录或资料，保存时间自辅助服务结束之日起不得少于1年，国家另有规定资料保存年限除外。

网络交易辅助服务提供商应保证辅助服务数据的完整性、准确性、安全性和不可更改性，并在必要权限核查后可检索查用。

网络交易监督管理办法（节录）

（2021年3月15日　国家市场监督管理总局令第37号）

第一章　总　　则

第一条　为了规范网络交易活动，维护网络交易秩序，保障网络交易各方主体合法权益，促进数字经济持续健康发展，根据有关法律、行政法规，制定本办法。

第二条　在中华人民共和国境内，通过互联网等信息网络（以下简称通过网络）销售商品或者提供服务的经营活动以及市场监督管理部门对其进行监督管理，适用本办法。

在网络社交、网络直播等信息网络活动中销售商品或者提供服务的经营活动，适用本办法。

第三条　网络交易经营者从事经营活动，应当遵循自愿、平等、公平、诚信原则，遵守法律、法规、规章和商业道德、公序良俗，公平参与市场竞争，认真履行法定义务，积极承担主体责任，接受社会各界监督。

第二章　网络交易经营者

第一节　一般规定

第十一条　网络交易经营者销售的商品或者提供的服务应当符合保障人身、财产安全的要求和环境保护要求，不得销售或者提供法律、行政法规禁止交易，损害国家利益和社会公共利益，违背公序良俗的商品或者服务。

第十三条 网络交易经营者收集、使用消费者个人信息，应当遵循合法、正当、必要的原则，明示收集、使用信息的目的、方式和范围，并经消费者同意。网络交易经营者收集、使用消费者个人信息，应当公开其收集、使用规则，不得违反法律、法规的规定和双方的约定收集、使用信息。

网络交易经营者不得采用一次概括授权、默认授权、与其他授权捆绑、停止安装使用等方式，强迫或者变相强迫消费者同意收集、使用与经营活动无直接关系的信息。收集、使用个人生物特征、医疗健康、金融账户、个人行踪等敏感信息的，应当逐项取得消费者同意。

网络交易经营者及其工作人员应当对收集的个人信息严格保密，除依法配合监管执法活动外，未经被收集者授权同意，不得向包括关联方在内的任何第三方提供。

第十四条 网络交易经营者不得违反《中华人民共和国反不正当竞争法》等规定，实施扰乱市场竞争秩序，损害其他经营者或者消费者合法权益的不正当竞争行为。

网络交易经营者不得以下列方式，作虚假或者引人误解的商业宣传，欺骗、误导消费者：

（一）虚构交易、编造用户评价；

（二）采用误导性展示等方式，将好评前置、差评后置，或者不显著区分不同商品或者服务的评价等；

（三）采用谎称现货、虚构预订、虚假抢购等方式进行虚假营销；

（四）虚构点击量、关注度等流量数据，以及虚构点赞、打赏等交易互动数据。

网络交易经营者不得实施混淆行为，引人误认为是他人商品、服务或者与他人存在特定联系。

网络交易经营者不得编造、传播虚假信息或者误导性信息，损害竞争对手的商业信誉、商品声誉。

第十五条 消费者评价中包含法律、行政法规、规章禁止发布或者传输的信息的，网络交易经营者可以依法予以技术处理。

第二节 网络交易平台经营者

第二十四条 网络交易平台经营者应当要求申请进入平台销售商品或者提供

服务的经营者提交其身份、地址、联系方式、行政许可等真实信息，进行核验、登记，建立登记档案，并至少每六个月核验更新一次。

网络交易平台经营者应当对未办理市场主体登记的平台内经营者进行动态监测，对超过本办法第八条第三款规定额度的，及时提醒其依法办理市场主体登记。

第二十五条　网络交易平台经营者应当依照法律、行政法规的规定，向市场监督管理部门报送有关信息。

网络交易平台经营者应当分别于每年1月和7月向住所地省级市场监督管理部门报送平台内经营者的下列身份信息：

（一）已办理市场主体登记的平台内经营者的名称（姓名）、统一社会信用代码、实际经营地址、联系方式、网店名称以及网址链接等信息；

（二）未办理市场主体登记的平台内经营者的姓名、身份证件号码、实际经营地址、联系方式、网店名称以及网址链接、属于依法不需要办理市场主体登记的具体情形的自我声明等信息；其中，对超过本办法第八条第三款规定额度的平台内经营者进行特别标示。

鼓励网络交易平台经营者与市场监督管理部门建立开放数据接口等形式的自动化信息报送机制。

第二十九条　网络交易平台经营者应当对平台内经营者及其发布的商品或者服务信息建立检查监控制度。网络交易平台经营者发现平台内的商品或者服务信息有违反市场监督管理法律、法规、规章，损害国家利益和社会公共利益，违背公序良俗的，应当依法采取必要的处置措施，保存有关记录，并向平台住所地县级以上市场监督管理部门报告。

第四章　法律责任

第五十二条　网络交易平台经营者知道或者应当知道平台内经营者销售的商品或者提供的服务不符合保障人身、财产安全的要求，或者有其他侵害消费者合法权益行为，未采取必要措施的，依法与该平台内经营者承担连带责任。

对关系消费者生命健康的商品或者服务，网络交易平台经营者对平台内经营者的资质资格未尽到审核义务，或者对消费者未尽到安全保障义务，造成消费者损害的，依法承担相应的责任。

开展互联网金融广告及以投资理财名义从事金融活动风险专项整治工作实施方案(节录)

(2016年4月13日　工商办字〔2016〕61号)

一、工作目标和原则

(一)工作目标。

认真落实“谁审批、谁监管,谁主管、谁监管”的要求,规范互联网金融广告及以投资理财名义从事金融活动的行为,防范化解潜在风险隐患。以专项整治为契机,推动长效机制建设,努力实现规范与发展并重、创新和风险防范并举,为互联网金融健康发展创造良好的市场环境。

二、清理整治互联网金融广告

(二)金融管理部门会同有关部门抓紧制定金融广告发布的市场准入清单,明确发布广告的金融及类金融机构是否具有合法合规的金融业务资格、可以从事何种具体金融业务等。研究制定禁止发布的负面清单和依法设立金融广告发布事前审查制度。对利用传统媒介和形式设计、制作发布虚假违法金融广告或类金融广告的,各有关部门依法严厉查处。

三、排查整治以投资理财名义从事金融活动行为

(一)依托全国企业信用信息公示系统,加强工商登记注册信息互联互通和部门监管互动。在部委层面,实现工商总局与有关金融管理部门、公安部门全国企业登记注册信息的互联互通;在省级层面,实现全省工商登记信息与当地金融管理部门、公安部门互联互通。

(二)金融管理部门与工商部门结合登记信息和有关方面信息进行综合研判,在此基础上提出分类处置方案。

(三)对经金融管理部门认定为未经许可从事金融活动并且情节严重的企业,工商部门根据金融管理部门的认定意见,依法吊销营业执照。

(四)工商部门在企业信用信息公示系统中公示无证支付机构情况,将失联企业列入经营异常名录;会同人民银行对与无证机构开展支付业务的商户进行公示。

(五)工商部门对于被吊销营业执照企业的法定代表人依法予以三年任职资格限制,不得担任其他企业的法定代表人、董事、监事、高级管理人员。

(六)对于被认定为未经许可从事金融活动的企业法定代表人和股东,工商部门要进一步汇集其在其他企业任职和投资的信息并实施延伸监管,及时发现控制风险。对于在多个从事非法集资活动企业有投资的股东,工商部门要汇集有关信息,并将其未来投资的企业作为重点抽查对象。充分发挥组织协调作用,最大程度汇集各方面信息,充分运用大数据手段提高研判效率,并及时协调案件认定和查处过程中出现的问题,提高部门协同水平。

(七)非金融机构以及不从事金融活动的企业,在注册名称和经营范围中,原则上不使用"交易所"、"交易中心"、"金融"、"资产管理"、"理财"、"基金"、"基金管理"、"投资管理"、"财富管理"、"股权投资基金"、"网贷"、"网络借贷"、"P2P"、"股权众筹"、"互联网保险"、"支付"等字样。凡在名称和经营范围中选择使用上述字样的企业,工商部门将相关企业注册信息(包括存量企业信息)及时告知金融管理部门,金融管理部门、工商部门对相关企业予以持续关注,并将相关企业列入重点监管对象,加强协调沟通,及时发现识别企业擅自从事金融活动的风险,视情采取整治措施。

中央网信办、工业和信息化部、公安部、市场监管总局关于开展App违法违规收集使用个人信息专项治理的公告(节录)

(2019年1月23日)

三、有关主管部门加强对违法违规收集使用个人信息行为的监管和处罚,对强制、过度收集个人信息,未经消费者同意、违反法律法规规定和双方约定收集、使用个人信息,发生或可能发生信息泄露、丢失而未采取补救措施,非法出售、非法向他人提供个人信息等行为,按照《网络安全法》《消费者权益保护法》等依法予以处罚,包括责令App运营者限期整改;逾期不改的,公开曝光;情节严重的,依法暂停相关业务、停业整顿、吊销相关业务许可证或者吊销营业执照。

常见类型移动互联网应用程序必要个人信息范围规定

(2021年3月12日 国信办秘字〔2021〕14号)

第一条 为了规范移动互联网应用程序(App)收集个人信息行为,保障公民个人信息安全,根据《中华人民共和国网络安全法》,制定本规定。

第二条 移动智能终端上运行的App存在收集用户个人信息行为的,应当遵守本规定。法律、行政法规、部门规章和规范性文件另有规定的,依照其规定。

App包括移动智能终端预置、下载安装的应用软件,基于应用软件开放平台接口开发的、用户无需安装即可使用的小程序。

第三条 本规定所称必要个人信息,是指保障App基本功能服务正常运行所必需的个人信息,缺少该信息App即无法实现基本功能服务。具体是指消费侧用户个人信息,不包括服务供给侧用户个人信息。

第四条 App不得因为用户不同意提供非必要个人信息,而拒绝用户使用其基本功能服务。

第五条 常见类型App的必要个人信息范围:

(一)地图导航类,基本功能服务为"定位和导航",必要个人信息为:位置信息、出发地、到达地。

(二)网络约车类,基本功能服务为"网络预约出租汽车服务、巡游出租汽车电召服务",必要个人信息包括:

1. 注册用户移动电话号码;

2. 乘车人出发地、到达地、位置信息、行踪轨迹;

3. 支付时间、支付金额、支付渠道等支付信息(网络预约出租汽车服务)。

(三)即时通信类,基本功能服务为"提供文字、图片、语音、视频等网络即时通信服务",必要个人信息包括:

1. 注册用户移动电话号码;

2. 账号信息:账号、即时通信联系人账号列表。

(四)网络社区类,基本功能服务为"博客、论坛、社区等话题讨论、信息分享和关注互动",必要个人信息为:注册用户移动电话号码。

(五)网络支付类,基本功能服务为"网络支付、提现、转账等功能",必要个人信息包括:

1. 注册用户移动电话号码;

2. 注册用户姓名、证件类型和号码、证件有效期限、银行卡号码。

(六)网上购物类,基本功能服务为"购买商品",必要个人信息包括:

1. 注册用户移动电话号码;

2. 收货人姓名(名称)、地址、联系电话;

3. 支付时间、支付金额、支付渠道等支付信息。

（七）餐饮外卖类，基本功能服务为“餐饮购买及外送”，必要个人信息包括：

1. 注册用户移动电话号码；

2. 收货人姓名（名称）、地址、联系电话；

3. 支付时间、支付金额、支付渠道等支付信息。

（八）邮件快件寄递类，基本功能服务为“信件、包裹、印刷品等物品寄递服务”，必要个人信息包括：

1. 寄件人姓名、证件类型和号码等身份信息；

2. 寄件人地址、联系电话；

3. 收件人姓名（名称）、地址、联系电话；

4. 寄递物品的名称、性质、数量。

（九）交通票务类，基本功能服务为“交通相关的票务服务及行程管理（如票务购买、改签、退票、行程管理等）”，必要个人信息包括：

1. 注册用户移动电话号码；

2. 旅客姓名、证件类型和号码、旅客类型。旅客类型通常包括儿童、成人、学生等；

3. 旅客出发地、目的地、出发时间、车次/船次/航班号、席别/舱位等级、座位号（如有）、车牌号及车牌颜色（ETC 服务）；

4. 支付时间、支付金额、支付渠道等支付信息。

（十）婚恋相亲类，基本功能服务为“婚恋相亲”，必要个人信息包括：

1. 注册用户移动电话号码；

2. 婚恋相亲人的性别、年龄、婚姻状况。

（十一）求职招聘类，基本功能服务为“求职招聘信息交换”，必要个人信息包括：

1. 注册用户移动电话号码；

2. 求职者提供的简历。

（十二）网络借贷类，基本功能服务为“通过互联网平台实现的用于消费、日常生产经营周转等的个人申贷服务”，必要个人信息包括：

1. 注册用户移动电话号码；

2. 借款人姓名、证件类型和号码、证件有效期限、银行卡号码。

（十三）房屋租售类，基本功能服务为“个人房源信息发布、房屋出租或买卖”，必要个人信息包括：

1. 注册用户移动电话号码；

2. 房源基本信息：房屋地址、面积/户型、期望售价或租金。

（十四）二手车交易类，基本功能服务为“二手车买卖信息交换”，必要个人信息包括：

1. 注册用户移动电话号码；

2. 购买方姓名、证件类型和号码；

3. 出售方姓名、证件类型和号码、车辆行驶证号、车辆识别号码。

（十五）问诊挂号类，基本功能服务为“在线咨询问诊、预约挂号”，必要个人信息包括：

1. 注册用户移动电话号码；

2. 挂号时需提供患者姓名、证件类型和号码、预约挂号的医院和科室；

3. 问诊时需提供病情描述。

（十六）旅游服务类，基本功能服务为“旅游服务产品信息的发布与订购”，必要个人信息包括：

1. 注册用户移动电话号码；

2. 出行人旅游目的地、旅游时间；

3. 出行人姓名、证件类型和号码、联系方式。

（十七）酒店服务类，基本功能服务为“酒店预订”，必要个人信息包括：

1. 注册用户移动电话号码；

2. 住宿人姓名和联系方式、入住和退房时间、入住酒店名称。

（十八）网络游戏类，基本功能服务为“提供网络游戏产品和服务”，必要个人信息为：注册用户移动电话号码。

（十九）学习教育类，基本功能服务为“在线辅导、网络课堂等”，必要个人信息为：注册用户移动电话号码。

（二十）本地生活类，基本功能服务为“家政维修、家居装修、二手闲置物品交易等日常生活服务”，必要个人信息为：注册用户移动电话号码。

（二十一）女性健康类，基本功能服务为“女性经期管理、备孕育儿、美容美体等健康管理服务”，无须个人信息，即可使用基本功能服务。

（二十二）用车服务类，基本功能服务为“共享单车、共享汽车、租赁汽车等服务”，必要个人信息包括：

1. 注册用户移动电话号码；

2. 使用共享汽车、租赁汽车服务用户的证件类型和号码，驾驶证件信息；

3. 支付时间、支付金额、支付渠道等支付信息；

4. 使用共享单车、分时租赁汽车服务用户的位置信息。

（二十三）投资理财类，基本功能服务为“股票、期货、基金、债券等相关投资理财服务”，必要个人信息包括：

1. 注册用户移动电话号码；

2. 投资理财用户姓名、证件类型和号码、证件有效期限、证件影印件；

3. 投资理财用户资金账户、银行卡号码或支付账号。

（二十四）手机银行类，基本功能服务为“通过手机等移动智能终端设备进行银行账户管理、信息查询、转账汇款等服务”，必要个人信息包括：

1. 注册用户移动电话号码；

2. 用户姓名、证件类型和号码、证件有效期限、证件影印件、银行卡号码、银行预留移动电话号码；

3. 转账时需提供收款人姓名、银行卡号码、开户银行信息。

（二十五）邮箱云盘类，基本功能服务为“邮箱、云盘等”，必要个人信息为：注册用户移动电话号码。

（二十六）远程会议类，基本功能服务为“通过网络提供音频或视频会议”，必要个人信息为：注册用户移动电话号码。

（二十七）网络直播类，基本功能服务为“向公众持续提供实时视频、音频、图文等形式信息浏览服务”，无须个人信息，即可使用基本功能服务。

（二十八）在线影音类，基本功能服务为“影视、音乐搜索和播放”，无须个人信息，即可使用基本功能服务。

（二十九）短视频类，基本功能服务为“不超过一定时长的视频搜索、播放”，无须个人信息，即可使用基本功能服务。

（三十）新闻资讯类，基本功能服务为“新闻资讯的浏览、搜索”，无须个人信息，即可使用基本功能服务。

（三十一）运动健身类，基本功能服务为“运动健身训练”，无须个人信息，即可使用基本功能服务。

（三十二）浏览器类，基本功能服务为“浏览互联网信息资源”，无须个人信息，即可使用基本功能服务。

（三十三）输入法类，基本功能服务为“文字、符号等输入”，无须个人信息，即可使用基本功能服务。

(三十四)安全管理类,基本功能服务为"查杀病毒、清理恶意插件、修复漏洞等",无须个人信息,即可使用基本功能服务。

(三十五)电子图书类,基本功能服务为"电子图书搜索、阅读",无须个人信息,即可使用基本功能服务。

(三十六)拍摄美化类,基本功能服务为"拍摄、美颜、滤镜等",无须个人信息,即可使用基本功能服务。

(三十七)应用商店类,基本功能服务为"App 搜索、下载",无须个人信息,即可使用基本功能服务。

(三十八)实用工具类,基本功能服务为"日历、天气、词典翻译、计算器、遥控器、手电筒、指南针、时钟闹钟、文件传输、文件管理、壁纸铃声、截图录屏、录音、文档处理、智能家居助手、星座性格测试等",无须个人信息,即可使用基本功能服务。

(三十九)演出票务类,基本功能服务为"演出购票",必要个人信息包括:

1. 注册用户移动电话号码;

2. 观演场次、座位号(如有);

3. 支付时间、支付金额、支付渠道等支付信息。

第六条 任何组织和个人发现违反本规定行为的,可以向相关部门举报。

相关部门收到举报后,应当依法予以处理。

第七条 本规定自 2021 年 5 月 1 日起施行。

市场监管总局关于推进企业信用风险分类管理进一步提升监管效能的意见

(2022 年 1 月 13 日 国市监信发〔2022〕6 号)

各省、自治区、直辖市人民政府,国务院各部委、各直属机构:

推进企业信用风险分类管理,是贯彻落实党中央、国务院关于深化"放管服"改革优化营商环境决策部署的重要举措,是构建以信用为基础的新型监管机制的重要内容,是提升"双随机、一公开"等监管工作效能的迫切需要,对于优化监管资源配置,营造诚实守信、公平竞争的市场环境具有重要作用。近年来,"放管服"改革有效激发了市场活力和社会创造力,市场主体数量迅速增长,新产业新业态新模式蓬勃发展,对市场监管部门监管资源、监管能力、监管智慧化水平提出了更高要求。

为有效破解监管任务重与监管力量不足的矛盾，进一步提升监管效能，经国务院同意，现就市场监管系统全面推进企业信用风险分类管理提出以下意见。

一、总体要求

（一）指导思想。

以习近平新时代中国特色社会主义思想为指导，深入贯彻党的十九大和十九届历次全会精神，全面落实党中央、国务院关于深化“放管服”改革优化营商环境决策部署，坚持问题导向，加快转变政府职能，围绕推进国家治理体系和治理能力现代化，建设高标准市场体系，创新和加强事前事中事后全链条全领域监管，依法依规推进企业信用风险分类管理工作，科学研判企业违法失信的风险高低，根据监管对象信用风险等级和行业特点，实施分级分类监管，针对突出问题和风险隐患加强抽查检查，实现监管资源合理配置和高效利用，推进精准监管、有效监管、智慧监管、公正监管，提升监管综合效能，更好服务经济社会高质量发展。

（二）基本原则。

准确定位，服务监管。企业信用风险分类管理主要服务于“双随机、一公开”等监管工作，为监管数字赋能、信用赋能。分类结果作为配置监管资源的内部参考依据，不作为对企业的信用评价。

明确标准，科学分类。科学建立企业信用风险分类指标体系，动态管理指标和权重，综合运用各类涉企信息，依靠信息化手段实施及时、自动分类，客观反映企业信用风险状况。

强化应用，分类施策。根据企业信用风险状况和监测预警结果，合理确定监管重点、监管措施、抽查比例和频次等，推动从无差别、粗放式监管向差异化、精准化监管转变。

协同高效，共享共用。加强顶层设计，依法依规协同推进企业信用风险分类管理工作，充分归集企业信用风险信息，推动企业信用风险分类结果共享共用，实现监管效能普遍提升。

（三）工作目标。

将企业信用风险分类管理理念和方式拓展到市场监管各业务领域，运用企业信用风险分类结果科学配置监管资源，提高监管及时性、精准性、有效性，使监管对违法失信者“无处不在”，对诚信守法者“无事不扰”，以公正监管促进公平竞争、优胜劣汰。到2022年底，各省级市场监管部门建立通用型企业信用风险分类管理工作机制，对辖区内全量企业实施科学分类，实现企业信用风险分类结果在“双随机、一公开”等监管工作中常态化运用。到2023年底，各省级市场监管部门实现企业信用风险分类管理与专业领域监管的有效结合，建立健全适用于专业领域的企业分级分类监管机制。力争用3年左右的时间，市场监管系统全面实施企业信用风险分类管理，有效实现企业信用风险监测预警，努力做到对风险早发现、早提醒、早处置。

二、科学实施分类，精准研判企业信用风险

（四）建立企业信用风险分类指标体系。市场监管总局建立通用型企业信用风险分类指标体系，实现全国范围内企业信用风险分类标准相对统一。重点从企业基础属性信息、企业动态信息、监管信息、关联关系信息、社会评价信息等方面构建分类指标体系，科学赋予指标权重，并根据监管实际不断更新调整，持续优化完善。有条件的省（自治区、直辖市）可以在市场监管总局指标体系框架下，因地制宜构建具有地方特色的通用型企业信用风险分类指标体系。市场监管各业务领域可以结合本领域特点，参考通用型企业信用风险分类指标体系，建立专业型分级分类指标体系。

（五）全面有效归集企业信用风险信息。各省级市场监管部门要按照企业信用风险分类指标体系要求，通过国家企业信用信息公示系统（以下简称公示系统）全面、及时归集企业信用风险信息。要及时归集市场监管系统企业登记注册、备案、股权出质登记、知识产权质押登记、行政许可、行政处罚、列入经营异常名录和严重失信主体名单、抽查检查等信息；整合归集包括食品药品安全监管、特种设备安全监管、工业产品质量安全监管、侵权假冒治理、价格执法、反垄断和反不正当竞争执法、消费者权益保护、计量、标准、检验检测、认证认可等领域的企业信用风险信息；协调推动有关部门将履职过程中产生的行政许可、行政处罚、严重失信主体名单、抽查检查等涉企信息依托公示系统有效归集；鼓励探索运用公用企事业单位、行业协会商会、大型平台企业等有关方面掌握的涉企信用风险信息，进一步夯实企业信用风险分类基础。市场监管总局通过公示系统，将采用“总对总”方式归集的中央部门掌握的涉企信用风险信息推送至各省级市场监管部门。

（六）统筹建设企业信用风险分类管理系统。各省级市场监管部门要以公示系统为依托，按照统一的企业信用风险分类管理信息化技术方案和标准规范，建设企业信用风险分类管理系统，并与“双随机、一公开”监管工作平台做好对接，为企业信用风险自动分类和分类结果共享共用提供技术支撑。各地市已经建设并使用的系统要与省级企业信用风险分类管理系统整合融合，避免重复建设、多头分类。要做好企业信用风险分类管理系统与市场监管部门相关业务系统的对接，建立信息归集、分析加工、共享应用的闭环模式。

（七）按照信用风险状况对企业实施自动分类。各省级市场监管部门统一负责对本辖区企业进行信用风险分类，按照信用风险状况由低到高将企业分为信用风险低（A 类）、信用风险一般（B 类）、信用风险较高（C 类）、信用风险高（D 类）四类。要加强对企业经营行为和运行规律的分析，综合运用大数据、机器学习、人工智能等现代科技手段，对各类涉企信息进行汇聚整合、关联分析和数据挖掘，依托信息化系统进行自动分类。企业信用风险分类结果记于企业名下，按月动态更新，供各级市场监管部门及相关部门共享共用，并按照统一的数据规范推送至市场监管总局。

三、强化分类结果运用，提升监管精准性和有效性

（八）实现与"双随机、一公开"监管有机融合。省级市场监管部门要将企业信用风险分类结果全量推送到"双随机、一公开"监管工作平台，与抽查检查对象名录库对接。各级市场监管部门在制定"双随机、一公开"监管抽查工作计划时，要根据企业信用风险分类结果，合理确定、动态调整抽查比例和频次，实施差异化监管。对 A 类企业，可合理降低抽查比例和频次，除投诉举报、大数据监测发现问题、转办交办案件线索及法律法规另有规定外，根据实际情况可不主动实施现场检查，实现"无事不扰"；对 B 类企业，按常规比例和频次开展抽查；对 C 类企业，实行重点关注，适当提高抽查比例和频次；对 D 类企业，实行严格监管，有针对性地大幅提高抽查比例和频次，必要时主动实施现场检查。抽查检查结果要及时通过"双随机、一公开"监管工作平台共享至企业信用风险分类管理系统，为企业信用风险分类结果动态更新提供实时数据支持。

（九）推进与专业领域风险防控有效结合。通用型企业信用风险分类不代替市场监管各专业领域对企业的分级分类。食品、药品、特种设备等直接关系人民群众生命财产安全、公共安全，以及潜在风险大、社会风险高的重点领域，在按照现有规定实行重点监管的同时，要统筹行业风险防控和企业信用风险分类管理，强化业务协同，实行全链条监管。市场监管其他专业领域，可以直接使用通用型企业信用风险分类结果，也可以参考通用型企业信用风险分类管理模式，构建本领域的分级分类监管机制。

（十）探索完善新产业新业态新模式监管。对新产业新业态新模式等企业要参考信用风险分类结果，探索实施更加科学有效监管，切实堵塞监管漏洞。根据企业信用风险状况动态调整监管政策和措施，对信用风险低和信用风险一般的企业，给予一定时间的"观察期"，探索推行触发式监管，在严守安全底线前提下，给予企业充足的发展空间；对信用风险高的企业，要有针对性地采取严格监管措施，防止风险隐患演变为区域性、行业性突出问题。

（十一）拓展企业信用风险分类结果运用。各级市场监管部门要积极探索企业信用风险分类结果的综合运用，在办理相关业务时，注重参考企业信用风险分类结果。积极推动市场监管领域各有关部门在开展"双随机、一公开"等监管工作时，参考企业信用风险分类结果。同时，加强与企业沟通，适时进行风险提醒，引导企业加强自我管理、自我约束，依法诚信经营。

四、加强监测预警，有效防范化解风险

（十二）加强企业信用风险监测预警。各省级市场监管部门要结合企业信用风险分类管理，积极推进企业信用风险监测预警，在企业信用风险分类管理系统中构建监测预警模块。要根据各专业领域监管需求、监管重点，把握日常监管中发现的带有普遍性、规律性的高风险行为特征，从企业信用风险分类指标体系中选取若干与企业信用风险关联度高的重点指标项，如异常注册、异常变更、投诉举报异常增长等，进行实时监测，对企业风险隐患及时预警，推动监管关口前移。要按照"谁审批、谁监管，谁主管、谁监管"的原则采取提醒、警示、约谈、检查等措施，依法处置企业风险隐患。

（十三）强化企业信用风险综合研判处置。各级市场监管部门要坚持系统思维，增强全局意识，加强对企业信用风险发展变化的综合分析，提高监管工作预见性、针对性和有效性，实现由被动监管向主动监管转变。要综合分析企业信用风险分类结果，科学研判区域性、行业性整体信用风险状况，及早发现高风险区域和高风险行业，采取定向抽查检查、专项检查等措施防范化解风险。

五、保障措施

（十四）加强组织领导。要切实提高政治站位，充分认识推进企业信用风险分类管理进一步提升监管效能的重要意义，加强统筹协调和研究部署，扎实有效做好各项工作。要牢固树立"一盘棋"思想，加强协同配合、信息互通和工作衔接。鼓励各地区结合实际大胆探索企业信用风险分类管理创新举措，有条件的地区可以进一步探索对个体工商户、农民专业合作社等市场主体实施信用风险分类管理。

（十五）严格责任落实。要增强责任意识，完善配套措施，狠抓工作落实。要明确信息安全责任，构建数据安全责任体系，加强企业信用风险分类管理系统的安全基础设施和安全防护能力建设，防止失密泄密和侵犯个人隐私。对于违规泄露、篡改分类结果或利用相关信息谋取私利等行为要依法严肃处理。

（十六）做好宣传培训。要通过多种渠道和方式，加强企业信用风险分类管理工作的指导和业务培训，不断提升监管能力和水平。要及时总结推广先进经验，积极宣传企业信用风险分类管理工作成效，推动形成政府公正监管、企业诚信自律的良好氛围。

五、教育行政领域电信网络诈骗治理

中华人民共和国反电信网络诈骗法（节录）

（2022年9月2日　中华人民共和国主席令第119号）

第四条　反电信网络诈骗工作坚持以人民为中心，统筹发展和安全；坚持系统观念、法治思维，注重源头治理、综合治理；坚持齐抓共管、群防群治，全面落实打防管控各项措施，加强社会宣传教育防范；坚持精准防治，保障正常生产经营活动和群众生活便利。

第五条　反电信网络诈骗工作应当依法进行，维护公民和组织的合法权益。

有关部门和单位、个人应当对在反电信网络诈骗工作过程中知悉的国家秘密、商业秘密和个人隐私、个人信息予以保密。

第七条　有关部门、单位在反电信网络诈骗工作中应当密切协作，实现跨行业、跨地域协同配合、快速联动，加强专业队伍建设，有效打击治理电信网络诈骗活动。

第八条　各级人民政府和有关部门应当加强反电信网络诈骗宣传，普及相关法律和知识，提高公众对各类电信网络诈骗方式的防骗意识和识骗能力。

教育行政、市场监管、民政等有关部门和村民委员会、居民委员会，应当结合电信网络诈骗受害群体的分布等特征，加强对老年人、青少年等群体的宣传教育，增强反电信网络诈骗宣传教育的针对性、精准性，开展反电信网络诈骗宣传教育进学校、进企业、进社区、进农村、进家庭等活动。

各单位应当加强内部防范电信网络诈骗工作，对工作人员开展防范电信网络诈骗教育；个人应当加强电信网络诈骗防范意识。单位、个人应当协助、配合有关部门依照本法规定开展反电信网络诈骗工作。

中华人民共和国教育法(节录)

(2021年4月29日修正　中华人民共和国主席令第80号)

第二十九条　学校及其他教育机构行使下列权利:

(一)按照章程自主管理;

(二)组织实施教育教学活动;

(三)招收学生或者其他受教育者;

(四)对受教育者进行学籍管理,实施奖励或者处分;

(五)对受教育者颁发相应的学业证书;

(六)聘任教师及其他职工,实施奖励或者处分;

(七)管理、使用本单位的设施和经费;

(八)拒绝任何组织和个人对教育教学活动的非法干涉;

(九)法律、法规规定的其他权利。

国家保护学校及其他教育机构的合法权益不受侵犯。

第三十条　学校及其他教育机构应当履行下列义务:

(一)遵守法律、法规;

(二)贯彻国家的教育方针,执行国家教育教学标准,保证教育教学质量;

(三)维护受教育者、教师及其他职工的合法权益;

(四)以适当方式为受教育者及其监护人了解受教育者的学业成绩及其他有关情况提供便利;

(五)遵照国家有关规定收取费用并公开收费项目;

(六)依法接受监督。

第三十八条　国家、社会对符合入学条件、家庭经济困难的儿童、少年、青年,提供各种形式的资助。

第四十条　国家、社会、家庭、学校及其他教育机构应当为有违法犯罪行为的未成年人接受教育创造条件。

第四十六条　国家机关、军队、企业事业组织、社会团体及其他社会组织和个人,应当依法为儿童、少年、青年学生的身心健康成长创造良好的社会环境。

中华人民共和国未成年人保护法(节录)

(2020 年 10 月 17 日修订　中华人民共和国主席令第 57 号)

第四条　保护未成年人,应当坚持最有利于未成年人的原则。处理涉及未成年人事项,应当符合下列要求:

(一)给予未成年人特殊、优先保护;

(二)尊重未成年人人格尊严;

(三)保护未成年人隐私权和个人信息;

(四)适应未成年人身心健康发展的规律和特点;

(五)听取未成年人的意见;

(六)保护与教育相结合。

第六条　保护未成年人,是国家机关、武装力量、政党、人民团体、企业事业单位、社会组织、城乡基层群众性自治组织、未成年人的监护人以及其他成年人的共同责任。

国家、社会、学校和家庭应当教育和帮助未成年人维护自身合法权益,增强自我保护的意识和能力。

第十一条　任何组织或者个人发现不利于未成年人身心健康或者侵犯未成年人合法权益的情形,都有权劝阻、制止或者向公安、民政、教育等有关部门提出检举、控告。

国家机关、居民委员会、村民委员会、密切接触未成年人的单位及其工作人员,在工作中发现未成年人身心健康受到侵害、疑似受到侵害或者面临其他危险情形的,应当立即向公安、民政、教育等有关部门报告。

有关部门接到涉及未成年人的检举、控告或者报告,应当依法及时受理、处置,并以适当方式将处理结果告知相关单位和人员。

第十六条　未成年人的父母或者其他监护人应当履行下列监护职责:

(一)为未成年人提供生活、健康、安全等方面的保障;

(二)关注未成年人的生理、心理状况和情感需求;

(三)教育和引导未成年人遵纪守法、勤俭节约,养成良好的思想品德和行为习惯;

(四)对未成年人进行安全教育,提高未成年人的自我保护意识和能力;

（五）尊重未成年人受教育的权利，保障适龄未成年人依法接受并完成义务教育；

（六）保障未成年人休息、娱乐和体育锻炼的时间，引导未成年人进行有益身心健康的活动；

（七）妥善管理和保护未成年人的财产；

（八）依法代理未成年人实施民事法律行为；

（九）预防和制止未成年人的不良行为和违法犯罪行为，并进行合理管教；

（十）其他应当履行的监护职责。

第十七条 未成年人的父母或者其他监护人不得实施下列行为：

（一）虐待、遗弃、非法送养未成年人或者对未成年人实施家庭暴力；

（二）放任、教唆或者利用未成年人实施违法犯罪行为；

（三）放任、唆使未成年人参与邪教、迷信活动或者接受恐怖主义、分裂主义、极端主义等侵害；

（四）放任、唆使未成年人吸烟（含电子烟，下同）、饮酒、赌博、流浪乞讨或者欺凌他人；

（五）放任或者迫使应当接受义务教育的未成年人失学、辍学；

（六）放任未成年人沉迷网络，接触危害或者可能影响其身心健康的图书、报刊、电影、广播电视节目、音像制品、电子出版物和网络信息等；

（七）放任未成年人进入营业性娱乐场所、酒吧、互联网上网服务营业场所等不适宜未成年人活动的场所；

（八）允许或者迫使未成年人从事国家规定以外的劳动；

（九）允许、迫使未成年人结婚或者为未成年人订立婚约；

（十）违法处分、侵吞未成年人的财产或者利用未成年人牟取不正当利益；

（十一）其他侵犯未成年人身心健康、财产权益或者不依法履行未成年人保护义务的行为。

第五十四条 禁止拐卖、绑架、虐待、非法收养未成年人，禁止对未成年人实施性侵害、性骚扰。

禁止胁迫、引诱、教唆未成年人参加黑社会性质组织或者从事违法犯罪活动。

禁止胁迫、诱骗、利用未成年人乞讨。

第六十四条 国家、社会、学校和家庭应当加强未成年人网络素养宣传教育，培养和提高未成年人的网络素养，增强未成年人科学、文明、安全、合理使用网络的意识和能力，保障未成年人在网络空间的合法权益。

第六十五条　国家鼓励和支持有利于未成年人健康成长的网络内容的创作与传播，鼓励和支持专门以未成年人为服务对象、适合未成年人身心健康特点的网络技术、产品、服务的研发、生产和使用。

第六十六条　网信部门及其他有关部门应当加强对未成年人网络保护工作的监督检查，依法惩处利用网络从事危害未成年人身心健康的活动，为未成年人提供安全、健康的网络环境。

第六十七条　网信部门会同公安、文化和旅游、新闻出版、电影、广播电视等部门根据保护不同年龄阶段未成年人的需要，确定可能影响未成年人身心健康网络信息的种类、范围和判断标准。

第六十八条　新闻出版、教育、卫生健康、文化和旅游、网信等部门应当定期开展预防未成年人沉迷网络的宣传教育，监督网络产品和服务提供者履行预防未成年人沉迷网络的义务，指导家庭、学校、社会组织互相配合，采取科学、合理的方式对未成年人沉迷网络进行预防和干预。

任何组织或者个人不得以侵害未成年人身心健康的方式对未成年人沉迷网络进行干预。

第六十九条　学校、社区、图书馆、文化馆、青少年宫等场所为未成年人提供的互联网上网服务设施，应当安装未成年人网络保护软件或者采取其他安全保护技术措施。

智能终端产品的制造者、销售者应当在产品上安装未成年人网络保护软件，或者以显著方式告知用户未成年人网络保护软件的安装渠道和方法。

第七十一条　未成年人的父母或者其他监护人应当提高网络素养，规范自身使用网络的行为，加强对未成年人使用网络行为的引导和监督。

未成年人的父母或者其他监护人应当通过在智能终端产品上安装未成年人网络保护软件、选择适合未成年人的服务模式和管理功能等方式，避免未成年人接触危害或者可能影响其身心健康的网络信息，合理安排未成年人使用网络的时间，有效预防未成年人沉迷网络。

第七十二条　信息处理者通过网络处理未成年人个人信息的，应当遵循合法、正当和必要的原则。处理不满十四周岁未成年人个人信息的，应当征得未成年人的父母或者其他监护人同意，但法律、行政法规另有规定的除外。

未成年人、父母或者其他监护人要求信息处理者更正、删除未成年人个人信息的,信息处理者应当及时采取措施予以更正、删除,但法律、行政法规另有规定的除外。

第七十三条 网络服务提供者发现未成年人通过网络发布私密信息的,应当及时提示,并采取必要的保护措施。

第七十四条 网络产品和服务提供者不得向未成年人提供诱导其沉迷的产品和服务。

网络游戏、网络直播、网络音视频、网络社交等网络服务提供者应当针对未成年人使用其服务设置相应的时间管理、权限管理、消费管理等功能。

以未成年人为服务对象的在线教育网络产品和服务,不得插入网络游戏链接,不得推送广告等与教学无关的信息。

第七十七条 任何组织或者个人不得通过网络以文字、图片、音视频等形式,对未成年人实施侮辱、诽谤、威胁或者恶意损害形象等网络欺凌行为。

遭受网络欺凌的未成年人及其父母或者其他监护人有权通知网络服务提供者采取删除、屏蔽、断开链接等措施。网络服务提供者接到通知后,应当及时采取必要的措施制止网络欺凌行为,防止信息扩散。

第七十八条 网络产品和服务提供者应当建立便捷、合理、有效的投诉和举报渠道,公开投诉、举报方式等信息,及时受理并处理涉及未成年人的投诉、举报。

第七十九条 任何组织或者个人发现网络产品、服务含有危害未成年人身心健康的信息,有权向网络产品和服务提供者或者网信、公安等部门投诉、举报。

第八十条 网络服务提供者发现用户发布、传播可能影响未成年人身心健康的信息且未作显著提示的,应当作出提示或者通知用户予以提示;未作出提示的,不得传输相关信息。

网络服务提供者发现用户发布、传播含有危害未成年人身心健康内容的信息的,应当立即停止传输相关信息,采取删除、屏蔽、断开链接等处置措施,保存有关记录,并向网信、公安等部门报告。

网络服务提供者发现用户利用其网络服务对未成年人实施违法犯罪行为的,应当立即停止向该用户提供网络服务,保存有关记录,并向公安机关报告。

第一百二十七条 信息处理者违反本法第七十二条规定,或者网络产品和服务提供者违反本法第七十三条、第七十四条、第七十五条、第七十六条、第七十七条、第八十条规定的,由公安、网信、电信、新闻出版、广播电视、文化和旅游等有关部门按照职责分工责令改正,给予警告,没收违法所得,违法所得一百万元以上的,并处违法所得一倍以上十倍以下罚款，没有违法所得或者违法所得不足一百万元的，并处十万元以上一百万元以下罚款，对直接负责的主管人员和其他责任人员处一万元以上十万元以下罚款；拒不改正或者情节严重的，并可以责令暂停相关业务、停业整顿、关闭网站、吊销营业执照或者吊销相关许可证。

第一百二十九条　违反本法规定，侵犯未成年人合法权益，造成人身、财产或者其他损害的，依法承担民事责任。

违反本法规定，构成违反治安管理行为的，依法给予治安管理处罚；构成犯罪的，依法追究刑事责任。

中华人民共和国预防未成年人犯罪法

（2020年12月26日修订　中华人民共和国主席令第64号）

目　录

第一章　总　　则

第一条　为了保障未成年人身心健康，培养未成年人良好品行，有效预防未成年人违法犯罪，制定本法。

第二条　预防未成年人犯罪，立足于教育和保护未成年人相结合，坚持预防为主、提前干预，对未成年人的不良行为和严重不良行为及时进行分级预防、干预和矫治。

第三条　开展预防未成年人犯罪工作，应当尊重未成年人人格尊严，保护未成年人的名誉权、隐私权和个人信息等合法权益。

第四条　预防未成年人犯罪，在各级人民政府组织下，实行综合治理。

国家机关、人民团体、社会组织、企业事业单位、居民委员会、村民委员会、学校、家庭等各负其责、相互配合，共同做好预防未成年人犯罪工作，及时消除滋生未成年人违法犯罪行为的各种消极因素，为未成年人身心健康发展创造良好的社会环境。

第五条 各级人民政府在预防未成年人犯罪方面的工作职责是：

（一）制定预防未成年人犯罪工作规划；

（二）组织公安、教育、民政、文化和旅游、市场监督管理、网信、卫生健康、新闻出版、电影、广播电视、司法行政等有关部门开展预防未成年人犯罪工作；

（三）为预防未成年人犯罪工作提供政策支持和经费保障；

（四）对本法的实施情况和工作规划的执行情况进行检查；

（五）组织开展预防未成年人犯罪宣传教育；

（六）其他预防未成年人犯罪工作职责。

第六条 国家加强专门学校建设，对有严重不良行为的未成年人进行专门教育。专门教育是国民教育体系的组成部分，是对有严重不良行为的未成年人进行教育和矫治的重要保护处分措施。

省级人民政府应当将专门教育发展和专门学校建设纳入经济社会发展规划。县级以上地方人民政府成立专门教育指导委员会，根据需要合理设置专门学校。

专门教育指导委员会由教育、民政、财政、人力资源社会保障、公安、司法行政、人民检察院、人民法院、共产主义青年团、妇女联合会、关心下一代工作委员会、专门学校等单位，以及律师、社会工作者等人员组成，研究确定专门学校教学、管理等相关工作。

专门学校建设和专门教育具体办法，由国务院规定。

第七条 公安机关、人民检察院、人民法院、司法行政部门应当由专门机构或者经过专业培训、熟悉未成年人身心特点的专门人员负责预防未成年人犯罪工作。

第八条 共产主义青年团、妇女联合会、工会、残疾人联合会、关心下一代工作委员会、青年联合会、学生联合会、少年先锋队以及有关社会组织，应当协助各级人民政府及其有关部门、人民检察院和人民法院做好预防未成年人犯罪工作，为预防未成年人犯罪培育社会力量，提供支持服务。

第九条 国家鼓励、支持和指导社会工作服务机构等社会组织参与预防未成年人犯罪相关工作，并加强监督。

第十条 任何组织或者个人不得教唆、胁迫、引诱未成年人实施不良行为或者严重不良行为，以及为未成年人实施上述行为提供条件。

第十一条　未成年人应当遵守法律法规及社会公共道德规范，树立自尊、自律、自强意识，增强辨别是非和自我保护的能力，自觉抵制各种不良行为以及违法犯罪行为的引诱和侵害。

第十二条　预防未成年人犯罪，应当结合未成年人不同年龄的生理、心理特点，加强青春期教育、心理关爱、心理矫治和预防犯罪对策的研究。

第十三条　国家鼓励和支持预防未成年人犯罪相关学科建设、专业设置、人才培养及科学研究，开展国际交流与合作。

第十四条　国家对预防未成年人犯罪工作有显著成绩的组织和个人，给予表彰和奖励。

第二章　预防犯罪的教育

第十五条　国家、社会、学校和家庭应当对未成年人加强社会主义核心价值观教育，开展预防犯罪教育，增强未成年人的法治观念，使未成年人树立遵纪守法和防范违法犯罪的意识，提高自我管控能力。

第十六条　未成年人的父母或者其他监护人对未成年人的预防犯罪教育负有直接责任，应当依法履行监护职责，树立优良家风，培养未成年人良好品行；发现未成年人心理或者行为异常的，应当及时了解情况并进行教育、引导和劝诫，不得拒绝或者怠于履行监护职责。

第十七条　教育行政部门、学校应当将预防犯罪教育纳入学校教学计划，指导教职员工结合未成年人的特点，采取多种方式对未成年学生进行有针对性的预防犯罪教育。

第十八条　学校应当聘任从事法治教育的专职或者兼职教师，并可以从司法和执法机关、法学教育和法律服务机构等单位聘请法治副校长、校外法治辅导员。

第十九条　学校应当配备专职或者兼职的心理健康教育教师，开展心理健康教育。学校可以根据实际情况与专业心理健康机构合作，建立心理健康筛查和早期干预机制，预防和解决学生心理、行为异常问题。

学校应当与未成年学生的父母或者其他监护人加强沟通，共同做好未成年学生心理健康教育；发现未成年学生可能患有精神障碍的，应当立即告知其父母或者其他监护人送相关专业机构诊治。

第二十条　教育行政部门应当会同有关部门建立学生欺凌防控制度。学校应当加强日常安全管理，完善学生欺凌发现和处置的工作流程，严格排查并及时消除可能导致学生欺凌行为的各种隐患。

第二十一条 教育行政部门鼓励和支持学校聘请社会工作者长期或者定期进驻学校,协助开展道德教育、法治教育、生命教育和心理健康教育,参与预防和处理学生欺凌等行为。

第二十二条 教育行政部门、学校应当通过举办讲座、座谈、培训等活动,介绍科学合理的教育方法,指导教职员工、未成年学生的父母或者其他监护人有效预防未成年人犯罪。

学校应当将预防犯罪教育计划告知未成年学生的父母或者其他监护人。未成年学生的父母或者其他监护人应当配合学校对未成年学生进行有针对性的预防犯罪教育。

第二十三条 教育行政部门应当将预防犯罪教育的工作效果纳入学校年度考核内容。

第二十四条 各级人民政府及其有关部门、人民检察院、人民法院、共产主义青年团、少年先锋队、妇女联合会、残疾人联合会、关心下一代工作委员会等应当结合实际,组织、举办多种形式的预防未成年人犯罪宣传教育活动。有条件的地方可以建立青少年法治教育基地,对未成年人开展法治教育。

第二十五条 居民委员会、村民委员会应当积极开展有针对性的预防未成年人犯罪宣传活动,协助公安机关维护学校周围治安,及时掌握本辖区内未成年人的监护、就学和就业情况,组织、引导社区社会组织参与预防未成年人犯罪工作。

第二十六条 青少年宫、儿童活动中心等校外活动场所应当把预防犯罪教育作为一项重要的工作内容,开展多种形式的宣传教育活动。

第二十七条 职业培训机构、用人单位在对已满十六周岁准备就业的未成年人进行职业培训时,应当将预防犯罪教育纳入培训内容。

第三章 对不良行为的干预

第二十八条 本法所称不良行为,是指未成年人实施的不利于其健康成长的下列行为:

(一)吸烟、饮酒;

(二)多次旷课、逃学;

(三)无故夜不归宿、离家出走;

(四)沉迷网络;

（五）与社会上具有不良习性的人交往，组织或者参加实施不良行为的团伙；

（六）进入法律法规规定未成年人不宜进入的场所；

（七）参与赌博、变相赌博，或者参加封建迷信、邪教等活动；

（八）阅览、观看或者收听宣扬淫秽、色情、暴力、恐怖、极端等内容的读物、音像制品或者网络信息等；

（九）其他不利于未成年人身心健康成长的不良行为。

第二十九条　未成年人的父母或者其他监护人发现未成年人有不良行为的，应当及时制止并加强管教。

第三十条　公安机关、居民委员会、村民委员会发现本辖区内未成年人有不良行为的，应当及时制止，并督促其父母或者其他监护人依法履行监护职责。

第三十一条　学校对有不良行为的未成年学生，应当加强管理教育，不得歧视；对拒不改正或者情节严重的，学校可以根据情况予以处分或者采取以下管理教育措施：

（一）予以训导；

（二）要求遵守特定的行为规范；

（三）要求参加特定的专题教育；

（四）要求参加校内服务活动；

（五）要求接受社会工作者或者其他专业人员的心理辅导和行为干预；

（六）其他适当的管理教育措施。

第三十二条　学校和家庭应当加强沟通，建立家校合作机制。学校决定对未成年学生采取管理教育措施的，应当及时告知其父母或者其他监护人；未成年学生的父母或者其他监护人应当支持、配合学校进行管理教育。

第三十三条　未成年学生偷窃少量财物，或者有殴打、辱骂、恐吓、强行索要财物等学生欺凌行为，情节轻微的，可以由学校依照本法第三十一条规定采取相应的管理教育措施。

第三十四条　未成年学生旷课、逃学的，学校应当及时联系其父母或者其他监护人，了解有关情况；无正当理由的，学校和未成年学生的父母或者其他监护人应当督促其返校学习。

第三十五条　未成年人无故夜不归宿、离家出走的，父母或者其他监护人、所在的寄宿制学校应当及时查找，必要时向公安机关报告。

收留夜不归宿、离家出走未成年人的，应当及时联系其父母或者其他监护人、所在学校;无法取得联系的,应当及时向公安机关报告。

第三十六条 对夜不归宿、离家出走或者流落街头的未成年人,公安机关、公共场所管理机构等发现或者接到报告后,应当及时采取有效保护措施,并通知其父母或者其他监护人、所在的寄宿制学校,必要时应当护送其返回住所、学校;无法与其父母或者其他监护人、学校取得联系的,应当护送未成年人到救助保护机构接受救助。

第三十七条 未成年人的父母或者其他监护人、学校发现未成年人组织或者参加实施不良行为的团伙,应当及时制止;发现该团伙有违法犯罪嫌疑的,应当立即向公安机关报告。

第四章 对严重不良行为的矫治

第三十八条 本法所称严重不良行为,是指未成年人实施的有刑法规定、因不满法定刑事责任年龄不予刑事处罚的行为,以及严重危害社会的下列行为:

(一)结伙斗殴,追逐、拦截他人,强拿硬要或者任意损毁、占用公私财物等寻衅滋事行为;

(二)非法携带枪支、弹药或者弩、匕首等国家规定的管制器具;

(三)殴打、辱骂、恐吓,或者故意伤害他人身体;

(四)盗窃、哄抢、抢夺或者故意损毁公私财物;

(五)传播淫秽的读物、音像制品或者信息等;

(六)卖淫、嫖娼,或者进行淫秽表演;

(七)吸食、注射毒品,或者向他人提供毒品;

(八)参与赌博赌资较大;

(九)其他严重危害社会的行为。

第三十九条 未成年人的父母或者其他监护人、学校、居民委员会、村民委员会发现有人教唆、胁迫、引诱未成年人实施严重不良行为的,应当立即向公安机关报告。公安机关接到报告或者发现有上述情形的,应当及时依法查处;对人身安全受到威胁的未成年人,应当立即采取有效保护措施。

第四十条 公安机关接到举报或者发现未成年人有严重不良行为的,应当及时制止,依法调查处理,并可以责令其父母或者其他监护人消除或者减轻违法后果,采取措施严加管教。

第四十一条 对有严重不良行为的未成年人,公安机关可以根据具体情况,采取以下矫治教育措施：

（一）予以训诫；

（二）责令赔礼道歉、赔偿损失；

（三）责令具结悔过；

（四）责令定期报告活动情况；

（五）责令遵守特定的行为规范，不得实施特定行为、接触特定人员或者进入特定场所；

（六）责令接受心理辅导、行为矫治；

（七）责令参加社会服务活动；

（八）责令接受社会观护，由社会组织、有关机构在适当场所对未成年人进行教育、监督和管束；

（九）其他适当的矫治教育措施。

第四十二条　公安机关在对未成年人进行矫治教育时，可以根据需要邀请学校、居民委员会、村民委员会以及社会工作服务机构等社会组织参与。

未成年人的父母或者其他监护人应当积极配合矫治教育措施的实施，不得妨碍阻挠或者放任不管。

第四十三条　对有严重不良行为的未成年人，未成年人的父母或者其他监护人、所在学校无力管教或者管教无效的，可以向教育行政部门提出申请，经专门教育指导委员会评估同意后，由教育行政部门决定送入专门学校接受专门教育。

第四十四条　未成年人有下列情形之一的，经专门教育指导委员会评估同意，教育行政部门会同公安机关可以决定将其送入专门学校接受专门教育：

（一）实施严重危害社会的行为，情节恶劣或者造成严重后果；

（二）多次实施严重危害社会的行为；

（三）拒不接受或者配合本法第四十一条规定的矫治教育措施；

（四）法律、行政法规规定的其他情形。

第四十五条　未成年人实施刑法规定的行为、因不满法定刑事责任年龄不予刑事处罚的，经专门教育指导委员会评估同意，教育行政部门会同公安机关可以决定对其进行专门矫治教育。

省级人民政府应当结合本地的实际情况，至少确定一所专门学校按照分校区、分班级等方式设置专门场所，对前款规定的未成年人进行专门矫治教育。

前款规定的专门场所实行闭环管理，公安机关、司法行政部门负责未成年人的矫治工作，教育行政部门承担未成年人的教育工作。

第四十六条 专门学校应当在每个学期适时提请专门教育指导委员会对接受专门教育的未成年学生的情况进行评估。对经评估适合转回普通学校就读的，专门教育指导委员会应当向原决定机关提出书面建议，由原决定机关决定是否将未成年学生转回普通学校就读。

原决定机关决定将未成年学生转回普通学校的，其原所在学校不得拒绝接收；因特殊情况，不适宜转回原所在学校的，由教育行政部门安排转学。

第四十七条 专门学校应当对接受专门教育的未成年人分级分类进行教育和矫治，有针对性地开展道德教育、法治教育、心理健康教育，并根据实际情况进行职业教育；对没有完成义务教育的未成年人，应当保证其继续接受义务教育。

专门学校的未成年学生的学籍保留在原学校，符合毕业条件的，原学校应当颁发毕业证书。

第四十八条 专门学校应当与接受专门教育的未成年人的父母或者其他监护人加强联系，定期向其反馈未成年人的矫治和教育情况，为父母或者其他监护人、亲属等看望未成年人提供便利。

第四十九条 未成年人及其父母或者其他监护人对本章规定的行政决定不服的，可以依法提起行政复议或者行政诉讼。

第五章 对重新犯罪的预防

第五十条 公安机关、人民检察院、人民法院办理未成年人刑事案件，应当根据未成年人的生理、心理特点和犯罪的情况，有针对性地进行法治教育。

对涉及刑事案件的未成年人进行教育，其法定代理人以外的成年亲属或者教师、辅导员等参与有利于感化、挽救未成年人的，公安机关、人民检察院、人民法院应当邀请其参加有关活动。

第五十一条 公安机关、人民检察院、人民法院办理未成年人刑事案件，可以自行或者委托有关社会组织、机构对未成年犯罪嫌疑人或者被告人的成长经历、犯罪原因、监护、教育等情况进行社会调查；根据实际需要并经未成年犯罪嫌疑人、被告人及其法定代理人同意，可以对未成年犯罪嫌疑人、被告人进行心理测评。

社会调查和心理测评的报告可以作为办理案件和教育未成年人的参考。

第五十二条 公安机关、人民检察院、人民法院对于无固定住所、无法提供保证人的未成年人适用取保候审的，应当指定合适成年人作为保证人，必要时可以安排取保候审的未成年人接受社会观护。

第五十三条　对被拘留、逮捕以及在未成年犯管教所执行刑罚的未成年人，应当与成年人分别关押、管理和教育。对未成年人的社区矫正，应当与成年人分别进行。

对有上述情形且没有完成义务教育的未成年人，公安机关、人民检察院、人民法院、司法行政部门应当与教育行政部门相互配合，保证其继续接受义务教育。

第五十四条　未成年犯管教所、社区矫正机构应当对未成年犯、未成年社区矫正对象加强法治教育，并根据实际情况对其进行职业教育。

第五十五条　社区矫正机构应当告知未成年社区矫正对象安置帮教的有关规定，并配合安置帮教工作部门落实或者解决未成年社区矫正对象的就学、就业等问题。

第五十六条　对刑满释放的未成年人，未成年犯管教所应当提前通知其父母或者其他监护人按时接回，并协助落实安置帮教措施。没有父母或者其他监护人、无法查明其父母或者其他监护人的，未成年犯管教所应当提前通知未成年人原户籍所在地或者居住地的司法行政部门安排人员按时接回，由民政部门或者居民委员会、村民委员会依法对其进行监护。

第五十七条　未成年人的父母或者其他监护人和学校、居民委员会、村民委员会对接受社区矫正、刑满释放的未成年人，应当采取有效的帮教措施，协助司法机关以及有关部门做好安置帮教工作。

居民委员会、村民委员会可以聘请思想品德优秀，作风正派，热心未成年人工作的离退休人员、志愿者或其他人员协助做好前款规定的安置帮教工作。

第五十八条　刑满释放和接受社区矫正的未成年人，在复学、升学、就业等方面依法享有与其他未成年人同等的权利，任何单位和个人不得歧视。

第五十九条　未成年人的犯罪记录依法被封存的，公安机关、人民检察院、人民法院和司法行政部门不得向任何单位或者个人提供，但司法机关因办案需要或者有关单位根据国家有关规定进行查询的除外。依法进行查询的单位和个人应当对相关记录信息予以保密。

未成年人接受专门矫治教育、专门教育的记录，以及被行政处罚、采取刑事强制措施和不起诉的记录，适用前款规定。

第六十条　人民检察院通过依法行使检察权，对未成年人重新犯罪预防工作等进行监督。

第六章　法 律 责 任

第六十一条　公安机关、人民检察院、人民法院在办理案件过程中发现实施严重不良行为的未成年人的父母或者其他监护人不依法履行监护职责的，应当予以训诫，并可以责令其接受家庭教育指导。

第六十二条　学校及其教职员工违反本法规定，不履行预防未成年人犯罪工作职责，或者虐待、歧视相关未成年人的，由教育行政等部门责令改正，通报批评；情节严重的，对直接负责的主管人员和其他直接责任人员依法给予处分。构成违反治安管理行为的，由公安机关依法予以治安管理处罚。

教职员工教唆、胁迫、引诱未成年人实施不良行为或者严重不良行为，以及品行不良、影响恶劣的，教育行政部门、学校应当依法予以解聘或者辞退。

第六十三条　违反本法规定，在复学、升学、就业等方面歧视相关未成年人的，由所在单位或者教育、人力资源社会保障等部门责令改正；拒不改正的，对直接负责的主管人员或者其他直接责任人员依法给予处分。

第六十四条　有关社会组织、机构及其工作人员虐待、歧视接受社会观护的未成年人，或者出具虚假社会调查、心理测评报告的，由民政、司法行政等部门对直接负责的主管人员或者其他直接责任人员依法给予处分，构成违反治安管理行为的，由公安机关予以治安管理处罚。

第六十五条　教唆、胁迫、引诱未成年人实施不良行为或者严重不良行为，构成违反治安管理行为的，由公安机关依法予以治安管理处罚。

第六十六条　国家机关及其工作人员在预防未成年人犯罪工作中滥用职权、玩忽职守、徇私舞弊的，对直接负责的主管人员和其他直接责任人员，依法给予处分。

第六十七条　违反本法规定，构成犯罪的，依法追究刑事责任。

第七章　附　　则

第六十八条　本法自2021年6月1日起施行。

中华人民共和国公共图书馆法（节录）

（2018年10月26日修正　中华人民共和国主席令第16号）

第四十三条　公共图书馆应当妥善保护读者的个人信息、借阅信息以及其他可能涉及读者隐私的信息,不得出售或者以其他方式非法向他人提供。

第五十条　公共图书馆及其工作人员有下列行为之一的,由文化主管部门责令改正,没收违法所得:

(一)违规处置文献信息;

(二)出售或者以其他方式非法向他人提供读者的个人信息、借阅信息以及其他可能涉及读者隐私的信息;

(三)向社会公众提供文献信息违反有关法律、行政法规的规定,或者向未成年人提供内容不适宜的文献信息;

(四)将设施设备场地用于与公共图书馆服务无关的商业经营活动;

(五)其他不履行本法规定的公共图书馆服务要求的行为。

公共图书馆及其工作人员对应当免费提供的服务收费或者变相收费的,由价格主管部门依照前款规定给予处罚。

公共图书馆及其工作人员有前两款规定行为的,对直接负责的主管人员和其他直接责任人员依法追究法律责任。

中小学法治副校长聘任与管理办法

(2021 年 12 月 27 日　教育部令第 52 号)

第一条　为了完善中小学治理体系,健全学生权益保护机制,进一步规范中小学法治副校长聘任与管理,促进未成年人健康成长,根据教育法、未成年人保护法、预防未成年人犯罪法等法律法规,制定本办法。

第二条　普通中小学、中等职业学校、特殊教育学校、专门学校(以下统称学校)法治副校长的聘任与管理,适用本办法。

第三条　本办法所称法治副校长,是指由人民法院、人民检察院、公安机关、司法行政部门推荐或者委派,经教育行政部门或者学校聘任,在学校兼任副校长职务,协助开展法治教育、学生保护、安全管理、预防犯罪、依法治理等工作的人员。

第四条　国务院教育行政部门会同最高人民法院、最高人民检察院、公安部、司法部制定学校法治副校长聘任与管理的宏观政策,统筹指导地方开展法治副校长的推荐、聘任、培训、考核、评价、奖励等工作。

县级以上地方人民政府教育行政部门会同人民法院、人民检察院、公安机关、司法行政部门负责本地区学校法治副校长聘任与管理工作。

有条件的地方,可以建立由教育行政部门、人民法院、人民检察院、公安机关、司法行政部门参加的学校法治副校长工作联席会议制度,统筹推进本地区学校法治副校长聘任与管理工作。

第五条 法治副校长履职期间协助开展以下工作:

(一)开展法治教育。推动习近平法治思想的学习宣传,参与制订学校法治教育工作计划,协助学校创新法治教育内容和形式,每年在任职学校承担或者组织落实不少于4课时的、以法治实践教育为主的法治教育任务,提高法治教育的针对性和实效性。面向教职工开展法治宣传,指导、帮助道德与法治等课程教师开展法治教育。

(二)保护学生权益。参与学校学生权益保护制度的制定、执行,参加学生保护委员会、学生欺凌治理等组织,指导、监督学校落实未成年人保护职责,依法保护学生权益。

(三)预防未成年人犯罪。指导学校对未成年学生进行有针对性的预防犯罪教育,对有不良行为的学生加强管理和教育。

(四)参与安全管理。指导学校完善安全管理制度,协调推动建立学校安全区域制度,协助学校健全安全事故预防与处置机制,主持或者参与学校安全事故的调解协商,指导学校依法处理安全事故纠纷,制止侵害学校和师生合法权益的行为。

(五)实施或者指导实施教育惩戒。协助学校、公安机关、司法行政部门按照法律和相关规定对有不良行为、严重不良行为的学生予以训诫或者矫治教育。根据学校实际和需要,参与建立学生教育保护辅导工作机制,对有需要的学生进行专门的辅导、矫治。

(六)指导依法治理。协助学校建立健全校规校纪、完善各类规章制度,参与校规校纪的审核,协助处理学校涉法涉诉案件,进入申诉委员会,参与处理师生申诉,协助加强与社区、家庭及社会有关方面的沟通联系。

(七)指导、协助学校履行法律法规规章规定的其他职责。

第六条 人民法院、人民检察院、公安机关和司法行政部门(以下称派出机关)应当遴选、推荐符合以下条件的在职工作人员担任法治副校长:

(一)政治素质好,品德优秀,作风正派,责任心强;

(二)有较丰富的法律专业知识与法治实践经历,从事法治工作三年以上;

(三)身心健康,热心教育工作,了解教育教学规律和学生的身心特点,关心学生健康成长;

（四）具有较强的语言表达能力、沟通交流能力和组织协调能力。

符合上述条件，年龄不超过65周岁的退休人员也可以经推荐担任一个任期的法治副校长。

第七条 教育行政部门应当商有关部门制定法治副校长聘任计划，会同派出机关综合考虑学校需求和工作便利，协商确定、统筹安排法治副校长人选，优先为偏远地区、农村地区学校和城市薄弱学校配备法治副校长。

第八条 每所学校应当配备至少1名法治副校长，师生人数多、有需求的学校，可以聘任2名以上5名以下法治副校长。

根据工作需要，1人可以同时担任2所学校的法治副校长。

第九条 县级或者设区的市级人民政府教育行政部门可以商有关部门组建由不同派出机关人员组成的法治副校长工作团队，服务区域内学校。

第十条 教育行政部门会同派出机关建立法治副校长人员库，推荐符合条件的人员入库并动态调整。

教育行政部门组织学校根据工作需要，参照就近就便的原则，从人员库中自主或者根据统一安排选聘法治副校长，经各方协商一致，确定聘任人选。

第十一条 法治副校长由所聘学校颁发聘书。聘期一般为三年，期满后可以续聘。

学校已聘任的法治副校长因派出机关工作变动或其他原因不宜或者不能继续履职的，应当及时报告，由教育主管部门会同派出机关在30日内重新推荐或者委派。

第十二条 教育行政部门应当会同派出机关制定法治副校长培训方案和规划，并纳入教师、校长培训规划，安排经费对法治副校长开展培训。培训应当包括政治理论、未成年人保护、教育法律政策、心理健康教育、学校安全管理等方面的内容。

法治副校长任职前，应当接受不少于8学时的培训。任职期间，根据实际安排参加相应的培训。

第十三条 派出机关应当采取必要措施，保障所派出的法治副校长在任职学校有必要的工作时间和条件，鼓励、支持其履职尽责。

法治副校长应当按照本办法主动参与学校工作，积极参加培训，定期到校开展工作。鼓励法治副校长利用信息化手段，参与学校工作。

第十四条 学校应当将支持法治副校长履职纳入整体工作规划，主动向法治副校长介绍学校有关情况，定期收集教职工、学生及学生家长的法律服务需求并及时向法治副校长反馈，配合法治副校长做好相关工作。涉及到法治副校长履职的会议、活动,应当事先与法治副校长沟通,并通知其参加。

学校应当结合实际为法治副校长履职提供必要的便利条件。

法治副校长的基本情况和工作职责等应当以适当方式在学校公示。

第十五条 派出机关、教育行政部门可以根据有关规定,为在偏远农村地区、交通不便地区学校任职的法治副校长给予食宿、交通等补助。

第十六条 学校应当建立法治副校长工作评价制度,按年度对法治副校长工作情况作出评价。

学校对法治副校长进行评价时,应当听取教职工、学生及学生家长意见,形成客观、公正的评价结果,并将结果报送教育主管部门,由教育主管部门反馈派出机关。

第十七条 派出机关应当将担任法治副校长工作纳入相关工作人员的工作量,明确为考核内容,学校作出的工作评价以及法治副校长的述职报告等应当一并作为考核其工作、晋职、晋级和立功受奖的重要依据。

第十八条 地方教育行政部门应当定期对本区域内法治副校长的履职情况进行考评,对工作成绩突出的法治副校长,应当予以表彰、奖励或者会同派出机关联合予以表彰、奖励。

司法行政部门应当将派出机关法治副校长履职情况作为落实"谁执法谁普法"普法责任制的重要方面,纳入普法工作考核内容。对推荐、聘任法治副校长工作成绩突出的派出机关、学校,应当作为普法工作评先评优的重要参考。

各级教育行政部门应当会同派出机关对组织开展中小学法治副校长工作有显著成绩的组织和个人,按照有关规定给予表彰、奖励。

第十九条 学校从其他执法机关、法学教育和法律服务机构等单位聘任校外法治辅导员的,参照本办法执行。

幼儿园聘任法治副园长的,聘任与管理参照本办法执行。

第二十条 本办法自2022年5月1日起施行。

全国老龄办关于开展加强老年人防范电信网络诈骗宣传教育活动的通知(节录)

(2017年1月13日)

各省、自治区、直辖市老龄办,各计划单列市老龄办,新疆生产建设兵团老龄办:

近年来,以虚假信息诈骗为代表的电信网络新型违法犯罪来势凶猛、愈演愈烈，严重危害老年人财产安全，扰乱正常生活秩序，已成为影响老年人安全感和社会稳定的突出问题。为贯彻落实党中央、国务院关于开展打击治理电信网络新型违法犯罪工作要求，进一步提高广大老年人识骗防骗能力，从源头上有效遏制电信网络诈骗案件的发生，切实维护老年人的切身利益，全国老龄办决定开展加强老年人防范电信网络诈骗宣传教育活动。现将有关事项通知如下：

一、活动宗旨

以国务院打击治理电信网络新型违法犯罪工作部际联席会议第三次会议精神为指导，利用多种形式、多条渠道、多项措施广泛开展宣传教育活动，提高老年人的防骗意识和能力，自觉抵制电信网络诈骗犯罪活动，积极检举揭发电信网络诈骗犯罪线索，推动建立加强老年人防范电信网络诈骗宣传教育工作长效机制，动员全社会共同参与营造老年人幸福晚年生活的氛围。

二、活动主题

"谨防电信网络诈骗，提高老年人防骗意识"。

四、宣传重点

贯彻落实国务院打击治理电信网络新型违法犯罪工作部际联席会议第三次会议精神，大力宣传近年来打击治理电信网络诈骗犯罪的主要做法和取得成效；重点反映当前常见的电信网络诈骗犯罪分子作案手段，以各种名义实施的诈骗犯罪活动；集中宣传识别常见电信网络诈骗犯罪的方法，需采取的防范措施、注意事项等；突出宣传老年人受被骗后，应该采取的补救措施、报案渠道和举报电信网络诈骗犯罪线索的方式等。

五、工作要求

（一）高度重视，精心组织。各地老龄办要充分认识开展加强老年人防范电信网络诈骗宣传教育活动的重要意义，充分履行综合协调职能，充分发挥公安、司法等部门职能优势，充分调动"敬老文明号"窗口单位、老年大学（学校）、城乡社区老年协会的积极性，及时制定宣传教育活动工作方案，明确分工，协调行动，认真做好组织实施，确保宣传教育活动广泛、深入、扎实开展。

（二）创新宣传，营造氛围。各地要结合春节、"五一"国际劳动节等重大节日，积极创新宣传形式，采用多种方式增强宣传教育活动的针对性、有效性和吸引力，形成全社会关注防范电信网络诈骗，重视提高老年人防骗意识，共同参与营造老年人幸福晚年生活的氛围；充分发挥报刊、广播、电视、网络、短信、微信、微博、宣传栏等传播平台的作用，通过宣传短片、公益广告、图书、海报、标语等形式多渠道发布提示通告和辨别常识;要广泛组织专业机构、学术团体等,通过举办专题讲座,发放科普资料,开展咨询等形式向老年人普及防范和辨别常识;要深入社区、乡镇、公园、市场等人流密集场所,组织好宣传教育活动,开展好老年人法律维权、法律援助服务,严厉打击侵害老年人合法权益的行为。

(三)面向基层,注重实效。各地老龄办要把宣传教育活动的着力点放在基层,面向社区,面向农村;要以提高老年人的防骗意识和能力、有效减少案件发生为导向,因地制宜,注重实效;要把活动重点放在维护广大老年人的切身利益上,扎扎实实为老年人排忧解难,真真切切让老年人感受到党和政府以及全社会的关怀和温暖。

全国老龄办已将统一设计的宣传海报上传官网,供各地下载制作,并将在官网开辟宣传专栏,实时反映各地的阶段性成果。各省(区、市)老龄办要认真收集整理本地宣传教育活动情况,将有关工作措施、动态和成效及相关图片、视频等资料报全国老龄办宣传部。

中央精神文明建设指导委员会关于推进诚信建设制度化的意见

(2014 年 7 月 23 日)

各省、自治区、直辖市精神文明建设委员会,中央精神文明建设指导委员会各成员单位:

为深入贯彻党的十八大、十八届三中全会精神和习近平总书记系列重要讲话精神,落实国务院印发的《社会信用体系建设规划纲要(2014 - 2020 年)》,大力培育和践行社会主义核心价值观,切实形成诚信建设良好的社会舆论环境,着力推进诚信建设规范化长效化,现就推进诚信建设制度化提出如下意见。

一、推进诚信建设制度化的重要意义、指导思想和主要原则

(一)充分认识诚信建设制度化的重要意义。诚信是社会主义核心价值观的重要内容,是公民基本道德规范,是社会主义市场经济的基础。党中央国务院高度重视诚信建设,党的十八大提出深入开展道德领域突出问题专项教育和治理,加强政务诚信、商务诚信、社会诚信和司法公信建设;党的十八届三中全会强调建立健全社会征信体系,褒扬诚信、惩戒失信。各地各部门认真贯彻党中央国务院决策部署,推进社会信用体系建设,弘扬诚信理念,推广先进典型,开展专项整治,诚信建设取得积极进展。同时要看到,诚信建设与人民群众期望还有差距,与经济社会发展水平还不相适应,覆盖全社会的征信系统尚未形成,社会诚信意识和信用水平整体偏低,商业欺诈、合同违法、制假售假、偷排污染物、偷逃骗税、学术不端等不良现象时有发生,诚信缺失仍然是经济社会发展中一个突出问题,诚信建设制度机制亟待健全和完善。当前,我国正处于全面深化改革、加快推进社会主义现代化的关键时期,也是大力推进诚信建设的有利时机。加强诚信制度化建设,对于完善社会主义市场经济体制,培育和践行社会主义核心价值观,推进国家治理体系和治理能力现代化,提升国家软实力和整体竞争力,具有十分重要的意义。

(二)推进诚信建设制度化的指导思想。高举中国特色社会主义伟大旗帜,以邓小平理论、"三个代表"重要思想、科学发展观为指导,贯彻落实习近平总书记系列重要讲话精神,以培育和践行社会主义核心价值观为根本,以加强社会信用体系建设为基础,以褒扬诚信、惩戒失信为重点,以完善法律法规为保障,大力推进诚信建设制度化,建立完善长效工作机制和运行机制,着力营造讲诚实、守信用的舆论环境、经济环境、社会环境,为实现中华民族伟大复兴的中国梦提供有力道德支撑。

(三)推进诚信建设制度化的主要原则。坚持以人为本、教育为先,把培育诚信价值观念作为长期任务;坚持制度保障、规范约束,把推进征信系统全覆盖作为重要基础;坚持德法并举、刚柔相济,把道德教化与依法制裁作为有效手段;坚持政府有力推动、企业主动作为、社会共同参与、公民普遍响应,把政府、企业和社会力量汇集于推进诚信建设各方面各环节;坚持问题导向、集中治理,把不断取得阶段性成果作为回应人民群众关切的重要标志,力求在治理重点领域、解决突出问题上求突破,在激励守信、惩戒失信上见实效,使全社会诚信意识普遍增强,诚信风尚日益形成,诚信社会愈益健全。

二、建立起全覆盖的社会信用信息记录

(四)加快征信系统建设。积极推进建立自然人、法人和其他组织统一社会信用代码制度,依法收集、整合区域内公民、法人和其他组织的信用信息,完善信用信息基础数据库,逐步实现信息采集全覆盖。完善信用标准体系,制定全国统一的信用信息采集和分类管理标准,统一信用指标目录和建设规范。健全行业信用信息记录制度,以各类企业和从业人员为重点,把信用信息采集融入注册登记、资质审核、日常监管各环节,尽快完善工商、税务、安全生产、产品质量、环境保护、食品药品、医疗卫生、知识产权、工程建设、交通运输、检验检测等事关人民群众日常生产生活重点领域的信用档案。加快国家统一征信平台建设,力争在 2017 年基本建成集合金融、工商登记、税收缴纳、社保缴费、交通违章等信用信息的统一平台，形成覆盖全部社会主体、所有信用信息类别、全国所有区域的信用信息网络。

（五）建立信用信息共享机制。促进各部门各地区信用信息系统统筹整合，依法推进信用信息互联互通和交换共享，有效消除信用信息“壁垒”、“孤岛”。依法对信用信息进行分级管理，确定查询权限，促进各类社会主体的信用状况公开透明、可查可核。推动有关部门在行政管理、市场监管和公共服务中使用信用记录和信用报告，逐步实现多部门、跨地区、跨领域信息联享、信用联评、守信联奖、失信联惩，让守信者处处受益、失信者处处受限。

三、大力营造诚信建设有力宣传舆论声势

（六）培育诚信理念。“爱国、敬业、诚信、友善”，是公民价值准则。要深入宣传阐释“诚信”的丰富内涵和基本要求，使诚信价值准则深入人心。党报党刊、通讯社、广播电视要拿出重要版面时段、推出专栏专题，运用新闻报道、言论评论、专题节目等形式传播诚信理念。都市类、行业类媒体要发挥贴近群众的优势，用生动活泼的宣传报道引导人们践行诚信价值。互联网、手机等新兴媒体要运用微博、微信、微视、微电影等传播手段，扩大诚信宣传覆盖面。发挥公益广告引领文明风尚的作用，加强选题规划和设计制作，加大在各类媒体和公共场所的刊播力度，让人们在耳濡目染中恪守诚信规范。抓住“3·15”消费者权益日、“诚信兴商宣传月”、“全国质量月”、“食品安全宣传周”、“6·14 信用记录日”和“五一”、“十一”、元旦、春节等重要时间节点，利用举办大型经贸活动、商品博览会等有利时机，增加宣传频率，形成宣传声势。

（七）宣传先进典型。大力发掘、宣传诚信人物、诚信企业、诚信群体，发挥先进典型的示范作用，引导人们见贤思齐。既持续宣传老模范的感人事迹，也及时宣扬新模范的高尚行为；既在全社会推出具有重大影响的诚信人物，也在各地各行业和基层单位推出一诺千金的凡人善举；既宣传公民个人守信践诺之举，也宣传骨干企业、优势产业、知名品牌以诚信创一流的先进经验，塑造诚信国家形象。

（八）鞭挞失信行为。充分发挥舆论监督作用，对失信败德行为进行批评揭露，使之成为“过街老鼠”。要区分性质、把握适度，对尚未造成严重危害的弄虚作假现象，在系统和单位通报批评、责令整改；对影响恶劣的重大违法案例，进行公开曝光、有力鞭挞，形成强大舆论压力。加强对失信行为处罚结果的跟踪报道，以反面典型为教材进行德法释义，警示人们守住诚信做人“底线”、敬畏法律“高压线”。发动群众参与道德评议，组织大讨论等活动，形成民间舆论场，引导人们加强自我约束。

（九）弘扬诚信文化。汲取中华优秀传统文化的思想精华和道德精髓，阐发蕴含其中的讲诚信、重然诺的宝贵品格和时代价值，引导人们诚意正心。构建适应社会主义市场经济发展的诚信文化，引导人们正确处理经济利益与道德追求的关系，深刻认识市场经济既是契约经济、信用经济，又是法制经济、道德经济，在追逐物质利益的过程中享有精神收益。运用社区市民学校、公益性文化单位、文化服务中心等阵地，通过经典诵读、道德讲堂、论坛讲座、展览展示等形式，培育诚信文化。创作弘扬诚信的影视剧、小说和戏曲等文艺作品，做好展演展示，用文化传播和滋养诚信价值理念。

四、切实增强诚信教育实践针对性实效性

（十）突出企业主体诚信教育。抓好企业主群体的诚信教育和培训工作，引导他们把诚信守法经营理念奉为信条，切实负起主体责任，在生产经营、财务管理、履行纳税义务、环境管理和劳动用工管理等各环节建立信用管理流程，自觉抵制失信行为。各类企业要开展全员诚信教育，建立职工诚信考核评价制度，使诚信成为企业职工的基本规范。企业管理部门要把诚信教育作为对企业服务管理的重要内容，融入到证照颁发、业务办理的流程中，把守信履约要求作为对企业年度考评的重要依据。

（十一）抓好公共服务人员诚信教育。党员干部要以身作则、率先垂范，用模范行为带动诚信风尚的形成。公务员、医务人员、社会工作者以及社会中介服务人员直接服务于人民群众生产生活，他们的诚信言行对于增强人际互信具有重要影响。要深入开展公务员诚信、守法和道德教育，把诚信纳入公务员招录考试内容，增强公务员法律和诚信意识。认真贯彻政府信息公开条例，提高决策和施政透明度，提升政府公信力。引导医务人员崇尚服务理念，大力弘扬医者仁心、救死扶伤的医德。在律师、会计师、税务师、环境影响评价工程师、社会工作者等职业人群资格准入、专业评价、年审考核、职称评定中，强化诚信教育内容，培养职业操守，建立诚信档案，对严重失信行为实行"一票否决"。

（十二）纳入学校教育。坚持育人为本、德育为先，把诚信贯穿基础教育、高等教育、职业技术教育、成人教育各领域，落实到教育教学和管理服务各环节。构建各级各类学校有效衔接的诚信教育体系，在各级各类学校的德育课、思政课以及道德实践中强化契约精神教育、专题法制教育，研究建立学生诚信评价考核办法。建立和规范体现诚信内涵的礼仪制度，把诚信嵌入到成人礼、毕业典礼等仪式中。切实加强师德建设，强化诚信执教、为人师表理念，以人格魅力为学生展示"行为世范"。

依法依规严肃惩戒学术造假、论文抄袭、考试作弊等失信行为,将国家教育考试诚信档案与社会诚信档案相连通,纳入国家统一征信平台,引导师生以诚立身、诚信做人。

(十三)广泛开展诚信主题实践活动。坚持知行合一,运用生动有效的实践载体,引导人们把诚信理念转化为自觉行动。文明城市、文明村镇、文明行业、文明单位等群众性精神文明创建活动,要深化思想道德内涵,把诚信建设的要求贯穿到创建内容安排中、体现到工作各环节中。各行各业要结合业务和生产经营实际,开展各具特色的诚信实践活动,引导人们立足岗位践行诚信规范。生产企业作为实体经济的基础环节,要以"质量第一"为主题,用规范的管理制度、精细的工艺流程、严格的质量标准,把诚信渗透在产品生产和售后服务的各个环节。商贸流通企业作为市场秩序的关键环节,要以"履约守信"为主题,深化"百城万店无假货"、"诚信经营示范店"等活动,倡导公平交易、以诚待人,构建诚信商业环境。窗口行业作为直接服务人民群众的基层单位,要以"人民满意"为主题,用礼貌热情的态度、周到高效的工作,提供高质量服务,提升公众美誉度。当前,要突出"舌尖上的安全",在食品药品企业开展"诚信做产品"活动,倡导树立尚德守法、以义取利的义利观,倡导以信笃行、以诚兴业的传统美德,让广大人民群众"吃得安全、用得放心"。

五、建立健全激励诚信、惩戒失信长效机制

(十四)形成褒扬诚信的政策导向。各地各部门在确定经济社会发展目标和发展规划、出台经济社会重大政策和重大改革措施时,要把讲社会责任、讲社会效益、讲守法经营、讲公平竞争、讲诚信守约作为重要内容,形成有利于弘扬诚信的良好政策导向、利益机制。在制定与公民现实利益密切相关的具体政策措施时,要注重经济行为与价值导向的有机统一,建立完善政策评估和纠偏机制,防止具体政策措施与诚信建设相背离。职能部门在市场监管和公共服务过程中,要充分应用信用信息和信用产品,使诚实守信者享有优待政策,形成好人好报、善有善报的正向机制。

(十五)开展突出问题专项整治。各地各部门要经常梳理经济社会发展中诚信热点问题、人民群众普遍关注的失信败德行为,有针对性地开展专项整治。食品药品监管部门,要严厉打击制售假冒伪劣、有毒有害食品药品的黑工厂、黑窝点、黑作坊、黑渠道,严惩重处食品药品违法犯罪;工商部门,要严厉打击各种非法传销活动,狠抓社会影响大、涉案地区广的大案要案;质检部门,要扎实推进"质检利剑"行动,严厉打击产品质量违法行为;公安部门,要严厉打击利用电话、网络诈骗犯罪行为,保护群众财产安全；网管部门，要深入推进整治网络谣言专项行动，抓一批重大案件，列出一批“黑名单”；工信部门，要尽快落实手机卡实名制，有效切断境外网络改号电话从国际端口局以及各地电信企业落地进入境内程控网的管道；银行部门，要把落实银行卡实名制作为重点，推动对境外操作境内网银进行转账的限制、快速异地冻结赃款等工作落实。

（十六）建立诚信发布制度。推动各地各部门依据法律法规，按照客观、真实、准确的原则，建立诚信红黑名单制度，把恪守诚信者列入“红名单”，把失信违法者列入“黑名单”。对于列入“黑名单”的，根据违法违规性质和社会影响程度，分别采取“一对一”警示约谈、“一对多”部门间通报、在媒体公开发布等不同措施。中央文明办在与最高人民法院等部门联合发布失信被执行人名单的基础上，继续会同有关部门发布食品药品安全、企业产品质量、环境安全、纳税情况、债务偿付情况等方面的“黑名单”，发布失信惩戒措施。有关部门和社会相关单位对列入“黑名单”的失信者，要共同依法实施惩戒，形成扬善抑恶的制度机制和社会环境。

（十七）完善诚信监督体系。坚持行政监管、行业管理、社会监督相结合，构建多层面、全过程、广覆盖的监督体系，对各类社会信用主体实施有效监管，从源头上遏制失信行为。政府职能部门针对失信易发多发的行业领域，加大监管力度，强化风险排查，提升诚信监管效能。邀请各级人大代表、政协委员，到生产企业、服务窗口和公共场所明察暗访，提出意见建议。推动行业协会商会更好发挥自律作用，加强管理和服务，对行业成员形成监督约束。建立健全有奖举报制度，鼓励群众举报失信违规行为，对举报问题及时查处。大众传媒要开展建设性舆论监督，营造守信光荣、失信可耻的舆论氛围。对借舆论监督之名实施敲诈勒索的假新闻、假媒体、假记者，要及时发现、及时查处，提高媒体公信力。

六、有力营造诚信建设法治环境

（十八）坚持严格执法。促进各类管理主体把诚信价值理念贯彻到依法治国、依法执政、依法行政实践中，有法必依、执法必严、违法必究，用法律的刚性约束增强人们守信的自觉性。严格落实执法者主体责任，加大执法监督力度，切实解决监管部门执法难、司法判决执行难的问题，对执法不严、查处不力的部门和责任人依法实行问责追究。推动执法部门建立联动机制、形成执法合力，运用多种手段进行综合治理，使失信行为受到应有惩处。

（十九）深化普法教育。结合落实国家普法工作规划，深入宣传合同法、产品质量法、食品安全法、环境保护法、消费者权益保护法、征信业管理条例等法律法规，弘扬社会主义法治精神，增强人们的学法、尊法、守法、用法意识。突出抓好党政机关、执法部门法律法规学习培训，增强带头守法意识，提高依法行政能力。组织法律专业人员和志愿服务队伍到村镇、社区、机关、企业等城乡基层普及诚信方面的法律知识，增强人民群众遵纪守法观念和依法保护自身权益的能力。

（二十）健全法规制度。推进信用立法工作，推动相关部门和立法机构依据上位法出台配套制度、实施细则及司法解释，使信用信息征集、查询、应用、互联互通、信用信息安全和主体权益保护等有法可依、有章可循。推动各地把一些行之有效的管理经验上升为法规制度，制定诚信建设地方性法规、行政规章和规范性文件。具有立法权的全国文明城市、提名城市在诚信法规制度方面要先行先试、积累经验，为国家信用法规建设提供借鉴。

七、切实加强诚信建设制度化组织领导

（二十一）形成统分结合工作机制。各地各部门要把诚信建设制度化摆上重要位置，贯穿到经济社会发展各领域，推动诚信建设与业务工作、诚信教育与管理举措融为一体。建立健全党委统一领导、文明委组织协调、职能部门各负其责、全社会共同参与的工作格局，加强统筹规划，加强组织实施，加强督促落实。支持配合社会信用体系建设部际联席会议发挥统筹协调作用，加快构建社会信用体系，为全社会诚信建设夯实基础。文明委成员单位要率先抓好自身诚信建设，积极支持参与诚信建设制度化工作，形成工作合力。相关行业主管部门要认真履行职责，依据业务范围，细化诚信建设制度化具体举措。各级党委宣传部、文明办要做好组织实施、协调推进工作，加强与各部门的信息沟通和联络服务，加强对重点任务的检查督导，把各方面积极性都调动发挥出来，形成齐抓共管的良好局面。

推进诚信建设制度化，是培育和践行社会主义核心价值观的一项重要任务，关系改革发展稳定，关系人民切身利益。各地各部门要认真贯彻习近平总书记倡导的“三严三实”的要求，坚持重点突破、整体推进，坚持持之以恒、久久为功，坚持落细落小落实，以诚信建设制度化的良好效果，构建诚实守信的经济社会环境。

中华人民共和国社区矫正法实施办法（节录）

（2020 年 6 月 18 日　司发通〔2020〕59 号）

第九条　社区矫正机构是县级以上地方人民政府根据需要设置的，负责社区矫正工作具体实施的执行机关。社区矫正机构依法履行以下职责：

（一）接受委托进行调查评估，提出评估意见；

（二）接收社区矫正对象，核对法律文书、核实身份、办理接收登记，建立档案；

（三）组织入矫和解矫宣告，办理入矫和解矫手续；

（四）建立矫正小组、组织矫正小组开展工作，制定和落实矫正方案；

（五）对社区矫正对象进行监督管理，实施考核奖惩；审批会客、外出、变更执行地等事项；了解掌握社区矫正对象的活动情况和行为表现；组织查找失去联系的社区矫正对象，查找后依情形作出处理；

（六）提出治安管理处罚建议，提出减刑、撤销缓刑、撤销假释、收监执行等变更刑事执行建议，依法提请逮捕；

（七）对社区矫正对象进行教育帮扶，开展法治道德等教育，协调有关方面开展职业技能培训、就业指导，组织公益活动等事项；

（八）向有关机关通报社区矫正对象情况，送达法律文书；

（九）对社区矫正工作人员开展管理、监督、培训，落实职业保障；

（十）其他依法应当履行的职责。

设置和撤销社区矫正机构，由县级以上地方人民政府司法行政部门提出意见，按照规定的权限和程序审批。社区矫正日常工作由县级社区矫正机构具体承担；未设置县级社区矫正机构的，由上一级社区矫正机构具体承担。省、市两级社区矫正机构主要负责监督指导、跨区域执法的组织协调以及与同级社区矫正决定机关对接的案件办理工作。

第十二条　对拟适用社区矫正的，社区矫正决定机关应当核实社区矫正对象的居住地。社区矫正对象在多个地方居住的，可以确定经常居住地为执行地。没有居住地，居住地、经常居住地无法确定或者不适宜执行社区矫正的，应当根据有利于社区矫正对象接受矫正、更好地融入社会的原则，确定社区矫正执行地。被确定为执行地的社区矫正机构应当及时接收。

社区矫正对象的居住地是指其实际居住的县（市、区）。社区矫正对象的经常居住地是指其经常居住的，有固定住所、固定生活来源的县（市、区）。

社区矫正对象应如实提供其居住、户籍等情况，并提供必要的证明材料。

第十三条　社区矫正决定机关对拟适用社区矫正的被告人、罪犯，需要调查其社会危险性和对所居住社区影响的，可以委托拟确定为执行地的社区矫正机构或者有关社会组织进行调查评估。社区矫正机构或者有关社会组织收到委托文书后应当及时通知执行地县级人民检察院。

第十九条 执行地县级社区矫正机构、受委托的司法所应当为社区矫正对象确定矫正小组,与矫正小组签订矫正责任书,明确矫正小组成员的责任和义务,负责落实矫正方案。

矫正小组主要开展下列工作:

(一)按照矫正方案,开展个案矫正工作;

(二)督促社区矫正对象遵纪守法,遵守社区矫正规定;

(三)参与对社区矫正对象的考核评议和教育活动;

(四)对社区矫正对象走访谈话,了解其思想、工作和生活情况,及时向社区矫正机构或者司法所报告;

(五)协助对社区矫正对象进行监督管理和教育帮扶;

(六)协助社区矫正机构或者司法所开展其他工作。

第二十一条 社区矫正机构应当根据社区矫正对象被判处管制、宣告缓刑、假释和暂予监外执行的不同裁判内容和犯罪类型、矫正阶段、再犯罪风险等情况,进行综合评估,划分不同类别,实施分类管理。

社区矫正机构应当把社区矫正对象的考核结果和奖惩情况作为分类管理的依据。

社区矫正机构对不同类别的社区矫正对象,在矫正措施和方法上应当有所区别,有针对性地开展监督管理和教育帮扶工作。

第二十二条 执行地县级社区矫正机构、受委托的司法所要根据社区矫正对象的性别、年龄、心理特点、健康状况、犯罪原因、悔罪表现等具体情况,制定矫正方案,有针对性地消除社区矫正对象可能重新犯罪的因素,帮助其成为守法公民。

矫正方案应当包括社区矫正对象基本情况、对社区矫正对象的综合评估结果、对社区矫正对象的心理状态和其他特殊情况的分析、拟采取的监督管理、教育帮扶措施等内容。

矫正方案应当根据分类管理的要求、实施效果以及社区矫正对象的表现等情况,相应调整。

第二十四条 社区矫正对象应当按照有关规定和社区矫正机构的要求,定期报告遵纪守法、接受监督管理、参加教育学习、公益活动和社会活动等情况。发生居所变化、工作变动、家庭重大变故以及接触对其矫正可能产生不利影响人员等情况时,应当及时报告。被宣告禁止令的社区矫正对象应当定期报告遵守禁止令的情况。

暂予监外执行的社区矫正对象应当每个月报告本人身体情况。保外就医的,应当到省级人民政府指定的医院检查,每三个月向执行地县级社区矫正机构、受委托的司法所提交病情复查情况。执行地县级社区矫正机构根据社区矫正对象的病情及保证人等情况,可以调整报告身体情况和提交复查情况的期限。延长一个月至三个月以下的,报上一级社区矫正机构批准;延长三个月以上的,逐级上报省级社区矫正机构批准。批准延长的,执行地县级社区矫正机构应当及时通报同级人民检察院。

社区矫正机构根据工作需要,可以协调对暂予监外执行的社区矫正对象进行病情诊断、妊娠检查或者生活不能自理的鉴别。

第二十五条　未经执行地县级社区矫正机构批准,社区矫正对象不得接触其犯罪案件中的被害人、控告人、举报人,不得接触同案犯等可能诱发其再犯罪的人。

第二十六条　社区矫正对象未经批准不得离开所居住市、县。确有正当理由需要离开的,应当经执行地县级社区矫正机构或者受委托的司法所批准。

社区矫正对象外出的正当理由是指就医、就学、参与诉讼、处理家庭或者工作重要事务等。

前款规定的市是指直辖市的城市市区、设区的市的城市市区和县级市的辖区。在设区的同一市内跨区活动的,不属于离开所居住的市、县。

第五十二条　社区矫正机构应当建立突发事件处置机制,发现社区矫正对象非正常死亡、涉嫌实施犯罪、参与群体性事件的,应当立即与公安机关等有关部门协调联动、妥善处置,并将有关情况及时报告上一级社区矫正机构,同时通报执行地人民检察院

第五十五条　社区矫正机构、受委托的司法所应当根据未成年社区矫正对象的年龄、心理特点、发育需要、成长经历、犯罪原因、家庭监护教育条件等情况,制定适应未成年人特点的矫正方案,采取有益于其身心健康发展、融入正常社会生活的矫正措施。

社区矫正机构、司法所对未成年社区矫正对象的相关信息应当保密。对未成年社区矫正对象的考核奖惩和宣告不公开进行。对未成年社区矫正对象进行宣告或者处罚时,应通知其监护人到场。

社区矫正机构、司法所应当选任熟悉未成年人身心特点,具有法律、教育、心理等专业知识的人员负责未成年人社区矫正工作,并通过加强培训、管理,提高专业化水平。

国家知识产权局、公安部关于严厉打击假借专利评奖等手段进行诈骗违法犯罪活动的通知

（2007 年 2 月 10 日　国知发管字〔2007〕26 号）

各省、自治区、直辖市知识产权局，公安厅（局）；新疆生产建设兵团知识产权局、公安局：

近期，不法分子假借专利评奖等手段对专利申请人、专利权人、发明人进行诈骗的案件不断增多。有的假借国家机关、全国性组织或国际组织的名义搞专利评奖、专利转让，从中诈骗钱财；有的假冒国内外合法组织的名义，以举办博览会许诺参展项目获奖等手段，骗取参展费；有的谎称出版优秀专利项目汇编或发明人名录，骗取出版费。这类违法犯罪活动不仅直接侵害当事人的经济利益，挫伤发明人申请专利的积极性，而且严重扰乱社会秩序，破坏政府部门声誉。为贯彻落实中央关于建设创新型国家的战略部署，各级知识产权局、公安机关要立即行动起来，坚决打击这类违法犯罪活动，切实保障维护专利制度的正常运行，保障专利申请人、专利权人、发明人的合法权益。现将有关要求通知如下：

一、提高思想认识，加强组织领导

各级知识产权局、公安机关要充分认识严厉打击假借专利评奖等进行诈骗的违法犯罪活动对保障专利制度正常运行，促进科技创新，保护专利申请人、专利权人、发明人合法权益的积极意义，将此项工作作为落实科学发展观、构建社会主义和谐社会的具体体现。要加强组织领导，立足本地实际，研究制定切实可行的打击方案，并认真做好整体部署，逐级落实具体任务和目标，定期督导检查，务求取得实效。国家知识产权局、公安部将定期对各地工作进展情况进行督查。

二、加强协作配合，形成打击合力

各级知识产权局、公安机关要加强沟通协作，通过建立联席会议制度等长效协作机制，推动两部门在信息共享、案件移送、日常监管、联合调查等多方面开展广泛而深入的合作。知识产权局接到举报或发现线索时，对于涉嫌构成犯罪的案件，要及时移送公安机关并做好相关配合工作；公安机关对移送和当事人直接提供的案件线索要认真受理，积极调查。各级知识产权局、公安机关要针对当前不法分子经常跨区域作案的特点，加强地区间的协作配合，及时沟通信息、统一组织协调，形成打击合力。

三、强化刑事手段，震慑违法分子

各级知识产权局、公安机关要集中力量查处涉及地域广、受骗群众多、社会影响恶劣的重点案件。在打击行动中要突出刑事打击职能，针对这类犯罪活动隐蔽性、流动性、团伙性强，以及单个案件诈骗金额低的特点，建立线索档案管理制度，定期共同研商遴选重点案件线索。公安机关要结合案情找准切入点予以立案侦查，以犯罪团伙资金流向为主线，深挖犯罪，彻底摧毁犯罪网络。针对当前此类犯罪活动涉及多种罪名，且侦办难度较大的情况，公安机关要在案件侦办中通过多种途径与检察机关和法院沟通协商，争取支持，充分利用刑事打击手段震慑不法分子。

四、加强宣传工作，强化打击成效

各级知识产权局、公安机关要充分发挥宣传工作“震慑犯罪、揭露违法、警示风险、教育公众”的综合效能，将宣传工作作为打击和防范此类违法犯罪的重要手段，广泛利用电视、广播、互联网、报纸等媒体，开展多层次的宣传活动，及时报道打击成果和典型案件，及时发布案件预警信息。通过媒体曝光典型案件，震慑违法犯罪，通过揭露不法分子的诈骗手法，增强专利申请人、专利权人、发明人和社会公众的自我防范意识和防范能力。要注意重点抓好针对专利申请人、专利权人、发明人的宣传，结合当地实际，采取各种灵活便捷的方式开展有针对性和有时效性的宣传活动。

各级知识产权局、公安机关要紧密结合本地实际，认真贯彻落实本通知精神。对于工作成绩突出的单位和个人，国家知识产权局和公安部将给予表彰和奖励。对于执行中存在的问题，请分别报国家知识产权局和公安部。

特此通知。

教育部办公厅关于严格规范高校招生录取秩序
严密防范严厉打击中介招生诈骗的通知

（2007 年 7 月 19 日　教学厅〔2007〕7 号）

各省、自治区、直辖市教育厅（教委）、高校招生委员会办公室：

为进一步落实今年高校招生重点治理任务，加大防范和严惩高校体制外招生，打击中介招生诈骗活动的工作力度，确保高校招生录取正常秩序，现就有关要求通知如下：

一、严格审查普通高校招生资格。除经我部批准具有 2007 年普通高等学历教育招生资格的普通高校、独立学院和分校办学点外，其他任何学校和单位均不得招收普通高等学历教育学生，也不得挂靠具有招生资格的学校招生。省级教育行政部门不得为无普通高等学历教育招生资格的高校安排计划参与招生，并要反复提醒考生注意了解招生学校确实是具有普通高等学历教育招生资格的高校。

二、严格督查民办高校切实按章程招生。未经省级教育行政部门同意，民办高校不得在招生录取过程中擅自调整、变更本校招生章程和招生广告有关内容。民办高校的法定代表人要对本校招生章程执行情况和广告发布情况负责。独立学院的举办者要加强对独立学院招生全过程的监督。各省级教育行政部门要督促民办高校按照此前经省级教育行政部门审核备案的招生章程执行，并对其招生广告发布情况进行检查。严禁民办高校发布与经过审核备案的内容不相一致的章程或广告、混淆学历教育与非学历教育、违规承诺录取等方式吸引欺骗考生入学。

三、严禁高等学校违规录取考生。各省级教育行政部门、高等学校要严格执行招生计划。未经我部同意，不得擅自扩大本省（区、市）、本校本科和高职（专科）招生规模，严禁超计划招生。严禁高校组织在校学生（学员）、雇用社会人员、委托中学教师或中介机构组织生源和介入招生录取工作。严禁高校避开省级招办违规录取学生。严禁高校在任何时间以任何理由或名义向考生或家长收取与录取挂钩的任何费用。

四、认真做好录取考生信息确认工作。2007 年对独立学院、民办高校录取的参加全国统考的本科层次考生，各省级招办要根据录取考生名单，统一印制《录取考生信息确认表》，确保内容准确无误，并加盖省级招办录取专用章，原则上三日内向有关高校寄送录取考生名册和录取考生信息确认表。高校负责将《录取考生信息确认表》连同录取通知书直接寄送被录取考生。同时，省级招办还要采取措施，确保所有考生均可通过其所提供的途径查询和确认本人的录取结果。

五、加强对涉嫌招生诈骗的查处。各省级招办要建立和完善高校招生网络有害信息监察制度，一经发现涉嫌招生录取中介诈骗行为的信息，凡涉及本行政区域内高校的，必须立即核查，并通报省级公安机关网监部门予以处理；涉及非本行政区域内的，立即报告我部（高校学生司）。各省级招办和高校要积极配合当地公安机关严厉打击各类招生诈骗活动，妥善处理因诈骗事件可能引发的事端。

六、做好新生学籍电子注册数据准备工作。为确保今年录取考生顺利完成新生学籍电子注册，各省级招办须在 9 月 1 日之前按规定向我部全面、准确、规范上报各高校在本行政区域内录取的所有考生(包括统考、保送、单独考试录取的考生等)录取数据库,实施高职(专科)层次补录的省份应在9月30日前完成补录工作,并及时上报补录数据。对高校违反规定录取的考生和省级招办未报送录取数据的考生,将一律不予新生学籍电子注册。

七、做好防范、打击招生中介诈骗宣传工作。各省级招办和高校要把防止招生诈骗宣传工作纳入重要议事日程,加大工作力度,采取生动、有效的形式,主动宣传高校招生政策、程序和纪律,并且要把有关方面查处的非法招生中介诈骗典型案例向考生及家长进行反复、广泛的宣传教育,促使考生和家长认清非法招生中介的虚假欺骗性质,避免上当受骗。请各省级招办把本省(区、市)该项宣传工作实施方案于7月底前报我部(高校学生司)。

八、我部将对招生管理不严,办学秩序混乱,违规体制外招生和乱收费,以及出现严重不稳定事件的高校,建立招生、办学秩序不良记录档案,视情节严重程度予以下年度限制招生或暂停招生处理,并通过新闻媒体予以曝光。对违法违纪招生案件,要严格追究有关当事人和主管领导的责任,对发生与招生录取挂钩乱收费的高校,要先责令其主要负责人停职检查,再进行组织处理,对参与非法招生中介活动的工作人员,有关部门和高校必须依法依纪作出严肃处理。

请各省级教育行政部门速将本通知转发本行政区域内有关高校。

中国银保监会办公厅、中央网信办秘书局、教育部办公厅等关于进一步规范大学生互联网消费贷款监督管理工作的通知

(2021年2月24日)

各银保监局,各省(自治区、直辖市、计划单列市)、新疆生产建设兵团网信办、教育厅(教育局、教委)、公安厅(局)、地方金融监督管理局,中国人民银行上海总部,各分行、营业管理部、省会(首府)城市中心支行、副省级城市中心支行,各大型银行、股份制银行,中央所属各高等院校:

近期,部分小额贷款公司以大学校园为目标,通过和科技公司合作等方式进行诱导性营销,发放针对在校大学生(以下简称大学生)的互联网消费贷款,引诱大学生过度超前消费,导致部分大学生陷入高额贷款陷阱,侵犯其合法权益,引起恶劣的社会影响。为进一步规范大学生互联网消费贷款业务,加强教育引导工作,现将有关事项通知如下:

一、加强大学生互联网消费贷款业务监督管理

(一)规范大学生互联网消费贷款放贷行为

小额贷款公司要加强贷款客户身份的实质性核验,不得将大学生设定为互联网消费贷款的目标客户群体,不得针对大学生群体精准营销,不得向大学生发放互联网消费贷款。放贷机构外包合作机构要加强获客筛选,不得采用虚假、引人误解或者诱导性宣传等不正当方式诱导大学生超前消费、过度借贷,不得针对大学生群体精准营销,不得向放贷机构推送引流大学生。

银行业金融机构要严守风险底线,审慎开展大学生互联网消费贷款业务,建立完善相适应的风险管理制度和预警机制,加强贷前调查评估,重视贷后管理监督,确保风险可控。

未经银行业监督管理部门或地方金融监督管理部门批准设立的机构不得为大学生提供信贷服务。

(二)严格大学生互联网消费贷款风险管理

为满足大学生合理消费信贷需求,各银行业金融机构在风险可控的前提下,可开发针对性、差异化的互联网消费信贷产品,遵循小额、短期、风险可控的原则,严格限制同一借款人贷款余额和大学生互联网消费贷款总业务规模,加强产品营销管理,严格大学生资质审核,提高资产质量。

要加强营销管理,银行业金融机构及其合作机构不得针对大学生群体线上精准营销,在校园内开展的线下营销宣传活动需事先向营销地监管部门报备,并就开展营销活动的具体地点、日期、时间和活动内容提前告知相关教育机构并取得该教育机构的同意,营销活动不得使用欺骗性、引人误解或诱导性宣传等不当方式,诱导大学生申请消费贷款。

要严格贷前资质审核,实质性审核识别大学生身份和真实贷款用途,综合评估大学生征信、收入、税务等信息,全面了解信用状况,严格落实大学生第二还款来源,通过电话等合理方式确认第二还款来源身份的真实性,获取具备还款能力的第二还款来源(父母、监护人或其他管理人等)表示同意其贷款行为并愿意代为还款的书面担保材料,严格把控大学生信贷资质。

要加强贷后管理,确保借贷资金流向符合贷款合同规定;妥善处理逾期贷款,规范催收管理,严禁任何干扰大学生正常学习生活的暴力催收行为;及时掌握大学生资金流动状况和信用状况变化情况,健全应对预案,确保大学生互联网消费贷款整体业务风险可控。

要加强大学生个人信息安全保护，建立健全和严格执行保障信息安全的规章制度，采取有效技术措施妥善管理大学生基本信息，不得向第三方机构发送借款学生信息，不得非法泄露、曝光、买卖借款学生信息。

要加强征信信息报送，按照《征信业管理条例》，将大学生互联网消费贷款所有信贷信息及时、完整、准确报送至金融信用信息基础数据库。对于不同意报送信贷信息的大学生，不得向其发放贷款。

（三）强化风险整治及监督检查

各地方金融监督管理部门和各银保监局要在前期网贷机构校园贷整治工作的基础上，将小额贷款公司、消费金融公司等各类放贷机构纳入整治范畴，综合运用网站监测、资金监测、现场检查、数据分析等各类手段，进一步加强大学生互联网消费贷款业务的监督检查和排查力度。同时，加大对非法放贷机构的排查和打击力度。

对于已发放的大学生互联网消费贷款，一是要督促小额贷款公司制定整改计划，已放贷款原则上不进行展期，逐步消化存量业务，严禁违规新增业务。二是要督促银行业金融机构加强排查，限期整改违规业务，严格落实风险管理要求。对于排查发现问题拒不整改或情节较重的机构，要严厉处罚、打击，涉嫌犯罪的，移送司法机关。

二、加大对学生的教育、引导和帮扶力度，营造良好校园环境

各高校要切实担负起学生管理的主体责任，加强学生金融知识教育和救助帮扶，引导学生树立正确的消费观念，切实维护学生权益和校园稳定。一是大力开展金融知识普及教育。要强化金融知识宣传教育，将金融常识教育纳入日常教育内容，持续开展金融知识宣传。定期开展金融知识进校园活动，邀请金融监管机构、银行业金融机构开展知识讲座，阐述不良网贷危害、分析借贷“追星”等校园不良网贷案例，切实提高学生金融安全防范意识。加强诚信意识教育，教育学生在申请贷款时应如实提供信息，不得故意隐瞒学生身份，不得恶意骗贷、违约，珍惜个人征信记录，警惕网络贷款逾期影响个人征信。二是不断完善帮扶救助工作机制。要确保各项学生资助政策落实到位，提高学生资助工作管理水平，切实保障家庭经济困难学生学费、住宿费和基本生活费等保障性需求。完善特殊困难救助机制，设立专项资助资金，对家庭出现重大变故的学生进行紧急救助，解决学生的临时性、紧急性资金需求。对于已经陷入网贷泥淖的大学生，建立专项机制，指导他们通过理智有效的方式解决所欠网贷问题，加强心理干预辅导，教育引导他们珍视生命，理性处理碰到的困难。鼓励有条件的高校多渠道筹集资金，支持学生开展拓展学习、创新创业等，满足学生发展性需求。三是全面引导树立正确消费观念。要加强学生消费理念教育,将培养学生勤俭节约意识与学生日常思政教育相融合。关注学生消费心理,及时纠正超前消费、过度消费、从众消费等错误观念,引导学生树立科学、理性、健康的消费观。建立日常监测机制,密切关注学生异常消费行为,及时发现学生在生活消费、人际消费、娱乐消费等方面出现的倾向性问题,采取针对性措施予以纠正,努力做到早防范、早教育、早发现、早处置。

三、强化网络舆情监测,合理引导舆情

各地网信部门要积极配合地方政府、高校和金融、教育、公安等管理部门,做好规范大学生互联网消费贷款监督管理政策网上解读和舆论引导工作。对于利用大学生互联网消费贷款恶意炒作、造谣生事的行为,指导相关单位主动发声、澄清真相,共同营造良好舆论环境。

四、加大违法犯罪问题查处力度,营造良好金融环境

各地公安机关要依法加大大学生互联网消费贷款业务中违法犯罪行为查处力度,严厉打击针对大学生群体以套路贷、高利贷等方式实施的犯罪活动,加大对非法拘禁、绑架、暴力催收等违法犯罪活动的打击力度,依法打击侵犯公民个人信息的违法犯罪活动。

中国银监会关于银行业打击治理电信网络新型违法犯罪有关工作事项的通知(节录)

(2015年11月13日　银监发〔2015〕48号)

六、大力宣传,打防结合,着力提升广大群众防范电信网络诈骗的意识和能力

各银监局、银行业金融机构要精心组织开展宣传教育活动,采取群众喜闻乐见的方式,推动电信网络新型违法犯罪防范工作宣传教育活动进社区、进学校、进家庭。各银行业金融机构应综合运用柜台、ATM等终端,积极借助手机短信、互联网等载体,通过悬挂警示标语、张贴防范提示、发放宣传资料等方式,深入开展经常性防范宣传教育活动,及时揭露不法分子犯罪手法和伎俩,切实提高广大群众防范意识和能力。特别是在客户办理业务过程中,要主动提示核查本人名下全部银行账户信息,发现异常,及时处置。

七、落实责任,严肃查处,建立健全考核奖惩和责任追究制度

各银监局、银行业金融机构要按照电信网络新型违法犯罪打击治理职责分工,严格落实工作责任,建立健全考核奖惩和责任追究制度。对于工作成绩突出的,要予以表彰奖励；对于重视不够，措施不力的，要予以通报批评。对于在协助查控工作中通风报信、拖延推诿、协助隐匿转移财产的，以及涉及违规办卡的银行业金融机构和从业人员，要对责任机构和责任人予以严厉处罚。构成犯罪的，依法移交司法机关追究刑事责任。

中华人民共和国个人信息保护法（节录）

（2021 年 8 月 20 日　中华人民共和国主席令第 91 号）

第六十一条　履行个人信息保护职责的部门履行下列个人信息保护职责：

（一）开展个人信息保护宣传教育，指导、监督个人信息处理者开展个人信息保护工作；

（二）接受、处理与个人信息保护有关的投诉、举报；

（三）组织对应用程序等个人信息保护情况进行测评，并公布测评结果；

（四）调查、处理违法个人信息处理活动；

（五）法律、行政法规规定的其他职责。

全国人民代表大会常务委员会
关于维护互联网安全的决定（节录）

（2009 年 8 月 27 日修正　中华人民共和国主席令第 18 号）

七、各级人民政府及有关部门要采取积极措施，在促进互联网的应用和网络技术的普及过程中，重视和支持对网络安全技术的研究和开发，增强网络的安全防护能力。有关主管部门要加强对互联网的运行安全和信息安全的宣传教育，依法实施有效的监督管理，防范和制止利用互联网进行的各种违法活动，为互联网的健康发展创造良好的社会环境。从事互联网业务的单位要依法开展活动，发现互联网上出现违法犯罪行为和有害信息时，要采取措施，停止传输有害信息，并及时向有关机关报告。任何单位和个人在利用互联网时，都要遵纪守法，抵制各种违法犯罪行为和有害信息。人民法院、人民检察院、公安机关、国家安全机关要各司其职，密切配合，依法严厉打击利用互联网实施的各种犯罪活动。要动员全社会的力量，依靠全社会的共同努力，保障互联网的运行安全与信息安全，促进社会主义精神文明和物质文明建设。

人力资源社会保障部办公厅、财政部办公厅关于在就业补助资金使用信息公开中进一步加强个人信息保护的通知

（2017年12月5日　人社厅发〔2017〕149号）

各省、自治区、直辖市及新疆生产建设兵团人力资源社会保障厅（局）、财政（财务）厅（局）：

近年来，各地区认真落实积极的就业政策，规范就业补助资金管理使用，着力推进政策落实和资金使用阳光运行，取得了良好成效。与此同时，个别地区在就业补助资金使用信息公开中，由于专业性、规范性不足，存在享受补贴人员个人信息和隐私泄露的隐患。为确保各项就业补贴政策落实落细，防止资金使用信息公开中泄露个人信息和隐私，现就有关事项通知如下：

一、提高思想认识。就业补助资金使用信息公开是加强资金管理使用、主动接受社会监督的重要手段，保护政策对象个人信息和隐私是政府依法行政、保障公民合法权益的重要要求。各地务必高度重视，强化以人民为中心的发展思想，增强依法行政意识，遵守国家有关个人信息保护的法规制度，将个人信息保护与资金规范管理、信息公开公示等工作放在同等重要的位置上考虑，处理好政府信息公开与个人信息保护的关系，既保证资金使用公开透明，也杜绝个人敏感信息泄露，维护好劳动者信息安全和合法权益，使就业政策落实更规范、更安全、更有温度。

二、规范公开内容。各地要按照《就业补助资金管理办法》（财社〔2017〕164号，以下简称《办法》）要求，做好各项补贴资金使用情况的公开公示，并根据个人信息保护的有关要求，进一步规范公开内容。对《办法》规定公开内容中的个人身份证号码，在公开时要注意隐藏或遮挡身份证号码部分数字。对《办法》未要求公开的家庭住址、联系方式、银行卡号、出生日期、家庭困难状况、身体残疾情况等涉及享受补贴人员个人隐私的敏感信息，原则上不予公开，确需公开的要注意保护个人信息和隐私安全。

三、抓好自查整改。各地接到本通知后，要迅速开展就业补助资金使用信息公开情况自查，充分利用技术手段，对相关网站和公开公示栏进行全面排查，做到不留死角、不留盲区。对信息应公开而未予公开的问题，要及时对外发布，确保按要求主动公开。对敏感信息不当公开、涉及个人隐私泄露的问题，要立即采取删除、隐

藏、遮挡等补救措施,确保个人信息和隐私安全。

四、严格信息使用。各地在工作中,要切实加强各项就业补贴政策享受人员的个人信息管理,严禁用于资金管理、政策落实和公共就业服务之外的其他用途,严禁以任何形式将落实政策、提供服务中获取的劳动者个人信息出售或提供给任何社会机构及个人。已经建立政策落实和资金管理信息系统的地区,要进一步加强网络信息安全防护建设,着力避免信息泄露。

各地要迅速向本地区各级人力资源社会保障部门、财政部门和公共就业服务机构传达本通知要求,推动其按照“谁公开、谁负责”的原则,强化责任意识,严格工作程序,实现资金规范管理和个人信息保护有效衔接、互促共进;并主动协调教育部门,指导高校做好求职创业补贴等高校毕业生就业补贴政策的校内信息公开公示。各地落实本通知要求相关情况和遇到的问题,2017 年 12 月 25 日前向两部报告。

六、重点区域领域电信网络诈骗治理

中华人民共和国反电信网络诈骗法(节录)

(2022 年 9 月 2 日　中华人民共和国主席令第 119 号)

第三十五条　经国务院反电信网络诈骗工作机制决定或者批准,公安、金融、电信等部门对电信网络诈骗活动严重的特定地区,可以依照国家有关规定采取必要的临时风险防范措施。

第三十六条　对前往电信网络诈骗活动严重地区的人员,出境活动存在重大涉电信网络诈骗活动嫌疑的,移民管理机构可以决定不准其出境。

因从事电信网络诈骗活动受过刑事处罚的人员,设区的市级以上公安机关可以根据犯罪情况和预防再犯罪的需要,决定自处罚完毕之日起六个月至三年以内不准其出境,并通知移民管理机构执行。

中华人民共和国刑法(节录)

(2020年12月26日修正　中华人民共和国主席令第66号)

第三节　妨害国(边)境管理罪

第三百一十八条　【组织他人偷越国(边)境罪】组织他人偷越国(边)境的,处二年以上七年以下有期徒刑,并处罚金;有下列情形之一的,处七年以上有期徒刑或者无期徒刑,并处罚金或者没收财产:

(一)组织他人偷越国(边)境集团的首要分子;

(二)多次组织他人偷越国(边)境或者组织他人偷越国(边)境人数众多的;

(三)造成被组织人重伤、死亡的;

(四)剥夺或者限制被组织人人身自由的;

(五)以暴力、威胁方法抗拒检查的;

(六)违法所得数额巨大的;

(七)有其他特别严重情节的。

犯前款罪,对被组织人有杀害、伤害、强奸、拐卖等犯罪行为,或者对检查人员有杀害、伤害等犯罪行为的,依照数罪并罚的规定处罚。

第三百一十九条　【骗取出境证件罪】以劳务输出、经贸往来或者其他名义,弄虚作假,骗取护照、签证等出境证件,为组织他人偷越国(边)境使用的,处三年以下有期徒刑,并处罚金;情节严重的,处三年以上十年以下有期徒刑,并处罚金。

单位犯前款罪的,对单位判处罚金,并对其直接负责的主管人员和其他直接责任人员,依照前款的规定处罚。

第三百二十条　【提供伪造、变造的出入境证件罪】【出售出入境证件罪】为他人提供伪造、变造的护照、签证等出入境证件,或者出售护照、签证等出入境证件的,处五年以下有期徒刑,并处罚金;情节严重的,处五年以上有期徒刑,并处罚金。

第三百二十一条　【运送他人偷越国(边)境罪】运送他人偷越国(边)境的,处五年以下有期徒刑、拘役或者管制,并处罚金;有下列情形之一的,处五年以上十年以下有期徒刑,并处罚金:

(一)多次实施运送行为或者运送人数众多的;

(二)所使用的船只、车辆等交通工具不具备必要的安全条件,足以造成严重后果的;

(三)违法所得数额巨大的;

(四)有其他特别严重情节的。

在运送他人偷越国(边)境中造成被运送人重伤、死亡,或者以暴力、威胁方法抗拒检查的,处七年以上有期徒刑,并处罚金。

犯前两款罪,对被运送人有杀害、伤害、强奸、拐卖等犯罪行为,或者对检查人员有杀害、伤害等犯罪行为的,依照数罪并罚的规定处罚。

第三百二十二条　【偷越国(边)境罪】违反国(边)境管理法规,偷越国(边)境,情节严重的,处一年以下有期徒刑、拘役或者管制,并处罚金;为参加恐怖活动组织、接受恐怖活动培训或者实施恐怖活动,偷越国(边)境的,处一年以上三年以下有期徒刑,并处罚金。

第三百二十三条　【破坏界碑、界桩罪】【破坏永久性测量标志罪】故意破坏国家边境的界碑、界桩或者永久性测量标志的,处三年以下有期徒刑或者拘役。

中华人民共和国出境入境管理法(节录)

(2012年6月30日　中华人民共和国主席令第57号)

第一章　总　　则

第二条　中国公民出境入境、外国人入境出境、外国人在中国境内停留居留的管理,以及交通运输工具出境入境的边防检查,适用本法。

第三条　国家保护中国公民出境入境合法权益。

在中国境内的外国人的合法权益受法律保护。在中国境内的外国人应当遵守中国法律,不得危害中国国家安全、损害社会公共利益、破坏社会公共秩序。

第四条　公安部、外交部按照各自职责负责有关出境入境事务的管理。

中华人民共和国驻外使馆、领馆或者外交部委托的其他驻外机构(以下称驻外签证机关)负责在境外签发外国人入境签证。出入境边防检查机关负责实施出境入境边防检查。县级以上地方人民政府公安机关及其出入境管理机构负责外国人停留居留管理。

公安部、外交部可以在各自职责范围内委托县级以上地方人民政府公安机关出入境管理机构、县级以上地方人民政府外事部门受理外国人入境、停留居留申请。

公安部、外交部在出境入境事务管理中,应当加强沟通配合,并与国务院有关部门密切合作,按照各自职责分工,依法行使职权,承担责任。

第五条 国家建立统一的出境入境管理信息平台,实现有关管理部门信息共享。

第六条 国家在对外开放的口岸设立出入境边防检查机关。

中国公民、外国人以及交通运输工具应当从对外开放的口岸出境入境,特殊情况下,可以从国务院或者国务院授权的部门批准的地点出境入境。出境入境人员和交通运输工具应当接受出境入境边防检查。

出入境边防检查机关负责对口岸限定区域实施管理。根据维护国家安全和出境入境管理秩序的需要,出入境边防检查机关可以对出境入境人员携带的物品实施边防检查。必要时,出入境边防检查机关可以对出境入境交通运输工具载运的货物实施边防检查,但是应当通知海关。

第七条 经国务院批准,公安部、外交部根据出境入境管理的需要,可以对留存出境入境人员的指纹等人体生物识别信息作出规定。

外国政府对中国公民签发签证、出境入境管理有特别规定的,中国政府可以根据情况采取相应的对等措施。

第五章 交通运输工具出境入境边防检查

第五十条 出境入境交通运输工具离开、抵达口岸时,应当接受边防检查。对交通运输工具的入境边防检查,在其最先抵达的口岸进行;对交通运输工具的出境边防检查,在其最后离开的口岸进行。特殊情况下,可以在有关主管机关指定的地点进行。

出境的交通运输工具自出境检查后至出境前,入境的交通运输工具自入境后至入境检查前,未经出入境边防检查机关按照规定程序许可,不得上下人员、装卸货物或者物品。

第五十一条 交通运输工具负责人或者交通运输工具出境入境业务代理单位应当按照规定提前向出入境边防检查机关报告入境、出境的交通运输工具抵达、离开口岸的时间和停留地点,如实申报员工、旅客、货物或者物品等信息。

第五十二条 交通运输工具负责人、交通运输工具出境入境业务代理单位应当配合出境入境边防检查,发现违反本法规定行为的,应当立即报告并协助调查处理。

入境交通运输工具载运不准入境人员的,交通运输工具负责人应当负责载离。

第五十三条　出入境边防检查机关按照规定对处于下列情形之一的出境入境交通运输工具进行监护：

（一）出境的交通运输工具在出境边防检查开始后至出境前、入境的交通运输工具在入境后至入境边防检查完成前；

（二）外国船舶在中国内河航行期间；

（三）有必要进行监护的其他情形。

第五十四条　因装卸物品、维修作业、参观访问等事由需要上下外国船舶的人员，应当向出入境边防检查机关申请办理登轮证件。

中国船舶与外国船舶或者外国船舶之间需要搭靠作业的，应当由船长或者交通运输工具出境入境业务代理单位向出入境边防检查机关申请办理船舶搭靠手续。

第五十五条　外国船舶、航空器在中国境内应当按照规定的路线、航线行驶。

出境入境的船舶、航空器不得驶入对外开放口岸以外地区。因不可预见的紧急情况或者不可抗力驶入的，应当立即向就近的出入境边防检查机关或者当地公安机关报告，并接受监护和管理。

第五十六条　交通运输工具有下列情形之一的，不准出境入境；已经驶离口岸的，可以责令返回：

（一）离开、抵达口岸时，未经查验准许擅自出境入境的；

（二）未经批准擅自改变出境入境口岸的；

（三）涉嫌载有不准出境入境人员，需要查验核实的；

（四）涉嫌载有危害国家安全、利益和社会公共秩序的物品，需要查验核实的；

（五）拒绝接受出入境边防检查机关管理的其他情形。

前款所列情形消失后，出入境边防检查机关对有关交通运输工具应当立即放行。

第五十七条　从事交通运输工具出境入境业务代理的单位，应当向出入境边防检查机关备案。从事业务代理的人员，由所在单位向出入境边防检查机关办理备案手续。

第六章　调查和遣返

第五十八条　本章规定的当场盘问、继续盘问、拘留审查、限制活动范围、遣送出境措施，由县级以上地方人民政府公安机关或者出入境边防检查机关实施。

第五十九条 对涉嫌违反出境入境管理的人员,可以当场盘问;经当场盘问,有下列情形之一的,可以依法继续盘问:

(一)有非法出境入境嫌疑的;

(二)有协助他人非法出境入境嫌疑的;

(三)外国人有非法居留、非法就业嫌疑的;

(四)有危害国家安全和利益,破坏社会公共秩序或者从事其他违法犯罪活动嫌疑的。

当场盘问和继续盘问应当依据《中华人民共和国人民警察法》规定的程序进行。

县级以上地方人民政府公安机关或者出入境边防检查机关需要传唤涉嫌违反出境入境管理的人员的,依照《中华人民共和国治安管理处罚法》的有关规定执行。

第六十条 外国人有本法第五十九条第一款规定情形之一的,经当场盘问或者继续盘问后仍不能排除嫌疑,需要作进一步调查的,可以拘留审查。

实施拘留审查,应当出示拘留审查决定书,并在二十四小时内进行询问。发现不应当拘留审查的,应当立即解除拘留审查。

拘留审查的期限不得超过三十日;案情复杂的,经上一级地方人民政府公安机关或者出入境边防检查机关批准可以延长至六十日。对国籍、身份不明的外国人,拘留审查期限自查清其国籍、身份之日起计算。

第六十一条 外国人有下列情形之一的,不适用拘留审查,可以限制其活动范围:

(一)患有严重疾病的;

(二)怀孕或者哺乳自己不满一周岁婴儿的;

(三)未满十六周岁或者已满七十周岁的;

(四)不宜适用拘留审查的其他情形。

被限制活动范围的外国人,应当按照要求接受审查,未经公安机关批准,不得离开限定的区域。限制活动范围的期限不得超过六十日。对国籍、身份不明的外国人,限制活动范围期限自查清其国籍、身份之日起计算。

第六十二条 外国人有下列情形之一的,可以遣送出境:

(一)被处限期出境,未在规定期限内离境的;

(二)有不准入境情形的;

(三)非法居留、非法就业的;

（四）违反本法或者其他法律、行政法规需要遣送出境的。

其他境外人员有前款所列情形之一的，可以依法遣送出境。

被遣送出境的人员，自被遣送出境之日起一至五年内不准入境。

第六十三条　被拘留审查或者被决定遣送出境但不能立即执行的人员，应当羁押在拘留所或者遣返场所。

第六十四条　外国人对依照本法规定对其实施的继续盘问、拘留审查、限制活动范围、遣送出境措施不服的，可以依法申请行政复议，该行政复议决定为最终决定。

其他境外人员对依照本法规定对其实施的遣送出境措施不服，申请行政复议的，适用前款规定。

第六十五条　对依法决定不准出境或者不准入境的人员，决定机关应当按照规定及时通知出入境边防检查机关；不准出境、入境情形消失的，决定机关应当及时撤销不准出境、入境决定，并通知出入境边防检查机关。

第六十六条　根据维护国家安全和出境入境管理秩序的需要，必要时，出入境边防检查机关可以对出境入境的人员进行人身检查。人身检查应当由两名与受检查人同性别的边防检查人员进行。

第六十七条　签证、外国人停留居留证件等出境入境证件发生损毁、遗失、被盗抢或者签发后发现持证人不符合签发条件等情形的，由签发机关宣布该出境入境证件作废。

伪造、变造、骗取或者被证件签发机关宣布作废的出境入境证件无效。

公安机关可以对前款规定的或被他人冒用的出境入境证件予以注销或者收缴。

第六十八条　对用于组织、运送、协助他人非法出境入境的交通运输工具，以及需要作为办案证据的物品，公安机关可以扣押。

对查获的违禁物品，涉及国家秘密的文件、资料以及用于实施违反出境入境管理活动的工具等，公安机关应当予以扣押，并依照相关法律、行政法规规定处理。

第六十九条　出境入境证件的真伪由签发机关、出入境边防检查机关或者公安机关出入境管理机构认定。

第七章　法律责任

第七十一条　有下列行为之一的，处一千元以上五千元以下罚款；情节严重的，处五日以上十日以下拘留，可以并处二千元以上一万元以下罚款：

（一）持用伪造、变造、骗取的出境入境证件出境入境的；

（二）冒用他人出境入境证件出境入境的；

（三）逃避出境入境边防检查的；

（四）以其他方式非法出境入境的。

第七十二条 协助他人非法出境入境的，处二千元以上一万元以下罚款；情节严重的，处十日以上十五日以下拘留，并处五千元以上二万元以下罚款，有违法所得的，没收违法所得。

单位有前款行为的，处一万元以上五万元以下罚款，有违法所得的，没收违法所得，并对其直接负责的主管人员和其他直接责任人员依照前款规定予以处罚。

第七十三条 弄虚作假骗取签证、停留居留证件等出境入境证件的，处二千元以上五千元以下罚款；情节严重的，处十日以上十五日以下拘留，并处五千元以上二万元以下罚款。

单位有前款行为的，处一万元以上五万元以下罚款，并对其直接负责的主管人员和其他直接责任人员依照前款规定予以处罚。

第七十四条 违反本法规定，为外国人出具邀请函件或者其他申请材料的，处五千元以上一万元以下罚款，有违法所得的，没收违法所得，并责令其承担所邀请外国人的出境费用。

单位有前款行为的，处一万元以上五万元以下罚款，有违法所得的，没收违法所得，并责令其承担所邀请外国人的出境费用，对其直接负责的主管人员和其他直接责任人员依照前款规定予以处罚。

第七十五条 中国公民出境后非法前往其他国家或者地区被遣返的，出入境边防检查机关应当收缴其出境入境证件，出境入境证件签发机关自其被遣返之日起六个月至三年以内不予签发出境入境证件。

第七十六条 有下列情形之一的，给予警告，可以并处二千元以下罚款：

（一）外国人拒不接受公安机关查验其出境入境证件的；

（二）外国人拒不交验居留证件的；

（三）未按照规定办理外国人出生登记、死亡申报的；

（四）外国人居留证件登记事项发生变更，未按照规定办理变更的；

（五）在中国境内的外国人冒用他人出境入境证件的；

（六）未按照本法第三十九条第二款规定办理登记的。

旅馆未按照规定办理外国人住宿登记的，依照《中华人民共和国治安管理处罚法》的有关规定予以处罚；未按照规定向公安机关报送外国人住宿登记信息的，给予警告；情节严重的，处一千元以上五千元以下罚款。

第七十七条　外国人未经批准，擅自进入限制外国人进入的区域，责令立即离开；情节严重的，处五日以上十日以下拘留。对外国人非法获取的文字记录、音像资料、电子数据和其他物品，予以收缴或者销毁，所用工具予以收缴。

外国人、外国机构违反本法规定，拒不执行公安机关、国家安全机关限期迁离决定的，给予警告并强制迁离；情节严重的，对有关责任人员处五日以上十五日以下拘留。

第七十八条　外国人非法居留的，给予警告；情节严重的，处每非法居留一日五百元，总额不超过一万元的罚款或者五日以上十五日以下拘留。

因监护人或者其他负有监护责任的人未尽到监护义务，致使未满十六周岁的外国人非法居留的，对监护人或者其他负有监护责任的人给予警告，可以并处一千元以下罚款。

第七十九条　容留、藏匿非法入境、非法居留的外国人，协助非法入境、非法居留的外国人逃避检查，或者为非法居留的外国人违法提供出境入境证件的，处二千元以上一万元以下罚款；情节严重的，处五日以上十五日以下拘留，并处五千元以上二万元以下罚款，有违法所得的，没收违法所得。

单位有前款行为的，处一万元以上五万元以下罚款，有违法所得的，没收违法所得，并对其直接负责的主管人员和其他直接责任人员依照前款规定予以处罚。

第八十条　外国人非法就业的，处五千元以上二万元以下罚款；情节严重的，处五日以上十五日以下拘留，并处五千元以上二万元以下罚款。

介绍外国人非法就业的，对个人处每非法介绍一人五千元，总额不超过五万元的罚款；对单位处每非法介绍一人五千元，总额不超过十万元的罚款；有违法所得的，没收违法所得。

非法聘用外国人的，处每非法聘用一人一万元，总额不超过十万元的罚款；有违法所得的，没收违法所得。

第八十一条　外国人从事与停留居留事由不相符的活动，或者有其他违反中国法律、法规规定，不适宜在中国境内继续停留居留情形的，可以处限期出境。

外国人违反本法规定，情节严重，尚不构成犯罪的，公安部可以处驱逐出境。公安部的处罚决定为最终决定。

被驱逐出境的外国人，自被驱逐出境之日起十年内不准入境。

第八十二条 有下列情形之一的，给予警告，可以并处二千元以下罚款：

（一）扰乱口岸限定区域管理秩序的；

（二）外国船员及其随行家属未办理临时入境手续登陆的；

（三）未办理登轮证件上下外国船舶的。

违反前款第一项规定，情节严重的，可以并处五日以上十日以下拘留。

第八十三条 交通运输工具有下列情形之一的，对其负责人处五千元以上五万元以下罚款：

（一）未经查验准许擅自出境入境或者未经批准擅自改变出境入境口岸的；

（二）未按照规定如实申报员工、旅客、货物或者物品等信息，或者拒绝协助出境入境边防检查的；

（三）违反出境入境边防检查规定上下人员、装卸货物或者物品的。

出境入境交通运输工具载运不准出境入境人员出境入境的，处每载运一人五千元以上一万元以下罚款。交通运输工具负责人证明其已经采取合理预防措施的，可以减轻或者免予处罚。

第八十四条 交通运输工具有下列情形之一的，对其负责人处二千元以上二万元以下罚款：

（一）中国或者外国船舶未经批准擅自搭靠外国船舶的；

（二）外国船舶、航空器在中国境内未按照规定的路线、航线行驶的；

（三）出境入境的船舶、航空器违反规定驶入对外开放口岸以外地区的。

第八十五条 履行出境入境管理职责的工作人员，有下列行为之一的，依法给予处分：

（一）违反法律、行政法规，为不符合规定条件的外国人签发签证、外国人停留居留证件等出境入境证件的；

（二）违反法律、行政法规，审核验放不符合规定条件的人员或者交通运输工具出境入境的；

（三）泄露在出境入境管理工作中知悉的个人信息，侵害当事人合法权益的；

（四）不按照规定将依法收取的费用、收缴的罚款及没收的违法所得、非法财物上缴国库的；

（五）私分、侵占、挪用罚没、扣押的款物或者收取的费用的；

（六）滥用职权、玩忽职守、徇私舞弊，不依法履行法定职责的其他行为。

第八十六条 对违反出境入境管理行为处五百元以下罚款的，出入境边防检查机关可以当场作出处罚决定。

第八十七条　对违反出境入境管理行为处罚款的，被处罚人应当自收到处罚决定书之日起十五日内，到指定的银行缴纳罚款。被处罚人在所在地没有固定住所，不当场收缴罚款事后难以执行或者在口岸向指定银行缴纳罚款确有困难的，可以当场收缴。

第八章　附　　则

第九十条　经国务院批准，同毗邻国家接壤的省、自治区可以根据中国与有关国家签订的边界管理协定制定地方性法规、地方政府规章，对两国边境接壤地区的居民往来作出规定。

国务院办公厅关于完善反洗钱、反恐怖融资、反逃税监管体制机制的意见（节录）

（2017年8月29日　国办函〔2017〕84号）

（十六）健全监测分析体系，提升监测分析水平。不断拓宽反洗钱监测分析数据信息来源，依法推动数据信息在相关单位间的双向流动和共享。强化反洗钱监测分析工作的组织协调，有针对性地做好对重点领域、重点地区、重点人群的监测分析工作。不断延伸反洗钱监管触角，将相关单位关于可疑交易报告信息使用情况的反馈信息和评价意见，作为反洗钱行政主管部门开展反洗钱义务机构可疑交易报告评价工作的重要依据。丰富非现场监管政策工具，弥补书面审查工作的不足。发挥会计师事务所、律师事务所等专业服务机构在反洗钱监测预警和依法处置中的积极作用，研究专业服务机构有关反洗钱的制度措施。

关于依法惩治妨害国（边）境管理违法犯罪的意见（节录）

（2022年6月29日　法发〔2022〕18号）

一、总体要求

1. 近年来，妨害国（边）境管理违法犯罪活动呈多发高发态势，与跨境赌博、电信网络诈骗以及边境地区毒品、走私、暴恐等违法犯罪活动交织滋长，严重扰乱国（边）境管理秩序，威胁公共安全和人民群众人身财产安全。人民法院、人民检察院、公安机关和移民管理机构要进一步提高政治站位，深刻认识妨害国（边）境管理违法犯罪的严重社会危害，充分发挥各自职能作用，依法准确认定妨害国（边）境管理犯罪行为，完善执法、侦查、起诉、审判的程序衔接，加大对组织者、运送者、犯罪集团骨干成员以及屡罚屡犯者的惩治力度，最大限度削弱犯罪分子再犯能力，切实维护国（边）境管理秩序，确保社会安全稳定，保障人民群众切身利益，努力实现案件办理法律效果与社会效果的有机统一。

二、关于妨害国（边）境管理犯罪的认定

2. 具有下列情形之一的，应当认定为刑法第三百一十八条规定的“组织他人偷越国（边）境”行为：

（1）组织他人通过虚构事实、隐瞒真相等方式掩盖非法出入境目的，骗取出入境边防检查机关核准出入境的；

（2）组织依法限定在我国边境地区停留、活动的人员，违反国（边）境管理法规，非法进入我国非边境地区的。

对于前述行为，在决定是否追究刑事责任以及如何裁量刑罚时，应当综合考虑组织者前科情况、行为手段、组织人数和次数、违法所得数额及被组织人员偷越国（边）境的目的等情节，依法妥当处理。

3. 事前与组织、运送他人偷越国（边）境的犯罪分子通谋，在偷越国（边）境人员出境前或者入境后，提供接驳、容留、藏匿等帮助的，以组织他人偷越国（边）境罪或者运送他人偷越国（边）境罪的共同犯罪论处。

4. 明知是偷越国（边）境人员，分段运送其前往国（边）境的，应当认定为刑法第三百二十一条规定的“运送他人偷越国（边）境”，以运送他人偷越国（边）境罪定罪处罚。但是，在决定是否追究刑事责任以及如何裁量刑罚时，应当充分考虑行为人在运送他人偷越国（边）境过程中所起作用等情节，依法妥当处理。

5.《解释》第一条第二款、第四条规定的“人数”，以实际组织、运送的人数计算；未到案人员经查证属实的，应当计算在内。

6. 明知他人实施骗取出境证件犯罪，提供虚假证明、邀请函件以及面签培训等帮助的，以骗取出境证件罪的共同犯罪论处；符合刑法第三百一十八条规定的，以组织他人偷越国（边）境罪定罪处罚。

7. 事前与组织他人偷越国（边）境的犯罪分子通谋，为其提供虚假证明、邀请函件以及面签培训等帮助，骗取入境签证等入境证件，为组织他人偷越国（边）境使用的，以组织他人偷越国（边）境罪的共同犯罪论处。

8. 对于偷越国(边)境的次数,按照非法出境、入境的次数分别计算。但是,对于非法越境后及时返回,或者非法出境后又入境投案自首的,一般应当计算为一次。

9. 偷越国(边)境人员相互配合,共同偷越国(边)境的,属于《解释》第五条第二项规定的"结伙"。偷越国(边)境人员在组织者、运送者安排下偶然同行的,不属于"结伙"。

在认定偷越国(边)境"结伙"的人数时,不满十六周岁的人不计算在内。

10. 偷越国(边)境,具有下列情形之一的,属于《解释》第五条第六项规定的"其他情节严重的情形":

(1)犯罪后为逃避刑事追究偷越国(边)境的;

(2)破坏边境物理隔离设施后,偷越国(边)境的;

(3)以实施电信网络诈骗、开设赌场等犯罪为目的,偷越国(边)境的;

(4)曾因妨害国(边)境管理犯罪被判处刑罚,刑罚执行完毕后二年内又偷越国(边)境的。

实施偷越国(边)境犯罪,又实施妨害公务、袭警、妨害传染病防治等行为,并符合有关犯罪构成的,应当数罪并罚。

11. 徒步带领他人通过隐蔽路线逃避边防检查偷越国(边)境的,属于运送他人偷越国(边)境。领导、策划、指挥他人偷越国(边)境,并实施徒步带领行为的,以组织他人偷越国(边)境罪论处。

徒步带领偷越国(边)境的人数较少,行为人系初犯,确有悔罪表现,综合考虑行为动机、一贯表现、违法所得、实际作用等情节,认为对国(边)境管理秩序妨害程度明显较轻的,可以认定为犯罪情节轻微,依法不起诉或者免予刑事处罚;情节显著轻微危害不大的,不作为犯罪处理。

12. 对于刑法第三百二十一条第一款规定的"多次实施运送行为",累计运送人数一般应当接近十人。

三、关于妨害国(边)境管理刑事案件的管辖

13. 妨害国(边)境管理刑事案件由犯罪地的公安机关立案侦查。如果由犯罪嫌疑人居住地的公安机关立案侦查更为适宜的,可以由犯罪嫌疑人居住地的公安机关立案侦查。

妨害国(边)境管理犯罪的犯罪地包括妨害国(边)境管理犯罪行为的预备地、过境地、查获地等与犯罪活动有关的地点。

14. 对于有多个犯罪地的妨害国(边)境管理刑事案件,由最初受理的公安机关或者主要犯罪地的公安机关立案侦查。有争议的,按照有利于查清犯罪事实、有利于诉讼的原则,由共同上级公安机关指定有关公安机关立案侦查。

15. 具有下列情形之一的,有关公安机关可以在其职责范围内并案侦查:

(1)一人犯数罪的;

(2)共同犯罪的;

(3)共同犯罪的犯罪嫌疑人、被告人还实施其他犯罪的;

(4)多个犯罪嫌疑人、被告人实施的犯罪存在关联,并案处理有利于查明案件事实的。

四、关于证据的收集与审查

16. 对于妨害国(边)境管理案件所涉主观明知的认定,应当结合行为实施的过程、方式、被查获时的情形和环境,行为人的认知能力、既往经历、与同案人的关系、非法获利等,审查相关辩解是否明显违背常理,综合分析判断。

在组织他人偷越国(边)境、运送他人偷越国(边)境等案件中,具有下列情形之一的,可以认定行为人主观明知,但行为人作出合理解释或者有相反证据证明的除外:

(1)使用遮蔽、伪装、改装等隐蔽方式接送、容留偷越国(边)境人员的;

(2)与其他妨害国(边)境管理行为人使用同一通讯群组、暗语等进行联络的;

(3)采取绕关避卡等方式躲避边境检查,或者出境前、入境后途经边境地区的时间、路线等明显违反常理的;

(4)接受执法检查时故意提供虚假的身份、事由、地点、联系方式等信息的;

(5)支付、收取或者约定的报酬明显不合理的;

(6)遇到执法检查时企图逃跑,阻碍、抗拒执法检查,或者毁灭证据的;

(7)其他足以认定行为人明知的情形。

17. 对于不通晓我国通用语言文字的嫌疑人、被告人、证人及其他相关人员,人民法院、人民检察院、公安机关、移民管理机构应当依法为其提供翻译。

翻译人员在案件办理规定时限内无法到场的,办案机关可以通过视频连线方式进行翻译,并对翻译过程进行全程不间断录音录像,不得选择性录制,不得剪接、删改。

翻译人员应当在翻译文件上签名。

19. 采取技术侦查措施收集的材料,作为证据使用的,应当随案移送,并附采取技术侦查措施的法律文书、证据清单和有关情况说明。

20. 办理案件中发现的可用以证明犯罪嫌疑人、被告人有罪或者无罪的各种财物，应当严格依照法定条件和程序进行查封、扣押、冻结。不得查封、扣押、冻结与案件无关的财物。凡查封、扣押、冻结的财物，都要及时进行审查。经查明确实与案件无关的，应当在三日以内予以解除、退还，并通知有关当事人。

查封、扣押、冻结涉案财物及其孳息，应当制作清单，妥善保管，随案移送。待人民法院作出生效判决后，依法作出处理。

公安机关、人民检察院应当对涉案财物审查甄别。在移送审查起诉、提起公诉时，应当对涉案财物提出处理意见。人民法院对随案移送的涉案财物，应当依法作出判决。

五、关于宽严相济刑事政策的把握

21. 办理妨害国（边）境管理刑事案件，应当综合考虑行为人的犯罪动机、行为方式、目的以及造成的危害后果等因素，全面把握犯罪事实和量刑情节，依法惩治。做好行政执法与刑事司法的衔接，对涉嫌妨害国（边）境管理犯罪的案件，要及时移送立案侦查，不得以行政处罚代替刑事追究。

对于实施相关行为被不起诉或者免予刑事处罚的行为人，依法应当给予行政处罚、政务处分或者其他处分的，依法移送有关主管机关处理。

22. 突出妨害国（边）境管理刑事案件的打击重点，从严惩处组织他人偷越国（边）境犯罪，坚持全链条、全环节、全流程对妨害国（边）境管理的产业链进行刑事惩治。对于为组织他人偷越国（边）境实施骗取出入境证件，提供伪造、变造的出入境证件，出售出入境证件，或者运送偷越国（边）境等行为，形成利益链条的，要坚决依法惩治，深挖犯罪源头，斩断利益链条，不断挤压此类犯罪滋生蔓延空间。

对于运送他人偷越国（边）境犯罪，要综合考虑运送人数、违法所得、前科情况等依法定罪处罚，重点惩治以此为业、屡罚屡犯、获利巨大和其他具有重大社会危害的情形。

对于偷越国（边）境犯罪，要综合考虑偷越动机、行为手段、前科情况等依法定罪处罚，重点惩治越境实施犯罪、屡罚屡犯和其他具有重大社会危害的情形。

23. 对于妨害国（边）境管理犯罪团伙、犯罪集团，应当重点惩治首要分子、主犯和积极参加者。对受雇佣或者被利用从事信息登记、材料递交等辅助性工作人员，未直接实施妨害国（边）境管理行为的，一般不追究刑事责任，可以由公安机关、移民管理机构依法作出行政处罚或者其他处理。

24. 对于妨害国（边）境管理犯罪所涉及的在偷越国（边）境之后的相关行为，要区分情况作出处理。对于组织、运送他人偷越国(边)境,进而在他人偷越国(边)境之后组织实施犯罪的,要作为惩治重点,符合数罪并罚规定的,应当数罪并罚。

对于为非法用工而组织、运送他人偷越国(边)境,或者明知是偷越国(边)境的犯罪分子而招募用工的,在决定是否追究刑事责任以及如何裁量刑罚时,应当综合考虑越境人数、违法所得、前科情况、造成影响或者后果等情节,恰当评估社会危害性,依法妥当处理。其中,单位实施上述行为,对组织者、策划者、实施者依法追究刑事责任的,定罪量刑应作综合考量,适当体现区别,确保罪责刑相适应。

25. 对以牟利为目的实施妨害国(边)境管理犯罪,要注重适用财产刑和追缴犯罪所得、没收作案工具等处置手段,加大财产刑的执行力度,最大限度剥夺其重新犯罪的能力和条件。

26. 犯罪嫌疑人、被告人提供重要证据或者重大线索,对侦破、查明重大妨害国(边)境管理刑事案件起关键作用,经查证属实的,可以依法从宽处理。

打击治理电信网络新型违法犯罪专项行动工作方案(节录)

(2015年11月4日　公刑〔2015〕3410号)

为严厉打击电信网络新型违法犯罪,有效遏制此类违法犯罪活动的发展蔓延势头,国务院打击治理电信网络新型违法犯罪工作部际联席会议第一次会议决定,从2015年11月1日至2016年4月30日,在全国范围内开展打击治理电信网络新型违法犯罪专项行动。

二、打击治理重点

(一)重点打击处理以下违法犯罪人员:

1. 河北省丰宁县冒充黑社会电话诈编、福建省龙岩市新罗区网络购物诈骗、江西省余干县重金求子诈骗、湖南省双峰县PS图片敲诈、广东省茂名市电白区假冒熟人和领导电话诈骗、广西自治区宾阳县假冒QQ好友诈骗、海南省儋州市机票改签电话诈骗等境内地域性职业诈骗犯罪群体;

2. 台湾籍诈骗人员;

3. 境内外诈骗窝点的组织者;

4. 发送诈骗信息、拨打诈骗电话的人员;

5. 为诈骗团伙转取款的人员;

6. 为诈骗团伙招募员工的人员;

7. 开发、制作、发布恶意手机木马程序、网络投资虚假交易软件的人员；

8. 为诈骗团伙提供网络改号平台的人员；

9. 非法获取、出售和提供公民个人信息的人员；

10. 非法生产、销售和使用“伪基站”、窃听窃照专用器材无线屏蔽器、“黑广播”等器材的人员；

11. 非法买卖银行卡的人员；

12. 其他进行电信网络诈骗的人员。

（二）重点规范治理以下违规行为：

1. 违规出租电信线路的；

2. 违规批量办理、非实名办理电话卡、上网卡的；

3. 违规批量办理、非实名办理银行卡的；

4. 违规办理、使用“一号通”、“400”、“商务总机”等通讯业务的；

5. 使用非实名电话卡（包括移动通信转售业务）、上网卡（包括移动通信转售业务）、宽带线路的；

6. 使用非实名银行卡，以及人卡分离、境外使用的；

7. 其他违规行为。

三、工作措施

（一）铲除境内地域性诈骗犯罪源头。联席会议办公室要组织河北省丰宁县、福建省龙岩市新罗区、江西省余干县、湖南省双峰县、广东省茂名市电白区、广西自治区宾阳县、海南省儋州市等地，开展打击地域性诈骗犯罪群体“拔钉子”行动。上述地方党委、政府要加强领导，组织联合工作组进驻重点乡村，深入开展摸排、清理、教育、帮扶等工作，彻底铲除犯罪源头。当地公安机关要立足本地，主动作为，广辟各类违法犯罪线索，集中经营，集中打击。各地公安机关要按照对应侦办工作机制和诈骗案件取证指引的要求，全力予以配合。工业和信息化部及中国电信、中国联通、中国移动，要对广西宾阳有线宽带虚假登记以及“黑卡”泛滥问题、广东电白诈骗团伙持有外地手机漫游本地作案问题、海南儋州诈骗团伙使用的400捆绑电话溯源问题，组织开展专项整治，对非实名登记、登记地与使用地不一致的手机、线路一律予以关停。

（二）捣毁境外电信诈骗犯罪窝点。各地公安机关要梳理、汇总本地电信诈骗犯罪线索，及时上报公安部。公安部要组织涉案地公安机关赴境外开展打击，铲除一批境外犯罪窝点，抓捕一批犯罪嫌疑人，形成境内外联合严打的高压态势。要联合国际刑警组织开展“2015 打击电信网络诈骗犯罪曙光行动”,通过国际刑警渠道督促各涉案国开展落地侦查、集中抓捕、移交犯罪嫌疑人和证据等工作。外交部、海关总署、质检总局、民航局要对赴境外开展执法合作、押解犯罪嫌疑人回国等工作提供支持。

(四)打掉转取款犯罪窝点。各地要认真查清每一起案件的涉案资金流向,将所有涉案银行账号及时录入“电信诈骗犯罪案件侦查破案协作平台”或“地域性犯罪群体对应侦查平台”。对前期掌握的30余万涉案银行账号和新发现的涉案银行账号,公安机关应依法要求商业银行一律予以冻结,终止其境内外的汇、转、取款业务,并纳入银行系统的黑名单。各地工作中发现的涉及台湾的网银转账 IP 地址、ATM 机取款信息,要及时上报公安部。公安部要组织专门力量开展研判串并,联手台湾警方开展执法合作,铲除一批长期盘踞两岸的转账、取款犯罪窝点。

四、工作要求

(二)强化合成作战。各成员单位要落实主体责任,密切协作配合,确保形成打击治理合力。要切实加强警银、警企合作,公安机关发现的涉案银行信息、涉案电话信息要及时通报,本级银行、电信部门要快速查询交易信息,快速就地信令倒查,协助落地查找犯罪窝点。要积极探索建立省级、省会市的警银、警企合作打击平台,公安机关负责查办案件,银行负责堵截赃款,电信企业负责切断诈骗电话。要树立全国一盘棋思想,密切配合、通力合作,无缝对接,确保形成打击合力。

(四)强化督导考核。专项办适时派出督导组对工作进展情况进行检查督导,并派工作组赴广西、广东和海南等地驻点督战。各地、各部门要制定本地、本部门的考核方案,有效发挥考核的指挥棒作用,有力促进各项打击治理工作。公安机关主要考核各地抓获犯罪嫌疑人和破获案件情况。

中华人民共和国公安部关于新冠肺炎疫情期间依法严厉打击跨境赌博和电信网络诈骗犯罪的通告

(2020年4月9日)

跨境赌博和电信网络诈骗犯罪,严重危害人民群众合法权益,严重影响经济社会健康发展。特别是新冠肺炎疫情发生以来,境外赌场、赌博网站加大对我公民招赌力度,一些不法分子大肆借疫情实施电信网络诈骗,两类犯罪组织、人员还相互勾联,危害更加突出,必须坚决依法严惩。为切实保障广大人民群众合法权益、维护我经济社会良好秩序,依据《中华人民共和国刑法》《中华人民共和国刑事诉讼法》

及有关规定，现就依法严厉打击跨境赌博和电信网络诈骗犯罪相关事项通告如下：

一、凡是在境内外实施跨境赌博和电信网络诈骗犯罪，以及为犯罪分子传授作案方法、提供网络技术支持及资金支付结算等帮助的，都将受到依法严厉打击。

二、凡是在境外从事有关犯罪活动的，公安机关将“回国必查”，逐一调查、一查到底，依法打击处理。对在当前加快复工复产阶段从事跨境赌博和电信网络诈骗犯罪，造成境内人员被骗或公司企业财产受损等情况的，将依法从重惩处。同时，参与跨境网络赌博活动是违法行为，公安机关将依法查处参赌人员。

三、移民管理部门将会同有关部门，加强出入境管控，强化边境地区巡控，依法打击违法出入国（边）境活动，及时发现并严厉打击出入国（边）境或偷越国（边）境的跨境赌博、电信网络诈骗违法犯罪嫌疑人。对明知已感染或可能感染新冠肺炎，仍然出入国（边）境或偷越国（边）境，引起病毒传播或者有传播严重危险的，公安机关将以涉嫌危害公共安全罪、妨害传染病防治罪、妨害国境卫生检疫罪等一并立案侦查。

四、公安机关将会同有关部门，加强对跨境赌博和电信网络诈骗的综合治理，加大非法资金管控力度，严肃查处一批违法违规为跨境赌资提供结算服务的支付机构，最大限度阻断资金非法流通。对相关违法犯罪人员，还将在出入境管理、个人征信等方面加大管控惩戒力度，建立参赌及从业人员“黑名单”等制度。

五、跨境赌博“十赌九输”，电信网络诈骗全是“陷阱”。请广大群众认清其骗人本质和严重危害，自觉抵制赴境外或在网上参赌，高度警惕电信网络诈骗的新手法新特点，不断提高防范意识和能力。

六、欢迎广大人民群众积极检举揭发相关违法犯罪行为。对所提供的违法犯罪线索在捣毁特大犯罪窝点、打掉特大犯罪团伙中发挥重要作用的，公安机关将予以重奖，并依法保护举报人的个人信息及安全。对窝藏、包庇犯罪人员或者帮助毁灭、伪造证据以及掩饰、隐瞒犯罪所得、犯罪所得收益，构成犯罪的，将依法追究刑事责任。

本通告自发布之日起施行。

公安机关侦办电信诈骗案件工作机制（试行）（节录）

（2016 年 3 月 14 日　公传发〔2016〕130 号）

一、明确职责任务

3. 境内电信诈骗案件，窝点地在重点整治地区的（目前为河北省丰宁县、福建省龙岩市新罗区、江西省余干县、湖南省双峰县、广东省茂名市电白区、广西自治区宾阳县、海南省儋州市等7个地方)，由重点地区的省级刑侦部门承担案件侦办主要责任，地市级刑侦部门承担具体侦办任务。窝点地不在重点整治地区的，由窝点地和汇款地刑侦部门协商确定案件主侦单位，经协商无法达成一致意见的，由两地所属的共同上级刑侦部门指定管辖。重大案件，由公安部刑侦局指定主侦单位。

4. 主侦单位承担破案主要责任，具体负责案件的研判串并、落地侦查、统一抓捕、整体移诉等工作。协办地公安机关负责做好受理立案、信息收集、录入上报、制作卷宗等工作。主侦单位和协办地公安机关要加强协作配合。

5. 主侦单位要对诈骗犯罪团伙进行立案，并负责侦办该团伙所涉全部案件。

三、确定犯罪窝点

9. 汇款地县级刑侦部门负责案件的受理、立案工作。公安机关派出所、责任区刑警队接警止付后，通过平台将案件信息推送至汇款地同级刑侦部门。

10. 汇款地县级刑侦部门要根据案件类型，在2天内将案件情况、线索信息录入侦办平台对应的案件模块。

11. 汇款地地市级刑侦部门接到平台上推送的本地案件发案情况后，要在网安、技侦部门的协助下，及时开展追踪溯源工作，并在4天内将获取的涉案电话号码、QQ号码、微信号码、邮箱地址以及登录IP地址等信息录入侦办平台。其中，涉案QQ号码、微信号码、邮箱、登陆IP地址等网络信息调查，由汇款地地市级网安部门负责；涉案手机、座机、商务总机号码等信息调查，由汇款地地市级技侦部门负责。

12. 公安部刑侦局对平台录入的信息进行研判，发现诈骗窝点在境外的，由公安部刑侦局负责研判串并和侦查打击；发现诈骗窝点在境内的，交给诈骗窝点所在地的省级刑侦部门，由其负责开展研判串并和侦查打击。

四、集中研判侦查

14. 各级刑侦部门要对案件涉及的资金流、信息流、人员流、灰色产业链开展全链条研判，力争将案件涉及的线索和人员全部梳理清楚。境内案件，由犯罪窝点地省级刑侦部门负责组织开展研判，串并全国案件。境外案件，由公安部负责开展研判，串并案件。一般案件要在5天内完成研判任务，重大案件在10天内完成研判任务，最长不得超过15天。

15. 案件主侦单位和协办单位要根据研判成果，加强侦查经营，落地查找犯罪窝点，确定作案成员，串并核实案件，收集固定证据，实现“定人、定案、定位”。

五、统一抓捕移诉

18. 公安部刑侦局统一负责台湾幕后组织者和骨干的研判抓捕工作。

19. 境内案件，由省级公安机关指定主办地整体移诉；境外案件，由公安部指定主办地整体移诉。各涉案地公安机关要将抓获的犯罪嫌疑人和案件证据材料移送给主办地。

七、强化人员管控

24. 各级公安机关刑侦部门要根据工作需要，依法将有前科的电信诈骗违法犯罪人员报列为法定不批准出境人员或边控人员。出入境管理部门要做好上述人员的出入境管控工作，并配合刑侦部门建立数据模型，加强分析比对，及时发现嫌疑人员。

25. 各级刑侦部门要在重点城市的重点旅行社中建立特情、耳目，及时发现嫌疑人员。

边境地区地面无线电业务频率国际协调规定

（2016年12月6日　工业和信息化部令第38号）

第一章　总　　则

第一条　为了加强边境地区无线电频率和无线电台（站）管理，规范地面无线电业务频率国际协调活动，维护我国无线电频谱资源权益和空中电波秩序，根据《中华人民共和国无线电管理条例》和国际电信联盟《无线电规则》，制定本规定。

第二条　中华人民共和国边境地区地面无线电业务频率国际协调及监督管理活动，适用本规定。

本规定所称地面无线电业务频率国际协调（以下简称频率协调），是指为了实现无线电频率高效利用，减少和避免边境地区无线电台（站）与境外无线电台（站）之间的有害干扰，国家无线电管理机构与相邻国家无线电管理机构就边境地区地面无线电业务频率划分、规划、分配和使用等事宜，进行双边会谈，签订和履行相关双边协议、会议纪要等的活动。

第三条　国家无线电管理机构统一负责频率协调并监督检查有关双边协议、会议纪要及其他双方协调一致事项的执行情况。

边境省、自治区无线电管理机构负责本辖区内电磁环境测试、监督检查等频率协调相关工作。

第四条 频率协调应当遵循平等互利、合作共赢的原则,遵守我国无线电管理法律、行政法规和《无线电规则》以及我国与相邻国家签订的双边协议、会议纪要。

第五条 按照本规定与相邻国家完成频率协调的无线电台(站)和频率,受双方保护;列入国际频率登记总表的无线电台(站)和频率,受国际保护。

第二章 频率划分、规划和分配的协调

第六条 国家无线电管理机构与相邻国家无线电管理机构就频率的划分、规划和分配做出特别安排的,应当依据《无线电规则》的规定进行双边会谈,协商一致。

第七条 国家无线电管理机构与相邻国家无线电管理机构进行双边会谈,应当根据有关部门职责和会谈内容,邀请有关部门和相关边境省、自治区无线电管理机构等单位组成频率协调代表团,并按照批准的会谈预案进行会谈。

第八条 双边会谈需要进行技术准备的,经与相邻国家无线电管理机构协商一致,国家无线电管理机构可以会同有关部门、相关边境省、自治区无线电管理机构等单位,组织技术专家与相邻国家无线电管理机构进行技术会谈。

第九条 进行双边会谈,经与相邻国家无线电管理机构协商一致,可以签订会议纪要。会议纪要应当载明会谈内容、进程及相关成果。会议纪要由国家无线电管理机构频率协调代表团团长签署。

第十条 双边会谈结束,经协商一致以国家无线电管理机构名义与相邻国家无线电管理机构签订双边协议的,由国家无线电管理机构负责人或者其授权代表签署。

第十一条 会谈签订的双边协议、会议纪要,依法履行国内相关批准或者登记等手续后,由国家无线电管理机构通知相邻国家无线电管理机构和国内相关单位,但双边协议、会议纪要中另有规定的除外。

第十二条 双边协议、会议纪要以中文和另一方的官方文字写成,两种文本同等作准。必要时,可使用双方同意的一种第三国文字。

双边协议应当规定有效期,有效期一般不少于两年。

第三章 无线电台(站)使用频率的协调

第十三条 边境地区无线电台(站)使用频率的协调,主要采用函件形式开展。

在边境地区设置批量无线电台(站)或者重要无线电台(站),其拟使用的频率,

经与相邻国家无线电管理机构协商，可以纳入双边会谈。纳入双边会谈的，会谈程序同时适用本规定第二章相关规定。

第十四条　边境地区无线电台（站）使用频率需要获得双方保护或者国际保护的，设台用户应当向所在地的省、自治区无线电管理机构或者其上级业务主管部门提出频率协调申请。

第十五条　申请在边境地区设置使用无线电台（站），符合下列情形之一的，省、自治区无线电管理机构应当告知申请人需要进行频率协调：

（一）根据我国与相邻国家签订的双边协议或者会议纪要应当进行协调的；

（二）无线电信号可能产生跨境覆盖，并对境外合法无线电台（站）及其使用的相应频率造成有害干扰的；

（三）用于跨境通信的；

（四）《无线电规则》规定应当进行协调的其他情形。

前款所称境外合法无线电台（站），是指列入国际频率登记总表的无线电台（站）或者与我国完成频率协调的无线电台（站）。

第十六条　未经频率协调或者未列入国际频率登记总表的无线电台（站）及其使用的相应频率，不得向我国无线电管理机构提出干扰保护要求（《无线电规则》另有规定的除外），不得对境外合法无线电台（站）及其使用的相应频率造成有害干扰。

本规定第十五条第一款第二项和第三项规定的无线电台（站）未经频率协调的，不得核发无线电台执照，不得擅自设置使用。

第十七条　设台用户申请频率协调的，应当按照国际电信联盟或者有关双边协议、会议纪要规定的格式（由国家无线电管理机构提供范本）填写有关资料，经所在的省、自治区无线电管理机构或者其上级业务主管部门审查后报国家无线电管理机构。

第十八条　省、自治区无线电管理机构或者设台用户的上级业务主管部门收到频率协调资料后，应当对站址、电磁兼容和干扰情况进行审查，提出预协调意见并连同相关材料报国家无线电管理机构。

第十九条　国家无线电管理机构根据《无线电规则》或者有关双边协议、会议纪要，对频率协调资料和预协调意见进行审核。

经审核符合《无线电规则》或者有关双边协议、会议纪要的，国家无线电管理机构向国际电信联盟或者相邻国家无线电管理机构发送协调函件。

第二十条 境外地面无线电业务寻求与我国进行频率协调的,由国家无线电管理机构统一受理相邻国家无线电管理机构的协调函件,按照本规定第十九条第一款进行审核,并根据频率协调涉及的地域、频段和业务,征求有关部门和相关省、自治区无线电管理机构等单位意见。

受询单位应当在规定的时限内,将本单位对相邻国家无线电管理机构协调函件的意见反馈国家无线电管理机构。在规定时限内不反馈意见的,按照《无线电规则》或者有关双边协议的规定,视为无反对意见。

国家无线电管理机构根据审核结果和征求意见情况,形成关于频率协调的意见,反馈相邻国家无线电管理机构;必要时,抄送国际电信联盟。

第二十一条 相邻国家无线电管理机构对国家无线电管理机构关于频率协调的意见或者协调函件有异议并请求进一步协调,国家无线电管理机构同意再次协调的,有关部门和相关省、自治区无线电管理机构等单位应当配合进行协调。

第二十二条 频率协调完成后,国家无线电管理机构将协调结果通知有关部门和相关省、自治区无线电管理机构以及设台用户。

第二十三条 设台用户或者其上级业务主管部门应当按照国际电信联盟或者有关双边协议、会议纪要的规定,将完成频率协调的无线电台(站)资料(含电子资料)报国家无线电管理机构,由国家无线电管理机构履行国际电信联盟通知登记程序,或者列入国家频率总表。

第四章 监督管理

第二十四条 双边协议、会议纪要生效或者无线电台(站)使用频率的协调完成后,相关频率使用人和设台用户应当按照双边协议、会议纪要或者协调结果的要求,按时完成相关的频率和台站调整、设备更换等工作,并向国家无线电管理机构报告执行进展情况。

第二十五条 国家无线电管理机构根据有关双边协议执行情况和国家对外方针政策,及时处理有关双边协议延续、废止、重签、修订等事宜。

第二十六条 边境省、自治区无线电管理机构应当按照国家有关标准和技术规范,建立频率协调所需的无线电台(站)数据库和监测数据库,定期对边境地区口岸、机场、港口及人口密集区等频率协调重点区域开展电磁环境测试,并记录相关数据。

边境省、自治区无线电管理机构监测到不符合《无线电规则》或者有关双边协议、会议纪要、协调结果规定的境外无线电信号后，应当及时报告国家无线电管理机构，由国家无线电管理机构审查后向国际电信联盟或者相关国家无线电管理机构提出申诉；情况重大或者紧急的，应当及时专报国家无线电管理机构，由国家无线电管理机构作出应对方案，相关边境省、自治区无线电管理机构应当配合执行。

第二十七条　频率协调完成后，相邻国家无线电台（站）违反《无线电规则》或者有关双边协议、会议纪要、协调结果的规定，对我国边境地区无线电台（站）和频率造成有害干扰的，受干扰单位可以报请国家无线电管理机构向国际电信联盟或者相关国家无线电管理机构提出干扰申诉。

第二十八条　频率协调完成后，因电波传播等客观原因与境外合法无线电台（站）仍存在相互干扰的，可以再次进行协调。

第五章　法 律 责 任

第二十九条　在边境地区未按照《无线电规则》或者有关双边协议、会议纪要、协调结果规定的频率、功率等参数设置使用无线电台（站）的，由国家无线电管理机构或者相关省、自治区无线电管理机构责令限期改正，并依照《中华人民共和国无线电管理条例》等规定处罚。

第三十条　未经频率协调，设置使用的无线电台（站）对境外合法无线电台（站）及其使用的相应频率造成有害干扰并受到相邻国家无线电管理机构干扰申诉的，由国家无线电管理机构或者相关省、自治区无线电管理机构责令消除干扰，并依照《中华人民共和国无线电管理条例》等规定处罚。

第六章　附　　则

第三十一条　本规定所称地面无线电业务，是指除空间无线电业务或者射电天文以外的任何无线电业务，包括固定业务、陆地移动业务、水上移动业务、港口操作业务、航空移动业务、广播业务、无线电定位业务、无线电导航业务、气象辅助业务、业余业务、安全业务等。

第三十二条　境外空间无线电业务与我国地面无线电业务进行频率协调的，依据《无线电规则》的有关规定进行。

航空无线电专用频率国际协调办法另行制定。

第三十三条　本规定自2017年2月1日起施行。原信息产业部2007年7月

19 日发布的《边境地区地面无线电业务国际频率协调暂行规定》(信部无〔2007〕336 号)同时废止。

七、平台企业领域电信网络诈骗治理

中华人民共和国反电信网络诈骗法(节录)

(2022 年 9 月 2 日　中华人民共和国主席令第 119 号)

第四章　互联网治理

第二十一条　电信业务经营者、互联网服务提供者为用户提供下列服务,在与用户签订协议或者确认提供服务时,应当依法要求用户提供真实身份信息,用户不提供真实身份信息的,不得提供服务:

(一)提供互联网接入服务;

(二)提供网络代理等网络地址转换服务;

(三)提供互联网域名注册、服务器托管、空间租用、云服务、内容分发服务;

(四)提供信息、软件发布服务,或者提供即时通讯、网络交易、网络游戏、网络直播发布、广告推广服务。

第二十二条　互联网服务提供者对监测识别的涉诈异常账号应当重新核验,根据国家有关规定采取限制功能、暂停服务等处置措施。

互联网服务提供者应当根据公安机关、电信主管部门要求,对涉案电话卡、涉诈异常电话卡所关联注册的有关互联网账号进行核验,根据风险情况,采取限期改正、限制功能、暂停使用、关闭账号、禁止重新注册等处置措施。

第二十三条　设立移动互联网应用程序应当按照国家有关规定向电信主管部门办理许可或者备案手续。

为应用程序提供封装、分发服务的,应当登记并核验应用程序开发运营者的真实身份信息,核验应用程序的功能、用途。

公安、电信、网信等部门和电信业务经营者、互联网服务提供者应当加强对分发平台以外途径下载传播的涉诈应用程序重点监测、及时处置。

第二十四条　提供域名解析、域名跳转、网址链接转换服务的,应当按照国家有关规定,核验域名注册、解析信息和互联网协议地址的真实性、准确性,规范域名跳转,记录并留存所提供相应服务的日志信息,支持实现对解析、跳转、转换记录的溯源。

第二十五条　任何单位和个人不得为他人实施电信网络诈骗活动提供下列支持或者帮助:

(一)出售、提供个人信息;

(二)帮助他人通过虚拟货币交易等方式洗钱;

(三)其他为电信网络诈骗活动提供支持或者帮助的行为。

电信业务经营者、互联网服务提供者应当依照国家有关规定,履行合理注意义务,对利用下列业务从事涉诈支持、帮助活动进行监测识别和处置:

(一)提供互联网接入、服务器托管、网络存储、通讯传输、线路出租、域名解析等网络资源服务;

(二)提供信息发布或者搜索、广告推广、引流推广等网络推广服务;

(三)提供应用程序、网站等网络技术、产品的制作、维护服务;

(四)提供支付结算服务。

第二十六条　公安机关办理电信网络诈骗案件依法调取证据的,互联网服务提供者应当及时提供技术支持和协助。

互联网服务提供者依照本法规定对有关涉诈信息、活动进行监测时,发现涉诈违法犯罪线索、风险信息的,应当依照国家有关规定,根据涉诈风险类型、程度情况移送公安、金融、电信、网信等部门。有关部门应当建立完善反馈机制,将相关情况及时告知移送单位。

第五章　综合措施

第二十九条　个人信息处理者应当依照《中华人民共和国个人信息保护法》等法律规定,规范个人信息处理,加强个人信息保护,建立个人信息被用于电信网络诈骗的防范机制。

履行个人信息保护职责的部门、单位对可能被电信网络诈骗利用的物流信息、交易信息、贷款信息、医疗信息、婚介信息等实施重点保护。公安机关办理电信网络诈骗案件,应当同时查证犯罪所利用的个人信息来源,依法追究相关人员和单位责任。

第三十条　电信业务经营者、银行业金融机构、非银行支付机构、互联网服务提供者应当对从业人员和用户开展反电信网络诈骗宣传,在有关业务活动中对防范电信网络诈骗作出提示,对本领域新出现的电信网络诈骗手段及时向用户作出提醒,对非法买卖、出租、出借本人有关卡、账户、账号等被用于电信网络诈骗的法律责任作出警示。

新闻、广播、电视、文化、互联网信息服务等单位,应当面向社会有针对性地开展反电信网络诈骗宣传教育。

第三十二条 国家支持电信业务经营者、银行业金融机构、非银行支付机构、互联网服务提供者研究开发有关电信网络诈骗反制技术,用于监测识别、动态封堵和处置涉诈异常信息、活动。

第三十三条 国家推进网络身份认证公共服务建设,支持个人、企业自愿使用,电信业务经营者、银行业金融机构、非银行支付机构、互联网服务提供者对存在涉诈异常的电话卡、银行账户、支付账户、互联网账号,可以通过国家网络身份认证公共服务对用户身份重新进行核验。

第三十四条 公安机关应当会同金融、电信、网信部门组织银行业金融机构、非银行支付机构、电信业务经营者、互联网服务提供者等建立预警劝阻系统,对预警发现的潜在被害人,根据情况及时采取相应劝阻措施。对电信网络诈骗案件应当加强追赃挽损,完善涉案资金处置制度,及时返还被害人的合法财产。对遭受重大生活困难的被害人,符合国家有关救助条件的,有关方面依照规定给予救助。

第六章　法律责任

第四十一条 电信业务经营者、互联网服务提供者违反本法规定,有下列情形之一的,由有关主管部门责令改正,情节较轻的,给予警告、通报批评,或者处五万元以上五十万元以下罚款;情节严重的,处五十万元以上五百万元以下罚款,并可以由有关主管部门责令暂停相关业务、停业整顿、关闭网站或者应用程序、吊销相关业务许可证或者吊销营业执照,对其直接负责的主管人员和其他直接责任人员,处一万元以上二十万元以下罚款:

(一)未落实国家有关规定确定的反电信网络诈骗内部控制机制的;

(二)未履行网络服务实名制职责,或者未对涉案、涉诈电话卡关联注册互联网账号进行核验的;

(三)未按照国家有关规定,核验域名注册、解析信息和互联网协议地址的真实性、准确性,规范域名跳转,或者记录并留存所提供相应服务的日志信息的;

(四)未登记核验移动互联网应用程序开发运营者的真实身份信息或者未核验

应用程序的功能、用途,为其提供应用程序封装、分发服务的;

(五)未履行对涉诈互联网账号和应用程序,以及其他电信网络诈骗信息、活动的监测识别和处置义务的;

(六)拒不依法为查处电信网络诈骗犯罪提供技术支持和协助,或者未按规定移送有关违法犯罪线索、风险信息的。

第四十二条 违反本法第十四条、第二十五条第一款规定的,没收违法所得,由公安机关或者有关主管部门处违法所得一倍以上十倍以下罚款,没有违法所得或者违法所得不足五万元的,处五十万元以下罚款;情节严重的,由公安机关并处十五日以下拘留。

第四十三条 违反本法第二十五条第二款规定,由有关主管部门责令改正,情节较轻的,给予警告、通报批评,或者处五万元以上五十万元以下罚款;情节严重的,处五十万元以上五百万元以下罚款,并可以由有关主管部门责令暂停相关业务、停业整顿、关闭网站或者应用程序,对其直接负责的主管人员和其他直接责任人员,处一万元以上二十万元以下罚款。

第四十六条 组织、策划、实施、参与电信网络诈骗活动或者为电信网络诈骗活动提供相关帮助的违法犯罪人员,除依法承担刑事责任、行政责任以外,造成他人损害的,依照《中华人民共和国民法典》等法律的规定承担民事责任。

电信业务经营者、银行业金融机构、非银行支付机构、互联网服务提供者等违反本法规定,造成他人损害的,依照《中华人民共和国民法典》等法律的规定承担民事责任。

中华人民共和国刑法(节录)

(2020年12月26日修正 中华人民共和国主席令第66号)

第二百一十七条 【侵犯著作权罪】以营利为目的,有下列侵犯著作权或者与著作权有关的权利的情形之一,违法所得数额较大或者有其他严重情节的,处三年以下有期徒刑,并处或者单处罚金;违法所得数额巨大或者有其他特别严重情节的,处三年以上十年以下有期徒刑,并处罚金:

(一)未经著作权人许可,复制发行、通过信息网络向公众传播其文字作品、音乐、美术、视听作品、计算机软件及法律、行政法规规定的其他作品的;

(二)出版他人享有专有出版权的图书的;

（三）未经录音录像制作者许可，复制发行、通过信息网络向公众传播其制作的录音录像的；

（四）未经表演者许可，复制发行录有其表演的录音录像制品，或者通过信息网络向公众传播其表演的；

（五）制作、出售假冒他人署名的美术作品的；

（六）未经著作权人或者与著作权有关的权利人许可，故意避开或者破坏权利人为其作品、录音录像制品等采取的保护著作权或者与著作权有关的权利的技术措施的。

第二百五十三条之一 【侵犯公民个人信息罪】违反国家有关规定，向他人出售或者提供公民个人信息，情节严重的，处三年以下有期徒刑或者拘役，并处或者单处罚金；情节特别严重的，处三年以上七年以下有期徒刑，并处罚金。

违反国家有关规定，将在履行职责或者提供服务过程中获得的公民个人信息，出售或者提供给他人的，依照前款的规定从重处罚。

窃取或者以其他方法非法获取公民个人信息的，依照第一款的规定处罚。

单位犯前三款罪的，对单位判处罚金，并对其直接负责的主管人员和其他直接责任人员，依照各该款的规定处罚。

第二百八十六条之一 【拒不履行信息网络安全管理义务罪】网络服务提供者不履行法律、行政法规规定的信息网络安全管理义务，经监管部门责令采取改正措施而拒不改正，有下列情形之一的，处三年以下有期徒刑、拘役或者管制，并处或者单处罚金：

（一）致使违法信息大量传播的；

（二）致使用户信息泄露，造成严重后果的；

（三）致使刑事案件证据灭失，情节严重的；

（四）有其他严重情节的。

单位犯前款罪的，对单位判处罚金，并对其直接负责的主管人员和其他直接责任人员，依照前款的规定处罚。

有前两款行为，同时构成其他犯罪的，依照处罚较重的规定定罪处罚。

第二百八十七条之一 【非法利用信息网络罪】利用信息网络实施下列行为之一，情节严重的，处三年以下有期徒刑或者拘役，并处或者单处罚金：

（一）设立用于实施诈骗、传授犯罪方法、制作或者销售违禁物品、管制物品等违法犯罪活动的网站、通讯群组的；

(二)发布有关制作或者销售毒品、枪支、淫秽物品等违禁物品、管制物品或者其他违法犯罪信息的；

(三)为实施诈骗等违法犯罪活动发布信息的。

单位犯前款罪的，对单位判处罚金，并对其直接负责的主管人员和其他直接责任人员，依照第一款的规定处罚。

有前两款行为，同时构成其他犯罪的，依照处罚较重的规定定罪处罚。

第二百八十七条之二　【帮助信息网络犯罪活动罪】明知他人利用信息网络实施犯罪，为其犯罪提供互联网接入、服务器托管、网络存储、通讯传输等技术支持，或者提供广告推广、支付结算等帮助，情节严重的，处三年以下有期徒刑或者拘役，并处或者单处罚金。

单位犯前款罪的，对单位判处罚金，并对其直接负责的主管人员和其他直接责任人员，依照第一款的规定处罚。

有前两款行为，同时构成其他犯罪的，依照处罚较重的规定定罪处罚。

中华人民共和国民法典(节录)

(2020年5月28日　中华人民共和国主席令第45号)

第一编　总　　则

第五章　民 事 权 利

第一百一十一条　自然人的个人信息受法律保护。任何组织或者个人需要获取他人个人信息的，应当依法取得并确保信息安全，不得非法收集、使用、加工、传输他人个人信息，不得非法买卖、提供或者公开他人个人信息。

第四编　人　格　权

第六章　隐私权和个人信息保护

第一千零三十四条　自然人的个人信息受法律保护。

个人信息是以电子或者其他方式记录的能够单独或者与其他信息结合识别特定自然人的各种信息，包括自然人的姓名、出生日期、身份证件号码、生物识别信息、住址、电话号码、电子邮箱、健康信息、行踪信息等。

个人信息中的私密信息，适用有关隐私权的规定；没有规定的，适用有关个人信息保护的规定。

第一千零三十五条 处理个人信息的,应当遵循合法、正当、必要原则,不得过度处理,并符合下列条件:

(一)征得该自然人或者其监护人同意,但是法律、行政法规另有规定的除外;

(二)公开处理信息的规则;

(三)明示处理信息的目的、方式和范围;

(四)不违反法律、行政法规的规定和双方的约定。

个人信息的处理包括个人信息的收集、存储、使用、加工、传输、提供、公开等。

第一千零三十六条 处理个人信息,有下列情形之一的,行为人不承担民事责任:

(一)在该自然人或者其监护人同意的范围内合理实施的行为;

(二)合理处理该自然人自行公开的或者其他已经合法公开的信息,但是该自然人明确拒绝或者处理该信息侵害其重大利益的除外;

(三)为维护公共利益或者该自然人合法权益,合理实施的其他行为。

第一千零三十七条 自然人可以依法向信息处理者查阅或者复制其个人信息;发现信息有错误的,有权提出异议并请求及时采取更正等必要措施。

自然人发现信息处理者违反法律、行政法规的规定或者双方的约定处理其个人信息的,有权请求信息处理者及时删除。

第一千零三十八条 信息处理者不得泄露或者篡改其收集、存储的个人信息;未经自然人同意,不得向他人非法提供其个人信息,但是经过加工无法识别特定个人且不能复原的除外。

信息处理者应当采取技术措施和其他必要措施,确保其收集、存储的个人信息安全,防止信息泄露、篡改、丢失;发生或者可能发生个人信息泄露、篡改、丢失的,应当及时采取补救措施,按照规定告知自然人并向有关主管部门报告。

第六章 医疗损害责任

第一千二百二十六条 医疗机构及其医务人员应当对患者的隐私和个人信息保密。泄露患者的隐私和个人信息,或者未经患者同意公开其病历资料的,应当承担侵权责任。

中华人民共和国个人信息保护法(节录)

(2021年8月20日　中华人民共和国主席令第91号)

第二章　个人信息处理规则

第一节　一般规定

第十三条　符合下列情形之一的,个人信息处理者方可处理个人信息:

(一)取得个人的同意;

(二)为订立、履行个人作为一方当事人的合同所必需,或者按照依法制定的劳动规章制度和依法签订的集体合同实施人力资源管理所必需;

(三)为履行法定职责或者法定义务所必需;

(四)为应对突发公共卫生事件,或者紧急情况下为保护自然人的生命健康和财产安全所必需;

(五)为公共利益实施新闻报道、舆论监督等行为,在合理的范围内处理个人信息;

(六)依照本法规定在合理的范围内处理个人自行公开或者其他已经合法公开的个人信息;

(七)法律、行政法规规定的其他情形。

依照本法其他有关规定,处理个人信息应当取得个人同意,但是有前款第二项至第七项规定情形的,不需取得个人同意。

第十四条　基于个人同意处理个人信息的,该同意应当由个人在充分知情的前提下自愿、明确作出。法律、行政法规规定处理个人信息应当取得个人单独同意或者书面同意的,从其规定。

个人信息的处理目的、处理方式和处理的个人信息种类发生变更的,应当重新取得个人同意。

第十五条　基于个人同意处理个人信息的,个人有权撤回其同意。个人信息处理者应当提供便捷的撤回同意的方式。

个人撤回同意,不影响撤回前基于个人同意已进行的个人信息处理活动的效力。

第十六条　个人信息处理者不得以个人不同意处理其个人信息或者撤回同意

为由，拒绝提供产品或者服务；处理个人信息属于提供产品或者服务所必需的除外。

第十七条 个人信息处理者在处理个人信息前，应当以显著方式、清晰易懂的语言真实、准确、完整地向个人告知下列事项：

（一）个人信息处理者的名称或者姓名和联系方式；

（二）个人信息的处理目的、处理方式，处理的个人信息种类、保存期限；

（三）个人行使本法规定权利的方式和程序；

（四）法律、行政法规规定应当告知的其他事项。

前款规定事项发生变更的，应当将变更部分告知个人。

个人信息处理者通过制定个人信息处理规则的方式告知第一款规定事项的，处理规则应当公开，并且便于查阅和保存。

第十八条 个人信息处理者处理个人信息，有法律、行政法规规定应当保密或者不需要告知的情形的，可以不向个人告知前条第一款规定的事项。

紧急情况下为保护自然人的生命健康和财产安全无法及时向个人告知的，个人信息处理者应当在紧急情况消除后及时告知。

第十九条 除法律、行政法规另有规定外，个人信息的保存期限应当为实现处理目的所必要的最短时间。

第二十条 两个以上的个人信息处理者共同决定个人信息的处理目的和处理方式的，应当约定各自的权利和义务。但是，该约定不影响个人向其中任何一个个人信息处理者要求行使本法规定的权利。

个人信息处理者共同处理个人信息，侵害个人信息权益造成损害的，应当依法承担连带责任。

第二十一条 个人信息处理者委托处理个人信息的，应当与受托人约定委托处理的目的、期限、处理方式、个人信息的种类、保护措施以及双方的权利和义务等，并对受托人的个人信息处理活动进行监督。

受托人应当按照约定处理个人信息，不得超出约定的处理目的、处理方式等处理个人信息；委托合同不生效、无效、被撤销或者终止的，受托人应当将个人信息返还个人信息处理者或者予以删除，不得保留。

未经个人信息处理者同意，受托人不得转委托他人处理个人信息。

第二十二条 个人信息处理者因合并、分立、解散、被宣告破产等原因需要转移个人信息的，应当向个人告知接收方的名称或者姓名和联系方式。接收方应当继续履行个人信息处理者的义务。接收方变更原先的处理目的、处理方式的，应当依照本法规定重新取得个人同意。

第二十三条　个人信息处理者向其他个人信息处理者提供其处理的个人信息的，应当向个人告知接收方的名称或者姓名、联系方式、处理目的、处理方式和个人信息的种类，并取得个人的单独同意。接收方应当在上述处理目的、处理方式和个人信息的种类等范围内处理个人信息。接收方变更原先的处理目的、处理方式的，应当依照本法规定重新取得个人同意。

第二十四条　个人信息处理者利用个人信息进行自动化决策，应当保证决策的透明度和结果公平、公正，不得对个人在交易价格等交易条件上实行不合理的差别待遇。

通过自动化决策方式向个人进行信息推送、商业营销，应当同时提供不针对其个人特征的选项，或者向个人提供便捷的拒绝方式。

通过自动化决策方式作出对个人权益有重大影响的决定，个人有权要求个人信息处理者予以说明，并有权拒绝个人信息处理者仅通过自动化决策的方式作出决定。

第二十五条　个人信息处理者不得公开其处理的个人信息，取得个人单独同意的除外。

第二十六条　在公共场所安装图像采集、个人身份识别设备，应当为维护公共安全所必需，遵守国家有关规定，并设置显著的提示标识。所收集的个人图像、身份识别信息只能用于维护公共安全的目的，不得用于其他目的；取得个人单独同意的除外。

第二十七条　个人信息处理者可以在合理的范围内处理个人自行公开或者其他已经合法公开的个人信息；个人明确拒绝的除外。个人信息处理者处理已公开的个人信息，对个人权益有重大影响的，应当依照本法规定取得个人同意。

第二节　敏感个人信息的处理规则

第二十八条　敏感个人信息是一旦泄露或者非法使用，容易导致自然人的人格尊严受到侵害或者人身、财产安全受到危害的个人信息，包括生物识别、宗教信仰、特定身份、医疗健康、金融账户、行踪轨迹等信息，以及不满十四周岁未成年人的个人信息。

只有在具有特定的目的和充分的必要性，并采取严格保护措施的情形下，个人信息处理者方可处理敏感个人信息。

第二十九条 处理敏感个人信息应当取得个人的单独同意;法律、行政法规规定处理敏感个人信息应当取得书面同意的,从其规定。

第三十条 个人信息处理者处理敏感个人信息的,除本法第十七条第一款规定的事项外,还应当向个人告知处理敏感个人信息的必要性以及对个人权益的影响;依照本法规定可以不向个人告知的除外。

第三十一条 个人信息处理者处理不满十四周岁未成年人个人信息的,应当取得未成年人的父母或者其他监护人的同意。

个人信息处理者处理不满十四周岁未成年人个人信息的,应当制定专门的个人信息处理规则。

第三十二条 法律、行政法规对处理敏感个人信息规定应当取得相关行政许可或者作出其他限制的,从其规定。

第三章 个人信息跨境提供的规则

第三十八条 个人信息处理者因业务等需要,确需向中华人民共和国境外提供个人信息的,应当具备下列条件之一:

(一)依照本法第四十条的规定通过国家网信部门组织的安全评估;

(二)按照国家网信部门的规定经专业机构进行个人信息保护认证;

(三)按照国家网信部门制定的标准合同与境外接收方订立合同,约定双方的权利和义务;

(四)法律、行政法规或者国家网信部门规定的其他条件。

中华人民共和国缔结或者参加的国际条约、协定对向中华人民共和国境外提供个人信息的条件等有规定的,可以按照其规定执行。

个人信息处理者应当采取必要措施,保障境外接收方处理个人信息的活动达到本法规定的个人信息保护标准。

第三十九条 个人信息处理者向中华人民共和国境外提供个人信息的,应当向个人告知境外接收方的名称或者姓名、联系方式、处理目的、处理方式、个人信息的种类以及个人向境外接收方行使本法规定权利的方式和程序等事项,并取得个人的单独同意。

第四十条 关键信息基础设施运营者和处理个人信息达到国家网信部门规定数量的个人信息处理者,应当将在中华人民共和国境内收集和产生的个人信息存储在境内。确需向境外提供的，应当通过国家网信部门组织的安全评估；法律、行政法规和国家网信部门规定可以不进行安全评估的，从其规定。

第四十一条　中华人民共和国主管机关根据有关法律和中华人民共和国缔结或者参加的国际条约、协定，或者按照平等互惠原则，处理外国司法或者执法机构关于提供存储于境内个人信息的请求。非经中华人民共和国主管机关批准，个人信息处理者不得向外国司法或者执法机构提供存储于中华人民共和国境内的个人信息。

第四章　个人在个人信息处理活动中的权利

第四十四条　个人对其个人信息的处理享有知情权、决定权，有权限制或者拒绝他人对其个人信息进行处理；法律、行政法规另有规定的除外。

第四十五条　个人有权向个人信息处理者查阅、复制其个人信息；有本法第十八条第一款、第三十五条规定情形的除外。

个人请求查阅、复制其个人信息的，个人信息处理者应当及时提供。

个人请求将个人信息转移至其指定的个人信息处理者，符合国家网信部门规定条件的，个人信息处理者应当提供转移的途径。

第四十六条　个人发现其个人信息不准确或者不完整的，有权请求个人信息处理者更正、补充。

个人请求更正、补充其个人信息的，个人信息处理者应当对其个人信息予以核实，并及时更正、补充。

第四十七条　有下列情形之一的，个人信息处理者应当主动删除个人信息；个人信息处理者未删除的，个人有权请求删除：

（一）处理目的已实现、无法实现或者为实现处理目的不再必要；

（二）个人信息处理者停止提供产品或者服务，或者保存期限已届满；

（三）个人撤回同意；

（四）个人信息处理者违反法律、行政法规或者违反约定处理个人信息；

（五）法律、行政法规规定的其他情形。

法律、行政法规规定的保存期限未届满，或者删除个人信息从技术上难以实现的，个人信息处理者应当停止除存储和采取必要的安全保护措施之外的处理。

第四十八条　个人有权要求个人信息处理者对其个人信息处理规则进行解释说明。

第四十九条 自然人死亡的，其近亲属为了自身的合法、正当利益，可以对死者的相关个人信息行使本章规定的查阅、复制、更正、删除等权利；死者生前另有安排的除外。

第五十条 个人信息处理者应当建立便捷的个人行使权利的申请受理和处理机制。拒绝个人行使权利的请求的，应当说明理由。

个人信息处理者拒绝个人行使权利的请求的，个人可以依法向人民法院提起诉讼。

第五章 个人信息处理者的义务

第五十一条 个人信息处理者应当根据个人信息的处理目的、处理方式、个人信息的种类以及对个人权益的影响、可能存在的安全风险等，采取下列措施确保个人信息处理活动符合法律、行政法规的规定，并防止未经授权的访问以及个人信息泄露、篡改、丢失：

（一）制定内部管理制度和操作规程；

（二）对个人信息实行分类管理；

（三）采取相应的加密、去标识化等安全技术措施；

（四）合理确定个人信息处理的操作权限，并定期对从业人员进行安全教育和培训；

（五）制定并组织实施个人信息安全事件应急预案；

（六）法律、行政法规规定的其他措施。

第五十二条 处理个人信息达到国家网信部门规定数量的个人信息处理者应当指定个人信息保护负责人，负责对个人信息处理活动以及采取的保护措施等进行监督。

个人信息处理者应当公开个人信息保护负责人的联系方式，并将个人信息保护负责人的姓名、联系方式等报送履行个人信息保护职责的部门。

第五十三条 本法第三条第二款规定的中华人民共和国境外的个人信息处理者，应当在中华人民共和国境内设立专门机构或者指定代表，负责处理个人信息保护相关事务，并将有关机构的名称或者代表的姓名、联系方式等报送履行个人信息保护职责的部门。

第五十四条 个人信息处理者应当定期对其处理个人信息遵守法律、行政法规的情况进行合规审计。

第五十五条 有下列情形之一的，个人信息处理者应当事前进行个人信息保护影响评估，并对处理情况进行记录：

（一）处理敏感个人信息；

（二）利用个人信息进行自动化决策；

（三）委托处理个人信息、向其他个人信息处理者提供个人信息、公开个人信息；

（四）向境外提供个人信息；

（五）其他对个人权益有重大影响的个人信息处理活动。

第五十六条 个人信息保护影响评估应当包括下列内容：

（一）个人信息的处理目的、处理方式等是否合法、正当、必要；

（二）对个人权益的影响及安全风险；

（三）所采取的保护措施是否合法、有效并与风险程度相适应。

个人信息保护影响评估报告和处理情况记录应当至少保存三年。

第五十七条 发生或者可能发生个人信息泄露、篡改、丢失的，个人信息处理者应当立即采取补救措施，并通知履行个人信息保护职责的部门和个人。通知应当包括下列事项：

（一）发生或者可能发生个人信息泄露、篡改、丢失的信息种类、原因和可能造成的危害；

（二）个人信息处理者采取的补救措施和个人可以采取的减轻危害的措施；

（三）个人信息处理者的联系方式。

个人信息处理者采取措施能够有效避免信息泄露、篡改、丢失造成危害的，个人信息处理者可以不通知个人；履行个人信息保护职责的部门认为可能造成危害的，有权要求个人信息处理者通知个人。

第五十八条 提供重要互联网平台服务、用户数量巨大、业务类型复杂的个人信息处理者，应当履行下列义务：

（一）按照国家规定建立健全个人信息保护合规制度体系，成立主要由外部成员组成的独立机构对个人信息保护情况进行监督；

（二）遵循公开、公平、公正的原则，制定平台规则，明确平台内产品或者服务提供者处理个人信息的规范和保护个人信息的义务；

（三）对严重违反法律、行政法规处理个人信息的平台内的产品或者服务提供者，停止提供服务；

(四)定期发布个人信息保护社会责任报告,接受社会监督。

第五十九条 接受委托处理个人信息的受托人,应当依照本法和有关法律、行政法规的规定,采取必要措施保障所处理的个人信息的安全,并协助个人信息处理者履行本法规定的义务。

第七章 法律责任

第六十六条 违反本法规定处理个人信息,或者处理个人信息未履行本法规定的个人信息保护义务的,由履行个人信息保护职责的部门责令改正,给予警告,没收违法所得,对违法处理个人信息的应用程序,责令暂停或者终止提供服务;拒不改正的,并处一百万元以下罚款;对直接负责的主管人员和其他直接责任人员处一万元以上十万元以下罚款。

有前款规定的违法行为,情节严重的,由省级以上履行个人信息保护职责的部门责令改正,没收违法所得,并处五千万元以下或者上一年度营业额百分之五以下罚款,并可以责令暂停相关业务或者停业整顿、通报有关主管部门吊销相关业务许可或者吊销营业执照;对直接负责的主管人员和其他直接责任人员处十万元以上一百万元以下罚款,并可以决定禁止其在一定期限内担任相关企业的董事、监事、高级管理人员和个人信息保护负责人。

第六十七条 有本法规定的违法行为的,依照有关法律、行政法规的规定记入信用档案,并予以公示。

第六十九条 处理个人信息侵害个人信息权益造成损害,个人信息处理者不能证明自己没有过错的,应当承担损害赔偿等侵权责任。

前款规定的损害赔偿责任按照个人因此受到的损失或者个人信息处理者因此获得的利益确定;个人因此受到的损失和个人信息处理者因此获得的利益难以确定的,根据实际情况确定赔偿数额。

第七十条 个人信息处理者违反本法规定处理个人信息,侵害众多个人的权益的,人民检察院、法律规定的消费者组织和由国家网信部门确定的组织可以依法向人民法院提起诉讼。

第七十一条 违反本法规定,构成违反治安管理行为的,依法给予治安管理处罚;构成犯罪的,依法追究刑事责任。

第八章 附 则

第七十三条 本法下列用语的含义:

（一）个人信息处理者，是指在个人信息处理活动中自主决定处理目的、处理方式的组织、个人。

（二）自动化决策，是指通过计算机程序自动分析、评估个人的行为习惯、兴趣爱好或者经济、健康、信用状况等，并进行决策的活动。

（三）去标识化，是指个人信息经过处理，使其在不借助额外信息的情况下无法识别特定自然人的过程。

（四）匿名化，是指个人信息经过处理无法识别特定自然人且不能复原的过程。

中华人民共和国网络安全法（节录）

（2016年11月7日　中华人民共和国主席令第53号）

第三章　网络运行安全

第一节　一般规定

第二十一条　国家实行网络安全等级保护制度。网络运营者应当按照网络安全等级保护制度的要求，履行下列安全保护义务，保障网络免受干扰、破坏或者未经授权的访问，防止网络数据泄露或者被窃取、篡改：

（一）制定内部安全管理制度和操作规程，确定网络安全负责人，落实网络安全保护责任；

（二）采取防范计算机病毒和网络攻击、网络侵入等危害网络安全行为的技术措施；

（三）采取监测、记录网络运行状态、网络安全事件的技术措施，并按照规定留存相关的网络日志不少于六个月；

（四）采取数据分类、重要数据备份和加密等措施；

（五）法律、行政法规规定的其他义务。

第二十二条　网络产品、服务应当符合相关国家标准的强制性要求。网络产品、服务的提供者不得设置恶意程序；发现其网络产品、服务存在安全缺陷、漏洞等风险时，应当立即采取补救措施，按照规定及时告知用户并向有关主管部门报告。

网络产品、服务的提供者应当为其产品、服务持续提供安全维护；在规定或者当事人约定的期限内，不得终止提供安全维护。

网络产品、服务具有收集用户信息功能的，其提供者应当向用户明示并取得同意;涉及用户个人信息的,还应当遵守本法和有关法律、行政法规关于个人信息保护的规定。

第二十三条 网络关键设备和网络安全专用产品应当按照相关国家标准的强制性要求,由具备资格的机构安全认证合格或者安全检测符合要求后,方可销售或者提供。国家网信部门会同国务院有关部门制定、公布网络关键设备和网络安全专用产品目录,并推动安全认证和安全检测结果互认,避免重复认证、检测。

第二十四条第一款 网络运营者为用户办理网络接入、域名注册服务,办理固定电话、移动电话等入网手续,或者为用户提供信息发布、即时通讯等服务,在与用户签订协议或者确认提供服务时,应当要求用户提供真实身份信息。用户不提供真实身份信息的,网络运营者不得为其提供相关服务。

第二十五条 网络运营者应当制定网络安全事件应急预案,及时处置系统漏洞、计算机病毒、网络攻击、网络侵入等安全风险;在发生危害网络安全的事件时,立即启动应急预案,采取相应的补救措施,并按照规定向有关主管部门报告。

第二十六条 开展网络安全认证、检测、风险评估等活动,向社会发布系统漏洞、计算机病毒、网络攻击、网络侵入等网络安全信息,应当遵守国家有关规定。

第二十七条 任何个人和组织不得从事非法侵入他人网络、干扰他人网络正常功能、窃取网络数据等危害网络安全的活动;不得提供专门用于从事侵入网络、干扰网络正常功能及防护措施、窃取网络数据等危害网络安全活动的程序、工具;明知他人从事危害网络安全的活动的,不得为其提供技术支持、广告推广、支付结算等帮助。

第二十八条 网络运营者应当为公安机关、国家安全机关依法维护国家安全和侦查犯罪的活动提供技术支持和协助。

第二十九条 国家支持网络运营者之间在网络安全信息收集、分析、通报和应急处置等方面进行合作,提高网络运营者的安全保障能力。

有关行业组织建立健全本行业的网络安全保护规范和协作机制,加强对网络安全风险的分析评估,定期向会员进行风险警示,支持、协助会员应对网络安全风险。

第二节 关键信息基础设施的运行安全

第三十四条 除本法第二十一条的规定外,关键信息基础设施的运营者还应当履行下列安全保护义务:

(一)设置专门安全管理机构和安全管理负责人,并对该负责人和关键岗位的人员进行安全背景审查;

(二)定期对从业人员进行网络安全教育、技术培训和技能考核;

(三)对重要系统和数据库进行容灾备份;

(四)制定网络安全事件应急预案,并定期进行演练;

(五)法律、行政法规规定的其他义务。

第三十五条　关键信息基础设施的运营者采购网络产品和服务,可能影响国家安全的,应当通过国家网信部门会同国务院有关部门组织的国家安全审查。

第三十六条　关键信息基础设施的运营者采购网络产品和服务,应当按照规定与提供者签订安全保密协议,明确安全和保密义务与责任。

第三十七条　关键信息基础设施的运营者在中华人民共和国境内运营中收集和产生的个人信息和重要数据应当在境内存储。因业务需要,确需向境外提供的,应当按照国家网信部门会同国务院有关部门制定的办法进行安全评估;法律、行政法规另有规定的,依照其规定。

第三十八条　关键信息基础设施的运营者应当自行或者委托网络安全服务机构对其网络的安全性和可能存在的风险每年至少进行一次检测评估,并将检测评估情况和改进措施报送相关负责关键信息基础设施安全保护工作的部门。

第三十九条　国家网信部门应当统筹协调有关部门对关键信息基础设施的安全保护采取下列措施:

(一)对关键信息基础设施的安全风险进行抽查检测,提出改进措施,必要时可以委托网络安全服务机构对网络存在的安全风险进行检测评估;

(二)定期组织关键信息基础设施的运营者进行网络安全应急演练,提高应对网络安全事件的水平和协同配合能力;

(三)促进有关部门、关键信息基础设施的运营者以及有关研究机构、网络安全服务机构等之间的网络安全信息共享;

(四)对网络安全事件的应急处置与网络功能的恢复等,提供技术支持和协助。

第四章　网络信息安全

第四十条　网络运营者应当对其收集的用户信息严格保密,并建立健全用户信息保护制度。

第四十一条　网络运营者收集、使用个人信息,应当遵循合法、正当、必要的原则,公开收集、使用规则,明示收集、使用信息的目的、方式和范围,并经被收集者同意。

网络运营者不得收集与其提供的服务无关的个人信息,不得违反法律、行政法规的规定和双方的约定收集、使用个人信息,并应当依照法律、行政法规的规定和与用户的约定,处理其保存的个人信息。

第四十二条 网络运营者不得泄露、篡改、毁损其收集的个人信息;未经被收集者同意,不得向他人提供个人信息。但是,经过处理无法识别特定个人且不能复原的除外。

网络运营者应当采取技术措施和其他必要措施,确保其收集的个人信息安全,防止信息泄露、毁损、丢失。在发生或者可能发生个人信息泄露、毁损、丢失的情况时,应当立即采取补救措施,按照规定及时告知用户并向有关主管部门报告。

第四十三条 个人发现网络运营者违反法律、行政法规的规定或者双方的约定收集、使用其个人信息的,有权要求网络运营者删除其个人信息;发现网络运营者收集、存储的其个人信息有错误的,有权要求网络运营者予以更正。网络运营者应当采取措施予以删除或者更正。

第四十四条 任何个人和组织不得窃取或者以其他非法方式获取个人信息,不得非法出售或者非法向他人提供个人信息。

第四十六条 任何个人和组织应当对其使用网络的行为负责,不得设立用于实施诈骗,传授犯罪方法,制作或者销售违禁物品、管制物品等违法犯罪活动的网站、通讯群组,不得利用网络发布涉及实施诈骗,制作或者销售违禁物品、管制物品以及其他违法犯罪活动的信息。

第四十七条 网络运营者应当加强对其用户发布的信息的管理,发现法律、行政法规禁止发布或者传输的信息的,应当立即停止传输该信息,采取消除等处置措施,防止信息扩散,保存有关记录,并向有关主管部门报告。

第四十八条 任何个人和组织发送的电子信息、提供的应用软件,不得设置恶意程序,不得含有法律、行政法规禁止发布或者传输的信息。

电子信息发送服务提供者和应用软件下载服务提供者,应当履行安全管理义务,知道其用户有前款规定行为的,应当停止提供服务,采取消除等处置措施,保存有关记录,并向有关主管部门报告。

第四十九条 网络运营者应当建立网络信息安全投诉、举报制度,公布投诉、举报方式等信息,及时受理并处理有关网络信息安全的投诉和举报。

网络运营者对网信部门和有关部门依法实施的监督检查，应当予以配合。

第五十条　国家网信部门和有关部门依法履行网络信息安全监督管理职责，发现法律、行政法规禁止发布或者传输的信息的，应当要求网络运营者停止传输，采取消除等处置措施，保存有关记录；对来源于中华人民共和国境外的上述信息，应当通知有关机构采取技术措施和其他必要措施阻断传播。

第六章　法 律 责 任

第五十九条　网络运营者不履行本法第二十一条、第二十五条规定的网络安全保护义务的，由有关主管部门责令改正，给予警告；拒不改正或者导致危害网络安全等后果的，处一万元以上十万元以下罚款，对直接负责的主管人员处五千元以上五万元以下罚款。

关键信息基础设施的运营者不履行本法第三十三条、第三十四条、第三十六条、第三十八条规定的网络安全保护义务的，由有关主管部门责令改正，给予警告；拒不改正或者导致危害网络安全等后果的，处十万元以上一百万元以下罚款，对直接负责的主管人员处一万元以上十万元以下罚款。

第六十条　违反本法第二十二条第一款、第二款和第四十八条第一款规定，有下列行为之一的，由有关主管部门责令改正，给予警告；拒不改正或者导致危害网络安全等后果的，处五万元以上五十万元以下罚款，对直接负责的主管人员处一万元以上十万元以下罚款：

（一）设置恶意程序的；

（二）对其产品、服务存在的安全缺陷、漏洞等风险未立即采取补救措施，或者未按照规定及时告知用户并向有关主管部门报告的；

（三）擅自终止为其产品、服务提供安全维护的。

第六十一条　网络运营者违反本法第二十四条第一款规定，未要求用户提供真实身份信息，或者对不提供真实身份信息的用户提供相关服务的，由有关主管部门责令改正；拒不改正或者情节严重的，处五万元以上五十万元以下罚款，并可以由有关主管部门责令暂停相关业务、停业整顿、关闭网站、吊销相关业务许可证或者吊销营业执照，对直接负责的主管人员和其他直接责任人员处一万元以上十万元以下罚款。

第六十二条　违反本法第二十六条规定，开展网络安全认证、检测、风险评估等活动，或者向社会发布系统漏洞、计算机病毒、网络攻击、网络侵入等网络安全信息的,由有关主管部门责令改正,给予警告;拒不改正或者情节严重的,处一万元以上十万元以下罚款,并可以由有关主管部门责令暂停相关业务、停业整顿、关闭网站、吊销相关业务许可证或者吊销营业执照,对直接负责的主管人员和其他直接责任人员处五千元以上五万元以下罚款。

第六十三条 违反本法第二十七条规定,从事危害网络安全的活动,或者提供专门用于从事危害网络安全活动的程序、工具,或者为他人从事危害网络安全的活动提供技术支持、广告推广、支付结算等帮助,尚不构成犯罪的,由公安机关没收违法所得,处五日以下拘留,可以并处五万元以上五十万元以下罚款;情节较重的,处五日以上十五日以下拘留,可以并处十万元以上一百万元以下罚款。

单位有前款行为的,由公安机关没收违法所得,处十万元以上一百万元以下罚款,并对直接负责的主管人员和其他直接责任人员依照前款规定处罚。

违反本法第二十七条规定,受到治安管理处罚的人员,五年内不得从事网络安全管理和网络运营关键岗位的工作;受到刑事处罚的人员,终身不得从事网络安全管理和网络运营关键岗位的工作。

第六十四条 网络运营者、网络产品或者服务的提供者违反本法第二十二条第三款、第四十一条至第四十三条规定,侵害个人信息依法得到保护的权利的,由有关主管部门责令改正,可以根据情节单处或者并处警告、没收违法所得、处违法所得一倍以上十倍以下罚款,没有违法所得的,处一百万元以下罚款,对直接负责的主管人员和其他直接责任人员处一万元以上十万元以下罚款;情节严重的,并可以责令暂停相关业务、停业整顿、关闭网站、吊销相关业务许可证或者吊销营业执照。

违反本法第四十四条规定,窃取或者以其他非法方式获取、非法出售或者非法向他人提供个人信息,尚不构成犯罪的,由公安机关没收违法所得,并处违法所得一倍以上十倍以下罚款,没有违法所得的,处一百万元以下罚款。

第六十五条 关键信息基础设施的运营者违反本法第三十五条规定,使用未经安全审查或者安全审查未通过的网络产品或者服务的,由有关主管部门责令停止使用,处采购金额一倍以上十倍以下罚款;对直接负责的主管人员和其他直接责任人员处一万元以上十万元以下罚款。

第六十六条 关键信息基础设施的运营者违反本法第三十七条规定,在境外存储网络数据,或者向境外提供网络数据的,由有关主管部门责令改正,给予警告,没收违法所得,处五万元以上五十万元以下罚款,并可以责令暂停相关业务、停业整顿、关闭网站、吊销相关业务许可证或者吊销营业执照;对直接负责的主管人员和其他直接责任人员处一万元以上十万元以下罚款。

第六十七条　违反本法第四十六条规定，设立用于实施违法犯罪活动的网站、通讯群组，或者利用网络发布涉及实施违法犯罪活动的信息，尚不构成犯罪的，由公安机关处五日以下拘留，可以并处一万元以上十万元以下罚款；情节较重的，处五日以上十五日以下拘留，可以并处五万元以上五十万元以下罚款。关闭用于实施违法犯罪活动的网站、通讯群组。

单位有前款行为的，由公安机关处十万元以上五十万元以下罚款，并对直接负责的主管人员和其他直接责任人员依照前款规定处罚。

第六十八条　网络运营者违反本法第四十七条规定，对法律、行政法规禁止发布或者传输的信息未停止传输、采取消除等处置措施、保存有关记录的，由有关主管部门责令改正，给予警告，没收违法所得；拒不改正或者情节严重的，处十万元以上五十万元以下罚款，并可以责令暂停相关业务、停业整顿、关闭网站、吊销相关业务许可证或者吊销营业执照，对直接负责的主管人员和其他直接责任人员处一万元以上十万元以下罚款。

电子信息发送服务提供者、应用软件下载服务提供者，不履行本法第四十八条第二款规定的安全管理义务的，依照前款规定处罚。

第六十九条　网络运营者违反本法规定，有下列行为之一的，由有关主管部门责令改正；拒不改正或者情节严重的，处五万元以上五十万元以下罚款，对直接负责的主管人员和其他直接责任人员，处一万元以上十万元以下罚款：

（一）不按照有关部门的要求对法律、行政法规禁止发布或者传输的信息，采取停止传输、消除等处置措施的；

（二）拒绝、阻碍有关部门依法实施的监督检查的；

（三）拒不向公安机关、国家安全机关提供技术支持和协助的。

第七十一条　有本法规定的违法行为的，依照有关法律、行政法规的规定记入信用档案，并予以公示。

第七十四条　违反本法规定，给他人造成损害的，依法承担民事责任。

违反本法规定，构成违反治安管理行为的，依法给予治安管理处罚；构成犯罪的，依法追究刑事责任。

第七章　附　　则

第七十六条　本法下列用语的含义：

（一）网络，是指由计算机或者其他信息终端及相关设备组成的按照一定的规则和程序对信息进行收集、存储、传输、交换、处理的系统。

（二）网络安全，是指通过采取必要措施，防范对网络的攻击、侵入、干扰、破坏和非法使用以及意外事故，使网络处于稳定可靠运行的状态，以及保障网络数据的完整性、保密性、可用性的能力。

（三）网络运营者，是指网络的所有者、管理者和网络服务提供者。

（四）网络数据，是指通过网络收集、存储、传输、处理和产生的各种电子数据。

（五）个人信息，是指以电子或者其他方式记录的能够单独或者与其他信息结合识别自然人个人身份的各种信息，包括但不限于自然人的姓名、出生日期、身份证件号码、个人生物识别信息、住址、电话号码等。

第七十七条 存储、处理涉及国家秘密信息的网络的运行安全保护，除应当遵守本法外，还应当遵守保密法律、行政法规的规定。

中华人民共和国电子商务法（节录）

（2018年8月31日 中华人民共和国主席令第7号）

第十三条 电子商务经营者销售的商品或者提供的服务应当符合保障人身、财产安全的要求和环境保护要求，不得销售或者提供法律、行政法规禁止交易的商品或者服务。

第二十三条 电子商务经营者收集、使用其用户的个人信息，应当遵守法律、行政法规有关个人信息保护的规定。

第二十四条 电子商务经营者应当明示用户信息查询、更正、删除以及用户注销的方式、程序，不得对用户信息查询、更正、删除以及用户注销设置不合理条件。

电子商务经营者收到用户信息查询或者更正、删除的申请的，应当在核实身份后及时提供查询或者更正、删除用户信息。用户注销的，电子商务经营者应当立即删除该用户的信息；依照法律、行政法规的规定或者双方约定保存的，依照其规定。

第二十七条第一款 电子商务平台经营者应当要求申请进入平台销售商品或者提供服务的经营者提交其身份、地址、联系方式、行政许可等真实信息，进行核验、登记，建立登记档案，并定期核验更新。

第二十九条 电子商务平台经营者发现平台内的商品或者服务信息存在违反本法第十二条、第十三条规定情形的，应当依法采取必要的处置措施，并向有关主管部门报告。

第三十条 电子商务平台经营者应当采取技术措施和其他必要措施保证其网络安全、稳定运行,防范网络违法犯罪活动,有效应对网络安全事件,保障电子商务交易安全。

电子商务平台经营者应当制定网络安全事件应急预案,发生网络安全事件时,应当立即启动应急预案,采取相应的补救措施,并向有关主管部门报告。

第三十二条 电子商务平台经营者应当遵循公开、公平、公正的原则,制定平台服务协议和交易规则,明确进入和退出平台、商品和服务质量保障、消费者权益保护、个人信息保护等方面的权利和义务。

第七十五条 电子商务经营者违反本法第十二条、第十三条规定,未取得相关行政许可从事经营活动,或者销售、提供法律、行政法规禁止交易的商品、服务,或者不履行本法第二十五条规定的信息提供义务,电子商务平台经营者违反本法第四十六条规定,采取集中交易方式进行交易,或者进行标准化合约交易的,依照有关法律、行政法规的规定处罚。

第七十九条 电子商务经营者违反法律、行政法规有关个人信息保护的规定,或者不履行本法第三十条和有关法律、行政法规规定的网络安全保障义务的,依照《中华人民共和国网络安全法》等法律、行政法规的规定处罚。

第八十条 电子商务平台经营者有下列行为之一的,由有关主管部门责令限期改正;逾期不改正的,处二万元以上十万元以下的罚款;情节严重的,责令停业整顿,并处十万元以上五十万元以下的罚款:

(一)不履行本法第二十七条规定的核验、登记义务的;

(二)不按照本法第二十八条规定向市场监督管理部门、税务部门报送有关信息的;

(三)不按照本法第二十九条规定对违法情形采取必要的处置措施,或者未向有关主管部门报告的;

(四)不履行本法第三十一条规定的商品和服务信息、交易信息保存义务的。

法律、行政法规对前款规定的违法行为的处罚另有规定的,依照其规定。

第八十六条 电子商务经营者有本法规定的违法行为的,依照有关法律、行政法规的规定记入信用档案,并予以公示。

第八十八条 违反本法规定,构成违反治安管理行为的,依法给予治安管理处罚;构成犯罪的,依法追究刑事责任。

中华人民共和国数据安全法(节录)

(2021 年 6 月 10 日　中华人民共和国主席令第 84 号)

第四章　数据安全保护义务

第二十七条　开展数据处理活动应当依照法律、法规的规定,建立健全全流程数据安全管理制度,组织开展数据安全教育培训,采取相应的技术措施和其他必要措施,保障数据安全。利用互联网等信息网络开展数据处理活动,应当在网络安全等级保护制度的基础上,履行上述数据安全保护义务。

重要数据的处理者应当明确数据安全负责人和管理机构,落实数据安全保护责任。

第二十八条　开展数据处理活动以及研究开发数据新技术,应当有利于促进经济社会发展,增进人民福祉,符合社会公德和伦理。

第二十九条　开展数据处理活动应当加强风险监测,发现数据安全缺陷、漏洞等风险时,应当立即采取补救措施;发生数据安全事件时,应当立即采取处置措施,按照规定及时告知用户并向有关主管部门报告。

第三十条　重要数据的处理者应当按照规定对其数据处理活动定期开展风险评估,并向有关主管部门报送风险评估报告。

风险评估报告应当包括处理的重要数据的种类、数量,开展数据处理活动的情况,面临的数据安全风险及其应对措施等。

第三十一条　关键信息基础设施的运营者在中华人民共和国境内运营中收集和产生的重要数据的出境安全管理,适用《中华人民共和国网络安全法》的规定;其他数据处理者在中华人民共和国境内运营中收集和产生的重要数据的出境安全管理办法,由国家网信部门会同国务院有关部门制定。

第三十二条　任何组织、个人收集数据,应当采取合法、正当的方式,不得窃取或者以其他非法方式获取数据。

法律、行政法规对收集、使用数据的目的、范围有规定的,应当在法律、行政法规规定的目的和范围内收集、使用数据。

第三十三条　从事数据交易中介服务的机构提供服务,应当要求数据提供方说明数据来源,审核交易双方的身份,并留存审核、交易记录。

第三十四条　法律、行政法规规定提供数据处理相关服务应当取得行政许可的，服务提供者应当依法取得许可。

第三十五条　公安机关、国家安全机关因依法维护国家安全或者侦查犯罪的需要调取数据，应当按照国家有关规定，经过严格的批准手续，依法进行，有关组织、个人应当予以配合。

第三十六条　中华人民共和国主管机关根据有关法律和中华人民共和国缔结或者参加的国际条约、协定，或者按照平等互惠原则，处理外国司法或者执法机构关于提供数据的请求。非经中华人民共和国主管机关批准，境内的组织、个人不得向外国司法或者执法机构提供存储于中华人民共和国境内的数据。

第六章　法 律 责 任

第四十四条　有关主管部门在履行数据安全监管职责中，发现数据处理活动存在较大安全风险的，可以按照规定的权限和程序对有关组织、个人进行约谈，并要求有关组织、个人采取措施进行整改，消除隐患。

第四十五条　开展数据处理活动的组织、个人不履行本法第二十七条、第二十九条、第三十条规定的数据安全保护义务的，由有关主管部门责令改正，给予警告，可以并处五万元以上五十万元以下罚款，对直接负责的主管人员和其他直接责任人员可以处一万元以上十万元以下罚款；拒不改正或者造成大量数据泄露等严重后果的，处五十万元以上二百万元以下罚款，并可以责令暂停相关业务、停业整顿、吊销相关业务许可证或者吊销营业执照，对直接负责的主管人员和其他直接责任人员处五万元以上二十万元以下罚款。

违反国家核心数据管理制度，危害国家主权、安全和发展利益的，由有关主管部门处二百万元以上一千万元以下罚款，并根据情况责令暂停相关业务、停业整顿、吊销相关业务许可证或者吊销营业执照；构成犯罪的，依法追究刑事责任。

第四十六条　违反本法第三十一条规定，向境外提供重要数据的，由有关主管部门责令改正，给予警告，可以并处十万元以上一百万元以下罚款，对直接负责的主管人员和其他直接责任人员可以处一万元以上十万元以下罚款；情节严重的，处一百万元以上一千万元以下罚款，并可以责令暂停相关业务、停业整顿、吊销相关业务许可证或者吊销营业执照，对直接负责的主管人员和其他直接责任人员处十万元以上一百万元以下罚款。

第四十七条　从事数据交易中介服务的机构未履行本法第三十三条规定的义

务的,由有关主管部门责令改正,没收违法所得,处违法所得一倍以上十倍以下罚款,没有违法所得或者违法所得不足十万元的,处十万元以上一百万元以下罚款,并可以责令暂停相关业务、停业整顿、吊销相关业务许可证或者吊销营业执照;对直接负责的主管人员和其他直接责任人员处一万元以上十万元以下罚款。

第四十八条 违反本法第三十五条规定,拒不配合数据调取的,由有关主管部门责令改正,给予警告,并处五万元以上五十万元以下罚款,对直接负责的主管人员和其他直接责任人员处一万元以上十万元以下罚款。

违反本法第三十六条规定,未经主管机关批准向外国司法或者执法机构提供数据的,由有关主管部门给予警告,可以并处十万元以上一百万元以下罚款,对直接负责的主管人员和其他直接责任人员可以处一万元以上十万元以下罚款;造成严重后果的,处一百万元以上五百万元以下罚款,并可以责令暂停相关业务、停业整顿、吊销相关业务许可证或者吊销营业执照,对直接负责的主管人员和其他直接责任人员处五万元以上五十万元以下罚款。

第五十一条 窃取或者以其他非法方式获取数据,开展数据处理活动排除、限制竞争,或者损害个人、组织合法权益的,依照有关法律、行政法规的规定处罚。

第五十二条 违反本法规定,给他人造成损害的,依法承担民事责任。

违反本法规定,构成违反治安管理行为的,依法给予治安管理处罚;构成犯罪的,依法追究刑事责任。

中华人民共和国消费者权益保护法(节录)

(2013 年 10 月 25 日修正　中华人民共和国主席令第 7 号)

第二章　消费者的权利

第十四条 消费者在购买、使用商品和接受服务时,享有人格尊严、民族风俗习惯得到尊重的权利,享有个人信息依法得到保护的权利。

第三章　经营者的义务

第二十九条 经营者收集、使用消费者个人信息,应当遵循合法、正当、必要的原则,明示收集、使用信息的目的、方式和范围,并经消费者同意。经营者收集、使用消费者个人信息,应当公开其收集、使用规则,不得违反法律、法规的规定和双方的约定收集、使用信息。

经营者及其工作人员对收集的消费者个人信息必须严格保密，不得泄露、出售或者非法向他人提供。经营者应当采取技术措施和其他必要措施，确保信息安全，防止消费者个人信息泄露、丢失。在发生或者可能发生信息泄露、丢失的情况时，应当立即采取补救措施。

第七章　法律责任

第五十六条　经营者有下列情形之一，除承担相应的民事责任外，其他有关法律、法规对处罚机关和处罚方式有规定的，依照法律、法规的规定执行；法律、法规未作规定的，由工商行政管理部门或者其他有关行政部门责令改正，可以根据情节单处或者并处警告、没收违法所得、处以违法所得一倍以上十倍以下的罚款，没有违法所得的，处以五十万元以下的罚款；情节严重的，责令停业整顿、吊销营业执照：

（一）提供的商品或者服务不符合保障人身、财产安全要求的；

（二）在商品中掺杂、掺假，以假充真，以次充好，或者以不合格商品冒充合格商品的；

（三）生产国家明令淘汰的商品或者销售失效、变质的商品的；

（四）伪造商品的产地，伪造或者冒用他人的厂名、厂址，篡改生产日期，伪造或者冒用认证标志等质量标志的；

（五）销售的商品应当检验、检疫而未检验、检疫或者伪造检验、检疫结果的；

（六）对商品或者服务作虚假或者引人误解的宣传的；

（七）拒绝或者拖延有关行政部门责令对缺陷商品或者服务采取停止销售、警示、召回、无害化处理、销毁、停止生产或者服务等措施的；

（八）对消费者提出的修理、重作、更换、退货、补足商品数量、退还货款和服务费用或者赔偿损失的要求，故意拖延或者无理拒绝的；

（九）侵害消费者人格尊严、侵犯消费者人身自由或者侵害消费者个人信息依法得到保护的权利的；

（十）法律、法规规定的对损害消费者权益应当予以处罚的其他情形。

经营者有前款规定情形的，除依照法律、法规规定予以处罚外，处罚机关应当记入信用档案，向社会公布。

中华人民共和国邮政法(节录)

(2015年4月24日修正　中华人民共和国主席令第25号)

第三章　邮政服务

第三十五条　任何单位和个人不得私自开拆、隐匿、毁弃他人邮件。

除法律另有规定外,邮政企业及其从业人员不得向任何单位或者个人泄露用户使用邮政服务的信息。

第三十六条　因国家安全或者追查刑事犯罪的需要,公安机关、国家安全机关或者检察机关可以依法检查、扣留有关邮件,并可以要求邮政企业提供相关用户使用邮政服务的信息。邮政企业和有关单位应当配合,并对有关情况予以保密。

第六章　快递业务

第五十二条　申请快递业务经营许可,应当具备下列条件:

(一)符合企业法人条件;

(二)在省、自治区、直辖市范围内经营的,注册资本不低于人民币五十万元,跨省、自治区、直辖市经营的,注册资本不低于人民币一百万元,经营国际快递业务的,注册资本不低于人民币二百万元;

(三)有与申请经营的地域范围相适应的服务能力;

(四)有严格的服务质量管理制度和完备的业务操作规范;

(五)有健全的安全保障制度和措施;

(六)法律、行政法规规定的其他条件。

第八章　法律责任

第七十六条　邮政企业、快递企业违法提供用户使用邮政服务或者快递服务的信息,尚不构成犯罪的,由邮政管理部门责令改正,没收违法所得,并处一万元以上五万元以下的罚款;对邮政企业直接负责的主管人员和其他直接责任人员给予处分;对快递企业,邮政管理部门还可以责令停业整顿直至吊销其快递业务经营许可证。

邮政企业、快递企业从业人员有前款规定的违法行为,尚不构成犯罪的,由邮政管理部门责令改正,没收违法所得,并处五千元以上一万元以下的罚款。

第九章　附　　则

第八十四条　本法下列用语的含义：

邮政企业，是指中国邮政集团公司及其提供邮政服务的全资企业、控股企业。

寄递，是指将信件、包裹、印刷品等物品按照封装上的名址递送给特定个人或者单位的活动，包括收寄、分拣、运输、投递等环节。

快递，是指在承诺的时限内快速完成的寄递活动。

邮件，是指邮政企业寄递的信件、包裹、汇款通知、报刊和其他印刷品等。

快件，是指快递企业递送的信件、包裹、印刷品等。

信件，是指信函、明信片。信函是指以套封形式按照名址递送给特定个人或者单位的缄封的信息载体，不包括书籍、报纸、期刊等。

包裹，是指按照封装上的名址递送给特定个人或者单位的独立封装的物品，其重量不超过五十千克，任何一边的尺寸不超过一百五十厘米，长、宽、高合计不超过三百厘米。

……

邮政设施，是指用于提供邮政服务的邮政营业场所、邮件处理场所、邮筒（箱）、邮政报刊亭、信报箱等。

邮件处理场所，是指邮政企业专门用于邮件分拣、封发、储存、交换、转运、投递等活动的场所。

……

中华人民共和国基本医疗卫生与健康促进法（节录）

（2019年12月28日　中华人民共和国主席令第38号）

第八章　监 督 管 理

第九十二条　国家保护公民个人健康信息，确保公民个人健康信息安全。任何组织或者个人不得非法收集、使用、加工、传输公民个人健康信息，不得非法买卖、提供或者公开公民个人健康信息。

第九章　法 律 责 任

第一百零一条　违反本法规定，医疗卫生机构等的医疗信息安全制度、保障措施不健全,导致医疗信息泄露,或者医疗质量管理和医疗技术管理制度、安全措施不健全的,由县级以上人民政府卫生健康等主管部门责令改正,给予警告,并处一万元以上五万元以下的罚款;情节严重的,可以责令停止相应执业活动,对直接负责的主管人员和其他直接责任人员依法追究法律责任。

第一百零二条 违反本法规定,医疗卫生人员有下列行为之一的,由县级以上人民政府卫生健康主管部门依照有关执业医师、护士管理和医疗纠纷预防处理等法律、行政法规的规定给予行政处罚:

(一)利用职务之便索要、非法收受财物或者牟取其他不正当利益;

(二)泄露公民个人健康信息;

(三)在开展医学研究或提供医疗卫生服务过程中未按照规定履行告知义务或者违反医学伦理规范。

前款规定的人员属于政府举办的医疗卫生机构中的人员的,依法给予处分。

第一百零五条 违反本法规定,扰乱医疗卫生机构执业场所秩序,威胁、危害医疗卫生人员人身安全,侵犯医疗卫生人员人格尊严,非法收集、使用、加工、传输公民个人健康信息,非法买卖、提供或者公开公民个人健康信息等,构成违反治安管理行为的,依法给予治安管理处罚。

第一百零六条 违反本法规定,构成犯罪的,依法追究刑事责任;造成人身、财产损害的,依法承担民事责任。

全国人民代表大会常务委员会
关于加强网络信息保护的决定(节录)

(2012年12月28日第十一届全国人民代表大会常务委员会第三十次会议通过)

为了保护网络信息安全,保障公民、法人和其他组织的合法权益,维护国家安全和社会公共利益,特作如下决定:

一、国家保护能够识别公民个人身份和涉及公民个人隐私的电子信息。

任何组织和个人不得窃取或者以其他非法方式获取公民个人电子信息,不得出售或者非法向他人提供公民个人电子信息。

二、网络服务提供者和其他企业事业单位在业务活动中收集、使用公民个人电子信息,应当遵循合法、正当、必要的原则,明示收集、使用信息的目的、方式和范围,并经被收集者同意，不得违反法律、法规的规定和双方的约定收集、使用信息。

网络服务提供者和其他企业事业单位收集、使用公民个人电子信息，应当公开其收集、使用规则。

三、网络服务提供者和其他企业事业单位及其工作人员对在业务活动中收集的公民个人电子信息必须严格保密，不得泄露、篡改、毁损，不得出售或者非法向他人提供。

四、网络服务提供者和其他企业事业单位应当采取技术措施和其他必要措施，确保信息安全，防止在业务活动中收集的公民个人电子信息泄露、毁损、丢失。在发生或者可能发生信息泄露、毁损、丢失的情况时，应当立即采取补救措施。

五、网络服务提供者应当加强对其用户发布的信息的管理，发现法律、法规禁止发布或者传输的信息的，应当立即停止传输该信息，采取消除等处置措施，保存有关记录，并向有关主管部门报告。

六、网络服务提供者为用户办理网站接入服务，办理固定电话、移动电话等入网手续，或者为用户提供信息发布服务，应当在与用户签订协议或者确认提供服务时，要求用户提供真实身份信息。

八、公民发现泄露个人身份、散布个人隐私等侵害其合法权益的网络信息，或者受到商业性电子信息侵扰的，有权要求网络服务提供者删除有关信息或者采取其他必要措施予以制止。

九、任何组织和个人对窃取或者以其他非法方式获取、出售或者非法向他人提供公民个人电子信息的违法犯罪行为以及其他网络信息违法犯罪行为，有权向有关主管部门举报、控告；接到举报、控告的部门应当依法及时处理。被侵权人可以依法提起诉讼。

十、有关主管部门应当在各自职权范围内依法履行职责，采取技术措施和其他必要措施，防范、制止和查处窃取或者以其他非法方式获取、出售或者非法向他人提供公民个人电子信息的违法犯罪行为以及其他网络信息违法犯罪行为。有关主管部门依法履行职责时，网络服务提供者应当予以配合，提供技术支持。

十一、对有违反本决定行为的，依法给予警告、罚款、没收违法所得、吊销许可证或者取消备案、关闭网站、禁止有关责任人员从事网络服务业务等处罚，记入社会信用档案并予以公布；构成违反治安管理行为的，依法给予治安管理处罚。构成犯罪的，依法追究刑事责任。侵害他人民事权益的，依法承担民事责任。

征信业管理条例(节录)

(2013 年 1 月 21 日　国务院令第 631 号)

第三章　征信业务规则

第十三条　采集个人信息应当经信息主体本人同意,未经本人同意不得采集。但是,依照法律、行政法规规定公开的信息除外。

企业的董事、监事、高级管理人员与其履行职务相关的信息,不作为个人信息。

第十四条　禁止征信机构采集个人的宗教信仰、基因、指纹、血型、疾病和病史信息以及法律、行政法规规定禁止采集的其他个人信息。

征信机构不得采集个人的收入、存款、有价证券、商业保险、不动产的信息和纳税数额信息。但是,征信机构明确告知信息主体提供该信息可能产生的不利后果,并取得其书面同意的除外。

第十五条　信息提供者向征信机构提供个人不良信息,应当事先告知信息主体本人。但是,依照法律、行政法规规定公开的不良信息除外。

第十六条　征信机构对个人不良信息的保存期限,自不良行为或者事件终止之日起为 5 年;超过 5 年的,应当予以删除。

在不良信息保存期限内,信息主体可以对不良信息作出说明,征信机构应当予以记载。

第十七条　信息主体可以向征信机构查询自身信息。个人信息主体有权每年两次免费获取本人的信用报告。

第十八条　向征信机构查询个人信息的,应当取得信息主体本人的书面同意并约定用途。但是,法律规定可以不经同意查询的除外。

征信机构不得违反前款规定提供个人信息。

第十九条　征信机构或者信息提供者、信息使用者采用格式合同条款取得个人信息主体同意的,应当在合同中作出足以引起信息主体注意的提示,并按照信息主体的要求作出明确说明。

第二十条　信息使用者应当按照与个人信息主体约定的用途使用个人信息,不得用作约定以外的用途,不得未经个人信息主体同意向第三方提供。

第二十一条　征信机构可以通过信息主体、企业交易对方、行业协会提供信息,政府有关部门依法已公开的信息,人民法院依法公布的判决、裁定等渠道,采集企业信息。

征信机构不得采集法律、行政法规禁止采集的企业信息。

第二十二条　征信机构应当按照国务院征信业监督管理部门的规定,建立健全和严格执行保障信息安全的规章制度,并采取有效技术措施保障信息安全。

经营个人征信业务的征信机构应当对其工作人员查询个人信息的权限和程序作出明确规定,对工作人员查询个人信息的情况进行登记,如实记载查询工作人员的姓名,查询的时间、内容及用途。工作人员不得违反规定的权限和程序查询信息,不得泄露工作中获取的信息。

第二十四条　征信机构在中国境内采集的信息的整理、保存和加工,应当在中国境内进行。

征信机构向境外组织或者个人提供信息,应当遵守法律、行政法规和国务院征信业监督管理部门的有关规定。

第七章　法 律 责 任

第三十八条　征信机构、金融信用信息基础数据库运行机构违反本条例规定,有下列行为之一的,由国务院征信业监督管理部门或者其派出机构责令限期改正,对单位处 5 万元以上 50 万元以下的罚款;对直接负责的主管人员和其他直接责任人员处 1 万元以上 10 万元以下的罚款;有违法所得的,没收违法所得。给信息主体造成损失的,依法承担民事责任;构成犯罪的,依法追究刑事责任:

(一)窃取或者以其他方式非法获取信息;

(二)采集禁止采集的个人信息或者未经同意采集个人信息;

(三)违法提供或者出售信息;

(四)因过失泄露信息;

(五)逾期不删除个人不良信息;

(六)未按照规定对异议信息进行核查和处理;

(七)拒绝、阻碍国务院征信业监督管理部门或者其派出机构检查、调查或者不如实提供有关文件、资料;

(八)违反征信业务规则,侵害信息主体合法权益的其他行为。

经营个人征信业务的征信机构有前款所列行为之一,情节严重或者造成严重后果的,由国务院征信业监督管理部门吊销其个人征信业务经营许可证。

第四十条　向金融信用信息基础数据库提供或者查询信息的机构违反本条例

规定,有下列行为之一的,由国务院征信业监督管理部门或者其派出机构责令限期改正,对单位处5万元以上50万元以下的罚款;对直接负责的主管人员和其他直接责任人员处1万元以上10万元以下的罚款;有违法所得的,没收违法所得。给信息主体造成损失的,依法承担民事责任;构成犯罪的,依法追究刑事责任:

(一)违法提供或者出售信息;

(二)因过失泄露信息;

(三)未经同意查询个人信息或者企业的信贷信息;

(四)未按照规定处理异议或者对确有错误、遗漏的信息不予更正;

(五)拒绝、阻碍国务院征信业监督管理部门或者其派出机构检查、调查或者不如实提供有关文件、资料。

第四十一条 信息提供者违反本条例规定,向征信机构、金融信用信息基础数据库提供非依法公开的个人不良信息,未事先告知信息主体本人,情节严重或者造成严重后果的,由国务院征信业监督管理部门或者其派出机构对单位处2万元以上20万元以下的罚款;对个人处1万元以上5万元以下的罚款。

第四十二条 信息使用者违反本条例规定,未按照与个人信息主体约定的用途使用个人信息或者未经个人信息主体同意向第三方提供个人信息,情节严重或者造成严重后果的,由国务院征信业监督管理部门或者其派出机构对单位处2万元以上20万元以下的罚款;对个人处1万元以上5万元以下的罚款;有违法所得的,没收违法所得。给信息主体造成损失的,依法承担民事责任;构成犯罪的,依法追究刑事责任。

第八章 附 则

第四十四条 本条例下列用语的含义:

(一)信息提供者,是指向征信机构提供信息的单位和个人,以及向金融信用信息基础数据库提供信息的单位。

(二)信息使用者,是指从征信机构和金融信用信息基础数据库获取信息的单位和个人。

(三)不良信息,是指对信息主体信用状况构成负面影响的下列信息:信息主体在借贷、赊购、担保、租赁、保险、使用信用卡等活动中未按照合同履行义务的信息,对信息主体的行政处罚信息,人民法院判决或者裁定信息主体履行义务以及强制执行的信息,以及国务院征信业监督管理部门规定的其他不良信息。

快递暂行条例(节录)

(2019年3月2日修订　国务院令第709号)

第五章　快 递 安 全

第三十四条　经营快递业务的企业应当建立快递运单及电子数据管理制度,妥善保管用户信息等电子数据,定期销毁快递运单,采取有效技术手段保证用户信息安全。具体办法由国务院邮政管理部门会同国务院有关部门制定。

经营快递业务的企业及其从业人员不得出售、泄露或者非法提供快递服务过程中知悉的用户信息。发生或者可能发生用户信息泄露的,经营快递业务的企业应当立即采取补救措施,并向所在地邮政管理部门报告。

第七章　法 律 责 任

第四十四条　经营快递业务的企业有下列行为之一的,由邮政管理部门责令改正,没收违法所得,并处1万元以上5万元以下的罚款;情节严重的,并处5万元以上10万元以下的罚款,并可以责令停业整顿直至吊销其快递业务经营许可证:

(一)未按照规定建立快递运单及电子数据管理制度;

(二)未定期销毁快递运单;

(三)出售、泄露或者非法提供快递服务过程中知悉的用户信息;

(四)发生或者可能发生用户信息泄露的情况,未立即采取补救措施,或者未向所在地邮政管理部门报告。

最高人民法院、最高人民检察院、公安部、工业和信息化部、中国人民银行、中国银行业监督管理委员会关于防范和打击电信网络诈骗犯罪的通告(节录)

(2016年9月23日)

电信网络诈骗犯罪是严重影响人民群众合法权益、破坏社会和谐稳定的社会公害,必须坚决依法严惩。为切实保障广大人民群众合法权益,维护社会和谐稳定,根据《中华人民共和国刑法》《中华人民共和国刑事诉讼法》《全国人民代表大会常务委员会关于加强网络信息保护的决定》等有关规定，现就防范和打击电信网络诈骗犯罪相关事项通告如下：

六、严禁任何单位和个人非法获取、非法出售、非法向他人提供公民个人信息。对泄露、买卖个人信息的违法犯罪行为，坚决依法打击。对互联网上发布的贩卖信息、软件、木马病毒等要及时监控、封堵、删除，对相关网站和网络账号要依法关停，构成犯罪的依法追究刑事责任。

七、电信企业、银行、支付机构和银联，要切实履行主体责任，对责任落实不到位导致被不法分子用于实施电信网络诈骗犯罪的，要依法追究责任。各级行业主管部门要落实监管责任，对监管不到位的，要严肃问责。对因重视不够，防范、打击、整治措施不落实，导致电信网络诈骗犯罪问题严重的地区、部门、国有电信企业、银行和支付机构，坚决依法实行社会治安综合治理“一票否决”，并追究相关责任人的责任。

最高人民法院、最高人民检察院、公安部
关于办理电信网络诈骗等刑事案件适用法律
若干问题的意见（节录）

（2016 年 12 月 20 日　法发〔2016〕32 号）

为依法惩治电信网络诈骗等犯罪活动，保护公民、法人和其他组织的合法权益，维护社会秩序，根据《中华人民共和国刑法》《中华人民共和国刑事诉讼法》等法律和有关司法解释的规定，结合工作实际，制定本意见。

三、全面惩处关联犯罪

（二）违反国家有关规定，向他人出售或者提供公民个人信息，窃取或者以其他方法非法获取公民个人信息，符合刑法第二百五十三条之一规定的，以侵犯公民个人信息罪追究刑事责任。

使用非法获取的公民个人信息，实施电信网络诈骗犯罪行为，构成数罪的，应当依法予以并罚。

（六）网络服务提供者不履行法律、行政法规规定的信息网络安全管理义务，经监管部门责令采取改正措施而拒不改正，致使诈骗信息大量传播，或者用户信息泄露造成严重后果的，依照刑法第二百八十六条之一的规定，以拒不履行信息网络安全管理义务罪追究刑事责任。同时构成诈骗罪的，依照处罚较重的规定定罪处罚。

（七）实施刑法第二百八十七条之一、第二百八十七条之二规定之行为，构成非法利用信息网络罪、帮助信息网络犯罪活动罪,同时构成诈骗罪的,依照处罚较重的规定定罪处罚。

(八)金融机构、网络服务提供者、电信业务经营者等在经营活动中,违反国家有关规定,被电信网络诈骗犯罪分子利用,使他人遭受财产损失的,依法承担相应责任。构成犯罪的,依法追究刑事责任。

四、准确认定共同犯罪与主观故意

(三)明知他人实施电信网络诈骗犯罪,具有下列情形之一的,以共同犯罪论处,但法律和司法解释另有规定的除外:

1. 提供信用卡、资金支付结算账户、手机卡、通讯工具的;

2. 非法获取、出售、提供公民个人信息的;

3. 制作、销售、提供“木马”程序和“钓鱼软件”等恶意程序的;

4. 提供“伪基站”设备或相关服务的;

5. 提供互联网接入、服务器托管、网络存储、通讯传输等技术支持,或者提供支付结算等帮助的;

6. 在提供改号软件、通话线路等技术服务时,发现主叫号码被修改为国内党政机关、司法机关、公共服务部门号码,或者境外用户改为境内号码,仍提供服务的;

7. 提供资金、场所、交通、生活保障等帮助的;

8. 帮助转移诈骗犯罪所得及其产生的收益,套现、取现的。

上述规定的“明知他人实施电信网络诈骗犯罪”,应当结合被告人的认知能力,既往经历,行为次数和手段,与他人关系,获利情况,是否曾因电信网络诈骗受过处罚,是否故意规避调查等主客观因素进行综合分析认定。

互联网信息搜索服务管理规定(节录)

(2016年6月25日 国家互联网信息办公室)

第六条 互联网信息搜索服务提供者应当落实主体责任,建立健全信息审核、公共信息实时巡查、应急处置及个人信息保护等信息安全管理制度,具有安全可控的防范措施,为有关部门依法履行职责提供必要的技术支持。

第七条 互联网信息搜索服务提供者不得以链接、摘要、快照、联想词、相关搜索、相关推荐等形式提供含有法律法规禁止的信息内容。

第八条 互联网信息搜索服务提供者提供服务过程中发现搜索结果明显含有

法律法规禁止内容的信息、网站及应用,应当停止提供相关搜索结果,保存有关记录,并及时向国家或者地方互联网信息办公室报告。

第九条 互联网信息搜索服务提供者及其从业人员,不得通过断开相关链接或者提供含有虚假信息的搜索结果等手段,牟取不正当利益。

第十条 互联网信息搜索服务提供者应当提供客观、公正、权威的搜索结果,不得损害国家利益、公共利益,以及公民、法人和其他组织的合法权益。

互联网论坛社区服务管理规定(节录)

(2017 年 8 月 25 日 国家互联网信息办公室)

第五条 互联网论坛社区服务提供者应当落实主体责任,建立健全信息审核、公共信息实时巡查、应急处置及个人信息保护等信息安全管理制度,具有安全可控的防范措施,配备与服务规模相适应的专业人员,为有关部门依法履行职责提供必要的技术支持。

第六条 互联网论坛社区服务提供者不得利用互联网论坛社区服务发布、传播法律法规和国家有关规定禁止的信息。

互联网论坛社区服务提供者应当与用户签订协议,明确用户不得利用互联网论坛社区服务发布、传播法律法规和国家有关规定禁止的信息,情节严重的,服务提供者将封禁或者关闭有关账号、版块;明确论坛社区版块发起者、管理者应当履行与其权利相适应的义务,对违反法律规定和协议约定、履行责任义务不到位的,服务提供者应当依法依约限制或取消其管理权限,直至封禁或者关闭有关账号、版块。

第七条 互联网论坛社区服务提供者应当加强对其用户发布信息的管理,发现含有法律法规和国家有关规定禁止的信息的,应当立即停止传输该信息,采取消除等处置措施,保存有关记录,并及时向国家或者地方互联网信息办公室报告。

第八条 互联网论坛社区服务提供者应当按照“后台实名、前台自愿”的原则,要求用户通过真实身份信息认证后注册账号,并对版块发起者和管理者实施真实身份信息备案、定期核验等。用户不提供真实身份信息的,互联网论坛社区服务提供者不得为其提供信息发布服务。

互联网论坛社区服务提供者应当加强对注册用户虚拟身份信息、版块名称简介等的审核管理,不得出现法律法规和国家有关规定禁止的内容。

互联网论坛社区服务提供者应当保护用户身份信息，不得泄露、篡改、毁损，不得非法出售或者非法向他人提供。

App 违法违规收集使用个人信息行为认定方法

（2019 年 11 月 28 日　国信办秘字〔2019〕191 号）

根据《关于开展 App 违法违规收集使用个人信息专项治理的公告》，为监督管理部门认定 App 违法违规收集使用个人信息行为提供参考，为 App 运营者自查自纠和网民社会监督提供指引，落实《网络安全法》等法律法规，制定本方法。

一、以下行为可被认定为“未公开收集使用规则”

1. 在 App 中没有隐私政策，或者隐私政策中没有收集使用个人信息规则；

2. 在 App 首次运行时未通过弹窗等明显方式提示用户阅读隐私政策等收集使用规则；

3. 隐私政策等收集使用规则难以访问，如进入 App 主界面后，需多于 4 次点击等操作才能访问到；

4. 隐私政策等收集使用规则难以阅读，如文字过小过密、颜色过淡、模糊不清，或未提供简体中文版等。

二、以下行为可被认定为“未明示收集使用个人信息的目的、方式和范围”

1. 未逐一列出 App（包括委托的第三方或嵌入的第三方代码、插件）收集使用个人信息的目的、方式、范围等；

2. 收集使用个人信息的目的、方式、范围发生变化时，未以适当方式通知用户，适当方式包括更新隐私政策等收集使用规则并提醒用户阅读等；

3. 在申请打开可收集个人信息的权限，或申请收集用户身份证号、银行账号、行踪轨迹等个人敏感信息时，未同步告知用户其目的，或者目的不明确、难以理解；

4. 有关收集使用规则的内容晦涩难懂、冗长繁琐，用户难以理解，如使用大量专业术语等。

三、以下行为可被认定为“未经用户同意收集使用个人信息”

1. 征得用户同意前就开始收集个人信息或打开可收集个人信息的权限；

2. 用户明确表示不同意后，仍收集个人信息或打开可收集个人信息的权限，或频繁征求用户同意、干扰用户正常使用；

3. 实际收集的个人信息或打开的可收集个人信息权限超出用户授权范围；

4. 以默认选择同意隐私政策等非明示方式征求用户同意；

5. 未经用户同意更改其设置的可收集个人信息权限状态，如 App 更新时自动将用户设置的权限恢复到默认状态；

6. 利用用户个人信息和算法定向推送信息，未提供非定向推送信息的选项；

7. 以欺诈、诱骗等不正当方式误导用户同意收集个人信息或打开可收集个人信息的权限，如故意欺瞒、掩饰收集使用个人信息的真实目的；

8. 未向用户提供撤回同意收集个人信息的途径、方式；

9. 违反其所声明的收集使用规则，收集使用个人信息。

四、以下行为可被认定为“违反必要原则，收集与其提供的服务无关的个人信息”

1. 收集的个人信息类型或打开的可收集个人信息权限与现有业务功能无关；

2. 因用户不同意收集非必要个人信息或打开非必要权限，拒绝提供业务功能；

3. App 新增业务功能申请收集的个人信息超出用户原有同意范围，若用户不同意，则拒绝提供原有业务功能，新增业务功能取代原有业务功能的除外；

4. 收集个人信息的频度等超出业务功能实际需要；

5. 仅以改善服务质量、提升用户体验、定向推送信息、研发新产品等为由，强制要求用户同意收集个人信息；

6. 要求用户一次性同意打开多个可收集个人信息的权限，用户不同意则无法使用。

五、以下行为可被认定为“未经同意向他人提供个人信息”

1. 既未经用户同意，也未做匿名化处理，App 客户端直接向第三方提供个人信息，包括通过客户端嵌入的第三方代码、插件等方式向第三方提供个人信息；

2. 既未经用户同意，也未做匿名化处理，数据传输至 App 后台服务器后，向第三方提供其收集的个人信息；

3. App 接入第三方应用，未经用户同意，向第三方应用提供个人信息。

六、以下行为可被认定为“未按法律规定提供删除或更正个人信息功能”或“未公布投诉、举报方式等信息”

1. 未提供有效的更正、删除个人信息及注销用户账号功能；

2. 为更正、删除个人信息或注销用户账号设置不必要或不合理条件；

3. 虽提供了更正、删除个人信息及注销用户账号功能，但未及时响应用户相应操作，需人工处理的，未在承诺时限内（承诺时限不得超过 15 个工作日，无承诺时限的，以15个工作日为限）完成核查和处理；

4. 更正、删除个人信息或注销用户账号等用户操作已执行完毕，但App后台并未完成的；

5. 未建立并公布个人信息安全投诉、举报渠道，或未在承诺时限内（承诺时限不得超过15个工作日，无承诺时限的，以15个工作日为限）受理并处理的。

汽车数据安全管理若干规定（试行）

（2021年8月16日　国家互联网信息办公室、国家发展和改革委员会、工业和信息化部、公安部、交通运输部令第7号）

第一条　为了规范汽车数据处理活动，保护个人、组织的合法权益，维护国家安全和社会公共利益，促进汽车数据合理开发利用，根据《中华人民共和国网络安全法》、《中华人民共和国数据安全法》等法律、行政法规，制定本规定。

第二条　在中华人民共和国境内开展汽车数据处理活动及其安全监管，应当遵守相关法律、行政法规和本规定的要求。

第三条　本规定所称汽车数据，包括汽车设计、生产、销售、使用、运维等过程中的涉及个人信息数据和重要数据。

汽车数据处理，包括汽车数据的收集、存储、使用、加工、传输、提供、公开等。

汽车数据处理者，是指开展汽车数据处理活动的组织，包括汽车制造商、零部件和软件供应商、经销商、维修机构以及出行服务企业等。

个人信息，是指以电子或者其他方式记录的与已识别或者可识别的车主、驾驶人、乘车人、车外人员等有关的各种信息，不包括匿名化处理后的信息。

敏感个人信息，是指一旦泄露或者非法使用，可能导致车主、驾驶人、乘车人、车外人员等受到歧视或者人身、财产安全受到严重危害的个人信息，包括车辆行踪轨迹、音频、视频、图像和生物识别特征等信息。

重要数据是指一旦遭到篡改、破坏、泄露或者非法获取、非法利用，可能危害国家安全、公共利益或者个人、组织合法权益的数据，包括：

（一）军事管理区、国防科工单位以及县级以上党政机关等重要敏感区域的地理信息、人员流量、车辆流量等数据；

（二）车辆流量、物流等反映经济运行情况的数据；

（三）汽车充电网的运行数据；

（四）包含人脸信息、车牌信息等的车外视频、图像数据；

（五）涉及个人信息主体超过10万人的个人信息；

（六）国家网信部门和国务院发展改革、工业和信息化、公安、交通运输等有关部门确定的其他可能危害国家安全、公共利益或者个人、组织合法权益的数据。

第四条 汽车数据处理者处理汽车数据应当合法、正当、具体、明确，与汽车的设计、生产、销售、使用、运维等直接相关。

第五条 利用互联网等信息网络开展汽车数据处理活动，应当落实网络安全等级保护等制度，加强汽车数据保护，依法履行数据安全义务。

第六条 国家鼓励汽车数据依法合理有效利用，倡导汽车数据处理者在开展汽车数据处理活动中坚持：

（一）车内处理原则，除非确有必要不向车外提供；

（二）默认不收集原则，除非驾驶人自主设定，每次驾驶时默认设定为不收集状态；

（三）精度范围适用原则，根据所提供功能服务对数据精度的要求确定摄像头、雷达等的覆盖范围、分辨率；

（四）脱敏处理原则，尽可能进行匿名化、去标识化等处理。

第七条 汽车数据处理者处理个人信息应当通过用户手册、车载显示面板、语音、汽车使用相关应用程序等显著方式，告知个人以下事项：

（一）处理个人信息的种类，包括车辆行踪轨迹、驾驶习惯、音频、视频、图像和生物识别特征等；

（二）收集各类个人信息的具体情境以及停止收集的方式和途径；

（三）处理各类个人信息的目的、用途、方式；

（四）个人信息保存地点、保存期限，或者确定保存地点、保存期限的规则；

（五）查阅、复制其个人信息以及删除车内、请求删除已经提供给车外的个人信息的方式和途径；

（六）用户权益事务联系人的姓名和联系方式；

（七）法律、行政法规规定的应当告知的其他事项。

第八条 汽车数据处理者处理个人信息应当取得个人同意或者符合法律、行政法规规定的其他情形。

因保证行车安全需要，无法征得个人同意采集到车外个人信息且向车外提供的，应当进行匿名化处理，包括删除含有能够识别自然人的画面，或者对画面中的人脸信息等进行局部轮廓化处理等。

第九条　汽车数据处理者处理敏感个人信息，应当符合以下要求或者符合法律、行政法规和强制性国家标准等其他要求：

（一）具有直接服务于个人的目的，包括增强行车安全、智能驾驶、导航等；

（二）通过用户手册、车载显示面板、语音以及汽车使用相关应用程序等显著方式告知必要性以及对个人的影响；

（三）应当取得个人单独同意，个人可以自主设定同意期限；

（四）在保证行车安全的前提下，以适当方式提示收集状态，为个人终止收集提供便利；

（五）个人要求删除的，汽车数据处理者应当在十个工作日内删除。

汽车数据处理者具有增强行车安全的目的和充分的必要性，方可收集指纹、声纹、人脸、心律等生物识别特征信息。

第十条　汽车数据处理者开展重要数据处理活动，应当按照规定开展风险评估，并向省、自治区、直辖市网信部门和有关部门报送风险评估报告。

风险评估报告应当包括处理的重要数据的种类、数量、范围、保存地点与期限、使用方式，开展数据处理活动情况以及是否向第三方提供，面临的数据安全风险及其应对措施等。

第十一条　重要数据应当依法在境内存储，因业务需要确需向境外提供的，应当通过国家网信部门会同国务院有关部门组织的安全评估。未列入重要数据的涉及个人信息数据的出境安全管理，适用法律、行政法规的有关规定。

我国缔结或者参加的国际条约、协定有不同规定的，适用该国际条约、协定，但我国声明保留的条款除外。

第十二条　汽车数据处理者向境外提供重要数据，不得超出出境安全评估时明确的目的、范围、方式和数据种类、规模等。

国家网信部门会同国务院有关部门以抽查等方式核验前款规定事项，汽车数据处理者应当予以配合，并以可读等便利方式予以展示。

第十三条　汽车数据处理者开展重要数据处理活动，应当在每年十二月十五日前向省、自治区、直辖市网信部门和有关部门报送以下年度汽车数据安全管理情况：

（一）汽车数据安全管理负责人、用户权益事务联系人的姓名和联系方式；

（二）处理汽车数据的种类、规模、目的和必要性；

（三）汽车数据的安全防护和管理措施，包括保存地点、期限等；

（四）向境内第三方提供汽车数据情况；

（五）汽车数据安全事件和处置情况；

（六）汽车数据相关的用户投诉和处理情况；

（七）国家网信部门会同国务院工业和信息化、公安、交通运输等有关部门明确的其他汽车数据安全管理情况。

第十四条 向境外提供重要数据的汽车数据处理者应当在本规定第十三条要求的基础上，补充报告以下情况：

（一）接收者的基本情况；

（二）出境汽车数据的种类、规模、目的和必要性；

（三）汽车数据在境外的保存地点、期限、范围和方式；

（四）涉及向境外提供汽车数据的用户投诉和处理情况；

（五）国家网信部门会同国务院工业和信息化、公安、交通运输等有关部门明确的向境外提供汽车数据需要报告的其他情况。

第十五条 国家网信部门和国务院发展改革、工业和信息化、公安、交通运输等有关部门依据职责，根据处理数据情况对汽车数据处理者进行数据安全评估，汽车数据处理者应当予以配合。

参与安全评估的机构和人员不得披露评估中获悉的汽车数据处理者商业秘密、未公开信息，不得将评估中获悉的信息用于评估以外目的。

第十六条 国家加强智能（网联）汽车网络平台建设，开展智能（网联）汽车入网运行和安全保障服务等，协同汽车数据处理者加强智能（网联）汽车网络和汽车数据安全防护。

第十七条 汽车数据处理者开展汽车数据处理活动，应当建立投诉举报渠道，设置便捷的投诉举报入口，及时处理用户投诉举报。

开展汽车数据处理活动造成用户合法权益或者公共利益受到损害的，汽车数据处理者应当依法承担相应责任。

第十八条 汽车数据处理者违反本规定的，由省级以上网信、工业和信息化、公安、交通运输等有关部门依照《中华人民共和国网络安全法》、《中华人民共和国数据安全法》等法律、行政法规的规定进行处罚；构成犯罪的，依法追究刑事责任。

第十九条 本规定自2021年10月1日起施行。

中央网信办、工业和信息化部、公安部、市场监管总局关于开展 App 违法违规收集使用个人信息专项治理的公告

（2019 年 1 月 23 日）

近年来，移动互联网应用程序（App）得到广泛应用，在促进经济社会发展、服务民生等方面发挥了不可替代的作用。同时，App 强制授权、过度索权、超范围收集个人信息的现象大量存在，违法违规使用个人信息的问题十分突出，广大网民对此反应强烈。落实《网络安全法》《消费者权益保护法》的要求，为保障个人信息安全，维护广大网民合法权益，中央网信办、工业和信息化部、公安部、市场监管总局决定，自 2019 年 1 月至 12 月，在全国范围组织开展 App 违法违规收集使用个人信息专项治理。现将有关事项公告如下：

一、App 运营者收集使用个人信息时要严格履行《网络安全法》规定的责任义务，对获取的个人信息安全负责，采取有效措施加强个人信息保护。遵循合法、正当、必要的原则，不收集与所提供服务无关的个人信息；收集个人信息时要以通俗易懂、简单明了的方式展示个人信息收集使用规则，并经个人信息主体自主选择同意；不以默认、捆绑、停止安装使用等手段变相强迫用户授权，不得违反法律法规和与用户的约定收集使用个人信息。倡导 App 运营者在定向推送新闻、时政、广告时，为用户提供拒绝接收定向推送的选项。

二、全国信息安全标准化技术委员会、中国消费者协会、中国互联网协会、中国网络空间安全协会，依据法律法规和国家相关标准，编制大众化应用基本业务功能及必要信息规范、App 违法违规收集使用个人信息治理评估要点，组织相关专业机构，对用户数量大、与民众生活密切相关的 App 隐私政策和个人信息收集使用情况进行评估。

三、有关主管部门加强对违法违规收集使用个人信息行为的监管和处罚，对强制、过度收集个人信息，未经消费者同意、违反法律法规规定和双方约定收集、使用个人信息，发生或可能发生信息泄露、丢失而未采取补救措施，非法出售、非法向他人提供个人信息等行为，按照《网络安全法》《消费者权益保护法》等依法予以处罚，包括责令 App 运营者限期整改；逾期不改的，公开曝光；情节严重的，依法暂停相关业务、停业整顿、吊销相关业务许可证或者吊销营业执照。

四、公安机关开展打击整治网络侵犯公民个人信息违法犯罪专项工作，依法严

厉打击针对和利用个人信息的违法犯罪行为。

五、开展 App 个人信息安全认证，鼓励 App 运营者自愿通过 App 个人信息安全认证，鼓励搜索引擎、应用商店等明确标识并优先推荐通过认证的 App。

特此公告。

互联网直播服务管理规定（节录）

（2016 年 11 月 4 日　国家互联网信息办公室）

第七条　互联网直播服务提供者应当落实主体责任，配备与服务规模相适应的专业人员，健全信息审核、信息安全管理、值班巡查、应急处置、技术保障等制度。提供互联网新闻信息直播服务的，应当设立总编辑。

互联网直播服务提供者应当建立直播内容审核平台，根据互联网直播的内容类别、用户规模等实施分级分类管理，对图文、视频、音频等直播内容加注或播报平台标识信息，对互联网新闻信息直播及其互动内容实施先审后发管理。

第九条　互联网直播服务提供者以及互联网直播服务使用者不得利用互联网直播服务从事危害国家安全、破坏社会稳定、扰乱社会秩序、侵犯他人合法权益、传播淫秽色情等法律法规禁止的活动，不得利用互联网直播服务制作、复制、发布、传播法律法规禁止的信息内容。

第十一条　互联网直播服务提供者应当加强对评论、弹幕等直播互动环节的实时管理，配备相应管理人员。

互联网直播发布者在进行直播时，应当提供符合法律法规要求的直播内容，自觉维护直播活动秩序。

用户在参与直播互动时，应当遵守法律法规，文明互动，理性表达。

第十二条　互联网直播服务提供者应当按照“后台实名、前台自愿”的原则，对互联网直播用户进行基于移动电话号码等方式的真实身份信息认证，对互联网直播发布者进行基于身份证件、营业执照、组织机构代码证等的认证登记。互联网直播服务提供者应当对互联网直播发布者的真实身份信息进行审核，向所在地省、自治区、直辖市互联网信息办公室分类备案，并在相关执法部门依法查询时予以提供。

互联网直播服务提供者应当保护互联网直播服务使用者身份信息和隐私，不得泄露、篡改、毁损，不得出售或者非法向他人提供。

第十四条　互联网直播服务提供者应当对违反法律法规和服务协议的互联网直播服务使用者，视情采取警示、暂停发布、关闭账号等处置措施，及时消除违法违规直播信息内容，保存记录并向有关主管部门报告。

第十五条　互联网直播服务提供者应当建立互联网直播发布者信用等级管理体系，提供与信用等级挂钩的管理和服务。

互联网直播服务提供者应当建立黑名单管理制度，对纳入黑名单的互联网直播服务使用者禁止重新注册账号，并及时向所在地省、自治区、直辖市互联网信息办公室报告。

省、自治区、直辖市互联网信息办公室应当建立黑名单通报制度，并向国家互联网信息办公室报告。

第十六条　互联网直播服务提供者应当记录互联网直播服务使用者发布内容和日志信息，保存六十日。

互联网直播服务提供者应当配合有关部门依法进行的监督检查，并提供必要的文件、资料和数据。

第十八条　鼓励支持相关行业组织制定行业公约，加强行业自律，建立健全行业信用评价体系和服务评议制度，促进行业规范发展。

网络直播营销管理办法（试行）（节录）

（2021 年 4 月 16 日　国信办发文〔2021〕5 号）

第二章　直播营销平台

第五条　直播营销平台应当依法依规履行备案手续，并按照有关规定开展安全评估。

从事网络直播营销活动，依法需要取得相关行政许可的，应当依法取得行政许可。

第六条　直播营销平台应当建立健全账号及直播营销功能注册注销、信息安全管理、营销行为规范、未成年人保护、消费者权益保护、个人信息保护、网络和数据安全管理等机制、措施。

直播营销平台应当配备与服务规模相适应的直播内容管理专业人员，具备维护互联网直播内容安全的技术能力，技术方案应符合国家相关标准。

第七条　直播营销平台应当依据相关法律法规和国家有关规定，制定并公开网络直播营销管理规则、平台公约。

直播营销平台应当与直播营销人员服务机构、直播间运营者签订协议,要求其规范直播营销人员招募、培训、管理流程,履行对直播营销内容、商品和服务的真实性、合法性审核义务。

直播营销平台应当制定直播营销商品和服务负面目录,列明法律法规规定的禁止生产销售、禁止网络交易、禁止商业推销宣传以及不适宜以直播形式营销的商品和服务类别。

第八条 直播营销平台应当对直播间运营者、直播营销人员进行基于身份证件信息、统一社会信用代码等真实身份信息认证,并依法依规向税务机关报送身份信息和其他涉税信息。直播营销平台应当采取必要措施保障处理的个人信息安全。

直播营销平台应当建立直播营销人员真实身份动态核验机制,在直播前核验所有直播营销人员身份信息,对与真实身份信息不符或按照国家有关规定不得从事网络直播发布的,不得为其提供直播发布服务。

第九条 直播营销平台应当加强网络直播营销信息内容管理,开展信息发布审核和实时巡查,发现违法和不良信息,应当立即采取处置措施,保存有关记录,并向有关主管部门报告。

直播营销平台应当加强直播间内链接、二维码等跳转服务的信息安全管理,防范信息安全风险。

第十条 直播营销平台应当建立健全风险识别模型,对涉嫌违法违规的高风险营销行为采取弹窗提示、违规警示、限制流量、暂停直播等措施。直播营销平台应当以显著方式警示用户平台外私下交易等行为的风险。

第十一条 直播营销平台提供付费导流等服务,对网络直播营销进行宣传、推广,构成商业广告的,应当履行广告发布者或者广告经营者的责任和义务。

直播营销平台不得为直播间运营者、直播营销人员虚假或者引人误解的商业宣传提供帮助、便利条件。

第十二条 直播营销平台应当建立健全未成年人保护机制,注重保护未成年人身心健康。网络直播营销中包含可能影响未成年人身心健康内容的,直播营销平台应当在信息展示前以显著方式作出提示。

第十三条 直播营销平台应当加强新技术新应用新功能上线和使用管理,对利用人工智能、数字视觉、虚拟现实、语音合成等技术展示的虚拟形象从事网络直播营销的,应当按照有关规定进行安全评估,并以显著方式予以标识。

第十四条 直播营销平台应当根据直播间运营者账号合规情况、关注和访问量、交易量和金额及其他指标维度,建立分级管理制度,根据级别确定服务范围及功能,对重点直播间运营者采取安排专人实时巡查、延长直播内容保存时间等措施。

直播营销平台应当对违反法律法规和服务协议的直播间运营者账号,视情采取警示提醒、限制功能、暂停发布、注销账号、禁止重新注册等处置措施,保存记录并向有关主管部门报告。

直播营销平台应当建立黑名单制度,将严重违法违规的直播营销人员及因违法失德造成恶劣社会影响的人员列入黑名单,并向有关主管部门报告。

第十五条 直播营销平台应当建立健全投诉、举报机制,明确处理流程和反馈期限,及时处理公众对于违法违规信息内容、营销行为投诉举报。

消费者通过直播间内链接、二维码等方式跳转到其他平台购买商品或者接受服务,发生争议时,相关直播营销平台应当积极协助消费者维护合法权益,提供必要的证据等支持。

第三章 直播间运营者和直播营销人员

第十八条 直播间运营者、直播营销人员从事网络直播营销活动,应当遵守法律法规和国家有关规定,遵循社会公序良俗,真实、准确、全面地发布商品或服务信息,不得有下列行为:

(一)违反《网络信息内容生态治理规定》第六条、第七条规定的;

(二)发布虚假或者引人误解的信息,欺骗、误导用户;

(三)营销假冒伪劣、侵犯知识产权或不符合保障人身、财产安全要求的商品;

(四)虚构或者篡改交易、关注度、浏览量、点赞量等数据流量造假;

(五)知道或应当知道他人存在违法违规或高风险行为,仍为其推广、引流;

(六)骚扰、诋毁、谩骂及恐吓他人,侵害他人合法权益;

(七)传销、诈骗、赌博、贩卖违禁品及管制物品等;

(八)其他违反国家法律法规和有关规定的行为。

第十九条 直播间运营者、直播营销人员发布的直播内容构成商业广告的,应当履行广告发布者、广告经营者或者广告代言人的责任和义务。

第二十条 直播营销人员不得在涉及国家安全、公共安全、影响他人及社会正常生产生活秩序的场所从事网络直播营销活动。

直播间运营者、直播营销人员应当加强直播间管理,在下列重点环节的设置应当符合法律法规和国家有关规定，不得含有违法和不良信息，不得以暗示等方式误导用户：

（一）直播间运营者账号名称、头像、简介；

（二）直播间标题、封面；

（三）直播间布景、道具、商品展示；

（四）直播营销人员着装、形象；

（五）其他易引起用户关注的重点环节。

第二十一条 直播间运营者、直播营销人员应当依据平台服务协议做好语音和视频连线、评论、弹幕等互动内容的实时管理，不得以删除、屏蔽相关不利评价等方式欺骗、误导用户。

第四章 监督管理和法律责任

第二十六条 有关部门根据需要对直播营销平台履行主体责任情况开展监督检查，对存在问题的平台开展专项检查。

直播营销平台对有关部门依法实施的监督检查，应当予以配合，不得拒绝、阻挠。直播营销平台应当为有关部门依法调查、侦查活动提供技术支持和协助。

第二十七条 有关部门加强对行业协会商会的指导，鼓励建立完善行业标准，开展法律法规宣传，推动行业自律。

第二十八条 违反本办法，给他人造成损害的，依法承担民事责任；构成犯罪的，依法追究刑事责任；尚不构成犯罪的，由网信等有关主管部门依据各自职责依照有关法律法规予以处理。

第二十九条 有关部门对严重违反法律法规的直播营销市场主体名单实施信息共享，依法开展联合惩戒。

国家互联网信息办公室、国家税务总局、国家市场监督管理总局关于进一步规范网络直播营利行为促进行业健康发展的意见（节录）

（2022年3月25日 税总所得发〔2022〕25号）

近年来，网络直播在促进灵活就业、服务经济发展等方面发挥了重要作用。同时，网络直播营利行为也存在网络直播平台管理责任不到位、商业营销行为不规范、偷逃缴纳税款等问题，制约行业健康发展，损害社会公平正义。为进一步规范网络直播营利行为、促进行业健康发展，现提出如下意见。

二、网络直播平台更好落实管理主体责任

（一）加强网络直播账号注册管理。网络直播平台应当严格按照有关法律法规规定及"后台实名、前台自愿"的原则，对网络直播发布者进行基于身份证件信息、统一社会信用代码等的认证登记，开展动态巡查核验，确保认证信息真实可信。网络直播平台应当每半年向所在地省级网信部门、主管税务机关报送存在网络直播营利行为的网络直播发布者个人身份、直播账号、网络昵称、取酬账户、收入类型及营利情况等信息。

（二）加强网络直播账号分级分类管理。网络直播平台应当严格按照有关法律法规要求，建立并严格执行网络直播账号分级分类管理制度；对违反相关法律法规的网络直播账号，依法依规采取警示提醒、责令限期改正、限制账号功能、暂停账号使用、永久关闭账号、禁止重新注册等处置措施，保存有关记录并按要求及时向有关部门报告。

（三）配合开展执法活动。网络直播平台应当在服务协议中明确提示网络直播发布者在市场主体登记、税收等方面的权利义务，但不得强制要求网络直播发布者成立工作室或者个体工商户。网络直播平台应当配合网信、市场监管、税务等部门依法实施的监督检查，提供必要的文件、资料和数据等，并为依法调查、检查活动提供技术支持和帮助。

三、规范网络直播营销行为，维护市场秩序

（一）积极营造网络直播公平竞争环境。网络直播平台和网络直播发布者不得对商品生产经营主体以及商品的性能、功能、质量、来源、曾获荣誉、资格资质、销售状况、交易信息、经营数据、用户评价等进行虚假或者引人误解的商业宣传，欺骗、误导消费者或者相关公众，不得帮助其他经营者实施上述行为。网络直播平台和网络直播发布者销售商品或者提供服务，采用价格比较方式开展促销活动的，应以文字形式显著标明销售价格、被比较价格及含义。网络直播平台和网络直播发布者不得利用服务协议、交易规则以及技术手段，对其他经营者在直播间的交易、交易价格等进行不合理限制或者附加不合理条件，或者向商家收取不合理费用。

（二）维护商家和消费者合法权益。网络直播发布者、网络直播服务机构、网络直播平台应当全面、真实、准确地披露商品或者服务信息，保障消费者的知情权和选择权，对直接关系消费者生命安全的重要消费信息进行必要、清晰的提示。应当积极协助商家和消费者维护合法权益,建立便捷有效的投诉、举报和争议在线解决机制,为商家和消费者维权提供必要的信息、数据等支持。加强网络直播销售产品质量安全监管,网络直播发布者、网络直播服务机构严禁利用网络直播平台销售假冒伪劣产品;不得在知道或者应当知道直播带货委托方或其他第三方存在违法违规或高风险行为的情况下,仍为其推广、引流;不得通过造谣、虚假营销宣传、自我打赏等方式吸引流量、炒作热度,诱导消费者打赏和购买商品。

五、深化协同共治,推动提升监管合力

(一)加强信息共享。网信、税务部门、市场监管部门建立完善部门信息共享机制,共享网络直播发布者认证登记等直播营利信息,并畅通信息共享渠道,不断提升信息共享水平,协调推动其他有关部门依法开展部门信息共享。

(二)加强联合奖惩。保护网络直播平台、网络直播服务机构、网络直播发布者依法规范开展生产经营活动的各项合法权益,对依法依规经营、积极承担社会责任、诚信纳税的,各有关部门依法依规评先树优给予鼓励支持。对存在违法违规营利行为的网络直播发布者,以及存在违法违规行为或者纵容、帮助网络直播发布者开展违法违规营利行为的网络直播平台,依法予以处罚;构成犯罪的,依法追究刑事责任。对违法违规造成恶劣影响的网络直播发布者,由相关部门依法依规纳入严重失信主体名单。

电信和互联网用户个人信息保护规定(节录)

(2013 年 7 月 16 日　工业和信息化部令第 24 号)

第二章　信息收集和使用规范

第八条　电信业务经营者、互联网信息服务提供者应当制定用户个人信息收集、使用规则,并在其经营或者服务场所、网站等予以公布。

第九条　未经用户同意,电信业务经营者、互联网信息服务提供者不得收集、使用用户个人信息。

电信业务经营者、互联网信息服务提供者收集、使用用户个人信息的,应当明确告知用户收集、使用信息的目的、方式和范围,查询、更正信息的渠道以及拒绝提供信息的后果等事项。

电信业务经营者、互联网信息服务提供者不得收集其提供服务所必需以外的用户个人信息或者将信息用于提供服务之外的目的,不得以欺骗、误导或者强迫等方式或者违反法律、行政法规以及双方的约定收集、使用信息。

电信业务经营者、互联网信息服务提供者在用户终止使用电信服务或者互联网信息服务后，应当停止对用户个人信息的收集和使用，并为用户提供注销号码或者账号的服务。

法律、行政法规对本条第一款至第四款规定的情形另有规定的，从其规定。

第十条　电信业务经营者、互联网信息服务提供者及其工作人员对在提供服务过程中收集、使用的用户个人信息应当严格保密，不得泄露、篡改或者毁损，不得出售或者非法向他人提供。

第十一条　电信业务经营者、互联网信息服务提供者委托他人代理市场销售和技术服务等直接面向用户的服务性工作，涉及收集、使用用户个人信息的，应当对代理人的用户个人信息保护工作进行监督和管理，不得委托不符合本规定有关用户个人信息保护要求的代理人代办相关服务。

第十二条　电信业务经营者、互联网信息服务提供者应当建立用户投诉处理机制，公布有效的联系方式，接受与用户个人信息保护有关的投诉，并自接到投诉之日起十五日内答复投诉人。

第三章　安全保障措施

第十三条　电信业务经营者、互联网信息服务提供者应当采取以下措施防止用户个人信息泄露、毁损、篡改或者丢失：

（一）确定各部门、岗位和分支机构的用户个人信息安全管理责任；

（二）建立用户个人信息收集、使用及其相关活动的工作流程和安全管理制度；

（三）对工作人员及代理人实行权限管理，对批量导出、复制、销毁信息实行审查，并采取防泄密措施；

（四）妥善保管记录用户个人信息的纸介质、光介质、电磁介质等载体，并采取相应的安全储存措施；

（五）对储存用户个人信息的信息系统实行接入审查，并采取防入侵、防病毒等措施；

（六）记录对用户个人信息进行操作的人员、时间、地点、事项等信息；

（七）按照电信管理机构的规定开展通信网络安全防护工作；

（八）电信管理机构规定的其他必要措施。

第十四条　电信业务经营者、互联网信息服务提供者保管的用户个人信息发生或者可能发生泄露、毁损、丢失的，应当立即采取补救措施；造成或者可能造成严重后果的，应当立即向准予其许可或者备案的电信管理机构报告，配合相关部门进行的调查处理。

电信管理机构应当对报告或者发现的可能违反本规定的行为的影响进行评估；影响特别重大的，相关省、自治区、直辖市通信管理局应当向工业和信息化部报告。电信管理机构在依据本规定作出处理决定前，可以要求电信业务经营者和互联网信息服务提供者暂停有关行为，电信业务经营者和互联网信息服务提供者应当执行。

第十五条 电信业务经营者、互联网信息服务提供者应当对其工作人员进行用户个人信息保护相关知识、技能和安全责任培训。

第十六条 电信业务经营者、互联网信息服务提供者应当对用户个人信息保护情况每年至少进行一次自查，记录自查情况，及时消除自查中发现的安全隐患。

第四章 监督检查

第十七条 电信管理机构应当对电信业务经营者、互联网信息服务提供者保护用户个人信息的情况实施监督检查。

电信管理机构实施监督检查时，可以要求电信业务经营者、互联网信息服务提供者提供相关材料，进入其生产经营场所调查情况，电信业务经营者、互联网信息服务提供者应当予以配合。

电信管理机构实施监督检查，应当记录监督检查的情况，不得妨碍电信业务经营者、互联网信息服务提供者正常的经营或者服务活动，不得收取任何费用。

第十九条 电信管理机构实施电信业务经营许可及经营许可证年检时，应当对用户个人信息保护情况进行审查。

第二十条 电信管理机构应当将电信业务经营者、互联网信息服务提供者违反本规定的行为记入其社会信用档案并予以公布。

第二十一条 鼓励电信和互联网行业协会依法制定有关用户个人信息保护的自律性管理制度，引导会员加强自律管理，提高用户个人信息保护水平。

第五章 法律责任

第二十二条 电信业务经营者、互联网信息服务提供者违反本规定第八条、第十二条规定的，由电信管理机构依据职权责令限期改正，予以警告，可以并处一万元以下的罚款。

第二十三条　电信业务经营者、互联网信息服务提供者违反本规定第九条至第十一条、第十三条至第十六条、第十七条第二款规定的，由电信管理机构依据职权责令限期改正，予以警告，可以并处一万元以上三万元以下的罚款，向社会公告；构成犯罪的，依法追究刑事责任。

寄递服务用户个人信息安全管理规定(节录)

（2014年3月19日　国邮发〔2014〕52号）

第二章　一 般 规 定

第八条　邮政企业、快递企业应当建立健全寄递用户信息安全保障制度和措施，明确企业内部各部门、岗位的安全责任，加强寄递用户信息安全管理和安全责任考核。

第九条　以加盟方式经营快递业务企业应当在加盟协议中订立寄递用户信息安全保障条款，明确被加盟人与加盟人的安全责任。加盟人发生信息安全事故时，被加盟人应当依法承担相应安全管理责任。

第十条　邮政企业、快递企业应当与其从业人员签订寄递用户信息保密协议，明确保密义务和违约责任。

第十一条　邮政企业、快递企业应当组织从业人员进行寄递用户信息安全保护相关知识、技能培训，加强职业道德教育，不断提高从业人员的法制观念和责任意识。

第十二条　邮政企业、快递企业应当建立寄递用户信息安全投诉处理机制，公布有效联系方式，接受并及时处理有关投诉。

第十三条　邮政企业、快递企业受网络购物、电视购物和邮购等经营者委托提供寄递服务的，在与委托方签订协议时，应当订立寄递用户信息安全保障条款，明确信息使用范围和方式、信息交换安全保护措施、信息泄露责任划分等内容。

第十四条　邮政企业、快递企业委托第三方录入寄递用户信息的，应当确认其具有信息安全保障能力，并订立信息安全保障条款，明确责任划分。第三方发生信息安全事故导致寄递用户信息泄露、丢失的，邮政企业、快递企业应当依法承担相应责任。

第十五条　未经法律明确授权或者用户书面同意，邮政企业、快递企业及其从业人员不得将其掌握的寄递用户信息提供给任何单位或者个人。

第十六条 公安机关、国家安全机关或者检察机关的工作人员依照法律规定程序调阅、检查寄递详情单实物及电子信息档案，邮政企业、快递企业应当配合，并对有关情况予以保密。

第十七条 邮政企业、快递企业应当建立寄递用户信息安全应急处置机制。对于突发的寄递用户信息安全事故，应当立即采取补救措施，按照规定报告邮政管理部门，并配合邮政管理部门和相关部门的调查处理工作，不得迟报、漏报、谎报、瞒报。

第三章 寄递详情单实物信息安全管理

第十八条 邮政企业、快递企业应当加强寄递详情单管理，对空白寄递详情单发放情况进行登记，对号段进行全程跟踪，形成跟踪记录。

第十九条 邮政企业、快递企业应当加强营业场所、处理场所管理，严禁无关人员进出邮件（快件）处理、存放场地，严禁无关人员接触、翻阅邮件（快件），防止寄递详情单实物信息（以下简称实物信息）在处理过程中泄露。

第二十条 邮政企业、快递企业应当优化寄递处理流程，减少接触实物信息的处理环节和操作人员。

第二十一条 邮政企业、快递企业应当采用有效技术手段，防止实物信息在寄递过程中泄露。

第二十二条 邮政企业、快递企业应当配备符合国家标准的安全监控设备，安排具有专门技术和技能的人员，对收寄、分拣、运输、投递等环节的实物信息处理进行安全监控。

第二十三条 邮政企业、快递企业应当建立健全寄递详情单实物档案管理制度，实行集中封闭管理，确定集中存放地，及时回收寄递详情单妥善保管。设立、变更集中存放地，应当及时报告所在地邮政管理部门。

第二十四条 邮政企业、快递企业应当对寄递详情单实物档案集中存放地设专人管理，采取必要的安全防护措施，确保存储安全。

第二十五条 邮政企业、快递企业应当建立并严格执行寄递详情单实物档案查询管理制度。内部人员因工作需要查阅档案时，应当确保档案完整无损，并做好查阅登记，不得私自携带离开存放地。

第二十六条 寄递详情单实物档案应当按照国家相关标准规定的期限保存。保存期满后，由企业进行集中销毁，做好销毁记录，严禁丢弃或者贩卖。

第二十七条　邮政企业、快递企业应当对实物信息安全保障情况进行定期自查,记录自查情况,及时消除自查中发现的信息安全隐患。

第四章　寄递详情单电子信息安全管理

第二十八条　邮政企业、快递企业应当按照国家规定,加强寄递服务用户信息相关信息系统和网络设施的安全管理。

第二十九条　邮政企业、快递企业信息系统的网络架构应当符合国家信息安全管理规定,合理划分安全区域,实现各安全区域之间有效隔离,并具有防范、监控和阻断来自内部和外部网络攻击破坏的能力。

第三十条　邮政企业、快递企业应当配备必要的防病毒软件、硬件,确保信息系统和网络具有防范计算机病毒的能力,防止恶意代码破坏信息系统和网络,避免信息泄露或者被篡改。

第三十一条　邮政企业、快递企业构建信息系统和网络,应当避免使用信息系统和网络供应商提供的默认密码、安全参数,并对通过开放公共网络传输的寄递用户信息采取加密措施,严格审查并监控对信息系统、网络设备的远程访问。

第三十二条　邮政企业、快递企业在采购计算机软件、硬件产品或者技术服务时,应当与供应商签订保密协议,明确其安全责任,以及在发生信息安全事件时配合邮政管理部门和相关部门调查的义务。

第三十三条　邮政企业、快递企业应当建立信息系统安全内部审计制度,定期开展内部审计,对发现的问题及时整改。

第三十四条　邮政企业、快递企业应当加强信息系统及网络的权限管理,基于权限最小化和权限分离原则,向从业人员分配满足工作需要的最小操作权限和可访问的最小信息范围。

邮政企业、快递企业应当加强对信息系统和数据库的管理,使网络管理人员仅具有进行信息系统、数据库、网络运行维护和优化的权限。网络管理人员的维护操作须经安全管理员授权,并受到安全审计员的监控和审计。

第三十五条　邮政企业、快递企业应当加强信息系统密码管理,使用高安全级别密码策略,定期更换密码,禁止将密码透露给无关人员。

第三十六条　邮政企业、快递企业应当加强寄递用户电子信息的存储安全管理,包括:

(一)使用独立物理区域存储寄递用户信息,禁止非授权人员进出该区域。

（二）采用加密方式存储寄递用户信息。

（三）确保安全使用、保管和处置存有寄递用户信息的计算机、移动设备和移动存储介质。明确管理数据存储设备、介质的负责人，建立设备、介质使用和借用登记制度，限制设备输出接口的使用。存储设备和介质报废的，应当及时删除其中的寄递用户信息数据，并销毁硬件。

第三十七条 邮政企业、快递企业应当加强寄递用户信息的应用安全管理，对所有批量导出、复制、销毁用户个人信息的操作进行审查，并采取防泄密措施，同时记录进行操作的人员、时间、地点和事项，留作信息安全审计依据。

第三十八条 邮政企业、快递企业应当加强对离岗人员的信息安全审计，及时删除或者禁用离岗人员系统账户。

第三十九条 邮政企业、快递企业应当制定本企业与市场相关主体的信息系统安全互联技术规则，对存储寄递服务信息的信息系统实行接入审查，定期进行安全风险评估。

第五章 监督管理

第四十条 邮政管理部门依法履行下列职责：

（一）制定保障寄递用户信息安全的政策、制度和相关标准，并监督实施；

（二）监督、指导邮政企业、快递企业落实信息安全责任制，督促企业加强寄递用户信息安全管理；

（三）对寄递用户信息安全进行监测、预警和应急管理；

（四）监督、指导邮政企业、快递企业开展寄递用户信息安全宣传教育和培训；

（五）依法对邮政企业、快递企业实施寄递用户信息安全监督检查；

（六）组织调查或者参与调查寄递用户信息安全事故，依法查处违反寄递用户信息安全管理规定的行为；

（七）法律、行政法规和规章规定的其他职责。

第四十一条 邮政管理部门应当加强邮政行业寄递用户信息安全管理制度和知识的宣传，强化邮政企业、快递企业及其从业人员的信息安全管理意识，提高用户对个人信息安全保护的认识。

第四十二条 邮政管理部门应当加强邮政行业寄递用户信息安全运行的监测预警，建立信息管理体系，收集、分析与信息安全有关的各类信息。

下级邮政管理部门应当及时向上一级邮政管理部门报告邮政行业寄递用户信

息安全情况，并根据需要通报工业和信息化、通信管理、公安、国家安全、商务和工商行政管理等相关部门。

第四十三条　邮政管理部门应当对邮政企业、快递企业建立和执行寄递用户信息安全管理制度，规范从业人员信息安全保护行为，防范信息安全风险等情况进行检查。

第四十四条　邮政管理部门发现邮政企业、快递企业存在违反寄递用户信息安全管理规定，妨害或者可能妨害寄递用户信息安全的，应当依法进行调查处理。违法行为涉及其他部门管理职权的，邮政管理部门应当会同有关部门对涉案邮政企业、快递企业进行调查处理。

第四十五条　邮政管理部门应当加强对邮政企业、快递企业及其从业人员遵守本规定情况的监督检查。

第四十六条　邮政企业、快递企业拒不配合寄递用户信息安全监督检查的，依照《中华人民共和国邮政法》第七十七条的规定予以处罚。

第四十七条　邮政企业、快递企业及其从业人员因泄露寄递用户信息对用户造成损失的，应当依法予以赔偿。

第四十八条　邮政企业、快递企业及其从业人员违法提供寄递用户信息，尚未构成犯罪的，依照《中华人民共和国邮政法》第七十六条的规定予以处罚。构成犯罪的，移送司法机关追究刑事责任。

国家卫生健康委员会关于国家健康医疗大数据标准、安全和服务管理办法（试行）（节录）

（2018年7月12日　国卫规划发〔2018〕23号）

第三章　安 全 管 理

第十六条　健康医疗大数据安全管理是指在数据采集、存储、挖掘、应用、运营、传输等多个环节中的安全和管理，包括国家战略安全、群众生命安全、个人信息安全的权责管理工作。

第十七条　责任单位应当建立健全相关安全管理制度、操作规程和技术规范，落实“一把手”责任制，加强安全保障体系建设，强化统筹管理和协调监督，保障健康医疗大数据安全。

涉及国家秘密的健康医疗大数据的安全、管理和使用等，按照国家有关保密规定执行。责任单位应当建立健全涉及国家秘密的健康医疗大数据管理与使用制度，对制作、审核、登记、拷贝、传输、销毁等环节进行严格管理。

第十八条 责任单位应当采取数据分类、重要数据备份、加密认证等措施保障健康医疗大数据安全。责任单位应当建立可靠的数据容灾备份工作机制，定期进行备份和恢复检测，确保数据能够及时、完整、准确恢复，实现长期保存和历史数据的归档管理。

第十九条 责任单位应当按照国家网络安全等级保护制度要求，构建可信的网络安全环境，加强健康医疗大数据相关系统安全保障体系建设，提升关键信息基础设施和重要信息系统的安全防护能力，确保健康医疗大数据关键信息基础设施和核心系统安全可控。健康医疗大数据中心、相关信息系统等均应开展定级、备案、测评等工作。

第二十条 健康医疗大数据相关系统的产品和服务提供者应当遵守国家有关网络安全审查制度，不得中断或者变相中断合理的技术支持与服务，并应当为健康医疗大数据在不同系统间的交互、共享和运营提供安全与便利条件。

第二十一条 责任单位应当依法依规使用健康医疗大数据有关信息，提供安全的信息查询和复制渠道，确保公民隐私保护和数据安全。

第二十二条 责任单位应当按照《中华人民共和国网络安全法》的要求，严格规范不同等级用户的数据接入和使用权限，并确保数据在授权范围内使用。任何单位和个人不得擅自利用和发布未经授权或超出授权范围的健康医疗大数据，不得使用非法手段获取数据。

第二十三条 责任单位应当建立严格的电子实名认证和数据访问控制，规范数据接入、使用和销毁过程的痕迹管理，确保健康医疗大数据访问行为可管、可控及服务管理全程留痕，可查询、可追溯，对任何数据泄密泄露事故及风险可追溯到相关责任单位和责任人。

第二十四条 建立健全健康医疗大数据安全管理人才培养机制，确保相关从业人员具备健康医疗大数据安全管理所要求的知识和技能。

第二十五条 责任单位应当建立健康医疗大数据安全监测和预警系统，建立网络安全通报和应急处置联动机制，开展数据安全规范和技术规范的研究工作，不断丰富网络安全相关的标准规范体系，重点防范数据资源的集聚性风险和新技术应用的潜在性风险。发生网络安全重大事件，应当按照相关法律法规和有关要求进行报告并处置。

第四章 服务管理

第三十一条 责任单位选择健康医疗大数据服务提供商时，应当确保其符合国家和行业规定及要求，具备履行相关法规制度、落实相关标准、确保数据安全的能力，建立数据安全管理、个人隐私保护、应急响应管理等方面管理制度。

第三十二条 责任单位委托有关机构存储、运营健康医疗大数据，委托单位与受托单位共同承担健康医疗大数据的管理和安全责任。受托单位应当严格按照相关法律法规和委托协议做好健康医疗大数据的存储、管理与运营工作。

第三十五条 责任单位向社会公开健康医疗大数据时，应当遵循国家有关规定，不得泄露国家秘密、商业秘密和个人隐私，不得侵害国家利益、社会公共利益和公民、法人及其他组织的合法权益。

第三十七条 国家卫生健康委员会负责按照国家信息资源开放共享有关规定，建立健康医疗大数据开放共享的工作机制，加强健康医疗大数据的共享和交换，统筹建设健康医疗大数据上报系统平台、信息资源目录体系和共享交换体系。

公安机关互联网安全监督检查规定（节录）

（2018年9月15日 公安部令第151号）

第四章 法律责任

第二十一条 公安机关在互联网安全监督检查中，发现互联网服务提供者和联网使用单位有下列违法行为的，依法予以行政处罚：

（一）未制定并落实网络安全管理制度和操作规程，未确定网络安全负责人的，依照《中华人民共和国网络安全法》第五十九条第一款的规定予以处罚；

（二）未采取防范计算机病毒和网络攻击、网络侵入等危害网络安全行为的技术措施的，依照《中华人民共和国网络安全法》第五十九条第一款的规定予以处罚；

（三）未采取记录并留存用户注册信息和上网日志信息措施的，依照《中华人民共和国网络安全法》第五十九条第一款的规定予以处罚；

（四）在提供互联网信息发布、即时通讯等服务中，未要求用户提供真实身份信息，或者对不提供真实身份信息的用户提供相关服务的，依照《中华人民共和国网络安全法》第六十一条的规定予以处罚；

（五）在公共信息服务中对法律、行政法规禁止发布或者传输的信息未依法或者不按照公安机关的要求采取停止传输、消除等处置措施、保存有关记录的，依照《中华人民共和国网络安全法》第六十八条或者第六十九条第一项的规定予以处罚；

（六）拒不为公安机关依法维护国家安全和侦查犯罪的活动提供技术支持和协助的，依照《中华人民共和国网络安全法》第六十九条第三项的规定予以处罚。

第二十二条 公安机关在互联网安全监督检查中，发现互联网服务提供者和联网使用单位，窃取或者以其他非法方式获取、非法出售或者非法向他人提供个人信息，尚不构成犯罪的，依照《中华人民共和国网络安全法》第六十四条第二款的规定予以处罚。

第二十三条 公安机关在互联网安全监督检查中，发现互联网服务提供者和联网使用单位在提供的互联网服务中设置恶意程序的，依照《中华人民共和国网络安全法》第六十条第一项的规定予以处罚。

第二十四条 互联网服务提供者和联网使用单位拒绝、阻碍公安机关实施互联网安全监督检查的，依照《中华人民共和国网络安全法》第六十九条第二项的规定予以处罚；拒不配合反恐怖主义工作的，依照《中华人民共和国反恐怖主义法》第九十一条或者第九十二条的规定予以处罚。

第二十五条 受公安机关委托提供技术支持的网络安全服务机构及其工作人员，从事非法侵入监督检查对象网络、干扰监督检查对象网络正常功能、窃取网络数据等危害网络安全的活动的，依照《中华人民共和国网络安全法》第六十三条的规定予以处罚；窃取或者以其他非法方式获取、非法出售或者非法向他人提供在工作中获悉的个人信息的，依照《中华人民共和国网络安全法》第六十四条第二款的规定予以处罚，构成犯罪的，依法追究刑事责任。

第二十七条 互联网服务提供者和联网使用单位违反本规定，构成违反治安管理行为的，依法予以治安管理处罚；构成犯罪的，依法追究刑事责任。

网络预约出租汽车经营服务管理暂行办法（节录）

（2019 年 12 月 28 日　交通运输部令 2019 年第 46 号）

第二章　网约车平台公司

第五条 申请从事网约车经营的，应当具备线上线下服务能力，符合下列条件：

（一）具有企业法人资格；

（二）具备开展网约车经营的互联网平台和与拟开展业务相适应的信息数据交互及处理能力，具备供交通、通信、公安、税务、网信等相关监管部门依法调取查询相关网络数据信息的条件，网络服务平台数据库接入出租汽车行政主管部门监管平台，服务器设置在中国内地，有符合规定的网络安全管理制度和安全保护技术措施；

（三）使用电子支付的，应当与银行、非银行支付机构签订提供支付结算服务的协议；

（四）有健全的经营管理制度、安全生产管理制度和服务质量保障制度；

（五）在服务所在地有相应服务机构及服务能力；

（六）法律法规规定的其他条件。

外商投资网约车经营的，除符合上述条件外，还应当符合外商投资相关法律法规的规定。

第四章　网约车经营行为

第二十六条　网约车平台公司应当通过其服务平台以显著方式将驾驶员、约车人和乘客等个人信息的采集和使用的目的、方式和范围进行告知。未经信息主体明示同意，网约车平台公司不得使用前述个人信息用于开展其他业务。

网约车平台公司采集驾驶员、约车人和乘客的个人信息，不得超越提供网约车业务所必需的范围。

除配合国家机关依法行使监督检查权或者刑事侦查权外，网约车平台公司不得向任何第三方提供驾驶员、约车人和乘客的姓名、联系方式、家庭住址、银行账户或者支付账户、地理位置、出行线路等个人信息，不得泄露地理坐标、地理标志物等涉及国家安全的敏感信息。发生信息泄露后，网约车平台公司应当及时向相关主管部门报告，并采取及时有效的补救措施。

第二十七条　网约车平台公司应当遵守国家网络和信息安全有关规定，所采集的个人信息和生成的业务数据，应当在中国内地存储和使用，保存期限不少于2年，除法律法规另有规定外，上述信息和数据不得外流。

网约车平台公司不得利用其服务平台发布法律法规禁止传播的信息，不得为企业、个人及其他团体、组织发布有害信息提供便利，并采取有效措施过滤阻断有害信息传播。发现他人利用其网络服务平台传播有害信息的，应当立即停止传输，保存有关记录,并向国家有关机关报告。

网约车平台公司应当依照法律规定,为公安机关依法开展国家安全工作,防范、调查违法犯罪活动提供必要的技术支持与协助。

第五章 监督检查

第三十条 通信主管部门和公安、网信部门应当按照各自职责,对网约车平台公司非法收集、存储、处理和利用有关个人信息、违反互联网信息服务有关规定、危害网络和信息安全、应用网约车服务平台发布有害信息或者为企业、个人及其他团体组织发布有害信息提供便利的行为,依法进行查处,并配合出租汽车行政主管部门对认定存在违法违规行为的网约车平台公司进行依法处置。

公安机关、网信部门应当按照各自职责监督检查网络安全管理制度和安全保护技术措施的落实情况,防范、查处有关违法犯罪活动。

第六章 法律责任

第三十七条 网约车平台公司违反本规定第十、十八、二十六、二十七条有关规定的,由网信部门、公安机关和通信主管部门按各自职责依照相关法律法规规定给予处罚;给信息主体造成损失的,依法承担民事责任;涉嫌犯罪的,依法追究刑事责任。

网约车平台公司及网约车驾驶员违法使用或者泄露约车人、乘客个人信息的,由公安、网信等部门依照各自职责处以2000元以上10000元以下罚款;给信息主体造成损失的,依法承担民事责任;涉嫌犯罪的,依法追究刑事责任。

网约车平台公司拒不履行或者拒不按要求为公安机关依法开展国家安全工作,防范、调查违法犯罪活动提供技术支持与协助的,由公安机关依法予以处罚;构成犯罪的,依法追究刑事责任。

在线旅游经营服务管理暂行规定(节录)

(2020年8月20日 文化和旅游部令第4号)

第二章 运营

第八条 在线旅游经营者发现法律、行政法规禁止发布或者传输的信息,应当立即停止传输该信息,采取消除等处置措施防止信息扩散,保存有关记录并向主管部门报告。

平台经营者应当对上传至平台的文字、图片、音视频等信息内容加强审核，确保平台信息内容安全。

第十一条　平台经营者应当对平台内经营者的身份、地址、联系方式、行政许可、质量标准等级、信用等级等信息进行真实性核验、登记，建立登记档案，并定期核验更新。

平台经营者应当督促平台内经营者对其旅游辅助服务者的相关信息进行真实性核验、登记。

第十四条　在线旅游经营者应当保护旅游者个人信息等数据安全，在收集旅游者信息时事先明示收集旅游者个人信息的目的、方式和范围，并经旅游者同意。

第二十条　社交网络平台、移动应用商店等信息网络提供者知道或者应当知道他人利用其服务从事违法违规在线旅游经营服务，或者侵害旅游者合法权益的，应当采取删除、屏蔽、断开链接等必要措施。

第四章　法 律 责 任

第三十一条　在线旅游经营者违反本规定第八条第一款规定，由县级以上文化和旅游主管部门依照《中华人民共和国网络安全法》第六十八条有关规定处理。

第三十三条　平台经营者有下列情形之一的，由县级以上文化和旅游主管部门依照《中华人民共和国电子商务法》第八十条的规定处理：

（一）违反本规定第十一条第一款规定，不依法履行核验、登记义务的；

（二）违反本规定第二十二条规定，不依法对违法情形采取必要处置措施或者未报告的；

（三）违反本规定第十九条规定，不依法履行商品和服务信息、交易信息保存义务的。

关于推动平台经济规范健康持续发展的若干意见（节录）

（2021 年 12 月 24 日　发改高技〔2021〕1872 号）

各省、自治区、直辖市、新疆生产建设兵团有关部门：

平台经济是以互联网平台为主要载体，以数据为关键生产要素，以新一代信息技术为核心驱动力、以网络信息基础设施为重要支撑的新型经济形态。近年来我国平台经济快速发展,在经济社会发展全局中的地位和作用日益突显。要坚持以习近平新时代中国特色社会主义思想为指导,全面贯彻党的十九大和十九届历次全会精神,深入落实党中央、国务院决策部署,立足新发展阶段、贯彻新发展理念、构建新发展格局,推动高质量发展,从构筑国家竞争新优势的战略高度出发,坚持发展和规范并重,坚持"两个毫不动摇",遵循市场规律,着眼长远、兼顾当前,补齐短板、强化弱项,适应平台经济发展规律,建立健全规则制度,优化平台经济发展环境。为进一步推动平台经济规范健康持续发展,现提出以下意见。

一、健全完善规则制度

(一)完善治理规则。

修订《反垄断法》,完善数据安全法、个人信息保护法配套规则。制定出台禁止网络不正当竞争行为的规定。细化平台企业数据处理规则。制定出台平台经济领域价格行为规则,推动行业有序健康发展。完善金融领域监管规则体系,坚持金融活动全部纳入金融监管,金融业务必须持牌经营。

(二)健全制度规范。

厘清平台责任边界,强化超大型互联网平台责任。建立平台合规管理制度,对平台合规形成有效的外部监督、评价体系。加大平台经济相关国家标准研制力度。建立互联网平台信息公示制度,增强平台经营透明度,强化信用约束和社会监督。建立健全平台经济公平竞争监管制度。完善跨境数据流动"分级分类+负面清单"监管制度,探索制定互联网信息服务算法安全制度。

(三)推动协同治理。

强化部门协同,坚持"线上线下一体化监管"原则,负有监管职能的各行业主管部门在负责线下监管的同时,承担相应线上监管的职责,实现审批、主管与监管权责统一。推动各监管部门间抽查检验鉴定结果互认,避免重复抽查、检测,探索建立案件会商和联合执法、联合惩戒机制,实现事前事中事后全链条监管。推动行业自律,督促平台企业依法合规经营,鼓励行业协会牵头制定团体标准、行业自律公约。加强社会监督,探索公众和第三方专业机构共同参与的监督机制,推动提升平台企业合规经营情况的公开度和透明度。

二、提升监管能力和水平

(六)探索数据和算法安全监管。

切实贯彻收集、使用个人信息的合法、正当、必要原则,严厉打击平台企业超范围收集个人信息、超权限调用个人信息等违法行为。从严管控非必要采集数据行为，依法依规打击黑市数据交易、大数据杀熟等数据滥用行为。在严格保护算法等商业秘密的前提下，支持第三方机构开展算法评估，引导平台企业提升算法透明度与可解释性，促进算法公平。严肃查处利用算法进行信息内容造假、传播负面有害信息和低俗劣质内容、流量劫持以及虚假注册账号等违法违规行为。推动平台企业深入落实网络安全等级保护制度，探索开展数据安全风险态势监测通报，建立应急处置机制。国家机关在执法活动中应依法调取、使用个人信息，保护数据安全。

（七）改进提高监管技术和手段。

强化数字化监管支撑，建立违法线索线上发现、流转、调查处理等非接触式监管机制，提升监测预警、线上执法、信息公示等监管能力，支持条件成熟的地区开展数字化监管试点创新。加强和改进信用监管，强化平台经济领域严重违法失信名单管理。发挥行业协会作用，引导互联网企业间加强对严重违法失信名单等相关信用评价互通、互联、互认，推动平台企业对网络经营者违法行为实施联防联控。

中国人民银行金融消费者权益保护实施办法（节录）

（2020 年 9 月 15 日　中国人民银行令〔2020〕第 5 号）

第三章　消费者金融信息保护

第二十八条　本办法所称消费者金融信息，是指银行、支付机构通过开展业务或者其他合法渠道处理的消费者信息，包括个人身份信息、财产信息、账户信息、信用信息、金融交易信息及其他与特定消费者购买、使用金融产品或者服务相关的信息。

消费者金融信息的处理包括消费者金融信息的收集、存储、使用、加工、传输、提供、公开等。

第二十九条　银行、支付机构处理消费者金融信息，应当遵循合法、正当、必要原则，经金融消费者或者其监护人明示同意，但是法律、行政法规另有规定的除外。银行、支付机构不得收集与业务无关的消费者金融信息，不得采取不正当方式收集消费者金融信息，不得变相强制收集消费者金融信息。银行、支付机构不得以金融消费者不同意处理其金融信息为由拒绝提供金融产品或者服务，但处理其金融信息属于提供金融产品或者服务所必需的除外。

金融消费者不能或者拒绝提供必要信息,致使银行、支付机构无法履行反洗钱义务的,银行、支付机构可以根据《中华人民共和国反洗钱法》的相关规定对其金融活动采取限制性措施;确有必要时,银行、支付机构可以依法拒绝提供金融产品或者服务。

第三十条 银行、支付机构收集消费者金融信息用于营销、用户体验改进或者市场调查的,应当以适当方式供金融消费者自主选择是否同意银行、支付机构将其金融信息用于上述目的;金融消费者不同意的,银行、支付机构不得因此拒绝提供金融产品或者服务。银行、支付机构向金融消费者发送金融营销信息的,应当向其提供拒绝继续接收金融营销信息的方式。

第三十一条 银行、支付机构应当履行《中华人民共和国消费者权益保护法》第二十九条规定的明示义务,公开收集、使用消费者金融信息的规则,明示收集、使用消费者金融信息的目的、方式和范围,并留存有关证明资料。

银行、支付机构通过格式条款取得消费者金融信息收集、使用同意的,应当在格式条款中明确收集消费者金融信息的目的、方式、内容和使用范围,并在协议中以显著方式尽可能通俗易懂地向金融消费者提示该同意的可能后果。

第三十二条 银行、支付机构应当按照法律法规的规定和双方约定的用途使用消费者金融信息,不得超出范围使用。

第三十三条 银行、支付机构应当建立以分级授权为核心的消费者金融信息使用管理制度,根据消费者金融信息的重要性、敏感度及业务开展需要,在不影响本机构履行反洗钱等法定义务的前提下,合理确定本机构工作人员调取信息的范围、权限,严格落实信息使用授权审批程序。

第三十四条 银行、支付机构应当按照国家档案管理和电子数据管理等规定,采取技术措施和其他必要措施,妥善保管和存储所收集的消费者金融信息,防止信息遗失、毁损、泄露或者被篡改。

银行、支付机构及其工作人员应当对消费者金融信息严格保密,不得泄露或者非法向他人提供。在确认信息发生泄露、毁损、丢失时,银行、支付机构应当立即采取补救措施;信息泄露、毁损、丢失可能危及金融消费者人身、财产安全的,应当立即向银行、支付机构住所地的中国人民银行分支机构报告并告知金融消费者;信息泄露、毁损、丢失可能对金融消费者产生其他不利影响的,应当及时告知金融消费者,并在72小时以内报告银行、支付机构住所地的中国人民银行分支机构。中国人民银行分支机构接到报告后,视情况按照本办法第五十五条规定处理。

第六章　法 律 责 任

第六十条　银行、支付机构有下列情形之一，侵害消费者金融信息依法得到保护的权利的，中国人民银行或其分支机构应当在职责范围内依照《中华人民共和国消费者权益保护法》第五十六条的规定予以处罚：

（一）未经金融消费者明示同意，收集、使用其金融信息的。

（二）收集与业务无关的消费者金融信息，或者采取不正当方式收集消费者金融信息的。

（三）未公开收集、使用消费者金融信息的规则，未明示收集、使用消费者金融信息的目的、方式和范围的。

（四）超出法律法规规定和双方约定的用途使用消费者金融信息的。

（五）未建立以分级授权为核心的消费者金融信息使用管理制度，或者未严格落实信息使用授权审批程序的。

（六）未采取技术措施和其他必要措施，导致消费者金融信息遗失、毁损、泄露或者被篡改，或者非法向他人提供的。

第四部分

电信网络诈骗治理国际合作

中华人民共和国反电信网络诈骗法（节录）

（2022 年 9 月 2 日　中华人民共和国主席令第 119 号）

第三十七条　国务院公安部门等会同外交部门加强国际执法司法合作，与有关国家、地区、国际组织建立有效合作机制，通过开展国际警务合作等方式，提升在信息交流、调查取证、侦查抓捕、追赃挽损等方面的合作水平，有效打击遏制跨境电信网络诈骗活动。

中华人民共和国刑法（节录）

（2020 年 12 月 26 日修正　中华人民共和国主席令第 66 号）

第一编　总　　则

第一章　刑法的任务、基本原则和适用范围

第九条　**【普遍管辖权】**对于中华人民共和国缔结或者参加的国际条约所规定的罪行，中华人民共和国在所承担条约义务的范围内行使刑事管辖权的，适用本法。

第十条　**【对外国刑事判决的消极承认】**凡在中华人民共和国领域外犯罪，依照本法应当负刑事责任的，虽然经过外国审判，仍然可以依照本法追究，但是在外国已经受过刑罚处罚的，可以免除或者减轻处罚。

第十一条　**【外交代表刑事管辖豁免】**享有外交特权和豁免权的外国人的刑事责任，通过外交途径解决。

中华人民共和国刑事诉讼法(节录)

(2018年10月26日修正　中华人民共和国主席令第10号)

第一编　总　　则

第一章　任务和基本原则

第十七条　对于外国人犯罪应当追究刑事责任的,适用本法的规定。

对于享有外交特权和豁免权的外国人犯罪应当追究刑事责任的,通过外交途径解决。

第十八条　根据中华人民共和国缔结或者参加的国际条约,或者按照互惠原则,我国司法机关和外国司法机关可以相互请求刑事司法协助。

第五编　特别程序

第三章　缺席审判程序

第二百九十二条　人民法院应当通过有关国际条约规定的或者外交途径提出的司法协助方式,或者被告人所在地法律允许的其他方式,将传票和人民检察院的起诉书副本送达被告人。传票和起诉书副本送达后,被告人未按要求到案的,人民法院应当开庭审理,依法作出判决,并对违法所得及其他涉案财产作出处理。

中华人民共和国数据安全法(节录)

(2021年6月10日　中华人民共和国主席令第84号)

第一章　总　　则

第十一条　国家积极开展数据安全治理、数据开发利用等领域的国际交流与合作,参与数据安全相关国际规则和标准的制定,促进数据跨境安全、自由流动。

第三章　数据安全制度

第二十五条　国家对与维护国家安全和利益、履行国际义务相关的属于管制物项的数据依法实施出口管制。

第二十六条 任何国家或者地区在与数据和数据开发利用技术等有关的投资、贸易等方面对中华人民共和国采取歧视性的禁止、限制或者其他类似措施的,中华人民共和国可以根据实际情况对该国家或者地区对等采取措施。

第四章 数据安全保护义务

第三十六条 中华人民共和国主管机关根据有关法律和中华人民共和国缔结或者参加的国际条约、协定,或者按照平等互惠原则,处理外国司法或者执法机构关于提供数据的请求。非经中华人民共和国主管机关批准,境内的组织、个人不得向外国司法或者执法机构提供存储于中华人民共和国境内的数据。

第六章 法 律 责 任

第四十八条 违反本法第三十五条规定,拒不配合数据调取的,由有关主管部门责令改正,给予警告,并处五万元以上五十万元以下罚款,对直接负责的主管人员和其他直接责任人员处一万元以上十万元以下罚款。

违反本法第三十六条规定,未经主管机关批准向外国司法或者执法机构提供数据的,由有关主管部门给予警告,可以并处十万元以上一百万元以下罚款,对直接负责的主管人员和其他直接责任人员可以处一万元以上十万元以下罚款;造成严重后果的,处一百万元以上五百万元以下罚款,并可以责令暂停相关业务、停业整顿、吊销相关业务许可证或者吊销营业执照,对直接负责的主管人员和其他直接责任人员处五万元以上五十万元以下罚款。

中华人民共和国网络安全法(节录)

(2016 年 11 月 7 日 中华人民共和国主席令第 53 号)

第一章 总 则

第七条 国家积极开展网络空间治理、网络技术研发和标准制定、打击网络违法犯罪等方面的国际交流与合作,推动构建和平、安全、开放、合作的网络空间,建立多边、民主、透明的网络治理体系。

第三章　网络运行安全

第二节　关键信息基础设施的运行安全

第三十七条　关键信息基础设施的运营者在中华人民共和国境内运营中收集和产生的个人信息和重要数据应当在境内存储。因业务需要，确需向境外提供的，应当按照国家网信部门会同国务院有关部门制定的办法进行安全评估；法律、行政法规另有规定的，依照其规定。

中华人民共和国反洗钱法（节录）

（2006 年 10 月 31 日　中华人民共和国主席令第 56 号）

第五章　反洗钱国际合作

第二十七条　中华人民共和国根据缔结或者参加的国际条约，或者按照平等互惠原则，开展反洗钱国际合作。

第二十八条　国务院反洗钱行政主管部门根据国务院授权，代表中国政府与外国政府和有关国际组织开展反洗钱合作，依法与境外反洗钱机构交换与反洗钱有关的信息和资料。

第二十九条　涉及追究洗钱犯罪的司法协助，由司法机关依照有关法律的规定办理。

中华人民共和国个人信息保护法（节录）

（2021 年 8 月 20 日　中华人民共和国主席令第 91 号）

第一章　总　　则

第十二条　国家积极参与个人信息保护国际规则的制定，促进个人信息保护方面的国际交流与合作，推动与其他国家、地区、国际组织之间的个人信息保护规则、标准等互认。

第二章 个人信息处理规则

第三节 国家机关处理个人信息的特别规定

第三十六条 国家机关处理的个人信息应当在中华人民共和国境内存储;确需向境外提供的,应当进行安全评估。安全评估可以要求有关部门提供支持与协助。

第三章 个人信息跨境提供的规则

第三十八条 个人信息处理者因业务等需要,确需向中华人民共和国境外提供个人信息的,应当具备下列条件之一:

(一)依照本法第四十条的规定通过国家网信部门组织的安全评估;

(二)按照国家网信部门的规定经专业机构进行个人信息保护认证;

(三)按照国家网信部门制定的标准合同与境外接收方订立合同,约定双方的权利和义务;

(四)法律、行政法规或者国家网信部门规定的其他条件。

中华人民共和国缔结或者参加的国际条约、协定对向中华人民共和国境外提供个人信息的条件等有规定的,可以按照其规定执行。

个人信息处理者应当采取必要措施,保障境外接收方处理个人信息的活动达到本法规定的个人信息保护标准。

第四十条 关键信息基础设施运营者和处理个人信息达到国家网信部门规定数量的个人信息处理者,应当将在中华人民共和国境内收集和产生的个人信息存储在境内。确需向境外提供的,应当通过国家网信部门组织的安全评估;法律、行政法规和国家网信部门规定可以不进行安全评估的,从其规定。

第四十一条 中华人民共和国主管机关根据有关法律和中华人民共和国缔结或者参加的国际条约、协定,或者按照平等互惠原则,处理外国司法或者执法机构关于提供存储于境内个人信息的请求。非经中华人民共和国主管机关批准,个人信息处理者不得向外国司法或者执法机构提供存储于中华人民共和国境内的个人信息。

中华人民共和国陆地国界法(节录)

(2021 年 10 月 23 日　中华人民共和国主席令第 99 号)

第一章　总　　则

第六条　外交部负责陆地国界涉外事务,参与陆地国界管理相关工作,牵头开展对外谈判、缔约、履约及国际合作,处理需要通过外交途径解决的问题,组织开展国界线和界标维护管理。

第十四条　中华人民共和国遵守同外国缔结或者共同参加的有关陆地国界事务的条约。

第五章　陆地国界事务的国际合作

第四十八条　国家按照平等互利原则与陆地邻国开展国际合作,处理陆地国界事务,推进安全合作,深化互利共赢。

第四十九条　国家可以与有关陆地邻国协商建立边界联合委员会机制,指导和协调有关国际合作,执行有关条约,协商并处理与陆地国界管理有关的重要事项。

第五十一条　国家可以与有关陆地邻国在相应国界地段协商建立边界(边防)代表机制,由代表、副代表和相关工作人员组成,通过会谈、会晤和联合调查等方式处理边界事件、日常纠纷等问题。

边界(边防)代表的具体工作在国务院有关部门、中央军事委员会机关有关部门指导下,由中国人民解放军会同外事、公安、移民等相关部门组织实施。

第五十二条　公安、海关、移民等部门可以与陆地邻国相关部门建立合作机制,交流信息,开展执法合作,共同防范和打击跨界违法犯罪活动。

第五十六条　国务院有关部门可以与陆地邻国相关部门在口岸建设和管理、自然资源利用、生态环境保护、疫情防控、应急管理等领域开展合作,建立相互通报、信息共享、技术与人才交流等合作机制。

边境省、自治区的县级以上各级人民政府可以在国家有关主管部门指导下,参与相关合作机制,承担具体合作工作。

国务院办公厅关于完善反洗钱、反恐怖融资、反逃税监管体制机制的意见（节录）

（2017年8月29日　国办函〔2017〕84号）

一、总体要求

（二）基本原则。

坚持立足国情，为双向开放提供服务保障。根据国内洗钱、恐怖融资和逃税风险实际情况，逐步建立健全“三反”法律制度和监管规则。根据有关国际条约或者按照平等互利原则开展国际合作。忠实履行我国应当承担的国际义务，严格执行国际标准，加强跨境监管合作，切实维护我国金融机构合法权益，为金融业双向开放保驾护航。

坚持依法行政，充分发挥反洗钱义务机构主体作用。依法确定相关单位职责，确保各司其职，主动作为，严控风险。重视和发挥反洗钱义务机构在预防洗钱、恐怖融资和逃税方面的“第一道防线”作用。

二、健全工作机制

（四）加强统筹协调，完善组织机制。进一步完善反洗钱工作部际联席会议制度，统筹“三反”监管工作。以反洗钱工作部际联席会议为依托，强化部门间“三反”工作组织协调机制，制定整体战略、重要政策和措施，推动贯彻落实，指导“三反”领域国际合作，加强监管合作。

（七）加强监管协调，健全监管合作机制。在行业监管规则中嵌入反洗钱监管要求，构建涵盖事前、事中、事后的完整监管链条。充分发挥反洗钱工作部际联席会议作用，加强反洗钱行政主管部门和金融监管部门之间的协调，完善监管制度、政策和措施，开展联合监管行动，共享监管信息，协调跨境监管合作。

三、完善法律制度

（十）推动研究完善相关刑事立法，修改惩治洗钱犯罪和恐怖融资犯罪相关规定。按照我国参加的国际公约和明确承诺执行的国际标准要求，研究扩大洗钱罪的上游犯罪范围，将上游犯罪本犯纳入洗钱罪的主体范围。对照国际公约要求，根据我国反恐实际需要，推动逐步完善有关恐怖融资犯罪的刑事立法，加强司法解释工作。研究建立相关司法工作激励机制，提升反洗钱工作追偿效果。

（十一）明确执行联合国安理会反恐怖融资相关决议的程序。建立定向金融制裁名单的认定发布制度，明确相关单位在名单提交、审议、发布、监督执行、除名等方面的职责分工。完善和细化各行政主管部门、金融监管部门和反洗钱义务机构执行联合国安理会反恐怖融资决议要求的程序规定和监管措施，进一步明确资产冻结时效、范围、程序、善意第三人保护及相关法律责任，保证联合国安理会相关决议执行时效。

六、深化国际合作(国)

(二十三)做好反洗钱和反恐怖融资互评估，树立良好国际形象。切实履行成员义务，积极做好金融行动特别工作组(FATF)反洗钱和反恐怖融资互评估。将国际组织评估作为完善和改进反洗钱工作的重要契机，组织动员相关单位和反洗钱义务机构，严格对照反洗钱国际标准，结合我国实际情况，切实提高反洗钱工作合规性和有效性。

(二十四)深化反洗钱国际合作，促进我国总体战略部署顺利实施。进一步深入参与反洗钱国际标准研究、制定和监督执行，积极参与反洗钱国际(区域)组织内部治理改革和重大决策，提升我国在反洗钱国际(区域)组织中的话语权和影响力。继续加强反洗钱双边交流与合作，推进中美反洗钱和反恐怖融资监管合作。建立与部分重点国家(地区)的反洗钱监管合作机制，督促指导中资金融机构及其海外分支机构提升反洗钱工作意识和水平，维护其合法权益。配合"一带一路"倡议，做好与周边国家(地区)的反洗钱交流与合作。加强沟通协调，稳步推进加入埃格蒙特集团相关工作。利用国际金融情报交流平台，拓展反洗钱情报渠道。

(二十五)深化反逃税国际合作，维护我国税收权益。深度参与二十国集团税制改革成果转化，积极参与国际税收规则制定，积极发出中国声音，提出中国方案，贡献中国智慧，切实提升中国税务话语权。加强双多边税收合作，充分发挥国际税收信息交换的作用，提高税收透明度，严厉打击国际逃避税，充分发挥反逃避税对反洗钱的积极作用，同时运用好反洗钱机制，不断提高反逃避税的精准度。

最高人民法院、最高人民检察院、公安部关于办理电信网络诈骗等刑事案件适用法律若干问题的意见(节录)

(2016年12月19日 法发〔2016〕32号)

六、证据的收集和审查判断

(三)依照国际条约、刑事司法协助、互助协议或平等互助原则，请求证据材料所在地司法机关收集,或通过国际警务合作机制、国际刑警组织启动合作取证程序收集的境外证据材料,经查证属实,可以作为定案的依据。公安机关应对其来源、提取人、提取时间或者提供人、提供时间以及保管移交的过程等作出说明。

对其他来自境外的证据材料,应当对其来源、提供人、提供时间以及提取人、提取时间进行审查。能够证明案件事实且符合刑事诉讼法规定的,可以作为证据使用。

最高人民法院、最高人民检察院、公安部关于办理电信网络诈骗等刑事案件适用法律若干问题的意见(二)(节录)

(2021 年 6 月 17 日　法发〔2021〕22 号)

十四、通过国(区)际警务合作收集或者境外警方移交的境外证据材料,确因客观条件限制,境外警方未提供相关证据的发现、收集、保管、移交情况等材料的,公安机关应当对上述证据材料的来源、移交过程以及种类、数量、特征等作出书面说明,由两名以上侦查人员签名并加盖公安机关印章。经审核能够证明案件事实的,可以作为证据使用。

十五、对境外司法机关抓获并羁押的电信网络诈骗犯罪嫌疑人,在境内接受审判的,境外的羁押期限可以折抵刑期。

检察机关办理电信网络诈骗案件指引(节录)

(2018 年 11 月 9 日　高检发侦监字〔2018〕12 号)

二、需要特别注意的问题

(七)境外证据的审查

1. 证据来源合法性的审查

境外证据的来源包括:外交文件(国际条约、互助协议);司法协助(刑事司法协助、平等互助原则);警务合作(国际警务合作机制、国际刑警组织)。

由于上述来源方式均需要有法定的程序和条件,对境外证据的审查要注意:证据来源是否是通过上述途径收集,审查报批、审批手续是否完备,程序是否合法;证据材料移交过程是否合法,手续是否齐全,确保境外证据的来源合法性。

2. 证据转换的规范性审查

对于不符合我国证据种类和收集程序要求的境外证据,侦查机关要重新进行转换和固定，才能作为证据使用。注重审查：

(1)境外交接证据过程的连续性，是否有交接文书，交接文书是否包含接收证据。

(2)接收移交、开箱、登记时是否全程录像，确保交接过程的真实性，交接物品的完整性。

(3)境外证据按照我国证据收集程序重新进行固定的，依据相关规定进行，注意证据转换过程的连续性和真实性的审查。

(4)公安机关是否对境外证据来源、提取人、提取时间或者提供人、提供时间以及保管移交的过程等作出说明，有无对电子数据完整性等专门性问题的鉴定意见等。

(5)无法确认证据来源、证据真实性、收集程序违法无法补正等境外证据应予排除。

3. 其他来源的境外证据的审查

通过其他渠道收集的境外证据材料，作为证据使用的，应注重对其来源、提供人、提供时间以及提取人、提取时间进行审查。能够证明案件事实且符合刑事诉讼法规定的，可以作为证据使用。

人民检察院办理网络犯罪案件规定（节录）

（2021 年 1 月 22 日）

第三章　电子数据的审查

第三十二条　对电子数据的合法性，注重审查以下内容：

（一）电子数据的收集、提取、保管的方法和过程是否规范；

（二）查询、勘验、扣押、调取、冻结等的法律手续是否齐全；

（三）勘验笔录、搜查笔录、提取笔录等取证记录是否完备；

（四）是否由符合法律规定的取证人员、见证人、持有人（提供人）等参与，因客观原因没有见证人、持有人（提供人）签名或者盖章的，是否说明原因；

（五）是否按照有关规定进行同步录音录像；

（六）对于收集、提取的境外电子数据是否符合国（区）际司法协作及相关法律规定的要求。

第六章　跨国(边)境司法协作

第五十六条　办理跨国网络犯罪案件应当依照《中华人民共和国国际刑事司法协助法》及我国批准加入的有关刑事司法协助条约,加强国际司法协作,维护我国主权、安全和社会公共利益,尊重协作国司法主权、坚持平等互惠原则,提升跨国司法协作质效。

第五十七条　地方人民检察院在案件办理中需要向外国请求刑事司法协助的,应当制作刑事司法协助请求书并附相关材料,经报最高人民检察院批准后,由我国与被请求国间司法协助条约规定的对外联系机关向外国提出申请。没有刑事司法协助条约的,通过外交途径联系。

第五十八条　人民检察院参加现场移交境外证据的检察人员不少于二人,外方有特殊要求的除外。

移交、开箱、封存、登记的情况应当制作笔录,由最高人民检察院或者承办案件的人民检察院代表、外方移交人员签名或者盖章,一般应当全程录音录像。有其他见证人的,在笔录中注明。

第五十九条　人民检察院对境外收集的证据,应当审查证据来源是否合法、手续是否齐备以及证据的移交、保管、转换等程序是否连续、规范。

第六十条　人民检察院办理涉香港特别行政区、澳门特别行政区、台湾地区的网络犯罪案件,需要当地有关部门协助的,可以参照本规定及其他相关规定执行。

人民检察院刑事诉讼规则(节录)

(2019 年 12 月 30 日　高检发释字〔2019〕4 号)

第六章　强 制 措 施

第十节　通　　缉

第二百三十六条　应当逮捕的犯罪嫌疑人潜逃出境的,可以按照有关规定层报最高人民检察院商请国际刑警组织中国国家中心局,请求有关方面协助,或者通过其他法律规定的途径进行追捕。

第十六章　刑事司法协助

第六百七十一条　人民检察院依据国际刑事司法协助法等有关法律和有关刑

事司法协助条约进行刑事司法协助。

第六百七十二条 人民检察院刑事司法协助的范围包括刑事诉讼文书送达，调查取证，安排证人作证或者协助调查，查封、扣押、冻结涉案财物，返还违法所得及其他涉案财物，移管被判刑人以及其他协助。

第六百七十三条 最高人民检察院是检察机关开展国际刑事司法协助的主管机关，负责审核地方各级人民检察院向外国提出的刑事司法协助请求，审查处理对外联系机关转递的外国提出的刑事司法协助请求，审查决定是否批准执行外国的刑事司法协助请求，承担其他与国际刑事司法协助相关的工作。

办理刑事司法协助相关案件的地方各级人民检察院应当向最高人民检察院层报需要向外国提出的刑事司法协助请求，执行最高人民检察院交办的外国提出的刑事司法协助请求。

第六百七十四条 地方各级人民检察院需要向外国请求刑事司法协助的，应当制作刑事司法协助请求书并附相关材料。经省级人民检察院审核同意后，报送最高人民检察院。

刑事司法协助请求书应当依照相关刑事司法协助条约的规定制作；没有条约或者条约没有规定的，可以参照国际刑事司法协助法第十三条的规定制作。被请求方有特殊要求的，在不违反我国法律的基本原则的情况下，可以按照被请求方的特殊要求制作。

第六百七十五条 最高人民检察院收到地方各级人民检察院刑事司法协助请求书及所附相关材料后，应当依照国际刑事司法协助法和有关条约进行审查。对符合规定、所附材料齐全的，最高人民检察院是对外联系机关的，应当及时向外国提出请求；不是对外联系机关的，应当通过对外联系机关向外国提出请求。对不符合规定或者材料不齐全的，应当退回提出请求的人民检察院或者要求其补充、修正。

第六百七十六条 最高人民检察院收到外国提出的刑事司法协助请求后，应当对请求书及所附材料进行审查。对于请求书形式和内容符合要求的，应当按照职责分工，将请求书及所附材料转交有关主管机关或者省级人民检察院处理；对于请求书形式和内容不符合要求的，可以要求请求方补充材料或者重新提出请求。

外国提出的刑事司法协助请求明显损害我国主权、安全和社会公共利益的，可以直接拒绝提供协助。

第六百七十七条 最高人民检察院在收到对外联系机关转交的刑事司法协助

请求书及所附材料后,经审查,分别作出以下处理:

(一)根据国际刑事司法协助法和刑事司法协助条约的规定,认为可以协助执行的,作出决定并安排有关省级人民检察院执行;

(二)根据国际刑事司法协助法或者刑事司法协助条约的规定,认为应当全部或者部分拒绝协助的,将请求书及所附材料退回对外联系机关并说明理由;

(三)对执行请求有保密要求或者有其他附加条件的,通过对外联系机关向外国提出,在外国接受条件并且作出书面保证后,决定附条件执行;

(四)需要补充材料的,书面通过对外联系机关要求请求方在合理期限内提供。

第六百七十八条 有关省级人民检察院收到最高人民检察院交办的外国刑事司法协助请求后,应当依法执行,或者交由下级人民检察院执行。

负责执行的人民检察院收到刑事司法协助请求书和所附材料后,应当立即安排执行,并将执行结果及有关材料报经省级人民检察院审查后,报送最高人民检察院。

对于不能执行的,应当将刑事司法协助请求书和所附材料,连同不能执行的理由,通过省级人民检察院报送最高人民检察院。

因请求书提供的地址不详或者材料不齐全,人民检察院难以执行该项请求的,应当立即通过最高人民检察院书面通知对外联系机关,要求请求方补充提供材料。

第六百七十九条 最高人民检察院应当对执行结果进行审查。对于符合请求要求和有关规定的,通过对外联系机关转交或者转告请求方。

公安机关办理刑事案件程序规定(节录)

(2020年7月20日修正 公安部令第159号)

第一章 任务和基本原则

第十三条 根据《中华人民共和国引渡法》《中华人民共和国国际刑事司法协助法》,中华人民共和国缔结或者参加的国际条约和公安部签订的双边、多边合作协议,或者按照互惠原则,我国公安机关可以和外国警察机关开展刑事司法协助和警务合作。

第十三章 刑事司法协助和警务合作

第三百七十四条 公安部是公安机关进行刑事司法协助和警务合作的中央主

管机关,通过有关法律、国际条约、协议规定的联系途径、外交途径或者国际刑事警察组织渠道,接收或者向外国提出刑事司法协助或者警务合作请求。

地方各级公安机关依照职责权限办理刑事司法协助事务和警务合作事务。

其他司法机关在办理刑事案件中,需要外国警方协助的,由其中央主管机关与公安部联系办理。

第三百七十五条　公安机关进行刑事司法协助和警务合作的范围,主要包括犯罪情报信息的交流与合作,调查取证,安排证人作证或者协助调查,查封、扣押、冻结涉案财物,没收、返还违法所得及其他涉案财物,送达刑事诉讼文书,引渡、缉捕和递解犯罪嫌疑人、被告人或者罪犯,以及国际条约、协议规定的其他刑事司法协助和警务合作事宜。

第三百七十六条　在不违背我国法律和有关国际条约、协议的前提下,我国边境地区设区的市一级公安机关和县级公安机关与相邻国家的警察机关,可以按照惯例相互开展执法会晤、人员往来、边境管控、情报信息交流等警务合作,但应当报省级公安机关批准,并报公安部备案;开展其他警务合作的,应当报公安部批准。

第三百七十七条　公安部收到外国的刑事司法协助或者警务合作请求后,应当依据我国法律和国际条约、协议的规定进行审查。对于符合规定的,交有关省级公安机关办理,或者移交其他有关中央主管机关;对于不符合条约或者协议规定的,通过接收请求的途径退回请求方。

对于请求书的签署机关、请求书及所附材料的语言文字、有关办理期限和具体程序等事项,在不违反我国法律基本原则的情况下,可以按照刑事司法协助条约、警务合作协议规定或者双方协商办理。

第三百七十八条　负责执行刑事司法协助或者警务合作的公安机关收到请求书和所附材料后,应当按照我国法律和有关国际条约、协议的规定安排执行,并将执行结果及其有关材料报经省级公安机关审核后报送公安部。

在执行过程中,需要采取查询、查封、扣押、冻结等措施或者返还涉案财物,且符合法律规定的条件的,可以根据我国有关法律和公安部的执行通知办理有关法律手续。

请求书提供的信息不准确或者材料不齐全难以执行的,应当立即通过省级公安机关报请公安部要求请求方补充材料;因其他原因无法执行或者具有应当拒绝协助、合作的情形等不能执行的,应当将请求书和所附材料,连同不能执行的理由通过省级公安机关报送公安部。

第三百七十九条　执行刑事司法协助和警务合作,请求书中附有办理期限的,应当按期完成。未附办理期限的,调查取证应当在三个月以内完成;送达刑事诉讼文书,应当在十日以内完成。不能按期完成的,应当说明情况和理由,层报公安部。

第三百八十条 需要请求外国警方提供刑事司法协助或者警务合作的,应当按照我国有关法律、国际条约、协议的规定提出刑事司法协助或者警务合作请求书,所附文件及相应译文,经省级公安机关审核后报送公安部。

第三百八十一条 需要通过国际刑事警察组织查找或者缉捕犯罪嫌疑人、被告人或者罪犯,查询资料、调查取证的,应当提出申请层报国际刑事警察组织中国国家中心局。

第三百八十二条 公安机关需要外国协助安排证人、鉴定人来中华人民共和国作证或者通过视频、音频作证,或者协助调查的,应当制作刑事司法协助请求书并附相关材料,经公安部审核同意后,由对外联系机关及时向外国提出请求。

来中华人民共和国作证或者协助调查的证人、鉴定人离境前,公安机关不得就其入境前实施的犯罪进行追究;除因入境后实施违法犯罪而被采取强制措施的以外,其人身自由不受限制。

证人、鉴定人在条约规定的期限内或者被通知无需继续停留后十五日内没有离境的,前款规定不再适用,但是由于不可抗力或者其他特殊原因未能离境的除外。

第三百八十三条 公安机关提供或者请求外国提供刑事司法协助或者警务合作,应当收取或者支付费用的,根据有关国际条约、协议的规定,或者按照对等互惠的原则协商办理。

第三百八十四条 办理引渡案件,依照《中华人民共和国引渡法》等法律规定和有关条约执行。

联合国打击跨国有组织犯罪公约(节录)

(2003年8月27日 我国政府于2000年12月12日签署该公约,
全国人大常委会于2003年8月27日通过)

第十八条 司法协助

一、缔约国应在对第三条规定的本公约所涵盖的犯罪进行的侦查、起诉和审判程序中相互提供最大程度的司法协助;在请求缔约国有合理理由怀疑第三条第一款(一)项或(二)项所述犯罪具有跨国性时,包括怀疑此种犯罪的被害人、证人、犯罪所得、工具或证据位于被请求缔约国而且该项犯罪涉及一有组织犯罪集团时,还应对等地相互给予类似协助。

二、对于请求缔约国根据本公约第十条可能追究法人责任的犯罪所进行的侦查、起诉和审判程序，应当根据被请求缔约国的有关的法律、条约、协定和安排，尽可能充分地提供司法协助。

三、可为下列任何目的请求依据本条给予司法协助：

（一）向个人获取证据或陈述；

（二）送达司法文书；

（三）执行搜查和扣押并实行冻结；

（四）检查物品和场所；

（五）提供资料、物证以及鉴定结论；

（六）提供有关文件和记录的原件或经核证的副本，其中包括政府、银行、财务、公司或营业记录；

（七）为取证目的而辨认或追查犯罪所得、财产、工具或其他物品；

（八）为有关人员自愿在请求缔约国出庭提供方便；

（九）不违反被请求缔约国本国法律的任何其他形式的协助。

四、缔约国主管当局如认为与刑事事项有关的资料可能有助于另一国主管当局进行或顺利完成调查和刑事诉讼程序，或可促成其根据本公约提出请求，则在不影响本国法律的情况下，可无须事先请求而向该另一国主管当局提供这类资料。

五、根据本条第四款提供这类资料，不应影响提供资料的主管当局本国所进行的调查和刑事诉讼程序。接收资料的主管当局应遵守对资料保密的要求，即使是暂时保密的要求，或对资料使用的限制。但是，这不应妨碍接收缔约国在其诉讼中披露可证明被控告人无罪或罪轻的资料。在这种情况下，接收缔约国应在披露前通知提供缔约国，而且如果提供缔约国要求，还应与其磋商。如果在例外情况下不可能事先通知，接收缔约国应毫不迟延地将披露一事通告提供缔约国。

六、本条各项规定概不影响任何其他规范或将要规范整个或部分司法协助问题的双边或多边条约所规定的义务。

七、如果有关缔约国无司法协助条约的约束，则本条第九至二十九款应适用于根据本条提出的请求。如果有关缔约国有这类条约的约束，则适用条约的相应条款，除非这些缔约国同意代之以适用本条第九至二十九款。大力鼓励缔约国在这些款有助于合作时予以适用。

八、缔约国不得以银行保密为由拒绝提供本条所规定的司法协助。

九、缔约国可以并非双重犯罪为由拒绝提供本条所规定的司法协助。但是,被请求缔约国可在其认为适当时在其斟酌决定的范围内提供协助,而不论该行为按被请求缔约国本国法律是否构成犯罪。

十、在一缔约国境内羁押或服刑的人,如果被要求到另一缔约国进行辨认、作证或提供其他协助,以便为就与本公约所涵盖的犯罪有关的侦查、起诉或审判程序取得证据,在满足以下条件的情况下,可予移送:

(一)该人在知情后自由表示同意;

(二)双方缔约国主管当局同意,但须符合这些缔约国认为适当的条件。

十一、就本条第十款而言:

(一)该人被移送前往的缔约国应有权力和义务羁押被移送人,除非移送缔约国另有要求或授权;

(二)该人被移送前往的缔约国应毫不迟延地履行义务,按照双方缔约国主管当局事先达成的协议或其他协议,将该人交还移送缔约国羁押;

(三)该人被移送前往的缔约国不得要求移送缔约国为该人的交还启动引渡程序;

(四)该人在被移送前往的国家的羁押时间应折抵在移送缔约国执行的刑期。

十二、除非按照本条第十款和第十一款移送该人的缔约国同意,无论该人国籍为何,均不得因其在离开移送国国境前的作为、不作为或定罪而在被移送前往的国家境内使其受到起诉、羁押、处罚或对其人身自由实行任何其他限制。

十三、各缔约国均应指定一中心当局,使其负责和有权接收司法协助请求并执行请求或将请求转交主管当局执行。如缔约国有实行单独司法协助制度的特区或领土,可另指定一个对该特区或领土具有同样职能的中心当局。中心当局应确保所收到的请求的迅速而妥善执行或转交。中心当局在将请求转交某一主管当局执行时,应鼓励该主管当局迅速而妥善地执行请求。各缔约国应在交存本公约批准书、接受书、核准书或加入书时将为此目的指定的中心当局通知联合国秘书长。司法协助请求以及与之有关的任何联系文件均应递交缔约国指定的中心当局。此项规定不得损害缔约国要求通过外交渠道以及在紧急和可能的情况下经有关缔约国同意通过国际刑事警察组织向其传递这种请求和联系文件的权利。

十四、请求应以被请求缔约国能接受的语文以书面形式提出,或在可能情况下以能够生成书面记录的任何形式提出,但须能使该缔约国鉴定其真伪。各缔约国应在其交存本公约批准书、接受书、核准书或加入书时将其所能接受的语文通知联合国秘书长。在紧急情况下，如经有关缔约国同意，请求可以口头方式提出，但应立即加以书面确认。

十五、司法协助请求书应载有：

（一）提出请求的当局；

（二）请求所涉的侦查、起诉或审判程序的事由和性质，以及进行此项侦查、起诉或审判程序的当局的名称和职能；

（三）有关事实的概述，但为送达司法文书提出的请求例外；

（四）对请求协助的事项和请求缔约国希望遵循的特定程序细节的说明；

（五）可能时，任何有关人员的身份、所在地和国籍；

（六）索取证据、资料或要求采取行动的目的。

十六、被请求缔约国可要求提供按照其本国法律执行该请求所必需或有助于执行该请求的补充资料。

十七、请求应根据被请求缔约国本国法律执行。在不违反被请求缔约国本国法律的情况下，如有可能，应遵循请求书中列明的程序执行。

十八、当在某一缔约国境内的某人需作为证人或鉴定人接受另一缔约国司法当局询问，且该人不可能或不愿到请求国出庭，则前一个缔约国可应该另一缔约国的请求，在可能且符合本国法律基本原则的情况下，允许以电视会议方式进行询问，缔约国可商定由请求缔约国司法当局进行询问且询问时应有被请求缔约国司法当局在场。

十九、未经被请求缔约国事先同意，请求缔约国不得将被请求缔约国提供的资料或证据转交或用于请求书所述以外的侦查、起诉或审判程序。本款规定不妨碍请求缔约国在其诉讼中披露可证明被告人无罪或罪轻的资料或证据。就后一种情形而言，请求缔约国应在披露之前通知被请求缔约国，并依请求与被请求缔约国磋商。如在例外情况下不可能事先通知时，请求缔约国应毫不迟延地将披露一事通告被请求缔约国。

二十、请求缔约国可要求被请求缔约国对其提出的请求及其内容保密，但为执行请求所必需时除外。如果被请求缔约国不能遵守保密要求，应立即通知请求缔约国。

二十一、在下列情况下可拒绝提供司法协助：

（一）请求未按本条的规定提出；

（二）被请求缔约国认为执行请求可能损害其主权、安全、公共秩序或其他基本利益；

（三）假如被请求缔约国当局依其管辖权对任何类似犯罪进行侦查、起诉或审判程序时，其本国法律将会禁止其对此类犯罪采取被请求的行动；

（四）同意此项请求将违反被请求国关于司法协助的法律制度。

二十二、缔约国不得仅以犯罪又被视为涉及财政事项为由拒绝司法协助请求。

二十三、拒绝司法协助时应说明理由。

二十四、被请求缔约国应尽快执行司法协助请求，并应尽可能充分地考虑到请求缔约国提出的、最好在请求中说明了理由的任何最后期限。被请求缔约国应依请求缔约国的合理要求就其处理请求的进展情况作出答复。请求国应在其不再需要被请求国提供所寻求的协助时迅速通知被请求缔约国。

二十五、被请求缔约国可以司法协助妨碍正在进行的侦查、起诉或审判为由而暂缓进行。

二十六、在根据本条第二十一款拒绝某项请求或根据本条第二十五款暂缓执行请求事项之前，被请求缔约国应与请求缔约国协商，以考虑是否可在其认为必要的条件下给予协助。请求缔约国如果接受附有条件限制的协助，则应遵守有关的条件。

二十七、在不影响本条第十二款的适用的情况下，应请求缔约国请求而同意到请求缔约国就某项诉讼作证或为某项侦查、起诉或审判程序提供协助的证人、鉴定人或其他人员，不应因其离开被请求缔约国领土之前的作为、不作为或定罪而在请求缔约国领土内被起诉、羁押、处罚，或在人身自由方面受到任何其他限制。如该证人、鉴定人或其他人员已得到司法当局不再需要其到场的正式通知，在自通知之日起连续十五天内或在缔约国所商定的任何期限内，有机会离开但仍自愿留在请求缔约国境内，或在离境后又自愿返回，则此项安全保障即不再有效。

二十八、除非有关缔约国另有协议，执行请求的一般费用应由被请求缔约国承担。如执行请求需要或将需要支付巨额或特殊性质的费用，则应由有关缔约国进行协商，以确定执行该请求的条件以及承担费用的办法。

二十九、被请求缔约国：

（一）应向请求缔约国提供其所拥有的根据其本国法律可向公众公开的政府记录、文件或资料的副本；

（二）可自行斟酌决定全部或部分地或按其认为适当的条件向请求缔约国提供其所拥有的根据其本国法律不向公众公开的任何政府记录、文件或资料的副本。

三十、缔约国应视需要考虑缔结有助于实现本条目的、具体实施或加强本条规定的双边或多边协定或安排的可能性。

上海合作组织成员国元首理事会关于保障国际信息安全领域合作的声明（节录）

（2020 年 11 月 10 日）

上海合作组织成员国指出，信息通信技术在构建全球信息空间方面的发展和利用已取得前所未有的成效，并对人类政治、经济、社会文化、日常生活以及各国和国际安全稳定产生与日俱增的影响。

成员国对利用信息通信技术从事有悖于维护国际和地区和平、安全与稳定的活动表示严重关切。支持完善有关机制和举措，防止由于不正当使用信息通信技术导致国家间冲突和信任赤字，重申联合国在应对国际信息安全威胁方面具有关键作用。

成员国呼吁国际社会在信息领域紧密协作，共同构建网络空间命运共同体，包括预防因利用信息通信技术引发的冲突，确保信息通信技术用于经济发展和民生改善。

成员国重申上合组织成员国在维护国际信息安全问题上的一致立场并声明，发展和利用信息通信技术，以及在该领域开展国际和地区合作应基于包括《联合国宪章》在内的国际法公认原则，特别是国家主权、政治独立、领土完整、主权平等、和平解决争端、不干涉别国内政，以及尊重不侵犯个人生活等基本人权和自由。这对构建和平、安全、开放和稳定的全球信息空间具有重大意义。

考虑到信息通信技术的天然跨国属性，成员国相信，通过调动本国、双边、多边力量，开展信息安全领域国际合作十分重要。

因此，成员国支持联合国就制定信息空间负责任行为规则、准则和原则开展工作，愿继续在联合国相关重要谈判机制内开展协作。

成员国强调，就防止信息通信技术用于恐怖主义、分裂主义、极端主义和其他犯罪目的开展多边合作十分重要。为此，呼吁在联合国主导下制定维护国际信息安全和打击信息犯罪的通用法律文书，如制定关于反对将信息通信技术用于犯罪目的的全面国际公约。

成员国呼吁，上合组织成员国应在联合国和其他国际平台加强相互协调，推动完善现有网络管理模式,包括维护各国平等参与网络管理进程的权利,提升国际电信联盟的作用。

成员国强调,必须坚持安全与发展并重,各国应为新技术利用合力营造公平、公正、非歧视性的营商环境,在国际专业机构框架内制定信息安全领域的公认技术标准。

成员国表示,愿进一步加强相互协作,支持全面落实2009年6月16日签署的《上合组织成员国保障国际信息安全政府间合作协定》。

第五部分

典型案例选编

最高人民法院发布10起人民法院依法惩治电信网络诈骗犯罪及其关联犯罪典型案例[①]

（2022年9月6日发布）

目　录

---

① 参见《人民法院依法惩治电信网络诈骗犯罪及其关联犯罪典型案例》，载中华人民共和国最高人民法院网2022年9月6日，https://www.court.gov.cn/zixun-xiangqing-371131.html。

一、被告人易某锋、连某仁等三十八人诈骗、组织他人偷越国境、偷越国境、帮助信息网络犯罪活动、掩饰、隐瞒犯罪所得案

（一）基本案情

被告人易某锋在缅甸创建“远峰集团”，采取公司化运作模式，编写话术剧本，开展业务培训，配备作案工具，制定奖惩制度，形成组织严密、结构完整的犯罪集团。易某锋作为诈骗犯罪集团的“老板”，组织、领导该集团实施跨国电信网络诈骗，纠集被告人连某仁加入该集团并逐步成为负责人，二人系诈骗集团的首要分子。被告人林某兴担任主管，负责管理组长，进行业务培训指导；被告人闫某、伏某杰、秦某、黄某权等人担任代理或组长，招募管理组员并督促、指导组员实施诈骗；被告人易某锋为实施诈骗提供技术支持。2018 年 8 月至 2019 年 12 月，该集团先后招募、拉拢多名中国公民频繁偷越国境，往返我国和缅甸之间，用网络社交软件海量添加好友后，通过“杀猪盘”诈骗手段诈骗 81 名被害人钱财共计 1820 余万元。

（二）裁判结果

本案由江西省抚州市中级人民法院一审，江西省高级人民法院二审。现已发生法律效力。

法院认为，以被告人易某锋、连某仁为首的犯罪集团以非法占有为目的，采取虚构事实、隐瞒真相的方法，骗取他人财物，数额特别巨大，其行为均已构成诈骗罪。易某锋、连某仁还多次组织他人偷越国境，并偷越国境，其行为又构成组织他人偷越国境罪、偷越国境罪。易某锋、连某仁系诈骗集团首要分子，按照集团所犯的全部罪行处罚。被告人林某兴、闫某、伏某杰、秦某、黄某权、易某锋等人是诈骗集团的骨干分子，系主犯，按照其所参与的或组织指挥的全部犯罪处罚。根据各被告人的犯罪事实、犯罪性质、情节和社会危害程度，以诈骗罪、组织他人偷越国境罪、偷越国境罪判处被告人易某锋无期徒刑，剥夺政治权利终身，并处没收个人全部财产。以诈骗罪、组织他人偷越国境罪、偷越国境罪判处被告人连某仁有期徒刑十六年，并处罚金人民币五十八万元；以诈骗罪、偷越国境罪等判处被告人林某兴等主犯十三年二个月至十年二个月不等有期徒刑，并处罚金。

（三）典型意义

以被告人易某锋、连某仁为首的电信网络诈骗犯罪集团，利用公司化运作模式实施诈骗，集团内部层级严密，分工明确，组织特征鲜明。该诈骗集团将作案窝点设在境外，从国内招募人员并组织偷越国境，对我境内居民大肆实施诈骗，被骗人数众多，涉案金额特别巨大。跨境电信网络诈骗犯罪集团社会危害性极大，系打击重

点，对集团首要分子和骨干成员必须依法从严惩处。人民法院对该诈骗集团首要分子易某锋、连某仁分别判处无期徒刑和有期徒刑十六年，对其余骨干成员均判处十年以上有期徒刑，充分体现了依法从严惩处的方针，最大限度彰显了刑罚的功效。

二、被告人罗某、郑某星等二十一人诈骗案

（一）基本案情

2018 年以来，黄某某组织数百人在柬埔寨、蒙古等国实施跨境电信网络诈骗犯罪并形成犯罪集团，该诈骗集团设立业务、技术、后勤、后台服务等多个部门。其中，业务部门负责寻找被害人，通过微信聊天等方式，诱骗被害人到虚假交易平台投资。后台服务部门接单后，通过制造行情下跌等方式骗取被害人钱款。该犯罪集团诈骗被害人钱财共计 6 亿余元。2019 年 3 月至 10 月，被告人罗某、王某菲等 19 人先后加入该集团的后台服务部门，罗某任后台服务部门负责人，负责全面工作；王某菲系后台服务部门的骨干成员，负责安排代理和接单人员对接等工作；其余被告人分别负责钱款统计、客服、接单等工作。罗某等人涉案诈骗金额 1.7 亿余元。被告人郑某星、郑某 2 人系地下钱庄人员，明知罗某等人实施诈骗，仍长期将银行卡提供给罗某等人使用，并对罗某等人诈骗钱款进行转移。

（二）裁判结果

本案由江苏省南通市通州区人民法院一审，江苏省南通市中级人民法院二审。现已发生法律效力。

法院认为，被告人罗某等人明知犯罪集团组织实施电信网络诈骗犯罪，仍积极参加，诈骗数额特别巨大，其行为均已构成诈骗罪。根据各被告人的犯罪事实、犯罪性质、情节和社会危害程度，以诈骗罪判处被告人罗某有期徒刑十五年，并处罚金人民币一百万元；以诈骗罪判处被告人王某菲、郑某星等人十二年至三年不等有期徒刑，并处罚金。

（三）典型意义

电信网络诈骗一般是长期设置窝点作案，有明确的组织、指挥者，骨干成员固定，结构严密，层级分明，各个环节分工明确，各司其职，衔接有序，多已形成犯罪集团，其中起组织、指挥作用的，依法认定为犯罪集团首要分子，其中起主要作用的骨干成员，包括各个环节的负责人，一般认定为主犯，按照其所参与或者组织、指挥的全部犯罪处罚。本案中，黄某某犯罪集团各部门之间分工明确，相互协作，共同完成电信网络诈骗犯罪，其中后台服务部门和地下钱庄均系犯罪链条上不可或缺的一环。人民法院对负责后台服务的负责人罗某、骨干成员王某菲、地下钱庄人员郑某星依法认定为主犯,均判处十年以上有期徒刑,体现了对电信网络犯罪集团首要分子和骨干成员依法严惩的方针。

三、被告人施某善等十二人诈骗案

(一)基本案情

2019 年 3 月至 5 月,被告人施某善指使并帮助被告人刘某等偷越国境到缅甸,搭建虚假期货投资平台,组建以被告人沈某等为组长、被告人余某等为组员的电信诈骗团队,通过建立股票交流微信群方式,将多名被害人拉入群内开设直播间讲解股票、期货投资课程,骗取被害人信任后,冒用广州金控网络科技有限公司名义,以投资期货为由,诱骗被害人向虚假交易平台汇入资金,后关闭平台转移资金。该团伙诈骗被害群众 29 人钱款共计 820 余万元。案发后,被告人施某善、刘某等的亲属代为退赔 76 万余元。

(二)裁判结果

本案由山东省济南市市中区人民法院一审。现已发生法律效力。

法院认为,被告人施某善、刘某纠集沈某等 10 人以非法占有为目的,采取虚构事实、隐瞒真相的方法,在境外通过网络手段向不特定多数人骗取财物,数额特别巨大,其行为均已构成诈骗罪。施某善、刘某在共同犯罪中系主犯。刘某具有自首情节并如实供述其所知晓的施某善控制的赃款下落,为公安机关提供了侦查线索,对刘某依法予以减轻处罚。施某善等人通过亲属或本人退缴部分或全部赃款,依法予以从轻处罚。根据各被告人的犯罪事实、犯罪性质、情节和社会危害程度,以诈骗罪判处被告人施某善有期徒刑十一年六个月,并处罚金人民币三十万元;以诈骗罪判处被告人刘某、沈某、余某等人九年六个月至三年不等有期徒刑,并处罚金。

(三)典型意义

本案被告人施某善、刘某组织人员前往境外实施电信网络诈骗犯罪,骗取境内被害群众钱款 800 余万元。人民法院准确认定案件事实,彻查涉案赃款流向,与公安、检察机关协调配合,及时查扣、冻结涉案赃款 463 万余元,并灵活运用刑罚调整功能,鼓励被告人退赃退赔。在审判阶段,被告人施某善、刘某等人的亲属代为退赔部分赃款,人民法院按照比例发还各被害人,不足部分责令本案主犯继续退赔,本案从犯在各自分得赃款范围内承担连带退赔责任。全案共计挽回财产损失 539 余万元,追赃挽损率较高。人民法院在依法审判案件的同时,坚持司法为民和全力追赃挽损,鼓励被告人积极退赃退赔,及时返还被害人,最大限度挽回被害群众的经济损失,取得了良好的法律效果和社会效果。

四、被告人吴某成等五人诈骗案

(一)基本案情

2020年10月,被告人吴某成为非法牟利,伙同吴某东在抖音上私信被害人,在得知被害人系未成年人后,假称被害人中奖并要求添加QQ好友领奖,之后向被害人发送虚假的中奖转账截图,让被害人误认为已转账。当被害人反馈未收到转账时,吴某成等便要求被害人使用家长的手机,按其要求输入代码才能收到转账,诱骗被害人向其提供的银行卡或支付宝、微信账户转账、发红包,骗取被害人钱财。被告人邱某友、李某华、吕某泽按照吴某成的安排,为吴某成提供银行卡、支付宝、微信账户,帮助收款、转款,并按照诈骗金额分成。2020年10月至2021年1月期间,吴某成等人共计骗取5名被害人(10周岁至11周岁之间)的钱财6万余元。

(二)裁判结果

本案由重庆市武隆区人民法院一审,重庆市第三中级人民法院二审。现已发生法律效力。

法院认为,被告人吴某成、吴某东以非法占有为目的,利用电信网络技术手段,虚构事实,骗取他人财物;被告人邱某友、李某华、吕某泽明知他人实施电信网络犯罪,帮助接收、转移诈骗犯罪所得,五被告人的行为均已构成诈骗罪。被告人吴某成在共同犯罪中系主犯。吴某成等人对未成年人实施诈骗,酌情从重处罚。根据各被告人的犯罪事实、犯罪性质、情节和社会危害程度,以诈骗罪判处被告人吴某成有期徒刑三年六个月,并处罚金人民币三万五千元;以诈骗罪判处被告人吴某东等人二年四个月有期徒刑至三个月拘役,并处罚金。

(三)典型意义

本案被告人吴某成等人利用未成年人涉世未深、社会经验欠缺、容易轻信对方、易受威胁等特点实施诈骗,严重侵害未成年人合法权益,犯罪情节恶劣。“两高一部”《关于办理电信网络诈骗等刑事案件适用法律若干问题的意见》规定,诈骗残疾人、老年人、未成年人、在校学生、丧失劳动能力人的财物,或者诈骗重病患者及其亲属财物的,酌情从重处罚。人民法院对吴某成依法从重处罚,充分体现了人民法院坚决保护未成年人合法权益,严厉惩处针对未成年人犯罪的鲜明立场。

五、被告人黄某等三人诈骗案

(一)基本案情

被告人黄某、刘某杰、许某在湖北省武汉市成立“武汉以沫电子商务有限公司”,招聘业务员从事诈骗犯罪活动。三人分工配合共同完成诈骗,并按诈骗金额比例提成,同时还发展“代理公司”,提供诈骗话术、培训诈骗方法、提供各种技术支持和资金结算服务,并从“代理公司”诈骗金额中提成。该公司由业务员冒充美女主播等身份,按照统一的诈骗话术在网络社交平台诱骗被害人交友聊天,谎称送礼物得知被害人收货地址后,制造虚假发货信息以诱骗被害人在黄某管理的微店购买商品回送业务员,微店收款后安排邮寄假名牌低价物品给被害人博取信任。之后,业务员再将被害人信息推送至刘某杰等人负责的直播平台,按诈骗话术以直播打赏 PK 为由,诱骗被害人在直播平台充值打赏。2020 年 4 月至 9 月,黄某和刘某杰诈骗涉案金额 365.2 万元,许某诈骗涉案金额 454.2 万元。审判阶段许某退缴赃款 8.1 万余元。

(二)裁判结果

本案由安徽省明光市人民法院一审。现已发生法律效力。

法院认为,被告人黄某、刘某杰、许某以非法占有为目的,伙同他人利用电信网络实施诈骗,数额特别巨大,其行为均已构成诈骗罪。在共同犯罪中,黄某、刘某杰、许某均系主犯。许某自愿认罪认罚,积极退缴赃款,依法予以从轻处罚。根据各被告人的犯罪事实、犯罪性质、情节和对社会的危害程度,以诈骗罪分别判处被告人黄某、刘某杰有期徒刑十二年,并处罚金人民币十八万元;以诈骗罪判处被告人许某有期徒刑十一年六个月,并处罚金人民币十五万元。

(三)典型意义

当前,电信网络诈骗的手法持续演变升级,犯罪分子紧跟社会热点,随时变化诈骗手法和“话术”,令人防不胜防。本案被告人将传统的结婚交友类“杀猪盘”诈骗,与当下流行的网络购物、物流递送、直播打赏等相结合,多环节包装实施连环诈骗,迷惑性很强。希望广大网友提高警惕,不要轻信网络社交软件结识的陌生人,保护好个人信息,保持清醒,明辨是非,谨防上当受骗。

六、被告人赵某云等九人诈骗案

(一)基本案情

2019 年 6 月至 10 月,被告人赵某云、杨某强等人出资组建诈骗团伙,先后招募郭某清、兰某峰担任团队组长,招募丁某某等多人为成员实施诈骗犯罪。该团伙通过社交软件聊天骗得被害人信任后,向被害人发送二维码链接,让被害人下载虚假投资软件,待被害人投资后,采取控制后台数据等方式让被害人“投资亏损”,以此实施诈骗。同年 9 月 5 日,丁某某得知被害人赵某某拟进一步投资 60 余万元后,在电话中向赵某某坦承犯罪,提醒其停止投资、向平台申请退款并向公安机关报案。

之后，丁某某自行脱离犯罪团伙。

(二)裁判结果

本案由江苏省南京市江宁区人民法院一审，南京市中级人民法院二审。现已发生法律效力。

一审法院认为，被告人赵某云、杨某强、丁某某等人以非法占有为目的，利用电信网络技术手段多次实施诈骗，数额特别巨大或巨大，其行为均已构成诈骗罪。在共同犯罪中，被告人赵某云、杨某强起主要作用，系主犯，应当按照其所参与或组织、指挥的全部犯罪处罚；被告人丁某某等人起次要作用，系从犯，依法可从轻或减轻处罚。以诈骗罪判处被告人赵某云、杨某强等人十年六个月至一年一个月不等有期徒刑，并处罚金；以诈骗罪判处被告人丁某某有期徒刑三年九个月，并处罚金。

宣判后，丁某某上诉提出，其主动提醒被害人并自行脱离犯罪团伙的行为构成自首、犯罪中止和立功，原审量刑过重，请求从轻处罚。

二审法院认为，根据相关法律规定，被告人丁某某预警行为不构成自首、犯罪中止和立功，但其预警行为客观上避免了被害人损失扩大，也使被害人得以挽回部分损失，对案件破获及经济挽损等方面起到积极作用，应得到法律的正面评价，结合丁某某大学刚毕业，加入诈骗团伙时间较短，自愿认罪并取得被害人谅解等情节，对丁某某依法予以减轻处罚并适用缓刑。据此，以诈骗罪改判丁某某有期徒刑二年六个月，缓刑三年，并处罚金人民币二万元。

(三)典型意义

电信网络诈骗犯罪的涉案人员在共同犯罪中的地位作用、行为的危害程度、主观恶性和人身危险性等方面有一定区别。人民法院对电信网络诈骗犯罪在坚持依法从严惩处的同时，也注重宽以济严，确保效果良好。本案被告人赵某云系从严惩处的对象，对诈骗团伙所犯全部罪行承担刑事责任。被告人丁某某刚刚进入社会，系初犯，参与犯罪时间较短，且在作案过程中主动向被害人坦承犯罪并示警，避免被害人损失进一步扩大，后主动脱离犯罪团伙，到案后真诚认罪悔罪，对于此类人员应坚持教育、感化、挽救方针，落实宽严相济刑事政策，用好认罪认罚从宽制度，彰显司法温度，进而增加社会和谐因素。

七、被告人邓某辉等六人诈骗、侵犯公民个人信息案

(一)基本案情

2018年5、6月份，被告人邓某辉、林某明共谋采用“猜猜我是谁”的方式骗取他人钱财。二人共同出资,邓某辉购买手机、电话卡等作案工具,纠集被告人陈某、张某坤等人,利用邓某辉购买的涉及姓名、电话、住址等内容的公民个人信息,拨打诈骗电话,让被害人猜测自己的身份,当被害人误以为系自己的某个熟人后,被告人即冒充该熟人身份,编造理由让被害人转账。2018 年 6 月至 8 月,邓某辉等人采用此种方式大量拨打诈骗电话,骗取被害人罗某某等五人共计 39.2 万元。案发后,从邓某辉处查获其购买的公民个人信息 39482 条。

(二)裁判结果

本案由四川省泸州市纳溪区人民法院一审,泸州市中级人民法院二审。现已发生法律效力。

法院认为,被告人邓某辉、林某明等人以非法占有为目的,虚构事实,隐瞒真相,采用冒充熟人拨打电话的手段骗取他人财物,其行为均已构成诈骗罪;被告人邓某辉非法获取公民个人信息,情节严重,其行为还构成侵犯公民个人信息罪,依法应当数罪并罚。在共同犯罪中,邓某辉、林某明等人均系主犯。根据各被告人的犯罪事实、犯罪性质、情节和社会危害程度,以诈骗罪、侵犯公民个人信息罪判处被告人邓某辉有期徒刑九年六个月,并处罚金人民币六万五千元;以诈骗罪判处被告人林某明等人七年至二年不等有期徒刑,并处罚金。

(三)典型意义

本案被告人借助非法获取的公民个人信息,拨打诈骗电话,通过准确说出被害人个人信息的骗术,骗得被害人信任,实施精准诈骗。侵犯公民个人信息系电信网络诈骗的上游关联犯罪,二者合流后,使得电信网络诈骗犯罪更易得逞,社会危害性更重。"两高一部"《关于办理电信网络诈骗等刑事案件适用法律若干问题的意见》规定,使用非法获取的公民个人信息,实施电信网络诈骗犯罪,构成数罪的,应依法数罪并罚。法院对被告人邓某辉以诈骗罪和侵犯公民个人信息罪予以并罚,是从严惩处、全面惩处电信网络诈骗犯罪及其关联犯罪的具体体现。

八、被告人陈某等五人侵犯公民个人信息案

(一)基本案情

被告人陈某任职的广东海越信息科技有限公司(以下简称"广东海越公司")与中国联合网络通信有限公司韶关分公司(以下简称"中国联通韶关分公司")签订服务协议,由广东海越公司负责中国联通韶关分公司的线上订单交付服务。2019 年 11 月至 2021 年 4 月期间,陈某利用担任广东海越公司电话卡配送员、配送组长、片区主管的职务便利,先后招揽被告人李某剑、左某、梁某俊、曾某明等人,在向手机卡用户交付手机卡过程中,未经用户同意,擅自获取用户的实名制手机号码和验证码,出售给他人用于注册微信、京东、抖音等账号,其中一张手机号码注册微信账号后被用于实施电信网络诈骗,骗取被害人廖某某 10 万元。被告人陈某等人涉案非法所得 20.1 万余元至 1.5 万余元不等。

(二)裁判结果

本案由广东省江门市新会区人民法院一审。现已发生法律效力。

法院认为,被告人陈某、梁某俊、曾某明、左某违反国家有关规定,向他人出售或者提供公民个人信息,情节特别严重,被告人李某剑违反国家有关规定,向他人出售或者提供公民个人信息,情节严重,其行为均已构成侵犯公民个人信息罪。被告人陈某等人将在提供服务过程中获取的公民个人信息出售和提供给他人,依法应当从重处罚。鉴于各被告人自愿认罪,积极退赃,依法可予以从轻处罚。根据各被告人的犯罪事实、犯罪性质、情节和社会危害程度,以侵犯公民个人信息罪分别判处被告人陈某、梁某俊、曾某明有期徒刑三年九个月,并处罚金;判处被告人左某有期徒刑三年,缓刑三年,并处罚金;判处被告人李某剑有期徒刑一年六个月,缓刑一年六个月,并处罚金。

(三)典型意义

被告人陈某等人作为通信企业从业人员,利用职务便利,未经用户同意,擅自获取用户的实名制手机号码和验证码,非法出售给他人用于注册微信、抖音等账号,牟取非法利益,且其中一套手机号码和验证码注册的微信被诈骗分子利用,导致被害人廖某某被骗走巨款。为加大对公民个人信息的保护力度,最高人民法院、最高人民检察院制定出台的《关于办理侵犯公民个人信息刑事案件适用法律问题的解释》,将在履行职责或者提供服务过程中获得的公民个人信息出售或者提供给他人的,入罪的数量、数额标准减半计算。依法对被告人陈某等行业"内鬼"从重处罚,充分体现了人民法院坚决保护公民个人信息安全的态度,也是对相关行业从业人员的警示教育。

九、被告人隆某柒帮助信息网络犯罪活动案

(一)基本案情

2021 年 4 月,被告人隆某柒通过微信与他人联系,明知对方系用于实施信息网络犯罪,仍商定以每张每月 100 元的价格将自己的银行卡出租给对方使用。之后,隆某柒将其办理的 9 张银行卡的账号、密码等信息提供给对方,其中 6 张银行卡被对方用于接收电信网络诈骗等犯罪资金,隆某柒获利共计 5000 余元。

（二）裁判结果

本案由重庆市丰都县人民法院一审。现已发生法律效力。

法院认为，被告人隆某柒明知他人利用信息网络实施犯罪，为他人提供帮助，其行为已构成帮助信息网络犯罪活动罪。隆某柒经公安人员电话通知到案，如实供述自己的罪行，构成自首，且自愿认罪认罚并积极退赃，依法予以从轻处罚。根据被告人的犯罪事实、犯罪性质、情节和社会危害程度，以帮助信息网络犯罪活动罪判处被告人隆某柒有期徒刑一年十个月，并处罚金人民币四千元。

（三）典型意义

非法交易银行卡、手机卡即"两卡"现象泛滥，大量"两卡"被用于犯罪，是电信网络诈骗犯罪持续高发多发的重要推手之一。加强对电信网络诈骗犯罪的源头治理，必须依法打击涉"两卡"犯罪。"两高一部"《关于办理电信网络诈骗等刑事案件适用法律若干问题的意见（二）》规定，为他人利用信息网络实施犯罪而收购、出售、出租信用卡（银行账户、非银行支付账户、具有支付结算功能的互联网账号密码、网络支付接口、网上银行数字证书）5 张（个）以上，或者手机卡（流量卡、物联网卡）20 张以上的，以帮助信息网络犯罪活动罪追究刑事责任。本案准确适用这一规定，对被告人隆某柒依法定罪处罚。本案警示大家，千万不要因贪图蝇头小利而触犯法律底线，以免给自己和家人造成无可挽回的后果。

十、被告人薛某帮助信息网络犯罪活动案

（一）基本案情

2020 年 9 月初，被告人薛某从淘宝上以 13000 元的价格购买了一套"多卡宝"设备，并通过其亲朋办理或购买电话卡 26 张。后薛某通过聊天软件联系他人租用"多卡宝"设备，并约定租金和支付渠道。2020 年 9 月 8 日至 11 日，薛某先后在湖北省襄阳市襄城区、樊城区等地架设"多卡宝"设备供他人拨打网络电话，非法获利 28310 元。不法分子利用薛某架设的"多卡宝"设备，实施电信网络诈骗犯罪 6 起，诈骗财物共计 16 万余元。

（二）裁判结果

本案由湖北省老河口市人民法院一审。现已发生法律效力。

法院认为，被告人薛某明知他人利用信息网络实施犯罪，为他人犯罪提供通讯传输等技术支持和帮助，情节严重，其行为已构成帮助信息网络犯罪活动罪。薛某到案后自愿认罪认罚，并退赔全部违法所得，依法予以从轻处罚。根据被告人的犯罪事实、犯罪性质、情节和社会危害程度，以帮助信息网络犯罪活动罪判处被告人薛某有期徒刑九个月,并处罚金人民币五千元。

（三）典型意义

由于电信网络诈骗犯罪的分工日益精细化,催生了大量为不法分子实施诈骗提供帮助并从中获利的黑灰产业,此类黑灰产业又反向作用,成为电信网络诈骗犯罪多发高发的重要推手。打击电信网络诈骗犯罪,必须依法惩处其上下游关联犯罪,斩断电信网络诈骗犯罪的帮助链条,铲除其赖以滋生的土壤,实现打击治理同步推进。"两高一部"《关于办理电信网络诈骗等刑事案件适用法律若干问题的意见》和《关于办理电信网络诈骗等刑事案件适用法律若干问题的意见(二)》对于惩处电信网络诈骗犯罪的关联犯罪作出了明确规定。本案中,被告人薛某为电信网络诈骗犯罪提供技术支持,对其以帮助信息网络犯罪活动罪定罪处罚,体现了人民法院全面惩处电信网络诈骗关联犯罪的立场。

最高人民法院发布6起人民法院重点打击六类养老诈骗犯罪典型案例[①]

（2022年8月24日发布）

编者按:党的十八大以来,以习近平同志为核心的党中央高度重视养老事业,对老年人特别关心爱护。经党中央批准,由平安建设协调小组牵头,在全国范围组织开展为期半年的打击整治养老诈骗专项行动。这次专项行动的打击范围是以"养老"为名、通过欺骗手段侵害老年人合法权益的各类犯罪,重点打击以提供"养老服务"、投资"养老项目"、销售"养老产品"、宣称"以房养老"、代办"养老保险"、开展"养老帮扶"等为名侵害老年人合法权益的六类犯罪。为依法有效推进打击整治养老诈骗专项行动,最高人民法院今天发布6件养老诈骗犯罪典型案例,进一步明确六类重点打击犯罪的表现形式,揭露养老诈骗"套路"手段及其危害,帮助老年人提高法治意识和识骗防骗能力,最大限度挤压"行骗空间"。这些案例充分体现了宽严相济的刑事政策,表明了人民法院依法从严惩处养老诈骗犯罪的态度和立场,展现了人民法院以实际行动维护老年人合法权益,促进老年事业产业健康发展,维护政治社会环境安全稳定的责任与担当。

---

① 参见《人民法院重点打击六类养老诈骗犯罪典型案例》,载中华人民共和国最高人民法院网2022年8月24日,https://www.court.gov.cn/zixun-xiangqing-369771.html。

目　　录

案例一

肖某俊、陈某集资诈骗案

——以提供“养老服务”为名实施非法集资犯罪

一、基本案情

被告人肖某俊，男，汉族，1981 年 11 月 1 日出生。

被告人陈某，男，汉族，1971 年 1 月 6 日出生。

2016 年 6 月，被告人肖某俊、陈某与蔡某（已判刑）共谋以开展养老服务之名实施非法集资，先后成立自贡益寿园养老服务有限公司、四川归然养老服务有限公司，并在自贡市、内江市、攀枝花市等地设立分公司或营业网点。三人明知公司无融资资质，“养老基地”不可能建成使用，仍安排融资团队以养老服务名义，采取打电话、发传单、推介会、口口相传等方式，辅以发礼品、参观“养老基地”等手段，在自贡市等地公开集资，承诺支付每月 1% –3% 的固定收益、享有养老基地优先居住权和折扣及期满后返还本金，与集资参与人签订《预存消费协议》《预存合同》等，收取预存消费款，共吸收 189 名老年人 562 万余元。融资团队从集资款中提成 45% –50%，其余除用于公司运转外，被肖某俊、陈某和蔡某等人分赃。

二、裁判结果

本案由四川省自贡市自流井区人民法院一审，四川省自贡市中级人民法院二审。

法院认为，被告人肖某俊、陈某伙同他人以非法占有为目的，以诈骗方法非法集资，数额特别巨大，其行为均已构成集资诈骗罪。肖某俊、陈某在共同犯罪中起主要作用，系主犯，应当按照其所参与的或者组织、指挥的全部犯罪处罚。二人归案后如实供述主要犯罪事实，依法可以从轻处罚。据此，以集资诈骗罪判处肖某俊有期徒刑十三年，并处罚金人民币二十万元；判处陈某有期徒刑十二年六个月，并处罚金人民币二十万元；责令肖某俊、陈某退赔集资参与人经济损失。

三、典型意义

本案是以提供“养老服务”为名侵害老年人合法权益的典型犯罪案件，该类犯罪主要表现为以预售养老床位、虚构养老服务项目等名义，通过办理会员卡、明显超过床位供给能力承诺服务、预交养老服务费用等手段，诈骗老年人钱财。被告人肖某俊、陈某利用老年人寻求养老保障的心理，承诺高息回报、享受床位优先居住权、入住打折等，诱骗老年人大额预存消费投资，实施非法集资。二被告人明知“养老基地”不可能建成使用，将集资款的45% -50%用于融资团队提成，并按比例分赃，集资款未用于投资建设“养老基地”，具有明显的非法占有目的。一、二审法院以集资诈骗罪对二被告人定罪处罚，于法有据。人民法院提示广大老年人选择具有正规资质的养老服务机构，发现犯罪分子以“养老服务”进行非法集资的，要不听、不信、不参与，并及时向有关部门提供线索。同时，相关部门要规范养老服务行业准入，加强行业监管，保障养老服务行业健康发展，为广大老年人安享幸福晚年营造良好环境。

案例二

鲁某非法吸收公众存款案

——以投资“养老项目”为名实施非法集资犯罪

一、基本案情

被告人鲁某，男，汉族，1993年1月13日出生。

2016年4月，被告人鲁某和鲁某明（另案处理）注册成立乐平市太阳山老年事业发展有限公司（以下简称“太阳山老年公司”），鲁某为法定代表人。2016年8月至2017年11月，鲁某未经有关部门批准，借用太阳山老年公司名义，通过发放宣传单、召开推介会等方式，公开宣传交费后可以享受老年公寓住房优惠，并承诺以高额福利消费卡、货币等方式返本付息，非法吸收51名老年人165万余元。所吸收资金被鲁某、鲁某明用于消费支出、提现支取或挪作他用。案发后，涉案公司账上余款、委托其他公司代管资金及老年公寓内物品折价转让费共56万余元退还集资参与人。

二、裁判结果

本案由江西省乐平市人民法院一审，江西省景德镇市中级人民法院二审。

法院认为，被告人鲁某违反国家金融管理法律规定，通过发宣传单、开推介会等途径公开宣传，并承诺在一定期限内还本付息，向社会不特定老年对象吸收资金，数额巨大，其行为已构成非法吸收公众存款罪。鲁某如实供述所犯罪行，愿意接受处罚，可以从轻处罚。案发后退缴了部分赃款，可作为量刑情节酌情考虑。据此，依法以非法吸收公众存款罪判处鲁某有期徒刑四年，并处罚金人民币五万元；继续追缴鲁某尚未足额退赔的违法所得，退赔各集资参与人。

三、典型意义

本案是以投资“养老项目”为名侵害老年人合法权益的典型犯罪案件，该类犯罪主要表现为以开办养老院、购买养老公寓、入股养生基地等为由，以售后定期返点、高额分红为诱饵，诱骗老年人参与投资。开办养老院、养老公寓等“养老项目”关系到老年人晚年幸福生活，国家出台政策予以扶持，但一些“养老项目”监管还存在滞后，犯罪分子打着投资养老公寓、入股养生基地等幌子，诱骗老年人投资，骗取老年人钱财。被告人鲁某以承诺高额福利消费卡、货币等返本付息为幌子，引诱老年人投资太阳山老年公司“养老公寓”项目，实施非法集资，最终造成51名老年人的“养老钱”遭受损失，部分老年人因基本生活无法得到保障而经常懊恼自责，诱发了各种疾病，身心健康受到极大摧残，破坏家庭和谐、社会稳定。人民法院针对发现的行业监管漏洞和风险隐患，向当地市场监督管理部门发送司法建议书，建议加强营业执照办理和企业日常经营活动监管，有力促进行业源头治理。人民法院提示老年人要谨慎投资高额返利项目，多与子女沟通商量，投资“养老项目”时要“三看一抵制”：一看“养老项目”是否有登记、备案，二看“养老项目”是否真实合法，三看“养老项目”收益是否符合市场规律；抵制高利诱惑，拒绝非法集资，捂紧“钱袋子”。

案例三

徐某等人诈骗案

——以销售“养老产品”为名实施诈骗犯罪

一、基本案情

被告人徐某，男，汉族，1981年10月21日出生。

被告人周某鹏，男，汉族，1988年5月8日出生。

（其他被告人身份情况略）

2018年初，被告人徐某、周某鹏与他人购买富乾汇文化传播有限公司，徐某、周某鹏安排沈某娟等14人，在公司销售所谓的纪念币（章）、玉石、书画作品等“藏品”，派发传单进行广告宣传，赠送小礼品等方式吸引不特定人到公司后，虚假宣传公司系国有企业授权销售方，谎称购买“藏品”可享有国家补贴，虚构“藏品”系限量供应、在市场上具有稀缺性、具有较高的价值及短期升值空间、“藏品”升值后由公司提供途径帮助销售实现盈利等事实，隐瞒纪念币（章）、玉石、书画作品等“藏品”实际价值及并无稀缺性的真相，欺骗被害人购买纪念币（章）、玉石、书画作品等“藏品”，向被害人开具虚假“收藏品全国统一专用收藏票”。截止案发，徐某等人骗取46名被害人（大部分为老年人）379万余元。

二、裁判结果

本案由江苏省常州市新北区人民法院一审，江苏省常州市中级人民法院二审。

法院认为，被告人徐某、周某鹏等人以非法占有为目的，通过虚构事实、隐瞒真相的手段，骗取他人财物，数额特别巨大，其行为均已构成诈骗罪。徐某、周某鹏在共同犯罪中起主要作用，系主犯，应当按照其所参与的全部犯罪处罚。周某鹏如实供述所犯罪行，可从轻处罚。据此，依法以诈骗罪判处徐某有期徒刑十二年，并处罚金人民币二十万元；判处周某鹏有期徒刑十年六个月，并处罚金人民币十五万元。（其他判项略）

三、典型意义

本案是以销售“养老产品”为名侵害老年人合法权益的典型犯罪案件，该类犯罪主要表现为通过提供免费或低价旅游观光、情感陪护、虚假宣传等手段，采取免费发放礼品、商品回购、寄存代售、消费返利、会议营销、养生讲座等方式，诱骗老年人购买价格虚高的保健品、食品、药品、医疗器械、收藏品或者假冒伪劣产品等。我国老龄人口规模不断增长，已步入中度老龄化社会，犯罪分子瞄准规模庞大的老年群体实施养老诈骗。被告人徐某等人谎称公司系国有企业授权销售方，获取老年人信任，抓住老年人识别鉴定能力较弱的特点，鼓吹收藏品增值空间大、投资利润丰厚，使老年人相信收藏品投资能够提供养老保障、消除养老后顾之忧，诱骗老年人高价购买廉价批发的收藏品，骗取钱财。人民法院提示老年人投资消费要冷静，绷紧防范意识这根弦，不轻信电话、网络、电视推销，认准正规的收藏投资渠道，特别是要谨防所谓“高额返利”“高价回购”等宣传，防止陷入骗子的套路，守护好自己的“养老钱”。

案例四

沈某平集资诈骗、顾某祥非法吸收公众存款案

——以宣称“以房养老”为名实施非法集资犯罪

一、基本案情

被告人沈某平,男,汉族,1967 年 3 月 9 日出生。

被告人顾某祥,男,汉族,1958 年 7 月 25 日出生。

2015 年 1 月至 2017 年 11 月,被告人沈某平先后成立、收购上海俐煜金融服务信息有限公司(以下简称“俐煜公司”)、上海灿宏融资租赁有限公司(以下简称“灿宏公司”),以投资经营德国米拉山奶粉、长青发公司等项目为幌子,以承诺高息回报为诱饵,通过借款方式向社会公众募集资金。2016 年下半年,沈某平推出“以房养老”项目,引诱投资客户将房产抵押给小额贷款公司获取抵押款,再将抵押款转投灿宏公司。被告人顾某祥为获取好处费,明知沈某平通过俐煜公司、灿宏公司向社会不特定公众吸收资金,而引诱并帮助老年客户将房产抵押给小额贷款公司获取抵押款,再将抵押款转借给沈某平。截止案发,沈某平共计吸收资金 2.98 亿余元,造成集资参与人经济损失 1.68 亿余元。顾某祥参与房产抵押 17 套,帮助沈某平吸收资金 5450 万元,未兑付总额 5006 万余元。顾某祥投案后家属退缴 2954 万余元。

二、裁判结果

被告人沈某平集资诈骗案由上海市第二中级人民法院一审,宣判后,在法定期限内没有上诉、抗诉,原判已发生法律效力。被告人顾某祥非法吸收公众存款案由上海市静安区人民法院一审,上海市第二中级人民法院二审。

法院认为,被告人沈某平与他人结伙以非法占有为目的,以诈骗方法非法集资,数额特别巨大,其行为已构成集资诈骗罪。被告人顾某祥违反国家金融管理法律规定,非法吸收公众存款,数额巨大,其行为已构成非法吸收公众存款罪。顾某祥在共同犯罪中起次要作用,系从犯,应从轻处罚。顾某祥虽自动投案,但未如实供述所犯罪行,不构成自首。顾某祥家属退出 2954 万余元,可对顾某祥从轻处罚。据此,依法以集资诈骗罪判处沈某平无期徒刑,剥夺政治权利终身,并处没收个人全部财产;违法所得予以追缴,不足部分责令继续退赔。以非法吸收公众存款罪判处顾某祥有期徒刑三年四个月,并处罚金人民币五万元;责令顾某祥退赔违法所得,连同已冻结的钱款,按比例发还各集资参与人。

三、典型意义

本案是以宣称“以房养老”为名侵害老年人合法权益的典型犯罪案件，该类犯罪主要表现为以“房本在家无用”“不耽误自住或出租”等类似话术为借口，诱骗老年人签订房产抵押担保的借贷合同或相关协议，将抵押房屋获得的资金购买其推介的所谓理财产品，借助诉讼、仲裁、公证等手段，非法占有老年人房屋。“以房养老”作为解决人口老龄化问题，缓解社会及家庭养老压力的可行方式，引起了社会广泛关注。然而，很多不法分子打着国家政策的旗号，营造“养老恐慌”，利用老年人金融防范意识较差的特点，恶意设套，借“以房养老”实施非法集资。被告人沈某平、顾某祥诱使老年人抵押房屋以获得资金，再购买所谓高收益理财产品，最终因理财公司资金链断裂，房屋被行使抵押权，老年人落得“钱房两空”。人民法院根据案件事实、情节以及二人在共同犯罪中的地位和作用，分别以集资诈骗罪、非法吸收公众存款罪对沈某平、顾某祥定罪处罚，充分体现了宽严相济的刑事政策，罚当其罪。人民法院提示老年人增强金融风险防范意识，投资理财时不要盲目被高收益诱惑，同时子女也要关心、照顾老人，国家、社会、家庭和个人联动起来，最大限度挤压犯罪分子“行骗空间”，让养老诈骗无处遁形，守护老年人幸福晚年。

案例五

李某雷诈骗案

——以代办“养老保险”为名实施诈骗犯罪

一、基本案情

被告人李某雷，男，汉族，1988 年 9 月 12 日出生。

被告人李某雷原系乡镇社保部门临时工作人员，后被开除。2018 年，李某雷结识王某（另案处理），王某得知李某雷曾在社保部门工作，提出帮忙办理城镇职工养老保险的请求。李某雷明知无能力帮助他人办理补交职工养老保险，仍谎称可通过挂靠企业的方式办理，并通过王某介绍，以帮助他人办理职工养老保险、可领取职工养老保险金等为名，先后骗取包括多名老年人在内的 8 名被害人 107 万余元，所骗钱款除极少数为被害人缴纳灵活就业保险以获取被害人信任外，其余均用于个人挥霍。案发后，王某退赔部分被害人经济损失。

二、裁判结果

本案由山东省青州市人民法院一审。宣判后，在法定期限内没有上诉、抗诉，原判已发生法律效力。

法院认为,被告人李某雷以非法占有为目的,采用虚构事实、隐瞒真相方法骗取他人财物,数额特别巨大,其行为已构成诈骗罪,应予惩处。李某雷如实供述主要犯罪事实,可从轻处罚;当庭认罪认罚,可从宽处罚。部分被害人损失已得到挽回,可酌情从轻处罚。据此,依法以诈骗罪判处李某雷有期徒刑十一年,并处罚金人民币十万元;责令李某雷继续退赔各被害人的经济损失。

三、典型意义

本案是以代办"养老保险"为名侵害老年人合法权益的典型犯罪案件,该类犯罪主要表现为谎称认识社保局等部门工作人员或者冒充银行、保险机构工作人员,可以代办"提前退休""养老保险"等,骗取老年人的保险费、材料费、好处费等。职工基本养老保险是符合我国国情,保障社会保险制度健康持续发展和实现"老有所养"的重要制度。一些犯罪分子利用老年人不了解相关政策规定,以有关系代办、违规办理"养老保险"为名,对老年人实施诈骗犯罪。本案中,被害人本应通过当地人社部门咨询了解相关办理城镇职工养老保险的政策条件,但其认为"找关系"更加顺利和省钱,将保险费交由被告人代办,最终导致钱款被骗、个人养老保险断缴的后果。人民法院在审理中发现,相关部门在养老保险政策宣传以及业务办理等方面存在薄弱环节,先后向当地相关部门发送司法建议,建议加大社会保障政策的宣传力度,加强和完善社会保险代缴业务管理。人民法院提示老年人在办理养老、医疗保险时,应通过相关部门、网站、社区、村委会等了解国家和当地政策规定,到相关部门按照程序依规办理,不要轻易相信他人能代办养老保险而把费用交给他人;明知不符合办理条件的不要企图通过"找关系""走后门"方式违规办理,不要轻信通过熟人可以省钱等谎言,避免让犯罪分子有机可乘。

案例六

李某涛诈骗案

——以开展"养老帮扶"为名实施诈骗犯罪

一、基本案情

被告人李某涛,男,汉族,1972年8月17日出生。

2017年2月底至10月,被告人李某涛以其担任法定代表人的北京天康通健心脑血管疾病研究所有限公司为依托,伙同杨某、贾某山、王某、张某、苏某荣等人(均另案处理)为实施诈骗组成较为固定的犯罪组织,在北京市石景山区、丰台区等地,引诱老年人参加“健康讲座、免费健康咨询”活动,谎称贾某山、张某、苏某荣为中国人民解放军总医院、空军总医院、北京医院、北京协和医院等知名医院的专家,骗取被害人信任,并以现场看病、开药的方式,将低价购进的保健品“百邦牌天元胶囊”“百邦牌银杏丹葛胶囊”当作特效药品高价销售给被害人。杨某、贾某山、王某等人通过上述方式,骗取翟宝才等 124 名被害人 93.74 万元。李某涛家属代为退缴 40 万元。

二、裁判结果

本案由北京市石景山区人民法院一审,北京市第一中级人民法院二审。

法院认为,被告人李某涛以非法占有为目的,伙同他人通过虚构事实、隐瞒真相的手段,骗取多名被害人财物,数额特别巨大,其行为已构成诈骗罪,应依法惩处。李某涛伙同杨某、贾某山、王某、张某等十余人,为实施犯罪而组成较为固定的犯罪组织,是犯罪集团。李某涛系组织、领导犯罪集团的首要分子,应按照集团所犯的全部罪行处罚。李某涛等人诈骗老年人的财物,酌情从重处罚;李某涛主动退缴部分赃款,可酌情从轻处罚。据此,依法以诈骗罪判处李某涛有期徒刑十二年,剥夺政治权利二年,并处罚金人民币十二万元;在案扣押的人民币四十万元,按比例分别发还各被害人;责令李某涛继续退赔各被害人经济损失。

三、典型意义

本案是以开展“养老帮扶”为名侵害老年人合法权益的典型犯罪案件,该类犯罪主要表现为假借义务诊疗、心理关爱、直播陪护、慈善捐助、志愿服务、组织文化活动等形式获得老年人的信任,对老年人实施诈骗。被告人李某涛等人为实施犯罪专门成立公司,在互联网低价购进保健品,招募大量业务员,以免费医疗咨询、义务诊疗等噱头拉拢老年人参加讲座,冒充知名三甲医院的名医在讲座中为老年人“号脉”“看病”等,将通过拉家常、聊天方式提前了解的老年人身体状况及病情记录,伪装成通过“号脉”得知,获取老年人信任后夸大病情、虚构保健品为特效药品,高价出售给老年人,骗取老年人钱款。该犯罪集团流窜作案,犯罪时间长、手段隐蔽,社会危害巨大,部分老年人因听信所谓名医建议中断原本服用的正常药物,延误正常治疗,造成严重后果。李某涛系犯罪集团首要分子,该犯罪集团针对老年人实施犯罪,人民法院按照犯罪集团所犯全部罪行对李某涛从重处罚,充分体现了从严惩处养老诈骗犯罪的精神。人民法院提示老年人就医需到正规医院,切莫病急乱投医,不要轻信所谓免费讲座、免费诊疗,更不要高价购买非正规药品、保健品,避免上当受骗。

最高人民法院发布互联网10大典型案例①

（2021年5月31日发布）

一、陈某等侵犯著作权罪案［（2019）沪03刑初127号，上海市第三中级人民法院］

【基本案情】

2017年7月至2019年3月，陈某受境外人员“野草”委托，招募林某、赖某、严某、杨某明、黄某胜、吴某峰、伍某兴等人，组建“鸡组工作室”QQ聊天群，通过远程登录境外服务器，从其他网站下载后转化格式，或者通过云盘分享等方式获取《流浪地球》等2019年春节档电影在内的影视作品2425部，再将远程服务器上的片源上传至云转码服务器进行切片、转码、添加赌博网站广告及水印、生成链接，后将上述链接发布至多个盗版影视资源网站，为“野草”更新维护上述盗版影视资源网站。期间，陈某收到“野草”提供的运营费用共计1250余万元，陈某个人获利约50万元，林某、赖某、严某、杨某明、黄某胜、吴某峰、伍某兴等人获利1.8万元至16.6万元不等。人民法院依法判处陈某等八人有期徒刑，并处罚金，追缴违法所得。

【典型意义】

本案是境内外人员分工合作，以境外服务器为工具，专门针对热门影视作品，通过互联网实施跨境侵犯著作权罪的典型案例。人民法院在判决中对“信息网络传播行为”、海量侵权案件中“未经著作权人许可”做出了准确认定，对八名被告人均判处实刑并处追缴违法所得，特别是处以财产刑，彰显了我国严厉制裁涉网侵犯知识产权犯罪、严格保护知识产权的坚定决心。

【专家点评】

当下，借助网络的空间跨越性，犯罪分子大量采取境内外人员合作、行为分配或设施的远程控制等方式实施犯罪，隐蔽性加大，给查处、打击此类犯罪带来一定困难。本案就属于境内外人员分工合作，以境外服务器为工具，专门针对热门影视作品，通过互联网实施跨境侵犯著作权罪的典型案例，犯罪行为复杂，社会危害性大。刑法修正案（十一）生效之前，刑法第二百一十七条规定，以营利为目的，未经

① 参见《最高人民法院发布互联网十大典型案例（附全文）》，载微信公众号“最高人民法院”2021年5月31日，https://mp.weixin.qq.com/s/3AJxIkttvCrwXUyiz73juw。

著作权人许可,复制发行其电影、电视等作品,违法所得数额较大或者有其他严重情节的,构成侵犯著作权罪。最高人民法院、最高人民检察院《关于办理侵犯知识产权刑事案件具体应用法律若干问题的解释》第十一条第三款规定,通过信息网络向公众传播他人电影、电视等作品的行为,应当视为刑法第二百一十七条规定的"复制发行"。而刑法修正案(十一)则明确将"通过信息网络向公众传播"作为本罪行为之一,这对该行为的刑事违法性进行了强调,对打击犯罪具有重要的意义。

(林维 中国社会科学院大学副校长,教授,博士生导师)

二、杭州华泰一媒文化传媒有限公司诉深圳市道同科技发展有限公司侵害作品信息网络传播权案[(2018)浙0192民初81号,杭州互联网法院]

【基本案情】

华泰公司主张道同公司未经其许可在道同公司运营的"第一女性时尚网"中发表华泰公司享有著作权的作品,侵害了华泰公司享有的信息网络传播权。华泰公司通过第三方存证平台对侵权事实予以取证,并将相关数据计算成哈希值上传至比特币区块链和 Factom 区块链中形成区块证据链存证,以此向法院请求判令道同公司承担侵权责任。人民法院经审理认为,根据电子证据审查标准,数秦公司作为独立于当事人的民事主体,其运营的保全网是符合法律规定的第三方存证平台,保全网通过可信度较高的谷歌开源程序进行固定侵权作品等电子数据,且该技术手段对目标网页进行抓取而形成的网页截图、源码信息、调用日志能相互印证,可清晰反映数据的来源、生成及传递路径,应当认定由此生成的电子数据具有可靠性。同时,保全网采用符合相关标准的区块链技术对上述电子数据进行了存证固定,确保了电子数据的完整性。故确认上述电子数据可以作为认定侵权的依据,认定道同公司侵害了华泰公司享有的信息网络传播权,判令道同公司赔偿华泰公司经济损失4000元。

【典型意义】

互联网时代下,电子证据大量涌现,以区块链为代表的新兴信息技术,为电子证据的取证存证带来了全新的变革,同时也亟待明确电子证据效力认定规则。本案系全国首次对区块链电子存证的法律效力进行认定的案件,为该种新型电子证据的认定提供了审查思路,明确了认定区块链存证效力的相关规则,有助于推动区块链技术与司法深度融合,对完善信息化时代下的网络诉讼规则、促进区块链技术发展具有重要意义。

【专家点评】

信息网络技术发展对著作权保护产生了深远影响。为应对频发的著作权侵权行为,电子证据应运而生。“技术问题需要通过技术手段解决”,区块链技术作为一种去中心化的数据库,采用该技术等手段能够进行存证固定,为认定著作权侵权事实提供有效证据。为此,需要确立相关电子证据的存证取证规则,明确相关电子证据的认定效力。

作为全国首例区块链技术电子存证著作权侵权案,本案判决通过审查存证平台的资格、侵权网页取证技术手段可信度和区块链电子证据保存的完整性,明确了区块链这一新型电子证据的认定效力,并根据电子签名法的规定总结了这类电子证据认定效力的基本规则。人民法院明确利用区块链技术手段存证固定,应重点审核电子数据来源和内容的完整性、技术手段的安全性、方法的可靠性、证据形成的合法性和相关证据的关联性,并根据电子数据的相关法律规定综合判断其证据效力。在信息网络技术迅猛发展环境下,对人民法院如何运用新型电子证据认定侵权事实,如何完善我国电子证据认定规则,如何促进智慧法院建设与区块链技术发展,本案判决都具有重要示范意义。

(冯晓青　中国政法大学教授、博士生导师,中国知识产权法学研究会副会长)

三、咪咕数字传媒有限公司与济南众佳知识产权代理有限公司侵害作品信息网络传播权纠纷案[(2018)鲁民终1607号,山东省高级人民法院]

【基本案情】

咪咕公司未经权利人授权,在其经营网站咪咕阅读上有偿向公众提供作品的在线阅读服务,侵害了权利人对其作品享有的信息网络传播权。众佳公司通过联合信任时间戳服务中心的互联网电子数据系统,对上述事实进行了电子数据固定。人民法院认为,涉案网络页面截图、屏幕录像文件以及相关时间戳认定证书等证据可形成证据链,在没有相反证据的情况下,众佳公司以时间戳服务系统固定的涉案网络页面的真实性可以确认。咪咕公司未经权利人许可,以商业经营为目的,通过互联网向公众提供涉案图书,使公众可以在其个人选定的时间和地点获取涉案作品,侵害了众佳公司所享有的信息网络传播权,判决咪咕公司承担赔偿众佳公司经济损失及合理支出的法律责任。

【典型意义】

本案详细论证了电子数据取证系统按照统一规范固定的证据,具有事后可追溯性等应予以采信的理由,是丰富权利人取证手段、降低权利人取证难度、减少维权成本的典型案件。

【专家点评】

随着互联网技术的发展，证据越来越多以电子数据的形式出现。涉互联网的电子数据，具有数量多、变化快、易篡改等特点，传统地公证取证方式，由于公证人员数量相对有限、工作时间相对固定和取证成本相对较高等因素的限制，难以充分满足电子数据取证的要求。

随着区块链等技术的发展，用可信时间戳等第三方电子证据服务平台的服务对互联网中电子数据进行取证成为一种选择。如无相反证据，对按照可信时间戳规范操作流程固定的电子数据真实性可以确认。同时，充分运用民事诉讼证据规则，合理地分配举证责任，有效地查明案件事实。

本案判决肯定了符合民事诉讼取证要求的第三方电子证据服务平台取证的证据效力，不仅丰富了权利人取证手段，而且通过合理地分配举证责任，切实降低了权利人举证负担，为司法实践中举证难问题的解决提供了新技术的可行路径。该案的裁判，既体现了司法在面对新科技发展成果时的审慎态度，又体现了司法的包容性和发展性。

（邓宏光　西南政法大学教授）

四、常某韬诉许某、第三人马某刚网络服务合同纠纷案[（2019）京 0491 民初 2547 号，北京互联网法院]

【基本案情】

2017 年 9 月 11 日，许某通过其微信向常某韬寻求“暗刷的流量资源”。经过沟通，双方于 2017 年 9 月 15 日就“暗刷需求”达成一致：以单价 0.9 元每千次 UV 每周结算；按许某指定的第三方后台 CNZZ 统计数据结算。常某韬于 2017 年 9 月 15 日开始为许某提供网络暗刷服务。2017 年 9 月 20 日，许某通过微信转账给常某韬结算了 229 元服务费。2017 年 10 月 9 日，双方将单价调整为 1.1 元每千次 UV。后常某韬催促许某结算付款，许某于 2017 年 10 月 23 日微信回复称“财务去弄发票了，今天能结。”但到 2017 年 11 月 3 日，许某却意图单方面变更双方商定的以“第三方后台 CNZZ 数据为结算依据”，而强行要求以其甲方提供的数据为结算依据，只同意付款 16293 元。常某韬起诉要求许某支付服务费 30743 元及利息。人民法院经审理认为，双方“暗刷流量”的行为，侵害了不特定市场竞争者和广大不特定网络用户的利益，最终损害了社会公共利益，认定双方订立的“暗刷流量”合同无效，判决驳回常某韬的诉讼请求。

【典型意义】

本案是全国首例涉及"暗刷流量"交易的案件。网络产品的真实流量能够反映网络产品的受欢迎度及质量优劣程度,流量成为网络用户选择网络产品的重要因素。本案从产业层面上揭示了互联网经济的流量属性和"暗刷流量"的危害性,并在判决中明确,以"暗刷流量"交易为目的订立的合同,违背公序良俗、损害社会公共利益,应属无效;双方当事人不得基于"暗刷流量"合同获利;法院对交易双方在合同履行过程中的获利,应予收缴。该判决对"暗刷流量"的否定评价,对于构建网络诚信秩序、净化网络道德环境、提高网络治理能力具有重要意义。

【专家点评】

"流量"在网络时代已经成为一种"财富"。凭借客户的好评,电商的销量可以大幅度提高;凭借海量"粉丝",可以获得丰厚的广告收益。于是,就有了以提供"暗刷流量",并根据 PV 值、UV 值、IP 值明码标价不法之业。本案就是一起因"暗刷流量"合同而引起的纠纷。原告以其已按约定完成暗刷,而被告不按约定支付费用为由提起违约之诉。

众所周知,暗刷流量的结果并不反映网站的实际流量。靠暗刷制造的高流量显属虚夸网站业绩,其目的大多是为了是欺骗、误导消费者,诱骗网民与其交易。最常见的情形是以虚假交易量吸引消费者、编造用户好评价误导公众。这种行为不仅直接损害消费者利益,而且也损害了其他合法经营商家的利益。任何人不得因损害公共利益而获利,为此而订立的合同依照法律当属无效。法律不能保护这种非法行为所生之利。故原告的请求不能支持。与此同时,被告因原告行为所获利益也不应给予保护。

(郭禾　中国人民大学教授,知识产权学院副院长)

五、俞某华诉广州华多网络科技有限公司网络服务合同纠纷案[(2019)粤0192民初70号,广州互联网法院]

【基本案情】

俞某华是华多公司运营的 YY 直播平台的实名认证消费者。2017 年 4 月 6 日上午 10 点,俞某华账号显示在异地被登录并被盗刷了价值 1180 元的红钻券。账户被盗后,俞某华立即联系华多公司客服要求提供盗刷者的账户信息及采取相关冻结措施,华多公司仅要求其向公安机关报案,未应允其要求。俞某华主张 YY 软件的安全性存在问题,华多公司没有履行妥善保管义务且未及时协助追回被盗的网络虚拟财产,故请求法院判令华多公司赔偿其 1180000 红钻券折合人民币 1180 元等。人民法院经审理认为,俞某华在上述虚拟财产被盗前,密码比较简单,且未能充分选用华多公司提供的更高等级的安全保障方案,其未能妥善地保管账号、密码并采取充分措施防止财产被盗,对上述被盗结果应负主要责任;华多公司向用户提供的防盗措施特别是默认状态下的防盗措施不够周密,且在俞某华通知其客服人员财产被盗后,未能提供或保存被盗财产的流向等信息,造成损失难以被追回,在技术和服务上存在一定疏漏,对俞某华的损失负有次要的责任,故判令华多公司向俞某华赔偿被盗虚拟财产价值的40%即472元,驳回俞某华的其他诉讼请求。

【典型意义】

本案对网络环境下,如何合理分配用户与网络服务提供者对争议事实的举证责任进行详细论述,并结合网络服务合同中双方的权利义务内容,确立了用户和网络服务提供者均应负有网络虚拟财产安全保护义务的规则,提出双方应当根据在履约过程中的过错程度,衡量双方过错对损害后果的原因力大小,合理分配责任比例的处理原则。本案判决为妥善调处网络虚拟财产相关纠纷、确立网络平台责任规则、完善网络侵权责任制度提供了范例,有利于提高对网络虚拟财产的保护水平,亦有助于加强用户和网络服务提供者的安全意识和责任意识,促进互联网经济的健康发展。

【专家点评】

网络用户在网络空间中形成的账号、积分、虚拟装备等均具有一定的经济价值,随着网络技术的发展与移动终端的普及,网络虚拟财产被盗案件也时有发生。《民法典》第127条规定:“法律对数据、网络虚拟财产的保护有规定的,依照其规定。”最高人民法院《关于为新时代加快完善社会主义市场经济体制提供司法服务和保障的意见》中也强调:“加强对数字货币、网络虚拟财产、数据等新型权益的保护。”

在俞某华诉广州华多网络案中,法院虽没有对网络虚拟财产属性、交易规则等具有争议性的问题进行直接回答,但根据网络用户与网络服务提供者之间的合同界定了双方的权利义务。网络虚拟财产必须依托于特定的网络平台,而网络平台背后必然有相应的运营者,由此网络用户与网络平台间就存在合同关系。在发生网络虚拟财产被盗的情况下,法院只需根据合同约定的权利义务便可界定双方的责任。在针对网络虚拟财产规则缺失的背景下,个案中探索可行的保护方式则更具示范效应,这也是俞某华诉广州华多网络案的典型意义之所在。

(来小鹏　中国政法大学民商经济法学院教授)

六、酒泉九眼泉食品有限责任公司与酒泉市瀚森瑞达商贸有限责任公司商业诋毁纠纷案[(2019)甘民终591号,甘肃省高级人民法院]

【基本案情】

九眼泉公司系“杏香源”杏皮茶生产经销商并于2017年12月14日取得“杏香源”商标。2018年6月,该公司发现瀚森瑞达公司法定代表人在其微信朋友圈发送“郑重声明”载明:“经由老味道饮料厂生产的杏香园牌杏皮茶现有非常严重的产品质量问题,我厂要求市场全部撤回,请各店方务必重视,立即联系配货人员无条件将产品如数退回,如无视此声明出现的任何相关问题,均由店方全部承担,本厂概不负责。同时我厂老味道牌杏皮茶、独壹品牌杏皮茶无问题正常使用。”该声明经在微信朋友圈传播对九眼泉公司的商誉造成不良影响。九眼泉公司遂向工商部门举报,甘肃省酒泉市肃州区工商局依法作出对瀚森瑞达公司罚款1万元的处罚决定。后九眼泉公司以诋毁商誉为由提起诉讼,要求瀚森瑞达公司停止侵害、消除影响并赔偿损失。人民法院经审理认为,瀚森瑞达公司在明知九眼泉公司经营“杏香源”牌杏皮水且自身对“杏香园”三字不享有知识产权权利的情形下,无任何事实依据,自行编造“郑重声明”在其微信朋友圈发布。该声明中的“杏香园”牌杏皮茶与九眼泉公司享有商标专用权的“杏香源”注册商标仅一字之差,且读音一致,形成高度近似,足以造成公众误解,其行为破坏了公平竞争的市场经营秩序,构成对九眼泉公司商誉的诋毁,判决瀚森瑞达公司在原微信朋友圈范围内消除影响并赔偿九眼泉公司经济损失。

【典型意义】

商誉是经营者在市场经营活动中对其产品或服务的市场推广、技术研发以及广告宣传等领域经过长期努力建立起来的企业形象和市场评价,是企业赖以生存的无形资产。随着移动互联网和电子商务的迅猛发展,微信朋友圈逐渐改变了社交平台和交易方式,但其并非法外之地。通过微信朋友圈等互联网平台捏造、散布虚假的、易于引起公众误解的信息,损害竞争对手商业信誉和商品声誉,足以使相关公众产生误导性的恶劣影响,构成商业诋毁类不正当竞争行为。法院判令翰森瑞达公司在原微信朋友圈刊登声明消除影响,丰富了消除影响责任适用的具体方式。

【专家点评】

移动互联网带来了一场社会交往和信息传播的空间革命,将社交媒介高度压缩在了智能手机屏幕的方寸之地。这让敏锐的商家看到了前所有未的契机,也让别有用心者将社交媒体平台作为了打击竞争对手的手段。本案被告正是利用微信朋友圈的发布和转发功能,以“自黑”的方式(声称并不存在的自家品牌存在“非常严重的产品质量问题”),借助“谐音梗”(两种品牌读音完全相同),对竞争对手的商品和商誉加以诋毁。本案判决针对这一现实问题,从规则和救济两个方面做出了法律回应,充分把握了移动互联网时代的传播特点,对于在互联网视野下保护企业商誉具有积极的规制和示范作用。本案一方面对通过微信朋友圈等社交媒体平台发布蓄意捏造并易于引起公众误解的不实信息的非法行为明确了禁止规则;另一方面,也有效利用了社交媒体平台的信息传播优势,判令被告在原朋友圈发布声明、以正视听,在司法救济上也是一种有益的制度探索。

(凌斌　北京大学法学院教授,博士生导师)

七、明河社出版有限公司、完美世界(北京)软件有限公司与北京火谷网络科技股份有限公司、昆仑乐享网络技术有限公司、昆仑万维科技股份有限公司侵害改编权及不正当竞争纠纷案[(2018)京民终 226 号,北京市高级人民法院]

【基本案情】

自 2002 年起,明河社是《金庸作品集》(包括《射雕英雄传》《神雕侠侣》《倚天屠龙记》《笑傲江湖》在内的十二部作品)在中国境内除以图书形式出版发行简体字中文版本以外的其他专有使用权的权利人。2013 年,在征得明河社同意后,查良镛将上述授权内容中的部分权利内容即特定区域、特定期间内的移动终端游戏软件改编权及改编后游戏软件的商业开发权独家授权完美世界公司。火谷网于 2013 年 4 月 30 日开发完成涉案武侠 Q 传游戏。同年 5 月 28 日,火谷网与昆仑乐享公司签订独家授权协议,授权昆仑乐享公司在包括中国大陆在内的多个国家和地区独家运营该游戏。昆仑万维公司通过其网站进行涉案游戏的运营,并通过该网站提供涉案游戏软件的安卓及苹果系统客户端的下载。2014 年 3 月,明河社及完美世界公司的代理人向公证机构申请对涉案游戏的界面进行了公证取证。涉案游戏共有人物卡牌、武功卡牌、配饰卡牌和阵法卡牌等四类卡牌,通过具体比对,涉案游戏在人物描述、武功描述、配饰描述、阵法描述、关卡设定等多个方面与涉案武侠小说中的相应内容存在对应关系或相似性。火谷网亦认可开发涉案游戏时借鉴和参考了涉案作品的相关元素。二审判决认定涉案游戏侵犯了涉案作品的改编权,判决火谷网、昆仑乐享公司、昆仑万维公司赔偿损失 1600 万元。

【典型意义】

本案是一起涉及如何认定网络游戏与文字作品间使用关系的典型案例。判决进一步明确了改编权的保护范围,为知名文学作品的市场开发和游戏产业的规范运营提供了指引,对类似案件的审理具有借鉴指导意义。判决判令火谷网、昆仑乐享公司、昆仑万维公司赔偿明河社损失1600万元,充分反映了知识产权的市场价值,切实保障了权利人获得足额赔偿,体现了加大知识产权保护力度的司法导向。本案入选“2019年度中国法院10大知识产权案件”。

【专家点评】

近年来,随着影视和游戏产业的发展,优秀原创作品的商业价值日益凸显,将优秀文学作品改编为网络游戏和影视作品,已经成为影视游戏产业的常见运营模式,本案即是一起擅自将他人武侠小说改编为网络游戏的典型案例。

涉案游戏对原告作品的使用方式,不同于通常的抄袭剽窃,被告在改编时并未完整使用涉案作品的故事情节,仅使用了涉案作品中的主要人物角色、人物关系、人物特征、武功招式以及武器、阵法、场景等创作要素。被告的行为是否构成侵害作者的改编权是本案的争议核心。二审法院采用“整体比对法”,并未先行剔除属于公有领域的部分或不受著作权法保护的成分,也未对单部武侠小说中被利用的内容进行量化计算,而是在引导当事人充分举证、阐述的基础上,根据高度盖然性证明标准和证据优势原则对实质性相似内容作出归纳和认定,在该事实基础上,对相似性内容是否属于受著作权法保护的独创性表达和被告涉案使用行为的属性进行分析,并在进行价值判断和利益衡量后,得出了被告的涉案游戏构成侵犯涉案武侠小说改编权的结论。

根据我国现行国著作权法的规定,改编权,是指改变作品,创作出具有独创性的新作品的权利。该权利是著作权法赋予作者以创造性方式利用其作品的权利。在作品的利用方式更趋多元化网络环境下,对于改编权的保护力度将在很大程度上决定著作权的保护强度和作品的商业利用价值。基于上述分析,本案判决对于利用他人作品元素改编行为的著作权法律适用逻辑进行了层次分明的论述,厘清了侵害改编权与侵害复制权和合理使用及借鉴行为的边界,同时区分了著作权法与反不正当竞争法的适用规则,对于类似案件的审理具有指导意义,也为利用他人的文学作品从事商业开发和游戏产业的规范运营提供了规则指引。

(孙国瑞　北京航空航天大学法学院教授,北京知识产权研究会会长)

八、天津市嘉瑞宝金属制品有限公司诉徐某珍、邓某辉、赵某全、天津多维斯地毯有限公司、天津欧豪雅地毯有限公司、第三人浙江天猫网络有限公司不正当竞争纠纷案[(2019)津0116民初5880号,天津市滨海新区人民法院]

【基本案情】

嘉瑞宝公司于2016年12月9日在淘宝天猫平台开设了“嘉瑞宝旗舰店”的店

铺,赵某全、多维斯公司、欧豪雅公司也分别在淘宝天猫平台开设店铺,以上四个店铺均从事地毯销售,且线下经营地点位于同一地区。自2019年6月起,赵某全借用徐某珍的身份证,分别利用赵某全、多维斯公司以及欧豪雅公司的淘宝店铺销售地毯的订单记录以及该三家店铺出具的包含虚假内容的《声明函》,并伪造了签有徐某珍名字的授权委托书等材料,由多维斯公司法定代表人赵伟良委托熟悉淘宝网络业务的邓某辉,通过使用前述资料办理了涉案三幅地毯图形的版权登记手续,以著作权侵权为由在阿里巴巴知识产权保护平台向"嘉瑞宝旗舰店"的三款热销商品先后发起五次投诉,导致部分商品链接被删除。嘉瑞宝公司提起不正当竞争诉讼。人民法院经审理认为,赵某全、多维斯公司共谋,恶意利用阿里巴巴知识产权保护平台规则进行投诉致嘉瑞宝公司商品链接被删除的行为,构成对嘉瑞宝公司的不正当竞争,判决赵某全、多维斯公司、欧豪雅公司、邓某辉赔偿嘉瑞宝公司经济损失共计35万元。

【典型意义】

通知删除规则是解决权利人、网络服务提供者、网络用户间侵权争议的重要法律规则。本案系电子商务经营者虚构事实骗取作品登记,向网络服务平台发出恶意通知,致使同业竞争者利益被损害而构成不正当竞争的典型案例。本案对引导权利人正确行使通知删除权利,遏制恶意投诉行为,维护诚实信用、公平规范的网络秩序具有重要的示范意义。

【专家点评】

"通知－删除规则"被认为是推动各国平台经济发展最为重要的一条法律规则,为平台经济打造了一个"安全港"。我国信息网络传播权保护条例、侵权责任法先后确立了该规则,效果明显。与此同时,实践中恶意利用"通知－删除规则"打压竞争对手、谋取不当利益的行为也时有发生,扰乱了正常的经济秩序。不少情况下,规则的适用面临一定的不确定性,合法与违法的边界不好划分。为此,《电子商务法》《民法典》对该规则进行了进一步的完善,明确通知与反通知的程序、平台审查义务与程度、线上线下救济机制衔接以及恶意通知的法律责任追究等,以规范不同主体的行为,实现权利义务的平衡。本案典型性强,事实层面涉及恶意通知的判断以及不同主体法律责任的划分,链条梳理完整;法律层面涉及反不正当竞争、电子商务、版权保护等不同法律的适用,推理非常细致。本案判决对于全面、准确理解与适用"通知－删除规则",明确法律边界,规范竞争行为,推动数字经济发展,都具有重要的意义。

（周汉华　中国社会科学院法学研究所研究员）

九、深圳市腾讯计算机系统有限公司、腾讯科技(深圳)有限公司诉数推(重庆)网络科技有限公司、谭某不正当竞争纠纷案[(2019)渝05民初3618号,重庆市第五中级人民法院]

【基本案情】

数推公司为自然人独资有限公司,谭某系数推公司执行董事兼总经理,是该公司的唯一股东。数推公司、谭某自2017年12月至2019年7月分别开设了www.qiehy.com“企鹅代商网”、www.b22.qiehy.com“金招代刷网”等6个网站接受客户订单,并将订单转让或转托他人,借助网络营销平台,利用网络技术手段,针对腾讯计算机公司、腾讯科技公司网站和产品服务,对内容信息的点击量、浏览量、阅读量进行虚假提高,并予以宣传,获取订单与转托刷量之间的差价。人民法院经审理认为,数推公司、谭某有偿提供虚假刷量服务行为构成不正当竞争,判决数推公司与谭某连带赔偿经济损失及为制止侵权支付的合理费用共计120万元。

【典型意义】

近年来,网络违法犯罪行为逐渐演化出内容秩序威胁型、数据流量威胁型、技术威胁型和暗网等常见的黑灰产业。这些行为不仅增加了网络安全防护运营成本,扰乱市场竞争秩序,还严重侵害公民的合法权益。本案分析了互联网经营者有偿提供虚假刷量服务的行为特征,明确了其违反诚实信用原则和商业道德规范,损害合法经营者、用户和消费者的权益,扰乱正常竞争秩序,其行为具有不正当性,应纳入反不正当竞争法予以规制。本案是对反不正当竞争法第十二条规定的“其他”不正当竞争行为的重要补充,为审理涉及互联网黑灰产业的类似案件提供了裁判指引。本案入选“2020年中国法院50件典型知识产权案例”。

【专家点评】

反不正当竞争法第二条规定:“经营者在生产经营活动中违反该法规定,扰乱市场竞争秩序,损害其他经营者或者消费者的合法权益的行为,构成不正当竞争行为。”为进一步规范利用网络从事生产经营活动,该法第十二条定义了利用网络进行不正当竞争的行为,即经营者利用技术手段,通过影响用户选择或者其他方式,实施妨碍、破坏其他经营者合法提供的网络产品或者服务正常运行的行为。此外,为了避免对网络不正当竞争行为的类型化不足,第十二条在列举了三项具体行为类型后,第四项还专门规定了兜底款项:“其他妨碍、破坏其他经营者合法提供的网络产品或者服务正常运行的行为。”本案中,数推公司、谭某有偿提供虚假刷量服务的行为构成不正当竞争,落入这一“其他”兜底款项所规制的不正当竞争行为。

判断网络经营者的行为是否落入“其他”兜底款项,可以从“行为”和“市场”两个角度展开分析,可称之为“行为和市场”二元分析框架。从“市场”角度,需要界定相关市场,对经营者之间是否存在竞争关系进行分析。如果两个经营者之间不在同一或者相关市场,不存在竞争关系,即使某一经营者存在利用技术手段破坏另一经营者合法提供网络产品或者服务的行为,那也不属于不正当竞争行为——当然,这一行为可能涉嫌侵权,行为人要承担相应的侵权责任。对“行为”的分析,要看经营者是否利用了技术手段,实施了妨碍或者破坏其他经营者合法提供的网络产品或者服务,导致其他经营者或者消费者的合法利益受损的行为。本案判决,丰富了反不正当竞争法第十二条第二款第(四)项内容,符合立法本意。

(易继明　北京大学法学院教授、北京大学国际知识产权研究中心主任)

十、腾讯科技(深圳)有限公司、深圳市腾讯计算机系统有限公司诉深圳微源码软件开发有限公司、商圈(深圳)联合发展有限公司等不正当竞争纠纷案[(2019)粤民终2093号,广东省高级人民法院]

【基本案情】

腾讯科技公司是“微信”软件著作权人,与腾讯系统公司共同提供“微信”即时通信服务。微源码公司、商圈公司等开发、运营“数据精灵”软件,使用该软件并配合提供的特定微信版软件,在手机终端上增加正版微信软件原本没有的“定点暴力加粉”等十三项特殊功能。腾讯科技公司、腾讯系统公司起诉请求判令微源码公司、商圈公司停止不正当竞争行为;赔偿经济损失人民币500万元以及维权合理支出人民币10万元。

人民法院经审理认为,“数据精灵”软件强行改变并增加功能,其高频次、大范围、自动发送、与不特定用户人群交互信息的功能特征,除了破坏微信的社交生态环境外,还会引发服务器过载、信息内容不安全等风险,对信息系统和数据安全产生不良影响,属于不正当竞争行为,判决微源码公司、商圈公司停止侵害、连带赔偿损失500万元。

【典型意义】

反不正当竞争法第十二条中“其他”不正当竞争行为的认定,是审判中的热点和难点。本案被诉行为系利用网络和技术手段,使安装运行“数据精灵”软件的微信用户,可通过“植入”功能频繁、大量地向不特定用户发送或交互信息,而其他微信用户对于受到的影响,无法自动屏蔽或难以避免。上述网络干扰行为不仅损害了其他经营者的竞争利益,并且对网络秩序和公众的生活秩序造成影响,损害广大消费者的利益,属于反不正当竞争法第十二条规定的"其他妨碍、破坏其他经营者合法提供的网络产品或者服务正常运行的行为"。本案对互联网专条"兜底条款"的适用进行了积极的探索,体现了人民法院净化市场竞争环境、保护消费者合法权益的坚定决心。

【专家点评】

用户安装插件改变计算机程序的原有功能从而影响程序经营者的利益,是引发不正当竞争诉讼的典型事由。在这类案件中,经营者在授权用户使用自己的软件程序时,通常会通过许可协议或技术措施限制用户安装第三方插件。有时候,此类许可协议或技术措施的限制可能过度损害用户权益,从而违反消费者保护法、知识产权法或合同法,无法得到法律保护。在此基础上,第三方提供插件,帮助用户修改并完善软件功能,未必构成不正当竞争,甚至还应得到鼓励。但在另外一些时候,这些协议或技术措施限制可能有助于保护程序经营者、用户自身或他人合法权益,提升用户共同体的体验,维持正常的社会秩序,因此是合理和正当的。这时,第三方提供软件插件,帮助用户突破这一限制,则可能构成不正当竞争。

本案属于典型的软件插件类争议类型。微源码公司的"数据精灵"程序插件使微信用户获得微信程序原本并不具备的应用功能,比如定点暴力加粉、公众号图文回复、关键词回复、一键点赞和评论等十三项特殊功能。人民法院认为,被告的插件虽帮助其用户获得更多功能,但是会损害其他用户的体验和对微信程序功能的信任,甚至会损害系统安全。人民法院最终认定,被告提供此类插件的行为构成不正当竞争。

本案判决的法律意义在于,为判断软件插件是否构成不正当竞争行为提供了相对清晰和完整的分析框架。即在个案中,人民法院应综合四个方面因素来判断:(1)双方是否存在竞争关系;(2)被告行为是否妨碍、破坏了其他经营者合法提供的网络产品或者服务正常运行;(3)被告是否扰乱了市场竞争秩序,损害其他经营者或者消费者的合法权益;(4)被告是否有违自愿、平等、公平、诚信原则以及商业道德。这一分析框架能够为未来人民法院处理类似案件提供明确的指引。

最高人民法院发布10起电信网络诈骗犯罪典型案例①

（2019年11月19日发布）

目　录

一、陈某辉等7人诈骗、侵犯公民个人信息案

（一）基本案情

2015年11月至2016年8月，被告人陈某辉、黄某春、陈某生、郑某锋、熊某、郑某聪、陈某地等人交叉结伙，通过网络购买学生信息和公民购房信息，分别在江西省九江市、新余市、广西壮族自治区钦州市、海南省海口市等地租赁房屋作为诈骗场所，分别冒充教育局、财政局、房产局的工作人员，以发放贫困学生助学金、购房补贴为名，将高考学生为主要诈骗对象，拨打诈骗电话2.3万余次，骗取他人钱款共计56万余元，并造成被害人徐某玉死亡。

（二）裁判结果

本案由山东省临沂市中级人民法院一审，山东省高级人民法院二审。现已发生法律效力。

法院认为，被告人陈某辉等人以非法占有为目的，结成电信诈骗犯罪团伙，冒

① 参见《电信网络诈骗犯罪典型案例》，载中华人民共和国最高人民法院网2019年11月19日，https://www.court.gov.cn/zixun-xiangqing-200671.html。

充国家机关工作人员,虚构事实,拨打电话骗取他人钱款,其行为均构成诈骗罪。陈某辉还以非法方法获取公民个人信息,其行为又构成侵犯公民个人信息罪。陈某辉在江西省九江市、新余市的诈骗犯罪中起组织、指挥作用,系主犯。陈某辉冒充国家机关工作人员,骗取在校学生钱款,并造成被害人徐某玉死亡,酌情从重处罚。据此,以诈骗罪、侵犯公民个人信息罪判处被告人陈某辉无期徒刑,剥夺政治权利终身,并处没收个人全部财产;以诈骗罪判处被告人郑某锋、黄某春等人十五年至三年不等有期徒刑。

(三)典型意义

电信网络诈骗类案件近年高发、多发,严重侵害人民群众的财产安全和合法权益,破坏社会诚信,影响社会的和谐稳定。山东高考考生徐某玉因家中筹措的9 000余元学费被诈骗,悲愤之下引发猝死,舆论反应强烈,对电信网络诈骗犯罪案件的打击问题再次引发了社会的广泛关注。为加大打击惩处力度,2016 年 12 月,"两高一部"共同制定出台了《关于办理电信网络诈骗等刑事案件适用法律若干问题的意见》,明确对诈骗造成被害人自杀、死亡或者精神失常等严重后果的,冒充司法机关等国家机关工作人员实施诈骗的,组织、指挥电信网络诈骗犯罪团伙的,诈骗在校学生财物的,要酌情从重处罚。本案是适用《意见》审理的第一例大要案,在罪责刑相适应原则的前提下,对被告人陈某辉顶格判处,充分体现了对电信网络诈骗犯罪分子依法从严惩处的精神。

二、杜某禹侵犯公民个人信息案

(一)基本案情

被告人杜某禹通过植入木马程序的方式,非法侵入山东省 2016 年普通高等学校招生考试信息平台网站,取得该网站管理权,非法获取 2016 年山东省高考考生个人信息 64 万余条,并向另案被告人陈某辉出售上述信息 10 万余条,非法获利14 100 元,陈某辉利用从杜某禹处购得的上述信息,组织多人实施电信诈骗犯罪,拨打诈骗电话共计 1 万余次,骗取他人钱款 20 余万元,并造成高考考生徐某玉死亡。

(二)裁判结果

本案由山东省临沂市罗庄区人民法院一审,当庭宣判后,被告人杜某禹表示服判不上诉。现已发生法律效力。

法院认为,被告人杜某禹违反国家有关规定,非法获取公民个人信息 64 万余条,出售公民个人信息 10 万余条,其行为已构成侵犯公民个人信息罪。被告人杜某禹作为从事信息技术的专业人员,应当知道维护信息网络安全和保护公民个人信息的重要性,但却利用技术专长,非法侵入高等学校招生考试信息平台的网站,窃取考生个人信息并出卖牟利,严重危害网络安全,对他人的人身财产安全造成重大隐患。据此,以侵犯公民个人信息罪判处被告人杜某禹有期徒刑六年,并处罚金人民币六万元。

(三)典型意义

侵犯公民个人信息犯罪被称为网络犯罪的“百罪之源”,由此滋生了电信网络诈骗、敲诈勒索、绑架等一系列犯罪,社会危害十分严重,确有打击必要。本案系被害人徐某玉被诈骗案的关联案件,被告人杜某禹窃取并出售公民个人信息的行为,给另案被告人陈某辉精准实施诈骗犯罪得以骗取他人钱财提供了便利条件,杜某禹应当对其出售公民个人信息行为所造成的恶劣社会影响承担相应的责任。法院在审理过程中适用“两高”《关于办理侵犯公民个人信息刑事案件适用法律若干问题的解释》相关规定,案件宣判后,被告人认罪服判未上诉,取得了良好的法律效果和社会效果。

三、陈某慧等7人诈骗案

(一)基本案情

被告人陈某慧纠集范某杰、高某忠、叶某锋、熊某江等人结成诈骗团伙,群发“奔跑吧兄弟”等虚假中奖信息,诱骗收到信息者登录“钓鱼网站”填写个人信息认领奖品,后以兑奖需要交纳保证金、公证费、税款等为由,骗取被害人财物,再通过冒充律师、法院工作人员以被害人未按要求交纳保证金或领取奖品构成违约为由,恐吓要求被害人交纳手续费,2016年6月至8月间,共骗取被害人蔡某妍等63人共计681 310元,骗取其他被害人财物共计359 812.21元。蔡某妍得知受骗后,于2016年8月29日跳海自杀。陈某慧还通过冒充“爸爸去哪儿”等综艺节目发送虚假中奖诈骗信息共计73万余条。

(二)裁判结果

本案由广东省揭阳市中级人民法院一审,广东省高级人民法院二审。现已发生法律效力。

法院认为,被告人陈某慧等人以非法占有为目的,结成电信诈骗犯罪团伙,采用虚构事实的方法,通过利用“钓鱼网站”链接、发送诈骗信息、拨打诈骗电话等手段针对不特定多数人实施诈骗,其行为均已构成诈骗罪。陈某慧纠集其他同案人参与作案,在共同诈骗犯罪中起主要作用,系主犯,又有多个酌情从重处罚情节。据此,以诈骗罪判处被告人陈某慧无期徒刑,剥夺政治权利终身,并处没收个人全部财产;以诈骗罪判处被告人范某杰等人十五年至十一年不等有期徒刑。

(三)典型意义

本案作为高考学生被骗后猝死、自杀等重大案件之一,经媒体报导后,舆论高度关注,法院审理过程中适用“两高一部”《关于办理电信网络诈骗等刑事案件适用法律若干问题的意见》规定,以陈某慧组织、指挥电信诈骗团伙,有利用“钓鱼网站”链接、冒充司法机关工作人员、诈骗未成年人、在校学生、造成一名被害人自杀等多个从重处罚情节,在陈某慧实施诈骗既有既遂又有未遂,且达到同一量刑幅度的情况下,以诈骗罪既遂处罚,充分体现了对此类犯罪从严惩处的精神。

四、李某权等 69 人诈骗案

(一)基本案情

被告人李某权曾从事传销活动,掌握了传销组织的运作模式,在该模式下建立起 140 余人的诈骗犯罪集团。李某权作为诈骗犯罪集团的总经理,全面负责掌握犯罪集团的活动,任命被告人吴某琼、吴某飞、闫某霞、闫某飞、骆某、胡某安等人为主要管理人员,设立诈骗窝点并安排主要管理人员对各个窝点进行监控和管理,安排专人传授犯罪方法,收取诈骗所得资金,分配犯罪所得。该犯罪集团采用总经理－经理－主任－业务主管－业务员的层级传销组织管理模式,对新加入成员要求每人按照 2900 元一单的数额缴纳入门费,按照一定的比例数额层层返利,向组织交单作为成员晋升的业绩标准,层层返利作为对各层级的回报和利益刺激,不断诱骗他人加入该诈骗集团。2016 年 1 月至 2016 年 12 月 15 日期间,该犯罪集团在宁夏回族自治区固原市设立十个诈骗窝点,由多名下线诈骗人员从“有缘网”“百合网”等婚恋交友网站上获取全国各地被害人信息,利用手机微信、QQ 等实时通讯工具将被害人加为好友,再冒充单身女性以找对象、交朋友为名取得被害人信任,能骗来加入组织的加入组织,不能骗来的向其索要路费、电话费、疾病救治费等费用,对不特定的被害人实施诈骗活动,诈骗犯罪活动涉及全国 31 个省市自治区,诈骗非法所得 920 余万元。

(二)裁判结果

本案由宁夏回族自治区固原市原州区人民法院一审,固原市中级人民法院二审。现已发生法律效力。

法院认为,以被告人李某权为首的 69 名被告人以非法占有为目的,采取虚构事实和隐瞒真相的方式,骗取他人财物,其行为均已构成诈骗罪。本案属于三人以上共同实施犯罪组织的较为固定的犯罪组织,系犯罪集团。李某权对整个犯罪集团起组织、领导作用,是犯罪集团的首要分子,按照集团所犯的全部罪行处罚。被告人吴某琼、骆某、闫某飞、闫某霞、吴某飞、胡某安等协助首要分子对整个犯罪集团进行组织、领导、策划,是犯罪集团的骨干分子,系主犯,按照其所参与的或组织指挥的全部犯罪处罚。其他一般犯罪成员按照其在犯罪集团中所起的作用及其个人诈骗数额予以量刑。据此,以诈骗罪判处被告人李某权有期徒刑十四年,并处罚金人民币十万元;以诈骗罪判处被告人吴某琼等人十二年至一年三个月不等有期徒刑。

(三)典型意义

本案以被告人李某权为首的69人犯罪集团利用传销模式发展诈骗成员,计酬返利,不断发展壮大,集团内部层级严密,分工明确,组织特征鲜明。该诈骗集团的犯罪手段新颖,利用社会闲散青年创业找工作的想法,以偏远经济欠发达地区作为犯罪场所,在全国范围内不断诱骗他人加入诈骗集团,利用手机微信、QQ等互联网软件,冒充单身女性,以索要交通费、疾病救治费等为名通过网络诈骗不特定被害人钱财,遍及全国31个省市自治区,造成了恶劣的社会影响。人民法院在审理过程中,对案件的事实、证据、适用法律、定罪、量刑等方面进行全面审查,最终对各被告人判处相应的刑罚,有力打击了猖獗的电信网络诈骗犯罪,维护了社会秩序,挽回了人民群众财产损失。

五、陈某等9人诈骗案

(一)基本案情

被告人陈某伙同被告人张振、姚登峰等人于2012年9月在湖北省武汉市成立了“武汉康伴益生科技有限公司”和“武汉益生康伴商贸有限公司”。陈某等人以合法公司为掩护,在武汉市江岸区和江汉区分别设立两个窝点,组织朱某娇、夏某禄、刘某等一百余名团伙成员实施电信诈骗。该团伙购买电脑、电话、手机等工具后,为每名团伙成员注册微信,统一使用伪造的“马天长”“吕柳荫”等人的图片为微信头像和以“秦小姐的补肾方”“马氏中医补肾方”“吕柳荫膏滋团队”等为微信昵称,专门针对患有各种男女生理疾病或脱发人群为目标,在网络、微信公众号等载体上发布治疗男女生理疾病或治疗脱发的广告,诈骗被害人浏览广告并填写联系电话或添加微信号,之后由团伙成员假扮名医或医疗机构专业人员的亲属、学生,根据“话术剧本”,使用电话或微信对被害人进行“问诊”,向被害人介绍产品,让被害人发送舌苔照和手指甲照片,再以客服名义对被害人进行“问诊”,以“指导老师”“健康顾问"名义与被害人沟通，取得信任后诱骗被害人购买不具有药品功效的保健品或食品。自2016年6月16日至11月1日期间，陈某、姚登峰、张振组织该团伙成员共计诈骗被害人8945人，诈骗钱款1000余万元。

（二）裁判结果

本案由内蒙古自治区达拉特旗人民法院一审，鄂尔多斯市中级人民法院二审。现已发生法律效力。

法院认为，被告人陈某等人以非法占有为目的，通过虚构事实、隐瞒真相的方式，利用电信网络技术手段，骗取他人财物，数额特别巨大，其行为均已构成诈骗罪。其中，被告人陈某系共同犯罪中的主犯，应按照其组织的全部犯罪处罚。据此，以诈骗罪判处被告人陈某有期徒刑十三年，并处罚金人民币四十万元；以诈骗罪判处被告人姚登峰等人十二年至三年不等有期徒刑。

（三）典型意义

当前，一些诈骗分子利用广大群众特别是一些患有特殊疾病或者中老年群众关注自身身体健康的心理，专门针对这些群体，推销所谓的"药品"或者是不具有药品功效的保健品、食品，骗取巨额款项，社会影响极为恶劣。本案以被告人陈某为首的诈骗集团成立公司为掩护，专门以各种男女生理疾病人群为目标，通过在网络、微信等载体发布虚假广告，假扮名医利用电话或微信"问诊"，采用扩大病情、发送"成功案例"等手段实施诈骗，受害人遍布全国多地，涉案金额高达1000余万元，系特大电信诈骗案件，与本案关联的其他7起窝案、串案经依法审理，85名涉案被告人均以诈骗罪定罪处罚。

六、黄某良等9人诈骗案

（一）基本案情

被告人黄某良、吴某金、廖某冬、龙某腾、梁某卫等人谎称一批"海外要员""海外老人"要回国，每人都有一笔巨额款项要带回大陆发放给老百姓，联系指使童某侠（另案处理，已判刑）、被告人韩某军等人从事"民族资产解冻大业"，并向童、韩二人发送"国际梅协民族资产解冻委员会""中华人民共和国委员会馈赠资金发放证明书""馈赠资金各类收取费用通知""国家外汇管理局中国银行总行证明"等文件，任命童某侠、韩某军二人为"国际梅协民族资产解冻委员会"总指挥、副总指挥，以有巨额民族资产需要解冻为由，指使童某侠、韩某军吸收会员收取会员费。自2015年12月至2016年5月，童某侠、韩某军向全国各地人员收取会费并许诺发放巨额"民族资产解冻善款"，共向全国数十个省份近百万人次收取会费6 300余万元，二人将 2 800 余万元转账汇入黄某良、吴某金、龙某腾等人指定的银行账户。

(二)裁判结果

本案由内蒙古自治区鄂尔多斯市中级人民法院一审,内蒙古自治区高级人民法院二审。现已发生法律效力。

法院认为,被告人黄某良等人以非法占有为目的,虚构民族资产解冻可获得巨额回报的事实,骗取他人财物,数额特别巨大,其行为均已构成诈骗罪。其中,被告人黄某良指使龙某腾、梁某卫等人冒充其助理给童某侠、韩某军打电话,并多次使用或指使他人使用涉案银行卡在 POS 机上刷卡套现,系共同犯罪中的主犯。据此,以诈骗罪判处被告人黄某良、吴某金、廖某冬无期徒刑,剥夺政治权利终身,并处没收个人全部财产;以诈骗罪判处被告人龙某腾等人十五年至四年不等有期徒刑。

(三)典型意义

“民族资产解冻”类诈骗犯罪早已有之,随着打击力度的加大,此类犯罪的发案率已经大幅下降甚至在一些地方已经销声匿迹,但近年来随着信息技术的发展,此类犯罪又借助现代通信和金融工具进行传播,逐渐演变成集返利、传销、诈骗为一体的混合型犯罪,极具诱惑性和欺骗性。犯罪分子往往抓住被害人以小博大、以小钱换大钱的心理,唆使被害人加入由被告人虚构的所谓“民族大业”“民族资产解冻”项目或“精准扶贫”等其他假借国家大政方针和社会热点的虚假项目,允诺被害人可以小投入获得大回报,积极组织和发展会员,以办证费、手续费、保证金等名目骗取他人财物。此类诈骗犯罪迷惑性强、传播速度快,往往在短时间内就能造成众多人员受骗,且涉案金额巨大,严重侵害人民群众财产安全,严重损害政府公信力,严重危害社会安定。被告人黄某良等人作为幕后的策划者、组织者和操纵者,指挥、指使童某侠、韩某军以代理人身份骗取他人巨额财物并从中获取了巨额钱财,系民族资产解冻类犯罪链条的最顶端,也是打击的重点,人民法院对黄某良等人依法判处重刑,可谓罚当其罪。

七、童某侠等 7 人诈骗案

(一)基本案情

被告人童某侠(女)以前曾参与过号称“民族大业”的活动,随着类似活动的演变,从 2015 年 12 月开始,有所谓的“海外老人”“海外要员”与童某侠联系,声称海外有三千多亿人民币要发放给老百姓,但不愿意通过政府,想邀请童某侠具体实施。童某侠表示同意后,对方发给童某侠“大陆民族资产解冻委员会总指挥”的任命书。为获取群众信任,童某侠等人在微信群内散发大量伪造的“任命书”“委托书”“中央军库派令”“梅花令”等身份证明及文件，伪造国务院、财政部、国家扶贫开发领导小组文件，以受中央领导和军委指示及国务院的指派来解冻民族资产为由，对外宣称只要民众交纳报名费、办证费、会员费加入“中华民族大业”组织后，就可以获得等次不同的扶贫款和奖励等高额回报。在童某侠的领导下，被告人郜玉、张志峰等人先后加入“民族大业”组织，积极从事“解冻民族资产”活动。童某侠所领导的整个组织实行层级负责制，管理层下设省、市团队负责人，每个团队下设若干大组长，大组长下设小组长，小组长之下就是会员。该组织运行方式为：“海外老人”们的助理将包含“民族资产解冻”内容的宣传资料发送到童某侠邮箱，管理层人员把项目内容加工整理后以童某侠名义在手机微信群里发布，要求会员按项目内容交纳几十元、几百元不等的办证费，称在短时间内可获得几十万、几百万不等的高额回报。该组织还以到人民大会堂开会为由收取统一服装费，以公证、转账手续费、保证金等理由收取费用。会员所交的费用由各省市负责人汇总后转款到童某侠的银行卡上，童某侠再把款项转到相应项目的“海外老人”助理的银行卡上，“海外老人”及其助理使用POS机套现后将资金隐匿。童某侠所发展的“民族大业”组织遍布全国十多个省市，共骗取他人财物合计9 500余万元，其中4 800余万元转入“海外老人”助理的银行账户。

（二）裁判结果

本案由湖南省桑植县人民法院一审，张家界市中级人民法院二审。现已发生法律效力。

法院认为，被告人童某侠等人以非法占有为目的，利用“民族资产解冻”的幌子，虚构事实骗取他人财物，诈骗金额特别巨大，其行为均已构成诈骗罪。童某侠利用虚假的任命身份等文件，以“民族资产解冻”的名义开展各种以小博大的收费活动，在被群众揭穿及公安机关介入后，又编造谎言继续实施欺骗行为，且系犯罪组织的领导者，纠集、支配其他组织成员。据此，以诈骗罪判处被告人童某侠有期徒刑十三年，剥夺政治权利三年，并处罚金人民币二十万元；以诈骗罪判处被告人张志峰等人六年至三年不等有期徒刑。

（三）典型意义

本案系被告人黄某良等人诈骗案的关联案件，被告人童某侠系受民族资产解冻类犯罪代理人，即受幕后组织操纵者黄某良等人的指使，负责推广虚假项目，发展、管理会员，收取钱财的管理人员。各级代理人对幕后组织操纵者言听计从，建微信群、拉人头，大肆发展下线，收取各种名目的费用，沦为诈骗犯罪分子的工具。部分代理人甚至在识破幕后操纵者的骗局后,自行巧立名目,捏造各种虚假项目继续实施诈骗。代理人的存在,对于“民族资产解冻”类诈骗犯罪能够在短时间内迅速层层发展下线,呈裂变式传播,不断扩大涉案被害人规模起到巨大作用,危害后果十分严重,是司法机关依法从严打击的对象。

八、朱某等人诈骗案

(一)基本案情

2013 年 5 月,被告人朱某出资组建榆林农惠现货交易平台,纠集和聘用被告人艾某、陈某、姚某林加入,与代理商勾结,先以可提供所谓的内幕交易信息为由,诱骗客户进入电子商务平台进行交易,后通过指令操盘手,采用抛单卖出或用虚拟资金购进产品的手段,控制产品大盘行情向客户期望走势相反的方向发展,通过虚假的产品行情变化,达到使被诱骗加入平台交易的客户亏损的目的。朱某等人有时也刻意在客户小额投资后,促其盈利,以骗其投入大额资金,牟取大额客损。2013 年 9 月至 2014 年 2 月期间,朱某、艾某、陈某、姚某林通过上述以虚拟资金操控交易平台的手段,共骗取客户资金 215 余万元。按照事先与代理商约定的比例计算,朱某、艾某、陈某、姚某林从中获得诈骗资金约 75 万元。

(二)裁判结果

本案由湖南省南县人民法院一审,益阳市中级人民法院二审。现已发生法律效力。

法院认为,被告人朱某以非法占有为目的,纠集和聘用被告人艾某、陈某、姚某林,利用电子商务平台,操纵农产品行情诱骗客户交易,从客损中获利,数额特别巨大,其行为均已构成诈骗罪。在共同犯罪中,朱某纠集人员参与犯罪,发起、组织和统筹运作交易活动,艾某通过给操盘手下达指令控制平台虚拟行情走势,实施欺诈行为,均系主犯。据此,以诈骗罪判处被告人朱某有期徒刑十四年,以诈骗罪判处被告人艾某、陈某、姚某林十一年至四年不等有期徒刑,并处十万元至六万元不等罚金。

(三)典型意义

电信网络诈骗案件的犯罪手法隐蔽性强,花样翻新快。本案中,被告人先成立网上交易平台,利用业务员及代理商吸收客户,以提供虚假内幕交易信息为由,骗取客户进入平台交易,当客户高价买入相关农产品后,再指令操盘手运作人为造成跌势,迫使客户低价卖出,以牟取大额客损。此种新型网络诈骗犯罪手段更加隐蔽,迷惑性强,容易使人上当受骗。虽然被告人是借助电子商务平台进行交易,但其行为本质仍在于虚构事实、隐瞒真相，以达到非法占有他人财物的目的，其行为完全符合诈骗罪特征，本案定罪准确。

九、邵某雄诈骗案

（一）基本案情

2014年底，被告人邵某雄受他人纠集，明知是通过电信诈骗活动收取的赃款，仍然从银行取出汇入上线指定的银行账户，并从中收取取款金额的10%作为报酬。之后，邵某雄发展张阳作为下线，向张阳提供了数套银行卡，承诺支付取款金额的5%作为报酬，同时要求张阳继续发展多名下线参与取款。通过上述方式，邵某雄逐步形成了相对固定的上下线关系。自2014年12月至2015年7月，被告人邵某雄参与作案38起，涉案金额48.44万元。2016年2月，邵某雄到公安机关投案。

（二）裁判结果

本案由湖南省津市市人民法院一审，被告人邵某雄服判未上诉。现已发生法律效力。

法院认为，被告人邵某雄以非法占有为目的，伙同他人利用电信网络采取虚构事实的方法，骗取他人财物，数额巨大，其行为已构成诈骗罪。本案系通过拨打电话、发短信对不特定的人进行诈骗，且系多次诈骗，酌情对被告人邵某雄从重处罚。本案系共同犯罪，在犯罪过程中，邵某雄仅参与了转移诈骗赃款的过程，起辅助作用，系从犯，可从轻处罚。且邵某雄有自首情节，可依法从轻处罚。据此，以诈骗罪判处被告人邵某雄有期徒刑五年三个月，并处罚金人民币五万元。

（三）典型意义

围绕电信网络诈骗犯罪，诱发、滋生了大量上下游关联违法犯罪，这些关联犯罪为诈骗犯罪提供各种“服务”和“支持”，形成以诈骗为中心的系列“黑灰色”犯罪产业链，如出售、提供公民个人信息、帮助转移赃款等活动。“两高一部”《关于办理电信网络诈骗等刑事案件适用法律若干问题的意见》对于全面惩处关联犯罪作出了明确规定。本案中，被告人邵某雄明知赃款是诈骗犯罪所得，仍为诈骗分子转移犯罪赃款提供帮助和支持，对其以诈骗罪的共犯判处，体现了司法机关对电信网络诈骗关联犯罪从严惩处的态度。

十、杨某巍诈骗案

（一）基本案情

2018年7月，被告人杨某巍伙同他人在海南省儋州市兰洋镇，利用电信网络，实施招嫖诈骗活动。杨某巍等人冒充可上门提供性服务的女性，使用作案微信与被害人聊天，获取被害人信任后，其他同伙负责给被害人打电话并发送二维码诱骗被害人转账付款，诈骗所得款由杨某巍分得20%。通过以上方式，杨某巍共计骗取被害人12 696元。

（二）裁判结果

本案由海南省儋州市人民法院一审，被告人杨某巍服判未上诉。现已发生法律效力。

法院认为，被告人杨某巍以非法占有为目的，伙同他人通过互联网发布虚假信息，实施诈骗，骗取他人数额较大的财物，其行为已构成诈骗罪。杨某巍在犯罪过程中负责使用作案微信与被害人聊天，并分得诈骗所得款的20%，在共同犯罪中是主犯，且系诈骗累犯，依法应从重处罚。据此，以诈骗罪判处被告人杨某巍犯有期徒刑二年一个月，并处罚金人民币二万元。

（三）典型意义

近年来，微信招嫖类诈骗案件在多地发生。作为一种新型的诈骗案件，因案件受害人系招嫖被骗，发案后心存顾虑，多选择吃哑巴亏而不予报案，导致侦破和打击难度加大。此类案件虽然案值不大，但严重败坏了社会风气，对当地治安形势造成恶劣影响。本案的审理体现了人民法院对此类新型诈骗犯罪行为从严打击的决心和力度。

最高人民法院发布4起非法利用信息网络罪、帮助信息网络犯罪活动罪典型案例①

（2019年10月25日发布）

目　录

① 参见《非法利用信息网络罪、帮助信息网络犯罪活动罪典型案例》，载最高人民法院网2019年10月25日，https://www.court.gov.cn/zixun-xiangqing-193721.html。

一、黄某明、陶某新等非法利用信息网络案

发布有关销售管制物品的信息，情节严重的，构成非法利用信息网络罪

（一）基本案情

2017 年 7 月至 2019 年 2 月，被告人黄某明使用昵称为“刀剑阁”的微信，在朋友圈发布其拍摄的管制刀具图片、视频和文字信息合计 12322 条，用以销售管制刀具，并从中非法获利。被告人陶某新、李某祥、陶某、曾某杰在微信朋友圈发布从他人的微信朋友圈转载的管制刀具图片、视频和文字信息，数量分别为 6677 条、16540 条、15210 条、5316 条，用以销售管制刀具，并从中非法获利。

2018 年 5 月至 7 月，宋某林（已判刑）先后三次通过微信联系陶某新，购买管制刀具。陶某新通过微信与黄某明联系，由黄某明直接发货给宋某林，被告人陶某新从中赚取差价。宋某林购得刀具后实施了故意伤害致人死亡的犯罪行为。黄某明违法所得人民币 329 元，陶某新违法所得人民币 858 元。

（二）裁判结果

江苏省盐城市滨海县人民法院判决认为：被告人黄某明、陶某新、李某祥、曾某杰、陶某利用信息网络，发布有关销售管制物品的违法犯罪信息，其行为已构成非法利用信息网络罪。被告人黄某明、陶某新归案后，如实供述自己的犯罪事实，构成坦白，且认罪认罚，依法可以从轻处罚。被告人李某祥、曾某杰、陶某自动投案，如实供述自己的犯罪事实，构成自首，且认罪认罚，依法可以从轻处罚。以非法利用信息网络罪分别判处被告人黄某明、陶某新有期徒刑八个月，并处罚金人民币一万元；被告人李某祥、曾某杰、陶某有期徒刑七个月，缓刑一年，并处罚金人民币一万元。同时，禁止被告人李某祥、曾某杰、陶某在缓刑考验期内从事网络销售及相关活动。该判决已发生法律效力。

二、谭某羽、张某等非法利用信息网络案

为实施诈骗活动发布信息，情节严重的，构成非法利用信息网络罪

（一）基本案情

2016 年 12 月，为获取非法利益，被告人谭某羽、张某商定在网络上从事为他人发送“刷单获取佣金”的诈骗信息业务，即通过“阿里旺旺”向不特定的淘宝用户发送信息，信息内容大致为“亲，我是 × × ×，最近库存压力比较大，请你来刷单，一单能赚 10 - 30 元，一天能赚几百元，详情加 QQ × × ×，阿里旺旺不回复”。通常每 100 个人添加上述信息里的 QQ 号，谭某羽、张某即可从让其发送信息的上家处获取平均约 5000 元的费用。谭某羽、张某雇佣被告人秦某发等具体负责发送诈骗信

息。张某主要负责购买“阿里旺旺”账号、软件、租赁电脑服务器等;秦某发主要负责招揽、联系有发送诈骗信息需求的上家、接收上家支付的费用及带领其他人发送诈骗信息。

2016 年 12 月至 2017 年 3 月,谭某羽、张某通过上述方式共非法获利约人民币 80 余万元,秦某发在此期间以“工资”的形式非法获利人民币约 2 万元。被害人王某甲、洪某因添加谭某羽、张某等人组织发送的诈骗信息中的 QQ 号,后分别被骗 31000 元和 30049 元。

(二)裁判结果

江苏省宿迁市沭阳县人民法院一审判决、宿迁市中级人民法院二审判决认为:被告人谭某羽、张某、秦某发以非法获利为目的,通过信息网络发送刷单诈骗信息,其行为本质上属于诈骗犯罪预备,构成非法利用信息网络罪。虽然本案中并无证据证实具体实施诈骗的行为人归案并受到刑事追究,但不影响非法利用信息网络罪的成立。谭某羽、张某、秦某发共同实施故意犯罪,系共同犯罪。在共同犯罪中,谭某羽、张某起主要作用,均系主犯;秦某发起次要作用,属从犯,依法予以从轻处罚。综合考虑各被告人归案后如实供述罪行以及谭某羽、张某赔偿部分受害人经济损失的情节,以非法利用信息网络罪判处被告人张某有期徒刑二年一个月,并处罚金人民币十万元;被告人谭某羽有期徒刑一年十个月,并处罚金人民币八万元;被告人秦某发有期徒刑一年四个月,并处罚金人民币三万元。

三、赵某 1 帮助信息网络犯罪活动案

为他人实施信息网络犯罪提供支付结算帮助,情节严重的,构成帮助信息网络犯罪活动罪

(一)基本案情

被告人赵某 1 经营的网络科技有限公司的主营业务为第三方支付公司网络支付接口代理。赵某 1 在明知申请支付接口需要提供商户营业执照、法人身份证等五证信息和网络商城备案域名,且明知非法代理的网络支付接口可能被用于犯罪资金走账和洗钱的情况下,仍通过事先购买的企业五证信息和假域名备案在第三方公司申请支付账号,以每个账号收取 2000 至 3500 元不等的接口费将账号卖给他人,并收取该账号入金金额千分之三左右的分润。

2016 年 11 月 17 日,被害人赵某被骗 600 万元。其中,被骗资金 50 万元经他人账户后转入在第三方某股份有限公司开户的某贸易有限公司商户账号内流转,该商户账号由赵某 1 通过上述方式代理。

（二）裁判结果

浙江省义乌市人民法院判决认为：被告人赵某明知他人利用信息网络实施犯罪，为其犯罪提供支付结算的帮助，其行为已构成帮助信息网络犯罪活动罪。被告人赵某1到案后如实供述自己的罪行，依法可以从轻处罚。以帮助信息网络犯罪活动罪判处被告人赵某1有期徒刑七个月，并处罚金人民币三千元。该判决已发生法律效力。

四、侯某元、刘某祈等帮助信息网络犯罪活动案

为他人实施信息网络犯罪提供开办银行卡帮助，情节严重的，构成帮助信息网络犯罪活动罪

（一）基本案情

2018年5月28日，被告人侯某元、刘某祈在台湾地区受人指派，带领被告人刘某民、蔡某彦等进入大陆到银行办理银行卡，用于电信网络诈骗等违法犯罪活动。刘某民、蔡某彦明知开办的银行卡可能用于电信网络诈骗等犯罪活动，但为了高额回报，依然积极参加。当日下午，抵达杭州机场，后乘坐高铁来到金华市区并入住酒店。当晚，侯某元、刘某祈告知其他人办理银行卡时谎称系来大陆投资，并交代了注意事项及具体操作细节。5月29日上午，在金华多家银行网点共开办了12张银行卡，并开通网银功能。

另，2018年5月14日至18日，被告人侯某元、刘某祈以同样的方式在金华市区义乌两地办理银行卡，并带回台湾地区。

（二）裁判结果

浙江省金华市婺城区人民法院判决认为：被告人侯某元、刘某祈、蔡某彦、刘某民明知开办的银行卡可能用于实施电信网络诈骗等犯罪行为，仍帮助到大陆开办银行卡，情节严重，其行为均已构成帮助信息网络犯罪活动罪。以帮助信息网络犯罪活动罪判处被告人侯某元、刘某祈有期徒刑一年二个月，并处罚金人民币一万元；被告人蔡某彦、刘某民有期徒刑九个月，并处罚金人民币五千元。该判决已发生法律效力。

最高人民法院发布第一批涉互联网典型案例①

（2018 年 8 月 16 日发布）

目　　录

1. 重庆市阿里巴巴小额贷款有限公司诉陈某群小额借款合同纠纷案

基本案情

2015 年 7 月 25 日，重庆市阿里巴巴小额贷款有限公司（以下简称阿里小贷公司）与陈某群在线签订《网商贷贷款合同》，约定借款及相关双方权利义务。其中，合同特别约定：对于因合同争议引起的纠纷，司法机关可以通过手机短信或电子邮件等现代通讯方式送达法律文书；陈某群指定接收法律文书的手机号码或电子邮箱为合同签约时输入支付宝密码的支付宝账户绑定的手机号码或电子邮箱；陈某

---

① 参见《最高人民法院发布第一批涉互联网典型案例》，载中华人民共和国最高人民法院网 2018 年 8 月 16 日，https://www.court.gov.cn/zixun-xiangqing-112611.html。

群同意司法机关采取一种或多种送达方式送达法律文书,送达时间以上述送达方式中最先送达的为准;陈某群确认上述送达方式适用于各个司法阶段,包括但不限于一审、二审、再审、执行以及督促程序;陈某群保证送达地址准确、有效,如果提供的地址不确切,或者不及时告知变更后的地址,使法律文书无法送达或未及时送达,自行承担由此可能产生的法律后果。合同签订后,阿里小贷公司发放贷款,但陈某群未依约还款付息,故阿里小贷公司提起诉讼。

审理过程中,法院通过12368诉讼服务平台,向被告陈某群支付宝账户绑定的手机号码发送应诉通知书、举证通知书、开庭传票等诉讼文书,平台系统显示发送成功。陈某群无正当理由拒不到庭参加诉讼,法院依法缺席审理。

裁判结果

杭州铁路运输法院(现为杭州互联网法院)于2017年6月25日作出(2017)浙8601民初943号民事判决:陈某群返还阿里小贷公司借款本金并支付利息、罚息、律师费等共计587158.25元。一审宣判并送达后,原、被告均未提出上诉,该判决已发生法律效力。

典型意义

"送达难"一直是困扰审判工作的问题之一,严重影响司法效率,降低了司法公信。司法实践中,许多"送达难"问题产生的根源是受送达人躲避诉讼、拒不配合法院送达。在此种情况下,依靠诉中填写送达地址确认书,显然无法解决"送达难"问题。诉前约定送达符合双方当事人利益,应该被送达地址确认制度所吸收,丰富送达地址确认制度形式,与诉中填写送达地址确认书相互补充,成为高效解决"送达难"的有效形式。

本案中,当事人在签订合同时经合意约定了因合同纠纷成讼后,可使用电子送达方式及电子送达地址、可适用的程序范围、地址变更方式、因过错导致文书未送达的法律后果等内容,内容明确、具体,双方对送达条款均能够预见诉讼后产生的法律后果,该约定具有《送达地址确认书》的实质要件,具有相当于《送达地址确认书》的效力。诉前约定送达条款虽然与在诉中由法院引导填写、统一的印制格式等形式不尽相符,但是只要其满足了实质要件,能够在保障当事人诉权的前提下有效解决送达难题,是一种更便捷、高效的送达。因此,本案例确认,当事人在诉前相关合同中对电子送达方式、电子送达地址及法律后果做出明确、具体约定的,该约定具有相当于《送达地址确认书》的效力。人民法院在诉讼过程中可以直接适用电子送达方式向诉前约定的电子送达地址送达除判决书、裁定书、调解书以外的诉讼文书。

2. 徐某云诉敬某桥、浙江淘宝网络有限公司网络购物合同纠纷案

基本案情

徐某云在敬某桥经营的淘宝网络交易平台网店中购买了俄罗斯进口奶粉。根据《进出口食品安全管理办法》的规定,对向我国境内出口食品的境外食品生产企业实施注册制度。经查询我国国家认证认可监督管理委员会发布的《进口食品境外生产企业注册专栏》,在“进口乳品境外生产企业注册名单”中未查见“俄罗斯”,敬某桥也无法提供进口食品应具备的全部检验检疫等资料。徐某云认为敬某桥销售的前述食品系未经检验检疫的食品,同时,淘宝公司作为网络服务提供者未对进入其平台销售的商品进行审核,对交易服务平台的监管存在过错,故诉至法院,请求:1. 判令被告敬某桥向原告退还货款 5,043.50 元;2. 判令被告敬某桥向原告赔偿 50,435 元;3. 判令被告浙江淘宝网络有限公司对被告敬某桥的上述赔偿承担连带责任。

裁判结果

上海铁路运输法院于 2017 年 9 月 11 日作出(2017)沪 7101 民初 318 号民事判决,判令被告敬某桥退还原告徐某云货款 5,043.50 元及赔偿 50,435 元等。一审判决后,双方当事人均未上诉,本案判决现已生效。

典型意义

食品安全关涉人民群众的生命与健康,对于社会稳定、经济发展具有重大影响。近些年,食品安全领域由于重大食品安全事故频发,严重危害到公众健康,对构建和谐社会造成威胁,使我国面临着极为严峻的食品安全问题。随着贸易全球化和我国经济社会的发展,进口食品已经成为我国消费者重要的食品来源,尤其是通过网络销售,大量种类繁多的进口食品送到了消费者手中。进口食品安全问题,同样不能忽视,必须符合我国食品安全国家标准,经营者违反国家食品安全规定销售进口食品的,应当承担相应的法律责任。本案例即明确,进口食品应当符合我国食品安全国家标准,经国家出入境检验检疫机构依照进出口商品检验相关法律、行政法规的规定检验合格,按照国家出入境检验检疫部门的要求随附合格证明材料。被告敬某桥作为经营者必须要保证食品来源的安全。本案中,被告敬某桥通过网络销售的俄罗斯进口奶粉不是我国目前准入的食品,且被告敬某桥也无法提供进口货物的相关报关单据、入境货物检验检疫证明、产品检验检疫卫生证书、海关发放的通关证明等进口食品所应具备的资料,故认定涉案奶粉属于不符合食品安全标准的食品。因被告敬某桥销售明知是不符合食品安全标准的食品,原告要求退还货款并支付价款十倍的赔偿金,于法有据,法院予以支持。被告浙江淘宝网络有限公司对被告敬某桥的主体信息、经营资质进行了审核,并在原告徐某云维权时提供了销售者的真实名称、地址和有效联系方式,涉案商品也已及时下架处理,其已经履行了注意义务,不应承担连带赔偿责任。

3. 浙江淘宝网络有限公司诉许某强等网络服务合同纠纷案

基本案情

2009 年,许某强在淘宝网注册,开设网店销售酒类产品,其在注册时与浙江淘宝网络有限公司(以下简称淘宝公司)签署了《淘宝平台服务协议》,约定:不得在淘宝平台上销售/提供侵犯他人知识产权或其他合法权益的商品/服务。然而在 2014 年 11 月至 2015 年 9 月间,许某强在淘宝平台上销售五粮液假酒,之后被四川省宜宾五粮液集团有限公司以商标权受到侵害为由提起诉讼,法院判决其赔偿五粮液公司经济损失及合理开支 7 万元。同时,淘宝公司认为许某强及其作为股东设立的一人有限公司上海舜鸣贸易有限公司(以下简称舜鸣公司)违反了服务协议。

淘宝公司诉称,许某强网店售假行为违反服务协议约定,给淘宝网声誉造成巨大负面影响,淘宝公司为打击售假行为,投入大量人力物力,产生相应损失,要求许某强及其公司赔偿损失及律师费等共计 12 万余元。

许某强和舜鸣公司辩称,许某强已承担相关赔偿责任,未侵犯淘宝公司的经济利益和商誉。出售假冒五粮液的行为已经受到了淘宝公司的相应处罚,不应再被起诉要求赔偿。舜鸣公司不应对其参与经营之前的销售行为承担责任。

裁判结果

上海市松江区人民法院于 2017 年 9 月 21 日做出(2017)沪 0117 民初 7706 号民事判决:一、许某强于判决生效之日起十日内赔偿淘宝公司损失 2,000 元;二、许某强于判决生效之日起十日内赔偿淘宝公司合理支出 13,000 元;三、驳回淘宝公司其余诉讼请求。宣判后,淘宝公司和许某强提出上诉。上海市第一中级人民法院于 2018 年 1 月 16 日做出(2017)沪 01 民终 13085 号民事判决:一、维持上海市松江区人民法院(2017)沪 0117 民初 7706 号民事判决第三项;二、变更上海市松江区人民法院(2017)沪 0117 民初 7706 号民事判决第一项为上诉人许某强于本判决生效之日起十日内赔偿上诉人浙江淘宝网络有限公司损失 20,000 元;三、变更上海市松江区人民法院(2017)沪 0117 民初 7706 号民事判决第二项为上诉人许某强于本判决生效之日起十日内赔偿上诉人浙江淘宝网络有限公司合理支出 23,000 元。

典型意义

随着“互联网+”的兴起，电商产业飞速发展，但同时也出现了诸多亟待解决的问题，尤以普遍存在的造假售假问题最为严重。囿于网络行为的隐蔽性、举证的艰难性、技术的复杂性，电商平台自身采取的净化措施就十分重要。

本案认定淘宝公司与许某强之间存在有效的协议，许某强的售假行为违反了协议约定。本案所涉服务协议均约定，用户不得在淘宝平台上销售或发布侵犯他人知识产权或其它合法权益的商品或服务信息。许某强作为淘宝用户，应恪守约定，履行自身义务。已有生效判决认定，许某强通过开设的“强升名酒坊”店铺，销售假冒的五粮液，侵害五粮液公司对“五粮液”注册商标享有的使用权。由此可见，许某强的售假行为已经违反了与淘宝公司之间的约定。许某强在淘宝网上出售假冒五粮液的行为不仅损害了与商品相关权利人的合法权益，而且降低了消费者对淘宝网的信赖和社会公众对淘宝网的良好评价。许某强在使用淘宝平台服务时，应当预见售假行为对商品权利人、消费者以及淘宝公司可能产生的损害。商誉是经营者本身以及经营者提供商品或服务过程中形成的一种积极社会评价。商誉可以体现在商品、商标、企业名称上，能够在生产经营中变现为实际的商业利润，具有显著的财产属性。因此，淘宝公司要求赔偿商誉等损失的主张具有相应的依据。电商平台经营者和平台内签约经营者均有依法规范经营的义务，许某强在淘宝网上销售假冒的五粮液，不仅应当承担对消费者的赔偿义务，也应当依约承担对电商平台的违约责任，电商平台经营者也有权依法追究平台售假商家的违约责任。从另外一个角度看，打假和净化网络购物环境也是第三方交易平台经营者的责任，符合其长远经营利益，有利于维护消费者合法权益，维护公平竞争的市场秩序。

4. 王某诉汪某、周某、上海舞泡网络科技有限公司网络店铺转让合同纠纷案

基本案情

2014年4月9日，受让方王某与出让方周某、居间方上海舞泡网络科技有限公司（以下简称舞泡公司）签订《网络店铺转让合同》，约定周某将支付宝认证名称为汪某的“至诚开拓”淘宝店转让给王某等内容。王某通过舞泡公司支付转让费20,000元；舞泡公司扣除2,000元佣金后实际转交周某18,000元。“至诚开拓”淘宝店的账户名为2912361468@qq.com，经实名认证的经营者为汪某，周某为代管人。2015年12月3日，汪某找回了系争店铺的密码，系争店铺处于汪某控制之下。2016年7月，王某诉至法院，请求判令汪某、周某支付违约金6,000元；退回保证金11,830元；双倍退还已收的转让费用40,000元；支付赔偿金100,000元；共同承担本案诉讼费。

二审审理中,周某、舞泡公司均认可舞泡公司从王某交付的20,000元中扣除了2,000元,系周某应向舞泡公司支付的佣金。同时,汪某表示其因自身经营的需要,欲从周某处取回系争网络店铺,但是周某不愿交还,故汪某自己找回了系争网络店铺。

裁判结果

上海市闵行区人民法院于2017年4月28日作出(2016)沪0112民初20679号民事判决:一、周某于判决生效之日起十日内支付王某20,000元;二、周某、汪某于判决生效之日起十日内支付王某3,970元;三、驳回王某的其余诉讼请求。宣判后,王某、汪某、周某向上海市第一中级人民法院提出上诉。上海市第一中级人民法院于2017年9月15日作出(2017)沪01民终8862号二审判决:驳回上诉,维持原判。

典型意义

网络店铺的私自转让现实中大量存在,因此产生的纠纷亦有不断进入诉讼的趋势。该案涉及网络店铺转让究竟系转让什么、转让的法律效力如何等问题,理论界和实务界并无相对统一之见解。本案例明确了涉网络店铺转让纠纷相应的裁判规则,具有一定的典型性和指导价值。

本案中,汪某系通过与淘宝平台签订服务协议并经实名认证,取得系争网络店铺之经营权。服务协议内容经双方认可,且不存在违反法律行政法规强制性规定、损害社会公共利益等情形,故汪某与淘宝平台间形成合法有效的合同关系。现周某在汪某认可之情况下,与王某、舞泡公司签署网络店铺转让合同,实际上系将汪某与淘宝平台间合同关系项下的权利义务一并转让给王某。根据《中华人民共和国合同法》第八十八条、第八十九条之规定,当事人一方将自己在合同中的权利和义务一并转让给第三方的,须经对方当事人的同意。现周某虽有汪某之认可但未征得淘宝平台同意,私自转让系争网络店铺,该转让行为不发生法律效力。故王某以合同约定内容为据,要求周某等支付违约金、双倍返还转让费之主张,缺乏依据。而根据《中华人民共和国合同法》第四十二条规定,当事人在订立合同过程中有违背诚实信用原则的行为,给对方造成损失的,应当承担损害赔偿责任。周某在汪某认可情况下,将系争店铺让与王某,现转让行为未生效,且店铺已被汪某找回并实际控制,周某理应就王某因此而产生之损失承担赔偿责任。

该案通过对网络店铺店主与网络平台经营方之间法律关系的厘清,对实际普遍存在的网络店铺私自转让行为,从法律上作出了妥当评价,有利于网络平台经营方更好地实施管理、提供服务、控制网络交易风险，促进电子商务的进一步健康、有序发展。

5. 庞某鹏诉中国东方航空股份有限公司、北京趣拿信息技术有限公司隐私权纠纷案

基本案情

2014年10月11日，庞某鹏委托鲁某通过北京趣拿信息技术有限公司（以下简称趣拿公司）下辖网站去哪儿网平台（www. qunar. com）订购了中国东方航空股份有限公司（以下简称东航）机票1张，所选机票代理商为长沙星旅票务代理公司（以下简称星旅公司）。去哪儿网订单详情页面显示该订单登记的乘机人信息为庞某鹏姓名及身份证号，联系人信息、报销信息均为鲁某及其尾号＊＊58的手机号。2014年10月13日，庞某鹏尾号＊＊49手机号收到来源不明号码发来短信称由于机械故障，其所预订航班已经取消。该号码来源不明，且未向鲁某发送类似短信。鲁某拨打东航客服电话进行核实，客服人员确认该次航班正常，并提示庞某鹏收到的短信应属诈骗短信。2014年10月14日，东航客服电话向庞某鹏手机号码发送通知短信，告知该航班时刻调整。当晚19:43，鲁某再次拨打东航客服电话确认航班时刻，被告知该航班已取消。庭审中，鲁某证明其代庞某鹏购买本案机票并沟通后续事宜，认可购买本案机票时未留存庞某鹏手机号。东航称庞某鹏可能为东航常旅客，故东航掌握庞某鹏此前留存的号码。庞某鹏诉至法院，主张趣拿公司和东航泄露的隐私信息包括其姓名、尾号＊＊49手机号及行程安排（包括起落时间、地点、航班信息），要求趣拿公司和东航承担连带责任。

裁判结果

北京市海淀区人民法院于2016年1月20日作出（2015）海民初字第10634号民事判决：驳回庞某鹏的全部诉讼请求。庞某鹏向北京市第一中级人民法院提出上诉。北京市第一中级人民法院于2017年3月27日作出（2017）京01民终509号民事判决：一、撤销北京市海淀区人民法院（2015）海民初字第10634号民事判决；二、北京趣拿信息技术有限公司于本判决生效后十日内在其官方网站首页以公告形式向庞某鹏赔礼道歉，赔礼道歉公告的持续时间为连续三天；三、中国东方航空股份有限公司于本判决生效后十日内在其官方网站首页以公告形式向庞某鹏赔礼道歉，赔礼道歉公告的持续时间为连续三天；四、驳回庞某鹏的其他诉讼请求。

典型意义

随着科技的飞速发展和信息的快速传播，现实生活中出现大量关于个人信息保护的问题,个人信息的不当扩散与不当利用已经逐渐发展成为危害公民民事权利的一个社会性问题。本案是由网络购票引发的涉及航空公司、网络购票平台侵犯公民隐私权的纠纷,各方当事人立场鲜明,涉及的焦点问题具有代表性和典型性。公民的姓名、电话号码及行程安排等事项属于个人信息。在大数据时代,信息的收集和匹配成本越来越低,原来单个的、孤立的、可以公示的个人信息一旦被收集、提取和综合,就完全可以与特定的个人相匹配,从而形成某一特定个人详细准确的整体信息。此时,这些全方位、系统性的整体信息,就不再是单个的可以任意公示的个人信息,这些整体信息一旦被泄露扩散,任何人都将没有自己的私人空间,个人的隐私将遭受威胁。因此,基于合理事由掌握上述整体信息的组织或个人应积极地、谨慎地采取有效措施防止信息泄露。任何人未经权利人的允许,都不得扩散和不当利用能够指向特定个人的整体信息,而整体信息也因包含了隐私而整体上成为隐私信息,可以通过隐私权纠纷而寻求救济。

本案中,庞某鹏被泄露的信息包括姓名、尾号＊＊49手机号、行程安排等,其行程安排无疑属于私人活动信息,应该属于隐私信息,可以通过本案的隐私权纠纷主张救济。从收集证据的资金、技术等成本上看,作为普通人的庞某鹏根本不具备对东航、趣拿公司内部数据信息管理是否存在漏洞等情况进行举证证明的能力。因此,客观上,法律不能也不应要求庞某鹏证明必定是东航或趣拿公司泄露了其隐私信息。东航和趣拿公司均未证明涉案信息泄漏归因于他人,或黑客攻击,抑或是庞某鹏本人。法院在排除其他泄露隐私信息可能性的前提下,结合本案证据认定上述两公司存在过错。东航和趣拿公司作为各自行业的知名企业,一方面因其经营性质掌握了大量的个人信息,另一方面亦有相应的能力保护好消费者的个人信息免受泄露,这既是其社会责任,也是其应尽的法律义务。本案泄露事件的发生,是由于航空公司、网络购票平台疏于防范导致的结果,因而可以认定其具有过错,应承担侵权责任。综上所述,本案的审理对个人信息保护以及隐私权侵权的认定进行了充分论证,兼顾了隐私权保护及信息传播的衡平。

6. 谢某诉深圳市懒人在线科技有限公司、杭州创策科技有限公司等侵害作品信息网络传播权纠纷案

基本案情

谢某享有《72变小女生》文字作品著作权。后发现深圳市懒人在线科技有限公司(以下简称懒人公司)在其经营的“懒人听书”网,通过信息网络向公众提供涉案作品的有声读物。谢某从懒人公司提交的文件中发现懒人公司是经过杭州创策科技有限公司(以下简称创策公司)、杭州思变科技有限公司(以下简称思变公司)、北京朝花夕拾文化发展有限公司(以下简称朝花夕拾公司)的层层授权后提供听书服务的。谢某以四公司为共同被告提起诉讼,要求停止侵权,连带赔偿损失。

法院经审理查明:谢某曾于2013年将涉案作品的"信息网络传播权及其转授权、以及制作、复制和销售电子出版物的权利"授权创策公司。2014年,创策公司向思变公司出具授权书,明确写明授权思变公司将涉案作品制成有声读物,并自行或再许可他方行使音频格式作品的信息网络传播权。2015年,思变公司授权朝花夕拾公司将涉案作品的信息网络传播权转授权给懒人公司在其"懒人听书"平台上使用。同年,懒人公司与朝花夕拾公司签订合同,约定朝花夕拾公司将涉案作品有声读物许可懒人公司在其平台上使用。

案件审理过程中,谢某确认被控侵权行为已经停止。思变公司确认涉案有声读物系由其制作,在制作过程中未改变原作文字内容。思变公司与朝花夕拾公司均确认在向下游授权时对上游授权文件的审查系通过审查扫描件的形式进行。创策公司主张其从谢某处所取得"改编权"授权包含将涉案作品制作成音频制品的权利。

裁判结果

杭州铁路运输法院(现为杭州互联网法院)于2017年6月19日作出(2016)浙8601民初354号判决,认定侵权成立,判令懒人公司、创策公司、思变公司、朝花夕拾公司共同赔偿谢某经济损失及为制止侵权行为所支付的合理开支共计人民币6100元。谢某不服提起上诉,浙江省杭州市中级人民法院经审理后于2017年9月25日作出(2017)浙01民终5386号民事判决:驳回上诉,维持原判。

典型意义

"听书""有声读物"是近年新兴的一种文化消费方式,产业价值巨大。但制作、在线提供有声读物在著作权法上如何定性,经营者应当取得著作权人怎样授权,未经许可制作有声读物所侵害的是作者的复制权还是改编权等等问题,法律条文上无直接规定,理论界和实务界也有不同认识。这种局面可能使得业界法律界限不清,无所适从,不利于行业合法有序的经营发展。

本案的争议焦点有三:其一,作品均以形成外在的独创性表达为其前提要件,对作品的改编应以改变作品之表达,且该改变具有独创性为前提。对于文字作品而言,文字表述是其作品的表达所在,改编文字作品应以文字内容发生改变为前提。将文字作品制成有声读物需要经过三个步骤:朗读、录音、后期制作。三个步骤均只改变了作品的形式或载体,无一改变了文字作品的表达或内容,因而不涉及对文字作品的改编,有声读物只是以录音制品存在的复制件。其二,根据著作权法保护著作权人权益的本意,凡未经著作权人明确授予的权利仍应保留在著作权人手中。授权作为一种合同行为,以双方当事人达成合意为前提。一项行为是否在著作权人授权范围之内,需要探明著作权人授权时的真实意思表示。本案中结合合同上下文及签约时的时间环境,不应认定在线提供有声读物属谢某授权范围之内。其三,上游"授权方"缺乏有效权利而向下授权他人实施受专有权利控制的行为,自身对此存在过错且行为实际发生的,所有上游授权方均构成侵权,与直接侵权人承担连带责任。

在当前立法和司法有关有声读物具体规则存在空白,而行业发展又亟需明确规则的背景下,本案裁判为行业主体提供了清晰的指引,对于充分发挥司法助推文化产业健康发展具有积极作用。

7. 尚客圈(北京)文化传播有限公司诉为你读诗(北京)科技有限公司、首善(北京)文化产业有限公司擅自使用知名服务特有名称纠纷案

基本案情

2013 年 6 月,尚客圈(北京)文化传播有限公司(以下简称尚客圈公司)联合北京青年报社等发起"为你读诗"公益诗歌艺术活动;同时尚客圈公司创建微信公众号"为你读诗",每天以配乐加朗读的形式推送一期读诗作品,同时以视频的形式展现所朗诵内容的字幕。另外,每期读诗作品中还配有图文,包括对诗歌及作者、朗诵者的介绍,所诵读诗歌的文字内容等。截至 2014 年 9 月 16 日,尚客圈公司共发布 473 期节目,诗歌朗读者含各行业精英与明星。因参与诗歌朗诵者的名人效应,自 2013 年 7 月至 2014 年 9 月,新华网、网易读书频道、光明网、北京青年报、人民日报海外版、新浪网、中国新闻网等媒体对参与朗诵诗歌者的朗诵活动以及微信公众号"为你读诗"进行了报道。截至本案起诉,微信公众号"为你读诗"的关注者数量显示已达 136 万余人,热门作品显示日均阅读和点播量超 10 万次。微信公众号"为你读诗"中作品在腾讯视频栏目下显示累积播放量超过 1 亿次。2014 年 9 月 16 日,首善(北京)音乐创意有限公司在苹果应用商店推出为你读诗 APP,其于 2015 年 6 月 23 日更名为为你读诗(北京)科技有限公司(以下简称为你读诗公司)。2015 年 1 月 1 日,首善(北京)文化产业有限公司(以下简称首善文化公司)创建名为"为你读诗官方客户端"的微信公众号。为你读诗 APP 的功能包括诗歌朗诵录制、配音、上传分享及收听他人的诗歌朗诵作品。"为你读诗官方客户端"的微信公众号主要用于发布相关信息。尚客圈公司诉至法院,请求法院判令为你读诗公司立即撤销在苹果应用商店、安卓市场中发布的为你读诗 app 或停止在该 app 上使用为你读诗的名称、变更公司名称、不得在公司名称中使用为你读诗作为字号,变更为你读诗 app 软件的著作权登记名称、不得在软件著作权登记中将其软件名称登记为为你读诗;判令被告首善文化公司立即撤销微信公众号为你读诗客户端或停止在该公众号中使用为你读诗的名称、注销为你读诗客户端的新浪微博账号或停止在该新浪微博账号中使用为你读诗的名称;判令二被告立即停止擅自使用为你读诗名称的不正当竞争行为、赔偿经济损失。

裁判结果

北京市朝阳区人民法院作出(2015)朝民(知)初字第 46540 号民事判决:一、被告为你读诗(北京)科技有限公司立即停止在其涉案手机软件名称上使用为你读诗字样;二、被告为你读诗(北京)科技有限公司立即停止在其企业名称中使用为你读诗字样;三、被告首善(北京)文化产业有限公司立即停止在其涉案微信公众号名称中使用为你读诗字样;四、被告为你读诗(北京)科技有限公司、首善(北京)文化产业有限公司于本判决生效之日起七日内连带赔偿原告尚客圈(北京)文化传播有限公司损失人民币二十万元整;五、驳回原告尚客圈(北京)文化传播有限公司其他诉讼请求。一审宣判后,为你读诗公司和首善文化公司提出上诉。北京知识产权法院作出(2016)京 73 民终 75 号民事判决:驳回上诉,维持原判。

典型意义

本案的焦点问题涉及知名微信公众号名称的不正当竞争保护,由于移动互联网络具有受众范围广、传播速度快等特点,故其产业经营特点、竞争方式有别于传统产业。对于涉互联网不正当竞争纠纷案件的处理,既要准确理解、适用法律,也要充分了解特定产业的特点。对于互联网环境下的竞争纠纷,要结合网络本身所具有的特点,充分考量互联网软件产品或服务的模式创新以及市场主体的劳动付出,通过司法裁判,促进和规范市场竞争秩序。

法院生效判决认为,首先,为你读诗公司、首善文化公司与尚客圈公司具有竞争关系。为你读诗公司、首善文化公司与尚客圈公司提供的服务都是以移动客户端如手机为载体,服务对象都是移动平台用户,服务内容都是与诗歌有关的主题,故为你读诗公司和首善文化公司与尚客圈公司提供的是类似的服务,构成竞争关系,应受反不正当竞争法的调整。其次,尚客圈公司的微信公众号“为你读诗”构成知名服务特有的名称。根据查明的事实可以认定在被控侵权行为发生时,尚客圈公司的“为你读诗”微信公众号服务在我国已具有一定的市场知名度，属于相关公众所知悉的服务。最后，为你读诗公司和首善文化公司的被诉行为构成不正当竞争。根据相关法律规定，所述混淆或误认是指发生混淆或者误认的可能性，而不需要实际发生混淆或误认，且不以实际发生损害后果为前提。为你读诗 APP 和“为你读诗”微信公众号的名称完全相同，二者均是以移动客户端如手机为载体，且“为你读诗”微信公众号提供的核心服务为朗诵诗歌供订阅者收听，可完全被为你读诗APP 提供的服务所涵盖，上述情形使得相关公众在接受为你读诗 APP、“为你读诗官方客户端”微信公众号的服务时，容易认为该服务系由尚客圈公司提供，从而产生混淆或误认。

8. 南京尚居装饰工程有限公司诉南京飞日强装饰工程有限公司著作权侵权、虚假宣传纠纷案

基本案情

原告南京尚居装饰工程有限公司(以下简称尚居公司)诉称，尚居公司成立于2005 年，历经 12 年的发展，已成为在南京及周边地区具有较高专业化、规模化、品牌化和产业化的装饰企业。2017 年，尚居公司发现同为装饰企业的南京飞日强装饰工程有限公司(以下简称飞日强公司)经营的网站从色彩、文字、图片、编排体例等方面抄袭了尚居公司网站的主要内容。此外，飞日强公司还将尚居公司的荣誉作为自己的荣誉广而告之，属于虚假宣传。故尚居公司请求法院判令飞日强公司立即删除侵犯尚居公司著作权及构成不正当竞争的网页内容并赔偿经济损失。

被告飞日强公司辩称，原告涉案网站的独创性不高，不足以构成著作权法意义上的作品，请求法院驳回原告诉请。

法院经审理查明，被告网站多处编排设计与原告网站存在相同或相似。首先，被告网站首页的页面布局，其公司 LOGO 显示位置和联系电话与原告基本一致，网页中部亦在相同位置使用与原告相同的图片及宣传文字，图片及文字在页面中排列方式与原告内容完全相同。主页部分的主题设置，其基本模块及下拉菜单内容与原告网站基本一致，仅将“品牌动态”变更为“最新活动”，主页背景图使用位置及文字描述与原告构成相同。其次，通过点击各主题进行浏览，被告网页呈现内容的方式及相应内容的编排位置均与原告网站相应版块构成相同或近似，部分网页内容包括文字、图片使用方式及排列位置、次序与原告完全一致。最后，被告在资质荣誉部分使用的“2013 年中国家居网络总评网年度人物”、“365 家居宝十佳网络客服”、“2009 长三角风尚设计装饰企业”等荣誉照片与原告亦完全相同。

裁判结果

南京铁路运输法院于2017年9月18日作出(2017)苏8602民初564号民事判决:被告南京飞日强装饰工程有限公司立即删除其网站侵害原告南京尚居装饰工程有限公司著作权及构成虚假宣传的网页内容;被告赔偿原告经济损失(含合理费用)共计人民币220000元。

典型意义

随着"互联网+"模式的普及发展,越来越多的企业意识到依托电子平台或互联网宣传吸引优质资源和消费群体的重要性,而网站如同企业的电子名片,是企业向消费者传递服务信息及品质的高效途径,消费者可以足不出户地通过浏览网站来了解企业的业务特色、服务理念及信誉信息等。随之而来的是,企业网站被竞争对手"抄袭"现象也层出不穷。网站抄袭行为会使权利人通过网站布局、文案所呈现的独特视觉感受淡化,误导消费者,损害网站运营企业的经济利益。但如何对网站进行法律保护,网站是否构成著作权法意义上的作品,法律并无明确规定,这给司法实践造成了一定困扰。本案裁判认为,网站通过撰写源代码将文字、图片、声音等组合成多媒体并通过计算机输出设备进行展示,当网站版面的素材选取、表现形式及内容编排等达到一定独创性要求,网站整体可作为汇编作品进行保护。网站设计者通过创作构思将多种元素信息进行整合与排列,以营造丰富的视觉体验,网站版面设计过程本身亦是一种劳动创造,其特异性体现在对多媒体信息的选择与编排。精心挑选的内容、素材经过编排整合形成的网站版面表现形式符合汇编作品的概念与特征。著作权是为了保护在文学、艺术、科学领域做出了创造性劳动的人的利益,当网站设计达到一定独创性要求,应当依著作权法对权利人的合法权益进行保护。被告公司网站与原告网站高度近似的部分属于原告独创性的对内容的选择、整理与编排部分,故被告网站侵犯了原告著作权。

另外,经营者在市场交易中,应遵循自愿、平等、公平、诚实信用的原则,遵守公认的商业道德。经营者不得利用广告或者其他方法,对商品与服务质量、制作成分、性能、提供者等作引人误解的虚假宣传。网站页面能够起到一定区分和识别市场主体的作用,被告在其网站上擅自使用与原告相同的宣传用语、专属荣誉等,显然与实际情况不符。本案原、被告均属装饰企业,业务范围高度近似、注册地均在江苏省南京市,潜在顾客群存在交叉,两者存在竞争关系。被告上述行为实质破坏了正常的市场经营秩序,使得消费者对被告企业真实经营规模、信誉产生误解,本质上构成虚假宣传、不正当竞争,侵害了原告正常的商业利益。

9. 中国平安财产保险股份有限公司广东分公司诉吴某田、北京亿心宜行汽车技术开发服务有限公司保险人代位求偿权纠纷案

基本案情

中国平安财产保险股份有限公司广东分公司(以下简称平安保险公司)承保王某政名下车辆。保险期间内,王某政因饮酒不能驾驶,遂通过“e 代驾”网络平台向北京亿心宜行汽车技术开发服务有限公司(以下简称亿心公司)请求有偿代驾服务,亿心公司接受后指派了吴某田提供代驾服务。王某政签署了由吴某田提供的《委托代驾服务协议》,王某政在委托方署名,吴某田、亿心公司在被委托方签名和签章。吴某田提供代驾服务时发生交通事故,据交警部门作出的事故认定书,吴某田负事故全部责任。此次交通事故,经平安保险公司定损并向王某政赔付了保险金 159194 元。王某政承诺将已获赔部分的追偿权转给平安保险公司。平安保险公司遂将吴某田、亿心公司起诉至法院,要求连带赔偿平安保险公司经济损失 159194 元。

裁判结果

广州市荔湾区人民法院作出(2016)粤 0103 民初 5327 号民事判决:一、北京亿心宜行汽车技术开发服务有限公司、吴某田共同于判决发生法律效力之日起十日内向中国平安财产保险股份有限公司广东分公司支付赔偿款 124834 元。二、驳回中国平安财产保险股份有限公司广东分公司的其他诉讼请求。广州市中级人民法院于 2017 年 10 月 11 日作出(2017)粤 01 民终 13837 号民事判决:一、撤销广州市荔湾区人民法院(2016)粤 0103 民初 5327 号民事判决第二项;二、变更广州市荔湾区人民法院(2016)粤 0103 民初 5327 号民事判决第一项为:北京亿心宜行汽车技术开发服务有限公司于判决发生法律效力之日起十日内向中国平安财产保险股份有限公司广东分公司支付赔偿款 124834 元;三、驳回中国平安财产保险股份有限公司广东分公司的其他诉讼请求。

典型意义

随着网络时代的兴起,通过网约代驾平台请求有偿代驾服务越来越常见,而在代驾服务期间发生事故进而引发纠纷的情形也时有发生。提供有偿网约代驾服务的主体并不具有车损险被保险人地位,代驾过程中发生事故造成车损,代驾司机负有责任的,保险人向被保险人赔偿后,有权在赔偿金额范围内行使代位求偿权。本案的处理,对厘清车主、网约代驾平台及保险人的责任,维护广大车主的切身利益和规范网络代驾行业的健康发展都具有积极的意义。不同于日常生活中亲朋借车或友情代驾行为，本案中代驾人系有偿提供代驾服务，并非为被保险人利益所为，对保险标的车辆也不存在占有利益，因此代驾人不能成为涉案保险合同的被保险人。代驾人作为第三人在提供有偿服务的过程中造成投保车辆受损并负全责，对被保险人的财产构成侵权，被保险人有权请求赔偿，保险公司亦可代位行使求偿权。

10. 深圳市玩家文化传播有限公司申请强制执行案

基本案情

申请执行人深圳市玩家文化传播有限公司与广州畅悦网络科技有限公司系列案，广州市越秀区人民法院（以下简称执行法院）依据已经发生法律效力的民事判决，向被执行人广州畅悦网络科技有限公司发出执行通知书，责令被执行人履行上述法律文书确定的义务，被执行人未履行义务。执行法院除查明并扣划被执行人名下的少量银行存款外，未发现有其它可供执行的财产，同时该公司法定代表人亦下落不明。执行法院向申请执行人告知上述案件执行情况后，申请执行人向法院提出被执行人有三个网站均在正常运营，其中一个网页中有广告投放公告，每天广告费为2万元到32万元不等。执行法院依法作出执行裁定书及协助执行通知书，对该网络域名进行查封，查封期限为两年。相关域名被禁止登陆后，法官接到被执行人主动来电，询问履行义务途径，随后将全额款项打入法院账户。

裁判结果

广东省广州市越秀区人民法院（2017）粤0104执6507－6526号执行系列案全部执行完毕。

典型意义

当前，互联网经济高度活跃，在日益频发的互联网纠纷中，案件执行往往具有难度大、范围广、实体财产难以掌握的特点，需要创新高效、快捷的执行手段。本案中，法院经核实发现，被执行人所拥有的网页中有广告投放公告，广告费用较高，且在该网页内确有广告投放。该网络域名已在国家管理部门注册登记，权利人具有专有使用权。同时，法院对本案的执行已穷尽查询银行财产、房管、车管、工商登记、搜查等传统执行措施，但仍无可供执行财产。法院可依法将网络域名作为补充方式采取强制措施，向有关单位发出协助执行通知书进行查封，以使被执行人主动履行法定义务。

最高人民法院发布7起侵犯公民个人信息犯罪典型案例①

（2017年5月9日发布）

一、邵某明等侵犯公民个人信息案

非法出售户籍信息、手机定位、住宿记录等个人信息，构成侵犯公民个人信息罪

【基本案情】

2016年初，被告人邵某明、康某、王某、陆某阳分别以"大叔调查公司"的名义向他人出售公民个人信息，被告人倪某鸿不久后参与。五被告人通过在微信朋友圈发布出售个人户籍、车辆档案、手机定位、个人征信、旅馆住宿等各类公民个人信息的广告的方式寻找客户，接单后通过微信向上家购买信息或让其他被告人帮忙向上家购买信息后加价出售，每单收取10元至1000余元不等的费用。经查，被告人邵某明获利人民币26000元，被告人康某获利人民币8000元，被告人倪某鸿、王某、陆某阳各获利人民币5000元。

【裁判结果】

浙江省东阳市人民法院判决认为：被告人邵某明、康某、倪某鸿、王某、陆某阳单独或伙同他人，违反国家有关规定，向他人出售公民个人信息，情节严重，其行为均已构成侵犯公民个人信息罪。综合考虑被告人的坦白、退赃等情节，以侵犯公民个人信息罪判处被告人邵某明有期徒刑一年三个月，并处罚金人民币八千元；被告人康某有期徒刑一年，并处罚金人民币四千元；被告人倪某鸿、王某、陆某阳各有期徒刑十个月，并处罚金人民币二千元。该判决已发生法律效力。

二、韩某杰、旷某鸿、韩某华等侵犯公民个人信息案

非法查询征信信息牟利，构成侵犯公民个人信息罪

【基本案情】

2015年9月3日至4日，被告人韩某杰、旷某鸿、韩某华利用连某辉（湖北省巴东县农村商业银行沿渡河支行征信查询员）的征信查询ID号、密码及被告人李某3、耿某美（洛阳银行郑州东风路支行客户经理）提供的洛阳银行郑州东风路支行的

---

① 参见《侵犯公民个人信息犯罪典型案例》，载中华人民共和国最高人民法院网2017年5月9日，https://www.court.gov.cn/zixun-xiangqing-43952.html。

银行专用网络，在该行附近使用电脑非法查询公民个人银行征信信息3万余条。

2015年9月5日至6日，被告人韩某杰、旷某鸿、韩某华利用连光辉的征信查询ID号、密码及被告人李某2、卢某生（德州银行滨州金廷支行行长）提供的德州银行滨州分行的银行专用网络，在该行南面的停车场内，使用电脑分两次非法查询公民个人银行征信信息2万余条。

2015年9月8日，被告人韩某杰、旷某鸿、韩某华利用李某1（江苏省淮安市农村商业银行徐溜支行职工）的银行征信查询ID号及密码及被告人李某2、卢某生提供的德州银行滨州分行专用网络，在该行南面的停车场内，使用电脑非法查询公民个人银行征信信息近3万条。

被告人韩某、邓某勇获得征信查询ID号、密码并非法提供给被告人韩某杰等人使用，双方通过被告人陈某莎中转租金、传递密码。被告人韩某杰、旷某鸿、韩某华将查询获得的上述公民个人银行征信信息出售给他人，向被告人韩某、李某3、李某2支付了相关费用。

【裁判结果】

湖北省巴东县人民法院判决认为：被告人韩某杰、旷某鸿、韩某华、韩某、邓某勇、李某2、陈某莎、卢某生、李某3、耿某美违反国家有关规定，非法获取公民个人信息出售牟利，情节严重，其行为已构成侵犯公民个人信息罪。综合考虑被告人自首、坦白、积极退赃等情节，以侵犯公民个人信息罪判处被告人韩某杰有期徒刑一年六个月，并处罚金人民币二万元；被告人旷某鸿有期徒刑一年三个月，并处罚金人民币二万元；被告人韩某华处有期徒刑一年二个月，并处罚金人民币一万元；被告人韩某有期徒刑一年，并处罚金人民币一万元；以及其他各被告人相应有期徒刑、拘役和罚金。该判决已发生法律效力。

三、周某城等侵犯公民个人信息案

非法购买学生信息出售牟利，构成侵犯公民个人信息罪

【基本案情】

2016年4月，被告人周某城向他人购买浙江省学生信息193万余条。后被告人周某城将其中100万余条嘉兴、绍兴地区的学生信息以6万余元的价格出售给被告人陈某青，将45655条嘉兴地区的学生信息以3500元的价格出售给被告人刘某、陈某、周某云，将7214条平湖地区的学生信息以1400元的价格出售，将2320条平湖地区的学生信息以500元的价格出售，共计非法获利65400元。此外，2016年4月，被告人刘某、陈某、周某云以3000元的价格向他人购买嘉兴地区学生信息25068条。

【裁判结果】

浙江省平湖市人民法院判决认为:被告人周某城、陈某青、刘某、陈某、周某云违反国家有关规定,向他人出售或者以购买的方法非法获取公民个人信息,数量分别为193万余条、100万余条、7万余条、7万余条、7万余条,其行为均已构成侵犯公民个人信息罪。综合考虑被告人自首、坦白等情节,以侵犯公民个人信息罪判处被告人周某城有期徒刑一年十一个月,并处罚金人民币四万元;被告人陈某青有期徒刑十一个月,并处罚金人民币十万元;被告人刘某、陈某、周某云有期徒刑九个月至七个月不等、缓刑一年,并处罚金人民币五千元至四千元不等。该判决已发生法律效力。

四、夏某晓侵犯公民个人信息案

非法买卖网购订单信息,构成侵犯公民个人信息罪

【基本案情】

2015年10月至2016年7月,被告人夏某晓买卖大量含有公民姓名、收货地址、手机号码等内容的网购订单信息,非法获利约5万元。被告人夏某晓在归案后如实供述自己的罪行。

【裁判结果】

浙江省绍兴市柯桥区人民法院判决认为:被告人夏某晓违反国家有关规定,非法获取公民个人信息并向他人出售,情节严重,其行为已构成侵犯公民个人信息罪。综合考虑全案情节,以侵犯公民个人信息罪判处被告人夏某晓有期徒刑二年,并处罚金人民币二千元。该判决已发生法律效力。

五、肖某、周某等侵犯公民个人信息案

利用黑客手段窃取公民个人信息出售牟利,构成侵犯公民个人信息罪

【基本案情】

被告人肖某、周某预谋窃取邮局内部的公民个人信息进行出售牟利,共同出资购买了黑客软件。2016年5月至2016年6月,二人通过黑客软件侵入邮局内网,在邮局内网窃取邮局内部的公民个人信息103257条,并将窃取的公民个人信息全部出售给被告人李某波。后李某波将购买的公民个人信息出售给被告人王某元40000条,王某元又将购买到的公民个人信息出售给被告人宋某波30000条。

【裁判结果】

内蒙古自治区赤峰市红山区人民法院判决认为:被告人肖某、周某通过黑客手段窃取公民个人信息并非法出售,李某波、王某元、宋某波通过购买方式非法获取

公民个人信息,其行为均已构成侵犯公民个人信息罪。据此,以侵犯公民个人信息罪判处被告人肖某、周某、李某波各有期徒刑二年,并处罚金人民币五万元;被告人王某元有期徒刑一年,并处罚金人民币三万元;被告人宋某波有期徒刑六个月,并处罚金人民币三万元。该判决已发生法律效力。

六、杜某兴、杜某龙侵犯公民个人信息案

通过互联网非法购买、交换、出售公民个人信息,构成侵犯公民个人信息罪

【基本案情】

被告人杜某兴、杜某龙加入涉及个人信息交换买卖的QQ群,通过购买、交换等方式获取大量公民个人信息,再在群里发布广告招揽买家。2015年11月至2016年3月,杜某兴向他人购买或者交换车主信息等公民个人信息28万余条,向他人出售关于期货、基金、车主、信用卡等公民个人信息42万余条;杜某龙向他人购买杭州地区新生儿及其父母信息等公民个人信息3万余条,向他人出售车主信息、小区业主信息等公民个人信息近40万条。

【裁判结果】

江苏省南京市鼓楼区人民法院判决认为:被告人杜某兴、杜某龙违反国家有关规定,向他人出售或者以非法方法获取公民个人信息,情节严重,其行为已构成侵犯公民个人信息罪。综合考虑被告人坦白、退赃等情节,以侵犯公民个人信息罪判处被告人杜某兴、杜某龙各有期徒刑一年四个月,罚金人民币一万元;被告人有期徒刑一年二个月,罚金人民币一万元。该判决已发生法律效力。

七、丁某光侵犯公民个人信息案

非法提供近二千万条住宿记录供他人查询牟利,构成侵犯公民个人信息罪"情节特别严重"

【基本案情】

2013年底,一家为全国4500多家酒店提供网络服务的公司因系统存在安全漏洞,致使全国高达2000万条宾馆住宿记录泄露。2015年初至2016年6月,被告人丁某光通过在不法网站下载的方式,非法获取宾馆住宿记录等公民个人信息,并上传至自己开办的"嗅密码"网站。该网站除了能够查询住宿记录外,还提供用户QQ、部分论坛账号及密码找回功能。其中住宿记录共有将近二千万条,用户经注册成为会员后,可以在网页"开房查询"栏目项下,以输入关键字姓名或身份证号的方式查询网站数据库中宾馆住宿记录(显示姓名、身份证号、手机号码、地址、住宿时间等信息)。丁某光自2015年5月份左右开始对该网站采取注册会员方式收取费

用60元/人,到2016年1月份上调到120元/人。2015年11月1日至2016年6月23日,“嗅密码”网站共有查询记录49698条,收取会员费191440.92元。

【裁判结果】

浙江省乐清市人民法院判决认为:被告人丁某光非法获取住宿记录等公民个人信息后通过网站提供查询服务牟利,供查询的公民个人信息近二千万条,其行为已经构成侵犯公民个人信息罪,且属于“情节特别严重”。综合考虑退赃等情节,以侵犯公民个人信息罪判处被告人丁某光有期徒刑三年,并处罚金人民币二万元。该判决已发生法律效力。

最高人民检察院发布10起检察机关打击治理电信网络诈骗及关联犯罪典型案例①

(2022年4月21日发布)

案例一

魏某双等60人诈骗案

——以投资虚拟货币等为名搭建虚假交易平台跨境实施电信网络诈骗

【关键词】

电信网络诈骗　跨境犯罪集团　虚拟货币　投资风险防范

【要旨】

跨境电信网络诈骗犯罪多发,受害范围广、涉及金额多、危害影响大,检察机关要充分发挥法律监督职能,依法追捕、追诉境内外犯罪分子,全面追查、准确认定犯罪资金,持续保持从严惩治的态势。对于投资型网络诈骗,会同相关部门加强以案释法和风险预警,引导社会公众提高防范意识,切实维护人民群众财产权益。

一、基本案情

被告人魏某双,无固定职业;

被告人罗某俊,无固定职业;

---

① 参见《检察机关打击治理电信网络诈骗及关联犯罪典型案例》,载中华人民共和国最高人民检察院网,https://www.spp.gov.cn/spp/xwfbh/wsfbt/202204/t20220421_554307.shtml#2。

被告人谢某林,无固定职业;

被告人刘某飞,无固定职业;

其他56名被告人基本情况略。

2018年9月至2019年9月间,被告人魏某双、罗某俊、谢某林、刘某飞等人在黄某海(在逃)等人的纠集下,集中在柬埔寨王国首都金边市,以投资区块链、欧洲平均工业指数为幌子,搭建虚假的交易平台,冒充专业指导老师诱使被害人在平台上开设账户并充值,被害人所充值钱款流入该团伙实际控制的对公账户。之后,被告人又通过事先掌握的虚拟货币或者欧洲平均工业指数走势,诱使被害人反向操作,制造被害人亏损假象,并在被害人向平台申请出款时,以各种事由推诿,非法占有被害人钱款,谋取非法利益。

在黄某海组织策划下,被告人魏某双、罗某俊、谢某林、刘某飞担任团队经理负责各自团队的日常运营;其余56名被告人分别担任业务组长、业务员具体实施诈骗活动。该团伙为躲避追查,以2至3个月为一个作案周期。2019年10月,该团伙流窜至蒙古国首都乌兰巴托市准备再次实施诈骗时,被当地警方抓获并移交我国。

经查,该团伙骗取河北、内蒙古、江苏等地700余名被害人,共计人民币1.2亿余元。

二、检察履职过程

本案由江苏省无锡市公安局经济开发区分局立案侦查。2019年11月21日,无锡市滨湖区人民检察院介入案件侦查,引导公安机关深入开展侦查,将诈骗金额从最初认定的人民币1200万余元提升到1.2亿余元。2020年2月11日,公安机关以魏某双等60人涉嫌诈骗罪移送起诉。办案过程中,检察机关分别向公安机关发出《应当逮捕犯罪嫌疑人建议书》《补充移送起诉通知书》,追捕追诉共计32名犯罪团伙成员(另案处理)。同年5月9日,检察机关以诈骗罪对魏某双等60人依法提起公诉。2021年9月29日,无锡市滨湖区人民法院以诈骗罪判处被告人魏某双有期徒刑十二年,并处罚金人民币六十万元;判处被告人罗某俊有期徒刑十一年三个月,并处罚金人民币五十万元;判处被告人谢某林有期徒刑十年,并处罚金人民币十万元;判处被告人刘某飞有期徒刑八年,并处罚金人民币五十万元;其余56名被告人分别被判处有期徒刑十年三个月至二年不等,并处罚金人民币三十万元至一万元不等。1名被告人上诉,无锡市中级人民法院裁定驳回上诉,维持原判。

针对本案办理所反映的金融投资诈骗犯罪发案率高、社会公众对这类投资陷阱防范意识不强等问题,无锡市检察机关与公安机关、地方金融监管部门召开联席会议并会签协作文件，构建了打击治理虚假金融投资诈骗犯罪信息共享、线索移送、共同普法、社会治理等8项机制，提升发现、查处、打击这类违法犯罪的质效。检察机关会同有关部门线上依托各类媒体宣传平台，线下进社区、进企业、进校园，向社会公众揭示电信网络诈骗、非法金融活动的危害，加强对金融投资知识的普及，提高投资风险防范意识。

三、典型意义

（一）依法从严追捕追诉，全面追查犯罪资金，严厉打击跨境电信网络诈骗犯罪集团。当前，跨境电信网络诈骗集团案件高发，犯罪分子往往多国流窜作案，多地协同实施，手段不断翻新，严重危害人民群众财产安全和社会安定。对此，检察机关要加强与公安机关协作，深挖细查案件线索，对于集团内犯罪分子，公安机关应当提请逮捕而未提请的、应当移送起诉而未移送的，依法及时追捕、追诉。注重加强追赃挽损，主动引导公安机关全面追查、准确认定、依法扣押犯罪资金，不给犯罪分子在经济上以可乘之机，切实维护受骗群众的财产利益。

（二）加强以案释法，会同相关部门开展金融知识普及，引导社会公众提升投资风险防范意识。当前，投资类诈骗已经成为诈骗的重要类型。特别是犯罪集团以投资新业态、新领域为幌子，通过搭建虚假的交易平台实施诈骗，隐蔽性强、受害人众多、涉案金额往往特别巨大。为此，检察机关要会同相关部门加强以案释法，揭示投资型诈骗的行为本质和危害实质，加强对金融创新产品、新业态领域知识的普及介绍，提示引导社会公众提高风险防范意识，充分了解投资项目，合理预期未来收益，选择正规途径理性投资，自觉抵制虚拟货币交易等非法金融活动，切实维护自身合法权益。

案例二

邱某儒等31人诈骗案

——虚构艺术品交易平台以投资理财为名实施网络诈骗

【关键词】

网络诈骗　虚假投资　法律监督　追赃挽损

【要旨】

对于以频繁交易方式骗取高额手续费行为，检察机关要全面把握投资平台操作模式，准确认定其诈骗本质，依法精准惩治。准确区分诈骗集团中犯罪分子的分工作用，依法全面惩治集团内部各个层级的诈骗犯罪分子。强化追赃挽损，及时阻断诈骗资金的转移和处置，维护人民群众合法权益。

一、基本案情

被告人邱某儒，系广东创意文化产权交易中心有限公司（以下简称广文公司）股东；

被告人陶某龙，系广文公司后援服务中心总经理；

被告人刘某，系广东省深圳市恒古金实业有限公司（以下简称恒古金公司）股东、法定代表人；

被告人郑某辰，系广东省惠州惠赢浩源商务服务有限公司（以下简称惠赢公司）法定代表人；

被告人蒋某，系广西元美商务服务有限公司（以下简称元美公司）实际控制人；

其他26名被告人基本情况略。

2016年3月，被告人邱某儒设立广文公司后，通过组织人员、租赁办公场所、购买交易软件、租用服务器，搭建了以“飞天蜡像”等虚构的文化产品为交易对象的类期货交易平台。陶某龙等人通过一级运营中心恒古金公司刘某发展了惠赢公司、元美公司等三十余家会员单位。为实现共同骗取投资者财物的目的，会员单位在多个股票投资聊天群中选择投资者，拉入事先设定的聊天群。同时，安排人员假扮“老师”和跟随老师投资获利的“投资者”、发送虚假盈利截图，以话术烘托、虚构具有盈利能力等方式，骗取投资者的信任，引诱投资者在平台上入金交易。

交易过程中，广文公司和会员单位向投资者隐瞒“平台套用国际期货行情趋势图、并无实际交易”等事实，通过后台调整艺术品价格，制造平台交易平稳、未出现大跌的假象。投资者因此陷入错误认识，认为在该平台交易较为稳妥，且具有较大盈利可能性，故在平台上持续多笔交易，付出高额的手续费。邱某儒、陶某龙、刘某、郑某辰、蒋某等人通过上述手段骗取黄某等6628名投资者共计人民币4.19亿余元。

二、检察履职过程

本案由广东省深圳市公安局南山分局立案侦查。2017年2月，深圳市检察机关介入案件侦查，引导公安机关围绕犯罪主体、诈骗手法、诈骗金额等问题夯实证据并及时追缴赃款。深圳市公安局南山分局于2017年7月至2018年6月分批以诈骗罪将邱某儒等237人向深圳市南山区人民检察院移送起诉。由于邱某儒以及陶某龙、刘某等7人（系广文公司后援服务中心及相关内设部门、恒古金公司主要成员）、郑某辰、蒋某等23人（系会员单位主要负责人）涉案金额特别巨大，深圳市南山区人民检察院依法报送深圳市人民检察院审查起诉。根据级别管辖和指定管辖,其余206人分别由南山区、龙岗区人民检察院审查起诉。2018年2月至12月,深圳市人民检察院以诈骗罪对邱某儒、陶某龙、刘某、郑某辰、蒋某等31人分批向深圳市中级人民法院提起公诉。

2019年1月至7月,深圳市中级人民法院以非法经营罪判处邱某儒有期徒刑七年,并处罚金人民币二千八百万元;以诈骗罪判处陶某龙、刘某等7人有期徒刑十年至三年六个月不等,并处罚金人民币三十万元至十万元不等;以非法经营罪判处郑某辰、蒋某等23人有期徒刑八年至二年三个月不等,并处罚金人民币一千万元至五万元不等。一审判决后,邱某儒、陶某龙等10人提出上诉,深圳市人民检察院审查认为邱某儒、郑某辰、蒋某等24人虚构交易平台,通过多次赚取高额手续费的方式达到骗取投资钱款目的,其行为构成诈骗罪,一审判决认定为非法经营罪确有错误,对邱某儒、郑某辰、蒋某等24人依法提出抗诉,广东省人民检察院支持抗诉。2020年5月至2021年5月,广东省高级人民法院作出二审判决,驳回邱某儒、陶某龙等10人上诉,对邱某儒、郑某辰、蒋某等24人改判诈骗罪,分别判处有期徒刑十三年至三年不等,并处罚金人民币二千八百万元至五万元不等。

办案过程中,深圳市检察机关引导公安机关及时提取、梳理交易平台电子数据,依法冻结涉案账户资金共计人民币8500万余元,判决生效后按比例返还被害人,并责令各被告人继续退赔。深圳市检察机关向社会公开发布伪交易平台类电信网络诈骗典型案例,开展以案释法,加强防范警示。

三、典型意义

(一)以频繁交易方式骗取高额手续费行为迷惑性强,要全面把握交易平台运行模式,准确认定这类行为诈骗本质。在投资型网络诈骗中,犯罪分子往往以"空手套白狼""以小套大"等方式实施诈骗。但在本案中,犯罪分子利用骗术诱导投资者频繁交易,通过赚取高额手续费的方式达到骗取钱款目的。与传统诈骗方式相比,这种"温水煮青蛙"式的诈骗欺骗性、迷惑性更强、危害群体范围也更大。检察机关在审查案件时,要围绕"平台操控方式、平台盈利来源、被害人资金流向"等关键事实,准确认定平台运作的虚假性和投资钱款的非法占有性,全面认定整个平台和参与成员的犯罪事实,依法予以追诉。法院判决确有错误的,依法提起抗诉,做到不枉不纵、罚当其罪。

(二)准确区分诈骗集团中的犯罪分子的分工作用,依法全面惩治各个层级的诈骗犯罪分子。电信网络诈骗集团往往层级多、架构复杂、人员多,对于参与其中的犯罪分子的分工作用往往难以直接区分。对此,检察机关要围绕平台整体运作模式和不同层级犯罪分子之间的行为关联,准确区分集团内部犯罪分子的分工作用。既要严厉打击在平台上组织开展诈骗活动的指挥者,又要依法惩治在平台上具体实施诈骗行为的操作者,还要深挖诈骗平台背后的实质控制者,实现对诈骗犯罪集团的全面打击。

(三)强化追赃挽损,维护人民群众合法权益。投资类诈骗案件往往具有涉案人数多、犯罪事实多、涉案账户多等特点,在办理这类案件时,检察机关要把追赃挽损工作贯穿办案全过程,会同公安机关及时提取、梳理投资平台的后台电子数据。从平台资金账户、犯罪分子个人账户入手,倒查资金流向,及时冻结相关的出入金账户;通过资金流向发现处置线索,及时扣押涉案相关财物,阻断诈骗资金的转移和处置,最大限度挽回被害人的财产损失。

案例三

张某等3人诈骗案、戴某等3人掩饰、隐瞒犯罪所得案

——冒充明星以投票打榜为名骗取未成年人钱款

【关键词】

电信网络诈骗 “饭圈”文化 未成年人 掩饰隐瞒犯罪所得罪

【要旨】

以“饭圈”消费为名实施的诈骗对未成年人身心健康造成严重侵害。检察机关要依法从严惩治此类诈骗犯罪,引导未成年人自觉抵制不良“饭圈”文化,提高防范意识。对于利用个人银行卡和收款码,帮助诈骗犯罪分子收取、转移赃款的行为,加强全链条打击,可以掩饰、隐瞒犯罪所得罪论处。

一、基本案情

被告人张某,男,系大学专科在读学生;

被告人易某,男,无固定职业;

被告人刘某甲,男,无固定职业;

被告人戴某,男,无固定职业;

被告人黄某俊,男,无固定职业;

被告人范某田,男,无固定职业。

被告人张某、易某、刘某甲单独或合谋,购买使用明星真实名字作为昵称、明星本人照片作为头像的QQ号。之后,上述人员通过该QQ号之前组织的多个“明星

粉丝 QQ 群”添加被害人为好友，在群里虚构明星身份，以给明星投票的名义骗取被害人钱款。

2020 年 6 月，被告人张某通过上述虚假明星 QQ 号，添加被害人刘某乙（女，13 岁，初中生）为好友。张某虚构自己系明星本人的身份，以给其网上投票为由，将拟骗取转账金额人民币 10099 元谎称为“投票编码”，向刘某乙发送投票二维码实为收款二维码，诱骗刘某乙使用其母微信账号扫描该二维码，输入“投票编码”后完成所谓的“投票”，实则进行资金转账。在刘某乙发现钱款被转走要求退款时，张某又继续欺骗刘某乙，称添加“退款客服”后可退款。刘某乙添加“退款客服”为好友后，易某、刘某甲随即谎称需要继续投票才能退款，再次诱骗刘某乙通过其母支付宝扫码转账人民币 1 万余元。经查，被告人张某、易某、刘某甲等人通过上述手段骗取 5 名被害人钱款共计人民币 9 万余元。其中，4 名被害人系未成年人。

应张某等人要求，被告人戴某主动联系黄某俊、范某田，利用自己的收款二维码，帮助张某等人转移上述犯罪资金，并收取佣金。期间，因戴某、黄某俊、范某田收款二维码被封控提示可能用于违法犯罪，不能再进账，他们又相继利用家人收款二维码继续协助转账。

二、检察履职过程

本案由黑龙江省林区公安局绥阳分局立案侦查。2020 年 9 月 28 日，公安机关将本案移送绥阳人民检察院起诉。同年 10 月 28 日，检察机关以诈骗罪对张某、易某、刘某甲提起公诉；以掩饰隐瞒犯罪所得罪对戴某、黄某俊、范某田提起公诉。同年 12 月 16 日，绥阳人民法院以诈骗罪分别判处张某、易某、刘某甲有期徒刑四年六个月至三年不等，并处罚金人民币三万元至一万元不等；以掩饰、隐瞒犯罪所得罪分别判处戴某、黄某俊、范某田有期徒刑三年至拘役三个月不等，并处罚金人民币一万五千元至一千元不等。被告人戴某提出上诉，林区中级人民法院裁定驳回上诉，维持原判。其余被告人未上诉，判决已生效。

案发后，检察机关主动联系教育部门，走进被害人所在的学校，通过多种方式开展法治宣传教育活动，教育引导学生自觉抵制不良“饭圈”文化影响，理性对待明星打赏，提高网上识骗防骗的意识和能力。

三、典型意义

（一）依法从严打击以“饭圈”消费为名针对未成年人实施的诈骗犯罪。当下，在“饭圈”经济的助推下，集资为明星投票打榜、购买明星代言产品成为热潮，不少未成年人沉溺于此。一些犯罪分子盯住未成年人社会经验少、防范意识差、盲目追星等弱点,以助明星消费为幌子实施的诈骗犯罪时有发生,不仅给家庭造成经济损失,也使未成年人产生心理阴影。检察机关要加强对未成年人合法权益的特殊保护,依法从严惩治此类犯罪行为。坚持惩防结合,结合司法办案,引导未成年人自觉抵制不良"饭圈"文化影响,理性对待明星打赏活动,切实增强网络防范意识,防止被诱导参加所谓的应援集资,落入诈骗陷阱。

(二)对于利用个人银行卡和收款码,帮助电信网络诈骗犯罪分子转移赃款的行为,加强全链条打击,可以掩饰、隐瞒犯罪所得罪论处。利用自己或他人的银行卡、收款码为诈骗犯罪分子收取、转移赃款,已经成为电信网络诈骗犯罪链条上的固定环节,应当予以严厉打击。对于这类犯罪行为,检察人员既要认定其利用银行卡和二维码实施收取、转账赃款的客观行为,又要根据被告人实施转账行为的次数、持续时间、资金流入的频率、数额、对帮助对象的了解程度、银行卡和二维码被封控提示等主客观因素综合认定其主观明知,对于构成掩饰、隐瞒犯罪所得罪的,依法可以该罪论处。

案例四

刘某峰等 37 人诈骗案

——以组建网络游戏情侣为名引诱玩家高额充值骗取钱款

【关键词】

电信网络诈骗　游戏托　高额充值　网络游戏行业规范

【要旨】

"游戏托"诈骗行为隐蔽套路深,欺骗性诱惑性强。检察机关要穿透"游戏托"诈骗骗局,通过对"交友话术欺骗性、充值数额异常性、获利手段非法性"等因素进行综合分析,准确认定其诈骗本质,依法以诈骗罪定罪处罚。通过办案引导广大游戏玩家提高自我防范能力,督促网络游戏企业强化内控、合规经营,促进行业健康发展。

一、基本案情

被告人刘某峰,系辽宁盘锦百思网络科技有限公司(以下简称百思公司)实际控制人;

杨某明等 36 名被告人均系百思公司员工。

2018 年 8 月至 2019 年 4 月,百思公司代理运营推广江苏某网络科技有限公司的两款网络游戏,被告人刘某峰招聘杨某明等 36 人具体从事游戏推广工作。为招揽更多的玩家下载所推广的游戏并充值，刘某峰指使杨某明等员工冒充年轻女性，在热门网络游戏中发送“寻求男性游戏玩家组建游戏情侣”的消息与被害人取得联系。在微信添加为好友后，再向被害人发送游戏链接，引诱被害人下载所推广的两款网络游戏。在游戏中，被告人与被害人组建游戏情侣，假意与被害人发展恋爱关系，通过发送虚假的机票订单信息截图、共享位置截图等方式骗取被害人的信任，诱骗被害人向游戏账号以明显超过正常使用范围的数额充值。部分被告人还以给付见面诚意金、报销飞机票等理由，短时间多次向被害人索要钱款，诱使被害人以向游戏账号充值的方式支付钱款。经查，刘某峰等人骗取209名被害人共计人民币189万余元。

二、检察履职过程

本案由天津市公安局津南分局立案侦查。2019年9月9日，公安机关以刘某峰等37人涉嫌诈骗罪移送天津市津南区人民检察院起诉。同年12月2日，检察机关以诈骗罪对刘某峰等37人提起公诉。2020年12月21日，天津市津南区人民法院以诈骗罪分别判处刘某峰等37人有期徒刑十三年至一年不等，并处罚金人民币三十万元至一万元不等。刘某峰提出上诉，2021年3月3日，天津市第二中级人民法院裁定驳回上诉，维持原判。

结合本案办理，检察机关制作反诈宣传视频，深入大中专院校、街道社区进行宣传，警示游戏玩家警惕“游戏托”诈骗，对游戏中发布的信息要仔细甄别，理性充值，避免遭受财产损失。同时，检察人员深入游戏研发企业座谈，提出企业在产品研发、市场推广中存在的法律风险，督促企业规范产品推广，审慎审查合作方的推广模式，合理设定推广费用，加强产品推广过程中的风险管控。

三、典型意义

（一）以游戏充值方式骗取行为人资金，在“游戏托”诈骗中较为常见，要准确认定其诈骗本质，依法从严惩治。“游戏托”诈骗是新近出现的一种诈骗方式。犯罪分子在网络游戏中扮演异性角色，以“奔现交友”（系网络用语，指由线上虚拟转为线下真实交友恋爱）等话术骗取被害人信任，以游戏充值等方式诱骗被害人支付明显超出正常范围的游戏费用，具有较强的隐蔽性和欺骗性。检察机关要透过犯罪行为表象，通过对交友话术欺骗性、充值数额异常性、获利手段非法性等因素进行综合分析，认定其诈骗犯罪本质，依法予以严厉打击。

（二）强化安全防范意识，提高游戏玩家自我防范能力。网络游戏用户规模大、人数多，犯罪分子在网络游戏中使用虚假身份，运用诈骗“话术”，极易使游戏玩家受骗。对于广大游戏玩家而言,应当提高安全防范意识,对于游戏中发布的信息仔细甄别,对于陌生玩家的主动“搭讪”保持必要的警惕,以健康心态参与网络游戏,理性有节制进行游戏充值,防止落入犯罪分子编织的“陷阱”。

(三)推动合规建设,促进网络游戏行业规范健康发展。结合司法办案,检察机关协同有关部门要进一步规范网络游戏行业,严格落实备案制度,完善游戏推广机制,加强对游戏过程中违法犯罪信息的监控查处,推动网络游戏企业加强合规建设,督促企业依法依规经营。

案例五

吴某强、吴某祥等60人诈骗案

——虚构基因缺陷引诱被害人购买增高产品套餐骗取钱款

【关键词】

电信网络诈骗　网络销售　保健品　基因检测

【要旨】

准确认定网络销售型诈骗中行为人对所出售商品“虚构事实”的行为,依法区分罪与非罪、此罪与彼罪的界限,精准惩治。对于涉案人数较多的电信网络诈骗案件,区分对象分层分类处理,做到宽严相济,确保案件效果良好。

一、基本案情

被告人吴某强,系广州助高健康生物科技有限公司(以下简称助高公司)法定代表人、总经理;

被告人吴某祥,系助高公司副总经理,吴某强之弟;

其余58名被告人均系助高公司员工。

2016年9月,被告人吴某强注册成立助高公司,组建总裁办、广告部、服务部、销售部等部门,逐步形成以其为首要分子,吴某祥等人为骨干成员的电信网络诈骗犯罪集团。该犯罪集团针对急于增高的青少年人群,委托他人生产并低价购进“黄精高良姜压片”“氨基酸固体饮料”“骨胶原蛋白D”等不具有增高效果的普通食品,在其包装贴上“助高特效产品”标识,将上述食品从进价每盒人民币20余元抬升至每盒近600元,以增高套餐的形式将产品和服务捆绑销售,在互联网上推广。

为进一步引诱客户购买产品,助高公司私下联系某基因检测实验室工作人员,编造客户存在“骨密度低”等基因缺陷并虚假解读基因检测报告,谎称上述产品和服务能够帮助青少年在3个月内增高5－8厘米，骗取被害人信任并支付高额货款，以此实施诈骗。当被害人以无实际效果为由要求退款时，助高公司销售及服务人员或继续欺骗被害人升级套餐，或以免费更换服务方案等方式安抚、欺骗被害人，直至被害人放弃。经查，该犯罪集团骗取13239名被害人共计人民币5633万余元。

二、检察履职过程

本案由江苏省盐城市大丰区公安局立案侦查。2020年1月，公安机关以吴某强、吴某祥等117人涉嫌诈骗罪提请盐城市大丰区人民检察院批准逮捕。检察机关审查后，对吴某强、吴某祥等60人批准逮捕，对参与时间短、情节轻微、主观无诈骗故意的57人不批准逮捕；对2名与助高公司共谋、编造虚假基因检测报告的人员监督立案（另案处理）。同年6月16日至20日，公安机关先后将吴某强、吴某祥等60人移送检察机关起诉。同年7月13日至7月18日，检察机关先后对吴某强、吴某祥等60名被告人以诈骗罪提起公诉。2021年2月9日，盐城市大丰区人民法院以诈骗罪判处吴某强有期徒刑十四年，罚金人民币三百万元；判处吴某祥有期徒刑十二年，罚金人民币二百万元；其他58人有期徒刑九年至二年不等，并处罚金人民币九万元至二万元不等。部分被告人提出上诉，盐城市中级人民法院对其中一名被告人根据最终认定的诈骗金额调整量刑；对其他被告人驳回上诉，维持原判。

三、典型意义

（一）准确认定网络销售型诈骗中行为人对所出售商品“虚构事实”的行为，依法区分罪与非罪、此罪与彼罪的界限。在网络销售型诈骗中，被告人为了达到骗取钱款的目的，需要对其出售的商品进行虚假宣传，这其中存在着与民事欺诈、虚假广告罪之间的界分问题。在办理这类案件时，检察人员要从商品价格、功能、后续行为等角度综合考虑。对于被告人出售商品价格与成本价差距过于悬殊、对所销售商品功效以及对购买者产生影响“漠不关心”、采用固定销售“话术”“剧本”套路被害人反复购买、被害人购买商品所希望达到目的根本无法实现的，结合被告人供述，可认定其具有非法占有目的，依法以诈骗罪论处。行为人为了拓宽销路、提高销量，对所出售的商品作夸大、虚假宣传的，可按民事欺诈处理；情节严重的，符合虚假广告罪构成要件的，依法可以虚假广告罪论处。行为人明知他人从事诈骗活动，仍为其提供广告等宣传的，可以诈骗罪共犯论处。

（二）对于涉案人数较多的电信网络诈骗案件，区分对象分层处理。电信网络诈骗案件层级多、人员多，对此检察机关要区分人员地位作用、分层分类处理，不宜一刀切。对于参与时间较短、情节较轻、获利不多的较低层次人员，贯彻“少捕慎诉慎押”的刑事司法政策,依法从宽处理。对于犯罪集团中的组织者、骨干分子和幕后“金主”,依法从严惩处。对于与诈骗分子同谋,为诈骗犯罪提供虚假证明、技术支持等帮助,依法以诈骗罪共犯论处,做到罚当其罪。

案例六

罗某杰诈骗案

——利用虚拟货币为境外电信网络诈骗团伙跨境转移资金

【关键词】

电信网络诈骗　虚拟货币　资金跨境转移　共同犯罪

【要旨】

利用虚拟货币非法进行资金跨境转移,严重危害经济秩序和社会稳定,应当依法从严全链条惩治。对于专门为诈骗犯罪团伙提供资金转移通道,形成较为稳定协作关系的,应以诈骗罪共犯认定,实现罪责刑相适应。

一、基本案情

被告人罗某杰,男,1993 年 9 月 4 日生,无固定职业。

2020 年 2 月 13 日,被告人罗某杰在境外与诈骗分子事前通谋,计划将诈骗资金兑换成虚拟货币“泰达币”,并搭建非法跨境转移通道。罗某杰通过境外地下钱庄人员戴某明和陈某腾(均为外籍、另案处理),联系到中国籍虚拟货币商刘某辉(另案处理),共同约定合作转移诈骗资金。同年 2 月 15 日,被害人李某等通过网络平台购买口罩被诈骗分子骗取人民币 110.5 万元后,该笔资金立即转入罗某杰控制的一级和二级账户,罗某杰将该诈骗资金迅速转入刘某辉账户;刘某辉收到转账后,又迅速向陈某腾的虚拟货币钱包转入 14 万余个“泰达币”,陈某腾扣除提成,即转给罗某杰 13 万个“泰达币”。后罗某杰将上述 13 万个“泰达币”变现共计人民币 142 万元。同年 5 月 11 日,公安机关抓获罗某杰,并从罗某杰处扣押、冻结该笔涉案资金。

二、检察履职过程

本案由山东省济宁市公安局高新技术产业开发区分局立案侦查。2020 年 5 月 14 日,济宁高新区人民检察院介入案件侦查。同年 8 月 12 日,公安机关以罗某杰涉嫌诈骗罪移送起诉。因移送的证据难以证明罗某杰与上游诈骗犯罪分子有共谋,同年 9 月 3 日,检察机关以掩饰、隐瞒犯罪所得罪提起公诉,同时开展自行侦查,进一步补充收集到罗某杰与诈骗犯罪分子事前联络、在犯罪团伙中专门负责跨境转移资金的证据，综合全案证据，认定罗某杰为诈骗罪共犯。2021 年 7 月 1 日，检察机关变更起诉罪名为诈骗罪。同年 8 月 26 日，济宁高新区人民法院以诈骗罪判处罗某杰有期徒刑十三年，并处罚金人民币十万元。罗某杰提出上诉，同年 10 月 19 日，济宁市中级人民法院裁定驳回上诉，维持原判。

结合本案办理，济宁市检察机关与外汇监管部门等金融监管机构召开座谈会，建议相关单位加强反洗钱监管和金融情报分析，构建信息共享和监测封堵机制；加强对虚拟货币交易的违法性、危害性的社会宣传，提高公众防范意识。

三、典型意义

（一）利用虚拟货币非法跨境转移资金，严重危害经济秩序和社会稳定，应当依法从严惩治。虚拟货币因具有支付工具属性、匿名性、难追查等特征，往往被电信网络诈骗犯罪团伙利用，成为非法跨境转移资金的工具，严重危害正常金融秩序，影响案件侦办和追赃挽损工作开展。检察机关要依法加大对利用虚拟货币非法跨境转移资金行为的打击力度，同步惩治为资金转移提供平台支持和交易帮助的不法虚拟货币商，及时阻断诈骗集团的资金跨境转移通道。

（二）专门为诈骗犯罪分子提供资金转移通道，形成较为稳定协作关系的，应以诈骗罪共犯认定。跨境电信网络诈骗犯罪案件多是内外勾结配合实施，有的诈骗犯罪分子在境外未归案，司法机关难以获取相关证据，加大了对在案犯罪嫌疑人行为的认定难度。检察机关在办理此类案件时，要坚持主客观相统一原则，全面收集行为人与境外犯罪分子联络、帮助转移资金数额、次数、频率等方面的证据，对于行为人长期帮助诈骗团伙转账、套现、取现，或者提供专门资金转移通道，形成较为稳定协作关系的，在综合全案证据基础上，应认定其与境外诈骗分子具有通谋，以诈骗罪共犯认定，实现罪责刑相适应。

案例七

徐某等 6 人侵犯公民个人信息案

——行业“内鬼”利用非法获取的公民个人信息
激活手机“白卡”用于电信网络诈骗犯罪

【关键词】

侵犯公民个人信息罪　手机卡　刑事附带民事公益诉讼

【要旨】

公民个人信息是犯罪分子实施电信网络诈骗犯罪的“基础物料”。特别是行业

“内鬼”非法提供个人信息，危害尤为严重。对于侵犯公民个人信息的行为，检察机关坚持源头治理全链条打击。注重发挥刑事检察和公益诉讼检察双向合力，加强对公民个人信息的全面司法保护。

一、基本案情

被告人徐某，系浙江杭州某科技公司负责人；

被告人郑某，系浙江诸暨某通信营业网点代理商；

被告人马某辉，无固定职业；

被告人时某华，系江苏某人力资源公司员工；

被告人耿某军，系江苏某劳务公司员工；

被告人赵某，系上海某劳务公司员工。

2019年12月，被告人徐某、郑某合谋在杭州市、湖州市、诸暨市等地非法从事手机卡“养卡”活动。即先由郑某利用担任手机卡代理商的便利，申领未实名验证的手机卡（又称“白卡”）；再以每张卡人民币35元至40元的价格交由职业开卡人马某辉；马某辉通过在江苏省的劳务公司员工时某华、耿某军等人，以办理“健康码”、核实健康信息等为由，非法采集劳务公司务工人员身份证信息及人脸识别信息，对“白卡”进行注册和实名认证。为规避通信公司对外省开卡的限制，时某华、耿某军利用郑某工号和密码登录内部业务软件，将手机卡开卡位置修改为浙江省。此外，马某辉还单独从赵某处购买公民个人信息400余条用于激活“白卡”。

经查，上述人员利用非法获取的公民个人信息办理手机卡共计3500余张。其中，被告人徐某、郑某、马某辉非法获利共计人民币147705元，被告人时某华、耿某军非法获利共计人民币59700元，被告人赵某非法获利共计人民币7220元。上述办理的手机卡中，有55张卡被用于电信网络诈骗犯罪，涉及68起诈骗案件犯罪数额共计人民币284万余元。

二、检察履职过程

本案由浙江省杭州市公安局钱塘新区分局（现为杭州市公安局钱塘分局）立案侦查。2020年12月10日，杭州市经济技术开发区人民检察院（现为杭州市钱塘区人民检察院）介入案件侦查。2021年2月4日，公安机关以徐某等6人涉嫌侵犯公民个人信息罪移送起诉。刑事检察部门在审查过程中发现，被告人利用工作便利，非法获取公民个人信息注册手机卡，侵犯了不特定公民的隐私权，损害了社会公共利益，将案件线索同步移送本院公益诉讼检察部门。公益诉讼检察部门以刑事附带民事公益诉讼立案后，开展了相关调查核实工作。

2021年11月30日、12月1日，检察机关以徐某等6人涉嫌侵犯公民个人信息罪提起公诉，同时提起刑事附带民事公益诉讼。同年12月31日，杭州市钱塘区人民法院以侵犯公民个人信息罪对徐某等6名被告人判处有期徒刑三年至七个月不等，并处罚金人民币九万元至一万元不等。同时，判决被告人徐某等6人连带赔偿人民币14万余元，并在国家级新闻媒体上进行公开赔礼道歉。被告人未上诉，判决已生效。

针对通信公司网点人员"养卡"的问题，检察机关与有关通信公司座谈，建议加强开卡和用卡环节内部监管，切断电信网络诈骗犯罪黑产链条。针对不法分子通过"地推"[“地推”是指通过实地宣传进行市场营销推广人员的简称。]获取大学生、老年人、务工人员等群体个人信息的情况，检察人员在辖区大学城、社区、园区企业开展普法宣传，通过以案释法，提升民众的防范意识和能力。

三、典型意义

（一）公民个人信息成为电信网络诈骗犯罪的基础工具，对于侵犯公民个人信息的行为，坚持源头治理全链条打击。当前，非法泄露公民个人信息已成为大多数电信网络诈骗犯罪的源头行为。有的犯罪分子把非法获取的公民个人信息用于注册手机卡、银行卡作为实施诈骗的基础工具；有的利用这些信息对被害人进行"画像"实施精准诈骗。检察机关要把惩治侵犯公民个人信息作为打击治理的重点任务，既要通过查办电信网络诈骗犯罪，追溯前端公民个人信息泄露的渠道和人员；又要通过查办侵犯公民个人信息犯罪，深挖关联的诈骗等犯罪线索，实现全链条打击。特别是对于行业"内鬼"泄露公民个人信息的，要坚持依法从严追诉，从重提出量刑建议，加大罚金刑力度，提高犯罪成本。

（二）发挥刑事检察和公益诉讼检察双向合力，加强对公民个人信息的全面司法保护。加强公民个人信息司法保护，是检察机关的重要职责。个人信息保护法明确授权检察机关可以提起这一领域的公益诉讼。检察机关刑事检察和公益诉讼检察部门要加强协作配合，强化信息互通、资源共享、线索移送、人员协作和办案联动，形成办案双向合力，切实加强对公民个人信息的全面司法保护。

案例八

施某凌等18人妨害信用卡管理案

——多人参与、多途径配合搭建专门运输通道向境外运送银行卡套件

【关键词】

妨害信用卡管理罪　银行卡　物流寄递

【要旨】

当前,银行卡已成为电信网络诈骗犯罪的基础工具,围绕银行卡的买卖、运输形成一条黑色产业链。检察机关要严厉打击境内运输银行卡犯罪行为,深入推进“断卡”行动,全力阻断境外电信网络诈骗犯罪物料运输通道。结合司法办案,推动物流寄递业监管,压实企业责任,提高从业人员的法治意识。

一、基本案情

被告人施某凌,无固定职业;

被告人王某韬,无固定职业;

被告人吴某鑫,无固定职业;

被告人蔡某向,某快递点经营者;

被告人施某补,无固定职业;

被告人郑某,某快递点经营者;

被告人施某莉,无固定职业;

其他11名被告人基本情况略。

2018年7月至2019年10月间,时在菲律宾的被告人施某凌以牟利为目的,接受被告人王某韬以及“周生”、“龙虾”(均系化名,在逃)等人的委托,提供从国内运送信用卡套件到菲律宾马尼拉市的物流服务。

被告人施某凌接到订单后,直接或者通过被告人吴某鑫联系全国各地1000多名长期收集、贩卖银行卡的不法人员,通过物流快递和水客携带运输的方式,将购买的大量他人银行卡、对公账户通过四个不同层级,接力传递,运送至菲律宾。具体运输流程如下:首先由施某凌等人将从“卡商”处收购的大量银行卡以包裹形式运送至蔡某向等人经营的位于福建晋江、石狮一带的物流点;再由被告人施某补等人将包裹从上述物流点取回进而拆封、统计、整理后,乘坐大巴车携带运往郑某等人经营的广东深圳、珠海一带的物流点;后由往来珠海到澳门的“水客”以“蚂蚁搬家”方式,或由被告人郑某通过货车夹带方式,将包裹运往被告人施某莉在澳门设立的中转站;最终由施某莉组织将包裹从澳门空运至菲律宾。包裹到达菲律宾境内后,吴某鑫再组织人员派送给王某韬以及“周生”、“龙虾”等人。

经查,被告人施某凌等人参与运转的涉案银行卡套件多达5万余套,获利共计人民币616万余元。

二、检察履职过程

本案由福建省晋江市公安局立案侦查。2019年11月1日晋江市人民检察院介入案件侦查。公安机关于2020年4月20日、10月4日以妨害信用卡管理罪将本案被告人分两批移送起诉。检察机关于同年8月18日、11月4日以妨害信用卡管理罪对被告人分批提起公诉,晋江市人民法院对两批案件并案审理。2021年5月6日,晋江市人民法院以妨害信用卡管理罪判处施某凌、王某韬、吴某鑫、蔡某向、施某补、郑某、施某莉等18人有期徒刑九年至二年三个月不等,并处罚金人民币二十万元至二万元不等。部分被告人上诉,同年9月13日,泉州市中级人民法院二审维持原判决。

根据本案所反映出的物流行业经营的风险问题,晋江市检察机关会同当地商务、交通运输、海关、邮政部门联合制发了《晋江市物流行业合规建设指引(试行)》,通过建立健全物流行业合规风险管理体系,加强对行业风险的有效识别和管理,促进物流行业合规建设。同时,督促物流企业加强内部人员法治教育,加大以案释法,切实推进行业规范经营发展。

三、典型意义

(一)严厉打击境内运输银行卡犯罪行为,全力阻断境外电信网络诈骗犯罪物料运转通道。当前,境外电信网络诈骗犯罪分子为了转移诈骗资金,需要获取大量的国内公民银行卡,银行卡的转移出境成为整个犯罪链条中的关键环节。实践中,犯罪分子往往将物流寄递作为运输的重要渠道,通过陆路、水路、航空多种方式流水作业,将银行卡运送到境外。为此,检察机关要深入推进"断卡"行动,加强物流大数据研判分析,掌握银行卡在境内运转轨迹,依法严厉打击买卖、运输银行卡的犯罪行为,尤其是要切断境内外转运的关键节点,阻断银行卡跨境运转通道。

(二)推动社会综合治理,促进物流寄递业规范经营。物流寄递具有触角长、交付快、覆盖面广等特点,因而在运输银行卡过程中容易被犯罪分子利用。对此,检察机关要结合办案,主动加强沟通,推动物流寄递业加强行业监管,压实企业主体责任,严把寄递企业"源头关"、寄递物品"实名关"、寄递过程"安检关"。对于发现的涉大量银行卡的包裹,相关企业要加强重点检查,及时向寄递人核实了解情况,必要时向公安机关反映,防止银行卡非法转移。结合典型案例,督促物流企业加强培训宣传,通过以案释法,提高从业人员的法治意识和安全防范能力,防止成为电信网络诈骗犯罪的"帮凶"。

案例九

唐某琪、方某帮助信息网络犯罪活动案

——非法买卖 GOIP 设备并提供后续维护支持，为电信网络诈骗犯罪提供技术帮助

【关键词】

帮助信息网络犯罪活动罪　GOIP 设备[GOIP(Gsm Over Internet Protocol)设备是一种虚拟拨号设备,该设备能将传统电话信号转化为网络信号,供上百张手机卡同时运作,并通过卡池远程控制异地设备,实现人机分离、人卡分离、机卡分离等功能。]　技术支持　网络黑灰产业链

【要旨】

电信网络诈骗犯罪分子利用 GOIP 设备拨打电话、发送信息,加大了打击治理难度。检察机关要依法从严惩治为实施电信网络诈骗犯罪提供 GOIP 等设备行为,源头打击治理涉网络设备的黑色产业链。坚持主客观相统一,准确认定帮助信息网络犯罪活动罪中的"明知"要件。

一、基本案情

被告人唐某琪,系广东深圳乔尚科技有限公司(以下简称乔尚公司)法定代表人;

被告人方某,系浙江杭州三汇信息工程有限公司(以下简称三汇公司)销售经理。

被告人唐某琪曾因其销售的 GOIP 设备涉及违法犯罪被公安机关查扣并口头警告,之后其仍以乔尚公司名义向方某购买该设备,并通过网络销售给他人。方某明知唐某琪将 GOIP 设备出售给从事电信网络诈骗犯罪的人员,仍然长期向唐某琪出售。自 2019 年 12 月至 2020 年 10 月,唐某琪从方某处购买 130 台 GOIP 设备并销售给他人,并提供后续安装、调试及配置系统等技术支持。期间,公安机关在广西北海、钦州以及贵州六盘水、铜仁等地查获唐某琪、方某出售的 GOIP 设备 20 台。经查,其中 5 台设备被他人用于实施电信网络诈骗,造成张某淘、李某兰等人被诈骗人民币共计 34 万余元。

二、检察履职过程

本案由广西壮族自治区北海市公安局立案侦查。2020 年 9 月 27 日,北海市人民检察院介入案件侦查。2021 年 1 月 25 日,公安机关以唐某琪、方某涉嫌帮助信息网络犯罪活动罪移送起诉,北海市人民检察院将本案指定由海城区人民检察院

审查起诉。检察机关经审查认为,唐某琪曾因其销售的GOIP设备涉及违法犯罪被公安机关查扣并口头警告,后仍然实施有关行为;方某作为行业销售商,明知GOIP设备多用于电信网络诈骗犯罪且收到公司警示通知的情况下,对销售对象不加审核,仍然长期向唐某琪出售,导致所出售设备被用于电信网络诈骗犯罪,造成严重危害,依法均应认定为构成帮助信息网络犯罪活动罪。同年6月21日,检察机关以帮助信息网络犯罪活动罪对唐某琪、方某提起公诉。同年8月2日,北海市海城区人民法院以帮助信息网络犯罪活动罪分别判处被告人唐某琪、方某有期徒刑九个月、八个月,并处罚金人民币一万二千元、一万元。唐某琪提出上诉,同年10月18日,北海市中级人民法院裁定驳回上诉,维持原判。

三、典型意义

(一)GOIP设备被诈骗犯罪分子使用助推电信网络诈骗犯罪,要坚持打源头斩链条,防止该类网络黑灰产滋生发展。当前,GOIP设备在电信网络诈骗犯罪中被广泛使用,尤其是一些诈骗团伙在境外远程控制在境内安置的设备,加大反制拦截和信号溯源的难度,给案件侦办带来诸多难题。检察机关要聚焦违法使用GOIP设备所形成的黑灰产业链,既要从严惩治不法生产商、销售商,又要注重惩治专门负责设备安装、调试、维修以及提供专门场所放置设备的不法人员,还要加大对为设备运转提供大量电话卡的职业"卡商"的打击力度,全链条阻断诈骗分子作案工具来源。

(二)坚持主客观相统一,准确认定帮助信息网络犯罪活动罪中的"明知"要件。行为人主观上明知他人利用信息网络实施犯罪是认定帮助信息网络犯罪活动罪的前提条件。对于这一明知条件的认定,要坚持主客观相统一原则予以综合认定。对于曾因实施有关技术支持或帮助行为,被监管部门告诫、处罚的,仍然实施有关行为的,如没有其他相反证据,可依法认定其明知。对于行业内人员出售、提供相关设备工具被用于网络犯罪的,要结合其从业经历、对设备工具性能了解程度、交易对象等因素,可依法认定其明知,但有相反证据的除外。

案例十

周某平、施某青帮助信息网络犯罪活动案

——冒用他人信息实名注册并出售校园宽带账号为电信网络诈骗犯罪提供工具

【关键词】

帮助信息网络犯罪活动罪　宽带账号通信行业治理　平安校园建设

【要旨】

为他人逃避监管或者规避调查,非法办理、出售网络宽带账号,情节严重的,构成帮助信息网络犯罪活动罪,应当依法打击、严肃惩处。检察机关要会同相关部门规范电信运营服务、严格内部从业人员管理。加强校园及周边综合治理,深化法治宣传教育,共同牢筑网络安全的校园防线。

一、基本案情

被告人周某平,系某通信公司宽带营业网点负责人;

被告人施某青,系某通信公司驻某大学营业网点代理商上海联引通信技术有限公司工作人员。

2019 年上半年起,被告人周某平在网上获悉他人求购宽带账号的信息后,向施某青提出购买需求。施某青利用负责面向在校学生的"办理手机卡加 1 元即可办理校园宽带"服务的工作便利,在学生申请手机卡后,私自出资 1 元利用申请手机卡的学生信息办理校园宽带账号 500 余个,以每个宽带账号人民币 200 元的价格出售给周某平,周某平联系买家出售。周某平、施某青作为电信行业从业人员,明知宽带账号不能私下买卖,且买卖后极有可能被用于电信网络诈骗等犯罪,仍私下办理并出售给上游买家。同时,为帮助他人逃避监管或规避调查,两人还违规帮助上游买家架设服务器,改变宽带账号的真实 IP 地址,并对服务器进行日常维护。周某平、施某青分别获利人民币 8 万余元、10 万余元。经查,二人出售的一校园宽带账号被他人用于电信网络诈骗,致一被害人被骗人民币 158 万余元。

二、检察履职过程

本案由上海市公安局闵行分局立案侦查。2021 年 6 月 4 日,公安机关以周某平、施某青涉嫌帮助信息网络犯罪活动罪移送闵行区人民检察院起诉。同年 6 月 30 日,检察机关对周某平、施某青以帮助信息网络犯罪活动罪提起公诉。同年 7 月 12 日,闵行区人民法院以帮助信息网络犯罪活动罪判处周某平有期徒刑八个月,并处罚金人民币一万元;判处施某青有期徒刑七个月,并处罚金人民币一万元。被告人未上诉,判决已生效。

针对本案办理中所暴露的宽带运营服务中的管理漏洞问题,检察机关主动到施某青所在通信公司走访,通报案件情况,指出公司在业务运营中所存在的用户信息管理不严、业务办理实名认证落实不到位等问题,建议完善相关业务监管机制,加强用户信息管理。该公司高度重视,对涉案的驻某高校营业厅处以年度考评扣分的处罚,并规定"1 元加购宽带账户"的业务必须由用户本人到现场拍照确认后,方可办理。检察机关还结合开展“反诈进校园”活动,提示在校学生加强风险意识,防范个人信息泄露,重视名下个人账号管理使用,防止被犯罪分子利用。

三、典型意义

(一)非法买卖宽带账号并提供隐藏IP地址等技术服务,属于为网络犯罪提供技术支持或帮助,应当依法从严惩治。宽带账号直接关联到用户网络个人信息,关系到互联网日常管理维护,宽带账号实名制是互联网管理的一项基本要求。电信网络从业人员利用职务便利,冒用校园用户信息开通宽带账户倒卖,为犯罪分子隐藏真实身份提供技术支持帮助,侵犯用户的合法权益、影响网络正常管理,也给司法办案制造了障碍。对于上述行为,情节严重的,构成帮助信息网络犯罪活动罪,应当依法追诉;对于行业内部人员利用工作便利实施上述行为的,依法从严惩治。

(二)规范通信运营服务,严格行业内部人员管理,加强源头治理,防范网络风险。加强通信行业监管是打击治理电信网络诈骗的重要内容。网络黑灰产不断升级发展,给电信行业监管带来不少新问题。对此,检察机关要结合办案所反映出的风险问题,会同行业主管部门督促业内企业严格落实用户实名制,规范用户账号管理;建立健全用户信息收集、使用、保密管理机制,及时堵塞风险漏洞,对于频繁应用于诈骗等违法犯罪活动的高风险业务及时清理规范。要督促有关企业加强对内部人员管理,加大违法违规案例曝光,强化警示教育,严格责任追究,构筑企业内部安全“防火墙”。

(三)加强校园及周边综合治理,深化法治宣传教育,共同牢筑网络安全的校园防线。当前,校园及周边电信网络诈骗及其关联案件时有发生,一些在校学生不仅容易成为诈骗的对象,也容易为了眼前小利沦为诈骗犯罪的“工具人”。要深化检校协作,结合发案情况,深入开展校园及周边安全风险排查整治,深入开展“反诈进校园”活动,规范校园内电信、金融网点的设立、运营,重视加强就业兼职等重点领域的法治教育。

最高人民检察院发布5起检察机关依法惩治开设赌场犯罪典型案例①

（2021年11月29日发布）

一、刘某某、曾某某等11人开设赌场案

【基本案情】

2018年，被告人刘某某、曾某某等人经商议后，将原先各自建在国内运营的“极速”、“鼎鑫”两个网络赌盘的软件服务器移设至某国合并运营，并招纳人员出境负责赌场的运营管理。赌场开设“北京赛车”“重庆时时彩”“幸运飞艇”等赌博项目，通过电信网络发布信息等方式，在网络上组织招揽包括福建、湖南、江西等十余省的9242人为会员进行赌博，并以给会员“返水”、客服人员提成、发展代理的方式逐渐做大并陆续新增多个赌盘。截至2019年11月案发，涉案赌资流水达24亿余元，该犯罪团伙非法获利2400多万元。

福建省连城县人民法院于2021年3月2日以开设赌场罪分别判处刘某某、曾某某等11名被告人七年至一年不等的有期徒刑，并处最高55万元的罚金。该案经二审审理，判决已生效。

【办案经过】

福建省连城县人民检察院对该案提前介入，引导公安机关通过技术手段调取相关证据，依法认定该案的涉案赌资及相关人员的非法获利；针对33名涉案人员仅到案11人，大部分涉案人员尤其是负责赌场财务管理的核心人员滞留境外未归案的情况，检察机关积极履行法律监督职责，与公安机关共同通过加强政策法律宣讲，督促在案人员及其家属动员同案人投案。后部分涉案人员主动从境外回国投案。

【典型意义】

1. 该案社会危害性大。网络赌博这种新型开设赌场犯罪，严重危害了人民群众财产安全和合法权益，损害了社会诚信和社会秩序，导致受害者深陷泥潭。本案涉及地域广、人员多，涉案金额大，侦查机关调查取证的16名参赌人员，总计输了500

---

① 参见《检察机关依法惩治开设赌场犯罪典型案例》，载中华人民共和国最高人民检察院网，https://www.spp.gov.cn/xwfbh/dxal/202111/t20211129_536924.shtml。

多万元，无一人获利。其中有的参赌人员短短半个月内就输了110多万元，倾家荡产，导致生产经营项目资金链断裂；有的参赌人员经微信好友推荐参与赌博后，从小赌到大赌，整天沉迷于网络赌博，玩物丧志；有的参赌人员是父子，输了数十万元，因债务导致父子反目成仇。

2. 检察机关在办案中坚持贯彻宽严相济刑事政策。为依法严惩该犯罪，检察机关在依法提出的量刑建议中，综合考虑该案社会危害性，对于所有的被告人建议不适用缓刑，并根据各被告人在犯罪中的地位作用以及查明的非法获利数额，建议对各被告人并处相应的罚金刑，以剥夺其再犯的能力。同时，对于认罪悔罪，成功规劝同案人投案的被告人，依法认定为立功，建议对其减轻处罚。法院采纳了检察机关的相关意见。

二、吴某等63人开设赌场系列案

【基本案情】

1999年至2020年8月期间，吴某、邓某某等人与许某（另案处理）相互纠合，依托某国外赌场，以开展高尔夫球运动等“商务活动”为名，采取游、住、赌一体化的经营模式，组织我国公民入住位于该赌场所在的酒店并到赌场参与赌博活动。2020年后，该犯罪组织为牟取更多的非法利益，依托该实体赌场发展面向中国公民的网上赌博业务，并将实体赌场的中国籍“洗码”人员发展为赌博网站股东代理，再通过股东代理发展下级代理及会员。股东代理与下级代理利用微信、支付宝、银行卡转账等方式收取赌资，通过与赌博网站五五分成和抽取赌客投注金额0.8%提成的方式获取非法利益。该犯罪组织共发展中国籍股东代理与下级代理51名，发展中国籍赌博会员数百名，涉案赌资达2.5亿元。

【办案经过】

该案由广东省广州市公安机关立案侦查，广州市从化区人民检察院通过提前介入，引导侦查取证，在案件定性、事实认定、证据收集等方面提出引导侦查意见，全面完善案件证据体系。因该案具有主要犯罪行为在国外实施、涉案人员多、陆续到案等特点，检察机关对于在案人员，分案处理，目前已对该系列案全部案件依法提起公诉，对组织中国公民出境赌博、招揽中国公民参与网络赌博人员中的11名赌场高管、骨干成员依法从严惩处，提出有期徒刑六年至三年不等的量刑建议，法院采纳了检察机关的量刑建议并已宣判。

【典型意义】

1. 一些民营企业主成为境外赌博犯罪集团重点“围猎”的目标。在该案中，犯罪分子以较有经济实力的民营企业主为重点目标群体,利用与"商务公司"合作组织出国或者与旅行社合作吸引高尔夫球客户的名义,组织我国境内民营企业主出国入住赌场所在的酒店,参与赌博,有的参赌人员还被一步步引诱发展为代理,继续组织其他人员出国赌博,实施开设赌场犯罪。该案中的被告人文某某、王某等人原是民营企业主,先是成为赌博会员,后注册成为代理以求快速"翻盘",最终深陷泥潭,走上犯罪的道路,而自己经营的企业也因群龙无首,面临破产。

2. 部分赴境外务工人员法律意识淡薄,为赚取"快钱"走上犯罪的道路。因疫情原因,境外实施开设赌场犯罪的团伙为继续牟取非法利益,多开始向网络赌场转型。该系列案中的邓某某等人原是赌场的厨房员工,后兼职"洗码",从中赚取"快钱",并注册成为该赌场网站股东代理,招揽中国公民参与网络赌博。牟某某为该赌场人事部主管,明知该犯罪团伙大肆组织我国公民出境赌博并招揽我国境内公民参与网上赌博,仍负责招聘、培训"荷官"(在赌场内负责发牌等事项的人),成为开设赌场犯罪的帮助者。该二人原本都是普通的出国务工人员,但因法律意识淡薄,一直误以为自己在国外从事的是合法工作,最终成为了犯罪集团的成员,走上了犯罪的道路。

三、宋某某等 11 人开设赌场案

【基本案情】

马来西亚居民熊某某(原中国籍,在逃)为牟取非法利益,自 2017 年 10 月至 2019 年 8 月,实施网络开设赌场犯罪。为方便与境内参赌人员收付结算赌资,被告人宋某某、家某某、卫某某等人与在国外的熊某某合谋,雇用被告人万某等人,在山西省运城市、长治市等地开设"网络工作室",为熊某某的网络赌博平台发送赌博广告信息,提供赌博平台链接,并大量收购银行卡、身份证、网银 U 盾、支付宝(俗称"四件套"),用于为网络赌博平台收取赌资。通过网上银行向境外进行赌资结算,或直接提现,偷越国境将赌资运往境外,涉案资金高达 3 亿余元。另查明,该团伙部分成员还实施了非法拘禁,盗窃,掩饰、隐瞒犯罪所得,贷款诈骗等犯罪。

山西省运城市盐湖区人民法院于 2021 年 6 月 29 日作出一审判决,以开设赌场罪、非法拘禁罪、偷越国境罪分别判处被告人宋某某等 11 人八年六个月至二年六个月不等的有期徒刑,并判处相应的罚金。该判决已生效。

【办案过程】

山西省运城市检察机关在办理该案中,准确认定事实,精准适用法律。检察机关认为,网络赌博网站结算赌资过程中收购使用"四件套",其是为网络赌博结算赌资而实施的,是开设赌场犯罪行为的一部分,应当评价为开设赌场犯罪。

【典型意义】

借助互联网的便利性,新型赌博犯罪中,赌资收付、变现作为开设赌场犯罪牟取暴利的重要组成部分,已成为一个独立实施的环节。该案中,宋某某等人并没有直接实施开设赌场的行为,但其与组织实施网络赌博的人员事前共谋,代为收付结算赌资并变现,与直接实施开设赌场犯罪的熊某某构成共同犯罪,应当按照开设赌场罪对其进行评价。同时,在新型开设赌场犯罪中,因为犯罪分工更加细化,犯罪链条长,参与人员多,也易衍生、伴生多种犯罪,该案中,涉案人员在实施开设赌场犯罪过程中,该团伙部分成员还实施了非法拘禁、偷越国境等其他犯罪,社会危害性大。

四、唐某某等9人开设赌场案

【基本案情】

"德扑圈"APP是一款网络德州扑克软件。2018年3月,被告人唐某某、王某某在"德扑圈"APP内通过平台的分组功能建立了"云巅俱乐部",招揽赌客利用该款软件在俱乐部内以德州扑克的形式进行赌博。赌客可以与其他赌客对赌,也可以与系统对赌,唐某某等人用联盟币(该应用软件中的"虚拟币")为赌客结算,1个联盟币对应1元人民币,赌客充值到客服提供的微信或支付宝,客服就会在赌客俱乐部账户内增加相应的联盟币数量。赌博结束后赌客可以找客服提现,把联盟币转化成真实钱款。2019年6月至2020年5月,"云巅俱乐部"共接受赌客赌资697万余元,唐某某等9人非法获利300万余元。

江苏省常州市天宁区人民法院于2021年6月21日对该案作出一审判决,以开设赌场罪分别判处唐某某等9人四年六个月至十个月不等的有期徒刑,并判处相应的罚金。该案经二审审理,判决已生效。

【办案过程】

江苏省常州市天宁区人民检察院在办理该案过程中,先后列出多条补充侦查提纲,引导侦查机关调查赃款去向、厘清款项性质,查封房产2套、扣押汽车1辆、冻结银行账户资金50余万元,积极敦促被告人退赃。同时检察机关积极释法说理,其中8名被告人自愿认罪认罚。

【典型意义】

近年来,网络赌博犯罪多发、手段花样翻新,犯罪分子通过搭建网络赌博平台,打着网络游戏、虚拟币等"幌子"接受投注,吸引群众参与赌博。该案中,被告人利用网络棋牌游戏应用，通过线下兑换虚拟币，实施开设赌场犯罪，对于该种行为，要透过现象看实质，从游戏过程中是否有资金、实物兑换，是否有抽头渔利行为等来准确认定是娱乐还是赌博。对于以游戏为名，通过缴纳报名费或者现金换取筹码参加游戏的形式，赢取筹码后能够兑换现金、有价证券或者其他财物的，其实质是赌博违法犯罪，也必将被法律所严惩。

五、陈某某等14人开设赌场案

【基本案情】

2018年10月至2020年8月期间，陈某某伙同他人雇佣朱某某、丁某某等人在某国建立工作室，形成较为固定的赌博犯罪集团，下设值班财务、主持、推码手、代理等岗位。该犯罪集团通过国内的即时通信应用软件建立网络赌博平台，组织我国公民在境内通过直播网站观看境外赌博实况视频并接受投注，以赌场洗码返水的方式获利。其中由值班财务负责为赌客提供赌资充值、提现等资金结算服务，并发送赌场直播网站网址和桌位号；由主持负责接受赌博群内赌客下注，统计下注情况和发布输赢结果；由推码手负责赌场的现场下注。其间，该犯罪集团经手转账赌资达8746万元以上。

浙江省平阳县人民法院于2021年6月25日作出一审判决，以开设赌场罪判处被告人陈某某五年有期徒刑，并处罚金，该判决已生效。其余同案人员尚在审查起诉阶段。

【办案经过】

浙江省温州市平阳县人民检察院在办理该案过程中，准确认定犯罪集团成员架构，审慎采取强制措施，坚持分层处理、区分罪责的原则，对该犯罪集团的6名一般参加者不予批准逮捕；针对侦查机关移送起诉时涉案赌资仅为34万元，赌资认定存在难点等问题，通过自行补充侦查，以用于支付结算的黑灰产业链为切入点，倒查赌资结算路径，排查犯罪集团相关人员及亲属的支付结算账号的大额、异常流水，明确涉赌支付结算账户以及赌资数额认定规则，将原认定的赌资由人民币34万元增至8746万元。

【典型意义】

近年来，跨境赌博犯罪活动向互联网迁移，其中赌资数额的认定，常常需要通过电子证据证实，认定困难。而准确认定该事实，既有利于依法打击赌博犯罪，斩断犯罪分子通过违法犯罪获利的利益链，也有助于摧毁该类犯罪的经济基础，最大限度剥夺犯罪分子再犯能力。该案中检察机关充分发挥检察职能，通过自行补充侦查，准确认定开设赌场犯罪赌资数额，依法严厉打击此类犯罪，同时积极贯彻少捕慎押的刑事司法政策，实现办案“三个效果”统一。

最高人民检察院、教育部发布5起在校学生涉“两卡”犯罪典型案例①

（2021年6月23日发布）

案例1　涂某通、万某玲帮助信息网络犯罪活动案

一、基本案情

涂某通，1998年8月出生，系某大学在校学生。

万某玲，1998年9月出生，作案时系某职业技术学校在校学生，案发时系某医院员工。

2018年起，涂某通明知他人利用信息网络实施犯罪，为牟取非法利益，长期收购银行卡提供给他人使用。2018年，涂某通与万某玲通过兼职认识后，涂某通先后收购了万某玲的3套银行卡（含银行卡、U盾/K宝、身份证照片、手机卡），并让万某玲帮助其收购银行卡。2019年3月至2020年1月，万某玲为牟利，在明知银行卡被用于信息网络犯罪的情况下，以亲属开淘宝店需要用卡等理由，从4名同学处收购8套新注册的银行卡提供给涂某通，涂某通将银行卡出售给他人，被用于实施电信网络诈骗等违法犯罪活动。经查，共有21名电信网络诈骗被害人向万某玲出售的上述银行卡内转入人民币207万余元。

二、诉讼过程

2020年11月3日，四川省江油市公安局以涂某通、万某玲涉嫌帮助信息网络犯罪活动罪移送起诉。同年12月3日，江油市人民检察院以帮助信息网络犯罪活动罪对涂某通、万某玲提起公诉。鉴于万某玲犯罪时系在校大学生，因找兼职误入歧途而收购、贩卖银行卡，主动认罪认罚，江油市人民检察院对其提出从轻处罚的量刑建议。涂某通在审查起诉阶段不认罪，也不供述银行卡销售去向、获利数额等情况。2020年12月31日，江油市人民法院作出一审判决，以帮助信息网络犯罪活动罪判处涂某通有期徒刑一年四个月，并处罚金人民币一万元；判处万某玲有期徒

① 参见《在校学生涉“两卡”犯罪典型案例》，载中华人民共和国最高人民检察院网，https://www.spp.gov.cn/xwfbh/dxal/202106/t20210623_522118.shtml。

刑十个月,并处罚金人民币五千元。涂某通、万某玲未上诉,判决已生效。

三、教育治理

针对在校大学生违法收购、贩卖银行卡被用于网络犯罪的情况,江油市人民检察院会同学校所在地检察院,向涉案学生所在高校制发检察建议,提示在校学生涉“两卡”违法犯罪风险。相关学校积极开展法治宣传,通过以案释法,加强对全校学生的教育引导。江油市人民检察院还会同本辖区内学校开展“断卡”宣传进校园活动,将包括本案在内的多个真实案例纳入宣讲;制作“断卡”普法小漫画进行推送宣传,着力提高在校学生学法懂法、遵法守法的意识。

四、典型意义

从近年来的办案情况看,手机卡、银行卡(以下简称“两卡”)已经成为电信网络诈骗犯罪分子实施诈骗、转移赃款的重要工具。为依法严厉打击非法出租、出售“两卡”违法犯罪活动,2020 年 10 月起,最高人民法院、最高人民检察院、公安部、工业和信息化部、中国人民银行等五部门联合部署开展“断卡”行动,以斩断电信网络诈骗违法犯罪的信息流和资金链。

工作中发现,部分在校学生由于社会阅历不足、法治观念淡薄,已成为非法买卖“两卡”的重要群体之一。在利益诱惑面前,有的学生迷失方向,一步步陷入违法犯罪泥潭,从办卡、卖卡发展到组织收卡、贩卡,成为潜伏在校园中的“卡商”。本案被告人即是这样的“卡商”,他们不仅出售自己的银行卡,还在学校里招揽同学出售银行卡。这些银行卡经过层层周转,落入到诈骗人员等犯罪分子手中,用于流转非法资金,危害不容小觑。对于从“工具人”转变为“卡商”的在校学生,应当综合其犯罪事实、情节和认罪态度,依法追究刑事责任。

对于办案中发现的在校学生涉电信网络诈骗以及“两卡”犯罪风险点,检察机关和教育部门要加强以案释法,深入校园开展形式多样的法治宣传教育活动。特别是对于案件相对多发的学校,要共同研究加强教育管理的意见,提升在校学生的风险意识和防范能力,避免成为犯罪“工具人”。办案地和学校所在地检察机关要加强沟通衔接,及时通报情况,积极提供协助,共同推动做好社会治理工作。

案例 2 郭某凯、刘某学、耿某雲帮助信息网络犯罪活动案

一、基本案情

郭某凯,1997 年 10 月出生,初中文化,无固定职业。

刘某学,1999 年 5 月出生,系某学院在校学生。

耿某雲,2000 年 6 月出生,高中文化,无固定职业。

2020 年 8 月,刘某学办理休学手续后到河北省石家庄市打工,在网上看到收购手机卡的信息后,办理多张手机卡出售给郭某凯所在的贩卡团伙。后为尽快挣钱,刘某学主动加入该团伙成为“收卡人”。该团伙长期在北京、石家庄等地收购手机卡,贩卖给电信网络诈骗等违法犯罪团伙使用。经统计,郭某凯通过自己及其下线收购、贩卖手机卡 3700 张,获利人民币 5.7 万余元;刘某学收购、贩卖手机卡 871 张,获利人民币 1.5 万余元。

2020 年 8 月 23 日,耿某雲在微信兼职群内看到郭某凯团伙发布的收购手机卡信息后,用自己身份证办理 9 张手机卡并按照郭某凯要求交给刘某学,由刘某学验卡、拍照后通过快递寄出,耿某雲获利人民币 450 元。其中一张手机卡被用于实施电信网络诈骗犯罪,导致河北省井陉县一名被害人被骗人民币 35 万余元。

二、诉讼过程

2020 年 10 月 9 日和 11 月 16 日,河北省石家庄市井陉县公安局以郭某凯、刘某学、耿某雲涉嫌帮助信息网络犯罪活动罪提请批准逮捕。井陉县人民检察院经审查,决定批准逮捕郭某凯、刘某学,不批准逮捕耿某雲。2021 年 3 月 10 日,井陉县公安局对耿某雲终止侦查,进行训诫。同年 3 月 25 日,河北省通信管理局对耿某雲作出惩戒决定,2 年内停止新入网业务,各基础运营商只保留 1 个手机号码。

2020 年 12 月 15 日,井陉县公安局以郭某凯、刘某学涉嫌帮助信息网络犯罪活动罪移送起诉。2021 年 1 月 12 日,井陉县人民检察院以帮助信息网络犯罪活动罪对郭某凯、刘某学提起公诉。2021 年 3 月 16 日,井陉县人民法院作出一审判决,以帮助信息网络犯罪活动罪判处郭某凯有期徒刑一年十个月,并处罚金人民币二万元;判处刘某学有期徒刑八个月,并处罚金人民币一万元。郭某凯、刘某学未上诉,判决已生效。

三、教育治理

井陉县人民检察院及时向刘某学所在学校制发检察建议,提示校方加强学生网络法治教育、严格日常管理,积极推动形成预防网络犯罪检校合力。校方高度重视,根据检察建议内容,立即下发通知,要求各系部、任课教师、辅导员强化对学生(包括因休学、实习等原因暂时不在学校的学生)的监督管理,及时了解、掌握学生动态;结合案例情况,完善思想政治、法律常识公共课程内容,有针对性地开展警示教育;积极对接当地司法机关,深入开展“法治进校园”活动,通过张贴海报、开展讲座、组织公开课等方式,推动法治教育走深走实。

四、典型意义

当前，手机卡是犯罪分子实施电信网络诈骗犯罪的重要工具。随着网络实名制要求的落实，办理银行卡、注册网络账号等基本都需要绑定实名制手机卡。司法实践中，犯罪分子为逃避打击，往往非法收购他人手机卡来实施电信网络诈骗，绕过实名制监管要求，成为网络黑灰产业链条上的重要一环。对于明知他人利用信息网络实施犯罪，仍然收购、贩卖他人手机卡的"卡头""卡商"，构成犯罪的，要依法追究刑事责任。对于仅出售自己手机卡的，一般不作为犯罪处理，但需要同步进行信用惩戒，强化教育管理。

在深入推进"断卡"行动过程中，检察机关要会同相关部门综合运用好行政和刑事措施，加强行刑衔接，多管齐下，实现罚当其罪，发挥综合效应。对于涉案情节较轻不追究刑事责任的，检察机关要督促相关行政执法部门依法及时给予惩戒。既让违法者承担应有的法律责任，受到警示教育；也向社会传递依法从严惩治涉"两卡"违法犯罪、坚决遏制电信网络诈骗犯罪高发多发势头的立场，推动社会共治。

教育部门和大中专、高职院校，要加强对在校学生的关心、关怀、关爱。对于休学和因各种原因未在校学生，密切与家长、学生、实习单位的沟通，详细了解休学原因、生活近况、工作实习情况等，共同加强对学生的日常教育管理。

案例3　吴某豪等9人掩饰、隐瞒犯罪所得案

一、基本案情

吴某豪等9人，2000年至2001年出生，分别系某高校或中专在校学生。

候某，1993年出生，无固定职业。

杨某辉，1993年出生，某网络公司员工。

2019年10月至12月，候某、杨某辉伙同他人，通过在朋友圈发布付费交友的虚假信息，引诱被害人扫描二维码付款，并利用事先植入的"百倍跳转"软件，将实际扣款金额扩增至百倍，以此方式实施诈骗。为便于接收、转移赃款，杨某辉以人民币600元至1000元不等的价格，收购他人成套银行卡资料（含身份证复印件、银行卡号、手机号），用于注册微信商户号，并生成收款二维码，供诈骗团伙使用。其中，吴某豪等9人向杨某辉各出售一套银行卡资料。被害人扫描候某提供的二维码付款后，资金转入对应的微信商户号，并根据后台设置于次日凌晨自动转入该商户号绑定的吴某豪等人的银行账户内。

吴某豪等9人明知本人银行账户内转入资金系他人犯罪所得，仍按照杨某辉的

要求通过手机银行转入指定账户，转移诈骗资金分别为人民币2.45万元至29.16万元不等。

二、诉讼过程

2020年3月19日、6月30日，浙江省绍兴市公安局上虞区分局分别以候某、杨某辉涉嫌诈骗罪，吴某豪等9人涉嫌掩饰、隐瞒犯罪所得罪移送起诉。同年8月3日，上虞区人民检察院以诈骗罪对候某、杨某辉，以掩饰、隐瞒犯罪所得罪对吴某豪等9人提起公诉。2020年9月14日，上虞区人民法院作出一审判决，以诈骗罪判处候某、杨某辉有期徒刑七年四个月和六年十个月，并处罚金人民币五万元和二万元；以掩饰、隐瞒犯罪所得罪分别判处吴某豪等9名被告人有期徒刑六个月至三年不等，均适用缓刑，并处罚金人民币一千五百元至三千元不等。各被告人未上诉，判决已生效。

三、教育治理

在办案过程中，上虞区人民检察院主动与涉案学生所在的外省学校加强联系，共同开展协同帮教等工作，通过了解学生在校表现材料、安排心理辅导老师谈心谈话等方式，对涉案学生行为危害、悔罪表现、能否继续接受教育等情况进行评估。同时，校方还制定罪错学生后续在校学习监督管理预案，并向当地教育部门汇报。最终，经三方反复沟通和教育部门同意后，所在学校对其中7名涉案学生保留学籍，上虞区人民检察院依法提出适用缓刑建议。目前，有3名涉案中专生顺利升为大专生。

上虞区人民检察院持续加强与校方跨省联系，通过微信公众号云分享"两卡"犯罪典型案例及"反诈"主题宣传视频等素材。同时，面向本地多所大学、高中近万名师生开展以防范"两卡"犯罪为主题的"开学第一课"宣讲活动，通过搭建检校协作平台，形成了"打击－协作－预防－宣传"于一体的社会综治型办案机制。

四、典型意义

从"断卡"行动情况看，犯罪分子大量收购银行卡、非银行支付账户等用于接收、转移赃款，绕过金融监管，导致诈骗资金迅速流转、拆解、混同，极大地增加了打击犯罪和追赃挽损的难度，社会危害巨大。对于非法出租、出售包括银行卡在内的"两卡"行为，检察机关要坚持源头打击、全链条惩治。既要依法打击涉"两卡"犯罪行为，又要深挖上下游犯罪线索，依法严惩电信网络诈骗、网络赌博等犯罪团伙，努力铲除整个犯罪链条。

对于涉"两卡"违法犯罪的在校学生，检察机关要坚持惩治与挽救相结合，全面、准确评价起诉必要性，依法、精准提出量刑建议。对于依法需要提起公诉，但被告人具有从犯、认罪认罚、退赃退赔等从宽情节的，可以提出轻缓的量刑建议。要注重做好办案“后半篇文章”，检察机关和教育部门、相关学校要加强沟通联系，根据涉案学生的犯罪情节、认罪悔罪态度、在校一贯表现等情况，在法律政策允许的范围内，给予犯罪情节较轻的涉案学生以继续留校完成学业的机会。同时，加强思想工作和批评教育，使其真正认识错误，悔过自新，努力成为合格守法公民。

案例4　许某帮助信息网络犯罪活动不起诉案

一、基本案情

许某，2001 年 3 月出生，系某职业技术学院在校学生。

2020 年 6 月，许某高考后为寻找暑期兼职，联系朋友程某（另案处理）帮忙介绍工作，程某介绍许某办理银行卡出售给他人使用，每张卡价格人民币 100 元。许某按程某要求先自行办理了一张手机卡，后在程某带领下在 7 家银行各办理了 1 张银行卡，并将上述 7 张银行卡和手机卡交给程某，程某向许某转账人民币 200 元（另有人民币 500 元尚未实际支付）。交付银行卡后，程某告知许某银行卡系用于为他人转移赃款。许某为了赚钱，未采取补救措施。经查，上述 7 张银行卡被他人用于实施电信网络诈骗犯罪，被害人转入资金共计人民币 22 万余元。

二、诉讼过程

2020 年 10 月 12 日，安徽省合肥市肥东县公安局以许某涉嫌帮助信息网络犯罪活动罪移送起诉。肥东县人民检察院在审查起诉过程中，到许某所在学校调取相关资料。当地教育部门积极配合，提供了许某的在校证明和日常表现。经工作了解，许某在校期间表现良好，无其他前科劣迹。许某到案后如实供述了犯罪事实，认罪认罚并积极退赃。2020 年 11 月 11 日，肥东县人民检察院依法对许某作出不起诉决定。收卡人程某因涉嫌其他犯罪事实被另案处理。

三、教育治理

结合本案办理，肥东县人民检察院到许某所在高中及相关学校开展反电信网络诈骗和防范“两卡”犯罪宣讲。通过检察官讲述典型案例、揭示犯罪手法，教育引导学生树立正确的金钱观、消费观，提高风险防范意识。当地教育部门和相关学校高度重视，积极提供宣讲平台，加强检校合作，共同将“保护学生权益、加强网络空间治理”落实到日常教学管理中。

四、典型意义

实践中，在校学生容易被贩卡团伙拉拢、利诱，成为犯罪“工具人”。这之中，有的由于不正确的消费观、价值观，为了金钱利益，非法开办、出售“两卡”；有的在寻找实习机会、社会兼职过程中，由于法治观念淡薄，被犯罪团伙所利用，步入犯罪陷阱；有的交友不慎、识人不明，在所谓“朋友”“老乡”的引诱、教唆下出租、出售“两卡”。

办理涉“两卡”案件，对涉案学生要以教育、挽救、惩戒、警示为主，努力实现办案“三个效果”的有机统一。检察机关要加强与教育部门、相关学校的沟通联系，充分了解其学习情况、在校表现，是否具有帮教条件，综合评判起诉必要性。对于犯罪情节轻微，认罪态度较好的，检察机关可以依法作出不起诉决定，并会同教育部门和相关学校加强教育管理，帮助学生迷途知返、走上正途。

要坚持预防为先的理念，注重源头治理、综合治理，坚持齐抓共管、群防群治。检察机关和教育部门、相关学校要共同深入推动反电信网络诈骗和防范“两卡”违法犯罪校园宣传活动，发挥案例的教育警示作用，防止在校学生成为犯罪“工具人”。

案例5　郭某、张某诈骗不起诉案

一、基本案情

郭某，2000年6月出生，系某师范学校在校学生。

张某，2000年1月出生，系某师范学校在校学生。

赵某强、丁某、邵某飞、郭某立，1994年至2001年出生，均无固定职业。

2019年10月至12月，赵某强、丁某注册“古宝在线”“兴源在线”微信公众号，伙同邵某飞、郭某立，冒充古玩交易平台，以帮助被害人出售古董收藏品，需要缴纳“平台入驻费”“专家评估费”的方式实施电信网络诈骗，并招募郭某、张某等人作为财务人员提供微信二维码收取诈骗资金。郭某、张某明知郭某立等人从事诈骗犯罪，仍然按照授意将微信昵称和头像改为与诈骗平台同名的“古宝在线”，骗取被害人信任并收取诈骗资金。郭某、张某收款后，立即将被害人拉黑，并通过微信、支付宝全额转账给郭某立，郭某立给予郭某、张某每笔转账10元到30元不等的提成。

经查，郭某、张某参与诈骗金额分别为人民币1.6万余元和5800元。

二、诉讼过程

2020年1月15日，江苏省太仓市公安局以赵某强、丁某、邵某飞、郭某立、郭某、张某等6人涉嫌诈骗罪提请批准逮捕。同年1月22日，太仓市人民检察院依法对赵某强、丁某、邵某飞、郭某立等4人批准逮捕。鉴于郭某、张某系在校大学生，参与诈骗犯罪数额不大，获利较少，有自首情节，太仓市人民检察院主动联系二人所在的外省学校，开展社会危险性评估。综合二人的犯罪情节、悔罪态度，以及在校表现、校方帮教等因素，依法以无社会危险性不批准逮捕，公安机关对其取保候审。考虑到郭某、张某二人生活、学习均在外省，太仓市人民检察院建议太仓市公安局与当地公安机关、社区及所在学校建立联系，采用远程视频、微信、电话等方式加强日常沟通，了解二人在取保候审期间的思想状况和行为表现，防止出现监管“真空”。

2020年3月20日，太仓市公安局以诈骗罪对赵某强等6人移送起诉。2020年6月20日，太仓市人民检察院以诈骗罪对赵某强、丁某、邵某飞、郭某立等4人提起公诉。鉴于郭某、张某犯罪情节轻微，自首并认罪悔罪，在取保候审期间严格执行相关规定，积极配合公安、司法机关办案，综合全案情况，依法作出不起诉决定。2020年8月17日，太仓市人民法院以诈骗罪分别判处被告人赵某强、丁某、邵某飞、郭某立等4名被告人有期徒刑一年三个月至三年不等，并处罚金人民币四千元至一万元不等。各被告人未上诉，判决已生效。

三、教育治理

针对本案反映出的在校大学生提供收款二维码参与诈骗犯罪的问题，太仓市人民检察院向涉案学生所在学校发出《风险提示函》，提醒学校加强学生兼职就业风险防范教育，提高学生辨别防范能力。该校以此案为契机，针对风险提示内容，通过开展主题班会、全校学生大会、家长座谈会等方式加大宣传力度。太仓市人民检察院积极通过法治进课堂、模拟法庭等举措，在本地学校开展以案释法，提升在校学生的法律意识。郭某、张某被不起诉后，二人已顺利毕业走上工作岗位。

四、典型意义

检察机关在审查逮捕时，要贯彻“少捕慎押”理念，全面准确把握逮捕条件。对于学校和居住地不在本地的学生，要加强与所在学校联系，综合评估其犯罪行为、社会危害、一贯表现、认罪态度等因素，充分考虑所在学校、社区管理教育能力，从能够保障诉讼办案、有利于学生完成学业的角度出发，对于采取取保候审足以防止发生社会危险性的，可以依法不批准逮捕。

犯罪嫌疑人被取保候审后，检察机关要会同公安机关，保持与涉案学生所在学校、居住社区和家长的联系，跟踪了解学生日常表现。相关学校和学生家长要共同承担起监督管理职责，加强教育挽救，促使涉案学生真诚悔过，督促其遵守取保候审规定，确保诉讼活动的顺利进行。

教育部门和相关学校要加强对学生兼职就业的教育引导，规范学校内的兼职就业活动,及时提示风险,帮助学生提高辨别违法犯罪的能力,防止在兼职就业过程中落入违法犯罪“陷阱”。

国家反诈中心公布:十大高发诈骗类型

(2021 年 2 月 1 日发布)

国家反诈中心统筹部署各项打击治理电信网络诈骗工作,坚持以打开路、打防并举,依托互联网新媒体平台大力开展反诈宣传,进一步打造国家层面反诈宣传阵地,形成全国联动的反诈宣传格局,切实提高人民群众防骗意识和能力,营造全民反诈的浓厚氛围。

2 月 1 日,国家反诈中心在人民日报客户端、微信视频号、新浪微博、抖音、快手等新媒体平台同步开通“国家反诈中心”官方政务号,作为国家反诈中心的权威发布平台。

在官方政务号开通之际,国家反诈中心公布网络贷款、网络刷单、“杀猪盘”、冒充客服退款、假冒熟人、冒充“公检法”、“荐股”、虚假购物、注销“校园贷”、买卖游戏币十大高发诈骗类型,以案说法,予以剖析。

01

网络贷款诈骗手法揭秘
“低门槛”广告 + 网贷 APP

案件回放

1 月 10 日上午,一男子在上海市公安局浦东分局合庆派出所综合窗口前徘徊,民警见状主动上前询问情况。再三询问下,男子才缓缓说出自己可能被骗了。

男子姓陈,1 月 9 日晚他在浏览网页时看到一款网络贷款 APP,声称“无抵押、无担保、超低息,只需要注册,贷款立马到账”。正巧陈先生近期手头资金困难,遂下载注册了该款 APP 并申请贷款 15 万元。陈先生打开自己银行账户时发现所贷钱款未到账,但贷款 APP 上却显示他已欠款 15 万元。他与客服联系询问这一情况时,客服告知他后台显示钱款已到账,让陈先生在规定时间内还清贷款,然后挂断了电话。

民警查看陈先生手机上的贷款 APP 以及与客服的聊天记录,确认这是典型的网贷类诈骗。民警见其仍有被骗的可能,遂将以往的类似诈骗案例、诈骗手法一一耐心讲解。陈先生听完后庆幸自己来到派出所才避免“破财”，最终卸载了相关软件。

国家反诈中心提醒

警惕“无抵押、低利率”网贷平台

当有人向你推销贷款时，一定要小心。诈骗分子先让你在虚假贷款网站或APP上填写个人信息，再以信息填报错误、贷款额度被锁定等理由，诱骗你缴纳保证金或者解冻金。任何声称“无抵押、低利率”的网贷平台都有极大风险。一旦发现被骗，请及时报警。

02

网络刷单诈骗手法揭秘

兼职刷单＋网络博彩

案件回放

去年10月初，上海市民唐女士被拉入一兼职刷单微信群，群内自称客服的人员主动加了唐女士微信，忽悠唐女士向其提供的一网络博彩平台充值刷流水，并承诺只要根据客服提示操作肯定能赚钱。

抱着试一试的心态，唐女士下载了客服推送的APP，并充值98元试水。在客服提示下，唐女士果然赚了钱，98元变成了224元，并顺利提现。接着，唐女士加大投入，又一次获利提现10488元。看着账户里的数字越来越大，唐女士投入的本金也越来越多，直到累计充值108万元，准备将盈利的120万元全部提现时，她才发现自己的账户不能提现了。唐女士连忙联系所谓的客服，却被拉黑，继而被踢出群。

今年1月14日警方对该犯罪团伙实施收网抓捕，11名团伙骨干成员在多地悉数落网。目前，王某等11名犯罪嫌疑人已被依法刑事拘留，案件正在进一步侦办中。

办案民警表示，诈骗分子通常会冒充快递员，以电话打不通为由添加好友，一旦发现有人通过微信申请，便将对方拉入兼职刷单群。接着，引诱这些潜在被害人参与所谓的网络博彩刷单。而博彩输赢和资金进出皆由该团伙控制，这也是唐女士下注每次都能赢钱的原因。诈骗分子还会根据被害人的“人设”来控制“诱饵”的金额。

国家反诈中心提醒

所有刷单都是诈骗

所谓刷单，就是通过网上购物方式为网店刷信誉或者充值刷流水，网店向刷单者返还货款并支付佣金的违法行为。诈骗分子往往以兼职刷单名义,先以小额返利为诱饵,诱骗你投入大量资金后,再把你拉黑。千万不要轻信兼职刷单广告,所有刷单都是诈骗,不要缴纳任何保证金、押金。一旦发现被骗,请及时报警。

03

"杀猪盘"诈骗手法揭秘网上
"美女、帅哥"+投资"赢利"

案件回放

去年7月,上海市公安局嘉定分局真新派出所接到市民詹先生报案称,他接到一陌生女子来电,一来二去,詹先生对该女子产生了好感。没过多久,该女子称自己投资港股赚了很多钱,诱导詹先生一起加入。詹先生下载软件并投入少量资金,没想到很快就有了1000多元的收益,并成功取现。尝到甜头后,詹先生追加投入了5万元,期望能够获得更大收益。令他没想到的是,客服突然告知他购买的港股跌了,被强行平仓,导致詹先生账户内的钱款一分也没剩下。听到这个消息,詹先生赶紧登录平台查询,却发现平台登录不上,客服也联系不上了,詹先生这才意识到被骗了。

经调查,这起案件的背后是一个"杀猪盘"犯罪团伙,所谓的证券投资平台便是他们用来实施诈骗的工具。犯罪团伙主要利用"时间差"来达到行骗的目的,詹先生在投资平台所查看到的股票数据,与港股的实时数据之间有10分钟的延迟。诈骗团伙在这个时间差上大做文章,在掌握实时港股股价的基础上,直接操控被害人的收益与亏损。

去年12月17日,在当地警方的大力配合下,专案民警直奔诈骗团伙所在的湖北武汉某办公大楼,并在其他抓捕点布控,团伙71名成员悉数落网。目前,该团伙成员已被依法采取刑事强制措施,案件正在进一步侦查中。

经查,该团伙搭建"杀猪盘",以美女搭讪、网上相亲等手法,搭讪潜在被害人,以"投资获巨利"等引诱他们上钩,用操控软件后台的方式,将被害人的资金全部平仓,随后通过层层转账转入自己腰包。

国家反诈中心提醒

网恋还能赚大钱一定是诈骗

当有陌生人加你为好友时,一定要小心。诈骗分子往往先以甜言蜜语或者献殷勤等方式博取好感和信任,再向你推荐所谓"稳赚不赔、低成本高回报"的网络投资平台。当你越投越多时,就会把你拉黑。从网恋"一见钟情"开始,到参与网络赌博或投资诈骗结束,直到受害者倾家荡产甚至背负巨债,这就是“杀猪盘”诈骗。一旦发现被骗,请及时报警。

04

冒充客服退款诈骗手法揭秘
“客服主动退款”+申请平台贷款

案件回放

1月2日,江苏苏州市民李女士在单位接到一个陌生电话,电话里的男子自称是支付宝客服,给李女士来电是因为李女士近期在网上购买的一瓶精华液检测出有毒化学成分,平台将对客户进行全额退款。李女士一看,对方主动表示要给退款,还能准确说出自己的交易信息,便放松了警惕。

对方让李女士在支付宝备用金里申请178元(商品金额)的退款金额,李女士便依言操作,在支付宝备用金里申请了500元(备用金默认申请金额)。但对方却说申请不合规定,需将多申请到的备用金转至指定账户。

为方便指导李女士操作,对方让李女士下载一款会议视频软件,将她拉进一个叫“蚂蚁金服理赔中心”的二人视频会议室,视频中只能听到对方声音,看不到对方。二人挂断电话,继而用会议软件保持通讯。李女士将多申请的322元备用金转入对方提供的指定账户,对方却称归还超时,导致系统卡单,需要刷一下系统流水,不然就会上银行的征信黑名单。

就这样,李女士在对方指导下,先后在平安消费金融、微信小鹅花钱、招商银行APP内贷款18万余元,并转至对方提供的指定银行账户内。直到接到银行的提醒电话,李女士才发现会议视频被对方主动切断了,惊觉自己被骗。

警方初步调查发现,这起案件是一起典型的冒充客服购物退款的案件。诈骗团伙通过非法手段购买受害人购物信息,并使用这些信息联系到受害人,以“产品有瑕疵须作退款”为由,诱导受害人到各种陌生的金融平台贷款。目前,此案正在进一步侦查中。

国家反诈中心提醒
警惕“好心卖家”或“客服”

接到自称“卖家”或“客服”的电话说需要退款或重新支付时,当事人一定要登录官方购物网站查询相关信息,不要点击对方提供的网址链接,更不能在这些网址上填写任何个人信息。一旦发现被骗,请及时报警。

05

假冒熟人诈骗手法揭秘

用朋友头像加好友 +“暂时借钱”

案件回放

1月20日,江苏宿迁市民万某收到一个微信名叫邱某的人主动发信息添加好友,万某看其微信头像正是朋友邱某在某地讲话时截取的照片。因平时和邱某比较熟悉,万某没有多想,立即接受了添加微信好友的请求。

过了几天,该微信号主动与万某打招呼,简短地聊了几句后,便发送文字称最近准备给上级领导送礼,想找个关系好的人帮忙转一下,希望万某代为支付18万元礼品钱,并发来一个银行卡账户。万某没有进一步核实,通过手机银行向该账户转了18万元。之后,该微信号又请万某再转一部分,并提供另一个银行账户,如此反复4次,直至万某已无现金。过了几天,万某到邱某办公室询问借钱之事时,方知被骗。

警方调查发现,这起案件是一起典型的冒充熟人诈骗。诈骗分子利用受害人熟人之间缺乏戒备心的心理,假借某种事由要求汇款转账。案件正在进一步侦查中。

国家反诈中心提醒

熟人借钱要先核实

无论是谁,通过微信、QQ、短信让你转账汇款时,一定要用电话、视频等方式核实,切勿盲目转账。一旦发现被骗,请及时报警。

06

冒充“公检法”诈骗手法揭秘

“公安调查”+“冻结账户”

案件回放

1月18日,江苏南京市民方女士接到一个陌生电话,对方自称是电信公司工作人员,询问方女士是不是用身份证在上海办理了电话卡。方女士否认后,对方说可能有人冒充方女士办理了电话卡,并用这张电话卡发送诈骗短信,此人称已帮方女士报了警。

没过几分钟,方女士接到自称是上海某派出所“民警”的来电,说是帮助方女士调查涉案手机号码的情况。根据“民警”要求，方女士加了他的微信号，还通过微信进行视频聊天。对方还出示了“警官证”，使方女士放下了戒备心。之后，“民警”以法院要马上冻结银行账户为由，让方女士把银行卡账户情况告诉他，他可以帮忙找法官讲情，少冻结一段时间。方女士便将银行账号和密码都告诉了“民警”，并按照他的要求把手机验证码也告诉了他。“民警”还要求其把相关聊天记录、短信息、通话记录全部删掉。1 月 21 日，方女士发现“民警”已将其拉黑，才发觉被骗。

警方调查发现，这起案件是一起较为典型的冒充公检法诈骗案件。诈骗分子以近期警方集中打击电话卡、银行卡的行动为幌子，利用普通群众不明就里的心理制造恐慌感，再以“民警”身份出现，让受害人放下戒备心，进而落入圈套。目前，此案正在进一步侦查中。

国家反诈中心提醒

转账汇款自证清白是诈骗

凡是自称“公检法”要求你转账汇款自证清白的，都是诈骗。一旦发现被骗，请及时报警。

07

“荐股”诈骗手法揭秘

“理财导师”+虚假平台

案件回放

“钱能生钱”是很多人的迫切需求，很多骗子利用人们的这种心理，借助各种平台每天分享期货、黄金、股票投资知识，还时不时地推荐添加微信群、QQ 群，邀请你加入他的战队一起赚钱，但其实当你添加这些群，深信着“导师”有钱赚时，他们早已盘算好通过操纵虚假平台数据，让你血本无归了。

浙江新昌的唐女士对一篇介绍投资理财的文章颇有兴趣，便通过文中的二维码添加了“新浪王德才”的微信好友。此人自称是知名投资理财导师的助理，与唐女士交流了股票、理财等投资经验。在对方推荐下，唐女士加入一个讲解投资的微信群，还安装了“毕盛资管”理财软件。

微信群中有位人人敬仰的“导师”，每天都会通过导师群进行免费讲解，给大家推荐好的股票，多数人通过这个导师的指导收到可观的投资收益。唐女士渐渐动了心，也加入了导师群，按照导师的指导，通过“毕盛资管”理财软件，第一次投资 2 万元便有了可观收益，尝到甜头的唐女士又先后分 8 笔投入资金 76 万元，盈利 200

万元。赚到心满意足，唐女士准备套现，才发现怎么也无法提现，微信也被拉黑。

新昌县公安局接报后及时立案侦查，最终锁定犯罪嫌疑人 16 名。1 月初，该案已经由法院进行判决。经查，唐某所在的微信聊天群是由诈骗团伙操作的，所谓的群友多数是托儿。

国家反诈中心提醒

群里只有一根“真韭菜”

一进股票群，套路深似海。“老师”“学员”都是托儿，炒股软件都是假，只有你是“真韭菜”。一旦发现被骗，请及时报警。

08

虚假购物　诈骗手法揭秘

网络广告+“购物送抽奖”

案件回放

21 岁的王某喜欢抱着手机刷快手，去年底她被主播裘某直播间内发布的抽奖信息吸引，便添加了裘某的微信。裘某的朋友圈里经常有各类购物送抽奖活动，声称中奖率百分百。看到丰厚的奖品，王某花 1100 元购买了化妆品，并抽中了平板电脑。但王某迟迟未收到奖品，联系裘某也未得到答复，王某便向浙江宁波警方报了警。

宁波警方对王某所提供的证据进行研判，认为该主播涉嫌抽奖诈骗。办案民警赶赴广东佛山调查，近日抓获嫌疑人裘某。目前，裘某已被依法刑事拘留，案件正在进一步调查中。

国家反诈中心提醒

不轻信、不尝试

在网络购物中发现商品价格远低于市场价格时，一定要提高警惕，谨慎购买，不要将钱款直接转给对方。一旦发现被骗，请及时报警。

09

注销“校园贷”诈骗手法揭秘

“注销不良记录”+指导贷款

案件回放

1 月 9 日，浙江某大学的小杨接到一个电话，对方自称是支付宝客服，要帮小杨注销“校园贷”记录,做结清证明。正在做实验的小杨直接挂断了电话。过了不久,对方又打了过来,并说出小杨的许多个人信息。小杨将信将疑,称自己从未办理过贷款,但对方说可能是小杨朋友或者学校的人帮忙办理的。由于对方所说的信息非常准确,并说只要按其说的操作,系统就会进行统一升级,小杨的贷款记录就会注销,个人征信也不会受影响。于是,小杨在对方的指导下,开启腾讯会议并共享屏幕,向多个网贷平台申请贷款,并将贷款分别转到了4个陌生账户里。

事后小杨才醒悟过来,经向支付宝官方客服联系才知自己并没有“校园贷”记录,发现自己贷款损失近4万元。

国家反诈中心提醒

注销“校园贷”都是诈骗

凡是声称你有“校园贷”记录需要注销、否则会影响征信的,都是诈骗,切勿转账汇款。一旦发现被骗,请及时报警。

10

买卖游戏币　诈骗手法揭秘
“低价充值”+“充值解冻”

案件回放

去年12月29日,浙江绍兴的小陈玩手机游戏时,看到游戏社区里有人投放“有充值渠道可以低价充值游戏币”的广告,便联系对方,并在对方指导下添加支付宝账号、打开对方给的网址链接,进入名为“付品阁”的网站。

对方让小陈转账给该网站提供的银行账户充值,小陈觉得这个网站看上去挺靠谱,里面的钱均可以提现,便充值了200元。对方称200元的商品已卖完,只有700元的商品了,于是小陈又充值了500元。此时,客服又说因小陈之前未完善身份信息,账户里的钱均被冻结,需要再充值3倍的金额才解冻,于是小陈又充值2100元。如此反复多次,对方以多种理由让小陈交钱解冻账号,直到小陈醒悟过来。

国家反诈中心提醒

私下交易存在被骗风险

买卖“游戏币”、游戏账号时,不要轻信“低价充值”和“高价收购”,不要轻易点击对方提供的网址链接,一定要在官网上进行操作。一旦发现被骗,请及时报警。

公安部公布五类高发电信网络诈骗案件①

（2022 年 5 月 11 日发布）

近年来，公安部认真贯彻落实习近平总书记重要指示精神和党中央决策部署，组织指挥全国公安机关向电信网络诈骗违法犯罪活动发起凌厉攻势，有效遏制了电信网络诈骗案件快速上升势头。今日，公安部公布五类高发电信网络诈骗案件，进一步提升广大群众识骗防骗能力水平，有力震慑违法犯罪分子。

当前，电信网络诈骗犯罪形势严峻，已成为发案最多、上升最快、涉及面最广、人民群众反映最强烈的犯罪类型，其中刷单返利、虚假投资理财、虚假网络贷款、冒充客服、冒充公检法 5 种诈骗类型发案占比近 80%，成为最为突出的 5 大高发类案，其中刷单返利类诈骗发案率最高，占发案总数的三分之一左右；虚假投资理财类诈骗涉案金额最大，占全部涉案资金的三分之一左右。

1. 刷单返利类诈骗

刷单返利类诈骗由于返利周期短、引流成功率高，已逐步演变为当前变种最多、变化最快的诈骗类型，并与其他电信网络诈骗手法相互“融合”，成为电信网络诈骗主要引流方式。诈骗分子主要犯罪手法为：第一步，前期引流。通过网页、短信、社交软件、短视频平台等渠道发布兼职广告，打着“足不出户、高额佣金”的旗号，或以色情内容和免费礼物为诱饵，招募“刷单客”“点赞员”“推广员”，一旦有受害人“上钩”，即将其拉入“做任务”的聊天群。第二步，小额返利。加入聊天群后，诈骗分子会让受害人在群内领取“新手任务”，“任务”主要是提高平台商家、网店的交易量、信誉度，关注相关公众号、账号，为短视频点赞评论刷粉丝等。受害人完成“新手任务”后，诈骗分子会快速返还小额佣金，用以骗取受害人信任。第三步，诱导下载刷单 APP。在受害人完成前期任务并获利基础上，诈骗分子通常会安排专人在微信群中散布其获得高额佣金的截图，引诱受害人下载虚假刷单 APP 做“进阶任务”。随后，诈骗分子以“充值越多、抢单越多、返利越多”为诱饵，诱骗受害人在刷单 APP 中垫资充值，实际是将受害人资金转入其提供的银行账户，而受害人的 APP 账户中显示的金额仅仅是虚拟数字。第四步，完成诈骗。当受害人完成任务

① 参见《公安部公布五类高发电信网络诈骗案件》，载中华人民共和国公安部 2022 年 5 月 11 日，http://www.mps.gov.cn/n2253534/n2253543/c8487604/content.html。

想要提现时，诈骗分子将设置重重障碍，以“任务未完成”“卡单”“操作异常账户被冻结”等各种借口，拒不支付本金和佣金，甚至诱导受害人加大投入，进而骗取更多资金。一旦受害人识破骗局，诈骗分子将切断一切联系。

【典型案例】2022 年 5 月，湖北咸宁部某某在微信群内看到“固定底薪、点赞评论返佣金”的信息及二维码。部某某通过扫码加上客服，在客服诱导下下载某刷单 APP。安装 APP 后，部某某在 APP 内联系上“接待员”，由其指导做刷单任务。最初，“接待员”在部某某完成评论任务后返了 20 元佣金到其支付宝账号。部某某见佣金确实到账了，便根据对方的提示进入 APP 内任务大厅认购任务单。认购任务单需交纳相应的本金，交纳金额越高，返还佣金越高。部某某先后完成了 5 单任务，认购本金 100 元至 1000 元不等，每次的佣金都返还至其 APP 账户，后由部某某提现到自己的银行卡中，到账速度很快，其进一步放松了警惕。随后，为了获得更多佣金，部某某开始认购金额更大的复合任务单。此类任务需连续完成多单且中途不能退出，部某某先后投入本金达 11 万元。但当部某某按要求完成任务后却发现无法提现，便赶快联系“接待员”，对方告知其操作有误造成“卡单”，需要再做一次复合任务才能提现。部某某此时已觉察被骗，向对方索要本金时发现对方已删除联系方式，且 APP 已无法登录。

【警方提示】刷单行为涉嫌违法，凡是需要先行充值或垫付资金的刷单行为都是诈骗。

2. 虚假投资理财类诈骗

虚假投资理财类诈骗的受害人多为具有一定收入、资产的单身群体或热衷投资、理财、炒股的人群。诈骗分子主要犯罪手法为：首先，诈骗分子通过多种渠道锁定受害人并骗取其信任。锁定受害人的方式包括通过社交软件寻找受害人并建立联系、发布股票外汇等投资理财信息网罗目标人群、通过婚恋交友平台确定婚恋关系骗取信任等。在获得受害人信任后，诈骗分子采用冒充投资导师、金融理财顾问，或谎称有特殊资源可获得高额理财回报等方式，引诱受害人加入“投资”群聊、听取“投资专家”直播课、接受“股票大神”投资指导。随后，诈骗分子将诱导受害人在其提供的虚假网站或 APP 上投资，前期小额投资试水可获得返利，一旦受害人加大资金投入后，就会发现无法提现或全部亏损，并被诈骗分子拉黑，且虚假网站、APP 无法登录。

【典型案例】2022 年 4 月，北京于某在某直播平台上观看炒股知识直播时，与一个自称该主播的账号私聊后添加为微信好友。对方自称“甄军”，在微信上让于某扫码进入炒股交流群。随后,该群管理员向于某发送 APP 安装包,让其下载安装并注册账号。一周时间里,于某按照"甄军"和该群管理员要求,先后向对方账户分 10 笔转账 347 万元,期间按照对方的"投资指导",在 APP 内进行买入、卖出股票操作,并成功提现 37.3 万元。于某感觉这样炒股获利丰厚,便继续在 APP 内加大资金投入。直至 4 月底,于某发现 APP 内 307 万元余额已无法提现。在其询问下,"甄军"及该群管理员称平台出问题被突击检查,要求于某缴纳 120 余万元罚款后才能使其账户内余额提现。于某不愿交纳罚款,继续向对方索要投资本金后被对方拉黑,同时发现 APP 无法登录,从而发现被骗。

【警方提示】投资理财需谨慎,警惕虚假投资理财网站、APP。

3. 虚假网络贷款类诈骗

诈骗分子通过网络媒体、电话、短信、社交软件等发布办理贷款、信用卡、提额套现等广告信息,打着"无抵押""免征信""无息低息""快速放款""免费提额套现"等幌子,以事先收取手续费、保证金、验资、交税等为由,或以检验还贷能力、调整利率、降息、提高征信等为借口,诱骗具有贷款需求或曾办理贷款业务的受害人转账汇款,甚至骗取受害人银行账户和密码等信息直接转账、消费,从而实施诈骗。

【典型案例】2022 年 5 月,广东东莞樊某接到陌生来电,对方自称某平台客服,询问樊某是否有贷款需求。樊某因近期生意不景气,需要资金周转,便称想要贷款。在添加对方企业微信账号后,樊某按照对方要求下载了某贷款 APP,并按照提示在 APP 上申请贷款。随后,对方以交会员费、解冻金、证明还款能力等为由要求转账,樊某通过手机银行进行了 4 笔转账共 13.7 万元,但对方仍称贷款条件不满足不能放贷。樊某此时已萌生放弃贷款的想法,向对方索要之前转账的资金。对方告知其需等贷款审核通过才能返还资金,随后便失去联系,APP 无法登录。

【警方提示】任何声称"无抵押、无资质要求、低利率、放款快"的网贷平台都有极大风险。

4. 冒充客服类诈骗

冒充客服类诈骗的受害人群通常为网购用户,诈骗分子事先大肆非法窃取、收购买家网购信息及快递面单信息,以退款、理赔等为由对买家或平台商家实施精准诈骗。诈骗分子主要犯罪手法为:一是冒充电商平台或者物流快递企业客服,谎称受害人网购商品出现问题,以退款、理赔、退税等为由,诱导受害人提供银行卡和手机验证码等信息,对受害人实施诈骗。二是声称误将受害人升级为 VIP 会员、授权为代理、办理商品分期业务等,以不取消上述业务将产生额外扣费为由,诱导受害人支付手续费,从而实施诈骗。三是以受害人电商平台会员积分、支付宝芝麻信用积分不足为由,让受害人申请贷款从而提高会员积分,并诱骗受害人将贷款汇入其指定账户,从而实施诈骗。

【典型案例】2022 年 4 月,福建泉州张某接到电话,对方自称是某购物平台客服。对方告知张某购买的商品快递包裹丢失,现在可以进行理赔,并说出具体订单编号、订单时间及商品物流单号。张某信以为真,在其指导下添加为好友,并下载某云会议 APP 进行语音联系。张某按对方提示操作,在自己支付宝内透支了备用金所有额度,后将透支的钱款转入对方提供的银行账户。对方承诺后期会将备用金和理赔金一起返还,并让张某继续下载网贷 APP 透支额度转账。张某不愿配合,随后发现对方已无法联系,从而发现被骗,共损失金额 2.5 万元。

【警方提示】接到自称电商、物流客服电话,务必到官方平台核实。

5. 冒充公检法类诈骗

冒充公检法类诈骗紧跟社会热点、不断迭代升级,造成的损失金额往往较大,广大群众深恶痛绝。此类诈骗让受害人深信不疑的重要原因之一,就是诈骗分子通过非法获取公民个人信息,从而在诈骗过程中准确说出受害人姓名、工作单位、住址、身份证号等,具有极强的迷惑性。诈骗分子主要犯罪手法为:冒充公检法等机关工作人员,谎称受害人名下银行账户、电话卡、社保卡、医保卡等被冒用,或者身份信息被泄露,或者涉嫌洗钱、非法出入境、快递包裹藏毒等违法犯罪,以此要求受害人将资金转入"安全账户"配合调查或接受监管,进而实施诈骗。为增加可信度,一些诈骗分子会向受害人展示虚假公检法网站上发布的假通缉令等法律文书。为远程获取受害人手机上的个人信息,诈骗分子常常要求受害人下载具有屏幕共享功能的 APP。为使受害人处于完全被操控状态,诈骗分子还会诱骗受害人到酒店等封闭空间,阻断所有短信、来电等外界联系。公安机关工作中发现,一些诈骗分子还会冒充不同部门的政府机关工作人员,以领取补助补贴、奖学金,医保卡、证券、金融账户被冻结,出入境证件异常、失效等为由实施诈骗。特别是近期一些诈骗分子以受害人涉嫌散布疫情谣言、贩卖假口罩、违反疫情防控规定等为由进行诈骗,影响恶劣。

【典型案例】2022 年 4 月,广东深圳刘某某接到自称是深圳市防疫中心的陌生电话,对方称要带其去强制隔离,因刘某某一个电话号码曾在 3 月 16 日扫描了长沙市某医院的行程码。刘某某表示自己没有去过长沙,对方又称其身份信息可能被盗用,可帮其将电话转接到"长沙市公安局"。接通"长沙市公安局"电话后,一名自称“陈警官”的男子对刘某某进行询问,并告知刘某某账户涉嫌洗黑钱,让刘某某添加其 QQ 号码。随后,“陈警官”发给刘某某一个账号让其登录后,提交了银行卡号、密码等相关信息,并录制了人脸操作视频。在“陈警官”引导下,刘某某银行账户被分 4 次转走 6 万余元。发现银行账户资金被转走后,刘某某意识到自己被骗。

【警方提示】自称公检法等国家机关工作人员并要求把钱款转到“安全账户”的一定是诈骗。

公安部公布十大侵犯公民个人信息犯罪典型案例①

(2022 年 1 月 8 日发布)

打击侵犯公民个人信息犯罪这一年

◆共破获侵犯公民个人信息案件 9800 余起,抓获犯罪嫌疑人 1.7 万余名

◆公布江苏公安机关破获何某非法获取公民个人信息案等 10 大典型案例

2021 年,全国公安机关深入推进“净网 2021”专项行动,针对人民群众关注的个人信息保护问题,全力组织开展侦查打击工作,共破获侵犯公民个人信息案件 9800 余起,抓获犯罪嫌疑人 1.7 万余名,有力维护了网络空间秩序和人民群众合法权益。公安部 8 日公布了 2021 年侵犯公民个人信息犯罪十大典型案例。

一、江苏公安机关破获何某非法获取公民个人信息案。江苏公安网安部门侦查查明,犯罪嫌疑人何某利用为相关单位、企业建设信息系统之机,非法获取医疗、出行、快递等公民个人信息数十亿条,搭建对外提供非法查询服务的数据库,通过暗网发布广告招揽客户,出售谋取不法利益。

二、湖北公安机关破获徐某等人利用外挂程序非法获取公民个人信息案。湖北公安网安部门侦查查明,武汉某公司工作人员徐某等人,利用李某编写的多款外挂程序,通过系统接口漏洞,窃取酒店、燃气、医疗健康等 33 个网站后台公民个人信息 3000 余万条用于债务催收等。

三、安徽公安机关破获吴某等人非法获取老年人个人信息推销虚假保健品案。安徽公安网安部门侦查查明,犯罪嫌疑人吴某成立多家健康咨询公司,通过网上购买、交换有保健品购买记录的老年人信息 200 余万条,通过制定话术、夸大效果推销

---

① 参见《打击侵犯公民个人信息犯罪这一年:公安部公布十大典型案例》,载中华人民共和国公安部 2022 年 1 月 8 日,https://app. mps. gov. cn/gdnps/pc/content. jsp? id =8314457。

虚假保健品，骗取6万余名老年人1500余万元。

四、江苏公安机关破获关某等人非法获取公民个人信息案。江苏公安网安部门侦查查明，犯罪嫌疑人关某利用多个空壳公司与多家电信运营商签订合同，非法获取电信用户手机上网标签数据2亿余条，按照地域、行业等分类后，向下游精准营销人员和电信网络诈骗犯罪人员贩卖牟利。

五、福建公安机关破获谢某等人利用木马窃取网民购物信息案。福建公安网安部门侦查查明，犯罪嫌疑人谢某诱骗某电商平台店铺客服点击木马链接，窃取200余家店铺的买家个人信息1000余万条，向林某等人层层贩卖，最终流向电信网络诈骗团伙。

六、辽宁公安机关破获石某等人非法获取公民信息注册游戏账号并向未成年人出售案。辽宁公安网安部门侦查查明，山东某网络科技公司从网上购买公民信息，在辽宁阜新石某团伙的技术支撑下，突破游戏公司验证机制，非法注册实名网络游戏账号1.8万余个，向未成年人出售，非法牟利170余万元。

七、广东公安机关破获某公司非法获取公民个人信息实施诈骗案。广东公安网安部门侦查查明，珠海某艺术品策划公司从某APP维护人员汪某处购买APP在运营过程中获取的古董持有人员个人信息200万余条，以协助拍卖古董为名，骗取客户服务费、托管费，非法牟利1.9亿余元。该公司员工邝某、黄某为谋取私利，将公司非法获取的个人信息向其他电信网络诈骗团伙贩卖。

八、江苏公安机关破获某公司非法获取公民个人信息案。江苏公安网安部门侦查查明，某公司非法搭建5300余个虚假网站，冒用其他公司资质在某自媒体平台发布免费领取男科用药、白酒、保健品等虚假信息，引流至其所建虚假网站，骗取网民的姓名、手机号、收货地址等公民个人信息110余万条并贩卖牟利。

九、浙江公安机关破获李某等人非法获取公民快递信息案。浙江公安网安部门侦查查明，犯罪嫌疑人李某指使团伙成员应聘多家快递公司临聘人员，利用整理快递包裹之机，偷拍快递面单2万余张，汇总整理后在网上贩卖。

十、江苏公安机关破获张某等人非法获取公民个人信息案。江苏公安网安部门侦查查明，犯罪嫌疑人张某搭建服务器制作远程控制软件，出售给他人安装在受害人手机上，非法获取受害人手机的位置、通话记录等，涉及手机1.1万余台。

公安机关网安部门将会同有关部门，认真贯彻落实《刑法》和《个人信息保护法》、《数据安全法》等法律法规，完善打击危害公民个人信息和数据安全违法犯罪长效机制，坚持打击和防范并重，做好源头防控，持续保持严打高压态势，不断提升人民群众的安全感。公安机关提醒广大群众，个人信息关系到每个人的合法权益和生命财产安全，保护自己和他人的个人信息安全人人有责。一旦发现个人信息被泄露，要及时向公安机关报案。实施侵犯公民个人信息违法犯罪，必将受到法律严惩。

公安部公布"净网2021"专项行动十大典型案例[①]

（2021年11月17日发布）

公安机关深入推进"净网2021"专项行动　打击电诈推广引流犯罪集中收网行动成效显著

近日，全国公安机关按照公安部统一部署，深入推进"净网2021"专项行动，集中开展打击电信网络诈骗推广引流犯罪收网行动，对通过诈骗话术网上引诱潜在受骗者，为电信网络诈骗提供推广引流服务的犯罪团伙进行重拳打击，共打掉团伙180余个，抓获犯罪嫌疑人1400余人。公安部今日公布了集中收网行动中破获的10起典型案例。

01

北京公安机关破获李某某团伙
利用兼职刷单等虚假信息为电诈团伙推广引流案

北京公安机关网安部门侦查查明，李某某犯罪团伙在网上与境外电信网络诈骗团伙勾连，利用招聘网站、电子邮箱、社交软件等平台为诈骗团伙发送兼职刷单、投资理财等虚假信息，诱导受害者与诈骗团伙联系，供诈骗团伙实施诈骗。北京公安机关在北京、湖南长沙实施集中收网行动，成功抓获李某某等10名犯罪嫌疑人。

02

河北公安机关破获张某某团伙
冒充证券公司员工为电诈团伙推广引流案

河北公安机关网安部门侦查查明，张某某犯罪团伙从境外电诈团伙获取公民

① 参见《"净网2021"公安部公布打击电诈推广引流犯罪十大典型案例》，载微信公众号"公安部网安局"2021年11月17日，https://mp.weixin.qq.com/s/3T1NHt09ohRK92pwKDiTTw。

个人电话号码后，组织话务员刘某某等人冒充证券公司员工拨打电话联系，以投资理财为诱饵，将受害者拉入境外电诈团伙指定的微信群内，供诈骗团伙实施诈骗。河北张家口公安机关在集中收网行动中一举抓获犯罪嫌疑人 8 名。

03

山西公安机关破获宋某某犯罪团伙
冒充中国移动客服为电诈团伙推广引流案

山西公安机关网安部门侦查查明，宋某某犯罪团伙冒充中国移动客服人员打电话向他人推荐所谓专业股票老师、微信公众号及微信群，再伺机将有投资理财需求的人员拉入境外电诈团伙指定的微信群内，供诈骗团伙实施诈骗。山西吕梁公安机关在集中收网行动中一举抓获犯罪嫌疑人 13 名。

04

黑龙江公安机关破获刘某团伙
利用网络电话平台为电诈团伙推广引流案

黑龙江公安机关网安部门侦查查明，刘某犯罪团伙受境外诈骗团伙雇佣，在网上招募兼职话务员，并指挥话务员使用专用“引流话术”剧本和“呼叫中心”网络电话平台，以拨打网络电话的方式将受害者引诱至境外诈骗团伙指定的网络群组，供诈骗团伙实施诈骗。黑龙江大庆公安机关在集中收网行动中一举抓获犯罪嫌疑人 16 名。

05

上海公安机关破获钱某某团伙
利用“荐股”信息为电诈团伙推广引流案

上海公安机关网安部门侦查查明，犯罪嫌疑人钱某某、朱某某、李某等人通过微信、QQ 等聊天工具与境外诈骗团伙勾连，由诈骗团伙提供手机号等公民个人信息，由钱某某团伙安排话务员拨打号码、添加微信，并以推荐股票和“投资建议”为名将受害者拉进所谓的股票分析群，进而由境外诈骗团伙实施诈骗活动。上海公安机关开展集中收网行动，抓获犯罪嫌疑人 17 名。

06

江西公安机关破获彭某团伙
以科技公司为掩护为电诈团伙推广引流案

江西公安机关网安部门侦查查明，彭某犯罪团伙按照境外诈骗团伙提供的“底料”（包括公民个人信息及话术等）拨打电话，谎称自己为投资机构工作人员，拉拢受害人进入境外诈骗团伙精心制作的股票投资微信交流群、虚假投资网站、股票投资微信公众号等，供诈骗团伙实施诈骗。江西九江公安机关在集中收网行动中一举抓获犯罪嫌疑人23名。

07

广东公安机关破获刘某某团伙
利用婚恋交友软件为电诈团伙推广引流案

广东公安机关网安部门侦查查明，刘某某团伙通过招募多名女性作为聊天员，统一培训聊天话术，注册婚恋交友软件账号，大肆推广、吸引添加男性好友。好友添加成功后，便以恋爱、结婚等话术诱骗受害者到指定平台充值购买虚拟礼品，供诈骗团伙实施诈骗。广东茂名公安机关在集中收网行动中一举抓获犯罪嫌疑人20名。

08

海南公安机关破获陈某某团伙
冒充证券公司客服人员为电诈团伙推广引流案

海南公安机关网安部门侦查查明，陈某某团伙冒充证券公司客服人员，利用境外诈骗团伙提供的公民个人信息，拨打电话，并将有投资理财需求人员诱骗进入虚假投资群内，再由诈骗团伙冒充炒股专家、投资专家诱惑受害者进入特定APP内投资，进而对受害者实施投资理财类精准诈骗。海南公安机关开展集中收网行动，抓获犯罪嫌疑人39名。

09

四川公安机关破获彭某团伙
利用自制软件为电诈团伙推广引流案

四川公安机关网安部门侦查查明，彭某团伙与境外犯罪集团建立合作关系，在四川德阳、江苏连云港成立工作室，招募专业技术人员和广告推手，使用群发软件将编写好的诈骗话术、推广语连续发送到QQ群中，诱使群内成员添加境外诈骗团伙客服QQ号，进而实施诈骗。四川绵阳公安机关在集中收网行动中一举抓获犯罪嫌疑人12名。

10

重庆公安机关破获倪某某团伙为电诈团伙推广引流提供技术支持案

重庆公安机关网安部门侦查查明，倪某某团伙与境外电诈团伙相勾连，在重庆渝北区等地通过架设技术设备，帮助诈骗团伙躲避诈骗电话、诈骗短信拦截系统，协助诈骗团伙实施诈骗犯罪活动。重庆公安机关在集中收网行动中一举抓获犯罪嫌疑人25名。

公安部网安局公布"净网2020"打击网络黑产犯罪集群战役十大典型案例①

（2021年1月15日发布）

1.北京朝阳侦破"7·21"案

北京朝阳网安部门打掉一个利用大量非法获取的物联网卡为境外诈骗团伙提供短信推广服务的网络黑产链条，捣毁犯罪窝点12个，抓获犯罪嫌疑人19名，扣押"猫池"设备30台、物联网卡4万余张。

2019年以来，犯罪嫌疑人寇某伙同公司员工黄某和付某，明知犯罪嫌疑人王某从事网络黑产违法犯罪活动，仍向其违规销售10余万张具有定向短信功能的物联网卡，王某利用这些卡为境外诈骗团伙提供短信推广服务。

2.江苏南京侦破"11·2"案

南京网安部门打掉一个运营商内部工作人员、中间人、黑卡销售公司相互勾结，大肆制售物联网黑卡的犯罪链条，抓获犯罪嫌疑人13名（其中某运营商内部工作人员3名），现场查获未售出的物联网卡5万余张（涉案物联网卡共40万张）。

---

①　参见《"净网2020"打击网络黑产犯罪集群战役十大典型案例》，载微信公众号"公安部网安局"2021年1月15日，https://mp.weixin.qq.com/s/U1tlDZALf4U6Jsdwz66u3A。

2019 年 12 月以来，犯罪嫌疑人戴某利用某运营商内部人员关系，违规向犯罪嫌疑人彭某提供 40 万张物联网卡，致使其中 35 万张流向电信网络诈骗、网络黑产等违法犯罪活动。

3. 江苏徐州侦破"5·18"案

徐州网安部门打掉一个专门为下游犯罪提供 QQ"养号"服务的特大黑产平台，抓获违法犯罪嫌疑人 47 名，查获恶意注册、非法获取的 QQ 账号 2 亿余组。

2016 年以来，犯罪嫌疑人刘某利用平台上"卡商"接入的手机卡号和验证码资源，为"号商"提供 QQ"养号"服务，致使大量 QQ 账号被不法分子用于电信网络诈骗、网络赌博等违法犯罪活动。2019 年 2 月以来，该平台注册用户 14 万余个，资金流水近 9000 万元，非法获利 3000 余万元。

4. 山东威海侦破"3·13"案

威海网安部门打掉一个为下游犯罪提供物联网卡及隐蔽上网链路的黑产团伙，抓获包括运营商内部工作人员牛某在内的犯罪嫌疑人 23 名。

2017 年以来，上海某公司吴某勾结某运营商员工牛某，批量购买 100 万张定向流量物联网卡，违规搭建代理上网服务器并将裸卡销售，致使大量物联网卡被用于电信网络诈骗等违法犯罪。经查证，该公司累计违规销售物联网卡 222 万余张，非法获利 1000 余万元。

5. 山东枣庄侦破"8·28"案

枣庄网安部门打掉为网络赌博等犯罪提供账号注册服务的"曹操"接码平台，抓获非法买卖手机黑卡、物联网卡犯罪嫌疑人 34 名，扣押涉案物联网卡 130 余万张、"猫池"设备 2000 余台，并一举打掉运行 4 年的接码平台专用推广网站"爱码族"网。

2020 年 7 月以来，犯罪嫌疑人于某、王某、乔某搭建了"曹操"接码平台，为下游赌博、"薅羊毛"等违法犯罪活动提供网号注册服务，非法获利 40 余万元。

6. 湖北荆州侦破"6·19"案

荆州网安部门打掉一个为下游犯罪提供码号支撑的大型 QQ"养号"黑产团伙，抓获犯罪嫌疑人 9 名，关停非法 QQ 号销售网站 1 个，查扣涉案"猫池"设备 233 台、物联网卡 7 万余张。

2019 年 7 月以来，犯罪嫌疑人谢某、姚某等 4 人利用从北京某虚拟运营商内部人员刘某、郭某手中购买的 7 万余张物联网卡从事 QQ"养号"活动，累计销售恶意注册、非法获取的 QQ 账号 270 余万个，非法获利 600 余万元。

7. 广东广州侦破“7·06”案

广州网安部门打掉一个生产、销售“繁星盒子”黑产设备的犯罪团伙，抓获犯罪嫌疑人80名，查处涉案开发和运营公司8家，查获群控设备345台。

该设备由4家公司共同研制，系一种新型群控设备，可模拟630部安卓手机的硬件信息，具有批量登录微信、操控微信、IP代理等功能，多被用于电信网络诈骗、网络赌博等违法犯罪活动。该设备曾售往中缅边境的多个电信网络诈骗团伙，涉案金额1200余万元。

8. 四川广元侦破“8·16”案

广元网安部门打掉一个某运营商多名工作人员参与，为诈骗、赌博等犯罪活动提供接码服务的网络黑产团伙，抓获犯罪嫌疑人24名，查获手机黑卡1.1万张、“猫池”设备107台。

2020年3月以来，某运营商主管朱某伙同王某、杨某等3人，在客户办理手机卡时偷开、多开或以赠送礼品诱骗等方式办理大量手机卡，利用购买的“猫池”设备搭建黑产窝点，为下游犯罪活动提供接码服务，非法获利68万余元。

9. 海南海口侦破“9·29”案

海口网安部门打掉一个为下游犯罪提供接码服务的黑产团伙，查处关停接码平台1个，捣毁“卡商”、“号商”窝点4个，扣押电话黑卡3万余张、“猫池”设备200余台，查获交易的微信号近10万个。

犯罪嫌疑人田某分别于2015年、2019年在海口和江苏徐州成立2个黑产窝点，通过对接刘某搭建的接码平台，为境外诈骗、洗钱等犯罪团伙批量提供手机号码及验证码，下游“号商”何某利用该平台共恶意注册和出售微信账号近10万个。

10. 云南楚雄侦破“8·21”案

楚雄网安部门打掉一个为境外不法分子提供动态IP代理、动态VPS服务的黑产团伙，抓获犯罪嫌疑人34名，捣毁网络黑产窝点24个。

2018年，犯罪嫌疑人赵某伙同杨某、邵某成立科技公司，在云南15个州市设立24个互联网数据中心机房，在明知其服务对象可能从事违法犯罪的情况下，仍为其提供互联网代理访问和宽带转租服务。初步核实多起涉赌、涉诈案件线索指向其宽带账号。经查证，该团伙非法获利450万元。

公安部网安局发布"百日行动"期间打击网络违法犯罪十大典型案例[①]

（2022年9月9日发布）

一、四川公安机关破获"8.10"侵犯公民个人信息案。

四川公安网安部门侦查查明，犯罪嫌疑人王某等人为牟取非法利益，成立3家助贷催收公司，组建技术团伙利用技术手段非法获取公民个人信息，并以此开展助贷催收业务，非法牟利1000余万元。

8月10日，四川公安机关集中收网，抓获犯罪嫌疑人189名，查获各类非法获取公民个人信息软件工具104款，查获公民个人信息数据1200万余条。

二、甘肃公安机关破获赖某等人侵犯公民个人信息案。

甘肃公安网安部门侦查查明，犯罪嫌疑人赖某等人利用非法软件非法"爬取"手机用户通话记录、支付记录、通讯录等数据，综合形成用户风控报告后，向"套路贷"诈骗分子贩卖牟利。

7月中旬，甘肃公安机关组织集中收网，抓获犯罪嫌疑人21名，摧毁"套路贷"犯罪团伙6个。

三、天津公安机关破获李某利用木马程序非法获取老年人信息并实施诈骗案。

天津公安网安部门侦查查明，犯罪嫌疑人李某自制木马程序，通过即时通讯群组售卖，并在线传授黑客攻击教程及远程维护服务。犯罪嫌疑人蔡某某伙同王某某利用从李某处购买的木马程序，非法获取大量老年人身份信息及家庭情况，并以某健康科技公司为掩护，利用掌握的老年人信息精准筛选作案对象，通过推销保健品等形式实施诈骗。

7月11日，天津公安机关集中收网，抓获李某等犯罪嫌疑人20名，查获木马程序29款、作案设备97部，查扣涉案资金1000余万元。

四、云南公安机关破获李某某等人特大非法买卖域名案。

云南公安网安部门侦查查明，以犯罪嫌疑人李某某为首的犯罪团伙以科技公司为掩护，长期向黄赌诈犯罪团伙非法销售域名并提供"域名防封"技术服务非法

---

① 参见《公安部发布"百日行动"期间打击网络违法犯罪十大典型案例》，载微信公众号"公安部网安局"2022年9月22日，https://mp.weixin.qq.com/s/0FebDvxgbT3L4FKFGi0HOg。

牟利。

"百日行动"期间，云南公安机关对该犯罪团伙及其上下游链条开展集群打击、集中收网行动，侦破案件300余起，抓获犯罪嫌疑人630名，查封用于黄赌诈等非法网站的域名50余万个，查封黄赌诈非法网站4000余个，彻底摧毁了该非法域名黑产链。

五、山东公安机关破获特大非法生产、销售窃听窃照器材案。

山东公安网安部门侦查查明，犯罪嫌疑人焦某等人非法生产、销售窃听窃照专用器材，并在网上销售非法牟取利益。

近期，山东公安机关开展多轮次集中收网行动，在广东深圳等地一举捣毁非法生产窝点2个、销售窝点4个，抓获犯罪嫌疑人23名，现场缴获窃听窃照器材及零部件4万余件，彻底摧毁一条非法生产、销售窃听窃照专用器材特大黑色产业链，涉案金额1000余万元。

六、广东公安机关破获廖某某"网络水军"案。

广东公安网安侦查查明，以廖某为首的"网络水军"犯罪团伙重点物色有装修消费纠纷的人员群体，以帮助他人维权为由，在公众号、朋友圈、短视频等网络平台大肆撰写、发布有关装修公司的负面贴文，以需要支付劳务费、删帖费等方式，威胁敲诈、勒索相关装修公司，借机索取高额财物，负面贴文涉及全国各地装修公司约50家。

8月4日，广东公安机关开展集中收网，分别在湖北孝感、广东惠州、揭阳等地抓获14名犯罪嫌疑人，现场扣押手机、电脑、电话卡等涉案物品一大批。

七、北京公安机关破获臧某某等人搭建新型网络黑账号注册平台出售网络黑号案。

北京公安网安部门侦查查明，犯罪嫌疑人臧某某等人搭建"熊猫授权"网络平台，将事先通过骗取、购买等方式非法获取的网民微信账号登录数据包上传至该平台数据库。

境外"杀猪盘"等网络诈骗犯罪团伙在该平台注册后，可利用该平台存储的微信账号登录数据包，通过第三方授权登录方式注册其他平台网络账号。

7月19日，北京公安机关赴吉林长春开展集中收网，抓获犯罪嫌疑人臧某某等4人，查获各类网络黑账号428万个。

八、浙江公安机关破获鲍某等人特大利用木马程序非法窃取贩卖快递信息案。

浙江公安网安部门侦查查明，以鲍某为首的犯罪团伙将木马程序植入电商云仓计算机中，实时窃取电子快递面单，并在网上贩卖牟利。

“百日行动”期间，浙江公安机关组织收网行动，抓获犯罪嫌疑人37名，查获快递面单500余万条，涉案金额3000余万元，初步串并冒充电商客服实施诈骗类案件140余起。

九、福建公安机关破获黄某某等人仿冒正规网站为赌博色情网站推广引流牟利案。

福建公安网安部门侦查查明，以犯罪嫌疑人黄某某为首的犯罪团伙购买大量非实名认证的网站域名，通过某克隆软件搭建大量电商、教育、医疗等行业正规网站的“山寨”网站。网民被误导访问这些“山寨”网站后，网页自动跳转至网络赌博或网络色情网站。黄某某团伙利用该软件累计克隆网站4000多个，通过向网络赌博和网络色情团伙收取推广费用非法获利50余万元。

“百日行动”期间，福建公安机关组织收网抓捕，抓获犯罪嫌疑人5名，查封“山寨”网站4000余个。

十、江苏公安机关破获苑某等人帮助信息网络犯罪活动案。

江苏公安网安部门侦查查明，以苑某为首的犯罪团伙团伙以“低价慢充”形式网上招揽大量话费充值业务，徐某某犯罪团伙掌握充值渠道，李某某犯罪团伙提供技术服务，以“话费对冲”方式为赌博集团洗钱。

8月9日，江苏公安机关开展集中收网行动，打掉建站技术支持、话单渠道中介等团伙4个，抓获犯罪嫌疑人40名，扣押计算机120余台，初查涉案资金6亿元。